倪正茂全集

法制史与法律思想史卷（上） 3

倪正茂 著

学苑出版社

图书在版编目（CIP）数据

倪正茂全集 . 法制史与法律思想史卷 / 倪正茂著 . —北京：学苑出版社，2021.11
ISBN 978-7-5077-6291-4

Ⅰ.①倪… Ⅱ.①倪… Ⅲ.①倪正茂—全集②法制史—中国—文集③法律—思想史—中国—文集 Ⅳ.①C52②D929-53③D909.2-53

中国版本图书馆CIP数据核字（2021）第219730号

责任编辑：孟　玮
出版发行：学苑出版社
社　　址：北京市丰台区南方庄 2 号院 1 号楼
邮政编码：100079
网　　址：www.book001.com
电子信箱：xueyuanpress@163.com
联系电话：010-67601101（营销部）、010-67603091（总编室）
印 刷 厂：北京建宏印刷有限公司
开本尺寸：787mm×1092mm　　1/16
印　　张：64
字　　数：1363 千字
版　　次：2021 年 10 月第 1 版
印　　次：2021 年 10 月第 1 次印刷
定　　价：600.00 元(上下册)

作者简介

倪正茂，1940年出生于浙江省苍南县金乡镇，先后就读于金乡小学、平阳二中、平阳一中、瑞安中学。1957年考入复旦大学法律系，1961年毕业于上海社会科学院政法系。先后从教于上海南洋模范中学、淮海中学、零陵中学等。1979年进入上海社会科学院法学研究所工作，1997年赴上海大学法学院工作，1988年获"上海市有突出贡献的中青年专家"称号。2006年获上海市首届"五一劳动奖章"。2008年获聘为上海政法学院终身教授。已发表文章五百多篇，出版《隋律研究》《科技法学导论》《法哲学经纬》《生命法学探析》《比较法学探析》《激励法学探析》《苏联国家与法的历史》《中华法苑四千年》等专著、合著、译著四十四部。

总　序

今天是我的七十八岁生日。剩下的时间不会很多了，于是动了凡心，将此前发表的文字汇编成集一并出版。

我大致是从1980年前后（也就是四十岁前后）开始发表文字的。此前，自觉在大学期间所学无几，故而花了近二十年的时间自学法学、哲学、文学、史学和外语。讵料1981年发表第一篇法学论文《论法律的起源》，即引起法学界的热议，竟至法学院校、研究机构多有分成了臧否两派、纷争热烈的。原因是传统的观点认为法律起源于奴隶社会，而我认为法律起源于从原始社会向奴隶社会的过渡时期。尽管否我者认为我的观点"离经叛道"，在后来的"精神污染"运动中我甚至被领导点了名，但我的观点最终却成了法史学家的共识。受此事件的鼓舞，后来的学术研究中，我坚持了这样几点：第一，言（文）须有新意；第二，坚持追求真理，对权威的观点不随意苟同。

因为有这样的自我要求，所以，我获得了写出新中国第一部法哲学著作《法哲学经纬》，第一部全面考证、研究隋律的专著《隋律研究》及后来的《隋代法制考》，第一部全面论证法的激励功能的专著《激励法学探析》，主编、主撰了第一部论述法律战基本理论的《法律战导论》，第一批科技法学专著《科技法学导论》《科技法学原理》，第一批生命法学著作《生命法学引论》《生命法学探析》，第一部批判欧美中心主义的比较法学专著《比较法学探析》等法学成果。所有这些成果都获得了国家或上海市级的优秀著作奖。

除著作外，我还发表了五百多篇文章。这些文章，除极少几篇是"合作"的之外，都是"单干"的产物；而且，除语言逻辑方面的文章外，几篇"合作"的作品，也多是本人起草、执笔的。正因如此，在《激励法学探析》的"后记"中我斗胆对那些利用职权、地位"剥削"其他人精神劳动成果的"硕导""博导"蔑称其为"硕盗""博盗"。据说，某虚报、盗窃了他的德国导师的学术成果而混成了一个知名大学的校长者，最终被钉在了教育史、学术史的耻辱柱上。那么，法学界的"硕盗""博盗"也总有一天会被钉在耻辱柱上。

在此前以及本文集中，凡是有合作者的，无论是著作或文章，我都注明了合作者的姓名。

五百多篇文章中，有不少是耦合时事、随性涂写的长文短论，所以，本文集盖以"随笔"概括之。其中有一些属于"游记"，但据说与绝大多数游记不同，是什么"政治性游记"。上海社会科学院文学研究所潘颂德研究员竟极力赞誉为"开创了政治游记"的"游记新品种"。但纵览中国文学史不难发现，古往今来的中国文学史家也写了许多带政治内容的，只不过不像我写得那么直白罢了。而这"直白"，也许不过思想浅薄罢了。

本文集中，还有一些非法学类的作品，涉及语言逻辑、教育、社会、心理等，大多是随意而发的东西，算不上学术著作，只是一些普及读物罢了。之所以收入文集之中，不过是为了让读者了解我之为文的大概。此外，在搁笔之际，忽然念及一生竟然历经了肺病、肝炎、肾炎、心脏病、胃病、肠炎、盲肠炎、大面积脑梗死、脑萎缩、"典型的帕金森综合征"等"吓死人的病"，只是除了脾脏、胰脏没有患过病，却还活到如今并顶着一个"终身教授"的金色大盖帽，仍如四五十岁时那样，既无寒暑假及其他节假日休息，白天夜晚也忙碌得不亦乐乎，从而觉得我的生命历程中，也许这一"战胜"疾病的经验，比那些所谓的学术文章更有趣，也更有益于读者，甚至还值得医学家们略事研究，于是做了一番整理，写成了"养生感悟"，用以"断后"。读者自可断言我的"养生"不过只是一个"蠢"字罢了，但是或许有一些东西还有研究的价值，不是"呸"地一哂，即可弃如敝屣、扬长而去的。毕竟，一则活到了这把年纪而仍精力充沛，二则几乎所有我的同龄人无不啧啧称奇并真切艳羡我"比同龄人要年轻得多"！

倪正茂

2018 年 5 月 14 日

本 卷 说 明

一、本卷收入了倪正茂教授在法制史、法律思想史领域所撰写的专著三部，与人合著图书三部（全集中只收入倪正茂教授个人撰写部分），已公开和未公开发表的论文三十五篇，以及作者计划撰写因故没有出版的专著提纲一篇。

二、凡所收入作品，均在篇首以注释的方式做了说明，包括著作的版本信息，论文的发表信息。

三、本卷在编校时主要遵从下列原则：

1. 篇名：一般采用原标题。

2. 发表时间：已出版图书和已刊论文，一般取正式出版和刊载时间。

3. 文稿排序：入编文稿按发表时间先后排序。书稿在前，论文在后；个人专著在前，与人合著图书个人撰写部分在后。发表时间，书稿详尽到年；论文详尽至月份；若论文载于报纸，则详尽到日。有年月而日期不详者，按月末。月份相同者，以编者收到稿件先后排序。未发表论文，排在已发表论文之后，按编者收到稿件顺序。

4. 编排体例：基本遵从原文，但略有改进。与人合著图书，收入全集的章节遵从原书设置，不再重新排序。原文不尽一致的地方，编者尽最大努力做了统一。

5. 原文注释：为方便读者阅读，原文尾注均改为页下脚注，并在每页重新编码。注释的格式原则上遵照原文，编者尽量做到局部统一。对于出版较早的专著与早期撰写的论文，因当时出版规范与现行的不一致，编者在现有资料的基础上，对相应注释做了最大程度的补充。

6. 原文出版时间较早，文中出现的相关地名现今发生变化的，编者按现今用法直接修订。

7. 数字表达：原则上遵照原文，编者尽量做到局部统一。

8. 原文的明显错讹、缺漏，编者在无损作者原意的前提下直接修订。

9. 原文的繁体字一般转化为规范字。囿于古文及民国时期的文献的标点符号及汉字用法，不改可能会被认为是错误，编者按现行规范用法直接修订。

目 录

上

著 作 编

宋史刑法志注释（续集）

《宋史刑法志注释（续集）》题记 ········· 004
第二部分 ································· 005
第三部分 ································· 045

中国法律思想简史

《中国法律思想简史》题记 ··············· 082
导　论 ··································· 083
第一章　夏、商、西周时期的法律思想 ····· 088
第二章　春秋时期的法律思想 ············· 093
第三章　战国时期的法律思想 ············· 102
第四章　秦汉时期的法律思想 ············· 119
第五章　三国两晋南北朝时期的法律思想 ··· 131
第六章　隋唐时期的法律思想 ············· 143
第七章　宋代法律思想 ··················· 158
第八章　明清时期的法律思想 ············· 168
第九章　近代法律思想 ··················· 180

隋代法制考

《隋代法制考》题记	198
前　言	199
第一章　隋律制定考	204
第二章　隋律渊源考	239
第三章　行政法制考	257
第四章　刑事法制考——隋律规定的犯罪种类	300
第五章　刑事法制——隋律规定的刑罚制度	327
第六章　民事法制考	345
第七章　诉讼法制考	368
第八章　司法实践考	375
第九章　周边各族法制考	386
后　记	395

中华法苑四千年（节选）

《中华法苑四千年》（节选）题记	398
前　言	399

立法概况篇

第一章　源远流长，辉煌灿烂——中华法系概述	403
第二章　神兽决狱，皋陶执法——从原始习俗到法	406
第三章　三代之法，以礼为之——夏、商、西周的法（之一）	408
第四章　苗民制刑，吕侯改作——夏、商、西周的法（之二）	411
第五章　子产征书，晋铸刑鼎——春秋成文法的发展	415
第六章　法典之祖，垂世楷模——李悝的《法经》	417
第七章　地宫献宝，竹简无价——《秦简》和秦的立法	420
第八章　由简入繁，重蹈覆辙——两汉的立法概况和汉律的形式	426
第九章　儒家思想，迂回入律——汉律是法律儒家化的开端	431
第十章　三国鼎立，"法治"抬头——蜀吴魏立法概况	435

第十一章	有法不依，形同虚设——两晋的立法及其他	438
第十二章	寻源溯流，一脉相承——南北朝的立法	441
第十三章	上承下启，继往开来——《开皇律》和隋的立法	445
第十四章	励精图治，立法为凭——唐代立法概况	449
第十五章	封建法典，集其大成——唐律的历史渊源和特点	452
第十六章	影响深远，播及中外——唐律的影响	455
第十七章	鞭扑未弛，刑法不废——乱世五代的"法度"	458
第十八章	刑统恒存，编敕损益——宋的立法及其特点	461
第十九章	仁厚何在，弛缓怎见——元代立法及其特点	465
第二十章	轻其轻罪，重其重罪——明代的立法及其他	469
第二十一章	详译明律，参以国制——清代立法概况	474
第二十二章	参考古今，博辑中外——沈家本与清末立法活动	478

罪与刑罚篇

第一章	苛刑酷法，维护皇权——关于侵犯皇帝的犯罪	485
第二章	一绞一杖，天差地别——关于危害人身安全的犯罪	489
第三章	窃钩者诛，窃国者侯——关于盗窃官私财物的犯罪	493
第四章	七出不孝，桎梏沉重——关于侵犯夫权和父权的犯罪	498
第五章	彼君子兮，不素餐兮——关于逃避赋税和劳役的犯罪	502
第六章	穷兵黩武，军律苛暴——关于军事犯罪	506
第七章	亏损名教，毁裂冠冕——"十恶"罪	509
第八章	非所宜言，罪孽独多——关于言论罪	513
第九章	笔端引来，杀身之祸——清代的文字狱	517
第十章	踊贵屦贱，怨声载道——奴隶社会的五刑	523
第十一章	一人有罪，灭绝全族——野蛮的族刑	526
第十二章	炮烙醢脯，酷虐无比——商代的酷刑	532
第十三章	商鞅车裂，李斯灭族——秦代的酷刑	534
第十四章	缇萦上书，引起改革——肉刑的废复和两汉时期的刑罚	538
第十五章	由繁入简，渐趋定型——魏晋南北朝时期的刑罚	542
第十六章	承先启后，一以贯之——隋唐的刑罚和封建制五刑的确定	546
第十七章	刺配凌迟，越演越烈——宋元明清酷刑的发展	549

下

中国近代法律思想史（节选）

《中国近代法律思想史》（节选）题记 …… 554
第二章　鸦片战争和中国封建法律思想营垒的初步分化 …… 555
第三章　太平天国时期两种法律思想的对垒 …… 573
第四章　洋务运动时期法律思想的分化 …… 592
第五章　戊戌变法是资产阶级改良派法律思想的集中表现 …… 611

批判与重建：中国法律史研究反拨（节选）

《批判与重建：中国法律史研究反拨》（节选）题记 …… 638
序 …… 639
中国古代法律功能再审思 …… 643

拟写著作提纲

中华法系研究（提纲） …… 702

论　文　编

马克思主义法律思想史研究刍议 …… 707
法繁网密　一脉相承——秦汉立法概况 …… 714
集封建法典之大成　播深远影响于中外——隋、唐立法概况 …… 718
生怜悯私开鱼枷　激义愤折枷当刀 …… 723
兰芝"魂去尸长留"——封建法律中的"七出" …… 725

法律史研究的可喜进展——评介《中国法律思想史纲》与《明初重典考》 727
哀怨悲愤的《广陵散》曲——嵇康之死与"不孝"罪 729
汉—唐法律思想略论 731
济世宏文，经时力作——纪念董必武同志一百周年诞辰 746
从传统模式求解放——读《明初重典考》浮想 754
三国两晋南北朝的法律制度 755
上海近代法制史料管窥 774
"隋律"的正负效应 782
庞德的法律社会学思想 783
墨家法哲学对儒家法哲学的抗争 792
中国法律史研究创新刍议 798
隋代的法律思想 810
略论 21 世纪的中国法律史研究 849
新世纪对中国法律史研究的期盼 856
重写中国法制史 862
郑观应法律思想略论 864
2002 年中国法律史学年会回顾 872
奋起于荒原　锐意于精进——近三十年中国法制史研究回顾与前瞻 877
鲁迅批判中国法律文化传统的启示 886
以实事求是的态度重新认识中国古代法制 893
隋律源流若干问题考辨 895
《福乐智慧》展示的中国古代边疆法治经验 909
刑罪的时代性 935
从商鞅的"极端手段"谈起 938
情理法律观与神理法律观 940
孔子法律思想的逻辑发展 943
中国法律思潮史研究 951
试论中国历史上新型社会形成时期法律思想的主流 967
中国古代法律思想的逻辑发展 974
中国近代法律思想 984

著作编

宋史刑法志注释（续集）
中国法律思想简史
隋代法制考
中华法苑四千年（节选）
中国近代法律思想史（节选）
批判与重建：中国法律史研究反拨（节选）
拟写著作提纲

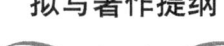

宋史刑法志注释（续集）

《宋史刑法志注释（续集）》* 题记

"文化大革命"前，上海社科院的三位教授为《宋史·刑法志》（以下简称《志》）前半部做了精心注释并出版。不幸的是，"文化大革命"终止了三位教授的这一工作。我于1979年进入上海社会科学院之后，接受了完成全《志》注释的任务，所以书名后缀"续集"。这是我在法学所完成的第一项任务。

因《宋史刑法志注释》前半部出版时作者署名为"上海社会科学院政治法律研究所"，故"续集"仍署单位，因为实际工作由本人独立完成，故收入《全集》。

---

* 群众出版社1982年版。

第二部分[①]

这一部分的内容,大致首先为断狱,其次为诏狱。

律令者,有司[1]之所守也。太祖[2]以来,其所自断,则轻重取舍,有法外之意焉。然其末流之弊,专用己私[3],以乱祖宗之成宪[4]者多矣。

【注释】

[1] 有司——古代设官分职,各有所司,因称官吏为"有司"。

[2] 太祖——宋太祖赵匡胤。

[3] 己私——一己之私,即私情、私利。

[4] 宪——泛指法令。

乾德伐蜀之役[1],有军大校割民妻乳而杀之,太祖召至阙[2],数其罪。近臣营救[3]颇切,帝曰:"朕兴师伐罪,妇人何辜,而残忍至此!"遂斩之。

【注释】

[1] 乾德伐蜀之役——乾德,宋太祖赵匡胤第二次改元的年号。蜀,后蜀,十国之一。乾德二年(964)宋发兵伐蜀。乾德三年,蜀国主孟昶(chǎng)降宋,后蜀被灭。

[2] 阙——古代宫殿祠庙和陵墓前的高建筑物,通常左、右各一,建成高台,台上起楼观。因两阙之间有空缺,故名阙,或双阙。代称宫门。这里泛指京都。

[3] 营救——设法援救。

时郡县吏承五季[1]之习,黩货厉民[2],故尤严贪墨之罪[3]。开宝四年[4],王元吉守英州[5],月余,受赃七十余万,帝以岭表初平[6],欲惩掊克之吏[7],特诏弃市[8]。陕州[9]民

[①]《宋史·刑法志》分为刑法一、刑法二、刑法三,即律令、狱治、刑政三个部分。第一部分律令的注释已于1979年出版,本书为第二、第三部分,即狱治和刑政部分的注释。

范义超，周显德中，以私怨杀同里常古真家十二口，古真小子留留幸脱走，至是，擒义超诉有司。陕州奏，引赦当原[10]。帝曰："岂有杀一家十二人，可以赦论邪？"命正其罪。

【注释】

[1] 五季——五代，10世纪前半期，随着唐末藩镇割据和混战而出现了史称"五代十国"的分裂局面。五代即当时相继统治北部中原地区的后梁、后唐、后晋、后汉、后周五个王朝。

[2] 黩货厉民——勒索财物，虐待人民。

[3] 尤严贪墨之罪——处理官吏贪污罪更加严厉。

[4] 开宝四年——宋太祖三次改元年号，即971年。

[5] 英州——州名，宋初属广东路，治所在今广东省英德市。

[6] 岭表初平——岭表、岭南、两广一带。岭表为刘𬬮所据，国号南汉，为五代时南方的十国之一。964年宋攻下南汉郴州，970年宋再度发兵攻南汉，971年南汉遂为宋灭亡。

[7] 掊（póu）克之吏——贪狠地搜刮民财的官吏。掊克，聚敛贪狠。

[8] 弃市——古代在闹市执行死刑，并将尸体暴露街头，称弃市。

[9] 陕州——原作峡州，据《长编》卷13、《通考》卷170《刑考》改；下文"陕州奏"句同。州名，宋初属永兴军路，治所在今河南省陕县。

[10] 引赦当原——援引赦例，认为应予宽恕。

八年[1]，有司言："自三年至今，诏所贷死[2]罪凡四千一百八人。"帝注意刑辟，哀矜无辜，尝叹曰："尧、舜之时，四凶之罪止于投窜[3]。先王用刑，盖不获已，何近代宪网之密耶！"故自开宝以来，犯大辟，非情理深害者，多得贷死。

【注释】

[1] 八年——开宝八年，即975年。

[2] 贷死——免处死刑。

[3] 尧、舜之时，四凶之罪止于投窜——相传尧、舜之时，有驩（huān）兜、共工、三苗、鲧作恶。舜"流共工于幽州，放驩兜于崇山，窜三苗于三危，殛鲧于羽山"。所谓"流""放""窜""殛"，就是把他们送到边远地区，即这里所说的"投窜"①。

太平兴国六年[1]，自春涉[2]夏不雨，太宗意[3]狱讼冤滥。会归德节度推官[4]李承信因市葱笞园户[5]，病创死[6]。帝闻之，坐承信弃市。

【注释】

[1] 太平兴国六年——太平兴国，宋太宗第一次改元年号。六年，即981年。

---

① 《尚书·尧典》注。

[2] 涉——至。

[3] 意——推想，认为。

[4] 归德节度推官——归德，即归德军，节度使军额，宋初属京东路宋州，治所在今河南省商丘市。节度推官，节度使之下帮助处理狱讼等公务的官员。

[5] 因市葱笞园户——园户，即古之菜农。为向园户购葱之事引起纠纷，遂仗势笞打。

[6] 病创死——由于创伤过重而死亡。

初，太祖尝决系囚[1]，多得宽贷。而开封妇人杀其夫前室子[2]，当徒二年，帝以其凶虐残忍，特处死。至是，有泾州安定[3]妇人，怒夫前妻子妇，绝其吭[4]而杀之。乃下诏曰："自今继母杀伤夫前妻子，及姑杀妇者，同凡人论[5]。"雍熙元年[6]，开封寡妇刘使婢诣[7]府，诉其夫前室子王元吉毒己将死。右军巡[8]推[9]不得实，移左军巡掠治[10]，元吉自诬伏[11]，俄[12]刘死。及府中虑囚[13]，移司录司案问[14]，颇得其侵诬[15]之状，累月未决。府白于上[16]，以其毒无显状，令免死，决徒[17]。元吉妻张击登闻鼓[18]称冤，帝召问张，尽得其状。立遣中使[19]捕元推官吏[20]，御史鞫问[21]，乃刘有奸状，惭悸成疾[22]，惧其子发觉而诬之。推官及左、右军巡使等削任降秩[23]；医工[24]诈称被毒，刘母弟欺隐王氏财物及推吏受赃者，并流海岛；余决罚有差[25]。司录主吏赏缗钱[26]，赐束帛[27]，初元吉之系，左军巡卒系缚搒治[28]，谓之"鼠弹筝"，极其惨毒。帝令以其法缚狱卒，宛转号叫求速死。及解缚，两手良久不能动。帝谓宰相曰："京邑之内，乃复[29]冤酷如此，况四方乎？"

【注释】

[1] 系囚——在押囚犯。

[2] 前室子——前妻之子。

[3] 泾州安定——泾州，州名，宋初属陕西路，治所在今甘肃省泾川县。安定，县名，属泾州，在今泾川县北。

[4] 绝其吭——掐死。吭，喉咙。

[5] 自今继母杀伤夫前妻子，及姑杀妇者，同凡人论——封建时代，尊长杀伤卑幼，因身份关系，比较一般人减轻处罚。宋太宗针对此事下诏令：从今以后，继母杀死或伤害丈夫的前妻之子，以及婆杀害媳妇，都和一般人同样处罚。按《续通鉴长编》卷18和《宋大诏令集》卷200，关于继母杀伤夫前妻子及妇以杀伤凡人论的诏令，都记作"太平兴国二年"，《文献通考·刑考9》记作"太平兴国五年"。又《宋大诏令集》作"今后继母杀伤夫前妻之子及其妇，并杀伤凡人论"，和《宋史·刑法志》之"姑杀妇"不同。按《续通鉴长编》卷18的纪事，为："太平兴国二年五月丙寅，泾州言：'安定民妻怒其夫前妻之子妇，断其喉而杀之。'上谓左右曰：'法当原请，此必由继嫡之际，爱憎殊别，固当以凡人论也。'乃诏：'自今继母杀伤夫前妻之子及其妇并以杀伤凡人论。尝为人继母，而夫死改

嫁者，不得占夫家财物，当尽付夫主子孙。幼者官为检校，俟其长，然后给之。违者以盗论。"较本志为详，可供参考。

[6] 雍熙元年——雍熙，太宗第二次改元的年号（984—987）。元年，即984年。

[7] 诣——前往。

[8] 右军巡——右军巡司的简称。北宋京师开封府设左、右军巡司，司设有军巡司使和判官，分管地方刑事案件的侦讯和审理。

[9] 推——推问，推究。这里指审问。

[10] 掠治——刑讯。

[11] 诬伏——被诬认罪。

[12] 俄——旋即，不久。

[13] 虑囚——录囚，是指对已判决而未执行的囚犯，由皇帝自己或派员定期检查讯问，有无冤枉，应否宽宥的一种司法行政措施。唐代以前称为录囚，以后称虑囚。皇帝亲自录囚，起自汉明帝。①

[14] 移司录司案问——把案件移送司录参军审问。

[15] 侵诬——诬告陷害。

[16] 白于上——报告皇上。

[17] 决徒——判决徒刑。

[18] 登闻鼓——设鼓于朝堂外面，有冤屈者，得打鼓申告，称为登闻鼓。

[19] 中使——由宫廷中派出的使者，多为宦官。

[20] 元推官吏——初审官员。

[21] 鞫问——审问。

[22] 惭悸成疾——因羞愧恐惧而得疾病。

[23] 削任降秩——职官满三年为一任。削任，即减去一任资历。秩，秩禄，即官位和薪俸。降秩，即降低原有官位和薪俸。

[24] 医工——检验伤害状况的医务人员。

[25] 决罚有差——依情节轻重分别处罚。

[26] 缗钱——币名。一贯（一千文）为一缗（mín）。

[27] 束帛——帛，丝织品，一匹五两，五两成束，因称束帛，古代以束帛作赠送的礼物。

[28] 系缚搒治——系缚，捆绑。搒（péng）治，拷打讯问。

[29] 乃复——尚且。

---

① 《晋书·刑法志》。

端拱[1]间，虏犯边郡[2]，北面部署[3]言："文安、大城[4]二县监军[5]段重诲等弃城遁，请论以军法。"帝遣中使就斩之。即行，谓曰："此得非所管州军召之邪？往讯之乃决。"使至，果讯得乾宁牒令[6]部送[7]民入居城，非擅离所部，遽释之。

【注释】

[1] 端拱——太宗第三次改元年号（988—989）。

[2] 虏犯边郡——太宗时，占据夏州一带的党项族首领李继迁受辽封号，称夏国王。公元988年，宋赐李继迁名赵保吉，授银州观察使。李继迁侵袭宋边境。虏，指李军。

[3] 部署——官名，都部署的简称。凡禁军出征或驻守，设总管军事的统帅，称都部署或部署。后因英宗名曙，"署""曙"同音，遂避讳改称都总管。南渡后又改为都统制。

[4] 文安、大城——即今河北省文安、大城二县区。

[5] 监军——官名，唐代中期以后，在统帅军营中设监军，由宦官担任，监视军队的行动，报告朝廷。宋初仿其制。

[6] 乾宁牒令——乾宁，即乾宁军，宋初属河北路，治所在今河北省静海区。牒令，相当于指令。

[7] 部送——遣送或押送。

咸平[1]间，有三司军将[2]赵永昌者，素凶暴，督运江南，多为奸赃。知饶州[3]韩昌龄廉得其状[4]，乃移转运使冯亮，坐决杖停职[5]。遂挝[6]登闻鼓，讼昌龄与亮讪谤朝政[7]，仍伪刻印[8]，作亮等求解[9]之状。真宗察其诈，于便殿自临讯，永昌屈伏，遂斩之，释亮不问，而昌龄以他事贬郢州团练副使[10]。曹州[11]民苏庄蓄兵器，匿亡命[12]，豪夺民产，积赃计四十万。御史台请籍其家[13]，帝曰："暴横之民，国有常法，籍之，斯过也。"论如律[14]。其纵舍[15]轻重，必当于义[16]，多类此。

【注释】

[1] 咸平——真宗第一次改元的年号（998—1003）。

[2] 三司军将——三司所属维护督运事务的武官。

[3] 知饶州——饶州知州。饶州，州名，属江南东路，治所在今江西省鄱阳县。

[4] 廉得其状——查访得他的具体情况。

[5] 坐决杖停职——判处杖刑并令其停职。

[6] 挝（zhuā）——击打，敲打。

[7] 讪谤朝政——嘲讽、诽谤朝廷的政务。

[8] 仍伪刻印——仿刻假印。仍，依照。

[9] 求解——求和。

[10] 贬郢（yǐng）州团练副使——贬，贬谪，降低官职。郢州，州名，属京西南路，治所在今湖北省钟祥市。团练副使，官名，当时为武将所带的虚衔，并非实职。

[11] 曹州——州名，属京东西路，治所在今山东省曹县。

[12] 匿亡命——窝藏在逃罪犯。

[13] 籍其家——登记并没收其家产。

[14] 论如律——依法论处。

[15] 舍——同"赦"。

[16] 必当于义——必定使之与情况相当。

凡岁饥，强民相率持杖劫人仓廪，法应弃市，每具狱上闻，辄贷其死。真宗时，蔡州[1]民三百一十八人有罪，皆当死。知州张荣、推官江嗣宗议取为首者杖脊，余悉论杖罪。帝下诏褒之。遣使巡抚诸道，因谕之曰："平民艰食，强取糇粮[2]以图活命尔，不可从盗法科之。"天圣[3]初，有司尝奏盗劫米伤主，仁宗曰："饥劫米可哀，盗伤主可疾[4]。虽然[5]，无知迫于食不足耳。"命贷之。五年[6]，陕西旱，因诏："民劫仓廪，非伤主者减死，刺隶[7]他州，非首谋又减一等。"自是，诸路灾伤即降敕，饥民为盗，多蒙矜减，赖以全活者甚众。

【注释】

[1] 蔡州——州名，属京西北路，治所在今河南省汝南县。蔡州民一节，《宋史·太宗本纪》及《编年纲目》卷5均记其事为淳化五年（994）。本志记为真宗时事，可能是误记。

[2] 糇粮——干粮。

[3] 天圣——仁宗第一次改元年号（1023—1032）。

[4] 可疾——可恨。

[5] 虽然——虽然这样。

[6] 五年——天圣五年，即1027年。

[7] 刺隶——刺配，面部刺以标记，并配往两千里外的牢城服役。

司马光时知谏院[1]，言曰："臣闻敕下京东、西[2]灾伤州军[3]，如贫户以饥偷盗斛[4]斗因而盗财者，与减等断放[5]，臣窃以为非便。《周礼》荒政十有二[6]，散利、薄征、缓刑、弛力、舍禁、去几，率皆推宽大之恩以利于民，独于盗贼，愈更严急。盖以饥馑之岁，盗贼必多，残害良民，不可不除。顷年尝见州县官吏，有不知治体，务为小仁。遇凶年，劫盗斛斗，辄宽纵之，则盗贼公行，更相劫夺，乡村大扰，不免广有收捕，重加刑辟，或死或流，然后稍定。今若朝廷明降敕文，豫言与减等断放，是劝民为盗也。百姓乏食，当轻徭薄赋、开仓赈贷以救其死，不当使之自相劫夺。今岁府界[7]、京东、京西水灾极多，严刑峻法以除盗贼，犹恐春冬之交，饥民啸聚[8]，不可禁御，又况降敕以劝之。臣恐国家始于宽仁，而终于酷暴，意在活人而杀人更多也。"事报闻。

【注释】

[1] 司马光时知谏院——司马光（1019—1086），夏县① 西涑（sù）水乡人。仁宗时进士。历任仁宗、英宗、神宗、哲宗各朝的官职。反对王安石行新法，为守旧派的领袖。哲宗时，高太后临朝，他做宰相，尽罢新法。死后被封温国公，世称司马温公。著有一部编年体的通史《资治通鉴》。此外还有《司马文正公集》②。谏院，官署名，宋代由门下省分设，以分隶门下、中书两省的左右谏议大夫、司谏、正言为知院官。司马光在嘉祐六年（1061）始知谏院，对于减轻京东、京西劫盗仓廪一事提出意见，绝不可能在天圣五年。本志纪年，当有误记。③

[2] 京东、西——京东即京东路，分京东东路、京东西路，大约相当于今山东全省。京西即京西路，分京西南路、京西北路，大约相当于今河南西部和南部及湖北北部地区。

[3] 灾伤州军——受水旱灾荒的各州军。

[4] 斛——十斗为一斛。

[5] 断放——判罪或释放。

[6]《周礼》荒政十有二——荒政，救荒的政策。《周礼·地官大司徒》有："以荒政十有二、聚万民。一曰散利（贷放种子粮食），二曰薄征（减轻赋税），三曰缓刑（暂缓执行刑罚），四曰弛力（免除劳役），五曰舍禁（解除山泽渔猎的禁令），六曰去几（取消关卡和市场的稽查），七曰眚（shěng）礼（省去繁复的礼节），八曰杀哀（简化丧葬的礼仪），九曰蕃乐（暂停音乐等娱乐），十曰多婚（鼓励婚嫁养育），十有一曰索鬼神（祈祷鬼神），十有二曰除盗贼（惩治盗贼）。"

[7] 府界——开封府界，统辖京畿各县，后改京畿路。

[8] 啸聚——互相呼召，聚集成群。这里指结伙成盗匪。

帝尝御迩英阁经筵[1]，讲《周礼》"大荒大札[2]，薄征缓刑"。杨安国[3]曰："缓刑者，乃过误之民耳[4]，当岁歉则赦之，悯其穷也。今众持兵杖劫粮廪，一切宽之，恐不足以禁奸。"帝曰："不然，天下皆吾赤子[5]也。一遇饥馑，州县不能赈恤，饥莩[6]所迫，遂至为盗，又捕而杀之，不亦甚乎？"

【注释】

[1] 迩英阁经筵——汉宣帝刘询始令儒者在石渠阁讲经，此后在东汉及唐代都选择儒者讲经书，宋代沿用其制。仁宗以后专以迩英阁为讲读经书的处所。按《续通鉴长编》卷177，仁宗和杨安国在经筵面论灾荒缓刑，系至和二年（1055）九月。经筵，宋代为皇帝讲

---

① 今山西省闻喜、垣曲二县。
②《宋史》卷336。
③《宋史·刑法志》卷153校勘记〔六〕。

解经传史鉴特设的讲席。

[2] 大荒大札——水旱等灾荒属于大荒，瘟疫等灾属于大札。

[3] 杨安国——密州安丘①人。以五经及第。仁宗时，为崇政殿说书。后来升天章阁侍讲、龙图阁直学士，在经筵二十余年。②

[4] 乃过误之民耳——只适用于因过失犯罪的人罢了。

[5] 赤子——初生婴孩，肌肤赤色，因称赤子。通喻人民。

[6] 饥莩（piǎo）——也作饿莩，饿死的人。

仁宗听断，尤以忠厚为主。陇安县民诬平民五人为劫盗[1]，尉悉执之，一人掠死，四人遂引服[2]。其家辨[3]于州，州不为理，悉论死[4]。未几[5]，秦州[6]捕得真盗，陇州[7]吏当坐法而会赦，帝怒，特贬知州孙济为雷州参军[8]，余皆除名流岭南。赐钱粟五家，复其役三年[9]。因下诏戒敕州县。广州司理参军陈仲约误入人死[10]，有司当仲约公罪[11]，应赎。帝谓审刑院张揆[12]曰："死者不可复生，而狱吏虽废，复得叙官[13]。"命特治之，会赦勿叙用[14]。尚书比部员外郎师仲说请老[15]，自言恩得任子[16]，帝以仲说尝失入人死罪，不与。其重人命如此。

【注释】

[1] 陇安县民诬平民五人为劫盗——陇安县在今陕西省陇县南。这件事的纪年，按《续通鉴长编》卷110和《宋史》卷9《仁宗本纪》均作天圣九年（1031）四月。

[2] 引服——自己认罪。

[3] 辨——辩，上诉辩白以示不服。

[4] 悉论死——全部以死罪论处。

[5] 未几——不久。

[6] 秦州——州名，属秦凤路，治所在今甘肃省天水市。

[7] 陇州——州名，属秦凤路，治所在今陕西省陇县。

[8] 雷州参军——雷州，州名，属广南西路，治所在今广东省雷州市。参军，即司理参军等。

[9] 复其役三年——免除他们的三年劳役。

[10] 陈仲约误入人死——按《续通鉴长编》卷121，这件事的纪年为宝元元年（1038）正月。

[11] 当仲约公罪——依法论定陈仲约所犯之罪为公罪。

---

① 今山东省安丘市。
② 《宋史》卷294。

[12] 张揆——齐州①人。进士出身。授大理寺丞。官至翰林院侍读学士、知审刑院，出知齐州。②

[13] 叙官——被授予官职。叙，旧时按规定的等级次第授官职及按劳绩的大小给予奖励都称"叙"。

[14] 叙用——授职任用。

[15] 师仲说请老——师仲说请求退休。《续通鉴长编》卷178和《宋会要·刑法4》之74都记这件事在至和二年（1055）。

[16] 恩得任子——宋代官员告老，得请求"推恩子孙"，用这种办法使子孙获得一定的官职，称为"恩得任子。"

时近臣有罪，多不下吏劾实[1]，不付有司议法。谏官王贽[2]言："情有轻重，理分故失，而一切出于圣断[3]，前后差异，有伤政体，刑法之官安所用哉？请自今悉付有司正以法[4]。"诏可。近臣间有干请[5]，辄为言官[6]所斥。谏官陈升之[7]尝言："有司断狱，或事连权幸[8]，多以中旨[9]，释之。请有缘[10]中事得释者，劾其干请之罪，以违制论。"许之。仁宗于赏罚无所私，尤不以贵近废法。屡戒有司："被内降者，执奏，毋辄行[11]。"未尝屈法以自徇[12]也。知虢州[13]周日宣诡奏[14]水灾，有司论请如上书不实法[15]。帝曰："州郡多言符瑞[16]，至水旱之灾，或抑而不闻。今守臣自陈垫溺[17]官私庐舍，意实在民，何可加罪？"

【注释】

[1] 下吏劾实——发交该管官吏查讯犯罪事实。

[2] 王贽——泰和③人。真宗天禧时进士。仁宗时为天章阁待制。神宗时任户部侍郎。

[3] 圣断——君主裁断，当时的奉承语。

[4] 正以法——依法治罪。

[5] 干请——以私事请托。

[6] 言官——谏官。

[7] 陈升之——建州建阳④人。仁宗景祐时进士。累官侍御史，知谏院。任言官五年，上奏章数百件。神宗时，任中书门下平章事。⑤

[8] 事连权幸——事情牵涉那些有权势并且为君主或大臣所宠幸的人。

[9] 中旨——由宫内直接发布的命令。

---

① 今山东省历城区。
② 《宋史》卷294。
③ 今安徽省泰和县。
④ 今福建省建阳区。
⑤ 《宋史》卷312。

[10] 缘——依靠。

[11] 被内降者，执奏，毋辄行——收到宫内直接发布的指令，也不要盲目地随即执行，仍应坚持向皇帝提出自己正确的主张。

[12] 未尝屈法以自徇——未曾为了迁就自己的意思而曲解法律。

[13] 虢州——州名，属陕西路，治所在今陕西省灵宝市。

[14] 诡奏——向皇帝谎报。

[15] 论请如上书不实法——依照《宋刑统·诈伪律》"上书诈不以实，徒二年"的规定处罚。

[16] 符瑞——古代统治阶级为了粉饰太平，往往对自然界的某些反常现象，附会解释并传扬为吉祥的预兆。

[17] 垫溺——陷溺于大水之中。

英宗[1]在位日浅，于政令未及有所更制[2]。然以吏习平安[3]，慢[4]于奉法，稍欲振起[5]其怠惰。三班奉职[6]和钦贷所部纲钱[7]，至绞，帝命贷死免杖，刺隶福建路牢城。知审刑院卢士宗[8]请稍宽其罪，帝曰："刑故[9]而得宽，则死者滋众[10]，非'刑期无刑'[11]之道。俟有过误，贷无伤[12]也。"富国仓监官[13]受米湿恶[14]，坏十八万石，会恩当减，帝特命夺官停之。

【注释】

[1] 英宗——赵曙（1032—1067），仁宗嗣子。1064—1067年在位，改元治平。

[2] 更制——更改，更定。

[3] 吏习平安——官吏贪图无事。

[4] 慢——怠慢，怠惰。

[5] 振起——纠正。

[6] 三班奉职——官名，属三班院。三班院的官员没有定额，凡有功勋的官员或大臣的子弟，都可以派在三班院供职，听候差遣，有时派赴京外处理特定事件。

[7] 纲钱——运输京都供奉皇帝的钱物。

[8] 卢士宗——潍州昌乐①人。进士出身。提点江西刑狱、审刑院议详官、编敕删定官、知审刑院。②

[9] 刑故——处罚属于故意的犯罪。

[10] 死者滋众——按《宋会要辑稿·刑法6》之16记载这件事，作"犯者滋众"。志文作"死者滋众"，"死"字当系"犯"字之误。

---

① 今山东省昌乐市。
② 《宋史》卷330。

[11] 刑期无刑——语出《尚书·大禹谟》:"刑期于无刑。"意思是:实施刑罚,目的在于防止犯罪,以期做到以后不用刑罚。

[12] 无伤——无妨。

[13] 富国仓监官——富国仓。当时京师的粮仓之一。各仓设有监官。

[14] 受米湿恶——收受的米粮潮湿不佳。

熙宁二年[1],内殿崇班[2]郑从易母、兄俱亡于岭外,岁余方知,请行服[3]。神宗曰:"父母在远,当朝夕为念。经时[4]无安否之间,以至逾年不知存亡邪?"特除名勒停[5]。四年[6],王存立言:"嘉祐中,同学究出身[7],为砀山[8]县尉,尝纳官赎父配隶罪[9],请同举人法,得免丁谣。"帝悯之,复赐出身,仍与注官[10]。九年[11],知桂州[12]沈起欲经略交趾[13],取其慈恩州,交人遂破钦[14],犯邕管[15]。诏边人横遭屠戮,职其致寇[16],罪悉在起[17],特削官爵,编置远恶州。

【注释】

[1] 熙宁二年——熙宁,神宗第一次改元年号(1068—1077)。二年,即1069年。

[2] 内殿崇班——官名,属三班院。听候皇帝差遣的官员,其地位高于三班奉职。

[3] 行服——服丧服。

[4] 经时——长期。

[5] 勒停——勒令停职。

[6] 四年——熙宁四年,即1071年。

[7] 同学究出身——宋仿唐制,科举考试的科目中,对一种经书有特长的学子,称为学究。考试合格,赐"同学究出身"。

[8] 砀山——今安徽省砀山县东。

[9] 纳官赎父配隶罪——缴还官位以抵其父所犯的配隶之罪。这种办法,当时称为"官荫"。

[10] 复赐出身,仍与注官——恢复原来的同学究出身,仍与任用。

[11] 九年——熙宁九年,即1076年。

[12] 桂州——州名,属广南西路,治所在今广西壮族自治区桂林市区。

[13] 经略交趾——略取而经营交趾地方。

[14] 钦——钦州,属广南西路,治所在今广西壮族自治区钦县。

[15] 邕管——邕州所管辖之地区。邕州,属广南西路,治所在今广西壮族自治区邕宁区。

[16] 职其致寇——追究引起外寇入侵的原因。

[17] 罪悉在起——罪责全在于沈起。

复仇，后世无法[1]。仁宗时，单州[2]民刘玉父为王德殴死，德更赦[3]，玉私杀德以复父仇。帝义之[4]，决杖、编管[5]。元丰元年[6]，青州[7]民王赟父为人殴死，赟幼，未能复仇。几冠[8]，刺仇，断支首[9]祭父墓，自首。论当斩。帝以杀仇祭父，又自归罪[10]，其情可矜，诏贷死，刺配邻州。宣州[11]民叶元，有同居兄乱其妻，缢杀之，又杀兄子，强其父与嫂为约契不讼[12]。邻里发[13]其事，州为上请，帝曰："罪人以死，奸乱之事特出叶元之口，不足以定罪。且下民虽无知，固宜哀矜，然以妻子之爱，既罔[14]其父，又杀其兄，戕[15]其侄，逆理败伦[16]，宜以殴兄至死律论[17]。"

【注释】

[1] 复仇，后世无法——古代认许复仇行为。自三国时魏文帝曹丕诏令禁止①后，西晋和南北朝相继看作是不法行为。②唐代对复仇问题曾有过论争，直到宋代，始终没有认许的明文。

[2] 单州——州名，属京东西路，治所在今山东省单县。

[3] 德更赦——指王德殴杀刘玉父的罪名，经过赦免，已在不论之列。

[4] 义之——义，作动词用。认为刘玉的行为是正当的。

[5] 编管——宋代官吏因罪除去名籍，贬谪州郡，编入该地户籍，并由地方官吏加以管束，叫"编管"。

[6] 元丰元年——元丰，神宗第二次改元年号（1078—1085）。元年，即1078年。

[7] 青州——州名，属京东东路，治所在今山东省益都县。

[8] 几冠——近二十岁。

[9] 断支首——截断四肢与脑袋。

[10] 归罪——投案。

[11] 宣州——州名，属江南东路，治所在今安徽省宣城市。

[12] 强其父与嫂为约契不讼——强迫他父亲和嫂子出立不向官府告发的契约。

[13] 发——告发。

[14] 罔——欺骗。

[15] 戕——杀害。

[16] 逆理败伦——违背"天理"，败坏"伦常"。封建宗法社会称君臣、父子、夫妻、兄弟、朋友五种关系为五伦。这里指败坏这种尊卑、长幼的关系。

[17] 以殴兄至死律论——依照《宋刑统·斗讼律》殴兄至死的规定处以死刑。

绍圣[1]以来，连起党狱[2]，忠良屏斥[3]，国以空虚。徽宗嗣位，外事耳目之玩，内穷

---

① 《三国志·魏志》卷2。
② 《九朝律考》卷3、4、5。

声色之欲[4]，征发亡度，号令靡常[5]。于是蔡京[6]、王黼[7]之属[8]，得以诬上行私[9]，变乱法制。崇宁五年[10]，诏曰："出令制法，重轻予夺在上[11]。比[12]降特旨处分，而三省[13]引用敕令，以为妨碍，沮抑不行[14]，是以有司之常守，格人主之威福。夫擅杀生之谓王，能利害之谓王，何格令之有[15]？臣强之渐，不可不戒。自今应有特旨处分，间有利害，明具论奏，虚心以听；如或以常法沮格不行，以大不恭论[16]。"明年[17]，诏："凡御笔断罪，不许诣尚书省陈诉。如违，并以违御笔论。"又定令："凡应承受御笔官府，稽滞一时[18]杖一百，一日徒二年，二日加一等，罪止流三千里，三日以大不恭论。"由是吏因缘为奸，用法巧文寖深[19]，无复祖宗忠厚之志。穷极奢侈，以竭民力，自速祸机[20]。靖康[21]虽知悔悟，稍诛奸恶[22]，而谋国匪人[23]，终亦未如之何[24]矣。

【注释】

[1] 绍圣——哲宗第二次改元年号（1094—1098）。

[2] 连起党狱——神宗变法，发生新旧两派之争。神宗死，哲宗立。绍圣以来，高太后临朝，任用司马光为相，废新法。哲宗亲政，复起用新派，恢复新法。新旧两派互相倾轧，互相罗织罪状，接连兴起大狱。

[3] 屏斥——被排斥。

[4] 外事耳目之玩，内穷声色之欲——徽宗受蔡京、童贯的怂恿，向各处收集玩物，在宫内肆意放纵音乐与色情的欲念，如大兴土木，作福延宫，造万岁山，铸"九鼎"，采运"花石纲"，并在苏杭设局，制造精美器用杂物等。

[5] 征发亡度，号令靡常——无限度地征发人民的物力、人力为其服役；朝廷号令，朝令夕改，没有定规。亡，无。靡，没有。

[6] 蔡京——福建仙游人，熙宁进士。元祐元年（1086）知开封府。绍圣元年（1094），任户部尚书。崇宁元年（1102）为右仆射，后任太师。

[7] 王黼——祥符①人，崇宁进士。任校书郎。因勾结蔡京，任左谏议大夫。旋任少宰。后又代蔡京为相。

[8] 之属——之类。

[9] 诬上行私——欺骗皇上以图私利。

[10] 崇宁五年——崇宁，徽宗第二次改元年号（1102—1106）。五年，即1106年。

[11] 重轻予夺在上——赏罚轻重，生杀予夺，权在皇帝。

[12] 比——近来。

[13] 三省——指门下、中书、尚书三省。

[14] 沮抑不行——阻止不行。

[15] 擅杀生之谓王，能利害之谓王，何格令之有——或杀或生，或赏或罚，是帝王应

---

① 今河南省开封市。

有的大权，何必拘守法令？

[16] 以大不恭论——依《宋刑统·名例律》"十恶"中的"大不恭"罪论处。

[17] 明年——大观元年，即1107年。

[18] 一时——古代一昼夜分子、丑、寅、卯、辰、巳、午、未、申、酉、戌、亥十二时，一时相当于今两小时。

[19] 用法巧文寖深——舞文弄法，日益苛刻。寖同浸，逐渐。

[20] 自速祸机——自己加速祸乱的到来。

[21] 靖康——钦宗改元年号（1126—1127）。

[22] 奸恶——指蔡京、童贯、王黼等。钦宗即位后，朝野纷纷揭露蔡京等人的罪行。钦宗被迫罢免王黼，流放蔡京、童贯。

[23] 谋国匪人——当时任用李邦彦、张邦昌等计划国家大事，均不得其人。匪，同非。

[24] 末如之何——没有办法。

高宗性仁柔，其于用法，每从宽厚，罪有过贷[1]，而未尝过杀。知常州周杞擅杀人，帝曰："朕日亲听断，岂不能任情诛僇[2]，顾非理耳。"即命削杞籍[3]。大理[4]率以儒臣用法平允者为之。狱官入对[5]，即以惨酷为戒。台臣、士曹[6]有所平反，辄与之转官[7]。每临轩虑囚，未尝有送下者，曰："吾恐有司观望，锻炼以为重轻也[8]。"吏部员外郎刘大中奉使江南回[9]，迁左司谏[10]，帝寻以为秘书少监[11]。谓宰臣朱胜非[12]曰："大中奉使，颇多兴狱，今使为谏官，恐四方观望耳。"其用心忠厚如此。后诏："用刑惨酷责降[13]之人，勿堂除[14]及亲民[15]，止与远小监当差遣[16]。"

【注释】

[1] 过贷——过分宽恕。

[2] 僇——戮。

[3] 命削杞籍——命令削除周杞的官职。按《建炎以来系年要录》卷51，事在绍圣二年（1095）正月。

[4] 大理——大理寺，宋代中央审判机关。这里指大理寺官员。

[5] 入对——宋初，朝官每五日在内殿朝见皇帝一次，议论政务，简称轮对或入对。南宋初复行之。

[6] 台臣、士曹——台臣，御史；士曹，法官。

[7] 转官——升迁官职。

[8] 恐有司观望，锻炼以为重轻也——恐怕主管官吏借此揣测皇帝的旨意，罗织事由，用以做出或重或轻的判断的标准。

[9] 刘大中奉使江南回——按《建炎以来系年要录》卷74，事在绍兴四年（1134）三月。

[10] 左司谏——官名，属门下省，并充谏院知院官。

[11] 秘书少监——官名，秘书省的副长官。宋初秘书省只掌管祭祀祝版（祭祀时书写祈祷等文辞）。神宗改革官制，秘书省才掌管图书经籍等等。

[12] 朱胜非——蔡州①人。建炎初任中书舍人，兼权直学士院，后升中书侍郎、尚书右仆射。②

[13] 责降——降职。

[14] 堂除——或称堂选，即中书省不通过吏部而直接选任官员③。

[15] 亲民——宋代职官，除京官外，外官分亲民和厘务两类。直接处理民政的，如知府、知州、知县为亲民官；处理国家特定事务的，如监管税务等为厘务官。

[16] 止与远小监当差遣——只派充边远僻小地区的监当官。止，通只。监当，即监当官，专管茶、盐、酒等税收，或监管冶炼铜、铁等铸造事务。

当建、绍间[1]，天下盗起[2]，往往攻城屠邑，至兴师以讨之，然得贷亦众。同知枢密院事李回尝奏强盗之数[3]，帝曰："皆吾赤子也，岂可一一诛之？诛其渠魁三两人足矣。"至待贪吏则极严[4]：应受赃者，不许堂除及亲民；犯枉法自盗者，籍其名中书[5]，罪至徒即不叙，至死者，籍其赀。诸文臣寄禄官并带"左""右"字，赃罪人则去之[6]。是年，申严真决赃吏法[7]。令三省取具祖宗故事，有以旧法弃市事上者，帝曰："何至尔耶？但断遣之足矣。贪吏害民，杂用刑威，有不得已，然岂忍置缙绅[8]于死地邪？"

【注释】

[1] 建、绍间——建炎（高宗第一次改元的年号）、绍兴（高宗第二次改元的年号）年间。

[2] 天下盗起——南宋政府加紧压榨人民，遇敌即溃的官军又到处抢劫，因而人民到处聚众起义，以领导洞庭湖一带农民起义的钟相、杨太声势最大。他们一面抵抗金人的侵略，一面杀贪官污吏，做正义的反抗。

[3] 李回尝奏强盗之数——李回，建炎中曾以端明殿学士迁中大夫，除同知枢密院事。绍兴初，除参知政事，按《建炎以来系年要录》卷40，事在建炎四年（1130）十二月。

[4] 至待贪吏则极严——自徽宗崇宁、大观以来，赃吏特多。高宗南渡，重建政权，严惩贪污官吏。初诏赃罪明白者，不许堂除及亲民差遣。建炎二年（1128）正月诏自今犯枉法自盗赃人，令中书省籍记姓名。罪至徒者，永不叙用。按察官失于检劾者，并取旨科罪，不以去官原免。同年二月又诏自今犯枉法自盗赃抵死者，籍其赀。四年（1130）秋，

---

① 今河南省汝南县。
② 《宋史》卷362。
③ 《宋史》卷158《选举志》。

诏自今犯赃免死者，杖脊，流配。同年冬，湖口令孙成坐赃，黥隶连州。①

[5] 犯枉法自盗者，籍其名中书——见注[4]。

[6] 诸文臣寄禄官并带"左""右"字，赃罪人则去之——宋代官制有寄禄官和职事官两类。寄禄官是一种官阶，根据官阶品级高低，区分官禄的多少，和实职办事的职事官不同。如神宗改定官制后，以金紫左右光禄大夫等为寄禄官，以吏部尚书等为职事官。后来文臣寄禄官又按官员有无出身（原来资格）而分"左""右"，有出身的带"左"字，无出身的带"右"字，"左"优于"右"。如有犯赃情事，则不许带"左""右"字。这种带"左""右"字的办法，始于元祐时，绍圣以后，曾一度取消，绍兴时恢复施行。按《建炎以来系年要录》卷47，事在绍兴元年（1131）九月。

[7] 申严真决赃吏法——重申前朝严格而如实地处置贪官污吏的法令。按《建炎以来系年要录》卷50，事在绍兴元年（1131）十二月。

[8] 缙绅——别作搢绅。古代官员都把朝笏插在衣带中，后来便用缙绅二字来代表做官的人。缙，插的意思；绅，衣带；缙绅，把朝笏插在衣带中。

在徽宗时，刑法已峻。虽尝裁定笞杖之制[1]，而有司犹从重比[2]。中兴[3]之初，诏用政和递减法[4]，自是迄嘉定[5]不易。自蔡京当国，凡所请御笔以坏正法者，悉厘正[6]之。诸狱具，令当职官[7]依式检校[8]。枷以干木为之，轻重长短刻识其上，笞杖不得留节目，亦不得钉饰及加筋胶之类，仍用官给火印[9]。暑月每五日一洗濯枷杻[10]，刑、寺轮官一员[11]，躬亲监视。诸狱司并旬申禁状[12]，品官、命妇在禁，别具单状[13]。合奏案者，具情款招伏奏闻[14]，法司朱书检坐条例、推司录问、检法官吏姓名于后[15]。

【注释】

[1] 在徽宗时，刑法已峻。虽尝裁定笞杖之制——徽宗政和八年（1118），改定笞杖制。曾诏令除犯罪应徒三年杖一百外，凡徒二年半杖九十，改杖十七下；徒二年杖八十，改杖十五下；徒一年半杖七十，改杖十三下；徒一年杖六十，改杖十二下。笞五十，改杖十下；笞四十，改杖八下；笞三十，改杖七下；笞二十，改杖六下；笞十，改杖五下。②

[2] 重比——比，我国古代律令无正式条文规定，援引类似的法律条文及过去的判例以定罪刑的制度。重比，即比照处罚严重的法律条文或判例处理。

[3] 中兴——高宗南渡，重建宋王朝，史称中兴。

[4] 政和递减法——政和，徽宗第四次改元的年号（1111—1118）。即前改定笞杖递减法。

[5] 嘉定——宁宗第四次改元的年号（1208—1225）。

---

① 《建炎以来系年要录》卷12、13，又《建炎以来朝野杂记甲集》卷6。
② 《宋大诏令集》卷202。

[6] 厘正——改正。

[7] 当职官——承办官吏。

[8] 依式检校——依照法定方式检查校对。

[9] 火印——烙印。

[10] 杻（chǒu）——古刑具，手铐之类。

[11] 刑、寺轮官一员——刑部、大理寺各轮派官员一人。

[12] 旬申禁状——每十日报告一次拘禁状况。

[13] 品官、命妇在禁，别具单状——九品以上的官员称品官；受帝王赏给封号的妇女称命妇。凡属品官、命妇被拘禁的，须另行备置卷宗。

[14] 合奏案者，具情款招伏奏闻——凡应向朝廷上报的，须备齐案情、口供、招状、伏辩，一并报告。

[15] 法司朱书检坐条例、推司录问、检法官吏姓名于后——法司方面用红笔记明所检出犯罪的法条，推司方面的讯问记录，以及曾经核对法例的检法官姓名，都须附在后面。

各州每年开收[1]编配羁管奴婢人[2]及断过编配之数，各置籍[3]。各路提点刑狱司，岁具本路州军断过大辟申刑部，诸州申提刑司。其应书禁历[4]而不书，应申所属而不申[5]，奏案不依式[6]，检坐开具违令[7]，回报不圆致妨详覆[8]，与提刑司详覆大辟而稽留、失覆大辟致罪有出入者，各抵罪。知州兼统兵者，非出师临陈，毋用重刑。州县月具系囚存亡之数申提刑司，岁终比较，死囚最多者，当职官黜责，其最少者，褒赏之[9]。

【注释】

[1] 开收——开释和收禁。

[2] 编配羁管奴婢人——流配有编管和羁管的分别。编管是送到流配地方后，编入户籍，交该地方官管束。羁管是送到流配地方后，由该地方官拘禁于一定处所严加管束。奴婢是送到流配地方后，分别男为奴，女为婢。

[3] 置籍——置备名册。

[4] 禁历——每日记载收押犯人的日记簿。

[5] 应申所属而不申——应向直属上级汇报而不汇报。

[6] 奏案不依式——上报朝廷的公文不依法定的格式。

[7] 检坐开具违令——不按政令之规定检齐所犯法例和备齐卷宗文件。

[8] 回报不圆致妨详覆——上级命令调查的事项，回报不周到，以致上报以后难以详覆。

[9] 岁终比较，死囚最多者，当职官黜责，其最少者，褒赏之——当时州县囚犯因虐待致死的很多，所以规定每年年终比较，死囚多则贬官责罚，少则记功行赏，称"岁终比较计分断罪法"。

旧以绢计赃者，千三百为一匹，窃盗至二贯者徒。至是，又加优减，以二千为一匹，盗至三贯者徒一年。三年[1]，复诏以三千为一匹，窃盗及凡以钱定罪，递增五分[2]。四年[3]，又诏："特旨处死，情法不当者，许大理寺奏审。"

【注释】

[1] 三年——绍兴三年，即1133年。

[2] 复诏以三千为一匹，窃盗及凡以钱定罪，递增五分——南渡以来，战争继续，民生不安，币值日益下降。原来窃盗，以诏敕所制定的赃数为论罪条件，量刑又以律所载得赃若干折合绢数为计算标准。最初绢价每一匹值钱一贯三百文。后来绢值高涨，改为每匹二贯。不久，又改为每匹三贯，三贯比过去二贯增加二分之一，也就是增加十分之五。因此诏令窃盗及其余以钱定罪的法例，都以递增五分为断罪的标准。

[3] 四年——绍兴四年，即1134年。

五年[1]，岁终比较，宣州、衢州[2]、福州[3]无病死囚，当职官各转一官；舒州[4]病死及一分[5]、惠州[6]二分六厘，当职官各降一官。六年[7]，令刑部体量公事[8]，邵州[9]、广州[10]、高州[11]勘命官[12]淹系[13]至久不报，诏知州降一官，当职官展二年磨勘[14]，当行吏永不收叙[15]。德庆府[16]勘封川县[17]令事，七月不报，诏知州、勘官各抵罪。九年[18]，大理寺朱伯文广西催断刑狱，还言："雷州海贼两狱，并系平人七人，内五人已死。"帝恻然，诏本路提刑以下重致罚[19]。

【注释】

[1] 五年——绍兴五年，即1135年。

[2] 衢州——州名，属两浙路，治所在今浙江省衢州市。

[3] 福州——州名，属福建路，治所在今福建省福州市。

[4] 舒州——州名，属淮南西路，治所在今安徽省潜山市。

[5] 病死及一分——囚犯总数中，死亡达十分之一，称一分。

[6] 惠州——州名，属广南东路，治所在今广东省惠阳区。

[7] 六年——绍兴六年，即1136年。

[8] 体量公事——考察公事。

[9] 邵州——州名，属荆湖南路，治所在今湖南省邵阳市。

[10] 广州——州名，属广南东路，治所在今广东省广州市。

[11] 高州——州名，属广南西路，治所在今广东省高州市。

[12] 勘命官——审讯有关人命案件的官吏。

[13] 淹系——拖长拘禁的时间。

[14] 展二年磨勘——展，延长。磨勘，考核官员成绩以定升迁的制度。磨勘有一定年限，初定官员任职满五年，后改为满三年。官员非经磨勘，不得晋级升官。展磨勘，即延

长磨勘年限。

[15] 当行吏永不收叙——当行吏，该管吏员。吏员经过一定年限，可以录用为官员。永不收叙，即永远不得提升。

[16] 德庆府——府名，属广南东路，治所在今广东省封开县。

[17] 封川县——县名，即今广东省封开县。

[18] 九年——绍兴九年，即1139年。

[19] 重致罚——处以重罚。

十二年[1]，御史台点检钱塘、仁和县[2]狱具，钱塘大杖，一多五钱半；仁和枷，一多一斤，一轻半斤。诏县官各降一官。十三年[3]，诏："禁囚无供饭者，临安日支钱二十文，外路十五文。"十六年[4]，诏："诸鞫狱追到干证人[5]，无罪遣还者，每程给米一升半，钱十五文。"二十一年[6]，诏官支病囚药物钱。

【注释】

[1] 十二年——绍兴十二年，即1142年。

[2] 钱塘、仁和县——县名，在今浙江省杭州市区。

[3] 十三年——绍兴十三年，即1143年。

[4] 十六年——绍兴十六年，即1146年。

[5] 干证人——和案件有关系的证人。

[6] 二十一年——绍兴二十一年，即1151年。

旧法，刑部郎官四人，分左右厅，或以详覆，或以叙雪[1]，同僚而异事，有防闲考覆[2]之意。南渡以来，务从简省，大理少卿止一员，刑部郎中初无分异，狱有不得其情，法有不当于理者，无所平反追改。二十六年[3]，右司郎中汪应辰[4]言之。诏刑部郎官依元丰法，分左右厅治事[5]。二十七年[6]，诏："四川以钱引科罪者，准铜钱[7]。"

【注释】

[1] 叙雪——叙是叙复，即对有罪官吏，根据赦令重新予以审查录用；雪是申雪，对无罪的人，为其申雪冤屈。

[2] 防闲考覆——反复考查核对，防止弊端。

[3] 二十六年——绍兴二十六年，即1156年。

[4] 右司郎中汪应辰——右司郎中，官名，属尚书省，地位在右司员外郎之上，它和左司郎中、员外郎分办尚书省事。汪应辰，信州玉山①人。高宗绍兴时进士。初为秘书省正字，因反对秦桧主和，被命通判建州。桧死，还朝，任吏部郎官，迁右司，官至吏

---

① 今江西省玉山县。

部尚书。①

[5] 诏刑部郎官依元丰法，分左右厅治事——志文简略。《建炎以来系年要录》卷175载："绍兴二十六年十月，诏刑部郎官依元丰法分左右厅治事。先是，右司郎中汪应辰言：'国家谨重用刑，是以参酌古谊，并建官师。在京之狱，曰开封府，曰御史，又置纠察司，以讥其失。断其刑者，曰大理，曰刑部，又置审刑院，以决其平。鞠之与谳，各司其局，初不相关，是非可否，有以相济。及赦令之行，其有罪者，许以叙复，无辜者，为之湔（jiān）洗。内则命侍从馆阁之臣，置司详定，而昔之鞠与谳者，皆无预焉。外之川陕，去朝廷远，则委之转运钤辖司，而提点刑狱之官，亦无预焉。及元丰更定官制，始以大理兼狱事，而刑部如故。然而大理少卿二人，一以治狱，一以断刑。刑部郎官四人，分为左右厅，或以详覆，或以叙雪。同僚而异事，犹不失祖宗分职之意。本朝比之前世，刑狱号为平者，盖其并建官司，所以防闲考覆，有此具也。中兴以来，务从简省，大理少卿止于一员，而刑部郎中初无分异。则狱之不得其情，法之不当于理者，又将使谁平反而追改之乎？今虽未能尽复祖宗之旧，亦当遵元丰旧制，庶几官各有守，人各有见，反覆详尽，以称钦恤之意。'故有是旨。"可供参考。

[6] 二十七年——绍兴二十七年，即1157年。

[7] 四川以钱引科罪者，准铜钱——钱引，宋代纸币的名称。其票面钱数代表当时四川所通用的铁钱。四川定罪计赃，向来以铁钱折合铜钱计算。自钱引的实际价值低于票面后，用票面钱数计赃定罪，往往太重，因改准铜钱，即按铜钱的实际价值计赃定罪。②

孝宗[1]究心庶狱[2]，每岁临轩虑囚，率先数日令有司进款案[3]披阅，然后决遣。法司更定律令，必亲为订正之。丞相赵雄[4]上《淳熙条法事类》，帝读至收骡马、舟舡[5]、契书税[6]，曰："恐后世有算及舟车之讥。"《户令》[7]："户绝之家[8]，许给其家三千贯，及二万贯者取旨。"帝曰："其家不幸而绝，及二万贯乃取之，是有心利其财也。"又《捕亡律》[9]："公人不获盗者，罚金。"帝曰："罚金而不加罪，是使之受财纵盗也。"又："监司、知州无额上供[10]者赏。"帝曰："上供既无额，是白取于民也，可赏以诱之乎？"并令削去之。其明审如此。

【注释】

[1] 孝宗——赵昚（shèn，1127—1194），高宗嗣子。1163—1189年在位。改元隆兴（1163—1164）、乾道（1165—1173）、淳熙（1174—1189）。

[2] 究心庶狱——尽心于老百姓的狱讼之事。

[3] 款案——有口供的案卷。

---

① 《宋史》卷387。
② 《宋会要辑稿·刑法3》之8。

[4] 赵雄——资川①人。孝宗隆兴时，省试第一。淳熙中，任参知政事，旋进右丞相，曾主持编纂《淳熙条法事类》②。

[5] 舡（xiāng，又读 chuán）——船。

[6] 契书税——立契文书税。宋代典卖田宅，都须投契纳税。

[7]《户令》——当时的户籍法令。

[8] 户绝之家——封建时代，没有男系子孙可立为后嗣的民户，称户绝之家。

[9]《捕亡律》——《宋刑统》所有逮捕逃亡的规定。

[10] 无额上供——宋代赋税名称的一种。上供，始于唐代，即各地每年向朝廷上缴额定的财物。宋沿唐制。元丰五年（1082），更于上供年额之外，命令各地每年琐细收入都上供朝廷，称为无额上供。

且于用刑，未尝以私废法。镇江都统[1]戚方以刻剥被罪，宰臣陈俊卿[2]言内臣有主之者[3]，帝曰："朕亦闻之。"乃以内侍陈瑜、李宗回等付大理狱，究其赂状[4]，狱成，决配之。乾道二年[5]下诏曰："狱，重事也。用法一倾[6]，则民无所措手足。比[7]年以来，治狱之吏，巧持多端[8]，随意轻重之，朕甚患焉。其自今革玩习之弊[9]，明审克之公，使奸不容情，罚必当罪，用迪于刑之中[10]，勉之哉，毋忽！"三年[11]，诏曰："狱，重事也。稽者有律，当者有比，疑者有谳[12]。比年顾以狱情白于执政，探取旨意，以为轻重甚亡谓[13]也。自今其祇[14]乃心，敬于刑，惟当为贵，毋习前非。不如吾诏，吾将大置于罚，罔攸赦[15]。"六年[16]，诏："以绢计赃者，更增一贯。以四千为一匹。"议者又言："犯盗，以敕计钱定罪，以律计绢。今律以绢定罪者递增一千，敕内以钱定罪，亦合例增一千。"从之。

【注释】

[1] 镇江都统——镇江，今江苏省镇江市。都统，即都统制的简称，南宋屯驻重要地区禁军的大将军衔。

[2] 陈俊卿——兴化③人，高宗绍兴时进士。因不肯依附秦桧，任南外睦宗院教授。桧死，召为监察御史。孝宗时，官至尚书右仆射、同中书门下平章事兼枢密使。④

[3] 内臣有主之者——内臣，宋代内侍省官员的通称，或称内侍。主之，主使的意思。

[4] 赂状——收受贿赂的事实。

[5] 乾道二年——乾道，孝宗第二次改元的年号。二年，即1166年。

---

① 今四川省资中县。
②《宋史》卷396。
③ 今福建省莆田市。
④《宋史》卷383。

[6] 用法一倾——执行法律稍不公正。

[7] 比——近。

[8] 巧持多端——奸伪诈巧，多端作弊。

[9] 革玩习之弊，明审克之公——革除轻视法令的流弊，明示审判务求公平。

[10] 用迪于刑之中——在惩罚的措施中常有教导的作用。迪，引导，开导。

[11] 三年——乾道三年，即1167年。

[12] 稽者有律，当者有比，疑者有谳——有律文可以稽查以作根据，有断例可以参照，有疑难则申请复审。

[13] 亡谓——无谓，不恰当。

[14] 祗——恭敬。

[15] 不如吾诏，吾将大置于罚，罔攸赦——如不遵照诏令行事，便处以重罚，决不赦免。

[16] 六年——乾道六年，即1170年。

临安府左右司理、府院三狱[1]，杖直狱子[2]以无所给，至为无籍[3]。七年[4]，诏："人月给钱十贯，米六斗，每院止许置一十二人。"时州县狱禁淹延，八年[5]，诏："徒以上罪入禁三月者，提刑司类申刑部，置籍立限以督之。"其后，又诏中书置籍，奏取会籍[6]，大臣按阅，以察刑寺稽违，与夫不应问难[7]而问难，不应会而会者。

【注释】

[1] 临安府左右司理、府院三狱——临安府为南宋都城，仿开封府旧制，分设三狱。一为左司理狱，左司理参军主管。一为右司理狱，右司理参军主管。一为府院狱，录事参军主管。三狱分别审理临安府城及其所领钱塘、仁和、余杭、临安、富阳、于潜、盐官、昌化、新城九县的刑事案件。录事参军兼理户、婚等民事纠纷。并各设拘禁犯人的处所。

[2] 杖直狱子——狱内执行拷讯和管理囚犯的吏役。

[3] 无籍——无所凭借，不能生活。

[4] 七年——乾道七年，即1171年。

[5] 八年——乾道八年，即1172年。

[6] 会籍——宋代宣敕繁多，又随时随事陆续下降指挥，刑部大理寺处理案件，非把有关宣敕或指挥分别调卷或会齐册籍，参考核对，不能解决。但卷籍分散各处，调、会极不容易，往往拖延案件的审理。同时刑部大理寺又不认真处理案件，往往因案情小节未调查周到，便奏取会籍，推诿审结案件的迟延责任。

[7] 问难——责问。

淳熙初，浙西提刑郑兴裔上《检验格目》[1]，诏颁之诸路提刑司。凡检覆必给三本：

一申所属，一申本司，一给被害之家。绍兴法，鞫狱官推勘不得实，故有不当者[2]，一案坐之。乾道法，又恐有移替事故[3]者，即致淹延，乃令先决罪人不当，官吏案后收坐[4]。至是，所司请更定死罪依绍兴法，余依乾道施行，从之。其后，有司以覆勘不同，则前官有失入之罪，往往雷同前勘。帝知其弊，十四年[5]，诏特免一案推结一次。于是小大之狱，多得其情。二广州军[6]狱吏，畏宪司点检送勘之害，凡有重囚，多毙于狱。臣僚以为请，乃诏二广提刑司详覆公事，若小节不完[7]，不须追逮狱吏，委本州究实保明；遇有死者，必根究其所以致死。

【注释】

[1] 淳熙初，浙西提刑郑兴裔上《检验格目》——淳熙初，指淳熙元年（1174）。浙西提刑，浙西路提点刑狱公事的简称。郑兴裔，开封人。徽宗皇后母家的后裔，以国戚得官职。曾知扬州、庐州，累被差充浙东、浙西、江东提点刑狱。因州县官不注意检验，吏胥从中舞弊，冤枉不明，特创《检验格目》①。

[2] 故有不当者——故意出入人罪的。

[3] 移替事故——官吏调任，前后任官吏移交、接替等事项、原因。

[4] 收坐——追究办罪。

[5] 十四年——淳熙十四年，即 1187 年。

[6] 二广州军——二广，指广南东路、广南西路。

[7] 小节不完——案件的某些小节办得不周到。

三衙及江上诸军，各有推狱，谓之"后司"[1]。狱成决于主帅，不经属官，故军吏多受财为奸。光宗时，乃诏通晓条制属官兼管之。广东路瘴疠，惟英德府[2]为最甚，谓之"人间生地狱"。诸司公事欲速成者，多送之，自非死罪，至即诬伏，亟就刑责[3]以出。五年[4]，臣僚言之，诏："本路诸司公事应送别州者，无送英德府。"

【注释】

[1] 三衙及江上诸军，各有推狱，谓之"后司"——宋代统率禁军的机关有殿前司和侍卫司，侍卫司又分马、步两司，因称三衙。南渡以后，为防御金兵，沿江淮驻屯大量军队，江东为刘光世所统制，淮东为韩世忠所统制，湖北为岳飞所统制，总称江上诸军。孝宗时江上诸军的统帅，虽早有变动，但各军人数有增无减。以上各衙各军都设拘禁犯人的处所，称为"后司"，处理刑事案件。

[2] 英德府——府名，属广南东路，治所在今广东省英德市。

[3] 就刑责——指受笞杖等刑罚。

[4] 五年——光宗绍熙五年，即 1194 年。

---

① 《宋史》卷 465。

至宁宗[1]时，刑狱滋滥。嘉泰初，天下上死案[2]，一全年千八百一十一人，而断死者才一百八十一人，余皆贷之。乃诏诸宪台，岁终检举州军有狱空并禁人少者，申省取旨。嘉定四年[3]诏："以绢计赃定罪者，江北铁钱依四川法，二当铜钱一。"江西提刑徐似道[4]言："检验官指轻作重，以有为无，差讹交互，以故吏奸[5]出入人罪。乞以湖南正背人形[6]随《格目》[7]给下，令于伤损去处，依样朱红书画，唱喝伤痕[8]，众无异词，然后署押。"诏从之，颁之天下。五年[9]，诏三衙及江上、四川诸军，以武举人[10]主管后司公事。

【注释】

[1] 宁宗——赵扩，光宗之子。1195—1224年在位。改元4次：庆元（1195—1200）、嘉泰（1201—1204）、开禧（1205—1207）、嘉定（1208—1224）。

[2] 天下上死案——全国各地上报朝廷的死刑案件。

[3] 嘉定四年——1211年。

[4] 徐似道——天台①人。历任吴江县尉，江西提点刑狱公事。

[5] 吏奸——吏员从中作弊。

[6] 湖南正背人形——正背人形，即检验正背人形图，图内载有尸身正面和背面的应验部位。这种图创自湖南提点刑狱公事，当时称"湖南提刑司格式"。

[7]《格目》——淳熙初浙西提刑郑兴裔所上之《检验格目》，见本书第27页注。

[8] 朱红书画，唱喝伤痕——在伤单上用红笔标明受伤部位，并当场对大众高声说明伤痕。

[9] 五年——嘉定五年，即1212年。

[10] 武举人——宋仿唐制，设置武举，先试骑马射箭，再试兵书文义，所以武举人除武艺外，还兼通文理。

理宗起自民间[1]，具知刑狱之弊。初即位，即诏天下恤刑[2]，又亲制《审刑铭》以警有位[3]。每岁大暑，必临轩虑囚。自谋杀、故杀、斗杀已杀人者，伪造符印、会子[4]，放火，官员犯入己赃[5]，将校军人犯枉法外，自余[6]死罪，情轻者降从流，流降从徒，徒从杖，杖已下释之。大寒虑囚，及祈晴祈雪及灾祥，亦如之[7]。有一岁凡数疏决[8]者。后以建康亦先朝驻跸之地[9]，罪人亦得视临安减降之法[10]。

【注释】

[1] 理宗起自民间——1224年闰八月，宁宗病死。投降派史弥远、郑清之等强行废去太子竑（hóng），把在绍兴民间找到的一个名叫赵莒的十七岁男子，说成是宗室之后裔，改名昀，立为皇帝，即理宗。

[2] 恤刑——谨慎施用刑罚。

---

① 今浙江省天台县。

[3] 亲制《审刑铭》以警有位——理宗自己制定关于谨慎施用刑罚的韵文，以警戒在职官吏。淳祐四年（1244）发表《谨刑铭》："民吾同胞，疾痛由己。报虐以威，刑非得已。仰惟祖宗，若保赤子。明谨庶狱，恻怛温旨。金科玉条，毫析铢累。夫何大吏，蔑弃法理。逮于郡邑，滥用笞棰。典听朕言，式克钦止。"①

[4] 会子——宋代纸币之一。高宗时，户部侍郎钱端礼造会子，分一贯、五百文、三百文、二百文四种，始行于两浙，后来通行于两淮、湖广各地。公私交易，都用会子以代钱币。

[5] 官员犯入己赃——官员犯把赃物归己所有罪。

[6] 自余——其余。

[7] 祈晴祈雪及灾祥，亦如之——当时在久雨祈晴、冬令祈雪，以及遭遇异常的自然变化时，也都清理囚犯。

[8] 数疏决——屡次为清理案件而判决。

[9] 建康亦先朝驻跸之地——驻跸，古代帝王出行，途中停留暂住。建康，即今南京。高宗南渡，曾在建康建置行宫。

[10] 减降之法——减等降罪的办法。

帝之用刑可谓极厚矣，而天下之狱不胜其酷。每岁冬夏，诏提刑行郡决囚[1]，提刑惮行，悉委倅式[2]，倅式不行，复委幕属[3]。所委之人，类皆肆行威福，以要馈遗[4]。监司、郡守擅作威福，意所欲黥，则令入其当黥之由，意所欲杀，则令证其当死之罪，呼喝[5]吏卒，严限日时，监勒招承，催促结款[6]。而又擅置狱具，非法残民，或断薪为杖，掊击[7]手足，名曰"掉柴"；或木索并施，夹两胆[8]，名曰"夹帮"；或缠绳于首，加以木楔，名曰"脑箍"；或反缚跪地，短竖坚木，交辫[9]两股，令狱卒跳跃于上，谓之"超棍"，痛深骨髓，几于殒命[10]。富贵之家，稍有冒罣，动籍其赀[11]，又以趁办月桩[12]及添助版账[13]为名，不问罪之轻重，并从科罚。大率官取其十，吏渔其百。

【注释】

[1] 行郡决囚——巡回视察州县，判决积压案件。

[2] 倅式——指助理官员，如检法、干办官等。

[3] 幕属——没有官职而协助官员办理文书的人。

[4] 类皆肆行威福，以要馈遗——大都任意行使赏罚的职权，借此索要财物。

[5] 呼喝——呵斥。

[6] 监勒招承，催促结款——勒令招承犯罪事实，强逼囚徒在口供上画押认罪。

[7] 掊击——拷打。

---

① 《咸淳临安志》卷4，第25页。

[8] 脰（dòu）——脖子，颈。

[9] 交辫——交叉放置。

[10] 殒命——死亡。

[11] 稍有罥罣，动籍其赀——罥（juàn），挂。罣（guà），牵挂。罥罣，牵连。同某案稍有一些牵连，动辄没收他的家产。

[12] 趁办月桩——南宋初，军需紧张。绍兴二年（1132）命江东各地州郡按月趁办桩钱，拨给驻军。各地州郡因月桩没有正式科税名称，于是别立名目，有麹引钱、白纳醋钱、卖纸钱、户甲长帖钱、保正牌限钱、折纳牛皮筋角钱，两讼不胜则有罚钱，既胜则令纳欢喜钱，分别向人民勒索供应。①

[13] 添助版账——南宋时以供应军费为名，对输米的添收米耗，对交钱帛的添收糜费，以及征收其他各项罚款等等，总称版账钱。②

诸重刑，皆申提刑司详覆，或具案奏裁，即无州县专杀之理，往往杀之而待罪[1]。法无拘锁之条，特州县一时弹压盗贼奸暴，罪不至配者，故拘锁之，俾之省愆[2]，或一月、两月，或一季、半年，虽永锁者亦有期限，有口食[3]。是时，州县残忍，拘锁者竟无限日，不支口食，淹滞囚系，死而后已。又以己私摧折手足，拘锁尉砦[4]。亦有豪强赂吏，罗织平民[5]而囚杀之。甚至户婚词讼，亦皆收禁。有饮食不充，饥饿而死者；有无力请求，吏卒凌虐而死者；有为两词赂遗，苦楚而死[6]者。惧其发觉，先以病申[7]，名曰"监医"，实则已死；名曰"病死"，实则杀之。至度宗时，虽累诏切责而禁止之，终莫能胜[8]，而国亡矣。

【注释】

[1] 待罪——等候判决。

[2] 省愆——反省自己的过失。

[3] 口食——口粮。③

[4] 尉砦（zǐ）——这里指县尉和镇寨所设拘禁犯人的处所。

[5] 罗织平民——编造罪状，陷害无辜。

[6] 两词赂遗，苦楚而死——双方打官司，彼此各向官吏贿赂，受尽拖累而死。

[7] 申——申报。

[8] 胜——克服。

---

① 《文献通考》卷19《征榷考》。

② 同上。

③ 以上三句与前文抵牾。《续文献通考》和《续通典》的纪事都没有这三句，可供参考。

诏狱，本以纠大奸慝[1]，故其事不常见。初，群臣犯法，体大者多下御史台狱[2]，小则开封府、大理寺鞫治焉。神宗以来，凡一时承诏置推[3]者，谓之"制勘院"，事出中书，则曰"推勘院"，狱已乃罢[4]。

【注释】

[1] 大奸慝（tè）——居心险恶的罪犯。

[2] 群臣犯法，体大者多下御史台狱——群臣中之犯罪者，情节严重的，发交囚禁于御史台狱中。

[3] 承诏置推——奉诏令设置官员审问。

[4] 狱已乃罢——制勘院、推勘院等机构并不常设，案件移结则取消。

熙宁二年[1]，命尚书都官郎中[2]沈衡鞫前知杭州祖无择[3]于秀州[4]，内侍乘驿追逮。御史张戬[5]等言："无择三朝近侍，而骤系囹圄[6]，非朝廷以廉耻风厉[7]臣下之意，请免其就狱[8]，止就审问[9]。"不从。又命崇文院校书张载[10]鞫前知明州[11]、光禄卿[12]苗振于越州[13]。狱成，无择坐贷官钱及借公使酒[14]，谪忠正军节度副使，振坐故入裴士尧罪及所为不法，谪复州[15]团练副使。狱半年乃决，辞所连逮官吏，坐勒停、冲替[16]、编管又十余人，皆御史王子韶启[17]其事。自是诏狱屡兴，其悖于法及国体所系者著之，其余不足纪也。

【注释】

[1] 熙宁二年——1069年。

[2] 尚书都官郎中——官名，属尚书省刑部，掌管全国徒、流、配隶等事。

[3] 知杭州祖无择——知杭州，杭州的地方长官。祖无择，上蔡①人。进士出身。仁宗时，充修起居注、知制诰、权知开封府、知杭州。神宗时，知通进银台司，和王安石意见不合，御史王子韶因弹劾知明州苗振贪污案，并称事关无择。神宗派内侍逮捕无择，自京送往秀州，和苗振一同受审。无择在仁宗、英宗、神宗三朝历知制诰，接近皇帝，故下文称他为三朝近侍。②

[4] 秀州——州名，属两浙路，治所在今浙江省嘉兴市。

[5] 张戬——郿县③人。张载之弟。进士出身。神宗熙宁时，为监察御史里行。④

[6] 囹圄——监狱。

[7] 风厉——鼓励。

[8] 就狱——入狱。

---

① 今河南省汝南县。
② 《宋史》卷331。
③ 今陕西省西安市长安区。
④ 《宋史》卷427。

[9] 止就审问——只命就其所在地审问。

[10] 张载——仁宗嘉祐时进士。熙宁初，任崇文院校书，不久隐居山中讲学，世称横渠先生。著作见明人所编《张子全书》①。

[11] 明州——州名，属两浙路，治所在今浙江省宁波市。

[12] 光禄卿——官名，光禄寺的长官，掌管朝廷的祭祀、朝会、宴享、酒食等事。

[13] 越州——州名，属两浙路。治所在今浙江省绍兴市。

[14] 借公使酒——宋代各路州府每月都有定额的酒以供公用，称公使酒。公使酒不许自制，也不许超额。借公使酒，即借用定额以外的公使酒。

[15] 复州——州名，属荆湖北路。治所在今湖北省天门市。

[16] 冲替——降低官职并派往边远地区。

[17] 启——揭发。

八年[1]，沂州[2]民朱唐告前余姚主簿[3]李逢谋反。提点刑狱王庭筠言其无迹，但谤讟[4]，语涉指斥及妄说休咎[5]，请编配。帝疑之，遣御史台推直官蹇周辅[6]劾治。中书以庭筠所奏不当，并劾之。庭筠惧，自缢死。逢辞连宗室[7]秀州团练使世居、医官刘育等，河中府观察推官[8]徐革，诏捕系台狱，命中丞邓绾[9]、同知谏院范百禄[10]与御史徐禧[11]杂治[12]。狱具，赐世居死[13]，李逢、刘育及徐革并凌迟处死，将作监主簿[14]张靖、武进士[15]郝士宣皆腰斩，司天监学生[16]秦彪、百姓李士宁杖脊，并湖南编管。余连逮者追官落职[17]。世居子孙贷死除名，削属籍[18]。旧勘鞫官吏并劾罪[19]。

【注释】

[1] 八年——熙宁八年，即1075年。

[2] 沂州——州名，属京东东路。治所在今山东省临沂市。

[3] 余姚主簿——余姚，今浙江省余姚市。主簿，官名，助理知县处理一县案牍。

[4] 谤讟（dú）——毁谤。讟，诽谤，怨言。

[5] 语涉指斥及妄说休咎——言语牵涉攻击皇帝，以及乱说天降祥瑞和灾难。休咎：休，旧指吉庆、美善、福禄；咎，灾祸。

[6] 蹇周辅——成都双流②人。进士出身。神宗时，任御史台推直官，办理诏狱。③

[7] 辞连宗室——供词牵涉皇族。

[8] 河中府观察推官——河中府，府名，属陕西路。治所在今山西省芮城县。观察推官，官名，助理知府和通判处理一府的行政事务。

---

① 《宋史》卷427。
② 今四川省成都市双流区。
③ 《宋史》卷329。

[9] 邓绾——成都双流①人。进士出身。因上书颂扬王安石，得充集贤校理，知谏院，由侍御史知杂升御史中丞。②

[10] 范百禄——成都华阳③人。英宗时进士，神宗时知谏院，因和邓绾、徐禧同审赵世居等谋反事件，主张严惩李士宁，被贬职监宿州酒。④

[11] 徐禧——洪州分宁⑤人。神宗时，充史馆检讨，擢监察御史里行。因和邓绾、范百禄同审赵世居等谋反事件，主张刘士宁无罪，进集贤校理，不久知制诰，兼御史中丞。⑥

[12] 杂治——共同处理。

[13] 赐世居死——迫令自杀，这是当时处死某些皇族或其他高级官员的特别方式。

[14] 将作监主簿——将作监，主管皇宫、皇城、桥梁、舟车之营造和修缮等事务的机构。主簿，官名，属将作监，掌管案牍。

[15] 武进士——武举人再经过殿试及格便为武进士。

[16] 司天监学生——司天监，宋初主管测验天文、考定历法等事项的机构，学生即司天监官设的学生，专管日历。

[17] 追官落职——降官并落去贴职。

[18] 削属籍——削去赵世居皇族族籍，表示从皇族中把他开除出去。

[19] 劾罪——检举治罪。

李士宁者，挟术出入贵人门[1]，常见世居母康，以仁宗御制诗上之。百禄谓士宁荧惑世居致不轨[2]，且疑知其逆谋，推问不服。禧乃奏："士宁赠诗，实仁宗御制，今狱官以为反因[3]，臣不敢同。"百禄以士宁尝与王安石善，欲锻炼附致妖言死罪[4]，卒[5]论士宁徒罪，而奏"禧故出之，以媚大臣"[6]。诏详劾理曲者以闻。百禄坐报上不实，落职[7]。

【注释】

[1] 挟术出入贵人门——靠着妖术，进出皇族等贵人的家门。

[2] 荧惑世居致不轨——煽惑赵世居。引起他立意造反。

[3] 反因——造反原因。

[4] 锻炼附致妖言死罪——罗织事实，附令成立"妖言"的死罪。

[5] 卒——结果。

[6] 故出之，以媚大臣——故意开脱李士宁的死罪，奉承王安石。

---

① 今四川省成都市双流区。
② 《宋史》卷329。
③ 今四川省成都市华阳街道。
④ 《宋史》卷337。
⑤ 今江西省修水县。
⑥ 《宋史》卷334。

[7] 坐报上不实，落职——因犯奏报皇帝不实在的罪而落职。

若凌迟、腰斩之法，熙宁以前未尝用于元凶巨蠹[1]，而自是以口语狂悖致罪[2]者，丽于极法[3]矣。盖诏狱之兴，始由柄国之臣藉此以威缙绅，逞其私憾[4]，朋党之祸遂起，流毒不已。

【注释】

[1] 元凶巨蠹——罪恶极大的人。
[2] 以口语狂悖致罪——因讲话狂妄无理而成立犯罪。
[3] 丽于极法——按最重的刑罚惩处。丽，附丽，依照。
[4] 私憾——私人的嫌隙怨恨之情。

绍圣间，章惇[1]、蔡卞[2]用事，既再追贬吕公著[3]、司马光及谪吕大防等岭外[4]，意犹未快，仍用黄履疏高士京状[5]追贬王珪[6]，皆诬以"图危上躬"[7]，其言寖及宣仁[8]，上颇惑之。最后，起同文馆狱[9]，将悉诛元祐旧臣[10]。时太府寺主簿[11]蔡渭奏："臣叔父硕，尝于邢恕[12]处见文及甫元祐中所寄恕书，具述奸臣大逆不道之谋。及甫，彦博[13]子也，必知奸状。"诏翰林承旨[14]蔡京、吏部侍郎安惇[15]同究问。初，及甫与恕书，自谓："毕襢当求外，入朝之计未可毕[16]，闻已逆为机阱[17]，以榛塞其涂[18]。"又谓："司马昭之心，路人所知[19]。"又云："济[20]之以粉昆[21]，朋类错立[22]，欲以眇躬[23]为甘心快意之地。"及甫尝语蔡硕，谓司马昭指刘挚，粉昆指韩忠彦[24]，眇躬，及甫自谓。盖俗称驸马都尉为"粉侯"，人以王师约[25]故，呼其父克臣为"粉父"，忠彦及嘉彦之兄也。及甫除都司[26]，为刘挚论列[27]。又挚尝论彦博不可除三省长官，故止为平章重事[28]。及彦博致仕[29]，及甫自权侍郎[30]以修撰守郡[31]，母丧除，与恕书请补外[32]，因为躁忿诋毁之辞。及置对[33]，则以昭比挚如旧，眇躬乃以指上，而粉昆乃谓指王严叟[34]面如傅粉，故曰"粉"，梁焘[35]字况之，以"况"为兄，故曰"昆"，斥挚将谋废立，不利于上躬。京、惇言"事涉不顺[36]，及甫止闻其父言，无他证佐，望别差官审问。"乃诏中书舍人蹇序辰[37]审问，仍差内侍一员同往。蔡京，安惇等共治之，将大有所诛戮，然卒不得其要领。会星变[38]，上怒稍息，然京、惇极力锻炼不少置。既而梁焘卒于化州[39]，刘挚卒于新州[40]，众皆疑二人不得其死。明年五月，诏："挚、焘据文及甫等所供言语，偶逐人皆亡，不及考验[41]，明正典刑。挚、焘诸子并勒门，永不收叙。"先时，三省进呈，帝曰："挚等已谪遐方[42]，朕遵祖宗遗志，未尝杀戮大臣，其释勿治。"

【注释】

[1] 章惇——浦城①人。进士出身。初为王安石助手，任编修三司条例官。司马光恢

---

① 今福建省浦城县。

复旧法后,被贬官。哲宗亲政,又被起用,任尚书左仆射,竭力攻击守旧派。①

[2] 蔡卞——仙游②人,蔡京之弟,王安石女婿。进士出身。哲宗时任尚书左丞,和章惇共同排斥守旧派。③

[3] 追贬吕公著——追贬,死后降低官职的处分。吕公著(1018—1089),寿州④人,吕夷简之子。进士出身。神宗时,官历御史中丞。元祐时,他和司马光同为宰相。死后被封申国公。⑤

[4] 谪吕大防等岭外——贬谪并被送往岭南。吕大防(1027—1097),汲郡⑥人。进士出身。神宗时历官监察御史。元祐时,他和范纯仁同为宰相。⑦后和刘挚、梁焘等分别被谪于岭南。

[5] 黄履疏高士京状——黄履,邵武⑧人。进士出身。哲宗时,任翰林学士。攻击守旧派。绍圣中,任御史中丞,上疏弹劾吕大防、刘挚、司马光,甚至牵连宣仁太后。⑨高士京,宣仁太后堂弟。邢恕为攻击王珪,劝诱高士京上疏自陈其父遵裕临死时,曾密告以神宗未死前,王珪派高士充来谋立雍王,被其父当面斥骂而去等情。⑩

[6] 王珪——华阳⑪人。进士出身。哲宗时宰相。⑫

[7] 诬以"图危上躬"——诬指王珪曾主张废立哲宗。

[8] 其言寖及宣仁——宣仁(1048—1085),即高太后,神宗的母亲。亳州蒙城⑬人。神宗死,哲宗年幼,由她以太皇太后名义临朝听政,起用守旧派首领司马光为相,尽复旧人旧法。其言寖及宣仁,指当时新派执政,攻击守旧派,并牵涉宣仁亦有废立哲宗的企图。

[9] 同文馆狱——同文馆原为处理外交事务的机构。当时新派蔡京等,控告守旧派大臣过去有废立哲宗的计划,特设监狱于同文馆,审理这一重大案件。

[10] 元祐旧臣——指哲宗时刘挚、梁焘等守旧派大臣。

[11] 太府寺主簿——太府寺,主管京都库藏出纳的官署。主簿,官名,属太府寺,掌

---

① 《宋史》卷471。
② 今福建省仙游县。
③ 《宋史》卷472。
④ 今安徽省寿县。
⑤ 《宋史》卷336。
⑥ 今河南省卫辉市。
⑦ 《宋史》卷340。
⑧ 今福建省邵武市。
⑨ 《宋史》卷328。
⑩ 《宋史》卷471。
⑪ 今属四川省成都市。
⑫ 《宋史》卷312。
⑬ 今安徽省蒙城县。

管文书和簿册。

[12] 邢恕——郑州阳武①人。进士出身。充崇文院校书。旋依附章惇、蔡卞，得任御史中丞，竭力攻击元祐时执政的守旧派刘挚、梁焘等。②

[13] 彦博——文彦博（1006—1097），介休③人。仁宗时进士。历任仁宗、英宗、神宗、哲宗四朝的官。被封潞国公。元祐时，任平章军国重事，位在宰相之上。④

[14] 翰林承旨——官名，属翰林学士院，翰林学士承旨的简称。翰林学士专掌内制，即为皇帝草拟任免宰相、颁发赦令等极端机密文件，以其中一人为承旨，地位在各学士之上。因承旨接近皇帝，往往奉派处理特定事件。

[15] 安惇——广安军⑤人。上舍及第。哲宗时，任谏议大夫，和蔡京会审同文馆狱，因升御史中丞。⑥

[16] 毕禫（dàn）当求外，入朝之计未可毕——封建礼制，父母死亡，应着孝服，孝服期满称服除，服除应祭祀一次，称禫祭。毕禫即服除。求外，指要求做京师以外的官。当时文及甫因和刘挚意见不合，顾虑自己服除不能再做京官，所以写信给平日交好的邢恕，故意文辞隐晦，以免泄漏。入朝之计未可毕，指做京官的愿望恐难达到。⑦

[17] 逆为机阱（jǐng）——预设谋害的圈套。

[18] 榛塞其涂——榛，杂乱无章的树木。榛塞其涂，阻止他上进的意思。

[19] 司马昭之心，路人所知——司马昭（211—265），三国时魏人，司马懿的次子，继其兄司马师为大将军，专魏国国政，废立魏君，有取而代之的企图。这两句是魏帝曹髦的原话。这里借用来说明当时守旧派大臣的目的，在于排斥异己，废立哲宗。

[20] 济——加添，或加以助力。

[21] 粉昆——帝王的女婿都封为驸马都尉，称粉侯。驸马的兄弟，因称粉昆。

[22] 朋类错立——同党的人充满朝廷。

[23] 眇躬——眇，微小；躬，自身。表示谦虚时，自称眇躬。有时帝王也自称眇躬。

[24] 韩忠彦——韩琦之子，他的弟弟嘉彦是神宗的女婿，因称忠彦为粉昆。

[25] 王师约——神宗的女婿。

[26] 除都司——除，任命。都司，尚书省左右司。当时文及甫曾被任命为尚书省左司员外郎。

---

① 今河南省阳武县。
② 《宋史》471。
③ 今山西省介休市。
④ 《宋史》卷313。
⑤ 今四川省广安市。
⑥ 《宋史》卷471。
⑦ 《宋史》卷340《刘挚列传》。

[27] 论列——提出批评，进行议论。

[28] 平章重事——官名，平章军国重事的简称。职位高于宰相，用以优待有声望的老臣。遇有军国大事，如任命大臣或边帅、制定重大典礼、举行赦宥等，都召集讨论，咨询意见，但无实权。

[29] 致仕——交还官职，即辞官。

[30] 权侍郎——官名，侍郎位在尚书之下，权侍郎是没有实授、暂行署理的侍郎。

[31] 以修撰守郡——修撰，官名。当时文及甫以集贤殿修撰的官衔出守外郡。

[32] 请补外——请求选授京外官职。

[33] 置对——被审问。

[34] 王严叟——清平①人。进士出身。哲宗时任侍御史，后知枢密院。守旧派大臣之一。②

[35] 梁焘——须城③人。进士出身。哲宗时任谏议大夫、御史中丞。守旧派大臣之一。④

[36] 京、惇言"事涉不顺"——蔡京、安惇报告案情涉及密谋废立君主，事关大逆不道。

[37] 中书舍人蹇序辰——中书舍人，官名，属中书省，位在侍郎之下，掌管宣达皇命，制作诏敕。蹇序辰，成都双流⑤人，蹇周辅之子。进士出身。哲宗绍圣时，任中书舍人。攻击司马光等旧人，建议分类编录他们的罪行。不久，迁礼部尚书，和安惇同看详诉理事件，尽翻旧案，因元祐时诉理而重新得罪的有七八百人。⑥

[38] 星变——星的运行不合常度，这种自然界的变化，当时称为"星变"。封建时代，帝王常因"星变"而宥恕死罪，用以麻痹人民。

[39] 化州——州名，属广南西路，治所在今广东省化州市。

[40] 新州——州名，属广南东路，治所在今广东省新兴县。

[41] 偶逐人皆亡，不及考验——适值被贬官的人都已死亡，来不及查明。

[42] 遐方——远方。

初，元祐更政[1]，尝置诉理所[2]，申理冤滥。元符元年[3]，中丞安惇言："神宗励精图治，明审庶狱，而陛下未亲政时，奸臣置诉理所，凡得罪熙宁、元丰之间[4]者，咸为除雪，归怨先朝，收恩私室。乞取公案，看详[5]从初加罪之意，复依元[6]断施行。"时章

---

① 今山东省清平县。
② 《宋史》卷342。
③ 山东省东平县。
④ 《宋史》卷342。
⑤ 今四川省成都市双流区。
⑥ 《宋史》卷329、471。

惇犹豫未应，蔡卞即以"相公二心"之言迫之。惇惧，即日置局[7]，命蹇序辰同安惇看详案内文状陈述，及诉理所看详于先朝言语不顺者，具名以闻。自是，以申雪复改正重得罪者八百三十家[8]。

【注释】

[1] 元祐更政——指元祐时，高太后临朝听政，尽复旧派旧法，废新派新法，变更朝政。

[2] 诉理所——管勾看详诉理所的简称。元祐时，专为处理神宗朝因反对新法而获罪等事件所特设的机构。由御史中丞刘挚和右谏议大夫孙觉主持。凡在熙宁元年（1068）正月以后，元丰八年（1085）三月六日赦令以前得罪的官吏，情可矜恕，事涉冤枉，都可进状请求诉理。限期半年结束。①

[3] 元符元年——元符，哲宗第三次改元年号。元年，即1098年。

[4] 得罪熙宁、元丰之间——按《续通鉴长编》卷499和《宋会要辑稿·刑法3》之21都记录安惇奏疏，其中有"得罪元丰之间"一句，并没有"熙宁"二字，可供参考。

[5] 看详——复核。

[6] 元——同"原"。

[7] 置局——当时设置看详诉理局，专门重审元祐诉理所所平反的案件。

[8] 重得罪者八百三十家——《宋史》卷471载"被祸者七八百人"，供参考。

及徽宗即位，改正元祐诉理之人。右正言陈瓘[1]言："诉理得罪，自语言不顺之外，改正者七百余人。无罪者既蒙昭雪，则看详之官如蹇序辰、安惇者，安可以不加罪乎？序辰与惇受大臣讽谕，迎合绍述[2]之意，因谓诉理之事，形迹先朝[3]，遂使纷纷不已。考之公议，宜正典刑。"会中书省亦请治惇、序辰罪，诏蹇序辰、安惇并除名，放归田里[4]。

【注释】

[1] 陈瓘（guàn）——南剑州沙县②人。进士出身。徽宗时，任右正言，迁左司谏，后因攻击蔡京，被谪到边远地区。③

[2] 绍述——宣仁太后死后，哲宗亲政，重新起用新派，恢复新法，当时称为绍述，即继承神宗变法的意思。

[3] 形迹先朝——先朝，指神宗变法。形迹先朝，指按先朝之法行事。

[4] 放归田里——遣送回乡。

---

① 《宋会要辑稿·职官3之76》。
② 今福建省沙县。
③ 《宋史》卷345。

靖康初元[1]，既戮梁方平[2]，太傅王黼[3]责授[4]崇信军节度副使，永州安置[5]。言者论黼欺君罔上，专权怙宠[6]，蠹财害民，坏法败国，朔方之衅，黼主其谋[7]。遣吏追至雍丘[8]杀之，取其首以献，仍籍其家。又诏赐拱卫大夫[9]、安德军承宣使[10]李彦死。彦根括民田，夺民常产，重敛租课，百姓失业，愁怨溢路，官吏稍忤意[11]，捃摭送狱[12]，多至愤死，故特诛之。暴少保梁师成朋比王黼之罪，责彰化军节度副使[13]，行一日，追杀之。台谏极论朱勔[14]肆行奸恶，起花石纲[15]，竭百姓膏血，罄[16]州县帑藏，子侄承宣、观察者数人[17]，厮役[18]为横行，媵妾[19]有封号，园第器用悉拟官禁。三月，窜勔广南，寻赐死。赵良嗣[20]者，本燕人马植。政和[21]初，童贯[22]使辽国，植邀于路，说以覆宗国之策[23]，贯挟之以归，卒用其计，以基南北之祸[24]。至是，伏诛。七月，暴童贯十罪，遣人即所至斩之。九月，言者论蔡攸兴燕山之役[25]，祸及天下，骄奢淫逸，载籍所无。诏诛攸并弟翛（xiāo）。

【注释】

[1] 靖康初元——1126年。靖康，钦宗改元年号（1126）。

[2] 戮梁方平——梁方平率领禁军驻防河北，金军南下，禁军望风溃逃。金兵渡河，进逼京师，因处梁方平以死刑。

[3] 太傅王黼——太傅，三师之一，位在太师之下，太保之上，为宰相亲王等的加官，并非实职。王黼，见前注。

[4] 责授——降职。

[5] 崇信军节度副使，永州安置——崇信军，节度使军额，系于京西南路的随州，治所在今湖北省随县。节度副使，并非实职。永州，州名，属荆湖南路，治所在今湖南省零陵县。安置，降职后遣送较远的地方居住。这是宋代处罚文武官员犯罪的法例。

[6] 怙宠——依恃宠幸而横行不法。

[7] 朔方之衅，黼主其谋——指金叛将张毂来投，王黼竭力主张接受，于是金人借此兴师责问，举兵南下。

[8] 雍丘——今河南省杞县。

[9] 拱卫大夫——武官官阶之一。

[10] 安德军承宣使——安德军，节度使军额，系于利州路的阆州，治所在今四川省的阆中市。承宣使，没有实职的官衔，次于节度副使。

[11] 忤意——违反意志。

[12] 捃摭送狱——编造事实，陷人于罪。捃（jùn）摭（zhí）亦作攟摭、攟摭，意为搜集、摘取。

[13] 暴少保梁师成朋比王黼之罪，责彰化军节度副使——暴，暴露，揭露。少保，三少之一，位在少傅之下，为宰相的加官，并非实职。梁师成，宦官，徽宗所宠信，官至太尉。王黼、蔡京都依附他，时称"隐相"。靖康时，下诏公布他和王黼勾结营私的罪恶，

并降其职为彰化军节度副使。① 彰化军，节度使军额，系于秦凤路的泾州，治所在今甘肃省泾川县。

[14] 朱勔（miǎn）——苏州人，商人出身。交结蔡京、童贯，冒军功为官。凡官吏居民旧有睚眦之怨者，无不生事陷害。流毒东南二十年，被称为六贼之一。后为钦宗所杀。

[15] 花石纲——蔡京、童贯怂恿徽宗荒淫奢侈，命令朱冲、朱缅父子，前往江南收集花石。所有民家奇花异石，都征用商船民夫，络绎不绝地输送京都，时称花石纲。

[16] 罄——用尽。

[17] 子侄承宣、观察者数人——子侄之中，取得承宣使或观察使之官职的若干人。

[18] 厮役——供差遣役使的人。

[19] 媵（yìng）妾——古代官僚正妻以外复娶媵与妾，媵的地位高于妾。

[20] 赵良嗣——本燕人，名马植，世为辽国大族，改名李良嗣。通过童贯，取得徽宗信任，赐姓赵。

[21] 政和——徽宗第四次改元年号（1111—1118）。

[22] 童贯——开封人，宦官。徽宗所宠幸，官至太尉。曾推荐蔡京为相，当时人称蔡京为"公相"，童贯为"媪相"。又曾以数十万军队残酷镇压方腊农民起义军，屠杀起义军七万，平民二百余万。②

[23] 覆宗国之策——指联金伐辽的计划。③

[24] 以基南北之祸——造成后来宋政权南迁，北方为金所占的局面。

[25] 燕山之役——燕山，在今天津市蓟州区东南。蔡攸和童贯以大军伐辽，企图进取燕京，结果全军溃败，所有数十年来积储备边的军用物资全部损失。

高宗承大乱之后，治王时雍等卖国[1]之罪，洪刍、余大均、陈冲、张卿才、李彝、王及之、周懿文、胡思文[2]并下御史台狱。狱具，刑寺论刍纳景王宠姬，大均纳乔贵妃侍儿，及之苦辱宁德皇后女弟[3]，当流；冲括金银自盗，与官人饮，当绞；懿文、卿才、彝与官人饮，卿才、彝当徒，懿文当杖；思文于推择[4]张邦昌[5]状内添谄奉之词，罚铜十斤：并该赦。上阅状大怒，李纲[6]等共解之，上亦新政[7]，重于杀士大夫，乃诏刍、大均、冲各特贷命，流沙门岛，永不放还；卿才、彝、及之、懿文、思文并以别驾安置边郡[8]。宋齐愈下台狱，法寺以犯在五月一日赦前，奏裁[9]。诏齐愈谋立异姓，以危宗社[10]，非受伪命[11]臣僚之比，特不赦，腰斩都市。诏东京及行在官擅离任者，并就本处根勘之。淮宁

---

① 《宋史》卷468。
② 同上。
③ 《宋史》卷472。

守赵子崧，靖康末，传檄四方，语颇不逊[12]。二年[13]，诏御史置狱京口[14]鞫之。情得，帝不欲暴其罪，以弃镇江罪贬南雄州[15]。

【注释】

[1] 王时雍等卖国——王时雍、吴并、莫俦、徐秉哲等曾参与张邦昌建立的傀儡政权。

[2] 胡思文——按《宋会要辑稿·刑法6》之25及《职官70》之5、《建炎以来系年要录》卷8建炎元年八月朔日纪事，都作"朝思"。

[3] 女弟——妹。

[4] 推择——推举选择。

[5] 张邦昌——东光① 人。进士出身。历任礼部侍郎、少宰、太宰等职。靖康中，金兵围攻京都，邦昌力主议和。迨京都沦陷，徽、钦二帝被掳北去，邦昌建立傀儡政权，称楚帝。金军北撤，被高宗放逐到潭州处死。②

[6] 李纲——邵武③ 人。徽宗时进士。靖康初，任兵部侍郎。金兵来攻，主战颇力，被投降派所排斥。高宗即位，首召为相，力图恢复，又被汪伯彦、黄潜善所阻挠，仅在职七十余日。④

[7] 新政——刷新政治。

[8] 以别驾安置边郡——别驾，官名。隋唐时代各郡设别驾，为太守的助理。宋不设别驾，当时因处置这一批曾任伪职、罪行较轻的人，特以别驾的名义，赴所指定边郡地方居住，并不是实职。

[9] 宋齐愈下台狱，法寺以犯在五月一日赦前，奏裁——初宋齐愈自金人军营回来，京师各官群集，探询金人的意见，宋齐愈为张邦昌宣传建立傀儡政权。建炎元年（1127）五月一日，高宗即位，曾大赦天下。故大理寺以宋齐愈犯罪在赦前，奏请皇帝决定处理。⑤

[10] 宗社——皇室。

[11] 伪命——指张邦昌的任命。

[12] 淮宁守赵子崧，靖康末，传檄四方，语颇不逊——淮宁，府名，属京西北路，治所在今河南省淮阳县。赵子崧原系皇族，在徽、钦二帝被掳北去后，曾以自己是太祖嫡系子孙，应该继统等说法，号召全国，希望得到别人的拥护。当时散发的檄文中，曾有"艺祖造邦子令，而符景运。皇天佑宋，六叶而生眇躬"等语。⑥

[13] 二年——1128年。

---

① 今河北省交河镇。
② 《宋史》卷475。
③ 今福建省邵武市。
④ 《宋史》卷358至卷359。
⑤ 《宋史》卷475。
⑥ 〔宋〕王明清：《挥麈后录馀话》卷1。

[14] 京口——今江苏省镇江市区。

[15] 以弃镇江罪贬南雄州——镇江，府名，属两浙路，治所在今江苏省镇江市。南雄州，州名，属广南东路，治所在今广东南雄市。建炎中，赵子崧曾任镇江府兼两浙兵马钤辖。镇江之乱，子崧遣将迎击兵败，便弃城逃逸，因以此罪贬到广南。①

建炎三年[1]四月，苗傅等疾阉宦恣横，及闻王渊为枢密，愈不平[2]，乃与王世修谋逆。诏御史捕世修鞫之，斩于市。七月，韩世忠[3]执苗傅等，磔[4]之建康。统制王德擅杀军将陈彦章，台鞫当死，帝以其有战功，特贷之。庆远军节度使范琼领兵入见，面对不逊。知枢密院张浚奏琼大逆不道[5]，付大理寺鞫之，狱具，赐死。越州守郭仲荀，寇至弃城遁，过行在不朝[6]。付御史台、大理寺杂治，贬广州。神武军统制鲁珏坐贼杀不辜，掠良家子女，帝以其有战功，贷之，贬瑞州[7]。

【注释】

[1] 建炎三年——1129年。

[2] 苗傅等疾阉宦恣横，及闻王渊为枢密，愈不平——苗傅、刘正彦都是当时统领护卫禁军的统制，因和都统制王渊不团结，并恨内侍康履等横行不法，起兵杀王渊、康履，又逼迫高宗传位太子。史称"苗刘之变"②。王渊，熙州③人。善骑射，积有军功。高宗即位，置御管司，以渊为都统制，不久，命签书枢密院事，被苗傅、刘正彦杀害。④

[3] 韩世忠——延安人。行伍出身。积有军功。宋金战起，随高宗南渡，平苗、刘事变，任浙西制置使。建炎三年，金将兀术大举南下，分道渡江。世忠以八千人在黄天荡扼绝金军十万的归路，兀术大受损失。绍兴四年（1134），又在大议大破金军。当时称"中兴武功第一"。任京东淮东路宣抚处置使，开赴楚州，联络山东义军，力图恢复。秦桧当国，被解除兵权。死后追封蕲王。⑤

[4] 磔——我国古代分裂肢体后悬首张尸示众的一种酷刑。

[5] 庆远军节度使范琼领兵入见，面对不逊。知枢密院张浚奏琼大逆不道——庆远军，节度使军额，系广南西路的宜州，治所在今广西宜山市，钦宗时，范琼曾充京都巡检，参与张邦昌建立傀儡政权。高宗即位后，任庆远军节度使御营平寇将军，驻军南昌。不久，带兵入朝，威吓高宗。故知枢密院张浚奏琼大逆不道。⑥ 知枢密院，官名，即枢密院长官。

---

① 《宋史》卷247。
② 《宋史》卷475。
③ 今甘肃省临洮县。
④ 《宋史》卷369。
⑤ 《宋史》卷364。
⑥ 《建炎以来系年要录》卷25。

张浚，绵竹①人。进士出身。建炎三年（1129）知枢密院事。力主抗金，并建议经营川陕，被任为川陕宣抚处置使。绍兴四年（1134）重任枢密，次年任宰相。他重用岳飞、韩世忠等，鼓励抗金。秦桧当国，他被排斥在外。②

[6] 越州守郭仲荀，寇至弃城遁，过行在不朝——越州，州名，属两浙路，治所在今浙江省绍兴市。郭仲荀以殿前副都指挥使充两浙宣抚副使，驻守越州。建炎三年（1129），金兵渡江南下，仲荀得悉临安沦陷，便乘舟潜逃，舟过行在，又不请朝。行在，为皇帝暂时留驻的地点。当时高宗由昌国县出口，登舟航海，以避金兵，行在即在沿海舟中。③

[7] 瑞州——州名，属江南西路，治所在今江西省高安市。

绍兴元年[1]，监察御史娄寅亮陈宗社大计[2]，秦桧恶之。十一月，使言者论其父死匿不举哀，下大理寺劾治，迄无所得，诏免所居官。十一年，枢密使张俊使人诬张宪，谓收岳飞文字谋为变[3]。秦桧欲乘此诛飞，命万俟卨锻炼成之[4]。飞赐死，诛其子云及宪于市。汾州进士智浃上书讼飞冤，决杖编管袁州[5]。广西帅胡舜陟与转运使吕源有隙，源奏舜陟赃污僭拟，又以书抵桧，言舜陟讪笑朝政。桧素恶舜陟，遣大理官往治之。十三年六月，舜陟不服，死于狱。飞与舜陟死，桧权愈炽，屡兴大狱以中异己者[6]，名曰诏狱，实非诏旨也。其后所谓诏狱，纷纷类此，故不备录云。

【注释】

[1] 绍兴元年——1131年。

[2] 娄寅亮陈宗社大计——娄寅亮，永嘉④人。徽宗政和时进士。充上虞县县丞。因高宗无子，建议早立嗣子，擢监察御史。⑤

[3] 张俊使人诬张宪，谓收岳飞文字谋为变——张俊任枢密使，迎合秦桧的意旨，唆使御前前军副统制王俊诬控副都统张宪，曾收受岳飞密信，通谋叛变等情。岳飞（1103—1142），汤阴⑥人。南宋抗金名将。高宗即位，飞随宗泽守开封，升至统制。建炎三年（1129）金将兀术渡江南进，飞坚持抵抗，次年收复建康。旋被调往江西、湖南镇压农民起义。绍兴九年（1139）上表反对议和。次年金将兀术来攻，又大败其主力军，收复郑州、洛阳等处。两河义军亦纷起响应。高宗、秦桧一心求和，诏令退兵，飞至临安，解除其兵权。不久秦桧诬以谋反下狱，绍兴十一年十二月二十九日（1142年1月27日）被害。⑦

---

① 今四川省绵竹市。
② 《宋史》卷361。
③ 《建炎以来系年要录》卷29至卷31。
④ 今浙江省永嘉县。
⑤ 《宋史》卷399，《建炎以来系年要录》卷45。
⑥ 今河南省汤阴县。
⑦ 《宋史》卷369《张俊列传》，卷365《岳飞列传》。

[4] 秦桧欲乘此诛飞，命万俟卨（mò qí xiè）锻炼成之——岳飞在大理寺狱迭经御史中丞何铸、大理卿周三畏会同审讯。秦桧命平素和岳飞意见不合的万俟卨参与审讯，罗织成立犯罪。当时罪案：岳飞"坐尝自言己与太祖俱以三十岁节度使，为指斥乘舆情理切害，及敌犯淮西，前后受亲札十三次，不即策应，为拥兵逗留，当斩。"张宪"坐收飞、云书，谋以襄阳叛，当绞。"飞长子云"坐与宪书，谓可与得心腹兵官商议，为传报朝廷机密事，当追一官罚金。"诏飞赐死，宪、云并依军法施行，斩于都市。①

[5] 汾州进士智浃上书讼飞冤，决杖编管袁州——汾州，州名，属河东路，治所在今山西省汾阳市。智浃，汾州人。进士出身。上书为飞申冤，被秦桧杖责、编管袁州。袁州，州名，属江南西路，治所在今江西宜春市。②

[6] 屡兴大狱以中异己者——秦桧主和，又专权乱政。对不肯依附自己的人，便设法排挤和陷害。那些依附秦桧的人，又迎合奉承，争先告发。当时因一言一字不谨慎，为秦桧所猜忌，往往成立刑事案件。③

---

① 《建炎以来系年要录》卷143，《建炎以来朝野杂记》卷12，《岳少保诬证断案条》。
② 《建炎以来系年要录》卷144。
③ 〔清〕赵翼：《廿二史劄记》卷26《秦桧文字之祸条》。

第三部分

这一部分的内容，大致首先为疑狱，其次为配法、狱制、赎法和赦法。

天下疑狱，谳有不能决，则下两制[1]与大臣若台谏杂议，视其事之大小，无常法，而有司建[2]请论驳者，亦时有焉。

【注释】

[1] 两制——宋代为皇帝起草诏令的官员称为"知制诰"，有内外制的区别：凡重大机密事件如任免宰相、颁发赦令等，由翰林学士奉皇帝面命而起草的，称内制；其他事件，由轮值的中书舍人奉宰相面授词意而起草的称外制。当时内外知制诰简称两制。两制常奉命参与各种政务的会议和讨论。

[2] 建——建议。

端拱[1]初，广安军[2]民安崇绪隶禁兵[3]，诉继母冯与父知逸离，今夺资产与己子。大理当崇绪讼母，罪死[4]。太宗疑之，判大理张佖（bì）固执前断，遂下台省杂议[5]。徐铉[6]议曰："今第[7]明其母冯尝离，即须归宗[8]，否即崇绪准法处死。今详案内不曾离异，其证有四[9]。况不孝之刑，教之大者，宜依刑部、大理寺断。"右仆射李昉[10]等四十三人议曰："法寺[11]定断为不当。若以五母皆同，即阿蒲虽贱[12]，乃崇绪亲母，崇绪特以田业为冯强占，亲母衣食不给，所以论诉。若从法寺断死，则知逸何辜绝嗣，阿蒲何地托身？臣等议：田产并归崇绪，冯合与蒲同居，供侍终身。如是，则子有父业可守，冯终身不至乏养。所犯并准赦原[13]。"诏从昉等议，铉、佖各夺奉一月[14]。

【注释】

[1] 端拱——太宗第三次改元年号（988—989）。

[2] 广安军——属潼川府路。

[3] 隶禁兵——隶属于禁兵。禁兵，原指皇帝的亲兵，北宋称正规军为禁军或禁兵。

[4] 大理当崇绪讼母，罪死——按《宋刑统·斗讼律》有"诸告父母、祖父母者，绞"

的罪刑，所以当时大理寺判安崇绪告母，罪应处死。

[5] 下台省杂议——发交台与省，会同讨论罪刑。台，御史台；省，中书、门下、尚书三省。

[6] 徐铉——江都①人。原在南唐做吏部尚书，归宋后，任散骑常侍。和其弟徐锴以精通文字学著名，世称"大小徐"。著有《畸省集》②。

[7] 第——但，只，仅仅。

[8] 归宗——女子和夫离婚回归母家，封建时代称为归宗。

[9] 其证有四——详见《文献通考·刑考 9》，其中最主要的，是安崇绪不能提出他的继母确已离婚的证据。

[10] 李昉——饶阳③人。太宗时宰相，曾主持编纂《太平御览》等书。④

[11] 法寺——大理寺别名。

[12] 五母皆同，即阿蒲虽贱——五母，封建时代，因礼制关系，分为嫡母（妾所生之子称父之正妻）、继母（称父再娶之正妻）、养母（称收养自己的养父的妻子）、慈母（奉父命抚养自己的父亲的妻子）、亲母（自己的亲生母）。崇绪为阿蒲所生，但阿蒲却无安知逸正妻的身份，被封建社会所轻视，所以说是"贱"。

[13] 准赦原——根据以前赦令，可以免罪。

[14] 夺奉一月——夺去一个月的薪给。奉同俸。

熙宁元年[1]七月，诏："谋杀已伤，按问欲举，自首，从谋杀减二等论[2]。"初，登州[3]奏有妇阿云，母服中聘于韦[4]，恶韦丑陋，谋杀不死。按问欲举，自首。审刑院，大理寺论死，用违律为婚奏裁，敕贷其死[5]。知登州许遵奏[6]，引律"因犯杀伤而自首，得免所因之罪，仍从故杀伤法"[7]，以谋为所因，当用按问欲举条减二等。刑部定如审刑、大理。时遵方召判大理，御史台劾遵，而遵不伏，请下两制议。乃令翰林学士司马光、王安石同议，二人议不同，遂各为奏。光议是刑部，安石议是遵，诏从安石所议。而御史中丞滕甫[8]犹请再选官定议，御史钱𫖮[9]请罢遵大理，诏送翰林学士吕公著、韩维、知制诰钱公辅重定。公著等议如安石，制曰"可"。于是法官齐恢[10]、王师元、蔡冠卿等皆论奏公著等所议为不当。又诏安石与法官集议，反复论难。

【注释】

[1] 熙宁元年——1068年。

---

① 今江苏省扬州市江都区。
② 《宋史》卷441。
③ 今河北省献县。
④ 《宋史》卷265。

[2] 按问欲举，自首，从谋杀减二等论——经官吏按罪行讯问，将被检举时，自己即供述犯罪事实，照谋杀罪刑减二等处罚。

[3] 登州——州名，属京东东路，治所在今山东省蓬莱市。

[4] 母服中聘于韦——封建礼制，父母死，子女应服丧三年。母服中，即母亡之后丧服期未满。聘于韦，同姓韦的男子订婚。当时男女婚姻都由尊长作主，未经阿云同意。

[5] 用违律为婚奏裁，敕贷其死——按《宋刑统·户婚律》"居父母及夫丧而嫁娶者，徒三年"，则阿云即属"违律为婚"。当时审刑院和大理寺以为阿云与韦姓男子违律为婚，依法不应成立婚姻，没有取得夫妻的身份，得依一般人谋杀已伤论罪，奏请皇帝决定。结果奉敕免阿云死罪。

[6] 知登州许遵奏——许遵，泗州①人。进士出身，历充议官。出知登州以后，希望回京做大理寺长官，因而对大理寺和审刑院奏报登州案的断语提出异议。当时异议的焦点在于是否成立自首的问题。按登州案最初奏报事实，阿云被捕后，将加拷讯时才据实供述，大理寺和审刑院因判阿云谋杀已伤，应处绞刑。许遵认为，被问即承，与律载"按问欲举自首"相符，仍属自首，应予减轻论罪。刑部仍认为不合自首条件，双方争执不决。当时司马光倾向刑部和大理寺，王安石倾向许遵。②

[7] 因犯杀伤而自首，得免所因之罪，仍从故杀伤法——这是《宋刑统·名例律》"犯罪未发自首条"注所规定。按其疏议说明，假使有因盗故杀伤人而自首，或因盗窃而过失杀伤财主后自首，都可以免论盗罪，依故杀伤条处断。

[8] 滕甫——滕元发，东阳③人。进士出身。神宗时，历官御史中丞。④

[9] 钱顗（yǐ）——无锡⑤人。历官知县。神宗时，任殿中侍御史。⑥

[10] 齐恢——蒲阴⑦人。进士出身。曾提点成都府路刑狱。神宗时，任天章阁待制，纠察在京刑狱。⑧

明年[1]二月庚子，诏："今后谋杀人自首，并奏听敕裁。"是月，除安石参知政事[2]，于是奏以为："律意，因犯杀伤而自首，得免所因之罪，仍从故杀伤法；若已杀，从故杀法，则为首者必死，不须奏裁；为从者自有编敕奏裁之文，不须复立新制。"与唐介[3]等

---

① 今安徽省泗县。
② 《宋史》卷330。
③ 今浙江省东阳市。
④ 《宋史》卷332。
⑤ 今江苏省无锡市。
⑥ 《宋史》卷321。
⑦ 今山西省祁县。
⑧ 《宋史》卷322。

数[4]争议帝前,卒从安石议。复诏:"自今并以去年七月诏书从事。"判刑部刘述[5]等又请中书、枢密院合议,中丞吕诲、御史刘琦,钱𫖮皆请如述奏,下之二府。帝以为律文甚明,不须合议。而曾公亮[6]等皆以博尽同异[7]、厌塞言者为无伤[8],乃以众议付枢密院。文彦博以为:"杀伤者,欲杀而伤也,即已杀者不可首。"吕公弼以为:"杀伤于律不可首。请自今已杀伤依律,其从而加功自首,即奏裁。"陈升之、韩绛议与安石略同。会富弼[9]入相,帝令弼议,而以疾病,久之弗议。至是乃决,而弼在告[10],不预也。

【注释】

[1] 明年——1069年。

[2] 除安石参知政事——除,任命。参知政事,官名。宋初仍用唐制,以同平章事为宰相,参知政事为执政官。

[3] 唐介——江陵①人。进士出身。英宗时,历官殿中侍御史。神宗时,任参知政事。②

[4] 数——屡次。

[5] 刘述——湖州③人。进士出身。神宗时判刑部尚书,对登州谋杀案,和王安石相争,诏敕发下,仍坚持自己的意见,封还中书。④

[6] 曾公亮——晋江⑤人。进士出身。历知会稽县、郑州、开封府。仁宗时任宰相,和韩琦共事。神宗时,推荐王安石同辅政。不久,因年老告退。⑥

[7] 博尽同异——广泛征求相同与相异的意见。

[8] 厌塞言者为无伤——说服那些意见不同的人是无妨的。

[9] 富弼——河南⑦人。仁宗时应考,名列"茂材异等",授将作监丞。庆历中,知制诰,至和(仁宗于1054年第八次改元的年号)中与文彦博同为宰相,当时"富文"并称。英宗时任枢密使,被封郑国公。熙宁时重为宰相,因与王安石意见不合,年老退休。⑧

[10] 在告——因病告假。

苏州民张朝之从兄以枪戳死朝父,逃去,朝执而杀之。审刑、大理当朝十恶不睦[1],罪死。案既上,参知政事王安石言:"朝父为从兄所杀,而朝报杀[2]之,罪止加役流。会

---

① 今湖北省江陵县。
② 《宋史》卷316。
③ 今浙江省吴兴区。
④ 《宋史》卷321。
⑤ 今福建省晋江市。
⑥ 《宋史》卷312。
⑦ 今河南省洛阳市。
⑧ 《宋史》卷313。

赦，应原。"帝从安石议，特释朝不问。

【注释】

[1] 十恶不睦——十恶大罪中的"不睦"条，包括杀害堂兄弟的罪名。

[2] 报杀——因报复而加以杀害。

更命吕公著等定议刑名，议不称安石意，乃自具奏。初，曾公亮以中书论正刑名为非，安石曰："有司用刑不当，则审刑、大理当论正；审刑、大理用刑不当，即差官定议；议既不当，即中书自宜论奏，取决人主。此所谓国体。岂有中书不可论正刑名之理。"三年[1]，中书上刑名未安者五：

其一，岁断死刑几二千人，此前代殊多。如强劫盗并有死法，其间情状轻重，有绝相远者，使皆抵死，良亦可哀。若为从情轻之人别立刑[2]，如前代斩右趾[3]之比，足以止恶而除害。禁军非在边防屯戍而逃者，亦可更宽首限[4]，以收其勇力之效。

其二，徒、流折杖之法，禁纲加密，良民偶有抵冒[5]，致伤肌体，为终身之辱；愚顽之徒，虽一时创痛，而终无愧耻。若使情理轻者复古居作[6]之法，遇赦第[7]减月日，使良善者知改过自新，凶顽者有所拘系。

其三，刺配之法二百余条，其间情理轻者，亦可复古徒流移乡[8]之法，俟其再犯，然后决刺充军。其配隶并减就本处，或与近地。凶顽之徒，自从旧法。编管之人，亦迭送他所，量立役作时限，无得髡钳[9]。

其四，令州县考察士民，有能孝悌力田为众所知者，给贴付身[10]。偶有犯令，情轻可恕者，特议赎罚；其不悛[11]者，科决。

其五，奏裁条目繁多，致淹刑禁，亦宜删定。诏付编敕所详议立法。

【注释】

[1] 三年——熙宁三年，即1070年。

[2] 别立刑——按《续通鉴长编》卷214和《宋会要辑稿·刑法1》之7都作"别立刑等"。

[3] 斩右趾——斩断右趾，汉初肉刑之一。

[4] 更宽首限——更改、放宽自首的期限。

[5] 偶有抵冒——偶犯，偶有抵触。

[6] 居作——徒、流人犯到配所后命做一定的劳作。

[7] 第——依次。

[8] 移乡——命令犯人移往他乡。

[9] 髡（kūn）钳——古代髡刑。剃去鬓发，加铁钳于颈部。

[10] 给贴付身——又作"给付身帖"。身帖，奖状或证明"孝悌力田"之类的文件。由地方官吏发给身帖以资证明。

[11] 不悛者——恶劣而不改者。

初，韩绛[1]尝请用肉刑，曾布复上议曰："先王之制刑罚，未尝不本于仁，然而有断肢体刻肌肤以至于杀戮，非得已也。盖人之有罪，赎刑不足以惩之，故不得已而加之以墨、劓、剕、宫、大辟，然审适轻重，则又有流宥之法。至汉文帝除肉刑而定笞箠之令[2]，后世因之以为律。大辟之次，处以流刑，代墨、劓、剕、宫，不惟非先王流宥之意，而又失轻重之差。古者乡田同井，人皆安土重迁[3]。流之远方，无所资给[4]，徒隶困辱，以至终身。近世之民，轻去乡井，转徙[5]四方，固不为患，而居作一年，即听附籍，此于古亦轻矣。况折杖之法，于古为鞭扑之刑，刑轻不能止恶，故犯法日益众，其终必至于杀戮，是欲轻而反重也。今大辟之目[6]至多，取其情可贷者，处之以肉刑，则人之获生者必众。若军士亡去[7]应斩，贼盗赃满应绞，则刖其足；犯良人[8]于法应死，而情轻者处以宫刑。至于劓、墨，则用刺配之法。降此而后为流、徒、杖、笞之罪，则制刑有差等矣。"议既上，帝问可否于执政，王安石、冯京互有论辨，迄不果行。

【注释】

[1] 韩绛——雍宣①人。进士出身。神宗时，历任参知政事和宰相。②

[2] 汉文帝除肉刑而定笞箠之令——汉文帝刘恒除去黥、劓、斩左趾等肉刑，而改用竹板责打的笞刑。后来汉景帝刘启以笞数太多容易致死，仍和死刑没有差别，又减少笞数，称为箠令。这里的事实有些牵混。

[3] 乡田同井，人皆安土重迁——古代行井田制度，劳动人民所住的乡里和耕田同在一处，离开乡里，便无田可耕，所以他们安于本乡本土，不愿轻易迁移。

[4] 资给——供给。

[5] 转徙——迁移。

[6] 目——项目，条目。

[7] 亡去——逃跑。

[8] 犯良人——指奸污妇女之犯罪。

枢密使文彦博亦上言："唐末、五代，用重典以救时弊，故法律之外，徒、流或加至于死。国家承平百年，当用中典[1]，然犹因循[2]，有重于旧律者，若伪造官文书，律止流二千里，今断从绞[3]。近凡伪造印记，再犯不至死者，亦从绞坐[4]。夫持杖强盗，本法重于造印，今造印再犯者死，而强盗再犯赃不满五匹者不死，则用刑甚异于律文矣。请检详刑名重于旧律者，以敕律参考，裁定其当。"诏送编敕所。

【注释】

[1] 中典——刑罚轻重适中。见《周礼·秋官司寇》："大司寇之职，掌建邦之三典，

---

① 今河南省杞县。
② 《宋史》卷315。

以佐王刑邦国，请四方，一曰刑新国用轻典，二曰刑平国用中典，三曰刑乱国用重典。"

[2] 因循——守着旧法而不改变。

[3] 伪造官文书，律止流二千里，今断从绞——按《宋刑统·诈伪律》规定，"诸伪写官文书印者，流二千里"。原规定罪不至死，而今却一概处以绞刑。

[4] 伪造印记，再犯不至死者，亦从绞坐——伪造印记再犯，依律"诸伪写余印，徒一年"，罪不至死，当时也处以绞刑。

又诏审刑院、大理寺议重赃并满轻赃法[1]。审刑院言："所犯各异之赃[2]，不待罪等而累并[3]，则于律义难通，宜如故事。"而大理寺言："律称，以赃致罪，频犯者并累科[4]；若罪犯[5]不等者，即以重赃并满轻赃各倍论；累并不加重者，止从重[6]。盖律意以频犯赃者，不可用二罪以上之法[7]，故令累科；为非一犯，故令倍论。此从宽之一也。然六赃[8]轻重不等，若犯二赃以上者，不可累轻以从重，故令并重以满轻。此从宽之二也。若以重并轻后加重，则止从一重，盖为进则改从于轻法，退亦不至于容奸。而《疏议》假设之法，适皆罪等者，盖一时命文[9]耳。若罪等者盖数累并，不等者止科一赃，则恐知法者足以为奸，不知者但系临时幸与不幸，非律之本意也。"帝是大理议，行之。

【注释】

[1] 重赃并满轻赃法——根据《宋刑统·名例律》"……以赃致罪，……若罪法不等者，即以重赃并满轻赃，各倍论"的规定，由窃盗、强盗及其他不法行为取得财物而成立的犯罪，称为以赃致罪的赃罪。赃罪中情节重的（如强盗等）称重赃，情节轻的（如窃盗）称轻赃。罪的轻重不同，处刑亦异，称为罪法不等。将重的与轻的并在一起，计其总数，依轻的论处，称为并满。折半计算，称为倍。如有人强盗得赃一十八匹，"倍"之即为九匹，依律本应处流刑三千里；又窃盗得赃八十二匹，"倍"之即为四十一匹，依律亦应处流刑三千里。在这种情况下，便应用上引律文。所谓重赃并满轻赃法，将强盗九匹（重赃）并于窃盗四十一匹（轻赃）之上，合共五十匹，依窃盗五十匹论，处加役流。

[2] 所犯各异之赃——所犯不同的赃罪，如强盗赃罪、窃盗赃罪、枉法赃罪、不枉法赃罪等。

[3] 累并——指并满，即重赃并满轻赃。

[4] 以赃致罪，频犯者并累科——以赃致罪，即因赃而成立犯罪。一日之中，数处犯赃，或同时收受数人所共付的财物，称为频犯。频犯的人，累计赃物，折半计算，处以赃罪。如有人一日之中三处行窃，一处得绢十匹，一处得绢六匹，一处得绢八匹，累而倍之，为十二匹，合处徒刑一年半。

[5] 罪犯——"犯"字，依《宋刑统·名例律》、《续通鉴长编》卷217，均作"法"字。

[6] 累并不加重者，止从重——因重赃并满轻赃而不加重的情况，应从所并各罪中的一个重罪处断。如某职官受财枉法，得绢十四匹，合徒三年；又因监管受财得绢二十二

匹，合徒一年半；又因窃盗得绢十四匹，亦合徒一年半。这三项赃物，累计为五十匹，倍为二十五匹。按重罪并满轻赃的规定，以监管受财为最轻，应从监管受财二十五匹论处徒刑二年。但按累并不加重者止从重的规定，则应从并满各罪中受财不枉法十四匹的重罪，论处徒刑三年。

[7] 二罪以上之法——《宋刑统·名例律》规定："二罪以上俱发，以重者论。"如某人窃盗得赃五匹合徒一年，又和奸无夫女子合徒一年半，两罪一齐发觉，以较重的和奸罪刑处断。

[8] 六赃——这种名称渊源于《唐律》。《唐律疏议》："在律，正赃惟有六色：强盗、窃盗、枉法、不枉法、受所监临及坐赃。"

[9] 一时命文——一时所举的事例。

八年[1]，洪州[2]民有犯徒而断杖[3]者，其余罪会恩免，官吏失出，当劾。中书堂后官[4]刘忞驳议，以谓："律因罪人以致罪，罪人遇恩者，准罪人原法。洪州官吏当原[5]。"又请自今官司出入人罪，皆用此令[6]。而审刑院、大理寺以谓："失入人罪，乃官司误致罪于人，难用此令。其失出者，宜如忞议。"

【注释】

[1] 八年——熙宁八年，即1075年。

[2] 洪州——州名，属江南西路，治所在今江西省南昌市。

[3] 犯徒而断杖——所犯为徒罪而处以杖罪。因徒罪重而杖罪轻，依律便是"失出"。

[4] 中书堂后官——中书设制敕院。院分孔目、吏、户、礼、刑五房，每房设堂后官一人，主管敕令封发等事。

[5] 律因罪人以致罪，罪人遇恩者，准罪人原法，洪州官吏当原——依照《宋刑统·名例律》规定，官吏因处罚别人而致自己犯罪，如因判断不当而"失出"或"失入"，在罪人遇恩赦得以免罪或减罪时，这个官同样也可减免。因此，洪州官吏亦在赦免或减罪之列。

[6] 又请自今官司出入人罪，皆用此令——按《续通鉴长编》卷263作"又请缘法寺断例，官司出入人罪，不用因罪人以致罪之法，乞自今官司失出，许用此法"，和本志不同，可供参考。

元丰三年[1]，周清言："审刑院、刑部奏断妻谋杀案问自首，变从故杀法，举轻明重[2]，断入恶逆斩刑。窃详律意，妻谋杀夫，已杀，合入恶逆，以按问自首，变从故杀法，宜用妻殴夫死法定罪。且十恶条，谋与故斗杀夫，方入恶逆，若谋而未杀，止当不睦。既用举轻明重，宜从谋而未杀法，依敕当决重杖处死[3]，恐不可入恶逆斩刑。"下审刑院、刑部参详，如清议。

【注释】

[1] 元丰三年——元丰，神宗第二次改元年号。三年，即1080年。

[2] 举轻明重——以轻罪之刑罚推断重罪之刑罚的断狱法。规定于《宋刑统·名例律》。在法律没有明文规定的情况下，根据其他法条比照适用。如《贼盗律》："谋杀夫者斩。"但对已杀、已伤都没有规定。如有已杀、已伤的行为，那么将其与"谋杀夫者斩"条比照一下，就可以推断：较轻的谋杀既应处死，则较重的已杀、已伤，更应处死。

[3] 重杖处死——用重杖打死，当时用以代替绞、斩。

邵武军奏谳[1]，妇与人奸，谋杀其夫，已而夫醉归，奸者自杀之。法寺当妇谋杀为从，而刑部郎中杜纮议妇罪应死。

又兴元府[2]奏谳，梁怀吉往视出妻[3]之病，因寄粟，其子辄取食之，怀吉殴其子死。法寺以盗粟论，而当怀吉杂犯死罪，引赦原。纮议出妻受寄粟，而其子辄费用，不入捕法[4]。议既上，御史台论纮议不当，诏罚金，仍展年磨勘。而侍郎崔台符以下三人无所可否[5]，亦罚金。

【注释】

[1] 邵武军奏谳——邵武军，属福建路，治所在今福建省邵武市。按《续通鉴长编》卷335，奏请复审事在元丰六年（1083）六月。

[2] 兴元府——府名，属利州路，治所在今陕西省汉中市。

[3] 出妻——封建礼制下，被离弃的妻子。

[4] 不入捕法——这句说明梁怀吉儿子的行为并不是盗，梁怀吉加以殴死，不应依《宋刑统·捕亡律》因追捕罪人而杀伤的罪名处罚。

[5] 无所可否——不表示同意或反对的意见。

八年[1]，尚书省言："诸获盗，有已经杀人，及元犯强奸、强盗贷命断配[2]之人，再犯捕获，有司例用知人欲告、或按问自首[3]减免法。且律文自首减等断遣者，为其情非巨蠹，有改过自新之心。至于奸、盗，与余犯不同，难以例减。请强盗已杀人，并强奸或元犯强盗贷命，若持杖三人以上，知人欲告、按问欲举而自首，及因人首告[4]应减者，并不在减等例。"初，王安石与司马光争议按问自首法，卒从安石议。至是，光为相，复申前议改焉。乃诏："强盗按问欲举自首者，不用减等。"既而给事中范纯仁言[5]："熙宁按问欲举条并得原减，以容奸太多[6]，元丰八年，别立条制。窃详已杀人、强奸，于法自不当首，不应更用按问减等。至于贷命及持杖强盗，亦不减等，深为太重。按《嘉祐编敕》：'应犯罪之人，因疑被执，赃证未明，或徒党就擒，未被指说，但诘问便承，皆从律按问欲举首减之科。若已经诘问，隐拒本罪，不在首减[7]之例。'此敕当理，当时用之，天下号为刑平[8]。请于法不首者[9]，自不得原减，其余取《嘉祐编敕》定断，则用法当情，上以广好生之德，下则无一夫不获之冤[10]。"从之。

【注释】

[1] 八年——元丰八年，即1085年。

[2] 贷命断配——免于处死，改断流配。

[3] 知人欲告、或按问自首——犯了罪，知道别人快要告发，先自供认犯罪事实。

[4] 因人首告——《宋刑统·名例律》规定犯人所委托代自己首告的人，以及对于犯人依法可以容隐的人，如犯人的近亲等，在犯罪未发觉前，替犯人供陈犯罪经过，其效果同自首一样。

[5] 范纯仁言——范纯仁（1027—1101），吴县①人，范仲淹次子。仁宗时进士。神宗时，知谏院，攻击王安石变法。哲宗初，任尚书仆射等职。②其奏请强盗按问欲举自首，取《嘉祐编敕》定断一事，按《续通鉴长编》卷370系元祐元年（1086）二月。

[6] 容奸太多——过多地纵容不法行为。

[7] 首减——因自首而减等处罚。

[8] 刑平——刑罚适当。

[9] 于法不首者——对于依法不应该以自首论处的罪犯。

[10] 上以广好生之德，下则无一夫不获之冤——"好生之德"，见《尚书·大禹谟》。"一夫不获"，见《尚书·说命下》。这两句的意思是说：皇上行仁政，人民则一个也不会被冤枉。

又诏："诸州鞫讯强盗，情理无可悯，刑名无疑虑，而辄奏请，许刑部举驳，重行朝典，无得用例破条。"从司马光之请也。光又上言："杀人不死，伤人不刑，尧、舜不能以致治。刑部奏钞[1]兖、怀、耀三州[2]之民有斗杀者，皆当论死，乃妄作情理可悯奏裁，刑部即引旧例贷之。凡律、令、敕、式或不尽载，则有司引例以决。今斗杀当死，自有正条，而刑部承例免死决配，是斗杀条律无所用也。请自今诸州所奏大辟，情理无可悯，刑名无可疑，令刑部还之，使依法处断。若实有可悯、疑虑，即令刑部具其实于奏钞，先拟处断，门下省审覆。如或不当，及用例破条，即驳奏取旨勘之。"

【注释】

[1] 刑部奏钞——刑部的奏报文件。

[2] 兖、怀、耀三州——兖，州名，属京东西路，治所在今山东省兖州市。怀，州名，属河北西路，治所在今河南省沁阳市。耀，州名，属永兴路，治所在今陕西省耀州区。

元祐元年[1]，纯仁又言："前岁四方奏谳，大辟凡二百六十四，死者止二十五人，所

---

① 今江苏省苏州市。
② 《宋史》卷314。

活垂及九分[2]。自去年改法，至今未及百日，所奏按凡一百五十四，死者乃五十七人，所活才及六分已上。臣固知未改法前全活数多，其间必有曲贷[3]，然犹不失'罪疑惟轻'之仁；自改法后，所活数少，其间必有滥刑，则深亏'宁失不经'[4]之义。请自今四方奏大辟按，并令刑部、大理寺再行审覆，略具所犯及元奏因依[5]，令执政取旨裁断，或所奏不当，亦原其罪。如此则无冤滥之狱。"

【注释】

[1] 元祐元年——哲宗第一次改元，即1086年。

[2] 垂及九分——将达十分之九。

[3] 曲贷——不应宽宥而宽宥。

[4] "罪疑惟轻"……"宁失不经"——这两句分见《尚书·大禹谟》。前句说："犯罪的情节可疑，刑罚可轻可重，应从轻处断。"后句说："与其杀错无罪的人，宁可担当从宽失察的责任。"

[5] 因依——根据。

又因尚书省言，远方奏谳，待报淹系，始令川、广、福建、荆南路罪人，情轻法重当奏断者，申安抚[1]或钤辖司[2]酌情决断乃奏。门下侍郎韩维[3]言："天下奏按，必断于大理，详议于刑部，然后上之中书，决之人主。近岁有司但因州郡所请，依违其言[4]，即上中书，贴例取旨[5]，故四方奏谳日多于前。欲望刑清事省，难矣。自今大理寺受天下奏按，其有刑名疑虑、情理可悯，须具情法轻重条律，或指所断之法，刑部详审，次第上之。"诏刑部立法以闻。

【注释】

[1] 安抚——官名，即安抚使。旧号帅臣，虽有统制一路兵民、赏罚官吏、督理刑事案件等职权，然实际上兵事仍属都统，民政仍属知州。只有知州兼任安抚，始掌管本州民政。

[2] 钤（qián）辖司——兵马钤辖。

[3] 门下侍郎韩维——门下侍郎，官名，门下省侍郎的简称。为门下省的副长官，参知朝政。韩维（1019—1098），雍宣①人。神宗时，任翰林学士。哲宗时，任门下侍郎。②

[4] 依违其言——对州郡的申请，不加可否。

[5] 贴例取旨——附具成例，以奏请皇帝决定。

崇宁五年[1]，诏："民以罪丽法[2]，情有重轻，则法有增损。故情重法轻，情轻法重，

---

① 今河南省杞县。
② 《宋史》卷315。

旧有取旨之令。今有司惟情重法轻则请加罪，而法重情轻则不奏减，是乐于罪人，而难于用恕[3]，非所以为钦恤也。自今宜遵旧法取旨，使情法轻重各适其中，否则以违制论。"宣和六年[4]，臣僚言："元丰旧法，有情轻法重，情重法轻，若入大辟，刑名疑虑，并许奏裁。比来诸路以大辟疑狱决于朝廷者，大理寺类以'不当'劾之。夫情理巨蠹[5]，罪状明白，奏裁以幸[6]宽贷，固在所戒；然有疑而难决者，一切劾之，则官吏莫不便文自营[7]。臣恐天下无复以疑狱奏矣。愿诏大理寺并依元丰法。"从之。

【注释】

[1] 崇宁五年——崇宁，徽宗第二次改元年号。五年，即1106年。

[2] 以罪丽法——因犯罪而用法。

[3] 难于用恕——难于实行对人宽恕的政策。

[4] 宣和六年——1124年。宣和，宋徽宗第六次改元年号。

[5] 情理巨蠹——情节极为严重。

[6] 幸——希望得到。

[7] 便文自营——借此利用法律文义，营私舞弊。

绍兴初，州县盗起[1]，道不通，诏应奏裁者，权减降断遣以闻[2]。既而奏谳者多得轻贷，官无失入之虞，而吏有鬻狱之利[3]，往往不应奏者，率奏之。

【注释】

[1] 州县盗起——参前"建绍间州县盗起"注。

[2] 权减降断遣以闻——暂由各地方减轻发落后，上奏朝廷。

[3] 鬻狱之利——利用司法职权，收受贿赂。

三年[1]，乃诏大辟应奏者，提刑司具因依缴奏[2]。宣州民叶全二盗檀偕窖钱[3]，偕令佃人阮授、阮捷杀全二等五人，弃尸水中，有司以"尸不经验"[4]奏。侍御史辛炳言偕系故杀，众证分明，以近降[5]法，不应奏。诸狱不当奏而奏者虽不论罪，今宣州观望，欲并罪之。帝曰："若宣州加罪，则实有疑者亦不复奏陈矣。"于是法寺、刑部止罚金。

【注释】

[1] 三年——绍兴三年，即1133年。

[2] 具因依缴奏——备齐犯罪事实和适用法律的依据，奏报朝廷。

[3] 宣州民叶全二盗檀偕窖钱——宣州，州名，属淮南东路，治所在今安徽省宣城市。窖，地窖。过去人民常用地窖储藏财物。

[4] 尸不经验——尸体腐烂，无法验尸。

[5] 近降——朝廷近来发布的指示。

五年[1]，给事中陈与义奏有司多妄奏出入人罪，帝为申严立法[2]，终不悛[3]。

【注释】

[1] 五年——绍兴五年，即1135年。

[2] 申严立法——严令立法处治妄奏出人之罪的官吏。

[3] 终不悛（quān）——坚持不改。

二十六年[1]，右正言凌哲[2]复上疏曰："汉高入关，悉除秦法，与民约法三章耳。所谓杀人者死，实居其首。司马光有言：'杀人者不死，虽尧、舜不能以致治。'斯言可谓至当矣。臣窃见诸路州、军大辟，虽刑法相当者，类以可悯奏裁。自去岁郊[3]后距今，大辟奏裁者五十余人中，有实犯故杀、斗杀常赦所不原者，法既无疑，情无可悯，刑、寺并皆奏裁贷减。彼杀人者可谓幸矣，被杀者衔恨九原[4]，何时已邪？臣恐强暴之风滋长，良善之人，莫能自保，其于刑政，为害非细。应今后大辟，情法相当、无可悯者，所司辄奏裁减贷者，乞令台臣弹劾。"帝览奏曰："但恐诸路灭裂[5]，实有情理可悯之人，一例不奏，有失钦恤之意。"令刑部坐条行下[6]。

【注释】

[1] 二十六年——绍兴二十六年，即1156年。

[2] 凌哲——吴县①人。徽宗宣和时进士。高宗时，历任侍御史、右正言、吏部侍郎。

[3] 郊——郊祭。宋代冬至节祭天于南郊，三年一次。逢郊祭颁赦令，称为郊赦。

[4] 衔恨九原——九原，坟墓。即永远衔恨。

[5] 灭裂——粗枝大叶地随意处理。

[6] 令刑部坐条行下——命令刑部依法判罪后发至下级官署。

驯[1]至乾道[2]，谳狱之弊，日益滋甚。孝宗乃诏有司缘情引条定断[3]，更不奏裁。其后刑部侍郎方滋言："有司断罪，其间有情重法轻，情轻法重，情理可悯，刑名疑虑，命官犯罪，议亲议故[4]之类，难以一切定断。今后宜于敕律条令，明言合奏裁事件，乞并依建隆三年敕文[5]。"从之。

【注释】

[1] 驯——渐进，逐渐地。

[2] 乾道——孝宗第二次改元年号（1165—1173）。

[3] 缘情引条定断——根据犯罪事实引用法律条文做出判决。

[4] 议亲议故——规定于《宋刑统·名例律》。皇帝的亲戚和故旧犯罪，和一般人不同，须经过朝廷评议，最后由皇帝决定。一般都从轻处理。

---

① 今江苏省苏州市。

[5] 建隆三年敕文——建隆三年（962）二月，宋太祖曾诏令非疑难案件，不得随意奏报。原敕文为："国家外建庶官，共分忧寄。各专事任，素有纲条。苟务因循，渐成弛紊。应诸道州府，凡有刑狱公事，仰详断官依法断遣，不得申奏取裁。如显是疑狱及有异见，即听上闻。稍涉不公，当行朝储。"可供参考。

六年[1]，臣僚请："今后大辟，只以为首应坐死罪者奏，为从不应坐死者，先次决遣。及流、徒罪，不许作情重取旨[2]。不然，则坐以不应奏而奏之罪。"从之。

【注释】

[1] 六年——乾道六年，即 1170 年。

[2] 情重取旨——情节严重而奏请皇上决断。

至理宗时，往往谳不时报[1]，囚多瘐死[2]。监察御史程元凤[3]奏曰："今罪无轻重，悉皆送狱，狱无大小，悉皆稽留。或以追索未齐[4]而不问，或以供款未圆[5]而不呈，或以书拟未当[6]而不判，狱官视以为常，而不顾其迟，狱吏留以为利，而惟恐其速。奏案申牍[7]既下刑部，迟延日月方迭理寺。理寺看详，亦复如之。寺回申部，部回申省，动涉岁月[8]。省房[9]又未遽为呈拟[10]，亦有呈拟而疏驳[11]者，疏驳岁月，又复如前。展转迟回，有一二年未报下者。可疑可矜，法当奏谳，矜而全之，乃反迟回。有矜贷之报下，而其人已毙于狱者；有犯者获贷，而干连[12]病死不一者，岂不重可念哉？请自今诸路奏谳，即以所发月日申御史台，从台臣[13]究省、部、法寺之慢。"从之。而所司延滞，寻复如旧。

【注释】

[1] 谳不时报——需复审的案件而不及时上报。

[2] 瘐死——囚犯因受刑、冻馁和疾病折磨而死在监狱里。

[3] 程元凤——徽州①人。进士出身。理宗时，历任刑部郎官、监察御史、右丞相兼枢密使。度宗时，进少保。②

[4] 追索未齐——追究、索取罪证未齐全。

[5] 供款未圆——口供还不完全。

[6] 书拟未当——拟写判词还不恰当。

[7] 奏案申牍——奏报的案卷和申请刑部批复的公文。

[8] 动涉岁月——动辄经过很长的时间。

[9] 省房——尚书省内部各房。

[10] 呈拟——拟定办法，呈报上级。

---

① 今安徽省歙县。

② 《宋史》卷418。

[11] 疏驳——奏请驳复下级。

[12] 干连——牵连。

[13] 台臣——御史。

景定元年[1]，乃下诏曰："比诏诸提刑司，取翻异驳勘之狱，从轻断决。而长吏监司多不任责，又取奏裁，甚者有十余年不决之狱。仰提刑司守臣[2]审勘，或前勘未尽，委有可疑[3]，除命官[4]、命妇[5]、宗妇[6]、宗女[7]及合用荫人[8]奏裁外，其余断讫以闻。官吏特免收坐一次。"

【注释】

[1] 景定元年——景定，理宗第八次改元年号（1260—1265）。元年，即1260年。

[2] 守臣——知州等。

[3] 委有可疑——确实可疑。

[4] 命官——有封号的官吏，泛指重要官员。

[5] 命妇——有封号的妇女。

[6] 宗妇——大宗之长妇。

[7] 宗女——皇室之女。

[8] 合用荫人——封建时代，有官爵的人可以自己的官爵庇护子孙，因而子孙犯罪，即得根据父祖官爵，请求减等处罚，或准予收赎，称为官荫。这种可用父祖官荫的人，称合用荫人。

凡应配役者傅军籍[1]，用重典者黥其面。会赦，则有司上其罪状，情轻者，纵之；重者，终身不释。初，徒罪非有官当赎铜[2]者，在京师则隶将作监役[3]，兼役之官中，或输作左校、右校役[4]。开宝五年[5]，御史台言[6]："若此者，虽有其名，无复役使。遇祠祭，供水火，则有本司供官。望令大理依格断遣。"于是并送作坊役之。

【注释】

[1] 傅军籍——令犯人编附军籍。

[2] 官当赎铜——九品以上官员犯徒罪，可以用官衔抵罪，称官当。以铜的斤数折算财物赎罪，称赎铜。隋唐以来，即有这种制度，宋亦沿用。

[3] 将作监役——将作监，注见本书第33页注[14]。在将作监供役，称将作监役。

[4] 输作左校、右校役——隋唐旧制，将作下设左右两校，分掌京都土木建筑工程等。凡犯徒罪应配役的人，亦送左右两校支配役作，称为输作。宋初沿用其制。

[5] 开宝五年——开宝，太祖第三次改元年号。五年，即968年。

[6] 御史台言——按《续通鉴长编》卷8及《宋会要辑稿·刑法4》之1，御史台奏论徒役，纪年都作乾德五年（967）。

太宗以国初诸方割据，沿五代之制，罪人率配隶西北边，多亡投塞外，诱羌[1]为寇，乃诏："当徒者，勿复隶秦州、灵武、通远军[2]及缘边诸郡。"时江、广[3]已平，乃皆流南方。先是，犯死罪获贷者，多配隶登州沙门岛[4]及通州[5]海岛，皆有屯兵使者领护[6]。而通州岛中凡两处官煮盐，豪强难制者隶崇明镇[7]，懦弱者隶东州市[8]。太平兴国五年[9]，始令分隶盐亭役之[10]，而沙门如故。端拱二年[11]，诏免岭南流配荷校[12]执役。初，妇人有罪至流，亦执针[13]配役。至是，诏罢免之。

【注释】

[1] 羌——西羌，当时西北边境的民族。散居在河西一带，其中最强大的称党项。西夏即为羌族。

[2] 秦州、灵武、通远军——秦州，州名，属秦凤路，治所在今甘肃省天水市。灵武，即今宁夏回族自治区的灵武县。当时已属西夏，这里指灵武地区。通远军，军名，属陕西路，治所在今甘肃省陇西县。

[3] 江、广——江南和两广。

[4] 登州沙门岛——登州，见本书第47页登州注。沙门岛在其西北。

[5] 通州——州名，属淮南东路，治所在今江苏省南通市。

[6] 领护——统管监护。

[7] 崇明镇——今上海市崇明区。

[8] 东州市——按《文献通考·刑考》作"东布洲"。今江苏海门有东布洲，可供参考。

[9] 太平兴国五年——太平兴国，太宗第一次改元年号。五年，即980年。

[10] 分隶盐亭役之——分配到盐场煮盐。

[11] 端拱二年——端拱，太宗第三次改元年号。二年，即989年。

[12] 荷校——带枷。

[13] 执针——持针缝纫。

始令杂犯至死贷命者，勿流沙门岛，止隶诸州牢城[1]。旧制，僮仆有犯，得私黥其面。帝谓："僮使受庸，本良民也。"诏："盗主财者，杖脊、黥面配牢城，勿私黥之[2]。十贯以上，配五百里外；二十贯以上，奏裁。"帝欲宽配隶之刑，祥符六年[3]，诏审刑院、大理寺、三司详定以闻。既而取犯茶盐矾麹[4]、私铸造军器、市外蕃香药[5]、挟铜钱诱汉口出界[6]、主吏盗货官物[7]、夜聚为妖[8]，比旧法咸从轻减。

【注释】

[1] 令杂犯至死贷命者，勿流沙门岛，止隶诸州牢城——按《宋令要辑稿·刑法4之3》，事在咸平元年（998）十二月。

[2] 旧制，僮仆有犯，得私黥其面。帝谓："僮使受庸，本良民也。"诏："……勿私黥之。"——按《文献通考·刑考5》和《续通鉴长编》卷54，都记这件事为咸平六年（1003）。

[3] 祥符六年——1013年。祥符，大中祥符的简称，真宗第三次改元的年号。

[4] 茶盐矾麴——这些在当时全是官卖品，私营便处重罚。矾，明矾。麴，同麯，"曲"的繁体字。

[5] 市外蕃香药——外蕃，外国。外国的香料药物，也属官卖品，不许私人同外商交易。

[6] 挟铜钱诱汉口出界——私带中国铜钱出口，引诱或拐带汉人出国界。

[7] 主吏盗货官物——主管官吏盗卖政府财物。

[8] 夜聚为妖——夜聚晓散，传习妖法、妖教。

乾兴[1]以前，州军长吏，往往擅配罪人。仁宗即位，首下诏禁止，且令情非巨蠹者，须奏待报。又诏诸路按察官，取乾兴赦前配隶兵籍者，列所坐罪状以闻。自是赦书下，辄及之。初，京师裁造院[2]募女工，而军士妻有罪，皆配隶南北作坊。天圣初，特诏释之，听自便。妇人应配，则以妻窑务或军营致远务卒之无家者[3]，著为法。时又诏曰："闻配徒者，其妻子流离道路，罕能生还，朕甚怜之。自今应配者，录具狱刑名及所配地里[4]，上尚书刑部详覆。"未几，又诏应配者，须长吏以下集听事[5]虑问。后以奏牍烦冗，罢录具狱，第以单状上承进司[6]。既又罢虑问焉。

【注释】

[1] 乾兴——真宗第五次改元的年号（1022—1023）。

[2] 裁造院——官署名，属少府监，裁制皇宫服饰的机构。

[3] 妇人应配，则以妻窑务或军营致远务卒之无家者——"窑务或军营致远务卒"，担任烧制陶器工作的士兵，或掌管牧养牲畜、专供运输事务的士兵。应配的妇人，便被配作上述这些没有家室的士兵为妻。

[4] 录具狱刑名及所配地里——备录案卷、罪刑以及发配地区的里数。

[5] 听事——官署办事的正厅。

[6] 罢录具狱，第以单状上承进司——承进司，指通进司。仁宗即位，庄献太后临朝听政，因其父名通，朝廷公文都避用"通"字，遂改通进司为承进司。直到刘太后死，仁宗亲政，才不避用。①通进司在神宗改革官制以前全名为通进银台司，掌管收受三省、枢密院、六曹、寺、监、各司以及全国得在阁门通进奏报皇帝的文件。这两句是说：只要抄单状送通进司，不必抄录全卷。

知益州[1]薛田言："蜀人配徒他路者，请虽老疾毋得释。"帝曰："远民无知犯法，终身不得还乡里，岂朕意哉？察其情可矜者许还。"后复诏罪状犷恶[2]者勿许。初，令配隶罪人皆奏待报，既而系狱淹久，奏请烦数[3]。明道二年[4]，乃诏有司参酌轻重，著为令。

---

① 〔宋〕张淏：《云谷杂记》卷2。

凡命官犯重罪,当配隶[5],则于外州编管,或隶牙校[6]。其坐死特贷者,多杖、黥配远州牢城,经恩量移[7],始免军籍。天圣初,吏同时以赃败[8]者数人,悉窜之岭南,下诏申儆在位[9]。有平羌县[10]尉郑宗谔者,受赇[11]枉法抵死[12],会赦当夺官。帝问辅臣曰:"尉奉月几何,岂禄薄不足自养邪?"王钦若[13]对曰:"奉虽薄,廉士固亦自守。"特杖宗谔,配隶安州[14]。其后数惩贪吏,至其末年,吏知以廉自饰[15],犯法者稍损[16]于旧矣。

【注释】

[1] 益州——今四川省。

[2] 犷恶——巨恶。

[3] 烦数——过多。

[4] 明道二年——明道,仁宗二次改元年号。二年,即1033年。

[5] 命官犯重罪,当配隶——这是宋初的法令。按《宋会要辑稿·刑法4》之1和《续通鉴长编》卷8纪年都作乾德五年(967)二月。

[6] 隶牙校——牙校,地方低级军官。隶牙校,归牙校统率。

[7] 经恩量移——经皇帝开恩宽贷。

[8] 以赃败——因受赃被揭发。

[9] 申儆在位——警告各级在职官吏。

[10] 平羌县——今四川省乐山市。

[11] 赇——贿赂。

[12] 抵死——应予处死。

[13] 王钦若——新喻①人。太宗时进士。真宗时,历任右正言、翰林学士、知制诰、门下侍郎、同平章事。曾和杨亿共同主编《册府元龟》。②

[14] 安州——州名,属河北西路,治所在今河北省安新县。

[15] 以廉自饰——以廉洁勉励自己。

[16] 稍损——稍少。

罪人贷死者,旧多配沙门岛,至者多死。景祐中,诏当配沙门岛者,第[1]配广南地牢城;广南罪人,乃配岭北[2]。然其后又有配沙门岛者。庆历三年[3],既疏理[4]天下系囚,因诏诸路配役人皆释之。六年[5],又诏曰:"如闻百姓抵轻罪,而长吏擅刺隶他州,朕甚悯焉。自今非得于法外从事者[6],毋得辄刺罪人。"皇祐[7]中,既赦,命知制诰曾公亮、李绚[8]阅所配人罪状以闻,于是多所宽纵。公亮请著为故事[9],且请益、梓、利、夔四路[10]就委转运、钤辖司阅之。自后每赦命官,率以为常。配隶重者沙门岛,其次岭表,其次三千里

---

① 今江西省新喻县。
② 《宋史》卷283。

至邻州[11]，其次羁管，其次迁乡。断讫，不以寒暑，即时上道。吴充建请[12]："流人冬寒被创，上道多冻死。请自今非情理巨蠹，遇冬月听留役本处，至春月遣之。"诏可。

【注释】

[1] 第——但，只。

[2] 岭北——宋代指西北边地。

[3] 庆历三年——1043年。庆历，仁宗第六次改元年号（1041—1048）。

[4] 疏理——清理。

[5] 六年——1046年。

[6] 自今非得于法外从事者——从今以后，非得到在法律之外惩处的特别许可的（不许……）。

[7] 皇祐——仁宗第七次改元年号（1049—1054）。

[8] 李绚——依政①人。进士出身。授大理评事。仁宗时，纠察在京监狱。②

[9] 著为故事——定为成例，即每逢赦令，派官查核所配人的罪状。

[10] 益、梓、利、夔四路——益州、梓州、利州、夔州四路。

[11] 邻州——邻近各州。

[12] 吴充建请——此事本志未记年月。按《文献通考·刑考7》作熙宁六年（1073），《续通鉴长编》卷227作熙宁四年（1071）。吴充（1021—1080），浦城③人。进士出身。神宗时，知审刑院，任翰林学士，代王安石为同中书门下平章事。④

熙宁二年[1]，此部郎中、知房州[2]张仲宣尝檄巡检体究金州金阮[3]，无甚利。土人惮兴作，以金八求仲宣不差官。及事觉，法官坐仲宣枉法赃应绞，援前比贷死，杖脊、黥配海岛。知审刑院苏颂[4]言："仲宣所犯，可比恐喝条[5]。且古者刑不上大夫，仲宣官五品，有罪得乘车[6]，今刑为徒隶，其人虽无足恤，恐污辱衣冠[7]尔。"遂免杖、黥，流贺州[8]。自是命官无杖、黥法。

【注释】

[1] 熙宁二年——1069年。

[2] 知房州——按《文献通考·刑考6》记载这件事作"知金州"。又《宋史》卷340《苏颂传》所载亦为"知金州"。

[3] 檄巡检体究金州金阮——檄，通知。巡检，官名，各州都设巡检，掌管缉捕盗贼

---

① 今四川省邛崃市。
② 《宋史》卷302。
③ 今福建省浦城县。
④ 《宋史》卷312。

和维持地方秩序等事项。体究，考察追究。金州，州名，属京西南路，治所在今陕西省安康县。金阮，金矿。

[4] 苏颂——泉州南安①人。进士出身。仁宗时任集贤校理。英宗时，任提点开封府界诸县镇公事。神宗时，擢知制诰、知审刑院，旋任右仆射兼中书门下侍郎。②

[5] 可比恐喝条——可以比照《宋刑统·贼盗律》所规定"诸恐吓取人财物"的罪刑处罚。

[6] 官五品，有罪得乘车——《唐书·刑法志》："五品以上官罪应处死，得乘车就刑。"

[7] 污辱衣冠——有损整个官僚阶层的尊严。衣冠，代表职官。

[8] 贺州——州名，属广南东路，治所在今广西壮族自治区贺州市。

六年[1]，审刑院言："登州沙门砦配隶，以二百人为额，余则移置海外，非禁奸之意。"诏以三百人为额。广南转运司言："春州[2]瘴疠之地，配隶至者十死八九，愿停配罪人。"诏："应配沙门岛者，许配春州，余勿配。"既而诸配隶除凶盗外，少壮者并寘河州[3]，止五百人。初，神宗以流人去乡邑，疾死于道，而护送禁卒，往来劳费，用张诚一之议，随所在配诸军重役。后中丞黄履等言，罢之。凡犯盗，刺环于耳后：徒、流，方；杖，圆；三犯杖，移于面。径不过五分[4]。

【注释】

[1] 六年——熙宁六年，即1073年。

[2] 春州——州名，属广南东路，治所在今广东省阳春市。

[3] 寘河州——寘，同置。河州，州名，属秦凤路，治所在今甘肃省临夏市。

[4] 凡犯盗，刺环于耳后……径不过五分——按《续通鉴长编》卷362，元丰八年（1085）十二月所降敕令，一切盗犯都在耳后刺环形做标记；徒罪和流罪，刺方形；杖罪刺圆形，三次犯杖罪，改刺面部。所刺大小，直径都不得超过五分。

元祐六年[1]，刑部言："诸配隶沙门岛，强盗杀人纵火，赃满五万钱、强奸殴伤两犯至死，累赃至二十万钱、谋杀致死，及十恶死罪，造蛊[2]已杀人者，不移配[3]。强盗徒党杀人不同谋，赃满二十五万，遇赦移配广南，溢[4]额者配隶远恶。余犯遇赦移配荆湖南北、福建路诸州，溢额者配隶广南。在沙门岛满五年，遇赦不该移配与不许纵还而年及六十以上者，移配广南。在岛十年者，依余犯格移配。笃疾[5]或年及七十在岛三年以上，移配近乡州军。犯状应移而老疾者同。其永不放还者，各加二年移配。"后又定令："沙门岛已溢额，移配琼州、万安军、昌化、朱崖军[6]。"

---

① 今福建省南安县。
② 《宋史》卷340。

【注释】

[1] 元祐六年——1091年。

[2] 造蛊——律文造畜蛊毒的简辞。传说蛊毒种类很多，有蛇蛊、金蚕蛊等等。多以毒虫合成，又结合了鬼神，用以害人。其实是一种荒诞不经的邪术。这种邪术由来已久。《汉律》中《贼律》即有"敢蛊人及教令者弃市"的规定。《唐律》亦设造畜蛊毒杀人的律文。① 宋沿唐制，规定于《宋刑统》。

[3] 移配——从原配地方，改移近处。

[4] 溢——满。

[5] 笃疾——疾病严重。

[6] 后又定令："沙门岛已溢额，移配琼州、万安军、昌化、朱崖军。"——后又定令，按《文献通考·刑考7》纪年为绍圣三年（1096）。琼州，州名，属广南西路，治所在今海南省海口。万安军，军名，属广南西路，治所在今海南省万宁市。昌化军，后改南宁军，军名，属广南西路，治所在今海南省儋州市西北。朱崖军，军名，属广南西路，治所在今海南省崖县西。这些地方，当时称为远恶地。沙门岛配隶超过定额，因而命令改配。

绍圣三年[1]，刑部侍郎邢恕等言："艺祖[2]初定天下，主典自盗，赃满者往往抵死[3]。仁祖[4]之初，尚不废也。其后用法稍宽，官吏犯自盗，罪至极法，率多贷死。然甚者犹决刺配岛，钱仙芝带馆职[5]，李希甫历转运使，不免也。比朝廷用法益宽，主典人吏军司有犯，例各贷死，略无差别。欲望讲述祖宗故事，凡自盗，计赃多者，间出睿断[6]，以肃中外。"诏："今后应枉法自盗，罪至死、赃数多者，并取旨。"

【注释】

[1] 绍圣三年——绍圣，哲宗第二次改元年号。三年，即1096年。

[2] 艺祖——开国君主的通称。这里指宋太祖赵匡胤。

[3] 主典自盗，赃满者往往抵死——主管人员盗取自己所经管财物，满法定数额，按照规定，往往处死。

[4] 仁祖——宋仁宗。

[5] 钱仙芝带馆职——宋初，凡曾在史馆、昭文馆、集贤院充当校勘以上的官员，称为馆职。钱仙芝当时以祠部郎中兼集贤院校理出知秀州，所以说"带馆职"。

[6] 间出睿断——有时由帝王做出英明的决断。当时奉承帝王所常用的形容词。

或患加役流法太重，官有监驱[1]之劳，而道路有奔亡[2]之虑。苏颂元丰中尝建议："请依古置圜土[3]，取当流者治罪讫，髡首钳足，昼则居作，夜则置之圜土。满三岁而后

---

① 《唐律疏义·贼盗篇》。

释，未满岁而遇赦者，不原。既释，仍送本乡，讥察出入[4]，又三岁不犯，乃听自如。"时未果行。崇宁中，始从蔡京之请，令诸州筑圜土以居强盗贷死者。昼则役作，夜则拘之，视罪之轻重，以为久近之限。许出圜土日充军[5]，无过者纵释。行之二年，其法不便，乃罢。大观元年[6]，复行。四年[7]，复罢。

【注释】

[1] 监驱——解送流配人犯。

[2] 奔亡——逃亡。

[3] 苏颂元丰中尝建议："请依古置圜（huán）土……"——圜土，古代监狱的名称。①苏颂的建议，见叶梦得《石林燕语》卷2，《文献通考·刑考》全部引用。

[4] 讥察出入——讥，稽查；察，考察。监督行动之意。

[5] 出圜土日充军——置圜土而期满者，发往军队当兵。

[6] 大观元年——1107年。大观，徽宗第三次改元年号。

[7] 四年——大观四年，即1110年。

南渡后，诸配隶，《祥符编敕》止四十六条，庆历中，增至百七十余条。至于淳熙，又增至五百七十条，则四倍于庆历矣。配法既多，犯者日众，黥配之人，所至充斥。淳熙十一年[1]，校书郎罗点[2]言其太重，乃诏刑[3]、寺[4]集议奏闻。至十四年[5]，未有定论。其后臣僚议[6]，以为："若止居役，不离乡井，则几[7]惠奸[8]，不足以惩恶；若尽用配法，不恤[9]黥刺，则面目一坏，谁复顾藉[10]？强民适长威力，有过无由自新。检照《元丰刑部格》，诸编配人自有不移、不放及移放条限；《政和编配格》又有情重、稍重、情轻、稍轻四等。若依仿旧格，稍加参订，如入情重，则仿旧刺面，用不移不放之格；其次稍重，则止刺额角，用配及十年之格；其次稍轻，则与免黥刺，用不刺面、役满放还之格；其次最轻，则降为居役，别立年限纵免之格。傥[11]有从坐编管，则置之本城，减其放限。如此，则于见[12]行条法并无抵牾，且使刺面之法，专处情犯凶蠹，而其他偶丽于罪[13]，皆得全其面目，知所顾藉，可以自新。省黥徒，销奸党，诚天下之切务。"即诏有司裁定，其后迄如旧制。

【注释】

[1] 淳熙十一年——淳熙，孝宗第三次改元年号。十一年，即1184年。

[2] 校书郎罗点——校书郎，官名，属秘书省，主管校勘书籍。罗点（1151—1195），抚州崇仁②人。进士出身。充校书郎兼国史院编修。光宗时任兵部尚书。宁宗时，以端明殿学士签书枢密院。③

---

① 《周礼·地官》。
② 今江西省崇仁县。
③ 《宋史》卷393。

[3] 刑——刑部。

[4] 寺——大理寺。

[5] 十四年——淳熙十四年，即1187年。

[6] 其后臣僚议——按《文献通考·刑考7》所载臣僚奏疏的节文较详，有"十四年八月，臣僚言：刺配之法，始于晋天福间。国初加杖，用贷死罪。其后科条寖密，刺配日增。考之《祥符编敕》，止四十六条。至于庆历已一百七十余条。今《淳熙配法》凡五百七十余条。配法既多，犯者自众，黥隶之人，所至充斥。近臣僚建请改定居役之法，已降指挥看降，至今未见定论。盖缘刺配情理稍轻，既欲降居役，则编管乃为从坐，不应却令徙乡，轻重不伦，议乃中格。窃谓前后创立配条，不为无说。若止令居役，不离乡井，则几于惠奸……（以下见李志）"等语，可供参考。

[7] 几——近乎。

[8] 惠奸——恩惠施于奸恶，即有利于奸恶之徒。

[9] 恤——谨慎使用的意思。

[10] 顾藉——顾虑、顾忌。

[11] 傥——倘若。

[12] 见——现。

[13] 偶丽于罪——偶然犯法。

嘉泰四年[1]，臣僚言："配隶之人，盖有两等。其乡民一时斗殴杀伤，及胥吏[2]犯赃贷命流配等人，设使逃逸，未必能为大过，止欲从徒，配本州牢城重役，限满给据，复为良民。至于累犯强盗，及聚众贩卖私商[3]，曾经杀伤捕获之人，非村民、胥吏之比，欲并配屯驻军，立为年限，限满改刺从正军。"从之。其所配之地，自高宗来，或配广南海外四州，或配淮、汉、四川，迄度宗之世无定法，皆不足纪也。

【注释】

[1] 嘉泰四年——1204年。嘉泰，宁宗第二次改元年号（1201—1204）。

[2] 胥吏——在官府中办理文书的小吏。

[3] 贩卖私商——指当时私贩茶、盐、矾、麹（粬）、香药等官卖品的商人。

凡内外所上刑狱[1]，刑部、审刑院、大理寺参主之[2]，又有纠察在京刑狱司以相审覆。官制既行，罢审刑、纠察[3]，归其职于刑部。四方之狱，则提点刑狱统治之。官司之狱：在开封，有府司、左右军巡院[4]；在诸司，有殿前、马步军司[5]及四排岸[6]；外则三京[7]府司、左右军巡院，诸州军院、司理院[8]，下至诸县皆有狱。诸狱皆置楼橹[9]，设浆[10]铺席，时具沐浴，食令温暖，寒则给薪炭、衣物，暑则五日一涤枷杻。郡县则所职之官躬行检视，狱敝则修之使固。

【注释】

[1] 内外所上刑狱——京师和各路所管的刑事案件。

[2] 参主之——参与主管。

[3] 审刑、纠察——审刑院和纠察在京刑狱司的简称。

[4] 开封，有府司、左右军巡院——开封府设有府司狱和左右军巡狱，掌管开封府地方一切民刑诉讼案件。

[5] 殿前、马步军司——殿前司和马步军司分别设狱，掌管属于该司管辖的案件。

[6] 四排岸——四排岸司，主管维护水陆交通、运输大宗财货直达京师（当时称为纲运）的武装部队。自江淮、京东、陕西到京师，通运的河流有四：汴河、黄河、惠民河、广济河，分设东南西北四排岸司。在纲运过程中，如有阻碍装卸或盗窃货物，都由排岸司处理，因各设狱，拘禁人犯。

[7] 外则三京——宋代除以开封府为东京外，又有河南府①为西京，应天府②为南京，大名府③为北京。

[8] 诸州军院、司理院——各州各军都设有院狱和司理院狱，掌管该管地方一切民刑诉讼案件。

[9] 楼牖（yǒu）——高窗。

[10] 设浆——备茶水。

神宗即位初，诏曰："狱者，民命之所系也。比闻有司岁考天下之奏，而多瘐死。深惟狱吏并缘为奸，检视不明，使吾元元[1]横罹[2]其害。《书》不云乎：'与其杀不辜，宁失不经。'其具为令：应诸州军巡司院[3]所禁罪人，一岁在狱病死及二人，五县以上州岁死三人，开封府司、军巡岁死七人，推吏、狱卒皆杖六十，增一人则加一等，罪止杖一百。典狱官如推狱，经两犯即坐从违制[4]。提点刑狱岁终会[5]死者之数上之，中书检察。死者过多，官吏虽已行罚，当更黜责[6]。"

【注释】

[1] 元元——人民。

[2] 罹——遭受。

[3] 应诸州军巡司院——按《宋会要辑稿·刑法6》之56作"应诸州军巡司理院"。

[4] 坐从违制——依《宋刑统·职制律》"诸被制书有所施行而违者，徒二年"的规定处罚。

---

① 今河南省洛阳市。
② 今河南省商丘市。
③ 今河北省大名县。

[5] 会——统计、汇总。

[6] 黜责——撤职处分。

未几,复诏:"失入死罪,已决三人,正官除名编管,贰者[1]除名,次贰[2]者免官勒停,吏配隶千里。二人以下,视此有差。不以赦降、去官原免。未决,则比类递降一等;赦降、去官,又减一等。令审刑院、刑部断议官[3],岁终具尝失入徒罪五人以上,京朝官展磨勘年[4],幕职、州县官展考[5],或不与任满指射差遣[6],或罢,仍即断绝支赐[7]。"以前法未备,故有是诏。又尝诏:"官司失入人罪,而罪人应原免,官司犹论如法,即失出人罪;若应徒而杖,罪人应原免者,官司乃得用因罪人以致罪之律。"

【注释】

[1] 贰者——次于正官的官,如各州的通判。

[2] 次贰——如录事、参军等。

[3] 断议官——指详断官和详议官。

[4] 京朝官展磨勘年——京朝官按情节轻重,延展引对磨勘一年、二年或三年。

[5] 幕职、州县官展考——幕职官,宋代凡签书判官厅公事、节度推判官等,都称幕职官,助理知州总管州政,以及斟酌一切公文。幕职官和州县官原应一年考查成绩一次。展考,便是延展考查年限。

[6] 不与任满指射差遣——凡任满应派川、陕、闽、广等远地官吏,不准指定地区,随意就差。①

[7] 断绝支赐——宋代职官待遇优厚,朝廷赏赐很多,除月支俸钱禄米外,京朝官又有茶、酒、厨料之给,薪、蒿、炭、盐之给,饲马刍束之给,米面羊口之给。外官别给公用钱,知府等有职用,没有职用的外官,另给茶汤钱。这些给赐,总称支赐。断绝支赐,即断绝发放各种给赐。

帝以国初废大理狱非是,元丰元年[1]诏曰:"大理有狱尚矣[2]。今中都官有所劾治[3],皆寓系开封诸狱,囚既猥多[4],难于隔讯,盛夏疾疫,传致瘐死,或主者异见,岁时不决[5],朕甚愍[6]焉。其复[7]大理狱,置卿一人,少卿二人,丞四人,专主鞫讯;检法官二人,主簿一人。应三司、诸寺监[8]吏犯杖、笞不俟追究者,听即决[9],余悉送大理狱。其应奏者,并令刑部、审刑院详断。应天下奏按亦上之。"五年[10],分命少卿左断刑、右治狱[11]。断刑则评事、检法[12]详断,丞议,正审[13];治狱则丞专推劾,主簿掌按籍,少卿分领其事,而卿总焉[14]。六年[15],刑部言:"旧详断官分公按讫[16],主判官论议改正,发详议官复议。有差失问难[17],则书于检尾[18],送断官改正,主判官审定,然后判

---

① 《宋史》卷159《选举志》。

成。自详断官归大理为评事、司直，议官为丞，所断按草，不由长式，类多差忒[19]。"乃定制：分评事、司直与正为断司，丞与长式为议司。凡断公按，正先详其当否，论定则签印注日[20]，移议司复议，有辩难，乃具议改正，长式更加审定，然后判成录奏。

【注释】

[1] 元丰元年——元丰，神宗第二次改元年号，即1078年。

[2] 尚矣——由来已久了。

[3] 中都官有所劾治——中都官，指京都各官。始于汉。这里借用说明京都各官有所查办。

[4] 猥多——多而杂。

[5] 主者异见，岁时不决——主管官员意见分歧，经久不予判决。

[6] 愍（mǐn）——怜悯。

[7] 复——恢复。

[8] 诸寺监——指太常、宗正、光禄、卫尉、太仆、大理、鸿胪、司农、太府九寺，国子、少府、将作、军器、都水五监。九寺五监都是京朝官署。

[9] 听即决——任听三司、诸寺、监自行断罪处罚，不再通过大理寺狱。

[10] 五年——元丰五年，即1082年。

[11] 分命少卿左断刑、右治狱——元丰官制施行后，大理寺设少卿二人，以左右分职。左为断刑，主管审理全国官员将校被检举犯罪事件，以及死罪复按，或其他因疑难报请复审事件。右为治狱，主管京都各机关职官犯罪事件。

[12] 评事、检法——均属官名。评事属大理寺，主管审核犯罪事实；检法，亦属大理寺，主管根据犯罪事实，检查所适用的法律。

[13] 丞议，正审——丞，官名，即大理丞，主管评议案件。正，官名，即大理正，主管审核案件。

[14] 主簿掌按籍，少卿分领其事，而卿总焉——主簿，官名，属大理寺，主管查核簿册账籍。大理寺少卿二人，分领断刑、治狱。大理寺卿则总其成。

[15] 六年——元丰六年，即1083年。

[16] 分公按讫——分派案件，复核完毕。

[17] 有差失问难——如有错误遗漏以及争论不决的事项。

[18] 检尾——检阅文稿的后面。

[19] 差忒——差错，错误。

[20] 注日——注明日期。

元祐初，三省言："旧置纠察司，盖欲察其违慢，所以谨重狱事，罢归刑部，无复纠察之制。请以纠察职事，委御史台刑察[1]兼之，台狱则尚书省右司纠察之[2]。"

【注释】

[1] 刑察——专职监察刑部的监察御史。

[2] 台狱则尚书省右司纠察之——台狱,御史台狱。尚书省右司管兵、刑、工三房案牍。御史台狱,则由尚书省右司加以纠察。

三年[1],罢大理寺狱[2]。初,大理置狱,本以囚系淹滞,俾狱事有所统,而大理卿崔台符等不能奉承德意[3],虽士大夫若命妇,狱辞小有连逮,辄捕系。凡逻者[4]所探报,即下之狱。傅会[5]锻炼,无不诬服。至是,台符等皆得罪,狱乃罢。

【注释】

[1] 三年——哲宗元祐三年,即1088年。

[2] 罢大理寺狱——按《文献通考·刑考6》作"罢大理寺右治狱"。本志下文亦有"复置大理寺右治狱"句,此处显系漏"右治"二字。又按《宋会要辑稿·职官24》之10、《续通鉴长编》卷364都载事在元祐元年(1086)正月。

[3] 奉承德意——体会皇帝设立大理寺狱的旨意。

[4] 逻者——巡行侦缉人员。

[5] 傅会——同附会。牵强凑合犯罪事由。

八年[1],中书省言:"昨诏内外,岁终具诸狱囚死之数。而诸路所上,遂以禁系二十而死一者不具,即是岁系二百人,许以十人狱死,恐州县弛意狱等,甚非钦恤之意。"诏刑部自今不许辄分禁系之数。绍圣二年[2],户部如三司故事,置推勘检法官[3],应在京诸司事干钱谷当追究者,从杖已下即定断。

【注释】

[1] 八年——元祐八年,即1093年。

[2] 绍圣二年——按《续通鉴长编》卷410、《宋会要辑稿·刑法3》之68及《职官24》之10,都作元祐三年。

[3] 推勘检法官——官名,属三司或户部,主管审判在京各司钱谷交代不清等事项。

三年[1],复置大理寺右治狱,官属视元丰员,仍增置司直一员。大理卿路昌衡[2]请:"分大理寺丞为左、右推,若有觳异[3],自左移右。再变,即命官审问,或御史台推究。不许开封府互勘及地分探报,庶革互送挟仇之弊。徒已上罪,移御史台。命官追摄者,悉依条[4]。若探报涉虚、用情托[5]者,并收坐以闻。"

【注释】

[1] 三年——绍圣三年,即1096年。按《宋会要辑稿·职官24》之10及《宋史》卷

18《哲宗本纪》都载事在绍圣二年（1095）七月。

[2] 路昌衡——开封祥符①人。进士出身。哲宗时，任大理寺卿，迁工部侍郎，以宝文阁待制知开封府。②

[3] 飜异——飜，即翻。推翻供词或证词。

[4] 命官追摄者，悉依条——逮捕有官爵的人，都依法办理。

[5] 情托——以私情相请托。

初，法寺断狱，大辟失入有罚，失出不坐。至是，以失出死罪五人比失入一人，失出徒、流罪三名，亦如之。著为令[1]。元符三年[2]，刑部言："祖宗重失入之罪，所以恤刑。夫失出，臣下之小过；好生，圣人之大德。请罢失出之责，使有司谳议之间，务尽忠恕。"诏可。政和三年[3]，臣僚言："远方官吏，文法既疏[4]，刑罚失中，不能无冤。愿委耳目之官[5]，季[6]一分录所部囚禁，遇有冤抑，先释而后以闻。岁终较所释多寡，为之殿最[7]。其徼功故出有罪者，论如法[8]。"诏令刑部立法："诸入人徒、流之罪已结案，而录问官吏[9]能驳正[10]，或因事而能推正[11]者，累及[12]七人，比大辟一名推赏。"

【注释】

[1] 著为令——按《宋会要辑稿·刑法4》之78及《续通鉴长编》卷476，都载事在元祐七年（1092）。

[2] 元符三年——元符，哲宗第三次改元年号，三年，即1100年。

[3] 政和三年——1113年。政和，徽宗第四次改元年号（1111—1118）。

[4] 文法既疏——疏于遵守礼制、法度。

[5] 耳目之官——封建君主设置御史，以监察内外官吏的违法失职，作为自己的耳目，因称御史为耳目官。

[6] 季——指每一季度。

[7] 为之殿最——用以评定成绩的优劣。

[8] 徼功故出有罪者，论如法——御史贪图功绩而故意开脱犯罪的，依法惩处御史。

[9] 录问官吏——审核案件、录问囚犯的官吏，如知州、提刑司等。

[10] 驳正——驳斥审判用法不当，予以纠正。

[11] 因事而能推正——就事实而能自行讯问明白，予以改正。

[12] 累及——积累、累计。

绍兴六年[1]，令诸鞫勘[2]有情款异同而病死者，提刑司研究之[3]，如冤，申朝廷取旨。

---

① 今河南省开封市。
②《宋史》卷354。

十二年[4]，令诸推究翻异狱，毋差初官、荫子[5]及新进士，择曾经历任人[6]。二十七年[7]，令监察御史每冬夏点[8]狱，有鞫勘失实者，照刑部郎官，直行移送[9]。二十九年[10]，令杀人无证、尸不经验之狱，具案奏裁，委提刑审问。如有可疑及翻异，从本司差官重勘，案成上本路[11]，移他监司审定，具案闻奏。否则监司再遣官勘之，又不伏，复奏取旨。先是，有司建议："外路狱三经翻异，在千里内者移大理寺。"三十一年[12]，刑部以为非祖宗法，遂厘正[13]之。乾道中，诸州翻异之囚，既经本州，次檄邻路[14]，或再翻异，乃移隔路，至有越两路者。官吏旁午[15]于道，逮系者困于追对。四年[16]，乃令："鞫勘本路累尝差官犹称冤者，惟檄邻路，如尚翻异，则奏裁。"淳熙三年[17]，令县尉权县事，毋自鞫狱，即令丞、簿参之[18]。全阙[19]，则于州官或邻县选官权摄[20]。

【注释】

[1] 绍兴六年——绍兴，高宗第二改元年号。六年，即1136年。

[2] 诸鞫勘——各复审案件。

[3] 有情款异同而病死者，提刑司研究之——如有犯罪事实与口供不符而病死的罪犯，案件并未结束，提刑司应研究其病死的原因，以及原问官员有无不法行为。

[4] 十二年——绍兴十二年，即1142年。

[5] 荫子——因父祖官荫而获得官职的人。

[6] 择曾经历任人——选择资历较深的人。

[7] 二十七年——绍兴二十七年，即1157年。

[8] 点——检查。

[9] 照刑部郎官，直行移送——关照或通知刑部郎官直接上送案卷，不再通过按级上报的移送程序。

[10] 二十九年——绍兴二十九年，即1159年。

[11] 上本路——上报给本路（审查）。

[12] 三十一年——绍兴三十一年，即1161年。

[13] 厘正——改正。

[14] 次檄邻路——再用文书通知相邻各路。

[15] 旁午——络绎不绝、交错来往。

[16] 四年——乾道四年，即1168年。

[17] 淳熙三年——淳熙，孝宗第三次改元年号。三年，即1176年。

[18] 丞、簿参之——丞，县丞。簿，主簿。二者都是知县的助理，由他们来参与审判。

[19] 全阙——阙，同缺。丞、簿全都缺额。

[20] 权摄——暂且代理。

金作赎刑[1]，盖以鞭扑之罪[2]，情法有可议者，则宽之也。穆王赎及五刑[3]，非法矣。

宋损益旧制[4]，凡用官荫得减赎，所以尊爵禄、食廉耻也。

【注释】

[1] 金作赎刑——见《尚书·舜典》。相传尧、舜时代，即有用金属折赎刑罚的规定。

[2] 鞭扑之罪——应处鞭刑和扑刑的罪，见《尚书·舜典》。

[3] 穆王赎及五刑——穆王，周穆王姬满。曾命吕侯作《吕刑》，其中规定了五刑的赎法。①

[4] 损益旧制——删除旧制中不恰当的部分规定，增加另一些必要的规定。

乾德四年[1]，大理正高继申上言："《刑统名例律》：三品、五品、七品以上官，亲属犯罪，各有等第减赎[2]。恐年代已深，不肖自恃先荫，不畏刑章。今犯罪身无官，须祖、父曾任本朝官，据品秩得减赎；如仕于前代，须有功惠及民、为时所推[3]、历官三品以上，乃得请。"从之。后又定："流内品官任流外职[4]，准律文，徒罪以上依当赎法。诸司授勒[5]留官及归司人犯徒流等罪，公罪许赎，私罪以决罚论。"淳化四年[6]，诏诸州民犯罪，或入金赎[7]，长吏得以任情而轻重之，自今不得以赎论。妇人犯杖以下，非故为，量轻重笞罚或赎铜释之。

【注释】

[1] 乾德四年——乾德，太祖第二次改元年号，四年，即966年。

[2] 等第减赎——按官爵等级减罪、赎罪。

[3] 为时所推——为当时的人们所敬仰推崇。

[4] 流内品官任流外职——隋唐旧制，九品以内官称流内，九品以外官称流外。流内为正官，流外为杂职。宋仿旧制，设流内品官和流外职。前者如京朝官，后者如县尉主簿等。流内品官有时充流外职官。

[5] 授勒——命令。

[6] 淳化四年——淳化，太宗第四次改元年号。四年，即993年。

[7] 诏诸州民犯罪，或入金赎——按《文考刑考·刑考10》载，事在端拱二年（989）。

仁宗深悯夫民之无知也，欲立赎法以待薄刑，乃诏有司曰："先王用法简约，使人知禁而易从。后代设茶、酒、盐税之禁，夺民厚利，刑用滋章[1]。今之《编敕》，皆出律外，又数改更，官吏且不能晓，百姓安得闻之？一陷于理[2]，情虽可哀，法不得赎。岂礼乐之化未行，而专用刑罚之弊与？汉文帝使天下人入粟于边，以授爵免罪[3]，几于刑措[4]。其议科条非著[5]于律者，或冒[6]利犯禁，奢侈违令，或过误可悯，别为赎法。乡民以谷麦，市人以钱帛，使民重谷麦，免刑罚，则农桑自劝[7]，富寿可期[8]矣。"诏下，论者以为富

---

① 《尚书》序言。

人得赎而贫者不能免，非朝廷用法之意。时命辅臣分总职事[9]，以参知政事范仲淹领刑法，未及有所建明而仲淹罢，事遂寝[10]。

【注释】

[1] 刑用滋章——问罪处刑之事因而增多。

[2] 一陷于理——一经犯法。

[3] 汉文帝使天下人入粟于边，以授爵免罪——汉文帝听从晁错的建议，命令人民向县官缴纳米粟，按其数量多少，授予官爵，或在犯罪时得免处刑罚。

[4] 几于刑措——几乎做到不用刑罚。

[5] 著——规定。

[6] 冒——贪。

[7] 农桑自劝——农业得到刺激。

[8] 富寿可期——国家的持久富强便有希望。

[9] 命辅臣分总职事——命令宰相分领职事官。

[10] 事遂寝——（上述之）事情于是搁置起来。

至和[1]初，又诏："前代帝王后，尝仕本朝官不及七品者，祖父母、父母、妻子罪流以下，听赎。虽不仕而尝被赐予者，有罪，非巨蠹，亦如之。"随州[2]司理参军李抃父殴人死，抃上所授官以赎父罪，帝哀而许之，君子谓之失刑。然自是未尝为比，而终宋之世[3]，赎法惟及轻刑而已。

【注释】

[1] 至和——仁宗第八次改元的年号（1054—1056）。

[2] 随州——州名，属京西南路，治所在今湖北省随县。

[3] 终宋之世——直到宋代结束。

恩宥之制[1]，凡大赦及天下[2]，释杂犯死罪以下，甚则常赦所不原罪[3]，皆除之。凡曲赦，惟一路或一州，或别京，或畿内[4]。凡德音，则死及流罪降等，余罪释之，间亦释流罪。所被广狭无常[5]。又，天子岁自录京师系囚，畿内则遣使，往往杂犯死罪以下，第降等，杖、笞释之，或徒罪亦得释。若并及诸路，则命监司录焉。

初，太宗尝因郊礼议赦[6]，有秦再恩[7]者，上书愿勿赦，引诸葛亮佐刘备数十年不赦[8]事。帝颇疑之。时赵普[9]对曰："凡郊祀肆眚[10]，圣朝彝典[11]，其仁如天，若刘备区区一方，臣所不取。"上善之，遂定赦。

【注释】

[1] 恩宥之制——赦罪的制度。宋代赦罪分大赦、曲赦、德音三类。

[2] 及天下——普及全国，无地域限制。

[3] 常赦所不原罪——情节重大，遇有通常赦令，仍不宽宥，照旧执行刑罚的犯罪。综合开宝、太平兴国、雍熙、淳化、咸平等赦例来看，凡十恶、劫盗、谋杀、故杀、官吏受赃等，都在常赦所不原之列。

[4] 或别京，或畿内——别京，指东京以外的西京、南京和北京。畿内，指京都所辖县区以内。

[5] 所被广狭无常——德音所及的范围，或广或狭，并不一定。

[6] 郊礼议赦——郊礼，即郊祭时的礼节。议赦，讨论赦法。

[7] 秦再恩——按《续通鉴长编》卷89，天禧元年（1017）三月辛酉真宗向臣僚提及这件事作"秦再思"。

[8] 诸葛亮佐刘备数十年不赦——诸葛亮治蜀，除刘备即位（章武元年，即221年）及刘禅即位（建兴元年，即223年）分别大赦一次外，十余年中没有颁过赦令。诸葛亮死后，蜀国覆亡前，刘禅却实行了十三次大赦。

[9] 赵普——蓟县① 人。佐太祖建立统一政权，继相太宗，被封魏国公。②

[10] 郊祀肆眚（shěng）——封建王朝为了麻痹人民的反抗情绪，常举行郊祭，同时下诏赦罪。肆眚，赦罪的意思。

[11] 彝典——经常的制度。

初，太祖将祀南郊，诏："两京、诸道，自十月后犯强窃盗，不得预郊祀之赦[1]。所在长吏告谕，民无冒法。"是后将祀，必先申明此诏[2]。天圣五年[3]，马亮[4]言："朝廷虽有是诏，而法官断狱，乃言终是会赦，多所宽贷，惠奸失诏旨[5]。"遂诏："已下约束而犯劫盗，及典官受赃[6]，勿复奏，悉论如律。"七年[7]春，京师雨，弥月[8]不止。仁宗谓辅臣曰："岂政事未当天心耶？"因言："向者大辟覆奏，州县至于三，京师至于五，盖重人命如此。其戒有司，决狱议罪，毋或枉滥。"又曰："赦不欲数，然舍是无以召和气。"遂命赦天下。

【注释】

[1] 自十月后犯强窃盗，不得预郊祀之赦——冬至郊祭，依历在十一月。十月后因不久将行郊赦，先犯强窃盗，企图赦免的人和普通强窃盗不同，不得因郊赦而免罪。

[2] 是后将祀，必先申明此诏——如真宗咸平二年（999）十一月郊祀大赦，诏有"如闻小民知有恩赦，故为劫盗，自今不在原免之限"等语。

[3] 天圣五年——1027年。

[4] 马亮——庐州③ 人。进士出身。初为大理评事，仁宗时诏知审刑院。④

---

① 今河北省蓟州区。
② 《宋史》卷256。
③ 今安徽省合肥市。
④ 《宋史》卷298。

[5] 惠奸失诏旨——按黄淮、杨士奇编《历代名臣奏议》卷218《赦宥门》转载《宋史·刑法志》这一段文字作"惠奸宄，失诏旨"，供参考。

[6] 典官受赃——主管官吏收受赃物。

[7] 七年——仁宗，天圣七年，即1029年。

[8] 弥月——满月。

帝在位久，明于人之情伪，尤恶讦人阴事，故一时士大夫习为惇厚。久之，小人乘间密上书，疏[1]人过失，好事稍相与唱和[2]，又按[3]人赦前事。翰林学士张方平[4]、御史吕诲[5]以为言，因下诏曰："盖闻治古，君臣同心，上下协穆，而无激讦[6]之俗，何其德之盛也！朕窃慕焉。嘉与公卿大夫同底斯道[7]，而教化未至，浇薄日滋[8]。比者中外群臣，多上章言人过失，暴扬难验之罪，或外托公言，内缘私忿，诋欺暧昧[9]，苟陷善良。又赦令者，所以与天下更始，而有司多举按赦前之事，殆非信命令，重刑罚，使人洒心自新[10]之意也。今有上言告人罪，言赦前事者，讯之。至于言官，宜务大体，非事关朝政，自余小过细故，勿须察举。"

【注释】

[1] 疏——上书陈述。

[2] 唱和——附和。

[3] 按——考查。

[4] 张方平——南京① 人。进士出身。仁宗时，初为著作郎，旋直集贤院，进翰林学士。神宗时，任参知政事，因不赞成新法，自请退休。②

[5] 吕诲——开封③ 人。进士出身。仁宗时，任殿中侍御史、知谏院。神宗时，任御史中丞，因弹劾王安石被斥。④

[6] 激讦——挑拨攻击。

[7] 同底斯道——共同实行以求达到"上下协穆"。

[8] 浇薄日滋——风气日益变坏。

[9] 诋欺暧昧——以不可告人和难以查明的私事进行诬蔑和欺蒙。

[10] 洒心自新——悔过自新。

神宗即位，又诏曰："夫赦令，国之大恩，所以荡涤瑕秽[1]，纳于自新之地，是以圣王重焉。中外臣僚多以赦前事捃摭吏民[2]，兴起狱讼，苟有讹[3]误，咸不自安，甚非持心

---

① 今河南省商丘市。
② 《宋史》卷318。
③ 今河南省开封市。
④ 《宋史》卷321。

近厚[4]之义，使吾号令不信[5]于天下。其内外言事、按察官[6]，毋得依前举劾，具按取旨，否则科违制之罪。御史台觉察弹奏，法寺有此奏按，许举驳以闻。"知谏院司马光言曰："按察之官，以赦前事兴起狱讼，禁之诚为大善。至于言事之官，事体稍异。何则？御史之职，本以绳按百僚[7]，纠擿隐伏[8]。奸邪之状，固非一日所为。国家素尚宽仁，数下赦令，或一岁之间至于再三，若赦前之事皆不得言，则其可言者无几矣。万一有奸邪之臣，朝廷不知，误加进用，御史欲言则违今日之诏，若其不言，则陛下何从知之。臣恐因此言者得以藉口偷安，奸邪得以放心不惧。此乃人臣之至幸，非国家之长利也。请追改前诏，刊去'言事'两字。"光论至再，帝谕以"言者好以赦前事诬人"，光对曰："若言之得实，诚所欲闻，若其不实，当罪言者。"帝命光送诏于中书。

【注释】

[1] 荡涤瑕秽——消除错误。

[2] 多以赦前事捃（jùn）摭（zhí）吏民——多收集官吏或人民在赦前犯罪的事实。捃摭，摘取、搜集。

[3] 诖（guà）误——错误。

[4] 持心近厚——正直忠厚。

[5] 不信——不能取信。

[6] 言事、按察官——言事官，即言官，通常指谏官和御史。按察官，即按察使，包括转运使和提刑使，宋以转运使兼按察地方官吏好坏的职权，所以也是按察官。

[7] 绳按百僚——依法纠察和弹劾一切官僚。

[8] 纠擿（tī）隐伏——检举不易发觉的罪状。

熙宁七年[1]三月，帝以旱，欲降赦。时已两赦，王安石曰："汤旱，以六事自责[2]曰：'政事不节与？'若一岁三赦，是政不节矣，非所以弭灾[3]也。"乃止。八年[4]，编定《废免人叙格》[5]，常赦则郡县以格叙用，凡三期[6]一叙，即期未满而遇非次赦[7]者，亦如之。元祐元年[8]，门下省言："当官以职事堕旷[9]，虽去官不免，犹可言；至于赦降大恩，与物更始，虽劫盗杀人亦蒙宽宥，岂可以一事差失，负罪终身？今刑部所修不以去官、赦降原减条，请更删改。"

【注释】

[1] 熙宁七年——神宗熙宁七年，即1074年。

[2] 汤旱，以六事自责——传说商汤时代，大旱七年。成汤向天祈祷，并以下列六事责备自己：（一）政不节与？（二）民失职与？（三）宫室崇与？（四）妇谒盛与？（五）苞苴行与？（六）谗夫倡与？①

---

① 《资治通鉴·外犯》卷2。

[3] 弭灾——消灾。

[4] 八年——熙宁八年，即 1075 年。

[5]《废免人叙格》——官员因事免职又迁赦而重复录用的法规。

[6] 期——周年。

[7] 非次赦——特赦。

[8] 元祐元年——哲宗元祐元年，即 1086 年。

[9] 当官以职事堕旷——官吏因失职而犯法。堕旷，荒废，这里代指失职犯法。按《宋会要辑稿·刑法 1》之 13 作"当职官以职事堕旷"，多一"职"字，供参考。

徽宗在位二十五年[1]，而大赦二十六，曲赦十四，德音三十七。而南渡之后，绍熙岁至四赦[2]，盖刑政紊而恩益滥[3]矣。

【注释】

[1] 徽宗在位二十五年——1101 年至 1125 年。

[2] 绍熙岁至四赦——指光宗绍熙五年（1194）赦四次①。一为四月以不雨命大理、三衙、临安府及两浙决系囚，释杖以下；一为五月以寿皇圣帝（孝宗）疾赦；一为七月宁宗即位（未改元）大赦；一为九月大享明堂（祭祀）大赦。

[3] 刑政紊而恩益滥——刑政紊乱却又滥施恩惠。

宋自祖宗以来，三岁遇郊则赦[1]，此常制也。世谓三岁一赦，于古无有。景祐[2]中，言者以为："三王岁祀圜丘[3]，未尝辄赦。自唐兴兵[4]以后，事天之礼不常行，因有大赦，以荡乱狱。且有罪者宽之未必自新，被害者抑之未必无怨。不能自新，将复为恶；不能无怨，将悔为善。一赦而使民悔善长恶，政教之大患也。愿罢三岁一赦，使良民怀惠，凶人知禁。或谓未可尽废，即请命有司，前郊三日理罪人[5]，有过误者引而赦之。州县须诏到仿此。"疏奏，朝廷重其事，第诏："罪人情重者，毋得以一赦免[6]。"然亦未尝行。

【注释】

[1] 三岁遇郊则赦——每隔三年遇郊祭则大赦一次。

[2] 景祐——仁宗第三次改元年号（1034—1038）。

[3] 三王岁祀圜丘——三王，指夏、商、周三代的开国君主。岁祀圜丘，指当时帝王每年祭天，以神道统治人民。

[4] 兴兵——按《文献通考·刑考一二》作"兵兴"。

[5] 前郊三日理罪人——在郊祭之前三日清理罪人、积案，以便实行赦免。

[6] 以一赦免———律赦免。按《文献通考·刑考 12》作"一以赦免"。

---

① 〔南宋〕洪迈：《容斋随笔》。

中国法律思想简史

《中国法律思想简史》*题记

本书为"法律知识教程"丛书之一，系统而简要地评述我国奴隶社会、封建社会、半殖民地半封建社会各历史时期著名代表人物的法律思想，客观、科学地评价法律思想史上的各类人物，力求从他们的法律思想中觅到可以肯定、可为今用的东西。

---

* 同济大学出版社 1988 年版。

导　论

中国法律思想是人类法律文化思想遗产的重要组成部分。中国法律思想曾与政治思想、经济思想、哲学思想、军事思想等同臻人类思想的光辉高峰。但在中国历史上，对法律思想史做系统研究的人，却寥若晨星。新中国成立以后，马克思主义法学家开始了系统研究中国法律思想史的艰苦工作。由于人所共知的原因，这一工作只是在党的十一届三中全会以后，才逐渐取得了可观的成绩，为我们学习中国法律思想史奠定了良好的基础。

在学习中国法律思想史的过程中，我们首先应当了解，这门学科是研究什么的。

一、中国法律思想史的研究对象

中国法律思想史的研究对象是：中国历史上产生过重大社会影响的法律观点；这些观点的演变过程；中国法律思想的发展特点和发展规律。

存在决定意识，法律思想是社会存在、首要的是社会经济基础的反映。在中国古代社会的发展历程中，社会经济基础历经了奴隶制、封建制的兴衰变化，近代则由于外国资本主义的入侵而形成了半殖民地半封建性质的经济制度。与上述变化相应，不同阶级的代表人物曾在法律观点的阐述或法律制度的建设方面，做出了影响重大的努力，从而留下了丰富的法律思想，成为宝贵的精神文明遗产。对这些法律思想的基本观点，应当深入研究，认真掌握。

纵观法律思想史的发展过程，每一个法律思想家都从前人那里接受过法律思想的遗产，并对前人的某些观点（有时是主要观点甚至整个体系）进行批评，提出自己的新的见解，从而对后人的法律思想产生影响。这样，就形成了前后相随、互相连贯、绵延不绝、生动活泼的演变过程。在学习中国法律思想史时，要尽可能对各个法律思想做连贯的思索，而不要把一个个人物孤立起来；要比较分析他们的观点源流关系、异同关系，而不要停留在记诵他们的个别观点甚至个别语句上。

同任何别的事物一样，中国法律思想有其本身的发展特点和发展规律。掌握这些特点和规律,是整个中国法律思想史学习的重点和关键。因为只有通过学习、掌握这些特点和规律,才能启迪我们从中汲取其精华,为社会主义法制建设服务。

二、中国法律思想的历史发展的特点

源于奴隶制时期,在封建制时期成熟并达到高峰的儒家法律思想,吸收了法家以及其他各家的法律思想,形成了以神权和皇权紧密结合、宗法思想贯穿一切、等级特权意识浓厚、实施德主刑辅治国之道的完整体系,居于"正统"的垄断地位,对近代法律思想产生了重大影响。

(一)神权和皇权紧密结合

奴隶制时期的中国法律思想代表人物,大多竭力渲染"敬天""畏天命"的天命观;宣扬法是"上天"的意志的体现,刑是"上天"对凡人的惩罚;同时,又鼓吹帝王是"天子",代行"天罚"。这样,从进入阶级社会之初,就形成了神权与皇权紧密结合的法律观。进入封建社会时期,皇权进一步扩张,孔子的"礼乐征伐自天子出"[①]一说,无论是儒家还是法家,都竭力维护,绝无分歧。而作为"天子"的皇帝,其权威仍然与天命神权紧密联系。在神权与皇权紧密结合方面,奴隶制时期与封建制时期的法律思想的区别在于:奴隶制时期,以虚构的神权赋予世俗以皇权;封建制时期,以现实中已经形成的或需要造成的皇权来描画神权。神权与皇权的结合经历了从不系统到系统、从分散到理论化的发展过程。

(二)宗法思想贯穿一切

以家族为本位、以维护家长制的"孝"为核心的宗法思想,是中国古代从奴隶社会到封建社会立法、司法的根本原则,也是法律思想、法律意识、法制观念的核心。在奴隶社会时期,奴隶主贵族根据宗法思想来塑造"上天"。西周到春秋强调的"礼治"就是宗法思想的产物。尔后的儒家在其立法指导思想、对法律的理论阐释以及司法实践中,都围绕宗法观念展开。在维护宗法思想方面,法家毫不逊色于儒家。法家的祖师韩非在《韩非子·忠孝》中就认为:"臣顺君,子顺父,妻顺夫,三者顺则天下治,三者逆则天下乱。此天下之常道也。"整个奴隶制和封建制的漫长岁月中,从刑事到民事法律规范,从实体到程序法律规范,几乎处处体现宗法思想。宗法思想是中华法系的一大特点,也是中国法律思想的一种特色。

---

① 《论语·季氏》。

(三) 等级特权意识浓厚

源于西周的儒家法律思想竭力推崇"礼治"。"礼"是维护贵族等级秩序的社会规范和道德规范。按"礼"的要求，从天子到诸侯、卿、大夫、士等各级统治阶层都必须安于名位，遵守尊卑、长幼、贵贱有分的礼制，不得僭越。礼制从"天有十日，人有十等"①的教义出发，将尊卑贵贱的等级特权划分得十分森严，不同等级的人们不得越雷池一步。正是从这种等级特权的严格区分中，提出了"八议"制度，给予八种人以法律规定的特殊权利。这种"八议"制，不仅被规定在各朝各代的法律中，而且出现在几乎所有的儒家的经典里。法家虽然反对贵族世袭制度，但不反对"天子"的至尊至崇、至高无上的地位。"天子"不仅有立法大权，而且操生杀予夺的司法大权。"天子"以下等级制度及等级特权，法家也不反对，而且从法家的角度做了充分的论证。法家的著名代表人物商鞅，在秦实行变法时，就曾重订军功爵二十级，每一级各有不同的特权。

(四) 以"德主刑辅"为治国的基本策略

西周统治者主张"礼治""德治"，以道德教化来"防患于未然"。但与此同时，他们丝毫没有反对以刑法来镇压老百姓的反抗。口头上的全盘"礼治"与"德治"，和实践上的刑罚镇压并行不悖，是奴隶制西周时期德主刑辅法律思想的表现形式。封建制兴起时期，法家强调"法治"与"刑治"。但代秦而兴的西汉，统治者一旦巩固了自己的统治地位，便"罢黜百家，独尊儒术"，仍然推行德主刑辅的一套。这在历代更替过程中，几乎形成了一种规律。因此，从总体来看，封建社会里占统治地位的是德主刑辅的法律思想。

上述中国法律思想发展特点的四种表现，互相结合，互相依存，互相促进，构成了中国古代法律思想的完整而有机的体系。这种法律思想体系，有相当牢固的稳定性。近代西方资产阶级法律思想输入之后，资产阶级维新派曾奋力冲击"封建的网罗"，力图排击、摧毁儒家法律思想的正统地位和垄断性的权势，但资产阶级民主主义的法律思想始终未能占据统治地位。这是1919年五四运动前中国法律思想的一个特点。

中国法律思想的上述发展特点，在历史发展的过程中得到表现，具有一定的规律性。

三、中国法律思想的历史发展的规律

中国法律思想的历史发展，经历了奴隶社会、封建社会和半殖民地半封建社会三种社会形态。在夏，商、西周奴隶制形成和发展时期，奴隶主阶级的法律思想，以神权法与宗法思想为特色，处于支配社会法律思想的地位，被用作立法的指导原则和司法的根本指

---

① 《左传·庄公十八年》。

针。其他阶级和阶层的法律观点甚至得不到任何表现的机会。在奴隶制向封建制过渡的春秋战国时期，社会经济基础的变化和社会政治的变革，带来了思想领域的空前活跃，出现了"百家争鸣"的繁荣局面。法律思想方面，儒、墨、道、法及其他各家异说迭起，形成学派林立、互相驳难、竞相争雄的景象。秦灭六国，天下一统，法治主义一时盛行。但不久之后，秦二世亡，为汉所取代。"汉承秦制"，也曾仿行过法治，但终于很快就回到了儒家"礼治"主义的老路上去。两汉四百年间，儒家法律思想占了统治地位。汉末天下大乱，魏、蜀、吴三国鼎足而立，尖锐的社会矛盾使得三国不约而同地崇尚法家，法律思想界法治主义又趋大兴。但即使在这个时期，当统治者执政时间略长了一些，便要求助于儒家的"德主刑辅"的基本策略，以笼络人心。以后，两晋、南北朝、隋唐、五代以至宋、元、明、清时期，大体如同秦、汉、三国时期一样，每当民族矛盾、社会阶级矛盾比较尖锐，或当国家出现分裂、割据局面时，法治的主张便盛行起来；而当社会发展比较平稳，各种矛盾比较缓和的时期，儒家的"礼治"主张便凭借统治集团的大力推行，统治法律思想界。

从以上叙述中，我们可以看到，中国古代法律思想的发展所表现出的规律是：法家法治主义的盛行，与社会形态的更迭、社会矛盾或民族矛盾的尖锐化、统一局面的打破相紧密联系，前者由后者所决定，并对后者状况下的社会关系的调整起着比较有效的作用；儒家礼治主义的实现，与社会形态的成熟、社会秩序的稳定、社会矛盾的缓和、统一国家的巩固相紧密联系，前者同样由后者所决定，并对后者状况下的社会关系的调整起着比较有效的作用。由于社会形态的更迭是有规律的，因此，从历史发展的总体上看，儒法两家法律思想的交相演进也是有规律的。但在同一社会形态下，不同朝代统治秩序不尽一致，社会矛盾状况也就不尽一致，由此就形成儒法两家法律思想此起彼伏的状况。

由于在新型社会关系的确立或维护中，在统一国家的重建中，在解决民族矛盾从而维护国家不受侵略的斗争中，法家的法治主义所起的作用比儒家的礼治主义切实有效，因而应该肯定它的历史地位与历史价值。由于儒家的礼治主义侧重于调整成型、稳定的社会关系，往往不能有效地解决社会矛盾、民族矛盾激剧时期的现实问题，因此，当它阻碍、破坏新型社会关系的确立，或在社会矛盾、民族矛盾尖锐化时，就自然地被鄙弃。一切朝代的农民起义都力图打破陈旧的社会关系，因此，义无反顾地抨击孔孟之道的儒家思想，也就不足为奇了。近代太平天国运动兴起时，农民革命的法律思想代表人物对孔孟为代表的儒家法律思想表示了深恶痛绝的态度，进行了大义凛然的鞭笞挞伐。资产阶级维新派，尤其是资产阶级革命派，对封建法律思想的"正统"代表儒家，更是尖锐激烈地进行了全面的否定与批驳。当然，我们不应忘记，从阶级本质上看，无论是法家，还是儒家，都是剥削统治阶级为维护本身统治，维护私有制，镇压被剥削阶级反抗的工具，只是在不同的历史条件下统治策略有所侧重罢了。例如，日暮途穷的清朝封建统治者，一面仍然虚伪地重复其"德主刑辅"的说教，一面也加紧了对反对派、革命派的司法镇压，而加强司法镇压却恰恰是法治主义所要求的。

从上述法律思想发展的历史规律中可以得到教益：在存在着阶级的社会里，或当阶级斗争还不可避免地存在的情况下，弃置法制是不明智的，法家的法治主义有其借鉴的因素；撇开法家观点的剥削阶级实质，加以改造发展，可以为新兴的阶级所利用，也可以为推动社会发展争取国家统一的阶级所利用。

第一章　夏、商、西周时期的法律思想

中华民族的悠久历史和灿烂文化，为全人类所景仰。"中华民族的发展（这里说的主要是汉族的发展）和世界上别的许多民族同样，曾经经过了若干万年的无阶级的原始公社的生活。而从原始公社崩溃，社会生活转入阶级生活那个时代开始，经过奴隶社会、封建社会，直到现在，已有了大约四千年之久。"[①]

我国原始社会瓦解、奴隶制国家形成约在公元前2100年夏禹死后，他的儿子夏启打破"禅让"而夺取权力建立夏朝的时候。从夏到商、西周的一千三百年时间里，中国社会处于奴隶制的社会发展阶段上。

奴隶制社会的形成，促使了生产力的发展，"甚至对奴隶来说，这也是一种进步，因为成为大批奴隶来源的战俘以前都被杀掉，而在更早的时候甚至被吃掉，现在至少能保全生命了。"[②]但在奴隶制社会里，奴隶主阶级和奴隶阶级的对立和斗争，不可避免的是十分严酷的。"普天之下，莫非王土；率土之滨，莫非王臣。"[③]奴隶主阶级的总代表国王，不仅占有全国土地，而且占有全部奴隶。国王以血缘关系为纽带，将土地与奴隶逐级分封给大大小小的奴隶主，依靠他们来维护整个奴隶主阶级的经济剥削和政治统治的特权。奴隶则被视同牲口，过着牛马不如的悲惨生活。从战胜部落中分化出来的平民阶层，也受奴隶主阶级的剥削与压迫。因此，他们和奴隶阶级往往结成反抗奴隶主的同盟。为了镇压奴隶和平民的反抗，奴隶主阶级建立了国家机器，制订了法律，设置监狱，实施刑罚。与此同时，他们还用欺骗手段，以所谓的"礼"和"道德教化"来控制社会。与此相联系，就产生了奴隶主阶级的法律思想。

奴隶主阶级法律思想的最显著特点，是建立在宗教神权和宗法思想的基础上。这在夏、商、西周，是一脉相承的。

[①]《毛泽东选集》第2卷，人民出版社1966年版，第585页。
[②]《马克思恩格斯选集》第3卷，人民出版社1972年版，第221页。
[③]《诗经·小雅·北山》。

一、"王权神授"和"代天行罚"的神权法思想

夏、商、西周统治者的法律思想,以及表现在夏刑、商刑和《吕刑》中的法律思想,都浸透了"王权神授"和"代天行罚"的观念。

这种神权法思想,早在夏代即已形成。《论语·泰伯》说夏禹"菲饮食而致孝乎鬼神",宁可节衣缩食,也要周全供奉神仙鬼怪。这说明夏禹已开始依靠"天命"和"鬼神"来发号施令了。夏禹的儿子夏启夺权立国后,在发动对有扈氏的讨伐时,宣称"天用剿绝其命,今予惟恭行天之罚"①,大意是:我奉行天的意志,来代天行罚。

神权法思想在商代得到了比较充分的发展。商代统治者虚构了一个"上帝",然后宣扬"帝立子生商"②"天命玄鸟,降而生商"③,把商王打扮成"上帝"的嫡传后代,其权力当然是来自于"上帝"了。当他们要镇压奴隶的反抗或对外征战时,就宣传"代天行罚"。例如商汤的第九代孙盘庚决定把国都从奄(今山东曲阜)迁到殷(今河南安阳西北),以便打击制造了社会动乱的贵族和平民,于是说:"予迓续乃命于天,……乃有不吉不迪,颠越不恭,暂遇奸宄,我乃劓殄灭之无遗育,无俾易种于兹新邑。"④ 即警告说:我从"上帝"那里保留了你们的生命,如果你们图谋不轨,不服从我的命令,听信谣传,我就把你们斩尽杀绝,不让你们在新邑留下后代。商代君王为了把王权与"上帝"沟通起来,大搞巫术占卜。几乎每事必卜,无日不卜。举凡征伐、定罪、行赏、生产、问祸福、求风雨,都要占卜。就用这样的方法,在历史舞台上把如同戏法的"王权神授"与"代天行罚",一本正经地演了六百年。

西周时期,神权法思想得到了进一步的发展。它的表现是对"王权"怎样"神授"做了理论性解释。西周取代殷商,使人们对"王权神授"产生了怀疑:为什么"神"要改"授""王权"于西周统治者呢?西周奴隶主贵族的代表周公这样解释:"天命靡常。"⑤"皇天无亲,惟德是辅。"⑥ 意思是:"天命"不是固定不变的;皇天是无私的;谁有"德",就授权给谁。这是一个完整的有一定理论性和说服力的解释,从而首创了"以德配天"的"王权神授"说。

那么,什么是上天所推崇的"德"呢?第一是"敬天";第二是"孝祖";第三是"保民"。鼓吹"敬天",是为了加强自己的地位。宣扬"孝祖",可以用鬼神来制服人们。所

---

① 《尚书·甘誓》。
② 《诗经·商颂·长发》。
③ 《诗经·商颂·玄鸟》。
④ 《尚书·盘庚中》。
⑤ 《诗·大雅·文王》。
⑥ 《左传·僖公五年》引《周书》。

谓"保民",不是"保"奴隶,而是"保"奴隶主,是为了收买民心,巩固自己的统治基础,稳定奴隶主阶级的统治秩序。凡是西周统治者认为对自己的政治统治不利的,就可以用破坏"敬天""孝祖"或"保民"的罪名进行刑事惩罚。

西周统治者和夏、商的统治者一样,把刑罚说成是代天而行的。"予亦致天之罚于尔躬"①"尔乃屑播天命,……我乃其大罚殄之"②,都是"代天行罚"法律观的表现。

西周统治者中,最出名的是周公旦。他姓姬,名旦,文王之子,武王之弟。武王死后,周公旦受命辅佐成王摄行政事。管叔、蔡叔对此极为不满,与武庚勾结叛乱。周公旦率军征讨,"伐诛武庚,杀管叔,而放(流放)蔡叔"③。胜利后,"制礼作乐"④。所谓周公"制礼",即指周公旦为巩固西周奴隶制度而制定礼法制度。他提出了"天命靡常"的观点,指出"天命"并非固定属于殷商。但这本身已肯定了"天命"的存在。他伐武庚时,在东征的文告《大诰》中,就曾说过"天惟丧殷"的话,认为自己是代表"天"惩罚、消灭殷商的。也是他,又提出了"以德配天"的观点。他认为商朝从成汤到武丁是有"德"的,所以能"多历年所",长治久安;只是后来,由于失"德",内部分崩离析,所以上天改变了对他们的信任。他认为殷商"惟不敬厥德,乃早坠厥命"⑤,无"德"是早亡的原因。他在掌握权柄后,把"礼"与"刑"看作是代行天意的两种相辅相成的手段。

周公旦的"礼"和"礼制",有两个基本原则:其一,"君子劳心,小人劳力"⑥;其二,"礼不下庶人,刑不上大夫"⑦。这两条原则都被说成是"上天"的意志,人们只有俯首帖耳地遵守、服从的义务,没有怀疑、反对的理由。

二、维护宗法等级制度的"明德慎罚"思想

夏、商、西周统治者的法律思想的另一精神支柱是宗法思想。所谓"宗法",即以血缘为纽带调整家族内部关系,维护家长、族长的统治地位和世袭特权的行为规范。夏、商、西周原先是由分布在三个不同地区,以不同的显贵奴隶主家族为中心的统治集团建立起来的。传统的家长制、族长制的宗法关系,也就带到了国家政权机关中来,成为国家制度的基础。掌握国家政权的家长或族长,将亲属逐级分封为大大小小的各级官吏并世袭下去,形成了以国王为最高统治者的宗法等级制度,从而以宗法关系上形成的族权来巩固政

---

① 《尚书·多士》。
② 《尚书·多方》。
③ 《史记·管蔡世家》。
④ 《尚书大传》。
⑤ 《召诰》。
⑥ 《左传·襄公九年》。
⑦ 《礼记·曲礼上》。

权。这样，为宗法关系服务的宗法思想，就成了维护奴隶主贵族统治的指导思想，成了法律思想的精神支柱。

宗法等级制度的成熟形式，可见诸西周时期。周天子首先分封自己的亲族为诸侯，诸侯以下分封卿大夫。天子、诸侯、卿大夫等的职位由嫡长子世袭。嫡长子称"宗子"，地位最尊贵，是土地和权力的全权继承人。周天子称"大宗"；诸侯相对于周天子称"小宗"，但相对于卿大夫又是"大宗"。卿大夫对诸侯为"小宗"，在其本族又是"大宗"。按照"宗法"，"小宗"必须服从与尊敬"大宗"，"大宗"则应指挥与保护"小宗"。从政治上看，周天子、诸侯、卿大夫之间是行政上下级关系；从"宗法"上看，又有大小宗等级关系。二者相互结合，政权建立在族权的基础上，族权靠政权来保护；政权靠族权来加强，族权靠政权来巩固。这种宗法等级制度反映到政治法律思想领域中，就形成了西周时期以成熟形态出现的"礼治"，其基本原则是"亲亲"与"尊尊"。

所谓"礼治"，孔子简要地解说为"为国以礼"①，即按照"礼"的规定来治理国家。

"礼"的繁体字是"禮"，是从殷商甲骨文的"丰"" 豊 ""豊"等衍变而来的。在甲骨文里，它是豆盘盛玉的象形，表示对祖先、上帝的虔诚祭祀。《说文解字》说："礼，履也，所以事神致福也。"履行礼仪，用以祈求神鬼上帝的赐福与保佑。可见在殷商时期"礼"就与神权结合，成了必须履行的规范。西周时，随着宗法思想与宗法制度越来越系统化，"礼"发展成了整套的"礼制"，用以维护宗法等级制度。"礼制"的内容几乎无所不包，从政治、经济、教育、军事、行政、司法，到宗教、祭祀、婚丧、伦理，以至日常生活中的起居饮食、迎来送往，凡有权利、义务关系之处，都有"礼制"规定这样那样的规范。《礼记·曲礼上》说："道德仁义，非礼不成；教训正俗，非礼不备；分争辩讼，非礼不决；君臣上下，父子兄弟，非礼不定；宦学事师，非礼不亲；班朝治军、莅官行法，非礼威严不行；祈祷祭祀、供给鬼神，非礼不诚不庄。"总之，一切都离不开"礼"。而其中关于治理国家方面的"礼制"规范，实际上具有了民法与行政法的法律规范作用，有的则具有国家根本大法的作用。正因如此，"礼制"被说成"定亲疏，决嫌疑，别同异，明是非"②的依据，可用以"治国家，定社稷，序民人，利后嗣"③。

"礼治"基本原则之一的"亲亲"，指对亲属必须亲爱；子弟必须孝顺、友爱父兄；小宗必须服从大宗；分封与任命官吏应"任人唯亲"，造成"亲贵疏贱"并世代承袭。

"礼治"的另一基本原则是"尊尊"，指下级必须服从和尊敬上级，严格遵守上下等级秩序，尊重等级权利，不得僭越，不得犯上作乱。

---

① 《论语·先进》。
② 《礼记·曲礼上》。
③ 《左传·隐公十一年》。

"亲亲父为首""尊尊君为首"①。"礼治"的"亲亲""尊尊"原则,反映了维护家长制与君主制的统一性,成了西周立法的指导思想。如在"亲亲"原则指导下,把"不孝不友"看作"元恶大憝"②,是罪大恶极的行为,要"刑兹无赦"。《礼记·曲礼上》甚至宣称商周"五刑之属三千,罪莫大于不孝"。

在实行"亲亲""尊尊"原则的前提下,西周统治者明确提出"明德慎罚"③的主张,主要体现在以下几个方面:

其一,反对"乱罚无罪,杀无辜"④。《尚书·梓材》有"奸宄杀人,历人宥"的记载,意即歹徒杀人,与路人无关,应赦宥路人。他还一再告诫文王子孙不要贻误狱政、乱罚无辜之人。对殷商遗民,他主张"勿庸杀之,姑为教之"⑤。总之是实行"德政",争取民心。

其二,依法定罪,罪刑相当。《尚书·康诰》说"敬哉!无作怨,勿用非谋非彝""勿替敬典"。"谋""彝""敬典"是"常刑""正刑",据以定罪量刑,不易招致怨忿。

其三,定罪量刑,区分故意和过失、一贯和偶犯。《尚书·康诰》指出,必须将故意("非眚")与过失("眚")、一贯("惟终")与偶犯("非终")加以区别:"小人有罪,非眚,乃惟终,……乃不可不杀";"乃有大罪,非终,乃惟眚,……时乃不可杀。"即在处刑时,如属故意和一贯,即使小罪也是"不可不杀"的;如非故意且属偶犯,即使大罪也"不可杀"。

其四,缩小株连。针对殷商的"罪人以族",即对罪犯的家族要同样处刑,西周统治者周文王提出了"罪人不孥"⑥,即罪止及身,不株连家属。周公旦又提出"父子兄弟,罪不相及"⑦,更加明确化、具体化了。

"明德慎罚"的法律思想,目的在于维护宗法等级制度。只要是对统治阶级不利的,或他们认为不利的,就不讲什么"明德慎罚"了。周公旦的"明德慎罚"在西周只是昙花一现。到西周后期时,刑罚之重,不亚于殷商。据《史记·周本纪》说,周厉王时,曾下令卫巫"监谤者。以告,则杀之",只要有人议论周厉王,被告发,就得杀死。但是,作为一种法律思想观点,在西周即已提出,这无论在世界刑法史上或法律思想史上,都是相当先进的。

---

① 《史记·太史公自序》《索引》引。
② 《尚书·康诰》。
③ 《尚书·康诰》。
④ 《尚书·无逸》。
⑤ 《尚书·酒诰》。
⑥ 《孟子·梁惠王下》。
⑦ 《左传·昭公二十年》引《尚书·康诰》。

第二章 春秋时期的法律思想

中国奴隶制度经过夏、商、西周三代,到西周末年已变得腐朽不堪。周厉王暴虐无道,导致国人揭竿暴动,于是西周灭亡。从公元前770年周平王东迁洛邑开始,到公元前476年韩、赵、魏三家灭智氏而分其地,史称春秋时期。

春秋是我国奴隶制瓦解、封建制发生的时期。周平王东迁以后,周王室的地盘日渐缩小,周天子的地位日趋下降,最后只剩下个"共主"的虚名。奴隶主贵族则侵吞公田、扩展地盘、增强势力,为觊觎"天子"的权位,展开了互相之间的征伐兼并。其中有些奴隶主贵族终于国灭身亡。夺得了权势地盘的诸侯国,则不再驯顺听从周天子的号令,纷纷自行其是,自立制度,促成了"礼崩乐坏"局面的形成。同时,他们明显感到陈旧的奴隶制度已不适应生产力发展的需要。奴隶或者"不肯尽力于公田"①,或者大批逃亡、"适彼乐土"②,或者发动起义,直接打击奴隶主阶级的统治。有鉴于此,有些奴隶主贵族就开始转而采取新的剥削方式,在齐国出现了"相地而衰征"的改革,在鲁国出现了"初税亩"的改革。到处出现了奴隶主贵族给予采邑中的奴隶以一定的人身自由的情况。这就使奴隶主阶级与奴隶阶级开始了向封建地主阶级与农奴阶级转化的过程。总之,春秋时期出现了政治关系、经济关系和阶级关系的明显变动。这些,无疑会在思想领域,特别是在政治和法律思想领域反映出来。

春秋时期的法律思想表现出了与西周时期明显不同的特点。主要是:其一,"天命"思想没落,"重民"思想兴起;其二,"礼治"思想衰落,"法治"思想勃兴。这样,就形成了法律思想领域实质上属于维护奴隶制与反对奴隶制的斗争。斗争的焦点,主要集中在神权与民权、"礼治"与"法治"、"德治"与"刑治"等方面。法律思想界斗争的特点是:随着奴隶制的瓦解和王权的坠落,神权法思想受到怀疑与批判,"代天行罚"论受到冲击,重民轻神思想兴起。随着打击奴隶主贵族势力的必要性日趋明显,随着劳动人民力量的壮

---

① 《公羊传·宣公十五年》,何休注。
② 《诗经·国风·硕鼠》。

大和显现，"礼不下庶人，刑不上大夫"的传统法律观点受到怀疑，在一定程度上有所突破；新兴封建势力适应封建经济发展的需要，公布了封建的成文法，强调法律的作用，逐渐形成了最初的一批封建法治思想家。他们之中，最为著名的有管仲、子产、邓析。除封建法治思想家外，春秋时期的老聃创立道家学说、孔子创立儒家学说，在法律思想方面都有建树。尤其是孔子的儒家法律思想，在整个封建历史时期的漫长的两千多年中，产生了极大的影响。

一、法家先驱管仲

管仲（？—前645），名夷吾，字仲，又称敬仲，春秋时颍上（今安徽颍上县）人。年轻时，管仲曾与鲍叔牙一道经商，后被齐桓公任命为相，辅佐齐桓公实行政治、经济和社会改革，使齐国日益富强，"九合诸侯，一匡天下"[1]，成了第一个霸主地位的获得者。管仲的法律思想对齐国的政治、经济和法制的革新产生了很大影响，对战国时期法家思想的形成有重大的启迪作用，被奉为法家的先驱。后代法家中，有人把各种富有革新精神的政治、经济、法律论述，辑成《管子》一书。虽然《管子》并非全是管仲的著述，但从中可以推测管子法律思想的基本观点。

管仲的法律思想，概括起来看，就是"以法治国"。具体可见诸以下几个方面：

第一，发展经济，造成人们遵守礼仪法度和社会秩序的物质前提。管仲提出了"仓廪实则知礼节，衣食足则知荣辱"[2]的名言，认为生产发展、粮仓充实、人民不愁吃穿，就自然容易分清荣辱是非，遵守礼仪秩序。他说："凡有地牧民者，务在四时，守在仓廪。国多财，则远者来；地辟举，则民留处。"[3]要求统治者注意农时，发展生产，使国家财物充足、人民生活富裕，以便招来他国人民迁徙而来，同时使本国人民安居乐业。管仲认为，作为"国之四维"的"礼义廉耻"[4]有十分重要的作用，"赏赐"与"刑罚"更是不可或缺。但两相比较，更为重要的、带有基础性的，是物质生活条件。这是一种具有朴素唯物主义观点的法律观，对比腐朽没落、唯求榨取、不达目的则施以苛刑酷罚，甚至法外用刑、无法无天的奴隶主贵族的法律思想，是截然相异的。

第二，"修旧法"以"顺民心"。管仲任相之时，齐国的统治秩序已经十分紊乱，奴隶逃亡已成为普遍现象，新旧势力的斗争也日趋激烈。对此，管仲提出了改革法制的"修旧法"主张。他要求齐桓公"修旧法，择其善者而业用之"[5]。"修旧法"的依据是"俗"，即

---

[1]《史记·管晏列传》。
[2]《管子·牧民》。
[3] 同上。
[4]《史记·管晏列传》。
[5]《国语·齐语》。

新的社会要求的"习俗"。他主张"俗之所欲，因而予之；俗之所否，因而去之"①。"修旧法"的目的是"令顺民心"②，使法制改革得合乎"民心"所向、大势（"俗"）所趋。

管仲提出并付诸实施的"修旧法"措施，计有以下几条：

其一，改变原先的采邑制，实行按职业划分士、农、工、商"四民"而划定其居留处所。他将市集分为三部分作为士、工、商的居留处所，而广大农村（即所谓"野"）则为农业人口的居留处所。按这样的划分，建立社会基层组织，设置官吏，这本身是对奴隶主贵族的采邑的冲击。孔子说管仲"夺伯氏骈邑三百，饭疏食"③，就是一例。管仲的目的在于防止"四民"混杂，作为知识分子的士集中居住，加以管束，可以使他们"父与父言义，子与子言孝，其事君者言敬，其幼者言悌（友爱）"，平时强化礼仪和道德的教育，战时能"祸灾共之"，"守则同固，战则同强"。

其二，主张"相地而衰征"和"井田畸均"。"相地而衰征"，即按土质好坏把井田分成等级，据此规定赋税额度。"井田畸均"是指合理分配土地，使民众怨恨减少。这实际上是承认和促进了私田的发展，使之合法化，保护了封建制生产关系的形成，有利于农业生产的发展。

其三，主张实行"匹夫有善，可得而举"④和"使各为其所长"⑤的措施；具体规定了大夫有举人之责，有才不举，以"蔽明""蔽贤"罪论处。这样，就突破了专以等级特权为条件的世袭制，把周礼的"任人唯亲"造成的扼杀人才的局面打破了。

所有这些"修旧法"的主张和措施，体现了改革法律的精神，对"礼治"下的宗法制法律思想，是一个有力的冲击。

第三，"劝之以赏赐，纠之以刑罚。"管仲主张以法治国，对民众、官吏、兵士都实行"劝之以赏赐，纠之以刑罚"⑥，即以赏赐作为规劝、奖励人们积德行善、遵守社会秩序，以法定刑罚作为惩戒纠正人的为非作歹、破坏社会秩序的法律措施。由于管仲的主张得到了实现，齐国的改革取得了成功。《史记·齐太公世家》说管仲任用贤能而"齐人皆说"，齐国的人都非常喜悦；民"畏威如疾"⑦，刑罚起到了法律预防作用。后来法家力主"刑治"的法律思想，就是管仲倡行并发生影响的结果。

---

① 《史记·管晏列传》。
② 同上。
③ 《论语·宪问》。
④ 《国语·齐语》。
⑤ 《管子·牧民》。
⑥ 《国语·齐语》。
⑦ 《国语·晋语》。

二、为公布法律而尽力的子产与邓析

春秋时期有两个为公布法律而做了不懈努力的法律思想家。一个是子产，一个是邓析。

(一) 子产

子产（？—前522）即公孙侨，字子美，郑国奴隶主贵族。公元前543年到公元前522年执掌郑国国政，是著名的政治家和法律思想家。在他之前执掌郑国国政的是子驷。子驷反对私田，维护井田。为此，他没收了私田，使"司氏、堵氏、侯氏、子师氏"这些拥有大量私田的新兴封建地主"皆丧田焉"。于是司氏等发动政变，杀死子驷，但又被镇压下去了。子产执政后，鉴于司氏等政变的教训，认识到改革的必要。于是反子驷之道而行，顺应历史发展的潮流，致力于改革事业，力求"使都鄙有章，上下有服，田有封洫，庐井有伍"①。"封洫"即田界。子产重新划分田界，明确各家的土地所有权。他还把个体农户以五家为单位，组成"伍"的编制，使之"庐井有伍"，既保护了农民的合法地位，又加强了对他们的控制。后来，子产又"作丘赋"②，以"丘"为单位，向土地所有者征收军赋。这进一步肯定了私田的合法性，有利于封建关系的发展。

子产之前的统治者，从不公布法律，以便随心所欲地实行镇压。所以，我们知道"夏刑三千""汤刑三千"，但不知道夏、商的"三千"法律条文到底是什么。子产搞改革，要使"都鄙"即城乡都"有章"，有法可依；"上下"即统治者和被统治者都"有服"，有所遵循，当然不能继续使法律保密。于是，他主张公布法律。他的措施是把自己制定的法律《刑书》铸刻在鼎上，向全国公布。子产"铸刑书"的时间是在公元前536年③。这在中国法制史上是一件划时代的大事，当时引起了莫大的争论。因为这样一来，奴隶主贵族滥用刑罚、随意杀害奴隶的特权，受到了严重的威胁，由于"刑不可知"造成的"威不可测"④再也不存在了。晋国的保守派贵族叔向写信反对子产说："昔先王议事以制，不为刑辟，惧民有争心也，……民知有辟（公布的成文法）。则不忌于上。"他警告威吓子产说，你这样做，将会导致"乱狱滋丰，贿赂并行"，使郑国一败涂地。⑤但子产意志很坚决地答复道："侨不才，不能及子孙，吾以救世也。"说自己为了挽救郑国而铸《刑书》，就不管子孙或个人的安危了。

子产主张公布法律，是他的法律思想的最重要表现。其他方面，他也有杰出的贡献，

---

① 《左传·襄公三十年》。
② 《左传·昭公四年》。
③ 《左传·昭公六年》。
④ 《左传·昭公六年·孔颖达疏》。
⑤ 《左传·昭公六年》。

主要有：

第一，子产在中国法律思想史上第一个提出了"以宽服民"和"以猛服民"，即以道德教化的"宽"与严刑峻法的"猛"相结合的对付人民的两手策略。据《左传·昭公二十五年》记载，子产曾说过，"礼"是天经地义的。他还说："为政必以德。"① 同时，他又认为要"为刑罚、威狱，使民畏忌"②。总之是"礼"与"刑"要结合使用。不过，他的这个观点，到晚年时起了变化。他在病危时对他的继承人说："我死，子必为政。唯有德者能以宽服民，其次莫如猛。"其理由是："夫火烈，民望而畏之，故鲜死焉；水懦弱，民狎而玩之，则多死焉，故宽难。"③ 严刑酷法，猛烈如火，容易使人民望而生畏，不致轻易犯法而死；德礼教化，似水柔弱，人们轻视怠慢，就容易犯法作乱。子产的结论是：要把"猛"的一手，即刑罚镇压，放在第一位。这个观点后来成了法家"刑治"思想的一个来源。

第二，子产不信天命，否定了传统的"天罚"论。有人根据星象预言郑国将遭火灾，建议子产祭天。子产驳斥说："天道远，人道迩，非所及也。"④ 他把"天道"与"人道"加以区分，实际上是看到了吉凶祸福在人不在天，要取得国家安定繁荣、消灾弭祸，必须争取人民。这同传统的"代天行罚"观点是背道而驰的。

（二）邓析

邓析（前545—前501），与子产同时的郑国人。子产执政时，邓析也为郑国大夫。他既是个逻辑学家，又是个法律思想家。他力求打破"学在官府"的旧传统，倡行率众讲学的新型教授方法，传授法律知识，并运用他的逻辑学与法律学知识助人诉讼。他"操两可之说，设无穷之词"⑤，对子产的改革进行更加激进的攻击，使子产穷于应付，后来被杀掉了。他的法律思想主要有这样几点：

第一，私造"竹刑"，使刑法更加符合新兴地主阶级的需要。晋人杜预在注《左传·定公九年》时写道：邓析"欲改郑所铸旧制，不受君命，而私造刑法，书之于竹简，故言'竹刑'"。邓析否定子产的《刑书》，并不是像叔向那样加以鄙弃，而是要求再前进一步，只能体现新兴地主阶级利益。《荀子·非十二子》曾批评邓析"不法先王，不是礼义"，说邓析不照"先王"一套办事，不肯定（"是"）周礼。可见邓析所要遵循、所加肯定的是现实生活提出的要求，这同"私造刑法"的目的是一致的。

第二，主张"事断于法"。据《邓析子·转辞》说，邓析主张"事断于法"，即依法判断是非，依法断案。据考证，《邓析子》是伪书，但《转辞》篇却是邓析子本人的著作。邓

---

① 《史记·郑世家》。
② 《左传·昭公二十五年》。
③ 《左传·昭公二十年》。
④ 《左传·昭公十八年》。
⑤ 《邓析子·序》。

析主张"事断于法",而将法书于竹简之上,比铸在刑鼎上更便于流传广远。二者是统一的,也是邓析子法律思想的可信的表现。

第三,邓析重视法律知识的传授与司法实践。这在先秦法律思想家中,几乎是独一无二的,对今天重视法学教育、司法实践、法制宣传,是很好的启示。《吕氏春秋·离谓》说邓析"与民之有讼者约,大狱一衣,小狱襦袴裈。民之献衣襦袴裈而学讼者,不可胜数"。这是中国法制宣传、法制教育史上的创举。

杀死邓析的是继子产、子大叔之后在郑国执政的驷颛。他杀了邓析,却又不得不用邓析的"竹刑",《左传·定公九年》说:"郑驷颛杀邓析,而用其竹刑。"可见郑国新兴地主阶级已经壮大,封建制生产关系取代奴隶制已成为不可逆转的趋势,邓析的法律思想是进步的、符合时代潮流的。

三、道家鼻祖老聃的法律思想

老聃即老子,姓李,名耳,字伯阳,是道家创始人。他有朴素的辩证法思想。"祸兮,福之所倚;福兮,祸之所伏"[①]就是他说的。他还留下过许多名言警语,如"合抱之木,生于毫末;九层之台,起于累土;千里之行,始于足下"[②],"兵强则灭,木强则折"[③],等等,形象地道出了量质关系、物极必反的辩证道理。可惜的是他把对立统一规律看成超然物外的"道"的作用,而不是事物本身所固有的。由此他实际上得出了劳动人民不必反抗剥削者的结论,因为一切都是"道"在支配着。因此,他主张"无为"。在政治和法律思想方面,也就主张"无为而治",从而与儒家提倡的"礼"及法家崇奉的"法"这些"有为"的治国方略相抵牾。

老子曾做过周朝的史官,后来看到周室危亡在即,又受消极无为思想的支配,就回故乡隐居起来著书立说了。老子究竟写了些什么,已无法考证。现在看到的《老子》一书,并非他亲自撰著的。但从有关老子的记载来看,《老子》一书可以代表他的思想。其中,主要的法律思想观点是:

第一,极力推崇自然法。所谓自然法,就是以自然界本来的面目为法,而不强加上人的意志或其他什么。老子认为:"人法地,地法天,天法道,道法自然。"[④] 即人以地为法,地以天为法,天以道为法,道以自然界的本来样子为法,客观的自然和社会本来如何,就顺其自然。由此出发,他认为治理国家就像烹煎小鱼一样,不必过多地搅动,鱼才能烹得

---

① 《老子》第58章。
② 《老子》第76章。
③ 《老子》第36章。
④ 《老子》第25章。

好，治国的统治者也要克制自己，以防止劳动人民的反抗。显然，老子的自然法思想，反映了没落奴隶主阶级的心态，他要竭力保持奴隶主阶级的统治能够继续安然地长存下去。

第二，竭力反对人为法。老子说："法令滋彰，盗贼多有。"① 统治者搞了好多规章禁令，使人民陷入贫困，于是盗贼也就增多。他揭露"民之饥"的原因在于"其上食税之多"，统治者横征暴敛，造成饥民遍野。这会引发饥民起而反抗的严重后果，而统治者又以刑杀相威胁，于是矛盾越发恶化。但"民不畏死，奈何以死惧之"②？总之，只有无为而治、顺应自然，才是治国良策。

老子反对人为法，一方面在客观上揭露并否定了统治阶级以"法令滋彰"来对付人民的恶行；另一方面，也是对"铸刑书"之类改革的反对。从总体上看，老子的这些法律思想是奴隶主阶级利益与意志的反映。

第三，鄙薄礼义道德。老子说："夫礼者，忠信之薄，而乱之首。"③ "礼"不过是忠信不足的表现，是引起混乱的祸首。他认为，有所谓"仁义"，是由于"大道废"；讲"孝""慈"，是因为六亲不和；出现所谓"忠臣"，可见"国家昏乱"④ 了。在老子看来，礼义道德这类"有为"，是天下混乱的原因和表现，应当予以鄙薄与取消，任人们和社会返回自然"无为"的状态。

老子既反对"法治"，也反对"礼治"，主张的是"自然法"。但"自然法"并不存在，因为离开了人的参与，一切都与社会、与社会的人无关了。"自然法"本身也只是人们参与的结果。所以，最后仍然离不开人，而人是划分为阶级的。归根到底，老子的自然法思想、反对"礼治"与"法治"的思想，不过是对维护衰朽的奴隶制度的掩饰罢了。

四、影响深远的儒家创始者孔丘

孔丘（前551—前479），字仲尼，称孔子，鲁国陬邑（今山东省曲阜市）人。

孔丘是儒家的创始者，在中国历史上有深远而重大的影响，为历代统治者利用，居于显赫的"正统"地位。

在中国古代，"儒"是指掌握一定文化知识，懂得周礼，以"相礼"为业的人士。"相礼"，即为人选择适合其等级身份的礼仪规定。孔丘的祖先原是宋国的奴隶主贵族，在政治动乱中逃到鲁国，因而孔丘早年生活比较贫困，靠给富家"相礼"为生。这样，他所创立的学派，便被称为儒家。

---

① 《老子》第57章。
② 《老子》第74章。
③ 《老子》第38章。
④ 《老子》第18章。

儒家的法律思想，是对西周以来的礼治和周公旦的"明德慎罚"思想的继承与发展，提出了一系列维护"礼治"、提倡"德治"、重视"人治"的法律观点。先秦儒家的最主要代表，除创始者孔丘外，还有战国中期的孟轲和战国末期的荀况。这里我们先介绍春秋时期的孔丘。

孔丘所处时期，"礼崩乐坏"，奴隶制度已日薄西山，气息奄奄。孔丘站在维护奴隶主阶级利益的立场上，认为挽救摇摇欲坠的奴隶主阶级的政治统治，就必须坚持"礼治"。他的思想体系的核心是"仁"。"仁"，因而也成了他的法律思想的出发点与归宿。所谓"仁"，指的是"爱人"。他的学生问什么是"仁"时，他的答复就是"爱人"①。"爱人"，成了孔丘处理人事关系的基本原则。但他并不是一视同仁地爱一切人。他的"爱人"，首先是爱自己的亲人，从"亲亲"开始，由亲及疏，由近及远；其次是要有等级之分，以"尊尊"为准则，下级必须绝对服从上级，不计僭越，不许犯上作乱；最后是绝不能打破"君子"与"小人"的界限，劳动者们这些"小人"，只不过是"君子"行仁的对象，而不是"行仁"的主体。显然，这些与周礼的要求是毫无二致的，他向往回到奴隶制盛世下的"礼治"状态去。

从维护"仁"和周礼出发，他的法律思想主要是：

第一，鼓吹"礼治"，要求人们严格遵守"礼制"。孔丘说，人们在社会生活中，必须做到"非礼勿听，非礼勿言，非礼勿动"②，总之一切都以"礼"为规范。鲁国的季氏"八佾舞于庭"。但"八佾"即纵横各八排的舞蹈，只能由国君享用。季氏不是国君，而是大夫，只能享用四佾。孔丘怒不可遏地斥责季氏道："是可忍，孰不可忍也。"③

从维护周礼的"亲亲"原则出发，孔丘主张在诉讼中实行"父为子隐，子为父隐"④；而从维护周礼的"尊尊"原则，他又主张在诉讼中实行"为尊者讳"，即庇护尊者的罪错。如鲁昭公娶同姓的女人为妻子，违背了周礼"同姓不婚"的规定，孔丘对此讳莫如深，缄口不言。而这，据说是符合"为尊者讳"的要求的。

第二，鼓吹"德治"，主张"德主刑辅""以德去刑"。所谓"德治"，是指用"德行教化"来治理国家，一方面对劳动人民施加小恩小惠，另一方面用统治阶级的道德伦理观束缚劳动人民。孔丘把施加小恩小惠抬到"德政"的高度，因而反对"苛政猛于虎"。这是为了缓和当时已经变得十分尖锐的阶级矛盾。而用统治阶级的道德伦理作为行为规范，则可使人被诱入放弃暴力革命的圈套。为此，孔丘反对随便使用苛刑酷罚来对付劳动人民。他说："导之以政，齐之以刑，民免而无耻；导之以德，齐之以礼，有耻且格。"⑤ 坦白地

---

① 《论语·颜渊》。
② 同上。
③ 《论语·八佾》。
④ 《论语·子路》。
⑤ 《论语·为政》。

道出了"德""礼"的作用,在于使劳动人民知"耻"而安分守"格"。

但孔丘不是完全反对刑罚。列宁曾经指出:"所有一切压迫阶级,为了维持自己的统治,都需要有两种社会职能:一种是刽子手的职能,另一种是牧师的职能。"① 孔丘作为没落奴隶主阶级的思想代表,同样不会完全漠视"刽子手的职能"。当他听说郑国统治者出兵镇压劳动人民而"尽杀之"时,竟啧啧称赞:"善哉!政宽则民慢,慢则纠之以猛。猛则民残,残则施之以宽。宽以济猛,猛以济宽,政是以和。"② 显然,他主张"宽猛相济",交替使用"德"和"刑"两手来达到治国目的。

那么,"德""刑"两手是不是并重的呢?也不是。孔丘认为"礼乐不兴,则刑罚不中"③,首先要"兴礼乐",把"德礼教化"放在第一位。他还说:"听讼,吾犹人也,必也使无讼乎!"④ 即使发生了诉讼,也力求息事宁人"使无讼"。

当然,他的这些设想都是主观唯心主义的。社会阶级矛盾与阶级斗争的实际,迫使统治阶级采取这样那样的统治对策。而当旧制度衰朽腐败时,任何治国的"灵丹妙药"都不可能有起死回生的作用。在奴隶起义的烽火到处燃烧起来时,奴隶主统治者也绝不可能遵从孔丘的说教搞什么"德治",而是赤裸裸地以残暴的血腥镇压来对付起义的奴隶了。

第三,鼓吹"人治",主张"为政在人"。据《礼记》记载,鲁哀公问政于孔丘,孔丘答道:"为政在人。""文武之政,布在方策,其人存,则其政举;其人亡,则其政息。"意思是,政事的兴废,取决于统治者的策略是否英明,贤人存,则政事兴盛;贤人亡,则政事衰败。这是孔丘"人治"论的要义。

根据孔丘的"人治"论,周礼的"任人唯亲"原则被突破了。孔丘主张不分亲疏地选拔有用之才。晋国的魏舒分封委官,派了十人当县大夫,只有一个是魏舒的庶子,其余都不是他的亲属。孔丘对此表示赞赏道:"近不失亲,远不失举,可谓义矣。"⑤

孔丘从"人治"论出发,强调统治者要以身作则。他痛斥那些好色而不好德的腐化堕落的当权者。他认为无德之人当权,政治就无希望;有德之人当权,政治才能好起来。

总之,"礼治""德治""人治"构成了儒家创始人孔丘的法律思想的主要内容。三者是奴隶主阶级统治经验的总结,对封建统治者来说是同样有用的。因此,当他们巩固了自己的统治地位之后,就把孔丘创始的儒家学说加以充分的肯定,作为治国的标准策略而崇奉。

---

① 《列宁选集》第 2 卷,人民出版社 1972 年版,第 638 页。
② 《左传·昭公二十年》。
③ 《论语·子路》。
④ 《论语·颜渊》。
⑤ 《左传·昭公二十八年》。

第三章　战国时期的法律思想

春秋时期以后到秦始皇统一六国（前221）的战国时期，秦、齐、韩、魏、燕、赵、楚七国争雄，封建经济迅速发展，封建制度逐步形成，而且在各国占据了统治地位。与此相应，社会基本矛盾在阶级关系上的表现，已从奴隶主和奴隶的对立转化为封建地主与农民阶级的对立。同时，垂死挣扎的奴隶主贵族与新兴的封建地主的矛盾也相当尖锐激烈。上述状况对政治法律制度以及政治法律思想，产生了决定性的影响。这种影响的最重要表现，就是维护奴隶主贵族利益的神权和宗法思想受到了极大的冲击；法家崛起与儒家分庭抗礼、激烈论争，"法治"主义与"礼治"主义之争成了这一时期"百家争鸣"的突出现象；此外，墨家、道家等等学派也显得空前活跃。综观这一时期的法律思想，从总体上得到了很大的发展，法律思想家们不仅在治国策略上做出新的探索，而且对法理学的一系列问题，如法律的起源、法的本质和作用以及法与政治经济、伦理道德乃至自然环境的关系等，都提出了一系列新的见解，大大丰富了法律思想和法学。这一时期的法律思想家中，以儒家的代表孟轲、荀况，墨家的代表墨翟，道家的代表庄周和法家的代表李悝、吴起、商鞅、慎到、申不害、韩非等最为著名。

一、孔丘的继承者孟轲和荀况

孟轲和荀况是孔丘之后著名的儒家代表人物。他们自己标榜继承孔丘的学说。如孟轲自称"乃所愿，则学孔子也"[①]。他极力推崇孔丘为"圣之时者也"[②]，"自有生民以来，未有盛于孔子也"[③]。人们称孟轲为儒家孔学的"嫡派"，并以"孔孟之道"并称。荀况也以儒家自居。但是，孟轲生于孔丘死后一百多年，荀况更是战国末期的人，所处时代与孔丘在

---

① 《孟子·公孙丑上》。
② 同上。
③ 《孟子·万章下》。

世时已大不相同,他们都不可能"率由旧章"地照搬孔丘的法律思想了。作为儒家的继承人,他们的法律思想没有完全脱离儒学体系,但他们各自都使儒家学说得到了新的发展。孟轲使孔丘的法律思想具有了新的时代内容和新的阶级性质;荀况则吸取了法家的一系列法律思想观点,对儒学进行了改造。

(一) 孟轲

孟轲(约前372—前289),字子舆,称孟子,邹(今山东邹城)人。他的法律思想主要见诸他的学生记述他的言论《孟子》七篇,以及其他史书关于他的零星记载。

孟轲所处的战国中期,封建地主阶级已在各国夺得政权,封建制取代奴隶制已成定局,要像孔丘那样继续宣扬西周奴隶制的典章,已经完全不可能了。但奴隶制与封建制作为以私有制为基础的剥削制度,有根本上的共同性。由此出发,孟轲竭力继承孔丘以"仁"为核心的"德治"思想,提出了系统的"仁政"学说。他的法律思想基本上就是为实行"仁政"服务的,主要表现在以下几个方面:

第一,"省刑罚,薄税敛"。战国中期,"民之憔悴于虐政,未有甚于此时者也"①。一方面,富家"庖有肥肉,厩有肥马";但另一方面,"民有饥色,野有饿莩","老弱转乎沟壑,壮者散而之四方"②。孟子从"仁"者"爱人"的观念出发,在斥责统治者的"食人"行径的同时,希冀他们实行"省刑罚,薄税敛"③的政策。他首先反对统治者以酷虐的政治置人于死地,反对"重刑罚";其次主张统治者要采取富民措施。他具体列举了一些减免税收的项目,如占用市场不征税、过关卡不征税、耕田不征税、居住不收户口税等等。他认为要使"民有恒产"④,农户应有"五亩之宅""百亩之田"。这样,就可以较好地防止犯罪了。为了达到"民有恒产",他主张恢复井田制度。这对当时已经广泛出现的土地私有制,是一种倒退,表明了孟轲思想的保守性。

第二,"以德服人"的"德治"主张。孟轲认为有两种政治:一为"以力服人"的"霸道";一为"以德服人"的"王道"。他说,"以力服人",不可能"心服",而"以德服人者,中心悦而诚服也"⑤。孟轲的"德治",就是实行"四德""五伦"的教化。所谓"四德",就是仁、义、礼、智。其中,仁是"四德"之首,从天子到庶人都应实行:"天子不仁,不保四海;诸侯不仁,不保社稷;卿大夫不仁,不保宗庙;士庶人不仁,不保四体。今恶死亡而乐不仁,是犹恶醉而强酒。"⑥所谓"五伦",是指君臣、父子、夫妇、兄弟、朋友之

---

① 《孟子·梁惠王上》。
② 《孟子·梁惠王下》。
③ 《孟子·梁惠王上》。
④ 同上。
⑤ 《孟子·公孙丑上》。
⑥ 《孟子·离娄上》。

间的五种关系。他要求做到"父子有亲,君臣有义,夫妇有别,长幼有叙,朋友有信"①,使人际关系与封建制的社会秩序互相吻合。显然,孟轲的上述"德治"主张,与孔丘提倡的"德治"是一脉相承的。

第三,"贤者宜在高位"的"人治"主张。战国时期"法治"与"人治"孰优孰劣的争论十分激烈,孟轲力主"人治"。他认为"贤者在位,能者在职"②是治国的良策。梁惠王问他什么样的人可以统一天下,他答之以"不嗜杀人者能一之"③。可见他主张贤人当国君,而不一定要世袭,这同纯然讲世袭的"礼治"是有所区别的。孟轲不反对法制,但从"人治"出发,他认为"徒法不能以自行"④。因此"贤者宜在高位",以便更好地治理国家;否则,"不仁而在高位,是播其恶于众也"⑤。总之,他侧重的是"人",而不是"法"。

(二) 荀况

荀况(约前313—前238),字卿,战国末期赵国郇(今山西临猗)人。战国时期的秦国厉行"法治",被儒家骂为"虎狼之国"。按儒家的惯例,儒者是不入秦的。孔子是"西行不入秦"的"典范",后世儒者亦步亦趋。但荀况却访问了秦昭王和范雎,打破了这一惯例。他对商鞅相秦以来所进行的改革和"法治"措施,给予颇高的评价。因此,虽然他也是儒家的代表人物,但与孔、孟有很大的不同。孟轲主张"法先王",他主张"法后王";孟轲认为人"性善",他认为人"性恶";孟轲主张"王道"、反对"霸道",他主张"王""霸"并提;孟轲主张重德轻刑,他主张德、刑并重。由此可见,荀况的法律思想对儒家已有了很大的发展,实际上是糅合、吸收了法家的许多重要观点,开拓了儒学向儒法合流发展的道路,更有益于封建统治阶级"治国平天下"。荀况的法律思想见诸他的著作《荀子》,共三十二篇。其中后六篇被学术界认为是荀况门人所作。荀况法律思想的主要观点是:

第一,法律起源于"明分使群"的客观需要。荀况主张"人之性恶"⑥,认为人生下来就有"好利""好声色"等本能,顺其发展,不加限制,就会导致"争夺""残贼"和"淫乱",就不能合群而成为强者。而人之所以强于牛马,就在于能合群。他说:人"力不若牛,走不若马,而牛马为(人所)用,何也?曰:人能群,彼不能群也"⑦。这样,就造成了如何合群的矛盾。荀况认为,解决的办法是"明分"。

---

① 《孟子·滕文公上》。
② 《孟子·公孙丑上》。
③ 《孟子·梁惠王上》。
④ 《孟子·离娄上》。
⑤ 《孟子·离娄上》。
⑥ 《荀子·性恶》。
⑦ 《荀子·王制》。

所谓"明分",包括明确社会分工,使农、士、工、商职业明确划分;明确等级划分,使君、臣、父、子、兄、弟,以及"贵贱之等、长幼之差、智愚能不能之分",都不混淆;还包括物质财富分配上的"合理"。为了达到这一系列的"明分",所以先王"制礼义以分之,以养人之欲,给人之求"①。这样的礼义制度必须有法律的保障,于是法律就产生了。

荀况的这种法律起源论,对神权法所认为的法来自"上天"的意志、法是起源于"上天"的观点,是一种革命性的突破。它接近于对法律起源的唯物主义解释。当然,这种解释是很原始、很不准确的,但与神权法观点相比,无疑是一个巨大的进步。

第二,礼、法统一,"隆礼重法"的治国策略。孔、孟主张"礼治",而把法放到十分次要的地位上;法家主张"法治"而激烈批判和否定"礼治"。荀况则不同于主张"礼治"的孔、孟,也不同于主张"法治"的法家,他是先秦儒家中谈礼谈得最多的一个,同时又十分重视"法"的作用。他说:"隆礼重法则国有常。"②又说:"治之经,礼与刑,君子以修百姓宁;明德慎罚,国家既治四海平。"③这就是说,礼法综合,就可以使君子进德修业、消除矛盾,使百姓安宁太平,不做反抗,从而达到四海升平的境界。

在荀况的法律思想中,儒家的"礼"占据重要地位。他认为"礼"的作用,一是"别",即分别贵贱、亲疏、贫富、长幼的等级差异;二是"节",即按礼制等级有节制地享用俸禄,而不过分地使众庶百姓遭到掠夺,产生不满。他还扩大了"礼"的适用范围,打破奴隶制度下"礼不下庶人"的界限,扩大"礼"的适用,"下到庶民"④。他把"礼"抬到"法之大分""类之纲纪"⑤和"政之挽也"⑥的高度,认为"礼"关系到国家的兴衰、治乱、存亡,"为之则存,不为则亡"⑦。

同时,荀况高度重视法的作用,认为:"法者,治之端也。"⑧"法""赏有功,罚有罪",是维护封建社会秩序的重要保证。为了加强法律的作用,他提出了一系列具体的法律主张:

其一,主张公布成文法。他在《君子》篇中指出,公布法律,可以使"天下晓然皆知夫盗窃之不可以为富也,皆知夫贼害之不可以为寿也,皆知夫犯上禁之不可以为安也……"。总之,法的公布,可以使"盗窃""贼害""犯上"者得到警诫。

---

① 《荀子·礼论》。
② 《荀子·君道》。
③ 《荀子·成相》。
④ 《荀子·大略》。
⑤ 《荀子·劝学》。
⑥ 《荀子·大略》。
⑦ 《荀子·王霸》。
⑧ 《荀子·君道》。

其二，主张信赏必罚，做到"无功不赏，无罪不罚"①，罪刑相称。他在《正论》中认为："刑称罪则治，不称罪则乱。""赏不当功，罚不当罪，不祥莫大矣。""罪至重而刑至轻，庸人不知恶矣，乱莫大焉。"

其三，反对族诛的同时，又主张严刑重罚。他在《君子》篇中阐明了"以族治罪"与"以世举贤"同样会导致天下大乱的道理。但在另一些篇章中，却又主张"治则刑重"的重刑主张。综观二者，荀况其实是主张严于执法而又不超过一定的度，这是值得重视的。

第三，"有治人，无治法"的"人治"思想。作为战国末期的儒家代表，荀况在"法治"与"人治"的论争中，立足点还是儒家学说。因此，他主张儒、法合流，要以儒为主；要求礼、法统一，要以礼为主。这样，在"法治"与"人治"的问题上，荀况是主张以"人治"为主的。他认为："有治人，无治法。"②即治理好国家的关键不是法而是人，必须有好的统治者才能治理好国家。同时，他认为，即使有了"良法"，还得靠人来掌握和运用，法是不能"独立"的，"得其人则存，失其人则亡"。此外，政事复杂而多变，法不能包罗无遗，还得靠"君子"对"无法者以类举"③，以类推的方法来办理。总的来看，荀况是主张把"人治"放在第一位的。

荀况的法律思想开创了儒法合流、以儒为主的发展方向，后来成了封建社会"正统"法律思想的先驱，在中国法律思想史上有十分重大的影响。但由于他的法律思想带有朴素唯物主义倾向，反对神权与王权的结合，又反对儒家的"性善"论，所以未被统治阶级抬高，反而被大大冷落了。

二、墨家的创始人墨翟

墨翟（约前478—前392），鲁国人（一说宋国人），出身于小手工业者，自称"贱人"。早年曾"学儒者之业，受孔子之术"④，但未做过大官，而进入了"士"阶层，成了一个学问渊博的学者，创立了与儒家对立的墨家学派。反映墨翟法律思想的是《墨子》一书，今有五十三篇，大部分为墨翟弟子的记述，少数篇章可能是伪作。

墨家反映了战国初期小生产者的要求和愿望。当时战火连绵，王公贵族"厚作敛于百姓，暴夺民衣食之财"⑤，人民"道殣相望"，死于饥寒。但儒家却以烦琐的"礼"来"靡财""贫民""伤生""害事"⑥，不孚燃眉之急需。所以墨翟从小生产者的利益出发，提出了

---

① 《荀子·君子》。
② 《荀子·君道》。
③ 同上。
④ 《淮南子·要略》。
⑤ 《墨子·辞过》。
⑥ 《淮南子·要略》。

建立一个"兼相爱，交相利"①，君臣上下、亲疏长幼、大小家国、各色人等彼此相安而互不侵凌的理想社会的蓝图。"兼相爱"，要求"爱无差等"，"凡天下之人皆相爱"。这与儒家提倡的"仁者爱人"的"亲亲"原则，是背道而驰的。它不利于周礼所维护的宗法世袭制度，不利于贵族，而有利于小生产者向上发展的要求。"爱无差等"，也与"尊尊"原则相对立。因此，墨翟的"兼爱"思想既与宗法制相悖，也与等级制相忤，成了儒家的对立面。"兼爱"是墨翟的法律思想的核心，它具体表现在以下几个方面：

（一）借"天"为"兼相爱"之"法"

墨翟很重视"法""法仪"或"法度"。虽然这些"法"是广义的，但其中以法律、道德规范为主要内容。他认为一切都必须顺法而行，治理国家不能没有"法"。那么，以什么为"法"呢？墨翟答曰"莫若法天"，因为"天之行广而无私，其施厚而不德"②，即"天"是无私而仁义的。由此，他得出结论："天必欲人之相爱相利，而不欲人之相恶相贼也。"我们看到墨翟在这里兜了个圈子，先把自己所要的"法"说成是"天"的，又把"天"的"法"说成是"天"要人"兼相爱"，这样，就使自己的"兼相爱"说通过这个圈子神圣化、合理化了。小生产者的狭隘眼界，使他不可能科学地阐明"法"的性质与作用，只能求助于虚无缥缈的"天"作为"法"的力量来源。他说："爱人利人者，天必福之；恶人贼人者，天必祸之。""天子为善，天必赏之；天子为恶，天能罚之。"③从这里可以判明，墨翟的法律思想是属于神权法范畴的，从哲学上看是唯心主义世界观的反映。

（二）法律起源于"壹同天下之义"

墨翟认为，"古者民始生，未有刑政之时"，初民是没有政府，也没有法律的，那时"一人一义，十人十义"，人人各"是其义"而"非"他"人之义"，于是互相争夺、互相为害，使得"天下之乱，若禽兽然"。因此，"选择天下之贤可者，立以为天子"，然后由"天子"求"天下之义"于"壹同"，"发宪布令于天下之众"，当发生了"善与不善"的情况时，"天子"得以分别赏罚之④，这样就能达到"天下治"。那么，所求"天下之义"的"壹同"，标准是什么呢？就是"兼相爱，交相利"，如果不符合"国家人民百姓之利"的，就不可以作为"法"。

---

① 《墨子·兼爱》。
② 《墨子·经上》。
③ 《墨子·天志》。
④ 《墨子·尚同》。

（三）赏罚必当

墨翟看到当时社会赏罚不当而导致动乱的情况十分严重，因此"赏誉不足以劝善，毁罚不足以沮暴"，赏罚的作用全然丧失，以至"父子兄弟作怨仇，皆有离散之心"。他从"兼相爱"的需要出发，提出了"不党父先，不偏富贵""赏当贤，罚当暴""不杀不辜，不失有罪"①的赏罚必当原则，要求"赏贤罚暴勿有亲戚兄弟之所阿"，即反对徇私舞弊。

为了达到"赏罚必当"，墨翟提出了"尚贤"的主张。他认为当时各诸侯国治理不好，是由于没有崇尚贤达治理国家，不知"尚贤之为政本"。要使"民无饥而不得食，寒而不得衣，劳而不得息，乱而不得治者"②，就必须改变"任人唯亲"和世袭制度，使"贤者举而上之，以为官长"；只要是"贤者"，"虽在农与工肆之人，有能则举之，高予之爵，重予之禄"。

（四）"杀人者死，伤人者刑"的刑法思想

墨翟认为"杀盗人，非杀人""杀人者死，伤人者刑"是天经地义的，并且把这规定为墨家的纪律。墨家巨子腹䵍的儿子杀了人，秦始皇念其为独子，予以免死。腹䵍说："墨者之法，杀人者死，伤人者刑，此所以禁杀伤人也。"坚持执法杀了儿子。

"杀人者死"既是对"杀人"罪的惩罚，又是反对无故杀人的法律规定。这与"杀盗人，非杀人"相联系，比较完整地说明了墨翟法律思想的阶级性质。由于墨翟要维护地主阶级私有制，所以主张"杀盗人"而不手软；又由于他代表的是小生产者的利益，所以有刑罚相当的思想，以此与奴隶主贵族擅自虐杀无辜相对立。

三、最早的法律虚无主义者庄周

庄周（约前369—前286），宋国蒙（今河南省商丘市东北）人。出身没落贵族，长期过隐居生活。他的思想与老聃一脉相通，并称"老庄"，犹如儒家的"孔孟"。庄周的法律思想以法律虚无主义为最大特征，可见诸他和他的后学所撰的《庄子》三十三篇。

庄周以"明老子之术"③为己任，把老子超然物外的"道"进一步推向极端的消极"无为"。他激烈反对儒、墨、法及其他各家的"有为"政治，批评墨家的"兼相爱"等是"乱之上也，治之下也"④；批评儒家、法家和名家曰："赏罚利害，五刑之辟，教之末也；礼

---

① 《墨子·尚同》。
② 《墨子·尚贤》。
③ 《史记·老子韩非列传》。
④ 《庄子·天下》。

法度数，形名比详，治之末也。"① 他主张回到人与物无所区分的"浑沌时代"进入"与群兽属""与万物并"②"无知无欲""无人之情"③的"至德之世"④，取消一切制度、规范和文化。其理由是："绝圣弃智，大盗乃止；摘玉毁珠，小盗不起；焚符破玺，而民朴鄙；掊斗折衡，而民不争。殚残天下之圣法，而民始可与议论。"⑤ 总之是取消一切文化、财富、制度、度量衡、法律，以求换取"安宁"。毫无疑问，这是要求回到原始社会去的倒退思潮，是对新兴的封建制度的否定，是对人类社会物质文明和精神文明进步的反动。把庄周看作中国历史上法律虚无主义的鼻祖，是恰如其分的。

庄周对现实极端不满，对为新兴封建制度服务的仁义道德、礼法刑政及一切其他规范，都十分愤恨，但一则无可奈何，再则不敢反抗，于是力求精神上的自我解脱，从而陷入了宿命论。但是，他从否定一切的礼法刑政规范出发，同时也就容易看到现行制度维护剥削者、压迫者利益的一面。他对此进行了生动的揭露，客观上产生了帮助人们认识剥削制度弊端的作用。例如他在《胠箧》篇中揭露"彼窃钩者诛，窃国者为诸侯"，责问"诸侯之门而仁义存焉"？"窃钩者诛，窃国者侯"从此成了历代人民抨击社会黑暗的成语而广泛流传。又如，他说："为之斗斛以量之，则并与斗斛而窃之；为之权衡以称之，则并与权衡而窃之；为之符玺以信之，则并与符玺而窃之；为之仁义以矫之，则并与仁义以窃之。"总之，法律、道德及其他规范对统治者不但不起制约作用，反而成为被他们利用的工具。这些揭露是大胆而深刻的，充满睿智的思想光芒，但这不能减弱他的法律虚无主义思想所造成的消极影响。

四、灿若群星般涌现的法家思想家

如前所述，战国时期在儒、墨、道家中都出现了一些著名的代表人物，但从数量上来看，远不如法家众多。这是与当时的社会状况、社会需求相联系的。当一种新型社会制度出现时，为了保护它，客观上产生了实行法治的强烈需求。同时，当权的统治者势必努力制定法律，用以适应这种需要。这样就一定会产生一批论证法治需求、解释法制含义等的法律思想家，其中的佼佼者也就成了著名的法家。战国时期，正是当时的社会需求，造就了一大批如群星般璀璨夺目的著名法家思想家，如李悝、吴起、商鞅、慎到、申不害、韩非等。

战国时期法家的法律思想，有以下共同点：

---

① 《庄子·天地》。
② 《庄子·马蹄》。
③ 《庄子·德充符》。
④ 《庄子·马蹄》。
⑤ 《庄子·胠箧》。

第一，否定"礼治"，力主"法治"。倡行"以法治国"是战国时期法家法律思想的核心。提倡"法治"，当然要否定"礼治"，由此就形成了与儒家争论的焦点。法家的"法治"，从根本上否定区分亲疏、贵贱的等级制度，确认土地私有，肯定任人唯功、唯贤、唯才而否定任人唯亲。他们主张"不务德而务法"，认为只有"以力服人""以刑制人"才能达到成效卓著的治绩。他们还认为儒家的"为政在人"的"人治"是随心所欲的"心治"，竭力主张"法"在国家治理中具有决定性的作用，必须厉行"法治"。

第二，强调正确实行"法治"，并为此提出一系列"法治"的方法。战国时期法家认为必须"以法为本"，立法是"法治"的前提。他们认为应当"适时"，应当"令顺民心"，应当顾及实施所立之法的"能"与"不能"。

他们主张法令应当成为人们言行的唯一规范。评判是非，确定功罪，施行赏罚都只以法为准则。为此，法令应当公布于众，应当统一，应当稳定，应当有绝对权威。

他们还认为法令的施行必须得当。他们提出"信赏必罚"，即法令规定是该赏即赏、该罚即罚，要取信于民；"禁奸止过，莫若重刑"，以重刑重罚来达到"法治"的目的；"赏誉同轨，非诛俱行"，将社会舆论的毁誉与司法实践的赏罚结合起来。

第三，从"法治"的需要出发阐述法律基本问题。法家都认为法律是历史发展的产物。古代"民知其母而不知其父"的社会里，并无法律，后来发生了人际与族际的纷争，为了"定分""止争"才"立君""立官""立禁"，产生了国家的法律。法律既然用来"定分"，就表明它是维护私有制的，在封建制度下则是维护封建的土地私有制。法律既然用来"止争""立禁"，就要有权威性，而这种权威性来自法律的强制性。法家公开承认法律所依靠的"内行刀锯，外用甲兵"的暴力后盾。

法家认为法律是衡量人们行为的客观准绳，把法比喻为"尺寸""绳墨""规矩""衡石""斗斛"等等。这种"尺寸""绳墨"，不是上天的意志，而是客观存在的，具有客观性；而且对所有的人都同样施行、同样公平，具有平等性。

法家的上述法律思想具有一定的进步性和合理性。但他们摆脱不了地主阶级立场的束缚与局限，在竭力维护封建专制主义的需要的同时，他们都绝对地肯定皇权，认为皇帝有最大的立法权和司法权。这在封建制刚刚兴起时，无疑有其积极的意义，可以用来维护统治阶级内部的集中、统一。但肯定皇权，从根本上就与法家的"法治"的一系列观念、主张相矛盾。现在普遍认为封建社会里并无"法治"，这是一个重要的理由。法家肯定皇权，与儒家不谋而合。这决定了荀况可以率先吸收法家的观点，将法家学说糅合到儒家学说中去，为儒法合流开拓了道路。

法家有上述共同法律观点，但每一个法家代表人物所阐述的法律观点又各有自身的独特内容与独特提法，各自做出了不同的贡献。下面我们分头进行简要的介绍。

(一) 撰著《法经》的李悝

李悝（约前455—前395），魏国人。章太炎在《检论·原法》中说李悝"著书定律为法家"，是战国初年最著名的法家。他曾以"魏文侯师"的身份，在魏国主持变法，实行改革。为适应变法与改革的需要，他整理春秋以来各诸侯国的法律并总结其立法经验，亲手撰著了我国封建社会第一部系统的封建法典《法经》，对后世的法制建设产生了相当重大的影响。李悝的著作有《李子》三十二篇，但都已佚失。他的法律思想散见于一些史籍中关于他的零星记载。他的主要观点是：

第一，以立法保证经济改革。李悝在魏国开展的经济改革，主要有"废沟洫""尽地力""善平籴"三项。"废沟洫"，就是把用来确定井田的标志废除掉，也就是"废井田"，为封建土地私有制的发展创造条件。"尽地力"，即要求农民"治田勤谨"，努力发展农业生产。"善平籴"，是指国家在丰年以平价收购粮食，荒年则平价籴出，借此平抑粮价。这些改革措施对经济发展和社会安定当然是有利的。但它要遭到奴隶主残余势力的反抗，受到奸商的反对。李悝认识到经济改革实际上是与政治势力相联系的，要有政治法律制度的保证。因此，对每项改革措施，他都伴之以法令，强制推行。如为了推行"废沟洫"，他下了有关的命令；为了达到"善平籴"，他制定了《平籴法》。

第二，以立法保护封建私有制和封建秩序。李悝制定的《法经》是他的这一法律思想的最好说明。《法经》六篇，立法指导思想是"王者之政莫急于盗贼"①。他将《盗法》《贼法》列在六篇的前两篇，就是为了突出"王者之政"即封建统治者的政治统治最"急"者在于保护地主利益不受"盗""贼"侵犯。《法经》中的《杂律》一篇，包括"轻狡""越城""博戏""借假不廉""淫侈""逾制"等等，都与维护封建制的社会秩序密切相关。

第三，"赏必行，罚必当。"据《说苑·政理》记载，李悝提出了一条"食有劳而禄有功，使有能而赏必行、罚必当"的"为国之道"。"食有劳""禄有功""使有能"，就打破了"世卿世禄"制度下不劳而获、无功受禄、任人唯亲的"治国之道"，使"有劳""有功""有能"者得以冲破门第、等级的藩篱而得到重用、享受福禄。为了保证做到这些，他主张信赏必罚、赏罚得当。

由于李悝以法律保障改革、维护新兴的封建制度，魏国得以在战国初年的各诸侯国中跃居国力强盛的前列地位。

(二) 厉行"法治"的吴起

吴起（？—前381），卫国左氏（今山东定陶区）人。他曾先后在鲁国、魏国率军为将，魏文侯死后因受排挤而到楚国，受楚悼王重用，主持变法。他的法律思想主要是：

---

① 《晋书·刑法志》。

第一，厉行"法治"以求"私不害公"。封建地主阶级的整体利益与作为其成员的个别的地主分子的局部或个体利益，既相联系又相区别，既相一致又相矛盾。战国初期急剧变动的阶级关系及诸侯国之间关系，都要求把地主阶级的整体利益即地主阶级的"公"放在第一位。因此，吴起要求为"使私不害公，谗不蔽忠"而厉行"法治"，使人们对改革措施"言不敢苟同，行不敢苟宥，行义不顾毁誉"，不准各级官吏或地主阶级分子以个人的"私"去危害地主阶级的"公"。

第二，"明法审令"。《史记·孙子吴起列传》说吴起在推行变法措施的过程中，为了使自上而下贯彻改革措施不遭妨碍，坚决主张"明法审令"。"明法"，即明定法律，使改革有法可依，使改革所依据的法律为国人所明白知晓；"审令"，即严格、审慎地施行法令。为了打击贵族势力，吴起曾下令迁徙部分贵族去充实荒凉偏僻、地广人稀的地方。由于他"明法审令"，骄奢淫逸已成习惯的贵族"皆甚苦之"①，但不得不服从。

楚国原来比较落后，吴起主持变法后，迅速强盛起来。但楚悼王刚死，吴起就被联合起来反攻倒算的贵族"肢解"杀害了。由此可见，新兴阶级代表人物的法律思想及其改革措施，是要经受剑与火的洗礼的。

（三）变法强秦的商鞅

商鞅（约前390—前338），卫国人，名鞅。"少好荆名之学"②，熟悉李悝、吴起等人的变法理论与实践。公元前361年，秦孝公为了富国强兵下令求贤，商鞅携带李悝《法经》入秦，力主变法，得到重用。商鞅在秦变法的主要内容为：经济上，废井田开阡陌，确立土地私有制；重农抑商推行农战政策等；统一度量衡。政治上，加强君权，推行法治，奖励军功，实行郡县制，加强中央集权。思想上，反对礼义教化，主张以法为教。同李悝、吴起相比，商鞅变法规模浩大、涉及面广、程度深刻、效果显著。"行之十年，秦民大悦"，使地处西陲的贫弱秦国一跃而成为"诸侯畏惧"的强国。在变法过程中表现得十分充分的商鞅法律思想，带有系统性、完整性、有机性的特点，使商鞅成为法家思想体系的重要奠基者。现存《商君书》及有关史籍的记载，是研究他的法律思想的主要资料。他的法律思想主要表现在对法律的起源、法律的作用、法制的实施和重刑思想等方面。

第一，法律起源于"定分止乱"的客观需要。商鞅认识到人类社会最初并无法律。他说："神农之世，男耕而食，女织而衣，刑政不用而治，甲兵不起而王。"③后来出现了"亲亲而爱私"及"以强胜弱，以众暴寡"的争夺混乱局面，于是"圣人"以"立禁""立官""立君"来"定分""止乱"，这样就产生了法律。商鞅的这一法律起源论从社会经济与

---

① 《吕氏春秋·贵卒》。
② 《史记·商君列传》。
③ 《商君书·画策》。

法制的联系上考察问题，带有唯物主义的因素，是重要的贡献。后代法律思想家如柳宗元等，直接继承了他的这一观点。

第二，法律的作用在于"治世""便国"，为此必须与时世需要相适应。商鞅变法曾遇到重大阻力。甘龙、杜挚等反对变法，要求"法古""循礼"，即按照奴隶制的古代法、遵循西周的礼制去治国。商鞅针锋相对地提出"治世不一道，便国不必法古"，为了"治世""便国"，就要与当时的世情、国情相适应。他说，古代帝王都"各当时而立法，因事而制礼；礼法以时而定，制令各顺其宜"①。因此，时代已经进步了的今天，也应顺应时宜重新制定。

当时秦国的国情是急迫需要发展农业、加强军事力量，以求富国强兵。为此，商鞅主张颁布重农、重战、奖励有功于农战的法令，"缘法而治"②。这是他对法律作用的清晰认识的结果。而这恰好否定了"礼治""德治"的作用。

第三，在法制的实施上，主张"壹赏""壹刑""壹教"，做到"信赏必罚"、严格执法。"壹赏""壹刑""壹教"，分别在赏赐、刑罚、教化上强调统一性、平等性与单一性。"壹赏"指只赏赐有功于农战的人，这就打击了依靠世袭谋取爵禄的贵族。商鞅说："利禄官爵搏（专）出于兵，无有异施也。"坚持"国以功授官予爵"③，而"不滥富贵其臣"④。在赏赐面前，人人平等，只根据功劳大小而定，不管出身、门第如何。"壹刑"，指"刑无等级"，不管谁犯了法都要治罪，"自卿相将军以至大夫庶人，有不从王令、犯国禁、乱上制者，罪死不赦"⑤。儒家主张"刑不上大夫"，商鞅的"壹刑"主张与之相悖。在实践中，秦太子犯了法，商鞅"刑其傅公子虔，黥其师公孙贾"⑥，贯彻了"壹刑"主张。"壹教"，指取消一切不利于改革的言论。商鞅把不利于农战的"礼、乐、诗、书，修善、孝悌、诚信，贞廉、仁、义、非兵、羞战"等，作为"六虱"，与之开战。其目的是为了以法令来统一思想，发展到后来竟"燔诗书而明法令"⑦。

"壹赏""壹刑""壹教"以贯彻实施为检验标准，仅仅停留在认识上仍无作用。因此，商鞅又主张"信赏必罚"，该赏一定赏，该罚一定罚，取信于民，收到赏罚的实效。

第四，"禁奸止过，莫若重刑"的重刑主义观点。商鞅在《赏刑》及其他许多篇章中，

---

① 《商君书·开塞》。
② 《商君书·君臣》。
③ 《商君书·靳令》。
④ 《商君书·画策》。
⑤ 《商君书·赏刑》。
⑥ 《史记·商君列传》。
⑦ 《韩非子·和氏》。

强调了"禁奸止过，莫若重刑"的思想。一方面，要"刑多而赏少"①"先刑而后赏"②，把刑罚放在重于、高于赏赐的地位上；另一方面，加重轻罪的刑罚。商鞅认为"行刑重其轻者，轻者不至，则重者无从至矣"③，即加重对轻罪的刑罚，使人们不敢犯轻罪，更不敢犯重罪了。商鞅认为这样可以达到"以刑去刑"的作用。这些，与儒家的把"德礼教化"放在第一位，力求"使无讼"及"以德去刑"的主张，是完全相反的。商鞅以此沉重打击了阻挠变法的贵族，也残酷地镇压了劳动人民。重刑主义把合理的刑罚思想推到了极端，有极大的片面性，但从当时的社会斗争来看却有其合理性。

商鞅变法而使秦迅速富强，但损及了贵族的利益，遭到了贵族的强烈反对。秦孝公死后，商鞅也遭到了与吴起同样的命运，被车裂残杀。

（四）用"势"行法的慎到

慎到（约前390—前315），赵国人。长期讲学于齐国稷下，著有《慎子》四十二篇，现仅残存《威德》等七篇。他的法律思想以重"势"行法为特点。

所谓"势"，是指君主的权势，它包括杀戮刑罚与庆功赏赐两个方面。慎到认为，要实行"法治"，必须使臣民屈从于权势。有权势，即使昏庸如桀纣，也能令行禁止；无权势，即使贤明如尧舜，老百姓也不会听从。他说："尧为匹夫不能治三人，而桀为天子能乱天下。吾以此知势位之足恃，而贤者之不足慕也。"④因此，慎到竭力强调要加强君主的权力，而加强君权的途径则在于依靠"法治"。他认为君之"据法倚数（即制令），以观得失"⑤，才能上下相安无事。加强君主的权势，依靠法制而行赏罚，二者互相依存而又互相保证，这是慎到法律思想的首要观点。

其次，慎到认为法是明辨是非的标准，因而恶法胜于无法。慎到说："存权衡者，不可欺以轻重；有尺寸者，不可差以长短；有法度者，不可巧以诈伪。"⑥法是同度量衡那样的辨别是非的准绳。有准绳与无准绳是不同的。"君舍法而有心裁轻重，则同功殊赏，同罪殊罚，怨之所由生也。"⑦失去了法制的准绳而仅凭主观心愿裁决是非功罪，就会造成赏罚不公平，怨恨产生。这样，就逻辑地引出了他的恶法胜于无法的结论："法虽不善，犹愈于无法，所以一人心也。"⑧"不善"的法如何发挥作用呢？还是依靠君主的权势。

---

① 《商君书·画策》。
② 《商君书·壹言》。
③ 《商君书·靳令》。
④ 《韩非子》引《慎子·威德》。
⑤ 《慎子·君臣》。
⑥ 《太平御览》卷429辑录。
⑦ 《慎子·君人》。
⑧ 《慎子·威德》。

其三，在司法实践中"任法而不任智"，一切以法为准绳。慎到主张君主要"无法之言不听于耳；无法之劳不图于功；无劳之亲不图于官；官不私亲，法不遗爱。上下无事，唯法所在。"① 总之是一切以法为标准，而不是听凭主观的决断。慎到的以法为准绳的思想并不能贯彻到底。因为他认为国君是有权立法和变法的，各级官吏只能"以死守法"，老百姓则必须"以力役法"，给国君在司法实践中随心所欲地运用法律制造了理论根据。而这，正是几乎所有法家的致命错误。

（五）重"术"行法的申不害

申不害（约前385—前337），郑国人，在韩国为相十五年，"内修政教，外应诸侯"，使韩"国治兵强"②。著作有《申子》六篇，均已佚失。申不害法律思想的最大特点是，强调君主驾驭群臣之"术"，以取得推行"法治"的最佳效果。申不害重"术"行法的思想，有以下主要内容：

首先是主张"法治"，这是行"术"的基础，"术"是为"法"而"重"、而"行"的。他称赞尧、黄帝重视法的作用，说："尧之治也，善明法察令而已。""黄帝之治天下，置法而不变，使民安乐其法也。"③ 把尧与黄帝的一切治绩仅仅归结于"法"一个字，以此表达对"法治"的重视。据《韩非子·外储说左上》记载，申不害还说过："君必有明法正义，若具权衡以称轻重，所以一群臣也。""君之所以尊者，令。令不行，是无君也。故明君慎令。"把法令推尊到了十分崇高重要的地位。

其二是强调多种多样的"术"。一为"独断"之术。申不害认为"独视者谓明，独听者谓聪。能独断者，故可以为天下王。"④ 专权擅断，独断独行，不为左右所蒙蔽欺骗。他的这一"术"说，是从加强中央集权、厉行封建专制制度的需要出发的。但当他强调"独断"时，忘却了所"断"的依据应是"法"，否则"法治"也就落空了。韩非子曾批评申不害是"徒术而无法"的典型，他是难辞其咎的。二为"藏"术。韩非子曾在《难三》中阐释"术"的含义说："术"者，"藏之于胸中，以偶众端，而潜御群臣者也"。这一阐释是符合申不害的意思的。申不害自己就主张"藏于无事，示天下无为"⑤。这里的"无为"，与道家老、庄的"无为而治"是两回事。道家的"无为"是放任自然，申不害的"无为"不过是虚饰的表面现象。他要求国君装作不听、不看、不思考一切，即所谓"去听""去视""去智"⑥。而其实，不过是为了使臣下莫测高深，于"无为"中识别忠奸、洞察一切，同为

---

① 《慎子·君臣》。
② 《史记·老庄申韩列传》。
③ 《太平御览》。
④ 《韩非子·外储说右上》。
⑤ 《申子·大体篇》。
⑥ 《吕氏春秋·任数》。

"惟无为可以规（即窥）之"①。

三为"君人南面之术"，即是一切大权牢牢抓在君主的手中。他认为："明君如身，臣如手；君若号，臣如响。君设其本，臣操其末；君治其要，臣行其详；君操其柄，臣事其常。"② 总之，让君主操纵主宰最重要的大事，决不允许大臣"蔽君之明，塞君之听，夺之政而专其令，有其民而取其国"。

四为"操契以赏其名"，即用公开的任免、监督、考核而使臣下驯服地服从君上。

所有这些"术"，都建筑在君主独擅立法、司法、行政大权的基础之上。因而，归根结底，申不害的"术"治与慎到的"势"治，殊途同归于加强君主专制与依法治国这两个基点上。依法治国，是有其历史借鉴意义的；加强君主专制，符合当时的社会进步要求。但从其阶级本质以及发展趋势来看，又不能不加分析，更不能全盘予以肯定。

（六）先秦法家思想的集大成者韩非

韩非（约前280—前233），韩国人，曾与李斯同学于荀况，"喜刑名法术之学"③，多次向韩王上书建议改革而未被采纳，于是退而著书。其著作传入秦国，受到秦王嬴政的高度重视。但当他到秦国后，却被李斯害死狱中。著作有《韩非子》五十五篇。

韩非是先秦法家的集大成者。其法律思想带有系统性的特点。这一特点是当时的客观形势要求的产物。韩非生在各国统一的前夕，封建制度已经进一步发展到接近于成熟，新兴地主阶级渴求在广大的领土上建立统一的中央集权的封建专制统治。这一形势要求有比商鞅更完整更系统更周密的"法治"理论为之服务，于是韩非的学说应运而生。韩非的法律思想概括起来说就是：综合"法、术、势"的治术，把"法治"推向极端，完全排斥礼义教化的可能性，并推崇君主独裁，主张以赤裸裸的暴力推行法律的强制性措施。

第一，专任"法治"，把"法治"推向极端，完全排斥礼义教化的作用。韩非认为，法律起源于"禁暴""止乱"。他同商鞅等人一样断言，人类社会最初并无矛盾争夺，因而也用不着国家与法律："古者丈夫不耕，草木之实足食也；妇人不织，禽兽之皮足衣也。不事力而养足，人民少而财有余，故民不争。是以厚赏不行，重罚不用，而民自治。"但到后来，人口繁衍得越来越多，"人民众而货财寡，事力劳而供养薄，故民予虽倍赏累罚而不免于乱"。④ 这样，他就逻辑地推论必须以国家暴力维持的法律来"禁暴""止乱"。那么，是否可以像儒家说的那样以德礼教化的"仁政"来"定分止争"息事宁人呢？韩非从人性都是自私自利这点出发，认为不可能。他说："严家无悍虏，而慈母有败子，吾以此

---

① 《韩非子·外储说右上》。
② 《申子·大体篇》。
③ 《史记·老子韩非列传》。
④ 《韩非子·五蠹》。

知威势之可以禁暴，而德厚之不足以止乱也。"① 他从而公开主张"用法之相忍，以弃仁人之相怜"②，"罚薄不为慈，诛严不为戾"③，即应当厉行严刑峻法。

第二，综合"法、术、势"的治术，全面而周密地推行"法治"。李悝制《法经》，用以统治人民，是以"法"为治的代表；申不害强调"独断""藏""南面之术"等，对驾驭群臣之术做了比较充分的探讨，是以"术"为治的代表；慎到强调君主权势，竭力加强君主的独裁地位，是以"势"为治的代表。三者的治术，各有新兴地主阶级为建立中央集权的封建专制政权所可取之处。综合运用"法、术、势"，无疑更加有利于他们的统治。商鞅把三者做了综合，运用到秦国的改革中去，取得了很大成效。韩非的贡献则在于从理论上做了系统的研究与阐述，从而使法家的"法治"理论发展到一个新的高度。

韩非为"法""术"下了定义。他说："法者，宪令著于官府，刑罚必于民心，赏存乎慎法，而罚加乎奸令者也。"④ 又说："法者，编著之图籍，设之于官府而布之于百姓。"⑤ 他给"术"下的定义是："术者，因任而授官，循名而责实，操杀生之柄，课群臣之能者也，此人主之所执也。"⑥ 关于"势"，他未下过定义，但也做了许多解释，指出"势"建立在"力"的基础之上，表现于政权之中，必须由君主独占而不可分割。

在明确三者含义及作用的前提下，韩非主张综合运用"法、术、势"。他在《难势》等篇中突出阐明了"抱法处势则治，背法去势则乱"的道理，指出实行"法治"要以"势"为后盾，而有"势"无"法"则非"法治"而为"人治"。在《定法》等篇中，韩非又形象地将"法"与"术"比喻为人的衣食，"人不食，十日则死；大寒之隆，不衣亦死"，二者兼有，不可缺一，"法"与"术"对帝王来说是"不可一无之具"。这样，韩非就达到兼收并蓄、博取三者之长，把三者综合起来了。这避免了商鞅在秦"徒法而无术"的缺点，也避免了片面强调"术"或"势"的缺陷。

第三，推崇君主独裁，主张以赤裸裸的暴力推行法律的强制性措施。韩非看到了建立中央集权的专制制度已经成了势所必然。他在《显学》篇中指出，君主利用人的自私本性，用赏罚兼加的办法驾驭臣民，建立君主独裁的暴力统治，是"行必然之道"。他在《外储》《内储》篇中提出，"能独断者，故可以为天下王"，"权势不可以借人"，不能与臣下分权。他以古之伯乐王良、造父做比喻，说"夫以王良、造父之巧，共辔而御不能使马，人主安能与其臣共权以为治"？总之是不能分权。不仅如此，连信任臣下都是危险的。他在《备内》篇中说："人主之患在于信人，信人则制于人。"他主张主要采用"七

---

① 《韩非子·显学》。
② 《韩非子·六反》。
③ 《韩非子·五蠹》。
④ 《韩非子·定法》。
⑤ 《韩非子·难三》。
⑥ 《韩非子·定法》。

术""六微"之术潜御群臣。

君主的独裁，要在实践中体现。韩非认为最重要的是实行重刑重罚。他说："且夫重刑者，非为罪人也，明主之法揆也。""治一奸之罪而止境内之邪，此所以为治也。重罚者资贼也，而悼惧者良民也，欲治者奚疑于重？"① 杀一儆百、重刑威吓，这就是韩非推行赤裸裸的暴力"法治"的目的。为了反驳儒家的轻刑说，他在《六反》篇中对轻刑说的论点一一做了批驳，特别指出不是"重刑伤民"而是"轻刑伤民"，因为"令轻刑罚，民必易之。犯而不诛，是驱国而弃之也；犯而驱之，是为民设陷也"。他的这个观点，与商鞅的重刑主义是如出一辙的。

韩非的"法治"思想有其历史的进步性，但他把"法治"推向了极端，主张赤裸裸的暴力镇压和专制独裁，使受其指导的秦王朝走上了二世而亡的道路。

---

① 《韩非子·六反》。

第四章 秦汉时期的法律思想

秦汉时期中国历史上统一的中央集权国家,使封建制度得到巩固与发展,建立起一整套封建的政治、经济、法律和军事制度。秦代以实行严刑峻法为特点;汉代则先之以承袭秦制,继之以"清静无为",后之以"罢黜百家,独尊儒术"。与此相应,建立在维护封建制经济基础前提下的法律思想,在秦汉时期也经历了曲折的变化和发展,最后形成了儒法合流、以儒学为伪装、以德主刑辅为核心内容的封建正统法律思想。这一时期有较大影响的是政治家秦始皇嬴政,汉初的刘邦及其谋臣、汉文帝刘恒,以及思想家贾谊、董仲舒、桓谭、王充等人。

一、"事皆决于法"的秦始皇嬴政

秦始皇嬴政(前259—前210),赵国邯郸人。十三岁时,其父秦庄襄王死去,他继承秦国王位。二十二岁执掌朝政,凭借商鞅变法以来所造成的政治上、经济上和军事上的优势,于公元前221年完成了扫灭六国、统一中华的大业,自称"始皇帝"。全国统一后,他拒不分封子弟、功臣为诸侯,确立了专制主义中央集权制度,独揽立法、司法、行政大权,统一编纂比较完善的法典,创设了一系列制度、规范,使秦国成为厉行封建"法治"的国家。嬴政的法律思想主要散见于《史记·秦始皇本纪》,主要有以下几点:

(一)实行郡县制,颁行统一的法令

秦始皇统一中国后,丞相王绾等建议"立诸子"为诸侯[①]。这个建议遭到了廷尉李斯的反对。李斯根据周朝分封造成诸侯互相征伐、"周天子弗能禁止"的教训,建议实行郡县制。秦始皇赞同了李斯的意见,下令分全国为三十六个郡,从而首次在全国范围内确立了郡县制度,牢牢地把政权控制在自己的手中。同时,他废除了"世卿世禄"的官僚世袭

---

① 《史记·秦始皇本纪》,下引同。

制,实行由皇帝直接任命和罢免中央及地方主要官员的制度,保证了中央集权。

战国时期,各诸侯国"律令异法"。统一后,秦始皇命令在秦国原有法律的基础上,补充、修订、制定了统一的秦律,颁行全国。秦律内容十分丰富,在《中国法制史》中有详细的介绍。它表明秦始皇统一法令的法律思想,是十分明确而坚定的。秦王朝立国时间很短,但所制定的法律法令,涉及政治、经济、文化、军事;既有实体法规范,又有程序法规范;实体法中,除刑事法律规范外,还有大量的民事法律规范。从秦始皇巡行天下时的刻石中,也可以了解到这一点。如在《泰山刻石》中记载道:"皇帝临位,作制明法,臣下修饬。二十有六年,初并天下,罔不宾服。……治道运行,诸产得宜,皆有法式。"秦始皇是以全国统一的详尽"法式"而自豪不已的。

(二)"刚毅戾深,事皆决于法"

司马迁在《史记·秦始皇本纪》中评论秦始皇的法律思想时,下了这样的结论,说他"刚毅戾深,事皆决于法,刻削毋仁恩和义",即只讲以法决事,不讲仁义恩惠。

秦始皇的以法决事,是十分"刻削"即十分苛酷的。他特别推尊韩非,读了韩非的《孤愤》《五蠹》等论著,不禁慨叹:"寡人得见此人与之游,死不恨矣!"韩非主张重刑酷罚,秦始皇把他的主张付诸实施,而且变本加厉,滥施刑罚,妄杀无辜。《汉书·食货志》说,秦时"贪暴之吏,刑戮妄加,……赭衣半道,断狱以千万数"。《汉书·刑法志》说秦时"赭衣塞路,囹圄成市,天下怨愁"。《盐铁论·刑德》指斥"秦法繁如秋荼,而网密如凝脂"。这些记载与评述,都是秦始皇法律思想见诸实施以后的反映。

(三)"以法为教""以吏为师"

春秋战国时期,"百家争鸣",各种思想、学说互相驳难,这同当时诸侯林立的政治局面是相适应的。秦始皇统一全国后,如果继续允许这种情况存在下去,就会造成"人闻令下,则各以其学议之,入则心非,出则巷议",从而"主势降乎上,党与成乎下"的局面,不利于中央集权制度的推行,不利于统一法制的实施,不利于国家统一局面的巩固。因此,秦始皇有意制造了"焚书坑儒"事件,厉行文化专制、思想禁锢,只允许"以法为教""以吏为师",即以秦国统一的法律法令为学习内容,以司法官吏为教师。秦始皇的这些行动与决策,表明了他在推行"法治"上的决心之大、措施之坚决。这对后世在法制宣传上是起了很大影响的。

二、主张礼法并用的贾谊

贾谊(前200—前168),洛阳人,西汉初期著名的青年政治家、思想家。曾受汉文帝重用,后受周勃、灌婴等排挤而被贬,死时年仅三十三岁。其著作有《新书》十卷,其中

《过秦论》《论积贮疏》为人口脍炙的史论名篇。

由于贾谊生活在西汉初期，对亡秦的教训体会较深，认识到"专任法治""事皆决于法"以及重刑主义并非治国良策，带有极大的风险性，因而权衡利弊，综合比较，得出了应行礼法并重的治国方策。他的法律思想，就是建立在礼法并重这块基石上的。

（一）总结亡秦教训，倡行礼法并重

贾谊说："秦王置天下于法令刑罚，德泽亡（无）一有"，绝对排斥德礼教化，造成了"君臣乖乱，六亲殃戮，奸人并起，万民离叛"的可怕局面，终于"二世而亡"。但汉承秦制，"其遗风余俗，犹尚未改"[①]。他感到这会给刘汉政权带来同样的危险，因此不断提出重新强调德礼教化、重视"礼治"的问题。他在《新书·礼》中，高度肯定了礼的作用："礼者，所以固国家，定社稷，使君无失其民者也。""故礼者，所以守尊卑之经、强弱之称者也。"他把礼看作是巩固国家政权、安定社会秩序、维持君主对人民的统治的工具，是明确尊卑的等级界限、使强弱各安其分而不互相侵凌的准绳。

贾谊的重礼思想，是建立在维护等级制的基础上的。他在《新书·俗激》中说："人主之尊譬如堂，群臣如陛，众庶如地。……故古者圣王制为等列，内有公卿大夫士，外有公侯伯子男，然后有官师小吏，延及庶人，等级分明。"认为这种"上下等差"分明，"父子六亲各得其宜"的等级制度，可使"奸人无所冀幸，群臣信上而不疑惑"。要达到"世世常安"必须坚持等级制度，实行必要的"礼治"。

但贾谊在强调"礼治"的重要性时，并不像儒家那样轻视"法治"的作用。贾谊说："若夫庆赏以劝善，刑罚以惩恶，先王执此之政，坚如金石，行此之令，信如四时，据此之公，无私如天地耳，岂顾不用哉。"[②] "先王"赏善罚恶的"法治"，还是要继承的。

贾谊把"礼"与"法"当作统治者治理国家不可或缺的两手。他将儒家所推尊的"仁义恩厚"比喻为"人主之芒刃"，把法家所强调的"权势法制"比喻为"人主之斤斧"，他说："今诸侯王皆众髋髀也，释斤斧之用，而欲婴以芒刃，臣以为不缺则折。"[③] 为了削弱诸侯的势力，不能施恩行义，而要以法镇压。

那么，怎样交替运用"礼""法"这两手策略呢？贾谊继承先秦儒家德主刑辅的思想，主张先用德礼教化，而后再用刑罚。他说："夫礼者禁于将然之前，而法者禁于已然之后……"从"礼"与"法"的不同作用看，应先"礼"后"法"。他又从人的品质是可以随教育的不同而变化的观点出发，进一步说明应先"礼"后"法"。他说："夫胡、粤之人，生而同声，嗜欲不异；及其长而成俗，累数译而不能相通，行者有虽死而不相为者，则教习然

---

① 《汉书·贾谊传》。
② 同上。
③ 同上。

也。"因而,"教"而使之成"习",以礼义教化使人民遵守社会规范,是可以减少狱讼的。

(二) 以民为本,"约法省刑"

贾谊重视礼法并用,并不像孔孟那样偏废"权势法制",但他同时又强调必须"约法省刑",不能像秦那样滥施酷刑。

贾谊主张"约法省刑",是从他的民本思想出发的。他从农民起义暴风骤雨般的伟大力量中看到民众的"可畏",他说:"民不可不畏也。"为什么呢?"故夫民者多,力而不可敌也。"民众人多力量大,是不可为敌、无法相敌的。他由此阐释了他的"民本"思想:"闻之于政也,民无不为本也。国以为本,君以为本,吏以为本。故国以民为安危,君以民为威侮,吏以民为贵贱。"① 总之,一切都必须从"民"这个"可畏"的治理对象出发。既然如此,就必须采取"安民"措施。他说:"是以牧民之道,务在安之而已。"② "安民"措施包括政治、经济、军事、思想、文化等各个方面,其中,"约法省刑"的法制措施,为贾谊所特别重视。

汉初承袭秦代的法律制度,贾谊认为必须按"约法省刑"即简化法律、减轻刑罚的原则,将秦代的苛刻法律废除掉。例如,对铸钱掺假的犯罪,秦律规定"罪黥"即判处黥刑,汉初也沿用了。贾谊指出,人民因铸钱掺假而犯罪受黥刑的,一县之内多达几百人,加上法吏以嫌疑罪而加榜笞拷打的,更是不知其数,这是把人民推入"陷阱"的恶法,应予废除。在贾谊的影响下,汉文帝刘恒先后废除了诽谤妖言罪、收孥法,禁止使用肉刑。

贾谊的"约法省刑"思想,在疑案处置问题上表现得十分鲜明。他特别反对错杀无辜,认为如果发生了疑案,如疑人有罪,应"附之去已",即予以释放,以便保证不使无罪者受罚;如疑人有功,应"附之与已",即予以奖赏,以便保证不使有功者失奖。③ 他极力主张"与其杀不辜,宁失于有罪也",即在不得已的情况下宁可承担放掉罪犯的法律责任,也不造成可能的错杀无辜。

贾谊的"约法省刑"思想,与儒家的"仁"是相近的。他自己在《大政》中说:"疑罪从去,仁也;疑功从予,信也。"仁、义、礼、信,这些儒家的基本观点,贾谊在汉初的新的条件下重新提出来了。时代与客观形势要求的变化,铺筑了从纯用"法治"的暴秦到礼法兼行的两汉的道路。

(三) 明别等级,"黥劓之罪不及大夫"

贾谊对儒家法律思想的复起,做了多方面的努力。遵循等级制度的原则、明确分别等

---

① 《新书·大体上》。
② 《史记·秦始皇本纪》引贾谊语。
③ 《新书·大政上》。

级、维护司法上的等级特权，就是一个重要方面。

法家强调不别亲疏贵贱地平等适用法律。汉初接受并贯彻了这一原则，在对待异姓王和同姓王的反叛罪上，施行了严酷的刑罚。贾谊认为这样做有损于整个地主阶级的尊严，因而不利于专制君主地位的巩固，也不利于维护君主的威严。他主张从君主到庶民，应明确划分等列，以便使君王具有"尊不可及"的崇高地位。他说："故古者圣王制为等级，内有公卿大夫士，外有公侯伯子男，然后有官师小吏，延及庶人，等级分明，而天子加焉，故其尊不可及也。"①

从明别等级、维护等级特权出发，他提出了相应的司法原则，主要是：

第一，大臣、贵族、官吏犯法，不得适用一般的刑事法律，不得加之以"黥、劓、髡、刖、笞、偶、弃市"等有损个人尊严的刑罚。

第二，大臣、贵族、官吏犯法，不得由一般的司法机关，按一般的司法程序加以审判和惩处。

第三，对上述犯罪者，应由皇帝亲自处以不同于一般人的特殊刑罚，如"罢官""降级""赐死""灭家"。他提出了皇帝亲自司法的"四可"，即"帝令废之可也，退之可也，赐之死可也，灭之可也"。

贾谊的上述法律思想是在汉初社会逐步稳定的情况下产生的，体现了汉初统治者巩固政权、安定社会的根本利益，是为巩固封建统治秩序服务的。它开拓了儒法合流的道路。儒法合流，首先在汉文帝的实践中得到体现，然后在董仲舒的法律理论中得到发展和完成。

三、"汉代孔子"董仲舒

董仲舒（前179—前104），广川（今河北省枣强县）人。他"少治春秋，孝景时为博士"，兼通五经，"为群儒首"②。汉武帝时，他提出了"独尊儒术，罢黜百家"的建议，并得到了采纳。他是封建社会上升时期地主阶级杰出的思想家，有"汉代孔子"之称。他的法律思想见之于现存的著作《春秋繁露》和保存在《汉书·董仲舒传》中的《天人三策》及其他史籍的零星记载中。

董仲舒的法律思想是他之前的儒家法律思想的集大成，同时又有他自己的特殊贡献，概括起来有以下几个主要方面：

---

① 《汉书·贾谊传》。
② 《汉书·董仲舒传》。

（一）神权法思想的理论化与系统化

董仲舒的思想体系属于唯心主义营垒。但他所说的"天"的观念，又是对殷周唯心主义的"天命论"和春秋时期朴素唯物主义的"天道观"的综合。他把"天命"与君权结合在一起，从"天人合一"推出"君权神授"。由此出发，他强调"为人君者其法取象于天"①。

人君之法对封建宗法等级的体现，被董仲舒说成"尽取之天"："是故仁义制度之数，尽取之天。天为君而覆露之，地为臣而持载之；阳为夫而生之，阴为妇而助之；春为父而生之，夏为子而养之，秋为死而棺之，冬为痛而丧之。王道之三纲，可以求于天。"他把君臣、父子、夫妇关系以至"五伦""三纲"全都神化为"天"的现实化、人格化了，是"天"的意志的体现。

人君之法有赏罚之分，董仲舒说这也是"天"的意志和安排。他说："王者配天，谓其道。天有四时，王有四政，四政若四时，通类也，天人所同有也。庆为春，赏为夏，罚为秋，刑为冬。庆赏刑罚之不可不具也，若春夏秋冬之不可不备也。"这样，他就把封建社会的政治法律制度以及维护封建制社会秩序的刑罚手段，全"配"上"天"，归结为"天"的意志了。

人君具有一切治国之大权，但也要有所节制，随心所欲的暴君就有丧失政权、成为囚徒的危险。为此，董仲舒也对他的天人感应说和神权法思想做了阐述。他认为，在立法上，帝王必须符合"天"的愿望，而"天"的愿望是体现在儒家的"王道"思想中的。法作为"天"的意志的体现，帝王也必须遵守，否则也将难逃惩罚。他以孔子关于"君子有三畏：畏天命、畏大人、畏圣人之言"的说教，来开导帝王，使帝王因有所畏而不敢肆无忌惮地破坏法制。他说，"天"如要警诫、惩罚帝王，一般经过以下三步：先是"出灾害以谴告之"，即以灾害作为对帝王发出的警告；如不改悔，"又出怪异以警惧之"，即以怪异事物来警告；如还不改悔，则"伤败之"，即将国家政权改变，将权力交给别的"天子"。

董仲舒的神权法思想有其哲学理论的基础，在对人君的制约上有所创新，是此前神权法思想的综合与发展。

（二）把"三纲五常"作为封建立法的根本原则，把《春秋》经义作为封建司法的具体准绳

董仲舒在把"三纲"即"君为臣纲，父为子纲，夫为妻纲"和"五常"即"仁、义、礼、智、信"解释作阴阳之道的"天"意之后，进而把它上升到指导封建立法的根本原则的地位上去。他认为，君臣上下、父子夫妇，一切社会活动和人际关系，都要遵守一定的规范，这个规范的根本原则就是"三纲五常"。谁要是违反"三纲五常"，谁就是违反了

---

① 《春秋繁露》，下引同。

"天意"。而遵循"三纲五常"去立法、行事，就能使人"人有父子兄弟之亲，出有君臣上下之谊，会聚相遇，则有耆老长幼之施，粲然有文以相接，欢然有恩以相爱"①。不仅立法上要以"三纲五常"为指导，而且断定罪名要以"三纲五常"为准则，施加刑罚也要以触犯"三纲五常"的程度深浅而确定孰轻孰重。

"三纲五常"的基本思想，早在儒家经典《易》《诗》《书》《礼》《乐》《春秋》等"六艺"中，得到了比较全面和充分的阐述。其中，《春秋》一书集中体现了封建宗法等级的尊王攘夷、尊君卑臣等原则，对封建伦理观念也有所发挥。该书文句简单含混，便于穿凿附会。董仲舒在汉武帝的支持下，把《春秋》作为"决狱"即司法实践的具体准绳，自己身体力行，断决了许多案子。据《后汉书·应劭传》记载："董仲舒老病致仕，朝廷每有政议，数遣廷尉张汤亲至陋巷，问其得失，于是作《春秋决狱》二百三十二事，动以经对，言之详矣。"可惜该书已经失传，只能从其他史籍中零星得知，董仲舒是怎样以《春秋》经义为"三纲五常"在司法实践中贯彻而活动的。例如：

"春秋之义，君亲无将，将而诛之。"对于君主与嫡亲尊长，不能有任何反叛之心；否则就应处以诛杀的极刑。这是与"君为臣纲""父为子纲"的原则一致的。

"春秋之义，……妇人无专制擅恣之行。"即妇女绝不能有自己的独立意志、独立人格与独立决断的活动，否则即是违法，必须严惩。这是"夫为妻纲"的体现。

"春秋之义，善善及子孙，恶恶止其身。"即功赏可以扩及子孙亲属，而一般罪行只惩罚犯罪者本人。这是与"仁""义"的原则相符合的。

董仲舒首创的以《春秋》"经义决狱"，对当时的司法实践产生了很大影响，被司法官吏所广泛仿用，而且对后世也产生了十分深远的影响。其影响最严重的方面，不在于援引这样那样的具体儒家经典语句来决狱断案，而在于董仲舒所开创的"论心定罪"的唯心主义断案思想成为体系而相传。

董仲舒说："《春秋》之听狱也，必本其事而原其志。"即按照其案情事实而追究违法犯罪的动机。《盐铁论·刑德》评述道："《春秋》之决狱，论心定罪。志善而违于法者免，志恶而合于法者诛。"也就是只讲动机，凡符合《春秋》经义的就是"志善"，即使犯法，也不定罪；否则就是"志恶"，即使没有犯法，也要定罪。这种任凭主观心愿的"论心定罪"，如《汉书·刑法志》所说，"或罪同而论异……所欲活则傅生议，所欲陷则予死比"，完全可以被司法官吏根据剥削阶级的利益随意利用，对劳动人民是极其不利的。

（三）对德主刑辅做了系统的论述

儒家创始人孔丘强调了德礼教化的作用，他的最大继承人孟轲更进一步做了阐述，后来荀况提出了"隆礼重法"的观点。墨家以"兼相爱"相标榜，法家则完全否定了礼和德

---

① 《汉书·董仲舒传》。

的作用。由于秦始皇厉行"法治",儒家完全没有了地位。汉初沿袭秦制,却又面临新的矛盾。对如何巩固汉王朝的统治,维护刘氏王朝的长治久安,贾谊主张"礼法并用"。但这与荀况的"隆礼重法"并无二致。根据汉王朝经过"文景之治"业已达到相当强盛,刘汉政权的统治已经比较稳固的现实条件,董仲舒总结了儒、墨、道、法各家的治国经验,提出了礼法结合、"大德而小刑"的德主刑辅治国原则。

"德治""礼治""人治"与"法治""刑治",本来就是统治阶级治国的两手策略,儒、法两家把这两手强调到了极端,互相对立起来,这在荀况和贾谊已经认识到是不对的,所以他们主张将二者结合起来。董仲舒的贡献则在于不但主张两手并用,而且必须以德为主,辅之以法。这两手,除一主一辅的区别外,还有实行次序上的先后之分。董仲舒主张必须先实行德教,后予以刑罚制裁,即所谓"前德而后刑""先教而后诛",只有在教化不成时才用刑罚惩戒。

关于为什么要"前德而后刑",董仲舒从违法犯罪的原因和过程的分析上做了说明。他认为犯罪的根本原因在于经济方面:"大富则骄,大贫则忧。忧者为盗,骄者为暴,此众人之情也。"但由富而骄至于暴,因贫而忧至于盗,都有一个从小到大、从隐蔽到彰明、由轻到重的过程。他说:"凡百乱之源,皆出嫌疑纤微,以渐寖稍长至于大,圣人章其疑者,别其微者,绝其纤者,不得嫌以蚤(早)防之。""圣人"应防微杜渐,及早预防,其措施就是实施德礼教化。他认为,大多数人从天承受的本性,都有向善或向恶的可能性,只要用礼义加以引导,就可在不知不觉中完善自己的天性,从根本上杜绝犯罪。

"前德而后刑",不是"唯德"而"无刑"。董仲舒同时强调"刑者德之辅""阴者阳之助",认为"刑反德而顺于德",不能放弃用刑罚辅助德礼教化。他还说,只有德治达到尧舜那样的水平,刑罚才可不用;但不用不等于不设,设法、设刑还是必要的,至于用或不用则根据客观需要。

关于为什么要"大德而小刑",董仲舒从"刑防其末,礼防其本"的"本末"关系上做了说明。他赞扬"古之王者明于此,是故南面而治天下,莫不以教化为务。立大学以教于国,设庠序以化于邑,渐民以仁,……教化行而习俗美也"①。德礼教化既可防微杜渐,并从根本上解决犯罪问题,因而必须放在第一位,而把刑罚放在第二位,做到"好德不好刑""尊德而卑刑""任德而不任刑",一句话,是"大德而小刑"。

封建统治阶级究竟怎样运用"德""刑"两手,这实际上并不取决于法律思想家的主观愿望。在阶级矛盾缓和的情况下,出于宣传的需要,也出于实际的可能,统治者当然乐于以牧师的和善面目出现,尽可能地玩弄德礼教化的一套;而在阶级矛盾尖锐化的情况下,他们总是不得不急急忙忙地拉下"仁、义、德、礼"的假面具,用残酷的刑罚以至赤裸裸的暴力去对付被剥削、被压迫的反抗者。

---

① 《汉书·董仲舒传》。

四、反谶纬神学法律观的桓谭和王充

董仲舒倡行的"天人感应",西汉末年成了谶纬神学的先导。"谶"即图谶,原是巫师方士"预决吉凶"的隐语。"纬"对"经"而言,是方士化的儒生编集的附会儒家经典的各种著作。谶纬起源于古代河图洛书的神话传说,西汉后期得到封建统治者的支持,揉进了董仲舒的"天人感应"说,把自然界的某些偶然现象神秘化,看成社会安危的决定性原因,甚至连人们的日常生活、思想行动都以谶纬之学为准则。于是封建正统的法律思想,也渐渐被纳入了谶纬神学的思想体系,形成了谶纬神学法律观,以封建迷信和烦琐神学来论证封建法制的合理性。但是,受到谶纬神学法律观竭力吹捧的汉代法制,并没有也不可能调整剥削阶级和被剥削阶级之间的尖锐的矛盾关系。西汉末年此起彼伏的农民起义和统治阶级内部的剧烈冲突,都使人们看到谶纬神学法律观的没落和荒诞。在这种情况下,统治阶级内部代表中小地主要求的进步知识分子,就起而批判谶纬神学法律观,从而比较鲜明地实现了他们的无神论法律思想。其著名代表人物是东汉初年的桓谭和王充。

(一)"非圣无法"的桓谭

桓谭(前?—公元56),字君山,沛国相(今安徽宿州市附近)人。曾任西汉末年小官吏,经常"非毁俗儒",因而不受正统儒生的欢迎。王莽时期,"天下之士"纷纷褒赞王莽的"美德",桓谭则"独自守,默然无言"。东汉光武帝即位,被征为待诏,第一个勇敢地站出来公开反对谶纬神学,"极言谶之非经",激怒了光武帝,斥之曰"非圣无法",险些被处斩。后被贬为六安郡丞,病死途中。桓谭著有《新论》二十九篇,已佚失,今本为后人所辑原书的片段。他的法律观点主要有:

第一,批判以谶纬"决定嫌疑"的法律思想。据《后汉书·光武帝本纪》载,光武帝刘秀建立东汉王朝以后,正式"宣布图谶于天下",谶纬之说被当成了法律,司法中也以谶纬剖决是非曲直。连光武本人也这样做:"时帝方信谶,多以决定嫌疑。"[1] 桓谭即上书光武帝刘秀,指出:最有效的治国方策,必须"合人心而得事理";"先王"成效卓著的政绩"咸以仁义正道为本",影射迷信谶纬是不合"先王"正道的"奇怪虚诞之事";现在一些"小才使数之人","增益图书,矫称谶记",是为了"欺惑贪邪",将"诖误人主",必须"抑"而"远之";陛下"听纳谶记",是一大错误,应当"垂明听,发圣意,屏群小之曲说,述五经之正义,略雷同之俗语,详通人之雅谋"[2]。

第二,主张"威德更兴,文武迭用",把"王道"与"霸道"结合起来。在《新论·言

---

[1] 《后汉书·桓谭传》。
[2] 同上。

体》中,桓谭提出了治国"大体"论,统治者必须"知大体"。所谓"大体",即根据变化中的国情、民心决定所应采取的政治法律措施。他认为汉高祖刘邦是个"知大体者",其"宪"令律例能"度内疏",即根据国情与民心决定,其"政合于时"。而王莽"多所变更,欲事事效古,而不知己之不能行其事",是一个"不知大体者"①。

那么,在当时的情况下,统治者应当怎样把握"大体"而治国呢?桓谭认为,应当"威德更兴,文武迭用",把"王道"与"霸道"结合起来。在"先除人害而足其衣食,然后教以礼义,而威以刑诛",实行"王道"的同时,实行"尊君卑臣,权统由一,政不二门,赏罚必信,法令著明"的霸道②。他认为只有这样,才能"政调于时,而躁人可定",使政治适合时代要求,社会安定。

第三,主张在立法上为"便国利事"而"一其法度"。东汉初期法制混乱,桓谭在《新论·王霸》中指斥当时"法令决事,轻重不齐";原因在于"一事殊法,同罪异论";立法的不统一,使奸吏得以"因缘为市""刑开二门","所欲活则出生议,所欲陷则与死比",以至于因"言语小故"而使人"族灭"。据此,桓谭要求制定统一的法律,颁行天下,把旧法废除掉。他说:"今可令通义理明习法律者,校定科比,一其法度,班下郡国,蠲除故条。"③

同时,他认为统一法度的目的和标准,是"便国利事"。他看到了法律作用的局限性,"设法禁者,非能尽塞天下之奸,皆合众人之所欲也",但可以"取便国利事多者"立好统一的法律,"悬赏设罚以别善恶"。

第四,在司法上,主张选用贤吏,"执法宜如丹青"。桓谭认为"刑罚不能加无辜,邪枉不能胜正人"④。因此,严格执法是十分重要的。执法者应"如丹青",他说:"贤吏正士,为上处事,执法宜如丹青。"⑤所谓"执法宜如丹青",指执法要公允。他称赞皋陶在舜时掌管刑狱,公正无私,使天下大治。有鉴于此,他认为必须选用贤吏来执法。他把贤吏比喻为"国之针药",认为"得十良马,不如得一伯乐;得一利剑,不如得一欧冶",任用贤吏执法,使"法度明正",国家的长治久安才有可能。

(二)坚决否定谶纬神学"虚妄"之论的王充

王充(公元27—约公元97),字仲任,上虞(今浙江上虞)人。出身于微贱的"细族孤门"。年轻时游学洛阳,流连书市,刻苦阅读,"遂博通众流百家之言"⑥。后来做过几任

---

① 《新论·王霸》。
② 同上。
③ 《后汉书·桓谭传》。
④ 《新论·正刑》。
⑤ 《群书治要》卷44。
⑥ 《后汉书·王充传》。

地方小官，每次任职时间都不长。罢职家居后，潜心著述，"幽居独处，考论虚实"，写成了《论衡》《政务》等书，后者已佚失。王充在《论衡·佚文》中说："《诗》三百，一言以蔽之曰：思无邪。《论衡》篇以十数，亦一言也，曰：疾虚妄。""疾"即深恶痛绝地加以非毁否定。《论衡》这一王充思想的结晶，其中心思想就是坚决地否定谶纬神学"虚妄"理论，其中包括谶纬神学法律观。

第一，否定君权"神授"，批判谶纬神学的法律观。东汉章帝时，谶纬迷信极度盛行，君权"神授""天人感应""天讨""天罚"等法律观点居于统治法律思想界的地位。王充对这些一概斥之为"虚妄"不经的谬论。

王充认为，天不是"神"，和地一样，由物质的"元气"构成，既没有意志，也没有感觉。春夏秋冬，阴阳变换，并不是天的有目的的作为，"天道"是"无为"的自然的运动。怎么知道"天道无为"呢？因为"天无口目也"，有口目，就有食欲与视欲，就有求索利益的需要；天无口目，"于物无所求索"，也就"无为"了。① 王充就这样在当时的科学思想水平上否定了"天道"和"神权"，表现了朴素唯物主义的无神论思想。

既然"天道无为"，那么"天人感应""君权神授"以及"天讨""天罚"之类法律观，也就不攻自破了，都不过是一些"虚妄"之言。

王充批判"君权神授"时指出，谶纬之书胡说刘邦是他母亲与龙交感而生的等等，不过是为了把帝王的祖先说得神奇，以显示高贵，用来唬人。其实，龙属兽类，并不比人高贵；君主也是自然人，和一般人并无不同，而"人，物也，虽贵为王侯，性不异于物"②。可见君王并不神圣，与天没有关系，君主"奉天命""承天意"之说，不过是"虚妄之言"。

"天人感应"说宣扬善恶报应、"天讨"、"天罚"，王充反驳说，"雷者，火也"，雷击人死，不过是天火烧死，无所谓"天怒"之说。③ 王充从"恶人之命不短，善人之年不长"④，说明天并无赏善罚恶的能力。又从世上总有残暴昏庸的君主来说明天也并无选择人君、授以权柄的能力。这些反驳尽管仅仅建立在逻辑推理的基础上，并不能彻底科学地推翻"君权神授"之类谬误虚妄之说，但已足可发人深省，对当时的谶纬神学法律观是一个有力的反击。

谶纬神学的法律观还认为"天"有"辨善恶"的能力，因而神明裁判是可信有效的。他们胡说"太平之时"，有一种"草状"的"屈轶""生于庭之末"，有"主指佞人"的能力。王充反驳道，"太平"盛世，莫过于尧舜之时，当时该有"屈轶"无疑，为何还要任用皋陶为士，明断狱政呢？"屈轶"之草既有如此功能，为什么还要"苦心听讼、三人断狱"呢？他说，"人含五常，音气交通"，尚且"不能相知"，何况什么"屈轶"之草呢？王充还批

---

① 《论衡·自然》，以下出自同一本书，只注篇名。
② 《道虚》。
③ 《雷虚》。
④ 《福虚》。

驳皋陶治狱遇有疑而难决的,便令一角之羊触之,以分是非之说。他说:"一角之羊,何能圣于两角之禽?"一个角的羊,连两只角的都不如,又怎么能一触而断罪呢?所以,这些都是"盖有虚名,无其实效"的"虚妄之言"。①

第二,主张"文武张设",礼法兼用。所谓"文武张设",是指"文"以"养德",以德礼教化"养名高之人,以示能敬贤",引导人们遵循社会规范的要求;"武"以"养力",以"养气力之士,以明能用兵"。"德"和"力"、"文"和"武",同为治国不可缺少的工具。

但二者相较,王充认为更重要的是德礼教化。他认为,"国之所以存者",靠的是"礼义",老百姓如果不讲"礼义",国家就会被颠覆,君主就人命危浅了。他以"治身"来比喻"治国",治身而不讲恩德之行,多伤人害人之品质,朋友就少,交情就会断绝,耻辱就会缠身而来;治国也是这个道理,应当"任德",讲德礼教化。他认为礼义是治国的根本,注重礼义,国家才可能长治久安。

德礼教化的重要和应置于首位,并不排斥法和刑。王充批判"德礼行"而"刑错不用"的观点说:"尧、舜虽优,不能使一人不刑;文武虽盛,不能使刑不用。言其犯刑者少、用刑希疏,可也;言其一人不刑、刑错不用,增之也。"②他认为法和刑是德和礼的保障与后盾,"出于礼,入于刑。礼之所去,刑之所取"③。

第三,"伐人用兵,罪人用法"与"明法"禁邪。这是王充从朴素唯物主义观念出发,表现在司法上的法律观点。

从对统治阶级的危害的事实来看,程度有深浅之不同,因此,在司法上就必须有区别地对待,而不能一概而论;纯然采取暴力镇压的方法,就会异罪同罚、同罪异罚。王充大略把对统治阶级有危害的事实分为三类:一类是轻过细故,一类是重罪大过,一类是对整个统治阶级的严重的反叛。针对这些不同的危害,王充提出不同的对策。他说:"夫刑人用刀,伐人用兵,罪人用法,诛人用武。武、法不殊,兵、刀不异,巧论之人,不能别也。夫德劣故用兵,犯法故施刑。刑之与兵,犹足与翼也。走用足,飞用翼。刑体虽异,其行身同。刑之与兵,全众禁邪,其实一也。"为了维护地主阶级统治这个共同一致的利益,既要用兵,也要用刑。用兵,即暴力镇压,这是针对危害性极端严重的事件的;用刑,即用法治罪,达是与"用兵"相辅相成的两种暴力手段。在用刑、用法治罪上,又要区分轻重大小,不能一味采取严刑峻法。此外,王充还坚决反对捕风捉影、罗积罪状的做法,主张一定要从事实出发,依据法律的规定办事。所有这些,都是同王充的朴素唯物主义观点密切相关的。王充法律思想的进步性,在很大的程度上得益于他的进步的哲学世界观。这对我们是很重要的启示。

---

① 《是应》。
② 《儒增》。
③ 《非韩》。

第五章　三国两晋南北朝时期的法律思想

东汉末年，天下大乱，军阀混战，生灵涂炭。经过激烈争斗，形成了曹操、刘备、孙权三个军事集团三分天下的局面，建立了魏、蜀、吴三足鼎立的封建割据国家。由于严重的军事冲突随时都可能使国家灭亡，三国内部充满了紧张气氛，全部政治法律制度都必须为军事斗争服务。所以儒家那套在长期稳定形势下，阶级矛盾、民族矛盾或其他社会矛盾比较缓和时所能推行的"德治""礼治"和"人治"方策，在魏、蜀、吴三国都不可能实行。反映到法律思想上，就出现了法家的"法治"主义重新抬头、居于法律思想界的统治地位局面。魏、蜀、吴三国都厉行"法治"，出现了以曹操、诸葛亮为代表的法家人物。

两晋和南北朝时期，社会动乱比较频繁剧烈，因而统治阶级对思想文化界的控制也显得软弱无力。这一时期的法律思想界，呈现出两个特点：一为法律思想比较活跃，各种不同派别、不同观点的法律思想家纷纷著书立说，各自阐明自己的观点；一为律学研究在注释法律方面得到比较充分的发展，出现了一批著名的法律学家。可惜的是，由于战乱频繁，许多法律思想家的著作都焚于战火，未能保存下来，使我们无法窥其面貌。现在所能大体知其概貌的著名法律思想家，有刘颂、张斐、葛洪、鲍敬言等。

一、"揽申、商之法术"的曹操

曹操（155—220），字孟德，沛国谯郡（今安徽亳州）人，出身于大宦官家庭。早年曾任洛阳北部尉、顿丘令等小官。东汉末，在镇压黄巾起义时大大扩充了军事实力而割据一方。汉献帝时先后被封为大将军和丞相，"挟天子而令诸侯"，统一了北方。死后，儿子曹丕废汉献帝，自立为魏文帝，追尊曹操为太祖武皇帝。曹操任洛阳北部尉时，曾造"五色棒"，以重刑惩治豪强。军阀混战中，他军令极严，统一北方过程中提出"拨乱之政，以刑为先"的策略。陈寿在《三国志·魏书·武帝纪》中说曹操"揽申、商之法术，该韩、白之奇策"，成就了"洪业"，为"非常之人，超世之杰"。曹操的遗著，今人辑有《曹操集》。其法律思想主要是：

(一) 继承申、商法术，主张"拨乱之政，以刑为先"

关于曹操的政治法律思想，学术界争论较多，有的人认为他是法家，有的人认为他是有某些法家观点的儒家，各执一词，互不相让。我们认为，终曹操一生，始终在戎马倥偬的紧张战斗中生活，军事对立严重，他不得不在实际上厉行"法治"。但他又同时向往天下一统、社会安定，而实行儒家的德礼教化。因此，与其做非此即彼的机械论断，不如不做而仅指明他的主要法律观点。继承申、商之法术，主张"拨乱之政，以刑为先"①，即是一论。

申不害、商鞅是战国时期的著名法家代表人物，他们都主张"法治""刑治"，商鞅还特别强调要实行"重刑"主义。陈寿评价曹操"揽申、商之法术"，把他划入了申、商继承者的地位。这一评价不无道理，可以见诸：

第一，主张一切"皆一之于法"。东汉末年，政治极端腐败，地主豪强乘混乱之机，大肆兼并土地，横行霸道，杀人抢掠，无恶不作。在曹操割据的地区及其军事活动范围内，到处可见法制荡然的混乱情景，逍遥法外的豪强恶霸、地痞流氓，根本不受法律约束，作恶之后也不受法律制裁。这一切使得曹操的后方变得十分不稳定，影响了他的军事行动计划。面对这种情形，曹操认为必须一切"皆一之于法"②。这里的"一切"，包括从政治、经济到军事和社会生活，从赏功罚罪到选贤举能、任用官吏。

第二，主张"上下知制""不避豪强""正之以法"。在动乱的情况下，不但社会生活的各个方面受到非法活动的破坏，而且社会各个阶级、阶层中都出现了大批无视法制的人。曹操认为，"夫刑，百姓之命也"③，要以"刑治"来规范百姓的行动，使之服从封建秩序。同时，他把厉行申、商之法术的重点，放在惩戒豪强方面。他造"五色棒"时就曾规定："有犯禁者，不避豪强，皆棒杀之。"④ 陈寿说他"用法峻急，有犯必戮"，他自己在《孙子注》中也写下了"设而不犯，有犯必诛"的原则。"必戮""必诛"，主要自然不是针对无权无势的"下民"，而是针对居于上位的达官贵人和地主豪强的。所以，他主张要"上下知制"，不管"上"也好，"下"也好，只要犯罪，都得"正之以法"⑤。申、商等先秦法家都主张"法不阿贵""刑无等级"，曹操的上述"上下知制""不避豪强"地"正之以法"，与"申、商之法术"是不谋而合的。

第三，制订了"重豪强兼并之法"。当时社会动乱的一个主要原因是豪强势力恶性发展，兼并土地情况严重。袁绍统治河北的时候，世家大族不仅巧取豪夺，而且拒不纳税，

---

① 《魏志·高柔传》，见《曹操集》，以下出自同一本书，只注篇名。
② 《魏志·武帝纪》。
③ 《选军中典狱令》。
④ 《魏志·武帝纪·魏书注》。
⑤ 《魏志·郭嘉传》。

强迫穷困人民"代出租赋"。曹操夺回河北后,颁布了《收田租令》,严禁"强民有所隐藏,而弱民兼赋"①。他还规定:在依法应纳之税外,不准任意增加税目;用严刑重罚惩治逃税或转嫁税赋的不法豪强。这些法律措施沉重打击了豪强兼并,体现了"以刑为先"用以"拨乱"的思想。

(二)向往太平盛世,主张"治定之化,以礼为首"

曹操实行的是"法治",但他所向往的以及所设想的成就统一大业之后的治国方策,却在许多方面与儒家法律思想有共同之处。

曹操眼见"贼臣持国柄""沐猴而冠带"②所造成的恶果,是无穷的战祸,带来了"白骨露于野,千里无鸡鸣,生民百遗一"③的悲惨景象,他强烈向往"太平时,吏不呼门。王者贤且明,宰相股肱皆忠良。咸礼让,民无所争讼……囹圄空虚"④。这些憧憬与儒家对社会的理想是一致的,成了曹操"治定之化,以礼为首"⑤的法律思想的出发点。

曹操在其统治的局部地区内,曾力图实施"以礼为首"的措施。他曾"令郡国,各修文学;县满五百户置校官,选其乡之俊造而教之",企求"先王之道不废,而以有益于天下"⑥。他赞扬"里谚"所云"让礼一寸,得礼一尺",认为这是合乎经书的要旨的。他还要求部属"仰高山,慕景行"⑦,注重德行的修养。

(三)重法慎刑,严于以法治军

曹操的法律思想突出地表现在他严于以法治军上。他主张在军中以重法苛刑来使军令贯彻畅行无阻,同时又主张"慎刑"而不滥施刑罚。

曹操军队的士气比较旺盛、军心较齐、战斗力较强,这同他有严谨的军法并严格实施分不开。他在大破袁绍后,颁发了《败军抵罪令》。《令》中指出:对将军"但赏功而不罚罪",此"非国典也",规定"诸将出征,败军者抵罪,失利者免官爵"⑧。对将军如此,对士兵同样严格。曹操在军中规定了严格的军令,违令、犯令者常要处斩;以鞭、杖、髡等刑罚惩处犯令士兵是常有的事。据《魏志·曹瞒传》记载,曹操出军,坐骑跃入麦田,依军令"士卒无败麦,犯者死"的规定,应当斩首。主簿以《春秋》"罚不加于尊"的经义相

---

① 《魏志·武帝纪》。
② 《薤露》。
③ 《蒿里》。
④ 《对酒》。
⑤ 《魏志·高柔传》。
⑥ 《魏志·武帝纪》。
⑦ 《魏志·杜畿传》注引。
⑧ 《魏志·武帝纪》。

对答。但曹操说,我订的军令,我自己违反了,这样怎么去统帅军队遵行军令呢?但军帅不能自杀,就"授剑割发"表示对自己的惩戒。这一"割发代首"的佳话,从一个侧面证明了曹操严于以法治军是名不虚传的。

曹操重法,但不滥刑,而是主张慎用刑罚。慎刑的表现主要是:其一,权衡利弊,不采纳臣下恢复肉刑的建议。汉文帝废除肉刑后,不断有人提请恢复。曹操的谋臣陈群、陈宠父子也竭力主张恢复。他从严于法治及除肉刑而增加笞刑"名轻而实重"出发,也同意陈氏父子的看法。但他最后还是"以军事未罢"而未采纳恢复肉刑的建议。其二,主张"选明达法理者,使持典刑"。慎用刑罚,要靠执法的人。曹操指出,当时存在着"军中典狱者,或非其人"的情况,对此他表示深深的忧虑:他们"任以三军死生之事,吾甚惧之",因而明确下令:"其选明达法理者,使持典刑"。①

二、"标准的法家学说的实行者"诸葛亮

诸葛亮(181—234),字孔明,徐州琅玡郡阳都(今山东沂南)人,出身于小官僚地主家庭,少年时期父母双亡,随叔父到南方,经历军阀混战下的流离生活。后定居隆中(今湖北襄阳西)"躬耕陇亩"。207年,刘备"三顾茅庐",诸葛亮出山从政,辅佐刘备建立蜀汉政权。刘备死后,辅佐后主刘禅,转战南北。其遗著,今人辑有《诸葛亮集》。范文澜在《中国通史》中说诸葛亮是"标准的法家学说的实行者"。他的法律思想观点,与当时的社会现实的要求是紧密相关的。

(一)厉行法治,法令严明

陈寿在《三国志》中评述诸葛亮是:"诸葛亮之为相国也,抚百姓,示仪轨,约官职,从权制,开诚心,布公道;尽忠益时者虽仇必赏,犯法怠慢者虽亲必罚,服罪输情者虽重必释,游辞巧饰者虽轻必戮;善无微而不赏,恶无纤而不贬……刑政虽峻而无怨者,以其用心平而劝戒明也。"②这段话,对诸葛亮厉行法治做了全面的述评。

诸葛亮厉行法治的基础,是严明的立法。

他对法制在治理社会中的作用,是高度重视的。在《诸葛亮集·威令》中,他阐述了法制的作用:"夫一人之身,百万之众,束肩敛息,重足俯听,莫敢仰视者,法制使然也。"在他看来,如果没有刑罚礼义,即使"贵有天下,富有四海",也不能幸免于桀、纣那样的失败命运。在《答法正书》中,他指出"法行则知恩……爵加则知荣,恩荣并济,上下有节"。总之,首先必须有法可依。

---

① 《魏志·武帝纪》。
② 《蜀书·诸葛亮传》。

诸葛亮对刘璋父子统治下的益州"文法羁縻，互相奉承，德政不举"的情况，十分不满。他认为，地方"威刑不肃"，豪强"专权自恣"，是益州腐败的根本原因，必须"威之以法""限之以爵"①。他说："威武加则刑罚施，刑罚施则众奸塞。不加威武，则刑罚不中；刑罚不中，则众恶不理，其国亡。"②

为了达到有法可依、法令严明，诸葛亮亲自动手制订了《蜀科》。他还手订了大量的军令。

（二）先教后刑，赏罚必信

立法是为了实施，有法不依等于无法。但实施法律不是最终目的，最终目的在于调整好社会关系，有利于统治阶级。因此，一味强调法与刑的作用，并非高明的策略。诸葛亮主张先教后刑，正是高明的一着。他在《便宜十六策·治乱》中说："明君理其纲纪，政治当有先后：先理纲，后理纪；先理令，后理罚；……理纲则纪张，理令则罚行。""纲"指"君为臣纲，父为子纲，夫为妻纲"的"三纲"；"纪"指"诸父、兄弟、族人、诸舅、师长、朋友"间关系的"六纪"。诸葛亮认为："三纲不正，六纪不理，则大乱生矣。"③因此，他强调以"教"为先，先教之以"纲""纪"，使之有所警惕，自动遵守法令。他主张："为君之道，以教令为先，诛罚为后。"④"先教令而后赏罚，则人亲附，畏而爱之，不令而行。"⑤。

"教令"在先，"赏罚"在后，这在截取片断考察时是如此，但从整个社会的一长段时期来看，"教令"与"赏罚"是交错复叠地进行的。为了保证"教令"之能为人所笃信不疑，令出则行、赏罚必信是十分重要的。诸葛亮认为，"若赏罚不明，法令不信，金之不止，鼓之不进，虽有百万之师，无益于用"⑥。他说："决之以赏罚，故人知信。"若"人不知信"，便会导致"贤良退伏，谄顽登用"，小人上台，贤良隐退。他指出，只有"信将"才能打胜仗。他自己就做到了"尽忠益时者，虽雠必赏；犯法怠慢者，虽亲必罚"，由此建立起崇高的威望，成就了千古的功名。

（三）执法公平，宽严适中

陈寿评述诸葛亮"刑政虽峻而无怨者"的原因是在于"用心平"，指的就是他执法公平而不偏私。陈寿在《蜀书·张裔传》中还说，诸葛亮"赏不遗远，罚不阿近，爵不可以无功取，刑不可以贵势免"。这是与先秦法家"壹刑""壹赏"的思想一脉相承的。

---

① 《答法正书》，见《诸葛亮集》，以下出自同一本书，只注篇名。
② 《喜怒》。
③ 《便宜十六策·教令》。
④ 同上。
⑤ 《便宜十六策·赏罚》。
⑥ 《整师》。

对执法应当公允平直，诸葛亮自己也做过许多阐述。他说："赏不可不平，罚不可不均""赏罚不曲，则人死服""赏罚不正，则忠正死于非罪，而邪臣起于非功"①。在《前出师表》中，他曾告诫后主刘禅："宫中府中，俱为一体，陟罚臧否，不宜异同。若有作奸犯科及为忠善者，宜付有司论其刑赏，以昭陛下平明之理，不宜偏私，使内外异法也。"在司法实践中，斩马谡便是一个著名的例子。马谡本是诸葛亮一手提拔的得力干将，但他奉命守卫街亭时违反军令，致使街亭失守，造成重大损失。诸葛亮坚持执法公平、"赏罚不曲"的原则，挥泪斩了马谡。这是中国战争史上的一则动人心魄的佳话，其实质是司法实践中应当坚持的"执法必严"的重要原则的体现。

执法公平不仅应体现在对待贵贱亲疏上贯彻平等原则，而且应体现在宽严适中上。先秦法家如商鞅一味主张重刑，其本身就失去了公允平直的准绳。重刑主义下的"壹刑""一断于法"，其实不能算真正的执法公平。诸葛亮虽然"刑法峻急"②，但他有比较清醒的认识，能够从客观形势与实际政治需要出发，恰当掌握宽严分寸使之适中。他说："人君决狱行刑，患其不明：或无罪被辜，或有罪蒙恕；或强者专辞，或弱者侵怨；或直者被枉，或屈者不伸；或有信而见疑，或有忠而被害……"③ 刘备召请大将蒋琬议事，但他"众事不理，时又沉醉"，刘备一怒之下"将加罪戮"。诸葛亮却予以保释："蒋琬，社稷之器……其为政以安民为本，不以修饰为先，愿主公重加察之。"使蒋琬得以免死。④ 从赏罚适中这一方面来看，诸葛亮比先秦法家又高出了一筹。

三、主张重法重刑的刘颂

刘颂（？—约301），字子雅，广陵（今江苏省江都区）人，出身于名门。青年时期，曾在晋王司马昭手下任相府掾，深得信任。265年司马炎建西晋王朝后，刘颂曾任尚书三公郎，典科律，理狱讼，后升中书侍郎、吏部尚书。在长达四十年的仕途中，他大部分时间从事司法，经验丰富。《晋书·刘颂传》赞他"时人以颂比张释之"，说他的司法政绩可与汉文帝时的张释之媲美："上疏论律令事，为时论所美。"可惜他的著作传世极少。其法律思想只能从《晋书》本传和《刑法志》上略见一斑。

（一）主张重法重刑，多次上书建议恢复肉刑

刘颂认为，当时处于动荡不安的"叔世"。西晋初建，"虽铁钺屡断，翦除凶丑，然

---

① 《赏罚》。
② 《蒋琬·善将》。
③ 《便宜十六策·察疑》。
④ 《魏书·蒋琬传》。

其存者咸蒙遭时之恩，不轨于法"。因此，以重法重刑对付玩法不轨之徒，是"因时制宜""尽事适今"的必要。

为了说明重法重刑论的正确性，他把晋初与汉初的法制进行了对比，他认为汉随秦后，秦法苛酷繁密，早已引起百姓的极端不满，汉初当然不能不予矫正，以宽法省刑来笼络人心。但晋初面临的却是法制坠毁的现实，不能不加强法制。同时，他说，即使在汉初，也是"文武并用"，并未排斥法、刑；现在晋朝面临"叔世"局面，更应以重法重刑为治了。他还以曹操强令屯田的事实说明重法重刑未必不能为老百姓接受的道理。他说，曹操下《屯田令》，"分离天下，使人役居户，各在一方"，按说会遭到反对；但"百姓虽身丁其困，而私怨不生"，这是因为三分天下尚未统一，知道不可能"求安息"之故。也就是说，在军阀割据、混战不已的情势下，百姓并无过高的要求。所以，用重法重刑治乱世，是有利的。晋初情形也是如此，所以他主张重法重刑，是合情合理的。当然，刘颂这样推论虽有一定的道理，但百姓接受重法重刑的现实，不是出于与统治阶级利益的一致。

刘颂主张重法重刑，突出地表现在他多次上书建议恢复肉刑上。汉文帝废除肉刑后，围绕肉刑的废复，曾发生多次论争。晋初极力主张恢复肉刑的人中，以刘颂最为坚决。据《晋书·刑法志》载，刘颂恢复肉刑的理由是：其一，圣王定肉刑之制，目的在于"去其为恶之具"，这是深有道理的。逃亡者刖足，盗窃者截手，奸淫者割除生殖器，犯罪的人就不能再犯了，这是"除恶塞源"的好办法。其二，恢复肉刑可以减少徒刑。刘颂说，废除肉刑后，原来刖足之刑归入死刑，死刑加重了。原来的黥、劓之刑改为徒刑，徒刑增加了。大量囚徒聚集一起，成了"类性元恶不轨之族"，好人变坏，坏人更坏，容易出事。其三，徒刑过多，只好大赦，越赦而犯罪者越多。所以，他坚决主张减轻死刑之限，加上"三犯逃亡盗淫"，"悉以肉刑代之"。

（二）在立法和司法上实行举纲疏网、惩尤宥过的原则

刘颂在河内太守任上曾写过一份八千言的上晋武帝疏，但搁置多年之后，任淮南相时，才呈交上去。这时，正是两晋王朝处于短期的"太平"时期，"天下无事，赋税平均，人咸安其业而乐其事"[①]。这种情况下，统治集团有可能对臣下比较宽容，只要不谋反叛乱，细过小错都可容忍，便于保持整个统治阶级营垒内部的稳定。刘颂看准这一时机，在上呈的疏议中提出了举纲疏网、惩尤宥过的立法和司法原则。

举纲，指抓住根本性的政权问题；疏网，指宽容轻微罪错，不以刑网加惩；惩尤，指对重大犯罪如谋反谋叛严惩不贷；宥过，即原谅过失性罪错。把巩固政权这个纲高高举起，可包罗得比较广泛，大罪不放纵，小过疏漏不究。这样，既抓住了根本，又收为政不苛、人心安定之益。刘颂在疏中指出，"天下至大，万事至众，人君至少"，所以君主只能

---

① 《晋书·食货志》。

"执要"而抓住大事，不能"以事自婴"，自己束缚自己的手足。为此，他认为必须"纲举而网疏"，因为"纲举则所罗者广"，而"网疏则水必漏"。否则，就是本末倒置。对不足以害政的微小的过失纠缠不清，结果就使危害政权的重大犯罪反而被忽略了。他说："细过微阙，谬妄之失，此人情之所必有，而悉纠以法，则朝野无全人，此所谓欲理而反乱者也。"

立法和司法上举纲疏网、惩尤宥过的原则，不仅在"太平"时期应当贯彻，其他时期也应当贯彻。撇开具体内容，从形式上看，刘颂的这一法律思想，对我们今天的立法和司法也有一定的借鉴意义。

（三）信守法律，有法必依

刘颂认为法律既已制定颁行，就必须四时信守，执之"坚如金石"。他对某些以"看人设教""随时之宜"为借口而不严格执行法律的人，表示了极大的反感，认为他们会造成"乱政典"的恶果。他说："人君所与天下共者，法也。"法律是君主与天下百姓都应共同信守的规范。法律既经制定，就"不可以不信以为教""不可绳以不信之法"，否则就会危及统治阶级的根本利益。他主张"立格为限，使主者守文，死生以之"。"格"，是行政法规。刘颂认为应当制订供司法官吏遵行的行政法规，要求他们以生命来保证信守法律，依法办事。

为了做到信守法律、依法办案，刘颂主张断罪决狱"皆当以法律令正文；若无正文，依附名例断之；其正文、名例所不及，皆勿论"。一句话，一切以法律为准绳，法无明文规定的不为罚。这样就可以堵塞司法官吏舞文弄法、任情生杀的弊源。

法律作为一种普遍性的规范，不可能包罗万象。但如果以此为由，允许官吏在法律规定之外根据主观好恶断罪的话，就会生出许多弊病。所以，刘颂的上述观点是可取的。现代法理学所论的"法无明文规定不为罪"的原则，大体就是这个意见。

四、精研律学的张斐

张斐，又作张裴，晋武帝时代人，生卒年月不详。曾任明法掾，勤于研究与解释晋律。著有《晋始律解》二十一卷、《汉晋律序注》一卷，已失传。《晋书·刑法志》录有张斐注《泰始律》后上书晋武帝的要点。从中可以看出，张斐是精深研究过律学的，其主要贡献是：

第一，阐明了礼乐在晋律的制定、公布和实行的关系中的作用在于："王政布于上，诸侯奉于下，礼乐抚于中。"他认为，这三者是"相须而成一体"的。

"王政布于上"，指明皇帝拥有制定和公布法律的独享的大权。"诸侯奉于下"，是说臣下（更不用说百姓了）必须无条件地遵行。"礼乐抚于中"，指的是反映封建等级制度和道德原则的礼乐，是"上布"与"下奉"即立法和司法的灵魂。三者"相须而成一体"，表明封建法律发展到晋律，已朝礼与法相统一、以礼入律、以法明礼的方向迈出了重大的一步。张斐作为律学家，已明显地感觉到并表述了这一点。

对于礼乐在法制中的作用，张斐还说过："礼乐崇于上，故降其刑；刑法闲于下，故全其法。是故尊卑叙，仁义明，九族亲，王道平也。""闲"，为栅栏，表"防止"之意。礼乐受尊崇，刑罚是辅助性的；刑法要起防范作用，所以必须健全；礼法结合，以礼为主，就可以达到"王道平"即统治秩序得到切实维护了。

张斐的这些解释、阐述，是紧紧地与晋武帝时期的形势要求以及已经颁行的晋律的律义相联系的。作为统治阶级的法律思想家，张斐的观点符合于当时中央政权相对巩固因而要求各诸侯国和地方的政权予以尊重的需要。礼乐成了叙尊卑、明仁义以使"王道平"的立法与司法的灵魂，自然在晋律中得到贯彻，张斐注律这样解释也就顺理成章。这再次说明，对法律思想的研究，是应当与法律思想家所处时代的法制，尤其是法律文件相联系的。法律思想不仅存在于思想家的著作中，也存在于立法文件以及对立法文件的解释上。

第二，论述了法律篇章的规范体例。立法技术是随着立法实践的发展而进步的，它有一个由简单到复杂、由低级向高级、由不成熟到成熟的变化过程。先秦立法可以考查的，始于战国时期李悝所立《法经》的六个篇目。《法经》将《盗篇》与《贼篇》这些具体的关于罪例的篇目放在首篇的地位，而将有总纲性质的《具例》放在最后，有本末倒置的弊病。秦律沿袭了《法经》的这一体例。汉律增加了《户》《兴》《厩》三章，但首篇仍是《盗律》，《具律》则仍旧放在第六篇的位置上。《晋书·刑法志》引《魏法序略》批评说："旧律因秦《法经》，就增三篇而《具律》不移，因在第六。罪条例既不在始，又不在终……"这一批评是正确的，指出了"旧律"体例的不合理。三国魏时注意到了这个问题，"删约旧科，傍采汉律，定为魏法，制新律十八篇"，"集罪例以为刑名，冠于篇首"。这在立法技术上是一个重要的进步。晋代立法继承了魏律体例的进步，又分为《刑名》《法例》两篇，置于篇首，起了提纲挈领的总纲作用。

张斐对这一进步做了理论上的肯定和论证。他指出，刑律是规定何种行为构成犯罪以及犯罪后应受的刑罚的，而刑名则是关于犯罪的总的概念和刑罚的总的原则。他说："刑名所以经罪法之轻重，正加减之等差，明发众篇之多义，补具章条之不足，较举上下纲领。"意思是，为首的刑名篇统率全律、衡量轻重、加减等差，其余律文的含义靠它提示，具体条目难以包罗的靠它这个总的原则揭明，它是统举上下全部律文的纲领。张斐的这一解说，对封建刑律篇章体例的规范化起了提供理论论证的作用，与现代刑事立法体例大致相同。晋以后的中国封建立法，就是在这一理论指导下处理篇章体例问题的。

第三，阐发了犯罪概念和罪名定义。犯罪概念和罪名定义的确切，对立法尤其是对司法，有重大的意义。它对维护国家法律的统一性是完全必要的。同时，还可以通过犯罪概念和罪名定义的阐发，使一般来说表面上比较冠冕堂皇的法律规定，更有利于统治阶级意志的贯彻。张斐在对晋律中出现的犯罪概念和罪名意义的阐发方面，做了精深的研究。

他列举晋律《刑名》关于故、失、谩、诈、不敬、斗、戏、贼、过失、不道、恶逆、戕、造意、谋、率、强、略、群、盗、赃等二十种罪的概念，一一做了具体的解说。他说："其知而犯之谓之故；意以为然谓之失；违忠欺上谓之谩；背信藏巧谓之诈；亏礼废节谓之不敬；两讼相趣谓之斗；两和相害谓之戏；无变斩击谓之贼；不意误犯谓之过失；逆节绝理谓之不道；陵上僭贵谓之恶逆；将害未发谓之戕，唱首先言谓之造意；二人对议谓之谋；制众建计谓之率；不和谓之强；攻恶谓之略；三人谓之群；取非其物谓之盗；货财之利谓之赃。"上述犯罪概念定义的确定，体现了封建地主阶级意志和利益在刑事法律规范中的要求。所谓违忠欺上、亏礼废节、逆节绝理、陵上僭贵、取非其物等，无非是封建地主阶级及其政治代表的经济利益、政治利益和道德准则的法律概念化。撇开这些阶级性内容不谈，应当肯定，张斐的律学研究，表明晋代在法律思想发展方面已深化到一个新的高度，这是对法律学的一个可贵贡献。

除以上对法律本身的法理学论证外，张斐还根据对法律的研究，在司法理论上提出了一系列值得重视的意见。其中主要的有：

第一，对"无常之格"要"慎其变、审其理"。所谓"无常之格"，是指轻重界限模棱两可而法律条文又未明确规定的犯罪。张斐认为，当遇到这类犯罪时，要"慎其变"即审慎地加以辨析，"审其理"即深究其原因；而判决的标准既不可能具体援引律文，那就按礼义来剖断，或者按其他相关的律文来类推。张斐举例说："不承用诏书，无过失之刑，当从赎；谋反之同伍，实不知情，当从刑。此故、失之变也。"不恭恭敬敬地承接皇帝的诏书，真不知情而成了谋反的同伍人，这些犯罪都不存在故意和过失的区别，前者应一律判处赎刑，后者应一律追究刑事责任。

第二，"随事轻重取法"，张斐认为，只依据法典的条文，还不能分明断案，必须"随事轻重取法"，即临时根据具体情况判断罪的轻重。值得注意的是，这与"以事实为根据"是完全不同的两回事。他之所谓"随事取法"的"事"，是可以由司法官吏根据统治阶级利益的需要，援引律文而随意解释的。例如"法律中诸不敬、违仪失式及犯罪为公为私，赃入身不入身"等，张斐认为都应"随事取法"。

那么，怎样做到"随事取法"呢？他提出了"心感则情动于中，而形于言，畅于四支，发于事业"的观点，即心中所想，必激起感情，然后表现在言论、行动、事件上。据此，他推断："奸人心愧而面赤，内怖而色达。""仰手似乞，俯手似夺，捧手似谢，拟手似诉，拱臂似自首，攘臂似格斗。矜庄似威，怡悦似福。喜怒忧欢，貌在声色；奸真猛弱，候在视息。"司法官吏就应当根据诸如此类的观察与推断帮助审案决狱。

这些意见显然是唯心主义的，给司法蒙上了神秘的色彩。但它表现了古代法律思想家对司法心理研究的一个阶段，我们不能无视他们在这个阶段上得出的结论。至于正确与否、有无借鉴意义，那是另一回事了。

五、外儒内法的"道教理论家"葛洪

葛洪（284—364），字稚川，号抱朴子，丹阳句容（今属江苏）人。遗著有《抱朴子》一书。

葛洪是一个充满了矛盾的有趣人物。所有的法律思想史、哲学思想史著作，以及《辞海》《大百科全书·法学卷》等，在涉及葛洪时，都说他是道教理论家或道教思想家。这诚然是不错的。但他在法律思想上，却是一个"外儒内法"的法律思想家，主张"贵仁""贱刑"。他甚至还激烈地批判了一个叫鲍敬言的人，因为鲍敬言彻头彻尾地信奉道家鼻祖老聃和庄周的那套"无为而治"的理论。鲍敬言其人的生卒年月、生平事迹、著述行状都已湮没无闻，仅仅是因为葛洪写了《诘鲍篇》批判了他，才列名于法律思想家的名单上。

葛洪从小就喜好神仙导养之法，随郑隐学炼丹术。后因参加镇压农民起义有功，司马睿当丞相时，曾赐爵关内侯。后来王导起用他任谘议参军等官。他听说交趾出丹砂，要求到勾漏去当县令。得到允准，他就携儿挈女前往广州，在罗浮山炼丹直至死去。所著《抱朴子》内篇大谈其"神仙方药，鬼怪变化，养生延年，禳邪却祸之事"。说他是"道教理论家"，确有充分的理由。

然而他的《抱朴子》外篇谈了许多时事政策问题，表现了他对待人、处世、治国、平天下的看法，鲜明反映出在社会政治问题上的"外儒内法"观点。这些观点概括起来主要是：

（一）"贵仁""贱刑"两手并用

在《抱朴子·用刑》篇中，葛洪阐述了对"仁"与"刑"相互关系的基本观点："莫不贵仁而无能纯仁以致治也；莫不贱刑而无能废刑以整民也。""夫德教者，黼黻之祭服也；刑罚者，捍刃之甲胄也。若德教治狡暴，犹以黼黻御刃锋也；以刑罚施平世，是以甲胄升庙堂也。"这里，有四层意思：第一，必须"贵仁"以求"致治"，同时要"贱刑"（不能"废刑"）以求"整民"，即施行"仁"与"刑"两手，来对付百姓、治理社会。但是，第二，又不能以儒家的"纯仁"来治理社会，"纯仁"而"废刑"，是不能治好社会的。第三，"贵仁"而"贱刑"，"仁"是第一位的，是主；"刑"是第二位的，"贱"于"仁"，是辅。亦即儒家"德主刑辅"论的另一种表达。第四，"德教"不能治"狡暴"，"刑罚"不能"施平世"，应根据社会需要和客观情势决定何时用"仁"、何时施"刑"。

葛洪认为，"仁者，养物之器；刑者，惩非之具"，"惩非"的"刑"，在任何时代都不能"废"。他说，远古的黄帝"圣德尤高"，仍须"躬亲伐至千百战"；尧、舜之时，"象天用刑，窜殛放流，天下乃服"。可见刑罚甲兵是古圣也要用的。总之，"仁"与"刑"两手都必须重视，不能废弃不用。

（二）推崇严刑峻法，主张恢复肉刑

《抱朴子》内篇讲求仙修道时，表示对严刑的反对态度，如说"刑严而奸繁，黎庶怨于下，皇灵怒于上"①。在《论仙》篇中甚至认为小虫都不应加害，更不用说帝王以刑法杀人。但在外篇中，葛洪却连篇累牍地发表主张严刑峻法以至恢复肉刑的言论。

他说："故仁者为政之脂粉，刑者御世之辔策。脂粉非体中之至急，而辔策须臾不可无也。"他设定有人认为严刑峻法不是三皇五帝的治国之道，然后反驳说：《易》称明罚敕法，《书》有哀矜折狱，爵人于朝，刑人于市，三皇五帝时早已有了严刑峻法。他举例说，孔子杀少正卯，汉武帝杀外甥，这是不得已的事，严刑可以"诛一"而"振万"、"损少"以"成多"。他指出，"刑法凶丑而不可罢者，以救弊也"，严刑峻法乃是"救弊"的需要。他还批判"周以仁兴，秦以严亡"的观点，指出：周用肉刑、刖足、劓鼻，"未尽仁也"；秦之初兴，"明赏必罚"而成就了帝业，后来的失败，是由于"穷奢极泰，加之以威虐"，秦是"以严得"天下，而非"以严失"天下的。

基于上述严刑峻法的主张，葛洪鼓吹恢复肉刑。汉文帝废肉刑，博得了"仁政"美名。主张"贵仁"的葛洪，却又反对废除肉刑。他说，周代用肉刑，国祚长达七百年；汉代废肉刑，不过四百年。他认为汉代肉刑"外有轻刑之名，内有杀人之实"。同时，死刑与徒刑之间无中间刑，肉刑既可起中间刑的作用，又可"使未犯者肃慄"，起到警诫作用。

除上述之外，《抱朴子》还以《弭讼》的专篇对男女婚姻问题的法律处置做了论述。他认为："婚媾之结，义无逼迫。"表示对权臣豪富以资财霸占民女、夺人之妻的深恶痛绝。他提出了为防止豪富夺人妻女而恢复古代"大婚之礼"的立法建议。

综上所述，葛洪在治国方面所表达的绝非"道教理论家"的观点，而恰恰是综合了儒法两家法律思想的观点。其原因，主要是由于当时的客观现实，根本不存在消极无为的治国理论有被统治者接受的可能；另外，葛洪自己参加过对农民起义的镇压，生活不安定，政治上也不得意，思想上充满了矛盾惶惑，反映在理论上也就有哲学世界观、人生观与法学治国论的矛盾不一。当然，葛洪还想吸取儒家与法家治国理论的精髓来改造道教理论，融儒、法、道于一炉，也不可避免地使他的理论出现矛盾。

---

① 《抱朴子·明本》。

第六章　隋唐时期的法律思想

公元581年，隋文帝杨坚建立隋朝，589年灭陈，重新统一中国。隋代立国三十八年，在已经成熟的封建经济基础上，建立了完备的封建上层建筑。代隋而起的唐朝，使封建制的经济基础和上层建筑进一步巩固。整个隋唐时期，是中国封建制高度发展的鼎盛时期。与此相应，封建立法与司法及法律思想，都达到了成熟与高度发达的境地。以隋《开皇律》为蓝本的唐《永徽律》，是礼法结合的封建法律典范。这一时期占统治地位的法律思想是当时法制的灵魂，而法制本身也表现了统治阶级的法律思想主流。综合各个法律思想家的主要观点，大略为以下五个方面：

1. 在立法上主张简约从轻；
2. 在司法上主张以法定罪、审慎决狱、恤刑慎杀；
3. 在执法上主张重视吏治的改良；
4. 在刑礼关系上主张礼法并用、德主刑辅；
5. 在刑罚上主张废弃奴隶制野蛮刑罚，如肉刑，反对仇杀。

从总体上看，这一时期的法律思想是儒、法两家法律思想合流，体现了时代的进步和思想的成熟。但万变不离其宗，这些法律思想没有脱出封建性的窠臼，民主性的法律思潮的萌芽在这时还没有出现。

这一时期的法律思想家中，比较著名的有隋文帝杨坚、唐太宗李世民及魏徵、韩愈、柳宗元、白居易等。

一、高度重视封建法制建设的杨坚

杨坚（541—604），弘农华阴（今属陕西）人。父杨忠为北周贵族。杨坚在北周末年掌握了军政大权，于公元581年夺袭帝位，自称隋文帝，建立了隋朝，立号开皇。开皇元年，即581年，隋文帝即命高颎、郑译等人参照北齐旧律制定了《开皇律》。颁行不到两年，又做了大规模的修改，于开皇三年即583年再次公布修订了《开皇律》。与此同时，隋代还制定颁行了开皇令、开皇格、开皇式，使得律、令、格、式齐备。从内容上看，《开皇律》与前代法律如《北周律》《北齐律》相比，都有了很大的改进。这些，在《中国法制史》中都做了详尽的论述。由此可见，杨坚是高度重视封建法律制度建设的。《开皇律》后来成了流传久远、影响中外的唐律的蓝本。隋文帝杨坚在封建法制建设方面，是功不可没的。但他晚年却又自行破坏法律，任情生杀，暴政滥刑层出不穷，致使社会矛盾迅速激化。

（一）删繁就简，除削苛惨之法

立法简约、以轻代重，是隋文帝杨坚制定《开皇律》的指导思想。

开皇元年所立之《开皇律》，规定了死、流、徒、杖、笞五种刑罚，"蠲除前代鞭刑及枭首轘裂之法"，"其流徒之罪皆减从轻"。这同前代相比，已经有了一个不小的进步。尤其是死、流、徒、杖、笞封建五刑的确定，代替了奴隶制五刑及其在封建制时期延续沿用后的变种。

颁行《开皇律》时，隋文帝杨坚在诏书中说："帝王作法，沿革不同，取适于时，故有损益。夫绞以致毙，斩则殊刑，除恶之体，于斯已极。枭首轘身，义无所取，不益惩肃之理，徒表安忍之怀。鞭之为用，残剥肤体，彻骨侵肌，酷均窝切。虽云远古之式，事乖仁者之刑，枭轘及鞭，并令去也。……流役六年，改为五载；刑徒五岁，变从三祀。其余以轻代重，化死为生，条目甚多，备于简策。宜班诸海内，为时轨范，杂格严科，并宜除削。"① 他高度肯定了《开皇律》以轻代重的立法从轻原则，同时说明了为什么这样做，还预告要除削一切"杂格严科"。

开皇三年，他看到刑部的奏章，了解到"断狱数犹至万条"，认为"律尚严密，故人多陷罪"，于是又下令修改法律。经过修改的《开皇律》，"除死罪八十一条，流罪一百五十四条，徒杖等千余条，定留唯五百条，凡十二卷"②。这是中国古代法制史上的一次最大规模的法律修改。从此以后，十二卷、五百条几乎成了各朝各代刑律的定制。"自是刑网简要，疏而不失"③。后来，隋文帝又屡次下令颁诏删除某些律条，如删削了"孥戮相坐之法"等。总之，在删繁就简、以轻代重、除削苛惨之法的立法思想指导下，隋代的法制建设是很有特色，而且影响深远的。

（二）"以德代刑"，德主刑辅

杨坚夺袭北周帝位，可说是中国历史上最平静的一次政变，几乎没有流血地实现了改

---

① 《隋书·刑法志》。
② 同上。
③ 同上。

朝换代。从总的来看，隋初社会比较安定。因此，隋文帝强调说："四海义安，五戎勿用，理宜宏风训俗，导德齐礼。"认为四海安宁，兵戎不用，应当以德礼教化整齐风俗，进一步安定人心。他的理由是："道德仁义，非礼不成；安上治人，莫善于礼。"因此，他甚至要求"以德代刑"①，在即位之初便下诏"天下劝学行礼"②。由此可见，有的法律思想史著作引用《隋书·循吏传》《儒林传》，说隋文帝"不尚道德，专任法令""不悦儒术，专尚刑名"，是不恰当的。这是将晚年的隋文帝与前期的隋文帝混淆起来了。

但隋文帝绝不是只讲"仁""德""礼"，而不讲法和刑的。屡次制颁，修改法律，就是最好的证明。只是在德礼与法刑二者之间，他分了个主次轻重。在他看来，和平、安定、统治稳固的情况下，是大可哼唱德礼仁义的高调的，但也不可没有刑罚法治，所以他实行的是"德主刑辅"。至于社会发生动乱时，那就完全抛开道德仁义那一套了。

此外，杨坚与一些饱学诗书、满腹经纶的思想家还有不同。他是一个政治家，不仅"不敦《诗》《书》"，而且"崇尚佛道""素信鬼神""喜怒不恒"。这对他的言行也不无影响，致使他常常出尔反尔，做出一些与"德主刑辅"格格不入，更与德礼教化天差地远的荒唐行动来。我们认为，这是他的支流，不能代表他的法律思想。从主流看，他是儒家"德主刑辅"论的宣传者与实行者。

（三）"以公执律""慎狱恤刑"与"法不可违"

杨坚把"德主刑辅"贯彻到执法方面，提出了"以公执律""慎狱恤刑""法不可违"等执法原则。他说："以公执律修德，慎狱恤刑，为其训范，人无异志。"③

"以公执律"，就是从"公心"出发，不徇私枉法。他的儿子秦王杨俊担任并州总管时，奢侈淫逸，放纵不法，违反制度，私放高利贷，使百姓和下层官吏尽遭其苦。隋文帝了解后，严厉惩处了他和有关的上百人。仆射杨素为杨俊求情，希望隋文帝原宥这个他最喜爱的儿子，恢复他的官职。杨坚听后坚决地说："……若出公意，何不别制天子儿律？"即按你的意思，何不另外制订一部"天子儿律"呢？把杨素顶了回去。他还以周公为榜样，说："我诚不及周公远矣，安能亏法乎！"④左武卫将军刘升继续为杨俊求情，隋文帝就说："法不可违！"仍按原拟做了处罚。当然，这里的"公心"，不是全民之"公"，而是地主阶级之"公"。"以公执律"，是为了地主阶级整体的利益和统治集团整体的需要。

"慎狱恤刑"，即审慎断决案件，谨慎而且尽量少用刑罚，用刑也力求从轻。隋初的"慎狱恤刑"，在隋文帝的直接指令下，是比较严格地得到实施的。杨坚曾在隋初针对司法

---

① 《隋书·高祖纪上》。
② 同上。
③ 同上。
④ 《资治通鉴·隋纪二》。

官吏"用律者多踳驳"即适用法律互相矛盾,因而"罪同论异"的情况,下令全国,凡在诉讼中蒙受冤枉而县官不予审理的,可依次上告至郡、州、省,仍不审理清楚、雪洗冤屈的,可以到京师向皇帝申诉。为此,他创设了"登闻鼓"制度。在皇宫门外置一面大鼓,名为"登闻鼓"。有冤屈者,可以自行击鼓鸣冤,让有司缮录诉状,呈奏皇帝。这就排除了官吏从中作梗、阻止上诉的障碍。这种制度流传久远,是受普通百姓欢迎的。隋文帝创"登闻鼓",且设置了多级审理机构,决狱之审慎,是首创的。此外,他还规定死罪必须"三奏而后决",不但地方无权处死人犯,即使在京师,也得"三奏"才能决定。

"恤刑"除上述"流徒之罪皆减从轻""以轻代重,化死为生"的规定外,还表现在拷讯制度的改革上。北周及前代,严刑拷打、屈打成招的情况,是极为严重的。隋初规定了"讯囚不得过二百,枷杖大小,咸为之程品,行杖者不得易人"等等十分具体的制度。隋文帝还每季派员赴全国各地巡视狱政,称为"录囚徒",检查有无枉滥冤屈的情况。这些使隋文帝一度得到了美名,开皇年间的政绩也被史家称为"开皇之治"。《隋书》中评述开皇前期时写道:"仓廪实,法令行。君子咸乐其生,小人各安其业。强无凌弱,众不暴寡,人物殷阜,朝野欢娱。"虽然不无溢美之嫌,但由于政治法律及经济制度的进步,隋初比前代有较大的发展、社会比较安定,这是可以肯定的。

二、实践了儒法结合路线的唐初统治者

战国时期儒法对立的法律思想,历经秦代的专任法治、汉初的"独尊儒术"和后来的儒法合流,到隋代已形成了比较稳定的儒法结合的法律思想的统治地位。唐初统治者的法律思想,大体上没有超出前代的水平。但是,第一,对于前代儒法两家的法律思想,他们大体接受并予综合,因而发展得更全面了;第二,由于唐初从皇帝李世民到大臣魏徵、房玄龄、长孙无忌等,出现了一个法律思想统一的君臣群体,他们互相激励、互相监督、互相协力,更好地实践了儒法结合的法律思想路线。

有人认为唐初君臣实践的是儒道结合的路线,我们觉得值得商榷。尽管在他们的诏令或论著中出现过一些要达到"垂拱无为"(如《贞观政要·公平》)的字样,但这只是一种希望和宣传,事实上他们大量谈论的是怎样立法、司法和执法,非常重视法的作用。在政治和国家、社会的一切事务上,他们表现得空前活跃、空前积极,在制度的创设方面做出了大量的贡献,绝无"清静无为"可言。

唐初统治者的法律思想,大量见诸新旧《唐书》中关于他们在这一时期的思想、言论、行动的记载。此外,还有魏徵所著《贞观政要》、《隋书》序与评、《梁书》、《陈书》、《齐书》的总论,房玄龄等的奏章,以及长孙无忌的《唐律疏义》等。根据这些史料,我们可以将他们的法律思想概括为以下几个方面:

（一）礼法结合，德主刑辅

这是唐初统治者法律思想的基本点。礼法结合的最好说明，是他们一方面把德礼教化抬到治国之"本"、之"大纲"的崇高地位，另一方面又大力加强法制建设，在立法、司法、执法方面做出了大量的决定。他们对礼与法两手，都丝毫没有放松、轻忽的意图。但在礼与法何者为主的问题上，隋末刑政苛残、群情怨愤，而唐初迅速达到了繁荣与安定，他们有必要、也有可能将德礼教化作为治国的主要手段来加以宣传与实行，同时又密切关注社会矛盾的发展状况，努力发挥法律刑罚的辅助作用。

唐初统治集团的为首者是唐太宗李世民（599—649），唐高祖李渊的次子。隋大业十三年，他策动父亲举兵反隋，亲率大军攻占长安。李渊建立唐朝后，李世民于武德九年（626）发动"玄武门之变"，立为太子，次年称帝，改号贞观，直至病死，在位二十三年。

李世民亲历隋末虐政，体会到黎庶百姓力量之宏大，十分警惕重蹈隋炀帝滥行暴政的覆辙，常把"思隋氏灭亡之事""鉴前代成败事以为元龟"①作为信条，告诫自己与臣下。因此，他即位之后，采取了大量措施来进行德礼教化的工作。他举办的第一批国家大事中，就有在正殿左边设置弘文馆、精选儒生优礼有加、随时召见"讨论坟典，商略政事"之举。贞观二年（628），又在国学里设立"孔子庙堂"，明令封孔丘为"先圣"，封颜渊为"先师"，他说："朕今之所好者，惟在尧舜之道，周孔之教。以为如鸟有翼，如鱼依水，失之必死，不可暂无。"正是由于李世民如此推崇讲究德礼教化的儒学，所以唐初"儒学之盛，古昔未有"②。李世民把儒家所鼓吹的仁义道德当成了立国之本，他说："朕宏古来帝王以仁义为治者，国祚延长，任法御人者，虽救弊于一时，败亡亦促。既见前王成事，足是元龟。今欲专以仁义诚信为治，望革近代之浇薄也。"

李世民最为宠信的近臣是魏徵。魏徵（580—643），字玄成，馆陶（今属山东）人。玄武门之变后，为李世民擢用为谏议大夫，封郑国公。他对唐太宗经常直言进谏，先后提出二百多件有关国家政治、法制、经济方面的批评和建议，深得李世民重视。魏徵是"贞观之治"的核心人物。

魏徵对礼法结合、德主刑辅的治国路线，做过大量的论述。他说："故圣哲君临，移风易俗，不资严刑峻法，在仁义而已。故非仁无以广施，非义无以正身。惠下以仁，正身以义，则其政不严而理，其教不肃而成矣。然则，仁义理之本也，刑罚理之末也。为理之有刑罚，犹执御之有鞭策也。人皆从化，而刑罚无所施；马尽其力，则有鞭策无所用。""圣帝明王，皆敦德化而薄刑罚也。"

在礼法结合、德主刑辅问题上，魏徵有一个比较独特的见解，与前代法律思想家颇

---

① 《贞观政要》，以下未注出处者均出此书。
② 《资治通鉴》。

为不同。他认为拨乱之政，亦应加强德化。前面我们已经说过，孔丘认为在大乱之时，应当"纠之以猛"；曹操更鲜明地提出"治定之化，以礼为首，拨乱之政，以刑为先"。但魏徵却认为，在拨乱反正时，也要加强德化。这是对儒家德治思想的一种发展。魏徵的理由是："凡人在危困，则忧死亡。忧死亡，则思化。思化，则易教。然则乱后易教，犹饥人易食也。"也就是说，大乱之后进行德化教诲，更容易为社会所接受。

德主刑辅，刑是放在辅佐的地位上的，但绝不是主张德主刑辅者所常常宣传的那样不过是"末"而已，更不是不要刑罚。实际上，历代德主刑辅论者，都是非常重视刑罚、法律的作用的。

隋代有个著名的大儒，名叫王通，号文中子。他可谓彻头彻尾地主张仁义德礼那套儒家的治国方略。他聚徒讲学，有很大影响。魏徵、房玄龄、长孙无忌以及隋末唐初的许多著名政治活动家都曾师事于王通。但他们后来都纷纷弃他而去，觉得他的那套不符实际、无法运用。王通十分伤心，后来就忧郁而死了。从这件事即可看出，唐初的重要政治家们，是并不主张仅仅使用德礼教化，而鄙弃刑罚法律的。例如，《贞观政要》记载唐太宗"深恶官吏贪浊，有枉法受财者，必无赦免。在京流外有犯赃者，皆遣执奏，随其所犯，置以重法"。魏徵把法比作"国之权衡，时之准绳"①。他还把国家之有法律比之为"执御之有鞭策"，认为统治者犹如执鞭的赶车人，法律就是手中的鞭子，马在使劲跑时无须鞭子，要是不走，就得用鞭子了。

关于德主刑辅，唐初的另一个重臣长孙无忌也做过简明的论述。长孙无忌（？—659），字辅机，河南洛阳人。玄武门之变的主要决策者与发动者，先后任宰相三十年。贞观十一年，他受诏与房玄龄等"复定旧令"，是贞观律令格式的主要编定者之一。永徽二年（651），主持编写《唐律疏义》十二编、三十卷。该书是西汉以来封建正统法律思想的总结。在该书中，他阐述了德礼与刑法的关系。他说："德礼为政教之本，刑罚为政教之用"，"凭黎元而树司宰，因政教而施刑法"，认为唐律"一准于礼"，德与礼是治国的根本，是刑罚的前提，刑罚则是德与礼的辅助工具，二者相互依存，相辅相成。

（二）立法贵简，删除繁苛

隋代大业年间，隋炀帝所制定的《大业律》比《开皇律》更为轻简。但隋炀帝昏庸无道、好大喜功、奢侈淫逸，国家的政治、经济与社会秩序迅速恶化，各种社会矛盾空前激烈。于是他又制定了繁苛的法律、法令，加上法外用刑，滥肆镇压，甚至株连灭族达到九族之多，造成"群心崩骇"、迅速溃灭的后果。

唐初接受了这个教训，在立法上力求简约，删削各种苛刑酷法，成了唐初君臣法律思想的一个重要方面。唐太宗李世民说："国家法令，惟须简约，不可一罪作数种条。格式

---

① 《全唐文》卷139《理狱听谏疏》。

既多，官人不能尽记，更生奸诈。"还说："死者不可复生，用法务在宽减。"他认为法律法令必须统一、稳定，不可"变"："诏令格式若不常定，则人心多惑，奸诈益生。""法令不可数变，数变则繁，官长不能尽记；又前后差违，吏得以为奸。自今变法，皆宜详慎而行之。"①

魏徵也认为立法应当从简。他曾频频上书，谏请唐太宗"施仁政"、简约立法："夫上易事，则下易知，君长不劳，百姓不惑。"立法轻简，官民方便，有利于统治。在删除繁重的法律，使之达到"轻刑恤罚"的要求方面，魏徵曾反复做过论述。例如，他说："刑之轻重，恩之厚薄，见恩与见疾，其可同日言哉！"把刑罚的轻重，当作一个绝大的问题。他竭力主张"今作法贵其宽平"，认为"赏宜从重，罚宜从轻"。他认为立法宽平、赏厚罚轻，表现了君主之忠厚之德，"忠厚积，则致太平；浅薄积，则致危亡"。

（三）依法科罪，"一一于法"

依法科罪，不管什么人，都同样适用统一的法典，这是唐初君臣的法律思想在司法方面的反映。

唐太宗注重法制建设，其中包括强调司法上要依法科罪。他把依法科罪提到了事涉国家安危的高度来认识。他曾对侍臣说："朕比来决事或不能偕律令，公辈以为事小，不复执奏。夫事无不由小而致大，此为危亡之端也。"② 由于唐太宗重视依法科罪、上行下效，贞观时期统治局面颇有成绩。魏徵曾这样总结道："贞观之初，志存公道，人有所犯，一一于法。纵临时处断，或有轻重，但见臣下执论，无不欣然受纳。民知罪之无私，故甘心而不怨；臣下见言无忤，故尽力以效忠。"

唐太宗提倡依法科罪，特别突出的表现是"罚不阿亲"，即亲人或亲近的部属犯罪，坚决依法律断罪，绝不轻贷。他说："法者，人君所受于天，不可以私而失信。"又说："赏不避仇雠，罚不阿亲戚，此天下之至公之道。"③ 濮州刺史庞相寿是唐太宗的老部下，犯贪污罪被免职。庞想凭借旧情，上书请求免罪。唐太宗听取了魏徵的意见，未予免罪。岷州都督高甑生犯诬告罪，有人因他是李世民的功臣为他求情。李世民说："虽是藩邸旧劳，诚不可忘。然理国守法，事须画一。今若赦之，便开侥幸之路。"也未予赦免。长孙无忌是唐太宗文德皇后的长兄，从小与他相友善。长孙无忌犯禁受罚，唐太宗未予通融，他说："法者非朕一人之法，乃天下之法，何得以无忌国之亲戚，便欲挠法耶？"

魏徵在这一方面也有不少很好的议论。他对"作法贵其宽平，罪人欲其严酷"的有法不依的苗子，表示了深深的忧虑。他把法与刑比作"国之权衡""时之准绳"，指斥"喜

---

① 《资治通鉴·唐纪 10》。
② 同上。
③ 《资治通鉴·唐纪 12—13》。

怒肆志，高下在心"是"舍准绳而正曲直，弃权衡而定轻重"，绝不会得出正确结论。魏徵特别要求出以"公心"而依法断罪、依法科刑。他认为，出以私心，就会在定罪量刑时"过轻"或"过重"，"过轻则纵奸，过重则伤善"①，总之是有害于致治。他特别要求作为君主的唐太宗要做到"刑过不避大臣""赏善不遗匹夫"。他说："帝王之所以与天下为画一，不以贵贱亲疏而轻重者也。"②

为了防止滥刑枉法，魏徵主张听讼决狱遇有疑案"与众共之"，即与众官吏商议，"众尊，然后断之"③。唐太宗则采取了若干司法措施，以保证避免枉法滥刑，尤其是避免枉杀无辜。贞观元年，李世民亲自规定："自今以后，大辟罪皆令中书、门下四品以上及尚书九卿议。"首创了封建司法史上"九卿议刑"的制度。贞观五年，他又下令改死刑三复奏为五复奏，还规定："自今门下省复有据法合死，但情有可原的，宜录状奏闻。"据载，贞观期间，死刑大为减少，当与此类规定有密切关系。

三、极力维护儒学"道统"的韩愈

韩愈（768—824），字退之，号昌黎，河南河阳（今河南孟州市）人。唐代著名的文学家，古文运动的领导者。曾任监察御史、国子监博士等职。唐宪宗时，曾一度升任刑部侍郎，后因劝阻宪宗迎奉佛骨，被贬为潮州刺史。唐穆宗时又被召为国子监祭酒，后又历任京兆尹及兵部、刑部侍郎。其法律思想主要见之《韩昌黎集》。

韩愈一生的事业，除文学活动外，志在复兴儒学。他认为自古以来存在着儒学的一种"道"，有其"道统"及其传播者。"尧以是传之舜，舜以是传之禹，禹以是传之汤，汤以是传之文武周公，文武周公传之孔子，孔子传之孟轲。轲之死，不得其传矣。"④从此"大经大法，皆亡灭而不救，坏乱而不收"⑤。到了唐朝中期，更是"王政不纲，文弊质穷"。因此，他决心全力以赴"讨究儒术，以兴宪典"。在他一生中，曾与柳宗元、刘禹锡等具有法家思想的人进行过长时间的争论。论争的范围相当广泛，从政治到经济，从哲学到文学，其中也包括一系列法律思想观点的驳难。韩愈的主要观点是：

（一）"道统"论的法律指导思想

韩愈大肆宣扬自尧舜至孔孟一脉相承的"道统"论，是为了维护封建的君权及与此相应的纲常名教。什么是"道"呢？韩愈在《原道》中解释说："博爱之谓仁，行而宣之之谓

---

① 《魏郑公谏录》卷1。
② 《旧唐书·刑法志》。
③ 《全唐文》卷139《理狱听谏疏》。
④ 《韩昌黎集·原道》，以下出自同一本书，仅注篇名。
⑤ 《与孟尚书书》。

义，由是而之焉之谓道。""凡吾所谓道德云者，合仁与义言之也，天下之公言也。"也就是说，"道"是"仁"与"义"的概括。按照"道"的这个意义，对政治法律制度的要求是，按照"礼、乐、刑、政"行事，使"君臣、父子、师友、宾主、昆弟、夫妇"各安其事。由此可见，韩愈的"道"，不是老聃、庄周的"道"，因为后者是不讲"仁""义"的。他认为，只有尧舜传至孔孟的"道"，才是真正的道。这一传统即"道统"的维护责任，现在落到他的双肩之上了。为了维护这真正的"道统"，他主张灭绝佛、老之"道"，"人其人，火其书，庐其居，明先王之道以道之"，即责令僧、道还俗为民，烧毁他们的经卷，没收他们的庵观寺院，用先王之道来教导他们。他认为这样一来，诸如鳏寡孤独不得其养之类的社会问题，都可以解决了，天下也就太平无事。他表示，为"道统"而奋斗，"虽灭死万万无恨"①。

与"道统"论密切相关的，是他的人性分上、中、下三种品级的观点。他认为："上焉者，善焉而已矣；中焉者，可导而已矣；下焉者，恶焉而已矣。"②分成三品的人性与生俱来，但可通过后天的教育而被改造。他在这里对先前儒家代表者的"性善论"（孟轲）、"性恶论"（荀况）及"性善性恶混杂论"（扬雄）有所发展。

在"道统论"和人性三品论的基础上，韩愈建立起了他的法律思想主旨，即"兴起名教弘奖仁义"③，为维护封建正统的儒家法律思想而竭尽毕生的力量。

（二）圣人创制"礼乐政刑"的法律起源论

韩愈认为，作为"道"的体现的"礼乐政刑"，都是圣人创制的。他说，在上古时代，人们无知无识，与禽兽无大区别，经常受到野兽的危害。后来出了圣人，教以知识，进行管理，驱除野兽，发明了衣服、食物、宫室、器皿和医药，使人类免于饥寒，从而免除了危险，从野蛮走向文明。与此同时，圣人"为之礼以次其先后，为之乐以宣其壹郁（即抑郁），为之政以率其怠倦，为之刑以锄其疆梗。相欺也，为之符玺斗斛权衡以信之；相夺也，为之城郭甲兵以守之。"④即圣人制礼、作乐、立政、设刑，为人们创立国家、法律、制度，保证人们不相侵夺欺凌。韩愈因此认为"如古之无圣人，人类之灭久矣"。他还认为，圣人创制"礼乐政刑"，得之于"道"，也得之于天。在韩愈的著作中，经常出现"天罚""天刑"的内容："夫为史者，不有人祸，则有天刑，岂可不畏惧而轻为之哉"⑤；"食焉而怠其事，必有天殃"⑥。综上所述，韩愈的法律起源论是儒家君权神授、"天罚"论的演

---

① 《与孟尚书书》。
② 《原道》。
③ 《旧唐书·韩愈传》。
④ 《原道》。
⑤ 《答刘秀才论史书》。
⑥ 《圬者王承福传》。

绎，是唯心主义历史观和法律观的表现。

(三)"德礼为先而辅以政刑"

在德礼与法刑的关系上，韩愈坚持儒家的"道统"，主张礼法结合、德主刑辅的法律观点。他说："礼法二事，皆王教之端。"① 既然如此，礼法二者都应重视。但二者以何为主、以何为先呢？他说："孔子曰：道之以政，齐之以刑，则民免而无耻。不如以德礼为先，辅之以政刑也。"② 他把礼乐仁义与法度刑罚看作一"修"一"束"的关系："诗书礼乐是习，仁义是修，法度是束。"③ 习礼修仁，自觉遵守社会秩序，如有不轨，则以法度收束拘管。

值得注意的是，韩愈主张政刑为辅，可是这为"辅"的政刑，却是应当加重的。他说："兵之胜负，实在赏罚。赏厚可令廉士动心，罚重可令凶人丧魄。"④ 他警告朝廷不要"惮于行刑"⑤。

(四)"礼刑两不失"的复仇论

韩愈的德礼政刑关系的观点，鲜明地表现在他对复仇问题的法律观点上。唐宪宗元和六年（811），一个叫梁悦的人为父报仇后，赴县自首。案情上奏到唐宪宗那里，宪宗认为，为父报仇杀人，是一种"发于天性"的行为，自诣公门请罪，足见"志在殉节，本无求生"，应处"减死，宜决杖一百，配流循州"⑥。这个案例，引起了朝野各界的纷纷议论。

韩愈认为：子复父仇，见于《春秋》，见于《礼记》，又见《周官》，又见诸子史，不可胜数，但从未见处死罪的；法律上没有规定复仇杀人应处何罪，不是缺失之故，而是如果规定仇杀处死，就会"伤孝子之心，而乖先王之训"；而如果规定允许复仇杀人，就会造成"倚法专杀，无以禁止其端矣"；但是，法律上却又有"杀人者死"的规定，岂不互相矛盾？怎么解决呢？"复仇，据礼经，则义不同天；征法令，则杀人者死。礼法二事，皆王教之端，有此异同，必资论辩。"他认为，这就要求司法官吏在处理这类案件时，区别不同情况，分别对待，要经"尚书省集议，酌宜而行"，使"礼刑两不失"⑦。

显然，韩愈在这里并没有能真正解决这个矛盾。实际上，虚伪的礼与切实的刑之间的矛盾，也是不可能解决的。因为礼所维护的是封建的生产关系、等级制度、宗法特权，而

---

① 《复仇状》。
② 《潮州请置乡校牒》。
③ 《与鄂州柳中丞书》。
④ 《论淮西事宜状》。
⑤ 《复仇状》。
⑥ 《复仇状》注。
⑦ 同上。

刑所维护的也是如此。当二者发生矛盾，即礼的经义与法律的具体规定相悖时，除暴露礼的虚伪性以外，是不可能将它与刑统一起来的。韩愈在复仇问题上，以及在一系列其他问题上的法律观点，都是为了维护儒学的"道统"，维护封建地主阶级的利益，因而经常不能自圆其说，陷入自相矛盾，招致批评。对韩愈的法律思想批评最为有力的，是柳宗元。

四、朴素唯物主义法律思想家柳宗元

柳宗元（773—819），字子厚，河东（今山西永济）人。唐代，著名文学家和思想家。与王叔文等同为唐顺宗时的革新集团主要成员，革新失败后，被贬边远的柳州，但斗志始终不衰。他的朴素唯物主义哲学观和革新实践，使他成为进步的法律思想家。柳宗元所著，有他的好友刘禹锡编的《柳河东集》。他的主要法律观点是：

（一）法律起源于"势"

柳宗元认为，法律不是从来就有的，更不是上天的意志、圣人的创造，而是在人类为争生存而争斗的情况下产生的，这是时势发展的需要，"势"是法律形成的原因。

他这样描述人类的原始生活："草木榛榛，鹿豕狉狉，人不能搏噬，而且无毛羽，莫克自奉自卫。"后来，他们"假物以为用"。但"假物者必争，争而不已，必就其能断曲直者而听命焉。其智而明者，所伏必众；告之以直而不改，必痛之而后畏。由是君长刑政生矣。"① 这以后，人们的争斗仍不时发生，而且规模越来越大，于是国家和政府的组织规模也相应扩展，官吏级别、分工、职责以及相应的政治法律制度，也越来越发展得完备周密起来。因此，国家与法律不是起源于天意或圣人的旨意，而是时势发展的结果，他说，法律的起源，"非圣人之意也，势也"。

柳宗元的上述法律起源论，与韩愈的法律起源于圣人的创制，法律是"天刑""天罚"的观点，是针锋相对的。柳宗元的论点，符合于唯物主义世界观。作为一个朴素唯物主义论者，柳宗元曾在《天论》《答刘禹锡天论书》中，鲜明地驳斥过韩愈的"天刑""天罚"论。他说："天地，大果蓏也；元气，大痈痔也；阴阳，大草木也。其乌能赏功而罚祸乎？功者自功，祸者自祸，欲望其赏罚者，大谬；呼而怨，欲望其哀且仁者，愈大谬矣。"②

柳宗元还从法律起源于"势"的观点出发，进而推论"势"的变化，还会引起国家和法律制度的变化，新制度代替旧制度，是"势"所必然。例如，他认为"封国土、建诸侯"的封建制，是由历史发展的"势"决定的；到秦代，由于"势"的变化，封建制过时了，

---

① 《封建论》，见《柳河东集》，下引同一本书，只注篇名。
② 《天说》。

郡县制代之而起，这也是必然的，他表示拥护。①

(二) 礼与刑"其本则合，其用则异"

礼与刑之间的关系，是中国法律思想史上的基本问题。对这个问题，尽管唐代早已确立了正统儒学观点的支配地位，但仍有人不断提出异议。柳宗元的看法是：礼刑二者"其本则合，其用则异"②。他认为礼与刑的根本作用都在于"防乱"，但具体用途却不一样：礼的用途在于对可资效法的行为进行表彰；刑的用途在于对犯罪进行惩罚。前者称"旌"，后者称"诛"。"旌"与"诛"，二者截然不同，不容混淆。他说："旌与诛莫得而并焉。诛其可旌，兹谓滥；黩刑甚矣。旌其可诛，兹谓僭，坏礼甚矣。"不应当惩罚那些应予表彰的行为，否则就是"黩刑"，即滥刑；也不应当表彰那些应当惩罚的行为，否则就是"坏礼"。总之，礼与刑都应与事实相符，真正起到"防乱"的作用。

从礼与刑"其用则异"以及"防乱"的要求出发，针对唐代中期社会矛盾激化的局面，柳宗元主张"申严百刑，斩杀必当"③。他认为，对于窃据一方、擅作威福甚至敢行悖乱的藩镇割据势力，除了必要时的讨伐之外，平时必须严格执法："明诛放之罚，严斩杀之科。"严厉惩办那些元凶巨逆，甚至做到"微恶尽除"，斩草除根，杜绝后患。

柳宗元关于礼刑"其本则同"、互相统一的思想，还反映在关于仇杀的问题上。唐武则天时，陈子昂对为父报仇而杀县尉的徐元庆一案，曾这样主张：应先按杀人罪判处徐元庆死刑以维护法律；然后为了"彰明"礼教，再对徐进行表彰。柳宗元认为，这是是非不分，"坏礼黩刑""非经背圣"的主张。柳宗元说、如果徐父没有触犯刑律，县尉杀他仅为挟嫌报复，那么，在上级官吏予以包庇的情况下，徐元庆杀县尉报父仇，乃是守礼赴义的行为，不但不应处死，而且应当表彰；如果徐父确实犯了罪，县尉依法处以死刑，那是罪有应得，徐元庆进行仇杀，就是犯上作乱，无疑应该处死，又怎么可以表彰呢？但从案情事实看，徐父无罪，县尉擅杀，而徐元庆则"不忘仇，孝也；不畏死，义也"，处死徐元庆是滥用刑罚，是对礼法一体的破坏。他请求皇帝"下臣议附于令，有断狱者，不宜以前议从事"④。

(三) 主张赏罚及时

董仲舒将阴阳五行等附会于司法原则，宣扬"赏以春夏，刑以秋冬"。从汉到唐，在司法实践中大体都实践了"秋冬行刑"的理论，除王充、隋文帝杨坚等曾表示过怀疑外，

---

① 《封建论》。
② 《驳复雠议》。
③ 《时令论》。
④ 《驳复雠议》。

很少有人明确反对过。柳宗元从朴素唯物主义观念出发，明确地提出了反对意见。他认为，赏罚的目的就是为了"惩劝"即惩恶劝善，没有什么神秘的内容；明确了这一点，就应做到赏罚及时，"赏务速而后有功；罚务速而后有惩"①。他指出，如果"赏以春夏而刑以秋冬"，那么，秋冬为善的人到春夏才得奖赏，为善者就得不到及时鼓励；春夏作恶的人到秋冬才惩罚，作恶者同样得不到及时的警戒。这样，就等于驱使人们去犯罪。反之，如果为善或为恶"不越月逾时"地得到奖赏或惩罚，那么为善者将更乐于为善，为恶者也惮于继续作恶了。

主张"赏以春夏而刑以秋冬"者，认为只有如此才能顺"天时"、致"大和"。柳宗元驳斥道，根本就不存在什么"天时"之类，这是首要的；退一步说，即使有，那么"使犯死者自春而穷其词，欲死而不可得，贯三木，加连锁而致之狱，更大暑者数月，痒不得搔，痹不得摇，痛不得摩，饥不得时而食，渴不得时而饮，目不得瞑，肢不得舒，怨号之声，闻于里人"②，这不更是伤"大和"、逆"天时"吗？总之，无论从哪个角度看，都应当及时刑赏。

柳宗元的法律思想贯穿了朴素唯物主义的精神，在当时并对尔后都有很大的影响。他还在自己担任柳州刺史时付诸实施，得到了当地人民的好评。

五、总结唐代法制建设经验的白居易

白居易（772—846），字乐天，晚年号香山居士，下邽（今陕西渭南）人。唐代著名大诗人，历任县尉、左拾遗、江州司马、杭州刺史，后来官至刑部尚书。早年因家境贫困，曾离家远游，南北奔走，对社会弊病了解较多，居官期间比较关心民间疾苦，敢于指陈时弊、谴责贪官暴吏。他站在地主阶级的立场上，总结了唐代以至历代的封建法制建设经验，提出了一系列颇有见地的主张。他的著作，今人辑有《白居易集》。

（一）从经济方面探求犯罪根源和治国策略

关于犯罪根源和由此而来的对策，历来的法律思想家大多从人性善恶方面做唯心主义的推论。白居易比他们前进了一大步，从经济方面做了探讨。

他对管仲说的"仓廪实则知礼节，衣食足则知荣辱"十分赞同。他说："食足财丰，而后礼教所由兴也。礼行教立，而后刑罚所由措也。"③

他纵观历代经济发展状况与社会秩序之间的关系，指出：成康时代"囹圄空虚"，是

---

① 《断刑论》。
② 同上。
③ 《止狱措刑》，见《白居易集》。

因为其时天下富足；文景时期，刑错不用，是由于海内殷实，人人自爱；太宗贞观时期，一年断刑不满三十人，是由于人用富庶加上了礼教。总之，人民生活富足，也就容易做到"德正而寡过"。反之，桀纣之时横征暴敛，百姓穷苦，于是"有怨无耻，奸宄并兴"；秦代"厚赋""远征"，其结果是"竭人财""殚人力"，造成"群盗满山，赭衣塞路"。原因就在于："天下人贫困思邪而多罪也。"他得出的结论是："刑之繁省，系于罪之众寡也；教之兴废，系于人之贫富也。圣王不患刑之繁，而患罪之众；不患教之废，而患人之贫。故人苟富，则教斯兴矣；罪苟寡，则刑斯省矣。"①

从上述认识出发，他建议统治者采取措施抑制兼并，减轻赋税，"富其人"，使人民生活富足安康；对官吏则"厚其禄，均其俸"，"使天下之吏，温饱充于内，清廉形于外，然后示之以耻，纠之以刑"，从而达到减少官民犯罪的目的。

白居易这样探讨犯罪根源并设想对策，有一定的进步性，也比人性善恶论科学一些。但是贫富也是表面现象，决定贫富的是社会经济制度，不改变剥削制度，劳动人民不可能达到富裕康乐，一个封建王朝年代略长，也必然腐败衰朽。所以，白居易所开药方，即使为统治者接受，也只能采取某些权宜性措施，求治标于一时，而不可能治本于永久。当然，我们不能苛求于一千多年前的白居易，应当肯定他的这一法律思想的难能可贵。

（二）"刑、礼、道迭相为用"

在治国的策略上，白居易主张刑、礼、道三者互相结合，交替使用。为此，他写了专论《刑、礼、道迭相为用》。他的总的观点是：刑、礼、道三者应当统一起来，为了一个目的，在不同时期、不同对象上，发挥各自的不同作用。不分表里，不分主次，也不分先后。他反对儒家的"刑为表"与"礼为里"的表里论，也反对儒家的"德主刑辅"的主从论。他认为刑、礼、道的主次顺序并不固定，应根据形势而转移变化，"循环表里，迭相为用"。

白居易所说的"形势"，实际上是指阶级斗争状况。他认为，治理衰乱之世，应当"弛礼而张刑"，治理"清净之日，则杀礼而任道"；治理太平之时，则"省刑而弘礼"。他以气温变化作譬：逢寒冷季节，要"疏水而附火"；处炎热季节，应"远火而狎水"。他把这样灵活运用叫作"达时变"，认为"达时变者，得刑礼之宜。适其宜，达其宜，则天下之理毕矣，王者之化成矣"。

对"刑、礼、道迭相为用"，他做了一个具体的解说："始则失道而后礼，中则失礼而后刑，终则修刑以复礼，修礼以复道。"他把"刑"比作"礼之门"，把"礼"比作"道之根"，认为"知其门，守其根，则王化成矣"。这是说，失了"天道"，即背离了治国的正道，就要靠礼义来修复；失了"礼"，就使统治秩序发生混乱，就要靠刑罚来予以恢复。

---

① 《止狱措刑》。

同此，刑罚如同守卫礼义的大门，礼义又是道的根本，守住了礼义之本，捍卫了礼义的根本，"王化"即合乎统治阶级意志与利益的太平盛世就到来了。

白居易上述综合历代统治者或依法、或依儒、或依道为治的经验，做出了颇有逻辑意义的总结，对维护封建统治有一定的作用，比偏执一家、独擅一策，更有利于统治的成效。

（三）对"宽猛相济"原则的新解

孔丘曾建议采取"宽猛相济"的治国策略。白居易对此并无异议，他也认为"政包宽猛，法有弛张"。但对"宽猛"的对象，孔丘仅涉及有关的事项、案情，而白居易却做出了新颖解释，推移到了有关的人及其案情。

白居易在《使人畏爱悦服，理大罪，赦小过》中，提出了"理大罪，赦小过"的原则，主张猛理大罪，宽赦小过。他所指的"大罪""小过"，有特殊的含义。他说，当时司法上的弊端是"纠察之政，急于朝官，而宽于外官；惩戒之刑，加于小吏，而纵于长吏。是则权轻而过小者，或反绳之；寄重（任重）而罪大者，或反舍之"。这指出了当时"外官"藩镇权大势重、横行不法，而谁也不敢得罪；官高禄厚的长吏贪赃枉法，也无人过问。由此可见，白居易所论"大罪"，是指藩镇、外官、长吏中严重触犯了刑律的人，"小罪"是指地方小吏和平民百姓中并未严重触犯刑律的人，矛头所指，十分鲜明。白居易说，法网应当有"举"有"疏"，"举其网于长吏，疏其网于朝官"，"网举所罗者大矣，网疏所漏者小也"。他认为这样"合小过以示仁，理大罪而明义"，才能达到万民"悦服"、天下"日彰"的良好治绩。

白居易的这个法律观点，在当时无疑是行不通的。因为，其一，从封建制度本身来看，建立在等级特权基础上的政治法律制度和统治阶级的阶级利益不允许触犯达官贵人；其二，已经形成的阶层力量本身，绝非人们主观上的善良愿望所能击破。白居易之后的晚唐政治迅速地腐败以致最后土崩瓦解，白居易的策略建议始终没有实现。不仅如此，在以后的漫长历史时期里，也没有哪个封建王朝能够实现白居易的遗言。但这并不影响他的这个观点的进步性。

此外，白居易还提出了"肉刑可废不可复"的观点，"悬法学为上科"的建议等，对法律思想领域而言都是重要的贡献。

第七章　宋代法律思想

唐朝晚期，中国封建社会开始进入衰落时期。宋、元、明、清的统治者中虽然有不少发奋图强之帝王，但无奈社会经济发展的铁的规律，尽管某几个朝代似乎略有起色，却终究不能挽狂澜于既倒，救每况愈下的颓势。

宋朝形成了比唐朝更加发展的高度中央集权制度，但始终未摆脱外患侵扰的被动局面；加上内政腐败，激化了各种社会矛盾。为挽救日薄西山的封建制度，地主阶级的革新派与顽固守旧、苟且偷安的保守派，围绕着改革弊政与加强封建法制，展开了激烈的斗争。把持权柄的封建御用思想家，竭力宣扬"存天理，灭人欲"的理学，以深奥玄妙的思辨哲学作为掩盖封建法律实质的理论形式，进行勉力支撑的辩护。

这一时期有代表性的法律思想家主要有包拯、王安石、司马光、朱熹等。

一、铁面无私的包拯

包拯（999—1062），字希仁，庐州合肥（今属安徽）人。宋仁宗时，先后任知县、知州、知府、谏议大夫、监察御史、御史中丞、枢密副使等官，是著名的司法、监察官，有"铁面无私的包青天"的美誉。遗著有《包拯集》。他的法律思想围绕着维护封建法制，主要观点是：

（一）在民本思想指导下的立法观点

包拯生当北宋所谓"太平盛世"时期，统治阶级的绝大多数成员都陶醉于虚幻的憧憬中，只有少数有识之士已经洞悉四伏的危机，力图加强法制，"兴利除弊"，以维护封建政权的稳定性。包拯就是这少数有识之士中的佼佼者。他看到当时贪官污吏"横敛不已""奸佞之徒蔽善而背公""卖直而嫁祸""谕谕然但以势力相轧"的营私舞弊、你争我夺的"无耻"现象①已发展到相当严重的地步。他认识到,对人民"横敛不已",使"人怀危虑",必然会"因岁之饥馑,以吏之残酷,相应而起,涂炭海内",造成"心腹之患"②。因此,他强调"国家富有天下,当以恤民为本"③,"民者,国之本也,财用所出,安危所系,当务安之为急"④。他说:"大本不固,则国家从何而安哉!"⑤

从这种民为国本的思想出发,包拯在立法上主张法的制订、修改、废复,都要"于国有利,于民无害"。例如,对陕西实行盐业官营的旧法,以及其他只图"目前之小利,忽经久之大计"的旧法如茶法、冶铁法,他认为都要予以修改。他说:"法有先利而后害者,有先害而后利者。若复旧日禁榷之法,虽暴得数万缗,而民力日困,久而不胜其弊,未免随而更张,是先有小利而终为大害也。若许其通商,虽一二年间课额少亏,渐而行之,必复其旧,又免民力日困,则久而不胜其利,是先有小损而终成大利也。"⑥

包拯的上述以"恤民为本"方法的指导思想,目的在于维护封建法制在治国理民中的有效性和长远利益。但在客观上,是有利于劳动人民的。他还曾从民本思想出发,谏请朝廷"薄赋敛,宽力役,救荒馑"、减冗吏、裁冗兵等,这些建议的实现当然会减轻人民的负担,有利于促进生产力的发展。

(二)在民本思想指导下的守法观点

包拯认为人民乃"安危所系",法令既经制订,必须保持其稳定性,使之得到认真的贯彻执行,以示信于天下,示信于民。他说:"法令者,人主之大柄,而国家治乱安危之所系焉,不可不慎。"他批评当时"赏罚之典或尚因循",使法令"不足信"于民,起不到"沮劝"的作用。他援引唐文宗与宰臣的一段对话:"昔唐文宗问宰臣李石:'天下何以易知?'李石对以'朝廷法令行则易知'。"包拯对李石所说大加赞赏,指出:"治道之要,无大于此。……法令既行,纪律自正,则无不治之国,无不化之民……"⑦他还专门写了奏章,批评"诏令数改易"从而造成民知不信、赏罚失效的情况,他说:"缘累年以来,此弊尤甚:制敕才下,未愈月而辄更;请奏方行,又随时而追赶。民知命令之不是信,则赏罚何以沮劝乎?"他迫切要求"人主""慎"于赏罚之守信,以保证国家之治安。⑧他强调"发

---

① 《论委任大臣》,见《包拯集》,以下出自同一本书,只注篇名。
② 《清罢天下科率》。
③ 《言陕西盐法》。
④ 《清罢天下科率》。
⑤ 《论赦恩不及下》。
⑥ 《言陕西盐法》。
⑦ 《上殿札子》。
⑧ 《论诏令数改易》。

号施令，在乎必行"①。他指出："凡朝廷降一命令，所以方信于天下。若有司承受，委而不顾，乃是命令之不足遵守，俾四方何以取信？则朝廷纲纪，亦缘此寝隳矣！"②他还特别要求作为最高统治者的皇帝带头守法，多次上书宋仁宗，规劝他以身作则。

（三）在民本思想指导下的司法观点

鉴于当时"民力凋残，国用窘迫"的情况，包拯提出了"宽民利国"的司法观点③，要求"上体天道，下为民极"。他的司法观点，主要表现在两个方面：

其一，执法公平。包拯之被称为"包青天"，主要就是因为他执法公平，办了一些打击贪暴的案子，为无辜者申了冤屈。他在给皇帝的奏疏上要求："伏望陛下临决大政，信任正人。赏者必当其功，不可以恩进，罚者必当其罪，不可以幸免。邪佞者虽近必黜，忠直者虽远必收。"④他自己身体力行，不畏权贵，执法如山，在青史上留下了千古美名。《宋史·包拯传》说他"立朝刚毅，贵戚宦官为之敛手，闻者皆惮之。人人以包拯比黄河清，童稚妇女，亦知其名，呼曰'包待制'。京师为之语曰：'关节不到，有阎罗包老。'"

其二，"罕用刑法""不用重典"。包拯主张："治平之世，明盛之君，必务德泽，罕用刑法。"⑤"……天任德不任刑也。王者亦当上体天道，下为民极，故不宜过用重典，以伤德化。"⑥他的这个主张，主观上得之于儒家德治、仁政思想的影响，客观上是接受了"昔暴世法网凝密，动罹酷害，下不堪乱，卒致溃乱"的教训。

（四）精选廉吏，改革诉讼制度

司法、执法，关键在人。包拯深深认识到许多冤案是由于"郡县长吏或不得人"而造成的，还有些冤案则是由于司法官吏挟嫌报复造成的。有感于此，他强烈地感到必须"精选廉干中正之人"充当司法官吏。他建议"进用贤隽，斥去形迹之弊，以广公正之路，判忠佞，抑侥幸，察左右爱憎之说，延中外谠直之议"⑦。对于"耳目接于民事，政令所出，惨舒攸系"的州县官，包拯特别要求"有司精核活状，审验人才"⑧。他指出，必须将"苛细矫激之辈'，屏而不用"⑨。

---

① 《论星变》。
② 《请支义仓米赈给百姓》。
③ 《乞开录登州冶户姓名》。
④ 《上殿札子》。
⑤ 《请不用苛虐之人充监司》。
⑥ 同上。
⑦ 《论大臣形迹事》。
⑧ 《请选用提转长吏官》。
⑨ 《请不用苛虐之人充监司》。

担任监察工作的司法官员,负有特别重大的督察司法、执法状况的任务,是皇帝的耳目。因此,包拯建议对监察官员要特别"精择"。他建议皇帝"督责有司,精择逐路按察之官及诸州长吏,有不任者,即令黜罢"①。他认为,监察官员必须"选素有才能、公直、廉明之人充任",至于最高一级的中央监察官员,更"非端劲特立之士,不当轻授"②。

除司法官吏外,诉讼制度也与冤狱的增减相关。所以包拯还致力于改革旧的诉讼制度。他的改革措施,主要有两条:其一,诉讼当事人可直接上庭"自陈曲直"。旧制规定"凡诉讼不得径造庭下",状子由门子代呈。这就给门吏敲诈勒索提供了方便,也不利于司法官员当面查明案情。包拯允许诉讼人直接上庭,"吏不敢欺",可以减少冤案。其二,奏请皇帝下令由提刑司亲自审问断决死刑犯。这是他在了解到有些地方州县官误入人死罪后奏议的。

尽管包拯是站在封建地主阶级立场上形成其法律观点的,但他从民本思想出发的上述观点,客观上有利于人民,可以而且应当加以肯定。

二、"中国十一世纪时的改革家"王安石

王安石(1021—1086),字介甫,江西临川人。出身于小官僚家庭,少时曾跟随父亲到过南方许多地方,了解到不少各地的社会情况及普通人民的痛苦与要求。1042 年中进士后,任州县官吏二十余年。宋神宗熙宁年间,两次擢为宰相,致力于改革,推行新法。列宁称他为"中国十一世纪时的改革家"③。

王安石生当宋王朝"积贫积弱"、迅疾走下坡路的时代,他出于忧国忧民之心,力主宋神宗"变风俗,立法度",围绕理财与整军两个方面采取改革措施,变革法制。但他遭到了权臣的顽固反对。在与顽固派的坚决斗争中,王安石创立了"制公新学"。他的遗著有《王临川集》一百卷。其法律思想主要观点是:

(一)"以变风俗立法度为先"

王安石是中国封建社会走向衰落时期为数寥寥的法家代表人物中的杰出者。他高度重视法在治理社会,尤其是在挽救宋朝衰败局面中的作用。他认为法有"善"与"不善"之分,"为政"必须"立善法"。他说:"盖君子之为改,立善法于天下,则天下治;立善法于一国,则一国治。"④又说:"夫聚天下之众者莫如财,治天下之财者莫如法,守天下之法

---

① 《请速除京东盗贼》。
② 《请复御史里行》。
③ 《列宁全集》第 10 卷,第 152 页注②。
④ 《周公》,见《王临川集》,以下出自同一本书,只注篇名。

者莫如吏。"① 他赞扬商鞅"精耕战之法",认为"今人未可非商鞅,商鞅能令政必行"。

那么,什么是"善法"呢?他认为"于方今实为便,于古义实为合"能使"天下之财不胜用"的就是"善法"②。

正是以"立善法"的立法指导思想为准绳,王安石衡量了宋时的法制,认为当时虽然"朝廷法严令具",几乎"无所不有",但却等于"无法度",其表现就是"天下之财力日以困穷,而风俗日以衰坏,四方有志之士,諰諰然常恐天下之不久安"③。

既然如此,王安石就顺理成章地要求变法,把"变风俗,立法度"看成当务之急。他说:"臣即以变风俗、立法度为先。"④ 在得到皇帝的支持后,他立即着手变法革新,大"立善法"。为了"释天下之农,归于田亩",他制定了《免役法》,规定交钱即可代替差役负担;为了减轻中小地主和自耕农的负担,他制定了《方田均税法》;此外还制定了《均输法》《农田水利法》《市易法》等等。这些经济法规的制定,促进了农田水利建设和商业的繁荣。法令颁行后的短短六七年内,就使入不敷出的困境得到改善,出现了"中外府库,无不充衍,小邑所积钱米,亦不减二十万"⑤ 的暂时繁荣景象。

但王安石的变法触犯了大地主豪强的利益,遭到了他们的反对。其政治代表、保守派就竭尽全力地攻击他"尽变更祖宗之法"。例如司马光在嘉祐六年向宋仁宗赵祯奏进《五规》中说:"夫继体之君,谨守祖宗之成法。苟不隳之以逸欲,败之以谗谄,则世世相承,无有穷期。"在这之前,重臣文彦博也对赵祯说:"祖宗法制俱在,不须更张;以失人心。"⑥

对此,王安石断然表示反对,以"天命不足畏""祖宗不足法""人言不足畏"相回击。他认为虚无缥缈的"天命"根本就不存在,"天文之变无穷,人事之变无已,上下傅会,或远或近,岂无偶合?此所以不中足信也"⑦。他认为天地万物变化无穷,新陈代谢是自然和社会发展的共同规律,"夏之法至商而更之,商之法至周而更之""祖宗之法,未必尽善,可改则改,不足循守"⑧。至于"人言",他认为对那些流言蜚语用不着去顾虑,只要新法"当于义理,何恤乎人言"?⑨ 面对着反对改革、变法的汹涌狂潮,王安石毫不畏惧,毫不退却,无愧于列宁所赞他是"中国十一世纪时的改革家"。

---

① 《翰林学士除三司使》。
② 《议茶法》。
③ 《上皇帝万言书》。
④ 《答手诏封还乞罢政事表札子》。
⑤ 《宋史·安焘传》。
⑥ 《续通鉴长编》卷 221。
⑦ 《续通鉴长编·熙宁八年十月》。
⑧ 《策问十道》。
⑨ 《续通鉴长编·熙宁三年》。

（二）"徒法不能以自行"，主张选良吏、依法议罪

"立善法"是前提，但徒有"善法"而无良吏、不守法议罪，"善法"也是徒然。王安石对此有充分的认识，强调"徒善不足以为政，徒法不足以自行"①。他认为"守天下之法者，吏也"，因此要求精选良吏以求法治。在王安石看来，治国之道，一在法度，二在贤才，"夫材之用，国之栋梁也，得之则安以荣，失之则亡以辱"②。

为了解决精选贤才问题，王安石努力改革旧的官僚机构和任官制度。他当上"参知政事"后，便着手设立"三司条例司"，作为主持变法的总枢纽；同时，他调整了徒具虚名的司农寺、都水监等机构，使之担负一定的任务，成为变法的工具。王安石还本着任贤使能的原则，提拔一批有才干的下级官吏到中央机关领导变法，而把那些反对变法、昏庸无能的老官僚"养"起来，让他们养尊处优，减少反对变法的力量。

为了培养大批能够忠实于封建法制的贤吏，王安石提倡律学，建议通过专科学校培养司法专门人才；在学校中专门教律令和断案。他还改革科举内容，设立"明法"新科，考试科目为律令、《宋刑统》大义和断案。据《文献通考》载，"神宗熙宁七年四月设置律学，设教授四员，公试习律令生员议三道，习断案生员一道，刑名五事至七事，私试义二道，按一道行名五事至三事。先时已置刑法科，诏法寺主判官、诸路监司奏举享朝官选人两考者，上等进秩，补法官，余减磨勘，循资选射阙推恩有差；法官缺员以次补之；其考试关防，如诸科法"。可见当时对司法人才的培养采取了相当多的措施，给予了高度的重视。这当然与王安石的提倡律学分不开。

在大力培养司法人才、选用贤吏的同时，王安石建议尽力抓好依法断案。他在熙宁元年给皇帝赵顼的奏疏中强调："臣以为有司议罪，惟当守法，情理轻重，则敕许奏裁。若有司辄得舍法以论罪，则法乱于下，人无所措手足矣。"③经王安石的竭力建议，皇帝支持了他改变中书官不过问议定刑名的旧制度，将部分司法权收归中书省，使依法断案、不至枉滥，有了一定的组织制度的保证。

王安石变法虽然得到宋神宗的支持，却并无足够的社会基础。宋神宗一死，王安石的变法即遭失败，司马光为相之后，把他的一系列变法措施全行推翻了。

三、"以复祖宗法度为先务"的司马光

司马光（1019—1086），字君实，陕州夏县（今山西夏县）人。出身官僚兼地主世家。

---

① 《提转考课敕词》。
② 《材论》。
③ 《文献通考·刑考九》。

仁宗宝元初,中进士甲科,历官直秘阁、开封府推官、同知谏院、并州通判、翰林学士直至尚书左仆射兼门下侍郎。史书称赞他:"孝友忠信,恭俭正直,居处有法,动作有礼。……于学无所不通,惟不喜释、老。"①

司马光思想保守,站在王安石的对立面,坚决反对变法革新。宋神宗死后,司马光为相,"以复祖宗法度为先务",全面否定王安石变法、全面恢复旧制,导致宋王朝积贫积弱的局面愈益严重,社会毫无生机,使其灭亡成了必然的趋势。司马光著作极丰,主要有《资治通鉴》二百九十四卷、《司马温公文集》八十卷。他的法律思想,是纯然的儒家正统法律观。

(一)"以复祖宗法度为先务"

司马光一上台,即"以复祖宗法度为先务",全盘否定王安石变法的成果。这是他的"祖宗之法不可变"的保守思想的必然产物。宋神宗曾问他:"汉常守萧何之法不变,可乎?"他答道:"三代之君常守禹汤文武之法,虽至今存,可也。武王克商,曰乃反商政,政由旧,然则虽周亦用商政也。《书》曰'无作聪明乱旧章'。汉武帝用张汤言,取高帝法纷更之,盗贼半天下。元帝改孝宣帝之政,而汉始衰。由此言之,祖宗之法不可变也。"②

司马光的这种"祖宗之法不可变",源于他唯心主义的"天命"观。他认为"人之贵贱贫富寿夭系于天"③。他还认为,天地、日月、万物以至人的性情,都是不能变的,所以法也不能变。他说:"古之天地有以异于今乎?古之万物有以异于今乎?古之性情有以异于今乎?天地不异也,日月不变也,万物自若也,性情如故也,道何为而独变哉?"④

既然如此,司马光也就敢于公然反对王安石变法,并攻击王安石"既愚且愎,不知择祖宗之令典,合天下加谋"⑤,"首倡邪术,欲生乱阶,违法易常"⑥,表示坚决与王安石斗争,说他与王安石"犹冰炭不可共器,若寒暑之不可同时"⑦。当他一旦重权在握,就"罢苗役""废保甲""除市易""绝称贷",全面地进行复辟。

(二)"天子之职,莫大于礼"

司马光之复"祖宗之法",不是复"祖宗"的法制,而是复"祖宗"之"礼治"。在他看来,"天子之职,莫大于礼"。他说:"臣闻天子之职,莫大于礼……夫以四海之广,兆

---

① 《宋史·司马光传》。
② 《司马温公行状》。
③ 《葬论》,见《司马温公文集》,下引同一本书,只注篇名。
④ 《司马温公文集》卷74。
⑤ 《遗表》。
⑥ 《奏弹王安石表》。
⑦ 同上。

民之众，受制于一人，虽有绝伦之力，高世之智，莫敢不奔走而服役者，岂非以礼为之纲纪哉？是故天子统三公，三公卑诸侯，诸侯制卿大夫，卿大夫治庶人。贵以临贱，贱以承贵。上之使下，……下之事上，……然后能上下相保而国家治安。故曰：天子之职，莫大于礼也。"①

那么，什么是礼呢？他说："何谓礼？纪纲是也。"②而在他看来，所谓"纪纲"，最根本的就是大儒董仲舒所说的"三纲五常"。他说："天地设立，圣人则之，以制礼立法，内有夫妇，外有君臣。妇之从夫，终身不改；臣之事君，有死无贰。此人道之大伦也。苟或废之，乱莫大矣。"③

他把以"三纲五常"为根本的"礼"抬到决定死生的原则的高度，说"人有礼则生，无礼则死"。还说："礼之为物大矣！用之于身，则动静有法而百行备焉；用之家，则内外有别，而九族睦焉；用之于乡，则长幼有伦而俗化美焉；用之于国，则君臣有叙而政治成焉；用之于天下，则诸侯顺而纪纲振焉。"④礼，在司马光那里成了包医万病的万应灵丹。

(三)"王者所以治天下，惟在法令"

尽管司马光把礼推崇到至高至上的地步，但现实的社会矛盾毕竟把他的礼治理想撞个粉碎。当他不得不面对现实时，就自然地拾起儒家"德主刑辅"论的余唾，也来强调法令的作用，有时甚至到了自相矛盾的地步。例如他说："王者所以治天下，惟在法令。"⑤这当然与"礼莫大矣"互相抵牾。它表明了封建正统法律思想所主张的为"主"的"德礼教化"，带有极大的虚伪性与欺骗性。

不过，司马光之所谓"法令"，不是像王安石行新政时的改革法令，而是"祖宗之法令"。对于这样的"祖宗之法令"，司马光认为是"万民不可斯须偏废"的。

在恭行这样的"祖宗之法令"的前提下，司马光主张要"慎之重之"⑥，"凡议法者，当先原立法之意，然后可以断狱"⑦。此外，他还主张对革新者实行"有过则诛"的高压严刑政策；主张摒弃赦罪制度。他说："赦者害多而利少，非国家之善政也。"⑧如果撇开这些主张的实际内容，仅从形式上看，司马光比起他的先师儒者来，似有所进步，多少吸收了一点法家的观点；但一联系他的整个法律思想，联系这些主张的实际内容，我们就不难看

---

① 《资治通鉴》。
② 同上。
③ 《资治通鉴》卷291《后周纪二》。
④ 《资治通鉴》卷11《汉纪三》。
⑤ 《乞不贷故斗杀札子》。
⑥ 《进古文考经指解表》。
⑦ 《议谋杀已伤案问欲举而自首状》。
⑧ 《论赦及疏决狱》。

到，司马光更多地失去了先儒的某些积极进取的精神。

四、"集诸儒之大成者"朱熹

朱熹（1130—1200），字元晦，徽州婺源（今属江西）人。出身于官僚地主家庭，十九岁中进士，任同安主簿。四十九岁后历任提举浙江及江西常平茶盐、知彰州，焕章阁待制等官。

朱熹继承程颢、程颐的理学，发展成了完整的体系。所谓"理学"，就是把万物的本原说成是"理"，天地万物的生成、变化都是"理"的作用。朱熹用这种客观唯心主义观点解释孔孟之道，把传统的儒家思想提到哲学高度论述，形成了庞大的思想体系，成为封建社会后期占统治地位的官方思想。而朱熹本人，也因为全面以"理"论儒，被人目为"集诸儒之大成者"。

朱熹的著作有《朱文公文集》《朱子语类》《四书章句集注》《周易本义》《诗集传》等。这些著作中反映的他的法律思想，主要是通过论述理学体现出来的。

（一）礼是天理的条文化，法是天下之理，三纲五常是天理流行的产物

朱熹的法律思想，建立在"理"这块基石之上。他把"理"看成"生物之本"①，天地是"理"生成的。他说："未有天地之先，毕竟也只有理。""有此理便有此天地，若无此理，便亦无此天地。"② 起规范作用的礼是什么呢？礼是"人事之仪则"，"天理之节文"，即人事的规范，天理的条文化。③ 法是什么呢？"法者，天下之理"④。总之，一切都不过是"理"的衍化。

既然如此，作为礼与法的根本的"三纲五常"，当然也是"理"的产物了。朱熹说："孝悌、忠信、仁义、礼智、皆理也。"⑤ "理""张之为三纲，其纪之为五常，盖皆此理之流者无所适而不在。"⑥ 而且，"三纲之要，五常之本"，乃"人伦天理之至，无所逃于天地之间"⑦，"三纲五常"是绝对不能违反的。

朱熹把"理"说得神乎其神，玄而又玄。其实，它与"天""神"并无根本的区别，客观上根本不存在，都只是头脑中的奇思玄想。之所以虚构出一个"理"来，是因为随着科

---

① 《答黄道夫书》，见《朱文公文集》，以下出自同一本书，只注篇名。
② 《朱子语类》卷1。
③ 《朱子大全·答曾择之》。
④ 《朱子大全·学校贡举私议》。
⑤ 《朱子语类》卷4。
⑥ 《读大纪》。
⑦ 《垂拱奏札》。

学技术的进步和人类认识程度的提高,封建迷信的"天""神"说教,已经越来越不能欺骗人们了,不能自圆其说的破绽,也越来越多。以"理"代替"天""神"来解释万事万物,为封建的政治法律制度辩护,还能暂时起点作用。

(二)"存天理,灭人欲"

仅仅将礼与法解释作"理"的衍生物,还不能达到朱熹维护封建制度、巩固地主阶级专政、防止人民起而反抗的目的。因此,他进一步寻求"治平弭乱"的"理论"。他所找到的是:"存天理,灭人欲。"他说:"圣人千言万语,只是教人存天理,灭人欲。"①"天理存,则人欲亡;人欲胜,则天理灭。""人欲未去尽,除恶不能去其根,为善不能充其量。"因此,必须"革尽人欲,复尽天理"②。"人欲",即人的本能欲望。人的本能欲望的充分实现,是人类存在与发展的自然基础。无食欲,则人不能生存;无性欲,则人类不能延续;等等。朱熹却要人"灭人欲","存"虚无缥缈的"天理",无非是要人们克制、忍耐,受了剥削、压迫而不起来反抗。当然,如果真是如此,礼也就通行无阻,"王化"也就大功告成了;而法也可以措置不用了。但这只是朱熹的一厢情愿。清代学者戴震就指出:"人死于法,犹有怜之者;死于理,其谁怜之?"③用封建理学"灭人欲",无异于以"理"杀人,谁肯引颈就戮?宋代大大小小的农民起义,更是以其疾风暴雨般的力量冲击"理"学,揭露其虚伪与无力。

(三)"明谨用刑""义理决狱"

为了充分发挥封建司法的镇压作用,朱熹主张"明谨用刑"④"据罪论刑"。但他的"明谨"的标准,却是"国理"的衍生物"三纲五常"。他说:"凡听五刑之讼,必原父子之亲,立君臣之义以权之。盖必如此,然后轻重之序可得而论,浅深之量可得而测。"又说:"凡有狱讼,必先论其尊卑上下、长幼亲疏之分,而后听其曲直之辞。凡以下犯上,以卑凌尊者,虽直不右;其不直者,罪加。"这样,所谓"明谨用刑""义理决狱",也就完全暴露了它的真实面目,丝毫没有越出儒家的维护等级制度和宗法制度的"礼"的规定。

朱熹以"理"为核心的法律思想,具有极大欺骗性,宋以后的历代统治者大多取法"理学",推尊朱熹。宋理宗在朱熹死后追封他为"大师""信国公""朱夫子"。明朝朱元璋将朱熹的书立于官学。清朝的康熙皇帝说他是孔孟之后功劳最大的人。但随着现代唯物主义的传播,朱熹的"理学"唯心主义终于被送进了历史的博物馆。

---

① 《朱子语类》卷 12。
② 《朱子语类》卷 13。
③ 《孟子字义疏证》。
④ 《温公疑孟下》。

第八章 明清时期的法律思想

明清时期，中国封建制度日趋腐朽、瓦解，资本主义萌芽渐渐形成。

面临封建社会的危亡衰败，统治阶级的代表人物或竭尽全力加强对农民起义和其他社会敌对势力的赤裸裸的武力镇压，或冀重望于重振纲纪、恢复封建礼义与法度。由于资本主义萌芽的发生，代表资本主义经济成分的政治力量及政治法律意识，也开始表现出来。这些都对这一时期的法律思想发生了影响。此外，这一时期的民族矛盾也空前激烈。为解决民族矛盾，统治阶级运用了两手策略，这同样在法律思想上得到反映。

总的来说，这一时期的法律思想呈现出丰富多彩的形态。封建卫道士与带有资本主义民主色彩的法律思想家、封建帝王与民本思想较为强烈的"清官"，汉族统治者与外族统治者，都表现出各个不同的法律思想。

一、开创我国古代比较法学研究的邱浚

邱浚（1420—1495），字仲深，广东琼山（今海口市）人。明朝景泰年间进士，官至礼部尚书、文渊阁大学士，特命参与中枢政务。著有《大学衍义补》，其中就历代法律思想和制度中的一些问题进行比较和评注，从而开创了我国古代比较法学研究的先河。但他的阶级局限使他囿于儒家法律思想的藩篱，没有超出以仁政、德治为核心的儒家学说范畴。著有《邱文庄集》。

（一）合"天理"、顺"人心"的法制观

邱浚的法律思想贯穿着两条主线：一为合"天理"，二为顺"人心"。他要求统治者的政治法律及其他一切"举措皆合于天理，顺于人心"，要真心实意地"畏天谴，畏民怒"[1]。

首先，他以宋明理学为根据，把儒家"德主刑辅"说哲理化，认为"德""刑"都是

---

[1] 《卷首》，见《大学衍义补》，以下出自同一本书，只注所在卷及篇名。

"天命"。他说："大抵教道之兴废，系天命之去留。教道兴，则天理明而民彝叙，……"①至于"刑"，则是"天讨""天罚"，他说："人君刑赏，非一人喜怒之私，乃众人好恶之公也。""天命天讨之公也。"②

其次，他从儒家重民思想出发，认为政治法律制度必须顺"民心"。他说，如果顺"民心"，就不会有"纷纷之口语，狺狺之讼言"；对老百姓不能用严刑酷罚，因为"民讼于心，甚于讼于口也。"③ "人君酷刑，皆足以失人心而亡国。""国之安危，运祚长短，咸寄于此。"④

邱浚的这种合"天理"、顺"人心"的法制观，不仅体现在对法制的总体认识上，也贯穿在对立法、司法、执法问题的认识上。

（二）法律应"本之经义"

在邱浚看来，为治之道，"莫先乎礼"，失礼，则"强将恃势以凌弱，众将恃力以暴寡，富将恃财以吞贫，智将恃能以欺愚，天下之人惟势力财能之相尚，而不复知有尊卑上下之分"⑤。而礼是封建法律与封建道德的混合物，所以，立法也应"本之经典""应合经义"，即本于礼、合于礼，这是"百世定律之至言要道"⑥。他说："盖三代以前，以礼为治天下之大纲；三代以后，以礼为治天下之一事，治效所以有污隆也。"⑦ 把礼作为统帅政治法律之"大纲"，以礼入律，以礼释法，才会收到治国的最大效果。正因如此，邱浚主张在立法中把礼与法统一起来，形成礼法结合的体系；而司法官员必须是明经知礼之士，否则，不知经而言律，就会不合先王之本意。他主张"非通经学，明义理，备道德者，不可居之"，即不可任司法官吏。⑧

（三）司法执法要"以律从事"

从合"天理"、顺"民心"出发，邱浚又主张司法、执法都要"以律从事"，做到"坚如金石""信如四时"，他认为只有这样，才能"吏民信服"，才使"事可久行"。他的具体主张有：

专职司法、"以律从事"。他建议"在内之狱，专任司刑之职；在外之狱，分命牧守之

---

① 卷7《崇教化》。
② 卷1《正朝廷》。
③ 《卷首》。
④ 卷9《慎刑宪》。
⑤ 卷5《明礼乐》。
⑥ 卷9《慎刑宪》。
⑦ 卷5《明礼乐》。
⑧ 卷9《慎刑宪》。

任"①。中国封建社会里,行政、司法合二为一,地方长官一身而二任,司法的独立权受到破坏。晋代的刘颂对此弊端已有察觉并作过议论,邱浚根据当时法制废弛的情况,对此做了进一步的批评,并提出了上述建议。

"一遵成宪""以律从事"。邱浚认为,只有"法令画一,情罪相当",才能"民志不惑";否则,"破律生端,意为轻重,上知其奸,下莫测其故,此民所以手足无措,刑繁而犯愈多也"②。因此,他建议断狱应"一遵成宪""不得出意妄议",而应"以律从事"。

公开审判以示"天命天讨之公"。邱浚认为,既然刑赏是"众人好恶之公",所以赐爵行赏,应当"公庭显谢";人臣有罪,不应暗中"鸩毒",而要公开审判,以示"天命天讨之公"。

此外,邱浚还反对赎刑制度,认为这将造成"犯法死者皆贫民,而富者不复死矣"的结果;主张"承平之世,赦不可有"而"危疑之时,赦不可无"。这些法律观点都是有一定的进步性,是值得借鉴的。

(四) 嫁娶得时,不禁民利

资本主义萌芽在邱浚的法律思想上有初步的反映,他开始注意婚姻、继承、财产方面的法律关系及调节措施。

在婚姻制度上,他反对婚嫁"论财";主张嫁娶得时,即按法定年龄嫁娶;年龄相当,即男可长于女,女不可长于男。

在继承制度上,他主张建立法定继承制度,规定明确的顺序,使争讼止息。

在土地所有权问题上,他建议建立图册制度,发给百姓土地凭执,减少地讼。

在财产借贷上,他主张借债出息,必有券书,不多取息,偿还有据,等等。

邱浚在经济制度上主张"听民自便",反对"与民争利"。他说:"官不可与民为市,非但卖盐一事也。大抵立法以便民为本,苟民自便,何必官为。"③

邱浚的上述民法、经济法思想是当时条件下的进步观点,是资本主义经济萌芽与封建官府的经济垄断的矛盾的反映。

二、以"心学"为法律思想基础的王阳明

王阳明(1472—1528),名守仁,字伯,世称阳明先生。余姚(今属浙江)人。明武宗正德年间进士,历任巡抚、左佥都御史、南京兵部尚书等职。"功"在镇压农民起义和少

---

① 卷9《慎刑宪》。
② 同上。
③ 卷28《山泽之利》。

数民族起义。著有门人辑集的《王文成公全书》三十八卷。

王阳明生当明朝中叶，封建制度的"沉疴积痿"已明显败露，统治阶级内部"学风""仕风"不正与农民起义对封建统治的震撼力量，使王阳明深为震恐。他竭力创立"治心"的"心学"，企图以此作为寻求治国良方的指导理论。他的法律思想，就是建筑在"心学"基础上的。

（一）求"良知"，觅"天理"，兴礼义

王阳明对当时形势的估计是："天下形势如沉疴积痿。"[①] 其原因在于"人欲肆，天理亡，明德亲民大乱于天下"[②]，世俗的人欲泛滥，天理不存在了，普天之下贤明的德政和良好的亲民关系已一片混乱；而官场风气也中了"功利之毒""相轧以势""相争以利"，封建体统已经败坏了。怎么"起死回生"呢？王阳明抛出的"灵丹妙药"是求"良知""天理"和"礼义"。

他认为人人皆有"良知"："良知良能，愚夫愚妇与圣人同。"但"圣人能致其良知，而愚夫愚妇不能致"[③]。为了唤起"良知"，他提出"格物致知"，即排除对良知的干扰，"正其不正，以归于正"，把人的"良知"贯彻于万事万物中。但这是比较难以做到的："破山中贼易，破心中贼难。"他要求人们在"去人欲、存天理上用功"。他说："心即理也，此心无私欲之蔽，即是天理……以此纯乎天理之心，发之事父便是孝，发之事君便是忠，发之交友便是信与仁。只在此心去人欲、存天理上用功便是。"[④] 这样把忠、孝、仁、信这些礼的内容振兴起来，也就可以"家齐国治天下平"了。

王阳明兜了一个很大的圈子，从"良知"到"天理"到"礼义"，这就是他的由"治心"达到"治国"的"心学"蓝图。然而，这与朱熹的"存天理，灭人欲"的"理学"，并无二致。从认识论上看，都是唯心主义的货色；从目的论上看，都是为了巩固地主阶级的专政；从渊源上看，都离不了儒家的礼义仁信一套。

（二）建"保甲"，立"乡约"，用刑赏

任何一个唯心主义者，在高谈阔论时可以说得天花乱坠、玄而又玄，但在接触现实问题时，都不得不很"唯物"地位尽招数。王阳明也不例外。尽管他一再强调"治心"，但为加强封建法制，却不得不考虑具体的措施。建"保甲"、立"乡约"、用刑赏，即是他所反复倡行的组织措施和法制手段。

---

① 《论学书与黄宗贤》，见《王文成公全书》，以下出自同一本书，只注篇名。
② 《亲民堂放》。
③ 《论学书》。
④ 《传习录》。

保甲制度我国古代早已存在，但明确提出用保甲制度贯彻封建礼法，却是王阳明的"创造"。他曾在镇压农民起义时下令建立"十家牌法"。他在《十家牌法告谕父老子弟》中告诫"各家务要父慈子孝兄爱弟敬夫和妻随长惠幼顺，小心以奉官法，勤谨以办国课，恭俭以守家业，谦和以处乡里。心要平恕，毋得轻意纷争；事要含忍，毋得辄兴词讼。见善互相劝勉，有恶互相惩戒。务兴礼让之风，以成敦厚之俗……"。显然，"十家牌法"的目的，是要维护"三纲五常"的封建礼制。"十家牌法"规定：十家为一甲，有疑即报官，若隐瞒不报，案发十家同罪；十家之内有争讼，同甲即时劝解，如不听，或恃强凌弱、诬告他人，同甲相率禀官。这些规定，或用以防止或镇压农民的反抗活动，或用以解决民间纠纷。王阳明的目的在于利用保甲制度弥补封建官僚机器在"防乱"方面日益降低的能力。

王阳明倡行的"乡约"制度规定：建立"乡约"组织，设约长、副约长、约正、约史、知约、约赞，置"花名册""彰善簿""纠过簿"。"乡约"的内容为：孝父母，敬先长，教子孙，和乡里；死丧相助，患难相恤，善相劝勉，恶相告诫；息讼罢事，讲信修睦，"为善良之民"，"成仁厚之俗"。也就是"三纲五常"以及基本的法律规定。

王阳明还倡行刑赏两用，劝惩结合。他说："夫刑赏之用当，而后善有所劝，恶有所惩，劝惩之道明，而后政得其安。"[①] 他在镇压农民起义的过程中，还曾恳求皇帝"假臣等赏罚重权，使得便宜行事……"[②]。王阳明利用皇帝的授权，在镇压农民起义方面立了多次大"功"。但是，封建制度的败亡已成必然趋势，王阳明的"心学"也罢，保甲制度、乡约制度也罢，刑赏也罢，终究挽救不了明王朝的覆灭。

三、崇尚法家的务实主义者海瑞与张居正

明代嘉靖、隆庆、万历三朝，封建统治集团愈益腐败，勋戚官僚结党营私，宦官当政，贪污公行，贿赂成风。大地主加剧了土地兼并和对人民的搜刮。广大农民以至中小地主与工商业者纷纷破产，社会矛盾空前激化。此外，北疆少数民族贵族不断侵扰，东部沿海倭寇频频劫夺，政府束手无策。明王朝面临内外交困、上下离心的严重危机。面对这种局面，统治阶级代表人物中的一些有识之士清醒地认识到，只尚空谈儒学、"理学"、"心学"显然无济于事，而认为法家的法治主义或可挽救危机或成为苟延的权宜之计。这样，他们在理论的探讨或实际的政务中，都成了务实主义者。同时代的海瑞与张居正，就是他们的杰出代表。

---

① 《绥柔流贼》。
② 《攻治盗贼二策疏》。

(一) 海瑞

海瑞（1514—1587），字汝贤，号刚峰，广东琼山（今海南省海口）人，回族。出身小官僚家庭。曾任淳安和兴国知县、户部主事等。因上书批评嘉靖皇帝被捕入狱。隆庆三年任应天巡抚时，因推行抑强均赋、惩贪除霸等措施，遭大官僚地主的攻讦而被革职。万历十三年重新起用后，任南京吏部右侍郎和南京右都御史。海瑞执法公道，为官清廉，与包拯齐名。著有《海刚峰集》。他的法律思想，主要表现在他的司法实践中。

为了解决贪官污吏败坏礼义、过分压榨民众从而引起不满和反抗的问题，海瑞主张加强封建法治，运用法律措施整顿和监督吏治。这一方面，他的主张主要有：惩贪抑暴应成为知府知县的主要职责；用重刑惩治贪官污吏；凡诉讼有可疑者，"与其屈小民，宁屈乡官以救弊"；巡视中接受的诉状，必须是关系民间疾苦、官吏贪赃实有冤抑而官司分明不当者，其余不准告，等等。海瑞身体力行他的主张。他在兴国任知县，南昌退休尚书张鳌的两个侄子在兴国打人抢劫，海瑞依法问罪。张鳌买通赣州府关节释放，海瑞立即上书揭露张鳌及赣州府管吏。

为了整饬吏治，海瑞建议制订明确具体的行政法规。他自己在淳安任上就制定了《兴革条例》，规定：官吏调转不许迎送，不许设大席；下级到上级参谒不许送礼；不许吏书勒索农民；等等。他还发布《禁馈送告示》，严禁官吏之间互相送礼请托。任应天巡抚时，订立于《督抚条约》三十五条，其中包括禁迎送，禁饬馆舍、禁崇饮食等。《条约》还规定：如把仓库财物用以馈送建坊，具赆（即礼物）举贺，不论道府州县法律，不能借口这是"俗弊"而加以原谅；其隐充囊橐者，更不必言；若本院妄有取用，是为法司犯法，有司鸣鼓攻之，律在不能自赦；各院出巡而密赇其吏书者，大非法；有赇者反坐以赃，州县倘有力差名目，及以优免奉人情，皆坐以赃罪。据载，《条约》一出，民间传诵，民情若出汤火，贪墨污吏望风即解绶离去。

针对当时诉讼中的一些问题，海瑞还提出过一些有借鉴价值的观点，主要是：以重刑惩处诬告以儆效尤，认为法律规定对诬告只判二三年徒刑太轻了；在人命诉讼案件中，未经查实前以无罪对待；官吏有意宽纵姑息诬告者与有案不审理同罪，应当一并治罪；准许口诉，防止代书唆讼；听狱要直问穷究到底，始不惮烦，终不姑息；对于疑狱，"与其杀不辜，宁失不经；与其失善，宁其利淫"；法律对庶民与乡官应同等适用；等等。

（二）张居正

张居正（1525—1582），字叔大，号太岳，湖广江陵（今湖北江凌）人。出身中小地主家庭。二十三岁中进士，后来升为翰林院编修。1567年后，历任吏部左侍郎、内阁首辅。著作有《张文忠公全集》。

张居正早在1549年任编修时，就曾上《陈时政疏》，提出了改革时政的主张。1582

年任内阁首辅后,开始全面推行革新措施,然而当年即死去。他的法律思想,是与实际政务密切结合的,主要观点是:

"法后王""以法绳天下"。儒家言必称"三代",主张"法先王",以礼治天下。法家则反其道而行之,言必反"三代",主张"法后王",以法治天下。张居正的观点正与法家相同。他说:"夫法制无常,近民为要,古今异俗,便俗为宜。……法无古今,惟其时之所宜与民之所安耳,时宜与民安之,虽庸众之所建立,不可废也。"① 他赞赏秦始皇的严刑峻法,认为只有靠威严的法制,才能救明王朝的败亡。他指出,当今之一切都废弛不振,是由于"法之不行"②。他强调:"法令政刑,世之所恃以为治者也。"③ 显然,张居正崇尚的是法家的法治主义。但是,到了封建社会的末期,法家的法治主义已不是被利用来促进新型生产关系的建立,而是用来主要针对反抗暴政的农民了。也就是说,法治主义这时已逐渐走上了反动的道路。他曾说过,对起义农民要"大肆芟除,见贼即杀,勿复问其向背"④;"捕盗者必获,获而必诛,则人自不敢为矣"⑤。不过,张居正同时看到,除农民起义动摇着地主阶级的统治外,豪强权贵与贪暴官吏的横行不法也在破坏着封建政权的根基。所以,他的"法治",也是指向他们的。

"诛贪贼之吏"以"拯罢困之民"。张居正指出,破坏封建法度的,主要是豪强权贵,他们"外求亲媚于主上,以张其势;而内实奸贪淫虐,陵轹有司,朘刻小民,以纵其欲"⑥。张居正要求皇帝"刑赏予夺,一归之公道,而不必曲徇私情。政教号令,必断于宸衷而毋致纷更于浮议。法所当加,虽贵近不宥;事有所枉,虽疏贱必申"⑦。

轻徭赋,省法令,改革税法。除以法治国的一手外,张居正还希望实行安民政策。他认为"百姓安乐,家飨人足"是邦国安宁的根本。他说:"天之立君,以为民也。"以此劝告皇帝注重实行保民措施。措施之一是轻徭赋。他认为,"徭赋务从轻"是使人民安居乐业的重要国策。措施之二是省法令,他主张"省法令,不宜烦苛"。措施之三是改革税法。他于万历九年(1581)曾通令全国实行"一条鞭法",规定各州县的国赋、徭役以及其他杂税统统计算在一起,一律改为征收银两,上缴政府;遇有工役需要,政府出钱招募;其余应缴杂税贡物一律免除。这是从赋役制走向租税制的过渡,有抑制兼并、均平赋役的作用,有利于工商业的发展。

海瑞、张居正从不同的方面为重振明王朝的"纪纲"而毕生努力,然而他们所服务的

---

① 《辛未会试程策》,见《张文忠公全集》,以下出自同一本书,只注篇名。
② 《奏院三》。
③ 《宜都县重修儒学记》。
④ 《书牍·与殷石汀经略广贼》。
⑤ 《书牍·答总宪吴公》。
⑥ 《奏疏十二》。
⑦ 《陈六事疏》。

事业，注定要失败，也注定他们自己的努力对于拯救封建制度的事业，不过是徒劳而已。

四、倾向民主主义的法律思想家黄宗羲、顾炎武、王夫之

明朝末年，专制主义的中国封建社会已经腐朽透顶。宦官专权、特务横行，政治空前黑暗。水旱虫灾频仍，饥荒四起，民不聊生，经济濒于崩溃。地主阶级统治者疯狂迫害知识分子，思想文化的发展陷于停顿。在农民起义急风暴雨般掀起的同时，关外的清兵大军压境，使明王朝危如累卵。清朝初年，社会阶级矛盾和民族矛盾都非常尖锐。在社会政治斗争异常激烈的夹缝和间隙中，资本主义经济萌芽得到发展，城市经济加速了繁荣过程，西方近代文明也开始传入中国。

在这样的历史条件下，总结明亡的历史教训，反映萌芽中的资本主义经济的要求、正视社会现实带给广大人民的苦难，成了一些正直的知识分子的自觉要求。其中的明智者，如黄宗羲、顾炎武、王夫之等，如繁星般同时出现在明末清初。他们的法律思想有一个共同的特点，即明显带有反对封建专制的民主主义色彩。

（一）"极有力"于"晚清思想之骤变"的黄宗羲

黄宗羲（1610—1695），字太冲，号南雷，世称梨洲先生。浙江余姚人。出身于中等官僚地主家庭。青年时期参加过反对明王朝内部腐朽势力阉党的斗争。明亡后，他一面参加抗清斗争，一面著书立说。在《明儒学案》《明夷待访录》《十三转实录》等政治、历史著作中，充分阐发了他反对封建专制、追求民主主义的政治法律观点。梁启超在《清代学术概论》中说他的思想"于晚清思想之骤变，极有力焉"，成了清末资产阶级改良主义"变法维新"的重要思想武器。

黄宗羲法律思想的最大特点，是民本主义法治观。正是在民本主义法治观的基础上，他否定了"君权神授"的神权法观点，批判了儒家的"君为臣纲"和人治论，主张改变立法与司法制度以实行"天下之法"法治。

黄宗羲认为，人类社会的初期，由于"公利"与"私利"的矛盾，必然导致出现推举一人作为君来治理社会的情况。因此，人君是为天下人办事的公仆，君权不是神授，而是民予的。但后来，人君却"敲剥天下之骨髓，离散天下之子女，以奉我一人之淫乐"，颠倒了天下人与人君的主仆关系。他要求仍然恢复到"天下为主，君为客"的关系中去。黄宗羲还认为君与臣"名异而实同""官者分身之君"，臣僚的职责是"为天下，非为君也；为万民，非为一姓也"①。这样，他就否定了神权法和"君为臣纲"的正统法律观。

黄宗羲认为，法不是"一家之法"，而是"天下之法"，立法要为"天下"，如为一己

---

① 《明夷待访录·原君》。

之私，就是"非法之法"，应毫不犹豫地予以废弃。他说："三代以上之法，……未尝为一己而立也。后之人主，……其所谓法者，一家之法而非天下之法也。"他认为立"天下之法"，则"法愈疏而乱愈不作"；后世立"一家之法"，则"法愈密而天下之乱即生于法之中"，是"非法之法"。由此出发，黄宗羲推论，必须实行法治，否定人治。其理由是，如果立了"非法之法"，再有本事的人也无能为力；而如果像"先王之法"那样是"天下之法"，那么，司法之人"是"，可以很好地贯彻法律；即使司法之人"非"，也不至于苛刻地陷天下之人于法网。他说："吾以谓有治法而后有治人。自非法之法，桎梏天下人之手足，即有能治之人，终不胜其牵挽嫌疑之顾盼，有所设施，亦就其分之所得，安于苟简，而不能有度外之功名。使先王之法而在，莫不有法外之意存乎其间。其人是也，则可以无不行之意；其人非也，亦不至深刻罗网，文害天下。故曰：有治法而后有治人。"①

为了实行"天下之法"，黄宗羲主张尽废秦汉以来的一切"非法之法"，即废除以君之意志为转移的立法和司法制度。他指出，让胥吏立法，胥吏就"创为文网，以济其私"，这就造成了胥吏弄法之害；让胥吏司法，就造成天下受害的恶果。他主张由农民轮流"值年"，取代胥吏执法；中央和地方掌簿书的胥吏，则由进士、监生、弟子员即士大夫知识分子担任②。

显然，黄宗羲关于国家和法律的起源、法的作用、立法和司法等方面的观点，都源于民本主义思想。这是初步的民主主义思想在法律观念方面的反映。尽管十分粗浅，但带有资产阶级民主主义的性质，对反对封建君主专制和民主主义法律思潮的诞生，都有重要的启蒙作用。

（二）开"经世致用"一代新风的顾炎武

顾炎武（1613—1682），初名绛，后改名继绅，世称亭林先生。江苏昆山人。出身于大地主和官僚家庭。明亡后坚持抗清，失败后改名炎武，从事著述。主张"明道""救世""经世济用"，开创了一代经学新风。其法律思想主要反映在《日知录》中。其主要观点是：

反对专制主义法治，主张建立公天下之法。顾炎武抨击当时社会一切权力"皆人主自为之"，"遂废人而用法、废官而用吏"，这造成了"法令日繁、治具日密"、使英雄豪杰都成了庸人懦夫的恶果；也造成了胥吏舞文弄法、任意妄为的恶果。他把专制主义法治下的胥吏比作"百万虎狼"，坚决主张要除掉这些虎狼而后快。他反对专制主义法治，但并不反对一般的法和法治。他主张立公天下之法，认为"公天下之法"是不可缺少的重要治国手段。

---

① 《明夷待访录·原法》。
② 《明夷待访录·胥吏》。

反对法繁网密，主张疏法宽刑、以礼防民。顾炎武对专制制度下的繁法密网、苛刑酷罚，表示坚决反对。他用秦代法令多如牛毛而天下早亡与文景之治时盛世太平做对比，得出天下之事固非法之所能防的结论，认为"天下之事，得之于疏，失之于密，大抵皆然"①。

他曾记述参知政事龚茂良的话说："昔之患在于用例破法，今之患在于因例立法，自例行而法废矣……吏胥得操其两可之权。"② 当时通行以案例为断案依据的做法，这样繁多的案例就都升格而起法律的作用，自然是法网繁密、吏胥得以舞弊而无可究诘了。对比这种情况，顾炎武称赞了我国少数民族立法的疏法宽刑。他说："《盐铁论》言匈奴之俗，略于文而敏于事"，"魏太武始制反逆、杀人、奸盗之法，号令明白，政事清简，无系讯连逮之烦，百姓安之"③。他还主张在疏法宽刑的情况下，以礼来调节社会关系。他说："古之王者，不忍以刑穷天下之民也。是故一家之中，父先治之；一族之中，宗子治之……原父子之亲立君臣之义以权之，……刑罚焉得而不中乎。是故法立而刑清，天子之宗子，多治其族，以辅人君之治，罔攸兼于庶狱，而民自不犯于有司，风俗之醇，科条之简，有自来矣。"④ 他把"礼义"当成"治人之大法"，用以代替繁密的法网和苛酷的刑罚，这在当时专制主义高压下自有其积极意义，但是以封建宗法、礼义名教来反封建专制主义，又表现了他的思想的极大局限性。在资本主义没有得到充分发展的情况下，即使是有民主主义倾向的进步知识分子，也不可能自发形成资产阶级的法律思想。

主张以法治吏、严惩贪赃。顾炎武认为，法制的首要任务是正官位。他说，"古之哲王"用以正百官的办法有二，一是"制官刑儆于有位"⑤。他盛赞唐朝"以礼防民，而法行于贵戚"的做法，即治吏重于治民。为了对官吏加强约束，他还主张以"清议"之法"佐刑罚之穷"。"清议"，即乡里的士大夫阶层按封建伦理道德评议官吏。"官职之升沉，本于乡评之予夺"，对官吏的言行有很大的制约作用。他甚至认为："天下风俗最坏的地方，清议尚存，犹足以维持一二；至于清议亡，而干戈至矣。"⑥ 这里的"清议"，实际上带有民主的意向，使更多的人得以监督官吏的作为。顾炎武特别强调以严刑对付贪官污吏。他考察了大量史实，指出历代都对赃官采取严刑峻法，不但惩及赃官本人，即使对有才能的也不宽恕，而且罪及子孙、不予重用。

顾炎武是一个学问渊博的思想家，他致力于将历史的经验与现实问题的解决联系起来，即寻求"经世致用"之道，反对空谈性理，对后世的学术界有很大影响。

---

① 《日知录》卷12。
② 《日知录》卷8。
③ 《日知录》卷2。
④ 《日知录》卷6。
⑤ 《日知录》卷13。
⑥ 同上。

(三) 唯物主义精神鲜明的王夫之

王夫之（1619—1692），字而农，号姜斋，世称船山先生。湖南衡阳人。出身于隐居不仕的学士家庭。明亡后，曾在衡山举兵抗清。失败后定居衡阳石船山，闭门著书。遗著有后人编辑的《船山遗书》。

王夫之是杰出的唯物主义思想家，对宋明理学的唯心主义做了深刻的批判。他认为世界统一于物质实体的"气"，除"气"以外，并无"虚托孤立之理"。由此出发，王夫之形成了反对"存天理，灭人欲"的理学法律观，主张"求天理于人欲之中"的唯物主义法律观；反对"家天下"的严刑峻法，主张"公天下"的疏法宽刑；反对法律不变论，主张法制进化论；反对人治论，主张任人任法并重论等法律观点。

"集诸儒之大成者"的朱熹倡行"存天理，灭人欲"，把法当作"天下之理"，是"理"的化身。王夫之认为"人欲"是人们生存不可缺少的正当要求，要"求天理于人欲之中"①，把"人欲"提到首要地位。从"人欲"必须满足出发，王夫之得出应"整齐其好恶而平施之"，"平均专一而不偏于齐"②的结论，提出了土地公有和"耕者有其田"的主张③。这种建立在唯物主义基础上的"人欲"论，是王夫之法律思想的出发点与归宿。

王夫之对专制主义的批判，突出地表现在对"家天下"的反对和对"公天下"的颂扬上。他认为："一姓之兴亡，私也；而生民之生死，公也。"④在"家天下"的前提下，法律必然流于苛酷。申不害、商鞅、韩非这些法家人物，由于不否定帝王的"家天下"，颂扬了重刑主义，被王夫之斥为"蟊贼"。他认为在"公天下"的基础上，可以施行疏法宽刑，而且"法愈疏，闲（即防备，这里指道德法度）愈正"⑤。他认为：法贵简而能禁，刑贵轻而必行。这是王夫之从"公天下"理想出发的立法和司法原则。他的轻刑思想要求任何情况下都放弃"猛"这一手，因为"宽则国敝而祸缓，猛则国竞而祸急"⑥。

王夫之认为人类社会和自然界一样，是不断地发展变化的，法律制度也不例外。他据此对历史上的封建、学校、选举、土地制度、肉刑、职田、税收做了具体分析。他深刻地指出"事随势迁而法必变"，"汉以后之天下"只能"以汉以后之法治之"⑦。在谈到选举制度时，他说："封建选举之法，不可强行于郡县。《易》曰：'变通者，时也。'三代之王者，

---

① 《读四书大全说》。
② 《黄书·慎选第4》。
③ 《噩梦》。
④ 《读通鉴论》卷17。
⑤ 《东汉灵帝》。
⑥ 同上。
⑦ 《读通鉴论》卷5。

其能逆知六国强秦以后之朝野而豫建之制哉！"① 王夫之的这种法律进化论，对近代改良主义、维新主义法律思想的形成，有十分重要的影响。

王夫之认为人治论者主张"任法不如任人"，但治吏、治民都离不开法，所以是片面的观点。同时，他认为法治论者主张"任人不如任法"，但法要人来掌握，所以也是片面的观点。他主张将任法与任人统一起来。他说："法者非必治，治者其人也。然法已不善，虽得其人而无适守，抑未由以得理，况未得其人邪！"②

明末清初的上述三位思想家的法律思想，从各个不同的侧面，就法律思想的一些基本问题，做了民主主义倾向比较突出的阐述。循此继进，后代的法律思想家理应在资产阶级法律观上做出贡献。但是，由于极端严酷的封建高压，以及后来西方资本主义的侵入，中国资本主义萌芽被扼杀于襁褓之中，走上了半封建半殖民地的畸形发展道路，法律思想的变迁，也深深地打上了半封建半殖民地的烙印。

---

① 《读通鉴论》卷3。
② 《读通鉴论》卷10。

第九章　近代法律思想

1840年鸦片战争以后，中国封建社会开始了迅速的总崩溃过程，沦为半封建半殖民地社会。

由于西方资本主义的侵入，自给自足的自然经济日趋瓦解，商品经济和中国的民族资本主义得到了一定的发展。但是同时，封建制的生产关系并未改变，且加重了对农民的压榨。外国资本主义的掠夺又是穷凶极恶、贪得无厌的。这一切使灾难深重的中国人民不得不起而抗争，严重地摇撼着清朝的封建政权。这样，在近代中国的政治舞台上，地主阶级改革派、农民阶级革命家、资产阶级维新派和资产阶级革命派，就各带着本阶级或阶层的历史使命，相继起来就中国的出路、中国的政治法律制度的改变等头等重要的问题，发表自己的见解，从而构成了中国近代法律思想的错综复杂的尖锐对立的不同派别。其代表人物主要有：地主阶级改革派龚自珍、魏源；农民阶级革命派洪秀全、洪仁玕；资产阶级维新派康有为、梁启超、严复以及沈家本；资产阶级革命派章太炎、孙中山。

一、地主阶级改革派法律思想家龚自珍和魏源

（一）变法改良的先驱龚自珍

龚自珍（1792—1841），又名巩祚，字璱人，号定庵，浙江仁和（今杭州）人。出身于官僚地主家庭。龚自珍生于清朝嘉庆、道光年间，清王朝已"岌岌乎皆不可以支月日"。龚自珍痛切感到危机的深重，以其犀利的笔锋痛戳社会积弊，大声疾呼革新图治，表达了强烈的民主主义法律观点。今人辑有《龚自珍全集》。

第一，"自古及今，法无不改。"龚自珍认识到当时社会已是"日之将夕，悲风骤至，人思灯烛，惨惨目光，吸引暮气，与梦为邻"①，又如"履霜之屦，寒于坚冰；未雨之鸟，

---

① 《尊隐》，见《龚自珍全集》，以下出自同一本书，只注篇名。

戚于飘摇；痹痨之疾，殆于痈疽；将萎之华，惨于槁木"①。他认为造成这种局面的重要原因是"天下无巨细，一束之不可破之例"，拘于"一祖之法"②。针对这种状况，他强烈地要求变法改图。他的变法理论根据是"古人之世，倏而为今之世；今人之世，倏而为后之世，旋转簸荡而不已"③，社会是迅疾变化的。因此，"自古及今，法无不改，势无不积，事例无不变迁，风气无不移易"④，变法改图已是势所必然了。

龚自珍这种变法改图的思想对后来的变法维新理论家产生了极大的影响。他因此被看作是变法改良的"前驱先路"而青史垂名。但是，他囿于阶级的局限，找不到变法的正确方向，寄希望复古。他说自己是"药方只贩古时丹"，主张"仿古法则行之"。这当然是行不通的，因而使他的变法思想大大逊色。

第二，律令产生于"人伦""饮食"。龚自珍探讨过法律的起源。他认为"人伦""饮食"是律令发生的直接原因。他说："……饮食之多寡，祭之数，少不后（谦让）长，支不后宗，筋力者暴羸，于是乎折灌折木而挞之，则司寇之始也。"⑤因为饮食、祭祀的礼数乱了套，所以才有了法律和法官。在《农宗》里，他还谈到古代有足够的食物，从而有名正言顺的礼乐刑政；礼乐刑政是与农业生产的发展密切相关的。他特别强调法律与"人情""人伦"的关系。他说："律何本，本人情也。"从饮食探讨法律起源，已有过不少的人；但从"人情""人伦"探讨法的产生、法的精神，龚自珍却是第一人，这是近代中国资产阶级法律思想萌芽的一种表现形式。

第三，"仿古法而行"吏治的改革。龚自珍探讨了法律的起源，认识到时势的移易已使得"一祖之法"非改不可。他进而提出了改革吏治的要求，改革的办法是"仿古法而行"。他的具体建议有"守令专戮""圣天子"亲自"删弃文法"等。

他说："古之时，守令皆得以专戮，不告大官，大官得以自除辟吏。……仿古以行之，正以救今日束缚之病。"⑥即仿照古代官员独立行法，用心扭转皇帝专权、过分束缚的弊病。但谁来扭转皇帝的专权呢？龚自珍没有想到别的，而是回过头来，仍然把眼睛盯着皇帝本身，要他出来"更法"："圣天子赫然有意千载一时之治，删弃文法，捐除科条……"⑦。十分明显，这样的吏治改革要求是不可能实现的。龚自珍终其一生，未能实现其改革要求之万一。在鸦片战争外国侵略者的炮火声中，他带着未了的心愿忧郁病殁了。

---

① 《乙丙之际著议第九》。
② 《乙丙之际箸议第七》。
③ 《释风》。
④ 《上大学士书》。
⑤ 《五经大义终始论》。
⑥ 《明良论四》。
⑦ 同上。

(二) 最先提出向西方学习的魏源

魏源（1794—1857），字默深。湖南邵阳人。出身于一个衰落的地主家庭。道光进士，历任内阁中书舍人、知县、知州。曾参加第一次鸦片战争，参加镇压太平天国农民运动。他勤于思索，看到清王朝已腐败透顶、西方侵略节节进逼、外国技艺远远高出中国。因此，他迫切要求改革，幻想通过自上而下的改革来达到富国强兵的目的，用以挽救行将崩溃的清王朝。他的改革建议借鉴了国外的经验，带有资产阶级民主主义的因素。他提出了"师夷长技以制夷"的口号，是中国最先向西方学习的思想家。今人辑有《魏源集》。

第一，因"势"变法，以刑去刑。魏源忧愤于把持朝政的昏庸大官僚"除富而外不知国计民生为何事""除私党而外不知人材为何物""以养痈遗患为守旧章""以缄墨固宠为保明哲"①，深感除改变"祖宗成法"外，已别无出路。他为改革找到的理论根据是：天、地、人、物无时无刻不在变化，"三代以上，天皆不同今日之天，地皆不同今日之地，人皆不同今日之人，物皆不同今日之物"②，变化是大势所趋，"势则日变而不可复者也"。因此，法制律令也应因"势"而变。他说："天下无数百年不变之法，亦无穷极不变之法，亦无不除蔽而能兴利之法，亦无不易简而能变通之法。"③ 总之，必须根据时势的变化而变革法制。

魏源所说的"势"，是指国势，即国家的富庶与强盛。他认为应当顺应富国的要求而变革法制。变革法制的具体要求之一是，改变清朝的严刑峻罚。他认为，严刑峻罚是申韩之短，应予去除而取其长。他说："强人之所不能，法必不立；禁人之所必犯，法必不行。虽然，立能行之法，禁能革之事，而求治太速，疾恶太严，革弊太尽，亦有激而反之者矣。"④ 他认为应当按"天下之中人"的标准来顺势立法，以求达到"以刑去刑"的目的。

第二，讲求"行法之人"，去除"法外之弊"。魏源变法主张的一个重要内容是讲求"行法之人"以去除"法外之弊"。他说："君子不轻为变法之议，而惟去法外之弊，弊去而法仍复其初矣。不汲汲求立法，而惟求用法之人，得其人自能立法矣。"⑤ 他认为，无论是严法或轻法，都可能因为行法之人的不同而产生不同的后果。他说："邓析、子产，同一竹刑也，邓析受诛而郑人不怜，子产则遗爱众母，兴歌谁嗣；商君、诸葛，同一严法，商君车裂而秦人不怜，武侯则巷祭路哭，白帽成俗。"⑥ 由此证明了行法之人的极端重要性。

为求行法之人，魏源主张整顿吏治、广开才路、改革科举、启用贤材。他认为这是改

---

① 《治篇十一》，见《魏源集》，以下出自同一本书，只注篇名。
② 《治篇五》。
③ 《淮南盐法轻本敌私议自叙》。
④ 《治篇三》。
⑤ 《治篇四》。
⑥ 《治篇二》。

革时政、加强法治的先决条件。他揭露科举制"揽人才但取文采而不审其才德，一旦身预天下之事，利不知孰兴，害不知孰革，荐黜委任不知孰贤不肖"①。对于"贵以袭贵、贱以袭贱"的用人路线，魏源表示坚决反对，要求"量能而授之职"，广开才路，使法治能取得真正的实效。

第三，"师夷长技以制夷"。对于西方侵略者，清朝统治集团中的投降派或者畏敌如虎，或者轻举妄动。魏源分析了敌我双方的情况，如实地承认西方资本主义国家的先进科学技术远胜于我，同时又满怀信心地主张"以甲兵止甲兵"。他提出了"以夷制夷""师夷长技以制夷"的口号，要求学习外国先进科学技术，制造新式武器，达到战胜外国的目的。他的"师夷长技以制夷"的口号，主要是针对西方科技的。但他在了解"夷情"时，也十分关注西方近代资产阶级政治法律制度的优越性。在《海国图志》中，魏源称赞了美国"章程可垂奕世而无弊"；"议事听讼""选官举贤"中的民主制度；特别指出美国"刑官"之设，"主谳狱亦以推选充补，有偏私不公者，群众废之"。这在当时是振聋发聩的"海外奇闻"。魏源就是向海外寻找真理"奇闻"的开路先锋。

二、农民革命中的杰出法律思想家洪秀全、洪仁玕

鸦片战争后爆发的太平天国运动，是中国历史上规模最大的一次农民起义。由于时处近代，革命的领袖人物受到西方各种思想的影响，虽然他们代表的是农民阶级，但其法律思想中已闪射出资产阶级式民主、平等要求的熠熠光辉。同时，又由于这些领袖人物的经历各不相同，他们的法律思想各有较大的差异。这在洪秀全和洪仁玕身上表现得最明显。

（一）混合了农民革命民主主义和封建专制主义的洪秀全

洪秀全（1814—1864），广东花县（今广州市花都区）人。出身于中农家庭，为贫苦的知识分子。1843年组织拜上帝会，1851年举行金田起义，建立太平天国，被举为天王。著有《原道救世歌》《原道醒世训》《原道觉世训》《百正歌》等。他的法律思想，表现出农民革命民主主义和封建专制主义相混合的特征。前者产生于西方资产阶级思想对他的影响，后者则源于他所出身的农民阶级的局限性。

第一，"斩邪留正"的农民革命民主主义立法指导思想。洪秀全早年曾在诗中表达了"手握乾坤杀伐权，斩邪留正解民悬"的宏大志向。从此，"斩邪留正解民悬"就成了他的一生言行，其中包括为太平天国立法的指导思想。

在《原道救世歌》中，洪秀全把"淫""忤父母""行杀害""为盗贼""为巫觋""为赌

---

① 《治篇一》。

博""食洋烟"等"不正"作为"妖",主张给予严厉的法律制裁。他指出,是"一出于私"①的缘故,才产生这些"妖"的。因此,要"斩邪留正",铲除产生"私"的制度。在他制定的《天朝田亩制度》中,就宣布废除封建土地私有制,在政治、经济、社会、男女等方面贯彻平等原则。他在《太平救世歌》中说,太平天国"除妖安良,政教皆本天法;斩邪留正,生杀胥秉至公"。他把"斩邪留正""去私为公"作为立法的最根本指导原则。在这个原则的指导下,他制定了《五条纪律》《十款天条》《太平条规》等军事、行政法令,还颁布了许多具有法律约束力的诏令。

在这些"天条"和诏令中,最突出的一项内容是关于天朝的"圣库制度"。太平军起义初期,拜上帝会的教徒即按照洪秀全的指令,"将田产房屋变卖,易为现金,而将一切所有缴纳于公库,全体衣食皆由公款开支,一律平均"。1851年以后,洪秀全又接连下诏,要求"为公莫为私",所获一切"尽缴归天朝圣库",违者"一经查出,斩首示众"②。后来,在《天朝田亩制度》中更进一步规定:"天下人人不受私,物物归上主。"在分配和消费方面,实行绝对平均主义。

这些法律规定和制度、政策,表现了洪秀全农民革命民主主义法律思想。它要"革"除"私",即封建土地私有制的"命",使每一个太平军战士都成为社会、经济、财产的主人。但这种革命民主主义囿于农民阶级小生产眼光的藩篱之内,与资产阶级革命民主主义有相当大的距离。

第二,法律面前男女平等。洪秀全的农民革命民主主义还反映在他主张法律面前男女平等上。早在《原道醒世训》中,他就说过天下男女均是兄弟姐妹的话。后来,他又制订了一系列法令、政策,保证妇女和男子参加革命权利平等,参加考试权利平等。他还主张"凡天下婚姻不论财";建立了"合挥"制度,即男女双方在自愿的基础上申请结婚,由地方官发给"合挥"书,以资凭证。他还以法令严禁娼妓、纳妾、买卖奴婢、缠足、溺婴等。这些充分反映了近代民主主义在洪秀全法律思想中的强烈影响。

第三,诉讼制度中的民主精神。《天朝田亩制度》规定了严格的诉讼程序:"各家有讼事,两造起两司马,两司马听其曲直",不服可上诉,由上级乡官审理。若"既成狱辞",军师必须逐级上报,直至天王。天王降旨,命令逐级往下"详核其事","如无出入",最后报天王主断生死予夺,发交军师遵旨处理。这个规定使当事人有辩护权、上诉权,要求司法机关"详核其事无出入"等,与封建司法的专横擅断、刑讯逼供、随意出入人罪,有极大的区别,是民主精神在诉讼制度中的体现。

第四,重刑主义法律观。洪秀全的思想,一方面受资产阶级民主思想的影响,另一方面还残留着不少封建专制主义的毒素。因此,在与清军的生死搏斗中,他表现出了重

---

① 《原道醒世训》。
② 《天命诏旨书》。

刑主义的法律观，不但对"妖兵""妖将""妖官"斩杀不留，而且对内的"妖邪"也动辄斩首，甚至以野蛮残忍的"点天灯""五马分尸"方式进行惩罚。他把抽洋烟、饮酒、掳掠、奸淫、私取私藏金银财物，甚至把打架、赌博、口出怨言等，都不分青红皂白地列入"斩首"范围。太平天国还保留了身体刑，如枷、杖、鞭笞等。这些落后野蛮的做法，使洪秀全和太平天国的声誉受到严重的不良影响。对洪秀全法律思想的这一落后方面，必须正视并予以批评。

（二）中国近代资产阶级法律思想的先驱洪仁玕

洪仁玕（1822—1864），号益谦，广东花县（今广州市花都区）人。1843年参加创立拜上帝会。1852年在花县发动武装起义。失败后赴香港、上海传教，认真研究了西方资本主义的政治、经济、文化和法律制度。1859年到达天京南京，封"干王"，总理太平天国政事。他向洪秀全进呈的《资政新篇》，成了太平天国后期的政治经济纲领，其中也反映了他接近资产阶级思想体系的进步法律观。他的其他著作还有《立法制宣谕》《洪仁玕自述》等。他的法律思想可以概括为以下主要观点：

第一，强调"国家以法制为先"，立法要学习英、美等资本主义国家。他在《立法制宣谕》中强调说："……国家以法制为先，法制以遵行为要，能遵行而后有法制，有法制而后有国家，此千秋不易之大经，而尤为今兹万不容己之急务也。"在《资政新篇》中，他指出理政的关键在于"设法"与"用人"。而"设法"必须学习英、美等资本主义国家的法制。这是他的法律思想的精髓。

在《资政新篇》中，他称赞英国"法善"，美国以法律规定议会制度所议者"为公"。他还介绍了德国、瑞典、丹麦、挪威、法国、俄国、埃及、日本等国的情况，归纳指出这些国家之富强，得力于"因时制宜，度势行法"。洪仁玕在《资政新篇》中大声疾呼发奋图强，重建"纲常"，以严明先进的法制保证"太平一统江山万万年"。为此，他要求寻觅贤良之人来立法，因为只有他们才"洞悉天人性情，熟谙各国凡教"。学习西方法制的热情，跃然纸上。

第二，革故鼎新，度势行法的辩证法律思想。洪仁玕到达天京后，目睹了法纪废弛的混乱状况，感到有大力改变的必要。在《英杰归真》中，他指出："凡一切制度考文，无不革故鼎新。"在《资政新篇》中，他认为法律具备"无定而有定，有定而无定"的辩证性质。"立法善而施法广，积时久而持法严，代有贤智以相维持，民自固结而不可解，天下永垂不朽矣。"这是法的"有定"的表现。"小人常坏法……"这是法的"无定"的原因。为此，必须看到"法之质，在乎大纲一定不易；法之文，在乎小纪每多变迁"的道理。他要求"随时损益小纪"以"彰明大纲"，"度势行法"以整顿法纪。

第三，"教法兼行""恩威并济"的综合治理观点。洪仁玕在《资政新篇》中主张"教法兼行"，认为"教行则法著，法著则知恩，于以民相劝戒，才德日生，风格日厚矣"。他

还提出应"恩威并济",不能一味苛严。根据这种多手策略、综合治理的观点,他建议采取以下具体措施:

其一,设新闻馆,通过报纸"昭法律,别善恶,励廉耻,表忠孝"。

其二,刊刻颁行法律文件,公之于众,"威使闻知",以便"先教以天条,而后齐以国法"。

其三,以道德伦理教育辅法制而行。

其四,公开审判,扩大法制影响。他建议开群众大会当众处死罪犯,"先彰其罪状……",以供"观者可以股栗自儆"。

其五,"善待轻犯",使轻犯在"修街渠道路"的劳动中得到改造。

其六,"持法严"。他认为"下有不法,上不可无刑",对为官者犯,更应严责严惩。

据曾国藩幕僚赵烈文在《能静居士日记》中说,洪仁玕执政时,"政令为之一变,一切参用文法"。可见他"教法兼行""恩威并济"的综合治理观点,在实践中取得了一定的成效。

第四,粗浅的资产阶级经济立法观点。洪仁玕到达天京,亲睹洪秀全小农经济思想的失败,于是努力推行资产阶级经济立法思想,力求挽回太平天国渐形明显的颓势。他在《资政新篇》中提出了如下几个方面的经济法制建设的设想:

其一,颁行私人投资法以发展采矿与交通运输业;

其二,提倡颁行劳资法;

其三,鼓励发明创造,保障创造人的专利权;

其四,推行保险法,等等。

尽管上述设想是比较粗浅的,但洪仁玕最先提出了有利于资本主义经济发展的法制建议,功不可没,应予充分的肯定。

三、资产阶级改良派康有为、梁启超、严复的法律思想

1894年中日甲午战争后,清王朝的存亡已经到了千钧一发的紧急关头,中国的全部领土几乎都被帝国主义列强划为他们的势力范围,中国面临着亡国的危险。与此同时,中国的民族资本主义在帝国主义野蛮侵略的特殊条件下,艰难地得到了一些发展。正是在上述两方面因素的作用下,发生了中国近代史上著名的戊戌变法运动。资产阶级改良派的代表在变法运动中比较充分地表述了他们学自西方资产阶级,并经过自己改造的改良主义法律思想。其著名代表有康有为、梁启超、严复等。这一时期里,游离于变法运动及以后的政治论争之外的沈家本,作为接受了西方法律思想并探讨了中国法律制度的渊博的学问家,他的法律思想,也是很值得重视的。

（一）戊戌变法运动的领导者康有为

康有为（1858—1927），又名祖诒，字广厦，号长素。广东南海人。出身于官僚地主家庭。幼年受严格的封建正统教育，1879年游学香港，接触到先进的资本主义制度。1888年到1898年，他七次上书光绪皇帝，请求变法维新。戊戌政变后流亡国外，鼓吹立宪，反对民主革命。他的前期法律思想主要反映在《戊戌奏稿》《上清帝书》《大同书》等著作中，主要观点是：

第一，力主变法。他深感"今天下法弊极矣"①，于是上书清帝，力主变法救亡。他指出，"祖宗法制"虽"美"，但"法立久则弊生，令行久则奸起"；至于今日，"良法"已成"苟且"，"美意"皆成"具文"，"积弊"之重，已"非雷霆震厉，无以去淤"，"非日月清明，无以成理"了。

当时清廷中绝大多数守旧官僚拼命反对变法，康有为不得不反复指明不变法之害，认为"若非大讲变术，是坐待自毙也"。他对比了外国变法与不变法的不同后果，指出，奥斯曼帝国因不变法而被六大强国"割地废君而柄其政"；"俄、日能变法，遂威行东方"。他发出了"能变则全，不变则亡；全变则强，小变仍亡"的警告。

第二，学习外国的法律制度。早在1888年《上清帝第一书》中，康有为就提出了学习日本变法兴治的主张，认为日本变法可资中国学习者"要义有三"："一曰大誓群臣以定国是；二曰立对策所以征贤材；三曰开制度局而定宪法。"

关于学习外国政治法律制度的具体内容，康有为谈得最多的是学习西方搞三权分立和开设议院。他认为："以国会立法，以法官司法，以政府行政，而人主总之，立定宪法，同受治焉。"

第三，提出了一系列具体的变法建议。举其大者，计有：其一，废八股，试策论。他认为，八股取士不过"前明敝陋之法"，应亟予废除而考试策论。他建议为此立法，议定"详细章程"。其二，办报纸，把办报馆作为变法的"急务"。其三，立制度局、法律局。他分析了立法律局新法的必要性，建议"采罗马及英、美、德、法、日本之律，重定施行"。他列举了"民法、刑律、商法、市则、舶则、讼律、军律"及国际法等，指出这些法律"西人皆极详明"，中国必须有专司其事的人，"采定各律""补我所未备"。其四，制定宪法。他认为世界各国纷纷"行立宪之政"，都是"由法国革命而来"，是"时势所趋，民风所动"，一定要及早制定宪法。其五，明行赏罚，以刑助变法。他认为当时已是"天下岌岌"，但保守的顽固派却对变法"众论沸沸"，必须以刑助变法，"严警守旧阻挠造谣乱政之罪""重罚一人以惩其后"。

康有为的法律思想，如从上述变法维新的角度来看，还是清晰与进步的。但如果联系

---

① 《上清帝书》，下文未注出处者，同此。

他的其他法律观点全面来分析,就可看出有这样一些特点:一为康有为的法律思想从总体说是西学与儒学杂交的产物,带有混乱的理论形态;二为"防民"与"尊皇"结合,站在封建地主阶级的立场上鼓吹资产阶级的民主和法制;三为激进的变法主张中预伏着倒退的危机,因为他把变法的希望全然寄托于光绪皇帝一人身上,一旦失败,沦为复辟派保皇党是势所难免的。

(二)资产阶级改良主义法律思想的积极宣传者梁启超

梁启超(1873—1929),字卓如,号任公,今广东省新会市会城镇茶坑村。十八岁就学于康有为,系统地接受了他的政治法律主张,从此成为资产阶级改良主义法律思想的积极宣传者。1895年上书要求拒签对日和约。此后积极组织学会、办报刊、开学堂,大力宣传"变法维新",是1898年戊戌变法的主要领导人之一。失败后逃亡日本,介绍和宣传西方哲学、政治、经济和法律学说。对孙中山为首的资产阶级革命派持反对态度。辛亥革命后回国从政,晚年从事社会教育和学术研究。著作有合编《饮冰室全集》。戊戌变法时期,他的法律观点主要表现在以下几个方面:

第一,强调变法的极端必要性。梁启超认为这首先来自客观现实。面临中国将被"瓜分豆剖"的局面,连守旧的顽固派也每有言论即"日日痛哭"、每有辞章即"字字孤愤"。但他们却听凭"天心""国运"的摆布,"委心袖手,以待覆亡"。梁启超认为,"图存之道"唯在变法自强。他说,在"万国蒸蒸,日趋向上"的"大势相迫"下,"变亦变,不变亦变"。在阐述变法的必然性时,他以进化论的观点做了说明:"凡在天地之间者,莫不变。……上下千岁,无时不变,无事不变",这是"固然"的"公理",并非"人之所为"①,他指斥那些不思变革的人充满了"奴隶根性",大声疾呼如不变法将亡国灭种"不旋踵而至"。

第二,变法必须从"本原"着手。当时洋务派也讲"变法",梁启超把他们的"变法"看作"补苴罅漏、弥缝蚁穴"的"小技"。他认为必须"去陈用新,改弦更张""从本原变起"②。他说,变法之本可"为一言以蔽之",即"变法之本,在育人才;人才之兴,在开学校,学校之立,在变科举;而一切要其大成,在变官制"③。"变官制""本原中之本原",则在于"斟酌中外,草定法令,勒定各衙门治事详细规则"。这些看法,显然与洋务派仅求"船坚炮利"不可同日而语。

第三,变法要向日本及西方国家学习。梁启超指出,法国变法维新以前比中国还落后,但"幡然而变","不百年间,悖然而兴";"蒸蒸然起于东土"的日本,也是"因变致

---

① 《变法通议自序》。
② 《戊戌政变记》。
③ 《变法通议》。

强"的。但法国、日本的"新法""皆非西人所固有,而实为西人所改造"。他满怀信心地指出:"改而施之西方,与改而施之东方,其情形不殊,盖无疑矣。"[①] 只要实行变法,东方的中国也可以与西方一样变得强大起来。由此出发,梁启超建议"遣学生游学外国"。他还把派留学生去外国"学政治、法律"放在最前面,并建议大量翻译介绍日本和西方的法律制度,他认为,"政治者,立国之本也","今日之计,莫急于改宪法",因而要"尽取"西方的"国律"及民律、商律、刑律等书而"广译之"。他对比了中外律法的不同,指出有人把中国法律之弊病归咎于繁密是不恰当的,外国法律"之繁,十倍于我而未已也"。中国法律弊端的要害不在繁,而在"一成而不易"。他极力称赞西方法律之"美备",日本法律之"至纤至悉"。他把"举百废""新庶政"的"第一义",看作是"尽译西国章程之书"[②]。

第四,开学校、育人才、变科举。梁启超认为变法要靠人才,但"欲以变法之事望政府诸贤,南山可移,东海可涸,而法终不得变"[③],必须开办新型的学校,在这种学校里,"以六经诸子为经,而以西人公理公法之书辅之,以求治天下之道";"以历朝掌故为纬,而以希腊罗马古史辅之,以求古人治天下之法";"以按切当今时势为用,而以各国近政近事辅之,以求治今日天下所当有事"[④]。可见这类新型学校的根本目的,在于学西方政治法律,育成人才,改造中国。

与开学校相关的是变科举。他认为"藉科举之所存在,其与亡也相去几何矣!"[⑤] 科举制度不变,国家灭亡就不远了。他强调,科举制"大变则大效,小变则小效"[⑥],因此急迫建议光绪皇帝"特下明诏"立即变科举,废八股,"尽废其咿唔割裂腐烂之文"[⑦]。

梁启超一生的法律思想是十分丰富的,但在戊戌变法前后,主要是在宣传资产阶级改良主义的法律思想方面。

(三) 积极"向西方寻找真理"的严复

严复(1853—1921),字又陵,又字几道。福建侯官(今闽侯)人。1877 年赴英国学习海军,研习了资产阶级思想家的大量著作。归国后曾长期任天津北洋水师学堂总教习。中日甲午战争后,他发表《论世变之亟》等著作,反对顽固保守,力主变法维新,他先后大量译介了西方资产阶级思想家的名著,如《天演论》《原富》等,把西方社会学、法学观点介绍给国内读者,号召人们救亡图存,对当时中国的思想界产生了很大的影响。辛亥革

---

① 《变法通议》。
② 同上。
③ 《梁启超年谱长编》,第 533 页。
④ 《变法通议》。
⑤ 同上。
⑥ 同上。
⑦ 《公车上书请变通科举摺》。

命后，思想日趋保守。著有《严几道诗文钞》等，著译编为《侯官严氏丛刊》《严译名著丛刊》。毛泽东把严复看作是"在中国共产党出世前向西方寻找真理的一派人物"的杰出代表之一。他的法律思想主要见诸以下几个方面：

第一，关于法的基本概念和基本理论。康梁等人很少论及这些问题，严复则不同。他比较了中西语文中"法"字的含义，指出孟德斯鸠关于"一切法皆成于自然，独人道有自为之法"的观点是不对的。他说："法之立也，必以理为之原。先有是非而后有法，非法立而后以离合见是非也。"他分析道：在中国语文里，"物有是非谓之理，国有禁令谓之法"，而在西方语文中，二者皆称之为"法"，中国语文表达比西方准确。严复的这个看法，有助于搞清法的定义。

严复总结了法在中国古代和在西方社会所起的作用，指出：汉代法律最值得称赞，在社会生活中起了重要作用；王安石变法，要士大夫读律，是懂得"为治之要"；西方国家繁荣昌盛，主要是"由于法制"。他强调说，如果"见彼之富以商而立商部，见彼之强以兵而立兵部"，不知富强与法制的关系，那么就会使"富强之效日远"，造成可悲的结局。① 严复的结论是"生财之术多门，而民富必基于政美"②，"刑罚中"，"法令行"，其余国事必"日起而有功"。③

严复接受了西方资产阶级关于思想、言论自由的观点，认为法律惩罚的是行为，这是法律家"至精扼要"的观点；思想、言论都不应是刑律惩治的领域；如果惩罚思想、言论，就陷于专制了。④

第二，关于变法的观点。严复并未直接卷入戊戌变法，但他的变法观点却与康梁不谋而合。严复认为中国不变法必然灭亡，这是"天下理之最明，而势所必至者"，"救亡之道"在变法，"自强之谋"也在变法。

关于变法的宗旨，他在《法意》按语中提出是"便国利民"四字。他说，专制国家的立法，往往是"塞奸之事九，而善国利民之事一"，中国专制主义的法度即是如此。这就造成国势日削的局面，根据这点，严复强调，变法之首要者在于变立法的宗旨，"使便国者居其七，而塞奸者居其三"。他还认为，"治国之法为民而立者也，故其行也求便于民"，法不便民，"国必不安"⑤。

在明确变法宗旨的前提下，严复认为变法之"急务"在于"废八股"。他说："变将何先？曰：莫亟于废八股。"因为八股虽不能"自害国家"，却可以"使天下无人才"⑥。

---

① 《法意》严复按语。
② 《原富》。
③ 同上。
④ 《法意》。
⑤ 同上。
⑥ 《救亡决论》。

除废八股外,严复还建议:设乡局以造成地方自治的基础;制定统一法律以治理外人;定相坐之法以铲除鸦片、缠足之害;等等。

第三,对中、外法律制度的比较研究。由于严复对外国法律制度有较丰富的知识,所以在他的著作里出现了较多的对中外法制的比较研究,这是康梁等人所难以企及的。

通过比较,严复严厉地批判了中国封建专制主义的法律制度。首先,他指斥中国从来只有一"家"一"姓"之法,"天子之一身,兼宪法、国家、王者三大物",不可能为天下计较利害。由此,他认为专制法律"百无一可"。其次,他抨击了封建法制的苛严无理,这是使天怒国败的法律。再次,他指出历代治狱,用惨无人道的刑讯制度,乃"法实为之,吏特加厉之"①,这是极不合理,亟应改革的。

在批判中国封建法制的同时,严复啧啧赞美了西方资本主义国家的法制,认为西方以议会立法,可得到民众拥护;刑狱公平与国富民强有内在联系;律师制度、陪审制度之设,可减少冤狱;多用经济制裁手段,使民重廉耻;等等。

严复的比较研究,对今天也有重要的启迪。

四、"近代大法家"沈家本

沈家本(1840—1913),字子惇,号寄簃。浙江归安(今浙江省吴兴)人。光绪进士,历任天津知府、刑部左侍郎、大理院正卿、法部右侍郎等职,1902年兼任修订法律大臣。他一生大部分时间主管司法工作,重视法律研究,学贯中西,写出了大量法律研究著作,主要有《沈寄簃先生遗书》《枕碧楼丛书》等。杨鸿烈在《中国法律发达史》中评价说:"沈氏是深了解中国法系且明白欧美日本法律的一个近代大法家,中国法系全在他手里承先启后,并且又是媒介东方西方几大法系成为眷属的一个冰人。"

(一)倡行资产阶级法治

沈家本对中国历史上的封建法治曾做过肯定评价,接受了西方资产阶级法治理论后,更进而倡行资产阶级法治。他指出,"近今泰西政事纯以法治",日本明治维新后实行法治也国势日强,因此我国也要实行法治主义以维新图强②。

沈家本从立法、司法、守法三个方面做了阐述。他认为"为政之道,首在立法典民"③"世未有无法之国而能长治久安者也"④。立法如此重要,但还要注重"锐意维新",以

---

① 《法意》。
② 《新译法规大全序》。
③ 《旗人遣军流徒各罪照民人实行发配折》。
④ 《新译法规大全序》。

"会通中外"为修订法律的宗旨。在司法方面,他推崇西方司法独立。他说:"西国司法独立,无论何人皆不能干涉裁判之事,虽以君主之命,总统之权,但有赦免而无改正"。①在守法方面,他强调要像西方国家那样,使民明法、知法、懂法。

为了实行资产阶级法治主义,沈家本大力提倡研究法律学。他认为:"法学之盛衰与政之治忽,实息息相通。"②为研究法学,就要培养专门的法学人才,他奏请设立法律学堂,得到批准后于光绪三十二年(1906)在中国历史上第一次创办了一所法律学堂。

(二)主张"变法自强"

沈家本倡行资产阶级法治,但当时的法律却是"大清"的"祖宗成法"。因此,他从"自强"以解救内外交困的要求提出了"变法"主张。沈家本认为"变法"中应对资本主义国家的法律"酌加甄采"。他的具体建议有以下几个方面:

第一,实行仁政,将刑法改重为轻。他说:"刑法之当改重为轻,固今日仁政之要务,而即修订之宗旨也。"③他认为,刑罚是"辅教之不足"的,"重刑之无效"说明治国必须"政善,刑轻",而酷刑是"不仁""不正""不德"之法,应予鄙弃。

第二,旗人汉人在法律面前"概行一体同科"。清政府长期实行优待旗人的法律措施,而法律面前人人平等是西方资产阶级的重要法制原则。所以,沈家本认为在旗人汉人适用法律"一体同科"方面,可以而且应当予以"变法"改图。

第三,反对刑有等级,提倡尊重人权。他主张:"人皆同类",不应有"士族匹庶之分";买卖人口"为古昔所本无,又为环球所不韪",建议删除奴婢律例;主张男女平等。④

第四,刑循"正条",不得"比附援引"。他认为如果允许比附,司法官即代行了立法官的作用,使"司法立法混而为一,非立宪国之所宜有也";同时,还会导致司法官恣意出入人罪,使刑事裁判难以统一。

从上述倡行资产阶级法治和主张"变法自强"看,杨鸿烈称赞沈家本为"近代大法家",是十分恰当的。但沈家本并非简单地与古代法家一致,他还吸收了儒家的一些观点,根据新的形势,做出新的解释。例如,法家纯主法治,儒家强调"德主刑辅",沈家本虽为"近代大法家",却也是主张"德主刑辅"的。他认为,通过道德教化,培养好的道德习俗,是为治的"清浊之源","非徒治其标,必当深究其本也"⑤。他还援引西方资产阶级法律制度比附中国的传统的德主刑辅论,说"近来泰西之法,颇与此旨暗合",即与德主

---

① 《裁判访问录序》。
② 《法学盛衰说》。
③ 《历代刑法考》,下同。
④ 《删除奴婢律例议》。
⑤ 《书明大诰后》。

刑辅、明刑弼教相符。① 这说明，一方面，儒家传统的法律观念对沈家本还深有影响；另一方面，沈家本起了承上启下、化中合西的媒介作用。因此，他在中国法律思想史上的地位，是应当加以积极肯定的。

五、伟大的民主主义革命家孙中山

中国近代史上最伟大的事件是1911年的辛亥革命，它推翻了绵延两千余年的封建主义统治。辛亥革命时期，资产阶级革命派中涌现出了一批富有资产阶级革命精神的法律思想家，如章太炎、孙中山、黄兴、陈天华、蔡锷、唐才常、朱执信等。

孙中山（1866—1925），名文，字德明，号逸仙，又号中山。广东香山（今广东省中山市）县人。他从小接受了太平天国农民起义的影响，以后又大量接受西方资产阶级教育，促成他二十余岁便开始从事资产阶级革命活动。1905年，孙中山组织了中国第一个资产阶级革命政党同盟会，提出了"驱除鞑虏，恢复中华，建立民国，平均地权"的革命口号，与改良派、保守派展开了激烈的思想交锋，为辛亥革命做了组织、思想上的充分准备。辛亥革命成功后，孙中山亲自领导了立法活动，发表了一系列资产阶级革命民主主义立场鲜明的法律文章，充分反映了他的资产阶级革命派的法律思想。他的遗著有今人编辑的《孙中山全集》。他的主要法律观点是：

（一）无情揭露和深刻批判封建法制

作为伟大的资产阶级民主革命先行者，孙中山站在历史的高度上强烈憎恨、无情揭露、深刻批判了封建主义的法律制度。

他在《伦敦被难记》中揭露道："中国现行政治，可以数语概括之曰：无论为朝廷之事，为国民之事，甚至为地方之事，百姓均无发言或与闻之权；其身为官吏者，操有审判之全权，人民身受冤枉，无所吁诉。且官场一语，等于法律，上下相蒙相结，有利则各饱其私囊，有害则各委其责任。贪婪勒索之风，已成习惯；卖官鬻爵，贿赂公行……"在《建国方略之三》中，他又抨击"在满清之世，集会有禁，文字成狱，偶语弃市""人民之集会自由、出版自由、思想自由，皆已削夺净尽"的黑暗事实。

孙中山深刻批判清朝的封建法制给人民带来的是极为深重的苦难：其刑法"视吾民族之生命曾草菅之不若""锻炼周纳，以成其狱"，司法官"杀人愈多者立膺上考，赶迁以去""日糜吾民之血肉，以快其淫威"。他极为悲愤地指出，清朝官吏中之所谓"名臣能吏"，全都是"吾民之血迹泪痕所染成者"。一句话，清代的法制，就是血腥镇压的同义语。因此，辛亥革命后，孙中山要坚决地"荡涤烦苛，咸与更始"，建立起新型的法制来。

---

① 《奏请编定现行刑律以立推行新律基础折》。

(二) 确立以"五权分立"的宪法为基础的资产阶级法治

孙中山批判封建法制,是为了建立资产阶级的法治,要"使最宜之治法,适应于吾群,……适应于世界"①。他计划革命胜利以后分期实行"军法之治""约法之治"与"宪法之治"②。中华民国成立后,孙中山以临时大总统名义公布了《中华民国临时约法》,强调了"中华民国之主权,属于国民全体"的资产阶级民主精神。

孙中山所设想的资产阶级法治,以"五权分立"的宪法为基础。他主张"把全国的宪法,分作立法、司法、行政、弹劾、考试五个权,每个权都是独立的"。这里他把"君权"彻底摒弃了。孙中山宣称,他提倡的五权宪法,是"实行民治的根本办法",是"要把治人和治于人的两个阶级,彻底来打破"③。

(三) 以"三民主义"为立法指导思想

孙中山把民权主义、民族主义、民生主义作为立法的指导思想。其中,民权主义是最根本的一条。

关于民权主义,孙中山认为"民有选举官吏之权、民有罢免官吏之权、民有创制法案之权、民有复决法案之权",是民权的四大端。要使民权真正实现,必须在"宪法颁布之后,中央统治权则归于国民大会行使之,即国民大会对于中央政府官员有选举权,有罢免权;对于中央法律,有创制权,有复决权"④。孙中山还主张实行"县自治,行使直接民权"⑤。他认为,"有直接民权,才算是真正民权"⑥,"五权宪法,好像是一架大机器,直接民权便是这架大机器中的掣扣"⑦。

关于民族主义,孙中山认为反帝和民族自决应作为民族主义的两大内容体现在立法之中。他指出:"列强到现在还要压迫中国的原因,就是由于从前清朝和他们订立了条约,那些条约放在外国,就是我们的卖身契押在外国,把我们的权利都送给外国人去了一样。"⑧他竭力主张"废除我们的卖身契""打破一切不平等条约"⑨。对外反帝的同时,对内还要实行民族自决的原则。孙中山宣告要"承认中国以内各民族之自决权"⑩。他认为,所

---

① 《民报·发刊词》。
② 《同盟会宣言》。
③ 《五权宪法》。
④ 《建国大纲》。
⑤ 《五权宪法》。
⑥ 《建国大纲》。
⑦ 《三民主义·民权主义》。
⑧ 《农民大联合》。
⑨ 《三民主义·民生主义》。
⑩ 《中国国民党第一次全国代表大会宣言》。

有这一切，都应以法律肯定下来。

关于民生主义，孙中山认为"国家之本，在于人民"[①]。他指出："民生主义如果能够实行，人民才能够幸福，才是真正以民为主；民生主义若是不能实行，民权主义不过是一句空话。"[②] 为此，他主张"国家规定土地法、土地使用法、土地征收法及地价税法"[③]，以立法保证实行"耕者有其田"，保护农民的利益。他还主张制订劳工法以及关于养老制、育儿制、周恤废疾制、普及教育制的法律，从各方面切实保证人民的幸福生活。

孙中山认为"三民主义就是救国主义"[④]，以此作为立法指导思想，是救国的法律保证。但是，当帝国主义仍然凌驾中国之上时，当买办资本和官僚资本相互勾结剥削中国人民之时，当封建土地私有制还到处存在之时，以"三民主义"救国不过是一种幻想。

---

① 《临时大总统就职宣言》。
② 《农民大联合》。
③ 《中国国民党第一次全国代表大会宣言》。
④ 《三民主义·民族主义》。

隋代法制考

《隋代法制考》*题记

《隋律研究》一书于1987年在法律出版社出版后，该社吕敏光总编曾一而再再而三地鼓励我对隋代法制进行深入研究。虽然从1987年至2010年，我的绝大部分时间都用来研究科技法、法哲学、比较法、生命法学及法律战理论了，但对他的这一叮嘱，我始终牢记在心。因此，我也十分重视随时随地收集有关隋律的资料。积之既久，加之杨一凡同志编辑《中国历代法制史考证》时又邀我撰写"隋代法制考证"，我于是将二十余年间收集的隋代法制资料汇集一起，重做分析，撰成了《隋代法制考》一书。该书被收入杨一凡主编的《中国法制史考证》丛书。

---

* 社会科学文献出版社2009年版。

前　言

东汉末年，天下大乱。军阀混战，此伏彼起，生灵涂炭，百业凋零，社会遭到了严重的破坏。此后三百六十年间，历经魏晋南北朝的长期分裂，封建割据引起绵延不断的征战掠夺，生产力的发展受到极大破坏，人民得不到休养生息，社会秩序十分混乱。因此，重建统一的国家，结束社会动乱，成了人心所向，大势所趋。顺应这一历史要求，北周末的勋臣杨坚在581年夺袭了帝位，建立了隋朝。

杨坚之建立隋朝，可说是中国历史上最和平的政变之一。杨坚的帝位是从北周宇文氏手中夺得的。578年，周武帝病死，其子继位为周宣帝。周宣帝荒淫无耻，极端残暴，任意屠杀宗室和大臣，以杀人取乐；颁布《刑经圣制》的苛刑酷法，滥用严峻的刑罚，枉杀无辜，不仅使得天下百姓人人惊恐，而且朝士宫女个个自危。"刑政苛酷，群心崩骇。"[①]北周政权到了摇摇欲坠的危崖边缘。580年，周宣帝病死，其子继位为周静帝。他年方八岁，连生活都不能自理，当然无法收拾周末的残局。这就为杨坚夺袭帝位创造了客观条件。杨坚的父亲杨忠本为北周元勋，又属士族高门，拥有私兵三千余名。杨坚的女儿是周宣帝的正后，因此杨坚早在周宣帝当政时，便是地位煊赫的"上柱国、大司马"。大象（周静帝继位年号）初，更"迁大后丞、右司武，俄转大前疑。每巡守，恒委居守"[②]，实际上掌握了一切权力。周宣帝一死，内史上大夫郑译、御正大夫刘昉等便"以高祖皇后之父，众望所归，遂矫诏引高祖入总朝政，都督内外诸军事"[③]。接着，杨坚便先后诛杀了赵王招、越王盛、陈王纯、代王达、滕王逌，夺袭了帝位，称隋文帝，581年改元"开皇"。

这样的和平政变，往往带来两个问题：第一，由于不是经过一定时间的战争，不能把前朝臣属中死硬的敌对分子充分消灭或慑服。[④] 第二，由于政变多半由野心家、阴谋家所

---

① 《隋书》卷1《高祖纪上》，中华书局1982年版，第3页。
② 同上书，第2页。
③ 同上书，第3页。
④ 《隋书》卷2《高祖纪下》："史臣曰：高祖龙德在田，奇表见异，晦明藏用，故知我者希。始以外戚之尊，受托孤之任，与能之议，未为当时所许，是以周室旧臣，咸怀愤惋。"

鼓动、促成，他们在政变成功后获得了高位要职，同时也就在本朝统治集团中埋下了许多"定时炸弹"。所以隋文帝在历代帝王中显得特别的"性猜忌"[①]"天性沉猜"[②]，不能不表现为对统治集团内部"无宽仁之度，有刻薄之资"[③]。这些情况必然对隋代的法制，从立法到司法，都带来某些影响。

587 年，隋文帝下令立国江陵并对周称臣的梁帝萧琮入朝，萧琮不得不率臣下二百余人赴长安拜见。其时梁国大臣萧岩胁迫文武官员及十余万民众投降偏安江南的陈朝。于是隋文帝宣布废掉梁国。接着，于589 年派大军五十一万八千人直捣陈都建康，荒淫昏暴的陈后主宣告投降。590 年。隋兵在大将杨素的指挥下，仅用数月即平定陈国全部旧境，从此实现了南北统一。南北统一的局面要维持下去并逐渐巩固，就要求进一步加强和巩固中央集权制的封建政权，要求以法制来保障这一政权。

由于实现了南北统一，隋文帝得以推行他在经济上的一些改革措施。加之战事停止，农民就有可能比较安定地从事农业生产，从而带来了社会经济的繁荣。

隋文帝在经济方面采取的措施主要有以下几个方面。

第一，均田。北齐均田法，普通民众一夫受露田八十亩，一妇四十亩，奴婢受田数与良人同。丁牛（壮牛）每头受田六十亩，每户不得超过四头牛。又每丁受永业田二十亩，种桑、榆、枣或麻。周武帝遵行齐制，隋文帝亦遵行齐制。农民按人口受田，虽然实际执行中有很多问题，如"狭乡"每丁二十亩，老幼所得更少，贫富不均（富人已占土地不加变动，奴婢受田等于主人受田）等，但农民多少得到一些土地，无疑会促进农业的发展。

第二，租调徭役方面。南北朝课役法轻重不一，以齐为较轻。齐制，男子十八岁以上、六十五岁以下为丁，十六岁以上、十七岁以下为中男，六十六岁以上为老，十五岁以下为小。丁男十八岁受田课租、调，二十岁充兵，六十岁免力役，六十六岁退田免租、调。夫妇二人合称一床，每岁课垦租（供朝廷）二石，义租（给郡）五斗；调绢一匹，绵八两。隋沿袭了齐制。但583 年，隋文帝改成丁年龄为二十一岁，受田仍是十八岁，减兵役负担三年；又改每岁三十日役为二十日，减调绢一匹（四丈）为两丈。590 年，令百姓年至五十岁，可纳庸充兵役，即免役人按日纳绢数尺（唐制每日三尺，当是隋制的沿袭），在当时算是一种宽政。这些是有利于农业发展的。

第三，户口方面。585 年，隋文帝令州县官检查户口，自堂兄弟以下亲属必须分立户籍，从而使士族庇民户作私属的情况有所纠正，检查得新附一百六十四万余口。高颎又奏行"输籍法"，令州县官每年依朝廷规定样式检查户口一次，使地方官无法作弊。隋文帝开皇初年，有户三百六十余万，灭陈得户五十万，后来逐渐增加到八百七十万户。户口增

---

① 《隋书》卷25《刑法志》，中华书局1982 年版，第713 页。
② 《隋书》卷2《高祖纪下》，中华书局1982 年版，第54 页。
③ 同上书，第55 页。

加，朝廷收入也随之增加。592年，度支官奏称府库都藏满，不能再藏，只好堆积在廊庑下。于是隋文帝别立左藏院来收藏绢匹，并下诏："既富而教，方知廉耻，宁积于人，无藏府库。河北、河东今年田租，三分减一，兵减半，功调全免。"[1] 这种富饶景象曾出现于西汉文、景时期，经七百余年，再现于开皇时期。社会经济的这种繁荣景象，对隋代的法制建设必然也有影响，《大业律》之比《开皇律》更轻，与此不无关系。

法制建设不仅受社会经济基础的制约，而且与社会上层建筑的其他方面也密切相关，特别是与政治制度密切相关。隋文帝为了国家的统一，为了促进和保障经济的繁荣，采取了一系列政治措施。

西晋极端腐朽的政治，导致十六国大乱。大乱的发动者，主要是所谓"五胡"的少数民族。隋文帝从北周鲜卑族统治者手中夺得政权后，恢复了汉族政权。虽然恢复汉族政权是广大民众的长期愿望，隋文帝此举是深孚众望的，但少数民族的上层分子并不甘心失败。同时，汉族地主阶级各个阶层的利益也并不一致。因此，为了巩固国家的统一，有利于经济的发展，隋文帝采取了厉行节俭政治、改革国家制度和法律制度等措施。

第一，厉行节俭。杨坚从为周静帝辅政开始便提倡节俭生活，积久成为风习。《隋书·食货志》载："帝既躬履俭约，六宫咸服澣濯之衣，乘舆供御有故敝者，随令补用，皆不改作。非享燕之事，所食不过一肉而已。有司尝进干姜，以布袋贮之，帝用为伤费，大加谴责。后进香，复以毡袋，因笞所司，以为后诫焉。"[2] 隋文帝教训太子杨勇说："我闻天道无亲，惟德是与，历观前代帝王，未有奢华而得长久者。汝当储后，若不上称天心，下合人意，何以承宗庙之重，居兆民之上？吾昔日衣服，各留一物，时复察看，以自警戒。"[3] 后来，以杨勇奢侈好色而废黜之。秦王杨俊也因生活奢侈、多造宫室，被勒令"归第"加以软禁。左武卫将军刘昇认为杨俊没有其他罪过，仅多造宫室，可以原谅。隋文帝说："法不可违。"大臣杨素又进谏认为处分太重。隋文帝说："我是五儿之父，若如公意，何不别制天子儿律？以周公之为人，尚诛管、蔡，我诚不及周公远矣，安能亏法乎？"[4] 始终坚持了对杨俊的严厉处分。至于臣属，他要求极严，对贪官污吏严惩不贷，甚至秘密派人假意给官吏送礼行贿，如果官吏接受贿赂，就立即处以死刑。

但是，隋文帝对民众却较为宽平。开皇初年，遇有水旱灾荒，隋文帝总是下令开仓赈济，而在丰收年份则往往下令减租、省调、免役。《隋书·食货志》所载"罢酒坊""通盐池""宽徭赋""输庸停防""开仓赈给"等，比比皆是。594年，关中饥荒，他派人去视察，见百姓吃的是豆粉拌糠，就拿给群臣看，流泪责备自己无德，命令撤销常膳，停吃酒肉。

---

[1]《隋书》卷24《食货志》，中华书局1982年版，第682页。
[2] 同上。
[3]《隋书》卷45《杨勇传》，中华书局1982年版，第1230页。
[4] 同上书，第1240页。

他还率领饥民就食洛阳,令卫士不得驱迫民人,遇见扶老携幼的人群,自己引马让路,好言抚慰。道路难走之处,让左右去扶助挑担的人。史书所载的这些情况还是可信的,这是因为隋文帝深知要巩固自己的统治,非买取人心不可。这与他在制定隋律时比较"宽平"也是相一致的。民众的支持使隋文帝能够比较放心地集中力量对付"周室旧臣"的反叛,控制统治阶级内部的摩擦。

第二,改革制度。中国封建社会历史上,对各方面制度做出改革最多的,一为秦始皇,一为隋文帝。隋文帝统一南北,综合前代各种制度,沿革损益,改为隋制,成了以后自唐至清各代沿袭之蓝本。

(1)官制的改革。开皇元年(581),隋文帝即废除北周的官制,恢复汉、魏官制。中央为三师、三公与尚书、门下、内史(中书)、秘书、内侍(宦官)五省。尚书省管理政务,置令一人,左右仆射各一人,下设吏部、礼部、兵部、都官(刑部)、度支(民部)、工部六曹,每曹设尚书一人。左仆射判吏、礼、兵三部事,右仆射判民、刑、工三部事。六部尚书分掌全国政务,自隋定型,一直沿用至清。五省以外,有御史、都水(掌水利,开皇三年废)两台,太常(掌礼乐等事)、大理(掌刑法)、国子(掌教育)、将作(掌营造)等十一寺,左右卫(掌禁卫兵)十二府。又置上柱国至都督十一等勋官,特进至朝散大夫七等散官,作为授给功臣的荣誉称号。地方废郡一级地方官,只存州县两级,简化了地方官制,且规定县佐必须用别郡人,地方长官不得自用僚佐,县佐回避本郡,使本地豪强不能把持本地政务,从而有利于中央政府集中行使政权。

(2)礼乐的改革。隋文帝不喜欢儒学,但礼乐有精神上维护皇权的作用,因此他努力改革北周礼乐制度,仿照北齐礼乐,制定隋的礼乐。开皇元年(581),隋文帝下诏采用北齐冕服祭天祭祖,令礼部尚书牛弘修吉、凶、军、宾、嘉五礼,成书《仪礼》一百卷,于开皇五年(585)颁行天下。后又令牛弘等采用南朝梁、陈的"华夏正声"制定雅乐。这些措施,都有助于隋文帝树立自己"正统"的地位和形象。

(3)兵制的改革。隋代以前,实行过专事战争的坊兵制,坊兵完全脱离生产;也实行过兵农结合、不脱离生产的府兵制。隋文帝综观得失,并根据南北统一、战事不多的客观情况,采用兵农合一的府兵制度,分由十二卫大将军统率。这一制度的实行,减轻了民众的军费负担,因而很受欢迎。

此外,隋文帝还改革了选举制度,实行科举的考试办法;改革了度量衡制度;等等。

所有这些改革,都涉及法律制度。与此同时,隋文帝、隋炀帝都比较重视行政与刑事及诉讼法制的改革。隋初颁行了《开皇律》与《开皇令》,隋炀帝时又制定了《大业律》与《大业令》。

隋代的法制除"律""令"之外,还有"格""式"以及具有最高法律效力的由皇帝不时发出的"诏""敕""制",构成了蔚为大观的隋代法制体系。虽然隋代立国仅仅三十八年即告夭亡,但隋代立法对唐代立法影响极大,闻名世界的唐《永徽律》即是依隋律为蓝本修撰而成的。因此，唐律在中国历史上及在世界历史上的巨大影响，也可视为隋律的影响。

可惜的是，隋律文本久已佚失，湮没无闻。由于唐律尤其是《唐律疏议》的完整存在、流播久远以至光焰万丈、熠熠生辉，隋律不仅相形失色，而且长期以来几乎不为人们略事顾盼了，研究的文字屈指可数且语焉不详。近代著名学者程树德先生撰《九朝律考》，内有《隋律考》一章，可能是受长期忽视隋律的影响，其隋律考证相当简单，仅勾检出隋律三十余条，当然难以让后学略窥隋律之全貌。

有鉴于此，不才在20世纪70年代末即发愿再操典籍，力求在隋律的研究上更辟草莱，有所前进。在开始这项工作之际，我拜访求教了唐律研究权威杨廷福先生和史地学权威谭其骧先生等，得到了热情的鼓励与具体的指点。探索的结果便是撰成于1982年底，出版于1987年的《隋律研究》。其中，考出的隋律约二百余条（或方面），从"隋律的内容"（包括"隋律规定的犯罪种类""隋律规定的刑罚制度""隋律规定的诉讼制度"等）、"隋律的历史渊源""隋律的阶级本质""隋《开皇律》的地位和影响"等方面做了介绍或研究分析。此外，《隋律研究》还就"隋代的法律思想"做了简要的论述。法律出版社在出版该书后不久，就曾提出要求在此基础上深入开掘，写一本规模更大、内容更全的研究著作。1988年，时任明治大学校长的日本著名东洋法制史权威岛田正郎教授，还曾因《隋律研究》《中华法苑四千年》（我与郑秦、俞荣根、曹培的合著）在东京上市，而邀请我给东京的全体东洋法制史研究会员做了有关方面的演讲。著名的中国法制史研究权威滋贺秀三教授还为此次演讲及上述二书的面市，致函我所在的上海社会科学院法学研究所，表示对中国法律史学者的钦敬之情。这些都鼓励我全面修订《隋律研究》。惜自其时至1998年底，我一直忙于科技法学、法哲学的研究与撰著，迟迟未能动笔。1999年夏天，在参加"中国法律史学会第五届年会"期间，挚友杨一凡教授再次提出，要求我尽快重修《隋律研究》。经在南京、北京反复商议，我决定先行撰写《隋代法制考》，其内容则是《隋律研究》一书出版后，我陆陆续续搜览典籍所积累的。

之所以确定《隋代法制考》这样一个书名，原因有三：第一，考证是研究的前提，详尽、殷实的考证，当为进一步研究隋代法制创造条件、奠定坚实的基础。第二，《隋律研究》撰成后，笔者在关于隋律的考证方面，又有着若干新的收获，应予补充。第三，既往对"隋代法制"的研究，实际上只是触及其一个方面，即仅囿于"隋律"，而且局限于隋代的"刑律"；而法制的内涵是比较丰富的，要了解一个朝代的法制，仅涉刑律显然失之偏颇。因此，尽可能地从刑律扩展到行政、民事法律，甚至略涉司法实践，对研究隋代法制、隋代政治、隋代兴亡的得失，以至对研究隋代的全部历史，都有重要的意义。这样，本书的考证就远远超出了刑律的樊篱。我想，对此读者诸君是会惠予首肯的。

第一章　隋律制定考

关于隋律的制定，以往所有的著作包括拙著《隋律研究》在内，都仅涉及《开皇律》的制定，这显然有失偏颇。因为除《开皇律》外，还有《大业律》及《开皇令》《大业令》；还有"格""式"；此外，还应包括皇帝的直接立法，即随时发布的"诏""敕""制"等。因此，这里的"隋律制定考"拟全面考证所有这些具有法律效力的隋代法制的制定情况。当然，作为其重点，还推《开皇律》制定的考证。

一、《开皇律》制定考

（一）《开皇律》的制定时间

《开皇律》制定的时间，一为开皇元年（581），一为开皇三年（583）。按理，既称为《开皇律》，那么，开皇元年先行制定即为底本，开皇三年之"更定新律"[①]应称为"修订"，即《开皇律》的"制定时间"为开皇元年，"修订时间"为开皇三年。但是，开皇元年与开皇三年的两次修律活动，规模都很大，后者显非对少量条文的修改，且作为唐律蓝本的是后者。因此，我确认《开皇律》的制定时间为先后两次，而不是把后一次的"更定新律"称为"修订"。

关于开皇元年（581）制定刑律的情况，《隋书·刑法志》曰：

> 高祖既受周禅，开皇元年，乃诏尚书左仆射、勃海公高颎，上柱国、沛公郑译，上柱国、清河郡公杨素，大理前少卿、平源县公常明，刑部侍郎、保城县公韩濬，比部侍郎李谔，兼考功侍郎柳雄亮等，更定新律，奏上之。

《开皇律》既经制定，隋文帝下诏颁行，其诏书曰：

[①]《隋书》卷25《刑法志》，中华书局1982年版，第710页。

帝王作法，沿革不同，取道于时，故有损益。夫绞以致毙，斩则殊刑，除恶之体，于斯巳极，枭首轘身，义无所取，不益惩肃之理，徒表安忍之怀，鞭之为用，残剥肤体，彻骨侵肌，酷均脔切。虽云远古之式，事乖仁者之刑，枭轘及鞭，并令去也。贵砺带之书，不当徒罚，广轩冕之荫，旁及诸亲。流役六年，改为五载，刑徒五岁，变从三祀。其余以轻代重，化死为生，条目甚多，备在简策。宜颁诸海内，为时轨范，杂格严科，并宜除削。先施法令，欲人无犯之心，国有常刑，诛而不怒之义。措而不作，庶或非远，万方百辟，知吾此怀。①

关于开皇三年"更定新律"的情况，《隋书·刑法志》的记载是：

三年，因览刑部奏，断狱数犹至万条。以为律尚严密，故人多陷罪。又敕苏威、牛弘等，更定新律。除死罪八十一条，流罪一百五十四条，徒杖等千余条，定留惟五百条。凡十二卷。一曰名例，二曰卫禁，三曰职制，四曰户婚，五曰厩库，六曰擅兴，七曰贼盗，八曰斗讼，九曰诈伪，十曰杂律，十一曰捕亡，十二曰断狱。自是刑网简要，疏而不失。

由此可见，第一，开皇元年制定的《开皇律》，律文多达一千七百三十五条以上；开皇三年的新《开皇律》则仅五百条，分十二卷。第二，唐初修律所参照的蓝本，正是这"定留惟五百条，凡十二卷"的条数与体例的"新律"。

（二）开皇律的制定人员

程树德先生的《九朝律考·隋律考》考及《开皇律》的制定人员时，列出上述《隋书·刑法志》提及的七人，还考出有李百药、杨赟。对此，我有两方面的不同考证：一是参与制定隋《开皇律》的不止高颎、郑译、杨素、常明、韩濬、李谔、柳雄亮七人，而是至少有十五人；二是李百药、杨赟并没有参与制定隋律，程树德先生所云李百药、杨赟参与修撰《开皇律》，有悖史实。

《隋书·裴政传》云："开皇元年……诏与苏威等修订律令。政采魏晋刑典，下至齐梁，沿革轻重，取其折衷。同撰著者十有余人，凡疑滞不通，皆取决于政。"这告诉我们：同撰《开皇律》的，共有十几个人；裴政在《开皇律》的制定中，起了特别重要的作用。

以下是《隋书》提及与隋《开皇律》修撰有关的人员，但其中有的人并未参与制定《开皇律》。

1. 裴政。字德表，河东闻喜人。父裴之礼，任梁廷尉卿。裴政幼时博闻强记，聪明敏

---

① 《隋书》卷25《刑法志》，中华书局1982年版，第712页。

捷，十五岁即任邵陵王府法曹参军事，官至给事黄门侍郎，封夷陵侯。后为周人所虏，周文帝授裴政散骑侍郎，受命与卢辩为北周建立制度。后官至北周刑部侍郎、少司宪。裴政因"明习故事"而受诏"参定《周律》"。在北周时，"簿案盈几，剖决如流，用法宽平，无有冤滥，囚徒犯极刑者，乃许其妻子入狱就之，至冬，将行决，皆曰：'裴大夫致我于死，死无所恨。'"因此，裴政在立法修律方面既有理论知识，又有实践经验。周宣帝时，因忤旨被免职。开皇元年复官，加位上仪同三司，受命撰《开皇律》。裴政认为："凡推事有两，一察情，一据证，审其曲直，以定是非。……察情既敬，须以证实。"这是他根据多年的司法实践经验得出的原则，至今值得借鉴。裴政晚年晋位太子左庶子，"好面折人短，而退无后言"，为太子所疏远，黜谪为襄州总管。在襄州任上，"所受秩奉，散给僚吏"，"民有犯罪者，阴悉知之，或竟岁不发，至再三犯，乃至都会时，于众中召出，亲案其事，流徙者甚众。合境惶慑，令行禁止，小民苏息，称为神明。尔后不修囹圄，殆无争讼"。注意调查研究，全面掌握案情，及时打击案犯，司法效果是较好的。①

2.高颎。字昭玄，一名敏，自云渤海蓚人，少年时勤读史书，善于辞令。助隋文帝夺袭帝位，开皇初，官拜尚书左仆射，兼纳言，进封渤海县公，权势显赫，"朝臣莫与为比"。开皇元年，受命更定新律。"颎有文武大略，明达世务。及蒙任寄之后，竭诚尽节，进引贞良，以天下为己任。苏威、杨素、贺若弼等，皆颎所推荐，各尽其用，为一代名臣。自余立功立事者，不可胜数。当朝执政将二十年，朝野推服，物无异议。治致升平，颎之力也。论者以为真宰相。"但开皇末年起，受隋文帝猜忌，加之独孤皇后从中挑拨，遂被免官。隋炀帝即位后，官拜太常，不久因反对炀帝追求声色、兴长城之役，议论"朝廷殊无纲纪"，而被炀帝以"谤讪朝政"的罪名诛杀。"及其被诛，天下莫不伤惜""称冤不已"②。

3.苏威。字无畏，京兆武功人。父苏绰，西魏度支尚书，曾制定征税之法，时人以为过重，他不禁叹息说："今所为者，正如张弓，非平世法也。后之君子，谁能弛乎？"当时苏威年龄很小，却牢记在心。以后，在开皇年间，苏威曾"奏减赋税，务从轻典"，得到文帝的赞同。开皇元年，受命参修《开皇律》。"隋承战争之后，宪章踳驳，上令朝臣厘改旧法，为一代通典。律令格式，多威所定，世以为能。"但是，"所修格令章程，并行于当世，然颇伤苛碎，论者以为非简允之法"。开皇初，官兼纳言、民部尚书。文帝曾因怒要杀一人，苏威见不合法，即进入文帝的卧室谏议赦免。但文帝正在盛怒之中，不但不听，而且要亲自去杀那人。苏威在文帝面前挡住出路，文帝绕开；苏威又迎上去挡驾，气得文帝"拂衣而入"。但过了好一会，苏威的行动还是感动了文帝，于是嘉奖了他，对他说："你能这样，我就没有什么可担忧的了。"并让他兼领大理卿、京兆尹与御史大夫三职。后

---

① 《隋书》卷66《裴政传》，中华书局1982年版，第1548—1550页。
② 《隋书》卷41《高颎传》，中华书局1982年版，第1179—1184页。

来，苏威官拜刑部尚书，与高颎二人"同心协赞，政刑大小，无不筹之，故革运数年，天下称治"①。

4. 郑译。字正义，荥阳开封人。周武帝时，拜银青光禄大夫，转左侍上士，常在武帝左右侍卫。周宣帝时，官至内史上大夫，封沛国公。与刘昉等竭力赞助杨坚夺袭北周帝位，后封上柱国。开皇初，受诏"参撰律令"。后又受诏参议乐事，撰《乐府声调》八篇。隋文帝曾夸奖他："律令则公定之，音乐则公正之。礼乐律令，公居其三，良足美也。"开皇十一年（591）病死。②

5. 牛弘。字里仁，安定鹑觚人。父牛允，为魏工部尚书。牛弘少时好学博闻，北周时，官至纳言上士，专掌文翰，后又加官员外散骑侍郎，修起居注，对北周的典章制度是很熟悉的。开皇初，迁授散骑侍郎、秘书监，参修律令。开皇三年（583），拜礼部尚书，奉敕修撰《五礼》一百卷，行于当世。开皇六年（586），除太常卿。开皇九年（589），奉诏改定雅乐，又作乐府歌词。以后曾任吏部尚书。大业六年（610）卒于江都。唐代魏徵等撰《隋书》时评论他说："牛弘笃好坟籍，学优而仕，有淡雅之风，怀旷远之度，采百王之损益，成一代之典章，汉之叔孙，不能尚也。"③

6. 李德林。字公辅，博陵安平人。"年十五，诵五经及古今文集，日数千言。俄而该博坟典，阴阳纬候无不通涉。"时人称赞他"经国大体，是贾生、晁错之俦；雕虫小技，殆相如、子云之辈"，"其文笔，浩浩如长河东注"。历魏、齐、周三世，至隋开皇初，为内史令，受命撰律。"开皇元年，敕令（李德林）与太尉，任国公于翼、高颎等同修律令。""事讫奏闻，别赐九环金带一腰，骏马一匹，赏损益之多也。格令颁后，苏威每欲改易事条。德林以为格令已颁，义须画一，纵令小有蹉驳，非过蠹政害民者，不可数有改张。威（苏威）又奏置五百家乡正，即令理民间辞讼。德林以为本废乡官判事，为其里闾亲戚，剖断不平，今令乡正专治五百家，恐为害更甚。且今时吏部，总选人物，天下不过数百县，于六七百万户内，论简数百县令，犹不能称其才，乃欲于一乡之内，选一人能治五百家者，必恐难得……苏威又言废郡，德林语之曰：'修令时，公何不论废郡为便？今令才出，其可改乎？'"李德林是比较注意律令的画一、稳定，注意公正地执法的。但当时高颎赞同苏威之议，隋文帝也考虑到要简化行政制度，集权中央政府，因此，"尽依威议"，废除了郡级行政机构。开皇十年（590），巡省关东归来的使者虞庆则奏称"五百家乡正，专理辞讼，不便于民。党与爱憎，公行货贿"。这时隋文帝又要下令废除五百家置乡正的制度。李德林奏启道："此事臣本以为不可，然置来始尔，复即停废，政令不一，朝成暮毁，深非帝王设法之义。臣望陛下若于律令辄欲改张，即以军法从事。不然者，纷然

---

① 《隋书》卷41《苏威传》，中华书局1982年版，第1184—1190页。
② 《隋书》卷38《郑译传》，中华书局1982年版，第1135—1138页。
③ 《隋书》卷49《牛弘传》，中华书局1982年版，第1297—1310页。

未已。"李德林的上述意见无疑是正确的,但隋文帝却勃然大怒,痛骂李德林想把他比作王莽,找个借口将他贬官怀州刺史。当到达怀州时,恰逢大旱,李德林"课民掘井溉田",但事不得法,空致劳扰,竟无补益,为考司所贬,抑郁不得志,仅一年余,便死去了,时年六十一岁。①

7. 李百药。李德林之子,字重规,"七岁能属文""号奇童"。开皇初,授太子通事舍人,兼学士。开皇"十九年,袭父爵安平公。仆射杨素、吏部尚书牛弘爱其才,署礼部员外郎。奉诏定五礼、律令、阴阳书"。显然,他不是《开皇律》的修订者。大业年间,屡受炀帝打击。至唐太宗时才受到重用,任散骑常侍、太子左庶子、宗正卿。卒于八十四岁,著有《齐史》。②程树德先生在《九朝律考·隋律考》之"开皇定律年及修律诸人"条中,列有李百药之名,但所引《新唐书·李百药传》一节却略去了前文"(开皇)十九年,袭父爵安平公。仆射杨素、吏部尚书……"等字,从而将李百药在开皇十九年(599)"奉诏定……律令"误为修订《开皇律》,不能不说是明显错误。

8. 杨素。字处道,弘农华阴人。少时与牛弘"同志好学、研精不倦、多所通涉"。周武帝时,官至车骑大将军、仪同三司、上开府,封安成县公。竭力赞助杨坚建立隋朝,开皇初,加上柱国,拜御史大夫。开皇元年,参撰《开皇律》。后平陈立大功,官至尚书右仆射,与高颎专掌朝政。仁寿末,助杨广夺取帝位。隋炀帝大业元年(605),居尚书令、太子太师。大业二年(606)卒。③范文澜说:"杨素广营资产,京城和京外大都会,到处有他的邸店、磨坊、田宅,家中有成千的上等妓妾,又有成千的奴仆,住宅华侈,式样模拟皇宫,隋文帝还以为杨素纯孝,信任有加。隋文帝凭个人权术,察察为明,功臣旧人,多因罪小罚重,杀逐略尽,剩下一个最凶狡的杨素,恰恰就是助杨广杀害他的奸人。"④后来他的儿子杨玄感于大业末发动叛乱,导致了隋的灭亡。《隋书·杨素传》之"史臣曰"称"……子为乱阶,坟土未干,阖门殂戮,丘陇发掘,宗族诛夷。……多行无礼必自及,其斯之谓欤"!在参修隋律诸人中,杨素是特别值得注意的。

9. 柳雄亮。字信诚,河东解人。周武帝时,官至内史中大夫。开皇初,拜尚书考功侍郎,《隋书·刑法志》指明他参与制定《开皇律》,但《隋书》的《柳雄亮传》却未提到这一点。后官至太子左庶子。卒年五十一岁。⑤

10. 王谊。字宜群,河南洛阳人。少时博览群书。周武帝时,为内史大夫,封杨国公。隋文帝即位后,"亲幸其第,与之极欢",进封郢国公,受命参修律令,事见《隋书·赵芬

---

① 《隋书》卷42《李德林传》,中华书局1982年版,第1193—1209页。
② 《隋书》卷42《李德林传》,中华书局1982年版,第1209页。
③ 《隋书》卷48《杨素传》,中华书局1982年版,第1281—1294页。
④ 范文澜:《中国通史》第3册,人民出版社1965年版,第8页。
⑤ 《隋书》卷41《柳雄亮传》,中华书局1982年版,第1274—1275页。

传》。① 后为杨素排挤，被人以"大逆不道"罪告发，隋文帝"赐死于家"，时年四十六岁。②

11. 元谐。河南洛阳人。北周时大将军，开皇初进位上大将军，封乐安郡公，"奉诏参修律令"。性格刚愎，好排诋他人，不取媚左右。后被人告发谋反罪，被诛杀。③

12. 赵芬。字士茂，天水西人。少时颇有辩智，涉猎经史。周武帝时，拜内史下大夫，转少御正。赵芬熟谙历朝掌故，"每奉朝廷有所疑议，众不能决者，芬辄为评断，莫不称善"。赞助杨坚夺袭帝位。"开皇初……拜尚书左仆射，与郓国公王谊修律令。"后又兼任内史令，约于开皇中故世。④

13. 刘焯。字士元，信都昌亭人。青年时，以儒学知名，为州博士。开皇年间，曾与著作郎王劭等同修国史。与苏威、牛弘等"于国子共论古今滞义，前贤所不通者"，"贾、马、王、郑，所传章句，多所是非"。"《九章算术》《周髀》《七曜历书》十余部，推步日月之经，量度山海之术，莫不核其根本，穷其秘奥"，是个学问渊博的人。"天下名儒后进，质疑受业，不远千里而至者，不可胜数。论者以为数百年以来，博学通儒，无能出其右者。"曾"与诸儒修订礼律"。程树德先生之《九朝律考·隋律考》据《隋书·刘焯传》有"焯又与诸儒修订礼律"云云，认为刘焯是《开皇律》的修订人员。但刘焯修律定礼，事在蜀王杨秀被废为庶人之后，即仁寿二年（602）之后，因此，他同《开皇律》的修订无关。⑤

14. 赵轨。河南洛阳人。少好学，行为检点，以清苦闻名。开皇初，官居齐州别驾。"其东邻有桑，葚落其家，轨遣人悉拾还其主，诫其诸子曰：'吾非以此求名，意者非机杼之物，不愿侵入，汝等宜以为诫。'在州四年，考绩连最。"后被征入京，"父老相送者，各挥涕曰：'别驾在官，水火不与百姓交，是以不敢以壶酒相送。公清若水，请酌一杯水奉饯。'轨受而饮之。"到京师后，受诏与牛弘撰定律令格式，后任原州总管司马，赴任途中，"在道夜行，其左右马逸入田中，暴人禾。轨驻马待明，访禾主酬直而去"。后转任寿州总管长史，任满归乡，六十二岁卒于家。⑥《开皇律》一修于开皇元年（581），再定于开皇三年（583），而赵轨是在开皇四年（584）之后（前四年在齐州任上）"受诏与奇景公牛弘撰定律令格式"的，因此赵轨也没有参与修撰《开皇律》，这是可以肯定的。程树德先生引《北史·赵轨传》"诏与牛弘撰定律令格式"，不引《隋书·赵轨传》而引《北史》，这已是不妥；引文又不注意前文后语，粗疏地"考"定赵轨为《开皇律》修订人员，是令人难以苟同的。

---

① 《隋书》卷46《赵芬传》："开皇初……拜尚书左仆射，与郓国公王谊修律令。"
② 《隋书》卷40《王谊传》，中华书局1982年版，第1168—1170页。
③ 《隋书》卷40《元谐传》，中华书局1982年版，第1170—1172页。
④ 《隋书》卷46《赵芬传》，中华书局1982年版，第1251—1252页。
⑤ 《隋书》卷75《刘焯传》，中华书局1982年版，第1718—1719页。《刘焯传》载："王以罪废，焯又与诸儒修订礼律……"这里的"王"，指隋文帝长子房陵王杨勇，事在仁寿年间，与隋初修《开皇律》无关。
⑥ 《隋书》卷73《赵轨传》，中华书局1982年版，第1678页。

15. 于翼。《隋书》无于翼本传。其生平事迹,散见于《于仲文传》《于玺传》等中。周时为上柱国、幽州总管、任国公。开皇初封太尉,受命修律,见《隋书·李德林传》:"开皇元年,敕令与太尉任国公于翼、高颎等同修律令。"不久曾因坐事下狱,旋又释放。开皇二年(582)即卒。这样,于翼最多不过参加第一次《开皇律》的修撰,而没有参加第二次《开皇律》的制定。

16. 李谔。字士恢,赵郡人。好学能文。开皇初为比部、考功二曹侍郎,后迁治书侍御史,受诏参修《开皇律》。李谔见公卿死亡后,其子孙嫁卖亡者的爱妾侍婢成为当时的风俗,曾上书反对,认为这样做"实损风化"。隋文帝"览而嘉之",下令"五品以上妻妾不得改醮"。开皇四年(584)卒于通州刺史任上。①

此外还有源师。《隋书·源师传》载:"高祖受禅,除魏州长史,入为尚书考功侍郎,仍摄吏部。朝章国宪,多所参定。"所谓"朝章国宪,多所参定",既可能包括参与修订《开皇律》,也可能并未参与,因此只能录以备考,存而不论。

据《隋书·刑法志》载,还有常明、韩濬也参加了《开皇律》的修撰。但此二人,除《隋书·何妥传》提及一句"常明破律"外,既无本传可查,又无他传提及,只好暂付阙如。

程树德先生的《九朝律考·隋律考》在认定杨瓒参与《开皇律》的修撰时,引《隋书·滕穆王瓒传》所云"寻拜大宗伯,典修礼律"为证。但查《隋书·滕穆王瓒传》,有关文字为:"未几,帝(周宣帝)崩,高祖(隋文帝)入禁中,将总朝政,令废太子勇召之,欲有计议。瓒素与高祖不协,闻召不从,曰:'作隋国公恐不能保,何乃更为灭族事耶?'高祖作相,迁大将军。寻拜大宗伯,典修礼律。进位上柱国、邵国公。瓒见高祖执政,群情未一,恐为家祸,阴有图高祖之计,高祖每优容之。及受禅,立为滕王。"可见杨瓒为大宗伯、"典修礼律",是在杨坚登上隋文帝帝位之前,"典修"的是北周律而不是隋律,与修《开皇律》是两回事。且杨瓒被立为滕王后不久,即出为雍州牧;其妻宇文氏与隋文帝的独孤皇后有隙,祸及杨瓒本人;开皇十一年(591)杨瓒随从隋文帝游栗园时被鸩杀。②这些情况也从侧面说明,杨瓒是不大可能被委以撰修隋律的重任的。

综上所考,《开皇律》的制定人员为高颎、郑译、杨素、常明、韩濬、李谔、柳雄亮、裴政、苏威、牛弘、李德林、王谊、元谐、赵芬、于翼等人;李百药、刘焯、赵轨、杨瓒没有参与其事;源师是否参与待考。

考毕参与《开皇律》的修订人员后,有一个与修订人员相关的问题十分有必要在这里提出来略加讨论。

在《隋唐制度渊源略论稿》中,陈寅恪先生提出了隋唐制度源出有三,"三曰(西)魏、周",而"(西)魏、周之源远不如其他二源之重要"的观点:"隋唐之制度虽极广博

---

① 《隋书》卷66《李谔传》,中华书局1982年版,第1543—1546页。
② 《隋书》卷40《滕穆王瓒传》载:"开皇十一年,从幸栗园,暴薨……人皆言其遇鸩以毙。"

纷复，然究析其因素，不出三源：一曰（北）魏、（北）齐，二曰梁、陈，三曰（西）魏、周。所谓（北）魏、（北）齐之源者，凡江左承袭汉、魏、西晋之礼乐刑政典章文物，自东晋至南齐其间所发展变迁，而为北魏孝文帝及其子孙模仿采用，传至北齐成一大结集者是也。……所谓梁陈之源者，凡梁代继承创作陈氏因袭无改之制度，迄杨隋统一中国吸收采用，而传之于李唐者……所谓（西）魏、周之源者，凡西魏、北周之创作有异于山东及江左之旧制，或阴为六镇鲜卑六镇之野俗，或远承魏、（西）晋之遗风，若就地域言之，乃关陇区内保存之旧时汉族文化，以适应鲜卑六镇势力之环境，而产生之混合品。所有旧史中关陇之新创设及依托周官诸制度皆属此类，其影响及于隋唐制度者，实较微末。故在三源之中，此（西）魏、周之源远不如其他二源之重要。"但是，在论及隋唐"礼仪"制度的渊源而提到苏威时，陈寅恪先生却得出了与他的上述观点几乎相反的结论。陈先生引《隋书·苏威传》所载隋文帝对杨素、苏威的比较评析曰："上（高祖）因谓朝臣曰：杨素才辩无双，至若斟酌古今，助我宣化，非威之匹也。"用以说明苏威在隋代制度创设中的重要地位。又引同传所具体指明的苏威在厘定隋律中的重要作用："隋承战争之后，宪章踳驳，上令朝臣厘改旧法，为一代通典，律令格式，多（苏）威所定，世以为能。"又进而引《周书·苏绰传》说明苏绰、苏威的父子关系以及武功人苏绰在北周制度创设中的巨大作用，并结论曰："故考隋唐制度渊源者应置武功苏氏父子之事业于三源内之第三源，即（西）魏、周源中，其事显明，自不待论。"简言之，这"自不待论"的"显明"之"事"是：苏绰、苏威父子相继为北周、隋初的制度包括法律制度的创设做出了极大的贡献，"律令格式多（苏）威所定，世以为能，所修格令章程并行于当世"，而"考隋唐制度渊源者应置武功苏氏父子之事业于三源内之第三源，即（西）魏、周源中"。既然如此，又怎能不与前述的第三源"其影响及于隋唐制度者，实较微末"相矛盾呢？而"三源之中，此（西）魏、周之源不为其他二源之重要"又怎能不是苍白无力呢？虽然陈先生在述及苏绰时曾指出："（苏）绰本关中世家，必习于本土掌故，其能对宇文泰之问，绝非偶然。适值泰以少数鲜卑化之六镇民族窜割关陇一隅之地，而欲与雄踞山东之高欢及旧承江左之肖氏争霸，非别树一帜，以关中地域为本位，融冶胡汉为一体，以自别于洛阳、建业或江陵文化势力之外，别无以坚其群众自信之心理。此绰可以依托关中之地域，以继述成周为号召，窃取六国阴谋之旧文缘饰塞表鲜卑之故制，非驴非马，取给一时，虽能辅成宇文氏之霸业，而其创制终为后王所摒弃，或仅名存而实亡……"且不论这段文字本身是否确切之论，必须指明的是：苏氏父子创制的周、隋制度是否科学合理适用于时是一回事，他们在周、隋制度创设中的作用是另一回事，二者是不应混淆的。把这两件不同的事搁在一起来说明隋代制度与周代制度无涉，实在是太勉强了。

据陈寅恪先生自己的考证，"武功苏氏父子之事业"即苏绰、苏威之事业应置于三源内之第三源，即（西）魏、周源中，且"其事显明，自不待论"，既然如此，而苏威又是《开皇律》主修人员之一，与前说"在三源之中，此（西）魏、周之源远不如其他二源之重要"云云，岂非自相矛盾？下文还将涉笔杨廷福先生对陈寅恪先生的"三源论"的商榷，以及我对陈先生关于陈律"因北齐不袭北周"论的商榷意见，这里仅结合《开皇律》的修律人员苏威，先事略议这一问题，以引起读者的注意。

(三)《开皇律》的颁行时间

杨坚是在581年农历二月即皇帝位，称隋文帝的。"开皇元年二月甲子，上自相府常服入宫，备礼即皇帝位于临光殿。"① 是月，"易周氏官仪，依汉、魏之旧"并任命了吏部、礼部、民部、典部、工部、度支尚书等大批高级官吏，"旌旗车服礼乐，一如其旧"。② "诏尚书左仆射高颎"等人"更定新律"，可能即在该月。经过八个月的准备，《开皇律》终于制定，开皇元年(581)"冬十月……戊子，行新律"③。因此，颁行《开皇律》的时间，是开皇元年(581)十月。

颁行《开皇律》不久，隋文帝"又以律令初行，人未知禁，故犯法者众。又下吏承苛政之后，务锻炼以致人罪"，于是诏令四方，"敦理辞讼"，规定"有枉屈县不理者，令以次经郡及州，至省仍不理，乃诣阙申诉。有所未惬，听挝登闻鼓，有司录状奏之"④。如前所考，开皇元年制定的《开皇律》，律文多达一千七百三十五条以上。"律尚严密，故人多陷罪"，开皇三年隋文帝"又敕苏威、牛弘等，更定新律"。但无论是《高祖纪》，还是《刑法志》，或者是苏威、牛弘等人的本传，都没有提到新修之《开皇律》的具体颁行时间，因此我们仅能考定新修之《开皇律》颁行于开皇三年(583)。

二、《开皇律》影响考

《开皇律》的影响相当重大，但长期以来被人们忽视了，因此有必要在这里略事考证说明。

隋朝寿命极为短促，总共只存在了三十八年，《开皇律》的律文在宋代以后又已佚失。因此，历史上很少有人研究《开皇律》。这是《开皇律》的地位和影响逐渐地被忽略了的原因之一。与此同时，出现了一些抑隋扬唐(律)的议论，从而进一步造成了扬唐抑隋的思维定式以至影响及今。如元泰定四年(1327)，江西儒学提举柳赟作《唐律疏议序》，内称："故唐律十二篇，非唐始有是律也。自魏文侯以李悝为师，造《法经》六篇。至汉萧何定加三篇，总谓九章律，而律之根荄已见。曹魏作新律十八篇。晋贾充增损汉魏，为二十

---

① 《隋书》卷1《高祖纪上》，中华书局1982年版，第13页。
② 同上。
③ 《隋书》卷1《高祖纪上》，中华书局1982年版，第13—14页。
④ 《隋书》卷25《刑法志》，中华书局1982年版，第712页。

篇。北齐后周或并苞其类，或因革其名，所谓十二篇云者，裁正于唐。"按柳赟的意见，"十二篇云者"乃"裁正于唐"，而非"裁正于隋"。值得注意的是，秦、汉、魏、晋、齐、周都提到了，唯独不提隋。清雍正年间，刑部尚书励廷仪作《新刊故唐律疏议序》，虽然提到了隋，却说："……由汉魏迄隋，因革相承，代有成书，然俱不一足为后世法律之章程也。"清雍正时的张廷玉也说："历代之律，皆以汉九章为宗，至唐始集其成。"① 总之，编分十二的定型化封建法律，是《唐律》，而不是《开皇律》。这些看法，是完全不符合历史事实的。

诚然，《唐律》在中国封建社会法律发展史上有极其重要的地位，且对亚洲各国发生了深远的影响。但是，《唐律》却是源于《开皇律》，以《开皇律》为蓝本抄撰而成的。

《旧唐书·刑法志》云："高祖……受禅，诏纳言刘文静与当朝通识之士，因《开皇律》而损益之……寻又敕尚书左仆射裴寂，尚书右仆射萧瑀……撰定律令，大略以开皇为准。于时诸事始定，边方尚梗，救时之弊，有所未暇，惟正五十三条格，入于新律，余无所改。"又，《唐六典注》云："皇朝武德中，命裴寂、殷开山等定律令，其篇目一准开皇之旧，刑名之制，又亦略同。"《唐会要》："武德七年律令成，大略以开皇为准格，五十三年入于新律，其他无所改正。"《旧唐书》成书于后晋，《唐六典》为唐人所撰，《唐会要》修于宋代，均早于元、明、清，当然更为可信，都十分明白地否定了"十二篇云者，裁正于唐""至唐始集其成"的谬见。

具体对比一下《开皇律》与《唐律》，更可证明这一点。

首先，《唐律》与《开皇律》一样，都是十二篇，而且，不仅篇名相同，连排列顺序也完全相同，即：一、名例；二、卫禁；三、职制；四、户婚；五、厩库；六、擅兴；七、贼盗；八、斗讼；九、诈伪；十、杂律；十一、捕亡；十二、断狱。

关于这些篇名的沿革，《唐律疏议》做了具体的说明，其中提到：

关于《名例律》："……宋、齐、梁及后魏，因而不改。爰至北齐，并'刑名''法例'为'名例'，后周复为'刑名'。隋因北齐，更为'名例'。唐因于隋，相承不改。"

关于《卫禁律》："疏议曰：《卫禁律》者，秦汉及魏未有此篇。晋太宰贾充等，酌汉魏之律，随事增损，创制此篇，名为《宫卫律》。自宋洎于后周，此名并无所改。至于北齐，将'关禁'附之，更名《禁卫律》。隋开皇改为《卫禁律》。"

关于《职制律》："疏议曰：《职制律》者，起自于晋，名为《违制律》。爰至高齐，此名不改。隋开皇改为《职制律》。"

关于《户婚律》："疏议曰：《户婚律》，汉相萧何承秦六篇律，后加厩、兴、户三篇，为九章之律。迄至后周，皆名《户律》。北齐以婚事附之，名为《婚户律》。隋开皇以户在婚前，改为《户婚律》。"

---

① 《明史》卷93《刑法一》，中华书局1974年版，第2279页。

关于《厩库律》:"疏议曰:《厩库律》者,汉制九章,创加《厩律》。魏以厩事散入诸篇,晋以牧事合之,名为《厩牧律》。自宋及梁,复名《厩律》。后魏太和中,名为《牧产律》;至正始年,复名《厩牧律》。历北齐、后周,更无改作。隋开皇以库事附之,更名《厩库律》。"

关于《擅兴律》:"疏议曰:《擅兴律》者,汉相萧何创为《兴律》。魏以擅事附之,名为《擅兴律》。晋复去'擅'为'兴'。又于高齐,改为《兴擅律》。隋开皇,改为《擅兴律》。"

关于《贼盗律》:"疏议曰:《贼盗律》者……自秦汉逮至后魏,皆名《贼律》《盗律》。北齐合为《贼盗律》。后周为《劫盗律》,后有《贼叛律》。隋开皇合为《盗贼律》,至今不改。"

关于《斗讼律》:"疏议曰……从秦、汉至晋,未有此篇。至后魏太和初年,分《系讯律》为《斗律》。至北齐,以讼事附之,名为《斗讼律》。后周为《斗竞律》,隋开皇依齐'斗讼'名,至今不改。"

关于《诈伪律》:"疏议曰:《诈伪律》者,魏分《贼律》为之。历代相因,迄今不改。"

关于《杂律》:"疏议曰:李悝首制《法经》,而有《杂法》之目,递相祖习,多历年所,然至后周,更名《杂犯律》。隋又去'犯',还为《杂律》。"

关于《捕亡律》:"疏议曰……北齐名《捕断律》,后周名《逃捕律》,隋复名《捕亡律》。"

关于《断狱律》:"疏议曰:《断狱律》之名,起自于魏……至北齐,与捕律相合,更名《捕断律》。至后周,复名《断狱律》。"

以上除《断狱律》的沿革仅上溯至北周外,其余十一篇都上溯至隋《开皇律》。其中《名例律》《贼盗律》《斗讼律》《诈伪律》更直接说明"唐因于隋,相承不改""迄今不改"。

其次,《唐律》和《开皇律》一样,均有"十恶"之条,且排列顺序也完全相同。北齐始列"重罪十条",隋初创制"十恶之条",《唐律》之"十恶"条,纯系抄录《开皇律》而来。

其他如从刑名均分"笞""杖""徒""流""死"五种;其中"笞刑"均分"十"至"五十"五等;"徒刑"均分"一年"至"三年"五等;"死刑"均分"绞""斩"二等;"刑名""十恶"之后均为"八议";等等。从中都可看出《唐律》与《开皇律》的关系。

综上所述,可见"十二篇云者"不是"裁正于唐",而是"裁正于隋";《开皇律》即是《唐律》照搬的蓝本,所以清人励廷仪所记"由汉魏迄隋……俱不足为后世法律之章程",是无视客观事实的轻言,根本站不住脚;而张廷玉所说古代法律"至唐始集其成"云云,也是悖于史实的。

《开皇律》既为《唐律》之本,以后《唐律》又为宋、明、清所沿用,直至中国封建社会解体,所以,完全可以说,隋《开皇律》是中国古代法制史上的里程碑。自《开皇律》

开始，为封建制法律定型化时期。因为在隋之前的各朝，其法律是处在不断地吸收、修改过程中，直到隋朝之前的北周，还被人批评为把法律改得"削足适履，左支右绌""今古杂糅，礼律凌乱"[①]"比于齐法，烦而不要"[②]。而从《开皇律》开始，以后就基本上不脱其型范了。

《开皇律》不仅是中国古代法制史上的里程碑，而且从实质上说，其影响远被东亚各国，在世界古代法制史上，也应占一光辉的地位。

日本有史可查的法律，如文武天皇大宝元年（700）所撰《大宝律令》，有律六卷，共分十二篇，其名目与排列次序均与《开皇律》《唐律》相同。朝鲜《高丽史》云："高丽一代之制，大抵皆仿于唐，至于刑法，亦采《唐律》，参酌时宜而用之。"《历朝宪章类志·刑律志》谓，越南李太尊明道元年（1042）所颁行的《刑书》，以及陈太尊建中六年（1230）所颁行的《国朝刑律》，"其条贯纤悉，不可复详。当初校定律格，想亦遵用唐宋之制……"。《历朝宪章类志·刑律志》又谓，黎氏王朝初年（1401）颁行的《鸿德刑律》，更直接被点明"参用隋唐，断治有画一之条，有上下之准，历代遵行，用为成宪"。这些法制史史实都说明了《开皇律》及其通过《唐律》在东亚所发生的影响是相当大的。《开皇律》在世界法制发展史上的光辉地位是毋庸争议的。

《开皇律》比较完整地反映了封建统治阶级的意志，比较系统地总结了封建统治阶级运用法律手段进行统治的经验和教训，因此它对《唐律》并通过《唐律》对尔后的国内外法律发生了巨大的影响，为自己在中外法制史上争得了应有的一席地位。

《开皇律》竭力维护以皇权为核心的中央集权制度，维护地主阶级对农民的经济剥削和地主阶级的政治统治，对农民实行专政，保护地主阶级的种种特权，维护以封建等级制和父权家长制为中心的封建社会秩序等，比较完整地反映了地主阶级的意志。这是由于《开皇律》比较系统地总结了历代封建统治阶级运用法律武器进行政治统治的经验和教训。它主要表现在《开皇律》有较先进的编纂体例，所规定的刑罚比较轻，融刑法、民法、诉讼法于一炉等方面，也表现在隋代比较注意司法建设等方面。

《开皇律》的编纂体例，采用总则在前、分则在后的形式，条理清晰，逻辑性强，"刑网简要，疏而不失"。

李悝制《法经》六篇，以为"王者之政莫急于盗贼"，因此将《盗法》《贼法》列于六篇之首。盗贼需要逮捕、囚禁，所以《囚法》《捕法》列于其后。《杂法》是对其他犯罪如越狱、赌博等的惩罚办法。最后是《具法》，是关于刑罚的加重和减轻的法律，相当于后世的刑法总则。这种编纂体例粗具法律形式的规模，但条理不清、逻辑联系不严密。汉《九章律》加《户律》《兴律》《厩律》三篇，后来又加《傍章律》十八篇，《越宫律》二十七篇，

[①] 程树德：《九朝律考》卷6《周律考》，中华书局1963年版，第411页。
[②] 《隋书》卷25《刑法志》，中华书局1982年版，第709页。

《朝律》六篇，使法律内容更加完备了。但汉律仍将《具律》列于第六篇。至魏律，才将《具律》调放在首篇："魏因汉律为一十八篇，改汉《具律》为刑名第一。"①《魏律序》还指出："旧律因秦《法经》，就增三篇，而《具律》不移，因在第六。罪条例既不在始，又不在终，非篇章之义。故集罪例以为刑名，冠于律首。"②但魏律十八篇之分，繁而不当。至北齐，才首次将篇目合并为十二篇，且"并刑名例、法例为名例"。③《北齐律》将《捕亡律》与《断狱律》合为《捕断律》，且置于第九篇，相当于将今之诉讼程序法与民、刑法混在一起，也属"既不在始，又不在终，非篇章之义"。至隋制定《开皇律》，吸取了历代编撰律令的经验，坚持了《北齐律》分篇十二，总则在前、分则在后的优点，同时将《捕断律》一析为二，放在最后。这样，从《开皇律》编纂的总体上看，就是：总则在前，分则在后；实体法在前，程序法在后。此外，如将《北齐律》的《婚户律》改为《户婚律》，这是因为"隋开皇以户在婚前，改为户婚律"④；将《北齐律》中的《违制律》改为《职制律》并从第五篇移至第三篇，放在《卫禁律》之后，这是因为将保卫皇权与保卫政权连在一起，保卫皇权在先，保卫政权在后；将《厩牧律》改为《厩库律》，扩大了范围，从第十一篇移至第五篇，和第六篇《擅兴律》放在一起，置于第七篇《盗贼律》之前，明确了保卫封建国家财物在前，保卫地主阶级私人财物在后的排列次序；等等。这些改动，都使《开皇律》的篇章结构更合封建制法律发展之逻辑，也更合封建地主阶级之"理"了。

我国封建制法律之具体条目，《法经》不详。商鞅相秦，改法为律，科条陡增，"法繁于秋荼，而网密于凝脂"⑤。汉初，刘邦说老百姓"苦秦法久矣"，当他初入关中时曾宣布："与父老约法三章耳：杀人者死，伤人及盗抵罪，余悉除去秦法。"⑥但是，曾几何时，汉律条目就无限膨胀起来："律令凡三百五十九章，大辟四百九条，千八百八十二事，死罪决事比万三千四百七十二事。文书盈于几阁，典者不能遍睹。"⑦至晋律，大为简化，"蠲其苛秽，存其清约"⑧，改订成二十篇，六百二十条。但至北齐，又增至九百四十九条。而北周更增加到一千五百三十七条，"篇目科条皆倍于齐律"⑨。隋代周而起，大刀阔斧，"除死罪八十一条，流罪一百五十四条，徒杖等千余条，定留唯五百条。凡十二卷"⑩。正如《隋书·刑法志》所说的那样，"自是刑网简要，疏而不失"，为唐、宋、明、清所沿用。

---

① 〔唐〕长孙无忌等：《唐律疏议》卷1《名例律》，中华书局1983年版，第2页。
② 《晋书》卷30《刑法志》，中华书局1974年版，第924页。
③ 〔唐〕长孙无忌等：《唐律疏议》卷1《名例律》，中华书局1983年版，第2页。
④ 同上书，第231页。
⑤ 〔汉〕桓宽：《盐铁论》卷10《刑德第五十五》。《盐铁论·译注》，冶金工业出版社1972年版，第442页。
⑥ 《史记》卷8《高祖本纪》，中华书局1999年版，第362页。
⑦ 《汉书》卷23《刑法志》，中华书局1962年版，第1101页。
⑧ 程树德：《九朝律考》卷3《晋律序序》，中华书局1963年版，第231页。
⑨ 程树德：《九朝律考》卷6《后周律考序》，中华书局1963年版，第411页。
⑩ 《隋书》卷25《刑法志》，中华书局1982年版，第712页。

《开皇律》所规定的刑罚比此前历代法律为轻,体现了一定的进步性,这也是不能忽视的。

例如死刑,从春秋之世的杀、烹、肆、醢、轘、枭首,发展到秦时加上了弃市、腰斩、磔、戮、坑、绞,据说商鞅变法时还"有凿颠、抽胁、镬亨之刑"。[①]但《开皇律》蠲除历代苛刑酷法,定死刑惟绞、斩两种;而且,将族刑从历代法律规定的夷三族或夷五族,改为"惟大逆、谋反叛者,父子兄弟皆斩,家口没官"[②],即夷二族,且限于犯"大逆,谋反叛"之罪的界限以内。

又如流刑,《北齐律》规定的流刑"谓论犯可死,原情可降,鞭笞之各一百,投于边裔,以为兵卒。未有道里之差"[③]。《北周律》规定的流刑,从二千五百里至四千五百里不等,均加鞭笞。至《开皇律》改为一千里至两千里,大大地减轻了。值得注意的是,《唐律》以"用法务在宽减"[④]相标榜,以"凡削烦去蠹,变重为轻者,不可胜纪"自诩,而且为今之研究《唐律》者所一致肯定为"确实是较为简约宽平",但其规定的流刑却是从两千里至三千里的三等,比《开皇律》规定的流刑一千里至两千里要重得多了。

又如徒刑,历代有作刑、耐刑、年刑、居作、输将、鬼薪、城旦舂、白粲、司寇作、完刑等之称,至北齐仍称"刑罪""耐罪"。隋《开皇律》采取《北周律》的"徒刑"的名称,将北齐、北周的徒刑刑期一至五年,改为一至三年,且不再附加鞭、笞或杖。所谓"流役六年,改为五载,刑徒五岁,变从三祀","其流徒之罪皆减从轻",[⑤]是确实被记载于律文上的。

又如除去鞭刑,指斥"鞭之为用,残剥肤体,彻骨侵肌,酷均脔切"[⑥];拷讯犯人时禁止使用大棒、束杖、车辐、鞋底、压踝、杖桃;常刑讯囚,拷杖不得超过二百,杖有大小定式,行杖不得易人;囚犯之枷杖有规定的式样和重量;等等。

《开皇律》融刑法、民法、诉讼法于一炉,几乎无所不包。这同隋代地方一级司法、行政集于地方长官一身,民事违法也处以刑罚的封建法律传统等是相密切联系的。隋之前的各个朝代也将刑事、民事、诉讼程序纳入同一法律调节之中,但都不如隋之简要得体。而《开皇律》的这一特点又为后世的封建法律所继承。

除《开皇律》文本身之外,隋初还比较注意司法行政的建设。《开皇律》颁行后,开皇三年(583),即"置律博士弟子员。断决大狱,皆先牒明法,定其罪状,然后依断"[⑦]。在

---

① 《汉书》卷23《刑法志》,中华书局1962年版,第1096页。
② 《隋书》卷25《刑法志》,中华书局1982年版,第711页。
③ 同上书,第705页。
④ 《贞观政要》卷8,上海古籍出版社1978年版,第238页。
⑤ 《隋书》卷25《刑法志》,中华书局1982年版,第711页。
⑥ 同上。
⑦ 《隋书》卷25《刑法志》,中华书局1982年版,第712页。

大理寺置律博士八人,置律生(博士弟子)于州县,学习律令,规定判决重大案件,都必须先写明有关律文,按律判决。开皇六年,又敕令各州长史以下到行参军一级的官吏都要学习律文,并在指定的日期集中到京城,进行考试。

所有这些都对《唐律》并通过《唐律》对中外后世的法律发生了影响。《开皇律》在中国以至世界法制史上的影响是绝不可抹杀,绝不可轻视的。

三、开皇、仁寿法令制定考

律外行令,古已有之。秦汉及魏,即行以令辅律。最迟在秦二世时即有"令"的专门法律形式出现,可考诸《史记》:"于是二世乃遵用赵高,申法令。"① 汉时,令分甲、乙、丙篇,可见法令日繁。魏修律十八篇,又定州郡令四十五篇,尚书官令、军中令合一百八十余篇。"晋初,贾充、杜预,删而定之。有律,有令,有故事。"② 其时,令已成为一大法典,共达二千三百零六条,九万八千六百四十三字。但制成分门别类的法典而又比较条理清晰合理者,当推隋代。同时,令作为一种法律样式,情形较律要复杂得多,因为在专门的《开皇令》颁行的同时,掌有最高立法大权的皇帝杨坚,还随时以"诏""敕""制"等方式发出同具法律效力的法令,有时单称"诏""敕""制",有时则连称"诏令""敕令"及"制命"等。此外还有"禁"即禁令的发布,以及大臣奏议而得到皇上的首肯诩赞从而也成为通行天下的法令的。因此,关于《开皇令》的制定考证,就不得不从以下几个方面分别进行。

(一)《开皇令》制定考

《开皇令》的制订时间与参与制订的人员,当与《开皇律》同,这可见诸以下数端记载:

> 开皇元年,敕令(李德林)与太尉任国公于翼、高颎等同修律令。③

> 及高祖受禅……(元谐)进位上大将军、封安乐郡公、邑千户。奉诏参修律令。④

> 开皇初,(赵芬)置东京官,拜尚书右仆射,与郢国公王谊修律令。⑤

---

① 《史记》卷6《秦始皇本纪》,中华书局1999年版,第268页。
② 《隋书》卷33《经籍志二》,中华书局1982年版,第974页。参同上,第967页。
③ 《隋书》卷42《李德林传》,中华书局1982年版,第1200页。
④ 《隋书》卷40《元谐传》,中华书局1982年版,第1171页。
⑤ 《隋书》卷46《赵芬传》,中华书局1982年版,第1251页。

开皇元年，（裴政）转率更令，加位上仪同三司。诏与苏威等修订律令。①

高祖受禅……（赵轨）既至京师，诏与奇景公牛弘撰定律令格式。②

隋承战争之后，宪章蹐驳，上令朝臣厘改旧法。为一代通典。律令格式，多威所定，世以为能。③

帝又以律令初行，人未知禁，故犯法者众。……乃诏申敕四方，敦理辞讼。④

上引七例，有几处值得注意：第一，都在开皇元年（581）；第二，都是"律令"并提；第三，所涉人员，恰与前述《开皇律》的制订人员重复。由此可见《开皇令》的制订时间与参与制订的人员，与《开皇律》大致相同。而且，颁行时间也相同，即开皇元年（581）颁行了《开皇令》。

除上述李德林、于翼、高颎、元谐、赵芬、王谊、裴政、苏威、赵轨、牛弘外，还有房晖远也参加了开皇年间法令的修撰，事见《隋书·房晖远传》："及高祖受禅，迁太常博士。……寻奉诏预修令式。"这里仅说"修令式"，未说及"律"。也无其他资料可资说明房晖远参与修"律"。所以前文考及《开皇律》修撰人员时，未列房晖远在内。

《开皇令》的颁行时间为开皇元年（581），还可证诸以下史实：

高祖……受禅……颁新令，制人五家为保，保有长。……男女……十八已上为丁。⑤

开皇三年正月，帝入新宫。初令军人以二十一成丁。⑥

这里说的是开皇元年（581）"颁新令"，而开皇三年（583）改"新令"中"十八为丁"为"二十一为丁"。此外如：

---

① 《隋书》卷66《裴政传》，中华书局1982年版，第1549页。
② 《隋书》卷73《赵轨传》，中华书局1982年版，第1678页。
③ 《隋书》卷41《苏威传》，中华书局1982年版，第1186页。
④ 《隋书》卷25《刑法志》，中华书局1982年版，第712页。
⑤ 《隋书》卷24《食货志》，中华书局1982年版，第680页。
⑥ 同上书，第681页。

隋初因周制，定令亦以孟冬下亥蜡百神，腊宗庙，祭社稷。①

开皇初，高祖思定典礼。……其丧纪，上自王公，下逮庶人，著令皆为定制，无相差越。②

开皇元年，内史令李德林奏，周、魏舆辇乖制，请皆废毁。……于后著令，制五格。③

高祖既受命，定令，宫悬四面各二虡（jù），通十二镈钟，为二十虡。虡各一人。④

始开皇初定令，置《七部乐》……⑤

（二）开皇年间诏令发布考

开皇年间（581—600），隋文帝除于开皇初年集中颁行《开皇令》外，还陆续随机发布颁行了大量的诏令。按时间顺序排列，有关的主要诏令考出如下。

1.开皇元年（581年）关于申诉及挝登闻鼓的诏令：

（开皇元年）帝又以律令初行，人未知禁，故犯法者众。又下吏承苛政之后，务锻炼以致人罪。乃诏申敕四方，敦理辞讼。有枉屈县不理者，令以次经郡及州，至省仍不理，乃诣阙申诉。有所未惬，听挝登闻鼓，有司录状奏之。⑥

2.开皇元年（581）关于举国劝学行礼的诏令：

高祖受禅。（柳）昂疾愈，加上开府，拜潞州刺史。昂见天下无事，可以劝学行礼，因上表……上览而善之，因下诏……自是天下州县皆置博士习礼焉。⑦

---

① 《隋书》卷7《礼仪志二》，中华书局1982年版，第148页。
② 《隋书》卷8《礼仪志三》，中华书局1982年版，第156页。
③ 《隋书》卷10《礼仪志五》，中华书局1982年版，第200页。
④ 《隋书》卷14《音乐志中》，中华书局1982年版，第343页。
⑤ 《隋书》卷15《音乐志下》，中华书局1982年版，第376页。
⑥ 《隋书》卷25《刑法志》，中华书局1982年版，第712页。
⑦ 《隋书》卷47《柳机传》，中华书局1982年版，第1277—1278页。

3. 开皇元年（581）关于献书有赏的诏令：

开皇初，（牛弘）迁授散骑常侍、秘书监。弘以典籍遗逸，上表请开献书之路……上纳之，于是下诏，献书一卷，赉缣一匹。一二年间，篇籍稍备。①

4. 开皇元年（581）关于听任百姓出家，仍令计口出钱、营造经像的诏令：

开皇元年，高祖普诏天下，任听出家，仍令计口出钱，营造经像。而京师及并州、相州、洛州等诸大都邑之处，并官写一切经，置于寺内，而又别写，置于秘阁。天下之人，从风而靡，竞相景摹，民间佛经，多于六经数十百倍。②

5. 开皇二年（582）关于举贤良的诏令：

二年春正月……甲戌，诏举贤良。③

6. 开皇三年（583）关于举国劝学行礼的诏令：

（三年）夏四月……丙戌，诏令天下劝学行礼。④

7. 开皇三年（583）关于奖赏仁义诚节及铨擢文武之才的诏令：

（三年）秋七月……壬戌，诏曰："行仁蹈义，名教所先，厉俗敦风，宜见褒奖。往者，山东、河表，经此妖乱，孤城远守，多不自全。济阴太守杜猷身陷贼徒，命悬寇手。郡省事范壹玫倾产营护，免其戮辱。眷言诚节，实有可嘉，宜超恒赏，用明沮劝。……"⑤

三年……冬十一月己酉，发使巡省风俗，因下诏曰："朕君临区宇，深思治术。欲使生人从化，以德代刑，求草莱之善，雄闾里之行。民间情伪，咸欲备闻。已诏使人，所在赈恤，扬镳分路，将遍四海，必令为朕耳目。如有文武才用，未为时知，宜

---

① 《隋书》卷49《牛弘传》，中华书局1982年版，第1297—1300页。
② 《隋书》卷35《经籍志四》，中华书局1982年版，第1099页。
③ 《隋书》卷1《高祖纪上》，中华书局1982年版，第16页。
④ 同上书，第19页。
⑤ 同上书，第19—20页。

以礼发遣,朕将铨擢。其有志节高妙,超等绝伦,亦仰使人就加旌异,令一行一善奖劝于人。……"①

8. 开皇三年(583)关于停造辂车等的诏令:

开皇三年闰十二月,并诏停造,而尽用旧物。至九年平陈,又得舆辇。旧著令者,以付有司,所不载者,并皆毁弃。②

值得注意的是,这是以后颁诏令破前颁《开皇令》的举措,可见帝王权力至高无上之一斑。

9. 开皇三年至五年(583—585)关于厉行新钱制的诏令:

高祖既受周禅,以天下钱货轻重不等。乃更铸新钱。……先时钱既新出,百姓或私有熔铸。三年四月,诏四面诸关,各付百钱为样。从关外来,勘样相似,然后得过。样不相同者,即坏以为铜,入官。……四年,诏仍依旧不禁者,县令夺半年禄。然百姓习用既久,尚犹不绝。五年正月,诏又严其制。自是钱货为一,所在流布,百姓便之。③

10. 开皇四年(584)关于颁行新历的诏令:

(开皇)四年二月(道士张宾等)撰成(新历)奏上。高祖下诏曰:"……宜颁天下,依法施用。"④

11. 开皇四年(584)关于革新腊制的诏令:

开皇四年十一月,诏曰:"古称腊者,接也。取新故交接。前周岁首,今之仲冬,建冬之月,称蜡可也。后周用夏后之时,行姬氏之蜡。考诸先代,于义有违。其十月行蜡者停,可以十二月为腊。"于是始革前制。⑤

---

① 《隋书》卷1《高祖纪上》,中华书局1982年版,第20页。
② 《隋书》卷10《礼仪志五》,中华书局1982年版,第203页。
③ 《隋书》卷24《食货志》,中华书局1982年版,第691—692页。
④ 《隋书》卷17《律历志中》,中华书局1982年版,第421页。
⑤ 《隋书》卷7《礼仪志二》,中华书局1982年版,第149页。

12. 开皇五年（585）因律生辅恩舞文陷人罹罪案①而发布关于停废律生诸曹决事必须具写律文的诏令：

> 五年……帝……下诏曰："人命之重，悬在律文，刊定科条，俾令易晓。分官命职，恒选循吏，小大之狱，理无疑舛。而因袭往代，别置律官，报判之人，推其为首。杀生之柄，常委小人，刑罚所以未清，威祸所以妄作。为政之失，莫大于斯。其大理律博士、尚书刑部曹明法、州县律生，并可停废。"自是诸曹决事，皆令具写律文断之。②

13. 开皇六年（586）关于废除孥戮相坐之法及死囚不得驰驿行决的诏令：

> （开皇）六年……又诏免尉迥、王谦、司马消难三道逆人家口之配没者，悉官酬赎，使为编户。因除孥戮相坐之法。又命诸州囚有处死，不得驰驿行决。③

14. 开皇九年（589）关于停罢戎旅、军器，除毁人间甲仗及进善、举才的诏令：

> （开皇）九年……夏四月……壬戌，诏曰："往以吴、越之野，群黎涂炭，干戈方用，积习未宁。今率土大同，含生遂性，太平之法，方可流行。……禁卫九重之余，镇守四方之外，戎旅军器，皆宜停罢。代路既夷，群方无事，武力之子，俱可学文，人间甲仗，悉皆除毁。……公卿士庶，非所望也，各启至诚，匡兹不逮。见善必进，有才必举，无或噤默，退有后言。颁告天下，咸悉此意。"④

15. 开皇九年（589）关于制礼作乐，尽除淫声、杂戏的诏令：

> （开皇九年）十二月甲子，诏曰："朕祗承天命，清荡万方。百王衰敝之后，兆庶浇浮之日，圣人遗训，扫地俱尽，制礼作乐，今也其时。朕情存古乐，深思雅道。郑、卫淫声，鱼龙杂戏，乐府之内，尽以除之。……"仍诏太常牛弘、通直散骑常侍许善心、秘书丞姚察、通直郎虞世基等议定作乐。⑤

---

① 《隋书》卷25《刑法志》："（开皇）五年，侍官慕容天远纠都督田元，冒请义仓，事实而始平县律生辅恩，舞文陷天远，遂更反坐。帝闻之，乃下诏……"
② 《隋书》卷25《刑法志》，中华书局1982年版，第712—713页。
③ 同上书，第713页。
④ 《隋书》卷2《高祖纪下》，中华书局1982年版，第32—33页。
⑤ 同上书，第34页。

16. 开皇九年(589)关于定节气的诏令：

开皇九年平陈后，高祖遣毛爽及蔡子元、于普明等，以候节气。……令爽等草定其法。爽因稽诸故实，以著于篇，名曰《律谱》。①

17. 开皇十三年(593)关于禁绝私撰国史的诏令：

（开皇十三年）五月癸亥，诏人间有撰集国史、臧否人物者，皆令禁绝。②

18. 开皇十四年(594)关于禁造繁声、施用雅乐的诏令：

（开皇）十四年夏四月乙丑，诏曰："在昔圣人，作乐崇德，移风易俗，于斯为大。自晋氏播迁，兵戈不息，雅乐流散，年代已多，四方未一，无由辨正。赖上天鉴临，明神降福，拯兹涂炭，安息苍生，天下大同，归于治理，遗文旧物，皆为国有。比命所司，总令研究，正乐雅声，详考已讫，宜即施用，见行者停。人间音乐流僻日久，弃其旧体，竞造繁声，浮宕不归，遂以成俗。宜加禁绝，务存其本。"③

19. 开皇十四年(594)关于授省府州县公廨田的诏令：

（开皇十四年）六月丁卯，诏省府州县皆给公廨田，不得治生，与人争利。④

20. 开皇十六年(596)关于亡官妻妾不得改嫁的诏令：

（开皇十六年）六月……辛丑，诏九品已上妻，五品已上妾，夫亡不得改嫁。⑤

21. 开皇十六年(596)关于死罪三复决的诏令：

---

① 《隋书》卷16《律历志上》，中华书局1982年版，第394—395页。
② 《隋书》卷2《高祖纪下》，中华书局1982年版，第38页。
③ 同上书，第38页。该诏令又见《隋书》卷15《音乐志下》："十四年三月，乐定"（作乐者牛弘、姚察等奏请施行），"于是并撰歌辞三十首，诏并令施用，见行者皆停之，其人间音乐，流僻日久，弃其旧体者，并加禁绝，务存其本"。
④ 《隋书》卷2《高祖纪下》，中华书局1982年版，第39页。
⑤ 同上书，第41页。

（开皇十六年）秋八月丙戌，诏决死罪者，三奏而后行刑。①

22. 开皇十七年（597）关于属官犯罪可于律外决杖的诏令：

（开皇十七年）三月丙辰，诏曰："分职设官，共理时务，班位高下，各有等差。若所在官人不加敬惮，多自宽纵，事难克举。诸有愆失，虽备科条，或据律乃轻，论情则重，不即决罪，无以惩肃。其诸司论属官，若有愆犯，听于律外斟酌决杖。"②

23. 开皇十八年（598）关于禁止私造大船的诏令：

（开皇）十八年春正月辛丑，诏曰："吴、越之人，往承敝俗，所在之处，私造大船，因相聚结，致有侵害。其江南诸州，人间有船三丈已上，悉括入官。"③

24. 开皇十八年（598）关于严惩厌蛊活动的诏令：

（开皇十八年）五月辛亥，诏畜猫鬼、蛊毒、厌魅、野道之家，投于四裔。④

25. 开皇十八年（598）关于科举的诏令：

（开皇十八年）秋七月……丙子，诏京官五品已上，总管、刺史，以志行修谨、清平干济二科举人。⑤

26. 开皇十年至十八年（590—598）关于禁行恶钱的诏令：

（开皇）十年，诏晋王广，听于扬州立五炉铸钱。其后奸狡稍渐磨鑢钱郭，取铜私铸，又杂以锡钱，递相仿效，钱遂轻薄。乃下恶钱之禁。京师及诸州邸肆之上，皆令立榜，置样为准。不中样者，不入于市。十八年……是时钱益滥恶，乃令有司，括天下

---

① 《隋书》卷2《高祖纪下》，中华书局1982年版，第41页。
② 同上。
③ 《隋书》卷2《高祖纪下》，中华书局1982年版，第43页。
④ 《隋书》卷2《高祖纪下》，又见《隋书》卷79《外戚传》（独孤陀好左道被人告发）："……及此，诏诛被讼行猫鬼家。"
⑤ 《隋书》卷2《高祖纪下》，中华书局1982年版，第43页。

邸肆见钱,非官铸者,皆毁之,其铜入官。而京师以恶钱贸易,为吏所执,有死者。①

27. 开皇二十年(600)关于毁坏佛像以不道、恶逆论处的诏令:

(开皇二十年)十二月……辛巳,诏曰:"佛法深妙,道教虚融,咸降大兹,济度群品,凡在含识,皆蒙覆护。……敢有毁坏偷盗佛及天尊像、岳镇海渎神形者,以不道论。沙门坏佛像,道士坏天尊者,以恶逆论。"②

28. 开皇末年(600),关于禁绝角抵之戏的诏令:

(开皇末,柳)彧见近代以来,都邑百姓每至正月十五日,作角抵之戏,递相夸竞,至于糜费财力,上奏请禁绝之……"(其奏书曰)"敢有犯者,请以故违敕论。"诏可其奏。③

(三) 仁寿年间诏令发布考

仁寿年间(601—604),隋文帝继续随机发布、颁行了一些诏令,主要者为:

29. 仁寿元年(601)关于简省国子学、奖励德才优异者的诏令:

(仁寿元年)六月……乙丑,诏曰:"儒学之道,训教生人……朕抚临天下,思弘德教,延集学徒,崇建庠序,开进仕之路,伫贤隽之人。而国学胄子,垂将千数,州县诸生,咸亦不少。徒有名录,空度岁时,未有德为代范,才任国用。良由设学之理,多而未精。令宜简省,明加奖励。"于是国子学惟留学生七十人,太学、四门及州县学并废。④

30. 仁寿二年(602)关于荐举的诏令:

(仁寿二年)秋七月丙戌,诏内外官各举所知。⑤

---

① 《隋书》卷24《食货志》,中华书局1982年版,第692页。
② 《隋书》卷2《高祖纪下》,中华书局1982年版,第45—46页。
③ 《隋书》卷62《柳彧传》,中华书局1982年版,第1483—1484页。
④ 《隋书》卷2《高祖纪下》,中华书局1982年版,第46—47页。
⑤ 同上书,第47页。

31. 仁寿二年（602）关于修订五礼的诏令：

（仁寿二年）闰月……己丑，诏曰："礼之为用，时义大矣。……故道德仁义，非礼不成，安上治人，莫善于礼。……今四海父安，五戎勿用，理宜弘风训俗，导德齐礼，缀往圣之旧章，兴先王之茂则。……杨素……苏威……牛弘……薛道衡……许善心……虞世基……王劭，或任居端揆，博达古今，或器推令望，学综经史。委以裁缉，实允佥议。可并修订五礼。"①

32. 仁寿三年（603）关于荐举贤哲的诏令：

（仁寿三年）秋七月丁卯，诏曰："……其令州县搜扬贤哲，皆取明知今古，通识治乱，究政教之本，达礼乐之源。不限多少，不得不举。限以三月，咸令进路。征召将送，必须以礼。"②

33. 仁寿四年（604）关于律令格式依敕修改等的遗诏：

（仁寿四年）秋七月……丁未，崩于大宝殿，时年六十四。遗诏曰："……国家事大，不可限以常礼。……自古哲王，因人作法，前帝后帝，沿革随时。律令格式，或有不便于事者，宜依前敕修改，务当政要。呜呼，敬之哉！无坠朕命！"③

（四）开皇年间敕令发布考

1. 开皇元年（581）关于除废魏、周辇辂制度的敕令（令文佚失，太子庶子、摄太常少卿裴政的奏疏中提及）：

今皇隋革命，宪章前代，其魏、周辇辂不合制者，已敕有司尽令除废……④

2. 开皇元年（581）关于修撰开皇律令的敕令：

---

① 《隋书》卷2《高祖纪下》，中华书局1982年版，第48页。
② 同上书，第51页。
③ 同上书，第53页。
④ 《隋书》卷12《礼仪志七》，中华书局1982年版，第254页。

开皇元年，敕令（李德林）与太尉任国公于翼、高颎等同修律令。①

3. 开皇三年（583）关于修改元年所颁《开皇律》的敕令：

帝又每季亲录囚徒。常以秋分之前，省阅诸州申奏罪状。三年，因览刑部奏，断狱数犹至万条。以为律尚严密，故人多陷罪。又敕苏威、牛弘等，更定新律。②

4. 开皇四年（584）关于官属之官之敕令：

（开皇四年）夏四月己亥，敕总管、刺史父母及子年十五已上不得将之官。③

5. 开皇六年（586）关于习律的敕令：

（开皇）六年，敕诸州长史已下，行参军已上，并令习律，集京之日，试其通不。④

6. 关于拒闻诽谤之罪的敕令：

（长孙平）后数载，转工部尚书，名为称职。时有人告大都督邴绍非毁朝廷为愤愤者，上怒，将斩之。平进谏曰："……邴绍之言，不应闻奏，陛下又复诛之，臣恐百代之后，有亏圣德。"……因敕群臣，诽谤之罪，勿复以闻。⑤

7. 开皇十五年（595）关于盗边粮严刑重罚的敕令：

（开皇十五年）十二月戊子，敕盗边粮一升已上皆斩，并籍没其家。⑥

8. 开皇十八年（598）关于公验过客及长官责任的敕令：

---

① 《隋书》卷42《李德林传》，中华书局1982年版，第1200页。
② 《隋书》卷25《刑法志》，中华书局1982年版，第712页。
③ 《隋书》卷1《高祖纪上》，中华书局1982年版，第21页。
④ 《隋书》卷25《刑法志》，中华书局1982年版，第713页。
⑤ 《隋书》卷46《长孙平传》，中华书局1982年版，第1255页。未记敕令时间，从前后文推定约在开皇三年后之数载。
⑥ 《隋书》卷2《高祖纪下》，中华书局1982年版，第40页。

（开皇十八年）九月……庚寅，敕舍客无公验者，坐及刺史、县令。①

（注：仁寿年间未见颁行敕令）

（五）开皇年间制命发布考

1. 开皇元年（581）关于冠冕色玄之制命：

（裴政奏曰）"……今请冠及冕，色并用玄，惟应着帻者，任依汉、晋。"制曰："可。"
于是定令，采用东齐之法。……②

2. 开皇六年（586）关于刺史上佐考课的制命：

（开皇六年）二月……丙戌，制刺史上佐每岁暮更入朝，上考课。③

3. 开皇七年（587）关于举人的制命：

（开皇）七年春正月……乙未，制诸州岁贡三人。④

4. 开皇九年（589）关于乡、里行政建制的制命：

（开皇九年）二月……丙申，制五百家为乡，正一人；百家为里，长一人。⑤

5. 开皇十年（590）关于庸役的制令：

（开皇十年）六月申酉，制人年五十，免役收庸。⑥

6. 开皇十二年（592）关于死罪复决的制命：

---

① 《隋书》卷2《高祖纪下》，中华书局1982年版，第43—44页。
② 《隋书》卷12《礼仪志七》，中华书局1982年版，第253—254页。
③ 《隋书》卷1《高祖纪上》，中华书局1982年版，第23页。
④ 同上书，第25页。
⑤ 《隋书》卷2《高祖纪下》，中华书局1982年版，第32页。
⑥ 同上书，第35页。

（开皇十二年）八月甲戌，制天下死罪，诸州不得便决，皆令大理复治。①

7. 开皇十二年（592）关于宿卫的制命：

（开皇十二年）八月……癸巳，制宿卫者不得辄离所守。②

8. 开皇十三年（593）关于坐事去官配流的制命：

（开皇十三年）二月……己丑，制坐事去官者，配流一年。③

9. 开皇十三年（593）关于谶纬的制命：

（开皇十三年）二月……丁酉，制私家不得隐藏纬候图谶。④

10. 开皇十四年（594）关于官属之官的制命：

（开皇十四年）冬闰十月……乙卯，制外官九品已上，父母及子年十五以上，不得将之官。⑤

11. 开皇十四年（594）关于州县佐史任期的制命：

（开皇十四年）十一月壬戌，制州县佐吏，三年一代，不得重任。⑥

12. 开皇十六年（596）关于工商业者不得任官的制命：

（开皇十六年）六月甲午，制工商不得进仕。⑦

---

① 《隋书》卷2《高祖纪下》，中华书局1982年版，第37页。
② 同上书，第37页。
③ 同上书，第38页。
④ 同上。
⑤ 同上书，第39页。
⑥ 同上。
⑦ 同上书，第40页。

（注：仁寿年间未见制命）

四、《大业律》制定考

史籍关于《大业律》的制订的资料，遗留极少，仅见以下数端：

炀帝即位，以高祖禁网深刻，又敕修律令，除十恶之条。①

炀帝即位，牛弘引（刘炫）修律令。②

（大业三年）夏四月……甲申，颁律令，大赦天下，关内给复三年。③

又《玉海》卷65云："炀帝以开皇律令犹重，大业二年更制《大业律》，牛弘等造。三年四月甲申颁行，凡十八篇，五百条。"《通鉴》卷180："牛弘等造新律成，凡十八篇，谓之《大业律》，甲申始颁行之。"

根据以上所录及其他资料，大致可以考定：

《大业律》制定的时间是在大业二年（606）至大业三年（607）夏四月之间。隋炀帝是在仁寿四年（604）秋七月隋文帝死后继位的，当年显然来不及修订律令。大业元年，隋炀帝发使巡省八方，在诏书中提出："布政惟使，宜存宽大。……荐拔淹滞，申达幽枉。……其有蠹政害人，不便于时者，使还之日，具录奏闻。"④ 当年秋七月的一份诏书中，还提出"其国子等学，亦宜申明旧制"等。可见大业元年仍处在沿用开皇制度并做修订旧制的准备时期中。至大业二年（606），隋炀帝任命梁毗为刑部尚书，诏令杨素、牛弘等制定舆服。五月的一份诏书中提到"……有司量为条式，称朕意焉"等，可见这一年开始修订《大业律》的可能性最大。《玉海》说"大业二年更制《大业律》"，是可信的。至于颁行的时间，《隋书·炀帝纪》已经清楚载明："大业三年夏四月，甲申，颁律令，大赦天下，关内给复三年。"

《大业律》共十八卷。《隋书·经籍志》载作"《大业律》十一卷"，是错误的。因为同是《隋书》的《刑法志》记作十八篇："三年，新律成，为十八篇。诏施行之，谓之《大业律》。"而且一一举出了这十八篇的篇名："一曰名例，二曰卫宫，三曰违制，四曰请求，

---

① 《隋书》卷25《刑法志》，中华书局1982年版，第716页。
② 《隋书》卷75《刘炫传》，中华书局1982年版，第1712页。
③ 《隋书》卷3《炀帝纪上》，中华书局1982年版，第67页。
④ 同上书，第62—63页。

五曰户，六曰婚，七曰擅兴，八曰告劾，九曰贼，十曰盗，十一曰斗，十二曰捕亡，十三曰仓库，十四曰厩牧，十五曰关市，十六曰杂，十七曰诈伪，十八曰断狱。"因此，《玉海》与《资治通鉴》采十八篇之说，是正确的。

值得存疑而又未引起法律史界注意的问题是：

《唐会要》卷39称，唐高祖命裴寂等撰《武德律》，"大略以开皇为准"，"除其苛细五十二条"。

《旧唐书·刑法志》称，唐太宗贞观初，又命长孙无忌、房玄龄等"重加制定"，前后费时十余年，"定留五百条，分为十二卷……"，"比隋代旧律，减大辟者五十二条，减流入徒者七十一条"，"凡削烦去蠹，变重为轻者，不可胜数"。

但是，如前所考，隋《开皇律》始撰于开皇元年（581），修订于开皇三年（583）；《隋书·刑法志》谓，"更定之新律"已"除死罪八十一条，流罪一百五十四条，徒杖等千余条，定留惟五百条。凡十二卷"。

《隋书》为唐初魏徵所撰，当较可信。那么，"大略以开皇为准"的唐律，如果删去《开皇律》中"大辟者九十二条"，岂不只剩下四百零八条？

又，唐律"比隋代旧律……减流入徒者七十一条"，"变重为轻者，不可胜记"云云，也是值得商榷与进一步考证的。实际上，隋律规定的流刑里数比之唐律，每一等都要少一千里，这在唐代当时可是大大加重了流刑的惩罚力度。所以，唐律未必如《旧唐书》等所称比隋律大大地"变重为轻"了。而由此又可见，新、旧唐书所证，未必精确，所谓"减大辟者九十二条"等等，也就很不可靠了。

这一问题虽然属于唐律考证的范畴，但由于与隋律相关，所以在这里略事涉笔，意在引起隋、唐律研究者的注意。

五、大业法令制定考

（一）《大业令》制定考

关于《大业令》的制定，《隋书》有如下记载：

（大业三年夏四月）甲申，颁律令，大赦天下，关内给复三年。①

（大业三年夏四月）甲午，诏曰……五品已上，宜依令十科举人。有一于此，不必求备。②

---

① 《隋书》卷3《炀帝纪上》，中华书局1982年版，第67页。
② 同上书，第67—68页。

炀帝即位，多所改革。三年定令，品自第一至于第九，惟置正从，而除上下阶。……①

大业初，行新令，五等并除。②

炀帝即位，牛弘引（刘）炫修律令。③

此外《通典》卷39称："炀帝三年定令品，自第一至第九，惟置正从，而除上下阶；又定朝之班序，以品之高卑为列，品同则以省府为前后，省府同则以局署为前后。"

《大业令》为何迟至大业三年（607）方颁行呢？从《隋书·薛道衡传》看，可能历经一番周折："会议新令，久不能决。道衡谓朝士曰：'向使高颎不死，令决当久行。'"薛道衡说了这番话，结果招来杀身大祸，妻、子均被流徙到且末去。

又，一般令总是修于律之后，既然《大业律》修于大业三年（607），所以《大业令》修于大业三年（607）之前的可能性很小。

关于《大业令》，《隋书·经籍志》作"《大业令》三十卷"，而《新唐书·艺文志》作"十八卷"。何者为正确？因为《隋书》成于唐时，《唐书》成于宋代，从时间来看，《隋书》所记，当较可信，此其一。又因为《大业令》本于《开皇令》，《开皇令》为三十卷，故《大业令》三十卷之说为是，此其二。其三，还因为《唐会要》卷39载永徽"令三十卷"，与永徽律同为长孙无忌等所撰，唐承隋制，《大业令》三十卷当无疑。

《大业令》令文内容，从"初新令行，（郭）衍封爵从例除"④以及《通典》卷19所称"炀帝三年定令品，自第一至第九，惟置正从，而除上下阶；又定朝之班序，以品之高卑为列，品同则以省府为前后，省府同则以局署为前后"中，可以略窥一二。

（二）大业年间诏令发布考

隋文帝死于仁寿四年（604）。七月其子杨广即袭帝位，称炀帝，至次年春正月方改元为大业元年。"大业年间"为大业元年至大业十三年（605—617）。617年十一月，立代王杨侑为帝，改元义宁，故义宁元年为617年。杨广死于义宁二年，即618年。是年，隋王朝灭亡，唐代兴起。因此，隋代的立国时间，经开皇、仁寿、大业、义宁四元，共计三十八年。这里的"大业年间"，上涉仁寿四年及义宁元年、二年。这段时间里除《大业

---

① 《隋书》卷28《百官志下》，中华书局1982年版，第793页。
② 《隋书》卷39《豆卢炫传》，中华书局1982年版，第1158页。
③ 《隋书》卷75《刘炫传》，中华书局1982年版，第1721页。
④ 《隋书》卷61《郭衍传》，中华书局1982年版，第1470页。

令》外,诏令的制定情况如下。

1. 仁寿四年(604)十一月关于有司制定条格以明宫室之制的诏令:

> (仁寿四年)十一月……癸丑,诏曰:"……夫宫室之制本以便生,上栋下宇,是避风露,高台广厦,岂曰适形。……民惟国本,本固邦宁,百姓足,孰与不足!今所营构,务从节俭,无令雕墙峻宇复起于当今,欲使卑宫菲食将贻于后世。有司明为条格,称朕意焉。"①

2. 大业元年(605)关于巡省四方、审察政刑得失的诏令:

> (大业元年)三月……戊申,诏曰:"听采舆颂,谋及庶民,故能审政刑之得失。……今将巡历淮海,观省风俗,眷求谠言,徒繁词翰,而乡校之内,阒尔无闻。悢然夕惕,用忘兴寝。其民下有知州县官人政治苛刻,侵害百姓,背公徇私,不便于民者,宜听诣朝堂封奏,庶乎四聪以达,天下无冤。"②

3. 大业元年(605)关于恢复国子学的诏令:

> (大业元年)闰七月……丙子,诏曰:"君民建国,教学为先,移风易俗,必自兹始。……其国子等学,亦宜申明旧制,教习生徒,具为课试之法,以尽砥砺之道。"③

4. 大业二年(606)关于制定条式旌表先哲的诏令:

> (大业二年)五月……乙卯,诏曰:"旌表先哲,式存飨祀,所以优礼贤能,显彰遗爱。……其自古已来贤人君子……并宜营立祠宇,以此致祭。坟垄之处,不得侵践。有司量为条式,称朕意焉。"④

5. 大业三年(607)关于选贤举能、十科举人之诏令:

> (大业三年)夏四月……甲午,诏曰:"天下之重,非独治所安,帝王之功,岂一

---

① 〔唐〕杜佑:《通典》卷44,商务印书馆1933年版,第352页。又见《隋书》卷28《百官志下》。
② 《隋书》卷3《炀帝纪上》,中华书局1982年版,第63页。
③ 同上书,第64—65页。
④ 同上书,第66页。

士之略。自古明君哲后，何尝不选贤与能，收采幽滞。……五品已上，宜依令十科举人。有一于此，不必求备。朕当待以不次，随才升擢。其见任九品已上官者，不在举送之限。"①

6. 大业五年（609）关于均田的诏令：

（大业）五年春正月……癸未，诏天下均田。②

7. 大业五年（609）关于科举的诏令：

（大业五年）六月……辛亥，诏诸郡学业该通，人才优洽，膂力骁壮，超绝等伦，在官勤奋，堪理政事，立性正直、不避强御四科举人。③

8. 大业五年（609）关于貌阅户口的诏令：

于时犹承高祖和平之后，禁网疏阔，户口多漏。或年及成丁，犹诈为小，未至于老，已免租赋。（裴）蕴为刺史，素知其情，因是条奏，皆令貌阅。若一人不实，则官司解职，乡正里长皆远流配。又许民相告，若纠得一丁者，令被纠之家代输赋税。是岁大业五年也。④

9. 大业八年（612）关于勋官不得回授文武职事的诏令：

（大业八年）九月……己丑，诏曰："自今已后，诸授勋官者，并不得回授文武职事，庶遵彼更张，取类于调瑟，求诸名制，不伤于英锦。若吏部辄拟用者，御史即宜纠弹。"⑤

（三）大业年间敕令发布考

1. 大业三年（607）关于流配犯逃亡捕获即决的敕令：

---

① 《隋书》卷3《炀帝纪上》，中华书局1982年版，第67—68页。
② 同上书，第73页。
③ 同上。
④ 《隋书》卷67《裴蕴传》，中华书局1982年版，第1575页。
⑤ 《隋书》卷3《炀帝纪上》，中华书局1982年版，第83页。

（大业）三年春正月癸亥，敕并州逆党已流配而逃亡者，所获之处，即宜斩决。①

2. 大业三年（607）关于巡狩不得践暴禾稼的敕令：

（大业三年）四月……丙申，车驾北巡狩。……戊戌，敕百司不得践禾稼，其有须开为路者，有司计地所收，即以近仓酬赐，务从优厚。②

3. 大业九年（613）关于窃盗皆斩的敕令：

（大业）三年，新律成。……其五刑之内，降从轻典者，二百余条。……是时百姓久厌严刻，喜于刑宽。后帝乃外征四夷，内穷嗜欲，兵革岁动，赋敛滋繁。有司皆临时迫胁，苟求济事，宪章遐弃，贿赂公行，穷人无告，聚为盗贼。帝乃更立严刑，敕天下窃盗已上，罪无轻重，不待闻奏，皆斩。……九年，又诏为盗者籍没其家。③

4. 大业元年（605）关于宫外卫士不得辄离所守的敕令：

炀帝即位，（源师）拜大理少卿。帝在显仁宫，敕宫外卫士不得辄离所守。有一主帅，私令卫士出外，帝付大理绳之。④

（四）大业年间制命发布考

1. 大业元年（605）关于战亡之家给复十年的制命：

（大业元年）秋七月丁酉，制战亡之家给复十年。⑤

2. 大业二年（606）关于擢官的制命：

（大业二年）七月……庚申，制百官不得计考增级，必有德行功能，灼然显著者，

---

① 《隋书》卷3《炀帝纪上》，中华书局1982年版，第67页。
② 同上书，第68页。
③ 《隋书》卷25《刑法志》，中华书局1982年版，第716—717页。
④ 《隋书》卷66《源师传》，中华书局1982年版，第1552页。
⑤ 《隋书》卷3《炀帝纪上》，中华书局1982年版，第64页。

擢之。①

3. 大业五年（609）关于禁铁器、刀具等的制命：

（大业五年）正月……己丑，制民间铁叉、搭钩、攒刃之类，皆禁绝之。②

4. 大业五年（609）关于官荫的制命：

（大业五年）二月……庚子，制魏、周官不得为荫。③

5. 大业五年（609）关于官属之官的制命：

（大业五年）二月……壬戌，制父母听随子之官。④

6. 大业九年（613）关于免赋的制令：

（大业九年）八月……甲辰，制骁果之家蠲免赋役。⑤

7. 大业九年（613）关于籍没的制命：

（大业九年）八月……戊申，制盗贼籍没其家。⑥

六、隋代格、式考

格、式为隋代重要的法律形式，惜有关史料基本佚失，所能考出者，仅以下数端：

---

① 《隋书》卷25《刑法志》，中华书局1982年版，第66页。
② 《隋书》卷3《炀帝纪上》，中华书局1982年版，第72页。
③ 同上书，第72页。
④ 同上。
⑤ 同上书，第84—85页。
⑥ 同上书，第85页。

> 隋则律令格式并行。自律以下，世有改作。①

> 律、令、格、式，多（苏）威所定。②

> 格、令颁后，苏威每欲改易事条。德林以为格、令已颁，义须画一，纵令小有踳驳，非过蠹政害民者，不可数有改张。③

> 所修格、令、章程，并行于当世，颇伤烦碎，论者以为非简允之法。④

> （大业四年）十月……乙卯，颁新式于天下。⑤

以上数端，仅说明隋代有"格""式"的制定与颁行。至于格、式的内容，仅见以下各条史料：

> 开皇二年，著内官之式，略依《周礼》，省减其数。嫔三员，掌教四德，视正三品。世妇九员……⑥

> 高祖年间，以刀笔吏类多小人，年久长奸，势使然也。又以风俗陵迟，妇人无节。于是立格，州县佐史三年而代之，九品妻无得再醮。⑦

> （大业二年）五月……乙卯诏曰："自古已来贤人君子，有能树声立德、佐世匡时、博利殊功、有益于人者，并宜营立祠宇，以时致祭。坟垄之处，不得侵践。有司量为条式，称朕意焉。"⑧

此外，还有《隋书·后妃传》提到炀帝时增置女官，其尚宫局的司正，"掌格式推罚"《隋书·礼仪志七》提到，炀帝时的衮冕之制"用开皇旧式"，也可算是略涉格式的具体内容了。

---

① 《隋书》卷33《经籍二》，中华书局1982年版，第974页。
② 《隋书》卷41《苏威传》，中华书局1982年版，第1186页。
③ 《隋书》卷42《李德林传》，中华书局1982年版，第1200页。
④ 《隋书》卷41《苏威传》，中华书局1982年版，第1190页。
⑤ 《隋书》卷3《炀帝纪上》，中华书局1982年版，第72页。
⑥ 《隋书》卷36《后妃传》，中华书局1982年版，第1106页。
⑦ 《隋书》卷75《刘炫传》，中华书局1982年版，第1712页。
⑧ 《隋书》卷3《炀帝纪上》，中华书局1982年版，第66页。

第二章　隋律渊源考

关于法的渊源问题，古今中外，众说纷纭。

有的认为"阶级社会的物质生活条件是形成法律的渊源。法律随着它们的变动而变动。故阶级社会史中的各个阶级有与之互相适应的各种法律"[①]。有的认为"为了使某种规则获得法权规范的意义，就必须有一种表现统治阶级意志的特殊的专有形式。这种专有的形式就叫作法权渊源"[②]。有的认为习惯也是法的渊源。[③] 还有的认为宗教、法学家的法学理论、道德、礼仪、外国法等也是法的渊源。这样就形成了对"法的渊源"这个概念理解上的极大分歧，并提出了"法的成立的渊源""法的效力渊源""法的内容渊源""法的历史渊源""法的形式渊源""法的实质渊源"等概念。

这个混乱不堪的概念理解问题，迄今未得到统一。这可见诸我国《法学词典》[④]对"法的渊源"的解释："法的渊源，指法的各种具体表现形式。如法律、法令、条例、规程、决议、命令、习惯、判例等。"这个解释本身就有矛盾，例如："习惯"并不是"法"的"具体表现形式"，把"习惯"与"法律、法令"等相提并论，是欠妥当的。《法学词典》又说："……在罗马……法学家的著作也被视作法的渊源。""在我国封建社会，封建的纲常礼教和习惯在法的渊源中占有重要地位……"这些说法，和把"法的渊源"解释作"法的各种具体表现形式"也不无抵牾。因为"法学家的著作""纲常礼教"之类，毕竟不是"法"的"具体表现形式"。

总之，"法的渊源"这一概念本身，尚待研讨统一。本书旨在考证隋代法制，既不能避开"法的渊源"的概念，又不能先行详尽讨论这一概念，因此，笔者拟择用"历史渊源"

---

① ［苏］杰尼索夫：《国家与法律理论》下册，中华书局1951年版，第416页。
② 苏联科学院法学研究所编：《马克思列宁主义关于国家与法权理论教程》，中国人民大学出版社1955年版，第440页。
③ ［苏］彼·斯·罗马什金：《国家与法的理论》，法律出版社1963年版；朱采真：《现代法学通论》，世界书局1939年版；［法］狄骥：《宪法论》，商务印书馆1959年版。
④ 上海辞书出版社1980年版。

与"形式渊源"作为交织使用的考证线索,仅就中国古代法制怎样一步步地发展到隋律以及隋律的蓝本诸问题,略事考证。至于怎样精确运用"形式渊源""历史渊源"这些概念,就只好留待以后另做专门研讨了。

如前所述,隋代法制"律、令、格、式并行",所以,下文按"律、令、格、式"法制形式,依次分别做历史渊源的考证。

一、隋律历史渊源考

马克思、恩格斯曾说:"不应忘记法也和宗教一样是没有自己的历史的。"① 这就是说,法律作为上层建筑由社会经济基础决定,它本身不会独立地发展。但是,法律一经产生,作为一种文化遗产,对尔后的法律的内容和形式都将产生影响。或者全盘照抄,或者大部承袭,或者予以借鉴,从而形成了一部完整的法制发展的历史。

隋朝所处的时期,中国进入封建社会已经有 800 年左右了。前此之中国社会历经了夏、商、周的奴隶制时代和秦、汉、魏、晋、南北朝的封建制时代。奴隶制法律和封建制法律在各个朝代都得到一定的发展,前后相承,沿革增损。到隋代时,已经积累了极为丰富的遗产、极为丰富的经验和教训。这为隋初的立法提供了极其有利的条件,从而使隋律有可能成为定型的封建法律的范本,为唐律所全盘继承,并基本沿用至宋、明、清,历一千四百余年。

先秦典籍记载:"禹攻有扈"②"禹伐共工"③"禹征有苗"④"禹伐曹、魏、有扈,以行其教"⑤。夏禹时期频繁的征战侵伐,促成了我国古代氏族制的瓦解,为奴隶制社会的形成奠定了阶级基础。在夏启代伯益为王、变禅让制度为世袭制度,从而使"世袭王权和世袭贵族的基础奠定下来"⑥ 以后,奴隶制社会终于产生了。奴隶主阶级为了维护对奴隶的剥削和压迫,为了调整奴隶主阶级内部的争斗关系以维护对奴隶的统治,为了调整奴隶阶级内部的关系及其他社会关系以维护奴隶社会的秩序,开始运用法律手段进行政治统治。"夏有乱政,而作禹刑。"⑦"夏书曰:昏墨贼杀,皋陶之刑也。"⑧ 可见夏时法律、刑罚、法官

---

① [德] 马克思、恩格斯:《德意志意识形态》,人民出版社 1961 年版,第 61 页。
② 《庄子》内篇《人间世》第 4,上海古籍出版社 1989 年版,第 23 页。
③ 《荀子》卷 4《议兵》,上海古籍出版社 1989 年版,第 87 页。
④ 《墨子》卷 5《非攻下》,上海古籍出版社 1989 年版,第 40 页。
⑤ 《吕氏春秋》卷 15《召类》,上海古籍出版社 1989 年版,第 116 页。
⑥ [德] 恩格斯:《家庭、私有制和国家的起源》,《马克思恩格斯选集》第 4 卷,人民出版社 1972 年版,第 161 页。
⑦ 《左传》卷 16《昭公六年》。
⑧ 《左传》卷 17《昭公十四年》。

都已出现。据《竹书纪年》载,夏时还有了监狱:"夏帝芬三十六年作圜土。""圜土"就是监狱。后人还推测说"夏刑三千余条"①。《扬子法言》亦谓"夏后肉辟三千"②。虽然真伪莫辨,但起码说明夏代是已经有了比较缜密的奴隶制法律了。

夏朝末期,奴隶反抗奴隶主残酷剥削的阶级斗争急剧发展,加之如《韩诗外传》所云夏桀"残贼海内,赋敛无度",因此,不仅奴隶愤怒呐喊"时日曷丧,予及汝皆亡"③,宁愿在斗争中与奴隶主同归于尽,而且"夏后氏德衰诸侯畔之""诸侯多畔夏"④。终于,夏王朝为商王朝所推翻。代夏而起的商王朝,在改进、完善奴隶制国家政权的同时,也不断强化奴隶主阶级的法律制度。"商有乱政,而有汤刑"⑤。商王朝的法律以残酷著称,充分反映了奴隶制法律的野蛮性。对于反抗的奴隶,法律规定"我乃劓殄灭之无遗育,无俾易种于兹新邑"⑥,予以斩尽杀绝。商朝法律采取的野蛮刑罚,据甲骨文所记有"劓"(割鼻)、"刖"(砍脚)、"杀"、"辟"、"剠",还有"宫"(破坏生殖器)、"墨"(脸上刺字)、"炮烙"(火烧)、"醢"(剁成肉酱)、"剖心"等等。商朝法律的另一特征是比较完备的,从经济制度的维护到婚姻关系的法律保障,从财产继承到审判制度,都有所规定。商王朝从成汤立国到商纣灭亡,传十七代三十一王,历六百余年。总的来说,当时的法律制度是适应于生产力发展水平的,因而促使商王朝的经济和文化有所发展。

代商而起的是西周。西周采取了封邦建国的政治措施,加强了奴隶主阶级的统治。西周的统治者还创设了体现奴隶主等级名分制度、调整奴隶主阶级内部关系的"礼"。同时,又强化了司法行政机构,专设"司寇"职位管理司法事务,用以对付奴隶主阶级和平民。《礼记·曲礼》谓:"礼不下庶人,刑不上大夫。""礼"是奴隶主阶级的特权,但平民和奴隶也不得"违礼",否则便要入于"刑"。"刑"的主要锋芒对准奴隶,但平民和奴隶主如触犯刑律以至危及奴隶主阶级的整体利益时,也要受刑律的惩罚。西周穆王时,司寇吕侯作《吕刑》,据说共有三千条,除《周礼·秋官·司刑》所载之为数各五百条的"墨罪、劓罪、宫罪、刖罪、杀罪"外,还增加了五百条,初步形成了奴隶制法律的体系。与商朝比较,西周的诉讼制度有了明显的发展,对诉讼程序做了规定,对审讯方法做了所谓"以五声听狱讼"的形式主义规定,开创了"以八辟丽邦法"的"八议"制,以及以铜(或丝)赎罪的制度等。西周的法制是我国奴隶制法律的体系化,但是这并不能阻止奴隶阶级的反抗斗争,不能阻止封建制生产关系对奴隶制生产关系的替代。西周末年,周平王被迫东迁至洛邑,开始了东周的春秋时期。

---

① 《尚书》卷35《大诰》。
② 《扬子法言》。
③ 《尚书》卷10《汤誓》。
④ 《史记》卷2《夏本纪》,中华书局1999年版,第86、88页。
⑤ 《左传》卷16《昭公六年》。
⑥ 《尚书》卷19《盘庚》。

春秋时期，社会经济和政治激烈变动。由于铁制生产工具的推广应用，生产力得到较快发展，奴隶制的生产关系逐渐成了生产力发展的明显障碍。随着经济关系的变化，社会阶级关系也发生了巨大的变化。奴隶与奴隶主的矛盾加剧，新兴地主阶级应运而生并与奴隶主阶级争夺剥削对象，诸侯与卿大夫争相独立，并开始了兼并战争。这一切就使得法律制度也随之而变化，出现了以保护封建地主阶级私有制为根本目的的成文法。公元前536年，郑国子产率先制作刑书。三十余年后，邓析加以修订并刻之于竹简，史称《竹刑》。公元前513年晋国范宣子作刑书，并铸之于刑鼎以公布天下。《竹刑》便于流行。"刑鼎"反映了法律的稳定性特点。此外，据史书记载，楚国有"仆区法"①，"荆庄王有茆门之法"②，越国也有成文法③。制定或颁布成文法成了当时法制发展中的一大特点。春秋时期法制发展的另一大特点，是随着早期法家大力宣传法治观点，"刑无等级""事断于法""一断于法"等思想观点逐渐深入司法实践中去。成文法的公布和法治观点的宣传，为战国时期封建法制的确立创造了条件和理论基础。

从公元前476年至公元前221年的战国时期，奴隶制迅速崩溃，封建制全面确立。在各国，统治阶级起用了李悝、西门豹、乐羊（魏国）、申不害（韩国）、荀欣、牛畜（赵国）、吴起（楚国）、邹忌（齐国）、商鞅（秦国）等法家代表人物，纷纷进行变法活动。例如"魏文侯师"李悝集春秋末期以来各国立法之大成，著《法经》六篇，以"王者之政莫急于盗贼"即"王者之政"首先在于保护地主阶级的政治经济利益为指导思想，形成了以刑法为主，兼有民法和诉讼法内容的封建制法律体系："……故其律始于盗贼。盗贼须劾捕，故著网捕二篇。其轻佼、越城、博戏、借假不廉、淫侈、逾制以为杂律一篇，又以具律具其加减。是故所著六篇而已……"④《法经》规定对议论国家法令者处以严刑重罚，开创了封建刑法以思想、言论定罪的制度。《法经》对封建制法律的发展有重大影响，成了在它之后的封建立法的蓝本："周衰刑重，战国异制，魏文侯师于李悝，集诸国刑典，造《法经》六篇……商鞅传授，改法为律。汉相萧何，更加悝所造户、兴、厩三篇，谓九章之律。"⑤又如，商鞅相秦，厉行变法，改法为律，"造参夷之诛"⑥，开族刑、连坐之先。其他各国也先后制定了封建法律，如韩国的《刑符》、齐国的"七法"、赵国的《国律》等。这些立法活动严重打击了奴隶主贵族垄断法律知识的传统，结束了此前的"设法以待刑，

---

① 《左传》卷16《昭公七年》：楚芋尹无宇曰："吾先君文王作仆区之法，曰：'盗所隐器与盗同罪。'所以封汝也。"
② 《韩非子》卷34《外储说右上》："荆庄王有茆门之法。"
③ 《国语》："越王勾践令民壮者无娶老妇，老者无娶壮妇。女子十七不嫁，丈夫二十不娶，其父母有罪。"
④ 《晋书》卷30《刑法志》，中华书局1974年版，第922页。
⑤ 〔唐〕长孙无忌等：《唐律疏议》卷1《名例律》，中华书局1993年版，第2页。
⑥ 《汉书》卷23《刑法志》，中华书局1962年版，第1096页。

临事而议罪"的法律制度，为封建制法律的进一步发展开辟了道路。

战国时期，齐、楚、韩、魏、燕、赵、秦七国和其他十几个小国的割据混战，最后以秦灭六国，建立全国统一的中央集权的专制主义而告终。为了确保全国的统一，维护专制主义的中央集权，秦始皇颁行了一系列的法令，改革了中央至地方的司法机构。从湖北省云梦县睡虎地秦墓出土的竹简可以知道，秦律较之《法经》已经有了很大的发展。"法繁于秋荼，而网密于凝脂"①，繁密的秦律，内容包括刑法、民法、诉讼法、行政法、经济法、军法等法律部门。秦律规定了系统、概括的刑法原则，如规定了刑事犯罪的责任年龄，以有无犯罪意识为认定犯罪与否的重要因素，区分"故意"与"过失"，规定了教唆、集团犯罪、累犯、预谋从重或加重的原则，未遂犯与自首减刑、诬告反坐，区分主犯与从犯等等。这些都为尔后的封建法制建设提供了经验。

秦王朝二世而亡。慑于农民起义的威力，汉初的统治者宣布废除秦朝的苛刑酷法，命令丞相萧何"攟摭秦法，取其宜于时者，作律九章"②。《九章律》即在《法经》之盗、贼、囚、捕、杂、具之外，增加户（婚姻、赋税）、兴（擅兴徭役）、厩（畜牧马牛之管理）三篇，将秦律的《厩苑律》《徭律》及关于家庭、婚姻的法律规定进一步概括成篇。此外，汉高帝还指定叔孙通制定了有关朝仪的《傍章律》十八篇；汉武帝命张汤制作有关宫廷警卫的《越宫律》二十七篇，命张禹作《朝律》六篇；汉朝各代皇帝还颁布了大量的具有最高法律效力的诏令。律、令之外，还有"决事比""科"等法律形式。律令繁多，百有余万言。"律令凡三百五十九章，大辟四百九条，千八百八十二事，死罪决事比万三千四百七十二事。文书盈于几阁，典者不能遍睹。"③汉代的法律并不比秦代轻简。但是汉律较之秦律有不少改革。如汉文帝废除肉刑，为由奴隶制的五刑过渡到封建制的五刑（笞、杖、徒、流、死）奠定了基础。又如，开创了"上请"制度（贵族、官僚犯罪，一般司法官吏无权审理，须先奏请皇帝裁断的制度），矜老怜幼的恤刑制度，"亲亲得相首匿"的原则（即法律允许亲属之间首谋藏匿罪犯而不负刑事责任），法不追溯既往的原则，上报与复审的规定，录囚与秋冬行刑的规定，等等。这些也为后来的立法与司法实践提供了经验。

汉末天下大乱，黄巾起义几将东汉王朝推翻。黄巾起义失败后，军阀割据，群雄逐鹿，最终导致曹魏、刘蜀、孙吴三分天下，鼎足而立。220年，曹丕废汉献帝，建立魏国。不久又为司马懿发动的政变所推翻。265年，司马炎夺取政权，以晋代魏，并逐一消灭了蜀、吴，统一了全国，史称西晋。西晋统一全国以后，曾出现了一个短暂的和平安定的局面。但司马氏统治集团的腐朽和贾后干政，导致长达十六年之久的"八王之乱"，西

---

① 〔汉〕桓宽：《盐铁论》卷10《刑德第五十五》。《盐铁论·译注》，冶金工业出版社1972年版，第442页。
② 《汉书》卷23《刑法志》，中华书局1962年版，第1096页。
③ 同上书，第1101页。

晋王朝在各族人民大起义中崩溃。晋元帝司马睿被迫南渡，在长江流域建立了偏安一隅的东晋王朝。东晋以后，南方出现了先后相继的四个短命王朝：宋、齐、梁、陈，史称南朝。北方在西晋灭亡后，由鲜卑、匈奴、羯、氐、羌五族先后建立了汉、前赵、后赵、魏、前燕、前秦、后燕、南燕、北燕、后秦、西秦、夏、后凉、南凉、北凉、西凉十六国，即所谓"五胡十六国"。经过长期混战，鲜卑拓跋氏建立了北魏，统一了北方，后又分裂为东魏、西魏，尔后出现了北齐、北周，史称北朝。直至公元581年，隋文帝杨坚夺取北周政权，建立隋朝，重新统一了中国。

从魏、蜀、吴三国争雄到隋文帝灭陈，历时近四个世纪的军阀割据、激烈混战，不仅使社会经济遭到严重破坏，而且也破坏了全国统一的法制。诸葛亮为蜀汉造汉科（律），厉行严刑峻罚。曹操则"揽申商之法术"①。如《曹操集·以高柔为理曹掾令》所云，曹操以"拨乱之政，以刑为先"作为国策，魏明帝继而命陈群定《魏律》十八篇；孙吴则律令多依汉制。由于时在剧烈的混战之中，三国的法制都很少建树。晋初制定《新律》二十篇共六百二十条，律外有令四十篇共二千三百零六条，《故事》三十卷，于是"故事"（判例）、律、令并行天下。自西晋以后，因南北分裂，法典形式也产生了南北的一些区别。但是，《晋律》是增订《九章律》而得，远宗《法经》，近本《汉律》，因此在体系、渊源方面看，南北法典仍是一致的。南朝宋代沿用《晋律》。晋张斐、杜预两家的旧律成了蔡法度编制《梁律》的依据，《梁律》篇目与《晋律》几无更动，仅增"仓库"而删"诸侯"而已。南齐的《永明律》也是略为增损《晋律》制成的。陈代制定律令，其篇目条纲，无变于梁法。北朝先后有《后魏律》、《北齐律》、《后周律》（《周大律》）面世，虽然其中掺杂了若干鲜卑氏族制的习惯法，但基本上仍以《汉律》为主体。这样，南朝用《晋律》，北朝沿《汉律》，而《晋律》又是因袭《汉律》而来的，所以南北朝法典并无根本的区别。

杨廷福先生在《唐律初探》指出："程树德先生《九朝律考》中对于我国从公元前2世纪到公元7世纪已经亡佚的法典，从浩繁的文献中索隐探赜，做综合翔实的考证，成为研究我国古代社会法制变迁沿革的一部重要著作，功不可没。可是作者立论强调中国法律的南北分派，说：'自晋失驭，海内分裂，江左以清谈相尚，不崇名法。故其时中原律学，衰于南而盛于北。北朝自魏而齐而隋而唐，寻流溯源，自成一系，而南朝则与陈氏之亡而俱斩。'又谓：'今唐、宋以来，相沿之律，均属此系。而寻流溯源，当以元魏之律为北系之律为嚆矢，北魏多承用《汉律》，不尽袭魏、晋之制。'又认为：'自晋而后，律分南北二支，南朝之律，至陈并于隋，而其祀遽斩；北朝则自魏及唐，统系相承，迄于明、清，犹守旧制。'复作律系表，来说明南北两派法律的承受关系。作者受时代的局限，没有从社会制度、生产关系、阶级关系以及在当时社会占统治地位的所有制去探讨它们之间的历史渊源和内在的关系，徒以南北对峙和朝代的兴亡做截然的划分，认为'南朝之律至陈并隋

---

① 《三国志》卷1《魏志·武帝纪》，中华书局1959年版，第55页。

而其祀遽斩',似可商榷。陈寅恪先生《隋唐制度渊源略论稿·四刑律》虽亦不以程氏之说为然,但认为北魏颇传汉代律学,而北魏、北齐、隋、唐为一系相承的嫡统,还是有商榷的余地的。"①

我完全同意杨廷福先生认为程树德先生、陈寅恪先生关于隋、唐法律历史渊源的观点值得商榷的意见。杨廷福先生接着论述了唐律的历史渊源而几乎不谈隋律问题,我认为,这也是甚为可憾的。这是因为,唐律乃以隋律为蓝本撰制而成。《唐会要·叁玖·定格令门》云:

> 武德元年六月十一日诏刘文静与当朝通识之士因隋开皇律令而损益之,遂制为五十三条,务从宽简,取便于时。其年十一月四日颁下,仍令尚书左仆射裴寂、吏部尚书殷开山、大理卿郎楚之、司部郎中沈叔安、内史舍人崔善为等更撰定律令,十二月十二日又加内史令萧瑀、礼部尚书李纲、国子博士丁孝乌等同修之,至七年三月二十九日成,诏颁于天下。大略以开皇为准,正五十三条,凡律五百条,格入于新律,他所无改正。

《通鉴》有云:"武德元年六月,废隋大业律令。"《唐六典注》称:"皇朝武德中,命裴寂、殷开山等定律令,其篇目一准开皇之旧,刑名之制,又亦略同。惟三流皆加一千里,居作三年、二年半、二年皆为一年。又除苛细五十三条。"《唐会要》云:"武德七年律令成,大略以开皇为准格,其他无所改正。"程树德先生在《九朝律考·隋律考序》中指出:"……是今所传唐律,即隋开皇律旧本,犹南齐永明律令用晋律张、杜旧本也。……疑唐初修律诸人,仅择开皇律之苛峻者,从事修正,其他条项,一无更改。"综上所述,初唐之律几乎是隋《开皇律》的翻版。因此,如何论定隋律的历史渊源,实乃中国古代法制史尤其是隋、唐法制史的一个重大问题。从总体上看,我认为:隋律承袭了北朝法律的传统,兼采北齐、北周以及隋之前封建法制长期发展的极为丰富的经验,为我国封建制法律的定型化做出了极可宝贵的贡献。隋律是在长期的奴隶制法律和封建制法律的发展过程中孕育起来的。隋律集奴隶制法制建设和封建制法制建设经验之大成,沿革增损,删繁就简,加以系统化、条理化,成就了封建制法制建设史上具有里程碑意义的勋业。

这些看法,与流行的隋律"因北齐不袭北周"的看法有很大的区别,有必要详加考析。

二、隋律"多采后齐之制"考析

历来的历史学家、律学家多认为隋律"因北齐而不袭北周"。这使人产生这样的疑问:

---

① 杨廷福:《唐律初探》,天津人民出版社1982年版,第69—70页。

为什么从北周脱胎而来的隋朝，其法律要越过北周而因依北齐？作为上层建筑的法律制度，是在一定的经济基础上产生并为这个基础服务的，难道隋、周二朝的经济基础有根本的不同吗？

陈寅恪先生是主张隋律"因北齐而不袭北周"说的，他说："隋受周禅，其刑律亦与礼仪、职官等皆不袭周而因齐，盖周律之矫揉造作，经历数十年而天然淘汰尽矣。"① 他这样引录《隋书·刑法志》作为根据：

> 高祖既受周禅，开皇元年乃诏尚书左仆射高颎等更定新律奏上之，多采后齐之制，而颇有损益。三年又敕苏威、牛弘更定新律，自是刑网简要疏而不失。

但是，以上述引文为根据断言隋律"因北齐而不袭北周"是值得商榷的。

首先，从"多采后齐之制"推不出"因北齐而不袭北周"的结论。"多采"北齐之制，非"全采"北齐之制，更非"不采"北周之制。

其次，正确地引录《隋书·刑法志》的有关文字，应作：

> 高祖既受周禅，开皇元年，乃诏尚书左仆射、勃海公高颎……更定新律，奏上之，其刑名有五……而蠲除前代鞭刑及枭首轘裂之法。其流徒之罪皆减从轻。惟大逆谋反叛者，父子兄弟皆斩，家口没官。置十恶之条，多采后齐之制，而颇有损益。……

从上述引文可以看出，"多采后齐之制"一句，接在"又置十恶之条"的后面，而不是如陈寅恪先生所引的那样紧接在"更定新律奏上之"的后面。因此，所云"多采后齐之制"，是指修撰隋律时参照北齐律所规定的"重罪十条"更名而立的"十恶之条"，这就不能仅仅以此作为隋律"因北齐而不袭北周"的可信依据了。

再次，《隋书·刑法志》中"蠲除前代鞭刑及枭首轘裂之法"的"前代"，既可指隋朝以前的北魏、北齐，更可指隋朝所直接承袭的北周。而且，北齐死刑四等，重者为"轘"，不做"裂"的刑名；北周死刑五等，五为"裂"，不用"轘"的刑名。这恰好说明，"前代"者，既指北齐，也指北周。由此可见，修订隋律时，北周律亦曾为蓝本之一，隋律对北周律既有所蠲除，亦有所承袭，正如同隋律对北齐律既有所承袭，亦有所蠲除一样。关于这一点，还可证之于隋律的条数。

《隋书·刑法志》关于隋律条数有以下文字：

---

① 陈寅恪：《隋唐制度渊源略论稿》，生活·读书·新知三联书店1954年版，第113页。

三年，因览刑部奏，断狱数犹至万条，以为律尚严密，故人多陷罪。又敕苏威、牛弘等更定新律，除死罪八十一条，流罪一百五十四条，徒杖等千余条，定留惟五百条，凡十二卷。自是刑网简要，疏而不失。

　　这些文字所涉之刑名、具体条数都一清二楚、言之凿凿地说明，开皇三年（583）修订开皇元年（581）之《开皇律》时，总共删去了一千二百三十五条以上。而我们知道《北齐律》总共只有九百四十九条。如果开皇元年编制《开皇律》时"因北齐而不袭北周"，显然难以令人置信。从《北齐律》的九百四十九条"因"而"袭"之制定的《开皇律》多达一千七百三十五条以上，条数几乎翻了一倍。这多出的"一倍"从何而来呢？倒是北周律的一千五百三十七条与开皇元年颁行的《开皇律》一千七百多条是比较接近的。因此，如果断言其"因北周而不袭北齐"反而似乎比较说得通一些，至少在律文条数这一点上是如此。至于开皇三年（583）删削一千二百多条一事，已是《开皇律》本身的演变，可以不与北齐律或北周律联系起来看其因袭问题了。

　　说隋律并非丝毫都"不袭北周"，除上述之外，还可见诸以下几点：

　　其一，《旧唐书·刑法志》载："隋文帝参用周齐旧政，以定律令，除苛惨之法，务在宽平。"这清清楚楚地指出了隋文帝定律令，不但参用了北齐律，而且参用了北周律。

　　其二，《唐律疏议·断狱律》云："断狱律之名起自于魏，魏公李悝因法，而出此篇。至北齐，与捕亡律相合，更名捕断律。至后周复为断狱律。"隋律以《断狱律》名篇，采用了北周律的篇名，而不用北齐律的篇名。但陈寅恪先生不以为然，他的理由是"由北齐律合后魏律之捕亡与断狱为一，名捕断律，隋律之复析为二，实乃复北魏之旧，非意欲承北周也"，并进而推断"北魏、北齐、隋、唐律为一脉相承之嫡统，而与北周律无涉也"。① 北周律有《断狱律》，隋律承而用之，硬要说与之"无涉"，将隋律与周律截然割裂开来，不能不说是过分偏颇了。

　　其三，从撰修隋律的人员来看，北周律也不能不是隋律的蓝本之一。隋文帝诏令裴政与苏威等修订律令，"同撰著者十有余人，凡疑滞不通，皆取决于政"②。裴政在北周时曾任刑部下大夫，参与修订周律。其他参修隋律者，大多为周室旧臣，其中也有不少人曾参加北周律、令、条、式的修撰。这些人，可说是一部活的周律。由他们来撰修隋律，而断言"与北周律无涉""不袭北周"，是难以令人信服的。

　　关于隋《开皇律》之"因北齐而不袭北周"，近人中还有程树德先生的一番言论。他认为"开皇定律，源出北齐……"，这对后人研究隋律的渊源发生了较大的影响。但此论即从上述已可知是站不住脚的。由于还涉及其他的一些问题，我们的商榷意见放在下文

---

① 陈寅恪：《隋唐制度渊源略论稿》，生活·读书·新知三联书店1954年版，第113页。
② 《隋书》卷66《裴政传》，中华书局1982年版，第1549页。

（关于隋代的"刑罚方法"部分）叙说。

总而言之，历来所说的隋律"因北齐而不袭北周"，有一定的片面性。

但是，能不能因此而倒过来说隋律"因北周而不袭北齐"呢？显然也不能。

正确的说法应当是：隋律"多采后齐之制"。

"多采后齐之制"的断语，是从《隋书·刑法志》中借用的，前面已经说过，它本来是指隋律的"十恶之条"乃采北齐律的十条重罪而立。但扩而言之，也可以说整个《开皇律》"多采后齐之制"，基本上是源于北齐律而来的。

这可见诸以下几点：

第一，从篇名看。北齐律共十二篇："一曰名例，二曰卫禁，三曰婚户，四曰擅兴，五曰违制，六曰诈伪，七曰斗讼，八曰贼盗，九曰捕断，十曰毁损，十一曰厩牧，十二曰杂。"①

隋《开皇律》也是十二篇："一曰名例，二曰卫禁，三曰职制，四曰户婚，五曰厩库，六曰擅兴，七曰贼盗，八曰斗讼，九曰诈伪，十曰杂律，十一曰捕亡，十二曰断狱。"②

齐隋律篇名完全相同的有"名例""擅兴""斗讼""诈伪""杂律"五篇。不同的是：《开皇律》有"捕亡""断狱"篇，而无"毁损"篇，北齐律则有"毁损"篇，而合"捕亡""断狱"为"捕断"篇，此其一；篇名排列顺序不同，此其二。此外，《开皇律》中的"卫禁""职制""户婚""厩库""盗贼"等篇，则与北齐律中的有关篇名大同小异。

再拿《开皇律》与北周律比较。北周《大律》计有二十五篇，其中"诈伪""断狱""杂犯"与《开皇律》相同，而"刑名"与"法例"、"婚姻"与"户禁"、"卫宫"与"关律"、"劫盗"与"贼叛"、"逃亡"与"系讯"等，也与《开皇律》的有关篇目大体相当，只不过在北周一析为二，在隋律合二为一罢了。具体内容现在虽然无法详细考查，但推断其大略相同，是不成问题的。

从以上关于北齐律、北周律、隋律篇名的比较可以看出：隋律的确是"多采后齐之制"，同时又非"不袭北周"的。

第二，从刑名来看。北齐律刑名有五，即死、流、刑（耐）、鞭、杖。隋《开皇律》规定的刑名也为五，即死、流、徒、杖、笞。两相比较，共同点为：排列顺序均从重到轻，即从死刑到身体刑；都有"死""流""杖"的刑名，而"刑"与"徒"的内容是相同的，只是叫法不同罢了。不同点为：(1)北齐律规定的死刑，分"轘""枭首""斩""绞"四等，而《开皇律》只有"绞""斩"二种，削除了北齐律中的"轘"与"枭首"。(2)"流刑"，在北齐律中规定得比较笼统，即将处以"流刑"的人犯"鞭笞各一百，髡之，投于边裔，以为

---

① 《隋书》卷25《刑法志》，中华书局1982年版，第705页。
② 同上书，第712页。

兵卒，未有道里之差"①，而在《开皇律》中则规定得比较具体，即"流刑三，有一千里、千五百里、二千里。应配者，一千里居作二年，一千五百里居作二年半，二千里居作三年。应住居作者，三流俱役三年。近流加杖一百，一等加三十。"②（3）徒刑，在北齐律是称"刑"或"耐"，分"五岁、四岁、三岁、二岁、一岁"五等，《开皇律》中则为"一年、一年半、二年、二年半、三年"五等，排列顺序相反，且减轻了刑罚。（4）《开皇律》改北齐律之"鞭""杖"刑为"杖""笞"刑，也是为了减轻刑罚。

　　北周《大律》所定刑名也是五种，即"杖、鞭、徒、流、死"。其排列顺序是从身体刑到死刑，从轻到重，这是与齐、隋律的不同点。其刑罚的轻重，大略与北齐律相同，较隋律为重。例如，其死刑有"磬""绞""斩""枭""裂"五种，而隋律仅"绞""斩"两种。此外，北周《大律》规定流刑分为五等，即"流卫服，去皇畿二千五百里"，"流要服，去皇畿三千里"，"流荒服，去皇畿三千五百里"，"流镇服，去皇畿四千里"，"流蕃服，去皇畿四千五百里"③，与《开皇律》规定流刑分等是相同的。

　　值得注意的是，中国封建法制自秦开始，即有"徙边"之刑，隋之"流刑"与之相当。汉承秦制，亦有"徙边"之刑。如宋人李昉等撰《太平御览》引《三辅决录》载"马融为南郡太守，坐忤大将军梁冀，竟髡徙朔方"。以后晋律、梁律、后魏律、齐律都有流徙之刑。但是在北周之前的各个朝代，包括北齐在内，流刑（徙边）都不以明文规定远近之分、等级之别，只是从北周开始，才有远近、等级之分。隋律明显地不因北齐而承袭了这一点。

　　以上关于刑名的分析，也说明了《开皇律》"多采后齐之制"，同时又有承袭北周律的因素。

　　第三，从"十恶"条看。北齐律有重罪十条："一曰反逆，二曰大逆，三曰叛，四曰降，五曰恶逆，六曰不道，七曰不敬，八曰不孝，九曰不义，十曰内乱。"并规定犯此十条者"不在八议论赎之限"④。隋《开皇律》"多采后齐"十恶"之制"的"十恶之条"，依次为"谋反""谋大逆""谋叛""恶逆""不道""大不敬""不孝""不睦""不义"与"内乱"。隋律与北齐律之不同仅在于隋律有"不睦"而无"降"罪，北齐律则相反，大同小异，名副其实地是"多采后齐之制"。然而北周《大律》中，也规定有"恶逆""不孝""不义""内乱"等罪，因此当然不能说隋律与北周律丝毫"无涉"。

　　此外，三朝皆有"八议""赎"与"官当"等规定，也可窥见其法律制度是一脉相承的。

　　说隋律是"因北齐而不袭后周"，不仅不符合事实，而又容易造成一种误解，似乎隋

---

① 《隋书》卷25《刑法志》，中华书局1982年版，第705页。
② 同上书，第710页。
③ 同上书，第708页。
④ 同上书，第706页。

律与北周律是不同类型的法律。而采用"多采后齐之制"的提法，既然不排斥对周律的继承，就肯定了封建制法律朝朝代代一脉相承的本质，有利于我们对隋律阶级本质的认识；同时，又因"多采后齐之制"而非"多采北周之制"，则从另一方面提示了隋律在前朝法律基础上的变化发展，启发我们去认识隋律的特殊性。

将北齐、北周和隋加以比较，封建制生产关系没有发生变化，地主阶级独占政治统治地位的情况没有变化，基本的社会矛盾即农民阶级与地主阶级的矛盾没有变化。这一切从根本上决定了齐、周、隋三朝的法律在本质上不可能不同。马克思说："生产关系的总和构成社会的经济结构，即有法律的和政治的上层建筑竖立其上并有一定的社会意识形态与之适应的现实基础。"① 北齐、北周与隋三朝的社会"现实基础"基本上是一致的，其法律上层建筑当然不可能不一脉相承。总之，既要看到隋律有"多采后齐之制"的一面，又要看到隋律有承袭北周律的因素，只有这样才不至于对隋律的历史渊源发生误解。

上考隋律的历史渊源，同样适用于隋代法律中的令、格、式等形式。因此，下文舍同求异，着重从隋令、隋格、隋式的渊源做一点考证。

三、隋令历史渊源考

令是古代统治阶级发布的文告。《尔雅·释诂》谓"令"为"告也"。《释名》卷六云："令，领也。理领之，使不得相犯也。"《管子·立政》曰："令则行，禁而止……"所以"令"与"律"一样具有国家强制力。又《汉书·杜周传》云："前主所是著为律，后主所是疏为令。"颜师古注："著谓明表也，疏谓分条也。"杜预《律序》曰："律以正罪名，令以存事制。"所以，"令"比律具有较大的灵活性，封建帝王可以根据需要随时颁布诏令，以补充律文之疏漏或不足。

令之历史，可以说比律还早。中国历史上的第一条法律，就是夏启发兵攻打有扈氏时颁布的一条军令：

> 王曰嗟六事之人，予誓告汝，有扈氏威侮五行，怠弃三正，天用剿绝其命，今予惟恭行天之罚……用命赏于祖，弗用命戮于社，予则孥戮汝。②

商代也有类似的征战前的誓言。如成汤曰："尔不从誓言，予则孥戮汝。"③ 盘庚曰：

---

① [德] 马克思：《〈政治经济学批判〉序言》，《马克思恩格斯选集》第2卷，人民出版社1972年版，第82页。
② 《尚书》卷7《甘誓》。
③ 《尚书》卷10《汤誓》。

"矧予制乃短长之命","听予一人之作猷","我乃劓殄灭之无遗育,无俾易种于此新邑。"① 但商代未有"令"的法律形式的名称。明确地以"令"为名颁布法律的,最早可溯及周初。金文中有"三事令""四方令",是成王要各封国主要官员"谨于职位"的命令;金文中称其时的"司徒"为"司土",其职责可考为管理农田耕作,金文《载殷铭》有"令汝作嗣土,官籍嗣田"。但西周的令,大多仍以周王的"诰""誓""命"的形式发出,可称之为"诰令""誓令""命令",这就与隋代之令有"诏令""敕令""制命"等大致相同。

春秋、战国时期,不仅出现了"律",而且逐渐出现了大量的辅律而行的"令"。"前主所是著为律,后主所是疏为令。"② 律、令之明确区分,就是在这一时期。但其时有专门的编为"法""律"的刑事法律,而没有编辑成集的法令。

陈顾远先生对令的发展有特别精到的考证。他指出:"令之演变,大体可判为三:汉魏之令,多为律之辅,有近于今日之补充条例,似无成文之'令典'也。两晋南朝,令有正则,确合于'设范立制'之义,隋唐并继续之,然自唐后,律既不显,令亦莫彰,宋虽以敕令格式并列,然仍为敕所掩,明虽勉强造令,然不待明终而即佚亡;及清,更无令之可言矣。"③ 在中国的"令"的发展历程中,隋令是有承前启后的重要而突出的地位的。

秦代有令,可见诸《史记》:

> 二世乃尊用赵高,申法令。④

汉高祖刘邦入咸阳"约法三章"——"杀人者死,伤人及盗抵罪",作为临时颁行的法律,实则为令。

从汉代开始,有了令的编辑。"汉令最繁,令甲以下三百余篇,令甲者对令乙、令丙而言,盖令有先后,故以甲、乙、丙为篇次也。文帝、景帝时皆修正一次,然始于何人,则无可考。"⑤《汉书·杜周传》提及"前主所是著为律,后主所是疏为令",正是始于汉代。班固有云:

> 汉兴之初……大辟,尚有夷三族之令。令曰:"当三族者,皆先黥,劓,斩左右止,笞杀之,枭其首,菹其骨肉于市。其诽谤詈诅者,又先断舌。"故谓之具五刑。……至高后元年,乃除三族罪、袄言令。……孝景……三年……著令:"年八十以上,八岁以下,及孕者未乳……当鞠系者,颂系之。"……至成帝鸿嘉元年,定令:"年未满七岁,

---

① 《尚书》卷18《盘庚》。
② 《史记》卷122《杜周传》,中华书局1999年版,第3153页。
③ 陈顾远:《中国法制史概要》,台湾三民书局1979年版,第67—68页。
④ 《史记》卷6《秦始皇本纪》,中华书局1999年版,第268页。
⑤ 陈顾远:《中国法制史概要》,台湾三民书局1979年版,第68页。

贼斗杀人及犯殊死者,上请廷尉以闻,得减死。"合于三赦幼弱老眊之人。①

汉令之分甲、乙、丙篇,便利于查阅断案。如《汉书·江充传》"尽劾没入官"注引如淳:"令乙骑乘车马行驰道中,已论者没入车马被具。"《张释之传》"此人犯跸,当罚金"注引如淳:"乙令'跸先至而犯者,罚金四两'。"其中,令甲后来曾一度成为法令的通称。据程树德先生《中国法制史》载,"汉令之可考者,有功令、金布令、宫卫令、秩禄令、品令、祠令、礼令、斋令、公令、狱令、筐令、水令、田令、任子令,以及廷尉契令、光禄契令、乐浪契令等"②。

三国时期,曹魏有各种单行法令,如步战令、船战令、军策令、军令、内诫令、官令、褒赏令、选举令、明罚令等,大略可分为州郡令、尚书官令、军中令。州郡令有四十五篇,尚书官令、军中令有一百八十余篇。刘蜀的法律为诸葛亮与法正等人共撰,称"汉科"即"汉律",此外也有"令"。陈寿在《进诸葛亮集表》中还附有《法检》《科令》《军令》等篇目。

晋代有律有令,律外之令编成专典,这是令发展的里程碑。《晋书》载:

……其余未宜除者,若军事、田农、酤酒,未得皆从人心,权设其法,太平当除,故不入律,悉以为令。施行制度,以此设教,违令有罪则入律。……凡律令合二千九百二十六条,十二万六千三百言,六十卷,故事三十卷。③

晋律为"合二十篇,六百二十条,二万六千七百五十七言"④,晋令有二千五百零六条,九万八千六百四十三言。《隋书·经籍志》有"晋令四十卷"之记载,可能唐时晋令犹存,可惜尔后即不见记载了。

南北朝时,南朝梁武帝命蔡法度、沈约等增损《晋律》《晋令》等,撰成《梁律》二十篇及《梁令》《梁科》各三十卷。《隋书·经籍志》载:"梁令三十卷,目一卷。"南朝陈也有《陈令》三十卷、《陈科》三十卷,为范泉等所撰。《隋书·经籍志》也有陈令的记载。北朝的北魏,从太祖开始,九次编纂法律。如太祖时曾诏"三公郎中王德,定律令,申科禁……吏部尚书崔云伯总而裁之"⑤;世祖时又诏"司徒崔浩改定律令"⑥;至魏孝文帝时,鉴于"律令不具,奸吏用法,致有轻重",于是多次下令修改律令,并亲自执笔定刑,"魏

---

① 《汉书》卷23《刑法志》,中华书局1962年版,第1104—1106页。
② 陈顾远:《中国法制史概要》,台湾三民书局1979年版,第68—69页。
③ 《晋书》卷30《刑法志》,中华书局1974年版,第927页。
④ 同上。
⑤ 《魏书》卷2《太祖纪》,中华书局1974年版,第33页。
⑥ 《魏书》卷4《世祖纪》,中华书局1974年版,第79页。

律系孝文亲自下笔，此前古未有之例"①。可是，《隋书·经籍志》仅载"《后魏律》二十卷"，已无令的记载，可见隋时即已亡佚。北魏令，仅据《太平御览》，可知有《太和职员令》二十一卷。北齐除律以外，还有"令五十卷，取尚书二十八曹为其篇名，又撰权令二卷，二令并行，大抵采魏晋故事也"②。《隋书·经籍志》载有"《北齐令》五十卷，《北齐权令》二卷"，说明隋朝还有齐令流于世间。北周有《大律》二十五篇。《隋书·刑法志》详尽述及《大律》篇名，所函之罪种、刑制，无一字提及令；《隋书·经籍志》有"《周律》二十五卷"及"《周大统式》三卷"之记载，而无关于令的记载，也许可以推论北周并无令的立法及编纂。

杨坚夺袭北周帝位建立隋朝，开皇元年（581）即诏修撰律令，有关制定隋令的情况前文已事略考。

隋有《开皇令》三十卷，已佚失。颁令情况与令文内容，史料遗留不多。据《通志》载："开皇二年秋甲午，行新令。"这可能就是《唐六典》"刑部郎中令"注所说高颎等撰的三十卷《开皇令》：

隋《开皇令》，高颎等撰，三十卷：一、官品上；二、官品下；三、诸省台职员；四、诸寺职员；五、诸卫职员；六、东宫职员；七、行台诸监职员；八、诸州郡县镇戍职员；九、命妇品员；十、祠令；十一、户令；十二、学令；十三、选举；十四、封爵俸廪；十五、考课；十六、宫卫军防；十七、衣服；十八、卤薄上；十九、卤薄下；二十、仪制；二十一、公式上；二十二、公式下；二十三、田令；二十四、赋役；二十五、仓库厩牧；二十六、关市；二十七、假宁；二十八、狱官；二十九、丧葬；三十、杂令。

其中有"八、诸州郡县镇戍职员"之令，而公元583年隋文帝废除郡一级行政机构，只存州县二级，可见颁行三十卷《开皇令》事在公元583年废郡之前。

又据《隋书·经籍志》载，"隋《开皇令》三十卷，目一卷"。可见《开皇令》的形式和内容是相当齐备的。

令文内容，一见于开皇十八年（598）侍御史刘子翊驳斥刘炫"违礼乖令，侮令干法"，引用的令文：

是以令云："为人后者，为其父母并解官，申其心丧。父卒母嫁，为父后者虽不

---

① 程树德：《九朝律考》卷5《后魏律考》，中华书局1963年版，第346、348页。
② 〔唐〕李林甫等：《唐六典》卷6注。

服，亦申心丧。其继母嫁不解官。"①

一见于《隋书·食货志》所引"新令"：

> 人五家为保，保有长，保五为闾，闾四为族，皆有正。畿外置里正，比闾长，党长比族长，以相检察焉。男女三岁已下为黄，十岁已下为小，十七已下为中，十八已上为丁。丁从课役，六十为老，乃免。自诸王已下，至于都督，皆给永业田，各有差。多者至一百顷，少者至四十亩。其丁男中男永业露田，皆遵后齐之制，并课树以桑、榆及枣。其园宅率三口给一亩，奴婢则五口给一亩。丁男一床，租粟三石，桑土调以绢絁，麻土以布绢，絁以匹加绵三两，布以端加麻三斤，单丁及仆隶各半之。未受地者皆不课。有品爵及孝子顺孙义夫节妇，并免课役。京官又给职分田，一品者给田五顷，每品以五十亩为差，至五品者则为田三顷，六品二顷五十亩，其下每品以五十亩为差，至九品为一顷。外官亦各有职分田，又给公廨田，以供公用。

又有《大业令》三十卷，亦已佚失。

关于《大业令》，《隋书·经籍志》作"《大业令》三十卷"，而《新唐书·艺文志》作"十八卷"。何者为正确？因为《隋书》成于唐时，《新唐书》成于宋代，从时间来看，《隋书》所记，当较可信，此其一。又因为《大业令》本于《开皇令》，《开皇令》为三十卷，故《大业令》三十卷之说为是，此其二。还因为《唐会要》卷三十九载永徽"令三十卷"，与《永徽律》同为长孙无忌等所撰，唐承隋制，《大业令》三十卷当无疑。

《大业令》令文内容，从"初新令行，（郭）衍封爵从例除"②及《通典》卷39所云"炀帝三年定令品，自第一至第九，惟置正从，而除上下阶；又定朝之班序，以品之高卑为列，品同则以省府为前后，省府同则以局署为前后"中，可略窥一二。

令又可与他词连用，如律令、法令、诏令、敕令等。其中诏令、敕令均属"后主所是"，各朝代都留有大量的帝王的诏、敕，隋代也不例外，其中不少都具有此处所说的"令"的性质，前文已经考及"诏令""敕令"等，这里就不重复了。

四、隋格历史渊源考

陈顾远先生的《中国法制史概要》云："唐以前，格辅律令也。史称张益定章程，当为格之肇始，是汉初已有格之意矣。晋定律令，其'常事品式章程，各还其府为故事'，共

---

① 《隋书》卷71《刘子翊传》，中华书局1982年版，第1651—1652页。
② 《隋书》卷61《郭衍传》，中华书局1982年版，第1470页。

三十卷；以故事之名言，近似于此，以内容之质言，纵不可能纯认为格，亦惟兼任有式，盖晋之授事乃后代格式之合尔。"在他看来，"章程""故事"均为"格"或"格"之滥觞。我认为，"格"的法律形式名称源于汉代的"科"，所谓"杂格严科"是也，北魏始以"格"代"科"。东魏孝静帝兴和三年（541），由高欢与群臣集议于麟趾阁，制定《麟趾格》。后来北齐代东魏，北齐文宣帝天保元年（550）又重行刊定，称《北齐麟趾格》。但《隋书·经籍志》记作北齐"成武帝时，又于麟趾殿删正刑典，谓之《麟趾格》"，而书已不存，未列书名及卷数。据《隋书·经籍志》载，隋朝律、令、格、式并行，但未见史料有大业颁格的记载，可能是全盘沿用开皇格的缘故。

五、隋式历史渊源考

陈顾远先生述及历代"式"之表现时写道："式本有'法'之意，有'制'之解；故唐书刑法志曰'格者，百官有司之所常行之事也；式者，其所常守之法也'。据此，则古代之品式章程，魏代之款缝，晋代之故事，陈之百官簿状，皆有式之意，惟不以式名尔。式之首为法典上名称者，始于西魏之大统式，但此式之为义，则有近于东魏麟趾格之格焉。"①

《隋书·刑法志》载：

周文帝之有关中也，霸业初基，典章多阙。大统元年，命有司斟酌今古通变，可以益时者，为二十四条之制，奏之。七年，又下十二条制。十年，魏帝命尚书苏绰，总三十六条，更损益为五卷，班于天下。

《隋书·经籍志》载：

后周太祖，又命苏绰撰《大统式》。《周大统式》三卷。

查《北史》之《周本纪》，对有关事项的记载为：

大统元年……三月，帝命有司为二十四条新制，奏行之。

（大统）七年十一月，帝奏行十二条制，恐百官不勉于职事，又下令申明之。

---

① 陈顾远：《中国法制史概要》，台湾三民书局1979年版，第82页。

（大统）十年……七月，魏帝以帝前后所上二十四条及十二条新制，方为中兴永式，命尚书苏绰更损益之，总为五卷，班于天下。于是搜简贤才为牧、守、令，习新制而遣焉。数年间，百姓便之。

又查《北史》及《周书》之《苏绰传》，均无苏绰损益三十六条新制"总为五卷"之记载。

综上所录，考证的结论应是：第一，《大统式》为苏绰在三十六条新制基础上加以损益而成；第二，颁行时共为五卷；第三，唐初修撰《隋书》时，业已佚失两卷，所以《经籍志》载"《周大统式》三卷"。

开皇颁"式"情况不详，仅见于《隋书·苏威传》所云"律、令、格、式，多威所定"。

大业年间，据《隋书·炀帝纪》载，大业二年（606）五月乙卯诏曰："自古已来，贤人君子有能树声立德、佐世匡时、博利殊功、有益于人者，并宜立祠宇，以时致祭，坟垄之处，不得侵践，有司量为条式，称朕意焉。"又，大业四年（608）十月乙卯，"颁新式于天下"。可见，大业年间颁式的立法活动还是比较多的。可惜的是，所有这些律、令、格、式，都没有完整地保存下来。

第三章　行政法制考

隋文帝杨坚十分重视建立、健全和加强中央集权的封建国家政权机构，隋初即频频下诏奖励良吏、严惩贪官、设官分职、选贤举能、检查户口、加强控制。考诸《隋书》《唐书》《唐六典》《唐会要》及《通典》等史籍，可知隋代行政法制之大概。

一、中央行政法制考

关于隋代的中央行政机构，学者论及时多以"隋唐"并提，以致往往以唐为隋，造成了偏颇与遗憾。《中国古代行政立法》一书指称："隋唐时期行政中枢机构是三省六部。三省，是指中书、门下、尚书；六部，是指尚书省所属的吏、户、礼、兵、刑、工六部。……隋朝虽然有尚书、门下、内史（即中书）、秘书、内侍五省之设，然而实际行使行政职权的是前三省，因此称其为'三省制'。"① 又指称隋有"五监"即国子监、少府监、将作监、军器监、都水监。《中国国家机构史》② 一书，也有类似的论定。案其原因，大致是由于依新、旧《唐书》之记载为据。但新、旧《唐书》成书于唐、宋之际，距隋代已有几百年，未免有误。窃以为，论述隋代事例，以唐初魏徵主撰的《隋书》为据是最可靠的，这不仅由于唐初即在隋后，年代紧接，而且还由于撰著《隋书》的魏徵等人，本就是隋朝的臣民，对隋的事物应是最为清楚的。窃以为，述评历史时，最好还是从史实的原状出发，因此对隋代中央行政法制的考证，拟以隋末唐初人撰著的《隋书》为据，并参考其他史料。

隋代的中央行政机构之设置，从官属到编制及属僚的品爵等级、职权范围等，都被详细规定在《开皇令》中。《大业令》则反映了从隋文帝到隋炀帝时期的变化。此外，开皇三年（583）以后，隋文帝还以诏令对《开皇令》的某些规定做了修正。

《唐六典·刑部郎中令》注有谓："隋《开皇令》，高颎等撰，三十卷：一、官品上；

---

① 蒲坚：《中国古代行政立法》，北京大学出版社1990年版，第259—276页。
② 唐进、郑川水主编：《中国国家机构史》，辽宁人民出版社1993年版，第160—178页。

二、官品下；三、诸省台职员；四、诸寺职员；五、诸卫职员；六、东宫职员；七、行台诸监职员；八、诸州郡县镇戍职员；九、命妇品员……"可见，《开皇令》的前九卷基本上就是关于中央和地方行政机构的规定，考证隋代的行政法制，自然应以《开皇令》及《大业令》等做判断。可惜的是，《开皇令》与《大业令》均各亡佚，使我们无法精确考定其时行政法制的丁丁卯卯。然而，略事对照《唐六典》《永徽令》及其与《唐书·百官志》的关系似可推定：隋唐以来的"百官志"志文的依据，就是来自"令"文的规定。这样，尽管隋令已佚，但《隋书·百官志》却基本上保存了令文的大概。如，《隋书·百官志下》开篇记载隋代中央行政机构之概况后，依次记载了尚书省、门下省、内史省、秘书省、内侍省及御史台、都水台的编制、职掌、品爵，太常寺、光禄寺、卫尉寺……的编制、职掌、品爵，左右卫、左右武卫……的编制、职掌、品爵……几与《开皇令》各卷以"诸省台职员""诸寺职员""诸卫职员"的排列次序完全一样，若合符契。所以，下文以《隋书·百官志》所载为主要依据考证隋代行政法制，应是可信的。当然，除《开皇令》《大业令》外，隋文帝与隋炀帝还时时颁诏布敕做出有关行政法制方面的一些新的规定。这些下文也将一一考及。

（一）隋代中央行政机构的设置及政策

隋初中央行政机构的设置如下图所示[①]：

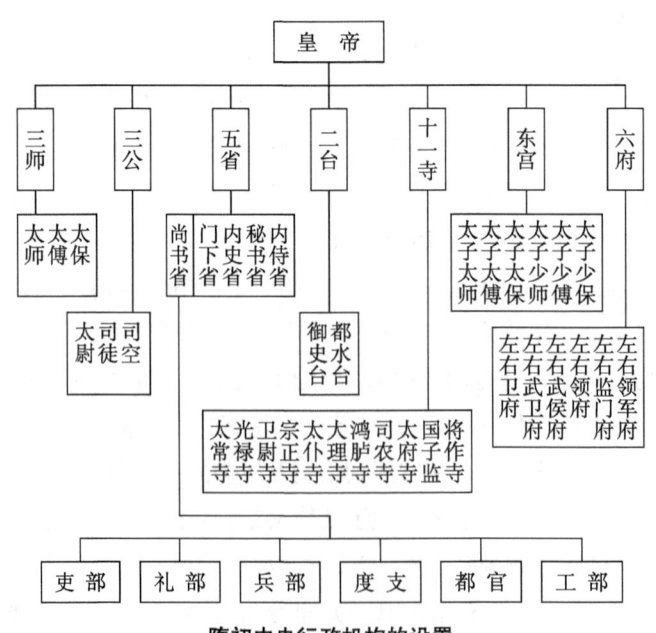

隋初中央行政机构的设置

---

① 《隋书》卷28《百官志下》，中华书局1982年版，第773—792页。

图中的中央行政机构之设，是开皇初年之事。至开皇三年（583），隋文帝诏令改度支为民部，改都官为刑部，才正式形成"六部"之名；同时，对六部的分工隶属关系做了明确的划分；此外，还做出了废光禄寺及都水台入司农等改革。

三年四月，诏尚书左仆射，掌判吏部、礼部、兵部三尚书事，御史纠不当者，兼纠弹之。尚书右仆射，掌判都官、度支、工部三尚书事，又知用度。余皆依旧。寻改度支尚书为户部尚书，都官尚书为刑部尚书。诸曹侍郎及内史舍人，并加为从五品。增置通事舍人十二员，通旧为二十四员。废光禄寺及都水台入司农，废卫尉入太常尚书省，废鸿胪亦入太常。罢大理寺监、评及律博士员，加置正为四人。①

开皇三年后直至隋文帝死，基本上未对中央行政机关的设置做重大的改革。一般的改革计有以下几次：

（开皇）十二年，复置光禄、卫尉、鸿胪等寺。
十三年，复置都水台。国子寺罢隶太常，又改寺为学。
……
十六年，内侍省加置内立事员二十人，以承门阁。
十八年，置备身府。
二十年，改将作寺为监，以大匠为大监。初加置副监。
仁寿元年，改都水台为监，更名使者为监。罢国子学，惟立太学一所；置博士五人。从五品，学生七十二人。
三年，又置监门府门候一百二十人。②

查《隋书·高祖纪》与《百官志》所言"罢国子学""惟立太学一所"有异：

……于是国子学惟留学生七十人，太学、四门及州县学并废。

仁寿元年（601）太学之废，可成定论；国子学学生"七十人"抑或"七十二人"已不可考，且意义不大；国子学是否存留值得一议。查《隋书·炀帝纪》大业元年（605）闰七月丙子有诏令一则，宣称"君民建国，教学为先"，要"尊师重道……敦奖名教"，渴求"……循循善诱，不日成器，济济盈朝"，明令"国子等学，亦宜申明旧制，教习生徒，具

---

① 《隋书》卷28《百官志下》，中华书局1982年版，第792页。
② 同上书，第793页。

为谋试之法，以尽砥砺之道"。这里，对"国子学"是"申明旧制"，可见并未废除；同时，也可进而理解作恢复太学、四门及州县学的设立制度。又，《隋书·儒林传》亦称"仁寿年间，遂废天下之学，惟余国子学，弟子七十二人"，可见国子学之存在。

隋炀帝杨广即位之初，锐意改革行政、法制，除修撰《大业律》《大业令》外，还大举改革中央行政机构的设置。《隋书·百官志》以"炀帝即位，多所改革"总领其事之要。考其"改革"，大略可分为三个方面。

一为增、改机构之设置。如：分门下、太仆二司，取殿内监名，以为殿内省，并尚书、门下、内史、秘书，以为五省。增置谒者、司隶二台，并御史为三台。分太府寺为少府监。改内侍省为长秋监，国子学为国子监，将作寺为将作监，并都水监，总为五监。

二为分别增、减各部门官员人数。如：内史省减侍郎员为二人，减内史舍人员为四人。御史台增设书侍御史为正五品。省殿内御史员，增监官御史员十六人，加阶为从七品。太常寺罢太祝署，而留太祝员八人，属寺。后又增为十人。

三为中央机关各部门官员品爵等级的升降，如：

光禄已下八寺卿，皆降为从三品。

五年，又降大夫阶为正四品，减该书侍御史为从五品，增该书侍御史为正七品……①

经由上述改革变迁，隋代的中央集权国家行政机构可谓比较健全了，现进而考证有关机构的职权、编制及主要成员的品爵等级如下文。

（二）隋代中央行政机构的职权与编制

1.三师、三公——中央参议机构。三师——太师、太傅、太保与三公——司徒、太尉、司空地位至高，爵臻"极品"，但无实权，也无具体职能规定。其设立，首在"荣誉职位"之意味，其次亦有参议政事之功用。《隋书·百官志》曰：

> 三师，不主事，不置府僚，盖与天子坐而论道者也。
> 三公，参议国家之大事，依后齐置府僚。……其位多旷，皆摄行事。……朝之众务，总归于台阁。

2.内史省——中央决策机构。南北朝各国有中书省之设，为中央行政之决策机构。隋初，隋文帝杨坚为避父（杨忠）讳，改称中书省为内史省。隋炀帝大业十二年（616）曾"改内史为内书"②，此后即未改动。唐武德初复改内书省为内史省，武德三年（620）则改

---

① 《隋书》卷28《百官志下》，中华书局1982年版，第796页。
② 同上书，第795页。

为中书省。但有人认为："炀帝大业十二年（616）又改称为内书省，不久复称内史省。"① 这一认定史无实据，恐系"隋唐"并提而想当然致误。

内史省为隋代中央大政之决策机构，拟制奏章、出纳诏令为其主要职能，皇帝发布的诏令，由内史省草拟。

内史省属僚在隋文帝时的编制是：

> 内史省，置监、令各一人。寻废监。置令二人，侍郎四人，舍人八人。通事官人十六人，主书十人，录事四人。

至隋炀帝时编制有所改革：

> 内史省减侍郎员为二人，减内史舍人员为四人。加置起居舍人员二人，从六品。次舍人下。改通事舍人员为谒者台。减主书员，置四人，加为正八品。②

3. 门下省——中央审议机构。隋初门下省的主要职能是侍从皇帝，掌供奉和谏议。隋炀帝大业三年（607）"分门下、太仆二司，取殿内监名，以为殿内省"③，由殿内省掌供奉，门下省专掌封驳谏议。门下省之长官，隋初为纳言，隋炀帝时改为侍内，"佐天子而统大政也"，"凡军国之务，与中书令参而总焉，坐而论之，举而行之"④。侍内（纳言）的职权范围很广，其中多有涉及行政、刑事法制方面的事项，考诸《唐六典·门下省》可略见：

> 凡百司奏抄，侍中（即隋之"纳言""侍内"）审定，则先读而署之，以驳正违失。凡制敕宣行，大事则称扬德泽，褒美功业，覆奏而请施行；小事则署而颁之。凡国之大狱，三司详决，若刑名不当，轻重或失，则援法制退而裁之。凡发驿遣使，则审其事宜，与黄门侍郎给之；其缓者给传。即不应给，罢之。凡文武六品以下授职官，所司奏拟，则校其仕历浅深、功状殿最，访其德行，量其才艺，若官非其人，理失其事，则自侍中而退量焉。凡弘文馆图书之缮写、仇校，亦谋而察之。凡天下冤滞未申及官吏刻害者，必听其诉，与御史、中书舍人同计其事宜，而申理之。

> 门下省，纳官三人，给事黄门侍郎四人，录事、通事令史各六人。又有散骑常侍、通直散骑常侍各四人，谏议大夫七人，散骑侍郎四人，员外散骑侍郎四人，朝奉

---

① 唐进、郑川水主编：《中国国家机构史》，辽宁人民出版社1993年版，第162页。
② 《隋书》卷28《百官志下》，中华书局1982年版，第795页。
③ 同上书，第793页。
④ 〔唐〕李林甫等：《唐六典》卷8《门下省》，中华书局1992年版，第242页。

请四十人，并掌同散骑常侍等，兼出使劳问。统城门、尚食、尚药、符玺、御府、殿内等六局。城门局，校尉二人，直长四人。尚食局，直长四人，官医四人。尚药局，典御二人，侍御医、直长各四人，医师四十人。符玺、御府、殿内局，监各二人，直长各四人。

至隋炀帝大业三年（607）定令，门下省的编制做如下改革：

门下省减给事黄门侍郎员，置二人，去给事之名，移吏部给事郎名为门下之职，位次黄门下。置员四人，从五品，省读奏案。废散骑常侍、通直散骑常侍、谏议大夫、散骑侍郎等常员。改符玺为郎，置员二人，为从六品。加录事阶为正八品。以城门、殿内、尚食、尚药、御府等五局隶殿内省。①

4.尚书省——中央行政管理与执行机构。开皇年间尚书省的变革前已述及，至大业三年（607）隋炀帝又"定令"改革之：

尚书省六曹，各侍郎一人，以贰尚书之职。又增左、右丞阶，与六侍郎，并正四品。诸曹侍郎并改为郎。又改吏部为选部郎，户部为人部郎，礼部为仪曹郎，兵部为兵曹郎，刑部为宪部郎，工部为起部郎，以异六侍郎之名。废诸司员外郎，而每增置一曹郎，各为二员。都司郎各一员，品同曹郎，掌都事之职。以都事为正八品，分隶六尚书。诸司主事，并去令史之名。其令史随曹闲剧而置。每十令史，置一主事，不满十者，亦置一人。其余四省三台，亦皆曰令史，九寺五监诸卫府，则皆曰府史。后又改主客郎为司蕃郎。寻又每减一郎，置承务郎一人，同员外之职。②

尚书省为中央各种行政事务管理的总机关，具体事务分由其所隶属的吏、礼、兵、都官、度支、工等六部处理。

尚书省，事无不总。置令、左右仆射各一人，总吏部、礼部、兵部、都官、度支、工部等六曹事，是为八座。属官左、右丞各一人，都事八人，分司管辖。吏部尚书统吏部侍郎二人，主爵侍郎一人，司勋侍郎二人，考功侍郎一人。礼部侍郎统礼部、祠部侍郎各一人。都官尚书统都官侍郎二人，刑部、比部侍郎各一人，司门侍郎二人。度支尚书统度支、户部侍郎各二人，金部、仓部侍郎各一人。工部尚书统工

---

① 《隋书》卷28《百官志下》，中华书局1982年版，第794—795页。
② 同上书，第794页。

部、屯田侍郎各二人，虞部、水部侍郎各一人。凡三十六侍郎，分司曹务，直宿禁卫，如汉之制。①

尚书省六部之首为吏部，掌管全国中下级官吏事务，其主要职能是对六品以下的州（郡）官员的选择、任命、致仕等具体行政事务实施管理。

隋初的度支后改作户部，为中央财政事务的管理机构，掌全国土地、户籍、赋税、财政收支等。考诸《隋书·百官志》载：

（开皇）三年……寻改度支尚书为户部尚书……

《中国古代行政立法》一书有谓："户部，隋朝叫民部，唐沿之。"《中国国家机构史》一书称："民部，隋初名度支，后改称民部……"这些说明都与上引《隋书·百官志》所说抵牾。但《隋书·苏威传》又曰："高祖……受禅，征拜（苏威）太子少保。……俄兼纳言、民部尚书。"这样，就留下了一个待解的疑团了。

礼部为隋朝中央的礼仪事务管理机构，掌国家的礼仪、祭享、贡举等。

隋初的都官后改称刑部，为隋朝中央的司法机构，掌国家的司法行政、法律实施及刑狱事务。

兵部为隋朝中央军事管理机构，职掌全国武官的选任及兵籍、军械、军需等事务。

工部为隋朝中央对土木及水利工程事务的管理机构，职掌全国重大土木工程、工匠管理及屯田、水利、交通事务。

隋初颁行的《开皇令》中，有《行台诸监职员》一卷（第七卷）。"行台"，为晋以后在地方代表朝廷行尚书省事的机构。因此，《隋书·百官志》记有"行台省"的编制、品爵等级的规定：

行台省，则有尚书令，仆射（左、右任置）、兵部（兼吏部、礼部）、度支（兼都官、工部）尚书及丞（左、右任置）各一人，都事四方。有考功（兼吏部、爵部、司勋）、礼部（兼祠部、主客）、膳部、兵部（兼职方）、驾部、库部、刑部（兼都官、司门）、度支（兼仓部）、户部（兼比部）、金部、工部、屯田（兼水部、虞部）侍郎，各一人。每行台置食货、农圃、武器、百工监、刑监各一人。各置丞（食货四人，农圃六人，武器二人，百工四人）、录事（食货、农圃、百工各二人，武器一人）等员。

5. 秘书省——中央文化事务管理机构。北齐有秘书省之设，职能为"典司经籍"，"又

---

① 《隋书》卷28《百官志下》，中华书局1982年版，第774页。

领著作省"①,具体负责全国之著作事务管理。北周初年,"方隅初定,改创章程,命尚书令卢辩,远师周之建职,置三公三孤,以为论道之官。次置六卿,以分司庶务"②,无"秘书省"之设。隋文帝时,"改周之六官,其所制名,多依前代之法"③,复有秘书省之设。

> 秘书省,监、丞各一人,郎四人,校书郎十二人,正字四人,录事二人。领著作、太史二曹。著作曹,置郎二人,佐郎八人,校书郎、正字各二人。太史曹,置令、丞各二人,司历二人,监侯四人。其历、天文、漏刻、视祲,各有博士及生员。④

秘书省是隋朝的文化事务包括天文、历法等的管理机构,主要职掌经籍、图书、天文、历法并监修国史。

6. 内侍省——宫内事务管理机构。中央集权的封建国家里,皇帝是最高统治者,围绕皇帝的一切都是全国的中心,宫内事务自不例外。内侍省之设,是为隋皇朝中枢的"后院"掌管各类巨细事务。它与其他中央管理机构的不同是仅及宫内不及宫外,当然不会管到地方去。隋内侍省的分支机构有尚食、掖庭、宫闱、奚官、内仆、内府等局。其僚吏属员均为宦者阉人。大业三年(607),隋炀帝改内侍省为长秋监。《隋书·百官志》载内侍省的编制为:

> 内侍省,内侍、内常侍各二人,内给事四人,内谒者监六人,内寺伯二人,内谒者十二人,寺人六人,伺非八人。并用宦者。领内尚食、掖庭、宫闱、奚官、内仆、内府等局。(尚食,置典御及丞各二人。余各置令、丞,皆二人。其宫闱、内仆,则加置丞各一人。掖庭又有宫教博士二人。)

隋炀帝改内侍省为长秋监后,长秋监的编制如《隋书·百官志》载为:

> 长秋监置令一人,正四品,少令一人,从五品,丞二人,正七品。并用士人。改内常侍为内承奉,置二人,正五品;给事为内承直,置四人,从五品。并用宦者。罢内谒者官。领掖庭、宫闱、奚官等三署。并参用士人。后又置内谒者员。

7. 御史台——中央监察机构。《中国古代行政立法》⑤一书述及"隋唐"时期的行政立

---

① 《隋书》卷27《百官志中》,中华书局1982年版,第754页。
② 同上书,第770页。
③ 《隋书》卷28《百官志下》,中华书局1982年版,第773页。
④ 《隋书》卷27《百官志中》,中华书局1982年版,第775页。
⑤ 蒲坚:《中国古代行政立法》,北京大学出版社1990年版。

法时，无"御史台"一说，诚为憾事，因为隋代实际上是相当重视御史台之设的。隋初之设御史台，事见《隋书·百官志》：

> 御史台，大夫一人，治书侍御史二人，侍御史八人，殿内侍御史、监察御史，各十二人，录事二人。后魏延昌中，王显有宠于宣武，为御史中尉，请革选御史。此后踵其事，每一中尉，则更置御史。自开皇后，始自吏部选用，仍依旧入直禁中。

开皇三年（583）隋文帝曾诏令"尚书左仆射，掌判吏部、礼部、兵部三尚书事，御史纠不当者，兼纠弹之"①，可见对监察、纠弹事务之重视。

隋炀帝即位，对中央机构多所改革。大业三年（607）定《大业令》，"罢诸总管，废三师、特进官"，"分门下、太仆二司，取殿内监名……"，"增置谒者、司隶二台，并御史为三台"，"分太府寺为少府监。改内侍省为长秋监，国子学为国子监，将作寺为将作监，并都水监，总为五监"。变动不可谓不大，但"御史台"之设分毫未动，而且，"御史台增治书侍御史为正五品。……增监察御史员十六人，加阶为从七品。……又置主簿、录事员各二人。……"②总之，御史台始终为隋代重要的中央机构，不可忽视。

隋代御史台作为中央的监察机构，主掌邦国刑、宪、典章之政令及纠弹百官。考诸唐代御史台之职掌，可推知隋代御史台职掌之大概：

> 御史大夫之职，掌邦国刑宪、典章之政令，以肃正朝列……侍御史，掌纠百僚，推鞫狱讼。其职有六：一曰奏弹，二曰三司，三曰西推，四曰东推，五曰赃赎，六曰理匦。……主簿，掌印及受事发辰、勾检稽失。殿中侍御史……掌殿庭供奉之仪式。……监察御史掌分察百僚，巡按郡县，纠视刑狱，肃整朝仪。③

至大业三年（607）所增设的谒者台与司隶台，其功能与御史台较为接近，故合称"三台"。我们放在这里一并考校。

《中国古代行政立法》④一书未提及谒者台与司隶台，这当然是一种缺憾；《中国国家机构史》提及此二台，但语焉不详，仅谓：

> 谒者台，主掌传达命令。其长官为谒者大夫。

---

① 《隋书》卷28《百官志下》，中华书局1982年版，第792页。
② 同上书，第793、796页。
③ 〔唐〕李林甫等：《唐六典》卷13，中华书局1992年版，第378—381页。
④ 蒲坚：《中国古代行政立法》，北京大学出版社1990年版。

司隶台，主掌巡察京畿内外，为监察地方官员的监察机构。①

实际上，谒者台的职权职责远非"传达命令"一项，甚至主要不是这一方面。考《隋书·百官志》记载：

> 谒者台大夫一人（从四品，五年改为正五品），掌受诏劳问，出使慰抚，持节察授，及受冤枉而申奏之。驾出，对御史引驾。置司朝谒者二人以贰之（从五品）。属官有丞一人，主簿、录事各一人等员。又有通事谒者二十人（从六品）。即内史通事舍人之职也。次有议郎二十四人，通直三十六人，将事谒者二十人，谒者七十人，皆掌出使。其后废议郎、通直、将事谒者、谒者等员，而置员外郎八十员。寻诏门下、御史、内史、司隶、谒者五司，监受表，以为恒式，不复专谒者矣。寻又置散骑郎，从五品，二十人，承议郎（正六品）、通事郎（从六品）各三十人，宣德郎（正七品）、宣义郎（从七品）各四十人，征事郎（正八品）、将仕郎（从八品）、常从郎（正九品）、奉信郎（从九品）各五十人，是为正员。并得禄当品。又各有散员郎，无员无禄。寻改常从为登仕，奉信为散从。自散骑以下，皆主出使，量事大小，据品以发之。

这里所说谒者台之职掌，除"受诏劳问""出使慰抚""持节察授""申奏冤枉"外，还有"驾出，对御史引驾"等。所以，谒者台之增设，可说是在人事上分御史之责、权，而在事务上又是为适应日益纷繁的政务之需要。

关于司隶台，《隋书·百官志》有详尽的记载：

> 司隶台大夫一人（正四品），掌诸巡察。别驾二人（从五品），分察畿内，一人案东都，一人案京师。刺史十四人（正六品），巡察畿外。诸郡从事四十人，副刺史巡察。其所掌六条：一察品官以上理政能不。二察官人贪残害政。三察豪强奸猾，侵害下人，及田宅逾制，官司不能禁止者。四察水旱虫灾，不以实言，枉征赋役，及无灾枉蠲免者。五察部内贼盗，不能穷逐，隐而不申者。六察德行孝悌，茂才异行，隐不贡者。每年二月，乘轺巡郡县，十月入奏。置丞（从六品）、主簿（从八品）、录事（从九品）各一人。后又罢司隶台，而留司隶从事之名，不为常员。临时选京官清明者，权摄以行。

应当说，当司隶台之建制存在时，所赋予的职权及其范围是相当重大而广泛的。

8. 都水台——中央水利主管机构。中国"以农立国"，水利事业是农业的第一前提，

---

① 唐进、郑川水主编：《中国国家机构史》，辽宁人民出版社1993年版，第165页。

因此历代统治者都十分重视水利主管机构的设置与健全。秦、汉都有都水长、都水丞，主管陂地灌溉、倡导河渠。汉太常、少府、水衡都尉、三辅，都设都水官。汉武帝以都水官多，乃置左右使者各一人加以管辖。晋以后改称都水台。隋开皇初设都水台，开皇三年（583）曾废都水台入司农寺。开皇十三年（593）复置都水台，仁寿元年（601）改称都水监。其编制，隋初为：

> 都水台，使者及丞各二人，参军三十人，河堤谒者六十人，录事二人。领掌船局、都水尉二人，又领诸津。上津每尉一人，丞二人。中津每尉、丞各一人。下津每典作一人，津长四人。①

至隋炀帝时，似对都水监官员的地位更加重视，可以见诸属僚品爵等级的不断提高：

> （大业三年）都水监改为使者，增为正五品，丞为从七品。统舟楫、河渠二署。舟楫署每津署尉一人。五年，又改使者为监，四品，加置少监，为五品。后又改监、少监为令，从三品，少令，从四品。②

9. 十一寺——中央行政事务辅助机构。史书流行隋唐中央"九寺"一说，但"九寺"之说不能涵盖隋初，"高祖既受命，改周之六官"，最先定制的是"太常、光禄、卫尉、宗正、太仆、大理、鸿胪、司农、太府、国子、将作"十一寺。③《开皇令》卷4有"诸寺职员"的规定，其前为"诸省台职员"（卷3），其后为"诸卫职员"，前前后后均无"诸监职员"的规定。④因此，拟采"十一寺"之说，而其后的变化，则附在本节中另加说明。

有的著作又称"九寺"是隋唐"中央掌握各类行政事务的具体机构"，如此措辞乃至五省二台并非中央行政具体机构之误解。因此，以"辅助机构"相论。但隋代之寺、监、省、台及其下属机构之设，在职能上确有交叉重叠之处。杜佑谓："隋代复废六官，多依北齐之制，官职重设，庶务烦滞。"⑤中国台湾地区学者姜文奎亦云："迨至隋唐，既有尚书六部二十四司，复又别置诸寺、诸监，官职既为重设，庶务乃行烦滞，而彼此职权除一部分互相关联外，多属重复混杂难以划清权限。"⑥这些，也许就是评价"五省二台"及"九寺二监"均为"行政事务具体机构"的客观原因了。

---

① 《隋书》卷28《百官志下》，中华书局1982年版，第775页。
② 同上书，第799页。
③ 同上书，第773页。
④ 〔唐〕李林甫等：《唐六典》卷6《刑部郎中令注》，中华书局1992年版，第178—186页。
⑤ 〔唐〕杜佑：《通典》卷25《诸卿总论》，商务印书馆1925年版，第148页。
⑥ 姜文奎：《中国历代政制考》，中国台湾"国立"编译馆出版，第375页。

太常寺是隋代负责礼仪事务的管理机构,掌全国之礼乐、郊庙、社稷祭享之事。太常寺与礼部的分工是,太常寺处理日常具体事务,礼部掌管有关政令:

> 太常……寺……置卿、少卿各一人。……置丞、主簿、录事等员。
> 太常寺又有博士四人,协律郎二人,奉礼郎十六人。统郊社、太庙、诸陵、太祝、衣冠、太乐、清商、鼓吹、太医、太卜、廪牺等署。各置令(并一人,太乐、太匠则各加至二人)、丞(各一人,郊社、太乐、鼓吹则各至二人)。郊社署又有典瑞(四人)。太祝署有太祝(二人)。大乐署、清商署,各有乐师员(太乐八人,清商二人)。鼓吹署有哄师(二人)。太医署有主药(二人)、医师(二百人)、药园师(二人)、医博士(二人)、助教(二人)、按摩博士(二人)、禁祝博士(二人)等员。太卜署有卜师(二十人)、相师(十人)、男觋(十六人)、女巫(八人)、太卜博士、助教(各二人)、相博士、助教(各一人)等员。①

大业三年(607),隋炀帝对诸寺做了一些改革:

> 太常寺罢太祝署,而留太祝员八人,属寺。后又增为十人。奉礼减置六人。太庙署又置阴室丞,守视阴室。改乐师为乐正,置十人。太卜又省博士员,置太卜卜正二十人,以掌其事。太医又置医监五人,正十人。罢衣冠、清商二署。②

光禄寺为隋代职掌宫廷宴饮膳食的机构。隋初设置,开皇三年(583)废光禄寺入司农寺,开皇十二年(592)复置。大业年间,除光禄寺属僚及品爵略有变化外,余无所改。《隋书·百官志》载:

> (光禄寺)置卿、少卿各一人。……置丞、主簿、录事等员。
> 光禄寺统太官、肴藏、良酝各二人,掌醢等署。各置令(太官三人,肴藏、良酝各二人,掌醢一人)、丞(太官八人,肴藏、掌醢各二人,良酝四人)。太官又有监膳(十二人)、良酝有掌醢(五十人)、掌醢有掌醢(十人)等员。

卫尉寺为隋初军械管理及宫门禁卫机构,后来即为专司军械管理的机构。始置于开皇初,开皇三年(583)曾废而入太常尚书省,开皇十一年(591)复置,大业年间无所改。其法定编制为:

---

① 《隋书》卷28《百官志下》,中华书局1982年版,第776页。
② 同上书,第797页。

卫尉寺统公车、武库、守宫等署，各置令（公车一人，武库、守宫各二人）、丞（公车一人，武库二人）等员。

宗正寺为隋皇族事务管理机构，掌皇帝之族亲属籍及宗亲之封赠事项。《中国古代行政立法》一书谓宗正寺"下设崇玄署，掌京师道教宫观及道士名籍"①，此恐系"隋唐"并提所致之误。唐代的宗正寺确"领崇玄寺"②，而《隋书·百官志》却明确载明"宗正寺不统署"。隋文帝开皇二十年（600）曾特地诏令保护佛教与道教，"敢有毁坏偷盗佛及天尊像……以不道论"③，此前此后亦未见宗正寺设署卫道崇道之举措，可为证明。又《隋书·百官志》载，"鸿胪寺统典客、司仪、崇玄三署"，据此，崇玄寺倒是属鸿胪寺的，下文将述及。

太仆寺是隋代掌管厩牧、车舆及有关之政令的机构。《开皇令》卷4为"诸寺职员"，卷25为"仓库厩牧"，可见太仆寺所掌与一般的"典掌饲养马牛杂畜"是两回事。

开皇初年，隋文帝定令，太仆寺置卿、少卿各一人（寻加少卿一人），丞三人，主簿、录事各二人。此外：

太仆寺又有兽医博士员（一百二十人）。统骅骝、乘黄、龙厩、车府、典牧牛羊等署。各置令（二人，乘黄、车府则各减一人）、丞（二人，乘黄则一人，典牧牛羊则各三人）等员。④

大业三年（607）隋炀帝定令：

太仆减骅骝署入殿内。尚乘局改龙厩曰典厩署，有左、右驳皂二厩。加置主乘、司库、司廪官。罢牛羊署。⑤

大理寺为隋代职掌司法的重要机构，为全国最高审判机关，流罪以上案件由大理寺审核后报刑部。司法官的任用，由大理寺确定可否。开皇初年，大理寺按隋文帝杨坚定令，置卿、少卿各一人，丞二人，主簿、录事各二人：

大理寺，不统署。又有正、监、评（各一人）、司直（十人）、律博士（八人）、明

---

① 蒲坚：《中国古代行政立法》，北京大学出版社1990年版，第271页。
② 〔唐〕李林甫等：《唐六典》卷16，中华书局1992年版，第465页。
③ 《隋书》卷2《高祖纪下》，中华书局1982年版，第45—46页。
④ 《隋书》卷28《百官志下》，中华书局1982年版，第776页。
⑤ 同上书，第798页。

法(二十人)、狱掾(八人)。①

开皇三年(583),"罢大理寺、监、评及律博士员,加置正为四人。"大业三年(607),隋炀帝定令:

> 大理寺丞改为勾检官,增正员为六人,分判狱事。置司直十六人,降为从六品,后加至二十人。又置评事四十八人,掌颇同司直,正九品。②

鸿胪寺为隋代掌管外交及民族事务中宾客往来贡献及货物互市之管理机构。开皇初年定令,鸿胪寺置卿、少卿各一人,丞二人,主簿、录事各二人,还规定:

> 鸿胪寺统典客、司仪、崇玄三署。各置令(二人,崇玄则惟置一人)。典客署又有掌客(十人),司仪有掌仪(二十人)等员。③

开皇三年(583),鸿胪寺曾废"入太常";开皇十二年(592)复置鸿胪寺。

大业三年(607),隋炀帝定令:"鸿胪寺改典客署为典蕃署。"《隋书·百官志》载:"初炀帝置四方馆于建国门外,以待四方使者,后罢之,有事则置,名隶鸿胪寺,量事繁简,临时损益。东方曰东夷使者,南方曰南蛮使者,西方曰西戎使者,北方曰北狄使者,各一人,掌其方国及互市事。每使者署,典护录事、叙职、叙仪、监府、监置、互市监及副、参军各一人。录事立纲纪。叙职掌其贵贱立功合叙者。叙仪掌小大次序。监府掌其贡献财货。监置掌安置其驼马车船,并纠察非违。互市监及副,掌互市。参军事出入交易。"从开皇初置鸿胪寺,后废而复置及大业年间鸿胪寺职责之扩展,可见隋代对外经济及其他交往事务已迅速发展。

司农寺为隋代粮仓管理、粮米储积供应之管理机构。开皇元年(581)定令,司农寺置卿、少卿各一人,丞五人,主簿、录事各二人。开皇三年(583),光禄寺、都水台废,均并入司农寺。开皇十二年(592)、开皇十三年(593)光禄寺、都水台先后复置而从司农寺析出。开皇初定令规定:

> 司农寺统太仓、典农、平准、廪市、钩盾、华林、上林、导官等署。各置令(二人、钩盾、上林则加至三人,华林惟置一人)。太仓又有米廪督(四人)、盐仓督(二

---

① 《隋书》卷28《百官志下》,中华书局1982年版,第776页。
② 同上书,第789页。
③ 同上书,第776—777页。

人),京市有肆长(四十人),导官有御细仓督(二人),麴面仓督(二人)等员。①

大业三年(607)定令改革司农寺:

> 司农但统上林、太仓、钩盾、导官四署,罢典农、华林二署,而以平准、京市隶太府。②

太府寺隋初即设,为国家财物主管机构之一。职掌全国之财货、廪藏、贸易等重大经济事务。设卿、少卿各一人,置丞六人,主簿、录事各四人。开皇元年(581)定令规定:

> 太府寺统左藏、左尚方、内尚方、右尚方、司染、右藏、黄藏、掌冶、甄官等署。各置令(二人,左、右尚方则加至二人,黄藏则惟置一人)、丞(四人,左尚则八人,右尚则六人,黄藏则一人)等员。③

大业三年(607)定令,分太府寺为少府监。"太府寺既分为少府监,而但管京都市五署及平准、左右藏等,凡八署。京师东市曰都会,西市曰利人。东都东市曰丰都,南市曰大同,北市曰通远。及改诸令为监,惟市署曰令。"④

国子寺为隋初设立的中央教育事务管理机构。有人称其为"隋唐时期的最高学府",恐不确切。国子寺有"学府"之设,但其自身则是教育事务的管理机构而非学业之传授机构。通常称国子监,但隋初立名却为国子寺:"高祖既受命,改六周之官,其所制名,多依前代之法,置……国子、将作等寺……"并定令规定国子寺的编制为:

> 祭酒(一人),属官有主簿、录事(各一人)。统国子、太学、四门、书算学,各置博士(国子、太学、四门各五人,书、算学各二人)、助教(国子、太学、四门各五人,书算掌各二人)、学生(国子一百四十人,太学、四门各三百六十人,书四十人,算八十人)等员。⑤

开皇十三年(593),"国子寺罢隶太常,又改寺为学"。仁寿元年(601),"罢国子学,惟立太学一所,置博士五人,从五品,学生七十二人"。大业三年(607),隋炀帝诏令恢

---

① 《隋书》卷28《百官志下》,中华书局1982年版,第777页。
② 同上书,第798页。
③ 同上书,第777页。
④ 同上书,第798页。
⑤ 同上书,第777页。

复国子学建制与规模,"改……国子学为国子监",并规定:

> 国子监依旧置祭酒,加置司业一人,从四品,丞三人,加为从六品。并置主簿、录事各一人。国子学置博士,正五品,助教,从七品,员各一人。学生无常员。太学博士、助教各二人,学生五百人。①

如上所考,隋代中央的教育行政管理机构(附教育学府)之名,先是国子寺,后为国子学,至大业三年(607)方为国子监,因此,论及时概以"国子监"相称,并不确切,这大多也是"隋唐"并提所致的粗疏之处。

将作寺为隋代中央主管土木工程及修缮的管理机构,举凡宫殿及重要的庙宇、楼堂馆舍、桥梁道路的土木工程,均由将作寺管理其事务。各种著作大多以"将作监"相名,同样不确,开皇初年所设,名为"将作寺":"高祖既受周禅……置……将作等寺。"开皇初定令规定其编制为:

> 将作寺大匠(一人)、丞、主簿、录事(各二人)。统左右校署令(各二人)、丞(左校四人,右校三人),各有监作(左校十二人,右校八人)等员。②

直至开皇二十年(600),才"改将作寺为监,以大匠为大监,初加置副监"。《隋书·百官志》载,隋炀帝"三年定令","改……将作寺为将作监……"。因寺、监之改正在开皇二十年(600)完成,此处复称改寺为监,可能从开皇二十年(600)至大业三年(607)间,将作监曾复名为将作寺。《隋书·百官志》又载:

> 将作监改大监,少监为大匠、少匠,丞加为从六品。统左右校及甄官署。五年,又改大匠为大监,正四品,少匠为少监,正五品。十三年,又改监、少监为令、少令。丞加品至从五品。③

10. 六府——中央禁卫机构。如前所考,尚书省的兵部是隋代的中央军事管理机构,而与中央军事管理机构地位并列的与"军事"关系密切的六府——左右卫府、左右武卫

---

① 《隋书》卷28《百官志下》,中华书局1982年版,第798—799页。
② 同上书,第777页。
③ 同上书,第799页。

府、左右武侯府、左右领府、左右监门府、左右领军府[①]则直接承担中央首先是皇宫的禁御、侍卫、典仗、门禁等准军事任务。《隋书·百官志》关于六府的编制、品爵及职权有明确的说明：

  左右卫、左右武卫、左右武侯，各大将军（一人）、将军（二人），并有长史、司马、录事、功、仓、兵、骑等军曹参军，法曹、铠曹行参军（各一人），行参军（左右卫、左右武侯各六人，左右武卫各八人）等员。
  左右卫，掌宫掖禁御，督摄仗卫。又各有直阁将军（六人）、直寝（十二人）、直斋、直后（各十五人），并掌宿卫侍从。奉车都尉（六人），掌驭副车。武骑常侍（十人）、殿内将军（十五人）、员外将军（三十人）、殿内司马督（二十人）、员外司马督（四十人），并以参军府朝，出使劳问。左右卫又各统亲卫，置开府。（左勋卫开府，左翊一开府、二开府、三开府、四开府，及武卫、武侯、领军、东宫领兵开府准此）府置开府（一人），有长史，司马，录事，及仓、兵等曹参军，法曹行参军（各一人），行参军（三人）。又有仪同府（武卫、武侯、领军、东宫领兵仪同皆准此）。仪同已下，置员同开府，但无行参军员。诸府皆领军坊，每坊（东宫军坊准此）置坊主（一人）、佐（二人）。每乡团（东宫乡团准此）置团主（一人）、佐（二人）。
  左右武卫府，无直阁已下员，但领外军宿卫。
  左右武侯，掌车驾出，先驱后殿，昼夜巡察，执捕奸非，烽候道路，水草所置。巡狩师田，则掌其营禁。右加置司辰师（田人）、漏刻生（一百一十人）。
  左右领左右府，各大将军（一人），将军（二人），掌侍卫左右，供御兵仗。领千牛备身（十二人），掌执千牛刀；备身左右（十二人），掌供御弓箭；备身（六十人），掌宿卫侍从。多置长史、司马、录事，及仓、兵二曹参军事。铠曹行参军（各一人）等员。
  左右监门府各将军（一人），掌宫殿门禁及守卫事。各置郎将（二人），校尉，直长（各三十人），长史，司马，录事，及仓、兵曹参军，铠曹行参军（各一人），行参军（四人）等员。
  左右领军府，各掌十二军籍、帐、差科、辞讼之事。不置将军。惟有长史，司马，掾属及录事，功、仓、户、骑、兵等曹参军，法、铠等曹行参军（各一人），行参军（十六人）等员。又置明法（四人），录于法司，掌律令轻重。

至大业三年（607），隋炀帝对六府也做了一些改革：

[①] 也有称六府为"十二府"的，如《中国国家机构史》一书就称之为"十二府"。此外还有称"六卫"或"十二卫"的。《隋书·百官志》先之以"左右卫、左右武卫……府"，后又有"十二卫"之提法。我们采用"六府"的提法。

改左右卫为左右翊卫，左右备身为左右骑卫。左右武卫依旧名。改领军为左右屯卫，加置左右御。改左右武侯为左右侯卫。是为十二卫。又改领左右府为左右备身府，左右监门依旧名。凡十六府。

"十二卫"的编制、品爵等级也有若干变化，事见《隋书·百官志》所载，《大业令》则为志文之依据。

除上述中央机关外，隋代之东宫也有相当庞大的机构设置。但它不过是用以教育、培养东宫太子的机构，带后备性，这里就从略了。要加说明的是，"东宫职员"是《开皇令》中的独立一卷（卷6）。

二、地方行政法制考

（一）隋代地方行政机构的设置与改革

考诸开皇初年颁行的《开皇令》，因其卷八为"诸州、郡、县、镇、戍职员"，可知其时中央直接管理（包括行政区划、官员任命及考核等）的地方行政机构有州、郡、县三级，镇、戍则为军事重镇、边境戍守要塞的军事行政机构。开皇三年（583），隋文帝罢郡，以州统县，遂使地方行政机构变成了州、县二级。事见《隋书·高祖纪上》：

（开皇）三年……十一月……甲午，罢天下诸郡。

又见《隋书·百官志》：

（开皇）三年……罢郡，以州统县，改别驾、赞务，以为长史、司马。旧周、齐州郡县职。自州都、郡县正已下，皆州郡将县令至而调用，理时事。至是不知时事，直谓之乡官。

罢郡之举，事起河南道行台兵部尚书、银青光禄大夫杨尚希约于开皇三年（583）的一份奏表。杨尚希因见天下州郡过多，上表申述"存要去闲，并小为大"之理，得到隋文帝的首肯，于是罢天下之郡。事见《隋书·杨尚希传》：

尚希时见天下州郡过多，上表曰："自秦并天下，罢侯置守，汉、魏及晋，邦邑屡改。窃见当今郡县，倍多于古，或地无百里，数县并置，或户不满千，二郡分领。具僚以众，资费日多，吏卒人倍，租调岁减。清干良才，百分无一，动须数万，如何可觅？所谓民少官多，十羊九牧。琴有更张之义，瑟无胶柱之理。今存要去闲，并小为大，国家则不亏粟帛，选举则易得贤才，敢陈管见，伏听裁处。"帝览而嘉之，于是遂罢天下诸郡。

罢郡之后多年，因"户口滋多"等原因，地方行政机构的设置又屡经变革。《隋书·地理志》载：

> 高祖受禅，惟新朝政，开皇三年，遂废诸郡。泊于九载，廓定江表，寻以户口滋多，析置州县。

"廓定江表"是指开皇九年（589）发兵讨伐偏安江南的南朝陈国，次年灭陈而统一中国。"寻以户口滋多……"之"寻"，应以起于罢郡之开皇三年（583）至仁寿末年（604）计，从而导致隋炀帝即位后又"改州为郡"。其间，隋文帝曾于开皇十四年（594）"改九等州县为上、中、中下、下，凡四等"，又于开皇十五年（595）"罢州县乡官"。① 隋炀帝之"改州为郡"，则见诸《隋书·地理志》：

> 炀帝嗣位，又平林邑，更置三州。既而并省诸州，寻即改州为郡，乃置司隶刺史，分郡巡察。五年，平定吐谷浑，更置四郡。

"改州为郡"的时间是大业三年（607）："三年……夏四月……壬辰，改州为郡。"②至大业五年（609），隋代的行政地域大致为：

> 大凡郡一百九十，县一千二百五十五，户八百九十万七千五百四十六，口四千六百一万九千九百五十六。垦田五千五百八十五万四千四十一顷。其邑居道路，山河沟洫，沙碛咸卤，丘陵阡陌，皆不预焉。东西九千三百里，南北万四千八百一十五里，东南皆至于海，西到且末，北至五原，隋氏之盛，极于此也。③

隋代之改州、郡、县三级地方行政管理体制为二级体制，是一大改革。从东汉末年起，地方行政机构即为州、郡、县三级的管理体制。南北朝时期，更有几个小国还在州之上临时设置一些都督数州军事或兼管地方民事的机构，有向四级体制发展的趋势。南朝自梁、陈以降，北朝自北魏后朝起，州、郡、县的行政区划日益缩小而数量日增。这样，到

---

① 《隋书》卷28《百官志下》，中华书局1982年版，第793页。
② 《隋书》卷3《炀帝纪上》，中华书局1982年版，第67页。
③ 《隋书》卷29《地理志上》，中华书局1982年版，第808页。

南北朝末期竟增至数倍于汉末。沈约说是："一郡分为四五，一县割成两三。"① 北齐文宣帝的诏书也说是："百室之邑，便立州名，三户之民，空张郡目。"② 行政机构之叠床架屋庞大臃肿，对社会有百害而无一利。北齐统治者就曾试图并县裁郡，但效果不大。隋代二帝，对此一问题始终给予重视，终于达成了改制为二级，减郡至一百九十的目的。

隋代县以下的地方基层行政组织，初期为保、闾、族，由《开皇令》做出规定：

> 高祖登庸……及颁新令，制人五家为保，保有长。保五为闾，闾四为族，皆有正。畿外置里正，比闾正，党长比族正，以相检察焉。③

后来，重臣苏威奏议设置五百家乡正以理民间辞讼，虽经李德林极力反对并得到多数大臣的附议，但因另一重臣高颎赞同苏威之议，遂由隋文帝制令在族之上建乡，乡下百家为里。其立法经过，据《隋书》记载为：

> 开皇元年……格令班后，苏威每欲改易事条。……威又奏置五百家乡正，即令理民间辞讼。（李）德林以为本废乡官判事，为其里闾亲戚，剖断不平，今令乡正专治五百家，恐为害更甚。且今时吏部，总选人物，天下不过数百县，于六七百万户内，诠简数百县令，犹不能称其才，乃欲于一乡之内，选一人能治五百家者，必恐难得。又即时要荒小县，有不至五百家者，复不可令两县共管一乡。敕令内外群官，就东宫会议。自皇太子已下，多从德林议。……然高颎同（苏）威之议，称：（李）德林狠戾，多所固执。由是高祖尽依（苏）威议。④

据《隋书》的以上记载，苏威奏议建乡及隋文帝下令建乡，似在"开皇元年"之后不久。也许正是据此，论者谓隋政府颁布新令，规定五家为保"……时过不久，大臣苏威上奏隋文帝，请以五百家为乡……"⑤。但是，实际上，以乡建制，却是开皇九年（589）之事："（开皇）九年……二月……丙申，制五百家为乡，正一人；百家为里，长一人。"由此可见，乡、里建制的立法议论，发生在开皇九年前不久，而不是在开皇元年（581）后不久。

但是，就在乡、里建制之令颁行不久，却因虞庆则巡省关东诸道返还时的一道奏章而又废除了：

---

① 《宋书》卷11《志序》，中华书局1974年版，第205页。
② 《北齐书》卷4《文宣帝纪》，中华书局1972年版，第63页。
③ 《隋书》卷24《食货志》，中华书局1982年版，第680页。
④ 《隋书》卷42《李德林传》，中华书局1982年版，第1200页。
⑤ 唐进、郑川水主编：《中国国家机构史》，辽宁人民出版社1993年版，第171页。

（开皇）十年，虞庆则等于关东诸道巡省使还，并奏云："五百家乡正，专理辞讼，不便于民。党与爱憎，公行货贿。"上仍令废之。①

对此，重臣李德林深以为不可：

德林复奏云："此事臣本以为不可。然置来始尔，复即停废，政令不一，朝成暮毁，深非帝王设法之义。臣望陛下若于律令辄欲改张，即以军法从事。不然者，纷纭未已。"

但是隋文帝不但不接受李德林此奏，反而大发雷霆："高祖遂发怒，大诟曰：'尔欲将我作王莽邪？'"②废乡之事，终成现实。

对于隋代立法建乡置里，清人王夫之在《读通鉴论》中评曰："是散千百虎狼于天下，以攫贫弱之民也。"鄙恶之意，溢于言表。

隋之县以下基层行政机构，因此只有保、闾、族三级，乡、里之建制，只是开皇九年（589）至开皇十年（590）间的事。这样，《中国国家机构史》一书以"隋代县以下地方基层组织，初期为保、闾、族"论定，就易导致"仅为初期，以后则……"③的错误推论了。至于《中国古代行政立法》一书，以"隋唐"并提，述及"地方行政管理体制"时，又以"三、乡（坊）、里（村）"为题，就更易误导，使读者以为隋代始终有乡、里之建制了。④

（二）隋代地方行政机构的职权与编制

隋代地方有畿内、畿外之分，地方行政机构的设置也因此而有区别。

畿内，为天子领地之内的古称。汉代蔡邕《独断》有云："京师，天子之畿内千里，象日月，日月躔次千里。""畿内千里"，语出《诗经·商颂·玄鸟》："邦畿千里，维民所止。"又见《周礼·地官·大司徒》："制其畿方千里而封树之。"唐代孔颖达疏曰："制其畿方千里者，王畿千里，以象日月之大，中置国城，而各五百里。"汉代以还，泛指京城辖区为畿内。隋代之畿内，包括雍州、京兆郡及大兴县、长安县。

雍州，置牧。属官有别驾，赞务，州都，郡正，主簿，录事，西曹书佐，金、户、兵、法、士等曹从事，部郡从事，武猛从事等员。并佐史，合二百二十四人。

京兆郡，置尹，丞，正，功曹，主簿，金、户、兵、法、士等曹佐等员。并佐

---

① 《隋书》卷42《李德林传》，中华书局1982年版，第1207页。
② 同上。
③ 唐进、郑川水主编：《中国国家机构史》，辽宁人民出版社1993年版，第171页。
④ 蒲坚：《中国古代行政立法》，北京大学出版社1990年版，第276—280页。

史,合二百四十四人。

大兴、长安县,置令,丞,正,功曹,主簿,西曹,金、户、兵、法、士曹等员。并佐史,合一百四十七人。①

隋初,畿内外均按州、郡、县三级设置地方行政机构,而畿内外州数甚多,又分上上州、上中州、上下州、中上州、中中州、中下州及下上州、下中州、下下州九等,分别确定其编制:

上上州,置刺史,长史,司马,录事参军事,功曹,户、兵等曹参军事,法、士曹等行参军,行参军,典签,州都光初主簿,郡正,主簿,西曹书佐,祭酒从事,部郡从事,仓督,市令、丞等员。并佐史,合三百二十三人。上中州,减上州吏属十二人。上下州,减上中州十六人。中上州,减上下州二十九人。中中州,减中上州二十人。中下州,减中中州二十八人。下中州,减中下州三十二人。下中州,减下上州十五人。下下州,减下中州十二人。②

隋初置郡,郡亦分上上、上中、上下、中上、中中、中下、下上、下中、下下九等,其编制亦有不同而依次递减:

郡,置太守,丞,尉,正,光初功曹,光初主簿,县正,功曹,主簿,西曹,金、户、兵、法、士等曹,士令等员。并佐史,合一百四十六人。上中郡,减上上郡吏属五人。上下郡,减上中郡四人。中上郡,减上下郡十九人。中中郡,减中上郡六人。中下郡,减中中郡五人。下上郡,减中下郡十九人。下中郡,减下上郡五人。下下郡。减下中郡六人。③

隋初之县,亦分上上、上中、上下、中下、中中、中下、下上、下中、下下九等,各等之编制亦有不同而依次递减:

县,置令,丞,尉,正,光初功曹,光初主簿,功曹,主簿,西曹,金、户、兵、法、士等曹佐,及市令等员。合九十九人。上中县,减上上县吏属四人。上下县,减上中县五人。中上县,减上下县十人。中中县,减中上县五人。中下县,减中中县五

---

① 《隋书》卷28《百官志下》,中华书局1982年版,第782—783页。
② 同上书,第783页。
③ 同上。

人。下上县，减中下县十二人。下中县，减下上县六人。下下县，减下中县五人。①

畿外除一般的州、郡、县外，在一些军事重地及粮、农、畜牧、矿冶、商贸、边境、佛事的重要地区，又有一些特殊的地方行政机构的设置。《开皇令》卷八"诸州郡县镇戍职员"中之"镇戍职员"的规定，就是针对这些特殊地区的。《隋书·百官志》载：

> 州，置总管者，列为上中下三等。总管刺史加使持节。
> 镇，置将、副。戍，置主、副。关，置令、丞。其制，官属各立三等之差。
> 同州，总监、副监各一人，置二丞。统食货农圃二监、副监。歧州亦置监、副监。诸冶亦置三等监。各有丞员。
> 盐池，置总管、副监、丞等员。管东西南北面等四监，亦各置副监及丞。陇右牧，置总监、副监、丞，以统诸牧。其骅骝牧及二十四军马牧，每牧置仪同及尉、大都督、帅都督等员。驴骡牧，置帅都督及尉。原州羊牧，置大都督并尉。原州驼牛牧，置尉。又有皮毛监、副监及丞、录事。又盐州牧监，置监及副监，置丞，统诸羊牧，牧置尉。苑川十二马牧，每牧置大都督及尉各一人，帅都督二人。沙苑羊牧，置尉二人。缘边交市监及诸屯监，每监置监、副监各一人。畿内者隶司农，自外隶诸州焉。
> 五岳各置令，又有吴山令，以供其洒扫。

三、隋代官员品爵等级及俸禄考

隋《开皇令》三十卷，卷1、卷2即为关于"官品"的规定。惜令文佚失，只能从《隋书·百官志》中考出中央与地方官员（包括实职与虚职）品爵等级的大致情况。但可以肯定的是，《百官志》所载，第一，绝不会有悖隋代的法律规定；第二，是为开皇初年由《开皇令》所确定。因为尔后的修正与改革，如开皇三年、十二年、十三年、十四年、十五年、十六年、十八年、二十年，仁寿元年、三年，以及隋炀帝大业年间的与官品有关的一系列机构改革，都是以皇帝的诏令、敕令、制命另行发布的；而大业三年（607）的改革，则《百官志》直接载明："三年定令，品自第一至于第九，惟置正从，而除上下阶。"

考诸《隋书·百官志》，隋代官员的品爵等级（从五品以上者）大致是：
三师、王、三公，为正一品。
上柱国、郡王、国公、开国郡县公，为从一品。
柱国、太子三师、特进、尚书令、左右光禄大夫、开国侯，为正二品。

---

① 《隋书》卷28《百官志下》，中华书局1982年版，第783—784页。

上大将军、尚书左右仆射、雍州牧、金紫光禄大夫，为从二品。

大将军，吏部尚书，太常、卫尉、光禄等三卿、太子三少，纳言，内史令，左右卫、左右武卫、左右武侯、领左右等大将军，礼部、兵部、都官、度支、工部尚书，宗正、太仆、大理、鸿胪、司农、太府等六卿，上州刺史，京兆尹，秘书监，银青光禄大夫，开国伯，为正三品。

上开府仪同三司，散骑常侍，左右卫、武卫、武侯、领左右、监门等将军，国子祭酒，御史大夫，将作大匠，中州刺史，亲王师，朝议大夫，为从三品。

骠骑将军，开府仪同三司，太常、卫尉、光禄等三少卿，太子左右卫、宗卫、内等率，尚书，吏部侍郎，给事黄门侍郎，太子左庶子，宗正、太仆、大理、鸿胪、司农、太府等少卿，下州刺史，内史侍郎，太子右庶子，通直散骑常侍，左右监门郎将，朝散大夫，开国子，为正四品。

上仪同三司，尚书左丞，太子左右卫、宗卫、内等副率，上郡太守，雍州别驾，亲王府长史，太子家令，率更令、仆，内侍，城门校尉，尚书右丞，上镇将军，雍州赞务，直阁将军，亲王府司马，谏议大夫，为从四品。

车骑将军，仪同三司，内常侍，秘书丞，国子博士，散骑侍郎，太子内舍人，太子左右监门副率，员外散骑常侍，上州长史，亲王府谘议参军事，开国男，尚食、尚药典御，上州司马，为正五品。

著作郎，通直散骑侍郎，中郡太守，直寝，太子洗马，中州长史，奉车都尉，都水使者，治书侍御史，大兴、长安令，大理司直，直斋，太子直阁，京兆郡丞，中州司马，中镇将，上镇副，内给事，驸马都尉，亲王友，员外散骑侍郎，为从五品。

此外，大理正、监、评等为正六品；六寺丞，秘书郎，著作佐郎等为正七品；协律郎，都水丞等为正八品；监察御史等为从八品；大理寺律博士等为正九品；开府府法曹行参军等为视正九品；仪同府法曹行参军等为视从九品。

《隋书·百官志》载：

> 又有流外勋品、二品、三品、四品、五品、六品、七品、八品、九品之差。又视流外，亦有视勋品、视二品、视三品、视四品、视五品、视六品、视七品、视八品、视九品之差。极于胥吏矣，皆无上下阶云。

按照官员的品爵等级，朝廷发给规定数量的俸禄：

> 京官正一品，禄九百石，其下每以百石为差，至正四品，是为三百石。从四品，二百五十石，其下每以五十石为差，至正六品，是为百石。从六品，九十石，以下每以十石为差，至从八品，是为五十石。食封及官不判事者，并九品，皆不给禄。其

给皆以春秋二季。刺史、太守、县令，则计户而给禄，各以户数为九等之差。大州六百二十石，其下每以四十石为差，至于下下，则三百石。大郡三百四十石，其下每以三十石为差，至于下下，则六十石。……其禄惟及刺史二佐及郡守、县令。①

隋炀帝大业三年（607）"定令之后，骤有制置，制置未久，随复改易"②。这也许就是《隋书·百官志》依《开皇令》之规定为记述基础的原因。考及官员俸禄时，可见《隋书·高祖纪》载：开皇十四年（594）"六月丁卯，诏省府州县，皆给公廨田，不得治生，与人争利"。这一诏令的发布，缘起工部尚书苏孝慈的一书奏表：

> 先是，以百僚供费不足，台省府寺咸置廨钱，收息取给。孝慈以为官民争利，非兴化之道，上表请罢之，请公卿以下给职田多有差，上并嘉纳焉。③

然查隋史，所见官员"与民争利"之事甚多。但凡影响较大的，倒也做了一些处理，或罢官，或定罪。如：

> （太常卿卢贲）后转齐州刺史。民饥，谷米踊贵，闭人粜而自粜之。坐是除民为民。④

> （河北道行台仆射张威）……数年，拜青州总管，赐钱八十万，米五百石，杂彩三百段。威在青州，颇治产业，遣家奴于民间鬻芦菔根，其奴缘此侵扰百姓。上深加谴责，坐废于家。⑤

> （尚书左丞郎茂）……工法理，为世所称。时工部尚书宇文恺、右翊卫大将军于仲文竞河东银窟。茂奏劾之："臣闻贵贱殊礼，士农异业，所以人知局分，家识廉耻。宇文恺位望已隆，禄赐优厚，拔葵去织，寂尔无闻，求利下交，曾无愧色。于仲文大将，宿卫近臣，趋侍阶庭，朝夕闻道。虞、芮之风，抑而不慕，分铢之利，知而必争。何以贻范庶僚，示民轨物！若不纠绳，将亏政教。"恺与仲文竟坐得罪。⑥

隋代行政法制大致如上所考。魏徵撰《隋书·百官志》，这样总结有隋一代的行政立法：

---

① 《隋书》卷28《百官志下》，中华书局1982年版，第792页。
② 同上书，第803页。
③ 《隋书》卷46《苏孝慈传》，中华书局1982年版，第1259页。
④ 《隋书》卷38《卢贲传》，中华书局1982年版，第1143页。
⑤ 《隋书》卷55《张威传》，中华书局1982年版，第1379页。
⑥ 《隋书》卷66《郎茂传》，中华书局1982年版，第1555页。

高祖践极，百度伊始，复废周官，还依汉、魏。惟以中书为内史，侍中为纳言，自余僚庶，颇有损益。炀帝嗣位，意存稽古，建官分职，率由旧章。大业三年，始行新令。于时三川定鼎，万国朝宗，衣冠文物，足为壮观。既而以人之从欲，侍下若仇，号令日改，官名月易。①

其实，即使是在开皇初年，随意授官而置法于脑后的事，也所在多有。《隋书·李穆传》载：

（太师、上柱国、申国公李穆之侄孙李敏）……及长，袭爵广宗公，起家左千牛。……开皇初，周宣帝后封乐平公主，有女娥英，妙择婚对……至敏而合意，竟为婚媾。敏假一品羽仪，礼如尚帝之女。后将侍宴，公主谓敏曰："我以四海与至尊，惟一女夫，当为汝求柱国。若授余官，汝慎无谢。"及进见上，上亲御琵琶，遣敏歌舞。既而大悦，谓公主曰："李敏何官？"对曰："一白丁耳。"上因谓敏曰："今授汝开府。"敏又不谢。上曰："公主大有功于我，我何得向其女婿而惜官乎！今授卿柱国。"敏乃拜而蹈舞。遂于坐发诏授柱国，以本官宿卫。

皇权至尊无上以至行政法制成为具文，于此可见一斑。

四、行政管理法制考

从史料所见，隋代行政管理法制之可考者，大致涉及以下几个方面：官吏管理、司法管理、军事管理、户籍管理、治安管理。

（一）官吏管理法制考

1.官吏选举法制考。官吏之管理，基于官吏之选拔。隋代在官吏选拔方面，对中国官吏选拔制度的改革做出了极为重要的贡献，这就是创行了科举制度。

魏晋之前，盛行世卿世禄制。魏文帝曹丕黄初元年（220）采纳吏部尚书陈群的建议，实行"九品官人之法"，即每个州郡由有"声望"的人担任中正官，把州郡内的士人按其"才能"分为九品，每十万人举一人，由吏部授予官职。后者称之为"九品中正制"。这对世卿世禄制纯由血统决定一切，无疑是一个选官制度上的改革和进步。但是，各州郡的中正官实际上均为豪门世族把持，选取原则以"家世"为重，因此形成了"上品无寒门，下品无世族"的门阀制度。这种制度至隋开皇初年被改革了。

---

① 《隋书》卷26《百官志上》，中华书局1982年版，第720页。

开皇二年（582）正月，隋文帝颁布诏令，要各州郡"举贤良"，事见《隋书·高祖纪》。开皇三年（583），隋文帝"发使巡省风俗"，广泛搜罗"文武才用"，其诏书曰：

> 朕君临区宇，深思治术，欲使生人从化，以德代刑，求草莱之善，旌闾里之行。民间情伪，咸欲备闻。已诏使人，所在赈恤，扬镳分路，将遍四海，必令为朕耳目。如有文武才用，未为时知，宜以礼发遣，朕将铨擢。其有志节高抄，越等超伦，亦仰使人就加旌异，令一行一善奖劝于人。远近官司，遐迩风俗，巨细必纪，还日奏闻。庶使不出户庭，坐知万里。①

这些，可看作是实行科举制的前奏与准备。至开皇七年（587）"春正月……乙未，制诸州岁贡三人"②。可视为正式开始实行科举制，但其具体情形，不得其详。

首次明确"科举"并确定"科（目）"的，是开皇十八年（598）的一次颁诏："（十八年……秋七月）丙子，诏京官五品已上，总管、刺史，以志行修谨、清平干济二科举人。"③至仁寿二年（602）秋七月，隋文帝又颁诏，令"内外官各举所知"，这就是把举荐之权扩大到了所有的"内外官"，而不仅局限于"五品已上"及总管、刺史一级的官员了。次年秋七月，隋文帝又下诏："其令州县搜扬贤哲，皆取明知今古，通识治乱，究政教之本，达礼乐之源。不限多少，不得不举。限以三旬，咸令进路。征召将送，必须以礼。"④

隋炀帝即位之始，即重视选拔"芳草""奇秀"以开才路。大业元年（605），他在闰七月丙子的诏书中说："方今宇宙平一，文轨攸同，十步之内，必有芳草，四海之中，岂无奇秀！诸在家及见入学者，若有笃志好古，耽悦典坟，学行优敏，堪膺时务，所在采访，具以名闻，即当随其器能，擢以不次。若研精经术，未愿进仕者，可依其艺业深浅，门荫高卑，虽未升朝，并量准给禄。……"⑤至大业三年（607），隋炀帝更下诏令规定，"五品已上，宜依令十科举人"。《隋书·炀帝纪》载：

> （大业三年）夏四月……甲午，诏曰：天下之重，非独治所安，帝王之功，岂一士之略。自古明君哲后，立政经邦，何尝不选贤与能，收采幽滞。……夫孝悌有闻于境，人伦之本，德行敦厚，立身之基。或节义可称，或操履清洁，所以激贪厉俗，有益风化。强毅正直，执宪不挠，学业优敏，文才美秀，并为廊庙之用，实乃瑚琏之资。才堪将略，则拔之以御侮，膂力骁壮，则任之以爪牙。爰及一艺可取，并宜采

---

① 《隋书》卷1《高祖纪上》，中华书局1982年版，第20页。
② 同上书，第25页。
③ 同上书，第43页。
④ 《隋书》卷2《高祖纪下》，中华书局1982年版，第51页。
⑤ 同上书，第65页。

录,众善毕举,与时无弃。以此求治,庶几非远。文武有职事者,五品已上,宜依令十科举人。有一于此,不必求备。朕当待以不次,随才升擢。其见任九品已上官者,不在举送之限。

至大业五年(609),隋炀帝又发布诏令,特别要求以"才艺优洽"等"四科举人"。事见《隋书·炀帝纪》:"六月……辛亥,诏诸郡学业该通、才艺优洽、膂力骁壮、超绝等伦、在官勤奋、堪理政事、立性正直、不避强御四科举人。"

隋代官吏选举制度的改革,与有力者为襄城县伯、通直散骑常侍何妥。何妥曾上八事之谏,"其三事曰:臣闻舜举十六族,所谓八元、八恺也。计其贤明,礼优今日,犹复择才授任,不相侵滥,故得四门雍穆,庶绩咸熙。今官员极多,用人甚少,有一人身上乃兼数职,为是国无人也?为是人不善也?今万乘大国,髦彦不少,纵有明哲,无由自达。东方朔言曰:'尊之则为将,卑之则为虏。'斯言信矣。今当官之人,不度德量力,既无吕望、傅说之能,自负傅岩、滋水之气,不虑忧深责重,唯畏总领不多,安斯宠任,轻彼权轴,好致颠蹶,实此之由。……臣闻穷力举重,不能为用。优者更任贤良,分才参掌,使各行有余力,则庶事康哉。"①

据《隋书·牛弘传》载,仁寿二年(602)以还,牛弘任吏部尚书,审慎选举,识度深远,时称"隋之选举,于斯为最":"弘在吏部,其选举先德行而后文才,务在审慎。虽致停缓,所有进用,并多称职。吏部侍郎高孝基,鉴赏机晤,清慎绝伦,然爽俊有余,迹似轻薄,时宰多以此疑之。惟弘深识其真,推心委任。隋之选举,于斯为最。时论弥服弘识度深远。"

隋代官吏选举方面的法律规定,可考者还有以下几端:

其一,规定"工商不得进仕"。《隋书·高祖纪》载:开皇十六年(596)"六月甲午,制工商不得进仕"。

其二,"滥授人官""抽擢人物"者治罪。从《隋书》所见,坐此得罪者,有重臣苏威、薛道衡等人:

(何妥)奏威……以曲道任其从父弟彻、肃等罔冒为官。又国子学请荡阴人王孝逸为书学博士,威属卢恺,以为其府参军。②

御史大夫裴蕴希旨,令白衣张行本奏威昔在高阳典选,滥授人官。……帝令案其

---

① 《隋书》卷75《何妥传》,中华书局1982年版,第1711页。
② 《隋书》卷41《苏威传》,中华书局1982年版,第1187页。又见《卢恺传》:"(宪司奏恺曰)吏部预选者甚多,恺不即授官,皆注色而遣。威之从父弟彻、肃二人,并以乡正征诣吏部。彻文状后至而先任用,肃左足挛蹇,才用无算,恺以威故,授朝请郎。"

事。及狱成……除名为民。①

（薛道衡）后坐抽擢人物，有言其党苏威，任人有意故者，除名，配防岭表。②

其三，关于州县佐史任用的规定。《隋书》曰：

（开皇十四年）十一月壬戌，制州县佐吏，三年一代，不得重任。③

关于这一规定，隋炀帝时有过一点小小的反复：

炀帝即位，牛弘引（刘）炫修律令。高祖之世，以刀笔吏类多小人，年久长奸，势使然也。……于是立格，州县佐史，三年而代之……炫著论以为不可，弘竟从之。……弘尝从容问炫曰："案《周礼》士多而府史少，今令史百倍于前，判官减则不济，其故何也？"炫对曰："古人委任责成，岁终考其殿最，案不重校，又不繁悉，府史之任，掌要目而已。今之文薄，恒虑覆治，锻炼若其不密，万里追证百年旧案，故谚云'老吏抱案死'。古今不同，若此之相悬也。事繁政弊，职此之由。"弘又问："魏齐之时，令史从容而已，今则不遑宁舍，其事何由？"炫对曰："齐氏立州不过数十，三府行台，递相统领，文书行下，不过十条。今州三百，其繁一也。往者州惟置纲纪，郡置守丞，县惟令而已。其所具僚，则长官自辟，受诏赴任，每州不过数十。今则不然，大小之官，悉由吏部，纤介之迹，皆属考功，其繁二也。省官不如省事，省事不如清心。官事不省而望从容，其可得乎？"弘甚善其言而不能用。④

其四，关于文武官员职位升降的规定。
一为隋文帝开皇十五年（595）的规定：

（开皇十五年）十二月……己丑，诏文武官以四考交代。⑤

一为隋炀帝大业二年（606）的规定：

（大业二年）秋七月……庚申，制百官不得计考增级，必有德行功能，灼然显著

---

① 《隋书》卷41《苏威传》，中华书局1982年版，第1189页。
② 《隋书》卷57《薛道衡传》，中华书局1982年版，第1407页。
③ 《隋书》卷2《高祖纪下》，中华书局1982年版，第39页。
④ 《隋书》卷75《刘炫传》，中华书局1982年版，第1721页。
⑤ 《隋书》卷2《高祖纪下》，中华书局1982年版，第40页。

者,擢之。①

其五,关于前代官员品爵的规定。
开皇元年(581),隋文帝颁布诏令,规定前代官员之品爵依旧不变:

> (开皇元年)三月……庚子,诏曰:"自古帝王受终革代,建侯锡爵,多与运迁。朕应篆受图,君临海内,载怀沿革,事有不同。然则前帝后王,俱在兼济,立功立事,爵赏仍行。苟利于时,其致一揆,何谓物我之异,无计今古之殊。其前代品爵,悉可依旧。"②

其六,关于高寿者授予虚职的规定。
隋炀帝大业七年(611)的诏令曰:

> 武有七德,先之以安民。政有六本,兴之以教义。高丽高元,亏失藩礼,将欲问罪辽左,恢宣胜略。虽怀伐国,仍事省方。今往涿郡,巡抚民俗。其河北诸郡及山西、山东年九十已上者,版授太守;八十者,授县令。③

2. 官吏符信的规定。开皇九年(589)四月"丁丑,颁木鱼符于总管、刺史,雌一雄一"。次年十月,"甲子,颁木鱼符于京师官五品已上"。

开皇十五年(595)五月,"丁亥,制京官五品已上,佩铜鱼符"。开皇十七年(597)"冬十月丁未,颁铜兽符于骠骑、车骑府"。以上均见《隋书·高祖纪》,是为官吏证信方面的规定,以便管理及交往。

3. 官吏行为管理法制考。隋《开皇令》之"考课"(卷15)、"衣服"(卷17)、"仪制"(卷20)等均涉及官吏行为的管理。此外,在皇帝的诏令、敕令与制命中,也可略考其时对官吏行政行为与日常生活中的行为的管理规定,大致可以分为以下几个方面。

其一,官吏必须勤政,"职事不理"者可追究法律责任。如邳公、纳言、尚书右仆射苏威受命持节巡抚江南,"过会稽,逾五岭而还",后为御史奏劾。《隋书·苏威传》载:

> 御史奏威职事多不理,请推之。

---

① 《隋书》卷3《炀帝纪上》,中华书局1982年版,第66页。
② 《隋书》卷1《高祖纪上》,中华书局1982年版,第14页。
③ 《隋书》卷3《炀帝纪上》,中华书局1982年版,第75—76页。

所谓"职事不理",范围可能比较宽泛,诸如钱禁不止,不能理化,检查不严,府署污秽等,都可导致追究法律责任或经受法律惩处。《隋书·食货志》载:开皇初行新钱,"是时钱既新出,百姓或私有熔铸。……所在用以贸易不止。四年,诏仍依旧不禁者,县令夺半年俸禄"。《隋书·梁彦光传》载:相州刺史梁彦光,因"邺都杂俗,人多变诈,为之作歌,称其不能理化。上闻而谴之,竟坐免"。又如也曾任相州刺史的长孙平,"甚有能名。在州数年,会正月十五日,百姓大戏,画衣裳为鍪甲之象,上怒而免之"。事见《隋书·长孙平传》。《淮南子·氾训》云:"古者有鍪而绻领,以王天下者矣!"高绣注:"鍪,头着兜鍪帽,言未知制冠也。"而"画衣裳为鍪甲之象"的"百姓大戏",简直是政治犯罪了,刺史也就落下罪名而被免官。又如,《高祖纪》载:开皇七年(587)十一月甲子,隋文帝"幸冯翊,亲祀古社。父老对诏失旨,上大怒,免其县官而去"。

"检查不严"则如《隋书·高祖纪》载:开皇十八年(598)九月庚寅,"敕舍客无公验者,坐及刺史、县令"。

府署污秽如《隋书·高祖纪》载:隋文帝"诣武库,见署中芜秽不治,于是执府库令……出开远门外,亲自临决,死者数十人"。

其二,官吏必须廉政,贪赃受贿者要受法律的严惩。开皇元年(581)三月"丁亥,诏犬马器玩口味不得献上"①。在《隋书》中,所记因贿罹罪以至处死者比比皆是。如:

(开皇十三年)二月……戊子,晋州刺史、南阳郡公贾悉达,隰州总管、抚宁郡公韩延等,以贿伏诛。②

(治书侍御史柳彧)持节巡省河北五十二州,奏免长吏赃污不称职者二百余人,州县肃然,莫不震惧。上嘉之,赐绢布二百匹、毡三十领,拜仪同三司。③

官吏贪赃受贿,大致可以分为以下几种类型:

一为官物入私。如《隋书·郑译传》:"译擅取官材,自营私第,坐是复除名。"又如《秦王杨俊传》载,秦王杨俊为隋文帝所处分,"左武卫将军刘昪谏曰:'秦王非有他过,但费官物营廨舍而已,臣谓可容。'上曰:'法不可违。若如公意,何不别制天子儿律?'"

二为"请求许财",即今之"索贿"。如《隋书·杨汪传》载:"高祖谓谏议大夫王达曰:'卿为我觅一好左丞。'达遂私于汪曰:'我当荐君为左丞,若事果,当以良田相报也。'汪以达所言奏之,达竟以获罪,卒拜汪为尚书左丞。"隋文帝关于处分郑译的诏书中所说郑

---

① 《隋书》卷 1《高祖纪上》,中华书局 1982 年版,第 14 页。
② 《隋书》卷 2《高祖纪下》,中华书局 1982 年版,第 38 页。
③ 《隋书》卷 62《柳彧传》,中华书局 1982 年版,第 1484 页。

译"鬻狱卖官",也大抵类此。

三为收受贿赂。如《隋书·梁睿传》云,梁睿"自以威名太盛,恐时所忌,遂大受金贿以自秽。由是勋簿多不以实,诣朝堂称屈者,前后百数。上令有司案验其事,主者多获罪。睿惶惧,上表陈谢,请归大理。"《隋书·权武传》载:权武在任行军总管往桂州镇压李世贤时,曾"多造金带,遗岭南酋领,其人复答以宝物,武皆纳之,由是致富"。这成了隋文帝后来要斩杀他的一条罪状。又如《库狄士文传》载,酷吏库狄士文拜见州刺史,"发奸隐,长吏尺布升粟之赃,无所宽贷。得千余人而奏之,上悉配防岭南"。《隋书·陆让母传》载:陆让任番州刺吏,"数有聚敛,赃货狼藉,为司马所奏。上遣使按之皆验,于是囚诣长安,亲临问。"又《隋书·高祖纪》载:开皇十三年二月,"晋州刺史、南阳郡公贾悉达、隰州总管、抚宁郡公韩延等,以贿伏诛"。隋文帝时,对受赂纳贿的官吏也加以法律制裁。《隋书·李圆通传》载,兵部尚书李圆通"判宇文述田以还民,述诉其受赂。帝怒而征之,见帝于洛阳,坐是免官"。

关于官吏受贿的量刑,可考者有以下三例:

> 行军总管史万岁率兵攻打南宁夷酋爨玩渡西二河,入渠滥川,行行千余里,破其三十余部,虏获男女二万余口。诸夷大惧,遣使请降,献明珠径寸。于是勒石颂美隋德。万岁遣使驰奏,请将玩入朝,诏许之。爨阴有二心,不欲诣阙,因赂万岁以金宝,万岁于是舍而还。蜀王时在益州,知其受赂,遣使将索之。万岁闻而悉以所得金宝沉之于江,索无所获。……明年,爨玩复反,蜀王秀奏万岁受赂纵贼,致生边患,无大臣节。上令穷治其事,事皆验,罪当死。……①

但此例中,史万岁之罪,既有"受赂",又有"纵贼",且事涉"边患",所以"罪当死"之死刑量刑,不仅出诸"受赂"。以下一例则较为明确地与既定律文有直接的联系:

> 雍州别驾元肇言于上曰:"有一州吏,受人馈钱三百文,依律合杖一百。然臣下车之始,与其为约。此吏故违,请加徒一年。"(刘)行本驳之曰:"律令之行,并发明诏,与民约束。今肇乃敢重其教命,轻忽宪章。欲申己言之必行,忘朝廷之大信,亏法取威,非人臣之礼。"上嘉之,赐绢百匹。②

"受人馈钱三百文,依律合杖一百",可见律文明确规定了受贿罪的具体量刑。

程树德先生之《九朝律考·隋律考》考及此条时按曰:"按唐律职制,诸监临主司受财

---

① 《隋书》卷53《史万岁传》,中华书局1982年版,第1354—1355页。
② 《隋书》卷62《刘行本传》,中华书局1982年版,第1478页。

而枉法者一尺杖一百，一匹加一等。又诸监临之官，受所监临财物一尺笞四十，一匹加一等。元肇所言州吏受人馈钱，传文简约，未知与唐律何条相当。隋志言开皇律以轻代重，是已轻于前代，受三百即杖一百。以一尺笞四十例之，是较唐律加重至六等，绝无是理。疑仍指受财枉法言之，所谓杖一百，亦与唐律相合。其徒一年，亦不过加一等耳，与情理亦近。唐律多沿隋律，此亦其一端也。"对此，有几点值得商榷：其一，"州吏"之"受人馈钱"非"一尺"而是"三百文"。程先生将"受人馈钱三百文"与"一尺"比较，恐有不妥。其二，即使"三百文"恰可买"一尺"，那么，唐律本已规定"诸监临主司受财而枉法者，一尺杖一百"，并无隋律"较唐律加重至六等"之失。其三，程先生所引以为据的"一尺笞四十"的有关规定，唐律原文是"诸监临之官，受所监临财物者，一尺笞四十，一匹加一等……"主体是"诸监临之官"。但元肇所言"受人馈钱三百文"之"州吏"，乃"监临主司"。"监临主司受财而枉法者，一尺杖一百"，与"监临之官，受所监临财物者，一尺笞四十"相比较，体现了"重典治大吏"的精神。程先生进行比较的主体有误。因此，《元肇传》所记并无不当。其四，隋、唐互较，量刑上各有轻重，不能一概而论。因此，即使无上述问题，"较唐律加重"云云，也是不恰当的泛泛之论。

此外，考诸《隋书·李士谦传》可知，"赃重得死"，也是为法律明文规定的：

（李）士谦……又尝论刑罚，遗文不具，其略曰："帝王制法，沿革不同，自可损益，无为顿改。今之赃重者死，是酷而不惩也。语曰：'人不畏死，不可以死恐之。'愚谓此罪宜从肉刑，刖其一趾，再犯者断其右腕。……"有识者颇以为得治体。

其三，官吏必须严于自律，为此，规定县令无故不得出境：

时制县令无故不得出境，有伊阙令皇甫诩幸于（齐王杨）暕，违禁将之汾阳宫……①

还规定官吏不得带父母及子女赴任：

（开皇四年）夏四月己亥，敕总管、刺史父母及子年十五已上，不得将之官。②

（开皇十四年）冬闰十月……乙卯，制外官九品以上，父母及子年十五已上，不

---

① 《隋书》卷59《炀三子传》，中华书局1982年版，第1443页。
② 《隋书》卷1《高祖纪上》，中华书局1982年版，第21页。

得将之官。①

还规定官吏必须严于约束家属，否则负连带责任。《隋书·韦冲传》载："其兄子伯仁，随冲在府，掠人之妻，士卒纵暴，边人失望。……益州长史元岩，性方正，案冲无所宽贷，冲竟坐免。"

其四，官吏必须熟习法律。

（开皇）六年，敕诸州长史已下，行参军已上，并令习律，集京之日，试其通不。②

其五，外交不得失词。有民部尚书李子雄者，因"外交失词"而为宪司奏劾免官：

（李）子雄明辩有器干，帝甚任之。新罗尝遣使朝贡，子雄至朝堂与语，因问其冠制所由。其使者曰："皮弁遗象。安有大国君子而不识皮弁也！"子雄因曰："中国无礼，求诸四夷。"使者曰："自至已来，此言之外，未见无礼。"宪司以子雄失词，奏劾其事，竟坐免。③

其六，不得私与四夷交市，否则可致死罪。《隋书·宇文化及传》载：

大业初，炀帝幸榆林，（宇文）化及与弟智及违禁与突厥交市。帝大怒，囚之数月。还至青门外，欲斩之而后入城，解衣辫发，以公主故，久之乃释，并智及赐述为奴。

（宇文智及）……遂劝化及遣人入蕃，私为交易。事发，当诛……

其七，出行如仪、衣冠服饰如制，不得衣冠不整或有其他逾制情事。大业二年（606）二月，隋炀帝诏令尚书令杨素、吏部尚书牛弘等"制定舆服。始备辇路及五时副车。上常服，皮弁十有二琪，文官弁服，佩玉，五品已上给犊车、通幰；三公亲王加油络，武官平巾帻、挎褶，三品已上给爬槊。下至胥吏，服色皆有差。非庶人不得戎服"④。有孙万寿者，曾"坐衣冠不整而配亡江南"，他赋五言诗表达郁郁之情曰："贾谊长沙国，屈平湘水滨。江南瘴疠地，从来多逐臣。粤余非巧宦，少小拙谋身。欲飞无假翼，思鸣不值晨。如何载笔士，翻作负戈人！飘飘如木偶，弃置同刍狗。……登高视衿常，乡关白云外。回首

---

① 《隋书》卷2《高祖纪下》，中华书局1982年版，第39页。这一规定在隋炀帝时被废除。《隋书·炀帝纪》载：（大业五年）二月壬戌，"制父母听随子之官"。
② 《隋书》卷25《刑法志》，中华书局1982年版，第713页。
③ 《隋书》卷70《李子雄传》，中华书局1982年版，第1620页。
④ 《隋书》卷3《炀帝纪上》，中华书局1982年版，第65页。

望孤城，愁人益不平。……"事见《隋书·孙万寿传》。

其八，居丧期间尤重丧礼，不得略有所违。

大司徒、郢国公王谊之子王奉孝，以隋文帝杨坚之第五女为妻。奉孝卒后一年，王谊上表，谓公主年少，请除丧服。此表显系讨好隋文帝，然为御史大夫杨素弹劾。杨素曰："臣闻丧服有五，亲疏异节，丧制有四，降杀殊文。王者之所常行，故曰不易之道也。是以贤者不得逾，不肖者不得不及。而仪同王奉孝，既尚兰陵公主，奉孝以去年五月身丧，始经一周，而谊便请除释。窃以虽曰王姬，终成下嫁之礼，公则主之，犹在移天之义。况复三年之丧，自上达下，及期释服，在礼未详。然夫妇则人伦攸始，丧纪则人道至大，苟不重之，取笑君子。……然谊虽不自强，爵位已重，欲为无礼，其可得乎？乃薄俗伤教，为父则不慈，轻礼易丧，致妇于无义。若纵而不正，恐伤风俗，请付法推科。"①

4.武官管理法制考。散见于《隋书》的有关武官管理的法制，主要涉及以下几个方面。

其一，宿卫者不得擅离所守，否则主使军官要依法科罪：

（开皇）十二年……八月……癸巳，制宿卫者不得辄离所守。②

这一规定，事关皇帝及皇族的安危性命，所以，隋炀帝时还屡次下令予以强调，如：

炀帝即位……在显仁宫，敕宫外卫士不得辄离所守。

为这一规定的执行，大理少卿源师还曾与隋炀帝发生过争议，从这一争议中可考知，主使卫士离开职守的军官"据律当徒"，要判处徒刑，事在《隋书》卷66《源师传》：

有一主帅，私令卫士出外，帝付大理绳之。（大理少卿源）师据律奏徒，帝令斩之。师奏曰："若陛下初使杀之，自可不关文墨。既付有司，义归恒典，脱宿卫近侍者更有此犯，将何以加之？"帝乃止。

其二，不得私役部兵。

大业元年（605），左卫大将军宇文述私役部兵，为刑部尚书摄御史大夫梁毗所劾。虽然宇文述因隋炀帝擅权免罪，但从这一案例中，可知私役部兵，尤其是私役宫廷卫士，是要治罪的：

---

① 《隋书》卷40《王谊传》，中华书局1982年版，第1169—1170页。
② 《隋书》卷2《高祖纪下》，中华书局1982年版，第37页。

左卫大将军宇文述每旦借本部兵数十人,以供私役,常半日而罢。摄御史大夫梁毗奏劾之。上方以腹心委述,初付法推,千余人皆称被役。经二十余日,法官候伺上意,乃言役不满日,其数虽多,不合通计,纵令有实,亦当无罪。诸兵士闻之,更云初不被役。上欲释之,付议虚实,百僚咸议为虚。善心以为述于仗卫之所抽兵私役,虽不满日,阙于宿卫,与常役所部,情状乃殊。又兵多下番,散还本府,分道追至,不谋同辞。今殆一月,方始翻覆,奸状分明,此何可舍。苏威、杨汪等二十余人,同(礼部侍郎许)善心之议。其余皆议免罪。炀帝可免罪之奏。①

梁毗为此而"固净",却因"忤旨"而丢官,摄御史大夫一职为张衡所取代,"毗忧愤,数月而卒"②。

其三,违犯军令者斩。

《隋书·杨素传》载:

(杨)素多权略,乘机赴敌,应变无方,然大抵御戎严整。有犯军令者,立斩之。无所宽贷。

这里,虽然可见杨素的严苛残酷,但可推论,其对违反军令者"立斩之",不可能是任凭心臆,而是有法可依的。

其四,出师败军者斩。

出师讨伐或御侮,将官有必胜之义务,如败军,无论是在隋文帝时,或在隋炀帝时,都要以死论处,如:

开皇三年……(上柱国李崇)除幽州总管。突厥犯塞,崇辄破之。……其后突厥大为寇掠,崇率步骑三千拒之,转战十余日,师人多死,遂保于砂城。突厥围之。……崇军苦饥,出则遇敌,死亡略尽,迟明奔还城者,尚且百许人。然多伤者重,不堪更战。突厥意欲降之,遣使谓崇曰:"若来降者,封为特勤。"崇知必不免,令其士卒曰:"崇丧师徒,罪当死,今日效命以谢国家。待看吾死,且可降贼,方便散走,努力还乡。若见至尊,道崇此意。"乃挺刃突贼,复杀二人。③

仁寿元年,突厥达头可汗犯塞,(代州总管韩)洪率蔚州刺史刘隆、大将军李药

---

① 《隋书》卷58《许善心传》,中华书局1982年版,第1427—1428页。
② 《隋书》卷62《梁毗传》,中华书局1982年版,第1480页。
③ 《隋书》卷37《李穆传》,中华书局1982年版,第1123页。

王拒之。遇虏于恒安，众寡不敌。洪四面搏战，身被重创，将士沮气。虏悉众围之，矢如雨下。洪伪与虏和，围少解。洪率所领溃围而出，死者大半，杀虏亦倍。洪及药王除名为民，隆竟坐死。①

大业九年，重征高丽，以（赵郡太守、白衣领将鱼）俱罗为碣石道军将……（大理师直梁）敬真希旨，奏俱罗师徒败衄，于是斩东都市，家口籍没。②

此外如《隋书·元文都传》载，"卢楚说文都曰：'王充……洛口之败，罪不容诛……'"也说明了当时有因败军而处死罪的规定。但在大业末年，隋炀帝迫于形势，曾诏令"死罪得以击贼自效"③，可算是迫不得已情势下的一种救急性法律规定。

（二）司法行政管理法制考

隋《开皇令》卷1至卷8、卷28（"狱官令"）等，都涉及司法管理。

第一，隋代的司法行政机构。隋代的司法机构，可分为中央与地方两级。

1. 中央。据《隋书·百官志》载："高祖既受命，改周之六官，其所制名，多依前代之法。置……都官……等省，御史……等台……大理……等寺……分司统职焉。"其中都官省管理司法行政，御史台检察非法行为，大理寺执掌案件审判。

（1）都官省。都官省受尚书省统辖，设都官尚书一人。都官尚书统都官侍郎二人，刑部、比部侍郎各一人，司法侍郎二人。

开皇三年（583）四月，隋文帝诏令尚书右仆射掌判都官尚书事，寻又改都官尚书为刑部尚书。隋炀帝即位后，又改刑部为宪部郎。《隋书》之"纪""传"统一称为刑部。先后担任刑部尚书职者有苏威、刘仁恩、李园通、蒋肯、宇文弢、梁毗、卫玄等人。

（2）御史台。御史台设御史大夫一人，治书侍御史二人，侍御史八人，殿内侍御史、监察御史各十二人，录事二人。《文献通考·职官考六》之"中丞"条云："隋以国讳，改中丞为大夫。"自周、隋以来，无仪卫之重，令行出道路，以私骑匹马以之而已。"侍御史"条云："隋置侍御史八人，自开皇之前，犹蹑后魏辙，自开皇之后，始自吏部选用，不由台主，仍依旧入直禁中。④ 大业中，始罢御史直宿台内，文簿皆治书主之，侍御史但侍从纠察而已，由是资位少减焉。""殿中侍御史"条云"隋开皇二年改检校御史为监察御史，凡十二人；炀帝增置十六员，掌出使检校"。至"隋大业三年（607），御史台始置主簿二

---

① 《隋书》卷52《韩洪传》，中华书局1982年版，第1342—1343页。
② 《隋书》卷64《鱼俱罗传》，中华书局1982年版，第1518页。
③ 《隋书》卷76《虞绰传》，中华书局1982年版，第1741页。
④ 《隋书》卷28《百官志下》："后魏延昌中，王显有宠于宣武，为御史中尉，请革选御史。此后踵其事，每一中尉，则更选御史。自开皇后，始自吏部选用，仍依旧入直禁中。"

人。隋兼置录事员二人"。

据《隋书·百官志》载：隋炀帝时又增置谒者台与司隶台，与御史台并称三台。谒者台设大夫一人，"掌……持节察授，乃受冤枉而申奏之"。司隶台置大夫一人，"掌诸巡察。别驾二人，分察畿内，一人案东都，一人案京师，刺史十四人，巡察畿外。诸郡从事四十人，付刺史巡察。其所掌六条：一察品官以上理政能不。二察官人贪残害政。三察豪强奸猾，侵害下人，及田宅逾制，官司不能禁止者。四察水旱虫灾，不以实言，枉征赋役，及无灾妄蠲免者。五察部内贼盗，不能穷逐，隐而不申者。六察德行孝悌，茂才异行，隐而不贡者。每年二月，乘轺巡郡县，十月入奏"。

(3) 大理寺。开皇初，议置六卿，将除大理。卢思道奏曰："省有驾部，寺留太仆，省有刑部，寺除大理，斯则重畜产而贱刑名，诚为未可。""又陈殿庭非杖罚之所，朝臣犯笞罪，请以赎论，上悉纳之。"①

大理寺置卿、少卿各一人，丞二人，主簿、录事各二人。大理寺，不统署。又有大理正、监、评各一人，司直十人，律博士八人，明法二十人，狱掾八人。

开皇三年 (583) 四月，罢大理寺监、评及律博士员，加置大理寺正为四人。隋炀帝时，又改大理寺丞为勾检官，增正员为六人，分判狱事；置大理寺司直十六人，后又加至二十人；又置大理寺评事四十八人，掌同司直。

2. 地方。隋代地方司法管辖区域，从上至下为"大总管""州""郡""县""乡"。

(1) 大总管。《文献通考》卷61《职官考》15："隋文帝以并、益、荆、扬四州置大总管，其余总管置于诸州，列为上中下三等。加持使节。炀帝悉罢之。"

(2) 州。《唐六典》卷30注："隋初上州有刺史……录事参军……户曹等参军事，法曹……等行参军。……州郡皆为九等。三年罢郡，以州统县。……十四年改九等州县为四等。……炀帝三年罢州置郡，置太守。"

(3) 郡。隋初有郡一级行政、司法单位。《文献通考》卷63《职官考》17："隋郡太守如北齐九等之制。"开皇三年 (583)，度支尚书杨尚希见天下州郡过多，上表曰："自秦并天下，罢侯置守，汉、魏及晋，邦邑屡改。窃见当今郡县，倍多于古，或地无百里，数县并置，或户不满千，二郡分领。具僚以众，资费日多，吏卒人倍，租调岁减。清干良才，百分无一，动须数万，如何可觅？所谓民少官多，十羊九牧。琴有更张之义，瑟无胶柱之理。今存要去闲，并小为大，国家则不亏粟帛，选举则易得贤才，敢陈管见，伏听裁处。"隋文帝"览而嘉之，于是遂罢天下诸郡。"② 大业三年 (607)，隋炀帝又"罢州置郡，郡置太守"，郡分上、中、下三等。③

---

① 《隋书》卷57《卢思道传》，中华书局1982年版，第1403页。
② 《隋书》卷46《杨尚希传》，中华书局1982年版，第1253页。
③ 《隋书》卷28《百官志下》，中华书局1982年版，第802页。

(4) 县。杜佑《通典》："隋刺史、县令，三年一迁。开皇十四年改九等州县为上中下凡三等。"《隋书·百官志》："上上县令……属官佐史五十四人；上中县减上上县五人；上下县减上中县五人；中上县减上下县六人。……"《文献通考》卷63《职官考》17："隋县有令有长。炀帝以大兴、长安、河南、洛阳四县令并增正五品；诸县皆以所管闲剧及冲要之处以为等级。"

(5) 乡。据《隋书·李德林传》载：开皇初，"（苏）威又奏置五百家乡正，即令理民间辞讼。（李）德林以为本废乡官判事，为其里闾亲戚，剖断不平，今令乡正专治五百家，恐为害更甚。且今时吏部，总选人物，天下不过数百县，于六七百万户内，诠简数百县令，犹不能称其才，乃欲于一乡之内，选一人能治五百家者，必恐难得。又即时要荒小县，有不至五百家者，复不可令两县共管一乡。敕令内外郡官，就东宫会议。自皇太子以下，多从德林议。苏威又言废郡，德林语之云：'修令时，公何不论废郡为。今令才出，其可改乎？'然高颎同威之议，称德林狠戾，多所固执。由是高祖尽依威议。"开皇十年（590），虞庆则等于关东诸道巡省返还，奏称："五百家乡正，专理辞讼，不便于民，党与爱憎，公行货贿。"据此，隋文帝下令废五百家乡正。李德林复奏曰："此事臣本以为不可。然置来始尔，复即停废，政令不一，朝成暮毁，深非帝王设法之义。臣望陛下若于律令辄欲改张，即以军法从事。不然者，纷纭不已。"但隋文帝非但不接受这一意见，反而大骂李德林把他比作王莽，不久就将李德林贬官怀州。

第二，司法官员行为的法律管理。为保证司法官员认真司法，不徇私枉法，隋代在一定程度上重视了对司法官员行为的法律管理。这表现在以下几个方面：

1. 及时更换司法官吏，使之不能因"久居其职"而"肆情为奸"：

（开皇十六年）上又以典吏久居其职，肆情为奸。诸州县佐史，三年一代，经任者不得重居之。[①]

2. 加强纠举包括司法官员在内的一切不当行为：

（开皇）三年四月，诏尚书左仆射，掌判吏部、礼部、兵部三尚书事，御史纠不当者，兼纠弹之。[②]

3. 严厉惩处"知非不举"的行为。

开皇十年（590）曾发生随从隋文帝"出苑观射"的"开府肖摩诃妻患病且死，奏请遣子

[①]《隋书》卷25《刑法志》，中华书局1982年版，第714页。
[②]《隋书》卷28《百官志下》，中华书局1982年版，第792页。

向江南收其家产",而"御史见而不言"一事。当时,尚书左丞元寿即上书奏劾肖摩诃曰:

> 御史之官,义存纠察,直绳莫举,宪典谁寄?……摩诃远念资财,近忘匹好,又命其子舍危惙之母,为聚敛之行。一言才发,名教顿尽。而兼殿内侍御史臣韩微之等亲所闻见,竟不弹纠。若知非不举,事涉阿纵;如不以为非,岂关理识?谨按仪同三司、太子左庶子、检校治书侍御史臣刘行本出入宫省,备蒙任迁,摄职宪台,时月稍久,庶能整肃缨冕,澄清风教。而在法司亏失宪体,瓶罄罍耻,何所逃愆!……其行本、微之等,请付大理。

元寿的奏劾,为"上嘉纳之"①。隋炀帝大业四年(608),杨广还亲自处理过御史大夫张衡"以宪司不能举正"的事件。②

4. 放纵罪犯而不付法司,为犯罪行为。

《隋书·元褒传》记有这样一节:

> (开皇二年,原州总管元褒任内)……有商人为贼所劫。其人疑同宿者而执之。
> 褒察其色冤而辞正,遂舍之。商人诣阙讼褒受金纵贼。上遣使穷治之。使者簿责褒曰:"何故利金而舍盗也?"褒便即引咎,初无异词。使者与褒俱诣京师,遂坐免官。其盗寻发于他所,上谓褒曰:"公朝廷旧人,位望隆重。受金纵盗非善事,何至自诬也?"对曰:"臣受委一州,不能息盗贼,臣之罪一也。州民为人所谤,不付法司,旋即放免,臣之罪二也。……"上叹异之,称为长者。

这里,虽然"不付法司……臣之罪二也"云云是元褒之言,但可推定,若真有其事,是确可定罪的。

第三,户籍及治安管理法制考。这些方面所可考者,仅以下几端。

其一,关于户口之组织的规定。《隋书·食货志》载:

> (开皇初年)及颁新令,制人五家为保,保有长。保五为闾,闾四为族,皆有正。畿外置里正,比闾正、党长比族长,以相检察焉。

这一关于户口组织的规定不可谓不严密,但事涉国家财政收入、人民生计及租庸调役,其时户口脱漏仍多,所以又有:

---

① 《隋书》卷63《元寿传》,中华书局1982年版,第1497—1498页。
② 《隋书》卷56《张衡传》,中华书局1982年版,第1392页。

其二，户口查验及管理者法律责任的规定。见诸《隋书·食货志》者，有以下几则：

（开皇中）是时山东尚承齐俗，机巧奸伪，避役惰游者十六七。四方疲人，或诈老诈小，规免租赋。高祖令州县大索貌阅，户口不实者，正长远配，而又开相纠之科。大功已下，兼令析籍，各为户头，以防容隐。于是计账进四十四万三千丁，新附一百六十四万一千五百口。

高颎又以人间课输，虽有定分，年常征纳，除注恒多，长吏肆情，文帐出没，复无定簿，难以推校，乃为输籍定样，请遍下诸州。每年正月五日，县令巡人，各随近便，五党三党，共为一团，依样定户上下。帝从之。自是奸无所容矣。

此外，《隋书·裴蕴传》还记载了隋炀帝时"貌阅"户口等情：

于时犹承高祖和平之后，禁纲疏阔，户口多漏。或年及成丁，犹诈为小，未至于老，已免租赋。（民部侍郎裴）蕴历为刺史，素知其情，因是条奏，皆令貌阅。若一人不实，则官司解职，乡正里长皆远流配。又许民相告，若纠得一丁者，令被纠之家代输赋役。是岁大业五年也，诸郡计账进丁二十四万三千，新附口六十四万一千五百。

其三，关于丁年的规定：

（开皇初）及颁新令……男女三岁已下为黄，十岁以下为小，十七已下为中，十八已上为丁。丁从课役，六十为老，乃免。①

开皇三年正月，帝入新宫。初令军人以二十一成丁。减十二番每岁为二十日役，减调绢一匹为二丈。②

炀帝即位，是时户口益多，府库盈溢，乃除妇人及奴婢部曲之课。男子以二十二成丁。③

其四，关于旅客身份验证的规定。

---

① 《隋书》卷24《食货志》，中华书局1982年版，第680页。
② 同上书，第681页。
③ 同上书，第686页。

《隋书·高祖纪》载，开皇十八年（598）"九月……庚寅，敕舍客无公验者，坐及刺史、县令"。这一敕令包括了两方面的法律内容：一为舍客必须公验；二为查出无公验之舍客，问罪直至刺史、县令。

其五，关于治安管理的其他规定。这些规定可考者主要涉及两个方面：

第一个方面是严禁民间杂乐百戏。

开皇元年（581）"四月……戊戌……禁杂乐百戏"①。隋文帝的这一禁令，是因治书侍御史柳彧的奏请而决定发布的，《隋书·柳彧传》载：

> 或见近代以来，都邑百姓每至正月十五日，作角抵之戏，递相夸竞，至于糜费财力，上奏请禁绝之，曰："臣闻昔者明王训民治国，率履法度，动由礼典。非法不服，非道不行，道路不同，男女有别，防其邪僻，纳诸轨度。窃见京邑，爰及外州，每以正月望夜，充街塞陌，聚戏朋游。鸣鼓聒天，燎炬照地，人戴兽面，男为女服，倡优杂技，诡状异形。以秽嫚为欢娱，用鄙亵为笑乐，内外共观，曾不相避。高棚跨路，广幕陵云，袨服靓妆，车马填噎。肴醑肆陈，丝竹繁会，竭赀破产，竞此一时。尽室并孥，无问贵贱，男女混杂，缁素不分。秽行因此而生，盗贼由斯而起。浸以成俗，实有由来，因循敝风，曾无先觉。非益于化，实损于民，请颁行天下，并即禁断。……敢有犯者，请以故违敕论。"诏可其奏。

但是，尽管有柳彧的声罪致讨，又有隋文帝的明令禁止，民间的"杂乐百戏"却难于禁绝。甚至出现相州刺史长孙平治下，"会正月十五日，百姓大戏，画衣裳为鳖甲之象"，这招致隋文帝罢了长孙平的官。事见《隋书·长孙平传》。因此又有隐逸之士李士谦的如下议论：

> 博弈淫游，盗之萌也，禁而不止，黥之则可。

不过李的议论得到"有识者颇以为得治体"的评论，看来，当时并不能禁绝"杂乐百戏"，以致隋炀帝时，这不但流行，而且得到官方的认可；不但得到认可，而且成为官方招待"四夷"宾客的节目；不但如此，隋炀帝有时还化装潜往百戏场所欣赏优游：

> （大业三年）秋七月……甲寅，上于郡城东御大帐，其下备仪卫，建旌旗，宴启民及其部落三千五百人，奏百戏之乐。②

---

① 《隋书》卷1《高祖纪上》，中华书局1982年版，第15页。
② 《隋书》卷3《炀帝纪上》，中华书局1982年版，第70页。

（大业六年）春正月……丁丑，角抵大戏于端门街，天下奇伎异艺毕集，终月而罢。帝数微服往观之。①

第二个方面乃是严禁民间使用可为兵用之铁器以及战用之大船：

（开皇三年）春正月庚子……禁大刀长稍。②

（开皇九年）夏四月……壬戌，诏曰："往以吴越之野，群黎涂炭，干戈方用，积习未宁。今率土大同，含生遂性，太平之法，方可流行。……禁卫九重之余，镇守四方之外，戎旅军器，皆宜停罢。代路既夷，群方无事，武力之子，俱可学文，人间甲仗，悉皆除毁。"③

（开皇十五年）二月丙辰，收天下兵器，敢有私造者，坐之。关中缘边，不在其例。④

（开皇）十八年春正月辛丑，诏曰："吴、越之人，往承敝俗，所在之处，私造大船，因相聚结，致有侵害。其江南诸州，人间有船长三丈已上，悉括入官。⑤

（大业）五年春正月……已丑，制民间铁叉、搭钩、攒刃之类，皆禁绝之。⑥

---

① 《隋书》卷3《炀帝纪上》，中华书局1982年版，第74页。
② 《隋书》卷1《高祖纪上》，中华书局1982年版，第18页。
③ 《隋书》卷2《高祖纪下》，中华书局1982年版，第32—33页。
④ 同上书，第39页。
⑤ 同上书，第43页。
⑥ 《隋书》卷3《炀帝纪上》，中华书局1982年版，第72页。

第四章 刑事法制考
——隋律规定的犯罪种类

关于隋代的刑事法制，我们从隋律规定的犯罪种类和隋律规定的刑罚方法两个方面分别考证。本章考证犯罪种类，这是隋律的主要内容。《隋书》有《刑法志》的专章，对此做了重点记述。

列宁在《论国家》中指出，"地主为了确立自己的统治，为了保持自己的权力，需要有一种机构来使大多数人受他们支配，服从他们的一定的法规，这些法规基本上是为了一个目的——维持地主统治农奴制农民的权力"。隋律所规定的犯罪种类，归根结底，都是为了"维持地主统治农民的权力"。但是"法……还必须是不因内在矛盾而自己推翻自己的内部和谐一致的表现"①。因此，隋律内容的很大一部分，是针对统治阶级营垒中的成员的。所有这两方面的法律内容，又都是当时"社会的政治和经济的反映"②，是"各社会阶级的斗争或多或少明显的表现"③。隋律所宣布为犯罪行为，并予以残酷惩罚的，都离不开隋代封建地主阶级的政治需要和经济利益。以下我们根据辑佚所得，将隋律规定的犯罪种类，考证归纳如下。

一、侵犯皇权

"在封建国家中，皇帝有至高无上的权力"④，其地位是神圣不可侵犯的，因此，侵犯皇权，包括行政权、立法权、司法权、军权，以及身体、尊严等，都被认为是极端的犯罪

---

① 《马克思恩格斯选集》第4卷，人民出版社1972年版，第483页。
② 毛泽东：《新民主主义论》，《毛泽东选集》第2卷，人民出版社1966年版，第656页。
③ [德]马克思：《路易·波拿巴的雾月十八日》序，《马克思恩格斯选集》第1卷，人民出版社1972年版，第602页。
④ 毛泽东：《中国革命和中国共产党》，《毛泽东选集》第2卷，人民出版社1966年版，第618页。

行为。皇帝的一切权益，包括现实的和虚幻的，都受到封建法律的严格保护。《公羊传》云："君亲无将，将而必诛。谓将有逆心而害于君父者，则必诛之。"①侵犯皇权，要受到最为严酷的惩罚。侵犯皇权之罪包括五方面。

（一）谋反

隋律在中国法律史上第一次确定了"十恶之刑"。《隋书·刑法志》载："又置十恶之条，多采后齐之制，而颇有损益。一曰谋反，二曰谋大逆，三曰谋叛，四曰恶逆，五曰不道，六曰大不敬，七曰不孝，八曰不睦，九曰不义，十曰内乱。犯十恶及故杀人狱成者，虽会赦，犹除名。""十恶"之罪，隋炀帝时曾予取消。《刑法志》载："炀帝即位，以高祖禁网深刻，又敕修律令，除十恶之条。"但是，"谋反"之类的"罪"，实际上绝不会废除。"十恶"的第一条便是"谋反"。据《唐律疏议》云："王者居宸极之至尊，奉上天之宝命，同二仪之覆载，作兆庶之父母。为子为臣，惟忠惟孝。乃敢包藏凶慝，将起逆心，规反天常，悖人理，故曰谋反。""谋反"构成了对皇帝全部权力和安全的最大威胁，因此被列为"十恶"之首条。凡犯"谋反"罪的，一律要处以死刑。开皇二年（582），隋文帝杨坚为"密表劝进"立了大功的李穆下诏说："礼制凡品，不拘上智，法备小人，不防君子。……自今以后，虽有愆罪，但非谋逆，纵有百死，终不推问。"②这是一纸证书，保证李穆即使犯了罪，"纵有百死，终不推问"，但有一个例外，即诏书所说的"但非谋逆"，谋反谋大逆是除外的。这就是说，即使像李穆这样"贵盛，当时无比"的人，犯了谋反罪也是要处死的。

"谋反"罪，不仅包括直接谋害皇帝，而且包括"攻州略县"的一切造反行为，所以唐律"谋反"条下注有"谋危社稷"以明其意。《疏议》曰："社为五土之神，稷为田正也，所以神地道，主司啬。君为神主，食乃人天，主泰即神安，神宁即时稔，臣下将图逆节，而有无君之心，君位若危，神将安恃。不敢指斥尊号，故托云'社稷'。《周礼》云：'左祖右社'，人君所尊也。"这一解释，把"人君"与"社稷"国家政权紧密联系起来，因此，造反行为虽起初根本不可能直接危及皇帝，但危及政权，即被认为是"谋反"皇帝，这样就把人民群众的反政权甚至反贪官污吏的斗争一律纳入"谋反"罪而作为"十恶"首罪严加惩处。更何况，对于人民群众中的"谋反"行为，往往根本不经审讯，一律加以大规模地进剿屠戮。如《隋书》所载，开皇十年（590）十一月"婺州人汪文进、会稽人高智慧、苏州人沈玄憎皆举兵反，自称天子，署置百官"；"安乐蔡道人、蒋山李棱、饶州吴代华、永嘉沈孝澈、泉州王国庆、余杭杨宝英、交趾李春皆自称大都督，攻陷州县"；开皇十七

---

① 《唐律疏议》卷1《名例律》。
② 《隋书》卷37《李穆传》，中华书局1982年版，第1118页。

年(597)秋,"桂州人李代贤反";仁寿二年(602)"交州人李佛子举兵反"①。隋文帝都派大将率兵镇压,屠杀了大批起义群众。隋炀帝杨广时,农民起义风起云涌。对农民的这种"谋反"行为,隋炀帝更据"十恶"的首条大罪进行野蛮的镇压,"流血成川泽,死人如乱麻"②。

对于统治集团中的个别分子的"谋反",也严加防范和镇压。其中,有的是已有"反形",即将付诸实施的"谋反"活动,有的则纯属捕风捉影或诬告构陷,但都要处以极刑。例如,周宣帝死时,与郑译密谋从而辅佐杨坚夺袭帝位的勋臣刘昉,位居柱国、舒国公,他"与宇文忻、梁士彦相与谋反,许推士彦为帝。后事泄,下诏诛之"③。郢国公王谊,与上柱国元谐"颇失意","乃说四天五神道,谊应受命,书有谊谶,天有谊星,桃鹿二川,歧州之下,岁在辰巳,兴帝王之业……自言相表当王不疑",二人都被告以谋反罪,王谊"赐死于家"④,元谐"与从父弟上开府(元)滂、临泽侯田鸾、上仪同祁绪等谋反。……上大怒,谐、滂、鸾、绪并伏诛"⑤。杨坚之子、汉王杨谅,开皇十七年(597)出任并州总管时,隋文帝曾"特许以便宜,不拘律令",但"谅自以所居天下精兵处,以太子谗废,居常怏怏,阴有异图。……会高祖崩,徵之不赴,遂发兵反"。后为杨素击败而投降,"百僚奏谅罪当死"⑥。侵犯到皇帝,即使皇帝的兄弟,也是"罪当死"的。以上是"反形"已具的例子。

又如,上柱国王世积,"见上性忌刻,功臣多获罪,由是纵酒,不与执政言及时事",但这样"闭门避祸",还是横祸飞降,被他的一个亲信诬告"谋反",说某某道人曾为他相面,说他"当为国主","夫人当为皇后";一次有人对王世积说"河西天下精兵处,可以图大事也",王答曰"涼州土旷人稀,非用武之国",如此等等。于是王世积"被征入朝,按其事",最后以"谋反罪"而"坐诛"⑦。上柱国、鲁国公虞庆则,在出征岭南镇压李贤起义时,下属、妇弟赵什柱与虞爱妾通奸。赵什柱"恐事彰",就诬告虞庆则"谋反",说他在潭州观眺山川形势时说过"此诚崄固,加以足粮。若守得其人,攻不可拔"。于是虞庆则也被以"谋反罪"诛杀。⑧又如《隋书·元胄传》载:"炀帝即位……时慈州刺史上官政坐事徙岭南,将军丘和亦以罪废。胄与和有旧,因数从之游,胄尝酒酣谓和曰:'上官政壮士也,今徙岭南,得无大事乎?'因自拊腹曰:'若是公者,不徒然矣。'和明日奏之,胄

---

① 《隋书》卷2《高祖纪下》,中华书局1982年版,第48页。
② 《隋书》卷4《炀帝纪下》,中华书局1982年版,第96页。
③ 《隋书》卷38《刘昉传》,中华书局1982年版,第1132—1133页。
④ 《隋书》卷40《王谊传》,中华书局1982年版,第1170页。
⑤ 同上书,第1171页。
⑥ 《隋书》卷45《文四子传》,中华书局1982年版,第1246页。
⑦ 《隋书》卷40《王世积传》,中华书局1982年版,第1173页。
⑧ 《隋书》卷40《虞庆则传》,中华书局1982年版,第1175页。

竟坐死。"这些是捕风捉影、诬告构陷的例子。

这两类例子从不同的侧面说明，隋律对于"谋反"之类的侵犯皇权的犯罪，防范极为苛细严密，镇压极其残酷无情。《隋书·刑法志》引律说："大逆谋反叛者，父子兄弟皆斩，家口没官。"这是律文明确规定了的。至于实际执行，往往更为残酷，例如，"杨玄感反，帝诛之，罪及九族。其尤重者，行轘裂枭首之刑。或磔而射之，命公卿已下，脔啖其肉"①。

(二) 危害皇帝人身安全

皇帝的人身安全，为隋律所严加保护。为了保护皇帝的人身安全，皇宫的守卫不得擅离职守，皇帝行车必经之处必须保证绝对安全，皇帝的膳食、药物不得丝毫有误，否则就将被认为是犯了"十恶"中之"大不敬"罪。《唐律疏议》对"大不敬"条解释是"谓盗大祀神御之物，乘舆服御物；盗及伪造御宝；合和御药误不如本方，及封题误；若造御膳，误犯食禁；御幸舟船，误不牢固；指斥乘舆，情理切害，及对捍制使无人臣之礼。"《隋书》有关危害皇帝人身安全，因而受法律制裁的事实，有如下记载：隋炀帝"敕宫外卫士不得辄离所守。有一主帅，私令卫士外出，帝付大理绳之。师（源师，任大理少卿）据律奏徒，帝令斩之……"②，"大业元年……左卫大将军宇文述每旦借本卫兵数十人以供私役，常半日而罢……善心（许善心，任礼部侍郎）以为述于仗卫之所抽兵役，虽不满日，阙于宿卫，与常役所卫，情状乃殊"③，奏请治宇文述罪。大业五年（609），隋炀帝出征，"御马度而桥坏，斩朝散大夫黄亘及督役者九人"④。此外，皇帝的言语也得保密，否则也被认为是危及皇帝安全的严重罪行。《隋书》有关于尚书左丞元寿之子元敏"数漏泄省中语"⑤的记载。

(三) 私议、诅咒皇帝

不仅皇帝的人身安全不得侵犯，而且他的至高无上的威权必须得到绝对的保证，因此私议或诅咒皇帝均被法律所禁止，如有违犯，严惩不贷。

因私议获罪的，如贺若弼，位至将军，早在开皇年间，就差一点因"怨言"而被处死："弼自谓功名出朝臣之右，每以宰相自许，既而杨素为右仆射，弼为将军，甚不平，形于言色，由是免官，弼怨言愈甚。后数年，下弼狱……公卿奏弼怨言，罪当死"，后因"上惜其功"而幸免。但是，"大业三年，从驾北巡，至榆林。帝（隋炀帝）时为大帐，其下可坐数千人，召突厥启民可汗飨之。弼以为大侈，与高颎、宇文䜣等私议得失，为人

---

① 《隋书》卷25《刑法志》，中华书局1982年版，第717页。
② 《隋书》卷66《源师传》，中华书局1982年版，第1553页。
③ 《隋书》卷58《许善心传》，中华书局1982年版，第1428页。
④ 《隋书》卷4《炀帝纪下》，中华书局1982年版，第73页。
⑤ 《隋书》卷63《元寿传》，中华书局1982年版，第1498页。

所奏，竟坐诛。"① 又如宇文㢸官至刑部尚书，后转礼部尚书，"时帝渐好声色，尤勤远略，㢸谓高颎曰：'昔周天元好声色而国亡，以今方之，不亦甚乎？'又言'长城之役，幸非急务'。有人奏之，竟坐诛死，时年六十二，天下冤之。"② 此外，口出怨言，也被认为是犯罪行为，可参见《隋书》之《卢贲传》与《张衡传》。

因诅咒而获罪的，如元谐、元谤。元谐为大将军、乐安郡公，与上开府元谤"同谒上，谐私谓谤曰：'我是主人，殿上者贼也。'因令谤望气，谤曰：'彼云者似蹲狗走鹿，不如我辈有福德云。'"事发，二人均被诛杀。③ 又如滕穆王之子杨纶、卫昭王杨爽之子杨集，也是被告发咒诅皇帝而处"远徙边郡"的。据《隋书·滕穆王杨瓉传》载："炀帝时，诸侯王恩礼渐薄，猜防日甚。"杨集"忧惧不知所为，乃呼术者俞普明、章醮以祈福助。有人告集咒诅，宪司希旨，锻成其狱，奏集恶逆，坐当死。天子下公卿议其事，杨素等曰：'集密怀左道，厌蛊君亲，公然咒诅，无惭幽显。情灭人理，事悖先朝，是君父之罪人，非臣子之所教，请论如律。'"又如柱国、城阳郡公李彻与高颎"相善，因被悚忌，不复任使。后出怨言，上闻而召之，入卧内赐宴，言及平生，因迕鸩而卒"，被鸩杀而死了。其妻宇文氏，则是被其子李安远诬告以"咒诅"皇帝的罪名诛杀而死的："大业中，其妻宇文氏为孽子安远诬以咒诅，伏诛。"④

类似于咒诅而又被看得比咒诅更为严重的是所谓"厌蛊罪"，也称"左道"，或"畜猫鬼蛊毒"等。

考诸《隋书·地理志》关于宜春、新安、永嘉等郡畜蛊之事，可知"蛊毒""左道"之大概：

> 新安、永嘉、建安、遂安……数郡，往往畜蛊，而宜春偏甚。其法以五月五日聚百种虫，大者至蛇，小者至虱，合置器中，令其自啖，余一种存者留之，蛇则曰蛇蛊，虱则曰虱蛊，行以杀人。因食入人腹中，食其五藏，死者其产移入置主之家，三年不杀他人，则畜者自踵其弊。累世子孙相传不绝，亦有随女子嫁焉。干宝谓之为鬼，其实非也。

隋文帝时，曾以诏令规定严禁行蛊。《唐律》中有专条对此做规定。律文是："诸造畜蛊毒（谓造合成蛊，堪以害人者）及教令者，绞；造畜者同居家口虽不知情，若里（坊正、村正亦同）知而不纠者，皆流三千里。……"《疏议》曰："虫有多种，罕能究悉，事关左

---

① 《隋书》卷52《贺若弼传》，中华书局1982年版，第1346页。
② 《隋书》卷56《宇文㢸传》，中华书局1982年版，第1391页。
③ 《隋书》卷40《元谐传》，中华书局1982年版，第1171页。
④ 《隋书》卷54《李彻传》，中华书局1982年版，第1368页。

道，不可备知。或集合诸蛊，置于一器之内，久而相食，诸虫皆尽，若蛇在，即为'蛇蛊'之类。造谓自造，畜谓传畜，可以毒害于人，故注云'谓造合成蛊，堪以害人者'。若自造，若传畜猫鬼之类，及教令人，并合绞罪。若同谋而造，律不言'皆'，即有首从。其所造及畜者同居家口，不限籍之同异，虽不知情，若里正、坊正、村正知而不纠者，皆流三千里。"由此可大致了解所谓"造畜蛊毒"罪及唐代的处刑办法。这些规定很可能是唐律新加的，如果隋律中已有此类规定，隋文帝就不必另以诏令规定严禁行蛊了。《隋书·高祖纪》载："开皇十八年夏五月辛亥诏畜猫鬼蛊毒厌魅野道之家，投于四裔。"当然，如果对皇帝及皇后等行厌蛊之事，更被视为严重犯罪。例如助杨坚夺袭帝位建立隋朝、位至上柱国、特旨"恕以十死"的郑译，因"阴呼道士章醮以祈福助""其婢奏译厌蛊左道"而"为宪司所劾"①。又如刑部侍郎辛亶，"尝衣绯裈，俗云利于官"，但"上以为厌蛊，将斩之"②。齐王杨暕也曾被告发"阴挟左道，为厌胜之事"③。文献独孤皇后的异母弟弟独孤陀为上大将军、延州刺史，"以猫鬼巫蛊咒诅于后，坐当死"④。这件案子，《隋书·独孤陀传》做了详细记载。为了使今人对隋代法律处置的这类案件有所了解，特录如下：

（独孤陀）好左道。其妻母先事猫鬼，因转入其家。上微闻而不之信也，会献皇后及杨素妻郑氏俱有疾，召医者视之。皆曰：'此猫鬼疾也。'上以陀后之异母弟，陀妻杨素之异母妹，由是意陀所为，阴令其兄以情喻之。上又避左右讽陀，陀言无有。上不悦，左转迁州刺史。出怨言，上令左仆射高颎、纳言苏威、大理正皇甫孝绪、大理丞杨远等杂治之。

陀婢徐阿尼言，本从陀母家来，常事猫鬼。每以子日夜祀之。言子者鼠也。其猫鬼每杀人者，所死家财物潜移于畜猫鬼家。陀尝从家中索酒，其妻曰："无钱可酤。"陀因谓阿尼曰："可令猫鬼向越公（杨素）家，使我足钱也。"阿尼便咒之归。数日，猫鬼向素家。十一年，上初从并州还，陀于园中谓阿尼曰："可令猫鬼向皇后所，使多赐吾物。"阿尼复咒之，遂入宫中。杨远乃于门下外省遣阿尼呼猫鬼。阿尼于是夜中置香粥一盒，以匙扣而呼之曰："猫女可来，无住宫中。"久之，阿尼色正青，若被牵曳者，云猫鬼已至。上以其事下公卿，奇章公牛弘曰："妖由人兴，杀其人可以绝矣。"上令以㩉车载陀夫妻，将赐死于其家。陀弟司勋侍中（独孤）整诣阙求哀，于是免陀死，除名为民，以其妻杨氏为尼。先是，有人讼其母为人猫鬼所杀者，上以为妖妄，怒而遣之。及此，诏诛被讼行猫鬼家。陀未几而卒。

---

① 《隋书》卷38《郑译传》，中华书局1982年版，第1137页。
② 《隋书》卷62《赵绰传》，中华书局1982年版，第1485页。
③ 《隋书》卷59《齐王杨暕传》，中华书局1982年版，第1443页。
④ 《隋书》卷36《后妃传》，中华书局1982年版，第1108—1109页。

(四) 对皇帝不忠、不敬

皇帝的尊严受法律的特别保护,对皇帝不忠、不敬,要受到严厉的惩罚。皇帝的尊严涉及面极广,这里就史书记载所及,将隋代因对皇帝不忠、不敬而受惩处的案例,归纳为以下几个方面:

1. 抗拒君命。皇帝的命令具有至高无上的法律效力,对于皇帝正式颁行的诏命、敕令或口头命令,都必须绝对服从,如有违反的表示,便被认为是抗拒君命。据《隋书·来护儿传》载,大业十年(614)荣国公、右翊卫大将军来护儿渡海攻高丽,在获胜之际,隋炀帝派人持节诏令来护儿班师。来护儿不肯奉诏,认为"俄顷之间,动失机会,劳而无功",宁可"还而获谴"而不能"舍此成功"。这时长史崔君肃告众将说:"若从元帅,违拒诏书,当闻奏,皆获罪也。"于是"诸将惧,尽劝还,方始奉诏"。由此可见,"将在外,君命有所不受"的成规,已被隋律所抛弃。又如《赵绰传》载,隋文帝要以厌蛊罪处死刑部侍郎辛亶,赵绰进谏曰:"据法不当死,臣不敢奉诏。"于是隋文帝就命令左仆射高颎斩处赵绰,后因考虑到种种利害关系才没有付诸实施。

抗拒君命有时表现为"忤上"即拂逆皇帝的意志。因此而被处死的典型例子,可推为有隋一统江山立下了汗马功劳的行军总管史万岁之死,事见《隋书·史万岁传》:

> 开皇末,突厥达头可汗犯塞……(史)万岁驰追百余里乃及,击大破之,斩数千级,逐北入碛数百里,虏遁逃而还。……时(史万岁)所将士卒在朝称冤者数百人,万岁谓之曰:"吾今日为汝极言于上,事当决矣。"既见上,言将士有功,为朝廷所抑,词气愤厉,忤于上。上大怒,令左右摞杀之。既而悔,追之不及,因下诏罪万岁曰:"柱国、太平国万岁,技擢委任,每总戎机。……突厥达头可汗领其凶众,欲相拒抗,既见军威,便即奔退,兵不血刃,贼徒瓦解。如此称捷,国家盛事,朕欲成其勋庸,复加褒赏。而万岁、定和通簿之日,乃怀奸诈,妄称逆面交兵,不以实陈,怀反覆之方,弄国家之法。若竭诚立节,心无虚罔者,乃为良将,至如万岁,怀诈要功,便是国贼,朝宪难亏,不可再舍。"死之日,天下士庶闻者,识与不识,莫不冤惜。

不仅事关国家的皇帝命令不得违抗,而且一般命令,甚至皇帝想干的任何事情,都不能有所违抗,即使有不满的表示或劝谏皇帝停止进行,都可能招来杀身大祸。隋文帝不喜词华,曾下令奏章不得以艳丽词语粉饰,因此,有一官吏因"文表华艳",被付所司治罪。又如,隋炀帝期间,"将大猎,景(李景,任右武卫大将军)与左武卫大将军郭衍俱有难言,为人所奏。帝大怒,令左右摞(bó)之,竟以坐免"[①]。大业十二年(616)秋七

[①] 《隋书》卷60《李景传》,中华书局1982年版,第1531页。

月,"奉信郎崔民象以盗贼充斥,于建国门上表,谏不宜巡幸。上大怒,先解其颐,乃斩之"。"车驾次汜水,奉信郎王爱仁以盗贼日盛,谏上请还西京。上怒,斩之而行。"①

2. 欺骗君主。不管事实真相如何,凡属被认为欺骗皇帝的,都要论罪。例如,在"北却匈奴,南平夷獠"中立了大功的史万岁,为杨素进谗言处死,隋文帝"因下诏罪万岁曰:……而万岁……乃怀奸诈,妄称逆面交兵,不以实陈,怀反覆之方,弄国家之法"②。又如,隋文帝时,"牛弘奏请购求天下遗逸之书,炫(刘炫)遂造伪书百余卷,题为《连山易》《鲁史记》等,录上送官,取赏而去。后有人讼之,经赦免死,坐除名"③。又如,隋炀帝"问威(苏威)以讨辽之策,威不愿帝复行,且欲令帝知天下多贼,乃诡答曰:'今者之役,不愿发兵,但诏赦群盗,自可得数十万。'"蕴(裴蕴,御史大夫)奏曰:"此大不逊,天下何处有许多贼!"遂父子及孙三世并除名。④

3. 对皇帝不忠。对皇帝必须忠心耿耿,不得怀有"贰心",否则就将受到严厉惩罚。《隋书·薛胄传》载:

(刑部尚书薛胄)检校相州事,甚有能名。会汉王谅作乱并州,遣伪将綦良东略地,攻逼慈州。刺史上官政请援于胄,胄畏谅兵锋,不敢拒。良又引兵攻胄,胄欲以计却之,遣亲人鲁世范说良曰:"天下事未可知,胄为人臣,去就须得其所,何遽相攻也?"良于是释去,进图黎阳。及良为史祥所攻,弃军归胄。朝廷以胄怀贰心,锁诣大理。……坐除名,配防岭南……

又《隋书·柳传》载:

(治书侍御史柳)彧……值汉王谅作乱,遣使驰召彧,将与计事。彧为使所逼,初不知谅反,将入城而谅反形已露。彧度不得免,遂诈中恶不食,自称危笃。谅怒,囚之。及谅败,杨素奏彧心怀祸端,以候事变,迹虽不反,心实同逆,坐徙敦煌。

对皇帝的"忠",表现在保卫皇帝的安全上,因此在这一方面法律也规定得相当具体、严厉。按《隋书·源师传》载:"帝在显仁宫,敕宫外卫士,不得辄离所守。有一主帅,私令卫士出外,帝付大理绳之,师据律奏徒。"即私令卫士出外而被认为对皇帝不忠,因而被判徒刑,而这徒刑是法律规定了的。不仅如此,甚至任何人的服饰、冠冕、膳食等都不

---

① 《隋书》卷4《炀帝纪下》,中华书局1982年版,第90—91页。
② 《隋书》卷53《史万岁传》,中华书局1982年版,第1256页。
③ 《隋书》卷75《刘炫传》,中华书局1982年版,第1702页。
④ 《隋书》卷67《裴蕴传》,中华书局1982年版,第1576页。

得拟同皇帝;对皇帝只能歌功颂德,而如果赞美前代皇帝也被认为是对当今皇帝的贬损不忠。一切对皇帝有不够忠诚的表现,都被认为是严重的犯罪行为。例如,越王杨秀,就曾因"违犯制度,车马被服拟于天子"而被指控犯罪"付执法者"①。又如隋炀帝命令杨约赴京师祭祀,杨约走到华阴,见他哥哥杨素之墓就在该县,"遂枉道拜哭",因而"为宪司所劾","坐是免官"②。又如,隋炀帝即位以后不久,薛道衡"上《高祖文皇帝颂》",隋炀帝十分不高兴,认为薛道衡这样做是"致美先朝,此鱼藻之义也"。鱼藻,指《诗·小雅·鱼藻》篇,《诗序》以为刺幽王,"言万物失其性","故君子思古之武王焉"。薛道衡颂扬杨广的父亲隋文帝杨坚,也被认为是对本朝皇帝的不忠。"会议新令,久不能决,道衡谓朝士曰:'向使高颎不死,令决当久行。'有人奏之,帝怒曰:'汝忆高颎邪?'付执法者勘之。道衡自以非大过,促宪司早断。暨于奏日,冀帝赦之,敕家人具馔,以备宾客来候者。及奏,帝令自尽。道衡殊不意,未能引诀。宪司重奏,缢而杀之,妻子徙且末。时年七十,天下冤之。"③

4. 对皇帝不敬。对皇帝必须高度崇敬,不能有任何不礼貌的表示,否则便可能被认为是别有异图。与此相关,随从皇帝外出祭祀如有不敬的表现,接待皇帝巡游时饮食不如皇帝的心意,都可能被处刑。例如太子千牛备身刘居士,"……与其徒游长安城,登故未央殿基,南向坐,前后列队",被人告以"意有不逊",后"坐斩"。其父左武卫大将军、庆州总管刘昶,也因此被"赐死于家"④。又据《隋书·苏威传》载,苏威曾因"从祀太山,坐不敬免"。至于皇帝巡游中因献食"疏俭"而"获罪"的例子,就更多了。如《隋书·柳謇之传》载,隋炀帝"幸辽东,召謇之检校燕郡事。及帝班师,至燕都,坐供顿不给,配戍岭南"。《乞伏慧传》载,乞伏慧为天水太守,"遇帝西巡,坐为道不整,献食疏薄,帝大怒,命左右斩之"。《炀帝纪》载,大业九年(613)九月,隋炀帝"本驾次上谷,以供费不给",免太守虞荷等官。

(五)危害王位继承人

太子为王位继承人,有专门的一班官吏保护、教育太子,并供其役使。如果教育、保护太子不得法,或不符皇帝的意图,都会被处罪。至于对王位继承人选问题有所异议,更被认为是犯罪行为;甚至对皇太子以及皇太子的儿子的名字有所议论,也被认为是犯罪行为。例如,杨勇为皇太子时,"左卫率长史夏侯福为太子所昵,尝于阁内与太子戏。福大笑,声闻于外。行本(刘行本,谏议大夫、诏书侍御史)时在阁下闻之,侍其出,行本

---

① 《隋书》卷45《越王杨秀传》,中华书局1982年版,第1242页。
② 《隋书》卷48《杨约传》,中华书局1982年版,第1294页。
③ 《隋书》卷57《薛道衡传》,中华书局1982年版,第1413页。
④ 《隋书》卷80《刘昶女传》,中华书局1982年版,第1808页。

数之曰：'殿下宽容，赐汝颜色。汝何物小人，敢为亵慢！'因付执法者治之。"① 杨勇被黜免太子位时，隋文帝所下诏书，更牵涉侍奉杨勇的一大批官员，个个被赐予这样那样的罪名。诏书说："左卫大将军、五原郡公元旻，任掌兵卫，委以心膂，陪侍左右，恩宠隆渥；及包藏奸伏，离间君亲，崇长厉阶，最为魁首。太子左庶子唐令则，策名储贰，位长官僚，谄曲取容，音技自进，躬执乐器，亲教内人，赞成骄侈，导引非法。太子家令邹文腾，专行左道，偏被亲昵，心腹委付，钜细关知，占问国家，希觊灾祸。左卫率司马夏侯福，内事谄谀，外作威势，凌侮上下，亵渎宫闱。典膳监元淹，谬陈爱憎，开示怨隙，妄起讪谤，潜行离阻，进引妖巫，营事厌祷。前吏卫侍郎肖子宝，住居省阁，旧非宫臣，禀性浮躁，用怀轻险，进画奸谋，要射营利，经营间构，开造祸端。前主玺下士何竦，假托玄象，妄说妖怪，志图祸乱，心在速发，兼制奇器异服，皆竦规摹，增长骄奢，糜费百姓。凡此七人，为害乃甚，并处斩，妻妾子孙悉皆没官。"② 又如助杨坚建立隋朝，官至散骑常侍，兼太子左庶子、左领军、右将军的卢贲，被"除名为民"的原因之一，便是因"晋王（杨广）上之爱子，谋行废立"③。而太子洗马陆爽，仅仅因为建言皇太子诸子应依《春秋》之义更立名字，便被认为犯了煽惑皇太子杨勇的大罪，陆爽虽已身故，"子孙并宜屏黜，终身不齿"，其子陆法言因而"竟坐除名"④。

二、破坏政权

在封建社会里，皇帝是国家权力的最高代表，他在各地方分设官职以掌握兵、刑、钱、谷等事，建立了一整套封建的国家政权机构，行使整个地主阶级交与他们的统治劳动人民的权力。任何危害、破坏这一政权的行为，都被认为是非法的。这既包括劳动人民对这一政权的反抗斗争，也包括某些官吏本身对这一政权的破坏。现将所考隋律涉及的破坏政权罪的内容，分成下列几个方面。

（一）"相聚为盗"，反抗政府

《隋书》中有不少关于劳动人民反抗封建政权的记载，有时称之为"盗"，有时称之为"贼"，有时则合称"盗贼"，对所谓"盗""贼"，进行残酷的镇压。如《炀帝纪》载："六年春正月，旦，有盗数十人，皆素冠练衣，焚香持华，自称弥勒佛，入自建国门。监门者稽首。既而夺卫士仗，将为乱。齐王暕迎而斩之。于是都下大索，与相连坐者千余家。"又

---

① 《隋书》卷62《刘行本传》，中华书局1982年版，第1487页。
② 《隋书》卷45《房陵王太子杨勇传》，中华书局1982年版，第1237页。
③ 《隋书》卷38《卢贲传》，中华书局1982年版，第1142页。
④ 《隋书》卷58《陆爽传》，中华书局1982年版，第1420页。

载,次年被隋炀帝驱赶去征辽的战士及运送粮草的人"填咽于道,昼夜不绝,苦役者始为群盗",于是炀帝"敕都尉、鹰扬与郡县相知追捕,随获斩决之"。"九年八月戊申,制盗贼籍没其家"。杨玄感叛乱平定之后,隋炀帝甚至对侍臣裴蕴说:"玄感一呼而从者如市,益知天下人不欲多,多则为贼。不尽诛,后无以示劝。"命令裴蕴穷究杨玄感的党羽,并下诏各郡县坑杀之,"死者不可胜数"①。其中农民群众首当其冲,无辜被杀的多数是他们。

(二) 谋叛(及交通、交关、通谋、漏泄、藏匿罪犯等)

《唐律疏议·名例律》谓"谋叛"即"背国从伪","有人谋背本朝,将投蕃国,或欲翻城从伪,或欲以地外奔。即如莒牟夷以牟娄来奔,公山弗扰以费叛之类"。在隋代,即已将谋叛列为"十恶"之一,凡谋叛者,均处极刑。例如,前面所说刘昶之子刘居士,他的罪状之一就是"将投蕃国","时有人言居士遣使引突厥南寇,当于京师应之"。又如斛斯政,任兵部侍郎,"玄感之反也,政与通谋"。杨玄感失败后,他"内不自安,遂亡奔高丽"。后来,隋炀帝再征高丽,"高丽请降,求执送政",将斛斯政送交回隋炀帝。谋叛本来就要处死,但左翊卫大将军宇文述认为一般地依法处死还不解恨,他奏请曰:"斛斯政之罪,天地所不容,人神所同忿。若同常刑,贼臣逆子何以惩肃,请变常法。"隋炀帝非常地赞许,"于是将政出金光门,缚政于柱,公卿百僚并亲击射,脔割其肉,多有啖者。啖后烹煮,收其余骨,焚而扬之"②。"从伪"的例子如《柳彧传》载,柳彧在往晋阳的路上,"值汉王谅作乱,遣使驰召彧,将与计事。彧为使所逼,初不知谅反,将入城而谅反形已露。彧度不得免,遂诈中恶不食,自称危笃。谅怒,囚之。及谅败,杨素奏彧心怀两端,以候事变,迹虽不反,心实同逆,坐徙敦煌"。这是一件冤案,但它恰好说明"从伪"是法律所绝对不容许的。又如《薛道衡传》载,隋末,越王杨侗称制东都,"王世光之僭号也,军书羽檄,皆出其手。世光平,以罪伏诛"。

与此相关的是"交通""交关""通谋"及藏匿罪犯等罪。

"交通"如:王世积被诬告"谋反"而"坐诛"时,"有司奏:'右卫大将军元旻、右卫大将军元胄、左仆射高颎,并与世积交通,受其名马之赠。'"于是元胄、元旻免官。③同是这个元胄,复官之后,在蜀王杨秀获罪时,又"坐与交通"而"除名"。可见,因"交通"而罹罪,是比较常见的。《隋书》关于这方面的记载有:秦孝王杨俊之子杨浩,"以诸侯交通内臣,竟坐废免"④。

"彧(柳彧)尝得博陵李文博所撰《治道集》十卷,蜀王秀遣人求之。彧送之于秀,秀

---

① 《隋书》卷24《食货志》、卷4《炀帝纪下》与卷70《杨玄感传》。
② 《隋书》卷70《斛斯政传》,中华书局1982年版,第1622—1623页。
③ 《隋书》卷40《王世积传》,中华书局1982年版,第1173页。
④ 《隋书》卷45《秦孝王杨俊传》载:"杨玄感作逆之际,左翊卫大将军宇文述勒兵讨之。至河阳,修启于浩,浩复诣述营,共相往复,有司劾浩,以诸侯交通内臣,竟坐废免。"

复赐彧奴婢十口。及秀得罪，杨素奏彧以内臣交通诸侯，除名，配戍怀远镇。"①（元寿之子元敏）"交通博徒"。②齐王杨暕得罪，董纯"坐与交通"。③蜀王杨秀得罪，柳俭"坐与交通。免职"。④御史劾俱罗以郡将交通内臣，坐除名……⑤

程树德先生之《九朝律考·隋律考》在考及"交通"时，按曰："《隋书》《北史》各传，以交通被劾者不一，是当时必已悬为厉禁。《隋书·郭衍传》，晋王有夺宗之谋，因召衍阴共计议，又恐人疑无故来往……当时法网之密如此。考《汉书·郑众传》，太子储君，无外交之义，汉有旧防，蕃王不宜私通宾客。隋制也。"所言极是。

"交关"如：段文振，任云州总管、太仆卿，与王世积有旧交。他北征时，王世积赠以驼马。出征归来时，王世积"以罪被诛，文振坐与交关，功遂不录"。⑥又据《隋书·潘徽传》云："玄感败，凡交关多罹其患。"

"通谋"如：窦荣定之子窦抗，"官至定州刺史……汉王谅构逆，以为抗与通谋，由是除名"⑦。"玄感之反也，政（斛斯政）与通谋。……"⑧光禄大夫赵元淑与杨玄感之弟杨玄纵"通谋，并授玄纵赂遗。及玄感败，人有告其事者，帝以属吏。……元淑及魏氏（元淑妻）俱斩于涿郡，籍没其家"⑨。

"泄漏"或"漏泄"罪，指的是泄漏宫中大事或将本国之重大事情泄漏给"蕃人"；或知有谋反、谋逆、谋叛，即应保密并"密告"附近官府，如有泄漏消息者，即予治罪。凡泄漏事项属国家大事者，罪可致死。唐律有"诸漏泄大事应密者，绞"的规定。《唐律疏议》曰："依《斗讼律》：知谋反及大逆者，密告随近官司。其知谋反、大逆、谋叛，皆令密告，或掩袭寇贼，此等是'大事应密'，不合人知，辄漏泄者，绞。"而"非大事"如漏泄，也严加惩处，唐律规定："非大事应密者，徒一年半；漏泄于蕃国使者，加一等。"溯诸汉律，即有"漏泄省中语"之罪。《汉书·元帝纪》载："建昭二年，淮阳王舅张博，魏郡太守京房，坐窥道诸侯王以雅意，漏泄省中语，博腰斩，房弃市。""漏泄省中语"被目为"国之贼"。《汉书·孔光传》云："诏书侍中驸马都尉（傅）迁，巧佞无义，漏泄不忠，国之贼也……"南朝《陈律》也有此规定。《陆琛传》载："琛性颇疏，坐漏泄禁中语，赐死。"《张种传》载："往来禁中，颇宣密旨，事泄，将伏诛……"隋律对漏泄省中语也有过规定。

---

① 《隋书》卷62《柳彧传》，中华书局1982年版，第1484页。
② 《隋书》卷63《元寿传》，中华书局1982年版，第1498页。
③ 《隋书》卷65《董纯传》，中华书局1982年版，第1539页。
④ 《隋书》卷73《柳俭传》，中华书局1982年版，第1683页。
⑤ 《隋书》卷64《鱼俱罗传》，中华书局1982年版，第1518页。
⑥ 《隋书》卷60《段文振传》，中华书局1982年版，第1458页。
⑦ 《隋书》卷39《窦荣定传》，中华书局1982年版，第1151页。
⑧ 《隋书》卷70《斛斯政传》，中华书局1982年版，第1622页。
⑨ 《隋书》卷70《赵元淑传》，中华书局1982年版，第1622页。

《隋书·元寿传》载有：元寿之子元敏"……交通博徒，数漏泄省中语……"虽未记及如何发落，但从唐人所撰《隋书》有此记载可见，隋律中也有关于泄漏之罪的规定，印证之《唐律疏议》，更无疑义。

藏匿罪犯如《隋书·虞绰传》载："玄感败后，妓妾并入宫。帝因问之，玄感平常时与何人交往，其妾以虞绰对。"遂"徙绰且末，绰至长安而亡……变姓名……抵信安令天水辛大德，大德舍之。岁余……有识绰者而告，竟为吏所执，坐斩江都，时年五十四"。又如《隋书·李密传》载：李密起义失败，逃到淮阳，易名刘智远，为人所识，又逃到他的妹夫雍丘县县令丘君明处，"君明从子怀义以告，帝令捕密，密得遁去，君明竟坐死"。

（三）朋党

意气相投而互相勾结，各树党羽，互相倾轧，势必削弱整个地主阶级的统治力量，因此，朋党之罪历来为统治阶级的法律所严惩。《战国策·赵策》云："臣闻明王绝疑去谗，屏流言之迹，塞朋党之门。"《晋书·欲珗传》曰："动则争竞，争竞则朋党，朋党则诬罔，诬罔臧否失实，真伪相冒。"宋仁宗时，欧阳修还专门作《朋党论》。又可见禁之虽严，却始终不见绝迹，隋代也是如此。所以国子博士、通直散骑常侍何妥上书隋文帝"八事以谏"时，第二事即为朋党之禁。事见《隋书·何妥传》：

> 其二事曰：孔子云："是察阿党，则罪无掩蔽。"又曰："君子周而不见。小人比而不周。"所谓比者，即阿党也。谓心之所爱，既已光华荣显，犹加提挈。心之所恶，既已沉渊屈辱，薄言必怒。提挈既成，必相掩蔽，则欺上之心生矣。屈辱既加，则有怨恨，谤渎之言出矣。伏愿广加逖访，勿使朋党路开，威恩自任。有国之患，莫大于此。

隋律对于朋党罪的惩处，也是相当严厉的。其中最著名、牵连最广的一次，要算苏威、卢恺等被奏劾一案。《隋书·苏威传》载："苏威之子苏夔与何妥等结成朋党，被免官，知名之士坐威得罪者百余人。"《卢恺传》载："宪司奏恺曰：房恭懿者，尉迟迥之党，不当仕进。威、恺二人曲相荐达……恺之朋党，事甚明白。"于是隋文帝斥责他"行朋附，奸臣之行也"，除名为百姓。其他，如《隋书·郎茂传》载："恒山赞治王文同与茂有隙，奏茂朋党，附下罔上。诏遣纳言苏威、御史大夫裴蕴杂治之。……除名为民，徙且末郡。"

对于朋党罪处分的严厉，从房恭懿案中看得最明白。杨坚即将夺袭帝位时，尉迟迥作乱，房恭懿略有纠葛其事。开皇初，房恭懿经吏部尚书苏威的推荐，"授新丰令，政为三辅之最"。后任德州司马，仅一年余，治理有方，"政为天下之最"，隋文帝特地下诏奖掖并赐物若干。但不久，何妥奏劾房恭懿是尉迟迥的朋党，又为苏威、卢恺朋党所荐举，

"上大怒，恭懿竟得罪，配防岭南"①。可见，犯了朋党罪，即使后来"政为天下之最"，也要追查治罪的。

对于朋党防禁之严，使得所谓"聚结惑众""知非不举"，甚至"屏人私语"都被严禁、严惩。例如《隋书·王文同传》载，王文同巡察河北诸郡，"求沙门相聚讲论，及长老共为佛会者数百人，文同以为聚结惑众，尽斩之"。《隋书·元寿传》载："开府肖摩诃妻患且死，奏请遣子向江南收其家产，御史见而不言。寿奏劾之曰……摩诃远念资财，近忘匹好，又命其子舍危掇之母，为聚敛之行……而兼殿内侍御史臣韩微之等亲所闻见，竟不弹纠。若知非不举，事涉阿纵……请付大理。"又如，光禄大夫李敏，"数与金才、善衡等屏人私语。宇文述知而奏之，竟与（李）浑同诛，年三十九"②。他与李浑宗族三十二人都被诛杀，"自余无少长，皆徙岭外"③。

（四）谤讪朝廷

隋文帝时，有人告大都督邴绍诋毁朝廷为"愤愤者"，"上怒，将斩之"。这时工部尚书长孙平进谏说："川泽纳污，所以成其深，山岳藏疾，所以就其大。臣不胜至愿，愿陛下弘山海之量，茂宽裕之德，鄙谚曰：'不痴不聋，未堪作大家翁。'此言虽小，可以喻大。邴绍之言，不应奏闻，陛下又复诛之，臣恐百代之后，有亏圣德。"隋文帝于是赦免邴绍一死，并因此而"敕群臣诽谤之罪，勿复以闻"④。从这个案子的前前后后，可以知道隋律有谤讪朝廷之罪名。虽然隋文帝敕令"诽谤之罪，勿复以闻"，但在实际执行过程中，后来却未照敕令办事。到了隋炀帝时，更是越演越烈了。隋朝的开国元勋、隋律的主要撰制人之一的高颎，就是以"谤讪朝政"的罪名被处死的：

> 炀帝即位，拜（高颎）为太常，时诏收周、齐故乐人及天下散乐。颎奏曰："此乐久废。今若征之，恐无识之徒弃本逐末，递相教习。"帝不悦。帝时侈靡，声色滋甚，又起长城之役。颎甚病之，谓太常丞李懿曰："周天元以好乐而亡，殷鉴不遥，安可复尔！"时帝遇启民可汗恩礼过厚，颎谓太府卿何稠曰："此虏颇知中国虚实、山川险易，恐为后患。"复谓观王雄曰："近来朝廷殊无纲纪。"有人奏之，帝以为谤讪朝政，于是下诏诛之，诸子徙边。⑤

后来，薛道衡因"会议新令，久不能决"而说了一句"向使高颎不死，令决当久行"，

---

① 《隋书》卷73《房恭懿传》，中华书局1982年版，第1679—1680页。
② 《隋书》卷38《李敏传》，中华书局1982年版，第1124页。
③ 《隋书》卷38《李浑传》，中华书局1982年版，第1121页。
④ 《隋书》卷46《长孙平传》，中华书局1982年版，第1255页。
⑤ 《隋书》卷41《高颎传》，中华书局1982年版，第1184页。

就被隋炀帝斥曰："汝忆高颎邪？"，遂"付执法者勘之"，以致最后"帝令其自尽"。此外，如榆林太守张衡，即以其妾告他"谤讪朝政"而被隋炀帝"赐尽于家"①。苏威之被惩处，其罪名之一也是"谤讪台省"，事见《隋书·苏威传》。

（五）私造、私藏武器

为了防止人民造反，隋代的统治者和历代统治者一样都严禁私造、私藏武器。隋初开皇三年（583），隋文帝即下令"禁大刀长矟"②。开皇九年（589），他又下诏说："禁卫九重之余，镇守四方之外，戎旅军器，皆宜停罢。代路既夷，群方无事，武力之子，俱可学文，人间甲仗，悉皆除毁。"③开皇十五年（595），隋文帝下令"收天下兵器；敢有私造者，坐之"④。开皇十八年（598）又下诏说："吴越之人，往承敝俗，所在之处，私造大船，因相聚结，致有侵害，其江南诸州，人间有船长三丈已上，悉括入官。"⑤到隋炀帝时，更连民间的一般铁器也当作武器予以禁绝了："五年春正月……制民间铁叉、搭钩、攒刃之类，皆禁绝之。"⑥《唐律》有"诸私有禁兵器者，徒一年半"的专条规定，并规定"弩一张加二等；甲一领及弩三张，流二千里；甲三领及弩五张，绞。"《疏议》对此做了详尽的解释。隋《开皇律》显然并无明文的规定，否则隋文帝不必另行诏令禁绝。由此可见，《唐律》的有关规定是新拟的。

（六）其他

隋律关于破坏政权的其他犯罪名目，一定还有很多，囿于史料缺乏，除以下几点以外，只好暂付阙如。

1. 流犯逃亡。据《隋书·炀帝纪》载："大业三年春正月癸亥敕并州逆党已流犯而逃亡者，所获之处即宜斩决。"著作郎虞绰与杨玄感有交游之谊，杨玄感败后，虞绰连坐，被流徙且末，虞绰"至长安而亡……岁余，绰与人争田相讼，因有识绰者而告之，竟为吏所执，坐斩江都"⑦。又，与虞绰同罪而徙且末的王胄，"亡匿，潜还江左，为吏所捕，坐诛"⑧。

2. 县令出境。据《隋书·齐王杨暕传》载："时制县令无故不得出境。"

3. 与凶人交构。据《隋书·卢贲传》载："上从容谓贲曰：'我始为大司马时，卿以布

---

① 《隋书》卷56《张衡传》，中华书局1982年版，第1393页。
② 《隋书》卷1《高祖纪上》，中华书局1982年版，第18页。
③ 《隋书》卷2《高祖纪下》，中华书局1982年版，第33页。
④ 同上书，第39页。
⑤ 同上书，第43页。
⑥ 《隋书》卷3《炀帝纪上》，中华书局1982年版，第72页。
⑦ 《隋书》卷76《虞绰传》，中华书局1982年版，第1740页。
⑧ 《隋书》卷76《王胄传》，中华书局1982年版，第1742页。

腹心于我。及总百揆，频繁左右，与卿足为恩旧。卿若无过者，位与高颎齐。坐与凶人交构，由是废黜。言念畴昔之恩，复当牧伯之位，何乃不思报效，以至于此！吾不忍杀卿，是屈法申私尔。'"

4. "赃重者死"。《隋书·李士谦传》载，李士谦论刑罚，有云"帝王制法，沿革不同，自可损益，无为顿改，今之赃重者死，是酷而不惩也。……"可见当时的"赃重者死"的法律规定，是作为维护统治集团不致因其成员的过度为非作歹而影响大局的措施。

5. "私自出给"。超过预定计划或者允许的范围而"私自出给"，当时要定罪处刑。《隋书·文四子传》载，隋文帝之诏令有云：

> 副将作大匠高龙义，豫追番丁，辄配东宫使役，营造亭舍，进入春坊。率更令晋文建，通直散骑侍郎、判司农少卿事元衡，料度之外，私自出给，虚破丁功，擅割园地。并处尽。

6. 造诈。《隋书·律历志》载，旅骑尉张胄玄上历法之书，隋文帝对比了太史令刘晖等原先所造之历，认为后者"所行，乃多疏舛"，且"群官博议，咸以胄玄为密"，他在诏书中说了"论晖等情状，已合科罪，方共饰非护短，不从正法"，"于是晖等四人，元造诈者，并除名"。

7. 容隐奸蠹。刘晖造历有谬，以"造诈"而定罪，而"通直散骑常侍、领太史令庾委才，太史丞邢俊，司历郭远，历博士苏粲，历助教傅俊、成珍等，既是职司，须审疏密。遂虚行此历，无所发明"，因此"季才等六人，容隐奸蠹，俱解见任"。事见《隋书·律历志》。

三、思想言论犯罪

思想、言论并不造成对封建皇权和政权的直接危害，但是任何一个封建皇帝总是把这种或那种不利于统治阶级的思想、言论以及与之有关的一切加以禁止，隋代也不例外。这一方面的材料并不多，兹将考证所得归纳为以下几个方面。

（一）妄言

《法言·问神》曰："无验而言之谓妄。"但实际上封建统治者一向把不合胃口的言论一概作为妄言加以论罪。《隋书·元胄传》记载说，炀帝时，慈州刺史上官政因罪被流徙岭南，将军丘和也因获罪而削职为民。有一次元胄酒酣时对丘和说："上官政壮士也，今徙岭表，得无大事乎？"又"自拊腹曰"："若是公者，不徒然矣。"丘和次日奏告元胄妄言，"胄竟坐死"。《隋书·杨素传》载：开皇四年，杨素拜御史大夫，"其妻郑氏性悍，素忿之曰：'我若作天子，卿定不堪为皇后。'郑氏奏之，由是坐免。"又如，开皇初为太学博士的张仲让，"未几告归乡里，著书十卷，自云此书若奏，我必为宰相。又数言玄象事。州县列上其状，竟坐诛"①。此外，高颎在开皇年间也因他的儿子高表仁妄言而罹罪。当时高颎被免官软禁，高表仁对他说："司马仲达初托疾不朝，遂有天下。公今遇此，焉知非福！"于是，"因颎于内史省而鞫之"②。

（二）隐藏纬候图谶

谶纬，为汉代流行的宗教迷信。"谶"是巫师或方士制作的一种隐语或预言，作为吉凶的符验或征兆。"纬"对"经"而言，是方士化的儒生编集起来附会儒家经典的各种著作。其起源是古代河图洛书的神话传说。西汉后期得到统治阶级的支持，主要把自然界某些偶然现象神秘化，看作社会安危的决定性原因或"天意"的显示、预告等。王莽和光武帝刘秀就曾利用此来作为"改制"或"中兴"的理论根据。东汉章帝召集博士儒生在白虎观讨论五经同异，写成《白虎通义》，更进一步把谶讳和今文经学混合在一起，使儒学神学化。到东汉末期，谶讳逐渐衰微。隋文帝杨坚一向不喜欢儒学，而推崇佛教和道教，因此他厉行禁止神学化了的儒学，即禁止谶纬，借以打击儒学。

开皇十三年（593），"二月……丁酉，制私家不得隐藏纬候图谶"③。隋炀帝即位后，更"发使四出，搜天下书籍与谶纬相涉者，皆焚之，为吏所纠者至死。自是无复其学，秘府之内，亦多散亡"④。因此而罹罪的，据《隋书》所载，有王谊等人。《王谊传》中，记有隋文帝数说王谊罪状的诏书，内有王谊"乃说……书有谊谶，天有谊星"等语；《房陵王杨勇传》提到何竦的罪名是"假托玄象，妄说妖怪"；《越王杨秀传》提到杨秀"专事妖邪"；《马光传》提到张仲让"数言玄象事"；等等。

（三）毁坏天尊像、佛像

佛教、道教和儒教都是封建统治阶级用来影响人们思想的工具，自南北朝以来，统称"三教"。陶弘景《茅山长沙馆碑》谓"百法纷凑，无越三教之境"。三者本是可以互相调和的。但隋文帝杨坚偏爱佛教和道教，尤其偏爱佛教。而佛教正是从隋朝开始，到唐朝时达到极盛阶段的。据《隋书·经籍志》载："开皇元年，高祖普诏天下，任听出家，仍令计口出钱，营造经像。而京师及并州、相州、洛州等诸大都邑之处，并官写一切经，置于寺内；而又别写，藏于秘阁。天下之人，从风而靡，竞相景慕，民间佛经，多于六经数十百

---

① 《隋书》卷75《马光传》，中华书局1982年版，第1717页。
② 《隋书》卷41《高颎传》，中华书局1982年版，第1183页。
③ 《隋书》卷2《高祖纪下》，中华书局1982年版，第38页。
④ 《隋书》卷33《经籍志下》，中华书局1982年版，第941页。

倍。大业时，又令沙门智果，于东都内道场，撰诸经目，分别条具，以佛所说经为三部：一曰大乘，二曰小乘，三曰杂经。"为了保证以佛教对人民进行思想麻痹，隋文帝在他的晚年曾以立法作为手段，对一切反对佛教的行为实行镇压。《隋书·刑法志》载："帝以年令晚慕，尤崇尚佛道，又素信鬼神。二十年，诏沙门道士坏佛像天尊，皆以恶逆论。"对于这个诏令的指导思想、违诏的范围和罪名，《高祖纪》所记诏文更详尽一些，兹录如下，供研究者参考：

（开皇二十年）十二月辛巳，诏曰：佛法深妙，道教虚融，咸降大慈，济度群品，凡在含识，皆蒙覆护。所以雕铸灵相，图写真形，率土瞻仰，用申诚敬。其五岳四镇，节宣云雨，江、河、淮、海，浸润区域，并生养万物，利益兆人，故建庙立祀，以时恭敬。敢有毁坏偷盗佛及天尊像、岳镇海渎神形者，以不道论。沙门坏佛像，道士坏天尊者，以恶逆论。

《唐律》有专条规定："诸盗毁天尊像、佛像者，徒三年。"并规定："即道士、女官盗毁天尊像，僧、尼盗毁佛像者，加役流。真人、菩萨，各减一等。盗而不供养者，杖一百。"这些规定可能是"一准乎隋"的结果，也就是说，隋律也有大致如此的规定。正因为如此，才有隋文帝晚年之加重惩罚，以诏令规定"坏佛像天尊"者"以不道论""以恶逆论"。

（四）私撰国史

《隋书·高祖纪》载：

（开皇十三年）五月癸亥，诏人间有撰集国史、臧否人物者，皆令禁绝。

《隋书·王劭传》载：

高祖受禅，授（王劭）著作佐郎。以母忧去职，在家著《齐书》。时制禁私撰史，为内史侍郎李无操所奏。

又，《隋书·刘炫传》载"伪造书"与此也有关：

时牛弘奏请购求天下遗逸之书，（刘）炫伪造书百余卷，题为《连山易》《鲁史记》等，录上送官，取赏而去。后有人讼之，经赦免死，坐除名……

四、官吏执行职务犯罪

我国古代法律既有"民刑不分"的一面,又有"行(政法)刑不分"的一面,还有"实(体法)程(序法)不分"的一面。因此,有"诸法合体"的特点。这样,我们考证"官吏执行职务犯罪"时,不少地方与行政法制,尤其是官吏行为管理的法制的考证会有一些重复。但为了使"刑事法制考"有一定的完整性,就在所不计了。

封建官吏作为地主阶级的政治代表,是封建政权得以实现其使命的支柱,是封建政权的行为主体。因此,官吏是否能按照国家的要求完成种种任务,是否能奉地主阶级之"公",守地主阶级之"法",直接关系到封建政权的兴衰存亡。封建法律一方面赋予官吏以种种特权,另一方面又严格控制官吏,使之不越出地主阶级根本利益所许可的范围。在官吏执行职务的各个方面,隋律也有许多规定,划清奖惩界限,指明官吏的哪些行为必须予以惩罚。隋律关于官吏执行职务犯罪,大略可分以下几个方面。

(一)贡举不实

贡举不实有两种情况:一为"举非其人";二为"应贡举而不贡举"。《唐律疏议》释"诸贡举非其人及应贡举而不贡举者,一人徒一年,二人加一等,罪止徒三年"条谓:"举人皆取方正清循,名行相符。若德行无闻,妄相推荐,或才堪利用,蔽而不举者……"说的即是贡举不实的两种情况,前者是作为职务犯罪,后者则为不作为职务犯罪。下文《隋书》所记"滥授人官""曲相荐举"等均属贡举不实。如《隋书·苏威传》载:何妥"奏威……以曲道任其从父弟彻、肃等罔冒为官。又国子学请荡阴人王孝逸为书学博士,威属卢恺,以为其府参军"。同传载,御史大夫"裴蕴希旨,令白衣张行本奏威昔在高阳典选,滥授人官……"又如《房恭懿传》载:"何妥奏恭懿尉迥之党,不当仕进,威、恺二人朋党,曲相荐举。"又《卢恺传》载:宪司奏恺曰"吏部预选者甚多,恺不即授官,皆注色而遣。威之从父弟彻、肃二人,并以乡正征诣吏部。彻文状后至而先任用;肃左足挛蹇,才用无算,恺以威故,授朝请郎"。

(二)贪赃受贿如"官物入私""请求许财""收受贿赂"等

详见《官吏行为管理法制考》一节。

(三)与人争利

隋代官吏,自州县小吏至中央大员,以至皇室成员,都贪得无厌地搜刮民脂民膏。虽然隋文帝曾下诏"省府州县,皆给公廨田,不得治生,与人争利",但是禁而不止。隋文帝的两个儿子都曾参与其事:秦孝王杨俊"出钱求息,民吏苦之。上遣使按其事,与相连坐者百余人"①。越王杨秀"剥削民庶，酷虐之甚也。惟求财货，市井之业也"②。这方面的案例如《隋书·郎茂传》载："工部尚书宇文恺、右翊卫大将军于仲文竞河东银窟。茂劾之曰：'……虞、芮之风，抑而不慕，分铢之利，知而不争。何以贻范庶僚，方民轨物！若不纠绳，将亏政教。'恺与仲文竞坐得罪。"《刘昉传》载：刘昉"遇京师饥，上令禁酒，昉使妾赁屋，当垆沽酒。治书侍御史梁毗劾曰：'昉既位列群公……何乃规蘖之间，竞锥刀之末，身昵酒徒，家为逋薮？若不纠绳，何以厉肃！'"《张威传》载："青州总管张威在青州颇治产业，遣家奴于民间鬻芦菔根，其奴缘此侵扰百姓。上深加谴责，坐废于家。"《卢贲传》载：卢贲任齐州刺史时"民饥，谷米踊贵，闭人粜而自粜之。坐是除名为民"。

（四）失职

其中，"州县管理不善"，包括"钱禁不止""不能理化""检查不严""府署污秽""外交失词"等，在《官吏行为管理法制考》一节已述及。此外还有：

1. 宪司不能举正。《隋书·张衡传》载：隋文帝"幸涿郡及祠恒岳时，父老谒见者，衣冠多不整"，而张衡"以宪司皆不能举正"，"出为榆林太守"。

2. 议事延久误期。《隋书·音乐志》载：隋文帝"诏太常卿牛弘等议正乐。然沦谬既久，音乐多乖，积年议不定。高祖大怒曰：'我受天命七年，乐府犹歌前代功德邪？'命治书侍御史李谔引弘等下，将罪之"。

（五）审判方面的犯罪

1. 放纵罪犯、囚犯、逃犯。如《隋书·元褒传》载的原州总管元褒于开皇二年（582）自诬受贿而故纵盗贼案："有商人为贼所劫，其人疑同宿者而执之，褒察其冤而辞正，遂舍之。商人诣阙讼褒受金纵贼，上遣使穷治之。使者簿责褒曰：'何故利金而舍盗也？'褒便即引咎，初无异词。使者与褒具诣京师，遂坐免官。其盗寻发于他所，上谓褒曰：'公朝廷旧人，位望隆重，受金舍盗非善事，何至自诬也？'对曰：'臣受委一州，不能息盗贼，臣之罪一也。州民为人所谤，不付法司，悬即放免，臣之罪二也。牵率愚诚，无顾形迹，不恃文书约束，至今为物所疑，臣之罪三也。臣有三罪，何所逃责？臣又不言受赂，使者复将有所穷究，然则缧绁横及良善，重臣之罪，是以自诬。'上叹异之，称为长者。"《隋书·史万岁传》载：史万岁平定南夷，生擒爨玩"但玩以重金赂万岁，于是舍玩而还"，隋文帝责之"官高禄重，翻为国贼"而"欲杀之"。《隋书·权武传》载：权武"晚生一子，与亲客宴集，酒酣，遂擅赦所部内狱囚"。《元寿传》载：尚书左丞元寿于开皇九年劾殿内侍御史韩微之等对肖摩诃之罪"亲所见闻，竟不弹纠。若知非不举，事涉阿纵；……请付

---
① 《隋书》卷45《秦王杨俊传》，中华书局1982年版，第1239—1240页。
② 《隋书》卷45《越王杨秀传》，中华书局1982年版，第1244页。

大理"。《李密传》载：李密兵败，郁郁不得志而赋诗，"诗成而泣下数行。时人有怪之者，以告太守赵佗。急捕之，密乃亡去，抵其妹夫雍丘令丘君明。后君明从子怀义以告，帝令捕密，密得遁去，君明竟坐死"。

2. 不依律令。《唐律》有"诸断罪皆须具引律、令、格、式正文，违者笞三十"的专门规定。从《隋书·权武传》所载中大致可以推知隋律也有相似的规定。不过隋代立法、司法严重脱节，法外用刑、不依律令的情况十分严重，所以有隋文帝因权武"不依律令"而"便宜"司法时，"大怒"而"命斩之"的事发生。《权武传》载：权武"常以南越边远，治从其俗，务使便宜，不依律令，而每言当今法急，官不可为。上令有司案其事，皆验。上大怒，命斩之"。

3. 过暴。如《隋书·田式传》载：田式任襄州总管，"僚吏奸赃，部内劫盗者，无问轻重，悉禁地牢中，寝处粪秽，令其苦毒，自非身死，终不得出，每赦书到州先召狱卒杀重囚，然后宣示百姓。其刻暴如此。由是为上所遣，除名为百姓"。《库狄士文传》载：贝州刺史库狄士文"有细过，必深文陷害。……士文至州，发摘奸隐，长史尺布升粟之赃，无所宽贷。得千余人而奏之，上悉配防岭南，亲戚相送，哭泣之声偏于州境。至岭南，迁瘴疠死者十八九，于是父母妻子唯哭士文。士文闻之，令人捕捉，挝捶盈前，而哭者弥甚。……上闻而叹曰：'士文之暴，过于猛兽。'竟坐免"。《燕荣传》载：幽州总管燕荣"鞭笞左右，动至千数，流血盈前，饮啖自若。尝按部，道次见丛荆，堪为笞棰，命取之，辄以试人。人或自陈无咎，荣曰：'后若有罪，当免尔。'及后犯细过，将挝之，人曰：'前日被杖，使君许有罪宥之。'荣曰：'无过尚尔，况有过耶！'榜棰如旧。荣每巡省管内，闻官人及百姓妻女有美色，辄舍其室而淫之。贪暴放纵日甚。是时元弘嗣被除为幽州长史，惧为荣所辱，固辞。上知之，敕荣曰：'弘嗣杖十以上罪，皆须奏闻。'荣忿曰：'竖子何敢弄我！'于是遣弘嗣监纳仓粟，飏得一糠一秕，辄罚之。每笞不满十，然一日之中，或至三数。如是历年，怨隙日构，荣遂收付狱，禁绝其粮。弘嗣饥馁，抽衣絮，杂水咽之。其妻诣阙称冤，上遣考功侍郎刘士龙驰驿鞫问。奏荣虐毒非虚，又赃秽狼藉，遂征还京师，赐死"。《王文同传》载，光禄少卿王文同在隋炀帝时"巡察河北诸郡。文同见沙门斋戒菜食者，以为妖妄，皆收系狱。比至河间，召诸郡官人，小有迟违者，辄皆覆面于地而棰杀之。求沙门相聚讲论，及长老共为佛会者数百人，文同以为聚结惑众，尽斩之。又悉裸僧尼，验有淫状非童男女者数千人，复将杀之。郡中士女号哭于路，诸郡惊骇，各奏其事。帝闻而大怒，遣使者达奚善意驰锁之，斩于河间，以谢百姓"。

五、军事犯罪

军队是封建国家的主要组成部分，皇帝直接统帅军队。封建法律无不详尽规定军事犯罪的范围及惩罚方法，而且惩罚手段往往都是十分简单而残酷的一种，即死刑。隋代开皇九年（589）取得平陈之战的胜利后，隋文帝曾于四月下诏曰"代路既夷，群方无事，武力之子，俱可学文"，但实际上仍保存了一支庞大的军队，这从以后镇压农民起义、对外用兵即可知晓。隋代军事犯罪的罪名，史书无具体记载，只能从《隋书》各传中辑出若干条，归纳为以下四个方面。

（一）叛军

《炀帝纪》载：大业十年（614）三月，炀帝"次临渝宫，亲御戎服，祃祭黄帝，斩叛军者以衅鼓"。"衅"，古代新器物制成时杀牲以祭，因以其血涂其缝隙处之称。如《孟子》卷一《梁惠王上》所云"将以衅钟"；又如"祭蚩尤于沛庭，而衅鼓旗"①等。"斩叛军者以衅鼓"，一可见其残酷，二可见"叛军"罪要处"斩"。

（二）放纵士卒犯罪

上柱国韩擒平陈中立了大功，但"有司劾擒放纵士卒，淫污陈宫，坐此不加爵邑"②。南宁州总管韦冲之侄韦伯仁"随冲在府，掠人之妻，士卒纵暴，边人失望。上闻而大怒，令蜀王秀治其罪。益州长史元岩……案冲无所宽贷，冲竟坐免"③。

（三）怯敌

例如，苏威被除名为民的罪名之一便是"畏怯突厥，请还京师"④。刑部尚书薛胄因为在汉王谅作乱时"畏惧兵锋，不敢拒"，"朝廷以胄怀二心，锁诣大理……胄竟坐除名，配防岭南"⑤。又如，刘元进起兵进据建安，隋炀帝令吐万绪进讨之，吐万绪"以士卒疲敝，请息甲待至来春。帝不悦，密令求绪罪失，有司奏绪怯懦违诏。于是除名为民，配防建安"⑥。又如《董纯传》载，大业末年"时百姓思乱，盗贼日益，纯虽频战克捷，所在蜂起。有人谮纯怯懦，不能平贼，帝大怒，遣使锁纯诣东都。有司见帝怒甚，遂希旨致纯死罪，竟伏诛"。

（四）败军丧师

这一点详见前文之《武官管理法制考》一节。

---

① 《史记》卷8《高祖本纪》，中华书局1999年版，第350页。
② 《隋书》卷52《韩擒虎传》，中华书局1982年版，第1341页。韩擒虎，原作韩擒，唐人避讳省"虎"字，故引文中为"韩擒"。
③ 《隋书》卷47《韦世康传》，中华书局1982年版，第1270页。
④ 《隋书》卷41《苏威传》，中华书局1982年版，第1189页。
⑤ 《隋书》卷56《薛胄传》，中华书局1982年版，第1388页。
⑥ 《隋书》卷65《吐万绪传》，中华书局1982年版，第1539页。

六、逃避徭役、赋税，侵犯财权、人权

封建社会里，劳动人民深受奴役与剥削，强加在他们身上的徭役十分繁重，赋税十分苛杂，这是由于整个封建军事官僚国家机器和地主阶级的寄生生活，都靠劳动人民服役、捐税来加以维持。虽然开皇初年生产得到了一定程度的发展，国家呈现出比较繁荣的状况，但是徭役和赋税的减轻仅只是相对而言。大业后期，徭役空前地加重了，赋税自然也急剧增加。因此，劳动人民逃避徭役、赋税的反抗行为所在多有，而且越益频繁。对此，隋朝统治者必然运用司法手段打击人民的反抗活动。但有关的材料，在史籍中反映得很少。

一般来说，在封建社会里，财权和人权只为地主阶级所有，劳动人民由于十分贫困而无财权可言；他们的人权包括人格权也不可能得到尊重，得不到法律的保障。但是，封建法律还具有维护整个社会按封建秩序运行的任务，因此在个别场合、个别情况下，对于盗窃私人财产及杀人的罪行，还是规定了惩罚的办法的。当然，从根本上来看，封建法律的维护财权、人权，主要是为地主阶级服务的。

这里，将隋律涉及上述有关方面的资料综述如下。

（一）逃避徭役、赋税

户籍是徭役、租赋的基础，因此隋朝的开皇时期与大业时期，对户籍都抓得很紧，并以法律、法令加以保障。如《隋书·乞伏慧传》载：乞伏慧任曹州刺史，"曹土旧俗，民多奸隐，户口簿账，恒不以实。慧下车按察，得户数万。转齐州刺史，得隐户数千"。《令狐熙传》载：沧州刺史令狐熙上任，"时山东承齐之弊，户口簿籍不以实。熙晓谕之，令自归省，至者一万户"。《裴蕴传》载：大业时期"于时犹承高祖和平之后，禁网疏阔，户口多漏，或及成丁，犹诈为小，未至于老，已免租赋。蕴历为刺史，案知其情，因是条奏，皆令貌阅，若一人不实，则官司解职，乡正里长，皆远流配"。

逃避徭役者，不仅劳动人民要受到惩罚，而且身为主管官吏者也要受惩罚。例如，隋炀帝时任齐州刺史的元褒，就责杖过违律的官员："及兴辽东之役，郡官督事者前后相属，有西曹掾当行，诈疾，褒诘之，掾理屈，褒杖之……"[①]逃避赋税可见之"私入蕃交易"一例。《隋书·宇文化及传》载：大业初，宇文化及"与弟智及违禁与突厥交市。帝大怒，囚之数月……欲斩之……""智及……劝化及遣人入蕃，私为交易，事发，当诛……"。

[①] 《隋书》卷50《元褒传》，中华书局1982年版，第1319页。

（二）侵犯财权

开皇时期关于侵犯财权方面，有以下记载：开皇十五年冬"十二月戊子，敕盗边粮一升已上皆斩，并籍没其家"①。"十六年，有司奏合川仓粟少七千石，命斛律孝卿鞠问其事，以为主典所窃。复令孝卿驰驿斩之，没其家为奴婢，鬻粟以填之。是后盗边粮，一升已上皆死，家口没官"②。"是时帝意每尚惨急，而奸回不止，京市白日，公行掣盗，人间强盗，亦往往而有。帝患之，问群臣断禁之法。杨素等未及言，帝曰：'朕知之矣。'诏有能纠告者，没贼家产业，以赏纠人。时月之间，内外宁息。其后无赖之徒，候富人子弟出路者，而故遗物于其前，偶拾取则擒以送官，而取其赏。大抵被陷者甚众。帝知之，乃命盗一钱已上皆弃市。行旅皆晏起早宿，天下懔懔焉。此后又定制，行署取一钱已上，闻见不告言者，坐至死。自此四人共盗一椽桶，三人同窃一瓜，事发即时行决。有数人劫执事而谓之曰：'吾岂求财者邪？但为枉人来耳。而为我奏至尊，自古以来，体国立法，未有盗一钱而死也。而不为我以闻，吾更来，而属无类矣。'帝闻之，为停盗取一钱弃市之法。"③

开皇时期对侵犯财权处分之严酷，不仅可以见之于上述法令规定，还可见之于具体事实。例如，有人偷窃冀州刺史赵煚田中一车蒿草，"为吏所执"。赵煚说："此乃刺史不能宣风化，彼何罪也。"并"令人载蒿一车以赐盗者"，据说因此"盗者愧恶，过于重刑"④。反过来看，也就是盗窃一点蒿草，在当时也要处刑的。

大业时期关于侵犯财权方面，有如下记载："（大业九年）秋八月……戊申，制盗贼籍没其家。"另有记载：

> 后帝乃外征四夷，内穷嗜欲，兵革岁动，赋敛滋繁。有司皆临时迫胁，苟求济事，宪章遐弃，贿赂公行，穷人无告，聚为盗贼。帝乃更立严刑，敕天下窃盗已上，罪无轻重，不待闻奏，皆斩。百姓转相群聚，攻剽城邑，诛罚不能禁。帝以盗贼不息，乃益肆淫刑。九年，又诏为盗者籍没其家。自是盗贼大起，郡县官人，又各专威福，生杀任情矣。⑤

（三）侵犯人权

这主要指杀人与伤人，这一方面的具体材料有：《隋书·李穆传》载，李穆之孙李筠于

---

① 《隋书》卷2《高祖纪下》，中华书局1982年版，第40页。
② 《隋书》卷25《刑法志》，中华书局1982年版，第714页。
③ 同上。
④ 《隋书》卷46《赵煚传》，中华书局1982年版，第1251页。
⑤ 《隋书》卷25《刑法志》，中华书局1982年版，第717页。

"开皇八年,以嫡孙袭爵。仁寿初,叔父(李)浑忿其吝啬,阴遣兄子(李)善衡贼杀之。求盗不获,高祖大怒,尽禁其亲族。初,筠与从父弟瞿昙有隙,时浑有力,遂证瞿昙杀之,瞿昙竟坐斩,而善衡获免"。《朗方贵传》载,"开皇中,方贵尝因出行遇雨,淮水泛长,于津所寄渡,船人怒之,挝方贵臂折。至家,其弟双贵惊问所由,方贵具言之。双贵恚恨,遂向津殴击船人致死。守津者执送之县官,案问其状,以方贵为首,当死,双贵从坐,当流"。《韦鼎传》载:"有人客游,通主家之妾,及其还去,妾盗珍物,于夜亡,寻于草中为人所杀。主家知客与妾通,因告客杀之。县司鞫问,具得奸状,因断客死。"《李世谦传》载,李世谦之奴"尝与乡人董震因醉角力,震扼其喉,毙于手下,震惶惧请罪。士谦谓之曰:'卿本无杀心,何为相谢?然可远去,无为吏之所拘。'"

隋《开皇律》的"十恶"条之五为"不道"。《唐律疏议》对"不道"的解释是"谓杀一家非死罪二人,及支解人、造畜蛊毒、厌魅",可以参考。

七、违反家庭、婚姻、社会秩序

封建法律严厉打击违反家庭、婚姻及其他社会秩序的行为,这是对维护封建社会制度的一个保证。隋律在这方面亦有严密的规定。这从某些关于家庭、婚姻、社会秩序的规定被列入"十恶"范围即可明白。

(一) 违反关于家庭的法律规定

1. 不孝。《开皇律》"十恶"条有"七曰不孝"。《唐律疏议》曰:"不孝,谓告言诅骂祖父母、父母,及祖父母、父母在,别籍异财,若供养有阙;居父母丧,身自嫁娶,若作乐释服从吉;闻祖父母、父母丧,匿不举哀;诈称祖父母、父母死。"郑译曾因"与母别居,为宪司所劾"①而除名,《隋书·刘昶女传》叙及刘昶被"赐死于家"的罪名之一就是"事母不孝"。又《隋书·梁彦光传》云:"有滏阳人焦通,性酗酒,事亲礼阙,为从弟所讼。"

2. 不睦。《开皇律》"十恶"条有"八曰不睦"。《唐律疏议》释"不睦","谓谋杀及卖缌麻以上亲,殴告夫有大功以上尊长、小功尊属"。《隋书·郎茂传》载有朗茂处理"不睦"案件一例:"有民张元预,与从父弟思兰不睦。丞尉请加严法,茂曰:'元预兄弟,本相憎疾,又坐得罪,弥益其忿,非化民之意也。'于是遣县中耆旧更往敦谕,道路不绝。元预等各生感悔,诣县顿首请罪。茂晓之以义,遂相亲睦,称为友悌。"

此外,"十恶"之"恶逆""内乱"条,也涉及家庭方面的犯罪。《唐律疏议》释"恶逆","谓殴及谋杀祖父母、父母,杀伯叔父母、姑兄妹、外祖父母、夫、夫之祖父母、父母者"。又释"内乱","谓奸小功以上亲、父祖妾及与和者"。

---

① 《隋书》卷38《郑译传》,中华书局1982年版,第1137页。

（二）违反关于婚姻的法律规定

1. 淫乱。《隋书·宇文庆传》载：宇文庆之子宇文皛为隋炀帝所亲昵，"与宫人淫乱，至于妃嫔公主，亦有丑声。……帝不之罪……""帝不之罪"句，恰正说明，在法律上是被视为犯罪的。

2. 官吏妻妾违反婚姻的法律规定。隋文帝开皇十六年（596）六月辛丑，曾"诏九品已上妻、五品已上妾，夫亡不得改嫁"。① 其立法经过，见之于《李谔传》《刘炫传》。《李谔传》载：治书侍御史李谔"见礼教凋敝，公卿薨亡，其爱妾侍婢，子孙辄嫁卖之，遂成风俗"，李谔于是上书建言并为隋文帝所接受，遂诏"五品以上妻妾不得改醮"。《刘炫传》载："高祖之世……以风俗陵迟，妇人无节。……于是立格……九品妻无得再醮。"《刘炫传》又云，"炀帝即位，牛弘引炫修律令"，刘炫著论反对"九品妻无得再醮"之规定，并为牛弘所接受。因此，大业时，这条戒令可能是被取消了。但是，当这条戒令适用的时候，如果违反了，那就是犯罪行为，要受法律的制裁。

3. 居丧嫁娶。居丧嫁娶在隋律、唐律中均被列入"不孝"条，但这涉及婚姻，所以这里列举之。据《柳彧传》载："有雍州刺史唐君明，居母丧，娶雍州长史库狄士文之从父妹"，为柳彧所劾，"二人竟坐得罪"。这个案例，在《库狄士文传》中也比较详细地述及了。

（三）打击妨害社会管理的其他犯罪的法律规定

1. 犯钱禁。金钱货币涉及财政管理制度，历来为封建统治者所极端重视，隋代也不例外。隋文帝时，对币制问题曾做过许多次十分具体的规定，凡违反者，都要处以重刑："高祖既受周禅，以天下钱货轻重不等，乃更铸新钱。……是时钱既新出，百姓或私有熔铸。……四年，诏仍依旧不禁者，县令夺半年禄。……五年正月，诏又严其制。……十年……乃下恶钱之禁。……十八年……是时钱益滥恶，乃令有司，括天下邸肆见钱，非官铸者，皆毁之，其铜入官。而京师以恶钱贸易，为吏所执，有死者。"② 《隋书·赵绰传》提到了一个惩处犯钱禁的著名案例："时上禁行恶钱，有二人在市，以恶钱易好者，武侯执以闻，上令悉斩之。绰进谏曰：'此人坐当杖，杀之非法。'"

2. 扰乱社会秩序。开皇元年，隋文帝曾下令"禁杂乐百戏"③。后来，柳彧又以"昔者明王训民治国，率履法度……非法不服，非道不行"为由，谏请禁绝正月十五日的"角抵

---

① 《隋书》卷2《高祖纪下》，中华书局1982年版，第41页。
② 《隋书》卷24《食货志》，中华书局1982年版，第691—692页。
③ 《隋书》卷1《高祖纪上》，中华书局1982年版，第15页。

之戏","敢有故犯者,请以故违敕论",隋文帝"诏可其奏"。①

3. 不义。《开皇律》有"十恶"之"不义"条。《唐律疏议》释"不义","谓杀本属府主、刺史、县令,见受业师;吏卒杀本部五品官已上官长;及闻夫丧,匿不举哀,若作乐释服从吉,及改嫁"。近似于这方面的案例,如《王谊传》所载:隋文帝以第五女嫁给王谊之子王奉孝,"奉孝卒。逾年,谊上表,言公主少,请除服"。为御史大夫杨素所劾,认为王谊有"薄俗伤教,为父则不慈,轻礼易丧,致妇于无义"之罪,"若纵而不纠,恐伤风俗,请付法推科"。又如《元寿传》载:"开府肖摩诃妻患且死,奏请遣子向江南收其家产",为尚书左丞元寿所劾,认为肖摩诃犯了"远念资财,近亡匹好,又命其子舍危惙之母,为聚敛之行"的不义之罪。再如《李穆传》载,李穆之长子李筠"与从父弟瞿昙有隙,时(李)浑有力,遂证瞿昙杀之。瞿昙竟坐斩,而善衡得免。四年,议正嗣,邠公苏威奏筠不义,骨血相杀……"。

---

① 《隋书》卷62《柳彧传》,中华书局1982年版,第1483—1484页。

第五章　刑事法制
——隋律规定的刑罚制度

隋律规定的刑罚制度，较之前代有一定的改进，尤其是在刑罚方法方面。

改进的总特点是轻刑恤罚。隋文帝在颁布《开皇律》时下诏，指出"帝王作法，沿革不同"的原则是"取适于时"。当"时"的情况是封建制生产关系已经稳固确立，并符合生产力发展的要求，国家统一势在必行，隋的强大已达到可以轻刑恤罚的地步。因此，诏书谴责前代行"枭首轘身"之酷刑，非但"不益惩肃之理"，而且"徒表安忍之怀"，是"事乖仁者之刑"的；宣传本朝去鞭去枭去轘，流役及徒刑均减轻，即"以轻代重，化死为生"①。虽然仁寿时期及隋炀帝大业后期都把法外行刑视同家常便饭，而且越演越烈，但是在《开皇律》和《大业律》的律文中，刑罚制度方面所表现的轻刑恤罚的特点，却是毋庸置疑的。

隋初制定《开皇律》时，除削除"枭首轘身"之法外，实际上还去除了宫刑，这是隋文帝颁律诏书中未提及而在已有史料中可以考出的。

据《尚书正义》云："汉除肉刑，除墨劓耳，宫刑犹在。大隋开皇之初，始除男子宫刑，妇人犹闭于宫。"又据《周礼·秋官·司刑》疏云："宫刑至隋乃赦。"隋代宫刑之除，虽仅及男身，但也是重要的社会进步。查《北齐书》卷八之《后主纪》载：北齐后主高纬天统"五年春二月乙丑，诏应宫刑者普免刑为官口"。根据这一诏令，可以进行两种揣测：一为此诏乃一时之诏，并不涵盖相当长的时期；二为可以涵盖此后的长时期。但不管如何理解，透过此诏，都可得悉《北齐律》中确有关于宫刑的规定，否则无颁令之必要，措辞中也不会出现"应宫刑者"的字样。事实上，《北史》也记载了北齐执行宫刑的案例，据《北史·崔季舒传》载："季舒等家属男女徙北边，妻女及子妇配奚官，小男下蚕室，没入赀产。"我们至今未能从史料中查出北周实行宫刑的记载。因此，将隋代之去除宫刑与北

---

① 《隋书》卷25《刑法志》，中华书局1982年版，第711—712页。

齐有宫刑而北周无宫刑联系起来看,隋律"因北齐而不袭北周"之说也显然是苍白无力的。至于隋之去除镮身、枭首与鞭刑等酷刑,由于《北齐律》有鞭、镮及枭首,《北周律》有"磬"(《唐六典》注"磬"作"磔")、裂(以上二者大抵相当于"镮"之苛酷与枭及鞭刑),所以《开皇律》之"枭镮及鞭,并令去也",同为对《北齐律》与《北周律》的反拨,不能武断地认为《开皇律》"因北齐而不袭北周"。

《隋书·刑法志》还提到"除孥戮相坐之法":

> 又诏免尉迥、王谦、司马消难三道逆人家口之配没者,悉官酬赎,使为编户。因除孥戮相坐之法。

从尉迥等案开始"除孥戮相坐之法",事在开皇六年(586),由此可推论,开皇元年(581)撰订《开皇律》时,内容有"孥戮相坐之法",而在开皇三年(583)修订《开皇律》,大量删削繁苛法条时,仍保留了"孥戮相坐之法"。

考"孥戮相坐之法"起源极早。夏后氏发兵攻打有扈氏时下的军令中即有,至汉初实行"宽简之法"时,仍未废除。《汉书·崔实传》云:"昔高祖令萧何作九章之律,有夷三族之令。"《汉书·刑法志》载:"当三族者,皆先黥、劓、斩左右趾、笞杀之,枭其首,菹其骨肉于市;其诽谤詈诅者,又先断舌,故谓之具五刑。彭越、韩行之属,皆受此诛。至高后元年,乃除三族罪,其后新垣平为逆,复行三族之诛。"王温舒甚至还受五族之诛,《汉书·王温舒传》曰:"温舒受员骑钱他奸利事,罪至族,自杀,其时两弟及两婚家,亦各坐他罪而族。光禄勋徐自为曰:'悲夫,古有三族,而王温舒罪至同时而五族乎!'"汉代以还,魏有夷三族之刑,晋、南朝、梁、后魏等亦有孥戮相坐至族诛之法。[①]

有意思的是,北齐时倒是将族诛之刑去除了的。《北齐书·杨愔传》载:"愔子献、天和皆帝姑夫云,于是乃以天子之命,下诏罪之,罪止一身,家口不问。寻复簿录五家,王晞因谏,乃各没一房。"《北齐书·尔朱文畅传》载:"任胄令仲礼藏刀于裤中,因高祖临观,谋为窃发,事捷之后,共奉文畅为主。为任事家客薛季孝告。高祖问,皆惧伏,以其姊宠,故止坐畅一房。"程树德先生《九朝律考·北齐律考》谓:"按北魏有门房之诛,齐盖沿魏制。族诛仅《祖珽传》有因(斛律)光府参军封士让启告光反,遂灭其族之语,他不概见,盖不常用也。"将隋初开皇规定的"孥戮相坐之法"与北齐律之"罪止一身,家口不问"等相较,也可见隋律并非处处"因北齐"的。

---

① 《三国志》卷28《魏书·毋丘俭传》;《晋书》卷3《武帝纪》、卷59《东海王越传》、卷5《孝愍帝纪》、卷6《明帝纪》等;《北史》卷25《刘洁传》等。

一、刑罚方法

本书对隋代刑事法制的考证，始之以"刑罚方法"而不用"刑名"的术语，一是考虑到与当代各国刑法总则之"刑罚"篇章提法相偕，二是考虑到旧时封建制"刑名"有五，即笞、杖、徒、流、死，而实际上还应包括连坐、赎刑等。

隋《开皇律》有《名例》篇，列有主要的刑罚方法，即死、流、徒、杖、笞，后为唐律所承袭，形成定型化的封建制"五刑"。"名例"之从"刑名"演化而来，有一个过程，《唐律疏议》对此做了简要的概述："《尚书大传》曰：'夏刑三千条。'《周礼》'司刑掌五刑'，其属二千五百。穆王度时制法，五刑之属三千。周衰刑重，战国异制，魏文侯师于李悝，集诸国法典，造《法经》六篇：一、盗法；二、贼法；三、囚法；四、捕法；五、杂法；六、具法。商鞅传授，改法为律。汉相萧何，更加悝所造《户》《兴》《厩》三篇，谓《九章之律》。魏因汉律为一十八篇，改汉《具律》为《刑名第一》。晋命贾充等，增损汉、魏律为二十篇，于魏《刑名律》中分为《法例律》。宋、齐、梁及魏，因而不改。爰至北齐，并刑名、法例为《名例》。唐因于隋，相承不改。"关于"名例"术语的含义，《唐律疏议》复解释曰："名者，五刑之罪名；例者，五刑之体例。名训为命，例训为比。命诸篇之刑名，比诸篇之法例。但名因罪立，事由犯生，命名即刑立，比例即事表，故以《名例》为首篇。"这个解释，多少有点玩弄文字之嫌。罪名与刑名是两个不同的概念，如盗窃罪判徒刑若干年，罪名是盗窃，刑名是徒刑。《唐律疏议》关于"名例"的解释反而把刑与罪混淆起来了。倒是孙奭等撰的《律音义》对"名例"的解释更合理一些。孙谓："名例第一。主物之谓名，统凡之谓例。法律之名既众，要须例以表之，故曰'名例'。汉作《九章》，散而未统，魏朝始集罪例，号为《刑名》。晋贾充增定律二十篇，以《刑名》《法例》揭为篇冠。至北齐，赵郡王睿等奏上《齐律》篇，并曰《名例》，后循而不改。"这一解释有助于我们理解"名例"的含义。在本书中，从有利于今人的理解的角度出发，谨以考证隋律关于"刑罚方法"为题展开。

隋律规定的刑罚方法，开皇时期与大业时期基本相同。这可见诸《隋书·刑法志》所载的以下文字："炀帝即位，以高祖禁网深刻，又敕修律令，除十恶之条。时斗、称皆小旧二倍，其赎铜亦加二倍为差。杖百则三十斤矣。徒一年者六十斤，每等加三十斤为差，三年则一百八十斤矣。流无异等，赎二百四十斤。二死同赎三百六十斤。其实不异。"所不同者，唯《开皇律》规定流刑赎铜分等，而《大业律》则"流无异等"，一律"赎二百四十斤"。

《开皇律》规定的刑罚方法大致可分以下几个方面。

(一) 死刑

"死刑二,有绞,有斩。"① 绞、斩之刑,起源极早。《春秋元命苞》云:"黄帝斩蚩尤于涿鹿之野。"《周礼》云:"公族有死罪,磬之于甸人。"所以《唐律疏议》认为"斩自轩辕,绞兴周代"。

绞是用绳子勒死犯人,"绞以致毙",但不会使尸体分解,所以被认为比躯体分离的斩刑为轻。"斩则殊刑",斩在开皇初被法律规定为最严重的刑罚。刘熙《释名》云:"砍头曰斩,斩腰曰腰斩。"秦、汉行枭首与腰斩刑,可见斩首与斩腰是予以明确区分的。隋之"斩"刑,既未明确定为腰斩,那就是斩首,但斩首之后并不"枭首通衢",所以隋文帝的颁律诏书中说"枭轘及鞭并令去也"。《隋书·炀帝纪》载:开皇九年(589)平陈,行军元帅杨广"执陈湘州刺史施文庆、散骑常侍沈客卿……以其邪佞,有害于民,斩之右阙下,以谢三吴"。这是"斩"之一例。但隋代的司法实践中,并没有真正废除"轘""裂"之法。《隋书·韦福嗣传》载:内史舍人韦福嗣,为作乱的杨玄感所掳,杨玄感"令作文檄,辞甚不逊。寻背玄感还东都,帝衔之不已,车裂于高阳"。隋炀帝时,彭孝才率众起义于东海,彭城留守董纯"以精兵击之,擒孝才于阵,车裂之"②。这里的车裂,即"轘",一种用车来分裂人体的酷刑。《左传·桓公十八年》:"齐人杀子亹而轘高渠弥。"杜预注:"车裂曰轘;轘,散也,肢体分散也。"

此外,还有"支解"与"扑杀"。大业十年(614)十一月,"支解斛斯政于金光门外"③。开皇末,大将史万岁就是被隋文帝令左右"扑杀"而死的。

对于犯罪应处死的朝廷官员,往往采取"赐自尽"的形式。隋文帝时,王谊、秦王杨俊之妃崔氏、燕荣、刘昶等都被"赐死于家"④。隋炀帝时,苏威、张衡之妾、齐王杨暕韦妃之姊元氏也被"赐死""赐尽于家"⑤。赐死有时还采取"赐鸩"的方法,即强令喝毒酒而死。例如大业时,李敏之妻宇文氏,在李敏被诛杀后"数月,亦赐鸩而终"⑥。

(二) 流刑

"流刑三,有一千里、千五百里、二千里。"⑦ 流刑,俗称充军,即把犯人放逐到远方。《孟子·万章上》云:"舜流共工于幽州。"《尚书》有"流宥五刑""五流有宅,五宅三居"之

---

① 《隋书》卷25《刑法志》,中华书局1982年版,第710页。
② 《隋书》卷65《董纯传》,中华书局1982年版,第1540页。
③ 《隋书》卷4《炀帝纪下》,中华书局1982年版,第88页。
④ 《隋书》卷40《王谊传》、卷45《秦王杨俊传》、卷74《燕荣传》、卷80《刘昶女传》。
⑤ 《隋书》卷41《苏威传》、卷56《张衡传》、卷59《齐王暕传》。
⑥ 《隋书》37《李穆传》,中华书局1982年版,第1125页。
⑦ 《隋书》卷25《刑法志》,中华书局1982年版,第710页。

说。《唐律疏议》议及古代流刑时谓："大罪投之四裔，或流之于海外，次九州之外，次中国之外。盖始于唐虞。"也就是说，我国在原始社会的末期就有这种刑罚了。秦、汉时也有这类刑罚。如秦时，"长安君……反，死屯留，军吏皆斩死，迁其民于临洮"①。"秦既灭韩，徙天下不轨之民于南阳……"②可见秦时的流刑称"迁"、"徙"（边）。汉承秦徙边之制。"汉武时，始启河右四郡，议诸疑罪而谪徙之。"③《法学词典》说"秦汉魏晋无流刑"，应理解作"无字面规定的'流刑'"。流刑的名称始见于《尚书·舜典》："流宥五刑。"这与上述《孟子·万章上》所云"舜流共工于幽州"是一致的。正式采用流刑的说法，是在梁代：梁武帝天监二年（503）任提女之子景慈证成母罪，诏流交州。④北魏流刑亦称流徙。北齐开始，流刑入五刑。北周之五刑中，亦有流刑。《辞海》称："在中国，秦、汉就有这种刑罚。"这是正确的，但接着又说："隋代定为五刑之一，沿用至清代。"容易使人误解为流之入刑始于隋代，这是值得注意的。

《开皇律》还规定："应配者，一千里居作二年，一千五百里居作二年半，二千里居作三年。应住居作者，三流俱役三年。近流加杖一百，一等加三十。""配"即流配。"居作"，亦称"居役""罚作""输作"，是古代强制罪犯在流配地服劳役的刑罚。《开皇律》规定流一千里者强制服劳役二年，流一千五百里者强制服劳役二年半，流二千里者强制服劳役三年。同时，服流刑之前，还分别要杖一百、一百三十、一百六十。

《隋书·刑法志》载：开皇"十三年，改徒及流并为配防"。这表明当时的流犯主要是从事军事劳役了。《隋书·高祖纪》载，同年二月，"乙丑，制坐事去官者，配流一年"。这是专为"去官"者作的流配的规定。

关于隋代的流刑，《资治通鉴》第175卷记作"流刑三，自二千里至三千里"。胡三省注亦与《隋书·刑法志》不同。程树德的《九朝律考·隋律考》谓："考《唐六典》注，唐律一准开皇之旧，惟三流皆加一千里，《通鉴》盖传写之误。"而《唐律疏议·名例律》载"流刑三：二千里，二千五百里，三千里。"所以，《开皇律》规定的流刑三等分别是一千里、一千五百里和二千里。又《隋书·刑法志》云："其流徒之罪皆减从轻。"北齐律有流刑的规定，但仅仅规定"投于边裔，以为兵卒，未有道里之差"。北周律则规定流刑五等，自二千五百里至四千五百里，等差为五百里。隋之流刑较前代"皆减从轻"，以一千里、一千五百里、二千里为限，是可信的。

隋代的流刑，有时作"投边裔""徙边"。《隋书·高祖纪》载：开皇九年（589）夏四月"己未，以陈都官尚书孔范，散骑常侍王瑳、王仪，御史中丞沈观等，邪佞于其主，以致

---

① 《史记》卷6《秦始皇本纪》，中华书局1999年版，第224—225页。
② 《汉书》卷28《地理志》，中华书局1962年版，第1654页。
③ 《魏书》卷112《刑罚志》，中华书局1974年版，第2874—2875页。
④ 《隋书》卷25《刑法志》："三年八月，建康女子任提女，坐诱口当死。其子景慈对鞫辞云，母实行此。……诏流于交州。至是复有流徒之罪。"

亡灭，皆投之边裔"。《隋书·炀帝纪》载：大业元年（605）秋七月"丙午，滕王（杨）伦、卫王（杨）集并夺爵徙边"。《隋书·滕穆王瓒传》载：杨瓒之子杨伦"徙始安。诸弟散徙边郡。……未几，复徙朱崖"。"伦弟坦……坐徙长沙。坦弟猛……徙衡山。猛弟温……初徙零陵。温好学，解属文，既而作《零陵赋》以自寄，其辞哀思。帝见而怒之，转徙南海。温弟诡……前亦徙零陵"。

前文关于隋《开皇律》的历史渊源部分，曾述及陈寅恪、程树德先生等的"因北齐而不袭北周"论确有偏颇，而留程论到这里来加以说明，因为程论与流刑制度在隋、唐律关系中更直接一些，现予略述。

程树德先生在《九朝律考·隋律考》中说："唐初修律诸臣，如裴寂、刘文静、殷开山等本非律家，开皇定律，源出北齐，而齐律之美备，又载在史册，人无异词，执笔者不敢率为更改。故《旧唐书·刑法志》，一则曰以开皇为准，再则曰余无所改，纪其实也。"我以为，程先生的这段话颇多问题：其一，"齐律之美备，又载在史册，人无异词"云云，有时序上的误解。齐律是否"美备"，确有后人评说，但不是在北周，因为北周律在很大的程度上修改了北齐律，如北齐律为九百四十七条，而北周律达一千七百多条。有可能是在隋代，隋代君臣因隋祚夺自北周，完全可能故意去否定北周，这有利于为夺袭北周帝位做辩解，有利于巩固他的统治。但《隋书》为魏徵所修，事在唐武德元年之后许久，因而"齐律之美备，载在史册"云云，就失去了立论的依据。为证明唐律源于隋律、隋律源于北齐律而随意以含混的模糊概念"史册"作为论据，不能说是学术的严谨。

其二，"执笔者不敢率为更改"云云，也是很成问题的揣测。即令齐律如何如何的"美备"，也总是经过了开皇的修订，程先生也引《旧唐书·刑法志》之"《唐律》……以开皇为准"说明隋律为唐律蓝本的。因此，是否敢于"率为更改"，直接的"更改"对象并非齐律，而是隋律。这样，就产生了两个问题：一为，程文"不敢率为更改"之以齐律为对象，是对象性的错误；二为，唐的建立是把整个隋朝推翻了，把隋的君臣杀了大半，才大功告成的，在这样的情况下，把隋律做些修改，又何惧之有？何来"不敢率为更改"？

其三，诚如程树德先生《九朝律考·隋律考序》中"以隋书、唐律互较，尚可仿佛得其修订之迹"之说，以及关于隋唐律"恶逆""不道""八议""死罪""流罪""减赎"，程序上的"奏请""呪诅"是否定罪等等，均有不同，可见不管是否"率"然，"更改"却也是有的，远非绝对的"以开皇为准"。这就是说，程先生在《隋律考序》的前言后语也是相互抵牾的。

不过，以上均为学术上的不够严谨而已，还不涉及隋律、唐律"因北齐而不袭北周"这一议论的中心问题。现在我们结合隋、唐流刑制度来分析一下。

隋《开皇律》定"流"为"五刑"之一，流刑分三等，自一千里至二千里。唐初定律，据《唐律疏议·名例律》载："流刑三：二千里，二千五百里，三千里。"

这样，唐律的流刑较之隋律，每一等都一下子增加了一千里。这在当时，是极为严峻的刑罚。

据《隋书·刑法志》载，北齐的流刑规定很笼统："论犯可死，原情可降，鞭笞各一百，髡之，投于边裔，以为兵卒。未有道里之差，其不合远配者，男子长徒，女子配舂，并六年。"

而北周的流刑，按《隋书·刑法志》载，分为五等："流卫服去皇畿二千五百里者，鞭一百，笞六十；流要服去皇畿三千里者，鞭一百，笞七十；流荒服去皇畿三千五百里者，鞭一百，笞八十；流镇服去皇畿四千里者，鞭一百，笞九十；流蕃服去皇畿四千五百里者，鞭一百，笞一百。"

将齐、周、隋、唐律关于流刑的规定加以比较，不难得出这样的结论：唐律流刑之重于隋律，第一，绝非源于"美备"的北齐律，因为齐律未有流刑"道里远近"的规定；第二，绝非"一准开皇之旧"，"执笔者不敢率尔更改"，而是不顾隋律的规定，而大大加重对流刑犯的惩罚；第三，这种加重，倒是更接近于北周律的流刑道里远近的规定了。

综上所述，程树德先生之隋、唐律"因北齐而不袭北周"，从流刑的规定来看是显然站不住脚的。

（三）徒刑

"徒刑五，有一年、一年半、二年、二年半、三年。"[①] 古代徒刑的含义有二：一为剥夺犯法者的身体自由，一为强迫其服劳役。因此徒刑又称徒作刑。徒作刑名，历代不一，有作刑、耐刑、年刑、徒刑、居作、输将、当差等等。《周礼》中已有徒刑的记载："其奴男子子入于罪隶"，"任之以事，置以圜土而收教之。上罪三年而舍，中罪二年而舍，下罪一年而舍"。此处之"奴"，意谓加以奴辱。《唐律疏议》有云："徒者，奴也，盖奴辱之。"又云，"奴辱之"之"徒刑"，"盖始于周"。具体来说，徒刑可能始于东周之春秋时期。《左传·僖公五年》载："冬，晋人执虞公。"《左传·僖公十九年》载："春，宋人执滕子婴齐。"《左传·襄公二十一年》载："会于商任，锢栾氏也。""执""锢"具有拘逮罚作劳役的意思。至秦时，徒刑已广泛运用，《史记·秦始皇本纪》载：始皇"二十八年……使刑徒三千人皆伐湘山树"，"始皇初即位，穿治郦山，及并天下，天下徒送诣七十余万人"。《史记·高祖本纪》载："高祖以亭长，为县送徒郦山。"秦代的徒刑有"城旦""鬼薪""白粲""司寇"等的区分。汉代徒刑分"罚作"、"司寇"、"鬼薪"与"白粲"、"完城旦舂"四等，时间依次为一、二、三、四年。东汉桓帝时创禁锢终身之制。至魏、晋、南北朝，沿用并发展了前代的徒刑。北齐的耐罪，有五岁、四岁、三岁、二岁与一岁之差，并加以笞刑。北周改耐刑为徒刑，自一年至五年分为五等，各加鞭笞。隋律规定的五等徒刑，均不附加鞭笞，又可听以金赎。

---

① 《隋书》卷25《刑法志》，中华书局1982年版，第710—711页。

（四）杖刑

"杖刑五，自五十至于百。"① 杖刑，即以大于笞刑所用的竹板或荆条棰击罪犯的臀、背或腿部。杖刑是从鞭刑发展而来的。杖以荆条制成，分大杖、小杖、法杖三种。大杖的大头为三分二厘，小头为二分二厘，原长六尺；小杖、法杖不详。北齐杖刑分十、二十、三十共三种。北周分杖刑为十五、二十、三十、四十、五十等五种。《尚书·舜典》云："鞭作官刑。"意谓用鞭刑对官事不治者的惩罚。南朝梁武帝时的鞭刑，"有制鞭、法鞭、常鞭，凡三等之差。制鞭，生革廉成；法鞭，生革去廉；常鞭，熟靼不去廉。皆作鹤头纽，长一尺一寸。梢长二尺七寸，广三分，鞭长二尺五寸"②。鞭刑较杖刑为重，"鞭之为用，残剥肢体。彻骨侵肌，酷均脔切"，隋文帝废除了鞭刑，改以较轻的杖刑代之。但杖刑在北齐、北周即已使用，有些著作说杖刑始于开皇时期，是不正确的。

隋代对官吏的处分，还可以根据情况超越法定的杖刑而施行。开皇十七年（597）三月，隋文帝下诏说："若所在官人不相敬惮，多自宽纵，事难克举。诸有殿失，虽备科条，或据律乃轻，论情则重，不即决罪，无以惩肃。其诸司论属官，若有愆犯，听于律外斟酌决杖。"③ 而这就造成了"上下相驱，迭行棰楚，以残暴为干能，以守法为懦弱"④ 的严重后果。

（五）笞刑

"笞刑五，自十至于五十。"⑤ 笞刑来源于《尚书·舜典》所记的"扑作教刑"。扑，原供学校和管礼教者对受教人教训惩戒之用，后逐渐演变为笞杖。秦时，笞用作正式刑罚。笞杖作为正式刑罚，从汉文帝除肉刑开始。汉景帝定棰令，用竹板棰击臀部。自隋开始，笞刑列为"五刑"之一，一直沿用至清代。

除上述死、流、徒、杖、笞"五刑"以外，隋律规定的惩罚犯罪的方法，还有连坐、族刑、赎刑、籍没等。

---

① 《隋书》卷25《刑法志》，中华书局1982年版，第711页。《隋书》此处显然有误。杨鸿烈《中国法律发达史》、北京大学《中国法制史》等书亦据此引作"杖刑五，自五十至一百"，这是不正确的。程树德《九朝律考》卷8《隋律考》、张晋藩《中国法制史》等书改为"杖刑五，自六十至一百"，是正确的。这是因为"自五十至一百"共有六等，而无法划分为五等；《唐律》亦为"杖刑五，自六十至一百"，而《唐律》是"大略以开皇为准"的。

② 《隋书》卷25《刑法志》，中华书局1982年版，第699页。

③ 《隋书》卷25《刑法志》、卷2《高祖纪下》，中华书局1982年版，第714、41页。

④ 《隋书》卷25《刑法志》，中华书局1982年版，第714页。

⑤ 同上书，第711页。

(六) 连坐

连坐亦称"相坐",是一人犯罪而株连他人的刑罚制度。这种刑罚制度由来久远。《史记·孝文本纪》云:"民不能自治,故为法以禁之,相坐及收,所以累其心,使重犯法,所从来远矣。"《通考·职役考一》马端临曰:"秦人所行什伍之法,与成周一也。"可见,至迟是在西周时期即已出现了连坐的刑罚。秦时,商鞅变法,"令民为什伍,而相牧司连坐"①,建立了一整套连坐告奸的制度。汉因秦制,直至汉文帝前元二年(前178)废除收孥相坐律令,但在实际执行中则从未停止过。《隋书·刑法志》载:"惟大逆谋反叛者,父子兄弟皆斩,家口没官。"这是隋《开皇律》规定家属连坐的证明,其范围局限于"大逆谋反叛"之罪。但在实践过程中,又远非止于"大逆谋反叛"。

隋代连坐的刑罚,可以从隋代的司法实践中考证归纳出以下几种。

1. 家属连坐。《隋书·刘昉传》载:隋文帝时,刘昉与梁士彦等因谋反被诛,"士彦、昉儿年十五以上远配"。《赵绰传》载:"故陈将肖摩诃,其子世略在江南作乱,摩诃当从坐。"《刘昶传》载,左武卫大将军、庆州总管刘昶之子刘居士"不遵法度,数得罪",后又为人告有反状,经断,"居士坐斩,昶竟赐死于家"。又如,炀帝时,高颎因"谤讪朝政"罪被诛,诸子则连坐"徙边"②。滕穆王杨瓒之子杨纶因"怨望咒诅""厌蛊恶逆"而"坐当死",虽然杨纶本人因"帝以公族不忍",仅"除名为民,徙始安",但其"诸弟"却因此而连坐"散徙边郡"③。右骁卫大将军李浑被妻宇文述诬构犯谋反罪,与李敏等宗族三十二人被诛,"自余无少长,皆徙岭外"④。《隋书·贺若弼传》载,贺若弼因隋炀帝大宴启民可汗"以为大侈,与高颎、宇文弢等私议得失,为人所奏,竟坐诛……妻子为官奴婢,群从徙边"。《隋书·薛道衡传》载,薛道衡向隋炀帝上《高祖文皇帝颂》,被斥之为"致美先朝",有"鱼藻之义",后令其自缢,"缢而杀之,妻子徙且末"。从以上例子可以看出,父亲犯罪儿子要连坐,儿子犯罪父亲也要连坐,此外兄弟、宗族也要连坐。连坐的家属中,妇女及儿童被视为危险性较小者,因此如不被杀或流徙边裔,则往往被"配为官奴"。

2. 邻伍连坐。例如《隋书·炀帝纪》载:大业六年(610)正月,"有盗数十人,皆素冠衣,焚香持华,自称弥勒佛,入自建国门。监门者皆稽首,既而夺卫士仗,将为乱",为齐王杨暕所斩杀,"于是都下大索,与相连者千余家"。

3. 职务连坐。例如,隋文帝时,礼部尚书苏威因"朋党"等罪被免官,"知名之士坐威得罪者百余人"。炀帝时,苏威本人又因高颎、贺若弼被诛而连坐免官。⑤ 又如,齐王

---

① 《史记》卷68《商君列传》,中华书局1999年版,第2230页。
② 《隋书》卷41《高颎》,中华书局1982年版,第1184页。
③ 《隋书》卷44《滕穆王杨瓒传》,中华书局1982年版,第1222—1223页。
④ 《隋书》卷38《李浑传》,中华书局1982年版,第1121页。
⑤ 《隋书》卷41《苏威传》,中华书局1982年版,第1187—1188页。

杨睐犯罪,"睐府僚皆斥之边远"①。贺若弼被诛,"群从徙边"②。

还有一种职务连坐,实际上是对严重失职的惩罚。《隋书·薛胄传》载:"有陈州人向道力者,伪作高平郡守,将之官,胄遇诸涂,察其有异,将留诘之。司马王君馥固谏,乃听诣郡。既而悔之,即遣主簿追禁道力。有部人徐俱罗者,尝任海陵郡守,先是已为道力伪代之。比至秩满,公私不悟。俱罗遂语君馥曰:'向道力以经代俱罗为郡,使君岂容疑之?'君馥以俱罗所陈,又固请胄。胄呵君馥曰:'吾已察知此人诈也。司马容奸,当连其坐!'君馥乃止。遂往牧之,道力惧而引伪。"这里的"司马容奸,当连其坐",即是对严重失职的职务连坐。

4. 交游连坐。例如,炀帝时,"滕王伦、卫王集并以谗构得罪,高阳公智明亦以交游夺爵"③。

(七)族诛

族诛,就是因一人犯罪而诛灭其亲族的刑罚制度,有夷三族、五族、七族、九族、十族等之分。据《史记·秦本纪》载,秦文公二十年(前746)法,初有三族之罪。秦武公三年(前695)诛三父等而夷三族。《汉书·刑法志》云:"秦用商鞅连相坐之法,造参夷之诛。"至商鞅变法,夷三族被定为常法。所谓三族,有说是父母、兄弟、妻子的,也有说是父族、母族、妻族的。汉初沿用秦代夷三族之法,凡夷三族的,一律先黥其面,劓其鼻,斩其左右趾,然后笞杀,枭其首,菹醢其骨肉于市示众。吕后元年(187)虽曾废除夷三族的刑罚方法,但后来新垣平谋叛,又恢复了三族之诛,以后甚至发展到诛夷七族、九族以至十族。总之,每当社会矛盾激化,当权的统治者就会滥肆淫刑。恩格斯曾经这样说:"人类是从野兽开始的,因此为了摆脱野蛮状态,他们必须使用野蛮的、几乎是野兽般的手段,这毕竟是事实。"④

隋代曾一度废除族刑。据《隋书·刑法志》载:尉迟迥、王谦、司马消难起兵反抗杨坚"入宫辅政",败后其家口均被配没。开皇六年(586)隋文帝下诏免除尉迟迥等三家之配没者,"悉官酬赎,使为编户。因除孥戮相坐之法"。当然,同以往任何朝代一样,社会矛盾激化,族刑就会恢复通行,或者扩大其范围。如《隋书·炀帝纪》载:隋炀帝杨广"猜忌臣下,无所专任,朝臣有不合意者,必构其罪而族灭之"。大业十一年(615)五月"杀右骁卫大将军、光禄大夫、郕公李浑,将作监、光禄大夫李敏,并族灭其家……""及杨玄感反,帝诛之,罪及九族"。关于李浑、李敏之诛,《隋书·李穆传》有详尽的记载,

---

① 《隋书》卷59《齐王杨睐传》,中华书局1982年版,第1443页。
② 《隋书》卷52《贺若弼传》,中华书局1982年版,第1346页。
③ 《隋书》卷44《蔡王智积传》,中华书局1982年版,第1236页。
④ 《马克思恩格斯选集》第3卷,人民出版社1972年版,第220页。

纯然是一大冤案,但结果却是"诛浑、敏等宗族三十二人,自余无少长,皆徙岭外"。《法学词典》根据《九朝律考》所说"隋无族诛之制(隋炀帝诛杨玄感九族为唯一例外)"云云,是欠妥的,否则就不会有开皇六年(586)的"因除孥戮相坐之法"的诏令了。

(八)赎刑

赎刑指统治者规定犯人可用财物代替或抵销其刑罚的制度。"赎"之为"刑",在《唐律疏议·名例律》中并未与笞、杖、徒、流、死或官当等列入"名例"定为刑名,但这不等于其时不认"赎"亦为"刑"。《疏议》有"未知赎刑起源于何代"之问,且有"今有赎刑,轻重异制"之说,即可见一斑。但唐律确未将赎刑列为单独的刑种,只是在笞、杖、徒、流、死五刑之下,附而规定每一刑等的赎刑差别。这在隋代也是一样的。

赎刑在我国由来已久,《尚书·舜典》有"金作赎刑"语。《国语·齐语》有"(管仲)制重罪赎以犀甲,轻罪赎以鞼盾"的记载。《秦简》有赎黥、赎耐、赎迁的规定。汉惠帝时得买爵三十(一级值钱二千)以免死刑;汉武帝时赎死罪者很多,但并非常法,至东汉才渐成定制。经魏、晋、南北朝,赎罪形成了制度。隋《开皇律》明确规定赎刑办法如下:九品官"以上犯者,听赎。应赎者,皆以铜代绢。赎铜一斤为一负,负十为殿。笞十者铜一斤,加至杖百则十斤。徒一年,赎铜二十斤,每等则加铜十斤,三年则六十斤矣。流一千里,赎铜八十斤,每等则加铜十斤,二千里则百斤矣。二死皆赎铜百二十斤"①。具体来说,即:

死刑(或绞或斩)皆赎铜一百二十斤;

流刑一千里赎铜八十斤,一千五百里赎铜九十斤,二千里赎铜一百斤;

徒刑一年赎铜二十斤,一年半赎铜三十斤,二年赎铜四十斤,二年半赎铜五十斤,三年赎铜六十斤;

杖刑六十赎铜六斤,七十赎铜七斤,八十赎铜八斤,九十赎铜九斤,一百赎铜十斤;

笞刑十赎铜一斤,二十赎铜二斤,三十赎铜三斤,四十赎铜四斤,五十赎铜五斤。

这里的"铜"即铁。当时工业不发达,铁生产很少,而又可以制作兵器、农具,所以比较贵重。一般劳动人民当然拿不出许多铁来赎罪,即使是官吏、富户,要拿出一百二十斤铁来也不是容易的事,因此,纳铁赎罪也被作为刑罚之一种。

(九)籍没

籍没指登记并没收犯人的家口和财产的惩罚方法。《尚书·甘誓》:"予则孥戮汝。"孔传:"孥,子也,非但止汝身,辱及汝子。"秦之连坐收孥法规定:"夫盗千钱,妻所匿三百,可(何)以论妻?妻智(知)夫盗而匿之,当以三百论为盗;不智(知),为

---

① 《隋书》卷25《刑法志》,中华书局1982年版,第711页。

收。"① "收",即没收为官奴婢。② 汉承秦制,罪人之妻、子没为奴婢。魏、晋亦同。梁律对谋反、降、叛、大逆以上犯人的母、妻、姐妹及应从坐弃市的妻妾子女,都充作官奴婢。陈和北魏亦同。在家口没官的同时,其一切财产也全部予以没收。

隋律规定籍没为正式的惩罚方法。开皇十五年(595)十二月,"敕盗边粮一升已上皆斩,并籍没其家"③。这种惩罚方法,在隋代是经常被使用的。例如,隋文帝时期,梁士彦、宇文忻、刘昉等大臣被诛,"士彦、叔谐妻妾及资财田宅,忻、昉妻妾及资财田宅,悉没官"④。上大将军元谐等被人告以"谋反"罪,"上大怒,谐、滂(元滂)、鸾(田鸾)、绪(祁绪)并伏诛,籍没其家"⑤。因房陵王、太子杨勇而连坐伏诛的元旻、唐令则等七人,"妻妾子孙皆悉没官",阎毗等四人虽经免死,但"身及妻子资财田宅,悉可没官"⑥。又如,隋炀帝时,鱼俱罗以"师徒败衄"被斩于东都市,"家口籍没"⑦。李子雄"及玄感败,伏诛,籍没其家"⑧。赵元淑及其妻魏氏因与杨玄感"通谋","俱斩于涿郡,籍没其家"⑨。

(十) 配为官奴

这是一种对有特殊才艺者的处刑方法,显示与因"连坐"而罚为官奴的不同。《隋书·卢太翼传》载:卢太翼"博综群书,爰及佛道,皆得其精微。尤善占候算历之术。……皇太子勇闻而召之……及太子废,坐法当死,高祖惜其才而不害,配为官奴"。《耿询传》载:耿询"滑稽辩给,伎巧绝人。……会郡僚反叛,推询为主。柱国王世积讨擒之,罪当诛。自言有巧思,世积释之,以为家奴。……询创意造浑天仪,不假人力,以水转之,施于暗室中,使智宝外候天时,合如符契。世积知而奏之,高祖配询为官奴,给使太史局"。

二、从刑名看隋唐律的因袭渊源

考毕隋律之刑名,仍有必要谈一谈隋、唐律的因袭渊源问题,因为隋、唐律的刑名排列,是颇有不同的,而这种不同又有与北齐、北周律刑名排列顺序的关系在内。

隋律刑名的顺序为"死""流""徒""杖""笞";唐律刑名的排列顺序恰与隋律相反,

---

① 睡虎地秦墓竹简整理小组:《睡虎地秦墓竹简》,文物出版社1978年版,第157页。
② "收",有解作"收藏"的。窃以为不妥,应解作对"匿三百"的"妻"的刑罚,即与"为盗"的"夫"的对应性刑罚,收为官奴婢。
③ 《隋书》卷2《高祖纪下》,中华书局1982年版,第40页。
④ 《隋书》卷38《刘昉传》,中华书局1982年版,第1134页。
⑤ 《隋书》卷40《元谐传》,中华书局1982年版,第1172页。
⑥ 《隋书》卷45《房陵王太子杨勇传》,中华书局1982年版,第1237页。
⑦ 《隋书》卷64《鱼俱罗传》,中华书局1982年版,第1518页。
⑧ 《隋书》卷70《李子雄传》,中华书局1982年版,第1620页。
⑨ 《隋书》卷70《赵元淑传》,中华书局1982年版,第1622页。

不是先重后轻，而是先轻后重："笞""杖""徒""流""死"。

北周律的刑名顺序为"杖""鞭""徒""流""死"，而北齐律的刑名顺序为"死""流""刑""鞭""杖"。

将隋、唐律与齐、周律刑名排列顺序对照比较，可以得出的结论只能是：每一朝代在立法时，都有自身的创意，这种创意既有对前代法律的继承，也有对前代法律的反拨；唐律大体抄袭隋律，但在刑名的排列上却与北齐律、隋律相反，而与北周律相同；由此可见，后人一厢情愿地断定隋、唐立法"因北齐而不袭北周"，恐怕是不符隋、唐立法参与者当时的心态与意图，同时也是不符实际的。

三、判刑原则

为了保证刑罚的施行，首先要决定对被告人施行什么刑罚。判刑原则就是指审理案件方面对被告人决定施行何种刑罚时所应遵守的原则。封建法制是以专横为其特征的，司法的官吏，尤其是执掌大权的皇帝、大臣，更有任情生杀的特权。但这并不等于说封建社会的司法实践中并不遵守任何判刑原则，或连表面的判刑原则都没有。恰恰相反，在我国的封建社会中，关于判刑原则的规定往往是十分详尽周密的，这是维护封建秩序的必要。只不过当社会矛盾激化时，这些判刑原则被违反却不受追究了。隋律关于判刑原则的规定，现在所能知道的不多，据考证可分以下几方面。

（一）刑事责任的年龄

《隋书·食货志》载："高祖……颁新令……男女三岁以下为黄，十岁以下为小，十七以下为中，十八以上为丁。""开皇三年正月，帝入新宫。初令军人以二十一为丁。""炀帝即位……男子以二十二成丁。"杨鸿烈《中国法律发达史》将上述"黄""小""中""丁"的规定，列为"民法"关于人的"行为能力"的规定。实际上，在我国古代法制史上，民、刑不分，隋代也是如此。但是纳赋、服役年龄并不就是刑事责任年龄，因此上述"黄""小""中""丁"的规定，只能作为参考。

《隋书·刘昉传》："(梁)士彦、(刘)昉儿年十五以上为远配。"从这一材料可以比较直接地确定：隋代刑事责任年龄为十五岁。这一点，可以反考诸唐律。《唐律》有"诸年七十以上、十五以下及废疾，犯流罪以下，听赎"的规定。《疏议》曰："依《周礼》：'年七十以上及未龀者，并不为奴。'今律：年七十以上、七十九以下，十五以下、十一以上及废疾，为矜老小及疾，故流罪以下收赎。"与《隋书·刘昉传》的记载对照，至少可以肯定，隋律关于刑事责任的年龄在"十五以上"。

（二）讯问即承减轻处罚的规定

《隋书·刘昉传》："上仪同薛摩儿，是（梁）士彦交旧，上柱国府户曹参军事裴石达，是士彦府僚，反状逆心，巨细皆委。薛摩儿闻语，仍相依和，俱不申陈，宜从大辟。问即承引，颇是恕心，可除名免死。"

此外，自首也可减轻刑罚或免除刑罚。《隋书·孝女王舜传》载：王舜姐妹三人为报父仇，杀死伯叔、婶后"诣县请罪"，后为隋文帝所知而免罪。

（三）官当

官当为以官抵罪的制度。晋律规定免官比三岁刑，即为以官抵罪的开始。官当之名始于陈，《隋书·刑法志》载陈律规定："五岁四岁刑，若有官，准当二年，余一年赎。若公坐过误，罚金。其二岁刑，有官者，赎论。"

《开皇律》规定："犯私罪以官当徒者，五品以上，一官当徒二年；九品以上，一官当徒一年；当流者，三流同比徒三年。若犯公罪者，徒各加一年，当流者各加一等，其累徒过九年者，流二千里。"① 这个规定，按官阶的高低划分"官当"的年限，以五品为界，五品以上和五品以下有较大的差别。其理由如《唐律疏议》所说，是由于"九品以上官卑""五品以上官贵"之故。

需加讨论的是：公罪比私罪处罚得轻些还是重些，因为这牵涉官当公罪年限问题。杨鸿烈在《中国法律发达史》中引录上述隋律关于官当的规定时认为："若犯公罪者……"，属于"官吏犯公罪加重"的条文。我们认为恰恰相反：官吏犯公罪，可以增加官当的年限。因此不是"加重"，而是"减轻"。律文所说"若公犯罪者，徒各加一年"，是指官吏犯公罪，五品以上一官当徒三年，九品以上一官当徒二年。这样理解与唐律的有关规定是相符合的。唐律规定："诸犯私罪以官当徒者，五品以上，一官当徒二年；九品以上，一官当徒一年。若犯公罪者，各加一年当。""各加一年当者，五品以上，一官当徒三年；九品以上，一官当徒二年。"②

（四）八议

八议指八种人的犯罪须经特别审议并享受减免刑罚的特权的判刑原则。源自周之"八辟"。《周礼·秋官·小司寇》："以八辟丽邦法。"一是议亲之辟；二是议故之辟；三是议贤之辟；四是议能之辟；五是议功之辟；六是议贵之辟；七是议勤之辟；八是议宾之辟。秦自商鞅变法后停废。汉初承秦制，八议未入于律，史籍有议亲、议贵、议贤三者，至

---

① 《隋书》卷25《刑法志》，中华书局1982年版，第711页。
② 《唐律疏议》卷2《名例律》，中华书局1983年版，第44页。

汉末八议说复盛行。三国魏《新律》始将"八议"载入律文，晋、宋、梁、齐、陈、北魏、北齐、北周及隋之律文均有记载。不过《北齐律》与《北周律》律文久已佚失，所能证明其有"八议"规定的只有以下几件史料依据了：

《北齐书·南阳王绰传》载："为司徒、冀州刺史……游猎无度，恣情强暴……后主闻之，诏锁绰赴行在所。至而宥之。"《北齐书·毕义云传》载："高归彦起逆，义云在州私集人马，并聚甲杖，将以自防，实无他意。为人所启……武成犹录其往诚，竟不加罪。"《北史·周室诸王代奰王达传》载："所管礼州刺史蔡泽黩货被讼，达以其勋庸，不可加戮。"

隋律之承袭周齐旧制，入律"八议"，乃"八议"之制自周以"八辟"创设此制后一脉相承的反映。

《隋书·刑法志》引《开皇律》云："其在八议之科，及官品第七以上犯罪，皆例减一等。其品第九以上犯者，听赎。"《隋书·李穆传》所引诏书云："礼制凡品，不拘上智，法备小人，不防君子……自今已后，虽有愆罪，但非谋逆，纵有百死，终不推问。"《隋书·长孙览传》所引隋文帝对长孙览、杨雄等大臣所说的："朕之于人，义则君臣，恩犹父子。朕当与公共享终吉，罪非谋逆，一无所问。"以及《隋书·刑法志》所引颁律诏文"贵砺带之书，不当徒罪，广轩冕之荫，旁及诸亲"等等，都说明隋代"八议"是作为非常重要的判刑原则运用的。有关的具体史料对此做了进一步的说明。

"议亲"是关于皇亲国戚减免刑罚的规定。"亲"的范围，《唐律疏议》释曰："议亲。谓皇帝袒免以上亲及太皇太后、皇太后缌麻以上亲、皇后小功以上亲。""袒免以上亲"包括高祖兄弟、曾祖从父兄弟、祖再从兄弟、父三从兄弟、身之四从兄弟；"太皇太后、皇太后缌麻以上亲"包括曾祖兄弟、祖从父兄弟、父再从兄弟、身之三从兄弟；"皇后小功以上亲"包括祖之兄弟、父之从兄弟、身之再从兄弟。

《隋书·刘昶女传》载：刘昶与隋文帝有旧交，其子刘居士"聚徒任侠，不遵法度，数得罪。上以昶故，每辄原之"。《鱼俱罗传》载：鱼俱罗之弟鱼赞"性凶暴，虐其部下，令左右炙肉，遇不中意，以竿刺瞎其眼。有温酒不适者，去断其舌"，但"帝以（鱼）赞藩邸之旧，不忍加诛"，"出赞于狱，令自为计"。十分典型的是与隋文帝"有同学之旧"的郑译。早在开皇初年，郑译就"进位上柱国、恕以十死"。但是，郑译"性轻险，不亲职务，赃货狼藉"，"又与母别居，为宪司所劾"，隋文帝竟下诏曰："译数谋良策，寂尔无闻，鬻狱卖官，沸腾盈耳。若留之于世，为不逆之臣，戮之于朝，入地为不孝之鬼。有累幽显，无以置之，宜赐以《孝经》令其熟读。"除"仍遣与母共居"外，不久又复位沛国公、上柱国了。这时，"上顾谓侍臣曰：'郑译与朕，同生共死，间关危难，兴言念此，何日忘之！'"事见《隋书·郑译传》。

"议贤"是对有德行的人减免刑罚的规定。如《隋书·孝女王舜传》载："孝女王舜者，赵郡王子春之女也。子春与从兄长忻不协，属齐灭之际，长忻与其妻同谋杀子春。舜时年七岁，有二妹……舜抚育二妹，恩义甚笃。而舜阴有复仇之心，长忻殊不为备。姊妹俱长，亲戚欲嫁之，辄拒不从。乃密谓其二妹曰：'我无兄长，致使父仇不复。吾辈虽是女子，何用生为？我欲共汝报复，汝意如何？'二妹皆垂泣曰：'惟姊所命。'是夜，姊妹各持刀窬墙而入，手杀长忻夫妇，以告父墓。因诣县请罪，姊妹争为谋首，州、县不能决。高祖闻而嘉叹，特原其罪。"这是因孝而有"德"予以免罪的例子。又有以"嫡母之德"而使其死"特免死辜"的，事在《陆让母传》："陆让母者，上党冯氏女也。性仁爱，有母仪，让即其孽子也。仁寿中，为番州刺史，数有聚敛，赃货狼藉，为司马所奏……公卿百僚议之，咸曰'让罪当死'。诏可其奏。让将就刑，冯氏蓬头垢面诣朝堂数让曰：'无汗马之劳，致位刺史，不能尽诚奉国，以答鸿恩，而反违犯宪章，赃货狼藉。若言司马诬汝，百姓百官不应亦皆诬汝。若言至尊不怜悯汝，何故治书复按？岂诚臣？岂孝子？不诚不孝，何以为人！'于是流泪呜咽，亲持盂粥，劝让令食。既而上表求哀，词情甚切，上愀然为之改容。……于是集京城士庶于朱雀门，遣舍人宣诏曰：'冯氏以嫡母之德，足为世范，慈爱之道，义感人神，特宜矜免，用奖风俗。让可减死，除名为民。'"

"议能"是关于对有大才干者减轻刑罚的规定。例如《隋书·卢太翼传》载：卢太翼"博综群书，爰及佛道，皆得其精微。尤善占候算历之术"，为太子杨勇所赏识，后因杨勇被黜，卢太翼坐法当死，但"高祖惜其才而不害，配为官奴。久之，乃释"。《耿询传》载：耿询"作马上刻漏，世称其妙"，造浑天仪，"不假人力，以水转之"，后因坐与蜀王杨秀相连"当诛"，何稠向隋文帝奏请说："耿询之巧，思若有神，臣诚为朝廷惜之。"于是隋文帝"特原其罪"。

"议功"是对有大功的人减免刑罚的规定。例如，助杨坚夺袭帝位立了大功的郑译，曾被杨坚"恕以十死"，虽然郑译"性轻险，不亲职务，赃货狼藉"，"鬻狱卖官，沸腾盈耳"，但杨坚"以其有定策功，不忍放废"①。贺若弼为公卿所奏劾，"罪当死"，但因其立过大功，"上惜其功，于是除名为民。岁余，复其爵位"②。晋熙郡公、青州总管张威"不修名行，惟利是视"，其奴侵扰百姓，为人奏劾，但隋文帝对他说："公虽不遵法度，功效实多，朕不忘之"，让他改任洛州刺史，封皖城郡公。③此外，如宇文恺，在开皇初因与宇文述叛乱牵连，"亦在杀中"，然而隋文帝因其兄"有功于国"，"使人驰赦之，仅而得免"④。根据《隋书·高祖纪》载，开皇十七年（597）隋文帝曾下诏曰："周历告终，群凶作乱，衅起蕃服，毒被生人。朕受命上方，廓清区宇，圣灵垂佑，文武同心。申明公穆、郧襄公孝宽、广平王雄、蒋国公睿、楚国公绩、齐国公颎、越国公素、鲁国公庆则、新宁公长叉、宜阳公世积、赵国公罗云、陇西公询、广业公景、真昌公振、沛国公译、项城公子

---

① 《隋书》卷38《郑译传》，中华书局1982年版，第1137页。
② 《隋书》卷52《贺若弼传》，中华书局1982年版，第1345页。
③ 《隋书》卷55《张威传》，中华书局1982年版，第1379页。
④ 《隋书》卷68《宇文恺传》，中华书局1982年版，第1587页。

相、钜鹿公子干等,登庸纳揆之时,草昧经纶之日,丹诚大节,心尽帝图,茂绩殊勋,力宣王府。宜弘其门绪,与国同休。其世子世孙未经州任者,宜量才升用,庶享荣位,世禄无穷。"从《隋书》的内容可见,因"功"而"议"其罪、而减免惩处的,比比皆是。

"议贵"是对有爵位及做高官者减免刑罚的规定。《唐律疏议》对"贵"的范围做了界定:"谓职事官三品以上,散官二品以上及爵一品者。"隋代之"议贵"案例如《隋书·于觊传》载:开皇初,太傅窦炽等奏劾于觊犯罪当死,"上以门著勋绩,特原之,贬为开府"。《陈茂传》载:陈政因与刘居士案牵连当坐诛,"上以功臣子,挞之二百而赦之"。

"议勤"是对有特殊勋劳者减免刑罚的规定。例如《隋书·虞庆则传》载:虞庆则奉诏出使突厥,受赠好马千匹,为人所告发。但当时出使远域是"有大勤劳"的,因此隋文帝"以庆则勋高,皆无所问"。《权武传》载:权武受岭南酋领宝物之赠,且"擅赦所卫内狱囚",本当处死,但权武在狱中上书,"言其父为武元皇帝战死马前,以此求哀",于是仅处以"除名为民","仁寿中,复拜大将军,封邑如旧"。

"议宾"是对先朝皇亲国戚减免刑罚的规定。开皇二年(582),隋文帝曾下诏"以周帝(静帝)为介国公,邑五千户,为隋室宾。旌旗车服礼乐,一仍其旧。上书不为表,答表不称诏"。

但《隋书·炀帝纪》载,至隋炀帝时,于大业五年(609)二月发布制命曰"魏、周官不得为荫","议宾"一项可能名存实亡了。这同大业六年(610)隋炀帝所发布的另一诏令形成全面的对比。该诏令曰:"皇运之初,百度伊始,犹循旧贯,未暇改作。今天下交泰,文轨攸同,宜遵先典,永垂大训。自今以后,惟有功勋乃得赐封,仍令子孙永袭。"

隋《开皇律》之"八议"规定:"其在八议之科,及官品第七已上犯罪,皆例减一等。其品第九已上犯者,听赎。"① 而《唐律疏议》则规定,属"八议"者,"轻重不在刑书也……若犯死罪,议定奏裁,皆须取决宸衷,曹司不敢与夺。……以此八议之人犯死罪,皆先奏请,议其所犯,故曰'八议'"。两相比较,隋、唐律关于"八议"的规定,有两点不同:其一,隋之"八议",处刑或轻或重皆在刑书,只不过"官品第七已上犯罪"者"皆例减一等"而已;而唐之"八议","轻重不在刑书",除死罪外,余罪皆由"曹司……与夺",而死罪则先由曹司"议定"而后向皇帝"奏裁",最终"取决宸衷",即看皇帝如何发落。其二,隋代之八品、九品官,只享"听赎"而不得"例减一等";而唐代则不管官品,只要是属于"八议"范围而犯了罪又非死罪的,都可由"曹司……与夺",这当然包括"减一等"处刑等等。

程树德先生的《九朝律考·隋律考上》在考及"八议"时附语云:

> 按唐律名例,八议犯死罪者,先奏请议,议定奏裁;流罪以下减一等;七品以上

---

① 《隋书》卷25《刑法志》,中华书局1982年版,第711页。

官犯流罪以下从减一等之例。诸应议请减及九品以上官犯流罪以下听赎,均以流罪以下为限,与开皇律无异。

这段附语,是分别从《唐律疏议》之"八议"条(第七条)、"七品以上官"(第十条)、"应议请减(赎章)"(第十一条)中辑出、合写而成的。《隋书·刑法志》确有"官品第七已上犯罪,皆例减一等"的规定,它涵盖了"八议"之人犯死罪也可"例减一等";但《开皇律》并无犯死罪应"先奏请议"的规定。程树德先生的上述附语恐怕是将隋、唐的有关"八议"的规定混成一锅粥来煮了,这是有失严谨的。

(五)律无正条案件的判刑原则

1.《隋书·刘子翊传》载:侍御史刘子翊在驳刘炫议李公孝一案时认为,"律云'准枉法'者,但准其罪,'以枉法论'者,即同真法。律以弊刑,礼以设教,准者准拟之名,以者即真之称。'如''以'二字,义用不殊,礼律两文,所防是一。"可见律无正文的案件,有的按"准枉法"定罪量刑,有的按"以枉法论"即"枉法"定罪量刑。

2.《唐书·赵冬曦传》载:唐进士、左拾遗赵冬曦在神龙初曾上书批评隋律,内云:"古律条目千余,隋时,奸臣侮法,著律曰:律无正条者,出罪举重以明轻,入罪举轻以明重,一辞而废条目数百,自是轻重沿爱憎,被罚者不知其然,使贾谊见之恸哭必矣",可见隋律这一方面的规定。但赵冬曦的这一批评实在是令人感到十分奇怪,因为唐律也有这样的规定。《唐律疏议·名例律》就有"断罪无正条"的专条规定:"诸断罪而无正条,其应出罪者,则举重以明轻;其应入罪者,则举轻以明重。"《疏议》的议文是:"议曰:断罪无正条者,一部律内,犯无罪名,'其应坐罪者',依《贼盗律》:'夜无故入人家,主人登时杀者,勿论。'假有折伤,灼然不坐。又条:'盗缌麻以上财物,节级减凡盗之罪。'若犯诈欺及坐赃之类,在律虽无减文,盗贼尚得减科,余犯明从减法。此并'举重明轻'之类。"关于"其应入罪者,则举轻以明重",则"议曰:案《贼盗律》:'谋杀姻亲尊长,皆斩。'无已杀、已伤之文,如有杀、伤者,举始谋是轻,尚得死罪;杀及谋而已伤是重,明从皆斩之坐。又《例》云:'殴告大功尊长、小功尊属,不得以荫论。'若有殴告期亲尊长,举大功是轻,期亲是重,亦不得以荫。是'举轻明重'之类。"唐律不仅有专条的规定,而且有《疏议》的说明,赵冬曦的批评可谓借题发挥、指桑骂槐。不过,经他一提,从"一准乎隋"的《唐律疏议》中倒可进一步了解隋律关于"律无正条"的判刑原则了。

第六章　民事法制考

我们列出了"民事法制考""刑事法制考""行政法制考"一类的大题目，这只是按照现代学界的法律分类观点去看古代法律罢了。在古代，尤其是在中国的古代，严重地存在"民刑不分""诸法合体"的现象。实际上，春秋以前，一切都以"礼"为行为规范，"出礼"则"入刑"。"礼"中也就包含了多种多样的行为规范，其中有一部分就是用以调节今天人们所说的民事行为的。刘大生先生甚至谓根本不存在什么"民事"与"非民事"的区分，因而"民法"概念也是不科学的。① 日本学者北川善太郎也指出："民法总则层次的法人和法律行为是日本民法及近代欧洲大陆法特别是德国法系的民法中使用的概念，而在现在的英美法中并不存在。"② 而《开皇令》三十卷中，既有"官品令""诸省台职员令"等，又有"田令""赋役令""仓库厩牧令""关市令"等，前一类无疑属于今天的"行政法"范畴，后一类则大体属于今天的"民法"范畴；至于"狱官令"等，则可列入"刑法"或"诉讼法"范畴了。因此，我们分考隋代的"民事法制""刑事法制"等，界限并不是了了分明的。这是必须首先申明的一点。同时，必须再次申明的是，隋律佚失，律令文字无存，可能考明的只是很少的一部分，因此当然成不了"体系"。我们大致分权利与行为能力、土地法、课役法、赋法、交易法、婚姻家庭法等几个方面略事考察。

---

① 刘大生：《民法层次论》，天津人民出版社1993年版，第37—44、56—86页。他主张用"礼"的概念取代"民法"的概念，指出："在大多数西方国家并不存在'民法'（law of citizen）这样的概念，因此不能谈'民法'是被人们普遍接受的概念。"（第40页）"'民法'这一用语的产生不是出于不得已，而是因日本的翻译家们对丰富的古代汉语缺少足够的造诣而造成的。'民法'这一用语产生以来，从来没有一个法学家能对它的内涵和外延做出明确的界定……使用'民法'这一用语的，主要也就是1872年以来的日本、中国等为数不多的几个国家，英、美、法、意、西等许多国家并未接受民法这一概念。所以，'民法'这一用语并不符合约定俗成的条件。"（第42页）

② ［日］北川善太郎：《日本民法体系》，李毅多、仇京春译，科学出版社1995年版，第56页。

一、法定权利能力与行为能力考

权利能力与行为能力属于现代民法的总则部分,盖因无此界定,则一切民事交往及其规范、法律责任等,均将失却必要的依据。因此,早在远古,就很重视人的行为能力与权利能力的年龄界定。《礼记·曲礼》:"男子二十,冠而字。""女子许嫁,笄而字。""冠"义为:"已冠而字之,成人之道也。"又疏曰:"许嫁十五而笄,未许嫁则二十而笄,亦成人之道也。""成人",即有了权利能力与行为能力。汉初以男子二十三岁为成丁,汉景帝时改为二十岁。隋代的成丁年限,据《隋书·食货志》所载,有以下几条:

> 高祖登庸……及颁新令……男女三岁已下为黄,十岁已下为小,十七已下为中,十八已上为丁。丁从课役,六十乃免。
> 开皇三年正月……初令军人以二十一成丁。
> 炀帝即位……男子以二十二成丁。

由以上三条记载,可以得出的结论是:
第一,隋初,民事权利能力与行为能力的下限是十八岁,上限为六十岁;
第二,至开皇三年(583),改"军人"之"成丁"下限为二十一岁;
第三,至大业元年(605),改男子"成丁"之下限为二十二岁;
第四,女子始终以十八岁为"成丁"下限。

二、土地法制考

隋代的土地分配与占有主要由两个因素决定,其一为官品,其二为年龄。此外,抚养中之人另有土地可得。《隋书·食货志》载:

> (开皇初)颁新令……男女三岁已下为黄,十岁已下为小,十七已下为中,十八已上为丁。丁从课役,六十为老,乃免。自诸王已下,至于都督,皆给永业田,各有差。多者至一百顷,少者至四十亩。其丁男、中男永业露田,皆遵后齐之制。……其园宅,率三口给一亩,奴婢则五口给一亩。……京官又给职分田。一品者给田五顷。每品以五十亩为差,至五品,则为田三顷,六品二顷五十亩。其下每品以五十亩为差,至九品为一顷。外官亦多有职分田。

这里所谓"皆遵后齐之制",即遵北齐河清三年(564)所定之令的有关规定:

至河清三年定令……男子十八以（作者按：原文如此，应为"已"）上，六十五已下为丁；十六已上，十七已下为中；六十六已上为老；十五已下为小。……

京城四面，诸坊之外三十里内为公田。受公田者，三县代迁户执事官一品已下，逮于羽林武贲，各有差。其外畿郡，华人官第一品已下，羽林武贲已上，各有差。

职事及百姓请垦田者，名为永业田。奴婢受田者，亲王止三百人；嗣王止二百人；第二品嗣王已下及庶姓王，止一百五十人；正三品已上及皇宗，止一百人；七品已上，限止八十人；八品已下至庶人，限止六十人。……其方百里外及州人，一夫受露田八十亩，妇四十亩。奴婢依良人，限数与在京百官同。丁牛一头，受田六十亩，限止四牛。又每丁给永业二十亩，为桑田。其中种桑五十根，榆三根，枣五根。不在还受之限。非此田者，悉入还受之分。土不宜桑者，给麻田，如桑田法。①

开皇十二年（592），"是时天下户口岁增，京辅及三河，地少而人众，衣食不给。议者咸欲徙就宽乡。其年冬，帝命诸州考使议之。又令尚书，以其事策问四方贡士，竟无长算"。于是隋文帝颁均田法，"帝乃发使四出，均天下之田。其狭乡，每丁才至二十亩，老小又少焉"②。由于狭乡每丁才得二十亩而老小更少，"太常卿苏威立议，以为户口滋多，民田不赡，欲减功臣之地，以给民"。但郓国公王谊对苏威之议表示反对，而为隋文帝首肯：

谊奏曰："百官者，历世勋贤，方蒙爵土。一旦削之，未见其可。如臣所虑，正恐朝臣功德不建，何患人田有不足？"上然之，竟寝威议。③

大业五年（609）"春正月……癸未，诏天下均田"④。这时占田不均可能发展得更加严重了，所以隋炀帝再发均田令。但是，《隋书·食货志》未记载此事，其他史料也无所可考。所以，范文澜先生说："史籍不载均田情形，大概诏书只是一纸空文。"⑤

三、课役法制考

隋之田租赋役法基于户籍法制，源自南北朝。南北朝的户籍与田租赋役法制大致如下。

南朝以男女年十六岁以上至六十岁为正丁，十五岁以下至十三岁、六十一岁以上至六十五岁为次丁，十二岁以下、六十六岁以上为小、老。户主男丁课租米五石，禄米二

---

① 《隋书》卷24《食货志》，中华书局1982年版，第677页。
② 《隋书》卷24《食货志》，中华书局1982年版，第682页。
③ 《隋书》卷40《王谊传》，中华书局1982年版，第1169页。
④ 《隋书》卷3《炀帝纪上》，中华书局1982年版，第72页。
⑤ 范文澜：《中国通史》第3册，人民出版社1965年版，第27页。

石，所种田每亩税米二斗；调布绢各二丈，丝三两，绵八两，禄绢八尺，禄绵三两。男丁年十六岁半课，十八岁正课。六十六岁免课。女出嫁为丁；未嫁，二十岁为丁。女丁租、调都半课。男丁每岁服徭役不超过二十日。

北朝，齐男子十八岁以上、六十五岁以下为丁，十六岁以上、十七岁以下为中男，六十六岁以上、十五岁以下为老、小。丁男十八岁受田课租、调，二十岁充兵，六十岁免力役，六十六岁退田免租调。夫妇二人合称一床，每岁朝廷课垦租二石，郡课义租二斗；调绢一匹，绵八两。西魏宇文泰命苏绰定课役法，民年十八岁至六十四岁以及轻残废人都得纳课；已娶的人，每岁课绢一匹，绵八两，粟五斛（石），单丁（未娶）半课。产麻之地，课布一匹，麻七斤，单丁课四分之一。民年十八岁至五十九岁服徭役，丰年不超过三十日，中年二十日，下年十日，每家服役不超过一人。北周大致同西魏，另规定："其人有年八十者，一子不从役，百年者，家不从役。废疾非人不养者，一人不从役。"①

苏威之父苏绰为西魏所制定的"征税之法，颇称为重"，颁行之后，苏绰"叹曰：'今所为者，正如张弓，非平世法也。后之君子，谁能弛乎？'"据载，苏威听了，默记在心，"每以为己任"。因此，隋初当他任"民部尚书"时②，"奏减赋役，务从轻典"，而"上悉从之"。③所以，隋初实际上综取了南北朝的田租赋役法经验，制定了比较轻的田租赋役之法。

《隋书·食货志》载：

> （杨坚）受禅……仍依周制。役丁为十二番，匠则六番。及颁新令……十八已上为丁。丁从课役，六十为老，乃免。……其丁男、中男永业露田，皆遵后齐之制。并课树以桑榆及枣。其园宅，率三口给一亩，奴婢则五口给一亩。丁男一床。租粟三石。桑土调以绢絁，麻土以布绢。絁以匹，加绵三两。布以端，加麻三斤。单丁及仆隶各半之。未受地者皆不课。有品爵及孝子顺利、义夫节妇，并免课役。
>
> 开皇三年正月……初令军人以二十一成丁。减十二番每岁为二十日役，减调绢一匹为二丈。

开皇三年（583）隋文帝之改成丁十八岁为二十一岁，使兵役负担推迟三年，而受田仍是十八岁，且每年三十日役改为二十日役；又减调绢一匹（四丈）为二丈。这些减轻课役负担的法令，无疑有利于百姓及生产的发展。

这里，在丁年法制方面，将丁年的下限由六十四岁提前到五十九岁，将丁年的上限

---

① 《隋书》卷24《食货志》，中华书局1982年版，第679页。
② 隋初设度支尚书，开皇三年改称为户部尚书。但《苏威传》又称隋初之苏威为"民部尚书"，此处从《苏威传》。
③ 《隋书》卷41《苏威传》，中华书局1982年版，第1185页。

由十八岁推迟到二十一岁（开皇三年），是南北朝以来最大的变化。在田租法制方面，从"丁男一床，租粟三石……单丁及仆隶各半之。未受地者皆不课"的规定，可推知丁男与丁妻的租额都是一石五斗。

其中，对"未受地者皆不课"，不能机械地照字面理解为应受田而未受田者皆不课。其前文有"其丁男、中男永业露田，皆遵后齐之制"云云，而后齐（北齐）应受田奴婢数额，据《隋书·食货志》记载，有明确的限制性法律规定："奴婢受田者，亲王止三百人……八品以下至庶人，限止六十人。"此句之后，魏徵紧接着说："奴婢限外不给田者，皆不输。"这与他记叙隋朝田税法制时，在"单丁及仆隶，各半之"之后紧接着指明"未受地者皆不课"，恰相呼应。这正好用以说明，隋之"未受地者皆不课"，确切含义是非应受田者皆不课，而不能误认为是有田即纳，无田即免。查《通典》卷5《赋税》所记隋代的赋役法制，乃与《隋书·食货志》大略相同，但"未受地者皆不课"七字都未有所见。郑学檬先生主编之《中国赋役制度史》认为，"未受地者皆不课"一语并非出自《隋令》原文。

开皇三年（583），隋文帝在课役方面采取了几个"大动作"：

一为"令州县大索貌阅"。

> 是时山东尚承齐俗，机巧奸伪，避役惰游者十六七。四方疲人，或诈老诈小，规免租赋。高祖令州县大索貌阅，县户口不实者，正长远配，而又开相纠之科。大功已下，兼令析籍。各为户头，以防容隐。于是计账进四十四万三千丁，新附一百六十四万一千五百口。[①]

二为"输籍定样"。

> 高颎又以人间课输，虽有定分，年常征纳，除注恒多，长吏肆情，文账出没，复无定簿，难以推校，乃为输籍定样，请遍下诸州。每年正月五日，县令巡人，各随便近，五党三党，共为一团，依样定户上下。帝从之，自是奸无所容矣。[②]

"大索貌阅"因"高祖"之"令"而实施，且所针对者为"四方疲人，或诈老诈小，规免租赋"，有"户口不实者，正长远配"及"开相纠之科"等的法律责任作为后盾，因此，考证为课役法的一个方面料无问题。

"输籍定样"为高颎之建言设法，"帝"虽"从之"，但是否形成一个专门的法律法令，

---

① 《隋书》卷24《食货志》，中华书局1982年版，第681页。
② 同上。

无以为据。因此,有的著作称其时有"输籍法"之颁行,是值得商榷的。①

三为"计户征税"。

开皇八年(588),隋文帝又据高颎之奏议,令诸州于所管户内"计户征税"。这也是开皇年间课役方面的一件大事。《隋书·食货志》记曰:

> 开皇八年五月,高颎奏诸州无课调处,及课州管户数少者,官人禄力,乘前已来,恒出随近之州,但判官本为牧人,役力理出所部。请于所管户内,计户征税。帝从之。

因要"计户征税","计户"就成了前提,查实户口遂成立法与司法的重要方面。《隋书·乞伏慧传》载:"曹土旧俗,民多奸隐,户口簿账,恒不以实。慧下车按察,得户数万。转齐州刺史,得隐户数千。"《隋书·令狐熙传》载:"时山东乘齐之弊,户口簿籍,类不以实,熙晓谕令自归首,至者一万户。"乞伏慧、令狐熙之能"得户数千"等等,肯定有法律规定作为后盾。况之以《唐律·户婚》的有关规定,即可见一斑。《唐律》关于"户婚"的规定共计十四条,脱漏户口即占四条之多,如规定"诸脱户者,家长徒三年";"诸里正不觉脱漏增减者,一口笞四十,三口加一等;过杖一百,十口加一等,罪止徒三年";"诸里正及官司,妄脱漏增减以出入课役,一口徒一年,二口加一等"。

一方面是查实户口"计户征税";另一方面,隋文帝又常采取怀柔政策,时不时地下令减免租赋,如:开皇九年(589),"帝以江表初定,给复十年。自余诸州,并免当年租赋"②。开皇十年(590),隋文帝"又以宇内无事,益宽徭役。百姓年五十者,输庸停防"③。"输庸停防"即纳庸免兵役。庸即免役人每日纳绢数尺,二十日不过数丈(唐制每日三尺,隋制不会悖此过远),这对衰年人可谓宽政。《隋书》及其他典籍未载明"输庸停防"是否形成了法令。但因行诸全国,可以视同。

开皇十二年(592),有司奏告,全国"库藏皆满",隋文帝喜形于色地明知故问曰:"朕既薄赋于人,又大经赐用,何得尔也?"兴奋之余,即下诏令:

> 既富而教,方知廉耻,宁积于人,无藏府库。河北、河东今年田租,三分减一,兵减半,功调全免。④

---

① 蒋晓伟:《中国经济法制史》:"为了防止人民逃税和官吏舞弊……隋文帝根据宰相高颎的建议,实行'输籍法',即每年正月初五,县令出查,令百姓五党或三党各一团,定户等上下,规定应纳税额,写成簿籍。"上海知识出版社1994年版,第117页。
② 《隋书》卷24《食货志》,中华书局1982年版,第682页。
③ 同上。
④ 同上。

604年，隋炀帝即位，"是时户口益多，府库盈溢"，于是下令"除妇人及奴婢部曲之课。男子以二十二成丁"①。这是隋代赋役法制方面的又一较大变化。论者谓："隋炀帝除妇人及奴婢、部曲之课，是我国古代赋役制度史上的一大变革。从此，妇人在法律上正式由课口变为不课口，其意义自然很深远，对民户的赋役负担影响也很大。对于无男丁的贫弱女户，这一变化显然很有利。奴婢与部曲，过去本来也是不课口，只是在北朝实行均田制这一特定的环境下，如《魏书·李孝伯传》所云，为了奖励垦耕，做到'土不旷功，民罔游力'，才将为奴婢或限内奴婢定为应受田口与课口。在奴婢受田率多有名无实的情况下，将奴婢、部曲改为非授田口并除其课，显然有利于拥有奴婢、部曲的贵族、官僚、地主。"又谓："魏晋南北朝的田租制度经历了许多变化，总的趋势是由计亩输租——计户输租——计丁输租。尽管如此，直到隋开皇初，令式规定的计租的基准单位仍然是'室'（'床'），而不是丁。只是由于规定了丁者（未娶妻之丁男）输租为一床之半，计床输租才具有计丁输租的特点。到隋炀帝除妇人之课后，'丁女'这一概念终告消失，计租的基准单位才最终由计床而变为计丁。"②这些概括性分析与判断，是客观、科学的。"除妇人及奴婢部曲之课"，说是"宽政"应无疑问；但"男子以二十二成丁"不能成为"宽政"的依据。范文澜先生谓："六〇四年，隋炀帝即位……又改男子成丁年二十一为二十二，比隋文帝时又宽了一些……"③考《隋书·食货志》，隋初"男女……十八已上为丁"，至开皇三年（583）"令军人以二十一成丁"。"男女……为丁"与"军人……成丁"，是两个范畴的概念。当"令军人以二十一成丁"时，男子授田仍为十八岁，推迟的是服兵役的"兵丁"期限。而隋炀帝即位时令"男子以二十二成丁"，恰恰是推迟四年授田，这与当时户口滋多、人均土地减少的困难是相符的。因此。"男子以二十二成丁"恰是与"除妇人及奴婢部曲之课"的"宽政"相对应的措施。

隋炀帝的"宽政"不久即成具文。因其即位之后，即大兴土木，开建"东都，以尚书令杨素为营作大监，每月役丁二百万人"。"又于皂涧营显仁宫，苑囿连接，北至新安，南及飞山，西至渑池，周围数百里。课天下诸州，各贡草木花果，奇禽异兽于其中。……而东都役使促迫，僵仆而弊者，十四五焉。……时帝将事辽、碣，增置军府，扫地为兵。自是租赋之入益减矣。"《隋书·食货志》所记为"租赋之入益减"，而其实还有另一面，即兵役、力役之加重。仅以"每月役丁二百万人"的东都营建一事计算，每年全国就有二千四百万人次被投入力役之中，几占全国青壮人口之半。为求贡献以满足皇帝的权欲与淫欲，隋炀帝时也有过一些课役之"大动作"。

一为大业四年（608）之令"妇人从役"：

---

① 《隋书》卷44《食货志》，中华书局1982年版，第686页。
② 郑学檬主编：《中国赋役制度史》，上海人民出版社2000年版，第186页。
③ 范文澜：《中国通史》第3册，人民出版社1965年版，第28—29页。

（大业）四年，发河北诸郡百余万众，引沁水，南达于河，北通涿郡。自是以丁男不供，始以妇人从役。①

二为大业五年（609）再次"大索貌阅""许民相告"。这次是因民部侍郎裴蕴之条奏而实施的，事见《隋书·裴蕴传》：

于时犹承高祖和平之后，禁网疏阔，户口多漏。或年及成丁，犹诈为小，未至于老，已免租赋。（裴）蕴历为刺史，素知其情，因是条奏，皆令貌阅。若一人不实，则官司解职，乡正里长皆远流配。又许民相告，若纠得一丁者，令被纠之家代输赋役。是岁大业五年也。诸郡计账，进丁二十四万三千，新附口六十四万一千五百。

三为大业六年（610）诏令课富人量赀出钱：

（大业）六年，将征高丽，有司奏兵马已多损耗。诏又课天下富人，量其赀产，出钱市武马，填元数。限令取足。复点兵具器仗，皆令精新，滥恶则使人便斩。于是马匹至十万。②

四为大业九年（613）诏令"又课关中富人"：

（大业）九年，诏又课关中富人，计其赀产出驴，往伊吾、河源、且末运粮。多者至数百头，每头价至万余。又发诸州丁，分为四番，于辽西柳城营屯，往来艰苦，生业尽磬。③

由于隋末炀帝为此加重课役，不仅普通民众倍感生计日蹙，连富家大户也难以支撑，造成了"人乃相食"的悲惨景象。《隋书·食货志》记曰：

是时百姓废业，屯集城堡，无以自给，然所在仓库，犹大充轫，吏皆惟法，莫肯赈救，由是益困。初皆剥树皮以食之，渐及于叶，皮叶皆尽，乃煮土或捣藁为末而食之。其后人乃相食。

---

① 《隋书》卷24《食货志》，中华书局1982年版，第687页。
② 同上。
③ 同上书，第688页。

因此，尽管其时隋炀帝曾令"制骁果之家蠲免赋役"①，诏令在部分地区"赦境内死罪已下，给复一年"②；诏令部分地区"令人悉城居，田随近给，使强弱相容，力役兼济，穿窬无所厝其奸宄，萑蒲不得聚其逋逃。有司具为事条，务令得所"③ 等等，但是这些措施和法令已是强弩之末，与"旌旗万里，征税百端，猾吏侵渔，人不堪命"④ 的大局相比，不过是杯水车薪、扬汤止沸，已不可能起什么作用了。课役之重，是隋代夭亡的重要原因之一。关于隋代的田租赋役法制，除了上述以外，还有以下几点必须考及。

其一，隋之输庸停防与以庸代役法制。

"庸"即以钱、物代役，"输庸停防"即以缴纳钱、物而取代防戍兵役。隋代的"输庸停防"是在开皇十年（590）隋文帝平陈之后的《隋令》中规定的。但有关规定，在《隋书·食货志》中所记，与《高祖纪》及《北史·隋纪》中所记，多有出入。

《隋书·食货志》记如前文，大略为：开皇初的正役为每年一个月，即"役丁为十二番"，开皇三年（583）正月"减十二番每岁为二十日役"，而开皇十年（590）五月规定"百姓年五十者，输庸停防"。

《隋书·高祖纪》记为：

（开皇十年）六月辛酉，制人年五十，免役收庸。

《北史·隋纪》记为：

（开皇）三年春正月，始令人以二十一成丁，岁役功不过二十日。不役者收庸。
（十年）六月辛酉，制人年五十，免役收庸。

比较史籍的以上三种记载，主要有以下的不同点：《食货志》所云开皇十年（590）制命"输庸停防"，既有年龄限制又有仅限于兵役的役种限制；据《高祖纪》所云，则无役种限制而仅有年龄限制；而《北史·隋纪》所云，则开皇三年的"不役者收庸"既无年龄限制又无役种限制，似乎规定得十分宽简，而开皇十年的规定反而有了年龄限制，因而比较严格。笔者认为，《隋书·食货志》所记较为准确，因为这一记载反映出了赋役法制之由严到宽的过程，而平陈之战的大胜从而导致隋之统一全国，显然是实行"宽政"的依据。一

---

① 《隋书》卷4《炀帝纪下》："九年……八月……甲辰，制骁果之家蠲免赋役。"
② 《隋书》卷4《炀帝纪下》，事在大业九年冬十月，其时吕明星"率众数千围东都"为武贲郎将费青奴所击败，隋炀帝巡抚博陵，因下此诏。
③ 《隋书》卷4《炀帝纪下》，事在大业十一年，其时杨仲绪"率众万余，攻北平"为滑公李景所击败，隋炀帝因下此诏。
④ 《隋书》卷4《炀帝纪下》，中华书局1982年版，第95页。

般来说,是不可能在普天同庆战事胜利、国家一统之时,反而颁行较严峻的法令的。

不过,需加说明的是,隋朝田租赋役的立法与司法是脱节的,宽减的法令未必得到很好的实施。这一点,从隋文帝到隋炀帝的变化,尤能说明。岁役二十日的法律规定,无疑比前代大大地减轻了。文帝朝的征役,即使是营建"自大兴城东至潼关"的广通渠,也大体依法令而行,未见有超期征役的记载。至炀帝即位的仁寿末年(604),下令除妇人及奴婢部曲之课,推迟男子成丁年龄至二十二岁,法定的民户徭役负担是更为轻简了,但实际上却背道而行,更为加重。如据《隋书·食货志》记载,大业元年(605)三月丁未,炀帝诏尚书令杨素、纳言杨达、将作大匠宇文恺营建东京洛阳,"每月役丁二百万人","又于皂涧营显仁宫,苑囿连接,北至新安,南及飞山,西至渑池,周围数百里……开渠,引谷、洛水,自苑西入,而东注于洛。又自板渚引河,达于淮海,谓之御河。河畔筑御道,树以柳。又命黄门侍郎王弘、上仪同于士澄,往江南诸州采大木,引至东都。所经州县,递送往返,首尾相属,不绝者千里",此即开运河之通济渠。据《隋书·炀帝纪》载,此役共"发河南诸郡男女百余万"。大业二年(606)"又兴众百万,北筑长城,西距榆林,东至紫河,绵亘千余里"①;大业三年(607)又"发河北十余郡丁男凿太行山,达于并州,以通驰道"②;大业四年(608)正月,又"诏发河北诸郡男女百余万开永济渠,引沁水南达于河,北通涿郡"③;七月,又"发丁男二十余万筑长城,自榆谷而东"④;大业五年(609),为攻打吐谷浑与通西域,"自西京诸县及西北诸郡,皆转输塞外,每岁巨亿万计;经途险远及迂寇钞,人畜死亡不达者,郡县皆征破其家"⑤;大业六年(610)"敕穿江南河,自京口至余杭,八百余里";大业七年、八年(611、612)又发兵攻打高丽,为此在山东一带"增置军府,扫地为兵",集兵"凡一百一十三万三千八百人,号二百万,其馈运者倍之"⑥。这些徭役的征发对象往往不止丁男,常常连老翁、老妪都不能幸免。由于劳动条件极差,责督役使又极苛严,役者死亡成千累万。据《隋书·食货志》记载,洛阳之役中"役使促迫,僵仆而毙者,十四五焉。每月载死丁,东至城皋,北至河阳,车相望于道",而长城之役,则"死者太半"。又据《资治通鉴》云,大业七年(611)于东莱海口修船,"官吏督役,昼夜立水中,略不敢息,自腰以下皆生蛆,死者什三四";而当年为征高丽,"发江、淮以南民夫及船运黎阳及洛阳诸仓米至涿郡,舳舻相次千余里,载兵甲及攻取之具,往还在道常数十万人,填咽于道,昼夜不绝,死者相枕,臭秽盈路"。所有这一切足以说明,隋代赋役法制中立法与司法状况之完全脱节。因此,立法之宽简不仅成为具文,而且成了极大

---

① 《隋书》卷24《食货志》,中华书局1982年版,第687页。《炀帝纪》将长城之役记作大业三年。
② 《隋书》卷3《炀帝纪上》,中华书局1982年版,第68页。
③ 同上书,第70页。
④ 同上书,第71页。
⑤ 《资治通鉴》卷181。
⑥ 同上。

的讽刺。

其二，隋朝的义仓法制。

隋代有义仓之设，由官督民办而发展为官办，唐承隋祚，隋的义仓之制便发展成为唐的地税之制。

隋文帝开皇四年（584），关内发生饥荒，隋文帝下令运山东之粟，置常平之官，开仓发廪赈济贫民，并令富户出粟赈贫，勉强渡过难关。次年五月，度支尚书长孙平建议隋文帝令"诸州百姓及军人，劝课当社，共立义仓。收获之日，随其所得，劝课出粟及麦，于当社造仓窖贮之。即委社司，执账检校，每年收积，勿使损败。若时或不熟，当社有饥馑者，即以此谷赈给"。① 隋文帝欣然采纳长孙平的这一建议，下令实行义仓之制。创建于开皇五年（585）的义仓，营窖于当社，又由社司掌管，所以又称社仓。这一管理体制，到开皇十五年（595）、开皇十六年（596）时发生了变化，事见《隋书·食货志》：开皇十五年（595），隋文帝诏令"云、夏、长、灵、盐、兰、丰、鄯、凉、甘、瓜等州，所有义仓杂种，并纳本州。若有人旱俭少粮，先给杂种及远年粟"。开皇十六年（596）正月，"又诏秦、垒、成、康、武、文、芳、宕、旭、洮、岷、渭、纪、河、廓、幽、陇、泾、宁、原、敷、丹、延、绥、银、扶等州社仓，并于当县安置"；二月，"又诏社仓，准上中下三等税，上户不过一石，中户不过七斗，下户不过四斗"。这样一来，义仓便归州司直接控制，从而达成了由官督民办的义仓之制转化为官办之制，义仓之储备成了国家直接掌握的战略储备粮。不仅如此，由于划一了交纳义仓的粮食数量且必须完纳，义仓粮实际上就演化成了特种税。在隋文帝之时，这种税入还基本上用于赈济灾荒之难民；而到隋炀帝时，义仓粮食全被挪充官费，完全丧失了设立义仓的本意，义仓制度也被改变了性质。

四、工商交易法制考

工商交易法制方面所可考得者，计有以下几端。

（一）税收方面

考诸《隋书·食货志》可知隋代并无工商之税法。据载，杨坚"受禄"之前，在执掌周末中央多方面大权的情况下，就废除了"入市之税"：

> 高祖登庸，罢东京之役，除入市之税。

---

① 《隋书》卷24《食货志》，中华书局1982年版，第684页。又见《隋书》卷46《长孙平传》，中华书局1982年版，第1254页。

以后虽有因高颎之奏而行"计户征税",但与工商之税无涉,此外再无关于税收或税收法制方面的记载。据蒋晓伟先生《中国经济法制史》及其他资料所述,东汉起,关税税率逐渐提高。至曹魏政权时,于公元220年规定,关税为过关货物价值的十分之一,但实际上税率可能还高于法令的规定。公元230年,魏明帝颁布《庚戌令》,规定:"关律所以通商旅……轻关肆之税,皆复什一。"什一税率自此一直延续到两晋、南朝。市税方面,晋室一统天下之后,实行"散估之制",规定凡"货卖奴婢、马牛、田宅文卷,每一万钱,官征收四百钱,卖者纳三百钱,买者纳一百钱;无文卷者,从价征收百分之四。宋、齐、梁、陈各代皆相沿用此法"。与南朝大相径庭,北魏在太和七年(483)即"弛关津之禁,任其去来",以后一直不见开征关税的记录。直到公元575年的北齐末年,才开征关市之税,但仅过两年北齐就灭亡了,关税再次废止。又,"北朝还有'入市税',北魏于公元526年规定,凡入市贩货物的行商,每人先缴纳市门税一钱,入市交易时再征市税";坐贾则分五等征税。"北齐、北周沿袭此制,分别征收市税和店铺税。"①《隋书·食货志》载:"闵帝元年,初除市门税。及皇帝即位,复兴入市之税。"因此,杨坚之"除入市之税"是针对周宣帝之"复兴入市之税"的举措。

税收之有无高低,在以农立国的当时,并不严重影响财政收入,"除入市之税"作为隋代的一种"无法之法"而予实施,是有可能的。此事还可考诸兴商与否的一场争论作为佐证,即邳公苏威极言商市之弊,而治书侍御史李谔予以反驳,最后李谔的驳议为隋文帝所肯定:

> 邳公苏威以临道店舍,乃求利之徒,事业污杂,非敦本之义。遂奏高祖,约遣归农,有愿依旧者,所在州县录附市籍,仍撤毁旧店,并令远道,限以日时。正值冬寒,莫敢陈诉。(李)谔因别使,见其如此,以为四民有业……岂容一朝而废,徒为劳扰,于事非宜。遂专决之,并令依旧。使还诣阙,然后奏闻。高祖善之曰:"体国之臣,当如此矣。"②

(二) 采盐方面

食盐事关国计民生,三国时更为军旅之必需,因此魏、蜀、吴都厉行食盐专卖,三国都设有司盐校尉等官职来管理盐的专卖事业。

两晋时期,据蒋晓伟先生所考,继续实行曹魏的食盐专卖政策,法律规定:"凡民不

---

① 蒋晓伟:《中国经济法制史》,知识出版社1994年版,第105页。
② 《隋书》卷66《李谔传》,中华书局1982年版,第1546页。

得私煮盐，犯者四岁刑，主吏二岁刑。"①

北朝时，北齐曾"于沧、瀛、幽、青四州之境，傍海置盐官，以煮盐，每岁收钱"，使"军国之资，得以周赡"②。北周则设"掌盐"官职，"掌四盐之政令。一曰散盐，煮海以成之；二曰监盐，引池以化之；三曰形盐，物地以出之；四曰饴盐，于戎以取之。凡监盐形盐，每地为之禁，百姓取之，皆税焉"③。"南朝时由于盐产量丰富，同时国家对富商大贾、豪门贵族采取妥协政策，因此宋、齐、梁三朝都允许民间私煮盐，政府只收其税，从法令上改变了三国、两晋食盐专卖的局面。直到陈朝，由于国土缩小，财政困难，才又实行海盐专卖。"④

开皇初年"尚依周末之弊，官置酒坊收利，盐池盐井，皆禁百姓采用"⑤。"盐池，置总监、副监、丞等员。管东西南北面等四监，亦多置副监及丞。"⑥

开皇三年（583）颁新令，"罢酒坊，通盐池盐井与百姓共之。远近大悦"⑦。这就是在采盐方面实行的无税之法了。

（三）度量衡方面

《隋书·赵𤫊传》载，金城郡公、冀州刺史赵𤫊曾在其管区之内的市场上"置铜斗铁尺"，后为隋文帝首肯，成为"常法"：

> 冀州俗薄，市井多奸诈，𤫊为铜斗铁尺，置之于肆，百姓便之。上闻而嘉焉，颁告天下，以为常法。

（四）钱制方面

晋代"货卖奴婢马牛田宅，有文券"。南朝"梁初，唯京师及三吴、荆、郢、江、湘、梁、益用钱。其余州郡，则杂以谷帛交易。交、广之域，全以金银为货。武帝乃铸钱，肉好周郭，文曰'五铢'，重如其文。而又别铸，除其肉郭，谓之女钱。二品并行。百姓或私以古钱交易，有直百五铢、五铢、女钱、太平百钱、定平一百、五铢雉钱、五铢对文等号"。北朝"齐神武霸政之初，承魏犹用永安五铢。……文宣受禅，除永安之钱，改铸

---

① 蒋晓伟：《中国经济法制史》，知识出版社1994年版，第107页。
② 《隋书》卷24《食货志》，中华书局1982年版，第676页。
③ 同上书，第679页。
④ 蒋晓伟：《中国经济法制史》，知识出版社1994年版，第107页。
⑤ 《隋书》卷24《食货志》，中华书局1982年版，第681页。
⑥ 《隋书》卷28《百官志下》，中华书局1982年版，第784页。
⑦ 《隋书》卷24《食货志》，中华书局1982年版，第681页。

常平五铢，重如其文"。北周之初，"尚用魏钱。及武帝保定元年七月，及更铸布泉之钱，以一当五，与五铢并行。时梁、益之境，又杂用古钱交易。河西诸郡，或用西域金银之钱，而官不禁。……齐平已后，山东之人，犹杂用齐氏旧钱。至宣帝大象元年十一月，又铸永通万国钱"①。总之，到隋朝建立的前夕，钱制方面已到了相当混乱的地步，这当然不利于工商交易与日常生活。因此，隋文帝登基伊始，即行钱制改革。《隋书·食货志》载：

> 高祖既受周禅，以天下钱货轻重不等，乃更铸新钱。背面肉好，皆有周郭，文曰"五铢"，而重如其文。每钱一千，重四斤二两。

当时承周末之后，隋文帝的"五铢"钱又是新铸的，"百姓或私有熔铸"。到开皇三年（583）四月，隋文帝诏令"四面诸关，各付百钱为样。从关外来，勘样相似，然后得过。样不同者，即坏以为铜，入官"。只是诏令下达之后，"前代旧钱，有五行大布、永通万国及齐常平，所在用以贸易不止"。因此，隋文帝于开皇四年（584）再颁诏令，规定"仍依旧不禁者，县令夺半年禄"。但是，"百姓习用既久，尚犹不绝"，隋文帝不得不在开皇五年（585）正月，"诏又严其制"，"自是钱货始一，所在流布，百姓便之"。

开皇五年（585）之前，流通之钱以青铜和以锡镴铸成，而其时锡镴开采甚多，价格较贱。求利之徒，仍旧私铸不已。为此，开皇五年（585）隋文帝干脆下达诏令："禁出锡镴之处，并不得私有采取。"

开皇十年（590），隋文帝"诏晋王广，听于扬州立五炉铸铁。其后奸狡稍渐磨炉钱郭，取铜私铸，又杂以锡钱，递相放效，钱遂轻薄"。于是，隋文帝又"下恶钱之禁。京师及诸州邸肆之上，皆令立榜，置样为准。不中样者，不入于市"。根据禁令，使用"恶钱"者一经发现，当处杖责。考诸《隋书·赵绰传》可见此一规定：

> 时上禁行恶钱，有二人在市，以恶钱而易好者。武候执以闻，上悉斩之。（赵）绰进谏曰："此人坐当杖，杀之非法。"

考诸《隋书》及其他史料可见，有隋一代，钱制方面的摩擦、波动、斗争，始终相当复杂、相当尖锐，以至成了隋代短命夭亡的重要原因之一。关于开皇十八年（598）后直至隋亡，钱制方面及因此而引起的社会震荡，《隋书·食货志》是这样记载的：

> （开皇）十八年，诏汉王谅，听于并州立五炉铸钱。是时江南人间钱少，晋王广又听于鄂州白纻山有铜箘（yún）处，锢铜铸钱。于是诏听置十炉铸钱。又诏蜀王秀，

---

① 《隋书》卷24《食货志》，中华书局1982年版，第689—691页。

听于益州立五炉铸钱。是时钱益滥恶，乃令有司，括天下邸肆见钱，非官铸者，皆毁之，其铜入官。而京师以恶钱贸易，为吏所执，有死者。……大业已后，王纲弛紊，巨奸大猾，遂多私铸，钱转薄恶。初每千犹重二斤，后渐轻至一斤。或翦铁鍱，裁皮糊纸以为钱，相杂用之。货贱物贵，以至于亡。

（五）债之担保方面

交易中，债之担保是常常发生的事。我国担保制度可溯源于先秦。其时之担保，称为"赘"："秦人家富子壮则出分，家贫子壮则出赘。"① 原云："赘，质也。家贫无有聘财，以身为质也。"因此，"赘""质"，都与债之担保有关。后来，"赘""质"又有"贴（帖）"及"悬券"等的称法。如：

> 帖卖者。帖荒田七年，熟田五年。钱还地还，依令听许。②

> （王）宏都下有数十邸出悬钱立券，每以田宅邸店悬上丈券，期讫便驱券主，夺其宅。③

但到南北朝至隋代时，较流行的债之担保之用语，仍为"质"，可考《隋书·韦鼎传》以证之：

> （南朝陈后主）至德初，鼎尽质货田宅，寓居僧寺。

五、婚姻家庭法制考

《开皇律》有"户婚篇"，在卷4。考诸《唐律疏议》，其中所有的条目，隋《开皇律》亦当有之，为：

> 脱漏户口增减年状；

---

① 《汉书》卷48《贾谊传》，中华书局1962年版，第2244页。
② 〔唐〕杜佑：《通典》卷2《食货志·田制门》，引宋孝王：《关东风俗传》，商务印书馆1933年版，第381页。
③ 《南史》卷51《临川静惠王宏传》，中华书局1975年版，第1278页。

里正不觉脱漏增减；
州县不觉脱漏增减；
里正官司妄脱漏增减；
私入道；
子孙别籍异财；
居父母丧生子；
养子舍去；
立嫡违法；
养杂户等为子孙；
放部曲奴婢还压；
相冒合户；
同居卑幼私辄用财；
卖田分口；
占田过限；
盗耕种公私田；
妄认盗卖公私田；
在官侵夺私田；
盗耕人墓田；
不言及妄言部内旱涝霜虫；
部内田畴荒芜；
里正授田课农桑违法；
应复除不给；
差科赋役违法；
输课税物违期；
许嫁女辄悔；
为婚妄冒；
有妻更娶；
以妻为妾；
居父母夫丧嫁娶；
父母被囚禁嫁娶；
居父母丧主婚；
同姓为婚；
尝为袒免妻而嫁娶；
夫丧守志而强嫁；

娶逃亡妇女；

监临娶所监临女；

和娶人妻；

卑幼自娶妻；

妻无七出而出之；

义绝离之；

奴娶良人为妻；

杂户官户与良人为婚；

违律为婚恐喝娶；

违律为婚离正；

嫁娶违律。

以上四十六条，全在刑律之内，违律者轻则笞杖，重则徒、流至死。

又，《开皇令》有"户令"篇、"丧葬"篇，分别在卷11、卷29。考诸唐令，其中的内容也有涉及"户婚"的。《唐律疏议》常常引令议论，如疏议"同姓为婚"条，议论"同姓为妾，合得何罪"时，引《户令》中的规定"娶妾仍立婚契"，说明"妻、妾，俱名为婚"，故"同姓为妾"罪等"同姓为婚"，每娶一妻或妾，各处徒二年，且"缌麻以上，以奸论"。因此，从律、令同时调整今日所谓民事关系看，要以今天的术语去套评当时的律令，是不甚合理的。加之，隋代律令业已佚失，更是难以考证。因此，关于隋代婚姻家庭的法制考证，我们就只能涉笔以下几点了：

（一）婚姻仪礼方面

1."六礼"。古代婚姻遵循一定的仪礼，至周代形成固定的"六礼"，即"纳采""问名""纳吉""纳征""请期""亲迎"等六种仪礼。"六礼"具备，婚姻关系即告成立。"纳采"，谓纳采择之礼。《礼记·婚义疏》曰："盖男家欲与女家合婚，必先使媒氏下通其言，女氏许之，乃使人纳其采择之礼。"后之下"聘礼"即"纳采"。《隋书·礼仪志》载：

后齐聘礼……皆用羔羊一口，雁一只。酒、黍、稷、米、面，各一斛，自皇子王以下至于九品，皆同，流外及庶人则减其半。

隋代亦有关于聘礼及"亲迎"之记载：

开皇四年……越国公杨素时方贵悻，重（崔）儦门地，为子玄纵娶其女为妻。聘

> 礼甚厚。亲迎之始，公卿满座，素令骑迎儶……①

"纳采"等"六礼"之婚姻礼制，均有法律为后盾。《唐律疏议》卷13载，《户婚律》有"诸许嫁女，已报婚书及有私约，而辄悔者，杖六十"条。《唐律疏议》曰："许嫁女已报婚书者，谓男家致书礼请，女氏答书许讫。"又有"虽无许婚之书，但受娉财，亦是"条（娉财无多少之限，酒食非。以财物为酒食者，亦同娉财。）。又有"若更许他人者，杖一百；已成者，徒一年半"条等。可见婚姻礼仪及有关法制保障重要之一斑。

但是，豪门贵族、上层社会与下层社会之间，在对待婚姻仪礼方面，态度与做法必有不同。《隋书》谓：

> 江都、弋阳、淮南、钟离、蕲春、同安、庐江、历阳……自平陈之后，其俗颇变……丧纪婚姻，率渐于礼。②

又，隋末思想家文中子王通《中说》记曰：

> 子述婚礼，贾琼曰："今皆亡，又焉用续？"子曰："琼，尔无轻礼。无谄俗，有之可也。"

可见，当时下层社会已渐抛弃刻板的"六礼"之制了。但下层社会也不是什么仪礼都没有，而是以"六礼"为准而有所衍变，改得较为简单而灵活。

2. 俗礼。陈鹏先生著《中国婚姻史稿》云：

> 历朝定嫁娶之仪，均奉为圭臬，代代相仍，略无增损。惟千载之后，时异俗迁，地殊习变，宫室车服之制，器皿币帛之用，名异制殊，不可考合，强而行之，不免窒碍难通。……虽然，六礼之仪，亦非全无影响，第以时地不同，往往与俗相融，流传既久，渐失旧观，循致礼俗悬殊，所谓"各行其俗之礼"者，此之谓也。故考古婚礼者，须礼俗并提，始得窥其全豹……③

根据他的考证，古代俗礼之要者，有问卜与合婚、择日、催妆、障车、青声、转毡、却扇、坐鞍、合髻（结发）、拜堂、撒帐、闹房、授巾、盖头、拜时、撒谷豆、看新妇等

---

① 《隋书》卷76《崔儦传》，中华书局1982年版，第1733页。
② 《隋书》卷31《地理志下》，中华书局1982年版，第886—887页。
③ 陈鹏：《中国婚姻史稿》，中华书局1990年版，第232页。

等。隋代之婚姻俗礼，可考者仅有"择日"一端了。

关于"择日"的记载有《隋书·萧吉传》附《刘祐传》，刘祐著《婚姻法》三卷，有谓"朝廷嫁娶，六礼之仪，均须择日，且定之于礼"。又《隋书·礼仪志》载：

> 皇太子纳妃……择日纳吉，如纳采。又择日，以五帛乘马纳征。又择日告期。又择日，命有司以特牲告庙，册妃。

俗礼虽然不是"六礼"却为"六礼"所化，融有"六礼"之意，为婚姻事实的证明，在发生纠纷时都可据以为断，所以也很为社会重视。

（二）离婚方面

古之离婚，依礼与法，主要有"违律为婚""义绝""七出"三者，惜史料中未觅得隋代这三方面的实例或礼、法规定。除这三者外，还可有政治方面的和其他方面的原因而离婚的，这种离婚为未得到干预而竟成事实，那么或可视作法律的默许。这一方面，《隋书》上倒有几条记载：

> 柳述……以尚主之故，拜开府仪同三司、内史侍郎。上于诸婿中特所宠敬。……上于仁寿宫寝疾，述与杨素、黄门侍郎元岩等侍疾宫中。时皇太子无礼于陈贵人，上知而大怒，因令述召房陵王。述与元岩出外作敕书，杨素闻之，与皇太子协谋，便矫诏执述、岩二人，持以属吏。及炀帝嗣位，述竟坐除名，与公主离绝。[①]

> 张定和……少贫贱，有志节。初为侍官。会平陈之役，定和当从役。无以自给。其妻有嫁时衣服，定和将鬻之，妻靳固不与，定和于是遂行。以功拜仪同赐帛千匹，遂弃其妻。[②]

> 秦王俊……颇好内，妃崔氏，性妒，甚不平之，遂于瓜中进毒。俊由是遇疾，征还京师。……妃崔氏以毒王之故，下诏废绝，赐死于其家。[③]

以上三条记载，都事涉离绝废弃已婚配妇人，情形各异，但都为当时所许可，是为法律默认无疑。

---

① 《隋书》卷47《柳述传》，中华书局1982年版，第1272—1273页。
② 《隋书》卷64《张定和传》，中华书局1982年版，第1509页。
③ 《隋书》卷45《杨俊传》，中华书局1982年版，第1240页。

(三) 居丧婚嫁

居丧婚嫁之法源于礼而入于律。《礼记·问丧》谓，人子之于父母丧也，"鸡斯徒跣，报上衽，交手哭……水浆不入口，三日不举火……口不甘味，身不安美，寝苫枕块，哀亲之在土也。故哭泣无时，服勤三年，思慕三年"。自然，不得嫁娶是"题中之义"。陈鹏先生曰："哀毁之余，自不遑谈及婚姻，此所为'孝子之志也，人情之实也'。故春秋讥丧嫁，中世以后遂禁之以律。"①

禁律之初，现在可知者为汉代。汉代法律规定，居丧奸者，付诸重典。可惜律文已佚，唯可考诸《唐明律合编》有所引之律略谓："妇人夫丧，（必待）既葬，始得改嫁，未葬而嫁为不道。"②又董仲舒《春秋决狱》曰："甲夫乙，将船会海，风盛船没，溺流死亡不得葬。四月，甲母丙，即嫁甲。欲皆何论？或曰，甲夫死，未葬，法无许嫁，以私为人妻，当弃市。"③

魏晋南北朝禁丧婚之律令已佚，不得而知。隋代则禁丧婚之律仍有，但"已不为时所重"以至"礼法虚悬而已"了。④

禁丧婚之律隋代仍存之倒可证诸：

> 有应州刺史唐君明，居母丧，娶雍州长史厍狄士文之从父妹。（柳）彧劾之曰："臣闻天地之位既分，夫妇之礼斯著，君亲之义生焉，尊卑之教攸设。是以孝惟行本，礼实身基，自国刑家，率由斯道。窃以爱敬之情，因心至切，丧纪之重，人伦所先。君明钻燧虽改，在文无变，忽勍劳之痛，成燕尔之亲，冒此苴缞，命彼褕翟。不义不昵，《春秋》载其将亡，无礼无义，诗人欲其遄死。士文赞务神州，名位通显，整齐风教，四方是则。弃二姓之重匹，违六礼之轨仪。请禁锢终身，以惩风俗。"二人竟坐得罪。⑤

此案在《隋书·厍狄士文传》中也有简略的记载："士文从父妹有色，应州刺史唐君明居母忧，娉以为妻，为御史所劾。"

又可考唐律（《永徽律》）之规定："诸居父母及夫丧而嫁娶者，徒三年；妾减三等，各离之。"因唐律"一本于隋"，可见隋时有禁居丧嫁娶之规定。

但隋承丧乱之后，丧婚之禁已不为时所重。"炀帝末年，天下叛乱，礼法荡尽，丧娶

---

① 陈鹏：《中国婚姻史稿》，中华书局1990年版，第497—498页。
② 〔清〕薛允升：《唐明律合编》引汉律，台湾"商务印书馆"1977年版，第276页。
③ 程树德：《九朝律考》卷1引董仲舒《春秋决狱》，中华书局1963年版，第164—165页。
④ 陈鹏：《中国婚姻史稿》，中华书局1990年版，第506页。
⑤ 《隋书》卷62《柳彧传》，中华书局1982年版，第1482页。

者，虽为时论所鄙，而终莫能禁。"①《隋书·冯慈明传》载：

> （慈明）长子忱，先在东都。王充破李密，忱亦在军中，遂遣奴负父尸柩，诣东都，身不自送。未几，又盛花烛纳室，时论鄙之。

但仅"时论鄙之"而已，并未受法律之制裁。

（四）死亡品官妻妾之改嫁

隋初，隋文帝发布诏令，五品以上官员死亡，其妻妾不得改嫁。这一诏令，是因治书侍御史李谔之奏而发的：

> （李）谔见礼教凋敝，公卿薨亡，其爱妾侍婢，子孙辄嫁卖之，遂成风俗。谔上书曰："臣闻追远慎终，民德归厚，三年无改，方称为孝。如闻朝臣之内，有父祖亡没，日月未久，子孙、无赖，便分其妻妾，嫁卖取财。有一于兹，实损风化。妾虽微贱，亲承衣履，服斩三年，古今通式。岂容遽褫禭袿，强傅铅华，泣辞灵几之前，送付他人之室。凡在见者，尤致伤心，况乎人子，能堪斯忍？复有朝廷重臣，位望通贵，平生交旧，情若弟兄。及其亡没，杳同行路，朝闻其死，夕规其妾，方便求娉，以得为限，无廉耻之心，弃朋友之义。且居家理治，可移于官，既不正私，何能赞务？"上览而嘉之。五品以上妻妾不得改醮，始于此也。②

开皇十六年（596）六月，隋文帝又下诏：

> 辛丑，诏九品以上妻，五品以上妾，夫亡不得改嫁。③

这一诏令，后著为格：

> 高祖之世，以刀笔吏类多小人，年久长奸，势使然也。又以风俗陵迟，妇人无节。于是立格，州县佐史，三年而代之，九品妻无得再醮。④

---

① 陈鹏：《中国婚姻史稿》，中华书局1990年版，第506页。
② 《隋书》卷66《李谔传》，中华书局1982年版，第1544页。
③ 《隋书》卷2《高祖纪下》，中华书局1982年版，第40页。
④ 《隋书》卷75《刘炫传》，中华书局1982年版，第1721页。

但隋炀帝即位后"牛弘引（刘）炫修律令"，对"九品妻无得再醮"等，"炫著论以为不可，弘竟从之"①，即把此格废除了。

（五）后妃制度

历代皆有后宫之制，确定后妃之数。《礼记·昏礼》谓："古者天子后立六宫，三夫人，九嫔，二十七世妇，八十一御妻。"《曲礼》曰："天子有后，有夫人，有世妇，有嫔，有妻，有妾。"秦、汉、三国、魏、晋、南北朝，代有沿革，后宫之制始终存在。"隋开皇二年著内宫之式，略依周礼，省减其数。"陈鹏先生著《中国婚姻史稿》所论的这一开皇初年隋代后宫制度，可考诸《隋书·后妃传》的有关记载：

> 高祖思革前弊，大矫其违，惟皇后正位，傍无私宠，妇官称号，未详备焉。开皇二年，著内官司之式，略依《周礼》，省减其数。嫔三员，掌教四德，视正三品。世妇九员，掌宾客祭祀，视正五品。女御三十八员，掌女工丝枲，视正七品。又采汉、晋旧仪，置六尚、六司、六典，递相统摄，以掌宫掖之政。一曰尚宫，掌导引皇后及闺阁廪赐。管司令三人，掌图籍法式，纠察宣奏……

但是，皇后独孤氏干预朝政，使这一内宫之式成为具文：

> 初，文献皇后功参历试，外预朝政，内擅宫闱，怀嫉妒之心，虚嫔妾之位，不设三妃，防其上逼。自嫔妃以下，置六十员。加又抑损服章，降其品秩。

这种情况，直至独孤氏死后才有所改变：

> 至文献崩后，始置贵人三员，增嫔至九员，世妇二十七员，御女八十一员。贵人等关掌宫闱之务，六尚已下，皆分隶焉。②

隋炀帝时，又颁法令，做了进一步的规定：

> 炀帝时，后妃嫔御，无厘妇职，惟端容丽饰，陪从宴游而已。帝又参详典故，自制嘉名，著之于令。贵妃、淑妃、德妃，是为三夫人，品正第一。顺仪、顺容、顺华、修仪、修容、修华、充仪、充容、充华，是为九嫔，品正第二。婕妤十二员，品

---

① 同上书，第1720页。
② 《隋书》卷36《后妃传》，中华书局1982年版，第1106页。

正第三；美人、才人一十五员，品正第四，是为世妇。宝林二十四员，品正第五；御女二十四员，品正第六；采女二十四员，品正第七，是为女御。总一百二十，以叙于宴寝。又有承衣刀人，皆趋侍左右，并无员数，视六品已下。

时又增置女官。准尚书省，以六局管二十四司。一曰尚宫局，管司言，掌宣传奏启；司簿，掌名录计度；司正，掌格式推罚；司闱，掌门阁管钥。二曰尚仪局，管司籍，掌经史教学……①

《开皇令》30卷之卷9，有"命妇品员"令。《大业令》30卷亦有此令。有隋一代之后宫制度，是为法律所予以规定的。

除以上土地、课役、工商交易及婚姻家庭法制外，隋代的民事法制还有义仓法等可考。义仓法之立，事见《隋书·长孙平传》：

开皇三年，（长孙平）征拜度支尚书。平见天下州县多罹水旱，百姓不给，奏令民间每秋家出粟一石已下，贫富差等，储之闾巷，以备凶年，名曰义仓。因上书曰："经国之道，义资远算，请勒诸州刺史、县令，以劝农积谷为务。"上深嘉纳。

又见《隋书·食货志》：

（开皇）五年五月，工部尚书、襄阳县公长孙平奏曰："古者三年耕而余一年之积，九年作而有三年之储，虽水旱为灾，而人无菜色，皆由劝导有方，蓄积先备故也。去年亢阳，关内不熟，陛下哀愍黎元，甚于赤子。运山东之粟，置常平之官，开发仓廪，善加赈赐。少食之人，莫不丰足。鸿恩大德，前古未比。其强宗富室，家道有余者，皆竞出私财，递相赒赡。此乃风行草偃，从化而然。但经国之理，须存定式。"于是奏令诸州百姓及军人，劝课当社，共立义仓。……自是诸州储峙委积。

义仓法之立及义仓的设置，在水旱灾害地区是起了救灾的作用的。"其后关中连年大旱，而青、兖、汴、许、曹……州大水，百姓饥馑。高祖乃命苏威等，分道开仓赈给。"② 关于义仓，隋文帝在开皇十五、十六年还曾发过两次诏令，事见《隋书·食货志》。

---

① 《隋书》卷36《后妃传》，中华书局1982年版，第1107页。
② 《隋书》卷24《食货志》，中华书局1982年版，第684页。

第七章　诉讼法制考

隋代的诉讼法制情况，因史料奇缺，所能考得者，仅诉讼的提起、案件的审理、上报与复审以及判决的执行等几个方面。

一、诉讼的提起

秦、汉以来，诉讼的提起都采取两种形式：其一为封建官吏代表官府纠察检举犯罪；其二为当事人直接向官府提出控告。隋代也是如此。同时，隋律还规定了告诉的奖励办法及知情而不告诉的惩罚办法，规定了诬告、控告不实的处理办法，以及上诉的程序等等。

（一）官吏代表官府提起诉讼

在隋代，中央由御史纠举官吏的违法犯罪行为，地方由地方长官对辖区内犯罪的官民提起诉讼。

隋代特别注重基层政权组织监视人民的作用。杜佑的《通典》据《隋书·食货志》引开皇新令云："人五家为保，保有长，保五为闾，闾四为族，皆有正。畿外置里正，比闾正，党长比族长，以相检察焉。"这似乎说的是保长、闾正、族正间的检察，但其实矛头首先是针对人民的。《隋书·食货志》又称：开皇三年"高祖令州县大索貌阅，户口不实者，正长远配，而又开相纠之科。大功以下，兼令析籍，各为户头，以防容隐"。《隋书·裴蕴传》云：大业五年（609），裴蕴奏请"貌阅"户口，"若一人不实，则官司解职，乡正里长皆流远配"。这说明，采取法律手段，国家通过"乡正里长"之手严密地控制户口，其中包括明确规定了基层官吏纠察与提起诉讼的职责。

（二）当事人自行提起诉讼

为了促使当事人提起诉讼，隋律还规定了某些情况下的奖励办法。例如《隋书·刑法志》载：隋文帝"每尚惨急，而奸回不止，京市白日，公行掣盗，人间强盗，亦往往而有。帝患之，问群臣断禁之法。杨素等未及言，帝曰：'朕知之矣。'诏有能纠告者，没贼家产，以赏纠人。时月之间，内外宁息"。又如：《隋书·裴蕴传》载：大业五年，裴蕴奏请"貌阅"户口，"许民相告，若纠得一丁者，令被纠之家代输赋役"。

另一方面，隋律又规定了知情而不告诉的惩罚办法。如《隋书·刑法志》载：隋文帝"定制，行署取一钱已上，闻见不告言者，坐至死。自此，四人共盗一榱桶，三人同窃一瓜，事发即时行决"。《隋书·元寿传》载："开府肖摩诃妻患且死，奏请遣子向江南，收其家产，御史见而不言。（元）寿劾之曰：'摩诃远念资财，近忘匹好，又命其子舍危慭之母，为聚敛之行。……而兼殿中侍御史韩微之等，亲所闻见，竟不弹纠，若知非不举，事涉阿纵，请付大理。"

（三）诬告反坐

《隋书·刑法志》载：开皇五年，"侍官慕容天远，纠都督田元，冒请义仓，事实而始平县律生辅恩，舞文陷天远，遂更反坐"。《隋书·韦冲传》载：益州长史元岩性方正，秉公依法惩处了韦冲的侄子，韦冲之弟、太子洗马韦世约"谮岩于皇太子"，为隋文帝所察觉，"遂除名"。从这些事实可见，隋律是规定了诬告反坐的条文的。又《隋书·高颎传》载，开皇九年（589）伐陈一战，高颎被任为元帅长史，"三军谘禀，皆断于颎"。及陈平，晋王杨广欲纳陈主宠姬张丽华，高颎认为不可，而把张杀了。平陈后，还师之日，高颎因功而加爵上柱国、晋爵齐国公。隋文帝慰劳他说："公伐陈后，人言公反，朕已斩之。君臣道合，非青蝇所间也。"这一事件的来龙去脉已不可考，但可断定的一点是：告高颎的罪名是"反"，谋反为"十恶"之首，要处死刑；既不信高颎谋反，则以诬告反坐告诉者"斩"。

（四）上诉

《隋书·刑法志》载，开皇元年，"帝又以律令初行，人未知禁，故犯法者众。又下吏承苛政之后，务锻炼以致人罪。乃诏申敕四方，敦理辞讼。有枉屈县不理者，令以次经郡及州，至省仍不理，乃诣阙申诉。有所未惬，听挝登闻鼓，有司录状奏之"。

二、案件的审理与刑讯原则

（一）案件的审理

《隋书·刑法志》：开皇三年（583），"置律博士弟子员。断决大狱，皆先牒明法，定其罪名，然后依断"。开皇五年（585）隋文帝闻慕容天远案后，下诏曰："人命之重，悬在律文，刊定科条，俾令易晓。分官命职，恒选循吏，小大之狱，理无疑舛。而因袭往代，别置律官，报判之人，推其为首。杀生之柄，常委小人，刑罚所以未清，威福所以妄作，为政之失，莫大于斯。其大理律博士、尚书刑部曹明法、州县律生，并可停废。""自是诸曹决事，皆令具写律文断之。"

审理案件的过程中，有时实行"庭对"之制。其事可考诸《隋书·梁士彦传》：开国元勋梁士彦，"自恃元功，甚怀怨望，遂与宇文忻、刘昉等谋作乱。……其甥裴通豫知其谋而奏之。高祖未发其事，授晋州刺史，欲观其意。士彦欣然谓昉等曰：'天也！'又请仪同薛摩儿为长史，高祖从之。后与公卿朝谒，高祖令左右执士彦、忻、昉等于行间，诘之曰：'尔等欲反，何敢发此意！'初犹不伏，捕薛摩儿适至，于是庭对之。摩儿具论始末，云：'第二子刚垂泣苦谏，第三子叔谐曰：'作猛兽要须成斑。'士彦失色，顾谓摩儿曰：'汝杀我！'于是伏诛……"

（二）刑讯的原则

《开皇律》规定"讯囚不得过二百，枷杖大小，咸为之程品，行杖者不得易人"①。《隋书·刑法志》称："自前代相承，有司讯考，皆以法外。或有用大棒束杖，车辐鞋底，压踝杖桄之属，楚毒备至，多所诬伏。虽文致于法，而每有枉滥，莫能自理。至是尽除苛惨之法……"从史料看，开皇前期，刑讯确实有所减轻，但是到了开皇后期，尤其是仁寿年间，刑讯又大大加重，更为苛毒了。开皇十年（590），领左右都督田元对隋文帝说，"陛下杖大如指，榱楚人三十者，比常杖数百，故多致死"。② 隋炀帝继位，大业三年（607）颁《大业律》，"其枷杖决罚讯囚之制，并轻于旧"。③ 然而逾时未几，隋炀帝更立严刑，刑讯之苛惨更加倍于开皇时期，比之秦、汉的暴君也有过之而无不及。

三、上报与复审

隋律对死刑的终审，做了许多规定，强调必须上报、复审。《隋书·刑法志》载，开皇三年（583），隋文帝"命诸州囚有处死，不得驰驿行决"。开皇十二年（592）隋文帝"以用律者多致踌驳，罪同论异。诏诸州死罪不得便决，悉移大理案覆，事尽然后上省奏裁"。对此，《隋书·高祖纪》记曰："八月甲戌，制天下死罪，诸州不得便决，皆令大理覆治。"此事，《隋书·刑法志》记作："十五年制，死罪三奏而后决。"因上引《隋书·高祖纪》所记，不仅有年，而且有月、日，即十六年"秋八月丙戌"，可推定开皇十六年而非《刑法志》所记的十五年。开皇十六年（596）八月，隋文帝又诏："决死罪者，三奏而后行刑。"④ 但到了隋炀帝晚年，却"敕天下窃盗已上，罪无轻重，不待闻奏，皆斩"⑤。大业七

---

① 《隋书》卷25《刑法志》，中华书局1982年版，第712页。
② 同上书，第713页。
③ 同上书，第717页。
④ 《隋书》卷2《高祖纪下》，中华书局1982年版，第41页。
⑤ 《隋书》卷25《刑法志》，中华书局1982年版，第717页

年（611）隋炀帝敕令对征辽战士、运粮民夫之逃亡者，"都尉、鹰扬与郡县相知追捕，随获斩决之"[1]。"上报""复审"以至一般的审讯程序统统被取消了。

四、判决的执行、录囚与赦免

（一）判决的执行

关于行刑的时间，《隋书·刑法志》记载说："帝尝发怒，六月棒杀人。大理少卿赵绰固争曰：'季夏之月，天地长成庶类。不可以此时诛杀。'帝报曰：'六月虽曰生长，此时必有雷霆。天道既于炎阳之时，震其威怒，我则天而行，有何不可？'遂杀之。"由此可见当时像历来那样规定春夏二季不得行刑，不过隋文帝找理由冲破了这个规定。

关于杖刑的执行，从讯囚"行杖者不得易人"，"枷杖大小，咸为之程品"[2]，可推测一二。

关于流刑的执行，《隋书·王栁传》有"时制，流人并枷锁传送"句，可略窥一二。

（二）录囚

隋有录囚之制，见诸《隋书·高祖纪》记载者有：

（开皇）二年……十二月……丁亥，亲录囚徒。
（开皇）四年……九月……己巳，上亲录囚徒。
（开皇）十年……秋七月……庚戌，上亲录囚徒。
（开皇）十二年……八月……戊戌，上亲录囚徒。
（开皇）十七年……二月……辛酉，上亲录囚徒。
（开皇）十八年……冬十一月甲戌，上亲录囚徒。

此外，《隋书·刑法志》载："帝又每季亲录囚徒。常以秋分之前，省阅诸州申奏罪状。"这里所记，是"每季"亲录囚徒，但《高祖纪》所记却只有很少的几次，这是值得研究的一个问题。

录囚之制，始于汉代也盛于汉代。《汉书·隽不疑传》载：

（隽不疑）拜为青州刺史，每行县录囚徒还，其母辄问不疑："有所平反，活几人何？"

---

[1]《隋书》卷3《炀帝纪上》，中华书局1982年版，第76页。
[2]《隋书》卷25《刑法志》，中华书局1982年版，第712页。

又《汉书·百官志》载：诸州常以八月巡行所部郡国，录囚徒。"县邑囚徒皆阅录，视参考辞状，实其真伪，有侵冤者即时平理也。"

对于"录囚"的含义，沈家本先生的《历史刑法考·赦考》曰："录囚之事，汉时郡守之常职业。……此事又属于刺史。"从沈氏之释及史实都可知道，录囚是上下偕行的理冤之举。但《隋书》所记，多为皇帝本人的"亲录囚徒"，笔涉他人的仅见一处：

> （安定郡公、司农卿樊叔略）虽为司农，往往参督九卿事。……（开皇）十四年。从祠太山，行至洛阳，上令录囚徒。具状将奏，晨起，至狱门，于马上暴卒……①

"录囚"既为理冤之举，因此与史书所记之"省囚"大致相近。《隋书·高祖纪》有载：开皇二年（582）五月"己酉，旱，上亲省囚徒"；《隋书·杨汪传》载："炀帝即位，（杨汪）守大理卿。汪视事二月，帝将亲省囚徒。其时系囚二百余人，汪通宵究审，诘朝而奏，曲尽事情，一无遗误，帝甚嘉之。"

（三）赦免

赦免是指减轻或免除罪犯的刑罚。《尚书·舜典》云："眚灾肆赦。"周代有三宥、三赦之法；秦二世二年（前208）曾大赦天下；汉以后形成定制，一般有大赦、曲赦、特赦及别赦等分别。隋之赦免采取了大赦、曲赦、降囚徒等形式。杨鸿烈《中国法律发达史》说《隋书·文帝本纪》记录有八次大赦，并曲赦江陵、陈国、益州管内各一次。其实不止这些。现将隋代赦免情况记录如下：

> 开皇元年二月甲子，大赦，改元。
> 开皇元年四月辛巳，大赦。
> 开皇三年正月庚子，将入新都，大赦天下。
> 开皇三年五月丙寅，赦黄龙死罪已下。
> 开皇三年九月癸丑，大赦天下。
> 开皇四年六月庚子，降囚徒。
> 开皇五年十二月丁未，降囚徒。
> 开皇六年二月庚子，大赦天下。
> 开皇七年九月，曲赦江陵。
> 开皇七年十月庚申，降囚徒。
> 开皇八年十月，曲赦陈国。

---

① 《隋书》卷73《樊叔略传》，中华书局1982年版，第1678页。

开皇九年四月辛亥，大赦天下。

开皇九年十一月甲寅，降囚徒。

开皇十三年九月丙辰，降囚徒。

开皇十五年正月，大赦天下。

开皇十五月四月己丑朔，大赦天下。

开皇十九年正月，大赦天下。

仁寿元年正月，大赦天下。

仁寿二年十月壬子，曲赦益州管内。

仁寿四年正月丙辰，大赦。

仁寿四年六月庚申，大赦天下。

大业元年正月，大赦，改元。

大业元年十月，曲赦江淮以南。

大业二年四月，大赦。

大业三年四月，大赦天下。

大业四年八月，大赦天下。

大业五年六月，大赦天下，开皇以来流配，悉放还乡。晋阳逆党，不在此例。

大业九年正月戊戌，大赦。

大业九年十月，曲赦高阳郡死罪已下。

大业十年十二月壬申，大赦天下。

大业十一年九月丁未，曲赦太原、雁门郡死罪已下。

大业十三年（义宁元年）"十一月十六日昧爽以前，大辟罪已下，悉数除之，常数所不免者，不在赦限"。

总计隋文帝时期至少大赦十二次，曲赦四次，降囚徒五次；隋炀帝时期至少大赦八次，曲赦三次。

此外《隋书》还有关于特赦的记载：

故陈将肖摩诃，其子世略在江南作乱，摩诃当从坐。上曰："世略年未二十，亦何能为！以其名将之子，为人所逼尔。"因赦摩诃。（大理正赵）绰固谏不可，上不能夺，欲绰去而赦之，固命绰退食。绰曰："臣奏狱未决，不敢退朝。"上曰："大理其为朕特赦摩诃也。"因命左右释之。①

---

① 《隋书》卷62《赵绰传》，中华书局1982年版，第1485页。

高祖为丞相，加（宇文恺）上开府中大夫。及践阼，诛宇文氏，恺初亦在杀中，以其与周本别，兄忻有功于国，使人驰赦之，仅而后免。①

---

① 《隋书》卷68《宇文恺传》，中华书局1982年版，第1587页。

第八章　司法实践考

或谓隋律宽简、隋文帝实行轻刑导致史称"开皇之治",前与汉代的"文景之治"、后与唐代的"贞观之治"相提并论,褒奖有加;或谓隋文帝、隋炀帝喜怒无常,擅权恣肆,刑罚残酷,暴政苛严,贬斥不已。这些都属囫囵之论,有失偏颇。隋代的司法实践,作为隋代法制的一个重要组成部分,在文帝、炀帝执政的不同时期,有过重大的变化,详考隋代的司法实践,必须根据不同时期的具体情况做具体记述。

一、开皇初期司法实践考

开皇初期的司法实践,大致可以归结为以下几个方面:

(一)在施行"德政"的思想指导下,根据司法状况,努力革新法制,力行轻典,"以德代刑"

1.革新法制,力行轻典。早在"龙潜"时期,杨坚就有了改革繁苛的周律的想法。他曾对宇文庆说:"天元实无积德……加以法令繁苛,耽恣声色,以吾观之,殆将不久。"[①] 当周宣帝颁行《刑经圣制》时,杨坚曾以"法令滋章,非兴化之道"而"切谏"之。[②] 但这一谏议未为周宣帝所采纳。他亲眼看到了当时"刑政苛酷,群心崩骇,莫有固志"的情况。周宣帝死后,他"矫诏""入朝总政,都督内外诸军事",立即采取措施,"革宣帝苛政,更为宽大,删略旧律,作《刑书要制》"[③],"大崇惠政,法令清简,躬履节俭,天下悦之"[④]。而当他夺袭帝位,成了隋朝开国皇帝时,就立即下令制定新律,于是《开皇律》诞

---

① 《隋书》卷50《宇文庆传》,中华书局1982年版,第1314页。
② 《隋书》卷1《高祖纪上》,中华书局1982年版,第2—3页。
③ 〔宋〕司马光:《资治通鉴》卷174《陈纪八》,〔元〕胡三省注,中华书局1987年版,第784页。
④ 《隋书》卷1《高祖纪上》,中华书局1982年版,第3页。

生了。新律定讫,隋文帝下诏曰:"帝王作法,沿革不同,取适于时,故有损益。"① 尔后,在开皇三年(583),又一次修改了《开皇律》。据《隋书·刑法志》载,此次修改颁行不久的《开皇律》的原因是:"(开皇)三年,因觉刑部奏,断狱犹至万条,(隋文帝)以为律尚严密,故人多陷罪。又敕苏威、牛弘等,更定新律。除死罪八十一条,流罪一百五十四条,徒杖等千余条,定留惟五百条,凡十二卷。"在立国的当年,便迅速颁行与前代法律有较大区别的《开皇律》,这应该说是罕见的。颁行之后仅两年,又予以修改,这不能不说是一种革新法制的积极态度。这种积极态度还反映在隋文帝及大臣苏威、高颎等对"置五百家乡正"问题的处理上。开皇初,"格令颁后,苏威每欲改易事条","又奏置五百家乡正,即令理民间辞讼",得到了高颎支持,而隋文帝"尽依威议"。但到开皇十年(590),虞庆则等于关东诸道巡省回来,报告说"五百家乡正,专理辞讼,不便于民。党与爱憎,公行货贿……",总之是弊病很多。于是隋文帝又下令废之。李德林起初就反对置五百家乡正,但是此时却认为"置来始尔,复即停废,政令不一,朝成暮毁,深非帝王设法之义",并建议"若于律令辄欲改张,即以军法从事"②。李德林主张法律的稳定性,"以为格式已颁,义须画一,纵令小有踳驳,非过蠹政害民者,不可数有改张"③,不能不说是很有见地的。但是隋文帝根据巡省报告进行改革,不固执于"不便于民"的成命,作为一种积极态度,还是可以肯定的。

据《隋书·刑法志》载,隋文帝在开皇前期的司法实践中力行轻典的事例计有:

> 至是(至《开皇律》初颁)尽除苛惨之法,讯囚不得过二百,枷杖大小,咸为之程品,行杖者不得易人。帝又以(开皇)律令初行,人未知禁,故犯法者众。又下吏承苛政之后,务锻炼以致人罪。乃诏申敕四方,敦理辞讼。有枉屈县不理者,令以次经郡及州,至省仍不理,乃诣阙申诉。有所未惬,听挝登闻鼓,有司录状奏之。

> 帝又每季亲录囚徒。常以秋分之前,省阅诸州申奏罪状。……于是(于开皇三年修改《开皇律》并颁行之后)置律博士弟子员。断决大狱,皆先牒明法,定其罪名,然后依断。(开皇)五年,侍官慕容天远,纠都督田元,冒请义仓,事实而始平县律生辅恩,舞文陷天远,遂更反坐。帝闻之,乃下诏曰:"人命之重,悬在律文,刊定科条,俾令易晓。分官命职,恒选循吏,小大之狱,理无疑舛。而因袭往代,别置律官,报判之人,推其为首。杀生之柄,常委小人,刑罚所以未清,威福所以妄作。为政之失,莫大于斯。其大理律博士、尚书刑部曹明法、州县律生,并可停废。"自是诸曹决事,皆令具写律文断之。(开皇)六年,敕诸州长史已下,行参军已上,并令习律,

---

① 《隋书》卷25《刑法志》,中华书局1982年版,第711页。
② 《隋书》卷42《李德林传》,中华书局1982年版,第1207页。
③ 同上书,第1200页。

集京之日，试其通不。……又命诸州囚有处死，不得驰驿行决。

2. 施行"德政""以德代刑"，并"以刑辅德"。

首先是施行"德政"。

例如，隋文帝自己"躬履俭约，六宫咸服浣濯之衣。乘舆供御有故敝者，随令补用，皆不改作。非享燕之事，所食不过一肉而已"①。他要求下属不纳贡、不受贿。开皇元年（581），"诏犬马器玩口味不得献上"②。"有司尝进干姜，以布袋贮之，帝用为伤费，大加遣责。后进香，复以毡袋，因笞所司，以为后戒焉。"③他对老百姓，也尽力收买民心。平陈之后，"帝以江表初平，给复十年。自余诸州，并免当年租赋。十年五月，又以宇内无事，益宽徭赋。百姓年五十者，输庸停防"④。开皇十二年（592）下诏"河北、河东今年田租，三分减一，兵减半，功调全免"⑤。隋文帝"尝遇关中饥，遣左右视百姓所食。有得豆屑杂糠而奏之者，上流涕以视群臣，深自咎责，为之彻膳不御酒肉者殆将一期"。"及东拜太山，关中户口就食洛阳者，道路相属。上敕斥候，不得辄有驱逼，男女参厕于仗卫之间。逢扶老携幼者，辄引马避之，慰勉而去。至艰险之处，见负担者，遽令左右扶助之。"⑥如此等等。

在隋文帝的影响下，隋初颇有几个"清官"，在施行"德政"方面有所表现。例如梁毗，初拜治书侍御史，后为西宁州刺史。西宁州境内诸酋长"皆服金冠，以多金者为豪俊，由此递相陵夺，每寻干戈，边境略无宁岁"。梁毗到任，诸酋长纷纷以金相赠。梁毗于是置金座侧，对之恸哭而谓酋长曰："此物饥不可食，寒不可衣。汝等以此相灭，不可胜数。今将此来，欲杀我邪？"说完，全部奉还。据说，"于是蛮夷感悟，遂不相击"。这事为隋文帝所知，加以表彰，"征为散骑常侍、大理卿"⑦。

其次是"以德代刑"。

隋初出现了一批"以德代刑"的官吏，隋文帝对他们褒奖擢拔，恩礼并加。例如：

冀州刺史赵轨田中蒿草被盗，盗窃者为吏所捕获。赵轨说："这是刺史不能宣扬风化造成的，他有什么罪呢？"不但放了盗蒿草者，而且加以"慰谕"，还送给他一车蒿草。"盗者愧恧，过于重刑。其以德化民，皆此类也。"隋文帝抵洛阳巡游，赵轨前往朝谒。隋文

---

① 《隋书》卷24《食货志》，中华书局1982年版，第682页。
② 《隋书》卷1《高祖纪上》，中华书局1982年版，第14页。
③ 《隋书》卷24《食货志》，中华书局1982年版，第682页。
④ 同上。
⑤ 同上。
⑥ 《隋书》卷1《高祖纪下》，中华书局1982年版，第54页。
⑦ 《隋书》卷62《梁毗传》，中华书局1982年版，第1479页。

帝对他说："冀州大藩，民用殷实，卿之为政，深付朕怀。"①

平乡令刘旷，"人有诤讼者，辄丁宁晓以义理，不加绳劾，各自引咎而去。所得俸禄，赈施穷乏。百姓感其德化，更相笃励，曰：'有君若此，何得为非！'在职七年，风教大洽，狱中无系囚，争讼绝息，囹圄尽皆生草，庭可张罗。及去官，吏人无少长，号泣于路，将送数百里不绝。……"隋文帝"下优诏"予以"殊奖"。②

齐州行参军王伽，"送流囚李参等七十余人诣京师。时制，流人并枷锁传送。伽行次荥阳，哀其辛苦，悉呼而谓之曰：'卿辈既犯国刑，亏损名教，身婴缧绁，此其职也。今复重劳援卒，岂独不愧于心哉！'参等辞谢。伽曰：'汝等虽犯宪法，枷锁亦大辛苦，吾欲与尔等脱去，行至京师总集，能不违期不？'皆拜谢曰：'必不敢违。'伽于是悉脱其枷，停援卒，与期曰：'某日当至京师，如致前却，吾当为汝受死。'舍之而去。流人咸悦，依期而至，一无离叛。上闻而惊异之，召见与语，称善久之。于是悉召流人，并令携负妻子俱入，赐宴于殿庭而赦之。……擢伽为雍丘令，政有能名。"隋文帝为此事而下诏书云："凡在有生，含灵禀性，咸知好恶，并识是非。若临以至诚，明加劝导，则俗必从化，人皆迁善。往以海内乱离，德教废绝，官人无慈爱之心，兆庶怀奸诈之意，所以狱讼不息，浇薄难治。朕受命上天，安养万姓，思遵圣法，以德化人，朝夕孜孜，意在于此。……若使官尽王伽之俦，人皆李参之辈，刑厝不用，其何远哉！"③

再次是以刑辅德。

这一点，从隋之立法方面已见大端。这里再举几个例子作为补充。

开皇初年，朝廷"议置六卿，将除大理"，散骑侍郎卢思道上奏曰："省有驾部，寺留太仆，省有刑部，侍除大理，斯则重畜产而贱刑名，诚为未可。"这个意见被隋文帝采纳了。④

应州刺史唐君明居母丧，娶雍州长史库狄士文之从父妹为妻。治书侍御史柳彧认为"丧纪之重"，为"人伦之先"，而"孝惟行本，礼实身基，自国刑家，率由斯道"，请将二人"禁锢终身，以惩风俗"。"二人竟坐得罪"。又京都大邑百姓，每逢正月十五，作角抵之戏，柳彧认为闹元宵，戏角抵，"有伤风化"，而"昔者明王治国，率履法度，动由礼典"，因此上书请求"颁行天下并即禁断。……敢有犯者，请以故违敕论"⑤。这些都得到了隋文帝的赞许，由此可见"以刑辅德"之一斑。

（二）为求社稷平安，一度厉行依法办事而不徇私情

依法办事的例子，如《隋书·苏威传》载："上尝怒一人，将杀之。威入阁进谏，不纳。

---

① 《隋书》卷46《赵煚传》，中华书局1982年版，第1251页。
② 《隋书》卷73《刘旷传》，中华书局1982年版，第1685页。
③ 《隋书》卷73《王伽传》，中华书局1982年版，第1686页。
④ 《隋书》卷57《卢思道》，中华书局1982年版，第1402页。
⑤ 《隋书》卷62《柳彧传》，中华书局1982年版，第1483—1484页。

上怒甚，将自出斩之，威当上前不去。上避之而出，威又遮止，上拂衣而入。良久，乃诏威谢曰：'公能若是，吾无忧矣。'"又如《隋书·刘行本传》载："上尝怒一郎，于殿前笞之。（谏议大夫、检校治书侍御史）行本进曰：'此人素清，其过又小，愿陛下少宽假之。'上不顾。行本于是正当上前曰：'陛下不以臣不肖，置臣左右。臣言若是，陛下安得不听？臣言若非，当致之于理，以明国法，岂得轻臣而不顾也！臣所言非私。'遂置笏于地而退。上敛容谢之，遂原所笞者。"又如《隋书·赵绰传》载："刑部尚书辛亶，尝衣绯裈，俗云利于官，上以为厌蛊，将斩之。绰（刑部侍郎）曰：'据法不当死，臣不敢奉诏。'上怒甚，谓绰曰：'卿惜辛亶而不自惜也？'命左仆射高颎将绰斩之，绰曰：'陛下宁可杀臣，不得杀辛亶。'至朝堂，解衣当斩，上使人谓绰曰：'竟何如？'对曰：'执法一心，不敢惜死。'上拂衣而入，良久乃释之。明日，谢绰，劳勉之，赠物三百段。'又，时上禁行恶钱，有二人在市，以恶钱易好钱者，武侯执以闻，上令悉斩之。绰进谏曰：'此人坐当杖，杀之非法。'上曰：'不关卿事。'绰曰：'陛下不以臣愚暗，置在法司。欲妄杀人，岂得不关臣事！'上曰：'撼大木不动者，当退。'对曰：'臣望感天心，何论动木！'上复曰：'啜羹者，热则置之。天子之威，欲相挫耶？'绰拜而益前，诃之不肯退。上遂入。治书侍御史柳彧复上奏切谏，上乃止。上以绰有诚直之心，每引入阁中，或遇上与皇后同榻，即呼绰坐，评论得失。前后赏赐万计。"此外，如高颎谏晋王不取陈主宠姬张丽华为妾，并下令斩了张丽华，虽然晋王耿耿于怀，隋文帝却认为是"天降良辅"。有人告高颎谋反，隋文帝以诬告斩之，并对高颎说："君臣道合，非青蝇所间。"①兵部尚书、益州总管长史元岩谏蜀王杨秀"循法度"②。这些都说明隋初君臣是比较注意依法办事的。

不徇私情的例子，如《隋书·王谊传》载：郧国公王谊，少时曾与杨坚"共游庠序，遂相亲好"。杨坚还将女儿嫁给了王谊的儿子王奉孝，并常"亲幸其弟，与之极欢"，"顾遇弥厚"。但当王谊被劾有"大逆不道"之罪时，杨坚并未对他格外开恩宽宥。处置之前，杨坚"怆然"对王谊说："朕于公旧为同学，甚相怜悯，将奈国法何？"终于赐王谊于家自尽。又如《隋书·秦孝王杨俊传》载：杨坚第三个儿子杨俊"奢侈，违犯制度，出钱求息，民吏苦之。上遣使按其事，与相连坐者百余人。俊犹不悛，于是盛治宫室，穷极侈丽。……上以其奢纵，免官，以王就第。左武卫将军刘昇谏曰：'秦王非有他过，但费官物营廨而已。臣谓可容。'上曰：'法不可违。'……其后杨素复进谏……上曰：'我是五儿之父，若如公意，何不别制天子儿律？以周公之为人，尚诛管、蔡，我诚不及周公远矣，安能亏法乎？'卒不许"。再如《隋书·越王杨秀传》载：杨坚的第四个儿子杨秀，"渐奢侈，违犯制度，车马被服，拟于天子"，后被杨坚"以君道绳之"，"付执法者"，"令杨素、苏威、牛弘、柳述、赵绰推治之"，"废为庶人，幽内侍省，不得与妻子相见"，还下诏历

---

① 《隋书》卷41《高颎传》，中华书局1982年版，第1181页。
② 《隋书》卷62《元岩传》，中华书局1982年版，第1476页。

数了杨秀的十大罪状。

对于开皇前期隋文帝的政行,《隋书·高祖纪》作者述评曰:"(隋文帝)……未及十年,平一四海。薄赋敛,轻刑罚,内修制度,外抚戎夷。每旦听朝,日昃忘倦,居处服玩,务存节俭,令行禁止,上下化之。……乘舆四出,路逢上表者,则驻马亲自临问。或潜遣一行人采听风俗,吏治得失,人间疾苦,无不留意。尝遇关中饥,遣左右视百姓所食。有得豆屑杂糠而奏之者,上流涕以示群臣,深自咎责,为之彻膳不御酒肉者殆将一期。及东拜太山,关中户口就食洛阳者,道路相属。上敕斥候,不得辄有驱逼,男女参厕于仗卫之间。逢扶老携幼者,辄引马避之,慰勉而去。至艰险之处,见负担者,遽令左右扶助之。其有将士战没,必加优赏,仍令使者就家劳问。自强不息,朝夕孜孜,人庶殷繁,帑藏充实。虽未能臻于至治,亦足称近代之良主。"又曰:"躬节俭,平徭赋,仓廪实,法令行,君子咸乐其生,小人各安其业,强无凌弱,众不暴寡,人物殷阜,朝野欢娱。二十年间,天下无事,区宇之内晏如也。考之前王,足以参踪盛烈。"这些记载与评论,是由唐初重臣魏徵等做出的。为官最忌赞美前任,而"致美先朝"是有因"鱼藻之义"引致杀身之祸的。魏徵等所记,几近是对隋文帝开皇前期政绩的讴歌。尽管如此,应认为大体上是事如其实的。① 也就是说,开皇前期,不仅有一部较好的法律,而且在司法实践上也是认真地依法办事的。然而,到了开皇后期,就走向了反面;而到仁寿年间则越演越烈了。

二、开皇后期、仁寿年间司法实践考

这一时期的具体日期大致起自开皇十年(590)至仁寿四年(604)隋文帝"驾崩"。其时上行下效,任情生杀以至极端残酷暴烈,根本把法律视同具文,束诸高阁。可以大略分从以下几个方面来看。

(一)任意修改法律以遂一时之愿

据《隋书·刑法志》载:

> 是时(开皇十七年后)帝意每尚惨急,而奸回不止,京市白日,公行掣盗,人间强盗,亦往往而有。帝患之,问群臣断禁之法。杨素等未及言,帝曰:"朕知之矣。"诏有能纠告者,没贼家产业,以赏纠人。时月之间,内外宁息。其后无赖之徒,候富人子弟出路者,而故遗物于其前,偶拾取则擒之送官,而取其赏。大抵被陷者甚众。帝知之,乃命盗一钱已上皆弃市。

---

① 但是"二十年间,天下无事,区宇之内晏如也"的评断却是不妥的,可见"开皇后期司法实践考"的后文。

此后又定制，行署取一钱已上，闻见不告言者，坐至死。自此四人共盗一榱桶，三人同窃一瓜，事发即时行决。

帝以年令晚暮，尤崇尚佛道，又素信鬼神。二十年，诏沙门道士坏佛像天尊，百姓坏岳渎神像，皆以恶逆论。

（二）任意法外用刑以快一时之意

《隋书·刑法志》载：

> 高祖性猜忌，素不悦学，既任智而获大位，因以文法自矜，明察临下。恒令左右觇视内外，有小过失，则加以重罪。又患令史赃污，因私使人以钱帛遗之，得犯立斩。每于殿廷打人，一日之中，或至数四。尝怒问事挥楚不甚，即命斩之。
>
> （开皇）十年，尚书左仆射高颎、治书侍御史柳彧等谏，以为朝堂非杀人之所，殿庭非决罚之地。帝不纳。颎等乃尽诣朝堂请罪，曰："陛下子育群生，务在去弊，而百姓无知，犯者不息，致陛下决罚过严。皆臣等不能有所裨益，请自退屏，以避贤路。"帝于是顾谓领左右都督田元曰："吾杖重乎？"元曰："重。"帝问其状，元举手曰："陛下杖大如指，棰楚人三十者，比常杖数百，故多死。"帝不怿，乃令殿内去杖，欲有决罚，各付所由。后楚州行参军李君才上言，帝宠高颎过甚，上大怒，命杖之，而殿内无杖，遂以马鞭笞杀之。自是殿内复置杖。未几怒甚，又于殿庭杀人……

开皇初，颁行《开皇律》，严禁法外用刑，"至是尽除苛惨之法，讯囚不得过二百，枷杖大小，咸为之程品，行杖者不得易人"[①]。然而，至开皇后期，"程品"已废，连"殿庭"也公然设杖且粗如拳头，棰人三十"比常杖数百"，法外用刑可见一斑。

（开皇）十六年，有司奏合川粟少七千石，命斛律孝卿鞫问其事，以为主典所窃。复令孝卿驰驿斩之，没其家为奴婢，鬻粟以填之。是后盗边粮者，一升已上皆死，家口没官。

开皇六年（586），隋文帝曾"命诸州囚有处死，不得驰驿行决"[②]。但至开皇十六年（596），却"复令……驰驿行决"，以至盗边粮一升皆死且"家口没官"了。

《隋书·刑法志》载：

---

① 《隋书》卷25《刑法志》，中华书局1982年版，第712页。
② 同上书，第713页。

十七年，诏又以所在官人，不相敬惮，多自宽纵，事难克举。诸有殿失，虽备科条，或据律乃轻，论情则重，不即决罪，无以惩肃。其诸司属官，若有愆犯，听于律外斟酌决杖。

这里，更是以"听于律外斟酌决杖"而公然宣告可以法外用刑了，司法与立法已完全分道扬镳，法已徒具虚文了。其结果是："于是上下相驱，迭行棰楚，以残暴为干能，以守法为懦弱。"①

在律外重惩、法外严刑的受害者中，以二朝臣僚为最，动辄得咎，且多被杀死，例如：

帝猜忌，二朝臣僚，用法尤峻。御史监师，于元正日不劾武官衣剑之不齐者，或以白帝，帝谓之曰："尔为御史，何纵舍自由。"命杀之。谏议大夫毛思祖谏，又杀之。左领军府长史考校不平，将作寺丞以谏麦面迟晚，武库令以署庭荒芜，独孤师以受蕃客鹦鹉，帝察知，并亲临斩决。②

到了仁寿年间，上述法外用刑的情况发展得更厉害了，魏徵作《隋书》，高度概括地下了这样的结论："仁寿中，用法益峻。帝既喜怒不恒，不复依准科律。"

(三) 上行下效，在全国范围内到处造成司法与立法的严重背离

隋文帝自己既如上述，其下臣属乃胡作非为，以法为儿戏，以权干法、侮法、戕害生灵的事件层出不穷，就成了势所必然，使司法与立法的严重背离在全国范围内变得不可避免。

最突出的例子，可能要算隋文帝宠臣杨素等的所作所为。所以，《隋书·刑法志》做了如下记载：

仁寿中，用法益峻。帝既喜怒不恒，不复依准科律。时杨素正被委任。素又禀性高下，公卿股慄，不敢措言。素于鸿胪少卿陈延不平，经蕃客馆，庭中有马屎，又庶仆毡上樗蒱。旋以白帝，帝大怒曰："主客令不洒扫内庭，掌固以私戏污败官毡，罪状何以加此。"皆于西市棒杀，而榜棰陈延，殆至于毙。大理寺丞杨远、刘子通等，性爱深文，每随牙奏狱，能承顺帝旨。帝大悦，并遣于殿庭三品行中供奉。每有诏狱，专使主之。候帝所不快，则案以重抵，无殊罪而死者，不可胜原。远又能附杨素，每于涂中接候，而以囚名白之，皆随素所为轻重。其临终赴市者，莫不途中呼枉，仰天而哭。……

---

① 《隋书》卷25《刑法志》，中华书局1982年版，第714页。
② 同上书，第715页。

像这样被杨素希旨杀戮的，不计其数。在被杀者中，就有为有隋一代立下汗马大功的史万岁等：

> 开皇末，突厥达头可汗犯塞。上令晋王广及杨素出灵武道，汉王谅与（史）万岁出马邑道。……万岁驰追百余里乃及，击大破之，斩数千级，逐北入碛数百里，虏遁而还逃。杨素害其功，因谮万岁云："突厥本降，初不为寇，来于塞上畜牧耳。"遂寝其功。万岁数抗表陈状，上未之悟。会上从仁寿宫初还京师……时（史万岁）所将士卒在朝称冤者数百人，万岁谓之曰："吾今日为汝极言于上，事当决矣。"既见上，言将士有功，为朝廷所抑，词气愤厉，忤于上。上大怒，令左右摞杀之。……死之日，天下士庶闻者，识与不识，莫不冤惜。①

隋文帝及其宠臣既如此，隋文帝的子侄及隋朝的各地大小官员就有过之而更甚者。据载，蜀王杨秀"性好奢侈，尝欲取獠口（少数民族人士）以为阉人，又欲生剖死囚，取胆为药……又共妃出猎，以弹弹人，多捕生獠，以充宦者。僚佐无能谏止"②。"（贝州刺史库狄）士文反至州，发奸隐，长吏尺布升粟之赃，无所宽贷，得千余人而奏之。上悉配防岭南，亲戚相送，哭泣之声遍于州境。至岭南，遇瘴疠死者十八九，于是父母妻子惟哭士文。士文闻之，令人捕捉，挝棰盈前，而哭者弥甚。"③襄州总管田式"专以立威为务……其所爱奴，尝诣式白事，有虫上其衣襟，挥袖拂去之。式以为慢已，立棒杀之。或僚吏奸赃，部内劫盗者，无问轻重，悉禁地牢中，寝处粪秽，令其苦毒，自非身死，终不得出。每敕书到州，式未暇读，先召狱卒，杀重囚，然后宣示百姓"④。青州总管燕荣"在州，选绝有力者为伍伯，吏人过之者，必加诘问，辄楚挞之，创多见骨。……鞭笞左右，动至千数，流血盈前，饮啖自若。尝按部，道次见丛荆，堪为笞棰，命取之，辄以试人。人或自陈无咎，荣曰：'后若有罪，当免尔。'及后犯细过，将挝之，人曰：'前日被杖，使君许有罪宥之。'荣曰：'无过尚尔，况有过邪！'榜棰如旧。……是时元弘嗣被除为幽州长史，惧为荣所辱，固辞。上知之，敕荣曰：'弘嗣杖十已上罪，皆须奏闻。'荣忿曰：'竖子何敢弄我！'于是遣弘嗣监纳仓粟，扬得一糠一秕，辄罚之，每笞虽不满十，然一日之中，或至三数。如是历年，怨隙日构，荣遂收付狱，禁绝其粮。弘嗣饥馁，抽衣絮，杂水咽之"⑤。"及荣诛死，（元）弘嗣为政，酷又甚之。每推鞠囚徒，多以醋灌鼻，或楱弋其下

---

① 《隋书》卷53《史万岁传》，中华书局1982年版，第1355—1357页。
② 《隋书》卷62《元岩传》，中华书局1982年版，第1476页。
③ 《隋书》卷74《库狄士文传》，中华书局1982年版，第1692—1693页。
④ 《隋书》卷74《田式传》，中华书局1982年版，第1694页。
⑤ 《隋书》卷74《燕荣传》，中华书局1982年版，第1695—1696页。

窍……"①

开皇前期之革新法制、依法从事,至此已不复可见。影响所致,社会矛盾日益尖锐化,杨氏统治集团走上岌岌可危的衰败之途。有隋一代,立国仅三十八年即告夭亡,与司法之严重背离立法是分不开的。魏徵评述隋文帝一生及隋代兴亡的来龙去脉时指出:"惜哉!迹其衰怠之源,稽其乱亡之兆,起自高祖,成于炀帝,所由来远矣,非一朝一夕。"② "起自高祖"的一个重要方面,就是起自隋文帝的司法实践之背离立法精神;而至隋炀帝时,就越走越远了。

三、大业年间司法实践考

大业初年(605),隋炀帝进一步改革法律,使隋律更形宽简了。"炀帝即位,以高祖禁网深刻,又敕修律令,除十恶之条。""三年,新律成。凡五百条,为十八篇。……其五刑之内,降从轻典者,二百余条。其枷杖决罚讯囚之制,并轻于旧。"这得到了广大平民百姓的欢迎:"是时百姓久厌严刻,喜于刑宽。"③

然而,隋炀帝好大喜功,穷奢极侈,对外连年用兵,对内大造宫殿,民财剧耗,民怨沸腾,很快就大大激化了社会矛盾。于是,他把刚刚制定的大业律令一概弃诸脑后,司法之背离立法到了登峰造极的地步。《隋书·刑法志》这样概括其时的司法状况:

> 后帝乃外征四夷,内穷嗜欲,兵革岁动,赋敛滋繁。有司皆临时迫胁,苟求济事,宪章遐弃,贿赂公行,穷人无告,聚为盗贼。帝乃更立严刑,敕天下窃盗已上,罪无轻重,不待闻奏,皆斩。百姓转相群聚,攻剽城邑,诛罚不能禁。帝以盗贼不息,乃益肆淫刑。九年,又诏为盗者籍没其家。自是群贼大起,郡县官人,又多专威福,生杀任情矣。及杨玄感反,帝诛之,罪及九族。其尤重者,行轘裂枭首之刑。或磔而射之,命公卿已下,脔啖其肉。百姓怨嗟,天下大溃。

大业年间司法之背离《大业律》《大业令》,大致也可以从以下几个方面来看:

(一) 诏、敕、命等新的"立法"

实际上不过是随机遂意的颁布圣旨来毁弃《大业律》《大业令》的相关规定。如:

---

① 《隋书》卷74《元弘嗣传》,中华书局1982年版,第1700页。
② 《隋书》卷2《高祖纪下》,中华书局1982年版,第55—56页。
③ 《隋书》卷25《刑法志》,中华书局1982年版,第717页。

六年，将征高丽，有司奏兵马已多损耗。诏又课天下富人，量其赀产，出钱市武马，填元数，限令取足。复点兵具器仗，皆令精新，滥恶则使人便斩。……九年，诏又课关中富人，计其赀产出驴，往尹吾、河源、且末运粮。多者至数百头，每头价至万余。……杨玄感乘虚为乱……及玄感平，帝谓侍臣曰："玄感一呼而从者如市，益知天下人不欲多，多则为贼。不尽诛，后无以示劝。"仍令裴蕴穷其党与，诏郡县坑杀之，死者不可胜数。①

(二) 变更常法，弃如敝屣，法外用刑，苛酷绝伦

例如，有斛斯政者，因降高丽，后被送还，大将军宇文述认为"斛斯政之罪，天地所不容，人神所共忿"，"若同常刑"，"贼臣逆子"无以惩肃，"请变常法"。这一"变常法"的奏议立即得到隋炀帝的首肯，"于是将政出金光门，缚政于柱，公卿百官并亲击射，脔割其肉，多有啖者。啖后烹煮，收其余骨，焚而扬之"。②

又如，有王文同者，大业年间，为恒山郡丞。到任之时，闻恒山郡"有一人豪猾，每持长吏长短，前后守咸皆惮之"，显系一个敢于且善于与"长吏"斗争的好汉。"文同下车，闻其名，召而数之。因令左右刬木为大橛，埋之于庭，出尺余，四角各埋小橛。令其人踣心于木橛上，缚四肢于小橛，以棒殴其背，应时溃烂。郡中大骇，吏人相视慑气。""及帝征辽东，令文同巡察河北诸郡。文同见沙门斋戒菜食者，以为妖妄，皆收系狱。比至河间，召诸郡官人，小有迟违者，辄皆覆面于地而棰杀之。求沙门相聚讲论，及长老共为佛会者数百人，文同以为聚徒惑众，尽斩之。又悉裸僧尼，验有淫状非童男女者数千人，复将杀之……"③

魏徵撰《隋书》，指斥隋炀帝杨广："淫荒无度，法令滋章，教绝四维，刑参五虐，锄诛骨肉，屠剿忠良，受赏者莫见其功，为戮者不知其罪……旌旗万里，征税百端，猾吏侵渔，人不堪命。乃急令暴令以扰之，严刑峻法以临之，甲兵威武以董之，自是海内骚然，无聊生矣。"以至造成举国民众"流离道路，转死沟壑"的悲惨状况，直至"土崩鱼烂，贯盈恶稔，普天之下，莫非仇雠，左右之人，皆为敌国"，犹"终然不悟"。魏徵谓"自肇有书契以迄于兹，宇宙崩离，生灵涂炭，丧身灭国，未有若斯之甚也"④。司法之与立法脱离、悖逆，在隋炀帝大业后期达到了无以复加的地步。考诸史实，足为今人之鉴。

---

① 《隋书》卷24《食货志》，中华书局1982年版，第687—688页。
② 《隋书》卷70《斛斯政传》，中华书局1982年版，第1122—1123页。
③ 《隋书》卷74《王文同传》，中华书局1982年版，第1701—1702页。
④ 《隋书》卷4《炀帝纪下》，中华书局1982年版，第95—96页。

第九章　周边各族法制考

《隋书》以四卷的篇幅记载了"东夷""南蛮""西域""北狄"各族的概况。世事沧桑，历经一千五百年的变化，其中有的已独立为主权国家，如其中的"高丽""倭国"等，但绝大多数都已成了中华民族大家庭的成员。不管何种情况，无论前者与后者，在隋代都与隋朝中央政府有相当密切的关系。这种关系大致可分为以下几类：

一为朝贡关系，即有关各族向隋朝中央政府俯首称臣、按时贡献。如"东夷"的"高丽"：

> （高丽）昭列帝后为百济所杀。其曾孙琏遣使后魏。琏六世孙汤，在（北）周遣使朝贡，武帝拜汤上开府、辽东郡公、辽东王。高祖（隋文帝）受禅，汤复遣使诣阙，进授大将军，改封高丽王。岁遣使朝贡不绝。
>
> 开皇初，频有使入朝。……（开皇）十七年，上赐汤玺曰："朕受天命，爱育率土，委王海隅，宣扬朝化，欲使圆首方足各遂其心……朕于苍生悉如赤子，赐王土宇，授王官爵，深思殊泽，彰著遐迩。……昔帝王作法，仁信为先，有善必赏，有恶必罚，四海之内，具闻朕旨……殷勤晓示，许王自新耳，宜得朕怀，自求多福。"
>
> （汤得书）将奉表陈谢，会病卒。子元嗣主。高祖使使拜元为上开府、仪同三司，袭爵辽东郡公，赐衣一袭。元奉表谢恩，并贺祥瑞，因请封王。高祖优册元为王。
>
> 明年，元率靺鞨之众万余骑寇辽西……高祖闻而大怒，命汉王谅为元帅，总水陆讨之……元……惧，遣使谢罪，上表称"辽东粪土臣元"云云。上于是罢兵，待之如初，元亦岁遣朝贡。①

二为隶属关系。《隋书·南蛮》载：

---

① 《隋书》卷81《东夷·高丽》，中华书局1982年版，第1813—1816页。

南蛮杂类，与华人错居，曰蜒，曰獽，曰俚，曰獠，曰㐌，俱无君长，随山洞而居，古先所谓百越是也。其俗断发文身，好相攻讨，浸以微弱，稍属于中国，皆列为郡县，同之齐人……

三为庇护关系，即既非设郡立县、紧密的隶属关系，亦非年年进贡、具表称臣的朝贡关系，而是要求隋朝予以庇护以求安宁、不受他族侵犯。在这种情况下，隋朝中央往往置都护、校尉予以统摄。如《隋书·西域》载：

汉氏初开西域，有三十六国，其后分立五十五王，置校尉、都护以抚纳之……至于后汉，班超所通者五十余国，西至西海，东西四万里，皆来朝贺，复置都护、校尉以相统摄。……大业年中，相率而来朝贺者三十余国，（隋炀）帝因置西域校尉以应接之。

以上三种关系，固然有所不同，但是在法制上都有以下共同点：

第一，隋朝的法制，如《开皇律》《开皇令》《大业律》《大业令》等，并未直接在有关的周边各族生效，即使是列为郡县、有政权隶属关系的，也是如此。

第二，各族均以本族的习惯法调整族内社会关系，因而呈现出多姿多彩的民族或部族特色。

第三，隋文帝、隋炀帝作为"君临寰宇"的中心地区的国家君主，对周边各族社会关系调整中的问题，有时在形式上表现出至高无上的发言权。如《隋书·倭国》所记，倭王阿每遣使于开皇二十年（600）诣隋。隋文帝"令所司访其风俗。使者言倭王以天为兄，以日为弟，天未明时出听政，跏趺坐，日出便停理务，云委我弟。"隋文帝得悉此俗，即云："此太无义理！""于是训令改之。"从此，倭王"始制冠，以锦彩为之，以金银镂花为饰"，议事理政之制也因隋文帝之"训令"而变革。

现将周边各族的法制（多为习惯法）略加考述于后，以供研究隋代法制之参照。

一、高丽

高丽"其国东西二千里，南北千余里。都于平壤城，亦曰长安城"①。高丽官制分十二等，按权力等级依次为：太大兄、大兄、小兄、对卢、意侯奢、乌拙、太大使者、大使者、小使者、褥奢、翳属、仙人。

另有"内评""外评""五部褥萨"的官品，职掌为监察等事务。

---

① 《隋书》卷81《东夷·高丽》，中华书局1982年版，第1814页。

高丽的赋税制度为：常住居民，每人每年纳布五匹、谷五石；游牧人及居无定所的行商等"游人"，三年一税，十人合交细布一匹；租户（佃农）分三等，税一石，次七斗，次五斗。

高丽的刑事法制大致为："反逆者缚之于柱，爇而斩之，籍没其家。""盗则偿十倍。"

高丽的婚姻习俗为："有婚嫁者，取男女相悦，然即为之，男家送猪酒而已，无财聘之礼。或有受财者，人共耻之。"

其司法实践据称是："用刑既峻，罕有犯者。"

二、百济

百济"其国东西四百五十里，南北九百余里，南接新罗，北拒高丽。其都曰居拔城"①。

百济官制分为十六等，依次为：左平、大率、恩率、德率、扞率、奈率（以上佩紫带、饰银花）、将德（佩紫带）、施德（佩皂带）、固德（佩赤带）、李德（佩青带）、对德（佩黄带）、文督、武督、佐军、振武、赳虞（以上佩白带）。

百济之畿内（京城地区）居民以"巷"为基层组织。畿内分五部，部有五巷。"五方各有方领一人，方佐贰之。方有十郡，郡有将。""长史三年一交代。"

百济"婚聚之礼，略同于华"。

三、新罗

"新罗国，在高丽东南，居汉时乐浪之地，咸称斯罗。"②

新罗官分十七等，依次为：伊罚干、伊尺干、迎干、破弥干、大阿尺干、阿尺干、乙吉干、沙咄干、及伏干、大奈摩干、奈摩、大舍、小舍、吉土、大乌、小乌、造位。

朝廷遇"有大事，则聚群官详议而定之"。

新罗的地方行政实行郡县制。其"风俗、刑政、衣服，略与高丽、百济同。……婚嫁之礼，惟酒食而已，轻重则随贫富"。

四、流求

"流求国，居海岛之中，当建安郡东……其王姓欢斯氏，名渴剌兜……彼土人呼之为

---

① 《隋书》卷81《东夷·百济》，中华书局1982年版，第1818页。
② 《隋书》卷81《东夷·新罗》，中华书局1982年版，第1820页。

可老羊，妻曰多拔荼。"①

流求之行政体制为：国王为最高长官，其下"有四五帅，统诸洞，洞有小王。往往有村，村有鸟了帅，并以善战者为之，自相树立，理一村之事"。

流求平日"无赋敛"，"有事则均税"。

流求的刑事法制，据载为：

> 用刑亦无常准，皆临事科决。犯罪皆断于鸟了帅；不伏，则上请于王，王令臣下共议定之。狱无枷锁，惟用绳缚。决死刑以铁锥。大如箸，长尺余，钻顶而杀之。轻罪用杖。

流求的社会习俗所可述者，大致有以下几点：

其一，"无君臣上下之节，拜伏之礼……凡有宴会，执法者必待呼名而后饮。上王酒者，亦呼王名。衔杯共饮，颇同突厥。"

其二，"嫁娶以酒肴珠贝为聘，或男女相悦，便相匹偶。"

其三，"南境风俗少异，人有死者，邑里共食之。"

五、倭国

"倭国，在百济、新罗东南，水陆三千里，于大海之中依山岛而居。魏时，译通中国。三十余国，皆自称王。……其国境东西五月行，南北三月行，各至于海。"②

开皇二十年（600）时，倭王姓阿每，字多利思比孤，号阿辈鸡弥，曾"遣使诣阙"。王之妻号鸡弥，"后宫有女六七百人。名太子为利歌弥多弗利。无城郭"。

其时之倭国官分十二等，依次为：大德、小德、大仁、小仁、大义、小义、大礼、小礼、大智、小智、大信、小信。

各等官员无一定编制之员数。"有军尼一百二十人，犹中国牧宰。"地方行政体制为："八十户置一伊尼翼，如今里长也。……户可十万。"

倭国之婚嫁，"女多男少，婚嫁不娶同姓，男女相悦者即为婚。妇人夫家，必先跨犬，乃与夫相见。妇人不淫妒"。

倭国之刑事法制大略为：

> 其俗杀人、强盗及奸皆死，盗者计赃酬物，无财者没身为奴。自余轻重，或流

---

① 《隋书》卷81《东夷·流求》，中华书局1982年版，第1823页。
② 《隋书》卷81《东夷·倭国》，中华书局1982年版，第1826页。

或杖。每讯究狱讼，不承引者，以木压膝，或张强弓，以弦锯其项。或置小石于沸汤中，令所竞者探之，云理曲者则手烂。或置蛇瓮中，令取之，云曲者即螫手矣。人颇恬静，罕争讼，少盗贼。

六、林邑

林邑地在西南，"其国延袤数千里，土多香木金宝……以砖为城，蜃灰涂之，东向户"①。

林邑国王下属"尊官"二人：一为西郡婆帝；一为萨婆地歌。西郡婆帝与萨婆地歌各有属官，分为三等："其一曰伦多姓，次歌伦致帝，次乙他伽兰。"除京官外，另有"外官"。"外官分为二百余部。其长官曰弗罗，次曰可轮，如牧宰之差也。"林邑国王有"良家子侍卫者二百许人，皆执金装刀"。

林邑婚嫁之制为："每有婚媾，令媒者赍金银钏、酒二壶、鱼数头至女家。于是择日，夫家会亲宾，歌舞相对。女家请一婆罗门，送女至男家，婿盥手，因牵女授之。"

七、赤土

"赤土国，扶南之别种也。在南海中，水行百余日而达所都。土色多赤，因以为号。"②

赤土国王之属官，"有萨陀迦罗一人，陀拿达义二人，迦利蜜迦三人，共掌政事"，另有"俱罗末帝一人，掌刑法"。又，"每城置那邪迦一人，钵帝十人"。

赤土国之风俗、婚嫁大致为："其俗……无跪拜之礼"；"每婚嫁，择吉日，女家先期五日，作乐饮酒，父执女手以授婿，七日乃配焉"；"既娶则分财分居，唯幼子与父母居"。

八、真腊

"真腊国，在林邑西南，本扶南之属国也。去日南郡舟行六十日，面南接车渠国，西有朱江国。其王姓刹利氏，名质多斯那。"③

真腊国都城为伊奢那城，城内有二万余户人家。"城中有一大堂，是王听政之所。……

---

① 《隋书》卷82《南蛮·林邑》，中华书局1982年版，第1831—1832页。
② 《隋书》卷82《南蛮·赤土》，中华书局1982年版，第1833页。
③ 《隋书》卷82《南蛮·真腊》，中华书局1982年版，第1835—1836页。

其王三日一听朝……"全国有"大城三十，城有数千家，各有部帅，官名与林邑同"。

真腊有五大臣，若干小臣。五大臣"一曰孤落支，二曰高相凭，三曰婆何多陵，四曰舍摩陵，五曰髯多娄"。朝见议事时，两手抱臂、绕王跪坐列列。"议政事讫，跪伏而去"。王宫所在，"阶庭门阁，侍卫有千余人，被甲持杖"。为保持王上的最高权威与预防王位纷争、权力攘夺，"王初立之日，所有兄弟并刑残之，或去一指，或劓其鼻，别处供给，不得仕进"。

真腊之婚俗，"娶妻者，惟送衣一具，择日遣媒人迎妇。男女二家各八日不出，昼夜燃灯不息"。其家庭制度有："男婚礼毕，即于父母分财别居。""父母死，小儿未婚者，以余财与之。若婚毕，财物入官。"

真腊之民敬神信鬼，多奉佛法，尤信道士。"近都有陵伽钵婆山，上有神祠，每以兵五千人守卫之。""城东有神名婆多利，祭用人肉。"真腊国王"年别杀人，以夜祀祷，亦有守卫者千人"。

与真腊之俗相类似的有赤土以南的婆利国。婆利国中，"杀人及盗，截其手；奸者锁其足，期年而止"①。可见真腊国的刑事法制也大抵类似。

九、吐谷浑

吐谷浑，"当魏、周之际，始称可汗都伏。都伏俟城，在青海西十五里。有城廓而不居，随逐水草"②。

吐谷浑"官有王公、仆射、尚书、郎中、将军"。

其法制状况，《隋书》所记极为简略：

国无常税。

杀人及盗马者死，余坐则征物以赎罪。

十、党项

"党项羌者，三苗之后也……东接临洮、西平，西拒叶护，南北数千里，处山谷间。"③

党项"每姓别为部落，大者五千余骑，小者千余骑"。

---

① 《隋书》卷82《南蛮·婆利》，中华书局1982年版，第1838页。
② 《隋书》卷83《西域·吐谷浑》，中华书局1982年版，第1842页。
③ 《隋书》卷83《西域·党项》，中华书局1982年版，第1845页。

党项"俗尚武力,无法令,各为生业,有战阵则相屯聚"。

党项"无徭赋,不相往来"。

党项"其俗淫秽蒸报,于诸夷中最为甚"。

开皇四年(584)"有千余家归化"。开皇五年(585),拓跋宁丛等各率众诣旭州要求"内附",隋文帝授拓跋宁丛大将军衔,其部属也多授衔。

十一、高昌

高昌国"去敦煌十三日行。其境东西三百里,南北五百里,四面多大山……其地有汉时高昌垒,故以为国者"①。

高昌"都城周回一千八百四十步,于坐室画鲁哀公问政于孔子之像。国内有城十八"。

高昌国之中央行政官员分十一等,依次为:令尹(一人)、公(二人)、左右卫、八长史、五将军、八司马、侍郎、校郎、主簿、从事、省事。

政事之大者"决之于王,小事长子及公评断,不立文记"。

高昌之"风俗政令与华夏略同"。

十二、康国

"康国者,康居之后也。迁徙无常,不恒故地……其王本姓温,月氏人也。旧居祁连山北昭武城,因被匈奴所破,西逾葱岭,遂有其国。"②

康国"都于萨宝水上阿禄迪城。城多众居"。

康国之行政,有"大臣三人共掌国事"。

康国"有胡律,置于祆祠,决罚则取而断之。重罪者族,次重者死,贼盗截其足"。

康国"名为强国,而西域诸国多归之",其中有米国、史国、曹国、何国、安国、小安国、那色波国、乌那曷国、穆国等。

安国之国王"每听政,与妻相对,大臣三人评理国事";安国"风俗同于康国,惟妻其姊妹,及母子递相禽兽,此为异也"③。

米国"无王"④,曹国"无主"⑤。

---

① 《隋书》卷83《西域·高昌》,中华书局1982年版,第1846页。
② 《隋书》卷83《西域·康国》,中华书局1982年版,第1848页。
③ 《隋书》卷83《西域·安国》,中华书局1982年版,第1849页。
④ 《隋书》卷83《西域·米国》,中华书局1982年版,第1854页。
⑤ 《隋书》卷83《西域·曹国》,中华书局1982年版,第1855页。

十三、波斯

"波斯国,都达曷水之西苏蔺城……其王字库萨和。都城方十余里。胜兵二万余人,乘象而战。"①

波斯"国无死刑,或断手刖足,没家财,或剃去其须,或系排于项,以为标异"。

波斯之赋税,"人年三岁已上,出口钱四文"。

波斯婚姻,男子"妻其姊妹"。

十四、附国

"附国者,蜀郡西北二千余里,即汉之西南夷也。……其人并无姓氏。附国王字宜缯。其国南北八百里,东西千五百里,无城栅,近川谷,傍山险。"② 附国之民情,"俗好复仇,故垒石为碉而居,以避其患。其碉高至十余丈,下至五六丈,每级丈余,以木隔之。基方三四步,碉上方二三步,状似浮屠。于下级开小门,从内上通,夜必关闭,以防贼盗"。

附国约有二万户,由国王宜缯统一号令。

附国之东有"嘉良夷",土俗与附国同。嘉良夷之政令"系之酋帅,重罪者死,轻刑罚牛"③。

附国及嘉良夷各部之婚姻,男子"妻其群母及嫂,儿、弟死,父、兄亦纳其妻"。

十五、突厥

突厥史称"北狄",有东突厥与西突厥之分。

东突厥中央行政官员分为二十八等,依次有叶护、特勤、俟利发、吐屯发等。

东突厥法制规定,"谋反叛杀人者皆死";"淫者割势而腰斩之";"斗伤人目者偿之以女,无女则输妇财","折肢体者输马";"盗者则偿赃十倍"。

东突厥的婚姻习俗,"父兄死,子弟妻其群母及嫂"④。

---

① 《隋书》卷83《西域·波斯》,中华书局1982年版,第1856页。
② 《隋书》卷83《西域·附国》,中华书局1982年版,第1858页。
③ 同上。
④ 《隋书》卷84《北狄·突厥》,中华书局1982年版,第1864页。

十六、契丹、南北室韦

契丹各部落"当辽西正北二百里，依汔纥臣水而居。东西亘五百里，南北三百里，分为十部。兵多者三千，少者千余，逐寒暑，随水草畜牧"①。

契丹之北为室韦，"分为五部，不相总一……并无君长，人民贫弱，突厥常以三吐屯总领之"。

南室韦在契丹北三千里，"渐分为二十五部，每部有余莫弗瞒咄，犹酋长也"。取世袭制，"死则子弟代立，嗣绝则择贤豪而立之"。

南室韦"婚嫁之法，二家相许，婿辄盗妇将去，然后送牛马为娉，更将归家。待有娠，乃相随还舍"，"妇人不再嫁，以为死人之妻难以共居"。

北室韦在南室韦之北，"分为九部落，绕吐纥山而居。其部落渠帅号乞引莫贺咄，每部有莫何弗三人以贰之"。

---

① 《隋书》卷84《北狄·契丹》，中华书局1982年版，第1881—1882页。

后 记

在1987年于法律出版社出版的拙著《隋律研究》中,因深感资料的缺乏,我曾这样写过:"我们为湖北云梦睡虎地秦墓竹简的发现所鼓舞,期待考古工作的进一步发展,也许有朝一日能提供关于隋律的新资料。"(见该书第25页)可惜二十多年过去了,一无所获。我们不得不继续等待。而这等待,完全可能遥遥无期。因此,为应对继续研究隋律的需要,不得不先行捧出还很不成熟的关于隋代法制的考证。

值此付梓之时,我深切怀念年轻有为却先我而去的郑秦同志,是他为《隋律研究》付出了辛勤的汗水并给过我极大的鼓励!

我还衷心感谢《中国法制史考证》丛书主编杨一凡先生的指点。他严谨的学风,永远值得我学习!

本书曾三行校稿,先是初校;后是要求注脚引用古籍的卷次;最后复校要求增补页次。这一撰著要求,肯定可在一定时期内补正过多转引导致错讹的弊病。在末次复校中,上海政法学院图书馆的黄贵龙馆长和王瑛同志等给了我很大的帮助,谨此亦表衷心的谢意!

倪正茂于上海四季园

2008年9月20日

中华法苑四千年(节选)

《中华法苑四千年》*（节选）题记

1983年我赴西安参加中国法律史学会的年会时，西南政法大学的俞荣根先生创议合写一本纵横述论中国法律史的著作，而且将法制史与法律思想史二者结合起来，开创法律史研究的新途径、新形式。我们一拍即合，共同邀请了中国社会科学院的曹培和法律出版社的郑秦二位青年才俊一起合写。经讨论，我们决定按照朝代的划分，先各自试写几节互相交流，略有把握的篇章则交给尹兰天和陈吾先生主编的《法律杂志》先行发表以广泛征求意见。其间，我们不断地就写作中想到的问题函电往还交换心得；还在聚首时，在故宫的隆宗门下促膝细商有待改进的地方，并确定了我提出的书名《中华法苑四千年》。

该书出版之后，收到了相当好的读者反响。时任全国人大常委会委员长彭真同志指示：全国人大办公厅人手一册阅读。后该书还被列入中共中央党校的"必读书目"。

必须明示的是：我们四位作者中，另三位都堪称是我的老师，他们的功底都远比我深厚，而且都受过正规训练。但是，因为我是年龄最长者，所以公推我审阅全稿，并联络各位的写作状况，并由我为全书做最后的统稿，所以出书时排名在先。出书后所得稿费按我的提议四人平分。之所以提及此事，是因为今日世态已经大变：为排名次、为争稿费常有作者互相攻讦、不欢而散，而我们的友谊却与日俱增。此次将我撰写的《立法概况篇》与《罪与刑罚篇》收入全集中。但愿学术上的合作者，都能赤诚相待，精诚合作，绝不为名为利纷争不已！

---

* 倪正茂、俞荣根、郑秦、曹培著，群众出版社1987年版。

前 言

在漫长的四千余年中，中华法苑里交织着中华民族智慧之花的粲然怒放和封建专制主义毒草的蔓蔓丛生。在法律制度和法律思想的园地上，文明与野蛮，进步与倒退，巨人与侏儒，纷然杂陈，交相争斗。运用马克思主义的科学方法清理中华法苑，汲取精华、剔除糟粕，以史为鉴，一直是中国法律史界的热切愿望。

在党的十一届三中全会春风的煦煦吹拂下，中国法律史学界在长期沉寂之后，正向日益繁荣的法学园地捧出潜心栽培的作物——或是鸿篇巨制，或是长文短论，正纷纷问世。这不仅是对中国法律史研究做出的贡献，而且推动了中国法律史知识的普及。

作为中青年法律史学的研究人员，看到广大正在问学的青年的辛勤努力，深感有必要写一本更孚自学之用的法律史书，并在体例、内容和文字表达上都做些改进。为此我们合撰了这本书，算是在万紫千红的法学园地的一角，洒下了一泓汗水。

迄今为止，法律史学者分举法制史大纛与法律思想史旌旗各上征途；相应地，法制史著作与法律思想史著作也兵分两路，独立驱驰。这同学科划分日益细密的趋势相关，因此不无其理由和益处。但是，法制是在一定法律思想指导下产生的，法律思想也往往是既定的法制的理论阐发，二者的综合研究应与分科探讨同时并举、相辅相成，以收相得益彰之效。

同时，迄今为止，法制史书籍都按照时间顺序分章综述每一朝代的立法、司法、执法情况；法律思想史书籍也按照时代的顺序分人论列其法律观点。这种体例当然有其显然的优点，有助于人们对某一朝代的法制做综合的了解，对某一法律思想家的观点有比较全面的认识。但是，由于对法制的沿革缺少具体的叙述，不免容易使读者感到由于对人物的罗列堆积，使读者难以从中找出法律思想的发展规律。有鉴于此，我们也不揣冒昧，对本书体例的处理，做了以下尝试：

第一，采取纵横结合的模式，将法制横析成立法、行政制度、经济法制、罪与刑罚及诉讼制度等不同方面，就每一方面有关问题的历史发展加以阐述。

第二，除末篇外，其余各篇均以法制史为主线，将法律思想交融综贯其间，使法制沿革与法律思想有机地结合起来。

第三，末篇法律思想史部分，将人物纳入学派之中，就不同时代法律思潮的演变及其源流加以探索。

很自然，我们将法制史知识与法律思想史知识兼收并蓄于同一卷帙之中了。这样做的时候，我们也考虑到，这对法学的自学者来说，既是经济的，也是方便的。

本书的内容与现已出版的法制史和法律思想史书籍相比较，有减有增。所减者大半是与法律史关系较少的引文。这或许会有芟夷枝叶之嫌，贻笑于血肉丰满的巨著，但是或许会得到急于掌握法律史梗概而时间又欠富余的"四化"征途上的战士的欢迎。所增者主要是经济法制与礼制两篇，以及其他篇章中的许多观点，这是我们献出求教的初步研究成果，也可作为引玉之砖，期望同行的著作能对这些问题加以进一步的精心探讨。

在表达方式上，我们力图避免冗长引证，采用白话做比较通俗生动的叙述。为此，还不惮在有些章节匀出笔墨插入若干饶有兴味的历史故事。这也许很不成功，但我们相信，奉献给广大读者的一片殷勤之心，定能收回对拙笔的原宥。不过，更重要的还是希望得到法律史学界师友及广大读者的指教。让我们共同为耕耘出簇新的中华法苑而努力。

作　者
1986 年 2 月

立法概况篇

中华民族的历史跨入文明的门槛之后，直到新中国成立为止的四千多年时间里，历经奴隶社会、封建社会、半殖民地半封建社会。每一种社会状态下的每一个朝代，统治阶级都千方百计地采取立法措施，来维护政治统治与经济剥削。

夏、商、西周三代是中国奴隶制社会。这三代的立法虽已湮没，无从查考，但根据零星史料尚可分明断定，其时所立之法都是奴隶主贵族维护有历史进步意义的新生奴隶制生产关系的工具，同时也是镇压奴隶反抗的工具。

春秋中叶以后，奴隶制土崩瓦解，取而代之的是封建制。封建地主阶级既要用立法手段来调整与没落奴隶主阶级的关系，又要用立法手段维护新生的封建制生产关系。因此，春秋各国都纷纷涌现出以立法改制而著称史籍的政治家，产生了大批立法典籍。子产、邓析、李悝、商鞅……群星璀璨；刑书、刑鼎、茅门法、仆区法、法经……斑驳陆离。

"秦皇扫六合"。中国大一统之后，集权主义的封建专制制度牢固地在中华大地上确立，反映这一制度的封建立法也随之趋于完备、周密，经过一千余年，到唐代达到了辉煌的顶峰，成为中华民族灿烂的文化组成部分。唐代以后，封建制度虽然渐趋没落，法制建设却绳绳继继，绵绵不绝。作为镇压工具的封建立法，无疑应当受到批判。但另一方面，作为借鉴，即使是唐代以后的法律，也仍然值得我们研究。

鸦片战争的洋枪洋炮沉重地轰击了闭关锁国的封建"天朝"，中国走上了半殖民地半封建的道路。封建法制同风雨飘摇中的统治阶级一样，成了强弩之末、历史赘疣。随着民主主义革命的兴起，封建立法日暮途穷，为半殖民地半封建性质的立法所取代，后者不过是帝国主义侵略中国后炮制的法制怪胎。

本篇简略介绍源远流长的中国古代立法概况，褒其精华，贬其糟粕，披示进步，揭露反动，讴歌中华法律文化的辉煌灿烂，鞭挞剥削阶级立法的苛酷惨毒，为读者提供中国立法史的基本轮廓。

第一章 源远流长，辉煌灿烂
——中华法系概述

法系一词，本是外来语，指某一国家在长期历史发展中积累起来的具有某种独特内容和形式的法律系统。通常是把这一国家的法律，以及仿效它的其他国家的法律归入同一法系。世界法系的分类，众说不一，一般是分为五大法系：大陆法系（又叫罗马法系、民法法系）、英吉利法系（又叫海洋法系、普通法系、英美法系）、印度法系、阿拉伯法系（又称伊斯兰法系）和中华法系。资产阶级法学家关于法系的学说，只是根据法的某种外部联系来分析和研究，因而不能揭示法的本质，但法系一词比较概括地反映了某个或某些国家法律发展的源流及其体系上的一些特点，因而仍有加以援用的必要。特别是在现代系统论得到广泛应用的时代，法系作为一种法学研究方法，应获得新的意义。

中华法系，是指鸦片战争以前的中国古代法律体系，其中又以延续二千多年的封建法律为主体，其影响扩及日本、朝鲜和越南等东南亚国家。它的历史沿革完整，内在联系紧密，发展顺序清晰，文献资料丰富，民族特色鲜明，所以能赫然屹立于五大法系之中。

与其他法系比较，中华法系有明显的特点：

一、法律以儒家思想为指导

西汉中期，汉武帝"罢黜百家，独尊儒术"，儒学成为封建社会的正统思想，长期占据统治地位。儒家经典逐渐被奉为封建国家的大法，治国安邦的圭臬；儒家学说成了封建立法的指南，司法审判的依据。中华法系形成许多其他特色，多可从这里找到原因：

儒家主张礼治、德治、德主刑辅；封建法律有礼法结合、德刑并举、以礼率法的法律结构。拿唐律来说，就以"德礼为政教之本，刑罚为政教之用"[①]为立法宗旨，后人称它

[①] 《唐律疏议》卷1。

"一准乎礼"①。

儒家思想以伦理道德为主体,中华法系有浓重的伦理色彩,大量的道德规范被直接纳入法典,以国家强制力来保证执行。

儒家的伦理道德以宗法人伦为核心,中华法系有家族本位的原则,"三纲五常""忠孝节义"直接成为定罪量刑的基本准则,"十恶"大罪由此而定,"同居相隐",允许复仇、女子"七出"、株连亲族等罪刑制度、诉讼原则由此而立。封建社会后期,所谓"以理杀人""吃人的礼教",正是纲常伦理法律化恶性发展的结果。

二、法律以专制皇权为依归

两千多年封建社会,专制集权政治衣钵相传,皇帝就是国家的代称,法律成为皇帝的奴婢。皇权的至高无上,给中华法系烙上了深深的痕迹,形成了另一些特征:

法自君出。皇帝的话是"金科玉律",他言出法立,握有最高立法权,可以对现行法律兴废改立。皇帝发布的"敕""令""诏""谕",凌驾于法律之上,具有最高法律效力。

狱由君断。皇帝也握有最高司法权,是全国最大的审判官。所谓"廷审""上请",就是听凭皇帝最后裁决。

司法与行政不分。中央司法机关虽设立很早,但须听命于专制王权,不能独立审判。唐代以后,中央设刑部、大理寺、御史台(明、清为都察院),分掌司法事务,互相牵制,以保证皇帝对司法权的控制。地方不设专门司法机关,而由行政长官兼理司法,并须对皇帝负责。几千年来司法与行政不分,行政代替司法,是强化封建君主专制的重要措施。

三、法律以成文刑法典为主体

古代中国社会,男耕女织、自给自足的自然经济长期占统治地位,民事法律关系本不发达,加上宗法血缘纽带牢固,一切民事、婚姻家庭关系多可依礼解决,并由家族调解、家法族规处理有关纠纷。所以,直至清末,没有产生独立的成文民法典。从战国李悝《法经》,到封建末世的《大清律》,历代成文法典基本上都是刑法典,兼有民法、行政法、经济法、诉讼法等方面的内容,形成以刑为主、诸法合体、民刑不分、实体法与程序法不分的成文法结构形式。而且,往往是以刑罚手段解决民事案件,以刑讯逼取证据,暴露了封建法律在司法镇压上的残酷性。

历代具有代表性的成文法典虽以刑法为主,但就这些法典本身而论,寻流溯源,却是体系一贯,母法与子法相辅相成、首尾衔接:李悝《法经》集春秋战国各诸侯国立法之

---

① 〔清〕纪昀:《四库全书总目提要》卷82。

大成,为封建成文法的始祖。秦以《法经》为母法,改法为律,篇章、内容多有增益。汉仍以《法经》为基础,吸取秦律成果,作《九章律》。魏律因袭汉律,增为十八篇。晋律又增损魏律为二十篇。南北朝诸律,北系优于南系。南朝的宋、齐沿用晋律,无所作为。梁、陈二律,虽间或有所增改,但基本上循守晋律之旧。故南系至陈而亡。北朝自北魏而北齐、至于隋、唐,统系相继。北魏律大体承用汉律,不尽因袭魏晋之制而有所建树。北齐律基于北魏律,又远采汉律,扩而大之,成为北系诸律之最。只有北周律,刻意造作,烦芜而不简要,不为后世所宗。隋《开皇律》源出北齐律,而为唐律蓝本。唐律直承《开皇律》,上集秦、汉、三国、魏、晋、南北朝,下垂五代两宋辽金元明清,以中华法系的典型代表名扬海外。唐《永徽律》及其《疏议》的颁布,标志着中华法系的成熟,后代立法都把它奉为典范,并无实质性改作。

为了简明扼要地把上述中华法系成文法典的发展线索表述出来,现将程树德《九朝律考》一书所载的《律系表》转录如下,供读者参考:

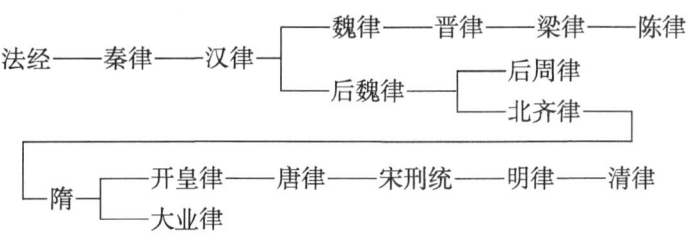

第二章 神兽决狱，皋陶执法
——从原始习俗到法

相传在久远的氏族民主社会里，杰出的部落联盟首领舜委任皋陶为司法官。皋陶执法公平，正直无私，十分受人爱戴。平时断狱，他依靠一头名叫獬豸的神兽。此兽似羊非羊，又与麒麟有些相像，浑身是油光闪亮的青毛，头上长一只锋利无比的独角。神兽性能识罪，凡见人们争讼，便将独角往理亏的一方触去，是非曲直，立见分晓。这就是"神兽决狱"的神话传说。

汉字中的"法"字，古代写作"灋"。它的左边从水，意为公正得像水一样平。右边是"廌"（zhì）下加一个"去"字。"廌"，就是神兽獬豸，"去"字象征獬豸用独角触去不直。整个"灋"字是古代"神兽决狱"的象形字。

一、原始传统和习俗

但实际上，尧舜时代并没有法律，也不需要司法，仍处于原始社会时期，实行的是"天下为公"的氏族公有制。由于生产力水平低下，在氏族内部不存在人剥削人和人压迫人的现象，没有贫富不均，没有偷盗欺诈，也没有国家以及军队、警察和法院等强力机器。氏族成员互相平等，氏族首领由大家民主推选，一切重大事情都在氏族大会上民主讨论决定。人们在原始社会的共同生活中，逐渐形成了一定的社会生活方式和处理相互关系的原则，它们就是通常所说的原始传统和习俗。其内容涉及政治、经济、婚姻家庭、对外战争、敬神事鬼等等方面，而且往往带有浓厚的原始宗教迷信色彩。全部社会生活都按照这些积久成自然的传统和习俗进行，社会秩序井井有条。

原始社会的传统和习俗是全体氏族成员的行为规范，对全氏族具有普遍的约束力。但它们并不是法。法与国家不可分。在私有制社会里，法是占社会少数的剥削者意志的反映，只是由于他们取得了国家的统治地位，所以以国家意志的形式表现出来，而原始社会的传统和习俗却是全氏族成员的共同意志；剥削者少数硬性规定的法律，是靠国家强制力来保证执行的，原始社会的传统和习俗则是靠舆论的制裁来维持的。以上两点是原始社会的传统和习俗同阶级社会的法律的主要区别。

由此看来，传说中的"神兽"只是原始人的一种图腾崇拜，借以维护氏族公社的共同传统和习俗。由于原始人认识不到自身的智慧和力量，只好把是非曲直的分辨和对破坏共同习惯的惩罚统统视为神的意志。至于"决狱"等等情节，大概是后人按照阶级社会的审判实际添加上去的。但依据"神兽决狱"的故事而造出来的"灋"字，却最恰当不过地表达了古代劳动人民要求伸张正义、铲除人间不平的美好愿望。

二、法的产生

随着生产力的发展，出现了财产的私人占有制，社会分化为两大对抗的阶级。当阶级的矛盾发展到不可调和的程度时，为了避免斗争的双方同归于尽，就需要有一种凌驾于社会之上的政治力量来加以调节，于是产生了国家。一般认为，我国的第一个奴隶制国家是建立于公元前 21 世纪到公元前 16 世纪的夏王朝。

法律与国家同时产生，同步发展。没有法律的国家统治，是不可设想的。在原始公有制瓦解中取得了胜利并掌握了国家政权的夏朝奴隶主阶级，将原始传统和习俗中有利于巩固自己统治的部分，以国家意志的形式，宣布为全社会的行为规范，并用国家强制力来保证执行。这样，原始社会的传统和习俗便转化为法了。随着国家的发展，法律也逐渐完善了起来。据说，夏禹治水胜利后，在会稽山（今绍兴）开大会，各路诸侯接到通知不敢怠慢，纷纷如期到会。只有一个叫作防风氏的，并不真心臣服夏禹，偏偏迟到。夏禹对这个敢于蔑视自己权威的氏族首领大为光火，当即拿下问罪，并将他杀头示众。[①] 这件事说明以国家强制力作为后盾的法，在夏禹时已经产生。

我国古代从原始社会的传统和习俗发展到法的历史，雄辩地证明了马克思主义关于国家和法是阶级社会的产物这一光辉理论的正确性。

---

① 《国语·鲁语上》。《国语》是一部记载春秋时代周王朝及齐、晋、鲁、卫、楚、燕、吴、越等诸侯国的国别史，相传为左丘明所作。

第三章 三代之法，以礼为之
——夏、商、西周的法（之一）

公元前656年，春秋五霸中最早成为霸主的齐桓公，会合宋、陈、卫、郑、许、曹等各路诸侯，向楚国兴师问罪。理由是楚国不向周王进贡包茅，使天子的祭祀缺乏物资，不能漉酒请神①。楚国只好承认贡品没有送去，是自己的罪，今后再也不敢不供给了。

齐桓公兵临楚国是为了建立和巩固自己的霸主地位，挟天子以令诸侯。其"理论根据"就是楚国"失礼"。

周代盛行礼治，"失礼入刑"是当时的通义。楚国是商朝时留下来的旧国，在周朝建国初期是个地处边远的小国，被周人称为"蛮夷"。它臣服于周王朝后，按周礼规定，每年要进贡祭祀用的包茅。包茅不贡，就是不遵礼法，就是失礼，失礼即有罪。

一、礼和刑

礼和刑是夏、商、周奴隶制时代主要的法律形式。此外，天子、诸侯、宰辅发布的谟、诰、誓、训、命等具有当然的法律效力，是奴隶制国家立法活动的一个重要方面。

我国原始社会末期，形成了以父系血缘氏族为主体的农耕社会，许多原始习俗正是在这个基础上产生的。例如，氏族中的父权独尊和以丈夫奴役妻子为基础的一夫一妻制，以膜拜神灵确保丰收为目的祭祀制度，等等。进入阶级社会以后，这种古老的父系血缘氏族没有解体，逐步演变成为奴隶社会的宗法制度。因此，凡有利于巩固宗法制度的原始传统和习俗，就得到了奴隶主阶级的认可，并进一步加以完善和补充，使其更加规范化，由奴隶主统治者宣布为国家意志，以国家暴力为后盾强制执行。这一类法律规范，通称为

---

① 包茅，一种生有毛刺的菁茅。祭神时，把菁茅捆成一束，祭酒浇在上面，漉去酒滓，酒汁慢慢渗透下流，像神饮一样。

"礼"。在阶级社会形成后的很长一个历史时期内,它是不成文的习惯法。

二、夏礼和殷礼

孔子曾说过,殷代的礼是因袭了夏代的礼,其中减去些什么增添些什么,我们也可以知道。① 又说:夏代的礼,我能够讲出来,可惜无法从现在的杞国(夏的后代)加以证实;殷代的礼,我也能够讲出来,可惜无法从现在的宋国(殷的后代)加以证实。这都是由于它们两个国家没有保存足够的文化典籍的缘故。如果有足够的典籍,我就可以取证了②。这些话告诉我们,历史上确实有过夏礼、殷礼和周礼。《礼记·礼运》篇上说,夏、商、周三代"大人世及以为礼",也说明三代的礼一脉相承,是统治阶级治国的大法。由于夏礼、殷礼基本上是不成文的习惯法,加上世代的更迭、社会的动乱,到春秋时代的孔子那里,已不能考证它们的详细内容了。

从古书的记载来看,夏、商两代,除中央直接统治的地方外,还有许多诸侯国。各诸侯国臣服于中央王朝,在政治、经济、军事等方面对中央王朝承担义务。王位的继承有两种方法:一是兄终弟及,即传给弟弟;二是父死子承,即传给儿子。它们都建立在"家天下"的宗法制基础之上。夏、商奴隶主对天神极为敬畏,经常举行隆重的祭祀,大至国家的政治、经济、军事、文化和立法、司法活动,小到个人的起居衣食,都要通过巫师占卜,向天神"请示"。一切都借天的名义行事:王位是天授予的,称为"天命";军事征伐称为"天讨";惩罚犯罪称为"天罚"。夏商的礼制无论在内容上和形式上都以神为核心,这是典型的神权法时代。

三、周礼

西周是礼的革新时代,也是礼的鼎盛时代。《左传》上说,"周公制周礼"③。制礼就是制法,立礼就是立法。周公之礼,后世也称作"周公之典",很可能已经编纂成文。

周礼的内容十分广泛,大体可归纳为五大类:吉礼,是有关祭祀天神、社稷神、山川神、祖宗神等的规定;嘉礼,包括冠礼(到达法定成人年龄的标志)、婚礼(媒聘、定亲、迎亲和家庭关系、继承等方面的规定)、乡饮酒之礼(宗族内部敬老睦族的饮宴活动的规定);宾礼,有关诸侯朝见天子、诸侯之间会盟等方面的规定;军礼,关于征伐和治理军队方面的规定;凶礼,主要指丧葬方面的规定。若依现在的法律部门来分类,周礼有关国

---

① 《论语·为政》。
② 《论语·八佾》。
③ 《左传·文公十八年》。

家典章制度、宗法等级制度的内容，首先具有根本法的意义；同时，周礼也包括大量民事、婚姻家庭、经济、军事、宗教、刑事等方面的规范。

孔子办学，把礼定为学生的必修科，并编订了一本名叫《礼记》的教科书。但它不是我们现在看到的《礼记》。现存的礼书有三部：《仪礼》《礼记》《周礼》。其中的《礼记》又有两部，一部是汉代礼学家戴德编的，另一部是戴德的侄子戴圣编的。后人为了区别起见，称前者为《大戴礼记》，后者为《小戴礼记》。两部《礼记》都是战国至汉初论述礼的论文汇编。《周礼》又叫《周官》，大概是战国时期才写定的书。有的封建学者说它是周公亲手制定的周代礼制，不可完全相信，但也不能把它看成是毫无根据的胡编乱造，其中保存了相当一部分周代礼法制度的原始史料，具有极高的价值。

此外，《周礼》的许多礼制原则以后也援引入法。如，《周礼·秋官》的"八辟"（议亲、议故、议贤、议能、议功、议贵、议勤、议宾）在三国曹魏时改名"八议"写入法律，以后相沿不变。就连北宋著名改革家王安石也专门作了《周官新义》一书，汲取《周礼》的一些原则作为变法的理论依据。

"三礼"之中，只有《仪礼》是先秦的书，比较可信，当然也夹着不少后人增添的东西。今天，我们研究周代的礼法制度，"三礼"仍是必不可少的参考书。从"三礼"中反映出来的周代法律文化，其内容的丰富和制度的昌明是当时世界上任何一个民族所难以匹敌的。

第四章　苗民制刑，吕侯改作
——夏、商、西周的法（之二）

一、刑的由来

《左传·鲁昭公六年》说："夏有乱政，而作《禹刑》。商有乱政，而作《汤刑》。周有乱政，而作《九刑》。"西周除《九刑》外，周穆王时又制定过《吕刑》。同夏礼、殷礼、周礼一样，《禹刑》《汤刑》《九刑》《吕刑》也一脉相承，是夏商周奴隶主阶级统治人民、治理国家的又一重要法律工具。

古代的"刑"字，与"法"字的意义相同，但它是狭义的法。从"刑"的实际适用来看，主要是惩罚犯罪，相当于今天的刑罚。

原始部落或氏族之间常常发生武力冲突，捉到的俘虏一般是杀死了事。由于当时人类的不文明，杀俘虏的手段很残酷：割耳、截鼻、挖目、断肢、剖心、斩颈等等，应有尽有，这也是原始人的习惯。进入阶级社会以后，这种原始习惯就演变为法，称作"刑"。所以，刑起于兵，兵刑同源。兵指军事行动、指战争。

后来，社会生产力提高了，俘虏不再杀死，而是驱赶他们去劳动，成为胜利氏族的奴隶。奴隶主对这些非本氏族的奴隶握有生杀大权。这样，原始习惯中杀俘虏所用的种种残酷手段便统统以"刑"的形式强加到了奴隶们的头上。这种"刑"最初不用于本氏族成员，后来对其中的违法者也不得不处"刑"，但他们仍享有种种的特权，这就是"刑不上大夫"原则的由来。

二、《禹刑》

《禹刑》是夏朝刑事法律规范的总称。据说禹的时代，南方的苗族部落创制了五种苛虐的刑罚①，禹征服了苗民，袭用了"五刑"。西汉有本叫《尚书大传》的书，里面有"夏刑三千条"的说法。东汉的大学者郑玄给《周礼》做注解，说夏代的刑法，死刑有二百条，膑刑有三百条，宫刑有五百条，劓刑和墨刑各有一千条②，加起来也是三千条。如果汉代人的这些话有根据，那么三千条就可能是《禹刑》的内容。

三、《汤刑》

《汤刑》是商、殷刑事法律规范的总称。周初统治者曾称赞"殷彝""殷罚"，并承认它们在周朝仍然有效③。荀子也说："刑名从商。"④这都说明商代的刑法比较完备。史书上说，商汤王之孙太甲当商王时，"不遵《汤法》"⑤，另一个商王祖甲还"重作《汤刑》"⑥。这样看来，很可能《汤刑》在商朝的开国之王汤王时已经制定，以后又不断修改、补充，是成文的刑书。

商、殷统治者的刑事立法有两大特点：一个叫"代天行罚"。如从河南安阳殷墟出土的甲骨文中，有不少是对某人适用何种刑罚的卜告，表示自己的刑罚权是上天赐予的。再一个是严刑峻罚。《汤刑》不但全部沿用了《禹刑》的五刑，又实行广泛的族刑：一人有罪，诛杀全族。《韩非子》中说，殷法规定：往公共道路上倒灰者，处断手之刑。⑦有一条甲骨文记载着八十人同时处以刖刑。到殷朝末年，纣王荒淫无道，刑罚就更加残酷了。

四、《九刑》和《吕刑》

《九刑》又称为"刑书九篇"⑧，显然是成文刑法典。同周礼一样，它也是周公旦制定的。⑨西周中期，周穆王命司寇吕侯重新制定了《吕刑》。这是对《九刑》的一次修订，从《尚书·吕刑》篇看，吕侯制定的主要是赎刑，特别是对夏代以来一直沿用的属于生命刑和身体刑的"五刑"，也规定可以用金（即铜）赎罪。周穆王是个好大喜功的人，他四处征

---

① 《尚书·吕刑》："苗民弗用灵，制以刑，惟作五虐之刑曰法。"即"劓、刵、椓、黥"等肉刑。详见下文。
② 《周礼·秋官·司刑》郑玄注："夏刑大辟二百，膑辟三百，宫辟五百，劓、墨各千。"辟，即刑、法。
③ 《尚书·康诰》"兹殷罚有伦"，"罚蔽殷彝，用其义刑义杀"。罚、伦、彝与刑、法相通。
④ 《荀子·正名》。
⑤ 《史记·殷本纪》。
⑥ 《竹书纪年》。
⑦ 《韩非子·内储说上》："殷之法，弃灰于公道者断其手。"
⑧ 《逸周书·赏麦》。
⑨ 《左传·文公十八年》鲁太史克曰："先君周公作誓命曰：'毁则为贼，掩贼为藏，窃贿为盗，盗器为奸，主藏之名，赖奸之用，为大凶德，有常不赦，在《九刑》不忘。'"

伐、游玩，耗尽了周初几十年的积蓄。《吕刑》广泛采用赎刑，直接的目的是为了掠夺财富。但赎刑的制定，又给中国古代刑罚制度增添了新内容。当然，赎刑只是贵族的特权，绝不是穷人的福音。

五、法的原则

《尚书·吕刑》是一篇十分重要的古代刑事立法文献。除有关赎刑的内容外，还叙述了西周统治者在刑事政策、刑罚原则、诉讼制度和法官责任等方面的一些规定。其中主要的有：

1. 宽严适中。《吕刑》篇里"中"字出现了十次，绝大多数是讲定罪量刑要中正、不偏不倚、不轻不重、恰到好处。所以，有人认为，"中"是《吕刑》的中心思想。

2. "刑罚世轻世重"。"世轻世重"就是"时轻时重"，主张适用刑罚要有灵活性，根据形势的变化而有所不同。

3. 以情定罪。犯了重罪，但属于过失，可以适用轻刑、减刑等处罚；虽然犯的是轻罪，但如果是故意犯罪，则要适用重刑，加等处罚。这就是《吕刑》关于"上刑适轻下服，下刑适重上服"的原则。

4. 疑罪赦免。对于疑难案件或一时搞不清楚的案件，降级处罚，或免予刑事处分，古人把这两种情况都叫"赦"。如，搞不清楚是否犯了应处以"五刑"的罪，就降处"五罚"，以金赎刑；对是否犯"五罚"罪有怀疑，又可降处"五过"。"五过"就免予刑罚了。

5. "两造具备"。"两造"，就是原告、被告双方。"两造"的讼辞称叫"两辞"。司法官在审断案件时，应让原告、被告都到庭，听取他们各自的讼辞，然后加以查证，不能偏听偏信。这叫"两造具备"，或称"听狱之两辞"。

6. 在法官责任方面，《吕刑》总结出法官徇私舞弊，出入人罪的五种情况："惟官"——畏惧、屈从上司的权势；"惟反"——利用职权泄私愤或报私恩；"惟内"——被告通过法官的妻妾为自己说情；"惟货"——贪赃枉法，收受贿赂；"惟来"——接受左右亲信的委托。凡因此而不依法判决的法官，"其罪惟均"。"均"，意思是与犯人所犯的罪相等，也就是以犯人的罪反坐法官，科以相同的刑罚。

《吕刑》所反映出来的这些刑事立法原则对后来封建社会的立法有深远的影响。

六、天子与法

诸侯是本国的最高立法者。此外，一些王朝的辅政大臣，如商的伊尹，周的周公、召公，也握有立法权。他们发布的法律文告称作《谟》《誓》《诰》《训》《命》等，具有当然的法律效力。《尚书》这部书就是三代文告的汇编，分《虞夏书》《商书》《周书》三大部分。

前面提到的《吕刑》是《周书》中的一篇。此外，还有如《虞夏书》中的《皋陶谟》，是皋陶提出的治国方略；《甘誓》是禹的儿子即位为夏王后，率军镇压不服他统治的有扈氏，在甘这个地方对军队发布的前线誓师词。《尚书》中的《誓》都具有军法的性质。《商书》中，《汤誓》是汤王伐夏桀的誓师词；《盘庚》上、中、下三篇是商朝中期的一个中兴之主盘庚迁都到殷前后发布的训词和命令。《周书》的数量最多，其中的《牧誓》是周武王伐纣时在牧野发布的誓师词；《康诰》是周公的弟弟康叔封为卫国诸侯时，周公授予他治国的大政方针。《周书》还有《酒诰》《召诰》《文侯之命》《秦誓》等法律文告。三代的礼刑制度，许多内容要从这些文告中去查找，所以它们的史料价值很高。不过，《尚书》中《虞夏书》的全部，《商书》除《盘庚》篇以外，以及《周书》中的一部分，据考证是后代人写了补进去的，不是当时的作品。

第五章　子产征书，晋铸刑鼎
——春秋成文法的发展

历史书上常常用"王权衰落""礼崩乐坏"等话来描述春秋时代的社会特点。按照周礼的规定，诸侯对周天子有"朝觐之礼"，一次不朝，就贬低爵位；二次不朝，要削减封地；三次不朝，便兴师讨伐。① 但在春秋二百四十多年中，同周王室最亲近的鲁君也只朝觐了三次。郑庄公甚至与周王兵戎相见，一箭射中了周桓王的肩膀。周礼不起作用了，天子威风扫地。这是一个大动荡、大变革的时代。社会在动荡中逐步地摆脱了奴隶制，法制在动荡中逐步地封建化。其中，成文刑书的公布是春秋时期法律制度上的一项重大改革。

一、子产与叔向的辩论

这一改革是从郑国开始的。春秋时的郑国，处在秦、晋、楚、卫等大国之间，四面受敌，内外交困。公元前543年，年轻而富有才干的子产被提升为郑国执政。他上任后，力排众议，成功地进行了一些经济、政治制度上的改革。接着，他于公元前536年毅然决然地把《刑书》铸在鼎上公布，打破了奴隶制国家刑书藏于官府，不向人民宣布的惯例。这一行动非同小可，引起了保守势力的恐惧与反对。晋国的叔向就是其中一个典型代表。

叔向是一位在晋国内外都很有影响的大臣，曾和子产交友。他听到子产铸刑书的消息，十分震惊，立即写信给子产："从前我还对您抱有希望，现在一切都完了。先王权衡事情的轻重来决定刑罚，不制定刑法，就是怕百姓产生争讼之心。……百姓知道了刑法，就会不敬重上司。人人都有相争之心，各引刑法作为根据来为自己辩解，而且侥幸得到成功，就难以治理了"。信中还恐吓子产说："百姓知道了争讼的依据，就会抛弃礼仪而引证刑书，一字一句都要争个明白。这样一来，犯法案件更加繁多，贿赂到处通行。恐怕在您

---

① 《孟子·告子下》："一不朝，则贬其爵；再不朝，则削其地；三不朝，则六师移之。"

活着的时候，郑国就要衰败了。"在他看来，只有坚持刑法神秘主义，使百姓感到威不可测，才会服从统治。而百姓知道了刑法，可以据法争讼，官吏就难于上下由心。而尊卑贵贱秩序一经打乱，奴隶主贵族就会完蛋。面对叔向的指责，子产十分冷静地复信说："我没有才能，不能考虑到子孙，我是以此来挽救当代的。"回答得干脆有力。

从子产和叔向的争论中可以看到，公布刑法有利于新兴势力而不利于奴隶主阶级。它多少限制了统治阶级的司法随意性和擅断性。所以，这次改革是符合历史发展方向的。

二、晋铸刑鼎

子产铸刑书后二十三年，即公元前513年，叔向的祖国晋国也同样铸起刑鼎来了。主持这次铸鼎是赵鞅和荀寅。反对派人物中有大名鼎鼎的孔子和另一位叫史墨的史官。孔子的话同叔向简直是一个鼻孔出气："百姓看到了鼎上条文，还用什么来尊敬贵族？贵族的产业还怎么守得住？贵贱没有了次序，又怎么能治理国家？"并且也预言："晋其亡乎！"[①] 在铸刑鼎问题上，孔子是站在保守立场上的。

三、邓析与《竹刑》

但是，公布成文刑法的运动仍继续向前发展。公元前501年，郑国又公布了一部《竹刑》，它因写在竹简上而得名。《竹刑》的作者叫邓析，原也是郑国大夫，但他酷爱法律学，苦心钻研，曾提出"事断于法"的正确主张。他不满足于子产的《刑书》，于是自己废寝忘食，才写出这部更能反映新兴地主阶级意志的刑法典。当时，子产已死了二十年，郑国由驷歂（sì chuán）执政。此人器量狭小，妒贤嫉能，给邓析扣上一条"私造"刑书的罪名杀了头，却又用他的《竹刑》，并宣布为国法。

成文刑法的公布，为中国法制史揭开了光辉的一页。

---

① 《左传·昭公二十九年》。

第六章　法典之祖，垂世楷模
——李悝的《法经》

春秋时期各诸侯国互相兼并的结果，最后形成了秦、楚、齐、赵、韩、魏、燕七国争雄的局面。七大国都企图以武力消灭它国，统一中国。它们对内实行封建改革，对外连年用兵。激烈而频繁的战争成了这一时期的特点。所以，当时的人称七国为"战国"。后来，"战国"便成了这一历史时期的名称。它最后是以秦消灭关东六国结束的。

战国初期最先富强起来的却是魏国。公元前445年，政治抱负远大的魏文侯即位。他招贤纳士，大胆起用了一批新兴地主阶级的人才。内有一位名叫李悝的，是闻名魏国的儒家子夏的学生。这子夏又是孔子的学生，但思想上与后来法家的主张有点相通。李悝从子夏那里学得了一套治国安邦之术，很受魏文侯的赏识，既尊为师，又拜为相，委以重任。

一、《法经》的制定

李悝不负魏文侯的期望，在魏文侯的领导下实行变法，成绩卓著。其中贡献最大、流芳百世的是他编撰了中国法制史上第一部封建刑法典——《法经》。

春秋战国之际，各诸侯国相继变法，都制定过各自的成文法典或单项法规。除《刑书》《竹刑》与铸刑鼎之外，韩国有申不害搞的《刑符》，赵国有《国律》，楚国有《仆区法》《茅门法》，以后有屈原的《宪令》，齐国有《七法》，魏国自己也有《魏宪》。李悝就是在研究、比较各国法典的基础上，取各家之长，编撰出《法经》来的。因此，《法经》比其他诸侯国的法典更为周密和完备。

《法经》原文早已不见。《晋书·刑法志》介绍了它的篇目和立法宗旨，但总共只有一百零八个字。东汉初期有位著名的进步思想家桓谭，曾在他的著作《新论》中辑录、评述过《法经》。可惜的是，《新论》在南宋又失传了。明末清初一位名叫董说的学者，写了一本《七国考》，其中有一段《法经》的资料，比《晋书·刑法志》详细一些，说是从桓谭

《新论》引来的。现在的法制史界大多依据《晋书·刑法志》和《七国考》来认识《法经》。

二、《法经》的内容

《法经》共有六篇：盗法、贼法、囚法、捕法、杂法、具法。前四篇合称"正律"，主要内容是规定何种行为为"盗""贼"犯罪，以及如何惩办"盗""贼"。如杀人者处死并将其家以及其妻子娘家籍没为奴，杀二人者，还要籍没其母亲的娘家。大盗，流放到边疆充当守卒，严重者处死。偷看王宫者处膑刑，拾取道路上的遗物处刖刑。

"杂法"是关于"盗""贼"以外其他犯罪和刑罚的规定，与"正律"对称为"杂律"。内容包括"淫禁"——规定不合法婚姻和男女淫乱的刑罚。如男子有一妻二妾，处刵（guó，割耳朵）刑，有二妻，则处死。妻有外夫，处宫刑。"狡禁"——规定盗窃国君符、玺和非议国事的刑罚。如盗符者处死，籍没全家；盗玺者处死；议国事者处死，籍没全家以及其妻子的娘家。"城禁"——规定偷越城墙和其他军事要塞的刑罚。如，越城者，一人处死；十人以上，不但本人处死，而且杀光他的全乡和全族。"嬉禁"——规定赌博犯罪的刑罚。如，博戏者，罚金三币。"徒禁"——规定擅自聚居和集会的刑罚。如，多人聚集在一起，超过三日则诛。"金禁"——规定官吏收受贿赂的刑罚。此外还有禁止逾制的规定，如大夫之家有诸侯一级贵族才应有的器物，自一件以上者处族刑。

"具法"是关于按照犯罪的不同情节给予减轻或加重惩罚的规定。如罪人在十五岁以下，犯大罪减三等，犯小罪减一等；六十岁以上的罪犯，根据犯罪情节和有关法律酌量减刑。大概"具法"部分主要是减轻的规定，所以又叫"减律"。

三、《法经》的特点

《法经》的内容表现了它维护封建专制统治和封建私有经济的本质，它有以下几个特点：

第一，维护封建经济和政治制度。《晋书·刑法志》介绍《法经》时，指出它的立法宗旨是："王者之政，莫急于盗贼。""盗"，指侵犯财产所有权方面的犯罪。"贼"，指背叛政府、危害国家和侵犯生命、身体方面的犯罪。所谓"盗贼"，绝大多数实际上是被当时统治阶级逼得走投无路、铤而走险，或夺取富人财物，或啸聚山林、武装反抗地主政府的贫苦农民和奴隶。"盗""贼"犯罪，主体是劳动人民，而侵害客体则是封建统治者和代表他们利益的封建国家。这就可以明显看出，《法经》首先是一部维护地主阶级专政的法，是镇压广大农民和奴隶的法。

第二，维护封建等级特权和君主专制。"杂律"中，关于"大夫之家有侯物，自一以上者族"的规定，说明封建等级是十分森严的。侯，就是诸侯。战国时，诸侯普遍自称为

"王"。下级贵族僭用国王的器物,往往视作侵害王权甚至企图篡夺王位的表现,那是必须严惩的。《法经》对王权的维护十分周到细密,处刑也很重。凡"盗符""盗玺"者,一概格杀勿论。"符"是调兵遣将的凭证,"玺"是国王专用的印章。前者代表军权,后者代表政权。军政大权都必须绝对集中在国王手中。立法权也属于国王。国王的法令至高无上,不许违抗,也不准议论。《法经》关于"议国事者诛,籍其家及其妻氏"的规定,充分体现了这一点。所以,《法经》又是一部君主专制主义的法,一部公开的封建特权法。

第三,严刑重罚。《法经》所定的罪刑制度,一是轻罪重刑。"议国事",其实是言论,并无实际行动,却本人处死不算,还要把全家以及妻氏一家籍没为奴。此外,像"窥宫者"处膑刑,"拾遗者"处刖刑,"越城者"处死,群居三日以上者处死,等等,都是将轻微违反统治秩序的行为科以重刑。二是刑罚残酷。动不动便适用砍脚、割耳朵等肉刑以及死刑,并广泛实行株连,对"夷乡""夷族"不当一回事,手段实在残忍。所以,《法经》也是一部重刑主义的法。

第四,重视调整统治阶级内部关系。在周代,奴隶主阶级用礼调整内部关系,对于严重危害本阶级整体利益的违礼奴隶主,也实行"失礼入刑"的处罚。《法经》用统一的法代替礼和刑分立的形式,也就把"礼不下庶人,刑不上大夫"这种分立式特权原则纳入了法,形式上要求统治阶级个人遵守法,只能享受法律规定的特权,否则就要处刑。如"嬉禁"规定,太子赌博要受笞刑,屡教不改,就撤换更立。"金禁"规定,丞相受贿,左右助手处死;将军受贿,本人处死。这当然不能改变《法经》的特权法性质。别的不说,同样受贿,丞相和将军处刑大不相同。但在法律明文上规定了太子、丞相、将军的刑,比"刑不上大夫"的制度不能不是一个突破。这在一定程度上反映了"法贵平等""刑无等级"的精神。它说明,地主阶级在取得政权的初期还有一定的进步性。

此外,作为封建社会初期地主阶级的法,《法经》有不少维护奴隶制残余的规定,如常常把犯罪人的全家和亲戚家罚为奴隶。

《法经》在中国法制史上有较高的地位。它集春秋和战国初期成文法之大成,成为后世封建立法之蓝本。它的作者李悝也被尊为地主阶级的法律之祖。

第七章　地宫献宝，竹简无价

——《秦简》和秦的立法

一、秦的崛起和法制

战国初期，地处西陲的秦国还是一个比较落后的诸侯国。但它变法彻底，后来居上，一跃而为战国七雄之首，虎踞关中，终于席卷宇内，一统天下，建立了中国第一个中央集权制封建帝国。这是公元前221年的事。

秦国自商鞅变法以后，一贯奉行法家政治。商鞅为秦国制定了不少成文法典，后来商鞅虽惨遭车裂，但这些法令符合时势，已深入人心。所以，秦国继续沿着商鞅的路子前进，几代君主对商君之法不断有所增补、修订。到秦始皇上台，特别是秦统一中国以后，秦王朝的立法活动发展到了一个新的阶段。

秦始皇将商鞅以来秦国所立之法来了一个总结，对为数众多的法规加以筛选、整理、修改、充实，编纂出了一套比较完备、比较完善的成文法典。当时的情况，正像秦始皇到处刻石立碑自我颂扬的那样，是凡事"皆有法式"，莫不"建立法度"①。从中国法律制度发展的历史来看，秦代确是一个承前启后的重要时期。可惜的是，秦律早已散失。汉代人说，"秦法繁于秋荼，而网密于凝脂"②。荼是一种开白花的茅、芦类植物；凝脂是凝冻了的油脂。《晋书·刑法志》和《唐律疏议》上说，商鞅之法直接沿用李悝《法经》，只是"改法为律"，篇目还是六篇，没有增加，直到汉丞相萧何制定汉律，才增写了《兴律》《厩律》《户律》三篇，合起来为九篇，所以称为《九章律》。这样一个极其重要的法制史时代，我们以前只能从零星的历史资料上做不甚完整也不甚准确的了解和推测。对此，法律史界始终感到这是一件十分遗憾的事。

---

① 《史记·秦始皇本纪》。
② 《盐铁论》。

二、睡虎地的《秦简》

神奇的考古发掘弥补了这一憾事。1975年12月，考古工作者云集湖北省云梦县城关一个叫睡虎地的地方。发掘现场传出了令人振奋的喜讯：十一号秦墓发现了大批保存完好的竹简！经过整理，竹简共有一千一百五十五支（另有残片八十片），其中大部分是法律条文和文书。它们是墓主人生前抄录下来死时随葬的物品。这些法律条文和文书产生的年代，早的在商鞅变法时期，晚的不超过秦始皇三十年（公元前217年，统一全国后五年）。墓主人抄录它们，说明是当时通行的法律。这批竹简已由整理小组编成《睡虎地秦墓竹简》（简称《秦简》）一书出版。《秦简》虽然远远不是《秦律》的全部，但《秦律》的许多内容却通过它才得到保存，在两千多年后的今天展现在人们的面前。我国完整地保存到现在的最早的封建法典是《唐律》。《秦简》则是我国迄今为止发现的保存唐以前法律条文最多、最早的法律文献，是我们国家和民族的无价之宝。

《秦简》对于研究秦王朝的法律制度有极大的意义，它反映了秦法制的基本状况。

三、秦律的形式

根据史书记载，秦律的形式分为四种：律、令、制、诏。律，是国家正式颁布的成文法；令、制、诏，都是皇帝临时发布的，具有最高的法律效力，可以对律加以修改、废止，在现行法律与令、制、诏相矛盾时，以令、制、诏为准。这是专制皇帝握有最高立法权的表现。《秦简》告诉我们，秦代法律形式除史书上所说这四种外，还有法律答问和式。《秦简》本身的主要法律形式就是律、法律答问和式。

律——《秦简》的《秦律十八种》和《秦律杂抄》等部分共有秦律条文三十多种。其中有商鞅颁布的《刑律》《军爵律》，也有《田律》《厩苑律》《仓律》《金布律》《置吏律》等单行法规。

法律答问——对法律条文的解释。《秦简》的《法律答问》部分涉及的内容主要是刑法。它比较全面地解释了商鞅刑律六篇中所提出的各种具体问题。商鞅曾对法律解释做了具体规定：朝廷设置主管法令的官吏，负责解释法律，其他官吏如来询问，必须明确告知；如果不肯解答，而后来询问者又犯了罪，恰好是犯了询问的那一条，那就要按这一条治主管法令者的罪。解答的内容要记在符片上，注明年、月、日、时，符的左边给询问者，右边封藏。《法律答问》的出土表明，这套严格的解释法律的制度，直至秦始皇时都在实行。法律解释与律文一样有法律效力，它大大提高封建法律的灵活性，以便根据形势和统治阶级的需要加强对人民的法律镇压。

式——由朝廷统一发布的行政命令和审判规则一类的司法文书。《秦简》中有《封诊式》。《封诊式》是秦代原来的名称，刻在这部分竹简最末一支的简背上。《秦简》的《封诊式》大多是对案件进行调查、检验、审讯等程序的文书程式，其中第一节《治狱》和第二节《讯狱》，内容是对官吏审理案件的要求。

四、秦律的内容

从《秦简》并结合原有史书上的资料来看，秦王朝成文法的内容是多方面的。

刑事方面——秦律的主体是刑法。它继承并加强了李悝《法经》"王者之政，莫急于盗贼"的立法原则，严厉镇压敢于蔑视地主阶级政治、经济利益而起来反抗的劳动人民。《法律答问》共有一百九十条，专讲"盗""贼"的就有五十八条之多。秦律对"盗"处刑很重。如偷采别人家的桑叶，折价不满一钱，就要罚苦役三十天；知情者虽然分赃不到一钱，也要和偷盗千钱的主犯同样论处；知情而不捕捉，应罚一盾（罚一块盾牌）；妻子知道丈夫盗窃，与丈夫同罪，不知丈夫盗窃，也要以窝赃犯论处；有盗窃动机的人，即使还没有走到盗窃地点，也要处以"赎黥"（可用钱赎的黥刑），等等。对于三人以上有组织的"群盗"和盗窃数量多的"大盗"，刑罚就更加严酷了。如，《法律答问》中有这样一条：五人合谋盗窃，得赃一钱以上，就应砍掉左脚，并"黥以为城旦"（脸上刻字后罚筑城五年）。

秦律对"贼"的处刑更比"盗"要重。《法律答问》中说，同样的伤人情节，如是"斗伤"，罚二甲（罚二领战甲），如系"贼伤"，那就要处"黥为城旦"。前者只是罚金，后者属于肉刑，并附加徒刑，二者相差很远。对"贼杀人"的刑罚，《秦简》没有明确记述，但它的苛严是不难想象的。《法律答问》中说，"盗"反抗抓捕、斗杀捕盗者，应按贼杀处刑。还有一条说，若唆使未成年人"盗杀人"，应处"磔"刑。"磔"，就是车裂。

维护皇帝的身体、权威和尊严，是秦刑事立法的主要目的和内容之一。史书记载，秦始皇曾以"为乱"等罪名，将嫪毐、吕不韦集团的主要成员"枭首""车裂""灭其宗""籍其门"①。泄露皇帝的行踪也要杀头。有一次，秦始皇去梁山行宫，从山上望见丞相的车骑众多，排场很大，心中大为不快。随行太监把这个消息告诉了丞相，丞相就减少自己的车骑。秦始皇知道后大怒，把那次随从他去梁山宫的人全杀了。② 在秦王朝，像这样用法内、法外重刑维护皇权的例子还有很多。《秦律杂抄》中有一条规定：接受皇帝的制书，不下席站立，罚二甲，并撤职永不任用。这就是后来的"不敬"罪。还有一条说：伤害皇帝的车马，要按伤害的程度治罪。但《秦简》中这方面的记载却很少，大概是由于《秦简》的抄录者只是一个级别不高的司法官吏，司法实践中遇到侵犯皇权一类的重大"政治犯罪"案件不多，所以他以自己实用为目的的法律文件摘录中，不留意这类条款，也就是很自然

---

① 《史记·秦始皇本纪》。
② 同上。

的事了。

民事方面——秦律用刑罚来保证地主阶级国家和个人的所有权和债权。《田律》规定，国家根据"受田之数"征收田赋。可见，土地所有权属于国家。法律保护牛、马等生产资料的个人所有权，对盗牛、盗马严加惩罚。《秦简》也保护对奴隶的占有权，奴隶犯罪受刑事处罚后，仍交主人役使。这是奴隶制残余在法律上的反映。债务义务要强制履行。《金布律》规定：欠公家的债过一年不还者，要依法论罪；如果是官吏欠债无力偿还，要按月扣除其俸禄与口粮作为赔偿；如果是犯人被判罚金、赎款或欠官府债务而无力缴纳，须以劳役抵偿。

《秦简》在婚姻家庭方面的内容也不少。《法律答问》中说：已婚女子私逃，要依法论处。如果又与他人结婚，则不但婚姻一律无效，还要处"黥为城旦舂"的刑罚（受黥刑并到筑城的地方舂米四年）。但男子可以"弃妻"，只是要到官吏那里登记，不然便要罚二甲。这说明秦律保护夫权，只是还未达到"夫为妻纲"的地步。对女子的权利也有适当肯定，《法律答问》中有这样一条：妻子凶悍，其夫打她，撕裂了她的耳朵或打断四肢等，其夫要罚作劳役。

经济方面——《秦简》有许多相当于现在经济法性质的单行法规。如，《田律》，主要是管理农田生产和土地分配的法律；《厩苑律》，相当于汉代《厩律》，主要是管理畜牧业生产的法律；《仓律》，是管理粮草仓库的法律；《金布律》，主要是关于货币财物方面的法律；《关市律》，管理关卡和市场的税收等事务的法律；《工律》《工人程》和《均工律》，都是管理官营手工业的法律；《效律》，是关于核验度量衡器、清点物资、清查账目方面的法律；等等。它们说明封建国家对社会经济活动，从生产到交换都进行广泛的行政干预，运用法律手段来保障地主阶级的经济利益。

行政方面——秦从商鞅变法确立了中央集权制的君主专制制度后，对其庞大的国家机器和官僚队伍需要规定出一系列组织活动原则，以及有关官吏的选举、任免、奖惩等方面的办法。《秦简》中就有许多行政方面的单行法规。如，《置吏律》《除吏律》，是任免官吏的法规；《除弟子律》，是有关训练、教育、任用贵族和官僚子弟的法律；《尉杂律》，为有关廷尉职务的各种法律规定；《内史杂律》，是掌管京师的内史职务的各种法律规定；《傅律》，有关登记成人，以掌握应服徭役人数的法律。傅，就是傅籍，登记入册的意思。《徭律》，关于徭役的法律；《司空律》，关于工程建设和管理刑徒方面的法律规定；《军爵律》，关于军功爵位的行政法规，在商鞅变法时就已颁行了；《戍律》，有关征发百姓守边防的法规；《行书律》，关于传送文书的法规；《传食律》，关于驿传供给过往官吏饭食的法律规定；《游士律》，关于限制游说之士的法律规定，等等。这些行政法规涉及秦王朝行政活动的各个方面，内容全面，结构严密，制裁严而且重。

诉讼方面——《秦简》中《封诊式》的大部分、《秦律答问》中的一部分是有关刑事诉讼的内容。从《秦简》可知，秦代提起诉讼的形式为"公室告"和"非公室告"两种。"公室告"，是由封建官吏代表官府来纠举犯罪，主要是控告他人的贼、盗行为。"非公室告"，指当事人直接向封建官府提出控告。如，父母告子女盗窃家中财物，或子女、奴隶告父母、主人对自己擅自用刑等。"非公室告"，官府不予受理，如果坚持告发，告发人便算犯了罪，要受处罚。这说明秦律也承认"父子相隐"，只是不像《唐律》看得那么严重。秦律普遍实行"赏告奸"的原则。《法律答问》中有一条说，甲告乙贼伤人，乙实际是贼杀人，甲也可赏得黄金二两。但如果举告不实，反而要受罚，并实行诬告反坐原则。《法律答问》的另一条说：甲告乙贼杀人，实际乙未杀人，甲应反坐贼杀人的刑罚。

《秦简》中还涉及军事、外交、赋税、侦查、勘验、审判等方面的法律内容，并反映了秦王朝严酷的刑罚体系。从《秦简》的《厩苑律》《傅律》《工律》《公车司马猎律》等，内容与汉《九章律》的兴、厩、户三篇相仿。由此看来，秦律已突破李悝《法经》六篇的规模，形成了兴、厩、户三篇的雏形。所以，认为秦代立法无所作为是不符合史实的。

五、秦律的特点

从《秦简》的内容中，可以归纳出秦律的一些主要特点：

第一，以刑法为主体，严厉镇压劳动人民的反抗，维护皇权及以皇权为中心的封建专制主义中央集权政治制度。

第二，以严密的法律体系维护封建私有制生产关系，保护封建国家对农民的剥削。秦王朝实行竭泽而渔的剥削政策，动用了刑事的、民事的、行政的、经济的等各种法律规范来维护其经济基础和财经制度，对农民进行经济的和超经济的剥削。汉代人说，秦时人民负担的力役超过古代"三十倍"，各种赋税超过古代"二十倍"[①]，并不是夸张。

第三，运用法律手段调整经济关系，进行经济管理，保证封建经济的发展。秦王朝推行重农政策，对农田水利、作物管理、水旱灾荒、牛马饲养、山林保护、种子保管等都有细密的规定。如《田律》规定，春二月是农忙季节，又是万物生长时期，不准砍伐山林，不许堵塞水道。《仓律》规定了每亩田使用种子的数量：稻、麻二斗另大半斗，禾、麦一斗，黍、大豆大半斗，菽半斗。这些规定反映了秦统治者对农业生产的重视。工、商虽被视为末业，但各种法律规定也相当全面。

第四，重视吏治，发挥封建国家机构的统治效能。秦律明确规定了各级官吏的职责、考核制度和奖惩办法，要求官吏严守法律，对违法官吏分别规定了三种处罚办法：刑罚、经济制裁、行政处分。

第五，秦律在限制奴隶制政治、经济关系的同时，又有利用、保存奴隶制残余的一面。《军爵律》规定，奴隶打仗立了功，可以免除奴隶身份并取得爵位。《司空律》规定，

---

① 《汉书·食货志》。

自愿守边防五年,可赎免身为奴隶的亲属一人。这些规定是有利于奴隶解放的。但《秦简》中又有不少把罪犯罚为奴隶的条文,并保护私人对奴隶的占有和役使。这不仅是为了强化其封建统治,还有利于地主阶级的封建剥削,体现了早期封建法律不可避免的历史特点。

  第六,以重刑主义为指导,制定了残酷的刑罚体系。秦律全部沿用了奴隶社会的五刑。在死刑中,广泛实行灭绝人性族刑,动辄运用"戮""磔""腰刑"等惨无人道的酷刑。汉代人说"秦法繁于秋荼,而网密于凝脂",是符合实际的。

第八章　由简入繁，重蹈覆辙
——两汉的立法概况和汉律的形式

一、"约法三章"

陈胜起义失败后，刘邦集团与项羽集团互争雄长。项羽残暴无比，凶恶超过秦二世，为广大农民所痛恨。刘邦出身农民，了解他们的疾苦，又身为亭长，熟悉地主阶级的统治方法。攻下咸阳后，刘邦听从樊哙、张良的谏议，封存秦皇宫内的珍宝财物，回军驻扎咸阳附近的霸上，并随即召集附近各县父老豪杰，宣布了中国历史上著名的"约法三章"："杀人者死，伤人及盗抵罪，余悉除去秦法。"[①]

秦末科条严密，刑罚苛酷。"诽谤者族"，言语冒犯秦二世的，要处以"满门抄斩"的族刑；"偶语者弃市"，几个人聚在一起谈论经书的也要杀头示众。久为秦法所苦的秦民，当然十分欢迎刘邦的"约法三章"，"秦人大喜，争持牛羊酒食献飨军士"[②]。显然，这是大大有利于刘邦集团夺得最后胜利的。

三章之法，总共只有十六个字。这十六个字，可以说是两汉最初的立法。但这不过是全国还没有统一的形势下，刘邦为扩大政治影响而采取的权宜措施。

二、《九章律》和两汉立法的奠基阶段

在宣布"约法三章"以后不久，汉高祖刘邦就因"四夷未附，兵革未息"，感到"三章之法不足以御奸"[③]，于是命令"萧何次律令，韩信定军法，张苍为章程，叔孙通定礼

---

① 《史记·高祖本纪》。
② 《史记·高祖本纪》。
③ 《汉书·刑法志》。

仪"①，开始了大规模的立法活动。

萧何原是沛县小吏，对封建的法律制度有一定经验，懂得法制建设对巩固统治的极端重要性。刘邦再度率军攻进咸阳时，将领们争先恐后地去抢夺金银财宝，唯有萧何"独先入收秦丞相御史律令图书藏之"②，为汉初立法做了资料方面的准备。后来刘邦率兵东进，萧何先后留守巴蜀、关中，又"为法令约束"③，随时须行一些单行法规，从而为汉初的政治与法制建设积累了实际经验。刘邦命令萧何修订律令，于是萧何就取秦律"宜于时者，作律九章"④，在秦律盗、贼、囚、捕、杂、具六章的基础上，增加了户、兴、厩三章，撰成了著名的《九章律》，新增的户、兴、厩三章，大多为民事方面的法律。户律包括婚姻、赋税；兴律包括擅发徭役；厩律包括牛马畜牧的管理等。这个《九章律》是汉律的基本组成部分，两汉四百年间，历朝虽有增删修订，但主要内容没有什么变化。

韩信足智多谋，是刘邦手下的大将。有人认为韩信"为汉则汉胜，与楚则楚胜"，曾怂恿他与刘邦分道扬镳，三分天下，和楚、汉相争。但韩信始终不为所动。他受命制定的军法虽然已经亡佚，但可以肯定，它对刘邦起义军军纪的整肃起了很大的作用。司马迁称赞他对于汉朝廷的功勋，"可以比周、召、太公之徒"⑤。

叔孙通参加刘邦起义军时，带去了一百多个儒生。但刘邦对他并不重视，甚至有些讨厌。后来刘邦登帝位，宴请群臣，"群臣饮酒争功，醉或妄呼，拔剑击柱"，闹得一塌糊涂。于是叔孙通乘机献言，说"儒者难与进取，可与守成。臣愿征鲁诸生，与臣弟子共起朝仪"⑥，得到了汉高祖的赏识。张苍在秦时曾任御史，熟悉天下文书，对于朝廷官制、章程了如指掌。叔孙通和张苍在汉初制定有关朝仪的法律制度方面，做了很多工作。汉七年（前200），群臣为长乐宫的建成前来向刘邦朝贺。朝贺仪式按叔孙通的布置，设兵张旗，仪仗威严，文臣武将，排列齐整，进退有序，礼节隆重，"自诸侯王以下莫不振恐肃敬"。宴饮终日，"无敢讙哗失礼者"⑦，和以前那种"妄呼""击柱"的乱糟糟样子，真有天壤之别。汉高祖极为满意地说："我今天才知当皇帝的尊贵！"

从汉高祖入关宣布寥寥十六个字的"三章之法"，到《九章律》的制定，及其他章程制度的确立，是两汉立法的奠基阶段。

两汉法律的主要形式有律、令、科、比。律是汉律的基本形式，由于它的制定比较郑重其事，须经一定的程序，所以制定出来后相对来说比较稳定。两汉立法的奠基阶段，主

---

① 《汉书·司马迁传》。
② 《史记·萧相国世家》。
③ 同上。
④ 《汉书·刑法志》。
⑤ 《史记·淮阴侯列传》。
⑥ 《史记·刘敬叔孙通列传》。
⑦ 同上。

要工作是律的制定。

三、两汉立法的发展阶段

刘邦正式称帝七年后死去，新建的汉王朝面临各种矛盾，要求进一步完善法制建设。刘邦死后，先后掌权的惠帝刘盈、高后吕雉、文帝刘桓和景帝刘启，都比较重视法制建设。如惠帝时任命叔孙通为奉常官，继续完成有关朝仪的立法，撰成《傍章律》十八篇。惠帝还下令减田租，恢复十五税一的制度；规定"民有罪，得买爵三十级以免死罪"；废除秦以来实行的《挟书律》；规定"民年七十以上若不满十岁有罪当刑者，皆完之"[①]；等等。高后时废除了三族罪，妖言令[②]；"复弛商贾之律"[③]，为商业的发展创造了条件。文帝时"尽除奴孥相坐律令"，废除诽谤妖言罪，还宣布废除了肉刑等等。[④]景帝时进一步使法制完善化。如文帝改肉刑为笞刑，但"加笞者或至死而笞未毕"。景帝针对这一弊病，定《棰令》；[⑤]后元三年（前141）下令年龄在八十以上、八岁以下，以及尚未分娩的孕妇和盲者、佝偻病患者，凡必须囚禁的，一律不加刑具。[⑥]

以上惠帝、高后、文帝、景帝四代的立法，一方面着重在使法制完善化，另一方面又注意了去重就轻。这对进一步巩固汉王朝的统治十分有利，是两汉立法的发展阶段。

如上所述，这一阶段除律外，大量颁行的是令。由于皇帝拥有至高无上的权力，所以他的命令具有以国家强制力保证的最高权威性，从而成了汉律的重要形式之一。

四、两汉立法的完成阶段

文帝和景帝时期，社会安定，经济繁荣，国力渐趋强大，史称"文景之治"。到汉武帝刘彻即位时，汉王朝的政治统治已经比较巩固，出现了"民则人给家足，都鄙廪庾皆满，而府库余财货"[⑦]的富饶景象。当然，社会的基本矛盾——农民和地主的矛盾，不可能因此而解决。而随着汉武帝"外征四夷，内兴功利"，随着地主豪强土地兼并的加剧，民族矛盾和阶级矛盾都激化了。面临这些情况，汉武帝确定了"罢黜百家，独尊儒术"的方针，以董仲舒发展了的新儒家为立法和司法的指导思想，急剧地加强了立法活动。

---

① 《汉书·惠帝纪》。
② 《汉书·高后纪》。
③ 《史记·平准书》。
④ 《汉书·文帝纪》。
⑤ 《汉书·刑法志》。
⑥ 《汉书·景帝纪》。
⑦ 《史记·平准书》。

汉武帝时的立法特点是数量繁多、刑罚严峻。《汉书·刑法志》说，汉武帝招进张汤、赵禹，"条定法令，作见知故纵、监临部主之法，缓深故之罪，急纵出之诛"，规定知道别人犯罪而不检举，就是故意纵容罪犯（"故纵"），要受到法律惩处；有关的官员，包括监督或检查法律执行情况的官员（"监临"）、犯人所在部门的主管官员（"部主"）也都要连坐；对任意加重处罚犯人（"深"）或故意陷人于罪（"故"）的官员的处罚减轻了，而对放松管束罪犯、减轻处罚罪犯的官员，却加重了处分。制定了《沈命法》，详细规定严惩不能发觉和捕缉盗贼的官吏①。还"重首匿之科"②，严惩藏匿罪人的首谋；定"腹非之法比"③，甚至对思想上的不满也要惩处。发展到后来，"律令凡三百五十九章，大辟四百九条，千八百八十二事，死罪决事比万三千四百七十二事。文书盈于几阁，典者不能遍睹。"④律令文书堆积如山，连司法官吏都不可能全部看完。立法数量繁多、刑罚严峻，结果导致奸吏借机营私，"所欲活则傅生议，所欲议则予死比"⑤，生、死、轻、重，任情出入，经常不依法办事了。

此外，汉武帝还命令张汤作有关宫廷警卫的《卫宫律》二十七篇，赵禹作有关朝见仪礼的《朝会正见律》六篇。这样，加上《九章律》和《傍章律》，就是法制史所称《汉律》六十篇。到此为止，《汉律》的制定大体完成，直到西汉末年，立法上没有重大兴衰。这是两汉立法的完成阶段。

这一阶段的汉律形式，增加了科和比。科就是科条或事条，包含"课其不如法者罪责之"⑥的意思，是用来就某些事类做出的弥补律令之不足的专门规定。比也称决事比，就是比照断案的判例。比的作用在于凡律、令、科无正条可依循时，比附以为罪。汉代的比，不仅有当时的判例，而且更多的是儒家经典所提供的准则。

五、两汉立法的没落阶段

西汉后期，社会矛盾越来越紧张尖锐。上层豪强的代表王莽篡夺了帝位，建立起国号叫"新"的王氏皇朝。王莽对内加重压迫剥削，对外频频发动战争，立法上也越来越繁杂苛刻，结果导致农民大起义。王莽被起义军杀了头，连舌头也被切碎分吃了。后来农民起义被以刘秀为代表的南阳豪强集团镇压下去，刘秀建立了东汉王朝，刘秀登帝位，称光武帝。鉴于西汉末期和王莽时期的教训，刘秀为东汉初期的立法确定了"解王莽之繁密，还

---

① 《汉书·咸宣传》。
② 《汉书·梁统传》。
③ 《汉书·食货志》。
④ 《汉书·刑法志》。
⑤ 同上。
⑥ 〔东汉〕刘熙：《释名》。

汉室之轻法"①的立法原则。在具体立法方面，确也曾屡次下诏减省刑罚。如下令"杀奴婢不得减罪"；"敢炙伤奴婢论如律，免所炙伤者为庶民"；"除奴婢射伤人弃市律"；等等。②

但是，西汉的法律其实并非"轻法"。后汉杜林说西汉后期的法令"渐以滋章，吹毛求疵，诋欺无限"，"小事"也要"大戮"，造成"国无廉士，家无完行"③的恶果。所以，刘秀实行的"还汉室之轻法"，其实还相当苛重。

东汉后期，阶级矛盾重新激化，统治阶级又加强了司法镇压，立法也就更加苛刻严密。尤其是东汉末年，著名大儒马融、郑玄等人，竞相以《春秋》经义解释法律，最高统治者则确认他们的解释具有法律效力。马融、郑玄等十余家以经义解释法律，每家数十万言，"凡数罪所由当用者，合二万六千二百七十二条，七百七十三万二千二百言"。本来就"典者不能遍睹"，现在则"言数益繁，览者益难"④了。东汉后期，是两汉立法的没落阶段。

两汉立法，从为数仅十六个字的"三章之法"，发展到东汉末期的为数七百七十余万言的经义释法，反映了汉代封建统治者从接受秦王朝崩溃的教训，以轻简的法律开始发家，到以繁重的法律镇压劳动人民，重蹈覆辙、自取灭亡的全过程，体现了封建法制在一个朝代的兴衰中由简入繁、由轻而重的一般变化规律，暴露了封建法制维护剥削、镇压劳动人民的本质。

---

① 《后汉书·循吏传》。
② 《后汉书·光武帝纪》。
③ 《后汉书·杜林传》。
④ 《晋书·刑法志》。

第九章　儒家思想，迂回入律
——汉律是法律儒家化的开端

西汉初年，曾经受秦始皇"焚书坑儒"严重打击而一度销声匿迹的儒家，又重整旗鼓，积极活动起来。汉初儒家的抬头，是同秦朝短命而亡、汉律已经制定密切相关的。秦朝短命而亡这一历史教训，说明光凭严刑峻法，不可能达到长治久安的目的。同时，汉律已经制定，这是既成的客观事实，为制定法律而鸣锣呐喊的必要性因此而消失。于是儒家乘机而起，想将儒家学说的精华化为国家制度，一则以儒家学说之长补法家学说之短；再则使儒家的主张借政治、法律的力量"永垂不朽"。其结果是使汉代成了中国封建法律儒家化的开端。

西汉王朝建立时，汉高祖刘邦不喜欢儒生，惠帝、吕后崇尚黄、老，实行清静无为政治。直到文帝时期，儒家的活动才取得初步成果。当然这也有一个过程，我们从贾谊的遭遇可以窥见大概。

一、贾谊谏疏

贾谊（前200—前168）是西汉初期著名的思想家、文学家，洛阳人。从小熟读诸子百家，十八岁时就以善写诗文闻名。二十二岁时，经河南郡守吴公推荐，被汉文帝任为博士。汉文帝还一度想提拔他"任公卿之任"。贾谊劝汉文帝按儒学"兴礼乐"，改制度，"悉更秦之法"[①]。他上书文帝，对当时法律制度规定的王侯大臣与平民百姓犯法同用黥、劓、髡、刖、笞、弃市之刑，表示不满。他在上书中反复申论古时"刑不上大夫"的道理，认为侯、王、大臣如果有罪过，"帝令废之可也，退之可也，赐之死可也，灭之可也"，但是捆绑送官，遭"司寇小吏詈骂而榜笞之"，却使整个统治阶级在百姓面前丢了

[①]《史记·屈原贾生列传》《汉书·贾谊传》。

脸，有违儒家"尊尊贵贵"的"礼"，万万使不得。①但贾谊的这些意见当时不仅未被采纳，而且因此受周勃、灌婴等大臣的诋毁和排挤，说他"年少初学，专欲擅权，纷乱诸事"②，连文帝也疏远了他，把他贬谪到长沙去。后来他被召回京都，做梁怀王的太傅。恰好这时发生了错捕周勃的事件。

二、周勃下狱

周勃是刘邦的同乡，和刘邦一同起义，南征北战，攻城略地，战功赫赫，是汉朝的开国元勋。从汉高祖到汉文帝，先后拜为将军、列侯、太尉、相国、丞相。晚年，因怕功高位重，有"兔死狗烹"的危险，辞职还乡。不久，有人诬告他想谋反，文帝下令逮捕了他。周勃在狱中心慌意乱，不知如何辩白。昔日大丞相，今日阶下囚，连狱吏也都敢不时地对他捉弄、侮辱。后来他用千金收买了狱吏，让薄太后到文帝那儿说情。文帝审核案情，才知是被诬告。周勃出狱之后说："我曾率领过百万大军，现在才知道狱吏之贵！"

错捕身历高帝、惠帝、吕后、文帝四朝的重臣，在当时不能不在朝廷上下引起震动。尤其是在狱中遭到狱吏的欺侮，更使大臣们感到失了面子，于是为如何避免重演悲剧而议论纷纷。贾谊利用了这个事件，"以此讥上"，文帝这才"深纳其言"③，接受贾谊进谏的儒家"礼"论，下令从此以后大臣有罪赐死而不用刑。

文帝的这道诏令，有至高无上的法律效力，等于修改了一条有关的汉律。它就成了儒家的礼治思想被输入律令之中的著名例子。

周勃排挤、迫害过贾谊，到头来却以自己被错捕入狱而帮了贾谊的大忙。这当然是一种偶然的巧合，是汉律发生儒家理论入律的变化的一个导因。根本原因在于秦王朝纯用法家学说，滥施严刑峻罚，已被历史证明是自取灭亡之道；汉初奉黄老之道，行无为之治，在短时期内有利于大乱之后的休养生息，但随着阶级矛盾和统治阶级内部矛盾的发展，继续"清静无为"不过是幻想。这样，汉代的最高统治者及其谋臣策士，也就很自然地转而寻求综取儒法二家之长的治国方案。而以礼入律，使法律条文儒家化，就成了一条颇为诱人的出路。

三、汉律儒家化

困难在于，到文帝时期，以《九章律》为基本内容的汉律早已颁行；按儒家的说教，

---

① 《汉书·贾谊传》。
② 《史记·屈原贾生列传》。
③ 《汉书·贾谊传》。

祖宗成法是不可以变更的。因此，从中国封建法制发展的漫长历史来看，法律的儒家化在汉代只是开其端，儒家有系统地修改法律，是从曹魏开始，经魏、晋、南北朝而大体完成的。不过，汉代统治者虽然不能像魏、晋时期那样让儒家系统地修改法律，但在法律的儒家化方面，却也绞尽脑汁，做过不少努力。其措施大略有以下三个方面：

（一）在律令条文中直接掺入礼的规范

"失礼"则"入刑"，给礼以刑罚的制裁力量，使之成为法律条文。

在中国法制史上，"不敬"（"大不敬"）罪，是从汉代才开始有的。所谓"不敬"，据《晋书·刑法志》引张斐律表的解释是"亏礼废节"。儒家的"礼"，讲"三纲五常"。"三纲"之首，是"君为臣纲"，对皇帝"亏礼废节"就是对整个封建等级制的最大蔑视，是对封建统治秩序的最大破坏，因此汉律规定"不敬"为严重犯罪。据《唐律疏议》称："汉制九律，虽并湮没，其不道不敬之目见存，原夫厥初，盖起诸汉。"汉律在唐时虽已佚失，但唐律之有"不敬"之罪，追根溯源，是从汉代开始。《唐律疏议》中的这个说法，与汉武帝以后加强君主专制、制造对皇帝的迷信的历史事实相符。据史书记载，汉武帝后元二年（前87），秺（dù）侯商丘成在祭祀汉文帝庙时喝醉了酒，歌曰"出居，安能郁郁"，被判犯"大不敬"罪，赐以自杀[①]。汉哀帝时，司隶鲍宣由于闭门拒绝侍御史逮捕他的属吏，被判"大不敬"罪下狱[②]。早在吕后时，就规定了非议先帝宗庙、陵寝、园林、宫殿，都要处以弃市的重刑[③]；等等。

在中国法制史上，"不孝"罪，也是从汉代才开始有的。儒家重视尊卑、长幼、亲疏的差别，讲孝悌伦常，是地主阶级维持封建统治和封建社会秩序的重要原则。"五刑之属三千，而罪莫大于不孝。"[④] 汉以前，"不孝"是否列入法律条文已无从查考，汉律中有不孝罪却证据确凿。如《通典》166引汉律规定："不孝弃市。"子"杀（父）母以大逆论"。《汉书·扬雄传》注应劭引汉律规定："不为亲行三年孝，不得选举。"

其他如关于婚姻、家庭的汉律条文中，直接掺入礼的规范的，更比比皆是。此外，从叔孙通所撰礼仪与律令同藏于执掌司法的理官[⑤]；后汉理官陈宠曾提请"三公廷尉平定律令"，将汉兴三百二十年以来所颁行的无数律条加以精简，取其"应经合义者"，合并为三千条，都可推想礼之入律的情况。

---

① 《汉书·功臣表》。
② 《汉书·鲍宣传》。
③ 《汉书·韦玄成传》。
④ 《孝经·五刑章》。
⑤ 《汉书·礼乐志》。

(二) 用儒家经典注释法律

既然对已经颁行的汉律不能随意修改,那么用儒家的经典来注释法律,使法律浸透儒家思想,失去本来面目,倒不失为一种狡猾的办法。汉代儒家大量注释法律,利用解释法律的办法,来左右法律。据《晋书·刑法志》载,汉代注释法律的有叔孙宣、郭令卿、马融、郑玄等十余家,各家的注释都有几十万字,对断罪适用的有二万六千二百七十二条,共七百七十三万三千二百多字。真是汗牛充栋、浩如烟海!这样一来,法律条文的本来含义大多被淹没、歪曲、篡改了。

(三) 以儒家的经义来审判决狱

汉代法律并不采用罪刑法定主义,没有"律无正文不为罪"的规定,可以比附,伸缩性极大。这就给了儒家一个极好的利用机会。从汉武帝"罢黜百家,独尊儒术"以后,大儒董仲舒首创以《春秋》经义来审判决狱,儒家思想在司法实践上一跃而成为最高原则,与法理无异。汉代从此以后以儒家的经义来审判决狱就成为惯例。《史记》《汉书》《后汉书》中的有关记载很多。如公孙弘年轻时任过狱吏,"习文法吏事而又缘饰以儒术"①,既学法吏,掌握办案本领,在办案中又"饰以儒术",以儒家的经义来审判决狱;儿宽为司法官,"以古法义决疑大狱"②,所谓"古法义",就是指儒家的经典;董仲舒因老、病辞官在家,朝廷每有重大案件,都派廷尉张汤"亲至陋巷,问其得失",请董仲舒以经义裁决,于是董仲舒写了《春秋决狱》,内有以《春秋》经义断决的二百三十二个案例③;东汉应劭也曾撰著《春秋断狱》一书④;等等。

贾谊说服汉文帝按儒家的礼来修改一条律文费了极大的劲,要不是有错捕周勃这件轰动一时的大事为导因,成功之日不知在何年何月。而儒家把大部分的努力放在律文的注释和司法实践中的经义决狱上,却取得了极大的成功。这是法律儒家化的开端,为按儒家学说系统地修改法律奠定了基础。

---

① 《史记·平津侯主父偃列传》《汉书·公孙弘传》。
② 《史记·儒林列传》《汉书·儿宽传》。
③ 《后汉书·应劭传》《汉书·董仲舒传》。
④ 《后汉书·应劭传》。

第十章 三国鼎立,"法治"抬头
——蜀吴魏立法概况

东汉末年,劳动人民无法忍受地主阶级黑暗腐朽的统治,爆发了以张角弟兄三人为首领的黄巾起义。虽然黄巾起义被残酷地镇压下去了,但东汉王朝也随之急剧地土崩瓦解,各处军阀纷纷乘机而起,割据一方,造成汉末的军阀大混战。一代枭雄曹操代表新兴的地主阶级势力,打败了袁绍、袁术,统一了黄河流域。他随即率兵南下,打算一举统一全国,却遭到了孙权和刘备的联合抵抗,结果在赤壁之战中大败而回,退守北方。他是魏国的奠基者。孙权则凭借长江天险,固守江东,自称东吴大帝。刘备取得荆州之后,进而占领四川,建立蜀汉政权。这样就形成了蜀、吴、魏鼎足三立的局面。这一局面,迫使三国的统治者在长达近半个世纪的时期里,不得不厉行"法治"。因此同汉代相比,在三国时期,"法治"[①]主义重新抬头,对蜀、吴、魏三国的立法产生了重大的影响。

一、《蜀科》和蜀国的立法概况

蜀国的皇帝是刘备,他重用诸葛亮治理内外大事。"诸葛亮是标准的法家学说的实行者。"[②] 西晋陈寿著《三国志》,说诸葛亮法令严明,赏罚必信,恶者必惩,善者必赏,使得官吏不敢作恶,百姓人人向善,道不拾遗,强不侵弱,风化肃然。又说诸葛亮开诚心,布公道,刑政虽峻,百姓并无怨言,这是因为他办事公平的缘故。

诸葛亮受刘备之命,和伊籍、法正、刘巴、李严等人"共造《蜀科》"[③]。《蜀科》已经

---

① 中国古代的法家主张"以法治国",但与西方法律史上的"法治"观有质的不同。这里所用"法治"一词,不能同近代意义混淆。
② 范文澜:《中国通史》第2册,第269页。
③ 《册府元龟》第610卷,《三国志·蜀志·伊籍传》。

亡佚，它的内容只能从《三国志·蜀志》中了解到一鳞半爪。据《刘琰传》载：刘琰的妻子胡氏入宫贺拜太后，太后留她在宫中达一月之久。刘琰怀疑妻子与后主刘禅（即"刘阿斗"）私通，召兵卒对胡氏拳打脚踢。胡氏就告了刘琰，刘琰因此被逮捕入狱，最后处"弃市"之刑。由此可见《蜀科》有"弃市"刑。又据《魏延传》《简雍传》《廖立传》等的记载，我们可以了解到，《蜀科》还规定有反逆罪、私酿酒罪，有夷三族、徙（流放）的刑种。

《蜀志》的《诸葛亮本传》末附"诸葛氏集目录"，其中有"《法检》上第十八；《法检》下第十九；《科令》上第二十；《科令》下第二十一；《军令》上第二十二；《军令》中第二十三；《军令》下第二十四……"可见诸葛亮亲手制定的法律、法令，为数不少。可惜这些都没有流传下来。

二、吴国立法"多依汉制"

孙权在吴国施行的是暴政，刑罚残酷，租税和兵役都十分繁重。他的大臣张昭、顾雍和陆逊都认为太重，请求减轻一些。孙权辩解说："威小人必须用重刑，我这样做是不得已的事，诸君不必多说。"他不仅对老百姓施行严刑酷法，而且对文武官吏也深存戒心。例如，他迫令带兵守边境的督军和将军交出妻、子做人质，如有叛逃，就杀戮这些人质，甚至夷灭三族。吴国的法制，据《文献通考》说是"多依汉制"。其立法活动仅见之《三国志·吴志·吴主权传》：黄武五年（226）冬十月，陆逊上条陈，请求"施德缓刑"，孙权"令有司尽写科条"，交陆逊、诸葛瑾酌定。

从《三国志·吴志》中，可以知道吴国的刑罚有"禁锢""廷杖""髡""鞭"，还有"刖足""剥面""凿眼""车裂""锯头""夷三族"等残酷的刑罚。《孙皓传》中，记载了这样一件事：凤皇二年（273），孙皓（孙权的孙子）的爱妾派人到市上劫夺百姓财物。孙皓的宠臣陈声得知后，"绳之以法"，处理了劫夺百姓财物之事。孙皓的爱妾大为不满，向孙皓诉说。孙皓"假他事烧锯断声（陈声）头，投其身于四望（四野）之下"。

三、《魏律》和魏国的立法概况

曹操是一个地主阶级法治主义者，强调"拨乱之政，以刑为先"[①]。鲁迅在《魏晋风度及文章与药及酒的关系》中说，在曹操的统治之下，"第一个特色便是尚刑名。他的立法是很严的，因为当大乱之后，大家都想做皇帝，大家都想叛乱，故曹操不能不如此"[②]。早在魏国建立之前，他就在新占领的地区颁行新法《甲子科》，规定犯钛（dì，刑具，脚镣之

---

① 《三国志·魏志·高柔传》。
② 《鲁迅全集·而已集》。

类）左右趾者以木械代替等。但除《甲子科》和临时颁行的一些军令及改革风俗的命令以外，曹操在世时基本上沿用汉律。

曹操死后，到魏明帝曹叡时，对东汉末年遗留的常用律例二万六千二百七十二条，感到已不适应当时的需要。因此，魏明帝于太和三年（229）下诏改定刑律，命令陈群、刘劭、韩逊、庾嶷、黄休、荀诜等删削旧科，仿采汉律，制定《魏律》十八篇。《魏律》是在大规模地整理秦、汉旧律的基础上制定的，是一个带有总结性的产物，它是三国时期立法方面最重大的成就。《魏律》在中国古代法制体例的改进方面，有很大的贡献。

《魏律》以汉代萧何撰定的《九章律》为基础，根据三国鼎立时期魏国具体的社会经济和政治情况，增加了《劫略》《诈伪》《毁亡》《告劾》《系讯》《断狱》《请赇》《惊事》《偿赃》等九篇，并将《具律》改为《刑名》，列为篇首。这种结构形式一直被后世的封建法典所沿用。《晋书·刑法志》所保存的《魏法序略》指出，李悝所造的《法经》，《具律》为第六篇，汉初增加了户、兴、厩、三章，没有改动《具律》的位置，仍放在第六篇；而《具律》内容是刑名，相当于现在的"刑法总则"，因此，"罪条例既不在始，又不在终，非篇章之义"。就是说《九章律》的结构是不合逻辑的，《魏律》将《刑名》列于篇首，是一大进步。

《魏律》还调整了旧律篇目之间互相重复抵触的条文。旧律经历代的增删，往往出现各篇的条文互相重复或互相矛盾的情况。如《盗律》中有"贼伤"之例，《贼律》中又有"盗章"之句；《兴律》有上狱之法，《厩律》又有逮捕之事。这些也都是不合逻辑的。《魏律》就汉律的《盗律》内，分出关于劫略的事项，增加《劫略律》；在《贼律》及《囚律》内，分出关于诈伪事项，增加《诈伪律》；在《囚律》和《厩律》内，分出关于告劾事项，增加《告劾律》，等等。对篇章、律条做了大幅度的调整，着力解决了矛盾、重复等不合逻辑的弊病。

此外，《魏律》还重新统一了刑种，"改汉旧律不行于魏者，皆除之，更依古义制为五刑"①。具体来说，《魏律》规定的刑种，有死刑三等（枭首、腰斩、弃市），髡刑四等，完刑三等，作刑三等，赎刑十一等，罚金六等，杂抵罪七等。刑名共七种，把髡、完、作的劳役刑算作一种的话，就是五种刑罚。在魏的刑法中没有肉刑。和古代用死刑和肉刑组成的"五刑"有了很大的变化。其中髡刑，大体上属于汉代的钛左右趾、笞、髡钳城旦刑的系统。完刑大体上和汉代的完城旦、鬼薪、司寇差不多。作刑，属于汉代的短期自由刑（刑期三个月到一年）的系统。刑徒从事各种劳役。魏明帝时还规定，对谋反、大逆罪临时处以污潴（zhū，死刑没入泥土）、枭菹（zū，斩首并细割之）、夷三族等刑。

《魏律》主要是用于治民的。魏明帝时，还颁行了治地方官的《州郡令》四十五篇、治朝官的《尚书官令》、治军的《军令》等等，总共一百八十余篇。此外还有许多单行法或特别法，如《减鞭杖令》《大辟减死令》《士亡令》等等。

---

① 《晋书·刑法志》。

第十一章 有法不依，形同虚设
——两晋的立法及其他

三国后期，魏国的司马氏集团代表了统一的趋势，于公元263年灭蜀。晋武帝司马炎于公元265年废魏帝曹奂，建立晋朝。公元280年，晋灭吴，全国出现了短期的统一局面，史称西晋。西晋于公元316年灭亡。东晋统治集团偏安江东，与前秦、后秦、前燕、后燕、前凉、后凉等十六国并存。

一、《晋律》的制定

司马氏集团早在夺取魏国曹氏帝位之前，就已经开始修律。据《晋书·刑法志》记载，司马昭为晋王，在魏国咸熙元年（264），便"患前代律令，本注烦杂"，虽经陈群、刘劭改革，但仍科网严密，而命贾充、羊祜、杜预等十四人，重新制定法律。贾充等于是在汉《九章律》的基础上，增加十一篇，改《具律》为《刑名》《法例》，析《囚律》为《告劾》《系讯》《断狱》，分《盗律》为《请赇》《诈伪》《水火》《毁亡》，因事类制《卫宫》《违制》，参酌《周官》订《诸侯律》，合为二十篇，称《晋律》。

《晋律》于晋武帝泰始四年（268）颁行，所以又称《泰始律》。《晋律》二十篇的目次，据《唐六典》卷六的"刑部郎中员外郎注"可知为：一、《刑名》；二、《法例》；三、《盗律》；四、《贼律》；五、《诈伪》；六、《请赇》；七、《告劾》；八、《捕律》；九、《系讯》；十、《断狱》；十一、《杂律》；十二、《户律》；十三、《擅兴律》；十四、《毁亡》；十五、《卫宫》；十六、《水火》；十七、《厩律》；十八、《关市》；十九、《违制》；二十、《诸侯》。

晋代的立法，除制定《晋律》外，在军事、田农、酤酒等等方面，还颁行过许多暂行的法令。这些法令据《唐六典》的记载，有《户令》《学令》《贡士》《官品》《吏员》《服制》《户调》《佃令》《军法》等四十篇。

《晋律》二十篇共六百二十条，二万七千六百五十七字；《晋令》四十篇共二千三百零六条，九万八千六百十三字。晋律令共计为二千九百二十六条，仅为汉律二万六千二百七十二条的十分之一。晋律令总计为十二万六千三百字，仅为汉律七百七十三万二千二百字的六分之一。《晋书·刑法志》评价说，晋代的律令与汉魏律相比，"蠲其苛秽，存其清约，事从中典，归于益时"。从中国古代法典的编纂来看，晋律令不愧为我国法律制度史上由繁入简的一个分水岭。

晋律令修成之后，晋武帝司马炎亲临听讼观主讲律文，还让人将律文中的死罪条目抄写出来，"悬之亭、传（旅舍），以示兆庶"。律学家张斐和杜预还先后为《晋律》做注解，张斐的注解共二十卷，杜预的有二十一卷。从这些情况来看，似乎当时是十分重视"以法治国"了。

二、《晋律》的实施

司马氏集团是一伙腐朽的地主阶级代表人物。封建统治阶级的所有凶恶、险毒、猜忌、攘夺、虚伪、奢侈、酗酒、荒淫、贪污、吝啬、颓废、放荡等龌龊行为，司马氏集团表现得特别集中而充分。

"司马昭之心，路人皆知"的成语，是大家熟悉的。司马昭于公元263年命钟会、邓艾、卫瓘率兵灭蜀后，邓艾、钟会居功自大，拥兵自重。司马昭叫钟会逮捕邓艾，钟会却想乘机让邓艾杀卫瓘，自己再杀邓艾，并密谋杀所部各军将官，与蜀将姜维合力反司马昭。结果各军将士哗变，杀了钟会。卫瓘怕邓艾报复，杀邓艾。司马昭又把邓艾的几个儿子都杀死。司马昭集团刚刚取得灭蜀的小功，阴谋、猜忌、反叛、残杀等凶恶行为，就一齐暴露无遗。晋武帝司马炎死后，司马氏集团的内部矛盾更为加剧，大乱开始表面化，不久即暴发了八王之乱。

与统治集团内部见利必夺、以杀助夺并行的，是统治者的极度荒淫。公元273年晋武帝选中级以上文武官员家的处女入宫。次年，又选下级文武官员和普通士族家处女五千人入宫。灭吴后，选取吴宫女五千人。这样，晋宫女数达万人以上。晋武帝提倡荒淫，士族自然响应，社会风气迅速地糜烂不堪。

晋武帝还是奢侈的倡导者，他的大臣何曾每天膳食费用一万钱，还说没有可吃的东西。何曾的儿子何劭，每天膳费二万。任恺比何劭更奢侈。王济、王恺、羊琇又超过任恺，但还比不上石崇的豪富。地主阶级的奢侈是建筑在对劳动人民残酷掠夺基础上的。"侈忕之害，甚于天灾"，劳动人民不堪重压，统治者就以法外之刑严加镇压。再加上公元291年以后，从宫廷内部开始的大乱扩展到宗室诸王之间，不久诸王间的大混战又扩展到各族间的大混战。范文澜同志在《中国通史》中称"八王之乱是一幅群兽狂斗图"①，司马氏集团的全部残忍性、腐朽性集中表现在这个狂斗中，由此引起三百年的战乱和分裂，各族人民无不备受摧残。

在这样的情况下，"十分之一""六分之一"的"清约"立法，形同虚设，无异于零。法的制定和法的施行如此严重地脱节，是晋代法制的一大特点，也反映了封建法制的通病。

---

① 《中国通史》第2册，第378页。

第十二章　寻源溯流，一脉相承
——南北朝的立法

一、南朝与《晋律》

东晋末，掌握军权、出身破落士族的刘裕，于公元420年废晋帝，建立宋，开始了我国历史上的"南北朝"时期。南朝历经宋、齐、梁、陈四代。

刘裕是个酷爱赌博的无赖，曾因赌输，被京口大族刁逵缚在马桩上索赌债。他建立宋朝、称宋武帝后，仅在位两年就死了。他和以后相继即位的宋文帝（刘义隆）、宋孝武帝（刘骏）等八帝，统治六十年，在法律上毫无建树，一直援用《晋律》。

齐高帝萧道成于公元479年灭宋建齐，在位四年死去。继位的齐武帝萧赜于永明九年（491）命王植删定法律，以《晋律》为基础，制定《永明律》草案一千五百三十条，但未施行。

公元502年，梁武帝（萧衍）灭齐，建立梁朝。萧衍本人博通众学，尤其擅长文学。他于天监元年（502）四月即皇帝位，八月就诏令中书监王莹等修订律令。后又觅得家传律学的蔡法度，任命他为尚书删定郎，和著名文人沈约等一起，增损《晋律》，撰成《梁律》二十篇，定罪二千五百二十九条。《梁律》二十篇的篇名是：一、刑名；二、法例；三、盗劫；四、贼叛；五、诈伪；六、受赇；七、告劾；八、讨捕；九、系讯；十、断狱；十一、杂；十二、户；十三、擅兴；十四、毁亡；十五、卫宫；十六、水火；十七、仓库；十八、厩；十九、关市；二十、伪制。显然，《梁律》的基本内容与《晋律》相同。所不同的，仅仅是把《晋律》中的《贼律》改为《贼叛律》，《盗律》改为《盗劫律》，《请赇律》改为《受赇律》，《捕律》改为《讨捕律》，删去《诸侯律》，增加《仓库律》而已。此外，蔡法度还制定了《梁令》《梁科》各三十卷。

梁朝所有这些法律法令，全是用来对付人民群众的。梁武帝对待亲属和士族，一概不用法律。这些人犯了罪，都可以得到宽免。他的弟弟临川王萧宏极度奢侈放纵，贪得无厌。萧宏住宅内有库屋百间。因有人告发他谋反，梁武帝亲自去逐屋检查，看到三十余间库屋中，每间藏钱一千万，共有钱三亿以上，都是巧取豪夺来的赃物。梁武帝见无谋反迹象，不但不加罪，反而非常喜欢，对他说："阿六，你家当不小！"从此对他更加信任，促使他更加肆无忌惮地去搜刮。相反，民众犯了罪，用法极严，如该从坐的，不论老幼都不得免；一人逃亡，全家都被囚禁，罚作苦工。公元511年春，梁武帝到南郊祭天，路上有个老人挡住车驾说道，你使用法律，对民众太严，对权贵太宽，不是长久之计啊！

公元577年，陈霸先灭梁，称陈武帝，建立陈朝，立删定郎专修法律。"陈令范泉、徐陵等参定律令，律三十卷，令三十卷，科三十卷，轻重繁简，一本梁法也。"① 可见陈律的篇目虽大大增加，但内容与《梁律》却是大体相同的。

如上所述，南朝的法律是一脉相承地源于《晋律》的。所以《南齐书·孔稚珪传》曰："江左相承，用晋世张、杜旧律二十卷。"

二、北朝立法源于汉律

北朝前后经历了北魏、北齐、北周三个朝代。

北魏的立国者是鲜卑族的拓跋珪。魏、晋时期，鲜卑族还处在原始社会阶段上，以畜牧狩猎为生，没有文字，仅在木片上刻花纹帮助记忆大事，号令约束全凭语言；公共事务包括诉讼事务，由大酋长和部落联盟的头人共同管理，没有法律和监狱，公议决定了就执行。公元261年，大酋长力微派长子沙漠汗到魏都洛阳当质子。晋武帝时，沙漠汗归国。在路上迎接他的时候，沙漠汗用弹弓射落飞鸟，诸部大人大惊，说他学得晋人妖术，如果继位，一定要改革旧俗，对诸部大人不利。力微也深信不疑，允许诸部大人在路上杀死沙漠汗。以后虽然与汉人交往逐渐增加，但仍相当落后、原始。直到公元338年以后，才创制简单的法律，规定叛逆、杀人、奸盗等罪的刑罚。公元398年，拓跋珪率鲜卑族攻入河北、山西，在平城（今山西大同）建都，于公元399年称魏道武帝，造成了南北朝对立的形势。

三、北魏时期八次编纂法律

魏道武帝比较明智，在汉文化的影响下，致力于解散部落势力，这就促使鲜卑社会越过奴隶制度，加速封建化过程。他对鲜卑族大臣满腹狐疑，却十分亲信汉族大臣崔宏、崔浩父子。以后即位的魏明元帝等，对崔氏也十分信任。为了适应民族统治的特色和社会的急剧变动，北魏的统治者在汉族士人的帮助下，承用汉律，参酌魏、晋和南朝的各律，先

---

① 《唐六典》注。

后八次编纂法律。

魏太祖拓跋珪时曾"命三公郎王德除其法酷切于民者,约定科令,大崇简易"①,这是北魏的第一次修律。魏世祖拓跋焘即位后,诏令司徒崔浩改定律令,进一步宽刑省罚,借以争取中原人民支持北魏政权。魏世祖正平元年(451),又以刑网太密,诏令太子少傅游雅、中书侍郎胡方回等改定律制,这是第三次修律。第四次是魏高祖拓跋浚初年(452)。此后,魏高祖元宏太和三年(479),太和十五年(491),世宗元恪时及出帝元修时,都曾修订过法律。魏律二十卷,据《唐六典》注称"史失篇名",《通典》引有《刑名》《法例》《宫卫律》《厩牧律》《户律》《擅律》《兴律》《贼律》《盗斗律》《系讯律》《诈伪律》《捕亡律》《断狱律》等十三篇,其余不详。北魏除律以外还修令,据《太平御览》记载,有《太和职员令》二十一卷,其余不详。

陈寅恪先生论述北魏律时指出,北魏刑律综合汇集中原士族仅传的汉学及河西儒者所保持或发展的汉、魏、晋文化,并吸取西晋以来律学的成就,"综合比较,取精用宏","集当日之大成","实有其广收博取之功"。②

公元534年,北魏分裂为东魏与西魏两个政权。

东魏孝静帝于兴和三年(541)颁行了称为"格"的法典,由于是在麟趾阁撰订的,所以称《麟趾格》。格的出现,是汉代以来法典形式上的一大变化。

西魏文帝于大统十年(544)颁行《大统式》。《大统式》为尚书苏绰最后订定,共五卷。以"式"为法典形式,是封建法制中的又一变化。

四、《北齐律》首创"重罪十条"

公元550年,高洋在东魏执政,改东魏为齐,自称齐文宣皇帝,史称北齐。齐文宣皇帝在援用东魏的《麟趾格》的同时,诏令崔昂、封述等修订齐律,到齐武成帝高湛河清三年(564年),在北魏律的基础上制定《北齐律》十二篇:《名例律》《禁卫律》《户婚律》《擅兴律》《违制律》《诈伪律》《斗讼律》《贼盗律》《捕断律》《毁损律》《厩牧律》《杂律》,共九百四十九条。《北齐律》吸收了此前的立法和司法经验,"校正古今,所增损十有八九"③,以科门简要为特点,并首创"重罪十条",成为后世法典的重要内容之一。除律外,北齐还有"令五十卷,取尚书二十八曹为其篇名"④,此外还有《权令》两卷。

---

① 《魏书·刑罚志》。
② 《隋唐制度渊源略论稿》。
③ 《齐书·崔昂传》。
④ 《唐六典》注。

五、烦而不要的北周《大律》

北周于公元 557 年立国。周武帝宇文邕即位以后，诏令廷尉卿赵肃和司宪大夫拓跋迪等人修订律令，到保定三年（563）完成，称北周《大律》，共二十五篇，一千五百三十七条。唐人评论说：北周《大律》"大略滋章，条流苛密"，"比之齐法，烦而不要"①。此外，周武帝在公元 577 年还颁行《刑书要制》，规定：凡执武器合伙强夺布帛一匹以上，不执武器合伙强夺五匹以上，各级监管官物的官员自盗官物二十匹以上，诈取官物三十匹以上，正长隐没五户及十丁以上，隐没土地三顷以上，都处死刑。

如上所述，北朝各代都大力进行过立法活动，其中以《北齐律》体例最简明，内容最符合当时的社会需要，后来成了隋唐律的蓝本，因此在中国法制史上占重要地位。

六、南、北朝立法之比较

南朝立法源自《晋律》，北朝立法源自《汉律》。据此，程树德先生在《九朝律考》中强调"自晋而后，律分南北二支"。这种观点为以后的许多法制史书籍所采用。

但是，"律分南北二支"说是值得商榷的。

首先，封建制法律从其反映的社会经济基础，维护的封建政治制度和生产关系以及社会秩序，代表的地主阶级利益与意志来看，不仅在中国历史上是一致的，而且中外各国也是一致的。因此，律系的划分，重要的是看内在的实质，而不仅仅看外在的形式，"律分南北二支"说，容易因"法统""律系"的不同而使人误解其内在本质相异，因此以不提此说为佳。

其次，《汉律》始基是《法经》，《晋律》又源自《汉律》，晋、汉二律本为"一家"。在南北朝对峙的情况下，南朝既称承袭《晋律》，则北朝打起《汉律》旗号，以继承"正统"的《汉律》相标榜、相号召，这不过是统治者的策略。如果硬将"一家"分割为二，岂非将当时形式上的对立误当作实质上的不同，并从而一并否定从《法经》、经《汉律》、到《晋律》直至《唐律》这个代代相传的中华法律系统？寻源溯流，一脉相承。中华法系源流一致，南北朝的立法虽有形式上的若干不同，但其渊源、内容、实质都是一样的。

---

① 《隋书·刑法志》。

第十三章　上承下启，继往开来

——《开皇律》和隋的立法

一、制定《开皇律》的指导思想

北周的覆亡，原因是多方面的。从法制上看，周宣帝时"政令不一，下无适从"，"诛杀无度"，是造成"内外离心"严重恶果的主要原因。周宣帝死后不久，杨坚夺袭了帝位，建立了隋朝。隋初，文帝杨坚曾想加重惩处"盗贼"的刑罚。刑部侍郎赵绰马上向隋文帝进谏道："陛下行尧、舜之道，多存宽宥。况律者天下之大信，其可失乎！"①隋文帝听了，"欣然纳之"，把他提拔为大理寺少卿，嘱咐他如有新的意见多多陈说。有鉴于北周的教训，隋文帝当然比较容易接受赵绰关于不可轻改法律、失信于民的谏议。

隋文帝时制定《开皇律》的一个重要指导原则，就是赵绰指出的"多存宽宥"，实行轻刑恤罚，蠲除苛法严刑。开皇元年颁行《开皇律》时，隋文帝在颁律诏书中指出"帝王作法，沿革不同，取适于时，故有损益"，各代帝王制定法律，或沿用旧律，或革新条文，都要适应时势的要求进行增减；"枭首辕身，义无所取……鞭之为用，残剥肤体……枭辕及鞭，并令去也"，由于枭首、辕身及鞭刑都极残酷，所以《开皇律》中都削除了。流役六年，改为五年；刑徒五年，改从三年，流刑与徒刑都比历代为轻。律文还具体规定了枷杖的大小。"行杖者不得易人"，"汛囚不得过二百"，等等。到开皇三年改定《开皇律》时，已从律文中削除死罪八十一条，流罪一百五十四条，徒、杖等罪一千多条，总共只留下十二篇、五百条。这比北周《大律》的一千五百三十七条要减少一千多条，比北齐律的九百四十九条，也要减少四百四十九条。总之，《开皇律》在自秦至隋的历代中国封建法制中，确实是比较轻简的法律。赵绰说"陛下行尧、舜之道，多存宽宥"，不是无端的溢美之词。

---

① 《隋书·赵绰传》。

二、中国封建法制发展的重大转折是从《开皇律》开始的

这一转折主要表现在法律的定型化,它主要可见诸以下几个方面:

(一)篇目的定型化

从李悝制《法经》六篇,经"汉承秦制",萧何、叔孙通、张汤、赵禹制《汉律》六十篇,至魏晋南北朝各代法律篇目沿革增损,或多或少,变动不定。虽然《北齐律》也曾定为十二篇,但北周的《大律》又增至二十五篇。只有在隋《开皇律》订定《名例》《卫禁》《职制》《户婚》《厩库》《擅兴》《贼盗》《斗讼》《诈伪》《杂律》《捕亡》《断狱》等十二篇之后,才为唐、宋、明等各代承袭沿用。

(二)刑名的定型化

夏、商固有奴隶制的五刑:墨、劓、刖、宫、大辟。进入封建社会后,秦律规定的刑名极为繁杂。经过汉代的改进和魏晋南北朝时期的继续变化,刑罚趋向简化,但相对来说仍较繁杂。如北魏崔浩定律时,死刑除绞、斩、枭首、车裂等之外,还有沉渊,即将犯巫蛊罪的犯人沉入水中淹死。北齐律中,徒刑称刑罪,又称耐罪,死刑中有轘、枭首、斩、绞,此外还保留了鞭刑等。北周律中的死刑有磬、绞、斩、枭、裂,鞭刑也保留着。到《开皇律》规定死、流、徒、杖、笞,从此封建制五刑定型化,除辽代之外,一直到清代,基本上没有大变化。

(三)"十恶"的确定

北齐首创"重罪十条",北周律改列为六条。隋《开皇律》"多采后齐之制",规定谋反、谋大逆、谋叛、恶逆、不道、大不敬、不孝、不睦、不义、内乱等十条为"十恶"大罪,凡犯"十恶"大罪的,都严加惩罚;其中犯谋反、谋大逆、谋叛罪的,不得赦免刑罚;犯其他罪的,"虽会赦,犹除名",即使因大赦而免受刑罚,也从此不得做官。从《开皇律》确定"十恶"罪名之后,自唐至清,一直沿袭未改。

此外,《开皇律》十二篇中所规定的内容,几乎全盘为唐律所承袭,也为以后各代所沿用。《开皇律》还援用魏律规定的"八议",将南陈的"官当"之法列为定制等等,都成为后代法律仿效的蓝本,因此可以说,中国封建法律发展到隋的《开皇律》,是一个重大的转折。从此,在长达一千二百多年的时间里,法律基本上定型不变了。在中国法制史上,《开皇律》起着承先启后的重大作用。隋文帝时制定《开皇律》的史绩,是不可磨灭的。

三、隋律的实施和隋代的其他立法活动

《开皇律》在维护封建制生产关系、巩固和加强封建主义中央集权制度方面,产生过长期的影响。它首先是对隋初社会的政治安定、经济繁荣起着重要作用。当然,没有好的法官,再好的法律也不能自动发挥作用。《开皇律》在隋初之所以能够发挥作用,同隋代前期不少重要的司法官员比较重视、遵守法制分不开。本章开头提到的赵绰,就是其中的佼佼者。

当时与赵绰在刑部共事的刑部侍郎辛亶,好穿红色的短脚袜,据说这样就能官运亨通了。这件事被隋文帝知道后,认为是犯了"厌蛊"之罪,下令叫赵绰斩了辛亶。但据《开皇律》规定,犯"厌蛊"罪的,不该处死。因此,赵绰就说:"据法不当死,臣不敢奉诏。"隋文帝发怒说:"你惜辛亶之命,却不惜自己吗?"命令左仆射高颎将赵绰也斩了。赵绰说:"陛下宁可杀臣,不得杀辛亶。"说完就走下朝堂,解衣待斩,隋文帝派人问他可有悔意,他回答说:"执法一心,不敢惜死。"隋文帝听了,拂衣而入,过了好久,才释放了他。第二天,隋文帝嘉奖了赵绰,赐给他绸缎三百匹。

又有一次,隋文帝下令斩杀两个犯了钱禁的人。赵绰进谏说:"此人依法当受杖刑,杀之非法。"隋文帝说:"这不关你的事!"赵绰说:"陛下不因臣愚暗,将我安置在法司,现在要非法杀人,怎能说不关臣事!"隋文帝说:"撼不动大树的,当有自知之明,知道退避!"赵绰回答道:"臣希望感动天子之心,哪里是什么撼大树!"隋文帝又说:"喝热羹的,太烫了得放一放,天子之威,你倒想相挫吗?!"赵绰听了,跪拜前行,怎么呵斥也不肯退回,直到最后隋文帝收回成命。后来,隋文帝认为赵绰有"诚直之心",常把他召入内房赐座,评论政事得失,"前后赏赐万计……进位开府,赠其父为蔡州刺史"[①]。

这两件事虽然说的是赵绰信守法制、"执法平允",但同时也说明了隋文帝在开皇前期能够纳谏、重视法制对巩固自己的政治统治的作用。正因为他对此有一定认识,所以他在位期间,能够积极从事法制的革新,除颁行《开皇律》外,还颁行过《开皇令》三十卷,除律、令外,还颁行过格、式等法律规范,对于当代及后代的行政管理制度发生过重要的影响。总之,隋代的法制建设是比较完备的。可惜的是,隋文帝晚年废法毁法,法外用刑,上行下效,"以残暴为干能,以守法为懦弱",甚至规定"盗一钱以上皆弃市","四人共盗一榱桶,三人同窃一瓜,事发即时行决"。因此,冤狱遍地,"其临终赴市者,莫不途中呼枉,仰天而哭"。

后来,隋炀帝继位,虽曾颁行过有些刑罚比《开皇律》还宽大的《大业律》十八卷以及《大业令》三十卷,但是他横暴残忍,荒淫无度,"外征四夷,内穷嗜欲,兵革岁动,

---

① 《隋书·赵绰传》。

赋敛滋繁",使阶级矛盾、民族矛盾空前激化。于是,他"更立严刑","益肆淫刑",恢复了轘、裂、枭首之刑,族诛之罪由《开皇律》规定的株连二族,发展到株连九族之多,终于导致"百姓怨嗟,天下大溃"①,为唐所灭。

---

① 《隋书·刑法志》。

第十四章 励精图治，立法为凭
——唐代立法概况

唐初统治者"动静必思隋氏以为殷鉴"，立法上以"审慎法令""宽减刑政"为指导思想。

唐高祖李渊起兵反隋，以"布宽大之令"来笼络人心。他在进兵长安后，与民约法十二条，除杀人、劫盗、背军、叛逆者死外，其余隋末的苛刑酷法一并废除。这是唐代立法的开始。

唐朝历时二百八十九年，其法典编纂可分为四个时期：

一、《武德律》和唐代立法的草创时期

李渊在关中建立政权后，为了收揽人心、缓和社会矛盾，于武德二年（619）令刘文静等参酌《开皇律》和《开皇令》，制定五十三条新格。不久，又几次诏令裴寂等修订律令，于武德七年（624）撰成并颁行《武德律》。《武德律》共十二篇，五百条。"律之为书，因隋之旧"[①]，其篇名、内容与隋律大体相同。这是唐代立法的草创时期。

二、《贞观律》和唐代立法的奠基时期

唐太宗李世民即位后，任贤纳谏，励精图治，使唐朝迅速地强盛起来。他于贞观元年（627）诏令长孙无忌等修改《武德律》，使刑罚略有减轻，律条比较完备。长孙无忌等历经十年，撰成《贞观律》，仍为十二篇，五百条。此外，贞观年间还"定令一千五百四十六条以为令；又删武德以来敕三千余条为七百条，以为格；又取尚书省列曹及诸寺、临、

---

① 《新唐书·刑法志》。

十六卫计账以为式"[①]。

据《唐六典》解释，律"以正刑定罪"，是处理刑事犯罪的法律条文；令则"以设范立制"，所谓"尊卑贵贱之等数，国家之制度也"，是关于国家制度的单行条例，可作为律的补充；格"以禁违止邪，百官所常行之事"，包括皇帝临时对国家机关所颁发的多种指示，是令的补充；式"以轨物程事"，是国家机关的办事细则、公文程式以及关于百官权责的规定。

令、格、式从积极方面规定国家的制度与办事的规章等，律则从消极方面规定违犯三者所应得的惩罚。

唐太宗时期律令格式基本齐备，不但为唐代立法奠定了很好的基础，而且为他励精图治立下了准绳，这对唐初的繁荣发展起了重要的作用。

三、《永徽律》《唐律疏议》和唐代立法的疏解时期

唐高宗即位，又命长孙无忌等以《武德律》《贞观律》为蓝本制定《永徽律》，于永徽二年（651）颁行。同时又命长孙无忌等广搜博采历代法律文献加以反复研究。依据其精神，对《永徽律》逐篇、逐条、逐句地进行详细的疏证解释，于永徽四年（653）颁行。疏与律统称《永徽律疏》，后世称为《唐律疏议》，共三十卷。律疏与律文具有同等的法律效力。唐代的司法实践中都引《唐律疏议》断案决狱。

《唐律疏议》是我国封建时代保存下来的最早、最完备的法典，是秦汉以来封建法律的结晶，典型地反映了我国封建社会极盛时期的政治和经济特点，文字简明扼要，注疏确切全面，不仅被后世奉为立法楷模，而且推动了封建法学的发展。

以《唐律疏议》的撰著为标志的永徽时期，是唐代立法的疏解时期。这一时期还颁行了《散颁格》《留司格》等。

四、《唐六典》的唐代立法的完成时期

唐高宗死后，武则天临朝，颁行过《垂拱式》二十卷、《新格》二卷、《垂拱留司格》六卷。以后，唐中宗、唐睿宗也曾分别颁行过《散颁格》七卷及《太极格》等，但影响都不大。影响最大的，是唐玄宗李隆基开元十年修成的《唐六典》三十卷。

《唐六典》是现存我国历史上最早、最完备的行政法典。所谓"六典"，即理典、教典、礼典、政典、刑典、事典。但《唐六典》编纂上，实际是以职官分篇，以三师、三公、三省、九寺、五监、十二卫等为目，详尽叙述职官的职司、官佐、品秩。从先秦到唐

---

① 《旧唐书·刑法志》。

初，我国法典基本上为刑法典。《唐六典》作为专门的行政法典修成，不仅是唐代，而且是前此各代法典内容与形式的一个重大发展。

唐玄宗时期的立法成果还有《开元律》十二篇、《开元令》三十卷、《开元前格》十卷、《开元后格》十卷、《格后长行敕》十卷、《开元式》二十卷。开元二十五年（737）李林甫等还将律、令、格、式分类编纂成《格式律令事类》四十卷，以便司法官吏断狱引用。

综上所述，开元年间立法成就非凡，是唐代立法的完成时期。可惜除《唐六典》和《开元律》残卷外，大多佚失了。

此后，唐朝急剧地走下坡路，其法制建设基本上是编敕。从唐宪宗到唐宣宗，先后编成的有《格后敕》《新编格后敕》《刑法格》《大中刑法总要格后敕》《大中刑律统类》等。

第十五章　封建法典，集其大成
——唐律的历史渊源和特点

一、唐律的历史渊源

元代的柳赟于泰定四年（1327）作《唐律疏议序》，指出："故唐律十二篇，非唐始有是律也。"追溯唐律的历史渊源，可以看出，唐律是历代封建法典之集大成者。

由繁入简，"取合时宜"①，是秦汉以来律令条文总的发展趋势。唐律的篇章形式是历代法律形式不断改进的结晶。

唐代的《武德律》《贞观律》《永徽律》《开元律》，虽然内容各有不同，但都是名例、卫禁、职制、户婚、厩库、擅兴、贼盗、斗讼、诈伪、杂律、捕亡和断狱十二篇。唐律十二篇中的贼盗、诈伪、断狱、捕亡、杂律和名例，相当于李悝《法经》中的盗法、贼法、囚法、捕法、杂法和具法。唐律中的户婚、擅兴、厩库，相当于汉《九章律》中的户、兴、厩三篇。唐律另有卫禁、职制、斗讼三篇，它们与《魏律》《晋律》《北齐律》有渊源关系，更是直接沿用了隋《开皇律》的有关篇名。

在中国封建制度史上，《魏律》首次将有关于刑律的总则和法例部分称为"刑名"，刑罚按古代"五刑"之义制定，放在第一篇。这一点为《北齐律》《开皇律》所肯定，也为唐律所采取。

中国封建法典的形成有一个变迁的过程。除律以外，汉、魏有令、比、科，晋有令、制，梁有令、科，北魏有令、格式、故事，北齐有令、格，北周有令、条，隋代律、令、格、式并行，唐代采取了隋代法典的形式，规定法典为律、令、格、式四种。

历代律令的条文，总的发展趋势是由繁入简。唐律是这一趋势的总结。隋唐以前，律外有律。如西汉，有《九章律》《傍章律》《越宫律》《朝会正见律》共六十篇，此外还

---

① 《唐大诏令集》卷82《武德七年颁新律令诏》。

有《尉律》《上计律》《钱律》等等。东汉"律令，死罪六百一十一，耐罪六百九十八，赎罪以下二千六百八十一"①。《晋律》据《晋书·刑法志》载，共有六百二十条。据《隋书·刑法志》载，《梁律》有二千五百二十九条，《北齐律》有九百四十九条，北周《大律》有一千五百三十七条。隋《开皇律》删定为五百条，唐初《武德律》也以五百条为限，并成为以后贞观、永徽、开元年间立法的定制。

综上所述，唐代立法的形式，从篇目、律条和篇章结构等方面，吸取了前代立法的优点，摒弃了前代立法的缺点，是历代法律形式不断改进的结晶。

例如，唐律积极、全面地肯定了"同居相为隐"的诉讼原则。"同居相为隐"，是指亲属之间对犯罪者相互容忍和隐瞒。《论语·子路篇》有反对"其父攘羊而子证之"②的话。儿子如果证实父亲偷了别人的羊，为封建伦理所不允许。据《晋书·刑法志》引卫展的话说，那是因为亲属之间不相容隐，会引起"君臣之义废"，导致"犯上之奸著"，一语道穿了"同居相为隐"的根本目的是为了维护封建君主的政治统治。汉律首先制定了"亲亲得相匿"，"自今子首匿父母，妻匿夫，子匿大父母（祖父母），皆勿坐"③等律文。以后历代法律除谋反、谋大逆、谋叛危及封建政权，不得隐匿外，都有亲属相容隐的律条。唐律继承了这一条诉讼原则并加以发展，把违反这一条列为"十恶"，要处死刑，罪在不赦。

"八议"的"议"是指罪犯在犯罪被查证属实后，可经特别审议并享受减免刑罚的特权。"议"的对象是"亲"（皇亲国戚）、"故"（长期侍奉过皇帝的故旧）、"贤"（地主阶级中的知名人士）、"能"（统治阶级中善于治军治国的能人）、"功"（国家功臣）、"贵"（贵族、大官）、"勤"（为封建国家辛勤服务的官吏）、"宾"（前朝国君与贵族）等八类人。《魏律》首次将"八议"载入律文，后来晋、宋、齐、梁、陈、北魏、北齐、北周及隋的律文都有关于"八议"的记载。唐律吸取了以前各代的"八议"制度，规定除犯十恶罪以外，凡属"八议"之内的人犯死罪，必须将其所犯罪状及应议情况先奏请议，议定奏请皇帝裁定，该管审判官吏不得擅自处断；犯流罪以下，该管审判官吏可以径行减等处断。

官当即以官抵罪。晋律规定免官抵三岁刑，这是官当制度的开始。北魏、南朝陈、隋的法律中都有关于官当的规定。唐律承袭了"官当"制度，详尽规定：五品以上官，私罪一官抵徒刑二年，公罪抵三年；九品以上官私罪抵徒刑一年，公罪抵二年；等等。

此外，从唐律中关于刑罚的制度、刑罚的适用、刑罚的执行，审判制度以及关于刑律分则的律文（如户籍律条、婚姻律条、杀伤罪等），都可以找到它是以前各代法律的继承和发展的充分证据。唐律在新的历史条件下对历代法律加以总结，增删修改，使之臻于成熟、完备，成了中国封建法制的楷模。它具有如下鲜明的特点。

---

① 《后汉书·陈宠传》。
② 《春秋公羊传·闵公元年》何休注引"律"。
③ 《汉书·宣帝纪》。

二、唐律的特点

(一) 礼法合一

礼是儒家思想的集中体现,汉武帝"独尊儒术",使得礼成了此后封建法律的思想基础。如前所说,汉律已经开始了儒家化的过程,礼之入律成了势所必然。但是,要达到礼法合一,这要有一个过程。汉代主要是采取"引经决狱"的方式,使礼与法互相补充、交互为用。汉代之后,三国时期法治主义重新抬头,魏、晋、南北朝和隋代,儒、法两家在法律的制定中起了各自的作用,有时还往往为了一些具体的法律问题,如肉刑的废、复问题争论不休。直到唐代,"引经断狱"之风才告扫除。在唐代,礼是唐律的思想基础,又取得了法律的形式,将礼与法综合在一部法典之中,使法律规范与道德规范统一起来。《唐律疏议》篇首即点明了礼与法的关系:"德礼为政教之本,刑罚为政教之用,犹昏晓阳秋,相须而成者也。"正因为如此,唐律列"不孝"为"十恶"之一;禁止家属之间的诉讼行为,实行"同居相为隐"的原则;在法律上赋予家长以财产处分、管理家政、处理子女婚姻的全权;等等。

(二) 规范详备,科条简约

唐律是一部以刑法为基本内容,包括实体法与程序法的综合性法典。它涉及经济基础、上层建筑以及其他社会生活的一切主要方面。规范之详尽为历代所无,科条之完备也为此前立法史上所仅见。因此,国外一些法学家将唐律与罗马法相媲美,认为唐律在东亚法制史上的地位与罗马法在西洋法制史上所占的地位相似。① 唐律规范虽然详备,但其科条又相当简约。唐律所提出的概念明确,用语简练,疏议所作的解释也较概括、精当、明白易晓。

(三) 中典治世,持平用刑

薛允升在《唐明律合编》中说唐律"绝无偏倚踳驳之弊",即无倚轻、倚重、互相抵触的情况,虽然不无偏颇、过于溢美,但相对而言,唐律确实属于"中典""得古今之平"。例如,唐律与汉、魏、南北朝各律相比,删去了灭族之罪、门房之诛以及腰斩、车裂等酷刑;与明律相比,除盗窃、谋杀期亲尊长等罪处罚略同之外,其余唐均比明轻。

---

① [日]泷川政次郎:《日本法制史》第3编第1章《总说》。

第十六章　影响深远，播及中外
——唐律的影响

清代中叶，浙江海宁的藏书家吴骞曾得到宋代的刻本《律》，该刻本每卷都没有全书的总名，因此不知究竟是什么书，一时有说是宋代刻印的《宋律》的。后来，钱塘（今杭州）何梦华影抄该书，也以为是《宋律》。该书旧藏海宁蒋氏衍芬草堂，有咸丰五年（1855）时邵懿辰、钱泰吉所写跋语，跋语中也称该书为《宋律》。其实，它却是货真价实的《唐律》。

把《唐律》白文误作《宋律》，固然是由于粗疏所致，但是也跟《宋律》与《唐律》之间除个别的改动和略加补充外几乎雷同有密切关系。

一、唐律对后世中国法律的影响

唐以后的历代法律大多尚存，如果把《宋刑统》《大元通制》《元典章》《明律集解附例》《大清律例》分别和《唐律》做一比较，可以看出，虽然各自具有其时代特点，而篇目的繁简、律条的内容和体式、量刑的轻重，都是由《唐律》一脉相承而来。

五代时期，后梁就唐代的律、令、格、式"删定""重刊"了《大梁新定格式律令》。其中"律并目录一十三卷，律疏三十卷"，卷数与篇目和《唐律》完全相同。[①] 后唐的《同光刑律统类》十三卷，后晋的《天福杂敕》三十一卷，后周的《大周刑统》二十一卷，也是撷取汇集唐代的律令格式而成。

宋朝统治的三百一十九年（960—1279）中，从宋太祖赵匡胤时颁行《建隆重定刑统》到宋理宗赵昀时撰成《淳祐条法事类》，先后修成的法典有五十多部。这些法典大多已失传了，从幸存的《建隆重定刑统》看，几乎完全是抄袭《唐律》而成。《刑统》十二篇的篇

---

① 《旧五代史·刑法志》，《宋史·艺文志》。

名与《唐律》完全相同。律文内容除量刑有所加重和补充,将"期亲"改为"周亲"以及因避讳而改"竞"字为"尽"字外,也几乎完全相同。《刑统》甚至还照录了《唐律疏议》全文。王应麟在《玉海》中指出:"国初用唐律、令、格、式。"明代学者丘凌在《大学衍义补》中说:"唐有律,律之外又有令、格、式,宋初因之,至神宗更其目曰敕、令、格、式。所谓敕者,盖唐之律也。"显然,《宋律》受《唐律》的影响是十分巨大的。

辽代的成文法典《重熙新定条例》,金代的《皇统制》《泰和律义》及元代的《大元圣政国朝典章》(即《大元典章》)、《大元通制》,其内容基本上遵循《唐律》。《金史·刑法志》所说《皇统制》是"以本朝旧制,兼采隋、唐之制",《泰和律义》"实《唐律》也",清楚地证明了这一点。

明朝"立纲陈纪,法体汉唐"[①],深受唐代的影响。据《明史》说,明朝的开国皇帝朱元璋早在吴元年(1367)就下令以"准唐之旧而增损"的原则指导《大明律》的修撰。关于《唐律》对《明律》的深刻影响,在清末学者薛允升所著《唐明律合编》中,曾做过逐条逐句的详尽分析比较。

清代第一部成文法典《大清律集解附例》,除参酌了一部分满洲制度外,几乎全部沿袭了《大明律》的内容与形式,而"明律渊源唐代,以笞、杖、徒、流、死为五刑。……迨世祖入关,沿袭明制"[②]。《四库全书总目提要》指出,《大清律例》有的篇目沿用《唐律》,有的是从《唐律》中分割出来,有的与《唐律》名稍异而实相同。所以,王友谅在《书唐律后》中说:"国朝定制,……其所资者,亦以《唐律》为多。"[③]《清史稿·刑法志》也指出:"今之律令,其与《唐律》合者,亦十居三四。"[④] 清代法制,直到清末由于资本主义的影响,才在编制《大清新刑律》时渗入资本主义法律的因素,从而打破了长期以来以《唐律》为依据的立法传统。

二、唐律对海外的影响

与在国内产生深远影响的同时,《唐律》对亚洲古代各国封建法典也有巨大的影响。唐朝曾是亚洲各国的政治、经济、文化的中心,首都长安曾是国际性的大都市。因此,随着各国使节、留学生、商人进出长安,《唐律》的影响也传播四方,其中尤其是对日本、朝鲜、越南的影响为最大。

唐代中日交往极为频繁。从唐太宗贞观四年(630)至唐昭宗朝宁元年(894)的

---

① 《明书·纶涣志》。
② 《清史稿·刑法志》。
③ 《清经世文编》卷9。
④ 同上书,卷90,张玉书《刑书纂要序》。

二百六十四年中，日本共组织了十九次规模庞大的"遣唐使"队伍，每次所遣人数，多者五六百人，少者五六十人，总计三千余人。其中有不少是来唐攻读法律的，他们回国之后，许多人成了日本法律的撰订者。黄遵宪《日本国志·刑法》说："遣唐学生颇有习律者，归以教人，而法制颇明矣。"日本最早的成文刑律《近江令》二十二卷，就是由留学我国达三十二年之久的高向玄理和留学二十五年的僧旻等人制定的。《近江令》的篇目，大都与《贞观令》相同。① 稍后的《天武律令》，是在天武天皇十一年（686），由留唐学生伊吉博德以武德、贞观、永徽三朝的律令为蓝本编撰而成的。日本法制史上最著名的《大宝律令》，颁行于文武天皇大宝元年（701）。《大宝律令》不仅十二篇的篇目、次序与《唐律》雷同，而且律文内容也几乎和《唐律》完全相同，甚至连文句也差不多。日本学者德川光圀（guó）在《大日本史·刑法志》中说："此皇朝所以遵神道，采唐制，删定百代之大典者，可谓备矣。"桑原骘藏博士在《中国法制史论丛》中指出："自奈良至平安时期，吾国王朝时代之法律，无论形式上与精神上皆依据《唐律》。"

朝鲜古称高丽，在高丽王朝统治的四百七十四年（918—1392）中，其法律制度基本上仿照唐朝。《高丽史·刑法志》说："高丽一代之制，大抵皆仿于唐，至于刑法，亦采唐律，参酌时宜而用之。"据学者考查，高丽王朝的法律共七十一条，其中六十九条是从《唐律》的五百条中撷取的，另外二条则从唐《狱官令》中摘录。所以，朝鲜历史学家曾下过这样的断语："高丽刑法所遵用者，李唐焉。"② 公元1392年，李成桂废高丽恭让，改国号为朝鲜，大力提倡儒学，参照唐朝律令和《唐六典》《大明会典》等，撰定朝鲜法制。

越南的法制，在唐代以前，行用《汉律》；从唐末至清代，则以《唐律》为主。越南李太尊明道元年（1042）颁行的《刑书》三卷和陈太尊建中六年（1230）颁行的《国朝通制》二十卷中的《国朝刑律》，内容与《唐律》很少出入。越南历史上著名的《洪德律》也是以《唐律》为主要依据制成的，其中的《刑法名例之律》有关于笞、杖、徒、流、死五刑及十恶、八议、自首、老弱、过失的规定，都与《唐律》无异。

此外，《唐律》对琉球和西域古代法典也有重大的影响。总之，《唐律》远远越出了我国国界，对世界上许多古代国家，尤其是对亚洲近邻各国的法制建设，起过重大影响；对这些国家的发展，对促进中国和这些国家的经济交往和文化交流，都有十分重要的意义。中华法律文化不仅在国内，而且在世界上，都以源远流长、辉煌灿烂著称。

---

① 《近江令》制成于日本天智天皇七年（667）。
② 《增补文献备考·刑考》引洪汝柯《刑法志》。

第十七章　鞭扑未弛，刑法不废
——乱世五代的"法度"

历史上一度强盛的唐朝，在黄巢农民起义的打击下瓦解了，中国陷入了空前混乱的分裂的"五代十国"时期。在短短的五十多年间，中原地区先后有梁、唐、晋、汉、周五个朝代相继更迭。同时期，在南方参差相间有前蜀、后蜀、南吴、南唐、吴越、闽国、南楚、南汉、南平等九个割据政权，再加上北方的北汉，史称十国，与中原王朝并存。此外还有一些更小更短命的地方割据势力，它们或者依附强权于一时，或者自行称王称帝于一地——史书就斥之为"僭伪"。

五代十国时期，军阀连年攻战，生灵涂炭，白骨成丘，田园荒芜，唐朝的名城长安、洛阳、扬州都化为一片废墟。这时期的统治者几无贤明清廉者，凶残暴虐者居多，动辄杀人，史书上不乏成百成千成万杀人的记载。这时好像到了天下的末日，所以史称五代为"五季"，季即末、末世的意思。在这样的时代，任何人的生命财产都没有保障，那里还谈得到什么"法度"呢？

一、五代"重视"立法

说也奇怪，五代的统治却非常"重视"立法活动。

唐末农民起义的叛徒、大军阀朱温杀害唐朝君臣，于907年篡夺帝位，建立后梁。朱温是个不读诗书、极端残忍的家伙。可是他当皇帝不久就诏令太常卿李燕等"删定律令格式"，制成《大梁新定格式律令》一〇三卷。[①]

与朱温对立的沙陀人李克用父子经过四十余年的争夺，终于灭了后梁，建立了后唐。后唐建国以继承唐朝的正统相标榜，斥朱温为"僭逆"、斥后梁为"伪廷"，开国第一年就

---

① 《旧五代史·刑法志》。

宣布要恢复"本朝"（唐朝）的法统。可是，在战火纷乱的年代又到哪里去找唐朝的法书呢？原来后梁曾下令把唐朝的法书一概焚毁了。后唐朝廷好不容易打听到定州（今河北定县）勒库地方还残存有一部唐朝法书，赶紧派人去抄了来。这样，根据唐律令格式，制定了后唐《同光刑律统类》十三卷。①

后晋的石敬瑭是卖身投靠契丹才夺得帝位的。这个历史上有名的"儿皇帝"竟也忙于修订新法，他令左谏议大夫薛融等参详前代的敕命法制，录其"经久所行"者，详定"编敕"三六八道分为三十一卷。②

取代后晋的后汉只有四年时间就灭亡了，这个短命的王朝实在来不及系统制定新法了，但也发布了一些刑法敕令。

后周是五代最后的一个王朝，也是五代十国时期唯一有新气象的王朝。后周皇帝郭威和柴荣③是五代少有的有作为的皇帝，他们致力于改革和统一的事业，自然也不会忘记修订法律。最先是郭威在立国之初就开始"议定重写法书"，后来又编定了《大周续编敕》，几经删定，最终编成了《大周刑统》。《大周刑统》上承唐律，下启《宋刑统》，是一部重要的法典，"刑名之要，尽统于兹"④。

此外，十国中南唐颁布过《升元格》，吴也曾删定过格令。

二、五代立法的特点

一是在内容上延续唐律，二是在形式上有所发展。

五代的法在内容上并没有什么新建树，几乎是照搬唐律。后周中书门下奏曰："今朝廷之所行用者：律一十二卷、律疏三十卷、式二十卷、令三十卷、《开成格》一十卷、《大中统类》一十二卷，后唐以来至（后）汉末编敕三十二卷及皇朝制敕等。折狱定刑，无出于此。"⑤这里所说的律、律疏、令、式、格等都是唐朝的法律，在五代时照常行用。敕是当代颁布的法令。唐律与敕并用，以唐律为核心，唐律并没有因为唐朝的灭亡而被"废除"。

五代立法形式上的发展变化，引人注目的是"敕"的兴起。敕是皇帝处理日常政务的命令，随时可以发布，运用灵活。唐朝后期已开始编敕，五代时期编敕更为盛行，将敕汇编整理，以敕代法，更能适应形势变化的需要。"刑律统类""刑统"是敕与律、律疏的混合编纂，以律为纲，敕附于律后，敕令由此直接上升为国家法律。这种立法形式对以后宋朝的立法有很大的影响。

---

① 《旧五代史·刑法志》，同光为后唐庄宗年号。
② 《五代会要》卷9。
③ 郭威无嗣，柴荣是其内侄，继郭威为帝。
④ 《旧五代史·刑法志》。
⑤ 同上。

三、五代"重视"法制的原因

首先,乱世的统治者们需要运用法的武器来镇压人民和政治上的反对派。世道越乱,统治者越要加强镇压,法就是镇压最有力的武器之一。后周中书门下的奏章说得最为明白了:"伏以刑法者,御人之衔勒,救弊之斧斤,故鞭扑不可一日弛之于家,刑法不可一日废之于国。"① 治家要用鞭子,治国就要用刑法,驾驶马要口衔和缰绳,而驾驭人民的绳索就是刑法。所以,统治者们一上台就急于修定法律。

其次,五代短命的王朝要用制定新法来装扮自己王朝的合法性。用本朝"新法"代替前朝"旧法",以示自己受命于天而"革故鼎新"。

四、事实上"无法的时代"

五代时期颁布了那么多的法,各朝统治者又屡发敕令,要求做到"切在无私""惟期不滥""不得淹滞";甚至还设立"病囚院","兼加医药",表示"恤刑哀矜"之意;还宣扬对犯人的饥渴炎寒要关切,牢狱和刑具要常刷洗。当时果真是这样执行的吗?显然不是,五代的统治者多为杀人不眨眼的恶魔,历史上最残酷的刑罚"凌迟"就发端于这时;枉害人命,族株连坐竟至满村抄斩。杀戮无孑遗,乡里断炊烟。统治阶级的法和"慎刑"的宣传只是表明它的欺骗性而已。

---

① 《旧五代史·刑法志》。

第十八章　刑统恒存，编敕损益
——宋的立法及其特点

一、《宋刑统》的制定

宋太祖赵匡胤结束了五代十国的分裂局面，建立了统一的大宋王朝。在法律制度的建设上，赵匡胤首先想到的当然是唐律。宋初执法断案皆"用唐律、令、格、式"。同时，宋朝既然是接受后周的"禅让"而立国，所以对五代的"刑统""编敕"也"皆参用"[①]。

不久，赵匡胤觉得，既然现在已是新王朝了，总得制定使用自己名号的法律才行。于是，在他登基的第四年，也就是建隆四年（963），赵匡胤命工部尚书判大理寺窦仪修订法律。窦仪是前朝元老，对于修律并不生疏。修订《大周刑统》的后周宰相范质此时又是宋朝宰相，所以在对《大周刑统》参酌详定的基础上，制定了《宋重详定刑统》，简称《宋刑统》[②]。所谓"刑统"，是"刑律统类"的省称，是律文与敕令的混合编纂。早在唐末就有《大中刑统》，五代也有刑统。

《宋刑统》修成后，赵匡胤很高兴，当年八月就诏令"模印颁行"[③]，也就是刻版印刷，成为我国第一部刻版发行的法典。《宋刑统》至清末几至失传，仅存孤本，经沈家本重金抄录刊行，得以流传。

二、《宋刑统》的体例

《宋刑统》三十一卷，包括律十二篇，五百零二条；疏、令、格、式一百七十七条；

[①] 〔南宋〕王应麟：《玉海》卷66。
[②] 〔南宋〕陈振孙：《直斋书录解题》。
[③] 同上。

起请条三十二条。

律十二篇，与唐律完全相同，即名例、卫禁、职制、户婚、厩库、擅兴、贼盗、斗讼、诈伪、杂律、捕亡、断狱。律文五百零二条也几乎照抄唐律原文，长孙无忌的"疏议"也一概照录，仅在文字上稍有改动。但是，《宋刑统》与唐律不是一点区别也没有，它将五百零二条律文分作了二百一十三门，分门别类归纳，条理清晰，便于检索，为后来明清律的编制提供了借鉴。

疏、令、格、式一百七十七条，并非完全为宋太祖所颁布，而是从上自唐朝中叶下迄五代的皇帝诏令、法律条款中，经窦仪等人选定、太祖批准收入刑统的。当然这里面也包括宋太祖自己的一些敕令，所以每条前边都标明一个"准"字，同时也说明是源自何处。这些条款一经收入刑统，就成为宋王朝的正式法律了。

起请三十二条，所谓"起请"就是窦仪等在修律时感到还须进一步说明而向太祖"请示"的条款，太祖批准了这些条款，所以也收入刑统，成为法律。起请条前都加以"臣等参详"字样。

律文五百零二条与疏令格式、起请条，在《宋刑统》中是纲与目的关系，后二者并不是单独编排，而是附在有关律文之后。对于刑统律文所附的这些疏令格式与起请条不可轻看，这才是宋代实际施用的法律条文，无怪后来的研究者说："惟有'准'的字样和'臣等参详'的字样所规定的条款，才是真实的宋代法律。"[①] 这种说法不无道理，研究宋代法律时应极为注意。

三、编敕

编敕是宋朝立法的一大特点，《宋史·刑法志》说："宋法制因唐律令格式，而随时损益则有编敕。"就是说宋朝法律因袭唐朝，但为适应情势变化的需要，则用随时编发和删定编敕的办法来解决。可见编敕是多么重要。

什么是编敕？按唐朝的制度，皇帝发布的政令所用公文形式有不同规定，"制"和"诏"用于重大典礼和国务活动；"册"用于封赏；"敕"用于下达处理日常政务。敕又分为发日敕、敕旨、论事敕书、敕牒四种，其中发日敕（按日发布的敕书）就可用以"处流以上罪"[②]，与刑法有关。宋承唐制，敕书应用极为广泛，经常使用敕书来处断案件，敕逐渐成为一种重要的法律规范。敕发布得很多，时间一长，前后就可能有所抵牾，非常有必要汇编整理，删除过时的，保留适用的，这就是编敕。

编敕和散敕的区别在于后者是一事一例的判例，而前者是将后者中具有普遍意义的原

---

① 杨鸿烈：《中国法律发达史》，第554页。
② 《唐六典》卷9。

则上升为通行的法律条文,编敕不再是具体案件的判例。

宋朝的第一部编敕是太祖朝的《建隆新编敕》,与《宋刑统》同时颁行。本来刑统中所附的疏令格式就相当于编敕的性质,但一部刑统容不下那么多敕,于是将"其格、令、宣敕削出,及后来至今续降要用者"另行编了这一部"新编敕"[1]。以后编敕不断,新皇帝即位、改元(同一皇帝改变年号)都要重新编敕。宋朝皇帝改元多,编敕也就多。这是历代的立法活动都不曾有的。

宋代共有多少部编敕?现在很难精确统计了。据《宋史·艺文志》载,宋代"刑法类"约有一百七八十部书,可以认为其中主要是编敕,但有的也不是。另有人认为重要的编敕至少有五十余部。宋朝的编敕活动集中在北宋,南宋偏安江南对于法制虽难以顾及,编敕较少,但也没有中断。直至理宗淳祐十一年(1251)颁行了最后一部法典《淳祐条法事类》,以后再也"无所更定矣"[2]。这时距宋朝灭亡也只有二十年了。

宋朝的编敕已经全部佚失,保存下来的只有南宋宁宗的《庆元条法事类》残卷。所谓条法事类是将编敕"分门编类为一书",便于检索,与编敕性质相似。

四、律敕并行与以敕代律

根据《宋史·刑法志》,一般认为在宋初是"律敕并行",至神宗王安石变法,朝廷宣布"凡律所不载者一断以敕",改律令格式为敕令格式,逐渐过渡到"以敕代律",刑统似乎不再起作用了。

这种看法有些片面,《宋刑统》是宋朝的基本法规,享有神圣的地位,颁行以来只做过几次小修改,历代君主都不敢轻易变动它,更不敢废止。神宗是位颇有点革新精神的皇帝,他是通过提高敕的地位来推行新法,并不是取消刑统。"律所不载者"方用敕,"以敕代律"不是取代律,而是把律(刑统)放到一个崇高地位上。实际上刑统在宋朝始终保持应有的法律效力,在审断案件时加以引用。南宋著名法医学著作《洗冤集录》中就有多则援引刑统的案例。论者曰:宋"所谓敕者,兼唐之律也"[3],认为敕包括了律。

毫无疑问,编敕比刑统运用起来灵活得多,敕可以随时发布,经常编纂,更能体现统治者当时的需要。统治者为随心所欲地掌握法律武器,只有编敕还嫌不够,后来发展到有所谓条例、指挥、德音、御笔等等,随意"变乱旧章"。

---

① 〔宋〕窦仪:《进刑统表》,见《宋刑统》。
② 《宋史·刑法志》。
③ 《沈寄簃先生遗书》甲编律令9。

五、刑统以外的法律

刑统和编敕主要是刑事法律规范,这是古代法的传统。但是,除刑法以外,仍然有其他法律规范存在。《宋史·艺文志》中就有农田敕、司农寺敕、水部条、盐敕令赏格、贡举敕、国子监敕令格式、吏部敕令式等,这些法律现已失传,但以其题目可看到这些法律绝不只是刑律。现存《庆元条法事类》,全书八十卷,其中刑狱门只有四卷,其他各门中虽也有违反有关条款的刑罚,但有相当多部分是关于职制(官吏职责)、选举(选拔荐举官吏)、库务、赋役、农桑、畜产等方面的法规。《宋大诏令集》中也含有各种法律规范。特别是《庆元条法事类》就是一部综合法典。宋代立法中包括丰富的刑事、行政、民事、经济法规。

六、辽、金的法律

辽金法律的特点,都是开始时以本民族的习惯法为主,对待新征服的汉人地区则以"汉法"——唐宋以来的法制为审断依据。当他们强大起来以后即迅速使法律"汉化",实际上也就是封建化。辽朝的《重熙新定条制》,金朝的《皇统制》《大定重修制条》《泰和律令敕条格式》等都是以唐宋法律为蓝本的,所谓"历来前代刑书宜于今者,以补遗阙,取《刑统》疏文以释之"①。金的《泰和律》对后世影响较大。

辽金法律在接受汉化的同时,也不同程度地保持了原有的民族特色。一般来说,刑制较严,民族间的司法地位也不平等,契丹、女真等统治民族控制着司法大权。同时,由于当时处于战争环境里,现有的法条常常得不到遵守,使法律带有很大的随意性。

---

① 《金史·刑法志》。

第十九章　仁厚何在，弛缓怎见

——元代立法及其特点

13世纪初，游牧的蒙古民族在蒙古高原上迅速崛起。成吉思汗的铁骑践踏了欧亚大陆。公元1271年，成吉思汗的孙子忽必烈灭了南宋，结束了宋、金、西夏及大理、吐蕃长期分裂的局面，使中国重归于统一。元王朝的建立是蒙古军事贵族征服者的胜利，但是先进的汉族文化包围着、影响着征服者，使得新政权很快封建化。元朝统治者注意吸取前代的统治经验，采用了不少唐宋旧制，同时也保留了相当的民族特色。《元史·刑法志》说："元兴，其初未有法守，百司断理狱讼，循用金律。"这话不够确切，如果说"元兴"是从成吉思汗时期算起，那么当时并不是没有"法守"，不仅有草原上的习惯法，也有了成文法札撒。如果说"元兴"是指忽必烈正式建国号"大元"，那么就在这一年（1271）诏令全国废止已行用多年的金《泰和律》，着手制定新法。

一、札撒

成吉思汗最早的法典是"札撒"，"札撒"是蒙语法令的意思。札撒中，最重要的是军令，也有关于刑事犯罪、财产分配继承、围猎、生活等各方面的法令。成吉思汗发布札撒，像汉族皇帝发布诏令诰敕一样，不只是口头命令，还用新创设的蒙文记在"青册"上，颁行于大汗统治下的各地，具有最高的法律效力。1206年成吉思汗取得重大军事胜利后，召集大会，为他的成功"感谢上天护佑"，于是制定了《大札撒》，然后"威风凛凛地"登上了汗位。

成吉思汗的继承者窝阔台汗时期，又重颁《大札撒》，要求世代遵守这一法律。

札撒还不成其为完整的法律体系，从现在流传下来的《大札撒》条文看，其内容从饮水、吃肉到处置俘虏无所不包。如同汉族国家和法律产生时期一样，札撒也是一种较为原始的法律形式。

二、《至元新格》

忽必烈在入主中原后就"循用金律",即金《泰和律》,这是一部完全汉化的法典。忽必烈本人从小驰骋军中,却也喜欢接近汉族的或汉化金人的"四方文学之士,问以治道"①。循用金律既是适应统治新征服地区的需要,也是为制定新法律做过渡。金《泰和律》在忽必烈统治下行用了十多年。

元朝制定的第一部新律名《至元新格》,至元二十八年(1291)刻版颁行,中书参知政事何荣祖主持制定,"以公规、治民、御盗、理财等十事辑为一书"。《至元新格》不按唐律篇章结构,是"大致取一时所行事例,编为条格而已"②。

仁宗时将"有关风纪"的条格汇集成一部《风宪宏纲》。英宗在位仅三年(1321—1323),却制定了元朝两部重要的法典——《大元通制》和《元典章》。顺帝编纂了元朝最后一部法典《至正条格》。

三、《大元通制》

《大元通制》的内容全部收入《元史·刑法志》里。这部法典有制诏、条格、断例等部分,是皇帝诏令和案例的汇编,包括刑事、民事、行政、军事等方面的法规。《大元通制》内容丰富,总结了世祖以来六十多年的法制事例。编排体例与唐律有异,名为:名例、卫禁、职制、祭令、学规、军律、户婚、食货、大恶、奸非、盗贼、诈伪、诉讼、斗殴、杀伤、禁令、杂犯、捕亡、恤刑、平反二十篇。

四、《元典章》

全称《大元圣政国朝典章》,这部法典完好地保存到现在,记载了元代社会生活、政治法律制度的许多珍贵史料。可是,这部法典在《元史》中未被提及,所载史料也多不见于《元史》。因此关于《元典章》的编撰和法律效力就有不同的看法。其实《元典章》开篇即已表明:该书是将元初至英宗至治二年"所定格例,编集成书,颁行天下",以使"官吏有所持循,政令不至废弛"。《元典章》虽是江西宣抚使编集,但已"呈乞"中书省,并经中书省核准,剳文下达各地,要求各地"照验施行"③。所以应当认为《元典章》是元朝

---

① 《元史·世祖本纪》。
② 《新元史·刑法志》。
③ 《元典章》卷首纲目。

中央政府颁布的法律，是继续保持法律效力的现行法，是地方政府的一部法规汇编。

《元典章》分诏令、圣教、朝纲、台纲、吏部、户部、礼部、兵部、刑部、工部十类。编目详尽，形式活泼，有文言的胥吏体，也有直接口译过来的语体，多使用当时的口语。这固然是因为蒙古族皇帝不懂汉语的结果，却也方便了当时普通群众的阅读。

五、元代法律的特点

元朝立法形式上的特点是注重判例，不像唐朝那样纂修体例完备的法典，也不像宋朝那样讲究编敕，而是多依靠判例。《元典章》和《大元通制》上有许多具体案件的判例，可说是为一人一事而立一法，以后审案以此类推。重视判例不能不认为与蒙古族重习惯法的传统有关系，不过从另外的角度来讲，也可说蒙古皇帝来自北方"化外"地区，较少受到汉族礼法的束缚。成宗在谈到制定律令时说："古今异宜，不必相沿，但取宜于今者。"① 在这种原则的指导下，又加上原有的传统，就必然会增多判例。这样做的结果也有其消极方面，判例泛滥，前后矛盾，朝廷不及时加以编修整理，各级官吏就自行汇集，使贪官污吏得以从中作弊，寻常百姓感到"无所持循"，造成"有例可援，无法可守"的局面。②

由于元代法律的这些特点，国外某些学者认为元朝法律不属于中华法系，而是与之并列的所谓"蒙古法系"。我们认为这种观点不能成立。蒙古入主中原以前的札撒时期，还是法律萌芽的时候，谈不上什么"法系"。在元朝立国以后，无论是《至元新格》还是《元典章》《大元通制》，都贯穿着中国传统的刑法原则、司法制度以及儒家纲常伦理，与唐宋法律无不一脉相承。不能把元律之重视习惯法等特点夸大，说成是另外的什么法系。

六、元律是否轻刑

前人论元朝法律，多说元律"宽仁"。这种说法最早起码可推溯至明朝初年。明初急促成书的《元史·刑法志》说元朝"君臣之间，惟知轻典"，"元之刑法，其得在仁厚，其失在乎缓弛"。其例证是元朝君臣的"慎刑"言论和笞杖减十为七等。其实这难以为证，历代君主有谁不侈谈"慎刑"呢？

实际上元朝法律并非轻典，特别是在防范汉族人民反抗上，采取了极为严厉的镇压措施：民间不得私藏兵器、铠甲，不得私养马匹，禁止民间习武，节日禁止迎神赛社，在一些地区长期实行宵禁……这能说是轻典吗？在司法制度上，官吏利用判例的漏洞和矛盾，

---

① 《元史·成宗本纪》。
② 《元史纪事本末·律令之定》。

舞文弄法，随意比附，使好人负屈、坏人逞凶，司法非常黑暗，这种"宽仁"又有什么意义呢？

元律所谓"宽仁"和"缓弛"应当看作元代法律不够严密，判例参差矛盾，这说明元朝统治者并不特别重视法律，他们更多的是倚重于直接的军事专政。

第二十章　轻其轻罪，重其重罪
——明代的立法及其他

历代开国君主大都重视修订法律，明太祖朱元璋尤为突出。

1364年，朱元璋打下武昌。那时元朝还没有被推翻，反元势力群雄割据，朱元璋就已考虑到"正纲纪、立法度"，并开始议定律令。这不能不说明他比那些忙于称霸称王的割据者的政治眼光要远大得多。

一、吴元年律令

朱元璋吴王元年（1367）任命左丞相李善长为总裁官，参知政事杨宪、傅瓛，御史中丞刘基等为议律官，命其起草律令。朱元璋经常在他吴王府西楼上召见议律官，并请他们坐下来，从容讨论律义。朱元璋要求"法贵简当，使人易晓"，条款不要烦琐，律意不可含糊。每拟定一条律令，朱元璋都亲自"酌议"审定。经过三个月的紧张工作，制定了令一百四十五条，律二百八十五条，称"吴元年律令"。

吴元年律令颁布后，朱元璋怕百姓不能周知，叫人从律令中采辑"民间所行事宜"——与民间生活关系较大者编成一部《律令直解》。"直解"是用口语解释律文分类编纂而成，使"田野之民"都能够家喻户晓。朱元璋看了很高兴，说："吾民可以寡过矣。"[①]他的老百姓这下可以少违法乱纪了。

二、大明律

一年以后（1368）朱元璋正式建国号大明，他决意制定一部正式的法典。为做准备，

[①]《明史·刑法志》。

朱元璋要儒臣和刑官每天给他讲解二十条唐律以资参考。洪武六年（1373）命刑部尚书刘惟谦更定《大明律》，每拟好一篇呈上贴在宫内庑廊之上，朱元璋细细审定。洪武七年（1374）律修成，分为十二篇，"篇目一准于唐"①，是唐律的翻版。

洪武七年律并不是明律的最后定本，如《明史·刑法志》所说："太祖之于律令也，草创于吴元年，更定于洪武六年，整齐于二十二年，至三十年始颁示天下。"经过多次修订的《大明律》可谓"日久而虑精"了。洪武三十年（1397），七十高龄的朱元璋为颁行《大明律》亲临午门主持典礼，发表谕旨。

朱元璋这样重视立法是有其打算的，他自认为"起兵四十余年，亲理天下庶务，人情善恶真伪，无不涉历"②，他有能力驾驭臣民。但是后世子孙做皇帝的，是"宫生内长，人情善恶未能周知"③，恐其威严不足，所以要制定一部"历代相承"的法律，使"子孙守之"。

三、大明律的体例

《大明律》是一部体例新颖的法律，卷首为御制序文、服制图、五刑图等。服制图标明亲属远近关系、维护纲常伦理。朱元璋告诉他的继承人太孙朱允炆说，把服制五刑等图列于卷首是表明国家"重礼也"④，是有其深远意义的。《大明律》共七篇（四百六十条）：

名例律；
吏律：职制、公式；
户律：户役、田宅、婚姻、仓库、课程、钱债、市廛；
礼律：祭祀、仪制；
兵律：宫卫、军政、关津、厩牧、邮驿；
刑律：盗贼、人命、斗殴、骂詈、诉讼、受赃、诈伪、犯奸、杂犯、捕亡、断狱；
工律：营造、河防。

七篇中以刑律篇最大，户律次之。名例律相当于总则，规定了定罪量刑的一些基本原则。

四、明律与唐律的比较

在体例上，明律突破了唐律十二篇的老传统，首创按六部分类的形式。沈家本说，

---

① 〔明〕刘惟谦：《进明律表》。
② 《皇明祖训》首章。
③ 同上。
④ 《明史·刑法志》。

"更定大明律以六曹（部）分类，遂一变古律之面目"①。究其原因，沈家本注意到了明律体例的这一变化，是在废丞相撤中书省、皇帝亲统六部之后。确实如此，应该把这看成是在立法形式上中央集权加强的一种表现。

在内容上，总的来说明律还是延沿袭唐律，和唐律的精神实质无二。但是明律和唐律相比是"轻其轻罪，重其重罪"，就是对于轻罪的处罚，明律比唐律要轻；而对于重罪的处罚，明律则比唐律为重。如"强盗"历来被认为是重罪，然唐律强盗得财合一尺布帛者徒三年，十匹及伤人者绞，杀人者斩；而明律强盗"但得财者，不分首从，皆斩"，明显地比唐律加重了刑罚。对于企图推翻朝廷的"谋反、大逆"，唐律规犯者本人处死，其父及子（年十六以上）连坐处死；而明律株连的范围扩大到祖父、孙、兄弟、叔伯、堂兄弟等，凡年满十六以上一律处死。但是对于有关风化伦常关系，明律则很讲"恻隐"之意。清代法学家薛允升在《唐明律合编》中对唐、明律做了比较研究，他说："大抵事关典礼及风俗教化等事，唐律均较明律为重。贼盗及有关帑项钱粮等事，明律则又较唐律为重。"这样做既加重了对危害封建国家和地主阶级利益犯罪的处罚，又通过对轻微犯罪减轻一些处罚散布"慎刑"的骗局。

在立法技术上，明律比唐律更精细，体系更完备，富有科学性。如唐律《斗讼》篇是合"斗殴"与"诉讼"为一篇，实体法与程序法混合。明律则分为《斗殴》《诉讼》两门，实体法与程序法有别。又如唐律没有抢夺罪名，与强盗（抢劫）混为一罪；明律区分开，设"白昼抢夺"罪名，这在今天的刑法学看来也是很科学的。在中国封建法典中，《大明律》是比较成熟的一部。

五、明大诰与刑用重典

朱元璋"惩元纵弛之后，刑用重典"②，他要用"重典"来惩治元末以来法制松弛、徇私灭公的坏风气。吴元年律令、洪武七年律都是很严厉的法律，但是朱元璋认为还不够。洪武十八年（1385）朱元璋颁布了《大诰》。

朱元璋在谈到《大诰》的目的时说，律令颁布以后，"奈何犯者相继，由是出五刑酷法以治之，欲民畏而不犯，作《大诰》昭示民间，使之趋避"③。"大诰"原是《尚书》周公对臣民训诫的篇章，是封建社会的神圣经典。朱元璋把自己的严刑峻法称作大诰也是法律史上的独创。朱元璋的《大诰》共有四编，二百三十六条，包括朱元璋法外用刑的案例，他对臣民的训诫以及规定的特别法。

---

① 《沈寄簃先生遗书》甲编，《历代刑法考》律令9。
② 《明史·刑法志》。
③ 〔明〕朱元璋：《御制大明律序》。

《大诰》是历史上空前严峻的一部法典，朱元璋自己也承认是超出五刑的酷法，不但任意扩大了族株、凌迟等酷刑范围，还公然把早已废除的肉刑列在《大诰》上：墨面文身、挑筋、断指、刖足、割鼻、断手、阉割等等。《大诰》中的案例全凭朱元璋一时激怒，用刑超出明律许多倍，有律仅应杖徒而《大诰》规定弃市的。

　　朱元璋为使他的臣民能体察他"治乱国用重典"苦心，为使《大诰》真能被百姓看懂，他不用"胥吏体""秀才文"，而直书大白话，如"难说你不曾见文书，不知道？这文书又不是吏员话，又不是秀才文，怕不省得啊！我这般直直地说，着大的小的都要知道，贤的愚的都记得"。这样的法律条文也确是少见的。

　　朱元璋多次讲过他是治乱世，"刑不得不重"，他想用杀戮的办法来震慑朝野，使臣民都能奉公守法。但是犯法之徒"朝杀而暮至"，严刑只能惩治于一时，并不能从根本上解决犯罪问题。

　　《大诰》颁行之初，朱元璋下令"全国军民人人诵习"，"户户有此一本"。家藏《大诰》，犯罪可减等。行路《大诰》可作路引，考试从《大诰》出题，风靡一时。但朱元璋一死，《大诰》也就销声匿迹了，至明中叶，《大诰》"民间实未见之，况复有讲读者乎？"①

六、律例合编

　　洪武三十年《大明律》制定后，朱元璋曾明令：群臣有请议更改律文的，就要治以变乱"祖制"的罪名，于是"历代相承，无敢轻改"②。律既然不能改，但断狱理讼如何适应不断变化的形势和形形色色的案件呢？于是"因律起例，因例生例"③。

　　例，就是判例，以判例比附类推审案的做法乃是唐宋以来的传统。类推的结果，使具体的案例演变为通行的条例，条例成为实际应用的法规。

　　朱元璋在世时就已发生律文与条例相矛盾的情况，朱元璋坚持"定律不可改"，而把条例看作是一时之权宜。而后成祖、宪宗时都重申过断案要依《大明律》定拟，不得滥引条例，甚至要革除所有的条例。可见条例已发展到禁所不能禁的地步了。

　　正式确定条例的法律地位是在孝宗弘治五年（1492），当时《大明律》颁行已历百年，条例又繁杂纷乱，执法者难以遵循，刑部删定《问刑条例》，使之成为正式的法律条文。弘治十三年（1500）增《问刑条例》至二百九十七条，从此开始"律例并行"。正德、嘉靖年间对条例又有编增。至万历十三年（1585）刑部编辑删定与刑名有关的诏令及宗藩、军政、捕盗、漕运等方面的条例，共三百八十二条，将"律为正文，例为附注"，合编为一

---

① 〔明〕陆容：《菽园杂记》卷5。陆容，成化中进士。
② 《明史·刑法志》。
③ 同上。

书叫作《大明律集解附例》。律例合编的体例为后来清朝所沿用。

例的出现原是为"辅律，非以破律"的，但是例越多，弊病越大，以至奸吏任意引例，出入人罪，律反而被搁置成为具文了。明朝的法制就此日益败坏。

第二十一章　详译明律，参以国制
——清代立法概况

天聪五年(1631)，皇太极率部征明，节节获胜。然而这位马背上的常胜君王却仍然忧心忡忡。他说："自从征明以来，我们每战必克，明朝屡战屡败，势同枯草朽木。但我还常常心怀恐惧，因为明人虽不长于骑射，却在战场上熟悉法律啊！"①满人虽然骁勇剽悍，却在文化上、法律上落后于汉人，皇太极的恐惧心理可谓有自知之明。

满族在入关前，还处在封建农奴制刚刚取代了奴隶制的社会阶段，法律制度也很简单。顺治皇帝回顾说："太祖太宗创业东方，民淳法简，大辟之外，惟有鞭笞。"②入主中原后，这个只有二十万人口的落后民族，即将统治一个历史悠久、文化先进、拥有数千万人口的大民族，的确不是一件轻而易举的事。清朝统治者一开始就表现出较成熟的政治经验，他们懂得只有去适应汉民族先进的生产力和经济关系，以及文化传统、风俗习惯和伦理道德，才能够长期站稳脚跟。入关前后的几位统治者——皇太极、多尔衮、顺治、康熙，均实行了"清承明制"的基本国策。

一、大清律的产生

皇太极进入辽沈地区以后，在关外汉族地区已开始运用一些明律的条文。顺治元年(1644)谕令刑部衙门"自后问刑，准依明律"③。同时谕令刑部尚书吴达海等"详译明律，参以国制"④，制定清律。书成奏进，顺治亲自"再三复阅，仍命内院诸臣校订妥确，乃

---

① 《太宗文皇帝实录》卷9。
② 《大清律例·世祖章皇帝御制大清律原序》。
③ 《清世祖实录》卷5。
④ 《大清律例·律例馆总裁三泰等奏折》。

允刊布"①。顺治三年（1646）五月正式颁布，名曰"大清律集解附例"。顺治皇帝亲自作序，进一步重申了"详译明律，参以国制，增损剂量，期于平允"②的指导思想。"详译明律"是立法的基础，就是要详细地研究、了解大明律；"参以国制"，就是要结合清王朝统治的需要。在此前提下将法律增删修改，力图做到公平恰当，也就是"增损剂量，期于平允"。

清统治者专门组织了一个满汉官吏相结合的立法、参谋班子。其中吴达海、党崇雅、范文程、冯铨、洪承畴、宁完我、毛永龄等，许多是明朝旧臣，由他们来参与清律的制定或审议，要做到"详译明律"当然不难。《大清律集解附例》基本上是明律的翻版，甚至有的地方与清代的实际情况虽不适应也未加改动。但这毕竟为清代的法典提供了蓝本。

康熙没有对律进行大的修订，却很重视附在律后面实际起作用的条例。康熙十八年（1679），特谕刑部将定律以外所有条例，应去应存详加酌定，刊刻通行，名曰《现行则例》。十年以后（1689）才又允许将"现行则例"载入大清律内。但群臣缮写进呈后，一直留览未发。这说明康熙一生对修律的态度是十分审慎的。

雍正时，在康熙修订条例的基础上，"应增应减之处，再行详加分析"③。雍正五年（1727）律成，名曰《大清律集解》。乾隆元年（1736）又命群臣"逐条考证，重加编辑，又详校定例"④。乾隆亲自推敲，"间有未协之处，悉经谕旨改正"⑤。乾隆五年（1740）律成，名曰《大清律例》，简称《大清律》，"刊布中外，永远遵行"⑥。

经过上述几代皇帝的努力，清朝终于制定出了一部较完备的封建法典，实现了顺治"详译明律，参以国制"的方针。乾隆五年颁布的《大清律例》以后遂成定本，被后世皇帝视为"祖宗成法"，律文不再修动，只是因时制宜，经常修改补充律后的条例。

二、以例代律

清律是对明律的全面继承，其体例、内容基本沿明之旧。共分名例、吏、户、礼、兵、刑、工七篇，四十七卷，三十门。律首有六赃图、五刑图、狱具图、丧服图，均沿明之旧。不同的是又加了几个赎刑的图：纳赎诸例图、过失杀伤收赎图、徒限内老疾收赎图、诬轻为重收赎图，以显示清王朝的"矜恤"。此外，清律的变化主要在于例的修改和补充。

---

① 《大清律例·世祖章皇帝御制大清律原序》。
② 同上。
③ 《大清律例·律例馆总裁三泰等奏折》。
④ 同上。
⑤ 同上。
⑥ 同上。

什么是"例"呢？

例，即律文后所附的条例，是用来对律文做进一步的补充、说明或实际是修改的规定。

例可以补充律。如明、清律"威逼人致死"条仅规定威逼期亲尊长①致死者绞，大功②以下递减一等。没有关于子孙威逼直系亲属和妻妾威逼夫之直系亲属的规定。明时定一条例：儿子孙威逼祖父母、父母，妻妾威逼夫之祖父母、父母致死者，拟斩，奏请皇帝定夺。清乾隆三十七年又进一步定例区分情节：如有"忤逆干犯"情节，即拟斩决，如无，只因"违犯教令"而致使祖父母、父母"抱忿轻生"的，拟"绞监候"（当时不执行绞刑，等秋审以后，多可不死而改判流刑）。乾隆四十五年又定一例：凡"妻妾悍泼逼迫其夫致死者"拟"绞立决"（立即执行的绞刑）。若"芈起口角，事涉细微，并无逼迫情状"，其夫轻生自尽者，拟"绞监候"③。

还有些例，实际上起着修改或废止律文的作用：明、清律禁止姑舅两姨子女之间通婚，否则"杖八十，并离异"。清时定一条例："其舅姑两姨姊妹为婚者，听从民便。"④实际上废止了离异律文。

例的产生，有的是皇帝下旨定为条例的，有的是内外官的条奏，经皇帝议决纂为条例的。修订例的决定权最终也属于皇帝。"例"就相当于宋代的"敕"。律例合编的法律形式始于明代。明弘治十三年（1500）有例一百九十七条，至万历时共三百八十二条，康熙以前累朝旧例共三百二十一条，雍正三年（1725）共有例八百一十五条，乾隆时一千零四十九条，嘉庆时一千五百七十三条，同治时增至一千八百九十二条。也就是说，平均每条律后有四至五条例（大清律共四百三十六条）。

为什么会发生这种"例膨胀"的现象？因为中国自古只制定法律，很少研究法理学。因法理学落后，立法不能采取概括主义，只能采取列举主义。但法典中的律文不是以包罗万象，唯恐法外遗奸，或情罪不当，只有靠定例来解决。此外，封建社会向以身份伦常为纲纪。同一情节，双方尊卑、服制不同，量刑就要分成三六九等。用这样复杂的量刑标准去结合变化万千的具体情节，结果只能是例越来越多，越来越烦琐，甚至前后抵触。当时人有"大清律易遵，而例难尽悉"⑤之叹。虽然律是"祖宗成宪"，不可改变，实际上明代中叶就已有舍律用例的趋势，但还只是官吏们自由行事，并未成为一种制度。清代则明确规定："律不尽者著于例……有例则置其律，例有新者则置其故者，律与例无正条者，得比而科焉，必疏闻以候旨。"⑥成为制度。《清史稿·刑法志一》说："盖清代定例，一如宋

---

① 为之服一年丧的尊长，如叔、伯、曾祖等。
② 为之服九月丧的尊长。
③ 《大清律例·刑律·人命·威逼人致死条》。
④ 《大清律例·户律·婚姻·尊卑为婚》。
⑤ 〔清〕胡林翼：《胡文忠公遗集》卷57《宦黔书牍·致左季高》。
⑥ 《清会典》卷54。

时之编敕，有例不用律，律既多成空文。"例的增多和以例代律，是清律的重要变化。

三、《清会典》和其他法规

自康熙始，仿照《明会典》制定《清会典》。后世皇帝继之，有《雍正会典》《乾隆会典》《嘉庆会典》《光绪会典》。以《光绪会典》最为完备，分宗人府、内阁、办理军机处、六部、九卿、理藩院、都察院、八旗都统等类，详细记载了清开国至光绪朝各机关的编制、职掌与事例。所谓"事例"，即历代皇帝对各部门的职责、活动方式和奖惩所颁的谕旨或议准的条奏，起初附于会典各类正文之后，一如大清律中的条例。乾隆朝起将事例抽出，按会典的体例单辑一书，名曰《大清会典事例》，是会典的补充法。此后历朝相沿，光绪时有会典一百卷，事例一千二百二十卷，图二百七十卷，是我国封建社会比较完备的行政法典。

清王朝还根据统治少数民族地区的需要，制定了《回律》《番律》《蒙古律》《西宁番子治罪条例》《苗例》等单行法规。这些法规为团结少数民族上层分子、巩固统一的多民族国家起到了一定的作用。

清代完备的封建法典主要创建于清初。如果说，顺治、康熙、雍正、乾隆几代皇帝尚能励精图治，对修订法律颇运匠心的话，后世的诸君王则多是躺在"祖宗成宪"上吃老本的懒汉。每次修例，只是把历次议旨及臣工条奏，不管前后是否一致，依次编入了事，"从不统合全书，逐条厘正"[①]。后来连乾隆时立下的"条例五年一小修，十年一大修"的祖训也不守了，修律日渐废弛。清后期帝国主义打开了国门，这时的清统治者既不像乃祖皇太极那样有自知之明，善于睁开眼睛看世界，又不像康熙、雍正、乾隆那样充满魄力和自信，而是在世界潮流面前目瞪口呆，一心想保住大清帝国的朝纲法统。当时中外交涉、工商内兴、章程丛积，百端待理。而百官群臣皆望而生畏，一筹莫展，从未有人敢上奏言修律之事。清统治者自同治九年（1870）修律一次之后，直至19世纪末始终"未遑兴作"，只是守着同治朝的老例，被动地应付着列强的步步紧逼，勉强支撑着摇摇欲坠的清王朝。

---

① 《清史稿·刑法志一》。

第二十二章　参考古今，博辑中外
——沈家本与清末立法活动

一、沈家本和他的变法上谕

20世纪初，改革法律的呼声骤然高涨。时值八国联军攻占北京，逼得慈禧携光绪西逃。在清朝威风扫地、蒙受奇耻大辱的时刻，忧国忧时的官僚士大夫皆发出了"非取法欧美，不足以自强"的呼喊。光绪二十七年（1901）农历一月二十九日，流亡西安的慈禧发布了"变法"上谕，宣布筹办"新政"，以求苟延残喘于一时。于是，改革法律一事终于被重新提上了日程。

清朝改革法律，主要是为了与列强抗衡。由于法律与外国完全不同，清朝在与外国的交涉中深感不利，处处被排挤贬抑。当时许多国际组织借口中国法律落后，把中国排斥在外。中国在国际海牙会议上被贬为"三等民族"。帝国主义列强在中国获取了领事裁判权，却又假惺惺地说，这是由于中国司法落后而不得已。许诺清王朝在改良司法"皆臻完善"后，即可放弃领事裁判权。改革法律已是势在必行，光绪二十八年（1902）直隶总督袁世凯、两江总督刘坤一、湖广总督张之洞会保刑部左侍郎沈家本、出使美国大臣伍廷芳为修订法律大臣（伍后又调任他职），奉旨得准。

二、沈家本是一位思想开明、博学多才的法学家

沈家本，字子惇，别号寄簃，浙江吴兴人，生于1840年，死于1913年。光绪九年进士，曾任刑部主稿、天津知府、山西按察使、刑部左侍郎、大理寺正卿、法部左侍郎等职。沈家本诞生在鸦片战争的炮火中，少年时便饱览了列强中侵、民族沦落的事实，产生了拯救国家出危运的强烈愿望。他"少读书，好深湛之思"，莅位刑部时，"遂专心法律之

学"①，浏览了历代法律典章、刑狱档案，深入研究和考证了中国古代法律发展的源流和成败利钝。在当时西方文化东渐、新学萌起的形势下，他又接受了资产阶级法律思想，深感欧美资产阶级国家的法律要比中国封建旧律文明进步。他曾悉心学习了资本主义国家的法理，探索了各国的法律，成为一名不可多得的学贯中西、博通古今的法学家。但是直到1902年，他的才华方得以付诸实践——那一年他已是六十二岁了。

三、参考古今，博辑中外

这是沈家本修律的宗旨。他认为，应该深刻领会古今中外法律的本原，了解他们的内在含义，做到融合贯通，制定出适当的法律来。② 首先要把参酌西方资产阶级国家的法律作为修律的重心，他主张"专以折冲樽俎，模范列强为宗旨"③，要"取人之长以补吾之短"④。另一方面又要适当地保留和照顾中国的风俗传统，在封建法律中寻找可继承的特征，做到"不戾乎我国世代相沿之礼教、民情"，最终使中国的法律传统与西方的法律理论和制度相互"损益而会通焉"⑤。

沈家本首先着手的是组织力量翻译西方资产阶级法律文献。他亲自组织了翻译班子，先后译成《法兰西刑法》《德意志刑法》《俄罗斯刑法》《意大利刑法》《日本刑法》等二十多种外国法律，为制定新律提供了模式和样本。所译的法律中，以日本、德国的为最多。这说明20世纪后，大陆法系的影响逐步超过了英美法系。中国已由19世纪末主要翻译英美法律，转向20世纪初主要翻译德、日法律。日本、德国法律的影响深入地渗透到了清末的立法活动中。

其次是设立法律学堂。沈家本深感中国法学的落后，他说，法律之学在中国懵懵懂懂、漆黑一团，不学习、研究法律的积习，世代相沿，今天是最厉害的。掌管司法的各级官吏对西方法律知识茫然无知，所以急需要培养司法人才，为将来采用新法审判案件做准备。经他奏准，于光绪三十二年（1906）十月，设立了中国第一个法律学堂，聘请日本法学家冈田朝太郎、松冈义正担任主讲。"毕业者近千人，一时称盛。"⑥

第三个措施是聘请外国法学家做修律顾问。为了编纂"会通中西"的法律，沈家本奏请朝廷不惜重资，延请外国法律专家，以备随时咨询。清政府在1906年聘请日本大审

---

① 《清史稿·沈家本传》。
② 〔清〕沈家本：《奏修订法律情形并请归并法部大理院会同办理折》，《清末筹备立宪档案史料》下，第838—839页。
③ 〔清〕沈家本：《奏请编定现行刑律以立推行新律基础折》，同上书，第852页。
④ 《监狱访问录序》，见《寄簃文存》6。
⑤ 《删除律例内重法析》，见《寄簃文存》1。
⑥ 《清史稿·刑法志一》。

院判事法学士松冈义正、法学博士冈田朝太郎、志田钾太郎等人担任顾问,参与起草法律。他们对清末立法有很大的影响,《大清新刑律》《大清商律草案》等法律就是由他们起草的。

修律大体可分为两个阶段:1905年以前,侧重于删改旧律;1905年以后,侧重于制定新律。沈家本深深了解,在中国开创一个新朝代的法律是困难的,改变封建法统更难,如果变法不妥善,不但没有好的结果,反而会使弊端乘机到处滋生,引出乱子来,这是不能不慎重的。① 在修律初始,他注重于对旧的《大清律例》做一些删改,去掉了野蛮残酷和与世界潮流不合的部分,如删去了刺字、缘坐、戮尸、枭首、凌迟处死等条文,先行适用,以"布告国中,以新耳目"。等到社会已经接受适应了,再制定颁布新法典。这不仅表现了沈家本对修订法律的积极审慎的态度,也与当时全国革命的形势有关。1905年以后,孙中山所领导的资产阶级革命由于同盟会的成立而迅猛发展,迫使清统治者不得不加快了变法修律的步伐。

四、"法理派"与"礼教派"的大辩论

清统治者决定修律,只是为了与列强争司法权、与世界打交道方便,根本不想改革封建旧法统。而沈家本却是一个深感封建法律腐朽,锐意大刀阔斧改革的人。这个指导思想上的矛盾在起初不明显,后来随着立法活动的开展而越愈尖锐起来。尽管沈家本经过了深思熟虑,采取了尽量全面谨慎的策略,但每走一步,还总是碰到保守势力的强大压力。

1906年,沈家本、伍廷芳编成《大清刑事、民事诉讼法草案》,这个草案是接受资产阶级法理和原则的"法理派"——沈家本等人,为收回领事裁判权而急就的。草案中采用了男女诉权平等、子孙有私产权等原则和陪审制度、律师制度,打破了以纲常礼教为中心的旧封建法统,使得一批正统的卫道士如丧考妣,各省督抚纷纷签驳,"礼教派"对"法理派"群起而攻之。其中最起劲的是一度保荐过沈家本的张之洞,他上奏折指责新法"袭西俗产业之制,坏中国名教之防,启男女平等之风,悖圣贤修齐之教"②。这个草案就在"礼教派"的喧嚣声中被否决了。

沈家本并不灰心。1907年他又完成了《大清新刑律草案》,张之洞、劳乃宣及各省封疆大吏皆攻击之,新刑律取消了原大律有关礼教纲常诸条(如无夫奸、子孙违犯教令、干名犯义、犯罪存留养亲、亲属相为容隐等条),是"蔑弃礼教"。江苏巡抚陈启泰、湖广总督陈夔龙、江西巡抚冯汝骙等纷纷上奏反对,最后清王朝令沈家本先根据旧的大清律修订《大清现行刑律》,作为新刑律实施的过渡。

---

① 《分考十二》,见《寄簃文存》6。
② 《遵旨复议新编刑事民事讯诉法草案》,见《张文襄公全集》卷69。

1910年《大清现行刑律》修成颁发。同年，资政院又把经过修改的大清新刑律拿来讨论，两派的辩论再度掀起高潮。"礼教派"跳得最凶的是大学堂总监督刘廷琛。他叫嚷"刑法之源本乎礼教"，纲常礼教"实为数千年相传之国粹，立国之大本"，[①] 而新刑律对"子孙违犯教令"和"无夫奸"不治罪，以及亲属法中规定子孙成年后可以自立、有婚姻自主等条，废弃了父为子纲、夫为妻纲的原则，如此推之，君为臣纲也就不能成立，皇帝也就不能独尊，这就不仅是个风化问题，而是要导致"乱臣贼子接踵而起，而国家随亡矣"[②]。他断言"礼教可废则新法可行，礼教不废则新法必不可尽行"[③]，表现出"礼教派"与资产阶级法律的势不两立。沈家本奋起迎击，针对"礼教派"攻击最有力的"子孙违犯教令"和"无夫奸"诸条，明确地说："这是有关道德风化的事情，应当在教育上另想办法，而不应编入刑律。"这是以资产阶级法治精神，向几千年礼法合揉的法统提出了挑战。冈田朝太郎、松冈义正及宪政编查馆、修订法律馆中许多人纷纷对沈表示支持。其中杨度撰文《论国家主义与家族主义》，吴廷燮撰文《用旧说议律辩》，批驳了"礼教派"的攻讦，阐发了资产阶级法治思想。

这场辩论，实质上是几千年的封建礼教与近代资产阶级法律思想的斗争。这两种法律文化的矛盾是不可调和的。虽然"法理派"在当时得到了舆论的同情，但掌权的皇太后却是坚决支持"礼教派"的。最后采取了折中的办法：在新刑律后附加上维护纲常伦理的《暂行章程五条》，资政院才通过了新刑律总则和暂行章程，但分则终未通过。"法理派"与"礼教派"的辩论直到清朝灭亡才告结束。

清末主要立法有以下几种：

《大清刑事民事诉讼法》，1906年由沈家本、伍廷芳编成。共分五章：总则、刑事规则、民事规则、刑事民事通用规则、中外交涉案件处理规则，共二百六十条。当时未通过，后于宣统二年（1910）十二月又先后编成了《刑事诉讼律草案》和《民事诉讼律草案》，其内容几乎完全是仿照德国民事诉讼法。这两个法典都未及颁行。

《法院编制法》，光绪三十三年（1907）颁行《各级审判厅试办章程》，宣统元年（1909）颁行《法院编制法》，共十六章，一百六十四条。采取了资产阶级"司法独立"的原则，强调各级审判衙门"独立执法"，行政各官"不准违法干涉"。

《大清民律草案》，光绪三十三年（1907）由松冈义正起草总则、物权、债权三编，其余亲属、继承两编由修订法律馆会同礼学馆起草，宣统三年（1911）八月完成，内容大体仿效德、日民法，未颁行。

《大清现行刑律》，宣统二年（1910）颁行，共三十六卷，三百八十九条，附例

---

① 《大学堂总监督刘廷琛奏新刑律不合礼教条文请严饬删尽折》，见《清末筹备立宪档案史料》下。
② 同上。
③ 同上。

一千三百二十七条。是在修改《大清律》的基础上制定的，与《大清律》的主要区别在于：1.改变了旧律民刑不分的形式，对其中关于继承、分产、婚姻、田宅、钱债等属于民事的条款不再科刑。2.废除了一些残酷的刑罚，如凌迟、枭首、戮尸、缘坐、刺字等。3.增加了一些新罪名，如妨害国交罪、妨害选举罪、私铸银圆罪等。

《大清新刑律》，1906年日本法学博士冈田朝太郎等起草，采用资产阶级刑法的体例和原则，分为总则十七章和分则三十六章，共四百八十八条。刑名分主刑和从刑两种，主刑有：死刑、无期徒刑、有期徒刑、拘留、罚金。从刑包括褫夺公民权和没收。采用了罪刑法定主义原则，具有较浓厚的资产阶级法的特色。1907年草成，经过反复争论，于1910年底通过总则和附加的《暂行章程五条》，分则部分至清亡也未通过。

1910年底，沈家本因保守派的一再攻讦被迫去职，离开了法部。他一生变法图强的梦想彻底破灭。他的自序诗"可怜破碎旧山河，对此茫茫百感多"，就是当时心情的写照。清末立法的失败，说明腐朽透顶的清王朝已不可能进行任何近代意义上的法律改革，也说明了中国以纲常礼教为核心的封建法文化与近代西方资产阶级法文化是泾渭分明、不可调和的。不推翻封建政权、不扫除封建文化，就不可能有真正近代意义上的法律改革。

沈家本受着历史条件的局限，他的宏图伟愿虽然未能实现，但在他主持修律的短短几年里，大开研究西法的风气，翻译介绍了大量西方法律，培训了法律人才。他提出"参考古今，博辑中外"的修律方针，一扫清末浑浑噩噩、无所作为的风气，开创了有清一代立法最活跃的阶段。虽然当时所制定的新律大多未及颁布、实施，却为继起的北洋政府所援用。因此，清末修律立法是中国近代法制史的第一章，这一章的历史又是与沈家本的名字分不开的。

罪与刑罚篇

"定罪量刑",确定罪名与刑罚是任何一种形态的法律的基本内容。

什么是犯罪?在《英国工人阶级状况》中,恩格斯指出:"蔑视社会秩序的最明显最极端的表现就是犯罪。"在《德意志意识形态》中,马克思、恩格斯又指出:"犯罪——孤立的个人反对统治关系的斗争。"既然如此,确定罪名就必然与特定的"社会秩序"和"统治关系"相联系。在剥削制度下,法律所认定的犯罪无非是对剥削阶级社会秩序的反抗,对剥削阶级统治人民的关系的斗争。漫长的中国古代法制史上,罪名复杂,种类繁多。侵犯皇权,危害人身安全,盗窃官私财物,侵犯夫权和父权,逃避租税、劳役和兵役,"十恶"罪,言论罪,文字罪等形成了一张张严密的罗网,举手得咎,投足犯法。剥削制法律是强加在广大劳动人民身上的沉重桎梏。

刑罚是审判机关采用的一种剥夺罪犯某种权益的强制处分。马克思曾经说过:"刑罚不外是社会对付违犯它的生存条件(不管这是些什么样的条件)的行为的一种自卫手段。"[①]奴隶社会的刑罚是奴隶主镇压奴隶的手段,其特点一是公开的阶级不平等,二是刑罚方法的极端野蛮。封建社会的刑罚仍然保持着公开的阶级不平等性。中国法制史上,剥削阶级刑罚手段的野蛮、残酷,是骇人听闻的。

本篇集中介绍中国古代的罪与刑,帮助读者对主要的罪名和主要的刑罚种类及其沿革、演进做概略的了解。

[①] 《马克思恩格斯全集》第8卷,人民出版社1961年版,第579页。

第一章　苛刑酷法，维护皇权
——关于侵犯皇帝的犯罪

《史记·孝文本纪》"索隐述赞"曰："霸陵如故，千年颂声。"霸陵，在今西安市东北，汉文帝死后葬于此地。所云"千年颂声"，"颂"的就是汉文帝。在中国历史上，汉文帝一向被看作力行王道、仁政的皇帝典型。汉景帝称颂他"德厚侔天地，利泽施四海"，为"上古所不及"[①]。他的确做过一些值得称道的事，如废除肉刑、除诽谤罪等。但他也曾多次大发雷霆，穷凶极恶地要杀戮无辜。

据《汉书·张释之传》载：有一次，文帝出游，车队经过中渭桥，突然有人从桥下出来，惊了御马，廷尉张释之查明案情，知道这个人听到皇帝出游就吓得躲到桥下，等了好大一会儿，以为车队过去了才跑出，谁料竟惊了御马。于是依律处罚金四两。文帝知道后勃然大怒，责怪张释之判处太轻。不久，有人盗取高庙中刘邦座像前的玉环，张释之据《汉律》条文的规定，处以弃市之刑。文帝知道后，又"大怒"，斥责张释之不处以族刑，不与他一心去维护先帝的威严。

这个"仁慈"的皇帝屡次"大怒"，一反常态地要法外用刑，很能说明：侵犯皇帝被中国古代剥削阶级当作是最严重的犯罪。"普天之下，莫非王土；率土之滨，莫非王臣。"早在奴隶社会里，奴隶主统治阶级的最高代表君主，就被看作是"至高无上"的"天子"，对"天子"的侵犯就是侵犯了"上天"，要受显示"上天"意志的法律的惩罚。进入封建社会后，最高封建统治者进一步神化自己。秦始皇自称"皇帝"，以后历代遵奉不改，而且都想父死子承，万世一系，传之永久。因此任何对皇权的侵犯，都被法律规定为最大的犯罪。

[①]《史记·孝文本纪》。

一、关于侵犯皇权的犯罪

从隋《开皇律》开始,侵犯皇权一直被历代封建法律列为"十恶"大罪的前三条。皇帝是国家政权的代表,侵犯皇权即侵犯政权,危害封建国家的安全。

所谓"谋反",是指两人以上谋划反对以皇帝为首的国家政权;所谓"谋大逆",指两人以上谋划毁坏帝王的宗庙、坟墓或宫室的行为;所谓"谋叛",指两人以上谋划背叛朝廷的行为。实际上,单独一个人的"反""大逆""叛"行为,也被加以谋反、谋大逆、谋叛罪名。在夏、商、周奴隶社会的法律里,以及在秦、汉的法律里,关于谋反、谋大逆、谋叛的犯罪,虽然文字不尽相同,但内容、实质完全一样,企图推翻或背叛最高统治者,都被视作最严重的犯罪。《尚书大传》就有"降、叛……者,其刑死"的话。

这类犯罪的主体有两种:一种是起而反抗的被压迫劳动人民;一种是统治阶级营垒中的反对派。为了维护统治阶级的整体利益,奴隶主阶级和封建地主阶级的国家对于统治阶级营垒中分化出来的反对派严加控制,他们如果谋反、谋大逆、谋叛,也要受到严厉的制裁。曾辅佐秦始皇完成统一大业、功勋卓著的丞相李斯,在秦始皇死后,就是被以"谋反"罪"腰斩咸阳市……而夷三族"的①。在楚汉之争中立了大功的韩信,也以"谋反"罪而"夷三族"。与此同时,在对付起而反抗的被压迫劳动人民方面,剥削阶级营垒又十分一致。因此,谋反、谋大逆、谋叛罪的矛头,主要是指向劳动人民。秦、汉、隋、唐、宋、元、明、清各代发生的大大小小数百次农民起义,都曾遭到统治阶级的血腥镇压,加给被杀害者的罪名就是"谋反"。

对于谋反、谋大逆、谋叛罪大都科以极刑,因此各代律文对此大多做了苛细而严酷的规定。以号称"宽简""慎明"的《唐律》为例,它规定谋反者虽然"词理不能动众、威力不足以率人者"也一律处斩,他的父、母、妻、妾、子、女流三千里。甚至规定有人并无谋反的计划,更无实际行动,仅仅是"口出欲之言,妄为狂悖之语者",也要"流二千里"。至于付诸实施的谋反等罪犯,则父子满十六岁的都绞死,不满十六岁的以及母、女、妻、妾、祖、孙、兄、弟、姐、妹等,统统没归官府为奴,"伯叔父兄弟之子,皆流三千里……",牵连缘坐极广,事实上苛酷有如族诛。

二、关于危害皇帝人身安全的犯罪

为了保证皇帝的绝对安全,中国古代奴隶制和封建制的法律对危害皇帝人身安全罪也做了极为详尽而苛严的规定。它主要包括:

---

① 《史记·李斯列传》。

1. 泄漏皇帝行踪。秦代曾在咸阳之旁二百里内筑宫观二百七十所，内设乐队，置美女，宫观之间甬道相连，秦始皇"行所幸，有言其处者罪死"①。有一次他到梁山宫，从山上看见丞相车骑甚多，感到来意不善。有人告诉丞相，丞相立即回车。秦始皇以侍从泄漏了他的话，将当时在旁的侍从全部杀死。这就是为了不让人泄漏他的行踪。

2. "阑入宫殿门"。阑入就是擅入，宫殿是皇帝所在之地，阑入宫殿，就造成对皇帝安全的威胁，因此要处城旦以至弃市的重刑。守卫宫殿门的官吏如对阑入者未加制止，也要按律以"失阑"罪处罚。

3. 犯跸。即冲撞了皇帝出行时的仪仗或车骑。本文开头所说惊了汉文帝御马的，就是以犯跸罪被处罚的。鲁迅写过一篇杂文《隔膜》，其中提到清代的一个案例，说的是山西临汾生员冯起炎，听说乾隆皇帝将谒泰陵，便身怀著作，在路上徘徊，想呈交皇帝，一举成名，不料先以"形迹可疑"被捕了。这部著作的结尾附有"自传"似的文章一大段，大意是说自己曾到"张三姨母家，见一女，可娶，而恨力不足以办此"，又到"杜五姨母家，见一女，可娶，而恨力不足以办此"，希望天子做媒，迎娶表妹，实在并无恶意。但直隶总督袁守侗却以"核其情罪，较冲突仪仗为重"，拟奏"应从重发往黑龙江等处，给披甲人为奴"。

4. 合和御药有误、造作御膳误犯食禁、制造御用车船不牢。都要判处重刑。《唐律》规定造作御膳误犯食禁的，主管人员处绞刑；食物不洁净的，处二年徒刑；不事先品尝的杖一百。

此外还有大不敬罪等。所谓"大不敬"，指诽谤、攻击皇帝的言论或亏礼废节的行为。盗取帝王祭祀的物品或穿戴日用物品，咒骂帝王或对帝王派遣的使者无礼，伪造御宝，指斥皇帝乘坐的舟车，甚至上书、言论提到了皇帝或已死的皇帝的名字即所谓"触讳"等等，都会被以大不敬罪惩处。犯大不敬罪的处以极重的刑罚。秦代法律规定诽谤皇帝者处夷三族的极刑，中国历史上闻名的"焚书坑儒"事件中，被坑杀于咸阳的四百六十余名儒生，就是以诽谤罪惩处的。秦始皇三十六年（前211），发现一块陨石上刻有"始皇帝死而地分"七个字，秦始皇立即派人追查，因为查不出何人所刻，就下令将住在这块陨石所在地附近的人统统抓起来杀死。

《唐律疏议》说："汉制九律，虽并湮没，其不道不敬之目见存，原夫厥初，盖起诸汉。"可见，大不敬罪在《汉律》中已有明确规定。后来，在《北齐律》《北周律》中都有"不敬"条；隋《开皇律》列"大不敬"为"十恶"大罪之六；《唐律》及以后各代封建法律都沿袭不改。明清两代的封建统治者，为了维护封建君主的淫威，更扩大了大不敬罪的范围。明代臣民的奏章如文字略有触犯皇帝的忌讳，就要以大不敬罪处死。例如有的官吏上表歌颂明太祖，内有"作则垂宪""遥瞻帝扉""体乾法坤"等字，结果被以诬蔑皇帝"作

---

① 《史记·秦始皇本纪》。

贼"，攻击"帝非"，诅咒皇帝"发髡"（光头），处以死刑。

综上所述，中国古代法律关于侵犯皇帝的犯罪，规定得极其苛刻、严厉，不但不准对皇帝有任何侵犯，而且为了保证皇帝的安全和威严，随时随地都可以用莫须有的罪名杀裁无辜。奴隶制和封建制法律对劳动人民来说，确是极为沉重的桎梏。

第二章 一绞一杖，天差地别

——关于危害人身安全的犯罪

汉高祖刘邦入咸阳时宣布的"约法三章"，有"杀人者死"。"杀人者死"是个全称肯定判断，表达"一切杀人的人都是要判处死刑的"意思，似乎尊、卑、贵、贱概无例外，"法律面前人人平等"。但是，实际上远非如此。在我国古代的奴隶制和封建制法律里，虽然都规定了"杀人者死"以及其他关于危害人身安全的犯罪的惩罚办法，但其锋芒所向，主要是针对被压迫、被剥削的劳动人民的。

一、危害人身安全罪的起源

原始社会的相当长时期里，生产力水平极其低下。因为食物不足，人们往往杀人而食，这在当时并不是什么犯罪行为。尤其是处在饥饿状态中的部落，当他们战胜了别的部落，从而掳掠得大批战俘以供食用时，他们还要手舞足蹈、引吭高歌以示庆贺。随着生产力的发展，农业从畜牧业中分化出来。农业生产的发展为避免饥荒食人创造了条件。所以，到原始社会末期，战俘通常不再被杀，而被当作奴隶役使，为奴隶主创造财富。

奴隶制国家出现以后，奴隶主阶级为了保证自身的生命安全，同时也为了保证自己不致丧失剥削对象——奴隶，规定危害人身安全就是犯罪，要按照法律惩罚。正因为这样，在许多国家的法律里，奴隶主杀死自己的奴隶不受惩罚，因为那不过等于毁坏自己的部分财产，而别人杀死一个奴隶主的奴隶，却要受惩罚；同时，杀死一个奴隶主和杀死一个奴隶，所受惩罚是大相径庭的。"杀人曰贼"[1]；"贼，杀也"[2]。我国古代，"贼"原不是偷窃的意思，而是杀人的意思。

---

[1] 《尚书·舜典》郑注。
[2] 《国语·晋语》注。

到商、周时代，"杀"与"贼"并用，都是致人于死的犯罪的名称，这可见之于《周礼·调人》的"凡杀人而义"、《尚书·康诰》的"杀越人于货"以及《荀子·正论》的"杀人者死"等。但"贼"的罪名，还沿用很久。李悝《法经》的首篇为《贼》。汉以后各个朝代的法律里，也大多有《盗贼律》或《贼盗律》，其中的"贼"，仍然包括杀人。

秦律中提到过"贼杀人""贼伤人"两种犯罪名称。可见，最迟是从秦代开始，"贼"已不仅仅是"杀人"的犯罪了，所以在"贼"字的后面加一"杀"或"伤"，以示杀人罪与伤人罪的区别。汉以后各代法律篇名中虽仍旧为"贼"罪，但在律文的注疏、解释中，都指明它既包括杀人，也包括伤人。下面，我们分别来看一看关于杀人罪和伤人罪以及其他危害人身安全的犯罪问题。

二、关于杀人犯罪

在秦律里，有"贼杀"和"斗杀"及"遣杀"的区分。贼杀是指一方事先蓄谋、另一方并无戒备而造成的杀人行为；斗杀是指双方都有戒备，相斗而杀；遣杀是指教唆别人杀人。对斗杀的处罚比贼杀轻，而对遣杀的处罚最重，如果是教唆未成年人杀人，则加重处罚车裂的酷刑。

在汉律里，有"斗杀"与"戏杀"的区分。"两讼相趣谓之斗""两和相害谓之戏"①。斗杀是指双方因争论而造成斗殴杀人致死；戏杀是指双方并无宿怨与杀人动机，仅因开玩笑而造成一方死亡。对戏杀的处罚自然比斗杀要轻。据《酉阳杂俎》记载，汉时某甲娶亲，乙、丙二人与甲开玩笑，将甲锁入柜中，结果甲因此而气绝身亡，乙、丙按律判处鬼薪刑，即为宗庙采伐薪木而服苦役。在汉律里还曾规定准许"复仇杀人"，并对"轻侮杀人"从轻处理。所谓"轻侮杀人"，是指父兄受侮辱，子弟忿激而杀人。

准许"复仇杀人"势必造成冤冤相报，永无了时。所以，这一条规定曾在我国法律史上引起长期的争论。东汉初期，桓谭就指出"子孙相报，后忿深前"，会闹得怨仇越结越深，导致"无复法禁"，因而他建议对复仇杀人的，即使杀人者逃走，家属也要流放到边远地区去②。唐朝武则天时，下邽人徐元庆为报父仇，杀了县尉赵师韫投案自首，又引起了一场关于复仇杀人的大争论。著名诗人陈子昂认为"杀人者死"是法律的统一规定，不能违反；但处死后又应嘉奖，因为徐元庆的杀人是出于"孝"的动机。文学家、思想家柳宗元则反对陈子昂这种"首鼠两端"、自相矛盾的意见。他认为关键看赵师韫为何杀徐元庆之父，如果是因为私怨，那么徐元庆非但无罪，不该加诛，而且应"谢之无暇"，予以

---

① 《晋书·刑法志》引张斐律表。
② 《后汉书·桓谭传》。

嘉奖；如果是因为徐元庆之父有罪，那么，徐元庆的行为就是对抗国法，应予严惩①。后来宋代的王安石，以至清末的章太炎都还议论过复仇问题。尽管长期争论，其中也不乏正确的观点，但复仇在封建社会里始终不受法律惩罚或从轻处罚。这是因为这样做，一来可以制造民间矛盾和仇恨，从而削弱群众的反抗力量；二来可以用"私仇"掩盖阶级矛盾，转移群众反抗斗争的视线和矛头。

唐代关于杀人的犯罪，有故意杀人、过失杀人之分。唐代以后，关于杀人的犯罪罪名，基本上没有变化。

三、关于伤人犯罪

秦律已明确规定了按伤人犯罪严重程度而定所应负的刑事责任。汉律中的伤人罪，分为斗伤、贼伤和盗伤三种。斗伤是指双方相斗造成的伤害，分刃伤与非刃伤，刃伤重。贼伤即有心伤人，故意采取各种方法使人身体受伤害。盗伤是指盗窃者给被盗人或捕盗人的身体造成伤害。按汉律的规定，"盗伤与杀同罪"②，要处死刑；以刃斗伤处以城旦四岁刑，贼伤则罪加一等，处以髡钳城旦舂，五岁刑。唐律中的伤人罪，有过失伤害、故意伤害和共同伤害即两人以上共同故意给人造成伤害的区分，并分别处以轻重不同的刑罚。

四、尊、卑、贵、贱之间绝无平等可言

中国古代法律关于危害人身安全犯罪的处罚，在家族内部来说，尊长与卑幼之间是绝不平等的。子孙并无过失，父母、祖父母擅自杀死的，虽然要负刑事责任，但不受"杀人者死"的律条约束。按北魏律的规定，祖父母因忿怒而以刃杀子孙者，处五岁刑，殴杀者处四岁刑。唐、宋律规定，以刃杀者处二年半徒刑，殴杀者处二年徒刑。元律规定，无故以刃杀子，杖责七十七，明、清律规定故杀子孙者，杖六十六，徒一年。相反，除元律规定殴伤祖父母、父母处死刑外，其他时代的法律一概不问伤轻、伤重、有伤无伤，只要对祖父母、父母有殴的行为，就要处以死刑，甚至连故殴与误殴都不加区分。据《刑案汇览》载，翟小良为人修墙，将所得工钱买鱼下酒。翟父见了十分生气，揪住小良辫子就打。小良不能还手，就用刀来割辫子以求逃脱，不料将父亲手腕割伤，结果按律拟处斩立决。

在家族外部来说，贵与贱、良与贱、主与奴之间也绝无平等可言。贵、贱是指官吏与平民社会地位的不同，良、贱是指良民与贱民社会地位的不同。贱民包括官、私奴婢、倡优、隶卒等，有时还将某些特殊人口划为贱民，如清初山西、陕西的乐户，江南的丐户，

---

① 《柳河东集·驳复仇议》。
② 《盐铁论·刑德篇》。

浙江的所谓"惰民"等。历代法律明确规定，良犯贱，其处分较常人相犯为轻；贱犯良，其处分则较常人为重。例如，唐、宋、明、清各律都规定，奴婢殴伤良人使之折损肢体、瞎目，要处绞刑。元律规定，殴死奴婢只杖一百，罚烧埋钱五十两。一绞一杖，真是天差地别。如果良、贱之间加上主、奴的关系，那么处分上的不平等更为加剧。主人殴打奴婢致死，只要事出无心，并非故意殴死，就可不负任何法律责任，法律仅仅禁止非刑和不送官府发落而擅杀。主擅杀奴，在唐、宋、元、明、清律中都只规定杖责一百的处罚。

从尊和卑、贵和贱之间的这种不平等，可以十分清楚地看出，中国古代法律关于危害人身安全的犯罪，其矛头所向，即在于维护剥削阶级对劳动人民的政治统治、经济剥削和人身奴役，在于维护以父权家长制为基础的剥削制社会秩序。

第三章　窃钩者诛，窃国者侯
——关于盗窃官私财物的犯罪

《庄子》的《胠箧》篇说，盗跖的门徒问盗跖"盗也有道吗"。盗跖回答说："无论到哪里，怎会没有道呢！如猜测屋内储藏了什么的，就是圣；带头先进去，就是勇；最后出来，就是义；酌情判断能不能下手，就是智；分赃平均，就是仁。具备这五样才能成其为大盗。"

盗跖是传说中的中国古代的"大盗"，他对"盗"做了热情的赞扬。但正如庄子所说，在当时是"窃钩者诛，窃国者为诸侯"[①]，统治阶级对盗窃的看法与盗跖是截然相反的。

奴隶主阶级和封建地主阶级的国家和私人财物，从劳动者身上榨取而来。在走投无路的情况下，冻馁交加的劳动者不得不铤而走险，以盗窃手段去夺回部分社会财产，这就损害到了剥削阶级的国家和剥削者的利益。因此，在中国古代法律中，对盗窃官私财物的行为，都作为严重犯罪来严加惩罚。

一、盗窃罪名的由来

在原始共产主义社会里，人们共同占有生产资料，共同劳动，公平分配劳动所得，没有剥削，也没有私有观念。因此，当时没有盗窃现象，更没有盗窃之罪。

随着私有制的产生，战俘和外来的异族受战胜部落的剥削和压迫，盗取财物首先是盗取食品的现象发生了。"盗"本写作"盜"字，上为"㳄"（xián）下为"皿"。"㳄"是贪欲的意思，"皿"是食具，合成"盜"字，表示因贪欲而取得非本人所有的食物。"窃"字表示虫私食米，和"盗"一样，都指乘人不知而取得非分的财物。但"盗自中出曰窃"[②]，"窃"最

[①] 《庄子·胠箧》。
[②] 《说文解字》。

初是专用来指战胜部落内部人员盗取财物的行为的。由此可见，对战俘和外来异族的剥削，导致"盗"的产生；部落内部的阶级分化，进而导致"窃"的产生。

在奴隶社会里，奴隶主阶级依靠国家机关的暴力手段，用司法镇压来对付盗窃，盗窃就成了侵犯官私财物的犯罪，盗窃罪名从此出现。《尚书·费誓》中提到"逾垣墙，窃马牛"。《康诰》中提到"杀人越货"，规定对登墙入室，窃取马牛，或杀人以夺取财物，都要判处死刑。

二、秦汉时期关于盗窃罪的规定

战国是我国古代封建制形成的时期。早在秦始皇统一中国之前，魏国李悝所制定的《法经》，就把惩罚侵犯地主阶级经济利益的行为，作为根本的指导思想之一。所谓"王者之政莫急于盗贼"，就是把盗窃罪提到"王者之政"的首位的明证。

秦代对盗窃罪的规定，从湖北云梦睡虎地出土的秦简中可以知道，已经相当详尽。这首先表现在对盗窃罪客体的明确规定上。秦律不仅规定盗窃王室、官僚、地主的珠玉、马牛等比较贵重的财物要处以严刑，甚至规定了偷摘地主桑叶的处罚办法。如《法律答问》中规定，偷摘的桑叶价值不满一钱，要"赀徭三旬"，即罚作劳役三十天。其次表现在对盗窃罪主体的明确规定上。秦律规定，不仅要对盗窃犯本人处以严刑，而且对于共犯、家属知情而接受贿赂的，甚至仅仅知情的，都要治罪。《法律答问》中说，五人合伙盗窃，所得赃物价值一钱以上，全都要"斩左趾，又黥以为城旦"；丈夫盗窃，妻子事前如不知情，以看守赃物论罪，事前如知情，与丈夫同样论罪；其他知情人，分赃不到一钱，也和偷盗千钱的罪犯本人同样论处，知道别人盗窃而不捕捉送官的，也要罚一盾。

"汉承秦制"，秦代关于惩罚盗窃的规定，汉律都承袭下来了，同时又有所发展，主要有三点：

其一，加重了对盗窃罪的惩罚。据《汉书·肖望之传》载，京兆尹张敞上书时提到"非盗、受财、杀人及犯法不得赦者……"。这里把盗与杀人相提并论，而在汉律中，杀人是要处死的。据《汉书·孝宣许皇后传》载，许广汉因为误取他人马鞍，也被劾死刑。对盗窃罪处刑之重由此可见一斑。

其二，公然允许官僚、地主对有盗窃嫌疑的人私自杀死。汉律规定："无故入人室宅庐舍、上人车船、牵引人欲犯法者，其时格杀之，无罪。"①

其三，规定了对以劫持人质为手段而强求财物的犯罪的惩罚。东汉时期，持质蔓延很广，以至京城之中，大官之家也受威胁。汉安帝（刘祜）、汉顺帝（刘保）时，"政教凌迟，

---

① 《周礼》疏引郑玄注举汉律。

劫质不避王公"①。汉灵帝时,太尉桥玄之子就被"三人持杖劫执",曹操的大将夏侯惇也曾被持质。为此,汉律规定了对持质的惩罚办法。《晋书·刑法志》说,汉"科有持质"。汉令还规定"有持质者,皆当并击,勿顾质"②,只要发现持质的,可以不管被劫持的人质的生命安全,而以歼灭持质罪犯为首要任务。可见汉代统治者为保护财物所下决心之大。

三、魏晋南北朝时期关于盗窃罪的规定

《魏律》十八篇,除保留汉《九章律》的《盗律》外,增加了《劫掠律》。《盗律》有"受所监""受财枉法""勃辱""强贼"等目;《劫掠律》有"恐喝""和卖买人科""持质"等目。《晋律》废去了《劫掠律》,同时规定行劫者本人斩首、家人弃市,盗窃王室或官家财物也弃市。

南朝的宋,援用《晋律》,把《盗律》改称《盗劫律》,同时规定了"发冢罪",即盗挖坟墓之罪。宋明帝时,曾一度规定"五人以下相逼夺者,可特赐黥、刖,投畀(bì)四远",以流刑代替死刑。但不久之后,又恢复了行劫者本人斩首、家人弃市之刑,南齐的有关规定与晋大略相同。《梁律》规定行劫者本人斩首,妻子补配到军队中去服役;如遇赦,行劫人可免死,但脸上要刺以"劫"字,并终身髡钳,为官府服役。

北魏初年承用汉律,规定盗窃四十匹者大辟,后改为满三匹即处死。《北齐律》十二篇,以《贼盗律》规定了对盗窃罪的惩罚。《北周律》将《贼盗律》分为《劫盗》与《贼叛》二篇,《劫盗》是专门对盗窃罪做规定的。北周律规定:贼盗群攻乡邑及入人家室者杀之无罪。周武帝时颁行《刑书要制》,规定群强盗一匹以上、不持杖群强盗五匹以上都要处死。

四、隋唐时期关于盗窃罪的规定

隋《开皇律》十二篇中有《盗贼律》。隋文帝曾下令:盗一钱以上都处以弃市之刑;行署取一钱以上,知情不告发者,也处死刑。开皇十五年(595),隋文帝敕令盗边粮一升以上皆斩,并籍没其家。大业九年(613),隋炀帝下令,盗窃者罪无轻重一律斩首。

唐律改定《贼盗律》,其特点一是治盗有窃盗与强盗之分。关于窃盗,规定虽不得财也笞五十,得布一尺杖六十,一匹加一等,五匹徒一年,五十匹加役流。盗园林草木,盗官私牛马而杀之者,处徒刑。关于强盗,规定处刑比窃盗重,即使不得财也处徒刑二年,得一尺者徒三年,十匹及伤人者绞;如持武器,虽不得财,也流三千里,得五匹即绞,伤人则斩。另一特点是规定了盗窃发生地行政长官的连带罪,凡在州、县、乡、里境内,有

---

① 《三国志·魏书·诸夏侯曹传》注孙盛曰。
② 同上。

一人为盗或容留盗者，里正笞五十，三人加一等，州、县官也根据具体情况处笞刑或徒刑二年。这个规定势必导致地方长官加强对盗窃罪的镇压，最大的受害者仍是因贫穷困苦而铤而走险的劳动人民。

五、宋、元、明、清时期关于盗窃罪的规定

五代时期，天下大乱，各朝规定对盗窃罪的惩罚极为苛酷。如后汉高祖天福十二年（947）规定，盗贼不论赃之多少，一律处死。

宋承唐律，《宋刑统》的《贼盗律》，以钱的贯数为计赃单位，其余与《唐律》相同。宋神宗熙宁四年（1071），首创将因劫盗当处死的罪犯家产赏给告发者，因劫盗当处徒、流的罪犯的一半家产赏给告发者。宋代以对盗窃罪处罚严厉著称。宋太宗时，老百姓在青黄不接的情况下剥吃地主的树皮，如果树枯了，以枯死之树的尺寸计算，四十二尺为一功，三功以上处死刑。

元代治盗窃罪之法，按《元通制·盗贼篇》规定，按"始谋而未行"，"已行而不得财"，"得财"及得财多寡分等治罪。元成宗大德五年（1301）在《强窃盗条格》中规定："凡盗人孳畜者，取一偿九，然后杖之"，盗窃幼畜一头，要赔偿九头。这是以民事处罚方式代替刑事处罚方式。此外，元代关于盗窃罪除分持杖、不持杖外，还分为首、为从、造意即出谋划策等，分别治罪。①

明律治盗窃罪之法的特点之一是按得财多少分等，极为详尽，有一贯以下、一贯以上至十贯、二十贯、三十贯至一百二十贯之分；特点之二是分初犯、再犯、三犯，规定"常人初犯并于右小臂膊上刺窃盗二字，再犯刺左小臂膊，三犯者绞"②。此外，明律还有"军人为盗条"，规定"若军人为盗，虽免刺字，三犯一体处绞"。

清律治盗窃罪，基本上依照明律，删去了"军人为盗条"，改为以两计赃，同时规定"用闷香药面等物迷人取财"或"白昼抢夺三犯"者，都处斩刑。这些规定反映了当时犯罪水平的提高以及清朝统治者的强硬对策。《清律》明文规定，盗窃值一百二十两的财物处绞监候。这就是以种种卑劣手段窃取国柄的封建统治者为盗窃犯规定的最高和最后的市价。

六、关于侵犯公私财物的其他犯罪的规定

在中国古代的奴隶制和封建制社会里，关于盗窃官私财物的犯罪，还涉及盗窃皇帝陵

---

① 《元典章·诸盗总例》。
② 《明律·贼盗篇》。

墓及其所在园林里的财物，对盗窃者处刑极重。例如，按汉律的规定，盗伐汉陵一棵柏树要处弃市刑；汉武帝时，有人盗取汉文帝陵园内所埋钱财，丞相严青翟因为对先帝陵墓保护不力而引咎自杀。但这些规定，与其说是为了保护官私财物，还不如说是为了保护皇权的威严。

中国古代法律除对盗窃官私财物的犯罪做了明确详尽的规定外，还有许多关于侵犯地主阶级官私财物的其他规定。例如，秦代的《厩苑律》，对于为封建国家饲养的牛、马等牲畜的管理，规定了详尽的奖惩办法；《仓律》对谷物储藏保存规定了奖惩办法；《司空律》对于工程建筑和器具管理，规定了明确的奖惩办法。自汉至唐以及宋、元、明、清各代，也都有类似的而又更加详密具体的规定。

第四章　七出不孝，桎梏沉重
——关于侵犯夫权和父权的犯罪

据《后汉书》记载，冯衍娶任氏女为妻。任氏女不让冯衍纳妾蓄婢，要儿女干些打水、舂米之类的家务事，冯衍便以"悍忌"的罪名，把任氏女休弃了。还有个李充，家境贫穷，兄弟六人同灶吃饭，同穿仅有的几件衣服。李充的妻子悄悄对他说："现在穷成这样，不是长久之计。我有一点私财，不如分家过活。"李充假装同意说："如要分家，应当摆下酒席，请亲友乡邻共议此事。"待到摆好酒席，客人到齐，李充离座跪到母亲跟前说："这个女人良心不好，挑拨离间我们母子兄弟，罪该斥逐！"于是立时把妻子赶出了家门。又有个姜诗，他的妻子对婆婆极孝顺，婆婆好饮江水，姜诗的妻子常不辞辛劳到六七里路外去打水。后来有一次去打水，遇到大风，回来得晚了。婆婆叫嚷口渴，姜诗怪罪妻子，就把她休了。

这类事，在今天简直不可思议，但在中国古代，却司空见惯，得到法律的保护。究其根源，是由于中国古代法律是维护夫权和父权的特权法，是维护尊、卑、贵、贱的等级制度和以宗法制度为基础的宗族主义的剥削阶级法律。这从解除婚姻关系的条件"七出"和破坏家庭的"十恶"大罪之一的"不孝"上，得到特别清楚的反映。

一、七出和法律对夫权的维护

所谓七出，是指弃绝妻子的七项条件。七出的规定，首先出现于汉律。据《大戴礼记·本命篇》记载，七出为：第一，不服父母；第二，无子；第三，淫；第四，妒；第五，有恶疾；第六，口多言；第七，窃盗。七出的理由是：不顺父母有悖于道德，无子要导致绝代，淫要乱族，妒要乱家，有恶疾不能共同生活，口多言要离间亲属关系，偷窃则违背道义。

从汉代以后，各代都有类似的规定。唐代在唐令中规定了七出，与汉律略有不同：把

"无子"提到首位，妒忌和恶疾退处最后。宋代在令中也有规定。元代规定在《通制条格》和《户令》中。明代规定在《大明令》和《户令》中。清律附注在律文内。

汉代以前，虽然没有七出的具体规定，但丈夫休妻的权利，实际上早就存在。《诗经》中的《鹊巢》，记叙和讽刺召南的一个国君废了原配夫人，另娶一个新夫人；《江有汜》写到一个官吏（或商人）在他做客的地方娶了一个妻子，回本乡时，把她抛弃了；《谷风》写一对夫妻由穷而富后，丈夫另娶新妻，把原妻赶走；著名的《氓》以及《中谷有蓷》等，也写了丈夫遗弃妻子的事。在这些诗里只有弃妇无可奈何的哀歌和悲叹，显然任意休妻，并不受法律制裁。

秦代休妻之事已见之史籍和律令。《史记·陈丞相世家》载，汉初的丞相陈平，幼小时家庭贫穷而不爱劳动，他的嫂嫂见他好吃懒做，说了一句"有叔如此，不如无有"，表示不满，结果被陈平的哥哥休弃了。秦简的《法律答问》有"弃妻不书，赀二甲"的话，可见弃妻只要到政府机关登记一下就可以了，不登记，也不过罚二甲而已。《秦律杂格》中规定：对役使的弟子加以笞打，如打破皮肤要罚二甲。《法律答问》中规定：小牲畜进入他人家室被打死，也"当赀二甲"。那就是说，休弃妻子，相当于打破了皮肤或打死了一只小牲畜。

七出是强加在妇女身上的沉重桎梏，由于它受法律保护，因此妇女不可能反抗。妇女对于休弃所造成的痛苦和不幸，唯一的解脱办法就是自杀。《孔雀东南飞》里，兰芝的命运就是如此。翻开一部中国文学史，描写类似兰芝这种悲惨命运的作品，比比皆是。

中国古代法律对夫权的维护和对妇女的束缚、欺压，当然不仅表现在解除婚姻关系的条件"七出"上。它在择偶、订婚、结婚以及婚后丈夫与妻子的权利义务关系上，都有所反映。例如，汉律就规定了丈夫与妻子完全不平等的权利和义务。丈夫可以随意打骂、役使以至转让妻子，妻子只能对此容忍；相反，妻子却绝对不能背离丈夫。"夫有再娶之义，妇无二适之文"[1]，法律保护一夫多妻制的同时，严禁一妇"二适"，不允许在丈夫未死时离婚改嫁；如果丈夫未死而改嫁，甚至夫死未葬而改嫁，都要处以死刑。汉律还规定，丈夫与人通奸，处徒刑三年；而妻子与人通奸则处死刑。唐律进一步发展了夫、妻之间在权利、义务方面的不平等关系。法律规定：妇女没有继承父亲或丈夫财产的权利；妻子不可告发犯罪的丈夫，否则就是干犯名义[2]，要按所告发的罪名予以制裁；同是殴伤，妻殴伤夫，加凡人斗伤三等处罚，而夫殴妻无伤则不成立殴罪，折伤以上减凡人二等，殴斗致死的才以凡人论[3]。同一犯罪行为，夫妻之间量刑相差五等。

法律虽然一般地赋予男子以对待女子的种种特权，但是为了维护剥削阶级的统治秩

---

[1]《女诫》。
[2]《唐律疏议·斗讼四》。
[3]《唐律疏议·斗讼二》。

序，中国古代法律又在另一些方面强化对男子的束缚，只有那些皇亲国戚、达官贵人才能逍遥法外。

二、不孝和法律对父权的维护

不孝是指对直系尊亲属有忤逆言行。《唐律》将不孝列为"十恶"之七，它主要包括以下四个方面：第一，控告或咒骂、殴打祖父母、父母；第二，祖父母、父母在时，与之别籍异财即分立门户而居或者不肯供养；第三，父母死后服丧期间出嫁或娶妇，或歌舞作乐，脱去丧服改着吉服；第四，闻祖父母、父母丧，匿不举哀即谎称未死而不进行哀悼，或诈称祖父母、父母死亡。规定对不孝罪处以重刑。如殴打祖父母、父母要处斩，咒骂祖父母、父母要处绞。

唐代以前，秦、汉时期的法律早已有关于不孝的治罪规定。秦规定，不但侵犯父母的人身被视为重大犯罪，而且侵犯祖父母、曾祖父母的人身，也被认为是重大犯罪，"殴大父母，黥为城旦舂"，"殴高大父母，比大父母"①。秦律还规定，老人控告子孙不孝，要求判处死刑，司法机关得立即加以逮捕。②秦简《封诊式》的一份"爰书"记录了这样一个案例：甲控告儿子丙不孝，要求处以"刖（wō）刑"和流放去边远的四川，司法机关果真立即将丙逮捕，"刖丙足"（砍断丙的足），并办好了连同家属一起流放四川的一切手续。③汉律规定，子女对父母不孝，要处以死刑。父母随意殴打子女不算违反法律，子女殴打父母"当枭首"④。汉武帝时，"太子爽，坐告王父，不孝，弃市"⑤，就是一个典型的例子。

曹魏时期，不孝也是严重罪名。据《后汉书·孔融传》和《三国志·魏书·崔琰传》载，孔融屡屡反对曹操，曹操就让路粹诬告孔融，说孔融主张母子关系如同瓶之盛物，只要把瓶内东西倒出，母子关系便算完了；又主张假使天下饥荒，儿子有点食物时，如果父母不好，宁可给别人。这样，曹操就以"违反天道，败伦乱理"的不孝罪，把孔融杀掉了。唐代以后，宋、元、明、清的法律也对不孝罪规定了与唐律基本相同的处罚办法。

三、家长的权利

中国古代法律对父权家长制的维护和对卑幼的束缚、压制，也不仅仅表现在对不孝罪的严厉惩罚上。实际上，法律赋予家长在家庭中拥有的一切权力，使家长俨然是一家的皇

---

① 《法律答问》。
② 《法律答问》。
③ 《封诊式·迁子》。
④ 《太平御览》646引董仲舒《决狱》。
⑤ 《汉书·衡山王刘赐传》。

帝，使之在家庭的小范围里代行一部分的封建王朝的统治职能。这主要见之于：

第一，法律赋予家长以处分财产的全权，借以巩固家长制的物质基础。"别籍异财"罪的根据和目的就在这里。根据唐令的规定，子孙私自擅用财物，都要受刑事处罚[①]，对"别籍异财"的处罚就更重了[②]。

第二，法律赋予家长以家法教诫子孙和移送司法机关惩罚之权。《唐律疏议·斗讼四》规定：对于祖父母、父母的教诫，只要是"于事合宜"的，子孙就要"奉以周旋"，不折不扣地实行，不得违犯，否则要处徒刑二年。

第三，法律赋予家长以绝对的对子女的主婚权，并负有法律责任。而这，也就决定了在七出休妻这件事上，父母之权大于夫权。瞿同祖先生在《中国法律和中国社会》一书中对七出的内容逐一做了精要分析，正确地指出："从七出的内容中我们可以清楚地看出来无一条件是涉及夫妇本人的情爱及意志的。"例如，"不顺父母"，与其说取决于客观的事实，还不如说首先取决于父母主观的态度。《孔雀东南飞》中的兰芝"十三能织素，十四学裁衣，十五弹箜篌，十六诵诗书"，嫁给焦仲卿后，"鸡鸣入机织"，"三日断五匹"，可谓才艺双全，勤俭兼备。而且，丈夫焦仲卿本人对她也十分满意，为"幸复得此妇"而庆幸，决心"结发同枕席，黄泉共为友"，"今若遣此妇，终老不复取"。但是焦母硬是作梗，大骂焦仲卿"小子无所畏，何敢助妇语！吾已失恩义，合不相从许"，非赶走兰芝不可，终于导致兰芝"举身赴清池"，焦仲卿"自挂东南枝"。

---

① 《唐令拾遗·杂令》："家长在（谓三百里内，非关隔者），而子孙弟侄等，不得辄以奴婢、六畜、田宅及余财私自质举及卖。"
② 《唐律·户婚律》："祖父母、父母在而子孙别籍异财者，徒三年。"

第五章　彼君子兮，不素餐兮
——关于逃避赋税和劳役的犯罪

北宋诗人苏舜卿在呈欧阳修的《城南感怀》诗中，记述逃亡的农民在路上挖凫茨（野荸荠）充饥，凫茨挖光，只好吃有毒的俗名卷耳的野菜，造成惨不忍睹的景象："十有八九死，当路横其尸。犬龁咋其骨，乌鸢啄其皮。"他在诗中悲愤地问道："胡为残良民，令此鸟兽肥？"

这类问题，其实早在奴隶制时代，就已由不堪剥削重压的奴隶提出了。《诗经》中人们所熟悉的《伐檀》，就一迭连声地提出了"不稼不穑，胡取禾三百廛兮？不狩不猎，胡瞻尔庭有悬貆兮"的责问。

苏舜卿没有在诗中回答他自己提出的问题。《诗经·伐檀》中的奴隶们用讽刺性的反话"彼君子兮，不素餐兮"做了回答，意思是说那些大人君子们，可不是白吃饭的呀，指出敲骨吸髓地剥削他们的正是那些"君子"。

那么，"君子"即奴隶主和地主，凭什么来达到他们剥夺劳动者的目的呢？他们所凭借的，就是反映他们的意志的法律。劳动者终年辛勤劳动，但按照剥削阶级法律的规定，他们所得的劳动果实的很大部分，要以赋税的形式交给剥削者。而且，劳动者还必须无偿地为剥削者服各种劳役。如果劳动者逃避赋税和劳役，就被认为是犯罪，要受法律的严厉制裁。

一、赋税和关于逃避赋税的犯罪

在周代，周天子拥有称为大田、甫田、南田的大量公田，每年要成千上万的农奴到公田上去为他耕种。范文澜先生引述《诗经·小雅·甫田》篇的"倬彼甫田，岁取十千"后指出："天子所属农夫不只万人。万人助耕，余人不能无税，想见与助并行的还有称为彻的税法。"① 必须纳税的是那些路途遥远，不能到公田助耕的农奴。

封建制时代，秦的赋税可以分田租与口赋两种。田租是按土地面积征收的土地税。口赋是按成丁人口所征收的人口税。

汉代有口赋，算赋（民年十五岁以上，不分男女，每人每年出算赋一百二十钱，叫作一算，商贾与奴婢加倍），户赋（每户每年出户赋二百钱），献费（每人每年献给皇帝六十三钱），等等。

唐律规定农民每个成丁每年上交租二石、绢二丈、棉三两、布二丈五尺、麻三斤，此外还有各种名目的临时征调。

五代时期，赋税极其繁重。除正租、正税以外，还附征农器钱（每亩一文半）、曲钱（每亩五文）、匹帛钱、帛钱、鞋钱、蚕盐钱等等，织布、做鞋、养蚕、食盐都得纳税。此外，还加征秆草每束一文，绢、绝、布、绫、罗每匹十二文，现钱每贯七文；丝、绵、绸、线、麻皮每十两加耗半两，粮食每石加耗二斗，称为雀鼠耗。

宋代分夏、秋两次征收田税，此外还有身丁税（自二十至六十的男子，都要交纳身丁钱，或米、绢）、官庄田赋以及蚕盐钱、牛皮钱、蒿钱、农器钱、鞋钱等。

清代的租税，在《红楼梦》里都有所反映：黑山村乌进孝到宁国府交租，一份长长的账单上满是"大鹿三十只，獐子五十只"等等，合银二千五百两，但贾珍还很不满意地说"这够做什么的"。

在名目繁多的赋税中，田租是最主要的。宋代的苏洵在《嘉祐集》中论及"田制"时说，大地主"田之所入己得其半，耕者得其半"，农民收成的一半要作为田租交给地主。有的地方，佃农要交田租四成、牛具二成、农具二成，地主的剥削率达到百分之八十。

农民负担不起这么沉重的赋税剥削，不得不采取种种逃避的办法，但一切逃避赋税的行为都被法律认定为犯罪，要受惩罚。从秦简《法律答问》中可知，用"匿田"的方法逃避租税是要受法律制裁的。《七国考》引《大事记》说，"秦赋户口，百姓贺死而吊生"，死了人值得庆贺，生了人却是悲哀的事。从这里可以想见，在残酷的司法镇压之下，无法逃避赋税的农民生活何等悲惨。

唐律规定：用"脱户"即脱漏户口隐匿不报的办法逃避赋税的，家长处徒刑三年；用"脱口"即隐匿人口或增减年龄的办法逃避赋税的，隐匿一口，处徒刑一年，二口加一等，直到满三年。柳宗元的《捕蛇者说》中，淋漓尽致地记述了地方官吏征收赋税时，那种穷凶极恶的行为："悍吏之来吾乡，叫嚣乎东西，隳突乎南北，哗然而骇者，虽鸡狗不得宁焉。"

宋、元、明、清各代也不例外。据《建炎以来系年要录》记载，宋高宗时，"公门赋敛，私门租课"，稍有拖欠，官府就派人抓进监狱，或押在邸店，用长绳捆成一串，狱吏

---

① 《中国通史》第1册，第88页。

在后面执鞭拷打，路上行人见了，也要为之落泪。据黄震《黄氏日抄》记载，宋时地方官吏常常直接出面代地主收租，随意搜捕欠租的佃客，捕到之后，草草审讯，"托名监租"关押起来。被捕的佃客往往"只见百人往，不见一人还"。

二、劳役和关于逃避劳役的犯罪

所谓劳役，就是统治者强制劳动人民为官府承担的无偿劳动。先秦的劳役情况，在《诗经》中有不少篇幅做了反映。《齐风·东方未明》是一首农奴所唱的叙述服劳役情况的歌："东方未明，颠倒衣裳。颠之倒之，自公召之。……"《邶风·式微》写了奴隶们在野外冒霜露、踩泥水，给贵族服劳役，天黑了还不能回去时唱出的歌："式微式微，胡不归？微君之故，胡为乎中露。……"《王风·君子于役》抒写了妻子怀念在外服劳役的丈夫的心情："君子于役，如之何勿思！……君子于役，苟无饥渴。"《魏风·陟岵》写在远方服劳役的人思念家人："陟彼岵兮，瞻望父兮……陟彼屺兮，瞻望母兮；……陟彼冈兮，瞻望兄兮……"

秦代的劳役，据秦简《编年纪》载：秦始皇时，男子十七岁要"傅"，即向政府机关登记，以"给公家徭役也"[①]。孟姜女的丈夫万喜良，就是被秦始皇拉去服役筑长城而死的。

汉律规定农民从二十岁开始，直到五十六岁，每年都要在本郡或本县服役一个月，称为卒更或更卒；每人按一定的次序轮流到京师服役一年，称正卒；每人每年戍边三日，称徭戍。按董仲舒的计算，农民每年平均要服役三个月。同时，从汉惠帝时起，法令规定六百石以上的中级官员，全家人免除一切徭役，下级官吏本人终身免役，与皇帝同姓刘的全家人也可免役。这样，更多更重的劳役就落在劳动人民头上。隋炀帝时，为了发动对高丽侵略战争的需要，大肆征调农民服役。他下令在车莱（今山东省莱州市）海口造船三百艘，被征调服役的工匠昼夜站在水中打造船只，不敢休息，腰以下腐烂生蛆，死去十之三四。

唐、宋、元、明、清各代，农民的劳役负担同样十分沉重。《水浒传》里所写的童贯、高俅、梁中书等征发大批人为他们运送搜刮来的奇花异石，就是很著名的例子。

逃避劳役，被历代法律视为犯罪，要加惩罚。例如秦律规定，地方官吏耽搁了劳役的征发，要罚二甲；服劳役者迟到六至十天的，罚一盾；超过十天的罚一甲。秦简《法律答问》中有一则解说了什么叫"逋事"和"乏徭"：在徭役的时候，吏和里典已下令征发，随即逃亡，不去报到，称为"逋事"；已经参加检阅，共同乘车和吃口粮，或已到服徭役地点，然后逃亡，就是"乏徭"。秦律对于"逋事"和"乏徭"，做了这样明确的规定，必定也会规定对"逋事"者和"乏徭"者的惩罚。又如，唐律规定，服劳役者不能如期赴役

---

① 《汉书·高帝纪》注。

的，迟一日笞三十,三日加一等，直到杖责一百，如果逃亡的，一日笞三十,十日加一等，直至处徒刑三年。宋、元、明、清的法律也做了大略相同的规定。

"君子"们不劳而获，过着穷奢极侈的生活；劳动人民终年劳碌，为他们提供享受的物质条件，自己过着牛马不如的痛苦生活，稍有违抗，就受封建法律的惩罚。这就是封建社会的现实。

第六章　穷兵黩武，军律苛暴

——关于军事犯罪

历代统治阶级都要维持庞大的军队，用以镇压劳动人民的反抗；同时，许多帝王酷嗜侵略，穷兵黩武，频频发动对外征战，所以他们总是要强制劳动人民为他们服兵役。

一、沉重的兵役

《诗经·王风·扬之水》反映了被征发服兵役的劳动人民不能回家的痛苦心情："怀哉怀哉！曷月予（我）还归哉？"《诗经·齐风·甫田》写亲人怀念未成年儿子被抓去远方服兵役的痛苦心情："无思远人，劳心忉忉。……无思远人，劳心怛怛。……"这些写的是西周时的情况。

稍后一些，春秋时期，我们可以从《塞翁失马》的故事中窥见一斑：塞翁失马，全家愁苦，塞翁认为未必是祸；不久，果然见失马带回了几匹野马，全家转忧为喜，塞翁又认为未必是福；结果发生了儿子骑马跌断手臂的事，全家又为之啼哭，塞翁却处之泰然，认为这也未必是祸；随之而来的是官府征兵，儿子由于跌断了手，可以免服兵役，应了塞翁的预言。所以老子说"祸兮福所倚，福兮祸所伏"。跌断手而不服兵役，被认为是"福"，可见当时兵役负担之可怕。

反映北魏时期战争年代情况的著名乐府民歌《木兰辞》中，说到"军书十二卷，卷卷有爷名"，连老头子也因"可汗大点兵"被点中，结果花木兰不得不女扮男装，投杼从军。木兰从军，一方面反映了我国古代劳动妇女的勇敢和才能；另一方面，木兰从军的背后，恰恰透露了劳动人民兵役负担的极端沉重。

唐代诗人杜甫在《石壕吏》一诗中，记叙了他在石壕村的见闻："暮投石壕村，有吏夜捉人。"他所住的这一家，"三男邺城戍。一男附书至，二男新战死"，一家三个儿子全抓去服兵役了。官府还派人来抓，"老翁"只好"逾墙走"，最后把老太婆抓去"急应河阳役"。在中国古代进步文学作品中，除描写妇女悲惨命运的作品外，要算描写兵役负担之重的篇幅为多了。

二、兵役法规

劳动人民沉重的兵役负担，是由法律做了明确规定的。

秦代商鞅变法的基本内容之一，就是加强军事立法。《史记·秦本纪》载："卫鞅说孝公变法修刑，内务耕稼，外劝战死之赏罚，孝公善之。"云梦秦简中，关于军事方面的有《除吏律》《军爵律》《中劳律》《屯表律》《戍律》《公车司马猎律》和《秦律杂抄》所录的一些法律条文。这些法律与条文，具体规定了兵员的征发和补充、士卒的训练、战时指挥、军队纪律、功爵计算等等。

北周、隋和唐代的前期，都在均田制的基础上，实行兵农合一、寓兵于农的府兵制。府兵从农民中挑选，民年二十服兵役，六十免役，平时在家生产，农闲训练，每年轮流去京师宿卫一个月，遇有战事，由中央政府直接调动。兵士必须具备马一匹，箭五十枝，横刀、衣装以及麦九斗、米二斗。

宋代军队主要从募兵而来，但朝廷也常借口边防，下令抽兵，有时三丁抽一，有时两丁抽一或五丁抽二。宋太祖时有兵三十七万八千人，太宗时增至六十六万六千人，真宗时增至九十一万二千人，仁宗时达到一百二十五万九千人。七八十年间，增兵三倍，使农村劳动力锐减，造成田园荒芜。

明代前期，统治者为了强制人民当兵，防止士兵逃亡，将全国一部分人户列入军籍，叫军户。军户要承担兵役。明律规定，军人必须娶妻，父死子承，世代为兵。

三、关于军事犯罪

许多法律或法律条文，做了严密的规定，所涉及的军事犯罪主要有：

逃避兵役。如唐律规定：凡谎称有病而逃避兵役的，"杖一百"；如果用故意使自己伤残的办法逃避兵役的，"徒二年半"。受雇请制造伤残的"与同罪"；因此而使雇请人死亡的，"减斗杀罪一等"[①]。

失期，即不能如期抵达服兵役地点。从《史记·陈涉世家》中我们看到，按秦律的规定，被征发服兵役的农民如果不能按时到达集合地点，要处死刑。陈胜、吴广起义的导火线，就是他们被征发服兵役，在赶往集合地点渔阳的路上，"会天下雨，道不通，度（估计）已失期（误期）。失期，法当斩"。纯由客观原因造成的"失期"，法律都规定"当

---

① 《唐律疏议·诈伪律》。

斩",军律的苛暴,真是到了极点。汉代失期也称后期,法律也规定失期要处斩刑。《汉书》的《公孙敖传》和《张骞传》等,记载有将军公孙敖、张骞"失期当斩""后期当斩"的话。

逗留不进,即在作战时停顿不前。《汉书·韩安国传》如淳注曰:"军法,行而逗留畏懦者腰斩。"《唐律疏议》说,"征人稽留","一日杖一百,二日加一等,二十日绞",而如果是在交战前线,只要有所稽留,就要流放三千里,稽留三日,就处斩。

逃亡。士兵逃亡,秦、汉律都规定要处以死刑。东汉末年,甚至"重士亡法,罪及妻子"①,士兵逃亡,其妻子儿女都要以同罪处死,或流放边远地区,或没入军队为奴。唐律规定了详尽的逃亡罪,分为"宿卫人亡""从军征讨亡""防人向防亡"等。凡是宿卫兵员"在直而亡者,一日杖一百,二日加一等","十七日,流三千里";"从军征讨而亡者,一日徒一年,二日加一等,十五日绞"②。

令军兴。令军兴指在战时不能按时完成官府或军事当局所布置的各项任务,范围相当广泛。《后汉书·章帝纪》注曰:"军兴而致阙乏,当死刑也。"唐律规定,"请乏军兴者,斩",凡兵马粮草以及军队所用器械战具等,不能及时供给或不供给,都要处斩刑。③

此外,历代法律还对军事长官严密地规定了各种军事犯罪方面的条文,如唐律规定有擅发兵、弃去守城、临阵先退、怠忽守候、不即调发等罪。由于有这些规定,军事长官势必更加穷凶极恶地对待士兵,因此实际上也成了加在士兵身上的沉重镣铐。

---

① 《三国志·魏书·卢毓传》。
② 《唐律疏议·捕亡》。
③ 《唐律疏议·擅兴》。

第七章 亏损名教，毁裂冠冕
——"十恶"罪

北周末年，杨坚为相，大权独揽，总管朝政，公然谋划夺取帝位。当时相州总管尉迟迥和郧（yún）州总管司马消难等联合发难，企图推翻杨坚[1]。尉迟迥又派遣使者去并州，想联合并州总管李穆一起发难。但是李穆扣押了使者，将尉迟迥的密信交给杨坚，又向杨坚奉献只有天子才能佩戴的十三环金带，密上劝进表。杨坚夺取北周帝位后，自然对李穆优礼有加，因此，"穆之贵盛，当时无比"。一年以后，隋文帝杨坚下诏对李穆大加褒奖，特许李穆"自今以后，虽有愆罪，但非谋逆，纵有百死，终不推问"[2]。这几句话，是很值得玩味的。

愆，过失，罪咎之意；愆罪，指过失犯罪和故意犯罪。隋文帝特许李穆即使犯罪，据法当死，也决不追究。但是，这一特许令有一个前提，就是"但非谋逆"。如果谋反、谋大逆，那还是要处死刑的。诏令恰好说明了两个方面：第一，"法备小人，不防君子"[3]，法律的矛头主要是对准"小人"，即劳动人民的；第二，如果谋反、谋大逆，危及以皇权为代表的整个统治阶级利益，那也不能宽恕，要加以镇压。因此，即使发生在统治阶级营垒内部，也决不宽贷。

但是，由于根本利益的一致，统治阶级内部的谋反、谋大逆者，终究是极少数。因此，我们仍然可以说，法律关于谋反、谋大逆之类犯罪的规定，矛头主要也针对着不断地起来反抗斗争的劳动人民。

前面已经提到过谋反、谋大逆、谋叛以及不孝等罪。在我国古代法律中，这些罪都属于十恶范围。现在我们综述一下十恶罪的确定、十恶罪的内容和本质以及对犯十恶罪

---

[1] 《隋书·高祖纪》。

[2] 《隋书·李穆传》。

[3] 同上。

的处罚。

一、十恶罪的确定

《北齐律》首先明文规定了重罪十条，隋《开皇律》正式确定了十恶的罪名，唐、宋、元、明、清各代相沿不改，从明代开始，十恶的内容有所增加。

《北齐律》所规定的十条重罪是："一曰反逆，二曰大逆，三曰叛，四曰降，五曰恶逆，六曰不道，七曰不敬，八曰不孝，九曰不义，十曰内乱。"①

北齐之前，这十条重罪的某些罪名早已在各代法律中零星地出现。《尚书大传》中已经出现了"降""叛"罪。《康诰》中已经出现了"不孝"罪。秦律中已经出现了"反"罪。"公于虔之徒告商君欲反"②，商鞅以谋"反"罪被车裂。秦二世使赵高构陷丞相李斯"责斯与子由谋反状"，腰斩咸阳市，夷三族。③ 秦简《法律答问》中已出现了"不孝"的罪名。《汉书·高帝纪》载，刘邦曾向诸侯发出檄文，对项羽声罪致讨，罪名之一就是项羽放杀义帝于江南，犯了"大逆无道"之罪。《汉书·景帝纪》如淳注引《汉贼律》说："大逆无道，父、母、妻、子同产皆弃市。"同产，指同胞兄弟姐妹。晁错就是以"大逆无道"罪，被处腰斩，他的"父、母、妻、子、同产"不分老小全部被处弃市之刑的。④《唐律疏议》说，不敬的罪名，在汉《九章律》中已经出现，经过魏、晋时期的进一步发展，就为《北齐律》规定十条重罪奠定了基础。

北齐以后的北周，"不立十恶之目，而重恶逆不道、大不敬、不孝、不义、内乱之罪"⑤。

南朝梁律中有谋反、降、叛、大逆罪；陈律中有不孝、内乱及恶逆罪等。

隋《开皇律》集前代封建立法之大成，正式确定了十恶之罪："一曰谋反，二曰谋大逆，三曰谋叛，四曰恶逆，五曰不道，六曰大不敬，七曰不孝，八曰不睦，九曰不义，十曰内乱。"⑥

从此以后，唐、宋、元、明、清各代法律都沿用《开皇律》所定的十恶罪名。但关于十恶罪所包括的范围，各代又略有增减。

---

① 《隋书·刑法志》。
② 《史记·商君列传》。
③ 《史记·李斯列传》。
④ 《汉书·晁错传》。
⑤ 《隋书·刑法志》。
⑥ 同上。

二、十恶罪的内容

《唐律疏议》中有比较详尽的说明。

谋反是所谓"谋危社稷"。社稷指国家,皇帝是国家政权的最高代表,所以谋反就是指反对皇帝的罪行。其内容不仅包括动刀动枪反对皇上的行动,而且包括"将有逆心而害于君父者"的意图。后者被包括在谋反罪中,就使得统治者可以任意用莫须有的罪名,将所要镇压的劳动人民和其他政敌置于死地。

谋大逆是所谓"谋毁宗庙、山陵及宫阙"。供奉先帝的庙堂、埋葬先帝的陵墓,是死去的皇帝至高无上的尊严的体现;皇帝居住的宫殿,是活着的皇帝绝对权威的体现。如有"谋毁"也被看作是大逆不道的极端犯罪行为。

谋叛即"叛国从伪"。其内容包括"谋背本朝,将投蕃国"的行为和意图。"从伪"的手段,"或欲翻城从伪",即在交战中弃城投敌;"或欲以地外奔",即献地投敌。

恶逆指"殴及谋杀祖父母、父母;杀伯叔父母、姑、兄、姊、外祖父母、夫、夫之祖父母、父母者"。殴、杀指已经实施的殴打和杀害行为;谋指"谋计",即谋杀的企图。

不道,包括"杀一家非死罪三人",即被杀的三人同属一家,而且均无死罪;"支解人",即杀人后又分裂人的肢体;"造畜蛊毒、厌魅",即用迷信方法咒人死亡。

大不敬,包括盗窃大祀时用以祭神的物品或供品,盗窃皇帝所用的衣服及其他器物如车轿等;盗窃或伪造皇帝及皇后的玺(印章)、符等;不按药方配制皇帝服用的药物,或虽然配制不错,却"封题有误",将几种药物名称及吃法搞错,如"以丸为散,应冷言热之类";为皇帝造膳食不依食谱;为皇帝造乘坐的船不牢固;"指斥乘舆,情理切害",即对皇帝加以攻击、毁谤;对皇帝派出的使臣无礼或对他们传达的诏令抗拒等等。

不孝,前已述及。

不睦,包括谋杀或卖缌麻以上亲;妻对夫,或卑幼对尊长有殴打或控告行为。

不义,包括杀本属府主、刺吏、县令及学生杀死受业老师;吏卒杀五品以上官长;妻子闻丈夫死亡加以隐匿,不举行哀悼,或举哀期间寻欢作乐,脱去丧服穿吉服,改嫁等。

内乱,即亲属相奸。包括奸小功以上亲,即奸伯叔祖母、堂伯叔母、姑、姨、兄弟妻、堂姐妹、侄媳等;强奸祖父、父亲之妾,或与之通奸。

从内容来看,十恶罪的本质是对封建统治阶级根本利益的侵犯。《唐律疏议》谈到为什么将十恶罪"特标籍首",放在唐律的篇首时说,原因在十恶之罪"亏损名教,毁裂冠冕",一语道出了十恶罪的本质。

所谓"毁裂冠冕",是指侵犯作为封建统治阶级最高代表的皇帝,十恶中的谋反、谋大逆、谋叛和大不敬四条,都属于这一方面。这是为了维护封建政权的需要。

所谓"亏损名教",是指侵犯父母尊长,破坏封建伦理关系,十恶中的恶逆、不道、不孝、不睦、不义、内乱六条，都属于这一方面。这是为了维护封建统治秩序的需要。

三、对犯十恶罪的处罚

在历代法律中都有极为严厉的规定。如前所说，汉律规定对犯大逆无道罪者，本人腰斩，父母妻子同产弃市。曹魏时期，虽对犯大逆无道罪的从坐范围有所缩小，将谋反、大逆、夷三族规定在法令中而不是规定在法律中，但实际执行过程中，并没有大的变化。晋代进一步缩小了大逆无道罪的处罚范围，但到北魏时期，又加重了对大逆无道罪的惩罚。崔浩所定的律令甚至规定：大逆不道者，本人腰斩，同籍即其户籍内的所有的人，年龄十四岁以上的全部诛杀，十四岁以下的处腐刑，女子没为县官的奴婢；杀害亲人的，以辕刑处死；犯蛊毒罪的，"男女皆斩，而焚其家"①。《北齐律》规定，犯十条重罪的"不在八议论赎之限"②。隋《开皇律》规定"大逆、谋反、叛者，父子兄弟皆斩"，即夷二族；同时规定，"其犯十恶者，狱成，虽会赦犹除名"③，只要犯了十恶罪的，即使得到赦免，也永远不得做官。《唐律》也做了与隋律相同的规定。《宋刑统》规定，凡知道别人谋反、大逆而不告发的，处绞刑；知道别人谋大逆、谋叛而不告发的，流二千里。《元通制》规定，邻居知道有谋反而不告发的，与之同罪，都处死刑；谋反已有反状，为首者与同情者都得凌迟处死，为从者也处死。《明律》规定：凡是共同谋反、共同谋大逆者，不分首从，全部凌迟处死；其祖父、父、子、孙、兄、弟及同居的人，不分异姓及伯叔兄弟之子，不管是否同一户籍，不论病重、残废，凡是年龄十六岁以上的全部斩首，其余则"给付功臣之家为奴"，家财全部收归官府。清律的规定与明律大致相同。

---

① 《魏书·刑罚志》。
② 《隋书·刑法志》。
③ 同上。

第八章 非所宜言，罪孽独多
——关于言论罪

一、腹非罪和口舌

西汉时，大司农颜异是个清廉正直的人，他从不阿谀奉承，说违心的话。而御史大夫张汤却是个既善于奉承拍马，又工于罗织陷害的酷吏。他投皇帝所好，用白鹿皮制造钱币。皇帝问大司农的意见，颜异认为这样会紊乱币制，就直言"本末不相称"，皇帝听了心里老大不高兴。张汤因此对颜异怀恨在心。一天，有客人去访问颜异，谈话中客人说皇帝最近下的诏令，老百姓实行起来有很多不方便之处。颜异当时欲言又止，只是"微反唇"——嘴唇稍稍翻动了一下。这件事竟被报告到皇帝处。皇帝令张汤办理此案。张汤拟奏说，颜异身为国家重臣，见法令行使不便不向皇帝谏言，却在肚子里反对，当以"腹非"罪名判处死刑。耿直无辜的颜异遂被杀害。从这以后，西汉又多了个"腹非"的罪名，满朝公卿大臣吓得全不敢直谏，多向皇帝"诌谀取容"①。

颜异的罪过仅仅是"欲言又止"，至于管不住自己的舌头，把肚子里的话直截了当地吐出来而造成的犯罪，历史上就更多得不可枚举了。

《云梦秦简》中刻有这样一段话："口，关也，舌，机也，一堵（曙）失言，四马弗能追也。口者，关，舌者，符玺也。玺而不发，身亦无薛（罪）。"② 就是说，嘴巴好比是个关口，舌头好比是个机关，如果一朝失言，那么即使四匹马也难追回了；舌头又好比是印玺，只要印玺不盖在纸上，就不会招来切身之罪。可见早在两千多年前，人们对于舌头的危险性就已有了相当的认识，舌头是关机之处，也是罪恶之源，要想太平无事，非得好好管住自己的舌头不可。由此可知言论犯罪在当时已是最普遍最常见的犯罪了。

---

① 《汉书·食货志下》。
② 《睡虎地秦墓竹简·为吏之道》。

二、议国法者诛

战国初期，魏国的《法经》中有一条是"议国法令者诛，籍其家及其妻氏，曰'狡禁'"①。国家法令只有皇帝才能制定，老百姓无权议论，否则本人要处死，全家及妻子的娘家全要被削除良民籍，没为奴婢。这是封建法典确定言论犯罪的开始。

秦始皇时，"偶语《诗》《书》者，弃市"，"以古非今者族，吏见之不举，与同罪"②。李斯对于上述措施有一段说明，他认为春秋战国时那种私学遍立、百家争鸣的局面是导致天下分裂、不能统一的思想原因。现在皇帝已统一了天下，就应当"别黑白而定一尊"，否则皇帝就不能有令必行、有禁必止，树立起绝对的权威。人们一听到皇帝的命令，都先拿自己的学派观点评议一番，百官朝臣"入则心非，出则巷议"，就必然会使"主势降乎上，党兴成乎下"。所以他建议禁私学、焚诗书、杀"偶语《诗》《书》"和"以古非今"者，来维护皇帝在思想上的"一尊"地位③。

在我国历史上，伴随着大一统的封建帝国而产生的，就是君主高度集权的专制制度。这个制度不仅要求政治上、经济上的高度集中，也需要思想文化上的高度统一，早期封建社会的言论犯罪，主要集中在对政治上的不同见解和与政治有关的学术思想的控制，它的矛头主要是指向统治集团内部的"政敌"和具有独立思想的文人士子。

三、"妖书妖言"罪

西汉以后，法律中增加了主要是防范农民起义的造"妖书妖言"罪。秦末农民起义，是带着浓厚的宗教迷信的色彩的。所谓"鱼腹丹书""篝火狐鸣"一类的神话，对发动农民起到了一定的作用。统治者对于这类"妖言"视若洪水猛兽，制造、传播"妖书妖言"成了封建法律中的一条大罪。禁"妖言"之法，始自西汉。据记载，吕后元年曾下了一道诏书说，前日孝惠皇帝准备下达废除妖言罪的诏令，未决而崩。现在我来废除这条诏令吧④。当时汉室江山已稳，吕后初上台急欲收买人心。从这里可以看出造妖言之罪自西汉已始。东汉时"妖言大狱，所及广远，一人犯罪，禁至三属"⑤。

唐律中有了禁"妖书妖言"的明文，规定凡是造妖言和妖书者绞，传播妖言、使用妖书惑众者也绞。如果煽惑的人不多，则"流三千里"，即使"言理无害"，仅是一种迷信活

---

① 〔明〕董说：《七国考》。
② 《史记·秦始皇本纪》。
③ 同上。
④ 〔清〕薛允升：《唐明律合编》。
⑤ 《东汉会要》卷35。

动,也要"杖一百"。私自藏有妖书而不行用者,要"徒二年"[1]。宋时对于"凡传习妖教,夜聚晓散,与夫杀人祭祀之类,皆著于法,词察甚严"[2]。

明、清律中造妖书妖言条比唐律更为周密:"凡造谶纬妖书妖言,及传用惑众者,皆斩监候","私有妖书隐藏不送官者,杖一百,徒三年"。这里已删去了唐律中是否"言理无害"的区分,刑罚也加重了。律后还增加了一些条例,如凡"妄布邪言,书写张贴煽惑人心,为首者斩立决,为从者斩监候",凡"因事造言捏成歌曲沿街唱和"者,令内外各地方官即时查拿。

四、言论罪的发展

唐律增加了"口陈欲反之言"罪和"指斥乘舆"罪。唐律规定,凡"谋反"者斩,但"口陈欲反之言,心无真实之计,而无状可寻者"也要"流二千里"[3]。唐律有"指斥乘舆"罪,规定"凡指斥乘舆,情理切害者斩"。乘舆,就是皇帝骑的马、乘的车。皇帝走过时在一旁指斥,不仅是极大的"不敬",也是妄自"言议政事乖失",所以有害于皇权者要处斩,无大危害者也要"徒二年"[4]。到了明、清,"指斥乘舆"律依旧,在谋反条中,取消了谋反行为与谋反言论的区别,只要是"谋反",本人皆凌迟处死,家属中年十六岁以上的男子一律处斩。

五、骂人犯罪

自唐代始,有了"殴詈"尊长罪。唐律中处处渗透了纲常伦理思想,又为舌头增加了不少罪名,主要是"骂人罪",即卑幼辱骂尊长罪。如子孙辱骂祖父母、父母的行为是"不孝",属于十恶大罪之一[5]。媵、妾骂了丈夫,要"杖八十";子孙骂了祖父母、父母,要绞;妻妾骂了丈夫的祖父母、父母,要"徒三年"。但是在唐律中,还是殴詈并称的,并无骂人专条。明、清律则把"骂詈"专列一门,于是舌头的罪名又有了不少补充,多是与尊卑伦序分不开的。《明律·刑律·骂詈》条规定,"凡骂人者,笞一十,互相骂者,各笞一十"。另外,骂人与被骂双方地位不同,量刑也各异。如:凡部民骂本属知府、知州、知县,军士骂本管官、吏,卒骂本部五品以上官,要"杖一百";佐职统属官骂五品以上官,要"杖八十";奴婢骂家长,要"绞",骂家长的期亲及外祖父母者,要"杖

---

[1] 《唐律·贼盗·造妖书妖言》。
[2] 《宋史·刑法志》。
[3] 《唐律·名例·十恶》。
[4] 《唐律·职制·指斥乘舆》。
[5] 《唐律·名例·十恶》。

八十，徒二年"；雇工人骂家长，也要"杖八十，徒二年"；此外，关于家族内部的骂詈规定也比唐律细致具体。如凡骂缌麻兄、姐，要"笞五十"，小功兄、姐要"杖六十"，大功兄、姐"杖七十"，骂了亲兄姐要"杖一百"，骂了伯叔父、伯叔母、姑、外祖父母，各加一等（杖六十，徒一年）。凡骂了祖父母、父母者要"绞"，妻妾骂夫之祖父母、父母者"并绞"（唐律仅徒三年）。仅从骂詈一条，就可以看出封建法典对于纲常伦纪的维持是多么烦琐森严。

　　言论罪是封建法典的一项不可缺少的内容，伴随着封建法典从产生到末世，言论犯罪的规定越来越多、越来越重，其实质就是维护高度集中的专制主义政权和层层相制的宗法等级制度。

第九章　笔端引来，杀身之祸

——清代的文字狱

汉字，在我国已有约五千年的历史了。我们的祖先结绳记事、画图象形、占卜甲骨、刻镂青铜，经过世代的流传演变，才有了流传至今的方块文字。它形体优美、语汇丰富、凝练深邃。古往今来，人们借助它抒发了多少豪迈的壮志，寄托了多少深沉的感情。据传说，黄帝那四只眼睛的史官——仓颉造字的时候，惊动了天地鬼神，五谷像雨点一样从天而落。文字产生的确是一件造福万代的事。可是我们那勤劳朴实的祖先万万不会想到，他们所创造的中华民族特有的方块文字，也给后代带来了多么巨大的灾祸。清代的文字狱实在是对文字的亵渎。

清雍正四年（1726），查嗣庭担任江西省的考官。他出了一道考题，叫作"维民所止"①。这本是诗经里的一句。可是有人却向雍正报告说，"维""止"二字正是"雍正"二字去掉上半截，这不是要砍去皇帝的头吗？结果查嗣庭在狱中被迫害致死，还被戮尸枭首，他的儿子被处斩，哥哥侄子被流放三千里。

这种因为出题、著书、吟诗、作文、上书等在文字上触犯了当权者招致灾祸，被逮入狱，甚至被判死刑、戮尸、株连家属亲友的案件，历史上叫作文字狱。

一、文字狱古已有之

秦始皇焚书坑儒当是封建社会最早的文字狱。封建法律中历来有"触讳"的规定。皇帝的名字，宗庙名，父、祖名都要避讳，否则就是犯罪。西汉时，宣帝曾假惺惺地说：

---

① 《诗经·商颂·烈祖》："邦畿千里，维民所止，肇域彼四海。"意思是说，在商王的邦域之内，人民所居住的地方不过千里，而其封域则极乎四海之广。

"今百姓多上书触讳以犯罪者,朕甚怜之。"① 说明西汉时触讳罪名就已普遍使用了。唐律中明文规定,上书、奏事犯了宗庙的讳,要杖八十,一般口误或文书误犯者,笞五十,起名字犯讳者,徒三年。② 明、清律的规定与唐律基本相同。历代都有文字狱,但比起清代的康、雍、乾三世来,就都是小巫见大巫了。清代文字狱的数量和规模达到了登峰造极的地步。

二、清代文字狱的背景

清统治者入主中原后,深知汉族人民的民族意识、反抗情绪是一时难以征服的。他们采取了两手策略:一方面是通过尊崇中原文化、开科取士、任用明旧臣、编修明史、编纂和注释经典丛书,逐步拉拢一大批汉族地主阶级的知识分子。另一方面又查销禁书、禁止士大夫会盟结社、聚众讲学,制造"科场案"③ "奏销案"④ "通海案"⑤,主要打击南方反抗情绪比较强烈的知识分子。这三案均发生在顺治朝,是清统治者借口用狱案迫害知识分子的开端。但是这些办法还不足以窒息反清思想,清统治者必然要采取更为残酷的暴力手段。康、雍、乾三世的文字狱就是在这种历史条件下,为了加强思想领域的专制统治而采取的一项镇压措施。

三、明史案

清代文字狱首先打击的是怀念明朝、仇恨清朝的思想情绪。顺治时,怀念明朝并不犯罪。顺治皇帝还曾虚情假意地说,明朝的臣子如果不思念明朝,就不是忠臣。但是清王朝刚刚站稳脚跟,其狰狞面目就暴露了。这是以康熙二年的"明史案"为开端的。浙江归安县富户庄廷鑨偶然买得了明朝大学士朱国祯的一本未刊的明史遗稿,他花钱请人修订补充,刊刻成书,定名《明书》,署上自己的名字,以图流芳千古。在《明书》中,保留着一些站在明朝立场上说话的口气,如称清太祖努尔哈赤为建州都督,直接写出他的名字而不

---

① 《汉书·宣帝本纪》。
② 《唐律·职制·上书奏事犯跸》。
③ 科场案,是顺治十四年(1657)以顺天、江南等地科举考试舞弊事件为借口而制造的。案件所涉及的主考官、考官、举人等被处斩、绞,家产籍没,父母兄弟妻子被流放。
④ 奏销案,是顺治十八年(1661)在江南苏、松、常、镇四府发生的,明代文人士子可以免交赋役,清代取消了这一特权。江南赋役沉重,不少人拖欠未交。统治者以"抗粮"罪名,将江南绅衿一万三千余人褫革功名,枷责鞭打,一时"鞭扑纷纷,衣冠扫地",对汉族地主士大夫是一次沉重打击。
⑤ 通海案,发生在顺治十八年(1661),因郑成功进攻南京时,江南士民多起而响应,事后清政府追究穷治,又牵连很多地主士大夫。

避讳；写到清朝入关前的年代，不用清朝的年号，而仍用明朝的年号；把明朝将领孔有德、耿仲明投降清朝的行为称之为"叛"。这些写法在当时看来实属"大逆不道"。

被人告发后，朝廷专派了刑部官员前往查审。结果，已经病故的庄廷鑨被开棺戮尸枭首，他的父亲、弟弟被斩首。凡是与这本书有关系的人都受到株连，写序、校阅、刻字、印刷、卖书的人全被处死，甚至买书、藏书的人也难逃厄运。原礼部侍郎李令晰曾为这部书写过序，自己连同四个儿子皆被处死。关炎、潘柽章二人对明史很有研究，被列入校阅者的名单，因而处死。杭州将军松魁因为事先不禀报，被削去官职，他的幕客程维藩被砍头。归安、乌程两县学官被加上"查办不力，有意包庇"的罪名，也掉了脑袋。湖州知府谭希闵到任刚半个月，案件就发生了。因为抓不到庄家的人，以"隐匿"罪被处绞刑。"明史案"共杀害了七十多条人命，这是一次有意识的小题大做，其目的是给怀有反清思想的汉族知识分子一个暴力的威胁。

四、吕留良、曾静案

雍正年间最大的一次文字狱是吕留良、曾静之狱。吕留良是浙江人，是明末的著名理学家。明亡后他始终不和清朝合作。后来因为拒绝参加博学鸿词科考试，干脆削发为僧，在和尚庙里著书立说。他主张皇帝和臣子的关系，不能同父子一样，而应当以义为重，反对尊君卑臣的风气。他还主张把驱逐异族统治者、恢复汉人的天下，看作是比君臣之义更重要的道德原则。吕留良死于康熙二十二年。湖南生员曾静是吕的思想的崇拜者，他同吕的学生严鸿逵经常来往，试图把反清的思想变为行动。这些崇拜古人的书呆子想的是什么办法呢？当时川陕总督岳钟琪传说是岳飞的后代。曾静派门生张熙带了密信去游说岳和他们共谋举事，推翻清朝。岳钟琪并不想反清，反而向皇帝告发了他们。结果，当时已经死去的吕留良和他的儿子吕葆中、学生严鸿逵被剖棺戮尸。吕的另一个儿子吕毅中、严鸿逵的学生沈在宽都被砍头，子孙遣戍、妇女为奴。曾经为吕留良建祠刻书和私藏吕的著作的人，一律论死。但是雍正却留下了曾静和张熙，令他们写了表示悔改的供状，连同雍正亲自写的谕旨，合刊成《大义觉迷录》，发到全国各府、州、县及远乡僻壤，要求做到家喻户晓。雍正还利用这个案件，大肆追查"谣言"，目的在于打击与雍正争权的诸王的势力。但是曾静、张熙二人也难逃厄运，雍正帝一死，他们就在乾隆即位的当年被凌迟处死了。

吕留良、曾静之狱，算是清代文字狱中唯一的谋反案件，尽管这个反抗的力量是很微弱的。至于其他明朝遗民，最多不过借吟诗、作文发发牢骚，暗寓讥讽，也同样招致了杀身之祸。

五、赋诗构祸

乾隆时有个叫徐述夔的举人，因为写诗得罪了统治者，被取消了会试的资格。这对于一个以功名为唯一进身之阶的文人士子是一个沉重的打击。从此后他牢骚满腹，经常在文字上花费心思，发泄自己的怨恨情绪。例如他写的诗句"毁我衣冠真恨事，捣除巢穴在明朝""大明天子重相见，且把壶儿搁半边""明朝期振翮，一举去清都"都包含着反清复明的思想。他把这些诗刻成了《一柱楼诗》集子。徐述夔和他的儿子亡故后，这件事被人告发。徐述夔和他的儿子被按上"大逆不道"的罪名，被剖棺锉尸，他的两个孙子、两个校对诗集的人、原来办案"有意包庇"的江宁布政使陶易和幕客陆琰被判以"斩监候"。

类似这种诗词文章的案件，有些是有意影射，有些是出于无心。但是统治者和社会上的一些文痞恶棍往往牵强附会、捕风捉影、多方推求、挟嫌报复，陷人于文网之中，制造了不少冤案。雍正时，原庶吉士①徐骏写过"明月有情远顾我，清风无意不留人"的诗句，被依"大不敬律"而杀戮。有人写了"桥畔月来清见底""玉盏常明"等诗句，被人挑剔出"清""明"二字有所指；有人写了"风雨以所好，南北杳难分"，被认为是以"南北"影射"明、清"；有人写了"乱剩有身随俗隐，问谁壮志足澄清"，被看作是蓄谋反清。类似这种吹毛求疵、深文周纳而造成的冤狱是不少的，在当时社会上引起了极大的恐慌。凡是"南""北""明""清"等字眼，人们都不敢轻易使用。有些人因为已故的父、祖写过一些"违碍字句"，慌忙将书籍呈送官府自首。

六、"谢济世案"和"字贯案"

文字狱还把思想上、学术上的不同见解作为打击目标。雍正年间，监察御史谢济世因上书抨击了雍正的心腹之臣田文镜，被充军到新疆阿尔泰。谢济世在那里自己注释朱熹的《大学》，以此为精神寄托。清初推崇程朱理学，早就颁发过"四书"的钦定本。谢济世在学术上不同意朱熹的观点，提出了一些自己的见解。在当时，反对朱熹就是反对官方的思想，就是弥天大罪，本来是要处斩的。还算皇帝开恩，谢被从宽发往军队当苦差，效力赎罪。

乾隆时有个叫作王锡侯的举人，他认为《康熙字典》收字太多，难以贯穿。于是自己编了一部《字贯》，意思是这部书可以用字义把零散的字贯穿起来，正好弥补了《康熙字典》的不足。《康熙字典》是康熙朝奉皇帝亲谕制定的，批评《康熙字典》就如同批评清王朝。乾隆皇帝亲自看了《字贯》，又发现在凡例中提到康、雍、乾几个皇帝的名字都没有

---

① 清代新进士被选入翰林院庶常馆学习的称庶吉士。

避讳，认为这是"大逆不法""罪不容诛"，命令照"大逆"罪处决。江西巡抚海成因为没看出《字贯》中的未避讳之处，被革职，判了"绞监候"。他的上司、两江总督高晋，同僚江西布政使、按察使也受到株连，被革职治罪。

七、献媚者的遭遇

一些歌功颂德、献媚求宠的人，甚至精神病人也成为文字狱的牺牲者。雍正五年，太常寺卿邹汝鲁呈进《河清颂》，颂扬皇帝的功德，用了"旧染维新，风移俗易"的字句，雍正看了怀疑这两句话别有用心，于是这个倒霉的献媚者被削去官职，发往荆州府堤工处效力去了。

有一些穷秀才觉得自己怀才不遇，企图向皇帝献计献策，以求一官半职。这些穷极无聊、类似疯癫的举动往往给自己带来杀身之祸。广西六十岁的生员吴英抱着对朝廷的一片忠诚拦住了布政使的轿子上奏自己的策书。吴英所写的不过是减免钱粮、设仓备荒、革除盐商、制止盗匪之类的普通意见。但是统治者既不赞赏他的计谋，也不体谅他的忠心，而是指责这个乡愚迂儒"狂悖""叠犯皇上御名"，被按"大逆"罪，奏请处以凌迟之刑。

乾隆十六年（1751），山西有个叫王肇基的读书人，向地方官呈递了一个歌颂皇太后生日的诗联，以图皇帝赏识而求得一官半职。被地方官指责为"借名献颂，妄肆狂言，大干法纪"，后来山西巡抚查证王肇基是个疯子，上报皇帝。乾隆御笔朱批"知道了，竟是疯人而已"。却又下谕旨说："病发时尚复如此行为，其平昔之不安本分作奸犯科已可概见，岂可复容于化日光天之下。"令将王肇基"立毙杖下"①。像这样以精神病患者为迫害对象的为数不少，文字狱的残酷程度于此可见一斑。

清代的文字狱在康熙、雍正、乾隆之朝越演越烈，前后历时一百多年，大小案件不下百起，被判死刑的共二百多人，受到株连被流、徒、没为奴婢的更是不可胜数。被害者上至朝廷大员，下至秀才士子，以及乡愚迂儒、江湖术士、轿夫船工等等。

八、文字狱和法律

文字狱的受害者，头上都被扣上了"大逆""大不敬"的罪名。清律中"谋大逆"条内容是"谓谋毁宗庙山陵及宫阙"②。"大不敬"条的内容是"谓盗大祀神御之物乘舆服御物，盗及伪造御宝、合和御药误不依本方，及封题错误、若造御膳误犯食禁、御幸舟船误不坚

---

① 《清代文字狱档》。
② 《大清律·名例·十恶》。

固"①。这些法律条文本是因循明律,并没有对于文字之禁的进一步规定。文字狱中罗织的罪名,如:私修明史,指斥本朝;恃功不臣,怀有二心;攀援门户,党翼诸王;妄议朝政,谤讪君上;隐寓讥讽,私怀怨望;诋毁程朱,倡为异说;妄为著述,不避圣讳;等等。这些罪名基本上全不见诸法律。即使是犯了皇帝名字之讳,根据法律不过"杖八十",并不应处死。文字狱从定罪到量刑,都不以法律为限,只不过借用了"大逆""大不敬"的吓人的罪名而已。皇帝亲批的案子,连上述罪名也不用,皇帝的谕令本身就是最高的法律。这些都说明封建法制本身就包含着皇帝的主观擅断,包含着对一切非法行为的公开许可和对一切法律条文的随时践踏。文字狱是清代极端专制主义统治的突出表现,它充分暴露了封建法制野蛮、专横、残暴的实质。

---

① 《大清律·名例·十恶》。

第十章　踊贵屦贱，怨声载道
——奴隶社会的五刑

春秋时代，齐景公（前547—前490）骄奢淫逸，赋敛无度。农民辛劳一年，却有三分之二的收入被他搜刮去了。他宫中的仓库里，粮食堆积如山，腐败生虫，而劳动人民却啼饥号寒，辗转沟壑。为了防止人民的反抗，齐景公又采用高压政策，滥施刑罚，杀戮无辜。当时，晏婴担任齐国的辅相。一天，齐景公问他：您的住宅靠近市场，不知现在市面上什么东西贵、什么东西贱？晏婴早想劝谏齐景公不要用刑太重，便抓住话头，意味深长地答道："踊贵，屦贱。"①

踊，假脚；屦，用麻或草制作的鞋子。由于齐国受砍脚之刑的人太多，因而买鞋子的少了，买假脚的多了，以致市场上鞋子跌价而假脚昂贵，产生了"踊贵屦贱"的奇怪现象。晏婴的话形象而又深刻地说出了当时齐国政治的黑暗和刑罚的淫滥。

砍脚之刑，古称刖刑，又叫剕刑、膑刑。也有人认为，膑是凿去膝盖骨，剕是斩断足趾，刖是割断脚筋，三种刑罚有所不同。《韩非子·和氏》记载，楚人和氏得到一块稀世玉石，两次献给楚王，楚王不识宝石，反诬他欺骗国君，先后砍掉了他的左足和右足。又如战国时，魏将庞涓凿去他的同学孙膑的两个膝盖骨。这是刖刑的实际运用。李悝《法经》有"窥宫者膑""拾遗者刖"；《秦简》有"斩左右趾"。这是刖刑的法律规定。

刖刑，是中国古代奴隶制国家制定的"五刑"之一。五刑，按照由轻而重的次序排列，分别为：墨刑、劓刑，刖刑、宫刑、大辟。前四种是身体刑，即肉刑；后一种是生命刑，即死刑。

---

① 《左传·昭公三年》。

一、五刑的内容

奴隶社会的刑法，不管是《禹刑》《汤刑》，还是周代的《九刑》《吕刑》，实际上都是有关刑罚的规定。它不像现代刑法典，是以罪量刑，犯什么罪处什么刑，而是相反，以刑定罪，刑法中有刑名而不列罪名。所以，五刑既是奴隶社会刑罚制度中的主刑，也是其刑法制度的基本内容。五刑以肉刑为主。它伤残肢体，惨无人道，突出反映了奴隶制司法镇压的残酷性。五刑中的刖刑已如上述，现在来说一说另外的四刑。

墨刑，又称黥刑，是在犯人脸上刺字或刻其他印记，再染以黑色。它是五刑中最轻的刑罚。1975年2月，陕西岐山县董家村出土了一个西周时候的礼器，叫《𢨋匜》（zhèn yí）。它的铭文告诉我们，西周的墨刑有两个等级：一是䁅（miè），犯人处墨刑后，再用黑巾蒙面，罚为奴隶；一是黜，只处墨刑。秦代黥刑使用得很普遍。秦末起义军中，有一位杰出的首领叫英布，作战勇猛无比。因为他受过秦朝的黥刑，大家都唤他黥布，本名反倒不大为人提起了。秦以前对妇女不用墨刑，秦法酷烈，不论男女，都施加黥刑。《秦简》中，男的"黥为城旦"，女的"黥为城旦舂"，就是证明。

劓刑，是割去鼻子。有时与刵刑并称。刵刑，是割去耳朵。商王盘庚命令他的臣民迁都到殷时，发表训令说：假如你们不服从我的命令，"我乃劓、殄灭之，无遗育"①。这里的劓，就是割鼻子。《尚书·康诰》篇中，周公告诫他的弟弟康叔说："非汝封又曰劓刵人，无或劓刵人。"大意是：封呀！你不要只凭自己的意愿来决定是割人家的鼻子耳朵，还是不割人家的鼻子耳朵。秦孝公的时候，商鞅曾割去太子老师的鼻子。《秦简》中有"黥劓以为城旦"的规定。可见，从殷周到秦代，劓刑一直在使用。

宫刑，亦称腐刑、阴刑，汉代又叫"下蚕室"，处刑方法是男子割势（生殖器），女子幽闭，是一种破坏生殖机能的酷刑。宫刑的制定，开始是为了惩罚奸淫罪，后来适用范围大大扩展，变成仅次于死刑的重刑。周代对贵族不处宫刑，为的是不绝他们的后代，是"刑不上大夫"的重要表现之一。李悝《法经》规定："妻有外夫则宫。"从这一条看，当时的宫刑也是适用于淫乱罪的，但《法经》的宫刑是否都是这样，还很难说。秦代对宫刑的适用大大超出了淫乱罪的范围。不然，秦始皇时，哪里能征发"隐宫刑徒七十余万人"去修陵墓和宫殿呢！

大辟，隋朝以前死刑通称为大辟。夏、商、周三代，死刑名目繁多。夏朝刑法中，有"大辟"之刑二百条。商代的死刑，除常规方式外，还有炮烙、醢、脯等等，手段很残酷。周代也有"大辟"二百条，大致可分为七等：(1)斩，用斧钺砍头；(2)杀，用刀杀之于市，即弃市，表示"与众共弃之"；(3)搏，剥去衣服而磔之。磔，分裂肢体；(4)焚，用火烧

---

① 《尚书·盘庚》。

死;(5)辜磔,支裂犯人肢体,再用火焚尸。与搏磔有所不同;(6)碻,公开击毙于市场;(7)罄,在隐蔽的地方缢死,常常是对贵族犯死罪的一种特殊照顾。实际上当然远远不只这七种。秦代不但沿用了奴隶制法制中的死刑方法,还出现了"具五刑"、活埋等等,其酷烈程度比夏、商、周三代有过之而无不及。

二、五刑的沿革

关于五刑的来历,有不同的说法。《尚书·吕刑》说,远在夏朝时,南方的苗族首领创制了劓、刵、椓(zhuó,宫刑)、黥等刑,称为"五虐之刑"。但并没提到"大辟",大概是因为古代有"大刑用甲兵"的制度。大刑,就是大辟,这种以杀绝对方为目的的氏族战争由来已久,不算苗族的新创。夏朝打败了苗族,袭用了五刑。还有一种说法,认为是皋陶创制的。《汉书·刑法志》说,皋陶"因天讨而作五刑"。《尚书·皋陶谟》中记载皋陶的话,也有"天讨有罪,五刑五用"。两种意见都说明,五刑产生于原始社会瓦解、奴隶制度初步形成的时期。五刑的创制与战争有关。开始时,五刑同战争一样,是用来对付异族人的,后来社会分化为两大敌对的阶级,五刑被统治阶级规定为惩罚犯罪的手段,适用于全社会。

夏朝的《禹刑》以五刑为基本内容,照汉代人的说法,有大辟二百,膑刑三百,宫刑五百,墨、劓二刑各一千,总计三千条。① 这无论是比苗族的五刑,还是比皋陶的五刑,都大大地发展了、丰富了。商、周因循了夏代的五刑。有一种说法认为,周公旦制定的《九刑》,就是墨、劓、荆、宫、大辟五种主刑,加上流、赎、鞭、扑四种辅助刑,共九篇。

封建社会初期,地主阶级全盘继承了奴隶制五刑。李悝《法经》是这样,商鞅变法也是这样。秦代虽无五刑之名,但有五刑之实,黥、劓、斩左右趾、宫,以及车裂、枭首、腰斩等等,应有俱有。秦代的肉刑,除作主刑外,还大量用作徒刑和死刑等其他刑种的附加刑。

这种情况一直延续到西汉前期。公元前179年,汉文帝刘恒即位,正式宣布废除肉刑。但在中国法制史上,肉刑的废复之争历时久长。在封建司法实践中,法内法外的肉刑实际上一直存在。

---

① 《周礼·秋官·司刑》注。

第十一章　一人有罪，灭绝全族
——野蛮的族刑

中国古代，政治以宗法制度为基础，意识形态以家族观念为核心，"一荣俱荣、一损俱损"是个普遍的现象。在法律上，也以家为基本的权利义务单位，实行家本位原则。一人得道，鸡犬升天，可以光宗耀祖，可以荫庇子孙，三亲六戚的法律特权也都接踵而至；一人犯法，其父母妻子也往往要负连带责任，不仅辱没祖宗，而且殃及亲人，连累族属。族刑，就是这种家本位的法制原则派生的。

一、族刑的含义

族刑，指一人有罪，诛灭亲族的酷刑，也叫族诛。族刑通常是"夷三族"，即诛灭三族。秦末，丞相李斯和杀李斯的宦官赵高都被"夷三族"。另外还有诛五族、诛七族、诛九族等等。如秦始皇时，那个唱"风萧萧兮易水寒，壮士一去兮不复还"的所谓慷慨悲歌之士荆轲，因刺杀秦始皇未遂，被诛灭七族。三族包括哪些人？历来说法不一，主要有两种意见：一种认为是指"父母、兄弟、妻子"[①]；另一种说是"父族、母族、妻族"[②]。前者的范围比后者小。也有人认为，夷三族就是杀三代[③]。汉文帝废除《收律相坐法》时，说了一条理由："今犯法者已论，而使无罪之父母、妻子、同产坐之"[④]。由此分析，三族是指父母、妻子、兄弟。但封建司法实行刑罪擅断主义，实际使用的族刑范围往往要大得多。西晋时诛杀杨骏，曾参加修《晋律》的裴楷因其儿子娶了杨骏的女儿为妻，也在诛灭之内，

---

① 《史记·秦本记》《集解》。
② 同上。
③ 蔡枢衡：《中国刑法史》，广西人民出版社1983年版，第153页。
④ 《汉书·刑法志》。

幸得有人竭力救护，裴被免官了事。其他杨骏的亲党"皆夷三族，死者数千人"[1]。这个案子远不止父族、母族、妻族了，连姻亲都包括在内。

中国刑法史上，犯罪要负连带责任的，还有连坐、缘坐、籍没等规定，它们都与族刑密切有关，但又不同于族刑。连坐，是一人犯罪而株连亲族、邻里或有关官吏的刑罚制度。连坐又分亲族连坐、邻里连坐、职务连坐等。商鞅制定的什伍连坐法，属于邻里连坐。秦代，上级官吏所任用的下级官吏犯了罪，不管上级官吏是否知情，都要和犯了罪的下级官吏处同样的刑罚。汉武帝时，张汤、赵禹造《见知故纵监临部主之法》，规定主管官吏对于部属犯罪，知情而不纠举，各与同罪。这些都是职务连坐。缘坐，就是亲族连坐，即一人犯罪，株连其亲属、家族。籍没，这是把犯人的所有家庭成员和财产一一登记入籍并没收的制度，一般是家口没为官奴，财产充公。唐以后，凡是缘坐，就得籍没。所以，习惯上，籍没又常常与连坐、缘坐同义。被连坐、缘坐、籍没的人，不一定都诛杀；但被族诛的人，一定是连坐、缘坐、籍没范围之内的。这是它们与族刑的主要区别。

二、族刑的创始

原始社会，人类还没有完全脱离野蛮状态。在频繁的氏族战争中，胜利的氏族往往是把失败的氏族全数杀死。这种野蛮的杀俘虏习惯，可能就是后世族刑的来源。

《尚书》的《甘誓》篇记载夏王启讨伐有扈氏时，命令他的氏族联军说：你们不用力作战，"予则孥戮汝"。《汤誓》篇记载，商汤王征伐夏桀，命令他的氏族联军说：你们不执行我的命令，"予则孥戮汝"。有人认为，"孥戮"，是把妻子儿女一并杀戮，就是族刑。商朝的刑法实行"罪人以族"的原则[2]。商王盘庚说的"我乃劓殄灭之，无遗育"[3]，很明显是诛杀全族。"无遗育"，斩尽杀绝，不留后代。所以，商朝肯定有族刑。

把族刑正式定为法律制度，是由春秋时期的秦国创始的。《史记·秦本纪》记载："文公二十年，法初有三族之罪。"就是秦文公二十年（前746），在春秋早期。这以后，在公元前695年，秦武公又"族三父而夷其三族"[4]。这是族刑的一次次实际运用，说明从秦文公到秦武公时期的半个多世纪内，秦国无论在立法上还是在司法中，一直有族刑存在。另外，楚国在楚灵王时期（前540—前529）也有族刑。[5] 可见，族刑在春秋时期已成为各诸侯国普遍采用的酷刑。

---

[1] 《晋书·杨骏传》。
[2] 《尚书·泰誓》。
[3] 《尚书·盘庚》。
[4] 《史记·秦本纪》。
[5] 《史记·楚世家》：灵王三年，"囚庆封，灭其族"。灵王十二年春，"饷人曰：新王下法，有敢饷王从王者，罪及三族"。

三、族刑的变迁

在整个封建社会法制史上，族刑基本上没有断过线。它的发展变化情况，大体上可分为三个阶段：战国、秦代是盛行时期；西汉，魏晋南北朝起伏较大；唐以后趋向稳定，但明清又有加重。从立法史上看，秦、北朝、五代和明、清是族刑的四个高峰。至于司法实践中的族诛，灭绝人性的案例则代代皆有。

第一个阶段，战国和秦代。李悝《法经》明确将族刑纳入封建成文法的刑罚体系，如规定："越城者，一人则诛；自十人以上则夷其乡及族。"商鞅变法进一步把族刑的立法系统化，制定了严密的什伍连坐制度，把连坐与族刑结合起来。这就是史书上说的商鞅作"连坐之法，造参夷之诛"①。"参"，即"叁"。参夷，就是夷三族。秦始皇统一中国以后，族刑成为秦王朝酷刑中的一大主刑，被广泛地加以运用。什么"以古非今者族"②，"妄言者族"③，"诽谤者族"④，等等，不一而足。秦二世时，赵高提出"令有罪者相坐诛，至收族"。这"有罪"是什么罪，并没有个限制，统治者可以凭个人意志肆意行族诛之刑。

第二个阶段，汉至南北朝。西汉初期，刘邦"约法三章"，"除秦苛法"，但不仅不废除族刑，还专门发布了"夷三族之令"⑤，强调族刑。这个"夷三族之令"规定，凡应当夷三族的犯人，必须"具五刑"：先黥、劓、斩左右趾，然后用竹、木板子活活打死（笞杀），再割下脑袋悬挂示众（枭首），把躯体剁为肉酱；如果是诽谤罪，还要先割断舌头。与秦代的酷刑毫无区别。汉初以谋反罪处死淮阴侯韩信、梁王彭越等，都是用的这种"夷三族"的酷刑。

但是，秦王朝严刑峻罚，只有十四年便亡了国，使汉统治者不能不有所收敛。为了缓和社会矛盾，刘邦的老婆吕后执政时，宣布"除三族罪"。汉文帝元年（前179）又"尽除收律相坐法"⑥。这是中国法制史上第一次正式废除族刑。可是，到汉文帝十七年（前163），赵国的新垣平谋反，就又恢复了"夷三族"之刑。从此，刑族又滥用起来。汉景帝时，分封在各地的刘氏同姓诸侯国渐渐成为地方割据势力，与中央王朝对抗。御史大夫晁错提出"削藩策"，主张削夺诸王的封土。吴王乘机联络一些诸侯国发动叛乱，历史上称为"七国之乱"。汉景帝为了平息矛盾，赶紧找替罪羊，给晁错定了一个谋反罪"腰斩"

---

① 《汉书·刑法志》。
② 《史记·秦始皇本纪》。
③ 《史记·项羽本纪》。
④ 《史记·高祖本纪》。
⑤ 《汉书·刑法志》。
⑥ 同上。

了，并将其"父母妻子同产无少长皆弃市"①。汉武帝时，"龙城飞将"李广之子李陵兵败投降匈奴，结果也处了族刑，李陵的母、弟、妻子全都被诛杀了。东汉完全沿用族刑。尤其是东汉末年，宦官擅政，权臣乱国，你杀过来，我杀过去，都要把对方的家口、亲戚、朋友、党羽杀光为止。董卓杀袁隗、袁基，王允杀董卓，曹操杀耿纪、董承等，都是夷灭三族。

曹魏时期，凡谋反大逆，一概使用族刑，但却不写入法律。这就是《晋书·刑法志》上说的"至于谋反大逆，……夷其三族，不在律令"。魏统治者企图以此掩盖其用酷刑严厉镇压劳动人民反抗的罪恶行径，手段比较狡猾。

到曹魏政权的末期，族刑连坐制度上发生了一点变化。曹魏王朝于公元255年修改了法律，妇女出嫁后，连坐族刑只从夫家，不跟娘家。这对后世有一定影响。

西晋初期，族刑株连也很盛行，当时的人就说："今世之诛，动辄灭门。"②晋怀帝永嘉元年（307），为了标榜轻刑，宣布"除三族刑"③。这是封建法制史上，第二次废族刑。但不到十年就又恢复了。公元315年，薄太后等的陵墓被盗，晋愍帝下了一道敕令：盗墓者"诛及三族"④。公元325年，东晋明帝又一次宣布："复三族刑，惟不及妇人"⑤。族刑不及妇人，比起不追刑已出嫁之女，又进了一步。

南北朝时期，在族刑连坐问题上，南朝比北朝要有限制一些。南朝的宋、齐两代，沿用晋律，情况与晋朝时相同。梁朝的刑律规定：犯谋反、降叛，大逆罪，本人皆斩；父子，兄弟等凡同居共财的男子，不论少长，一概弃市；母妻姊妹从坐的女子中，应弃市的没为官奴婢。⑥这样，对族刑的使用范围比以前更有了限制：罪名限于谋反、降叛、大逆等，人员限于男性。尤其是妇人免予弃市，算是开创。以后，梁武帝又发诏令：除了大逆罪以外，父母、祖父母都不再从坐。⑦但到陈朝，陈武帝又恢复了"父母缘坐之法"。⑧

北朝是少数民族政权，原来的社会比较落后，刑法也比较酷滥。北魏初期，法律规定："犯大逆者，亲族男女无少长皆斩。"⑨"亲族"的范围没有限制，可以由统治者任意划定。后来崔浩等修北魏律，改定为：大逆不道者，本人腰斩，"诛其同籍"，十四岁以下的处宫刑，女子没为官奴婢⑩。"同籍"，指同居共财，范围比"亲族"小一些。北魏还

---

① 《汉书·晁错传》。
② 《晋书·阎缵传》。
③ 《晋书·孝怀帝纪》。
④ 《晋书·孝愍帝纪》。
⑤ 《晋书·明帝纪》。
⑥ 《隋书·刑法志》。
⑦ 同上。
⑧ 同上。
⑨ 《魏书·刑罚志》。
⑩ 同上。

有"门房之诛",即诛杀一门。在司法实践中,北魏统治者实行株连的范围更广。北魏太平真君十一年(450)鲜卑贵族与汉族士族大地主的矛盾激化,崔浩被"夷五族",全家一百二十八人无一活命。凡是崔浩的姻亲也都受到株连,清河崔氏不论远近全数杀光,范阳卢氏、太原郭氏、河东柳氏,"尽夷其族"①。北齐沿用北魏的门房之诛。

这一个时期,族刑两次废而复兴,范围时宽时窄,起伏较大。

第三个阶段,隋唐至明清。隋《开皇律》制定了十恶大罪,凡"大逆、谋反、叛者,父子兄弟皆斩,家口没官"②。实行的是株连全家,处死一代。从坐女子已被排除在死刑之外。相对于北魏、北齐,显得轻一些。但隋文帝晚年,"喜怒不恒"③,往往法外用刑。隋炀帝是有名的暴君,杨玄感谋反,他灭人家九族,而且手段残忍到了极点,车裂、枭首还不解恨,又将尸体一块一块割碎,令公卿以下的大臣吃下去。

《唐律》对谋反、大逆罪实行缘坐和族刑。《贼盗律》规定:谋反及谋大逆者,不分首犯从犯一律处斩。其父及子年十六岁以上皆绞。十五岁以下及母、女、妻、妾、祖、孙、兄、弟、姊、妹、部曲、资财、田宅,一概抄没。男八十岁以上及有笃疾者、女六十岁以上及有废疾者可免。伯叔父及兄弟之子,流三千里。这也是连坐五世,诛杀三代。但处死限于成年之子,方法只用斩、绞,又把兄弟除外,就文字规定而言,这算是历代族刑中最轻的。不过封建司法实际同律文往往距离很大。唐代也是如此,尤其是对所谓谋反农民的司法镇压远远超出了上述条文的规定。唐末,桂林爆发戍卒起义,不仅上万起义军被屠杀,而且捕杀了他们的亲族数千人。

唐代以后,族刑连坐的法律规定就以《唐律》为蓝本稳定了下来。宋、元、明、清大多沿用。当然轻重宽严也大有出入。

五代各国都是短命王朝,统治者视人命如同草芥,科刑普遍加重,也滥用族刑。后汉下过一道诏书:贼盗犯,不但本家处死,而且四邻同保一齐斩首。于是郓州平阴县十七村人民竟被杀光。后周广顺年间有个翰林医官的儿子被贼杀,结果族诛二十四家。这都是史无前例的。

《宋刑统》有关谋反大逆的连坐族刑规定,和《唐律》相同,只坐成年之子。但宋代的刑罚手段惨烈,不但有凌迟刑,而且有磔、剐、腰斩等法外刑。

《明律》规定:凡谋反及大逆者,不分首从,一概凌迟处死。被株连的亲属,包括祖父、父、子、孙、兄弟及同居之人,不分异姓,伯叔父兄弟之子,不管是否同籍,亦不论笃疾、废疾,只要是十六岁以上的男子,一律处以斩刑;十五岁以下及妇女给功臣之家为奴,财产没收。这实际上是夷五族,而且同居包括异姓。与《唐律》相比,范围扩大得

---

① 《魏书·崔浩传》。
② 《隋书·刑法志》。
③ 同上。

多，手段也残酷得多，明代司法实际中的族刑更令人触目惊心。朱元璋以"奸党"罪名屠杀大批功臣，仅丞相胡惟庸一案，前后诛杀三万多人；蓝玉一案，诛杀一万五千多人。明成祖朱棣以叔父夺侄子的帝位，大肆杀戮惠帝党羽，往往夷灭三族、九族、十族，动辄数百人人头落地，甚至"籍其乡""村里为墟"①，名曰"瓜蔓抄"。就是像瓜的藤蔓一样，互相牵攀，辗转株连，没有一点限制。方孝孺不肯为朱棣起草即位诏书，宗族亲友坐死者八百四十七人，灭十族。这也是历史上空前的。

大清律中有关族刑株连的规定与明律基本一致。康熙、雍正、乾隆三朝大兴文字狱，往往一字成狱，横遭灭族之祸。明、清时期，封建社会已走上末路，封建统治阶级垂死挣扎，不断加重对所谓谋反、谋大逆之类政治犯罪的处刑。这是两个朝代族刑重于唐代的主要原因。

综观二千多年封建法制史上族刑的变迁，我们可以看到：

(1) 古代宗法制度是族刑产生和存在的社会基础，封建君主专制和重刑主义是族刑存在发展的政治条件和思想条件。

(2) 族刑多适用于谋反、大逆等封建法典所定的政治性犯罪。它是封建地主阶级残酷镇压劳动人民的反抗的有力工具。族刑也常常成为封建王朝消灭统治集团内部异己力量的手段。

(3) 上述两点是族刑一直被历代统治者奉为至宝，并在汉、晋两次废而复兴的主要原因。族刑集中体现了奴隶主阶级和封建地主阶级的残暴本性，使广大劳动人民遭受了深重的灾难。族刑同肉刑一样，是中华法律文化史上的耻辱。

(4) 此外，从族刑变迁的总趋势来看，还是由峻严走向相对宽缓。秦代几乎毫无限制；曹魏不追已出之女；南朝的梁代，妇女免予弃市；唐律坐死限于成年男子。这是族刑变化发展中的几个关节点。

---

① 《明史·景清传》。

第十二章　炮烙醢脯，酷虐无比
——商代的酷刑

一、残酷的炮烙

我国夏、商、周奴隶社会，商代以刑法严酷著称，特别是殷纣王的"炮烙之刑"，手段的残忍令人发指。

殷纣王是商朝的亡国之君。他荒淫无度，终日沉湎于酒色，无奈大臣们不断犯颜谏争，使他不能为所欲为。他虽杀了几个，但还是不能制止。他的宠妾苏妲己就教他造炮烙之刑，让那些多嘴多舌的大臣尝一尝酷刑的滋味，有所戒惧，免得耳根不清静。这炮烙之刑的刑具是一根黄澄澄的粗大铜柱，高二丈，周长八尺，上、中、下开三道火门。用刑时在三道门中生上炭火，把铜柱烧得通红，然后将敢于批评他的大臣剥光衣服，张开四肢，用铁索绑在铜柱上，瞬时便皮肉筋骨烙焦，惨不忍睹。须臾，烟尽骨销，化为灰烬。

以上是神话小说《封神演义》上所描述的"炮烙之刑"。这当然不能作为我们认识商代刑法的根据，里面的情节少不了夸张和虚构。但"炮烙之刑"还是实有其事的。据《列女传》记载，所谓炮烙之刑，是在一根横放着的大铜柱上涂上油脂，下边燃起旺旺的炭火，强迫罪人赤脚在铜柱上行走，往往走不到一半就掉落到炭火中，痛苦地挣扎几下即被烧死。

殷纣王时代的酷刑，除炮烙外，还有醢、脯、剖心等等。醢（hǎi），把人剁成肉酱。脯，把人做成肉干。剖心，剖开胸膛，挖出心脏。《史记·殷本纪》说，殷纣王"醢九侯"，鄂侯怒斥他这一暴行，纣王又"脯鄂侯"。比干是殷纣王的叔父，常常劝谏纣王，措辞严厉，纣王恼羞成怒，活剖了比干的心。传说周文王被殷纣王囚于羑里时，他的长子伯邑考到商朝都城朝歌为父赎罪，因直言劝谏，反被纣王下令钉住手足，砍为肉酱，并做成肉饼，命人送给周文王吃下去。伯邑考受的就是醢刑。

殷商的刑法不但手段残忍，而且以死刑和肉刑为主刑，从整个刑罚体系上说就峻严酷烈。

二、死刑

商代的死刑除炮烙、醢、脯、剖心外，还有：

族刑。族刑是商代死刑中的最高刑。

弃市。弃市，是在闹市区处死，暴尸于众，以达到威胁、震慑作用。《礼记》的《王制》篇，一般认为是记述殷代政治法律制度的，其中说："刑人于市，与众弃之。"这是秦汉"弃市"刑的来源。

戈伐。戈伐，用戈杀头，就是斩、戮。甲骨文中"伐"字，像是用戈砍头的象形字。还有一个戮字，"奚"是奴隶，这字造得形象逼真：揪住奚奴的头发，用戈砍下他的头，砍下的头鲜血淋淋。有一条甲骨文写着："允戈伐二千六百五十六人。"一次砍掉这么多奴隶的脑袋，充分表现了商奴隶主的残暴本性。

甲骨文中还有一个字，像把人捆绑着放在火上烧死；又有一个字，像把人置于臼中捣死，黑点点是捣死时血肉四溅的样子。

三、肉刑

在商代，墨、劓、刖、宫都广泛使用。《尚书·泰誓下》说，殷纣王曾经"斫朝涉者胫"。斫胫，就是砍断小腿。据说在一个大雪纷飞的早晨，殷纣王看到有一老一少涉水过一条小河。老人不怕冷，卷起裤腿几步就涉过去了。年轻人反而怕冷得不行，怯生生地畏缩不前。纣王感到奇怪。妲己说，老人是少年父母生的，先天禀赋好，精血旺盛，骨髓充满，所以不畏寒冷；年轻人是老年父母生的，先天禀赋差，精血不足，骨髓不满，所以怕寒畏冷。还说：若大王不信，可当场验证。纣王立即派人将这一老一少抓来，砍断他们的小腿，敲开骨头，看骨髓满不满。

斫胫，就是刖刑。甲骨文有一个字，人形旁画一把锯子，人的一条腿锯掉了一截，是刖刑的象形字。还有一个字，像人跪着半仰面受墨刑；另一个字，像用刀割去鼻子，显然是劓刑；又有一个字，像用刀割去男性生殖器，这就是宫刑了。①

实际上，刑法的严酷是夏、商、周奴隶社会的普遍现象，不只是商朝一个朝代，也不只是殷纣王一个帝王。这是由于在奴隶制度下，奴隶只是会说话的工具，没有任何法律地位，是可以任意杀死的。所以，上述殷商的酷刑，其中有不少刑种，溯其源可追到夏朝，寻其流又沿及周朝。不过，相比较而言，三代刑法数商朝完备，酷烈程度也更为突出。

---

① 河南省安阳市文化局编：《殷墟》，文物出版社1976年版。

第十三章　商鞅车裂，李斯灭族
——秦代的酷刑

一、商鞅和李斯的冤案

商鞅和李斯曾是秦国政治舞台上举足轻重、显赫一时的人物。然而，他们都死于非命。

商鞅帮助秦孝公变法，使秦国兵强国富。孝公死后，太子秦惠王上台，商鞅的政敌、曾被他割掉鼻子的太子老师公子虔当权，立即抓捕商鞅。商鞅率私兵反抗，结果被杀，尸体运回京城，当众加以车裂，并受灭族之刑，全家老少也都无一活命。

李斯在为秦始皇统一全国、协助制定治国安邦的大政方针中立下了汗马功劳，秦始皇死后，他参与赵高、胡亥的阴谋诡计，假造秦始皇诏书，立胡亥为秦二世皇帝，逼太子扶苏自杀，并杀掉大将蒙恬。后来，赵高擅权，两人矛盾加深。秦二世听信赵高谗言，把李斯交给赵高治罪。赵高诬李斯与其长子李由犯了谋反罪，将他父子抓进监狱，并收捕了李斯的宗族宾客。又对李斯严刑逼供，"榜掠千余"，打得皮开肉绽，体无完肤。李斯痛不欲生，只好屈招。当时，他想，自己对秦朝立有大功，本无反逆之心，暂且招认，留得一条老命，以后上书二世，有希望得到赦免。谁知赵高必欲置之死地而后快，把李斯的上书丢弃一边，根本不向二世奏报，却私下派出自己的亲信十余人，伪装成二世见到李斯上书后来复查的御史。李斯不知是计，据实辩解，反而招来更加严酷的毒打。以后，秦二世真的派人复查，李斯以为同上次一样，为免遭皮肉之苦，再也不敢以实相告，自认犯了反逆罪。秦二世二年七月，李斯被"具五刑"，腰斩于咸阳市，并且"夷三族"。

商鞅"车裂"和李斯"具五刑"，充分表现出秦代刑罚的惨无人道。然而，具有讽刺意味的是，他们又都是酷刑、重刑的制定者和鼓吹者。商鞅主张"以刑去刑"，并将重刑主义理论付诸实践，连"弃灰于道"这样的小过错，也要处黥刑。又制定了连坐法，广泛使用族刑。李斯是"焚书坑儒"的积极主张者和具体执行者。他为秦始皇拟定的"禁书令"就是一个重刑、酷刑的例子：有敢于互相谈论诗书者，弃市；以古非今者，族；官吏知情不举发者，同罪；凡私下收藏诗书百家文献者，一律送到官府统一烧毁，若令下之后三十日不烧，"黥为城旦"。此后不久，就在咸阳市活埋了四百六十多个犯禁的知识分子。这是中国文化学术史上的一件大惨案。李斯还向秦二世献"督责之术"：皇帝一人独断，严厉督责臣下，对违法失职的人，加以严刑重罚。于是，搜刮民脂民膏越多的赃官被认为是好官，杀人越多的酷吏被认为是忠臣。结果，在秦国的道路上行走的人竟有一半是受过刑的，市集上每天都死人堆积如山。

商鞅、李斯提倡酷刑而死于酷刑，暴露了封建政治的黑暗和地主阶级的残暴本性。

二、秦代酷刑种种

秦代刑罚的严酷不仅仅表现在对商鞅、李斯之类政治案件处刑手段的残忍上，而且表现在整个刑罚体系的细密、严厉上。秦律的刑罚种类名目繁多，有死刑、肉刑、耻辱刑、徒刑、流刑、赎刑等等。现列表如下：

刑种	刑名	处刑方法	例　举
死刑	戮	①生戮，活的刑辱示众，再斩首 ②戮尸，先斩首，再将尸体示众	《秦简》："举敌以恐众心者，戮。" 《史记·李斯列传》：秦二世将"公子十二人戮死于咸阳市"
	磔	活着撕裂肢体	《秦简》：甲唆使未成年人乙"盗杀人"，并得赃十钱，"当磔"
	车裂	用车分裂肢体，俗称五马分尸	《史记·秦本纪》：秦始皇将嫪毐"车裂以徇"
	弃市	在闹市处死，并暴尸于众	《秦简》："同母异父相与奸，……弃市。"
	腰斩	斩腰	《史记·商君列传》："不告奸者腰斩。"
	枭首	斩首后把首级悬挂示众	《史记·秦始皇本纪》：嫪毐等"二十人皆枭首"
	阬（坑）	活埋	《史记·秦始皇本纪》：坑儒生四百六十余人
	定杀	抛入水中淹死（适用于患有疾疫者）	《秦简》："疠者有罪，定杀。"
	囊扑	盛入袋内扑杀	《说苑》：秦始皇"囊扑"太后的两个私生子
	族	灭绝全族	《史记·秦始皇本纪》："以古非今者族。"
	具五刑	先执行各种肉刑，再执行死刑	如李斯被"具五刑"
肉刑	笞	用竹片、木板责打犯人背部	《秦简》：刑徒损坏工具，值一钱，"笞十"
	黥	在犯人脸上刺字	《秦简》："黥为城旦。"
	劓	割去犯人鼻子	《秦简》："黥劓以为城旦。"
	刖	斩去犯人左右趾	《秦简》："五人盗，赃一钱以上，斩左趾。"
	宫	亦称腐刑。破坏生殖机能	《秦简》有"腐罪"
耻辱刑	耐	剃光犯人鬓发胡须。是附加刑	《秦简》："赃值百一十，以论耐。"
	髡	剃光犯人头发。是附加刑	《秦简》有"髡钳城旦舂"。钳，用铁索等系颈

续表

刑种	刑名	处刑方法	例举
徒刑	城旦	服筑城的苦役，（不限于筑城）。适用于男犯。一般为四年刑。附加肉刑称刑城旦，为五年刑	《秦简》中的"完为城旦"属四年刑；"黥为城旦"为五年刑。还有两处"又有城旦六岁"，属六年刑
	城旦舂	服舂米以供犯人口粮的苦役。适用于女犯。刑期也分四年、五年	《秦简》中的"髡钳城旦舂"为四年刑。"黥为城旦舂"属五年刑
	鬼薪	三年刑。男犯服为宗庙伐薪的苦役	《秦简》有多处提到"鬼薪"
	白粲	三年刑。女犯服为宗庙舂米以供祭祀的苦役	《秦简》常将"鬼薪""白粲"并提
	隶臣妾	将犯人或其家属没为官奴婢，男为隶臣，女为隶妾。往往有附加刑	《秦简》有"刑为隶臣""耐为隶臣"等
	司寇	二年刑。男犯到边地服劳役，同时防御外寇。女犯也有相似劳役	《秦简》有"耐司寇"等多处
	候	即斥候。为守边部队充当前哨侦察。在徒刑中最轻	《秦简》有"耐为候"等
流刑	迁	迁到边远地带	《史记·商君列传》：将"乱化之民"迁往边城。《秦简》也有迁刑
	谪	把犯人发配到边远地带。多适用官吏犯罪	《史记·秦始皇本纪》："徙谪"以充实初建的县
	削籍	从户口簿上除名，相当于驱逐出境	《秦简》的《游士律》中有"削籍"
财产刑	赀	对犯人处以经济制裁	《秦简》有"赀一甲""赀一盾""赀二甲"等一百多处
赎刑	金赎	以金钱赎罪，适用于特权者	《秦简》有"赎死""赎迁""赎黥""赎宫"等等
	赀赎	以实物赎罪	
	役赎	以劳役抵罪	
籍没刑	收、收孥	多属株连犯人的妻妾儿女，籍没为官奴婢	《史记·商君列传》："事末利及怠而贫者，举以为收孥。"《秦简》：隶臣有罪，"收其外妻"

三、秦代酷刑的特点

以上列入的秦律刑名刑种，只是一个大略。秦代刑罚体系的严酷，主要体现在以下几个方面：

1. 手段残忍。死刑中的"磔""车裂""戮""坑""具五刑"等等都惨无人道。商鞅变法时，还有"凿颠、抽胁、镬烹"之刑。凿颠，是凿破头颅；抽胁，即抽筋；镬烹，就是用大镬煮死。这些可能是法外酷刑。

2. 滥用肉刑。秦代肉刑既作主刑单独使用，又广泛地作为徒刑和其他刑种的附加刑。统治者不把断足截鼻当作一回事。《盐铁论》说，在秦代，割下来的鼻子堆成堆，砍下来的脚装满了车。《史记》等书上说，秦始皇时，处宫刑的人多达七十多万。

3. 广泛株连。秦自从商鞅兴连坐法，株连、族刑成为法定刑罚制度。一人犯罪，同居的父母、兄弟、妻子都要受罚。一家有罪，什伍组织中的其他九家、四家必须举发，不然就要连坐五家，或连坐十家。受株连的人，重者受族刑，包括夷三族、夷五族、夷七族、夷九族、甚至灭绝一村；轻者籍没为官奴婢等。在秦始皇惩治嫪毐集团时，嫪毐等二十人"皆枭首，车裂以徇，灭其宗"，其他处以鬼薪，或夺爵迁到蜀郡（今四川省）的四千余家。秦始皇三十六年（前211），有人在刚掉下来的一块陨石上刻了"始皇帝死而地分"七字，秦始皇查不出犯人，竟下令把住在石旁的人都杀光。这说明，株连的范围实际上没有什么限制。

4. 量刑苛重。商鞅刑弃灰于道。由李斯提出秦始皇发布的禁书令，把思想言论定为犯罪。这样深文峻法的结果，全国老百姓几乎人人都被打成了罪犯。道路上充塞着穿红色囚服的犯人，监狱遍布全国，关起来的犯人多得像闹市一样拥挤。这就是汉代人说的"赭衣塞路，囹圄成市"①的情况。

5. 数刑并施。秦代对罪犯往往不只是施用一种刑罚，而是主刑以外加一种到几种附加刑。《秦简》中"耐为城旦""黥以为城旦""黥劓为城旦""斩左趾，又黥以为城旦"比比皆是。连死刑也是这样，"戮""车裂"，尤其是"具五刑"，都是肉刑、死刑并施。这更加剧了刑罚的残酷。

---

① 《汉书·刑法志》。

第十四章　缇萦上书，引起改革
——肉刑的废复和两汉时期的刑罚

奴隶社会的五刑中，除大辟为死刑外，墨、劓、刖、宫四刑都是肉刑。肉刑一直沿用到西汉前期才为汉文帝所废除，从而开始了封建刑罚制度的改革时期，为向封建制五刑的过渡奠定基础。

一、汉文帝废除肉刑

据《汉书·刑法志》记载，汉文帝十三年（前167）五月，太仓令淳于意犯了罪，将按法律规定实施以肉刑。淳于意有五个女儿，却没有一个儿子。他被逮捕押送长安时，骂道："只生你们这些女儿，逢急事一点用也没有！"他的小女儿淳于缇萦听了十分伤心，就跟随父亲到长安，向汉文帝上书，说自己情愿当官家奴婢，为父亲赎罪。汉文帝看了缇萦的上书，怜悯缇萦的一片孝心，就下令说："用刑而使人肢体被折断，肌肤被剖削，以至终身受害，既不道德，也不符合我为民父母之本意。因此，肉刑应当废除，用别的刑罚代替。"令下之后，丞相张苍、御史大夫冯敬奏请以髡钳城旦舂代黥刑，以笞三百代替劓刑，以笞五百代斩左趾，以弃市代斩右趾。汉文帝采纳了张苍和冯敬的方案，从而在法律上废除了肉刑。

缇萦上书不过是汉文帝废除肉刑的一个导因。在汉文帝之前，西汉社会已经发展得比较繁荣兴盛，社会秩序比较安定，为汉文帝废除肉刑提供了客观可能。同时，社会生产力的进一步发展，需要投入大量的劳动力；而随着社会的繁荣，地主阶级日益奢侈，需要从农民身上剥削更多的财物。这两方面的需要都要求增加可供剥削的劳动人手，而肉刑使犯罪者肢体折断，失去劳动能力，是与增加劳动人手的要求不相适应的。这是汉文帝废除肉刑的真正原因。

张苍等的方案中废除了黥刑、劓刑和斩左右趾刑，没有包括宫刑。但从《汉书·景帝纪》所载的"孝文皇帝……除宫刑，出美人……"可以知道，汉文帝时，宫刑也被废除了。这样，奴隶社会五刑中的四刑都曾被废除。从史料可知，汉文帝时的刑罚共有以下几种：笞刑，包括笞五百和笞三百；劳役刑，包括髡钳城旦舂，完城旦舂，鬼薪白粲、隶臣妾、司寇等；生命刑，包括磔、枭首、腰斩、弃市等。

历史上对汉文帝废肉刑褒贬不一。《汉书》撰著者班固认为此后"外有轻刑之名，内实杀人"，其理由是斩左趾者笞五百，当劓鼻者笞三百，往往笞未毕，人先死，死者比废肉刑之前反而更多。① 班固的这种说法不无道理。而且，以弃市代替斩右趾，无疑是以重代轻。班固写成《汉书》是在东汉时期。这之前，早在汉文帝死后不久，继位的汉景帝就在汉景帝前元元年（前156）颁行诏令，将笞五百改成笞三百，笞三百改作笞二百。汉景帝中元元年（前149）又下令将笞三百减为笞二百，笞二百减为笞一百。

二、汉代宫刑的恢复

但是与此同时，汉景帝又在某些情况下恢复宫刑的使用。汉景帝中元四年（前146），"秋，赦徒作阳陵者，死罪欲腐者，许之"②。"腐"是指受宫刑之后，创口腐臭，所以是宫刑的别称。虽然以"腐"换"死"要根据犯人的请求，但宫刑的恢复是客观事实。阳陵是汉景帝为自己修造的陵墓，犯死罪的刑徒修造陵墓有功的，可以得到汉景帝的特许，以宫刑换死刑，实际上是以断子绝孙来保存性命。汉景帝特许的恩惠，实际上也是相当残忍的。

汉武帝时，宫刑已不仅被用在犯死罪的刑徒身上。《史记》作者司马迁为败将李陵辩白，结果被处宫刑，音乐家李延年也曾被处以宫刑。

到东汉光武帝时，宫刑被公然恢复。建武三十一年（公元55）诏书说："死罪系囚，皆一切募下蚕室，其女子宫。"③ 蚕室温度适中，不透风，受过宫刑的男子须先在蚕室养好创伤，下蚕室就成了男子受宫刑的代称。

从汉光武开始，还恢复斩右趾以代替弃市。汉明帝、汉景帝的诏书中都多次提到斩右趾之刑。如汉明帝即位后下诏说："天下亡命殊死以下，听得赎论，死罪入缣二十匹，右趾至髡钳城旦舂十匹。"缣是一种双丝的细绢。死罪以下可以用缣来赎罪，缴缣十匹可以免处斩右趾刑。永平十五年（公元72）、永平十八年（公元75）也反复提到以缣十匹赎斩右趾。④

东汉恢复宫刑和斩右趾刑，虽然是肉刑的恢复，但实际上却比死刑保存了更多的人

---

① 《汉书·刑法志》。
② 《汉书·景帝纪》。
③ 《后汉书·光武帝纪》。
④ 《后汉书·明帝纪》。

命，从而为东汉初期提供了较多的劳动人手，弥补了西汉末年天下大乱造成的农业劳动力的严重不足。另一方面，这样做对于缓和社会矛盾、巩固东汉封建政权也是必要的。

三、肉刑废复的争论

在汉文帝废肉刑以后，一直持续到宋代。在班固之前，东汉杜林曾指责废除肉刑导致"奸宄不胜"，使轻于犯罪的人增加了。① 东汉末年的崔寔在他的《政论》里借人之口，表达了他"思复肉刑"的观点。② 仲长统也持相同的观点，主张恢复肉刑。③ 但他们的主张遭到了孔融的反驳，汉末"朝廷尊之，卒不改之"，没有恢复除宫刑、斩右趾外的其他肉刑。④ 三国时，魏武帝曹操曾"下令，又欲复肉刑"⑤；魏文帝也曾诏令大臣议复肉刑⑥；魏明帝太和元年又"议复肉刑"，由于王脩、王朗、夏侯玄等人的竭力反对，挫败了力主恢复肉刑的陈群、钟繇、傅干、曹羲，使肉刑未能在立法上恢复。⑦ 晋代法学家刘颂又大声疾呼恢复肉刑，⑧ 但也不见成效。南朝宋明帝时，曾恢复肉刑。唐太宗时，一度将绞刑五十条改处断右趾，后来又改为流三千里。此后，宋代的神宗时，还出现过肉刑废复的争论。元代和明代律文有黥面刺配的规定。但法理上的争论却销声匿迹了。

四、两汉时期的刑罚

两汉时期的刑罚是从奴隶制五刑向封建制五刑过渡的形式。经过汉文帝时期的重大改革，显然比奴隶制五刑有所减轻，也有简化；但是汉景帝以后，宫刑和斩右趾刑逐渐恢复，奴隶制五刑的影响也一时不能尽除。因此，两汉刑罚比隋、唐时期确定的封建制五刑，仍然繁杂得多。两汉刑罚方式主要有：

死刑。汉代死刑又称殊死、重罪。汉律中规定的死刑的执行方法有枭首、腰斩和弃市。汉代司法实际中，法外用刑的情况并不罕见，王莽时期实行过焚刑。《汉书·匈奴传》中说，对不孝之子，不容于父母，不容于朋友，所以采取烧、杀、弃的办法。王莽根据这点，采取了焚刑，把犯人火化，然后抛弃，不许举行丧葬仪式。《后汉书·酷吏传》载，沛

---

① 《后汉书·杜林传》。
② 《后汉书·崔寔传》。
③ 《后汉书·仲长统传》。
④ 《后汉书·孔融传》。
⑤ 《晋书·刑法志》。
⑥ 《后汉书·钟繇传》。
⑦ 《通鉴纲目》《三国志·魏书·陈群传》《钟繇传》《王脩传》《晋书·刑法志》等。
⑧ 《晋书·刑法志》。

相王吉惨毒刻辣，任官五年，杀人万余，"凡杀人皆磔尸车上"，写明罪名，游行示众；夏天尸体腐烂，则用绳子串其骨骼，直到游遍全郡才罢休。

族刑连坐，前面已经说到，这里从略了。

徙边。《后汉书·郭躬传》中说，徙边之刑一则"以全人命"，一则"有益于边"。在整个两汉时期，徙边作为仅次于死罪的刑罚，始终存在。《胡笳十八拍》作者蔡文姬的父亲蔡邕，就是因为被人诬告"议害大臣"，论以弃市，最后被减死罪一等，徙边到北方边塞去的。

徒刑。汉代徒刑有髡钳城旦舂五岁刑，完城旦舂四岁刑，鬼薪白粲三岁刑，司寇二岁刑和罚作、复作一岁刑。此外，东汉时期还有称为输作左校的无期徒刑。输作左校，就是在左校令的监管之下，从事宗庙、宫室、陵园、道路等的修建。后汉河南太守史弼不畏权贵，清廉正直。中常侍侯览想买通史弼，不但没有达到目的，反而被史弼"命左右引出，棰楚数百"，关入死囚牢中。侯览因此诬告史弼犯有诽谤罪，使史弼无辜被冤，判处弃市。他的朋友魏劭等变卖家财，用行贿的办法，最后才使史弼"得减死罪一等，输作左校"。[①]可见输作左校与徙边一样，是仅次于死刑的重刑。

肉刑。汉代肉刑有笞刑、斩右趾、宫刑。斩右趾与宫刑也是被看作仅次于死刑的重刑。

此外，汉代的刑罚还有禁锢、罚金和赎刑。禁锢是禁止某些人终身不得做官的刑罚。罚金适用于对统治阶级危害不大的轻微犯罪。赎罪即用法定数量的钱或谷、缣来抵罪，东汉时期应用极为广泛。由于广大劳动人民既无经济条件可付罚金或赎罪，也根本无做官的希望，因此他们所承受的是生命和肉体的惩罚，如死刑、流刑、肉刑、笞刑等。

---

① 《后汉书·吴延史卢赵列传》。

第十五章　由繁入简，渐趋定型
——魏晋南北朝时期的刑罚

汉代开始的刑罚制度的改革，魏、晋、南北朝时期继续进行。《晋书·刑法志》上记有这样一件事：魏国豫州刺史毋丘俭因谋反罪被处夷三族。毋丘俭的孙女嫁给颍川太守刘子元，也在族诛之列，但她当时正在怀孕。司隶主簿程咸奏议说，女子嫁了人，若已生育，则成他家之母，如果也在族诛之内，既不能"惩奸乱之原"，又要"伤孝子之恩"；男子不会因他族而受牵连，女子却"独婴戮于二门"，二家犯罪都受连累，这与哀怜女弱和法律平等的精神不相符合。因此，建议在家之女"可从父母之刑"，已嫁之妇，"则从父家之戮"。程咸的奏议得到朝廷的赞同，于是作为律令规定了下来。这是魏国刑法制度的一次小小改革。两晋、南朝和北朝各国也大多做了这样那样的小改小革，从而为隋、唐时期封建制五刑的确立做了进一步的准备。

一、魏国的刑罚

在魏明帝时修撰的《魏律》中做了明确规定，计有（1）死刑三等：枭首、腰斩、弃市；（2）髡刑四等；（3）完刑三等；（4）作刑三等；（5）赎刑十一等；（6）罚金六等；（7）杂抵罪七等。这七等刑罚中的髡刑、完刑与作刑并在一起就是徒刑，可以与曹魏修订律令时所声言的"更依古义制为五刑"[①]是相符的。

魏代刑罚中有这样几点值得一提：一是刑名与原意已不完全一致，城旦、鬼薪、司寇等刑的内容大多已不存在。魏代的这类刑徒不一定是去服修城、采薪等苦役，代替这些的是为官府服各种杂役。二是重行春秋时期的戮尸之刑。如南乡侯王凌谋反失败自杀后，被

---

① 《晋书·刑法志》。

"剖棺、暴尸于所近市三日，烧其印绶、朝服，亲土埋之"[①]。三是汉无五岁刑，魏却有。如《三国志·魏书·文帝本纪》说："黄初五年……将吏士民犯五岁刑已下，皆除之。"黄初五年是204年，曹丕为魏文帝已经有五个年头。四是鞭刑、笞刑的存在。如《三国志·魏书·明帝本纪》提到"青龙二年……诏曰：'鞭作官刑，所以纠慢怠也，而顷多以无辜死，其减鞭杖之制，著于令。'"《晋书·刑法制》也提到"魏明帝改士庶罚金之令，……妇人加笞，还从鞭督之例，以其形体裸露故也"。

二、晋的刑罚

与魏相比，更加简化，以死刑、徒刑、笞刑、罚金、赎刑为五刑。死刑称为大辟之刑，有枭、斩、弃市三等。徒刑据《唐六典》和《太平御览》所引有二岁刑、三岁刑、四岁刑、髡钳五岁刑笞二百四等。笞刑可作为髡钳五岁刑的附加刑，也可单独使用。晋代张裴注律表有"累笞不过千二百"的话，可见笞刑用得颇广。罚金，据《唐六典》注，分为十二两、八两、四两、二两、一两五等。赎刑，据《唐六典》注，死刑赎金二斤，五岁刑一斤十二两，四岁刑一斤八两，三岁刑一斤四两，二岁刑一斤，亦可用绢赎罪。此外，在晋令中还有关于鞭刑、杖刑的规定。杖用荆条制成，分法杖与制杖两种，粗细有别。施刑时打髀（大腿外侧），髀生疮，则打臀部。鞭有法鞭与常鞭两种。法鞭用生革制成，常鞭用熟革制成。晋的刑罚的明显特点是立法上彻底摒弃了肉刑。但如前所说，晋代法律的制定与法的施行有极大的距离，法外用刑司空见惯，所以尽管刑罚简化，肉刑被摒弃，但啼饥号寒的劳动人民所遭受的往往是空前残酷的严刑。

三、南朝的刑罚

南朝的宋、齐沿用《晋律》，刑罚制度与晋朝基本相同。宋有"长徒"之刑，是时间超出五岁的长期劳役刑。又据《南史·武帝本纪》载，"永初二年（421）……诏曰……自今犯罪充兵，合举户赴役者，便付营押领……"。可见还有一种名为"充兵"的徒刑。此外，宋还有流刑，《孝武帝本纪》曰："孝建二年（455）……诏曰……凡以罪徒放，悉听还，徒之二千里外。"宋朝曾于宋明帝泰始四年决定对劫盗犯采用"黥刖，投畀四远"，一度恢复了肉刑，但明帝死后就废止了。

南梁的刑罚在《隋书·刑法志》中有比较清楚的记载。有死刑，分枭首、弃市，废除了腰斩；徒刑，分髡钳五岁刑笞二百、四岁刑、三岁刑、二岁刑、一岁刑、半岁刑、百日刑；鞭杖刑，分二百、一百、五十、三十、二十、一十；罚金，分十二两、八两、四两、

[①] 《三国志·魏书·王毋丘诸葛邓钟传》。

二两、一两；赎刑，分赎死罪金二斤，赎五岁刑金一斤十二两，赎四岁刑金一斤八两，赎三岁刑金一斤二两，赎二岁刑金一斤。南梁从天监三年（504）开始，也采用了流刑。据《隋书·刑法志》说，天监三年八月，有个妇女因拐卖人口，当处死刑，在审讯她时，她的儿子景慈出庭证实其母确有拐卖人口的罪行。对此，法官虞僧虬就启奏皇帝，说"子之事亲，有隐无犯"，应当隐匿母亲的罪行，而景慈"陷亲极刑，"有背"事亲"之孝道，因此"宜加罪辟，"处以极刑。于是梁武帝诏令流放景慈到边远的交州（今广西钦州一带）。从此，南梁就有了流刑。

南陈订律，其"篇目条纲，轻重繁简，一用梁法"①，唯徒刑罪犯要加锁（五岁刑锁二重，五岁刑以下锁一重），囚禁期间还要着械。

四、北朝的刑罚

北魏数次修律，定刑罚五种：死、流、徒、鞭、杖。死刑有绞、斩之分。其中绞刑首次被规定为法定刑罚。对大逆不道的，规定可处腰斩，害父母的处辕刑，即车裂。流刑不分等，一般称之为"远流"。《魏书·贺源传》载："自今以后，犯罪不问轻重而藏窜者，悉远流。"所有隐匿、逃窜的罪犯，一律"远流"，即流放到边远地区强制服苦役。《北魏律》逸文提道："谋杀人而发觉者流，从者五岁刑，已伤及杀而还苏者死，从者流，已杀者斩，从而加工者死，不加者流。"可见，当时对刑罚的规定是比较明确具体的。徒刑有五年、四年、三年、二年、一年，共五等。鞭刑有二百、一百、五十的等级，《魏书·刑罚志》云："神麚（jiā，北魏太武帝年号）中，诏当刑者赎，贫则加鞭二百。"杖有一百、五十、三十的等级。此外，《魏书·刑罚志》有"年十四以下腐刑"，"为蛊毒者，男女皆斩，而焚其家"，可见，还有腐刑即宫刑，以及"焚家"的特殊刑罚。

北齐开国的文宣皇帝高洋极为狂暴，经常任情喜怒，杀人取乐，制造大锅、长锯、铁锉、石碓（石臼）作为刑具，陈列在朝堂上，一不称心就抓人来亲手宰杀，还命令左右把被宰割下来的人肉吃掉。当时仆射杨遵彦谄媚高洋，将预定的死罪囚犯置于仪仗卫队之中，高洋要杀人时，就推出应命，称之为"供御囚"。高洋曾到金凤台受佛戒，事先招来许多死囚，以籧篨（qú chú，竹编的粗席）作为他们的翅膀，命令他们从金凤台上飞下去，称之为"放生"，而坠下去的人没有一个不死的。② 这当然说不上什么司法，与法定刑罚制度无关。

北齐到武成帝高湛时，制定了《北齐律》，才有了明确规定的死、流、耐、鞭、杖五刑。死刑分辕、枭首、斩、绞四等。流刑不分远近。耐又称刑，就是徒刑，有五岁、四

---

① 《隋书·刑法志》。
② 同上。

岁、三岁、二岁、一岁五等。鞭刑分一百、八十、六十、五十、四十共五等。杖刑有三十、二十、十三等。但在《北齐律》规定的五刑之外，还有宫刑，北齐后主高纬天统五年（569）在诏书中就提到"应宫刑者，普免死刑为官口"[①]。

北周《大律》一向被认为"条流苛密""烦而不要"，制定得十分糟糕。但是它对刑罚制度所做的改进，却是很有特色的；北周刑罚以死、流、徒、鞭、杖为五刑；死刑有磬、绞、斩、枭、裂五等。流刑首次创造性地分为五等，为后世流刑分等提供了经验，这五等是：流藩服，去皇畿（京城）四千五百里；流镇服，去皇畿四千里；流荒服，去皇畿三千五百里；流要服，去皇畿三千里；流卫服，去皇畿二千五百里。徒刑分一年刑至五年五等；鞭刑分六十至一百五等；杖刑自十至五十五等。

综上所述，我们可以看到，从秦、汉至魏、晋、南北朝，刑罚制度的总趋向是由繁入简，渐趋定型，从而为隋、唐时期最终确定封建制五刑奠定了基础。

---

① 《北齐书·后主本纪》。

第十六章　承先启后，一以贯之
——隋唐的刑罚和封建制五刑的确定

汉文帝废除奴隶制的黥、劓、刖、宫等肉刑，开始了向封建制五刑的过渡。这一过渡的时间十分漫长，经历了两汉、魏、晋、南北朝等十多个朝代，前后达七百四十余年。直到隋文帝开皇元年（581）颁行《开皇律》，才在法律上正式确定笞、杖、徒、流、死的封建制五刑。唐代完全承袭了隋代的刑罚制度，并成为以后历代刑罚制度仿效的蓝本。

一、隋的刑罚

在《开皇律》中规定为以下五种：

一为死刑，有绞、斩二等；

二为流刑，有一千里居作二年，一千五百里居作二年半与二千里居作三年三等；

三为徒刑，有一年、一年半、二年、二年半、三年五等；

四为杖刑，有六十、七十、八十、九十、一百五等；

五为笞刑，有十、二十、三十、四十、五十五等。

在中国法制史上，隋的刑罚制度是十分值得重视的。

首先，它确定笞、杖、徒、流、死五刑，是对以前各代封建刑罚制度的经验总结。例如笞刑，早在战国的魏昭王时，范雎就受过"笞击"，被打得"折胁摺齿"，肋骨折断，牙齿打落，可见当时"笞击"并无一定的部位，可以浑身乱打一顿。而用来"笞击"的刑具则比较粗重。范雎受笞击之后，昏死过去，被卷以竹席置于厕所，任人在他身上随便拉尿，加以侮辱。苏醒之后，他收买了守卫他的人，后来逃到秦国，被秦昭王重用为相。[①]秦国的法律中，笞刑用得很普遍，《秦简》中提到"笞十""笞五十""笞人百"等有多处。

---

① 《史记·范雎蔡泽列传》。

汉代以笞刑代肉刑。三国时期的魏律中，笞刑与鞭刑都未见规定。晋有鞭杖刑。南北朝时，南梁、南陈、北魏、北齐、北周都有鞭杖之刑，但也未见笞刑的规定。隋文帝定《开皇律》，认为"鞭之为用，残剥肤体"，"虽云远古之式，事乘仁者之刑"①，将鞭刑除去，代之以较轻的笞刑。

又如死刑，历代关于死刑的执行方法花样繁多，直至北周还有磬、绞、斩、枭、裂五等，北周之前的北齐还有辕。隋文帝定《开皇律》，认为"枭首辕身，义无所取"，下令削除。因此，在隋代的法定死刑中，只有绞、斩二种，比较简明。

再如流刑，北周创始性地在律文中做了规定，《开皇律》即加以采纳，并以简明的一千里、一千五百里、二千里代替北周比较烦琐的流刑制度。

其次，隋的刑罚与历代刑罚相比，是比较轻简宽平的。除枭首、辕身和鞭刑等都被削除以及流刑地点较近外，徒刑年限较短，最高不过三年；杖刑规定了杖之大小，"行杖者不得易人"等等，都是证明。如果与唐代刑罚制度做一比较，我们会发现，唐代处流刑的，流放地点比隋律规定的相应远一千里，即《新唐书·刑法志》说的，"武德四年诏仆射裴寂等更撰律令……流罪三，皆加千里"。

再次，《隋书·刑法志》中有"多采后齐之制"一语，从古到今，几乎所有的人都以此为根据断言隋律与北周律无涉。但我们一比较隋与北齐、北周的刑罚制度，却可以清楚地看出，隋的刑罚制度恰恰是吸收了北周律而不是北齐律的有关规定。《旧唐书·刑法志》说过："隋文帝参用周齐旧政，以定律令，除苛惨之法，务在宽平。"所以，《开皇律》作为封建制的法律，是不可能与北周律截然不同而仅仅与北齐律相类似的。我们无论从封建制法律的阶级性本质，或从隋律与北齐律、北周律的具体形式和具体内容来分析，都可以断言，隋律对北齐律和北周律都各个有所继承。

关于隋律的刑罚制度，还有两点必须说明：

其一是关于赎罪办法。法制史书几乎都说，隋律规定五刑二十等都可以铜赎罪，绞、斩都是赎铜一百二十斤，流刑分别赎铜八十斤、九十斤、一百斤，徒刑分别赎铜二十斤、三十斤、四十斤、五十斤、六十斤，杖刑分别赎铜六斤、七斤、八斤，九斤、十斤。笞刑分别赎铜一斤、二斤、三斤、四斤、五斤。但是在隋代，"赎"其实仅仅是封建统治阶级中有官品者的特权。《隋书·刑法志》说："其在八议之科，及官品第七已上犯罪，皆例减一等。其品第九以上犯者，听赎。"这里说得很清楚，是说九品以上的罪犯才"听赎"。因此，后人随意扩大说任何身份的犯罪者都可以铜赎罪，是缺乏根据的。

其二是关于隋的司法实践。尽管隋的刑罚制度相对而言是轻简宽平的，但是隋文帝末年和隋炀帝时期，法外用刑的情况极为普遍，并且随意颁"盗一钱已上皆弃市"，"四人共盗一榱桷、三人共窃一瓜，事发即时行决"之类的酷法苛刑，不但轻罪重判，而且弃市、

---

① 《隋书·刑法志》。

辕、裂、枭首、磔刑都施行了。

二、唐的刑罚

唐的刑罚大体沿袭了隋的《开皇律》，笞、杖、徒、流、死五刑中，除流刑三等各加一千里而居作均为一年外，其余几乎和隋的刑罚没有什么不同。

唐朝立国长达二百八十九年（618—907），其间刑罚制度有过一些起伏变化，但最后终究没有否定笞、杖、徒、流、死的封建五刑。例如，唐太宗初年，戴胄、魏徵等认为旧律令处刑较重，议将绞刑之属五十条改为斩右趾，因而"应死者多蒙全活"。这说明曾经恢复过斩右趾的肉刑。但不久之后，唐太宗"又愍其受刑之苦"，对侍臣说："前代不行肉刑久矣，今忽断人右趾，意甚不忍。"于是引起了侍臣们的一场争论。谏议大夫王珪认为肉刑在古代是轻罪之刑，以斩右趾代替死刑，不但保全了罪犯性命，而且有惩戒作用。陈叔达也认为这是"以生易死，是为宽法"。后来蜀王的法曹参军裴弘献参掌删改律令之责，与房玄龄等建议说，"复设刖足，是为六刑"，不合古代五刑之设，"减死在于宽弘，加刑又加烦峻"，于是，"又除断趾法，改为加役流三千里，居作二年"，终于回复了五刑之设。①当然，这样一来，流刑原来一律居作一年，则有所变化了。

唐的刑罚制度中，还有一点必须说及，即在唐代刑罚中有正刑、闰刑与换刑之区分。正刑笞、杖、徒、流、死五种二十等，从法律规定上说，是对任何人都适用的。闰刑是对有品勋的官吏和道士、僧、尼的公罪、私罪加以处罚的特别刑罚。官吏的闰刑，有官当、免官、除名等。对道士、僧、尼，有苦役与还俗二种，关于官当，唐律规定了"以官当徒者，五品已上犯私罪者，一官当徒二年；九品已上，一官当徒一年。若犯公罪者，各加一年"等。免官是指免去品官和勋官，除名是开除官籍，二者的区别在于免官者还可复官，除名者不但不能复官，而且还得去服劳役。换刑是把正刑加以调换的刑罚，如可用杖刑换徒刑，用徒刑换流刑。

由于唐律是沿袭隋律的，许多法制史书籍又从而认为唐代从笞到死都可以赎。但我们从《旧唐书·刑法志》中，同样可以看到："又有议请减赎当免之法八：……若应议请减及九品已上祖父母、父母、兄弟、姐妹、妻、子孙，犯流罪已下，听赎。其赎法……"这里说的仍同"九品已上"相关，范围扩大到有"八议"特权及九品以上官员的祖父母、父母、兄弟等，但绝没有扩大到所有的犯罪者。

赎罪以及闰刑、换刑等，实际上都是地主、官僚的特权，贫苦无告的劳动人民除了束手受惩之外，别无他路可走。即便是在隋、唐时期，法定的封建刑罚制度虽然比历代为轻，但也同样公然地规定了"富者得生、贫者独死"的完全不平等的制度。

---

① 《旧唐书·刑法志》。

第十七章　刺配凌迟，越演越烈
——宋元明清酷刑的发展

《水浒传》中有许多公案故事，武松杀嫂祭兄、大闹狮子楼就是脍炙人口的一段。潘金莲在王婆的挑唆下，与西门庆勾搭成奸，三人又设计毒死了老实无能的武大郎。武松从东京办完公事回家，一看哥哥死得实在蹊跷，打听出真情后，向阳谷县告状。谁料阳谷县的县吏原是与西门庆"有首尾的"，知县也贪图贿赂受了西门庆"许给的银两"，竟然"要武松不可造次"，不准他的状。武松在义愤之下杀了西门庆和潘金莲，径去阳谷县投案。审判结果：脊杖四十，刺配二千里外。

武松被刺配，即面上刺字后发配充军，王婆受凌迟，涉及三种刑罚：刺字、充军和凌迟。五代、宋、元、明、清的刑罚，基本上与隋、唐相同，都采用了笞、杖、徒、流、死的封建五刑。但唐代以后，中国封建社会逐渐走向衰落阶段，从维护地主阶级统治的需要出发，君主专制制度得到极端的发展，刑罚制度又趋向残酷。因此，在法定五刑的基本前提下，不但封建社会前期以至奴隶社会里实行的某些酷刑被恢复使用，而且还有所发展，规定了一些前所未见的酷刑。刺字、充军和凌迟，就是其中比较突出的三种。

一、刺字

五代时期，石敬瑭登后晋帝位，他在天福年间（936—947）创设刺面之法。宋朝沿用了这一酷刑，从而使奴隶制时代的黥墨之刑又恢复了。

宋代黥刺的适用很广。北宋真宗时刺配之法有四十六条，仁宗庆历时有一百七十余条，南宋时竟达五百七十条。法律规定，流、徒、杖刑都可以同时黥刺。所以黥刺一般是作为附加刑使用，特别是流罪和充军，一定要附以黥刺。初犯刺于耳后，再犯、三犯就移于面。流、徒者刺一方形，杖者刺一圆形，直径不过五分。但也有刺字的，武松就是刺的两行金印。犯强盗、窃盗，是在额上刺"盗""劫"等字样，脸颊上还往往刺有发配地点等。

辽代，太宗（耶律德光）时定制，凡处流刑者，都刺字于面，契丹贵族子弟可以免刺。辽圣宗（耶律隆绪）时诏令契丹族有罪者也得黥刺。辽兴宗（耶律宗真）时诏令犯终身徒即无期徒刑者，刺颈部；奴婢逃跑或盗主人财物，刺臂或颈；普通人犯盗、窃罪的，初犯刺右臂，再犯刺左臂，三犯刺颈右，四犯刺颈左，五犯则处死。

金代，太宗（完颜晟）天会年间（1123—1137）诏令，凡盗窃十贯以上的，处徒刑五年，并处刺字；盗窃三十贯以上的，处徒终身，刺字于面。

元律规定囚徒被赦免后要刺面，《大元通制·职制》中有关于刺配的具体规定。

《明律》规定初犯窃盗者刺右臂，再犯刺左臂。明英宗、神宗时，都曾一再重申刺臂的刑罚。

《清律》关于刺字的刑罚规定得很详细：凡重囚应刺者，普通犯人刺臂，奴仆刺面；汉人徒罪以上刺面；杖罪以下刺臂，再犯也刺面；逃犯刺左边，其余刺右边。还规定了刺字的大小：字方一寸五分，画阔一分半。刺面的刑罚直至清代光绪末年所定的《大清现行刑律》中，才被废除。

二、充军

宋代把流犯发配西北边远地区服军役或服劳役，叫"配隶"。发展到了明代，就创立了充军刑。充军从地区上分为极远、烟瘴、边远、边卫、沿海、附近六等。从人员上又分为终身充军与永远充军两种。前者包括犯罪者本人；后者罚及子孙。据《明史·刑法志》说，"至国亡，戍籍犹有存者，刑莫惨于此矣"，残酷的"永远充军"，造成国已灭亡而充军者子子孙孙仍在服充军刑的悲惨状况。清代法律也规定了附近、边卫、边远、极远、烟瘴五等。林则徐在广州禁烟后，就曾被道光皇帝充军新疆。

三、凌迟

凌迟刑是极端野蛮的死刑执行方法，其特点是执行缓慢，从非要害部位开始一块一块地割下犯人的肉，使犯人承受极端的痛苦。宋代的陆游描述了凌迟刑说，受刑者的肉已被割尽而气息还未断绝，心脏还在跳动，仍有视觉和听觉。《朴通事谚解》一书中说，行凌迟刑时，"于刑人法场，植一大柱，缚着罪人于其上。刽子手用法刀，剔其肉，以喂狗，而只留其骨，极其残酷"。

凌迟刑显然起源于奴隶制时代的刖、劓、磔等刑罚，但作为死刑刑名的一种规定于法律，则是唐代以后的事。陆游认为最先出现在五代的律文中。清末的沈家本则认为起源于辽代。有文字可证明的应是宋代。据《通考·刑考》载："仁宗天圣六年（1028），诏如闻荆湖杀人祭鬼，自今首谋若加功者，凌迟斩。"当时处凌迟刑的方式是先一一砍下四肢，然后割断咽喉。到宋神宗赵顼时，凌迟刑的使用已很普遍了。

元代的凌迟刑被作为死刑二等之一。《大元通制·名例》曰："死刑曰斩及凌迟处死。"《元史·刑法志》称："元制，死刑有斩而无绞，恶逆之极者，又有凌迟处死之法焉。"

明代在《大明律》中对谋反、谋大逆等十三种罪规定了凌迟刑。《明大诰》中也提及凌迟刑。《大明律》附录明孝宗朱祐樘弘治十年（1497）奏定的死罪中，也列举了"凌迟处死"。《明史·刘瑾传》有关于刘瑾"罪大恶极，反形已具，当置重典，命殉于市，凌迟三日"的记载。据说：刘瑾处凌迟，被割了四千七百刀；明末郑鄤处凌迟，被割了三千六百刀。"千刀万剐"的成语，与此相关。

清律扩大了凌迟刑的适用范围，如劫囚、发冢、谋杀人、杀一家三人、威逼人致死、殴伤业师、殴祖父母和父母、谋杀本夫及狱囚脱监等，视其情节要处凌迟刑。据传说，清代的凌迟刑有二十四刀、三十六刀、七十二刀、一百二十刀的等级区别。

刺配、凌迟酷虐无比，而且越到封建末世，越发残暴。封建统治者绞尽脑汁设计了种种严刑酷罚，主要是为了对付劳动人民的反抗斗争。但是，他们终究不可能用这些刑罚阻挡历史车轮的前进。随着人民群众反抗斗争的加剧和西方资本主义思潮的影响加深，清末的封建统治者不得不修订刑律，取消了凌迟等苛刑酷罚。

倪正茂全集

法制史与法律思想史卷（下） 4

倪正茂 著

学苑出版社

中国近代法律思想史（节选）

《中国近代法律思想史》*(节选)题记

《中国近代法律思想史》为上、下两册,由时任上海社会科学院法学研究所潘念之所长主编,华友根与本人编写。本《全集》中仅录本人撰写的第二、三、四、五章。

---

* 潘念之主编,华友根、倪正茂著。上海社会科学院出版社1992年版。

第二章　鸦片战争和中国封建法律思想营垒的初步分化

中国封建法律思想在春秋时期开始萌芽，战国时期得到发展，秦汉时期臻于成熟。汉武帝时"罢黜百家，独尊儒术"，造成了以儒学为主、儒法合流的"德主刑辅"封建"正统"法律思想的独霸地位。此后，这一"正统"法律思想历经两千多年，始终是中国封建法律思想的顽固营垒。虽然，由于明末清初资本主义经济开始萌芽，在法律思想上得到必然的反映，出现了黄宗羲、王夫之、顾炎武等初具民主主义观点的法律思想家，但是封建中国的历史行程没有受到强大的内外合力的打击，还将继续一段时期。因此，在清立国以后的近二百年间（1644—1840），占统治地位的仍然是封建法律思想的营垒。

1840年的鸦片战争，打破了闭关锁国的清朝封建壁障，中国社会从此急剧地演变成为半殖民地半封建社会。伴随着鸦片涌入中国的不仅有近代的工业、技术，而且有资产阶级的观念和文化，其中包括资产阶级的法律思想。封建法律思想的一统天下，面临西方资产阶级法律思想的挑战，也遭到地主阶级改革派的抨击。中国封建法律思想的顽固营垒于是开始分化；龚自珍、林则徐、魏源等脱颖而出，成为近代中国进步法律思想家的前驱先路，对尔后的中国法律思想的发展产生了巨大的影响。

一、鸦片战争及其对封建中国的冲击

鸦片战争前夕，清廷已经是一个危机深重的没落封建王朝。经济凋敝，政局动摇，社会矛盾激剧发展。经济凋敝的重要原因是大官僚、大贵族、大地主利用其政治和经济上的特权疯狂兼并土地。兼并的结果，贫者愈贫，失去了仅有的"立锥之地"；中小地主、中小商人和手工业者也纷纷破产，陷入窘境。地主阶级的残酷剥削和压迫，引起农民的激烈反抗。无可遏止的愤怒和仇恨逐浪高涨，终于燃成了起义的烈火。从1796年开始，白莲教起义历时九载，席卷鄂、豫、川、陕、甘五省；1813年，天理教的一支起义队伍潜入北京，一度攻入皇宫；1817年广东爆发群众起义；1832年，广西又爆发群众起义。长城内外，大江南北，起义之声此起彼伏，连绵不绝。经济危机，财政日拙，吏治腐败，加上人民斗争的冲击，清朝的统治处于摇摇欲坠的危局之中。

深重的危机不仅来自国内。从 1800 年起，以英国为首的资本主义国家对中国进行极为卑劣的鸦片贸易，导致中国白银大量外流而国库空虚。伴随鸦片走私而来的是，烟毒和走私、贪污、贿赂使统治集团及其命脉所在的军队迅速腐败、瓦解。朝廷动摇于禁烟派和反禁烟派之间。偶或采取的一些禁烟或限制鸦片贸易的措施，则使中外关系日趋紧张，从而加深了清廷的外部危机。鸦片战争前夕的清朝政府犹如坐在随时都可能爆炸的火药桶上，危机四伏，朝不保夕。

迫于禁烟派的压力，道光帝决定派林则徐前往广东禁烟。在广东人民的大力支持下，开展了轰轰烈烈的禁烟运动，迫使英美鸦片贩子交出两万余箱鸦片，在虎门附近全部当众销毁。

1840 年 2 月，英国政府任命懿律和义律为正副全权代表，组成了以懿律为总司令的英国侵华军队，悍然发动了一场"旨在维护鸦片贸易而发动和进行的对华战争"[①]。

1840 年 6 月，第一次鸦片战争开始，这次战争持续了两年又两个月。对于这场战争，清政府不但毫无应战准备，而且在战争开始以后屈服于投降派的压力，将林则徐撤职查办，对广大沿海人民的反抗斗争进行镇压，使得英国侵略者的气焰越来越嚣张。英国侵略者攻入长江，侵占上海，直逼南京。清政府慌了手脚，委派耆英和伊里布与英国侵略者议和，于 1842 年 8 月 29 日签订了丧权辱国的《南京条约》。

鸦片战争的失败，导致对绵延了二千余年的中国封建社会的强大冲击波提前袭来。这一冲击波的第一个浪头，便是在外国侵略者刺刀的威逼下订立第一批不平等条约。

《南京条约》签订后，中英又相继签订了《五口通商章程》（1843 年 7 月 22 日于香港公布）、《五口通商附粘善后条款》（即《虎门条约》，1843 年 10 月 8 日签订）。英国侵略者从《虎门条约》中获得了领事裁判权、片面最惠国待遇及在通商口岸租赁土地、房屋的特权等。《虎门条约》所附《海关税则》规定了值百抽五的进出口税率，为英国倾销工业品和掠夺中国农产品铺平了道路，使中国海关失去了保护本国工农业生产的作用。

美国、法国、沙俄等国的侵略者接着也凭借武力，强迫清政府签订了中美《望厦条约》（1844 年 7 月 3 日）、中法《黄埔条约》（1844 年 10 月 24 日）和中俄《伊犁塔尔巴哈台通商章程》（1851 年 8 月 6 日）。这一系列不平等条约的第一个直接后果，便是使中国由一个政治上独立自主的国家，变成领土被分割、主权被侵夺的国家，丧失了独立自主的地位，开始了沦为外国侵略者的半殖民地的悲惨历程。

鸦片战争失败的冲击波的第二个浪头，是由上述不平等条约所加剧的资本主义国家经济侵略的加紧，从而导致封建中国自给自足的自然经济的解体。据英国官方公布的统计资

---

① ［德］马克思：《鸦片贸易史》，《马克思恩格斯全集》第 12 卷，人民出版社 1962 年版，第 590 页。

料，英国输华商品总值，1837年为九十多万英镑，1843年增加到一百四十五万六千多英镑，1845年高达二百三十九万四千多英镑。其他国家的商品倾销也加紧进行。与此同时，英、美等国更加肆无忌惮地进行鸦片走私，从而使白银外流，银贵钱贱的问题更加严重。此外，英、美、法等国侵略者大大加强了从中国低价进口茶、丝等农产品和手工业品，使中国的茶、丝生产走上了依附外国资本的道路，大大打击了中国的手工棉纺织业。随着外国资产阶级经济侵略的加紧，为虎作伥、帮助大搞经济侵略的买办阶级逐渐形成，他们还逐渐渗入政界，在政治舞台上崭露头角，成为外国侵略者的政治帮凶。

随着外国政治和经济侵略而来的是文化侵略。殖民者的文化侵略主要有传教、办学、新闻、出版等几个方面。1844年10月签订的《黄埔条约》中，规定法国人可在通商口岸建造教堂；次年又强迫清政府宣布对天主教"弛禁"。法、英、美的传教士从此深入各地建造教堂、宣扬教义、举办慈善事业，以此兜售精神鸦片。为了传教，外国教士凌驾于清政府与清律之上。传教士花之安甚至公然叫嚣"基督教徒不能服从这样的（中国）法律，违背这种法律是必要的"[1]。从五口通商开始，外国侵略者即在上海等地大举兴办学校，以培养对殖民主义者恭顺勤敬的洋奴，为他们的侵略计划服务。从上海开埠前后到1900年的六十余年中，外国殖民者在上海即创办六十一所学校。在新闻、出版事业方面，外国侵略者更是不遗余力。从19世纪初到19世纪末，他们在中国创办了近二百种中、外文报刊，占当时报刊总数的百分之八十以上。此外，他们还在中国设立了一些图书馆。

帝国主义者的文化侵略，固然有其卑劣的殖民主义奴化思想的灵魂和目的，但他们同时又不可避免地"充当了历史的不自觉的工具"[2]，对封建文化起了冲击作用。教会学校客观上为中国引进了西方资产阶级的教育制度和先进的科学技术，往往有激起中国人民的爱国思想、革命主张的反作用。新闻、出版和图书馆事业，则在更大的范围内起了传播西方文化的作用。当时中国知识分子学习西方文化和科学知识，接触西方资产阶级思潮包括资产阶级的法律观点，曾大大得益于外国人办的报刊和他们出版的书籍。这是外国侵略者所不愿意而且是他们所始料不及的不可避免的后果。

鸦片战争对中国社会的冲击除以上所说之外，更重要的是引起了中华民族思想界的巨大震动。在广大人民群众的反帝反侵略思想不断高涨的同时，封建知识分子中的进步思想家不得不正视国破家亡的严重现实。他们纷纷致力于研究外国文化和科学，主张向西方学习技艺，适当模仿西方的政治制度和法律制度，以改革中国旧制，建立繁荣富强的国家。虽然由于地主阶级性的局限，他们没有越出修补支离破碎的清王朝的藩篱，但是他们的行动、思想和主张，不仅在当时具有重要的进步意义，而且对后来爱国、维新思想的形成和发展产生了深远的影响。这派知识分子的著名代表人物是龚自珍、林则徐、魏源等人。

---

[1] *Records of the General Conference of the Protestant Missionaries of China*.1890：438.
[2] [德]马克思：《不列颠在印度的统治》，《马克思恩格斯选集》第1卷，人民出版社2012年版，第854页。

正是在西方帝国主义侵略引起清王朝政治、经济、文化激剧变化的情况下，以及在封建士大夫集团中分离出来的进步知识分子宣传先进思想的推动下，封建法律思想的堤防被打破，开始了令人注目的分化，从而开启了中国近代法律思想的新潮流。

二、中国封建法律思想营垒的初步分化

（一）地主阶级当权派顽固坚持封建法律思想

清代地主阶级当权派法律思想的最大特点，就是顽固坚持"祖宗之法不可改"的观念。这一观念之所以特别顽固，原因在于：第一，封建制度发展到清代，虽已成了强弩之末，但在代表封建制生产关系的地主阶级看来，这是他们的命脉所在，除了固守这一经济基础外别无出路，只好"困兽犹斗"，做此最后的挣扎。第二，清起于满洲，清律上歧视汉族，保持了满族的特权，便是他们的具体利益所在，决不肯轻易更改这个"祖宗之法"。因此1646年制成《大清律》时，清世祖曾为之作序，严令"内外有司官吏，敬此成宪，勿得任意低昂"，"子孙臣民，其世世守之"①。顽固坚持融贯于清律中的封建地主阶级法律思想，成了有清历代统治集团恪守不渝的观点。所以，《清史稿·刑法志》说："仁宗以降，事多因循，未敢遽作。""自后宣宗、文宗遵循前轨，罕可纪述。"宣宗就是1821年至1850年在位的道光皇帝爱新觉罗·旻宁，文宗即咸丰皇帝爱新觉罗·奕詝。这些情况，正说明了鸦片战争前后统治集团中的当权派对法制改革的态度。

时跨鸦片战争前后达三十年之久的道光朝，曹振镛专权于前，穆彰阿继之于后，道光帝又高谈心性，任其所为。《清史稿》说曹谨小慎微，固守祖宗成法，因而"最被倚重"。他担任学政前后有三次之多，主持乡试、会试各有四次，依八股取士，埋没了大批博学多才的人。穆彰阿同曹一样操纵科举，广收门徒，罗致党羽，结党营私，造成盗贼横行而官吏不能收捕，吏治腐败而朝廷如蒙鼓中，苛刑酷罚滥施于平民百姓的后果。在整个道光朝，政治制度如故，文化专制如故，科举制度如故，宗法制度如故，甚至这种顽固坚持陈旧的封建政治法律制度的思想，在危及清朝存亡的鸦片问题上也反映出来了。

鉴于鸦片偷运进口愈来愈多，白银外流愈来愈严重，清廷内部一些明智之士起而主张禁烟，但同时却有许多大官僚竭力反对。权臣太常寺少卿许乃济，于道光十六年四月二十七日（1836年6月10日）在《鸦片烟例禁愈严流弊愈大应亟请变通办理折》中，公然提出反对以严刑峻法禁绝鸦片的意见。他竟荒谬地说，法令本来就是胥役棍徒借以牟利的工具，法越严厉，胥役的贿赂就越多，棍徒的计谋也会搞得越巧，而老百姓要牟利就不怕犯法，对于种种鬼蜮伎俩，法令常常无能为力。他的结论是鸦片流弊都是以法严禁而造成的。他甚至进而认为，闭关做不到，光凭法又不行，那就只有沿用老办法，准许夷商贩

---

① 《清史稿·刑法志》。

来鸦片,不过得照药材纳税;民间食用鸦片的,根本就不必去管他……总之,一切照旧,哪怕是鸦片为害再烈、再大,法也不能更改。其态度之顽固,论断之荒唐,充分反映了当时反对禁烟派大官僚的极端腐朽。但抱这种态度的,绝不止许乃济一人。道光十八年四月(1838年6月),道光帝将禁烟派黄爵滋《请严塞漏卮以培国本疏》发交盛京、吉林、黑龙江的将军和各省督抚"妥议",命令他们商议出对策来。在各地督抚、大员的二十九件复奏中,反对禁烟的多达二十一件(满员十三人、汉员八人),赞成严禁的只有八件(满员二人、汉员六人)。

顽固坚持封建法律思想的情况,甚至在鸦片战争过程中也反映了出来。当林则徐向朝廷汇报了穿鼻、官涌战役中击退英军"滋扰"的战况,并明确提出了"奉法者来之,抗法者去之"和"苟知悔悟,尽许回头"等正确主张时,道光帝却十分无理地斥之曰"不应如此,恐失体制"①。

鸦片战争失败,对封建统治集团是一个严重的刺激与惊吓。可是,已经极端腐朽的统治者仍然没有丝毫觉醒。广东巡抚黄恩彤作《抚夷论》提出,中国对英国采取羁縻政策的依据是英国要通商。英国国内一切经费全靠商税,他们之所以兴兵侵犯我天朝,并非谋逆,只不过想恢复通商罢了。似乎只要与之"通商"(其实是任其贩卖鸦片)就可"羁縻"之了。两广总督徐广缙也说,"驾驭夷人之道舍羁縻一策别无良法"②。道光帝在动摇一番以后,完全接受了这套投降主义的理论和做法。对他们来说,改革法制以求维新,是难以想象的。

(二)地主阶级改革派的惊醒和探索

1. 龚自珍的法律思想

龚自珍③生当没落的清王朝危机深重的年代。"大川归道""王邑文明"已成明日黄花,现实社会如同"日之将夕,悲风骤至",而"山中之民有大音声起,天地为之钟鼓,神人为之波涛"④,革命的风暴行将席卷大地。处在这样一个岌岌可危的动荡、变乱、转折的时期,龚自珍抛弃了辞章考据学的老路,"究心经世之务"⑤,批评时政,抨击朽腐,借古讽

---

① 来新夏:《林则徐年谱》,第245页。
② 《道光夷务》第6册,第3158页。
③ 〔清〕龚自珍(1792—1841),一名巩祚,字璱人,号定庵。浙江仁和(今杭州)人。二十七岁前曾随其父奔走南北,对官场内幕和下层社会有所了解,写了不少惊世骇俗批判封建现实的政论。二十七岁中举人,三十八岁中进士,长期在京任内阁中书、礼部主事等闲职,与林则徐、魏源过从甚密。四十八岁时因得罪权臣穆章阿辞官南下,五十岁病逝。著有《龚自珍全集》。其中《乙丙之际著议》《壬癸之际胎观》《明良论》《农宗》《春秋决事比》《送钦差大臣林公序》等较多地涉及法律思想。
④ 〔清〕龚自珍:《尊隐》,见《龚自珍全集》,上海人民出版社1975年版,第87—88页。下引此书只注篇名与页码。
⑤ 《定庵先生年谱》,《龚自珍全集》第599页。

今，力主改革。他的一生是在鞭挞封建末世的黑暗现实和孜孜探求改革之道中度过的。他的法律思想表现了这种鞭挞与探求，反映了地主阶级改革派以本阶级的力量拯救危亡中的封建末世的愿望。

(1) 鞭挞封建末世的黑暗的专制主义法制

清代法制集历代封建法制专横暴戾之大成。处于封建末世的清朝统治者，骇于尖锐复杂的阶级矛盾和民族矛盾，加强了专制主义法制的镇压作用。如中国封建社会最后一部封建制法典《大清律例》在沿用"十恶"罪的同时，加重了刑罚，凡谋反、谋大逆，只要是共谋者，不分首从，一律凌迟处死；并株连其父子、祖孙、兄弟及同居之人，不分异姓及伯叔父、兄弟之子，也不限籍之同异，年十六以上，不论笃疾废疾皆斩。清代"文字狱"的恐怖，更使知识分子胆战心惊，动辄得咎，横祸难防。"文字狱"在清律中并无明文规定，而是援引"大逆"的条例比附定罪，因此一陷文网，即全家罹祸、满门抄斩。龚自珍在1826年写的《咏史》诗中，以犀利的笔触借古讽今地揭露道："金粉东南十五州，万重恩怨属名流。牢盆狎客操全算，团扇才人踞上游。避席畏闻文字狱，著书都为稻粱谋。……"但是尽管专制主义法制十分苛惨酷烈，龚自珍还是挥毫泼墨，无畏地批判、鞭挞了封建末世的黑暗法制。"经济文章磨白昼，幽光狂慧复中宵。来何汹涌须挥剑，去尚缠绵可付箫。"他在这一首题为《忏心一首》的诗中，表达他剑志箫心地指斥时政的决心。

封建法制最重要的共同点之一，是维护封建君主的独裁地位。立法废法，出入人罪，成了独裁君主的特权。这在清代也不例外，而且随着社会矛盾的加剧，嘉庆、道光皇帝在立法、司法上的擅权行为更加突出了。龚自珍针对这一现象，指斥"霸天下之氏""仇天下之士，去人之廉，以快号令；去人之耻，以蒿高其身，一人为刚，万夫为柔，以大便其有力强武"①。《大清律例》在维护皇权方面做了严密苛细的规定，造成了"万马齐喑"②的沉闷局面，皇威无极，群臣缩首，使社会积弊与日俱增，以至无法医治。龚自珍指斥当时事无巨细，完全凭陈旧的律例办理，即使位臻总督也有职无权，不能放胆"行一谋"，放手"专一事"③，群臣动弹不得，毫无自主的权力，犹如把他们的四肢用长绳捆绑在木头上。这里的"长绳"，指的就是封建法制。龚自珍借颂扬上古唐虞三代天下大治来指斥清代当时律网繁密、吏治腐败、司法黑暗。他揭露道，朝廷一二品之大臣，朝不保夕，随时都可能被免官革职，邸抄上议处、察议的上谕比比皆是；府州县官，这样做要罚俸，那样办又要降级，左右为难，无端被革职；"官司之命，且倒悬于吏胥之手"④，活画出了专制法制淫威之下大小官吏惶惶不可终日的情景。群臣如此，百姓当然更加凄惨。

---

① 《古史钩沉论一》，《龚自珍全集》第20页。
② 《己亥杂诗》，《龚自珍全集》第521页。
③ 《明良论四》，《龚自珍全集》第35页。
④ 《明良论四》，《龚自珍全集》第34—35页。

他说，从乾隆末年以来，"官吏士民，狼艰狈蹶"，士、农、工、商无法生存，而不士、不农、不工、不商之人越来越多，几乎占人口中的大半；从京师到全国各地到处是"富户变贫户，贫户变饿者"①，这一方面使各省大局岌岌可危，另一方面更加重了封建司法镇压给百姓带来的苦难。

封建末世专制主义法制的黑暗，还反映在刑狱的腐败上。清王朝在急剧走向衰落的同时，也失去了对属吏的统制能力。虽然立法上规定书吏舞文作弊、借案生事骚扰平民者，为知法犯法，"照平人加一等治罪"②等等，但实际上，司法官吏"舞文弄法，招摇撞骗，说事过钱，包揽词讼，侵欺钱粮，卖放强盗，飞诡税粮，诬执平民"③的情况十分严重。龚自珍在《明良论四》中抨击了"官司之命，且倒悬于吏胥之手"的情况，指出吏胥"上下其手"，为非作歹而又肆无忌惮，已经到了令人忍无可忍的地步。龚自珍还专门写了一篇揭露刑狱黑暗的文章，题为《治狱》④，把自己所了解到的当时刑狱黑暗的情况概括为"今之书狱也不以狱"，主要表现有：第一，各级司法官吏断案主观主义，下级司法官吏根据案情亲自审结的案件，上级会胡乱驳回；而下级胡乱审结的案件，上级却又会层层核准，黑白颠倒，是非混淆，根本没有什么真正的司法准绳可言。第二，同一案情，判决相异，生死轻重，大相径庭。第三，以权势、行贿、门荫、学术地位干预司法的情况极为严重，司法官吏普遍地唯利是图、唯"尊"是从，唯唯诺诺，听凭干预。第四，下级司法官吏层层攀交上级司法官吏，唯权是认，上下勾结，沆瀣一气，结成了一张严实的关系网，使得黑暗司法不可能被击破。第五，同乡、同学等又互相勾结，"豺踞而鸮视，蔓引而蝇孳……相朋相攻……"，更加深了司法的黑暗。市狱枉法，为非作歹，使得整个司法界腐败不堪。对上述种种黑暗现象，龚自珍痛心疾首地感叹道："析四民而五，附九流而十，挟百执事而颠倒下上，哀哉，谁为之而壹至此极哉！"留待读者回答的"谁为之"是不难想见的，当然只能是当时黑暗的法律制度。

（2）探求拯救没落封建王朝的变法之道

为了探求变法之道，龚自珍研讨过国家和法律的起源、礼和律在治理国家中的作用，为"更法"阐明了法理上的根据；研讨过法制变迁的历史，为"更法"提供了哲理上的武器；还具体研讨了"更法"的若干具体措置，为"更法"指明了方向。

关于国家和法律的起源，龚自珍认为远古并无王公大臣之分，没有礼乐刑法与刑乐刑法之差别⑤，国家、王公大臣、礼乐刑法既然不是与生俱来的，也就不存在永恒不变的理由。那么这一切是怎样发生的呢？他说，天地是人所造，众人是自己所造，不是圣人所造

---

① 《西域置行省议》，《龚自珍全集》第106页。
② 《钦定吏部则例》。
③ 《吏部处分则例》。
④ 又题《乙丙之际塾议三》，《龚自珍全集》第2页。
⑤ 《农宗》，《龚自珍全集》第49页。

的。社会政治活动从简单到复杂，从参与的人数甚少到逐渐增多，政事复杂了，管理的人多了，就得有人发号施令，号令还要有人传达，"传语之人，后名为官"①。国家、社会的政治活动就这样逐渐地产生了。国家一旦形成，就要有统治的方法，统治的方法又是各国不同的，"有帝统，有王统，有霸统"；帝有帝法，王有王法，霸有霸法；王统以儒家和墨家学说为理论根据，霸统以法家学说为理论根据；"以霸法劝帝王家，则诛；以帝王法劝霸家，则诛"②。法就这样产生并分化了。关于刑罚，龚自珍认为起源于饮食、祭品多寡之争。按原先的习俗，饮食与祭品的数量分配，少长有别，宗支差等，如果故意破坏这种习俗就要被鞭挞，这是"司寇之始"。他还以《书经》上的"皋陶为士"为据，说明"士"就是刑官，"刑"起源于"兵"，"兵也者，刑之细也"③。

关于法律和礼教的作用，龚自珍认为法律是王者之谕，有文字形式，是维护统治的工具。他说，王者治理天下就要用法，"法制者，教之具也"；公布法律，晓谕众人，众人中"秀而文者，升于国学乡学，而朴而鲁者，亦约束于律令"，人人都有所遵循。④龚自珍认为礼也是一种起律令作用的行为规范："礼也者，一代之律令，史职藏之故府，而时以诏王者也。"⑤那么，礼与律在治理国家中的关系如何呢？礼与刑，何者为先呢？龚自珍认为，颁布刑书是为了保证人们恪守礼义"出乎礼，入乎刑，不可以中立"⑥，礼、律二者不可缺一，此其一。其二："全德不恃力，莫肯不服，其次用力。"⑦也就是说，德、礼是第一位的，法、刑不可或缺，但是第二位的。

国家与法不是从来就有的；为了治理国家，礼、律的作用不能偏废。既然如此，现实社会的种种危急状况的改变，就只有从礼、律作用的发挥上去寻找办法。这样，"更法"改制主张的提出就成为顺理成章的事了。

龚自珍认为"更法"是历史的必然。他说，古人之世倏尔为今人之世，今人之世倏尔为后人之世，"旋转簸荡而不已"⑧，历史本身变动不居，因此法也应随着历史的变迁而变迁。龚自珍指出："自古及今，法无不改，势无不积，事例无不变迁，风气无不移易……"⑨历史在变，社会在变，法也在变，如果不顾社会现实的变化而拘守祖宗成法，就可能将清朝的江山"赠来者"，与其如此，不如自我改革，以"更法"求自救。他说，拘

---

① 《壬癸之际胎观第一》，《龚自珍全集》第12—13页。
② 《壬癸之际胎观第三》，《龚自珍全集》第15页。
③ 《五经大义终始论》，《龚自珍全集》第43页。
④ 《定庵先生年谱》，《龚自珍全集》第601页。
⑤ 《古史钩沉论二》，《龚自珍全集》第21页。
⑥ 《春秋决事比自序》，《龚自珍全集》第233页。
⑦ 《农宗答问第五》，《龚自珍全集》第55页。
⑧ 《释风》，《龚自珍全集》第128页。
⑨ 《上大学士书》，《龚自珍全集》第319页。

守"一祖之法",畏惧"千夫之议",国家必定很快衰败,这是因为"一祖之法无不敝,千夫之议无不靡";因此"与其赠来者以劲改革,孰若自改革"?他大声疾呼改革,而且把改革的重要性提得十分尖锐。他引证清朝代明而兴的历史,急切地要求当道者"奋起":"抑思我祖所以兴,岂非革前代之败耶?前代所以兴,又非革前代之败耶?何莽然其不一姓也?天何必不乐一姓耶?鬼何必不享一姓耶?奋之!奋之!"①

关于更法、改革,龚自珍做了一些具体的设想,归纳起来有以下数端:其一,皇帝带头"更法"。他建议"圣天子……删弃文法,捐除科条,裁损吏议,亲总其大纲大纪,以进退一世",对"内外臣工"的"大罪"坚决严惩,而他们的"小故"则予以宽宥,"勿苛细以绳其身"②。这是为了给大小官吏以一定的自由,从皇帝的独裁下摆脱出来。其二,扩大内外大臣的权力,以此来减轻皇帝独揽一切的专制司法的流弊。他认为"内外大臣之权""不可以不重",因为"权不重则民不畏",破坏法制的情况将变得严重起来。③ 显然,他主张扩大官吏的权力,是为了维持摇摇欲坠的封建统治。他认为"仿古法以行之,正以救今日束缚之病"④,而"古法"是赋予官吏以必要的司法权力的。其三,"不拘一格降人材"。他抨击当时的科举制度扼杀人才,"今世科场之文,万喙相因,词可猎而取,貌可拟而肖"⑤,你抄我袭,千篇一律,与实际脱离,无实用价值,造成"左无才相,右无才史,阃无才将,庠序无才士"的局面。"问以经济策,茫如堕烟海",通过科举选拔出来的官僚,根本不懂如何"经邦济国"。他大声疾呼:"我劝天公重抖擞,不拘一格降人材。"⑥ 其四,广开言路。"法改胡所弊?势积胡所重?风气移易胡所惩?事例变迁何所惧?"⑦ 只要言路广开,上下沟通,是非就分明,"法改"而不会产生弊端,"事例变迁"也用不着担心。

此外,龚自珍目睹鸦片倾销、白银外流,造成民生凋敝、国势衰颓,因此在禁烟方面力主采取严刑重罚予以禁绝。他认为"刑乱邦用重典,周公之训也";广东吸食鸦片的"幕客""游客""商佑""绅士"皆有,已经是"乱邦"的迹象,因此"宜杀一儆百";"其食者宜缳首诛"!"贩者、造者宜刎脰诛"!"兵丁食宜刎脰诛"!而这样做乃是"决定义,更无疑义"⑧,表达了以严刑峻法禁绝鸦片的极大决心。

(3)龚自珍法律思想的特点

龚自珍法律思想的主要特点在于对黑暗的封建专制主义法律制度的揭露和批判。这

---

① 《乙丙之际著议第七》,《龚自珍全集》第5—6页。
② 《明良论四》,《龚自珍全集》第35—36页。
③ 《明良论四》,《龚自珍全集》第35页。
④ 同上。
⑤ 《与人笺》,《龚自珍全集》第344页。
⑥ 《己亥杂诗》,《龚自珍全集》第521页。
⑦ 《上大学士书》,《龚自珍全集》第319页。
⑧ 《送钦差大臣侯官林公序》,《龚自珍全集》第169页。

种揭露和批判显示了地主阶级改革派的隐隐约约的叛逆之音。尽管在当时的社会中,这种叛逆之音是那么微弱,但对于沉睡了数千年的封建中国来说,却是颇为发人警醒的。尤其是当时正处在高度恐怖的思想、文化统治之下,龚自珍的揭露和批判更显得是惊世骇俗的了。

复古。龚自珍称颂"古之时,守令皆得以专戮",要求恢复这种法律制度,"略仿古法而行之",而且指出"仿古法以行之,正以救今日束缚之病"①。所谓"仿古法",不仅指刑法制度,而且指经济法制。在《平均篇》②中,他提出了一些经济改革的主张,如以"田相齐"来抑制地主豪强的土地兼并。其论据是古之时"有天下者,莫高于平之之尚也",后来却每况愈下,从"小不相齐至大不相齐,大不相齐,即至丧天下"。他称颂"最上之世,君民聚醲然。三代之极其犹水";主张按照封建等级来安排经济生活,像打水那样,"君取盂焉,臣取勺焉,民取卮焉",互不相扰,保证"民"的生活有着落,"君""臣"则可高枕无忧。关于龚自珍的复古思想,可以以他自己所写的一首诗作为最好的说明,他写道:"霜豪掷罢倚天寒,任作淋漓淡墨看。何敢自矜医国手,药方只贩古时丹。"③当然,复古不过是一种空想,不可能实现。所以,龚自珍晚年的思想比较矛盾、消沉。他曾有剑志箫心拯救祖国于危亡,但眼看世态江河日下而又束手无策,所以他不禁扼腕悲叹:"少年击剑更吹箫,剑气箫心一例消。谁分苍凉归棹后,万分哀乐集今朝。"④这样,他就逐渐地从相信历史进化而转入了相信历史循环和因果报应的佛学,几至遁入空门。

立足于农。龚自珍对黑暗的专制主义法律制度进行批判,提出了更改刑法、经济法的若干主张以及其他的一系列复古空想,都离不开"立足于农"和封建宗法这个基点。他"渊渊夜思",提出了一系列关于社会问题的疑问,却得不出正确的答案。"古者未有后王君公,始有之而人不骇者何?古者未有礼乐刑法,与礼乐刑法之差,始有之而人不疑惧者何?"国家的出现,法的产生,为什么人们不疑不惧?龚自珍的答案是:"帝若皇,其初尽农也……","圹而谷众,足以庇其子,力能有文质祭享报本之事,力能致其下之称名,名之曰礼,曰乐,曰刑法",而"礼莫初于宗,惟农为初有宗"。由此出发,他提出了"人无二治,治无二法"的自以为唯一正确的治国方案:"请使农之有一田一宅,如天子之有万国天下",并幻想"姑试之一州,州蓬跣之子,言必称祖宗,学必世谱牒。宗能收族,族能敬宗,农宗与是州长久,泰厉空虚,野无夭札,鬼知恋公上,亦百幅之主也"。⑤但是,时至19世纪初叶,国内资本主义萌芽已经有了相当程度的发展,国外资本主义侵略者正虎视眈眈,农业经济破产在即,封建宗法制度瓦解有期,立足于农,立足于宗法的治国策

---

① 《明良论四》,《龚自珍全集》第35页。
② 《龚自珍全集》第77—80页。
③ 《己亥杂诗》,《龚自珍全集》第513页。
④ 《己亥杂诗》,《龚自珍全集》第518页。
⑤ 《农宗》,《龚自珍全集》第48—52页。

略与法律思想，显然是不可能实现的。所以，龚自珍只能为没落的封建王朝唱一曲挽歌，而不可能为它的复兴注入新的生机。倒是他对社会的鞭挞令人感奋，"更法"思想催人深思。龚子殁后，继之而起的先进知识分子通过进一步的探索，才能得出比较接近于真理的答案。正因为如此，近世学者无不高度赞扬龚自珍思想（包括法律思想）对社会进步和学术发展的卓越贡献，而龚自珍也是当之无愧的。

2. 林则徐的法律思想

林则徐①是著名的爱国者，在中国近代史上，为禁绝鸦片和抗击外国侵略者做出了光辉的业绩，是深受中外人民敬仰的民族英雄。林则徐的法律思想，比较突出地表现在禁烟和维新这两个方面。此外，在立法和司法方面也有一些论述。

（1）以法禁烟

林则徐曾长期担任从地方到中央政府的各级官吏，政绩是显著的，但最为突出的是在鸦片战争前和战争期间以法禁烟的言论和行动，反映了他以法禁烟的完整法律思想，包括以法禁烟的目的、立法从严、惩治对象、执法必严等方面。

关于以法禁烟的目的，林则徐在《密陈办理禁烟不能歇手片》②中指出："圣人执法惩奸，实为天下万世计，而天下万世之人，亦断无以鸦片为不必禁之理。"这里既指出了禁烟是"为天下万世"，又指出了因此而必能得到"天下万世之人"的理解支持。历史事实证明，林则徐以法禁烟确实得到了"天下万世之人"的热烈支持和赞扬。"为天下万世计"，是林则徐以法禁烟思想的根本出发点，反映了他的爱国心声。1840 年初，林则徐到达广东任所，立即限令外商在三日内交出鸦片，听候处理。他明令宣布："若鸦片一日未绝，本大臣一日不回，誓与此事相始终，断无终止之理。"③这种坚定的态度，就源自禁烟的目的，源自赤诚的爱国之心。

关于禁烟的立法，林则徐认为必须以严为原则。他在《筹议严禁鸦片章程折》中指出，禁绝鸦片，革心难于革瘾，因此"欲革玩法之心"，非"立怵心之法"不可。为了不

---

① 林则徐（1785—1850），字元抚，又字少穆、石麟，福建侯官（今闽侯）人。二十岁中举人。越二年，应厦门海防同知房永清之聘，担任书记，自此接触鸦片流毒问题。1811 年中进士，从此跻身官场，从监察御史步步上升到督抚、总督。1839 年初，被任命为钦差大臣，节制广东水师，赴广东查禁鸦片，次年到广东，为了解西方情况，派人翻译外文书报，编成《四洲志》。主张对外商区别对待，孤立烟贩。与总督邓廷桢协力查办、严令英美烟贩缴烟，并当众在虎门焚毁。1840 年 1 月任两广总督。鸦片战争爆发后，因受投降派诬害，被革职。次年派赴浙江，筹划海防，不久充军新疆。后起用为陕西巡抚，擢云贵总督，因病辞职回籍。1850 年起用为钦差大臣，前往广西镇压农民起义，在赴潮州途中病死。著有《林文忠公政书》《信及录》《云左山房文钞》《云左山房诗钞》等。中华书局曾整理编订成《林则徐集》，分《公牍》《奏稿》《日记》。1981 年福建人民出版社出版了杨国桢编《林则徐书简》。其法律思想散见于公牍、奏稿、书简之中。
② 《林则徐集·奏稿》，第 884 页。
③ 《谕各国商人呈缴烟土稿》，《林则徐集·公牍》第 59 页。

至落下"不教而诛"之议,他主张"议法在一年以前"而"行法在一年以后",以便有一个"转移之机"。他引证《书》所谓'旧染污俗,咸与维新'"和《传》所谓'火烈民畏,敌鲜死焉'",为"立怵心之法"辩护,认为这是"有合于大圣人以辟止辟之义"的合理、正当的立法,"断不至与苛法同日而语也"。① 他还列举鸦片流毒为害之烈的事实,说明"断非常法之所能防,力挽颓波,非严蔑济"②。

关于以法禁烟的打击对象,林则徐认为"今欲加重罪名,必先重治吸食"③ "鸦片之禁,不但宜严于百姓,实可倍宜于夷商"④。他把打击的主要矛头指向私贩鸦片的"夷商"。为此,他在奏折中陈述了打击"夷商"的合理性、可行性和必要性。他认为给"夷商"以"乐利"的同时"齐之以政刑"是理所当然的,"来贸易之人,不过该国之一贩户,并非贵戚达官",因而对贩烟"夷商"着重打击是可行的,同时"此辈奸夷性贪而狡,外则桀骜夸饰,内实悱怯多疑,稍纵即骄,惟严乃肃"⑤,"严"是"肃"的前提,完全必要。为此,他请求皇帝敕令对贩卖鸦片的"夷商",只要拿获,"人即正法,货物入官"⑥。在《谕洋商责令外商呈缴烟土稿》中,他也提出了同样的主张。

由于朝廷内部有许多重臣反对禁烟,更反对以严刑峻法禁烟,所以林则徐不得不反复申述对贩烟"夷商"处以严刑的合理性,而这也被用来对"夷商"及其在幕后支持的英美等国政府进行说理斗争的有力根据。在《拟颁发檄谕英国国王稿》中,林则徐据理阐述"弼教明刑,古今通义"。他打比方说,别国人到英国贸易,也要遵英国法度,何况是英国人到天朝来贸易呢?他指出,中国人卖鸦片的要处死,吸食鸦片的也要处死;夷人如不贩鸦片进中国,那么中国人从哪里转卖,又怎么能吸食呢?因此,可以说是奸刁的夷商陷华民于死地,又怎么能不予处死呢?害人一命者尚须以命抵死,何况鸦片之害人根本不止一命呢?林则徐就是这样以铁的逻辑有力地证明了"新例于带鸦片来内地之夷人,定以斩绞之罪"是"为天下去害"⑦ 的正义行动。

(2)改革法制,力图维新

林则徐在禁烟、反侵略的同时,认识到必须发展民族经济、学习西方。为此,他主张改革法制,力图维新。

林则徐认为,法律规定的刑罚的轻重,是以罪行轻重为依据的,因此刑罚世轻世重,

---

① 《林则徐集·奏稿》,第568页。
② 同上。
③ 同上。
④ 《外人带鸦片罪名应拟专条片》,《林则徐集·奏稿》第640—641页。
⑤ 同上。
⑥ 同上。
⑦ 《拟颁发檄谕英国国王稿》,《林则徐集·公牍》第126—127页。

要"因时制宜"①。这种"因时制宜"的法治思想,与发展民族经济结合在一起,就促使他提出,为了照顾"滨海小民"的生计,为了维护本国商民的利益,应当取消封关禁海的律令,代之以鼓励中国商人出洋经商的律令。他在云南考察过工商业家组织开矿的情形,提出"藏富于民"的主张,奏请皇上允许商民开发矿山。在《查勘矿厂情形试行开采折》中,他提出:"认真整顿,令在必行,所宜先立章程者,约有四事:……一曰严法令。"②他把"严法令"作为发展民族经济的必要条件。

林则徐倡导学习西方,主要是为了引进西方的先进技术和军事装备。为此,他十分重视翻译西方书报,他在衙署里养有熟谙外语、善于翻译的人员,又指派与洋商打交道的通事、引水二三十位,留意探听外国情形,规定他们逐日呈递打听到的消息,借以了解外国。在他的主持和指点下,出版了《四洲志》《澳门新闻纸》《华事夷言》等书报杂志,为中国人放眼看世界提供了工具,对引进西方的资产阶级思想和资本主义制度,起了积极的推动作用。

此外,林则徐曾提出了"失察处分,宜先严于所近"③,"审断之法宜预讲"④,"明慎用刑而不留狱"⑤,"仵作之关系匪浅",必须"额设仵作,募足充数,令其认真学习,挑选谙熟之人,遵照部颁《洗冤录》,将检骨验尸之法,详细讲明传授","州县为案民之官,人命至重,凡有检验,必须亲自动手,细辨尸伤轻重,正凶自无枉纵"⑥,司法审判中"不可妄加诬指"⑦等正确的司法主张,并在他自己的政务中予以实行。对于一个封建官吏来说,这是难能可贵的。

(3)林则徐法律思想的特点

由于林则徐的法律思想主要是在禁烟与反侵略这样严重的斗争中反映出来的,不可能像儒家那样讲"仁""义""礼""德",非讲严刑峻法不可,非强调立法救弊"因时制宜"不可,因此他的法律思想的主要特点是接近于法家的法律思想。这与龚自珍的法律思想是略有不同的。与此紧密关系的是,林则徐的法律思想同现实斗争密切相关,比较切合实际,虽然由于统治集团中的投降派横加阻挠而未能贯彻到底,但是终究在现实生活中起了一定的作用,并为后世所景仰、称颂和效法。当然,由于林则徐是清廷要员,他的立场是站在地主阶级一边的,他的法律思想中的积极因素也不过是地主阶级立场上的改革派的表现罢了,我们要给予公正的而不是拔高了的评价。

---

① 《钱票无甚关碍宜重禁吃烟以杜弊源片》,《林则徐集·奏稿》第601页。
② 《林则徐集·奏稿》,第1150页。
③ 《筹议严禁鸦片章程折》,《林则徐集·奏稿》第570页。
④ 《林则徐集·奏稿》,第571页。
⑤ 《通饬各属命盗各案赶紧审解札》,《林则徐集·公牍》第8页。
⑥ 《通饬各属选练仵作札》,《林则徐集·公牍》第11—12页。
⑦ 《确查雍希叶布族实无不法之人并拟约束章程折》,《林则徐集·奏稿》第907页。

3. 魏源的法律思想

魏源①是中国近代史上著名的爱国者,维新思想的前驱之一,与龚自珍齐名,人称"龚魏"。他生当鸦片战争前后两个时期,对急剧没落的清王朝和外国侵略造成的社会状况有比较清醒的认识。在他的一生活动中,反对外国侵略、倡导学习西方占有突出的地位。他的法律思想也在反侵略和学西方上表现出来。为了富国强民以抵御外侮,他又积极寻找改革、维新之道,因而要求因势变法、革除弊政。同龚自珍一样,在民族危机与社会危机日益加深的情况下,他明确认识到宋明理学与汉学的不孚实用,因而积极提倡"经世致用"之学。他的法律思想是在批判封建正统思想的过程中确立的。

(1)批判封建正统法律思想,提倡因势变法、强国御侮

当时思想界中占统治地位的是宋学(理学)和汉学(考据学)。反对禁烟的投降派,在反禁烟时就是依据迂腐不堪的宋明理学所强调的"宽恕"之道,反对严厉制裁贩烟和吸食者;而在与外国侵略者谈判时,则妄图以所谓"礼""信""义"乞求敌人退兵。其结果当然是引狼入室,使外国侵略者遍尝甜头、得寸进尺。魏源懂得,正是灵魂上的迂腐,使得统治阶级拱手于侵略者之前,不知可以干什么、怎样干,以便保卫大清江山和统治阶级的利益。因此,他对宋学和汉学做了坚决的批判和揭露。他斥责理学家为"庸儒"、理学为"俗学",指出理学家奉为经典的《六经》不过是"一代诗文之汇选,本朝前朝之文献而已"②。他怒斥"庸儒""读周、孔之书,用以误天下"③。他抨击本朝的理学家所极力推崇的"宋儒",不过是"专言三代"的"庸儒",指出"三代井田、封建、选举必不可复",如果"泥法"于"三代"而"不知三代以下之情势"则"必迂"④。他揭露理学家们的"学问"是"上不足治国用,外不足靖疆圉,下不足苏民困"的"空谈"⑤。对用烦琐考证方法研究儒家经典的汉学,魏源揭露其"锢天下聪明智慧,使尽出于无用之一途"⑥;批判汉学家们争治训诂,追求"书艺之工敏""声律骈偶之巧丽",却"罔知朝章,国故为何物","罔知漕、盐、河、兵得失何在",斥责他们"立乎今日以指往昔",是"异同黑白",颠倒是非。⑦正是在揭露与批判宋学、汉学的基础上,魏源提出了自己改革法制的观点。

---

① 魏源(1794—1857),原名远达,字默深。湖南邵阳人。十五岁时,究心阳明之学,好读史。二十岁时至京师,问学汉儒家法、宋明理学、春秋公羊,与龚自珍、林则徐、陶澍、包世臣等交往。1822年中举人,1844年中进士,历任江苏东台、兴化知县,高邮知州。太平天国运动兴起后,曾于1853年组织地主武装抵抗,后避居兴化,迁杭州佛寺,直至病逝。著有《古微堂集》《老子本义》《元史新编》《圣武记》《海国图志》等。短篇论著和诗文,今人辑有《魏源集》。
② 《国朝古文类钞叙》,《魏源集》上册,第228页。
③ 《默觚下·治篇五》,《魏源集》上册,第48页。
④ 同上书,第49页。
⑤ 《默觚下·治篇一》,《魏源集》上册,第36页。
⑥ 《武进李申耆先生传》,《魏源集》上册,第359页。
⑦ 《明代食兵二政录叙》,《魏源集》上册,第165页。

魏源指出后代法制比前代进步,以此说明法制的改革是古有先例,法制因革不足为奇。他指出后世之事胜于远古的主要有三个方面:其一为汉文帝废除肉刑。他认为这说明"三代酷而后世仁"①。其二为柳宗元非难分封制,颂扬郡县制。他认为,三代采取封邦建国是为"私"的表现,后世采取郡县制是为"公"的表现。其三为"世族变为贡举"。他认为这同封建制变为郡县制一样,都说明"三代私而后代公"②。魏源还指出,即使拿三代本身来说,也是一代比一代进步的:"以三代之盛,而殷因于夏礼,周因于殷礼,是以《论语》'监二代',荀卿'法后王'",这说明"法制因革损益,固前事之师"③。法制的因袭改革删除增设,本来就是历史的经验,从而为现在的法制改革找到了理论的根据。魏源还以本朝的历史事实说明"法制因革损益"是天经地义的事,他说:清朝取胜于明朝,举凡中外官制、律例、赋额、兵额,大多依据明代的法律制度增删修改而成;④清代立国之初,怜悯人民生活之艰难,借鉴明代失败的教训,严禁宦官专权、重赋扰民。因此清初的老百姓耳不闻苛政虐刑,目不见兵戎攻战。朝廷上对言官的谏诤,不但不加责备,而且优礼厚待,使得满朝官员不会畏惧明代那样可怕的廷杖、诏狱……⑤这一切,当然是"庸儒"们所无法反驳的。

魏源还从时势变异的法则上为变法的势在必行寻找理论根据。他指出,三代与今日相比天不同,地不同,人不同,物也不同;自然界和社会每时每刻都在变化,不变的只是客观规律的"道"而已,时势则日日在变,不可能重复,不可能逆转。他认为"古乃有古,执古以绳今,是谓诬今",而"诬今不可以为治"⑥。他还把"古今宇宙"比喻为一大棋局,世事之变迁如同棋局之千变万化,"纵横反复至百千万局"⑦。总之,变是事物发展的规律性。因此,"天下无数百年不弊之法,无穷极不变之法,无不除弊而能兴利之法,无不易简而能变通之法"⑧,"法无久不变,运无往不复"⑨。既然如此,变法就是天经地义的事了。

至于变法的目的,魏源认为应以"利民"为归宿,"履不必同,期于适足;治不必同,期于利民"⑩,"善治民者不泥法"⑪。以救时、利民为目的的更法改制,"小更革则小效,大

---

① 《明代食兵二政录叙》,《魏源集》上册,第165页。
② 《默觚下·治篇九》,《魏源集》上册,第60页。
③ 《明代食兵二政录叙》,《魏源集》上册,第161页。
④ 同上。
⑤ 《明代食兵二政录叙》,《魏源集》上册,第162页。
⑥ 《默觚下·治篇五》,《魏源集》上册,第47—48页。
⑦ 《默觚下·治篇十六》,《魏源集》上册,第78—79页。
⑧ 《筹鹾篇》,《魏源集》下册,第432页。
⑨ 《军储篇》,《魏源集》下册,第468页。
⑩ 《默觚下·治篇五》,《魏源集》上册,第48页。
⑪ 同上书,第49页。

更革则大效"①。显然,他是主张法制的"大更革"以求获得最大的社会效果的。

关于变法的具体内容,魏源主要提出了以下三个方面:

第一,改革严刑峻法。魏源认为因势立法、宽严适度才能达到立法设刑的目的,这与清政府一味实施苛刑酷法是相对立的。魏源在《默觚下·治篇三》中提出了"兼黄老申韩之所长而去其所短"的要求,其理由是:一方面,立法要从实际出发,否则即使制定了法律也不能实行,"强人之所不能,法必不立;禁人之所必犯,法必不行"。但另一方面,法制的实施也有一个过程,不能操之过急,以严刑峻法推行,则会适得其反,他说:"立能行之法,禁能革之事,而求治太速,疾恶太严,革弊太尽,亦有激而反之者矣。"他在《治篇十六》中又指出,刑赏的作用在于劝善惩恶、显恶显善,离开这个目的,刑赏就会失去作用,甚至适得其反地造成截然不同于初衷的后果。他以春秋时郑国的邓析、子产同样制定了"竹刑",先秦的商鞅和三国的诸葛亮都采用了严厉的法制却收到不同的效果为例加以说明:"邓析、子产,同一竹刑也,邓析受诛而郑人不怜,子产则遗爱众母,兴歌谁嗣;商君、诸葛,同一严法也,商君车裂而秦人不怜,武侯则巷祭路哭,白帽成俗。"②这就是刑赏目的不同造成的不同后果。

第二,改良司法。魏源认为法律如同医家的单方,可以救人之命,也可以置人死地,就看医家如何运用这单方;而法可以用来治天下,也可以用来害天下,关键在于行法之人。他指出:"不难于得方而难得用方之医,不难于立法而难得行法之人。"因此,魏源主张:"君子不轻为变法之议,而惟去法外之弊……不汲汲求立法,而惟求用法之人……"③总之是必须讲求"行法之人",努力除去"法外之弊"。为了求得能够除去"法外之弊"的"行法之人",魏源提出了广开才路、选用贤能的主张。

第三,改革选举制度,广开才路。魏源《默觚下》谈治国之道,共十六篇,其中从首篇开始即谈人才问题,其余各篇大部分也谈人才问题。在《治篇十一》中,他揭露科举制度下,人才"尽销铄于泯泯之中","以持禄养骄为镇静,以深虑远计为狂愚,以繁文缛节为足辅太平,以科条律例为足剔奸蠹,甚至圆熟为才,模棱为德,画饼为文,养痈为武……"。因此,他对统治者"专以无益之画饼,无用之雕虫"来选人,寄希望于"科举兔册"十分不满;对统治者"叹天下之无才"④深为不满。他认为"取诸科目资格"的选人办法,只能选出"不知君国远忧为何事",只会"市恩、报怨、希进"的小人;他主张,必须"广收天下之才""广收天下之人"⑤。在《海国图志叙》中,他提出,祛除"人材之虚患",一要"去伪,去饰,去畏难,去养痈,去营窟";二要"以实事程实功,以实功程实

---

① 《御书印心不屋诗文录叙》,《魏源集》上册,第243页。
② 《默觚下·治篇二》,《魏源集》上册,第40页。
③ 《默觚下·治篇五》,《魏源集》上册,第45—46页。
④ 《默觚下·治篇一》,《魏源集》上册,第37页。
⑤ 《默觚下·治篇十二》,《魏源集》上册,第68页。

事"。这些关于广选人才的主张和意见,与当时的科举制度、官僚体制是直接对立的,目的在于将大批有真才实学而又锐意改革、维新的优秀人才荐举出来。这就是魏源设想的因势变法、强国御侮的重要手段。但仅此而已还不够,所以魏源又十分注意向西方学习。

(2) 提倡学习西方,"师夷长技以制夷"

魏源对鸦片战争失败的教训有深切的理解,他继承林则徐编写《四洲志》的事业,做了大量的采访编纂工作,完成了数达一百卷的《海国图志》。他在《海国图志叙》中阐述了撰著的目的是:"为以夷攻夷而作,为以夷款夷而作,为师夷长技以制夷而作。"他指出,为了强国御敌,就必须"知其形""知其情"。

诚然,囿于历史的局限,魏源的"师夷长技"基本上停留在学习西方的军事技术、养兵练兵之法上,但也不是对西方的政治法律制度毫无关心、毫无注意。他已经朦胧地意识到,单纯讲求"船坚炮利"不过是"兵机",而非"兵本","欲平海上之倭患,先平人心之积患"①。

为"平人心之积患",他主张民主议政,广开言路。他把国家比作人体,"后元首,相股肱,诤臣喉舌",而"庶人"是其"鼻息";只有"鼻息"畅通,"九窍、百骸、四支"才能"存"而不"亡","口可以终日闭而鼻不可一息柅",他称颂"古圣帝明王,惟恐庶民之不息息相通",因而"取于臣也略而取于民也详"。他指出"受光于隙见一床,受光于牖见室央,受光于庭户见一堂,受光于天下照四方"②,总之是要广开言路、民主议政。魏源的这些意见上承历代法家的"民本"主义法律观,但又不是简单的重复,而是带有新时代的特征,具有新内容。这就是注入了西方资产阶级的民主主义法律观的因素。因此,他在《海国图志》中说,"墨利加北洲(作者按:指美国)之以部落代君长,其章程可垂奕世而无弊",在那里"议事听讼,选官举贤,皆自下始,众可可之,众否否之,众好好之,众恶恶之,三占从二,舍独徇同"。他极为赞赏"即在下预议之人,亦先由公举",认为这是极其周密的选贤举能方法。魏源还指出,在那里,设置"刑官""主谳狱","亦以推选充补,有偏私不公者,群众废之"。魏源还把"不设君位,惟立官长贵族等办理国务"的瑞士,比作"西土桃花源"。这些议论虽然是站在封建士大夫立场上,从改革"君民关系"的观念出发来议论资产阶级的民主制度,但在当时来说无异于为迷雾沉沉的中国拨云见日,使埋首故纸堆的士大夫知识分子大开眼界,是极端严厉的封建君主专制统治下的大胆的进步议论,因此也就对后世先进知识分子发生非同寻常的思想激励作用,使他们更加迫切热情地去深入了解西方、学习西方。

魏源所倡导的"师夷长技以制夷",既然作为一个响亮、动人心魄的口号和纲领提出,就必然使后起诸君在了解"夷情"的过程中接触西方的政治法律制度,从而为西方政治法

---

① 《海国图志叙》,《魏源集》上册,第 207 页。
② 《默觚下·治篇十二》,《魏源集》上册,第 67—69 页。

律思想的引进打通了道路。魏源的这一功勋，是彪炳史册、永远值得纪念的。

(3) 魏源法律思想的特点

龚自珍死于鸦片战争的炮火声中，他没有更多地看到鸦片战争失败后的中国惨象，也不可能比魏源更多地接触西方，因此龚自珍以对封建法律的鞭挞为特点。而魏源则经历了鸦片战争，尝到了鸦片战争的苦果，同时也更多地接触了"夷情"，对西方有了更多的了解，不仅看到了西方国家的"船坚炮利"，而且也初步了解到了西方国家之所以能"船坚炮利"的原因。因此，他能够在变法和学习西方上提出一些建设性的原则意见。魏源法律思想的特点，就在于贡献了变法和学习西方的建设性原则。尽管其中学习西方的政治法律制度还是含糊不清的，但却成了尔后几代人寻求真理的方向指导性。所以，19 世纪 70 年代的改良派著名思想家王韬在《扶桑游记》中指出："当默深先生时，与洋人交际未深，未能洞见其肺腑，然'师长'一说，实倡先声。"而他的《海国图志》，作为中国近代第一部比较详细地介绍西方资本主义的著作，刊行之后即"风行海内"，对后世发生了重大而深远的积极影响。

综上所述，由于鸦片战争的冲击，中国封建法律思想营垒开始了初步的分化，它对后世法律思想的演变有重大的影响。地主阶级改革派师承了明清以来的进步法律思想，充满着爱国主义的因素，又反映了外力侵入之后发生的变化。列宁曾经指出："判断历史的功绩，不是根据历史活动家没有提供现代所要求的东西，而是根据他们比他们的前辈提供了新的东西。"① 鸦片战争前后中国进步法律思想家的法律思想，虽然不成体系，但还是应当予以肯定。其代表人物龚自珍以严厉鞭挞封建政治法律制度为特点，林则徐厉行以法禁烟，魏源比较明确地倡言学习西方，包括其政治法律制度，各自以其鲜明热烈的爱国主义精神激励了后来者。梁启超在《清代学术概论》中高度评价了龚自珍对晚清思想解放的巨大功绩，认为光绪时期的维新派人物大多经过崇拜龚氏的时期，未有不受龚氏思想的"刺激"。这些，当然也适用于林则徐与魏源。由此而开始的整个近代史上顽固守旧和改革维新两条法律思想路线的斗争，将导致社会向进步方面的转化。其结果终于为引进大陆法系的法律体系代替中国的封建法律制度廓清道路。但是，在没有受到农民起义的沉重打击之前，顽固守旧的封建统治集团还可能以"羁縻"政策，并利用其手中的政治权力维持封建正统的法律思想的地盘。只有在太平天国农民起义摧枯拉朽般的伟力的扫荡下，统治阶级内部才会分化出更多的人来，力求改革、维新以自救，从而使得统治集团法律思想的分化更明显地表现出来。

---

① 《评经济浪漫主义》，《列宁全集》第 2 卷，第 150 页。

第三章 太平天国时期两种法律思想的对垒

一、太平天国运动对法律思想演进的意义

翻开中国法律思想史，虽然先进法律思想家如璀璨的群星令人叹为观止，但是在漫长的古代四千年里，却只有奴隶主阶级和封建地主阶级法律思想的代言人，而未见或很少见到奴隶阶级和农民阶级的法律思想家。造成这种情况的原因是：第一，奴隶阶级和农民阶级由于被剥夺了政治和经济的权利，没有自己的文化。虽然奴隶阶级和农民阶级也有本阶级的法律意识，但是他们没有得到在文化上表达其法律意识的条件。第二，历代的奴隶起义和农民起义，或者没有走完其全过程而宣告失败。革命家们戎马倥偬，得不到充分表达其思想观念包括法律思想的充分条件和良好机会，或者虽然走完了全过程（如朱元璋起义），却在夺取政权之后完全演变成了地主阶级的新贵，几乎是全盘地承袭了地主阶级的法制，为地主阶级法律思想所主宰，因而都没有形成奴隶阶级或农民阶级自己的弥足称颂的法律思想家。第三，更重要的是，垄断了文化的奴隶主阶级和封建地主阶级，根本无意于将奴隶阶级、农民阶级代表人物的法律思想完整地加以记载。从史籍的零星材料推断，如黄巢、李自成等农民起义首领的法律思想该是比较丰富的，但也未被历史家充分反映在他们的著作中，因而得不到流传，今天也就无从说起了。

这种状况直到近代史上的太平天国时期，才得到了改变。太平天国运动以摧枯拉朽之势，席卷大半个中国，所到之处，封建法制弃如敝屣，农民阶级的革命法制风行各地。在农民阶级革命法制建立的过程中，农民阶级的法律思想得到了充分表达的机会，从而造成了与封建地主阶级传统法律思想的对垒。尤为令人欣喜的是，由于历史发展的行程步入了近代，农民阶级已不再是一个闭塞的囿于"穷乡僻壤"的阶级，它的一些先进代表人物已经开始接触资产阶级文化，受到了一定程度的熏陶，因而能够站在农民阶级的立场上搬运一些具有资本主义意味的法制和法律思想。这不啻是在极其愚昧、保守、落后的封建社会吹进了一股强烈的新风，使互相对垒的农民阶级法律思想与地主阶级法律思想之间的鸿沟更加扩大与加深。因此，太平天国运动对中国法律思想的演进，无疑具有

十分重要的意义。

鸦片战争以后，一方面，由于西方资本主义国家加剧对中国的商品倾销和鸦片贩卖，严重地破坏了沿海通商口岸及其附近地区的传统手工业，失业队伍空前增大，白银大量外流，造成了国库空虚，于是清政府更加残酷地进行搜刮压榨；另一方面，地主、官僚、贵族加紧土地兼并，加重地租剥削，加上连年灾荒，广大的手工业工人和农民被驱赶到死亡的边缘。这激起人民群众走上了反抗斗争的道路。鸦片战争开始的十年间，汉、壮、苗、瑶、彝、回、藏等各族人民的起义斗争，数达一百多次，范围遍及全国各地。封建法制是镇压人民反抗、维护封建统治的罪恶工具。上自道光皇帝，下至大小官吏，无所不用其极地凭借法律迫害、摧残革命农民和无辜百姓。与此同时，道光朝野的地主阶级法律思想家对以封建司法镇压农民反抗，也不遗余力地进行鼓吹。

在生死存亡的搏斗中，农民阶级凭借阶级的直觉，自发地认识到，只有推翻封建地主阶级的政权，摧毁地主阶级专政的封建法制，才有重见天日的可能。因此，一场全国规模的农民大起义如山雨欲来，处于一触即发之势。

在鸦片战争及其以后的时期，广州成了中国的对外关系和内部社会关系剧烈震荡的中心。它的辐射范围，强烈地达到整个两广地区。同时，两广地区又远离清朝地主阶级的统治中心北京，这里的地主阶级的实力相对来说比较薄弱。在这样的情况下，太平天国运动首先在广西爆发，继而得到全国的响应，太平天国起义军迅速挥戈北上，横扫清军，建都天京（今南京），就成了势所必然。

太平天国运动过程中，对清朝封建法制以及封建法律思想所由产生的根基——封建经济基础的冲击，是空前猛烈的。

清代封建经济基础的核心是地主阶级的土地所有权。清代的耕地分官田与民田两类。官田自不待言，民田的十之八九也为地主阶级所掌握。官僚、贵族、地主依靠收取超额的租赋维持奢靡的生活。太平天国运动如狂飙突起之后，自然把矛头尖锐地指向地主阶级的土地所有权。太平天国在南京定都后宣布了一个震撼全国的法律性质的文件:《天朝田亩制度》。依据这个《制度》，"天朝"势力范围所及之处，土地一律按人口平分。《天朝田亩制度》所规定的土地平分制度的指导思想是："凡天下田，天下人同耕"，"有田同耕，有饭同食。有衣同穿，有钱同使，无处不均匀，无人不饱暖"。其具体分配土地的原则是："凡分田，照人口，不论男妇，算其家人口多寡，人多则分多，人寡则分寡"；"凡田分九等"，每家分田"好丑各一半"；"凡男妇，每一人自十六岁以上，受田多逾十五岁以下一半"。由于各地区土地、人口多寡不一，因此在平分土地的同时，《天朝田亩制度》又规定：土地"此处不足，则迁彼处；彼处不足，则迁此处"；收成"丰荒相通，此处荒则移彼丰处，以赈此荒处；彼处荒则移此丰处，以赈彼荒处"①。《天朝田亩制度》所规定的上

---

① 《天朝田亩制度》，《太平天国资料》第1册，第138—326页。

述分田办法和收成分配办法，必须有一个前提，就是剥夺地主的土地所有权，没收地主的全部土地。《天朝田亩制度》没有用文字直接点明这一点，显然是因为"天朝"根本蔑视封建法律所保护的地主阶级土地私有制，认为太平军所到之处，这种土地私有制已被事实上取消了，因而是不言自明的事情。在《天朝田亩制度》中，丝毫没有地主阶级的地位，地主阶级的土地私有权被彻底否定了，保护地主阶级土地私有权的封建法律制度被彻底否定了。这自然是与维护封建财产私有、封建等级制度、封建宗法制度等等的封建法律思想完全对立的革命农民法律思想的表现。

太平天国运动不仅冲垮了封建地主阶级安身立命的经济基础，而且所向披靡地直接指向并摧毁清朝的封建政治法律制度。

和历代一样，清代封建政治法律制度所保护的核心是封建皇权。太平天国对此予以彻底否定。皇帝及其走卒被视为"阎罗妖"，列在扫荡范围之内。"贼以官为妖，见朝衣、朝冠、抽裰、翎领之类以为妖服，人家有此服物，则蹂躏益甚。又称士曰妖士，兵曰妖兵，吏曰妖吏。"① 清朝皇帝以及各级地主阶级政权机构和官吏人员，通通被视为"妖"而进行无情的打击，丝毫不得有所宽贷。在这个前提下，太平天国建立起自己的政权机构。太平天国的最高领导是天王。天王之下设王、侯两等爵位（后来在诸王之下陆续增设义、安、福、燕、豫、侯六等）；设军师、丞相、检点、指挥、将军、总制、监军、军帅、师帅、旅帅、卒长、两司马等十二级职官。太平天国的政权机构，分中央、省、郡、县四级。省、郡、县为地方政权，县以下为基层政权，实行"乡官"制。担任各级官员的是贫苦的劳动人民。"木匠居然做大人"②，"良民不肯为旅帅、为司马、为百长，市井无赖及蛮横作妇喜充之"③。

在摧毁旧政权、建立新政权的同时，太平天国所建立的政权也将清朝法制弃置不顾，而建立起自己的法律制度来。举凡刑事、民事、婚姻以及经济事务等方面，都采取了不同往昔的法制。这一点我们留待下文论述。

太平天国运动在其发展的道路上，还对腐朽的封建意识形态发起了猛烈的冲击，其中包括对封建法律思想予以批判。中国古代封建意识的集大成是孔子和孟子的学说与著作。太平天国起义军"凡一切孔孟诸子百家妖书邪说者尽行焚除，皆不准买卖、藏、读也，否则问罪也"④，"见书籍，恨如仇雠，目为妖书，必残杀而后快"⑤。据《贼情汇纂》记载，太平军所到之处，凡学宫、殿宇所供奉的孔孟牌位，都尽行毁弃，"任意作践"，其地"或堆军火，或为马厩"，南京的学宫被设为宰夫衙，昔日习读孔孟"圣书"的地方被作为屠牛

---

① 《苏台麋鹿记》。
② 《金陵纪事》。
③ 《劫余小记》。
④ 黄再兴：《诏书盖玺颁行论》。
⑤ 《平定粤匪纪略附记》。

杀狗的场所。"孔圣人"威风扫地，旧意识受到前所未有的冲击。

太平天国运动是中外历史上规模最大的一次农民起义，它所建立的政权及其奉行的法制为中外历史所罕见，它的领袖人物的法律思想最充分地反映了农民阶级的法律意识。这种法律意识，既与地主阶级法律思想相对立，又带有农民阶级所固有的局限性。无论是前者抑或后者，都表现了太平天国运动对中国法律思想演进的重要意义。这些意义主要是：

首先，从此打破了封建地主阶级法律思想的"一统天下"。虽然封建地主阶级法律思想有不同的派别，历史上尤以儒家法律思想与法家法律思想的分流为著称，但就法律思想的本质、体系来看，都没有超脱封建地主阶级法律思想的樊篱。鸦片战争以来，地主阶级中的先进思想家如龚自珍、魏源、林则徐等虽然脱颖而出，其法律思想不同凡响，但是仍然囿于地主阶级法律思想的框架之内。突破的呼声已经昔然可闻，但真正的突破只能由别的阶级的思想家来完成。他们虽然动摇以至开始冲击封建法律思想，但放手打破封建地主阶级法律思想体系的，首先是太平天国运动和它的领袖。

其次，从此实现了农民阶级的法律思想。如前所说，此前的农民起义，由于种种原因，未能比较明显或比较系统地表现、反映农民阶级的法律思想。太平天国运动因其历时之久、经地之广，尤其是因为建立了农民阶级的政权和施行了农民阶级的法制，再加上它的领袖人物得有条件充分发表自己的法律思想，因而突出地在法律思想史上表现了农民阶级的法律观点。这不仅在中国法律思想史上，而且在世界法律思想史上，都是极其珍贵的。

再次，为资产阶级法律思想的输入奠定了初步的基础。资产阶级法律思想与封建法律思想是两种根本不同的法律思想体系。资产阶级法律思想之输入中国，是历史的必然。但中国数千年的封建传统顽固地抵御资产阶级法律思想的输入，造成了重重障碍。这种障碍不仅存在于封建地主阶级营垒方面，而且存在于深受封建思想影响的农民阶级营垒方面。打破这种障碍，资本主义国家是在农民阶级的两极分化，大部分农民破产而流为雇佣工人的过程中实现的。中国则是在中国社会的半殖民地半封建化的过程中实现的。半殖民地半封建的中国丝毫没有改变农民附属并受地主剥削的悲惨境地，同样没有改变农民深受封建地主阶级文化统治的境地。但是，太平天国运动猛烈冲击了地主阶级的法制与法律思想，使农民法律意识受到震动，同时又在其个别领导人（如下文要讲到的洪仁玕）的著作中出现了粗糙的、初步的资产阶级法律观点，从而使农民阶级第一次接触到了先进的资产阶级法律思想。这就为资产阶级法律思想之输入中国减少了阻力。这是中国法律思想发展史上与外国很不相同的一个地方，值得重视。

二、太平天国领导人的法律思想

(一) 洪秀全的法律思想

洪秀全[①]是太平天国运动的组织者和最高领导人，称天王。"洪秀全思想的核心和主流，是中国封建社会农民革命思想在近代特定条件下的继承和发展"[②]。其主要特点是：第一，反映了农民阶级在政治、经济、文化等各方面对地主阶级进行空前的思想反抗；第二，受到近代资产阶级意识形态的初步影响，在频遭失败的情况下，开始对资产阶级的政治、经济、文化和法律制度有了一些朦胧的认识；第三，由于还未挣脱封建生产方式所带来的思想局限性，平均主义、禁欲主义、重刑主义、人治主义思想明显地控制着、指导着行动；第四，以农民运动所习见的形式，在其行动、思想、理论中都以宗教外衣为标榜。洪秀全的法律思想是和上述思想特点紧密相连的，主要表现在以下几个方面：

1. 猛烈挞伐封建法制对农民的镇压、迫害

洪秀全在1837年赴广州应试落榜回乡后，病中赋诗曰："手握乾坤杀伐权，斩邪留正解民悬。"[③]"斩邪"，是青年洪秀全下决心投身革命、力图夺取"乾坤"并掌握"杀伐权"时第一件要办的大事。有的著作把"斩邪"与"留正"连在一起，将"邪"理解成主要是"淫""忤父母""行杀害""为盗贼""为巫觋""为赌博"等"六不正"。对此，我们不敢苟同。我们认为，既要将"斩邪"与"留正"联系起来看，更要将"斩邪留正"与"解民悬"联系起来看。而要"解民悬"，就必须"手握乾坤杀伐权"，把封建地主阶级的政治统治加以摧毁。因此，洪秀全欲"斩"之"邪"，首先是而且主要是封建地主阶级的总头子及其大大小小的爪牙，是封建地主阶级的政治和法律制度。在"三原"中，洪秀全将封建势力视为"阎罗妖"。他声讨这些"蛇魔阎，罗妖邪鬼"无恶不作，罪行滔天，"罄南山

---

① 洪秀全（1814—1864），原名仁坤，广东花县（今花都区）人。农民家庭出身的知识分子。年轻时，多次应科举，屡试屡败。在鸦片战争后中国社会矛盾更加激化的情况下，他从农民运动的要求出发，吸取西方基督教义中的平等思想，于道光二十三年（1843年）创立拜上帝会。1844年4月，和冯云山到广西宣传起义，组织群众。同年冬，返回花县，此后写了《原道救世歌》《原道醒世训》《原道觉世训》等文献，号召人民信仰皇上帝，击灭被称为阎罗妖的清朝统治者，为实现"天下一家，共享太平"的理想而奋斗，为太平天国运动做了理论准备。1851年1月11日在广西桂平金田村举行起义，建号太平天国，旋称天王。1853年定都南京，称天京，颁布《天朝田亩制度》。1856年发生杨韦事件，次年石达开出走。第二次鸦片战争后，清政府勾结外国侵略者，加紧镇压太平天国运动，天京被围。1864年6月逝世。他的重要著作除上述三《原》外，有《太平天日》《十款天条》及其他有关太平天国政治、法制的诏书。《天朝田亩制度》的作者不明，经洪秀全之手颁行，也反映了洪秀全的思想。干王洪仁玕的《资政新篇》曾经他批阅，在其上留下了许多处批语，也可从中了解他的法律思想的发展情况。
② 李泽厚：《中国近代思想史论》，第8页。
③ 韩山文：《太平天国起义记》，《中国近代史资料丛刊·太平天国》（六），第843页。

之竹简，写不尽满地淫污；决东海之波涛，洗不尽弥天罪孽"。其罪恶之大者，有"造为妖魔条例"等等使人民群众"无能脱其网罗，无所措其手足"的倒行逆施。① 这里的"妖魔条例"，无疑是指清朝统治者用以束缚、镇压人民的法律。洪秀全和他的将领们还怒斥清朝"又纵贪官污吏，布满天下，使剥民脂膏，士女皆哭泣道路"，怒斥当时的社会状况极为黑暗，怒斥维护这种黑暗社会秩序的正是封建的清代刑律："官以贿得，刑以钱免，富儿当权，豪杰绝望。凡有起义兴复中国者，动辄以谋反大逆，夷其九族，……无所不用其极……"② "官以贿得"，所指斥的是清代法定的选举制度。以科举取士的选官方法这时已变得腐败不堪。官衔、爵位都可以用明明暗暗的贿赂取得，清律实际上保护了富人的以贿取官的特权。"刑以钱免"，更直接指斥了清代的法制的腐败。对劳动人民的反抗斗争"动辄以谋反大逆，夷其九族"，本就是隋唐以来刑律所定"十恶"大罪的首条，到清代更以严刑酷罚滥施惩处。洪秀全将"皇上帝"与"大清皇帝"对立起来，并贬斥"大清皇帝"为"阎罗妖"；把"大清刑律"等痛斥为"妖魔条例"，决心"扫清妖孽，廓清中夏"。这才是他首先要"斩"之"邪"，也正是他发动农民起义时必然要痛加挞伐的对象。

2. 以严刑峻法来保证军事斗争的胜利和保护新生的农民政权

洪秀全在太平天国运动刚刚兴起时，曾把摩西"十诫"改为"十款天条"。"太平军初期奉此为军律"③。这"十款天条"后来又不断扩充成更加完备的实际上的军律，如《行营规矩》《定营规条十要》《行军总要》等。按《行军总要》规定，不准吹洋烟、吃黄烟、饮酒、掳掠、奸淫，"犯者斩首不留"，"路旁金银衣物，概不准低头捡拾，以及私取私藏，违者斩首不留"；并特别规定"凡无故杀害外小者斩"，"凡焚烧外小房屋者斩"，"凡掳掠外小财物者斩"。

洪秀全在定都天京前后，曾接连下诏："为公莫为私"，凡有缴获"尽缴归天朝圣库"，违者"一经查出，斩首示众"④。定都天京后颁行的《天朝田亩制度》重申了将一切财物收归圣库的规定。这些规定，以《太平刑律》规定的重刑予以保证执行："凡私藏金银……定斩不留""凡典圣库、圣粮及各典官，如有藏匿盗卖等敝""即治以点天灯之罪"。刑罚除"点天灯"外，还有"五马分尸""斩首示众""桩沙剥皮"。

对洪秀全在夺取政权的革命道路中和夺取政权后厉行严刑峻法，应当做出辩证的分析。

对洪秀全实施严刑峻法，有些著作指出，这是农民阶级受封建惩罚主义毒素影响所致，这无疑是正确的。洪秀全出身于农民家庭，他所接触的也尽是贫苦农民和与农民联系极为密切的手工业工人等，他所受的教育也基本上是封建教育，他在社会上耳闻目睹的，

---

① 《奉天讨胡檄布四方谕》，《太平天国文选》上海人民出版社1957年版，第78页。
② 同上。
③ 罗孝全：《小刀会首领刘丽川访问记》。
④ 《颁行诏书》。

大量的也是封建的法律制度。因此,他所能够效法的只有封建制的严刑酷罚。但是仅仅看到这些方面,显然是不够的。

我们认为,首先必须承认其必要性。这种必要性主要取决于两种情况,一是"太平天国一直处于激烈的战争时期,阶级斗争非常尖锐复杂"①;一是太平天国起义军队伍中,有大量的游民。我们对后者略做分析。

急剧没落的清王朝及大大小小的地主、官僚、贵族对下层广大人民的残酷的剥削,使得他们过着十分不安定的生活。得不到比较固定的、正常的职业,为了生存,他们不得不到处流浪。而太平天国起义军队伍里,恰好有大批的游民。太平天国运动前期,曾大批地吸收过农村及乡镇的游民,其中包括各种会党的成员;后来,在夺取了许多大中城市以后,城市中的浪荡游民也大批涌进了起义军队伍;其中还有一些人由于其信息灵通、思维活跃、有一定的才干而成为下级首领人物。为了防止游民成分对太平天国军事斗争和天朝政权带来危害,洪秀全所制颁的太平军律、刑律的严酷,是不难理解的。但是必须看到洪秀全的严刑峻法是深受封建重刑主义影响的,对此也应从农民阶级的阶级局限性上寻找答案。

重刑主义为封建时代的法家所崇尚。法家在宣扬其重刑主义法律思想的过程中,表现出了与儒家的"德、礼、仁、义"及"王道""教化"等的极端对立性。作为农民阶级运动的代表,洪秀全囿于其阶级局限性,不可能从阶级本质上批判法家的法律思想,也不可能创行新的法律观念体系。这样,从表面对立的儒法两家中择"善"而从,就选中了法家。连类而及也选中了法家的重刑主义。在太平天国的刑罚里,出现了"点天灯"之类的酷烈刑罚。这显然是应予否定的封建重刑主义的遗毒。

3. 以绝对平均主义的经济法律制度来建立农民革命政权的基础

早在太平天国起义之初,洪秀全就在起义军内建立了"圣库制度"。他通告各县的拜上帝会教徒,一律将自己的田产房屋变卖,换成现金,缴入"圣库"。起义军全体人员的衣食,全部由"圣库"的公款开支,一律平均。"因有此均产制度、人数愈为加增,人人也准备随时可弃家集合。"②为了维护这一制度,洪秀全规定,若违反,即斩首示众,天地会团体领袖张钊、罗大纲等请求参加太平天国起义。洪秀全因教义不同,便派教徒十六人赴张钊各部宣讲教理。张钊等私赠这十六人的巨金,十六人中有一人私藏不报,洪秀全便将此人斩首。③可见令行禁止,以严格的法律来保证经济制度贯彻的坚决性。

建立太平天国政权后,《天朝田亩制度》重申了将天下一切财物收归"圣库"的制度,在分配和消费方面实行绝对平均主义的经济法制,并以《太平刑律》规定的"凡私藏金银,……定斩不留"来加以保证。《天朝田亩制度》除规定了前述分田办法外,还规定:"所

---

① 《中国法律思想史》,法律出版社1982年版,第423—424页。
② 韩山文:《太平天国起义记》。
③ 同上。

有婚娶弥月喜事俱用国库，但有限式，不得多用一钱。如一家有婚娶弥月事，给钱一千，谷一百斤，通天下皆一式。""凡天下，树墙下以桑。凡妇蚕织缝衣裳。凡天下，每家五母鸡，二母猪。"当收成之时，除留足新谷以接济短缺的食物外，"余则归国库。凡麦、豆、麻、布帛、鸡、犬各物及银钱亦然"。这样做的目的，是为了"用之有节，以备兵荒"，也就是为了巩固新生的农民革命政权的物质基础。

洪秀全的上述绝对平均主义经济法律措施，源自他对"世道乖离，人心浇薄，所爱所憎，一出于私"因而"相陵相夺相斗相杀"的痛恨。他渴望将"乖离浇薄之世"改变成为"公平正直之世"，消灭"尔吞我并之念"，他的理想是建立一个"天下为公"的"大同"世界。正是在这种理想的基础上，他发展和建立了他的法律思想，并在法律思想指导下建立一整套的包括生产资料（主要是土地）、消费资料的分配制度和其他经济法律制度。

洪秀全的这一法律思想观点，有其反封建的革命的意义。但是，它局限于破坏封建地主阶级的所有制和分配制度，没有超出农民阶级天然具有的保守性，它不符合社会发展的规律。与"圣库"相连的供给制度，只能行之于作战时期的军队之中。建立政权后，继续奉行这种制度并推广到地方上，迅速失效，屡禁不止。它首先遭到军队将领的破坏，拥有私财的将领用自己的权力不断地聚敛钱财。同时它遭到民众的暗中抵制，使得财富的集中遇到极大困难，以致"圣库"日益空虚起来。而这，自然与巩固新生政权的物质基础的要求是背道而驰的。这样，不仅地方上的，而且军队中的"圣库"制度，也逐渐地名存实亡了；有关的法制，也日渐废弛不行了。据记载，"圣库"制度"究不能行，遂下科派之令"①。这是指《天朝田亩制度》颁行后不久，杨秀清、韦昌辉、石达开等根据天京粮食供应紧张的情况，上奏洪秀全，建议安徽、江西"照旧交粮纳税"②。这一建议得到了洪秀全的批准，并付诸实施。这些事实说明，农民阶级的法律思想虽然有反封建的革命意义，但它同时又囿于农民阶级的保守性，是落后的法律思想，不能指导进步的符合社会发展规律的法制建设。

4. 以男女平等为核心的民事法律思想

洪秀全主张男女平等，妇女解放。早在《原道醒世训》中，他就提出了天下男女尽是兄弟姐妹的男女平等思想，指出相互之间不应"存此疆彼界之私""起尔吞我并之念"。后来在《十款天条》中，重申"天下多男人，尽是兄弟之辈；天下多女子，尽是姊妹之群"的观点，规定了保护妇女的戒条。随着农民起义形势的发展，有关保护妇女权益，尤其是保证妇女有与男子平等的参加起义、担任首领的权利的政策、法令，被制定出来，认真地加以施行，从而大大地激发了妇女的起义积极性。这一点，是历代农民起义中比较突出的。

---

① 《贼情汇纂》。
② 同上。

在拜上帝会的教规中,有关于严禁娼妓、纳妾、买卖奴婢、缠足、溺婴的规定,凡侵犯妇女人身权益者,都要严加处罚,直至判处死刑。在《天朝田亩制度》中规定,"凡天下婚姻不论财","一切旧时歪例尽除"。根据太平天国的婚姻法律制度,男女可以自由结合,以乡官发给"龙凤合挥"的结婚证书为凭证。浙江绍兴于1954年发现太平天国发给李大明与柴大妹的"合挥"证书上,记载有双方的姓名、年龄、籍贯、工作单位及参加革命的年、月、日。男尊女卑、买卖婚姻的恶俗旧例,在"合挥"上荡然无存。洪秀全以男女平等为核心的民事法律思想,得到了明确、具体的体现。

5. 奉行天罚和诉讼平等

洪秀全从基督教中"借"来一个上帝,披着宗教的外衣宣传和鼓吹起义,并在起义过程中,始终以"皇上帝"相号召、相约束。因此,在他的法律实践中,奉行天罚是一个突出的特点。这是宗教神权法律思想的表现。

洪秀全的奉行天罚的法律思想,在《原道救世歌》中表现得十分集中。他在文中指出,"不正"乃"天"之"所恶"。他所列举的六大"不正",条条都为上天所恶,并为上天所惩罚。例如,"第一不正淫为首,人变为妖天敬嗔。淫人自淫均斩首,不犯天法得超升。""第二不忤父母,大犯天条急自更。""第五不正为巫觋,邪术惑众犯天诛。"他反复述说"人生在世"必须"尊天法","顺天者存逆天者亡"。后来在起义时颁行的《十款天条》,更是条条以"犯天条"之名加以重惩。

洪秀全的奉行天罚的法律思想,由两个原因造成。首先是由他自己的宗教迷信观念造成的。他在赴考落第后所做的梦,被他看成是上天的启示。他对此深信不疑,自认是上天的使者与化身,以至天京被清军重重包围、毁亡在即的极端危急情况下,他还笃信上天会来拯救他,而不接受突围离城的建议。其次,他找不到任何其他动人的理论用以发动、鼓舞和制约农民起义军。恩格斯在《费尔巴哈与德国古典哲学的终结》中曾指出,在神学支配下的封建社会里,"对于完全受宗教影响的群众的感情说来,要掀起巨大的风暴,就必须让群众的利益披上宗教的外衣出现"。洪秀全正是这样做了。他取得了巨大的成功,但不可能彻底成功,而且必定走向失败。因为宗教神权的法律思想,毕竟是落后的愚昧的法律思想。

但与历代农民起义领袖相比,洪秀全处于一种很不相同的社会历史环境中,资产阶级民主主义的新风已经微微吹入闭关自守的泱泱封建大国,甚至于在洪秀全最亲近的部下中还出现了洪仁玕这样一位民主主义思想颇为浓厚的人。因此,在奉行天罚的法律思想存在的同时,洪秀全又在实际上执行了诉讼民主的制度。

太平天国的诉讼制度规定,各级行政长官和乡官兼理司法事务。凡有争讼,"两造赴两司马,两司马听其曲直。""不息,则两司马挈两造赴卒长,卒长听其曲直。""不息,则卒长尚其事于旅帅、师帅、典执法及军帅。军帅会同典执法判断之。""既成狱辞,军帅又必尚其事于监军,监军次详总制、将军、侍卫、指挥、检点及丞相,丞相禀军师,军师奏天王。""天王降旨,命军师、丞相、检点及典执法等详核其事。""无出入,然后军师、丞相、检点及典执法等直启天王主断。""天王乃降旨主断,或生、或死、或予、或夺,军师遵旨处决。"①显然,这样繁复的审判程序在实际上是不可能桩桩件件都能如实执行的。但是,诉讼制度的这一规定又无疑对初级审判有极大的制约性,因为这一规定毕竟使初级审判官看到诸多上级司法官员随时都有可能、有权力对案件进行干预,因而不得不认真从事。所以,这样的规定应当说是体现了一定的民主精神的。

诉讼中的民主精神,还可见诸登闻鼓制度的设立。天京朝门、东王府、各地首长公署普遍设立了登闻鼓,有冤屈不能伸者,可擂击登闻鼓以申诉。沈梓在《避寇日记》中记述镇守浙江省桐乡县②的符天福、锺良相治理桐乡县事说:"出告示,听治狱讼,及民间有冤抑不伸者,于三、八日期至辕门击鼓,审判曲直,平反冤狱。"呤唎所著《太平天国革命亲历记》记述道:"太平天国的法庭里有一种特殊的习惯,大门走廊内置大鼓两面,要求首长主持公道",在太平天国的法庭,"有钱有势的人决不能用不正当的手段胜过穷人"。

洪秀全法律思想是发展变化的,在后期,当洪仁玕转道香港来到他的身边呈上《资政新篇》时,对《资政新篇》中提出的若干资产阶级民主政治和法律制度,洪秀全是表示赞赏的。如果没有中外反动派的联合的血腥镇压,完全有可能看到洪秀全的法律思想的某些重要转变。正是从这样一种情况出发,我们在前面曾断言,洪秀全受到了资产阶级意识形态的初步影响,开始对资产阶级的政治、经济、文化和法律制度有了一些朦胧的认识。

(二) 洪仁玕的法律思想

洪仁玕③是太平天国后期杰出的政治家。由于他从青年时期起即受到革命思想的强烈感染,并直接参加了拜上帝会革命组织的创建工作,所以在他的身上表现出了坚韧的革命

---

① 《太平天国》第1册,第322—323页。
② 今桐乡市,下同。——编者注
③ 洪仁玕(1822—1864),号益谦,别字吉甫,广东花县(今花都区)人。洪秀全族弟。道光二十三年(1843年)参与创立拜上帝会,深受洪秀全平等、平均思想的影响。1851年金田起义时,到广西桂平,未赶上太平军,中途折回。1852年太平军攻占永安州时,洪仁玕于花县发动武装起义。失败后前往香港、上海等地逗留。1854年,在香港一外国传教士家教授汉文。他在香港、上海期间,更加直接而痛切地体验着沦为殖民地的人民的苦难何等深重,同时更加认真地考察西方资本主义的政治、经济、文化和法律制度,期望日后以所学得的知识"辅佐天王",为中国革命服务。1858年6月,他再度离港北上,经江西、湖北,于次年4月到达天京,为洪秀全所格外见重,受封"天国开朝精忠军师顶天扶朝纲干王",总理太平天国政事,成为洪秀全最重要的助手之一。为了挽回天京危局,"善铺国政,以新民德",他撰著进呈了《资政新篇》,不久即经天王洪秀全批阅后作为太平天国的官书颁行。《资政新篇》成了太平天国后期的政治经济纲领。1864年7月天京陷落,他保护幼天王洪天贵、洪天福出走,10月于江西石城被俘,11月就义于南昌。其主要著作有《资政新篇》《立法制喧谕》《英杰归真》《钦定士阶条例》《钦定军次实录》及《洪仁玕自述》等。其中《资政新篇》《立法制喧谕》比较集中地反映了他的法律思想。

性。特别是由于他在太平天国起义开始后长期活动于香港、上海，得以接触资本主义的思想、文化，在他的身上又表现出与洪秀全大不相同的意识形态特点。尽管他出身于农民家庭，有明显的农民阶级意识形态的烙印，但在中国近代历史上，他是第一个公然提出了而且初步地（虽然是极其短暂地）实践了一系列资产阶级性质的法律思想观点。这是他的法律思想大大先进于洪秀全的地方。

洪仁玕的法律思想，可以概括为如下主要观点：

1. 强调"国家以法制为先"，立法要学习英、美等资本主义国家

洪仁玕受命于危难之际。当时天京内讧后革命力量严重削弱，人心涣散，法制松弛，清朝反动军队步步进逼，外国侵略势力更形嚣张。洪仁玕担任总理朝政的重任之后，迫切地感到必须采取断然措施以挽救时局、扭转形势。他在《立法制喧谕》中谈道："京都各省众官员人等一体知悉""……国家以法制为先，法制以遵行为要，能遵行而后有法制，有法制而后有国家，此千秋不易之大经，而尤为今兹万不容已之急务也。"他在《资政新篇》中指出，"设法"和"用人"是理政的关键。在"设法"方面，他认为必须学习英、美等资本主义国家的法制。这是他的法律思想的精髓。

在《资政新篇》中，他盛赞英吉利"法善"。他说："英吉利，即俗称红毛邦，开邦一千年来未易他姓，于今称为最强之邦，由法善也。"

他盛赞美国以法律规定的议会制度，介绍道："有事各省总目公议，呈明决断。取士、立官、补缺及议大事，则限月日，置一大柜在中廷，令凡官民有仁智者，写票公举，置于柜内，以多人举者为贤能也，以多议是者为公也。"

此外，他还介绍了德国、瑞典、丹麦、挪威、法国、俄国、埃及、日本等国的情况，归纳指出：这些国家之走向富强，就是得力于"得贤人""立大体""因时制宜，度势行法"。

关于《资政新篇》，有些学者认为丝毫不谈及土地制度问题，是一大缺憾。甚至还有些学者认为它削弱了农民的革命性（罗尔纲），脱离群众，脱离实际，是知识分子的要求（侯外庐），甚至是反映西方殖民主义的利益（沈元）。[①] 李泽厚同志在《洪秀全和太平天国思想散论》[②] 中不同意上述看法，认为《资政新篇》的价值在于，它在近代条件下，给农民革命提示了一条摆脱封建羁绊、甩开落后空想、继续前进的方向和道路；可说是《天朝田亩制度》的珍贵的续篇。我们与李泽厚有同样的看法，并还认为，《资政新篇》所设想的学习英、美法制，是摆脱封建羁绊的具体化。不提已经确立的土地制度等等，其高明之处不在于承认、赞同《天朝田亩制度》，而在于减少不必要的矛盾、争执，更便于以资产阶级的法制替代已经不切实际的封建性的或小资产阶级绝对平均主义的法制。

关于《资政新篇》反映西方殖民主义者的利益的说法，是完全站不住脚的。洪仁玕在

---

① 李泽厚：《洪秀全和太平天国思想散论》。
② 《历史研究》1978 年第 7 期。

《资政新篇》中,慨叹"中国从前不能为东洋之冠冕",担忧"兄弟不和外人欺,国人不和外邦欺",疾呼乘此有为之日,发奋图强,重建"纲常",以严明先进的法制来保证"太平一统江山万万年"。正是从这个目的出发,他力赞外邦之"法善",要求像外邦那样,寻觅贤良、久经"磨炼"的人来立法,因为只有他们"洞悉天人性情,熟谙各国凡教,源委重轻,无不了然于胸中"。

2. 革故鼎新,度势行法的辩证法律思想

洪仁玕来到天京时,目睹了天朝法纪废弛的混乱状况。但是,他又不能贸然改行另一套更切实际的法律制度,因为在他的上面毕竟还有天父洪秀全以及洪手订的一系列法律制度。因此,他必须从理论上说明以至说服洪秀全改弦更张。为此,他在《资政新篇》和《立法制喧谕》中花了不少笔墨述说自己的观点。后来在他的其他文章中也涉及这些观点。虽然不成系统,比较简朴,但在一定程度上表现了他的法律思想具有辩证的性质。

在《英杰归真》中,他指出:"凡一切制度考文,无不革故鼎新。"这种"革故鼎新"的思想,是很切合于他到达天京后企图改革朝政,包括改革法制的谋划的。早在抵达天京后不久,即呈进天王的《资政新篇》中,他就在开头提出,"事有常变,理有穷通",有些事可以预见并预谋;有些事现在可行,而不能一成不变,否则将产生祸患。为什么呢?因为时势在变化,本末有强弱。如果"本末之强弱适均",又能依据"时势之变通"行事,那么"自今而至后,自小而至大,自省而至国,自国而至万邦",将都"无不可行"。总而言之,必须"因时制宜,审势而行"。根据上述的观察事物的根本观点,他指出法律具有"无定而有定,有定而无定"的辩证性质。"立法善而施法广,积时久而持法严,代有贤智以相维持,民自固结而不可解,天下永垂不朽矣。"这是法之"有定"的表现。"小人坏法,常窥小者无备而掠为己有,常借大者之公以护掩己私。"这是法之"无定"的原因。为此,必须看到"法之质,在乎大纲一定不易;法之文,在乎小纪,每多变迁"的道理。

正是根据上述分析,洪仁玕在《资政新篇》中先之以介绍英、美等国的法制,以作"风风"的范例,继之以阐述自己的各种政见包括法制建设的建议,才比较容易地得到洪秀全的赞同。

必须指出,洪仁玕所主张的"革故鼎新"的"故",绝不是指清王朝法制之"故"。清王朝的法制已在太平天国运动中扫地以尽了。洪仁玕要"革"的"故",只能是指他到天京前"天朝"所颁行的不适合情势和社会需要的"故"法"故"制。他所要行的"新"法"新"制,当然与之不同,是他所想推行的资本主义的法制。在"天父""天兄"们有极大威权的当时这样主张,是有胆识、有眼光的。这表明洪仁玕法律思想与洪秀全有很大的不同,属于不同的法律思想体系。实际上,洪仁玕与洪秀全不过是在反对封建王朝的共同点上,以个人关系结合在一起的,二者在社会发展方向、法律制度发展的根本方向上,是完全不同的。

洪仁玕关于法制建设的指导原则,既如上述,那么,他关于立法与行法有些什么具体意见呢？

关于立法，他指出，"大纲"既是"有定"的，就必须稳定不变；而"小纪"既是"无定"的，就应当适时修改，"随时损益小纪"以"彰明大纲"。关于行法，他主张"度势行法"，要求"奉法执法行法之人"以"度势行法"为指导思想，抱"认真"态度。

洪仁玕在《资政新篇》篇末强调指出，他在文中"凡涉时势二字，极深思索"，努力做到"古所无者兴之，恶者禁止，是者损益之"。他还指出，他的所有关于法制的观点，目的在于"法外辅之以法而入于德，刑外化之以德而省于刑"，这对太平天国当时不顾实际地滥行酷法苛刑，是有的放矢的。洪仁玕还特地恳切地提出"自今而后，可断则断，不宜断者付小弟掌率六部等议定再献，不致自负其咎"的请求。可见，为了贯彻自己的法律思想，洪仁玕是设想得十分认真的。

3. "教法兼行""恩威并济"的综合治理观点

伦理道德教育、法制教育解决了社会生活中必须解决的一些问题，是减少社会矛盾、减少犯罪的重要措施。在此基础上厉行法治，则可收较好的治理成效。洪仁玕在《资政新篇》中主张"教法兼行"，认为"教行则法著，法著则知恩，于以民相劝戒，才德日生，风格日厚矣"。在《资政新篇》的"刑刑类"中还提出行法要"恩威并济"，不能一味苛严。这些观点在今天看来还是值得借鉴的。

按洪仁玕的设想，"教法兼行""恩威并济"的措施主要有：

第一，设新闻馆，在各省置新闻官，发挥报纸的宣传、监督作用，通过报纸达到"昭法律，别善恶，励廉耻，表忠孝"的作用。总之是"借"报纸"以行其教"。洪仁玕设想像外国那样，立"有职无权，……不受众官节制，亦不节制众官，即赏罚亦不准众官褒贬"的新闻官与新闻记者，通过他们的活动使"奸者股栗存诚，忠者清心可表"。这些设想未免过于简单幼稚，实际情形绝非如此容易进行。但是他的这些想法，说明他确乎希望在严厉施用法律惩罚手段之外，采取多种其他方法，尤其是发挥新闻的监督作用，以配合法制的施行，求得治理社会的实效的良好愿望与良苦用心。

第二，"刊刻颁行"法律文件，公之于众，"咸使闻知"。太平天国起义在急风暴雨般的战争中发展，法律的颁行与实施之间的宣传教育工作，是容易脱节的。洪仁玕认为"必先教以天条，而后齐以国法"，"十款天条，治人心恶之未形者，制于萌念之始；诸凡国法，治人身恶之既形者，制其滋蔓之多"①。"刊刻颁行"法律文件的指导思想就在于此。

第三，以道德伦理教育辅法制而行。洪仁玕与洪秀全一样借用宗教教义，规劝人们"敬天、扶主、忠孝、廉洁"，努力改变旧思想、旧道德、旧风尚，不取贿赂，不搞"私门请谒"，不"卖官鬻爵"，不食烟酒鸦片等，"格其邪心，宝其灵魂，化其愚蒙，宝其才德"。他认为这样可以"拯民出于迷昧之途，入于光明之国"。虽然单纯的道德说教并不能

---

① 《资政新篇》，下引同。

真正起到很大的作用，但洪仁玕以道德伦理教育辅法制而行的观点，仍然是难能可贵的。

第四，公开审判，扩大法制影响。洪仁玕建议开群众大会当众处决死刑罪犯，"先彰其罪状并日期"，以使"观者可以股栗自儆"。

第五，"善待轻犯"，让轻犯在"修街渠道路"等社会公益服务性劳动中得到改造，使他们懂得珍重廉耻，不生他患，"改过自新"，重新做人。

第六，"持法严"。在施教、施恩的基础上，如有敢于违犯"天条"者，洪仁玕坚持严于执法。他认为"下有不法，上不可无刑"；对于"为官者"犯罪，更要严责严惩。曾国藩的幕僚赵烈文在《能静居士日记》中，不得不承认，洪仁玕执政时，"政令为之一变，一切参用文法"。可见，洪仁玕"教法兼行""恩威并济"的综合治理观点，是在实践中取得了一定成效的。

4. 粗浅的资产阶级经济法律观点

当洪仁玕到达天京时，所见所闻告诉他，洪秀全的一套小农空想的绝对平均主义经济措施，已经在实际上遭到了失败。再加上他在香港、上海学到的一些粗浅的发展近代资本主义经济的知识，他就想借助太平天国的政治统治力量，来推行与洪秀全在《天朝田亩制度》中规定的一套大相径庭的措施，来发展资本主义的经济。他所提的措施，大都带有法律性质。因此，他可说是中国最早具有资产阶级经济法观点的思想家之一。他在《资政新篇》中提出了如下经济法制建设的设想：

第一，主张颁行私人投资法。洪仁玕主张发展近代交通、工矿事业，鼓励"富民"投资开发，兴办实业。"凡金、银、铜、铁、锡、煤、盐……有民操出者，准其禀报，爵为总领，准其招民采取"。"或用火用气用力用风，任乎智者自创"交通运输事业。"兴器皿技艺，有能造精奇利便者，准其自售"以开发"天财地宝"。若"有争斗抢夺他人之所先者，准总领及地方官严办"。

第二，提倡颁行劳资法。洪仁玕主张废除封建的人身依附关系，"禁卖子为奴"，但同时则"准富者请人、雇工""招民采取"；主张对不务正业的"惰民"采取教育与强制相结合的方法，使他们成为自食其力的劳动者。他还设想商业金融利率不超过千分之三，工矿实业利率不超过百分之二十，等等。

第三，鼓励发明创造，保障创造人的专利权。洪仁玕提出，凡发展交通"利便轻捷者""首创至新者"，应"准自专其利，限满准他人仿做"；非法的"他人仿造"，则"罪而罚之"。他甚至具体建议，专利期限"器小者赏五年，大者赏十年，益民多者年数加多，无益之物有责无赏，限满他人仿做"。

第四，推行保险法。洪仁玕建议，凡房屋、人命、货物、近代交通工具，皆应效法外国，以保其值，"不致尽亏"于水火等意外损失。

上述属于经济法制方面的设想，如果得以认真实施，对中国近代资本主义经济的发展必能起重大的推动作用。由此可以断言，洪仁玕的经济法律思想在中国近代史上具有重要的意义。

杨鸿烈所著《中国法律思想史》,认为是沈家本揭开了中国近代法制思想史的首页。但是,沈家本比洪仁玕晚了近半个世纪。洪仁玕提出的一系列有利于资本主义经济发展的法制措施,后来沈家本并未一一深刻论述,甚至有的没有提及。因此,应该说是洪仁玕揭开了中国近代法律思想史的序幕。洪仁玕发展资本主义的经济法律思想,是符合当时的社会发展的客观要求的。因此,洪仁玕的法律思想应予充分肯定、高度评价。

三、农民战争中地主阶级的法律思想

太平天国运动如暴风骤雨席卷南方,整个中国的地主阶级为之心惊魄散,其政治和思想界的代表人物就竭尽心计,寻求挽救垂危的地主阶级统治地位的方略。这可以曾国藩为代表。在地主阶级中也分化出另一些思想家,他们虽然站在地主阶级的立场上,但比较客观地看到了清朝政治法律制度的腐败,因而极力从龚自珍、魏源开拓的维新思想中找寻并继续发挥变革的方法,从而对历史的进步起了一定的作用。这可以冯桂芬为代表。

(一) 曾国藩的法律思想

曾国藩[①]是太平天国时期地主阶级中的"新"实力派的代表人物。他的法律思想,不但是与太平天国领导人洪秀全、洪仁玕等的法律思想截然不同、互相对抗,而且与地主阶级中主张改革的一些人也迥然相异。

1. 严刑峻法以惩治起义农民

曾国藩极端仇视太平天国起义,攻击太平天国起义"荼毒生灵数百万,蹂躏州县五千余里",使"中国数千年礼义、人伦、诗书、典则,一旦扫地荡尽",哀叹这是"我大清之变""开辟以来名教之奇变",将使孔子、孟子"痛哭于九泉",叫嚣要"卧薪尝胆,殄此凶道","为百万生灵报枉杀之仇","为上下神祇雪被辱之憾"。[②]

为此,他在《直隶清讼事宜十条》中提出要"严治盗贼,以弭隐患";在《拿匪正法并现在帮办防堵折》中主张对"匪"要"纯用重典""不复拘泥成例""拿获匪徒……立行正法";在《批牍三》中甚至说要无辜"多杀数人……以根株而消反侧",如有"来辕翻控者,概不准予申理,以翻之不胜其翻也"。

---

① 曾国藩(1811—1872),字泊涵,号涤生。湖南省湘乡(今属双峰)人,地主家庭出身。道光十年(1830)中进士,曾任礼部侍郎。1852年回湘居丧。太平军进入湖南后,他奉旨于1853年初在湖南开办团练,后扩编为湘军。曾多次与太平军交战,屡战屡败。1860年升任两江总督,次年节制浙、苏、皖、赣四省军务。后与外国侵略势力相互勾结,联合绞杀太平军,于1864年攻陷天京。1870年在直隶总督任内查办天津教案,媚外卖国,屠杀人民。1872年病逝。

② 〔清〕曾国藩:《文集三·讨粤匪檄》,见《曾文正公全集》,下引此书只注卷名及页码。

曾国藩这样写、这样说，也这样做。他对太平天国首领采用了残酷的极刑。天京陷落后，虽然洪秀全已死，仍行"戮尸，举烈火而焚之"。忠王李秀成被俘，曾国藩下令"凌迟处死，传首发逆所到各省，以快人心"。福王洪仁达也被"凌迟处死"。天京陷落三日之内，曾国藩纵容士兵杀人十余万，至于"秦淮长河，尸首如麻"。除天京外，曾国藩湘军所到之处，都滥行砍杀。在蕲州，"生擒逆匪一百三十四名，……仅予枭首不足蔽辜，概令剜目凌迟"①。在宁国，对被俘的太平天国士兵及家属"一律斩剃无遗"；在弋阳，"杀毙、焚毙、溺毙"太平军三千余名。②对捻军首领如任柱、张总愚、牛洪、李允等人，主张"戮其身，屠其家，并掘其坟墓"③。

2. 为"戡大乱"而行"礼治"

他的"礼治"有"以礼自治"与"以礼治人"两个方面。"以礼自治"，是要地主阶级了解"四方多难，纲纪紊乱"的形势，从而"谨守准绳，互相规劝"④，时时"克己求仁"，以至"捐生卖命"⑤。总之是要为了镇压农民起义而调整好统治阶级的内部关系。

"以礼治人"，就是企图将人民群众的一言一行纳于地主阶级"礼治"轨道，使"人人纳于规范之中"。曾国藩宣称"君臣父子，上下尊卑"的封建等级制度和礼教纲常如同穿鞋戴帽一样"不可颠倒""不可倒置"。他鼓吹三纲五常是"地维所赖以立，天柱所赖以尊"⑥的不可改易、轻忽的经义训条。总之，要人民群众俯首帖耳、驯顺服从，严格遵守封建统治秩序。

在鼓吹"礼治"的同时，曾国藩也极力鼓吹"仁政"，说什么"仁"是"平物我之情，而息天下之事"⑦的根本，主张行"恕道"、施"仁术"。他说，"仁即恕也"⑧，"恕则凡事留有余地以处人，功不独居，过不推诿"⑨。他的"仁术"，其实就是周济"流转迁徙"的流亡地主和对人民施小恩行小惠。因此，当我们将他残酷镇压人民的血腥事实与他所鼓吹的"礼治""仁政"对照起来看时，便能显而易见地识破他的极端虚伪性。天京陷落多年以后，谭嗣同在《上欧阳瓣疆师书》中说："湘军一破城，见人即杀，见屋即烧，子女玉帛，悉数尽人于湘军，而金陵遂永穷矣！"

在标榜所谓"礼治""仁政"的同时，他在执法、治狱方面曾提出"公明""慎狱""审

---

① 《奏稿四》。
② 《奏稿十六》。
③ 《杂著三·剿捻告示》。
④ 《书札·复胡宫保》。
⑤ 《文集》，第144页。
⑥ 《家训》，第35页。
⑦ 《文集》，第20页。
⑧ 《杂著》，第74页。
⑨ 《书札·与鲍春庭》。

慎赏罚"的要求。他说:"用法从严,非漫无条律,一师屠伯之为。要以精微之意,行吾威厉之事,期于死者无怨,生者知警,而后寸心乃安。"① 在《禁止私押告示》中,他还"严令"查禁私关私押之举,如有私押者,要加"严究"②。此外,还颁行了《直隶清讼事宜十条》《四种四柱格式》《直隶清讼限期功过章程》《英雄诫子弟》及《劝诫浅语》十六条等。这些法律性文件中,不同"听讼折狱,必和颜任理""必轻加声色……勿自专用"之类语言。但是,所有这些或者是带有欺骗性,或者是抱着笼络人心、巩固封建统治秩序的目的,不足为训。

(二)冯桂芬的法律思想

冯桂芬③一生亲身经历了两次鸦片战争的祸乱,又值太平天国革命风暴席卷全国之时,他居官不高,对清朝的腐败政治有所了解;他接触了外国侵略的事实,对"夷害不已"感同身受;在同外国事物的接触中,也初步地看到了外国之所以强的原因;同时,由于大地主的阶级本性,他又与太平天国革命农民处处为敌。所以,冯桂芬的法律思想,既与曾国藩的反动、虚伪、顽固守旧不同,也与洪秀全、洪仁玕的革命性法律观点大相径庭。冯桂芬法律思想的主要特点是:对清朝腐败的政治法律制度持否定态度,力图加以改革,改革的方向是两条,一为复"三代"之古,一为学西方之长。这些特点具体表现在:

1. 否定清朝腐败的法律制度

冯桂芬认为许多社会弊病都与法制腐败分不开。他在《〈校邠庐抗议〉自序》中明确地抨击"今日""则例猥琐,案牍繁多"。在《送张中员大令之官武昌序》中,他把"楚地""二十年来多水患"归咎于"为之上者,不务所以辑流亡、除稂莠、平狱讼、兴教化,而一切以催科约束为事",把人民群起而抗争的行动归因于官吏逼迫,使民"万不能堪",其结果是"弱者忍之以就沟壑",强者"则哗然起,不惜弃身家犯法律以救须臾之死";认为民众被"激之而生变","虽齐鲁亦然,则楚民何咎哉",起而变乱的"楚民"是无罪的。

---

① 《书札二·复李筱泉》。
② 《杂著四》。
③ 冯桂芬(1809—1874),字林一,号景亭。江苏吴县(今苏州)人。其父以经商致富,他承先人遗业,成了有田千亩的大地主。1832年林则徐就任江苏巡抚,冯大受青睐。以后林"驰驱绝域",犹书信往来不绝。1840年中进士,授翰林院编修,后曾任广西乡试主考,晋升为五品中允。1853年在苏州主办团练,1860年太平军攻克苏州时,逃到上海,参加组织由江浙官绅与英、法、美等国领事组成的会防局,又上书曾国藩乞师对抗太平军。曾国藩派李鸿章至上海,冯参加李的幕府,为其出谋划策。但冯桂芬对清王朝的腐朽统治也有所不满,曾提出过许多改良建议,主张裁减苏州、松江、太仓赋额,得到李鸿章的支持而实现。其思想对洋务派有不小影响,同时又被资产阶级改良派奉为先导。著有《校邠庐抗议》《显志堂集》《说文解字段注考证》等。其中《〈校邠庐抗议〉自序》《收贫民议》《复宗法议》《重儒官议》《改科举议》《制洋器议》见《校邠庐抗议》,《送张中员大令之官武昌序》《与许抚部书》《变律例议》《均赋税议》见《显志堂集》,略涉法律思想。

在《收贫民议》中，冯桂芬指出，"民穷为匪"，是"不教不养使然"；其"陷于刑辟"者，上官不再过问，这是"为匪如故"的原因之一；处"窃贼以流徙，即为远地之窃贼"，"逐娼妓使出境，即为邻县之娼妓"，使得"堂堂礼义文物之邦"，连"夷法"也不如。

冯桂芬身为清朝官吏，而且还留恋仕进，孜孜以求。在这种情况下，他对腐败法制的抨击采取了上述比较不那么尖锐的措辞。但仅此已足可说明，他对清朝法制是基本上持否定态度的。有所否定，必有所肯定，他所肯定的是上古"三代之法"与外洋"夷人"之法。

2. 以"不畔于三代圣人之法为宗旨"

冯桂芬说自己读书求学十余年，在外"涉猎于艰难情伪者三十年"，根据求学所得与仕途经验，曾屡屡议及社会问题，当议及时，往往"参以杂家""佐以私臆"甚至"羼以夷说"，也就是博采众长，取法"夷说"，加上自己的精心思考，从总体上看，"以不畔于三代圣人之法为宗旨"①。对于"三代圣人之法"，后人虽然常常"疑为疏阔，疑为繁重"，因而"相率芟夷屏弃，如弁髦敝屣"，以至于"积今二千余年，而荡焉泯焉"。但是，经历时世的变化，才知"三代圣人之法，未尝有此弊"，是应该继承、发扬的。

冯桂芬以"三代""乡举里选之法之善""不铸刑书之法之善"为例，说明"三代之法"应该兴复。

但冯桂芬并不是要全面的复古。他对"三代之法"是有所选择的。他所选择的主要几点是：其一，省事轻刑、约民以礼。他引述古人"约之以礼，驱之以法，惟蜀人为易"之说，引《诗》外传"省事轻刑则瘵不作，无使小民饥寒则蹶不作，无使财货上流则逆不作，无使下情不通则隔不作"之说，来说明省事轻刑的重要性。其二，复宗法。冯桂芬认为这是弥牧令之隙，使盗贼不作、争讼不作、械斗不作的最佳方法。他说："窃以为复井田、封建，不如复宗法。"②为什么呢？因为"宗法既行"，即可"民无饥寒，自重犯法"。而且，"宗法既行"，乡里之贤者有权有责，就可以家法治"一二不肖者"。其三，行保甲之制。他认为商鞅连坐法也不离宗法之制，而"宗法为纬""保甲为经""一经一纬，参稽互考"③，天下大治就有了可靠的保证。其四，宽于立法，严于用刑。④其五，"绅民均赋"以"补偏救弊"⑤。他认为"以有限之脂膏，资无涯之耗蠹"（指那些"丁胥以下千百无赖之徒"），是"偏""弊"横生的原因。既不能"损上以益下"，又不能"损下以益上"，因此只有"损中饱以益上下"。所以，应当使"绅民均赋"，舍此而外，别无良法。

除上述以外，冯桂芬认为，由于"古今异时，亦异势"，因此"古法不当尽复"。那么，古法之不完善、不能行之于今，怎么办呢？

---

① 《〈校邠庐抗议〉自序》。
② 《复宗法议》。
③ 同上。
④ 《与许抚部书》。
⑤ 同上。

3."法苟善,虽蛮貊,吾师之"

冯桂芬认为,夷人有所长,就应学习,这可以补古法之不足。在《收贫民议》中,他举了一个例子。他说,瑞典设小书院无数,不入院者,官府将强制其入院,"有不入书院之刑,有父兄纵子弟不入书院之刑"。他认为这是瑞典"无不识字之民"、知书识礼、社会安宁的重要原因。

冯桂芬的师夷之善,是通过比较中外内政、军事、外交、文化等各个方面后得出的结论。通过比较,冯桂芬认为当时的中国有"四不如夷":"人无弃才不如夷,地无遗利不如夷,君民不隔不如夷,名实必符不如夷"[①]。他认为要"人无弃才",就须改革科举考试的内容,废除八股时文;要"君民不隔""名实相符",就须"复乡职""复呈诗""改赋税""汰冗负"。这些要求带有一定的资产阶级民主主义的意味。

如上所述,冯桂芬对腐败的清朝政治法律制度有所否定,提出了学习西方的"善法"的要求,使龚自珍、魏源以来地主阶级改革派的改革要求更加具体。因此,他的思想,包括法律思想在内,"超出了当时思想界和以后洋务思想的水平,直接成为19世纪八九十年代改良派变法思想的胞胎和先导"[②]。

[①] 《制洋器议》。
[②] 李泽厚:《中国近代思想史论》,第42页。

第四章　洋务运动时期法律思想的分化

一、洋务运动的产生及其性质

太平天国农民革命运动虽然在国内外反动势力的联合绞杀下失败了，但它严重地打击了清朝的封建主义统治，使得资本主义因素的成长成为不可抗拒的趋势。同时，经过两次鸦片战争，帝国主义列强凭借寒光闪闪的刺刀和极其苛刻的不平等条约，加紧掠夺中国主权和进一步扩大经济侵略。清朝封建统治者一面与帝国主义侵略者勾结起来对付人民群众的反抗斗争，一面又同帝国主义侵略者存在矛盾，对行将沦为他们的奴才感到难堪。署礼部左侍郎薛焕在奏折里说："方今夷商既分布各口，又得内地游行，天主教布满天下，夷酋住在京城。中国虚实，无不毕悉。始不过侵我利权，近复预我军事。举凡用人行政，渐形干预。……彼负其豺狼之性，事事动形掣肘，稍不遂其所欲，辄以用兵挟制。"① 总理船政的前江西巡抚沈葆桢也在奏章中指出："即使诸国遵照原约（作者按：指咸丰十年的条约），一无所改，而利权事权，已在其掌握中，数年之后，必有不堪设想者矣。"②

从同治十三年（1874）起，慈禧太后开始了对中国的统治，直至光绪三十四年（1908）死去。在慈禧太后的统治时期里，形成了联合西方资本主义的"办洋务"的热潮。这就是洋务运动产生的历史背景。所谓"洋务"，是指牵涉对外关系的一切事情，以至包括一切与外洋来的事物有关的事情。其中，兴办军事工业并围绕军事工业开办其他企业、建立新式武器装备的陆海军，是19世纪60年代到90年代洋务运动的主要内容。热衷于举办洋务的著名官僚有奕䜣、文祥、曾国藩、左宗棠、李鸿章等，被称为洋务派。所谓洋务派，即包括清末买办化的封建官僚统治集团。这一集团主张依靠外国援助开办近代军事工业等，维持封建统治。曾国藩于1865年开办江南制造局，建立近代军事工业。李鸿章势力发展最快，长期任北洋大臣，掌握清政府外交、军事和财政大权，势力最大。左宗棠开办

---

① 《同治夷务》第16卷，第4—6页。
② 《同治夷务》第53卷，第2页。

福州船政局。后起的张之洞在湖北开办汉阳铁厂及纺织厂等,与李鸿章抗衡。中日甲午战争后李鸿章失势,盛宣怀接办了张之洞的汉阳铁厂。至此洋务运动宣告破产。因此,在近代史上,从19世纪60年代到90年代,被称为洋务运动时期。

（一）李鸿章的法律思想

李鸿章①为清末淮军军阀,洋务派的首领。

1. 以儒家的"德主刑辅"论掩盖着对革命人民实行重刑主义

李鸿章标榜自己"重道崇儒""明理克己",宣称这可治军,也可化民。他对部将的"近颇好礼"表示赞赏,说是可以"借理学以化气质""化其桀骜之气"②。他表示推尊文庙、圣里,夸赞诗、书、礼、乐的"化民"作用,说自己"维礼之道,以倡明正学为先"③。但是,即使在念着儒家仁义道德经时,他也念念不忘镇压劳动人民的反抗斗争。他夸赞部将"好礼",是因为这样一来,便能更好地起到"平居用以保卫闾阎,有急亦可征调出境"④的作用。

另一方面,李鸿章则完全撕去儒家的仁爱面具,赤裸裸地叫嚷实行苛刑酷法以至法外用刑,任意屠杀革命人民。他主张"兼用申、韩之法术",对曾国藩的《清讼事宜》推崇备至,表示对"州县多不以听讼为事"的极大"愤慨"⑤。他强调对于"粤中乱民""宜用重典"⑥;"洪秀全必须戮尸,以抒众愤"⑦;即使投降的如郜云官等,也要防其反复、"复生他变","不如立断当机,登时将该伪王、天将等骈诛"⑧;甚至连被俘的太平军战士千余人都加杀害。对待捻军、义和团,甚至于通商口岸的反抗侵略的人民,也一律采取这种野蛮屠杀的政策。他的逻辑是"既为乱民即属土匪,由地方官一律痛剿"⑨。

---

① 李鸿章（1823—1901）,字少荃,安徽合肥人。道光进士。1853年在籍办团练抵抗太平军,后投靠曾国藩当幕僚。1861年编练淮军,次年调至上海,在英法侵略者支持下与太平军作战,升任江苏巡抚。1865年署两江总督,调淮军六万人对捻军作战。次年继曾国藩任钦差大臣,镇压了东、西捻军。1870年又继曾国藩任直隶总督兼北洋大臣,掌管外交、军事、经济大权,成为洋务派首领。从19世纪60年代开始,依靠外国侵略者开办近代军事工业,逐步扩大洋务事业,先后设立江南机器制造总局、天津电报局等;并扩大淮军势力,建立北洋海军。代表清政府签订了一系列卖国条约。著有《李文忠公全集》一百册,分为《奏稿》《朋僚函稿》《译署函稿》《电稿》四大部分。
② 《奏稿七十八·津绅集捐办团片》。
③ 《奏稿四十·请修曲阜孔庙片》。
④ 《奏稿七十八·津绅集捐办团片》。
⑤ 《朋僚函稿九·复曾相》。
⑥ 《朋僚函稿五·复郭筠仙中丞》。
⑦ 同上。
⑧ 《奏稿五·骈诛八降酋片》。
⑨ 《电稿二十五·寄德州飞递廷护直督》。

2. 为维护封建统治和适应帝国主义侵略的需要而"变法"

李鸿章认为"徒墨守旧章，拘牵浮议，则为之而不成，成之而不久"，"多拘于成法，牵于众议，虽欲振奋而末由"①。但李鸿章的变法要求，是为了维护封建统治和适应帝国主义侵略的需要。他生怕清朝"败亡灭绝"，"和一国又增一敌"。他对"洋人刑罚从轻，每怪中国拷讯、斩、绞之属太苛"十分不安。他说日本与西洋议改刑法的罚则，"先将向用刑章改就西法，犹虑西人不能尽从"，认为中国"不改而强西人归我管辖，虽巴西、秘鲁小邦亦不愿也"②。

此外，在办理签订不平等条约和教案的活动中，李鸿章屈从于帝国主义侵略者的表现，更充分、更彻底了。李鸿章曾代表清政府与帝国主义者签订了一系列割地赔款、丧权辱国的卖国条约，使中国领土完整、独立自主的法权遭到破坏，司法主权也丧失殆尽。李鸿章临死前，当沙皇俄国强迫清政府签订任其独占东北三省的卖国条约时，李鸿章竟认为，东北三省系俄兵力战而得，铁路矿产，似应为其专利。对于与侵略者签订的不平等条约，李鸿章一再强调要严格遵守。他曾"请旨严饬各直省督抚督饬所属地方官讲求条约，先事防维，倘遇有外国官民被戕害之事，迅即饬属查明，严缉真正凶犯，勒限办结。倘有任意迁延虚设等弊致开边衅，立予重惩，庶期消患未萌，免蹈前辙。"③

总之，尽管李鸿章说了许多尊孔崇儒、"德主刑辅"的话，也絮絮叨叨地讲什么"变法"，但是透过现象看他的法律思想的本质，可谓毫无改良和维新的成分。

（二）左宗棠的法律思想

左宗棠④为清末湘军军阀，洋务派首领之一。他的法律思想与李鸿章大略相同，但在对待沙皇俄国侵犯新疆的问题上，表现了民族爱国主义精神。

左宗棠也曾念念有词地谈论礼义德教的作用，认为"教养"是官司"治本之策"⑤。他在新疆等地也不忘将《四书》《六经》到处传习，企图"化彼殊俗同我华风"⑥。他在颁行《吾学录》时写道："圣化维新……学礼宜急。爰检《吾学录》所订昏礼、祭礼、丧礼，列

---

① 《奏稿十九·筹议增造轮船未可裁撤折》。
② 《朋僚函稿十九·复曾勃刚星使》。
③ 《奏稿二十七·请饬官吏讲求条约片》。
④ 左宗棠（1812—1885），字季高，湖南湘阴人。举人出身。1860年由曾国藩推荐，率湘军五千人赴江西、皖南与太平军作战。1862年初任浙江巡抚，后升闽浙总督。洋务派首领之一。1866年调任陕甘总督，进攻捻军。1875年督办新疆军务，率兵讨伐阿古柏，先后收复乌鲁木齐、和阗等地，阻遏了俄、英对新疆的侵略。1881年任军机大臣，调任两江总督。中法战争时，督办福建军务。著有《左文襄公全集》。
⑤ 《奏疏初编卷20·沥陈闽省困敝情形请调员差委折》。
⑥ 《奏疏续编卷76·敬陈新疆善后事宜折》。

为上下卷,颁行各塾,俾为新民共沾圣泽。"① 他以为这样地兴教劝学,即可达到欺骗目的,"虽百世相安可也","古治之效,不难复见也"②。

但是,所谓礼义德教"治本之策",不过是左宗棠用以麻痹、欺骗人心的东西。当阶级矛盾尖锐,无法以欺骗达到维护封建主义统治的目的时,他同李鸿章一样,立即祭起苛刑酷法甚至法外用刑,来镇压人民的反抗。他们的手上沾满了人民的鲜血。1866年,左宗棠率军进击广东太平军余部。在嘉应州一战中,左宗棠下令大屠杀,"综计各军擒斩轰毙之贼,实一万六七千名……"③ 对于生擒的太平军将士的家属,左宗棠也严加惩处,即使年仅数岁的幼童也不放走。他认为这样做是因为出于"不宜少留根荄,重为异日之忧"④ 的考虑。

和李鸿章不同的是,左宗棠在对待不平等条约问题上,有时能站在民族立场上提出与清朝重臣的异议来。例如清廷派崇厚与俄国签订丧权失地的卖国条约《伊犁条约》,左宗棠即表示反对。他表示"只盼内外坚持定议,询谋金问,钦奉谕旨以与周旋,则先之口舌,继以兵威,事无不济……令其就我范围"的意向。⑤ 对于归还伊犁后划南境、西境地段归属俄国,他表示了坚决反对的态度。他的这种态度与中国人民捍卫国家主权是相吻合的。对此,应予肯定。

二、资产阶级改良派的法律思想

(一) 资产阶级改良派政治法律思想的一般特点

19世纪70年代前后,中国的一部分地主、官僚、富商、洋行买办和旧式矿业主开始向近代资本家转化。他们发展资本主义的要求,与封建顽固派的传统观念以及封建顽固派所坚持的封建政治法律制度,是有抵牾的;他们与洋务派采取"官督商办"的统制经济政策也有尖锐的利害冲突。在这种情势下,他们寻得了资产阶级改良派作为他们在政治法律思想上的代言人。这些代言人中,最为著名的有王韬、薛福成、郑观应、陈炽以及马建忠、宋育仁等人。

资产阶级改良派政治法律思想的一般特点主要是:

1. 对洋务思想持否定态度

资产阶级改良派的思想,是从洋务思想中分化出来的。它的代表人物,曾与洋务活动紧密联系。有些人还曾经长期担当洋务派代表人物的幕僚。但是,当他们中的一些人亲身

---

① 《文集卷1·重刊〈吾学录〉序》。
② 同上。
③ 《奏疏初编卷29·奏报收复嘉应州城余孽荡平折》。
④ 《家书》。
⑤ 《书牍节要卷23·上总理各国事务衙门》。

考察了西方资本主义国家的社会、经济、政治、法律实际状况以后，当他们在实际事务中屡屡痛切地看到洋务思想的腐朽以后，便开始不满以至否定洋务思想了。他们寻找不同于洋务思想的能够使中国富强起来的办法。

王韬、马建忠、薛福成这些资产阶级改良派的代表人物，都曾力主实施"船坚炮利"的方案。19 世纪 60 年代，王韬所写的《操胜要览》及薛福成所写的《乙丑上曾侯相书》，都与洋务派主张完全一致。但到 19 世纪 70 年代，他们却开始指责洋务运动徒袭西方资本主义国家的皮毛了。光绪三年（1877），马建忠在《上李伯相言出洋工课书》中提出："忠此次来欧，一载有余。初到之时，以为欧洲各国富强，专在制造之精，兵纪之严，及披其律例，考其文事，而知其讲富者以护商会为本，求强者以得民心为要……"这无异是对"专在制造之精、兵纪之严"的否定，表面说的是游历欧洲观感，实际是对洋务观点的批评。

2. 建立在强烈的使中国富强起来的爱国主义情感的基础上

资产阶级改良派政治法律思想的出发点是爱国主义。其代表人物深感中国大大地落后于西方资本主义国家，而洋务派以原来的封建官僚体制办近代企业，不讲经济规律、不讲经济效益，借机大发横财，适足以使贫弱的中国走向更加可怕的深渊。他们力图改弦更张。宋育仁于光绪十二年（1886）在《时务论》中抨击洋务运动对西方国家"不师其法，惟仿其器，竭天下之心思财力以从事海防洋务，未收富强之效，徒使国家聚敛，而官私中饱……"，表示了对洋务派贪官污吏的极端不满。资产阶级改良派的其他代表人物，也曾大声疾呼要为中国的富强，为摆脱西方资本主义的掠夺、奴役而改良政治法律制度。这不仅与极端守旧派的因循苟且、卖国求荣截然相反，而且与洋务派为维护封建主义统治、镇压人民群众的革命斗争的目的完全不同。而这正是资产阶级改良派的政治法律思想对以后的资产阶级维新派以至资产阶级革命派都产生影响的原因所在。

3. 其政治法律观点和具体的政治法律主张，相对于洋务派来说，比较切实、合理

洋务派搞"官督商办"，唯"船坚炮利"是求，既看不到"官"场腐败已使"官督"不过成为"商办"的枷锁，根本"办"不成什么洋务，而且无视帝国主义列强根本不允许中国真正实现"船坚炮利"，因而是一种完全不切实际的幻想。

资产阶级改良派则力求在发展商业和工业的基础上，为学习西方的政治法律制度创造条件。他们提出的一些保护和促进商业及工业发展的具体政治法律制度方面的建议，也都是比较可行的。例如，他们提出了裁厘（厘金）加税的建议；提出建立专利制度以振兴工矿企业的建议等，虽然未触及社会经济制度的根本问题，但毕竟有可能促进商业和工业的发展。其他方面的许多建议，如主张君主立宪、学习西方议院制度等，也不失为当时历史条件下的进步主张。这些主张虽然零散而不成系统，但是它为资产阶级维新派的系统的变法方案创造了条件。

综观资产阶级改良派的政治法律思想，它代表了新兴的资产阶级的利益和要求，具有明显的进步倾向。但是，中国软弱的资产阶级当时还只是处于萌芽阶段，力量极其微弱，因此其政治法律思想代表的改良要求，也带有对帝国主义、封建主义依赖、妥协的倾向。这些特点和倾向可以见诸资产阶级改良派每一个代表人物的言行和著述之中。

（二）王韬的法律思想

王韬[①]长期与帝国主义传教士接触，为其教书、译书，又游历英、法、俄，大量接触了"西学"，对资本主义的政治法律制度有较为丰富、具体的知识。因此，他在自己的著作中阐述对中国富强之道的观点时，自然地充满了对西方政治法律制度的向往与颂扬。

王韬的法律思想可以归纳为内主变法、外争法权两个方面。

1. 内主变法

王韬从哲学和历史以及现实的形势要求三个方面论述了变法的必然性和必要性。他引《易》所云"穷则变，变则通"，从哲学世界观的高度，阐明了自己关于"天下事未有久而不变者"[②]的观点。他驳斥西方学者认为中国五千年来未曾变化的谬论，历述中国历史的重大变迁，指出"巢、燧、羲、轩，开辟草莱"，首先为中国创立了最早的制度；而后"唐、虞继统"，成为"文明之天下"；"三代"以后，"至秦而一变"；汉、唐以来，"至今日而又一变"。总之，历史在不断演变，而演变的结果是"三代之法不能行于今日"。由此，他认为"泥古以为治"，是违反历史规律的，与孔子所说的"生今之世而反古之道者"如出一辙，因而是错误的。王韬还由中国历史推论外国历史也是一种不断变化的过程，指出："即欧洲诸国之为治，亦由渐而变，初何尝一蹴而几，自矜速化欤？"[③] 既然变是世界的发展规律，中国历史和外国历史又昭示了变法的规律，那么，中国实行变法就是必然的了。王韬还进一步分析了中国当时面临的困境，强调了变法的必要性。他指出，西方资本主义国家自恃其强，"自远而至，挟其所有而傲我之所无……肆其欺凌，相轧以相倾"，使我不能不思变计，"是则导我以不容不变者，天心也；迫我以不得不变者，人事也"。他痛切地指出，"设我中国至此时而不一变"，就再也不能与欧洲各大国"比权量力"相抗衡了。总之，他认为变法是必然的、必要的，是"势"之使然，非"变古以通今"不可。[④] 而且，他认为"变法自强"已经成了"我国今日之急务"，时机已经不容再拖延观望了。他

[①] 王韬（1828—1897），原名利宾，江苏长洲（今苏州）人。十八岁考取秀才，以后屡试不第。二十二岁到上海，受雇于英国传教士所办的墨海书馆。曾上书献策进攻太平军；太平军进攻上海时，又上书太平军力争长江上游，为清政府通缉，逃往香港。后赴英译书，游历法、俄。1874年在香港办《循环日报》，宣传变法自强。晚年回上海，任格致书院掌院。1897年病逝。著有《弢园文录内编》《弢园文录外编》《弢园尺牍》等。其中《变法》《重民》《治中》《纪英国政治》等较多地涉及政治法律观点。

[②] 《弢园文录外编》第1卷，第13页。

[③] 同上书，第10—11页。

[④] 同上书，第12—14页。

说：" 幡然一变，宜在今日。"①

关于变法的原则，他提出了三条：

其一是不能"尽废古制"。他说："今如有人必欲尽废古来之制作以遂一时之纷更，言之于大庭广众之中，当必以其人非丧心病狂，决不至是。"②

其二是应以泰西为纲。他认为变法必须"以欧洲诸大国为富强之纲领，制作之枢机"，舍此而外，则不可能"成一变之道"③。

其三是变法的根本在于学习西方的政治法律制度。他认为以往"所谓变法者"，仅仅抓设立制造局、铸枪炮、造舟舰以及派人出洋学习语言文字等等，不过是"徒袭其皮毛"④而已。而这些"器艺技巧，繁术小慧"⑤，是完全不足以将变法之效而致中国于富强的。他指出，英国"上下之情通，君民之分亲，本固邦宁，虽久不变"，是由于"国中平日间政治，实有三代以上之遗意"。具体来说，是由于"官吏则行荐举之法……故官之待民，从不敢严刑苛罚"；"狱制之善，三代以来未之有也……"⑥。他赞颂英国的狱制下，"其犯法者，但赴案录供，如得其情，则定罪系狱，从无敲扑笞杖，血肉狼藉之惨"；"其在狱也，供以衣食，无使饥寒，教以工作，无使嬉惰，七日间有教师为之辅导，使之悔悟自新，狱吏亦从无苛待之者"⑦。他赞扬英国刑罚制度"刑止于绞，而从无枭示"；"叛逆重罪，止及一身，父子兄弟妻孥皆不相累"⑧。他赞颂英国诉讼制度良好，"民间因事涉讼，不费一钱，从未有因讼事牵连而倾家失业，旷日费时者……"⑨。王韬认为这是英国"政治之美"的具体反映，"骎骎乎可与中国上古比隆"，是其"雄视诸国"的根本原因，中国所要学的，变法所要做的，就是学习英国的这些"良法美意"⑩。

关于具体的变法建议，在法律制度方面，王韬提出了以下两点：

一为变"取士之法"。王韬认为"今日我国之急务"，首先在于"治民"，其次在于"治兵"。而"治民"与"治兵"要有一个总纲，这个总纲则在于"储材"⑪。他说："今日之天下……不患在无法，而患于无行法之人。"⑫ 总之，无论从哪个方面看，都必须把人才问

---

① 《弢园文录外编》第 1 卷，第 17 页。
② 同上书，第 12 页。
③ 同上书，第 13 页。
④ 同上书，第 24—25 页。
⑤ 同上书，第 18 页。
⑥ 同上书，第 108 页。
⑦ 同上。
⑧ 同上。
⑨ 同上。
⑩ 《弢园尺牍》，第 107 页。
⑪ 《弢园文录外编》第 1 卷，第 16 页。
⑫ 《弢园尺牍》，第 115 页。

题的解决放在第一位。他认识到腐朽的科举制度已不能网罗人才，因此力主改变"取士之法"，"既变，然后以西法参用乎其间"①。

二为变"律例之繁文"。他赞扬汉高祖入关时宣布的"约法三章"的简约；抨击"近世之吏，上下其手，律例愈密而愈紊，不过供其舞文弄法……"；指斥朝廷"动曰成例难违，旧法当守"，造成"一切之事都为其束缚驰骤"的结果；指出"朝廷有行法之名，而无奉法之实"。王韬在对清代的法制做了上述剖析与批判之后，提出了"减条教，省号令，开诚布公，而与民相见以天"的变法要求；并主张"参用"西法，以求进步。②

王韬内主变法的思想是对洋务派仅仅讲求"船坚炮利"以及增强武备用来镇压人民的观点的否定。

2. 外争法权

帝国主义列强在两次鸦片战争期间迫使清朝政府与之签订了一系列屈辱性、掠夺性的不平等条约，使中国的内政、外交、经济、司法等主要方面的主权一一丧失。但帝国主义列强是贪得无厌的，他们不断地以武力强迫清廷签约、修约以猎取种种利益，同时又煞有介事地宣称只要签约、修约，就可永保清廷的统治权力，从此天下太平。这当然是一种欺骗。但腐朽的清廷官员中，竟有不少人卖国求荣，寄厚望于不平等条约，企图以国家主权的让与，来维护自己的既得利益。

对此，王韬深感忧虑。他认为，只有"势均力敌"、中国"自强"才有可能使西方各国遵守条约，在清朝国势日弱的情况下，"泰西立约不可恃"③。他指出："必我国富兵强，舟车枪炮一切如泰西而后可；否则，亦徒托诸空言耳。"④

在外争法权方面，王韬也提出了一些具体的建议，主要有："削各国领事之权"，华官可以传讯犯罪和违法的任何人；外国人在中国内地犯法的，由华官审理定罪；外国人要旅行中国内地的，必须经由地方官发给书面凭证；对于外国人，可以用外国法律治理之，使"彼自无所遁词"⑤；等等。

王韬外争法权的思想，反映了他的爱国主义精神。但是，这仅仅是对帝国主义强权的一种朦胧的认识、无力的反抗。

---

① 《弢园文录外编》第1卷，第16页。
② 同上。
③ 《弢园文录外编》第6卷，第128页。
④ 《弢园尺牍》，第108页。
⑤ 同上，第109页。

(三) 薛福成的法律思想

薛福成①少年时期，正值太平天国运动发生，清王朝处于风雨飘摇之中。八股文、试帖诗之类，对薛福成的吸引力已大大下降了。他说自己"十二三岁时，强寇窃发岭外，慨然欲为经世实学，以备国家一日之用，乃屏弃一切而专力于是……穷其说者数年，而觉要领所在"②。这使他一度幼稚地崇奉洋务派的主张，认为讲求新式武器、工艺技术，就可以使中国富强起来，并可有效地镇压农民起义。但到19世纪70年代，薛福成的观点已明显改变，认为中国要富强，要像西方各国那样发展工商业。他说："昔商君之论富强也，以耕战为务，而西人之谋富强也，以工商为先。……为中国计者，既不能禁各国之通商，惟有自理其商务而已。"③商务之兴，主要有"贩运之利""艺植之利"与"制造之利"④，即可带动各业的发展。这虽然是"富国"之策的不同，但已可看出他走上了一条与洋务派不同的道路。正是循着这条道路，薛福成陆续提出了一些改良政治法律制度的观点和具体建议，使自己成为资产阶级改良派的一名代表人物。

1. 薛福成法律思想的主要表现

（1）主张变法

在阐述变法主张时，薛福成认为"变"是"天道"即客观的规律。他指出："大抵天道数百年小变，数千年大变，自尧舜至今世益远，变益甚。"⑤认为读书不能"为成说所拘"，要穷究其精神，领会变通之道。由于"天道数百年小变，数千年大变，……世变小，则治世法因之小变；世变大，则治世法因之大变"，所以，"变"是绝对的，"治法不能无异同"⑥。

薛福成还从"时势"要求救弊的角度阐明他的变法主张。他说，有以圣人继圣人而变者，也有以一圣人临天下而先后不能不变者，之所以连圣人也要"变"，"非好变也，时势为之也"；"不审于古今之势、斟酌之宜"而变治国之法，就不能"救其弊"。⑦他指出，当时"官俸之俭""部例之繁""绿营之窳""取士未尽得实学"之弊，已十分严重，"此皆积数

---

① 薛福成（1838—1894），字叔耘，号庸庵，江苏无锡人。少年时期致力于"经世实学"。青年时期曾充任曾国藩幕僚（1865—1872年），后随李鸿章办外交。1879年，他写成了《筹洋刍议》，提出变法主张。1884年任浙江宁绍台道，在镇海参与击退法舰之战。1888年任湖南按察使。次年任出使英、法、比、意四国大臣，1894年卸任回国途中病逝。著有《庸庵全集》《庸庵笔记》《庸庵别集》等。其中《筹洋刍议》中《养人才》《澄吏治》《变法》等篇较多地涉及法律思想。
② 《庸庵文外编·上曾侯相书（乙丑）》。
③ 《筹洋刍议·商政》。
④ 同上。
⑤ 《庸庵文外编·答友人书（乙亥）》。
⑥ 《筹洋刍议·变法》。
⑦ 同上。

百年末流之弊，而久失立法之初意"，都是不能不变的对象："稍变则弊去而法存，不变则弊存而法亡。"①

薛福成针对当时顽固守旧派对变法的非难，做了雄辩的反驳。变法论者主张理财而自强，非议者"辄指为言利"；变法论者主张振作以自强，非议者"必斥为喜事"；甚至稍涉洋务，非议者也鄙夷之、攻击之。薛福成惊叹"外患如此其多""时艰如此其棘"，指出："若事必拘守成法，恐日即于危弱，而终无以自强。"②

从上述薛福成对变法的认识看，他和王韬一样，比洋务派的仅仅讲求"洋务"即造船造炮等，已大大前进了一步。其变法主张也是相当坚决的。

（2）变法要以西方政治法律制度为学习的榜样

薛福成对比了中外政治法律制度，指出了"外国日强，中国日弱"的原因绝非偶然。外国"法简令严，其决机趋事，如鸷鸟之发"；而"中国之政事，非成例不能行也，人才非资格不能进也"，"士大夫方敝敝焉为无益之学，以耗其日力，所习非所用，所用非所习，一闻非常之议，则群骇以为狂，拘挛粉饰，靡有所屈"③。这样，中外之间就形成了明显的对比。显然，他的用意在于说明必须向西方学习"法简令严"等。

对于学习西方，顽固保守派是竭力反对的。反对的理由有时极为荒唐，如薛福成指出的，有人借口"变法务其相胜，不务其相追"，提出了"今西法胜而吾学之，敝敝焉以随人后，如制胜无术何"的问题。顽固保守派在这里装得比洋务派还激进，似乎一心一意在追求制胜西方各国之道。但其实，如果他们取得了压倒洋务派的成功，就绝不会去求什么"制胜"之道，而继续尽力于把历史拉向倒退的肮脏事业了。对此，薛福成指出"欲胜人，必尽知其法而后能变，变而后能胜"的道理，揭露了顽固保守派"兀然端坐"而空谈"胜人"的嘴脸，并指明："今见他人之我先，猥曰不屑随人后，将踬步不能够矣。"④薛福成嘲笑顽固保守派有如"居神农氏之世而茹毛饮血，居黄帝之世，御蚩尤之暴而徒手搏之"⑤，揭示这种保守做法是必然失败的。薛福成的这些议论，表明了他学习西方政治法律制度的决心是比较坚决的。

（3）提出了一系列修明政治法律制度的变法设想

薛福成认为中国"人民、物产、风俗甲于地球诸国，若能发愤图强，原可操鞭笞八方之具"，但由于"不能删成例以修改"之弊政，所以日趋落后。⑥他在上疏及致友人的书

---

① 《筹洋刍议·变法》。
② 《庸庵文外编·代李相伯议请试办铁路疏》。
③ 《庸庵文外编·答友人书（乙亥）》。
④ 《筹洋刍议·变法》。
⑤ 同上。
⑥ 《庸庵文外编·答友人书（乙亥）》。

信中，一再强调了必须"有修明之术"①、必须"修明前圣制度"②。他在上书曾国藩时指出，要取得与西方列强的和平相处，非"一日勿弛其防"不可。而"防之之策，有体有用"，"言其体，则必修政刑，厚风俗，植贤才，变旧法，祛积弊，养民练兵，通商惠工"，从而使得国家中兴，治业"蒸蒸日上"③。

2. 薛福成变法的主要设想

薛福成修明政治法律制度的变法设想主要有以下几点：

（1）实行君民共主制

薛福成条分缕析了君主制与民主制的利弊得失。他把地球五大洲各国归纳为两大类。一类为民主制国家，"其用人行政，可以集思广益，曲顺舆情"，"为君者不能以一人肆于民上，而纵其无等之欲。即其将相诸大臣，亦皆今日为官，明日即可为民，不敢有恃势陵人之意。"这是民主制国家的优点，但也有缺点："其弊在朋党角立，互相争胜，甚且各挟私见而不问国事之损益。其君若相，或存五日京兆之心，不肯担荷重责，则权不壹而志不齐矣。"另一类为君主制国家，"主权甚重"，若得"贤圣之主"，则功德无涯；其弊端在于"上重下轻，或役民如牛马……而况舆情不通，公论不伸，一人之精神，不能贯注于通国"，这就会使得"诸务有堕于冥冥之中"的危险。总之，"民主、君主，皆有利亦皆有弊"。因此，薛福成主张"君民共主，无君主，民主偏重之弊，最为斟酌得中"④。

（2）澄清吏治

薛福成认为澄清吏治必须"慎其选，养其廉，尽其才"。他建议模仿古代三老孝悌之制，"乡举其贤能，以宾礼礼之，使为教化之倡，而任以保甲之事"；提出"宜严禁两司以下，毋得以门丁为荐，州县毋得辄用；用而被控者，该丁以法论，官罢黜"，并建议"著为令"，以法令明确规定之。薛福成指出当时"郡守权不敌汉县令，县令权不敌汉户贼曹，县令自笞杖以上不能专决，动须关白上官"的事实，造成了"上下以空文相束，虽贤者亦奉法救过之不赡，而不肖者反得以容其弊"的后果。他建议"尽州县之才"，"重其职任，涤去烦文，务持大体"⑤。

（3）改行科举制度与征辟制度并用

薛福成认为科举制度行之既久，"其法不能无敝"，而要救科举之敝，必须"征辟与科举并用"。之所以如此，是由于"科举虽敝，其法固难变革也"⑥。而要二者并用，是由于征辟取士之法虽然也有弊端，但征辟十人可得真有才干者四五，因而可以弥补科举百中得

---

① 《庸庵文编·应诏陈言疏》。
② 《庸庵文编·代李相伯答彭孝廉书》。
③ 《庸庵文外编·上曾侯相书》。
④ 《出使四国日记续刻》卷4。
⑤ 《庸庵文外编·澄吏治》。
⑥ 《庸庵文外编·选举论中》。

一的弊端。薛福成还建议"以策论、掌故、律令，代制艺、律赋、试帖，以糊名易书代小楷，以责公卿保荐贤才、重其赏罚，代大臣之阅卷"等等。①

综上所述，薛福成的这些修明政治法律制度的变法建议，都明显地带有在现行制度基础上进行改良、加以修补的意味，反映了资产阶级改良派"变法"的妥协性与不彻底性。但是，这与洋务派相比却又是大大前进了一步，从政治思想分野上看，属于大不相同的两种思潮和两种观念。

(4) 改革司法以求华洋权利平等

由于不平等条约的签订，中国司法主权渐次丧失。洋人住在中国，都不受中国法律的管辖。华人犯法以华法治之，洋人犯法以洋法治之，且不容华官过问，往往避重责轻，甚至杀人而无罪开释。薛福成认为这是由两方面的原因造成的：一为"有司无权之故"；一为"中西律法迥殊"之故。他建议改革司法，请求外国仿行在日本的办法，"议定条约，凡通商口岸，设立理案衙门，由各省大吏遴选干员，及聘外国律师各一人主其事。凡有华洋讼件，均归此衙门审办"。审案的法律，则"宜参用中西律例，详细酌核"，另订"通行之法"；或者在华洋讼案中径用洋法，因为这样一来，"以洋法治华人，所以使华人避重就轻也。以洋法治洋人，所以使洋人难逃法外也"。②

薛福成的上述设想，反映了资产阶级改良派的软弱，而且不懂得在中国土地上用洋法治华人是彻头彻尾的丧失主权，可见改良派政治法律思想幼稚之一斑。对此，我们只能以历史发展过程中必然具有的现象来看待，从中肯定资产阶级改良派不同于洋务派，多少还有一点儿维护中国人民的利益。

(四) 郑观应的法律思想

郑观应③出身于商人，其切身利害使他对改革政治法律制度有更加强烈的迫切要求。同时，他比王韬、薛福成死得晚，对资产阶级维新派的活动有具体的了解。他是19世纪七八十年代影响最大的改良派的思想代表。他全面表达了当时民间工商业各种具体实际的利益和要求。④

---

① 《庸庵文外编·选举论》(下)。

② 《筹洋刍议》。

③ 郑观应(1842—1922)，字正翔，号陶斋，广东香山(今中山市)人。从1860到1881年，在上海经商，两度充任洋行买办。捐资得道员衔。历任上海机器织布局总办、轮船招商局会办、汉阳铁厂与粤汉铁路会办等。先后与王韬、吴广霈为文字密友，受王韬影响颇深。甲午战争前后刊行《盛世危言》。19世纪90年代后，与盛宣怀大资产阶级集团关系密切，但在洋务与维新问题上有矛盾。著有《救时揭要》《易言》《盛世危言》等，今人辑有《郑观应集》。其中《论公法》《论议政》《论犯人》《议院》《刑法》《狱囚》《罚赎》《盗工》等篇，比较集中地反映了他的改良主义法律思想。

④ 李泽厚：《中国近代思想史论》，第52—53页。

郑观应的法律思想观点主要是：

1. 求强图治，非变法不可

郑观应认为"中国当此危机之时，而求安图治，上下皆知非自强不可，而自强非变法不可"①。他从历史与时势两方面阐述他的变法观点。他指出，秦并六国，变井田为郡县，尽改"先王之法"，这说明变法之举，古已有之。而秦以后，"盛衰屡变，分合不常"，到了今天，欧洲各国"兵日强，技日巧，鲸吞蚕食，虎踞狼贪"，而中国也"广开海禁"，与西方立约通商，这乃是时势的更大变化。这样，变法就是时势所然，因而"不能不变，不得不变"的事了。②

2. 效法日本，行君主立宪

郑观应认为，日本的宪法是根据本国的现行法律并参照西方国家的法律而制定的，"中国亟宜仿行"。他批判"守旧者恶谈西法"，同时又批评"维新者不知纲领"，指斥朝廷"惮于改革，不求中外利病是非，只知安富尊荣，保其禄位"，主张建立君民共主之国，"政出议院……君民同体"③，认为只有这样，才能达到国治民安的景况。

3. 效法泰西，开设议院

郑观应直接批判了洋务派只讲"船坚炮利"之策，认为必须效法西方各国，开设议院。他说："（西方）治乱之源，富强之本，不尽在船坚炮利，而在议院上下同心，教养得法。"④他极力赞扬"泰西列国"在都城设立上议院与下议院。他介绍西方上议院和下议院的议员构成、各自在议政中的作用以及二者与国君的相互依存、相互制约的关系。他认为议院的优点在于"集众思，广众益"，其"法诚良"，其"意诚美"；可使君民不隔，上情得以下达，下情得以上达；可以"固民心"；等等。⑤他认为中国之病根在于"上下不通，症成关格，所以发为痿痹，一蹶不振"，而要除此病根，则"非顺民情，达民隐，设议院不可"⑥。

为了加强设议院之议的说服力，郑观应特意把议院与"三代遗风"联系起来，强调三代"列国如有政事，则君卿大夫相议于殿廷，士民缙绅相议于学校"⑦，似乎西方之议院与"三代遗风"同一渊源。既然如此，议院之设，就是非常合理的了。他说："中国上效三代之遗风，下仿泰西之良法"，开设议院，"使上下无扞格之虞，臣民泯异同之见"。那么，"长治久安之道"，就可以预期而至了。⑧

---

① 《自强论》，《郑观应集》第 338 页，下引此书只注篇名与页码。
② 《论公法》，第 65 页。
③ 《自强论》，第 338—539 页。
④ 《〈盛世危言〉自序》。
⑤ 《议院》（上），第 311—314 页。
⑥ 《议院》（下）之《附论——答某当道设议院论》，第 322 页。
⑦ 《论议政》，第 103 页。
⑧ 同上。

4. 学习西方，实行公开的民主选举

郑观应介绍西方实行"公举之法"，"有一乡公举之人，有一县公举之人，有一府公举之人，有一省公举之人"，是这些国家祛除官吏"弄权躁进，钻营夤缘之习"的有效对策。他认为实行公开的民主选举的"公举之法"，是带有上古三代"乡举里选之遗意"的。其认真实施，是汉代"得人称盛"的原因。郑观应提出了一条"善法"的标准，即"善法"之行，可使社会"有安无为，有利无害，众心共惬，人地相宜，可大可久而不可废"。他认为只有"公举之一法"才符合上述标准。①

5. 学习西方的律师制度，改革中国的书吏制度

郑观应盛赞"泰西有大、小律师，无书吏之弊"，中国应当学习西方的律师制度，以革除书吏制度的弊端。作为变通的办法，他建议开设律例专科，每年考选一次，录取名列前茅者供品行考察，成绩优秀、品行良好者可充书吏，赐以虚衔，厚其薪资，"各予以出身之路，庶咸知自爱，不敢弄弊舞文"。他认为这是"正本清源"的一种好办法。② 当然，他认为如能像西方国家那样实行律师制度则更好。他主张"宜以状师定案，代为剖析，使狱囚之冤情得以上达"③。这里的"状师"实际上起的是律师的作用。他还主张审案时应有"律师之辩驳"④。在中国近代法律思想史上，郑观应是最早地提出实行律师制度的人之一，这是难能可贵的。

6. 学习西方，改革刑事诉讼和刑罚制度

在这一方面，郑观应提出了一系列的设想，其中主要有：

设陪审官。郑观应认为"徒善不足以为政，徒法不能以自行"，"有其法，尤贵有人"。他针对中国审判官员的昏庸或奸诈，常常导致判决失公而造成冤案的情况，建议"令各省、府、县选立秉公人员"数十人以至数百人，"每逢重案，轮班赴署"充任陪审官。陪审官的意见可以左右以至最终决定判决。⑤

轻简刑制。郑观应认为"中国繁刑严法，未免失之于酷"，例如斩首使肢体残缺，杖刑过重，不如鞭箠既可以达到"示辱"之目的，又不失之过重，等等。他建议将刑制轻化简化为"缳首致死，系狱苦工，监作官奴，罚锾赎罪，鞭锤示辱，充发出境"，认为这六种刑罚"足以治轻重之罪而有余"，又不会失之过滥了。⑥

"充工"代刑。郑观应在《论犯人》中分析"莠民犯法"的原因"半迫饥寒"；而刑满释放以后，仍然两手空空，谋生无术，极其容易"故态复萌"。所以，他在看到"若不预

---

① 《公举》，第 328—330 页。
② 《书吏》，第 443—444 页。
③ 《刑法》，第 499—502 页。
④ 同上书，第 499—502 页。
⑤ 同上书，第 500 页。
⑥ 同上书，第 501—502 页。

为代筹,将毕生不克自振"的危险后,建议凡已定充军、流刑、徒刑的,可以"充工作抵",既用以治罪,又"予以迁善之资"。在《狱囚》中,他也指出西方国家刑律中的"充工"是中国刑书所缺的,应当效法。①在《盗工》中,他还建议将盗窃罪犯送往国外充当华工,约定年限,每名收取若干工价用以赡养犯人的家属。他认为这样做可收一举三得之效:"群盗得其生,中国去其害,而贩卖良善懦弱之风亦不禁而自戢。"②

罚金赎罪。郑观应认为"词讼之兴,发端于财者十有八九",因此"以财肇讼"而导致"以讼伤财"是值得利用的,罚金赎罪也就可以达到抑制"词讼之兴"。他还认为,"越礼蔑法、欺压良善者,多在巨室富豪",因此"罚减曲者之富,以济直者之贫",是"均平之道"。③

7. 自强自立,与各国平等行使万国公法

郑观应建议中国派遣使者会同各国使臣"将中国律例,合万国公法,别类分门","互相酌量,折中一是",参订成为共同能够接受的法例,然后"大会诸国,立约要盟,无诈无虞,永相恪守"。如有敢于违背各国共商的公法而以强凌弱者,由各国会同"声其罪而共讨之"。他认为"集数国之师,以伐一邦之众,彼必不敌",因而上述办法是一个好办法。④不过,他也知道实际上是行不通的,"公法仍凭虚理","强者可执其法以绳人,弱者必不免隐忍受屈"。所以,他深沉地说:"是故有国者,惟有发愤自强,方可得公法之益。倘积弱不振,虽有百公法何补哉?噫!"⑤

和王韬、薛福成相比,郑观应表现出学习西方的更大热情,提出的学习西方法律思想与法制对策的建议、设想也更加具体。但是,这些建议和设想同样带有很大的幻想性质,因为在半殖民地半封建的残垣断壁上,显然不可能通过修修补补的办法解决问题,非把基地清除干净才能建设新的法制。而这是当时资产阶级改良派所不敢想、不能想,即使想到了也不敢言之于书、形之于色的。

(五) 陈炽的法律思想

陈炽⑥生平的后期,资产阶级维新思潮日益高涨,但他没有能够跟上社会思潮的发展。像郑观应一样,他主张改良,但不主张再前进一步。他明确表示反对"主于维新者""不深察中国之人情与国家创制显庸之本意"。指责维新派"张皇震讶,欲一切舍己而

---

① 《狱囚》,第505页。
② 《盗工》,第541页。
③ 《罚赎》,第517页。
④ 《论公法》,第67页。
⑤ 《公法》,第389页。
⑥ 陈炽(1855—1900),字次亮,号瑶林馆主,江西瑞金人。光绪举人,历任户部郎中、刑部章京、军机处章京。1895年参加组织治学会。著有《庸书》《续富国策》,其中《名实》《自强》《例案》《乡官》《保甲》《议院》《刑法》等篇略涉法律思想。

从之",认为"其意似皆是也,而皆非也"①。

作为资产阶级改良派,对当时法律和政治制度的弊端,陈炽是有较为明确的认识而主张予以改良的。因此,尽管反对维新派的比较全面而激进的维新意见,他还是提出了自己的变法主张以及与此相关的改良建议。这些主张和建议,主要有以下三个方面:

1."天"道、形势的变异,要求"法之当变者力变之"

陈炽看到西方资本主义国家咄咄逼人的侵略势焰,但不能做出科学的解释,于是求之于虚无缥缈的"天"。他说:"物各有主,天实为之。"西方各国贪得无厌的侵略是不可能步步得逞的;但另一方面,西方各国之所以能够侵入中国,也有其合乎"天意"的原因。因此,"我而终拒之,是逆天也"。为了自圆其说,陈炽把西方之强大解释成其源盖出于我:"彼物之本属于我……西法本出乎中。"既然如此,"则无俟概行拒绝"。他的结论是:对于这种"本出乎中"的"西法","受之则富否则贫,得之则强否则弱","何也?曰:天也"②。

除"天"道之外,还有形势的变化。陈炽要人们看一看亚洲近邻国家和地区在新的形势下的不同变化和命运,从而决定本国的去从依违。他指出了缅甸、越南由于不依形势而变,结果"亡不旋踵";"日本变法者也,至今存焉,强且富焉",暹罗(今泰国)、朝鲜为"欲变而未变者","其势如岌岌然不终日"。这三种情况对中国是一种教训,"其言虽小,可以喻大",由此可以悟出中国的对策。无疑,陈炽是希望走日本的变法道路的。他由此而谴责顽固守旧派作"迂远空疏之论","不知彼不知己,不知今不知古,不知人不知天",认为他们"嚣嚣然"所云之"我大国也,彼小国也","我中国也,彼外国也"的拒绝改良的理论,不过是"牖下书生之议论","皆可息矣"了。③

在"天"道、形势变易的情况下,中国却处于"法日改而日精,网日张而日密,文日积而日繁,内外官吏营私舞弊之方亦日趋而日巧"的情况下,与"海禁大开,时移势易"格格不入,背道而驰。于是,陈炽开出了"综核名实"的变法方子:"法之宜守者慎守之,实课以守法之效,毋庸见异而思迁也;法之当变者力变之,实责以变法之功,毋俟后时而悔也。"④

2.得其人,尽其才,以推行变法

陈炽认为:"虽有良法,不能自行。""得人则治,失人则乱",这是亘古不变的规律。⑤但是,仅得其人还不够,还必须力求"尽其才":"得人则治,得人而不能尽其才则仍不能治。"为了"尽其才",陈炽建议:"任贤勿式,去邪勿疑,重赏以劝功,明罚以饬罪",使

---

① 《庸书·名实》。
② 《庸书·自强》。
③ 同上。
④ 《庸书·名实》。
⑤ 《庸书内外篇自叙》。

"天下晓然于意向之所在"。他认为这样才能开"风化",致"治平",不畏"内忧外患"①。

3. 关于变法的具体建议

一为兴保甲。陈炽认为,保甲制度是"三古之遗规,百为之纲领",而"万化之权舆",以十家为一保,五家为一伍,这样的社会组织管理,"若网之在纲,丝丝就绪,有条不紊,秩序井然",不但"奸宄之潜踪可一索而获",而且"兴养""立教""成俗""化民",都可以有条理井然地抓好。②

二为置乡官。陈炽建议仿照西方推举议员那样,"由百姓公举乡官"。按他的设想,乡官之职,"每乡二人,一正一副";候选资格是"其年必及三十岁,其产必及一千金";选出以后,"优给薪俸,宽置公署";实行两年制的任期,任内定期开会散会;其任务是"聚而咨之""邑内大政疑狱","分而任之"兴养、立教、兴利、除弊及其他"有益国计民生之事"。乡官不得欺压百姓,但也不得违抗官府,淆乱政治。如有"贪婪专愎"的乡官,县官可随时撤销其职,下令重新推举;而如果县官"贪虐,大失民心"的,"合邑乡官亦可会同赴省"控告,按照法律撤职查办。陈炽认为,这是"以本地之绅,襄办本地之事",由于是人民推举的,因此必定能"下顺舆情";又由于由官府考其政绩,因此又不能"上挠国法",这是"为民间谋乐利二善"的最佳方案。③

但是,乡官之选,有财产资格的限制;乡官之职,可由县官撤销。这就从根本上否定了乡官代表人民意志和利益的可能,不过是徒具"公举"之名罢了。所以,陈炽关于公举乡官的建议,即使被接受了,作为一种改良措施,也是无补于事,对改变当时国弱民贫、法制紊乱的状况起不了作用的。

三为开议院。陈炽认为"英美各邦所以强兵富国,纵横四海",最根本的原因是这些国家开设议院,使"君民为一体""上下为一心"。他把西方议院之设解释为中国古代"悬鞀建铎,间师党正之遗意""孟子所称庶人在官"。陈炽对比了实行君主制的土耳其、俄罗斯,实行民主制的美利坚、法兰西、瑞士,和实行君民共主制的英吉利、意大利、德意志、日本,认为君民共主制与中国国情最相吻合。陈炽具体介绍和建议中国实行君民共主制,以"国家爵命之官"组成上议院,以"绅民公举之员"组织下议院。议员有财产资格的限制,"必列荐绅,方能入选"。选举议员按级进行,逐级选出:"县选之,达于府;府选之,达于省;省保之,达于朝,皆仿泰西投匦公举之法,以举主多者为准。"议院的任务是对大政进行议论,以收"兼听"之利。至于"事之行否,仍由在上者主之"。陈炽以为只要能开设议会,就可以祛除政弊,使"事之或行或止有定论,人之或贤或否有定评……举无过言,行无废事,如身使臂,如臂使指,一心一德,合众志以成城";不仅如

---

① 《庸书·名实》。
② 《庸书·保甲》。
③ 《庸书·乡官》。

此，当与中国通商的"万国"提出"无厌"要求时，还可用议院名义"以民情不顺力拒坚持，合亿万人为一心"，从而既避免了兵戎相见，又保护了中国的利益。[①]

四为修改刑法。关于刑法的修改，陈炽主要提出以下几个方面：首先是"中西刑律各有所长，允宜斟酌其间，变通尽利"。他认为"西律有古意尚存者三事焉：一曰监禁作工……一曰轻犯充役……一曰入镪赎罪"。这些都应吸取，用来修改中国的刑法。其次是废除笞杖之刑。他认为笞杖之制立意未始不美，但"相沿既久，酷吏借以杀人"，常常造成"小过非辜，立毙杖下者"。所以，他建议"严加禁约，明定章程"，予以革除。[②] 再次，画一则例。他认为则例是"治之具"，"措一世于治平者"全靠则例。因此，他建议"博选贤能，增修则例"使之画一，"以例为纲，以案为目。与例同者去之；虽不同，无大出入者亦去之"，以求"简明"。则例增修成功后，"请旨颁行，限期截止，所有积案，一火焚之"，"此后朝野上下整齐画一，一本于大公。虽有神奸，无所措手"。他认为这样一来，"积弊改去，美利乃兴。示以至公，操以至简"，天下就可臻于大治了。[③]

三、洋务派和改良派法律思想的比较

洋务派和资产阶级改良派都谈论"变法"和学习西方。资产阶级改良派中的一些人也办过洋务。二者的法律思想是容易被混淆的，但究其实有很大的不同。其不同点主要是：

1. "变法"和学习西方的目的不同

洋务派要"变法"和学习西方，是为了维护清朝的反动统治，为维护他们所代表的封建统治阶级的利益。因此，洋务派的"变法"和学习西方，把矛头直接指向劳动人民，以镇压劳动人民的反抗斗争为其目的。

资产阶级改良派"变法"和学习西方，则是为了中国的富强。他们看到西方资本主义国家凭借武力迅速侵略中国、掠夺中国，慨叹危亡在即，忧心如焚。

这样，二者法律思想的立足点与出发点就完全不一样。

2. "变法"和学习西方的内容不同

洋务派学习西方，仅止于学习西方的"船坚炮利"。因此，他们不惜以大量的金钱投入开办制造军火的工厂、向外国购买枪炮船舰。

资产阶级改良派的代表人物并不反对学习西方的"船坚炮利"，甚至自己也从事部分洋务活动。但是，他们反对把追求"船坚炮利"作为"变法"与学习西方的主要内容。他们把自己的注意力主要集中在改良中国的政治法律制度上，集中在学习西方的政治法律制

---

① 《庸书外篇·议院》。
② 《庸书外篇·刑法》。
③ 《庸书·例案》。

度上。诸如行公举、开议院以及实行君民共主的政治制度等,都是改良派最先提出的。这和龚自珍、林则徐、魏源相比,大大前进了一步,因而作为改革的先声,他们对以后的维新派政治法律思想产生了很大的影响。

3. 对待帝国主义强加在中国人民头上的不平等条约的态度不同

洋务派的代表人物,除个别的(如左宗棠)在中俄不平等条约问题上有所异议外,大多对帝国主义国家强加在中国人民头上的不平等条约持屈从的态度,参与签订这些条约,对遵行条约身体力行,对人民群众反对这些条约的行动严加镇压。

资产阶级改良派对上述不平等条约则持反对的态度,他们力图改变强加在中国人民头上的屈辱条款,认为必须采取措施使中国富强起来,以便与西方资本主义国家抗衡。因此,对待人民群众起而反对这些不平等条约的行动,他们有时也表示支持。

之所以存在上述不同之点在于:洋务派代表的是封建主义的清朝政府、帝国主义的西方国家和他们本身的官僚买办阶级的利益,而改良派作为新兴资产阶级的一翼,和封建主义、帝国主义以及官僚资本主义已经产生了矛盾。但是,中国的资产阶级大多从封建地主、富商以及官僚阶层中蜕化而来,与他们有千丝万缕的联系,有时在某些方面的利益还直接相关。因此,资产阶级改良派提出他们的改良观点时,态度并不十分鲜明,欲行又止,嗫嗫嚅嚅。他们往往把西方的法律制度解释成中国古代制度的继承或演变;他们反对洋务派的唯"船坚炮利"是求的方针时是小心翼翼的。总之,他们表现出的是刚刚诞生的资产阶级的严重的软弱性和妥协性,他们的政治法律思想也是比较朦胧和幼稚的。只有在经过实践的磨炼以后,在中国是经过比他们远为激进的维新派运动被血雨腥风摧折以后,中国的资产阶级法律思想才能够进入资产阶级革命派的法律思想的较高层次。

第五章　戊戌变法是资产阶级改良派法律思想的集中表现

一、戊戌变法与戊戌政变

19世纪80年代和90年代，清朝政府在中法战争和中日战争中接连败北。在1894年的中日甲午战争中，北洋舰队全军覆没，辽东半岛全被占据。次年4月，清朝政府被迫与日本签订了丧权辱国的《马关条约》。《马关条约》是《南京条约》以来最严重的丧权辱国条约。此后，中国面临被世界列强肢解和瓜分的严重危机。沙皇俄国竭尽全力控制了辽东半岛在内的整个东北地区；英国控制了长江中下游和西藏；法国侵占云南、两广；美国以"门户开放"的借口插足上述所有地区。各帝国主义强盗国家纷纷争做中国的政治奴役性的债主，乘机掠夺中国的海关大权、财政控制权和铁路修造权。中日甲午战争后不过短短几年，到了光绪二十四年（1898）时，中国沿海的重要港湾——旅大、威海卫、胶州湾、九龙、广州湾都为帝国主义侵占；中国的几乎全部国土都被划分为他们的势力范围。

与此同时，中国民族资本主义已有初步的发展。恩格斯在中日甲午战争期间曾预言："中日战争意味着古老中国的终结，意味着它的整个经济基础全盘的但却是逐渐的革命化，意味着大工业和铁路等等的发展使农业和农村工业之间的旧有联系瓦解"；"旧有的小农经济的经济制度（在这种制度下，农户自己也制造自己使用的工业品），以及可以容纳比较稠密的人口的整个陈旧的社会制度也都在逐渐瓦解"[①]。恩格斯的天才预言为事实所证明了。崩溃瓦解的自然经济为资本主义的发展提供了市场和劳动力。中国的民族资本主义在帝国主义列强的野蛮侵略的特殊条件下，从夹缝中艰难地得到发展。微弱的民族资本代表了一种新型的生产方式。民族资本家及其在政治上的代表人物再也不能容忍官办工商业的垄断，急迫呼吁自由发展民族工商业，迫使清朝政府在光绪二十四年由总理衙门颁布《振兴工艺给奖章规》。

---

① 《马克思恩格斯全集》第39卷，人民出版社1974年版，第288、297页。

正是在中国面临被帝国主义列强瓜分和民族资本主义得到发展的情况下，发生了中国近代史上著名的戊戌变法运动。

（一）改良派与洋务派及顽固派之间发生的论战

戊戌变法运动过程中，资产阶级改良派与洋务派及顽固派之间发生了一场大论战。论战主要围绕以下几个方面：

1. 要不要变法，真变法还是假变法

资产阶级改良派迫切要求变法维新，认为事物的进化是自然界和人类社会的必然性所致，普天之下，万事万物，无时不变，无事不变，因此"祖宗之法"也将变化。他们对比了新旧事物的特性，指出"新则壮，旧则老；新则鲜，旧则腐；新则活，旧则板；新则通，旧则滞"，因而"法既积久，弊必丛生，故无百年不变之法"。[①]

洋务派迫于变法维新思潮的大得人心，也曾使用过"变法"的口号，表示不反对变法，说"虽孔孟复生，岂有议变法之非者"，提出过一整套废科举、改学制、开矿藏、修铁路、讲求农工商学、发展近代工业的主张。但对于变法的真正内容和关键——改革政治法律制度，却讳莫如深。

对此，资产阶级改良派进行了大力的批驳。康有为一针见血地指出洋务派的"变法"是"根本不净，万事皆非"的谬举，其结果是"有海军而不知驾驶，有使馆而未储使才，有水师堂、洋操而兵无精卒，有制造局、船厂而器无新制，有总署而不通外国掌故，有商局而不能外国驰驱。若其徇私丛弊，更不必论。故徒糜巨款，无救危败，反为攻者藉口，以明更张无益而已"。[②]康有为把洋务派的变法称为"补漏缝缺之谋"[③]，不过是于事无补的"小变"[④]。何启、胡礼垣在《新政真铨五编·劝学篇书后·变法篇辩》更鲜明、尖锐地批判了洋务派的假变法。他们指出："中国宜变之法何法哉？曰君民隔绝，其法宜变；官府蒙蔽，其法宜变；诬罔人才，其法宜变……变法者，非徒设各项机器厂之谓也。机厂者，皮毛耳；已上各事则命脉也……夫命脉之事，在作变法篇者未必不知，而如仅为此皮毛之语，公邪私邪，于此可见。"何启、胡礼垣所指"作变法篇者"即张之洞，从而击中了以张之洞为代表的洋务派的要害在于维护私利而反对真变法。

2. 学习西方还是"中学为体，西学为用"

资产阶级改良派主张认真学习西方，康有为、梁启超、严复是其代表人物。毛泽东同志在《论人民民主专政》[⑤]中指出："自从1840年鸦片战争失败那时起，先进的中国人，经

---

① 〔清〕康有为：《上清帝第六书》，《戊戌变法》第 2 册，神州国光社 1953 年版，第 198 页。
② 〔清〕康有为：《上清帝第四书》，《戊戌变法》第 2 册，第 178 页。
③ 同上。
④ 〔清〕康有为：《应诏统筹全局折》，《戊戌变法》第 2 册，第 197 页。
⑤ 《毛泽东选集》，第 4 卷。

过千辛万苦,向西方国家寻找真理。洪秀全、康有为、严复和孙中山,代表了在中国共产党出世以前向西方寻找真理的一派人物。"在戊戌维新运动中,资产阶级改良派以对西方资产阶级的文明热烈歌颂,来批判中国封建文化的落后和腐朽。抨击封建的君主专制制度和官僚制度。他们美化和讴歌西方资产阶级的政治法律制度。认为必须以"西学"为理论的指导。严复这样认为:"欲开民智,非讲西学不可。"① 他竭力鼓吹"痛除八股而大讲西学"②,认为要使中国像西方国家那样富强起来,非"用西洋之术"不可。③

与资产阶级改良派相对立,洋务派采取了貌似折中、实则反对学习西方的态度。张之洞在其《劝学篇》中提出了"中学为体,西学为用"的主张。张之洞解释所谓"中学为体"道:"夫所谓道本者,三纲四维也。"④ "三纲"就是"君为臣纲,父为子纲,夫为妇纲","四维"就是"礼、义、廉、耻"。"三纲四维"所维护的是封建等级关系与宗法关系,归根结底,是为了维护封建地主阶级专政。他的"西学为用"由于是在"中学为体"的前提下提出的,实际上根本不可行,充其量不过"用""西学"关于自然科学的皮毛而已,至于其政治法律学说则被全然摒弃。

洋务派的这种"中体西用"说,遭到资产阶级改良派的严厉批驳。严复认为,中学有中学之体用,西学有西学之体用,两相混杂,不但行不通,而且"合之则两亡"。何启、胡礼垣也同样认为内外相依,无其内则无其外,体用是不可分的,洋务派的"中体西用"说,是"颠倒错乱"、未明"民权之理"的谬论。

(二) 改良派的变法建议

正是在上述两个方面的重大分歧的基础上,资产阶级改良派提出了一系列变法的建议。

1. 政治方面的建议

在政治方面,改良派提出了兴民权、开议院、实行君主立宪的主张。为了宣传"兴民权"的政治主张,改良派从国家、法律和君主的起源的角度,对君民关系做了与传统观点大相径庭的解释。严复在《辟韩》中指出,国家是"民之公产",王侯将相则是"通国之公仆隶",而人民才是"天下之真主"。谭嗣同在《仁学》中认为,"生民之初",本无所谓君臣,人人都是地位平等的"民";"民不能相治,亦不暇治,于是共举一民为君";既然如此,"君末也,民本也","共举"一君的"民",可以"共废"之。在宣传"民本"思想的同时,改良派还指出,君臣、父子、夫妇皆为"民",地位平等,无所谓尊卑贵贱,更不能以"君为臣纲"之类钳制人们的思想。

---

① 《原强》,《戊戌变法资料》第3册,第57页。
② 《救亡决论》,同上书,第63页。
③ 《论世变之亟》,同上书,第74页。
④ 《劝学篇·变法》,《张文襄公全集》第203卷,第22页。

改良派的上述主张和观点，引起了洋务派和顽固派的恐惧。他们大肆攻击。张之洞在《劝学篇》中叫嚷"民权之说一倡，愚民必喜，乱民必作，纪纲不行，大乱四起"，指责"兴民权""无一益而有百害"，说"民权万不可重"。对此，改良派进行了坚决的反驳，何启、胡礼垣在《新政真铨》中针对张之洞的谬论，阐明了"兴民权"的极大优越性："一乡之内，人人有自主之权，则其俗清；一国之内，人人有自主之权，则其国宁；环宇宙之内，人人有自主之权，则天下和平。"

关于"开议院"，康有为在上清帝书中曾提出以府县为单位，每十万户公举一个"议郎"，供皇帝咨询和讨论重要政令；"设议院以通下情"。改良派的其他代表人物也曾一而再、再而三地在他们的著作中吁请清廷开设议院。严复在《原强》中把"设议院于京师"描画得尽美尽善，他说："设议院于京师，而令天下郡县各公举其守宰。是道也，欲民之忠爱必由此，欲教化之兴必由此，欲地利之尽必由此，欲道路之辟、商务之兴必由此，欲民各束身自好而争濯磨于善必由此。呜呼，圣人复起，不易吾言矣。"

改良派关于"开议院"的主张，同样遭到洋务派和顽固派的反对。张之洞在《劝学篇》中认为"民主万不可设……议院万不可变通"。改良派则认为"开议院"能使"国家无难决之疑，言路无壅蔽之患"，可"解生民于倒悬之危，置国家于磐石之安"①。

2. 经济方面的建议

在经济方面，改良派提出了振兴商务、农务、工业，奖励工艺创新，开矿筑路，举办邮政，废除漕运，裁撤厘金，保护资本主义发展的建议。这些建议中的某些方面，也曾是洋务派讲得很多的。但是，当改良派提出这些建议时，并不认为这是变法的根本。谭嗣同就曾指出轮船、电线、火车以及织布、炼铁机器等不过是"洋务之枝叶，非其根本"，讥笑洋务派对西方的"法度政令之美备，未曾梦见"②。因此，改良派提出经济上的变法建议时，除经济措施外，往往还提出保证这些经济措施实现的法律措施的建议来。

3. 文化教育方面的建议

在文化教育方面，改良派提出了废八股、废淫祠、改书院、兴学校、办报馆，开通社会风气，培育新式人才的建议。梁启超于光绪二十二年（1896）七月在《时务报》上发表《论变法不知本原之害》说："变法之本在育人才，人才之兴在开学校，学校之立在变科举，而一切要其大成，在变官制。"改良派在强烈地反对八股文的科举考试制度时，还主张"兴女学"，废除女子缠足之类恶习。

洋务派和顽固派对于改良派的这些建议，也表示反对。顽固派坚持尊孔读经、八股取士的封建文化教育制度，认为"中学所以为教，人皆知之，无特别求门径"，攻击改良派

---

① 〔清〕赵而霖:《开议院论》。
② 《报贝元徵》,《谭嗣同全集》第 397 页。

办学校的建议是"名为培才，实则丧才"的"邪说"，将"贻人心风俗无穷之忧"[①]。对此，改良派予以有力的反击，指出科举制度"锢智慧""坏人心""滋游手"，只能"长人虚骄，昏人神智"；痛斥科举制度是统治者"牢笼天下"的愚民手段，"为中国锢蔽文明之一大根源"，指出"覆中国，亡中国，必自科举愚民不学始也"[②]。

此外，在军事方面，改良派还提出了裁旧军、练新兵、整顿国防、实行征兵制等建议。

（三）改良派变法的颁行

改良派的上述变法建议在"百日维新"中由光绪皇帝以诏令的法律形式一一颁行。所谓"百日维新"，是指光绪二十四年（1898，戊戌年）六月十一日光绪皇帝下诏定国是，接连发出数十道改革命令，至九月二十一日慈禧太后发动政变，历时一百零三天，史称"百日维新"。

"百日维新"开始时光绪皇帝发布的"明定国是"诏，相当于一篇政治宣言，其中提到了"变法自强"，并且肯定了"西学"。此后，光绪皇帝陆续地大量颁发诏令，甚至一日数道。胡绳同志在《从鸦片战争到五四运动》中概括这些诏令的内容，政治方面的主要有：广开言路，提倡官民上书言事；准许自由开设报馆、学会；撤除无事可办的衙门，裁减冗员；废除满人寄生特权，准许自谋生计。属于经济方面的主要有：提倡实业，设立农工商总局和矿务铁路总局，兴办农会（由绅富之有田业者试办）和商会，鼓励商办铁路、矿务，奖励实业方面的各种发明；创办国家银行，编制国家预决算，节省开支。属于军事方面的主要有：裁减绿营，淘汰冗兵，改变武举考试制度，精练陆军；筹办兵工厂；添设海军，培养海军人才。属于文化教育方面的主要有：开办京师大学堂，并要全国各地开办兼中学、西学的学校；废除八股，改试策论；选派留学生到日本，设立译书局，编译书籍，奖励著作；等等。七月二十七日光绪皇帝的上谕中说"今将变法之意，布告天下，使百姓咸喻朕心，共知其君之可恃，上下同心，以成新政，以强中国"，表达了变法维新的决心。但是光绪皇帝在"百日维新"中所发布的一百多条上谕，反复强调的重点是练兵与筹饷，而这不过是洋务派的老主张，与改良派所提出的"变化之本，在育人才；人才之兴，在开学校；学校之立，在变科举，而一切要其大成，在变官制"的主张，有原则的区别。

但尽管如此，以慈禧太后为首的顽固派，还是在九月二十一日发动了政变，废黜了光绪皇帝，捕杀了杨深秀、杨锐、林旭、刘光第、谭嗣同和康广仁。康有为、梁启超出逃。戊戌维新就此流于失败。

---

① 《宾凤阳等上王益吾院长书》，《戊戌变法》第 2 册，第 639 页。
② 《中国除害议》，《戊戌变法》第 3 册，第 131 页。

(四) 改良派的变法建议对近代法律思想的影响

戊戌变法虽然失败了，但是这场运动带给中国社会、带给近代中国法律思想的影响是巨大而不可磨灭的。

第一，大大增强了广大人民群众对民主与法制的要求。戊戌变法运动中，资产阶级改良派为变法救亡奔走呼号，要求维护民族独立、发展资本主义；提倡资产阶级新学，学习西方的政治法律制度，冲击封建主义旧学；提倡民本主义思想，吁请实行民主制度，推行资产阶级法制。这些符合历史发展趋势的要求，同时也符合人民群众的愿望。因此，戊戌政变后，人民群众中怀疑旧学、欢迎新学的有增无已，争取民主与法制的斗争继续发展，从而孕育了义和团运动和辛亥革命。

第二，资产阶级改良派代表人物在这一时期所发表的大量著作，包含十分丰富的政治法律思想，是对前此中国近代法律思想的重大发展，也启示了尔后的法律思想界。这一方面，下文将详细地予以论述。

第三，戊戌维新运动由于幻想用"和平""合法"的手段进行自上而下的改革，既不想推翻反动腐朽的封建政权，又不敢触动帝国主义，寄希望于并无实权的傀儡皇帝，远远脱离了广大人民群众，因此被顽固派轻而易举地击败。这对争取中国政治法律制度民主化的革命志士提供了血的历史教训。正是在总结了这些教训的基础上，才会产生改弦更张的资产阶级革命派的革命壮举，从而最终摧垮了长达数千年之久的中国封建政治法律制度。

二、戊戌政变前改良派的法律思想

（一）康有为的法律思想

康有为①的法律思想可以分两个阶段来看。第一阶段为1898年9月21日戊戌政变前，第二阶段为政变后至1927年逝世。这里仅仅论述他第一阶段的法律思想。这一阶段，作

---

① 康有为（1858—1927），又名祖诒，字广厦，号长素。广东南海人，人称"南海先生""康南海"。出身于官僚地主家庭，生长在接触西方资本主义文化最早的地区。幼年受严格的封建正统教育。1879年游学香港，看到比封建制度优越的资本主义制度。1888年至1898年间，七次上书光绪皇帝，请求变法维新。1895年第二次上书时，有赴京会试的举人一千三百余人署名，要求拒签对日和约，即有名的"公车上书"。此后在京、沪分别组织强学会，创刊《万国公报》《中外纪闻》和《强学报》，进行变法维新的宣传鼓动。"百日维新"开始后，迭上奏折，提出了大量关于变法的具体建议。戊戌政变后逃亡出国，在国外华侨中组织保皇会，后改为国民宪政会，鼓吹"立宪"，反对民主革命。1911年辛亥革命后，发起组织孔教会，发起"定礼教为国教"的活动，提出"虚君共和"的口号，力图恢复清朝的统治。1917年，与军阀张勋拥戴溥仪复辟，旋即失败。1919年五四运动时，他同情学生运动。著有《新学伪经考》《孔子改制考》《戊戌奏稿》《大同书》等。其中《上清帝书》《殿试策》《变则通通则久论》《清讲明国是正定方针折》《清改八股为策论折》等戊戌政变前的文论，较多地涉及他的法律思想。

为资产阶级改良派的代表人物和首领，他力主变法，力主学习西方，提出了大量的变法建议，领导了维新变法的运动，在戊戌变法中起了核心的作用。其法律思想可从以下几个方面来看：

1. 力主变法

他在1879年游学香港时，亲眼看到了英国侵略者在中国香港建立的殖民统治秩序。一方面，他痛恨英国帝国主义侵占香港给人民造成的苦难，深感国亡无日、国耻沉重；另一方面，他又体察到资本主义制度确实优于封建专制制度，感到中国要富强起来、不受帝国主义的欺侮凌辱，就必须改变中国固有的政治法律制度。所以，他能比较清醒、客观地看到清朝陈腐政治法律制度的弊病，并予以鞭挞。而这正是他力主变法的思想动因。在1888年12月10日的《上清帝第一书》中，康有为痛切地指出"今天下法弊极矣"。他说："六官万务所集也，卿贰多无所责成，司员繁而不分委任。每日到堂，拱立画诺。文书数尺，高可隐身。有薪炭数斤之微，银钱分厘之琐，遍行数部昔。卿贰既非专官，又多兼差，未能视其事由。劳苦已甚，况欲整顿乎？故虽贤智，亦皆束手，以周公为今冢宰，孔子为今司寇，亦无能为。法弊至此，求治得乎？"在1889年1月17日以后所作的《门灾告警请行实政而答天戒折》中，他指出"祖宗法制"虽"美"，但"法立久则弊生，令行久而奸起"，至于今日，因为"奸吏弊窦之丛"，"良法"皆成"苟且"，"美意"亦为"具文"，"积弊"，之重，已"非雷霆震厉，无以去淤"，"非日月清明，无以成理"了。

当时清廷绝大多数的守旧官僚，丝毫不愿稍稍更改"祖宗之法"。因此，康有为在指出"法弊已极"之外，曾反复指陈不变法之害。1895年5月29日，他在《上清帝第三书》中指出："今之为治，当以开创之势治天下，不当以守成之势治天下；当以列国并立之势治天下，不当以一统垂裳之势治天下。……若非大变讲求，是坐待自毙也。"他对比了外国变法与不变法的不同后果，指出，土耳其为宗教大国，陆军曾称雄天下，但不变旧法，结果被六大强国"割地废君而柄其政"；土耳其的属地保加利亚、罗马尼亚、塞尔维亚都"裂土自王"；而"俄日能变法，遂威行域外"。他在1898年1月29日的《上清帝第六书》中指出，当今之法，"皆汉、唐、元、明之弊政……又为胥吏舞文作弊之巢穴"，死守这种陈腐的"祖宗之法"，已导致"不能守祖宗之地"的恶果，因此，"稍变祖宗之法"，已是"不待辩"的事情。在1895年的《殿试策》中，康有为还指出，当时已到了"环数十国"正虎视眈眈地"觊觎"中国，这既是"古史所未闻"，亦"非旧法所能治"的时代，如果"因循守旧，坐失时会"，那么"后欲改作，恐悔无及"了。正因如此，在《上清帝第六书》中，他发出了"能变则全，不变则亡；全变则强，小变仍亡"的警告。

康有为力主变法不仅仅是上述虚论，而且有所实指。这特别明显地表现在他对长期以来固守旧法不能变更的原因的认识上。他指出，"明知法弊不能不变，而卒不能变者"，原因之一在于"为体制所拘"①。虽然康有为没有明确旧体制如何拘束了法制的更新,但能够认识到"体制"的弊病,却是难能可贵的。此外,固守旧法不能变更的原因还有:"国是未变,议论未变,人才未变。三者不变,而能变法者,无之。"②"大抵法之所以不能变,弊之所以不能除",是"由于恃旧法为生涯,倚弊政求衣食之人充塞于天下,故有一兴革,群起而谣诼之,此新政所以难成也"③。总之,旧体制与旧官僚是变法维新的阻力,而"人才未变"也是不能变法的原因。由此可以看到,康有为的变法思想的锋芒,曾经初步地接触到了旧制度及其维护者。如果循此继进,是可以在变法理论与实践上做出不同凡响的贡献的。可惜的是,由于中国民族资产阶级的软弱性,作为它的代表人物的康有为不但没有能够克服旧势力,而且处处与旧制度及其维护者妥协。所以,在变法维新时期他没有前进多远,戊戌政变后则急转直下,成了资产阶级革命派的对立面了。

2. 力主变法要学习外国

早在1888年所写的《上清帝第一书》中,康有为就提出了学习日本变法兴治的主张。他指出,"日本崎岖小岛,近者君臣变法兴治,十余年间,百废俱举,南灭琉球,北辟虾夷,欧洲大国,睊而莫敢伺"。他对比了中国,具有"地方之大,物产之盛,人民之众……礼治之美……人心之固……"等有利条件,认为如学习日本,那么,"变法则可立待",一定会取得莫大成效的。直至1898年初的《上清帝第六书》中,他还始终不渝地倡言学习日本实行变法,认为日本变法的难度比中国更大,但日本变法方针明确,措置得当,因此收益巨大。根据日本的经验,康有为认为日本变法可资中国学习者,"要义有三":"一曰大誓群臣以定国是;二曰立对策所以征贤才;三曰开制度局而定宪法"。

关于学习外国政治法律制度的具体内容,康有为谈得较多的是学习西方资本主义国家搞三权分立和开设议院。

在《上清帝第六书》中,他介绍了"泰西政论"界关于三权分立的言论,说:"近泰西政论,皆言三权:有议政之官,有行政之官,有司法之官。三权立,然后政体备。"在《请讲明国是正定方针折》中,他在介绍西方国家实行三权分立后,叙述了自己对三权分立的长处的认识。他说:"夫国之政体,犹人之身体也。议政者譬若心思,行政者譬如手足,司法者譬如耳目,各守其官,而后体成事立。"在《请定立宪开国会折》里,康有为再次强调了"三权鼎立之说"的重要与可行:"以国会立法,以法官司法,以政府行政,而人主总之,立定宪法,同受治焉。"《请定立宪开国会折》写于1898年8月,这时与顽固保守派的斗争已经十分紧张。在这样的情况下,康有为仍然强调要搞三权分立,说明他对三权分立的笃信。

---

① 《上清帝第七书》,1898年1月底。
② 《请讲明国是正定方针折》,1898年6月17日。
③ 《请废八股勿为所摇折》,1898年6月30日。

关于西方国家的议会制度，在1888年写的《与洪给事右臣论中西异学书》中，康有为就赞扬不已了。他认为西方各国政事皆出于议院，议政大事由人民选举的优秀分子进行，议员认为不合适的则加以改变，不称职的则罢免之，因此"粉饰者少，无宗族之累，无妾姬之靡，无仪节之文，精考而厚禄之，故中饱者少……"。1895年6月30日在《上清帝第四书》中，康有为再次论述了"泰西所以致强之由""一在设议院以通下情也"。议院的好处是什么呢？康有为说，其一，"人皆来自四方，故疾苦无不上闻"；其二，"政皆出于一堂，故德意无不下达"；其三，"事皆本于众议，故权奸无所容其私"；其四，"动皆溢于众听，故中饱无所容其弊"。

3. 提出了一系列具体的变法建议

这里举其大者，计有以下数端：

（1）废八股、试策论

康有为关于废八股、试策论的变法建议，是集中地在1898年6月中旬提出来的。6月17日一天之中，他代宋伯鲁撰写了《请改八股为策论折》外，还撰写了自呈的奏书《请废八股试帖楷法试士改用策论折》。6月22日，他又呈上了《请废八股以育人才折》。在这些奏折里，康有为陈述了八股试士法的弊病以及废八股、试策论的极端必要性。

康有为指出，八股取士之制不过"前明敝陋之法"，清朝开国皇帝在即位伊始，曾一度废除之。后来虽然复行八股，但海禁未开，天下无事，还不觉其为害之烈。现在则弊端明显地暴露了出来，造成了人才匮乏。而且，公卿大夫都出身于八股，士子读书数十年，都不知汉唐为何代，郡县为何物，又怎么能"通万国之情形，考中外之治法"呢？所以，科举不变，而要讲求经济实学，无异于"南其辕而北其辙"；"言科举不可变、八股不可废者，与为敌国作反间者无以异也"。康有为因此建议"立废八股""永远停止八股"，"均考试策论"，"除去一切禁忌，议理以觇其本原，时务以观其经济"，并建议为此立法、议定"详细章程"。

（2）办报纸

康有为认为"为政之道，贵通不贵塞，贵新不贵陈"，而要求"通"求"新"，"则报馆为急务"。他还从皇上"欲坐一室而知四海"、对中外诸臣诱导变法、造就多省生徒以备他日之用都必须"以周知四国为当务之急"，把办报馆作为变法的"急务"而提出自己的建议。

（3）立制度局、法律局

在《上清帝第六书》中，康有为已经提出过"开制度局而定宪法"的建议。之所以要另行开设制度局，是因为旧有的部、寺"率皆守旧之官，骤与改革，势难实行"。他建议"立制度局总其纲"，"立十二局分其事"。十二局之一，即为法律局。在《上清帝第六书》和《请开制度局议行新政折》中，他分析了立法律局制定新法的必要性。他指出，"外人来者，自治其民，不与我平等之权利，实为非常之国耻"。为了解决这个问题，他建议"采罗马及英、美、德、法、日本之律，重定施行"。他列举了"民法、民律、商法、市则、舶则、讼律、军律"及国际公法等，指出这些法律"西人皆极详明"，在通商交际已经大大发展的情况下，必须有专司其事的人，"采定各律""补我所未备"，"以定率从"。他把这看作是收回治外法权的重要前提。

（4）制定宪法

在变法维新运动进行期间，康有为作了《进呈法国革命记序》，以法王路易十六"不能审时刚断"而立宪法终至被送上断头台的教训，指出，如果"明定宪法，君民各得其分，则路易十六必有泰山磐石之安，聃彭之寿，尧、舜之誉……"。而世界各国纷纷"行立宪之政"，都是"由法国革命而来"，这是"时势所趋，民风所动"。所以，一定要行宪政，早日制定宪法。

（5）明行赏罚，以刑助变法

在 1895 年 5 月 2 日所写的《上清帝第二书》中，康有为指出："夫人主所以驭天下者，爵赏刑罚也。赏罚不行，则无以振士气；赏罚颠倒，则必至离民心。"1898 年 6 月 19 日，当光绪皇帝颁行了大批变法维新的诏令之后，康有为进呈《敬谢天恩并统筹全局折》建议对不能勉力奉行新政的官僚"予之休免"，对"造谣兴谤"反对新政者"上用盘庚剿灭之刑，旁采泰西谣谤之律，明罚敕法，刑兹无赦"。对光绪皇帝未能果断采取措施对付反对变法的顽固派官僚，康有为十分焦急。在递上上述奏折不久，6 月 28 日康有为又进呈了《请御门誓众折》，揭露"守旧之徒，迂谬指摘，日夜聚谋，思变乱明旨，或仇视开新之人，思颠倒是非，造作谣言，以惑圣听"的阴谋活动，指出如不予以制裁，在已是"天下岌岌，众论沸沸"的情况下，不但变法维新可能"徒托空言"，"自强"可能"无望"，而且可能导致"亡国"。为此，他建议光绪皇帝"采先圣誓众之大法，复祖宗御门之故事"，"特御乾清门"声明维新更始之意，"严警守旧阻挠造谣乱政之罪"。尔后，如有"阻挠诋諆，首鼠两端者，重罚一人以惩其后"。

关于康有为的法律思想，还必须提及的一点是，他始终认为"天下之命，悬于人君"①，"以天子之尊，独任之权，一言笑若日月之照临焉，一喜怒若雷雨之震动焉"，因此"今日地球各国之中"，中国变法维新最有条件，"一二人谋之，天下率从之，以中国治强，犹反掌也"②。把变法维新的命运完全寄托在一个并无实权的光绪皇帝身上，可见康有为的历史观是唯心主义的。当我们研究他的法律思想时，无疑也必须注意这一点。

4. 康有为法律思想的特点

康有为，出身于封建官僚家庭而又深受资产阶级思想影响，他的法律思想是资产阶级改良派法律思想的典型，带有以下三个特点：

第一个特点是，康有为的法律思想是西学与儒学杂交的产物，带有混乱的理论形态。

---

① 《门灾告警请行实政而答天灾折》，作于 1889 年 1 月 17 日后。
② 《阖辟篇》，作于 1877 年前。

康有为力主变法以及关于变法的一系列具体建议，大多见诸《上清帝书》及其他奏折，但关于变法维新的哲理表现，却主要集中在《新学伪经考》《孔子改制考》里。这两部著作都利用了儒学的旧形态，来宣传变法维新的新思想。在《新学伪经考》里，康有为尖锐地指出，历代统治者尊崇"礼乐制度"，不过是"咸奉伪经为圣法"而已，因此"祖宗之法不可变"的守旧理论是站不住的，变法维新自然也就是理所当然的了。在《孔子改制考》里，康有为认为孔子的"微言大义"要旨在于"改制"；孔子赞颂尧、舜、文王，是"孔子民本君主之所寄托"；孔子的民本思想是对"君权神授"的批判。从这些观点出发，康有为宣传了资产阶级改良派设想的贤明君主治下的君主立宪、人权思想和变法维新的理论根据。

革命的新型的政治法律思想内容，也必定会找到新型的进步的理论表现形态。正是由于康有为的变法维新思想是资产阶级改良派的软弱性与妥协性的表现，所以它不可能用新型的进步的理论表现形态予以表达。他把变法维新的观点及其理论依据用儒学的翻新的形式加以表现，就是基于这个原因。这样，他把西学与儒学混合在一起，以混乱的理论形态宣传他的法律思想，也就显得比较苍白无力了。这从《新学伪经考》《孔子改制考》等在中国近代政治思想史、法律思想史上并未发生较为重大的影响，即可见一斑。

第二个特点是"防民"与"尊皇"的结合。

康有为所代表的是民族资产阶级上层的利益。他对于帝国主义对中国的政治、经济侵略，对于治外法权的丧失，是愤慨而又痛心的，他是一个爱国主义者。但是，他的阶级利益使他的眼光局限于民族资产阶级的上层，甚至于局限于光绪皇帝一身。他希望中国"自强"，但他不可能投身于也不可能提出反帝的口号；他希望中国富强，要求变法维新，但他找不到改革中国社会的依靠力量；他不但只推尊皇上，而且与劳动人民相对立。因此，康有为的法律思想，从变法维新的方法这一面看，是纯然仰仗光绪皇帝的"圣鉴""圣明天裁"；从变法维新的内容来看，则有许多与劳动人民的利益格格不入，甚至是直接相悖的。

第三个特点是，激进的变法主张中预伏着倒退的危机。

康有为的变法思想比之于王韬、郑观应、薛福成他们，无疑是大大地前进了一步，也丰富得多了。从七次《上清帝书》看，他的一系列变法主张也是相当激进的。这从守旧官僚的无限惊骇惶恐上得到了明显的反应。这种激进的变法主张，在社会上也产生了相当大的影响。但是，由于它缺乏坚实的理论基础，代表的是民族资产阶级上层的利益，它的实行仅仅依靠光绪皇帝一人，因此当变法失败后，康有为"急流勇退"，组织保皇会，大搞尊孔复古活动，走上反革命的道路，被"永定为复辟的祖师"[①]，就不是很奇怪的事情了。毫无疑问，康有为后来的尊孔复古与《新学伪经考》《孔子改制考》中推尊孔学儒教是分不开的。他走上保皇道路，反对革命，是与变法维新中纯然依靠光绪皇帝而又害怕人民革命有必然

[①] 鲁迅：《趋时与复古》，《鲁迅全集》第5卷，第434页。

性的联系的。但是所有这一切，并不影响他作为近代中国向西方寻求救国真理的先进代表人物所发生的巨大作用。他的政治法律思想的局限性，也只能从历史的局限性中寻求答案。从变法维新时期他的所作所为以及思想理论著作看，康有为是值得纪念、值得研究的。

（二）梁启超的法律思想

梁启超①是戊戌变法中仅次于康有为的著名人物。他的一生走过了曲折的道路，思想观点其中包括他的法律思想有过较大的变化，不少方面往往自相矛盾，反映了封建制度彻底瓦解时期资产阶级改良派的分化和矛盾逶遁状态。但在戊戌政变前，他的法律思想围绕着变法维新这根主轴，表现得相当突出、相当一致。这里，就梁启超在戊戌政变前关于变法的必要性、变法的要点、变法的榜样和他所鼓吹的民权思想等方面，来述评他的法律思想。

1. 变法的必要性

变法的必要性，首先是从客观现实而来的。对于当时的面临被瓜分豆剖的形势，不但有识之士已经痛切察觉，而且顽固守旧的官僚也显然不能否认。梁启超在《变法通议·论不变法之害》中描画当时的守旧官僚是："听其言论，则日日痛哭；读其辞章，则字字孤愤……"但这些守旧官僚只知苟且偷安，得过且过，如要问"图存之道"，则"对曰天心而已，国运而已，无可为而已"，总之是"委心袖手，以待覆亡"。对此，梁启超是极其不满的，他用"吾不解其用心何在"的反语，揭露了他们的肮脏灵魂。和守旧官僚相反，梁启超认为只有实行变法，才是"图存之道"。

那么，为什么必须变法呢？这是因为"大地既通，万国蒸蒸，日趋于上"，在这种"大势相迫"之下，"变亦变，不变亦变"。如果主动变法，那么"变之权操诸己，可以保国，可以保种，可以保教"。不变呢？自己不变而最终被迫变，那么，"变之权让诸人，束缚之，驰骤之"，后果的严重性"则非吾之所敢言"了。这是从客观形势方面来认识变法的必要性的。

此外，梁启超还用进化论的观点来说明"法何以必变"。他说："凡在天地之间者，莫

---

① 梁启超（1873—1929），字卓如，号任公，又号饮冰室主人。广东新会（今江门市新会区）人。1889年中举人，1890年就学于康有为。1895年任强学会书记，次年任《时务报》撰述。1897年创办不缠足会、大同译书局。1895年赴北京会试时，随康有为发动"公车上书"。1898年入京，参与百日维新，以六品衔办京师大学堂、译书局。戊戌政变后逃亡日本，初编《清议报》，继编《新民丛报》。1903年赴美洲游历，次年返国。1907年创办政闻社。辛亥革命后，以立宪党为基础组成进步党，拥护袁世凯，任袁政府司法总长。1916年策动蔡锷组织护国军反袁。后又组织研究系，与段祺瑞合作，出任财政总长。"五四"时期，反对"打倒孔家店"口号。著有《饮冰室合集》。其中《中国宜讲求法律之学》《各国宪法异同论》《立宪法议》《论立法权》《中国法理学发达史论》《论中国成文法编制之沿革得失》《箴立法家》《宪法之三大精神》《宪法起草问题答客问》《主张国民动议制宪之理由》《管子传》《欧洲心影录节录》等大批文论，比较集中地谈到了法律问题，反映了他的法律思想。

不变。……上下千岁，无时不变，无事不变。"这是"固然"的"公理"，并非"人之（所）为"①。他认为那些一劳永逸、苟且不变的主张，是"误人家国之言"，指斥他们"但求免过，不求有功"，充满"奴隶根性"②。因此，梁启超"大声疾呼"变法，声明"知我罪我，其无辞焉"，表达了投身变法的坚强决心。

2. 变法的本原

资产阶级改良派讲变法，洋务派也在口头上讲变法，这就要划清二者的界限。梁启超通过甲午战争的失败、洋务运动的破产，看到了洋务运动对救亡的无所作用，从而有力地开展了对洋务派所谓变法的批判。梁启超指出，洋务新政搞了几十年毫无结果："练兵如不练"，"开矿如不开"，"通商如不通"，"兴学如不兴"，"自余庶政，若铁路，若轮船，若银行，若邮政，若农务，若制造，莫不类是"。总之，"前此之言变者，非真能变也"。梁启超把洋务派的"变法"看作是"补苴罅漏，弥缝蚁穴"的枝节小技，与"去陈用新，改弦更张"的真正的变法之"道"完全不符，只要一碰到大风大浪，就将"同归死亡"③。

与洋务派的枝节小技、舍本逐末的"变法"相反，梁启超认为"变法必须从本原变起"④。他说，变法之本可"为一言以蔽之"，即"变法之本，在育人才；人才之兴，在开学校；学校之立，在变科举；而一切要其大成，在变官制"⑤。

关于变官制的详尽办法，梁启超在戊戌政变前未详加论列，仅在《戊戌政变记》中提到，"本原中之本原"，在于"斟酌中外，草定法令，勒定各衙门治事详细规则"。但从这一点我们可以看出，他已十分注意用法律手段来保证官制的改变，并据此而"育人才""开学校""变科举"。而这与洋务派的仅仅讲求"船坚炮利"是不能同日而语的。

3. 变法要学习外国

梁启超根据当时所得到的零星的外国知识，以法国、日本为例，说明必须学习外国进行变法。他说，法国变法维新以前，比中国还要落后，但法国"幡然而变"，因此，"不百年间，勃然而兴"。他又指出，"蒸蒸然起于东土"的日本，也是"因变致强"的榜样。但法国、日本和其他国家的"新法"，"皆非西人所固有，而实为西人所改造"。梁启超充满信心地认为，"改而施之西方，与改而施之东方，其情形不殊，盖无疑矣"⑥，只要实行变法，东方的中国也可以与西方的法国一样变得强大起来的。从这一点出发，梁启超建议"遣学生游学外国"。他主张让时务学堂的学生先在国内"授之以经史大义"，增强其中学的根底，培养其爱国的热心，然后就应"遣往外国学政治、法律、财政、行政，学兵法诸

---

① 《变法通议自序》，《饮冰室文集（一）》第1—2页。
② 《国民十大元气论》，《饮冰室文集（三）》第61页。
③ 《变法通议·论不变法之害》，《饮冰室文集（一）》第6页。
④ 《戊戌政变记》，同上书，第36页。
⑤ 《变法通议·论变法不知本原之害》，同上书，第10页。
⑥ 《变法通议·论不变法之害》，《饮冰室文集（一）》第6页。

门"①。值得注意的是，梁启超将学习外国的政治法律放在最前面的。他据此建议大事翻译介绍西方和日本的法律制度。

梁启超认为"政法者，立国之本也"。鉴于当时的情势，他指出，"今日之计，莫急于改宪法"，因而要"尽取"西方的"国律、民律、商律、刑律等书而广译之"。他对比了中外律法的不同。"中国之则例律案，可谓繁矣"，但"西人……之繁，十倍于我而未已也"，所以有人把中国律法的弊病主要归咎于"繁冗"，并没有找到真正的要害。要害在于：第一，"中国之律例，一成而不易，镂之金石，悬之国门，如斯而已"；西方的法律却"无时而不变"，凡不可行者，"克日付议而更张之"；第二，中国之律例，"可行与否，非所问也；有司奉行与否，非所禁也"；"西国则不然，议法与行法，分任其人，法之既定，付所司行之，毫厘之差，不容假借"。梁启超对西方的法律褒奖礼赞，指出"西国各种之章程，类皆经数百年数百人数百事之阅历而讲求损益，以渐进于美备者也"；"日本法规之书，至纤至悉"，是学习了西方的成法而加损益，因而也是值得效法的。根据上述认识，梁启超把"举百废""新庶政"的"第一义"，看作是"尽译西国章程之书"②。

在学习西方方面值得一提的还有，梁启超主张像西方那样"议事与行事分而为二"，这样就可以达到"其法益密""其民益便"③。

4. 开学校，育人才，变科举

变法是要靠人来进行的。梁启超既深感"今日非变法万无可以图存之理"，就要寻求变法的人才。他认为，要依靠守旧官僚来变法是绝对办不到的。他决绝地说："欲以变法之事望政府诸贤，南山可移，东海可涸，而法终不得变。"④为了求得变法的人才，他力主开设新型学校，改变科举制度。他说，中国不想自强也就算了，如要自强，"必自兴政学始"。他针对有些人认为应以开议院为首要之务的观点，辩说道：一个国家，只有"风气已开，文学已盛，民智已成"，才能开设议院；而今天要开议院，非但不能达到自强的目的，而且是"取乱之道"；强国虽然是以议院为其根本的，但"议院以学校为本"⑤，所以，他力主首先要开办新型的学校。他建议在这种新型学校里"以六经诸子为经，而以西人公理公法之书辅之，以求治天下之道"；"以历朝掌故为纬，而以希腊罗马古史辅之，以求古人治天下之法"；"以按切当今时势为用，而以各国近政近事辅之，以求治今日天下所当有事"⑥。毫无疑义，这种新型学校的根本目的，在于学"西人公理公法""各国近政近事"，亦即学习西方的政治法律制度与政治法律学说，用以治理"今日天下"之事。

---

① 《戊戌政变记·附录二——湖南广东情形》，《饮冰室专集（一）》第132页。
② 《变法通议·学校余论》，同上书，第68、69页。
③ 《戊戌政变记》，同上书，第133—134页。
④ 《梁启超年谱长编》，第533页。
⑤ 《古议院考》，《饮冰室文集（一）》第94页。
⑥ 《变法通议·学校余议》，《饮冰室文集（一）》第60页。

与开学校紧密相关的是变科举。梁启超认为,要兴学校,养人才,"惟变科举为第一义"①,因为"今日之科举,其势必不能久","藉科举之所存者,其与亡也相去几何矣"②,科举制度不改变,国家的灭亡就不远了。他强调科举制度"大变则大效,小变则小效"③,因此急迫地建议光绪皇帝"特下明诏",立即变科举,废八股,"尽废其咿唔割裂腐烂之文",用三年的时间,造成变法人才,使"皇上挟以复仇雪耻",必定无往不胜。④

梁启超一生的法律思想是十分丰富的。但在戊戌政变前,他所起的作用主要是在宣传变法维新方面,思想上、理论上的建树还较少。关于他在戊戌政变以后的法律思想,应有另文专行论述。这里我们想指出,对梁启超(还有康有为、严复等)这样的在不同时期(尤其是前期与后期)有不同的法律思想的人物,不结合时代的背景,笼而统之地述评其法律观点,无疑是不恰当的。

(三)谭嗣同的法律思想

谭嗣同⑤是戊戌变法中最激进的变法宣传家,他痛斥"守旧之鄙生""断断然曰不当变法"⑥;揭露他们反对变法的原因在于一个"私"字,企图将"智""富""强""生"集于"一己","而以愚、贫、弱、死归诸民",变法将"与己争智、争富、争强、争生,故坚持不变"⑦。谭嗣同指出,坚持不变法者,为"亡国之士"。他说,古有亡国之君、亡国之臣,今则有亡国之士、亡国之民;那些空谈经济,气节虚骄,责以重任即"循循然去之"的守旧人物,都是这种"亡国之士"⑧。但守旧是不能持久的,谭嗣同充满信心地预言守旧派终将成为"极旧极敝—残朽不灵之废物",因为他们"窒天之生""尼地之运行""蔽日月之光明""乱四时之更迭""不恤亡学、亡政、亡教"⑨。总之,由于违背天地自然和人类社会的发展规律与发展要求,他们的力量是不足称道的。

---

① 《变法通议·学校总论》,《饮冰室文集(一)》第27页。
② 同上书,第18页。
③ 同上书,第27页。
④ 《公车上书请变通科举折》,《饮冰室文集(三)》第24页。
⑤ 谭嗣同(1865—1898),字复生,号壮飞,湖南浏阳人。出生于封建官僚家庭,小时从学欧阳中鹄,受正统的封建教育。但他鄙视科举,好今文经学,赞赏龚自珍、魏源;又喜读王夫之《船山遗书》,尤爱探讨自然科学。甲午战争后,在浏阳创立学社。1896年著《仁学》。1897年协助陈宝箴等设立时务学堂,筹办内河轮船、开矿、修铁路等新政。次年又倡设南学会,办《湘报》,宣传变法。1898年8月被征入京,任四品卿衔军机章京,参与戊戌变法。9月,政变发生,与林旭、杨锐等同时遇害,史称"戊戌六君子"。今人辑有《谭嗣同全集》上、下册。其中《兴算学议》《报贝元徵》《仁学》《壮飞楼治事》十篇及一些书信中,有变法维新的丰富法律思想资料。
⑥ 《仁学》,《谭嗣同全集》第318页,下引此书只注篇名与页码。
⑦ 同上书,第343页。
⑧ 同上书,第318页。
⑨ 同上。

根据上述对守旧派的批判性的认识，谭嗣同深刻地揭示了不变法之害。他指出，从前岁月宽闲，不思变法，待见到日本因变法而盛，却仍不思效法，反而"诋之""议之""笑之""咒之"，以至于良机尽失，造成老大中国"奄奄一息"的可悲局面。① 谭嗣同从爱国主义精神出发，强调如果不变法，即偏安割据也"万万无望"；"即令不乏揭竿斩木之辈，终必被洋人之枪炮一击而空"②。值得注意的是，他把"揭竿斩木"的人民起义看作是救亡中国的一种方式、一支重要力量，这同康有为、梁启超的认识是颇为不同的。他慨叹、担忧的是不变法仍不能免于帝国主义的镇压而亡国。从这两方面看，谭嗣同的变法思想的基础、出发点与归宿——爱国主义，有不同于康、梁的新内容，这就是对人民革命的颂扬态度与对帝国主义侵略的仇视态度。

在揭示不变法之害时，谭嗣同对比了国外变法与不变法所造成的后果。他说，欧美二洲因好新、实行变法而兴盛，日本仿效之，也取得了很好的效果；"亚、非、澳三洲，以好古而亡"。这是一个深刻的历史教训，中国如果仍然"动辄援古制"，"栖心于榛狉未化之世"，那就"死亡迫在眉睫"③ 了。

尽管他对守旧派必然失败是充满信心的，但他又不同于康有为、梁启超那样认为只要变法就可以一蹴而就地使中国臻于富强。他比较客观地看到了变法道路的艰巨性。他说，中国社会发展到今天，不但儒术没有认真施用，而且"直积乱二千余年暴秦之弊法，且几乎无法"④。积弊如此之深，"变法固可以复兴乎？曰，难能也，大势之已散矣"⑤。当然，谭嗣同并不因此而苟安于守旧，只要有一线希望，他还要努力奋斗。所以他又说："然苟变法，犹可以开风气，育人才，备他日偏安割据之用，留黄种之民于一线耳。"⑥ 他认为变法可以救人心。他说，中国之弱，在于"在上位之人"之心不正。他反对"归罪天下之人心"，认为"必谓中国人之心皆不正"是"过尊西人而自诬之甚"之辞。变法正可以"正在上位之人心"，达到这一目的就可以了。⑦ 变法与"救人心"的关系是"法良则中人以下犹可自勉，无法即中人以上难于孤存。法良则操、莽无从觊觎，无法即尧、舜终于忧病"；"欲正天下之人心"不能徒托空言，只能"寓于变法之中"⑧。为此，他主张法律应适时而更改。他说："头等教化之国"，法律"时时更改"，这样，人可用法，而不为法之所用；次等"教化之国"，也有"一定之律"，"教化之深浅"，就是由法律是否能适时改定而

---

① 《兴算学议·上欧阳中鹄书》，第157页。
② 同上书，第156页。
③ 《仁学》，第319页。
④ 《报贝元徵》，第38页。
⑤ 《上欧阳中鹄书》，第157页。
⑥ 同上。
⑦ 《上欧阳中鹄书》，第161页。
⑧ 《报贝元徵》，第208页。

来的①。谭嗣同认为，虽然变法自强十分艰难，但只要"朝廷毅然变法"，国事还是"大有可为"的。正因如此，他说自己"益加奋勉，不欲自暇自逸"，"见诸公变法之奏，不禁跃如"②。爱国主义的真挚热情，跃然纸上。由于有这样的思想基础，所以当戊戌变法失败、政变风声紧急时，他毅然决定以身殉国，拒绝出逃，准备以头颅和热血来唤起后继者。在被捕前一天，日本友人再三再四劝他东渡扶桑，但他说："各国变法，无不从流血而成，今日中国未闻有因变法而流血者，此国所以不昌也。有之，请自嗣同始！"在狱中，他题诗于壁曰："望门投宿思张俭，忍死须臾待杜根。我自横刀向天笑，去留肝胆两昆仑。"表现了激进的资产阶级改良派英勇无畏的爱国精神。③

作为激进的资产阶级改良派，他对西方和日本的政治法律制度做了充分的肯定。他认为外国之强，在于立法有效。他说："夷狄之富，不足以我虚；夷狄之强，不足以我孤；夷狄之愤盈而暴兴，不足以我俎；夷狄之阴狡而亟肆，不足以我图。"那么，是什么使"夷狄"得以嚣然侵我中华呢？是什么使"夷狄"国力日富日强呢？谭嗣同认为原因在于"其出一令而举国奉之若神明，立一法而举国循之若准绳"④，即立法与司法相统一，有法可依，有法必依。谭嗣同特别指出中国应当效法日本："与中国至近而亟当效法者，莫如日本。其变法自强之效……言治者不可不察也。"⑤他还指出，"西法""博大精深，周密微至"⑥，只有认真学习，才能救中国于败亡。

在学习西方国家的法律制度方面，谭嗣同特别提到了税法问题。他主张取消厘金制度，而代之以印花税。他详尽地论述了印花税"无抑勒冤辱""局员、司巡无中饱""货无隐匿""沿途省去立局卡之劳费"等八大好处，认为西方税法"最合中国之古法"。他在赞颂西方税法时，特别突出了"西国税法，皆取于坐贾，不取于行商"的优点。⑦这同当时民族资本主义工商业发展的要求是相吻合的。

谭嗣同根据其对西方和日本法律制度的理解以及对中国国情的认识，还提出了一些具体的变法建议，主要有：

改订刑律。他曾一再提出要"改订刑律"，目的有二：一为"使简而易晓，因以扫除繁冗之簿书"⑧；一为"使中西合一"⑨。他认为今之律法是"以非乱是、以伪乱真之法"⑩，应

---

① 《仁学》，第362页。
② 《报贝元徵》，第230页。
③ 〔清〕梁启超：《谭嗣同传》，《谭嗣同全集·附录》第544页，下引此书只注篇名与页码。
④ 《治言》，第233页。
⑤ 《仁学》，第344页。
⑥ 《报贝元徵》，第201页。
⑦ 《试行印花税条说》，第413页。
⑧ 《上欧阳中鹄书》，第162页。
⑨ 《报贝元徵》，第213页。
⑩ 同上书，第200页。

予扫除，只有这样，才有利于"清理庶狱"①。

变科举以求变法之才。谭嗣同认为只有变科举才能造就人才，"而后可变一切之法"，所以变科举是"变法之本"。他说："岁、科等试既变，而科举始能渐变，凡一切当变之法，始能切实举行，而无乏才之患矣。"②

变五伦。谭嗣同在《仁学》中指出："今中外皆侈谈变法，而五伦不变，则举凡至理要道，悉无从起点，又况于三纲哉！"这是对张之洞"中学为体"论的直接批判。以张之洞为代表的洋务派所维护的"中学为体"的"体"，核心是前面说到过的"三纲""四维"。谭嗣同认为他们不过"侈谈变法"而已，按他们的观点去做，一切变法的"至理要道"都将无从着手、无从实行。

为了促成变法，谭嗣同还提出了办学会、仗侠客的主张。他认为，"锲而不舍，金石为开"，开办"无变法之名而有变法之实"的学会，坚持不懈，最终必能促成变法。③还应效法日本，依仗"带剑行游，悲歌叱咤"的侠客，"挟其杀人报仇之气概""出而鼓更化之机"，达到促成变法的目的。

（四）严复的法律思想

严复④是"在中国共产党出世以前向西方寻找真理的一派人物"的杰出代表之一。他虽然没有直接卷入戊戌变法的政治漩涡之中，但他在1898年前发表的一系列重要文章，对变法维新有重要的影响。在论及戊戌时期的法律思想时，无疑应当研讨严复的著作。同时，严复在戊戌政变后发表的一系列译著及其按语，也是他的变法维新思想的延续，所以我们将严复在戊戌以后的译著按语中表现的法律思想，也一并在本章加以论述了。

---

① 《报贝元徵》，第213页。
② 《乙未代龙芝生侍郎奏请变通科举先从岁科试起折》，第237页。
③ 《壮飞楼治事篇第三·学会》，第437页。
④ 严复（1854—1921），字又陵，又字几道。福建侯官（今福州）人。十四岁时入福州船厂附设的海政学堂。1877年赴英国学习海军，读了许多资产阶级思想家的著作，参观过英国法院，常与驻英公使郭嵩焘"论析中西学术政制之异同，往往日夜不休"（王蘧常：《严几道年谱》）。1879年毕业归国，先任福州船政学堂教习，次年赴天津任北洋水师学堂总教习，直至1900年离开。在此二十年间他与李鸿章长期处于部属关系。1894年中日甲午战争后，严复发表《论世变之亟》《原强》《辟韩》《救亡决论》等文，反对顽固保守，主张维新变法。他先后翻译了西方资产阶级思想家的名著，如《天演论》《原富》《群学肆言》《社会通诠》《法意》等，将"物竞天择，适者生存"的进化论思想和资产阶级的经济学、社会学、法学观点介绍给国内读者，号召人们救亡图存，对当时的中国思想界发生了很大的影响。曾主办《国闻报》，协办通艺学堂。辛亥革命后，思想日趋保守。1915年列名"筹安会"，反对"五四"时期的新文化运动。著有《瘉壄堂诗集》《严几道诗文钞》等。著译编为《侯官严氏丛刊》《严译名著丛刊》。前面提到的论文和译著的按语等，较多地涉及他的政治法律观点。

1. 关于法的基本概念和基本理论

康有为、梁启超（戊戌时期）和谭嗣同很少论及法的基本概念和基本理论，严复则不同，在他的不少著作和译作按语中谈到了对一些法的基本概念和基本理论的认识，主要有：

（1）关于法的概念

在《法意》的按语中，严复对孟德斯鸠的自然法观点表示了不同的意见。孟德斯鸠认为："一切法皆成于自然，独人道有自为之法。"而严复认为，"法之立也，必以理为之原。先有是非而后有法，非法立而后以离合见是非也"。严复分析说，在中国语文里，"物有是非谓之理，国有禁令谓之法"；而在西方语文中，二者都称之为"法"。他认为中国语文对法的表达比西方准确，西方语文中的"法"字，在中国语文中有"理""礼""法""制"的区别，"学者审之"，必须对此注意。尽管对什么是法，严复还不可能做出科学的概括，但他注意到了中外思想家对法的不同理解，却是有益于进一步搞清法的定义的。

（2）关于法的作用

严复总结了法在中国古代和在西方社会所起的作用。他说，汉代法律最值得称赞，"吾国之有汉律，犹欧洲之有罗马律也"[①]。他认为汉高祖入关而使"秦民大悦"的原因就在于汉高祖以简明的"三章之法"来保全秦民的性命财产[②]；汉代"明法吏之所以众"，原因在于汉律在治理社会中起了重要作用，"太守不知经术，知有汉家三尺法而已"[③]。他还赞扬王安石变法，要士大夫读律，这是懂得"治之要"；攻击王安石的保守派轻视法的作用，都是"似是实非之谈"，贻害千年，应加彻底否定。严复认为西方国家繁荣昌盛的主要原因之一是"由于法制"；如果"见彼之富以商而立商部，见彼之强以兵而言立兵部"，不知道其富强与法制的关系，那么就会使"富强之效日远"，造成可悲的结局[④]。从上述认识出发，严复得出结论："生财之术多门，而民富必基于政美"[⑤]，"刑罚中"，法令行，其余国事必"日起而有功"[⑥]。

（3）无思想、言论犯罪

严复认为，法律所惩罚的是行为，这是法律家"至精扼要"的观点，思想、言论都不应是刑律惩治的领域。如果惩治思想、言论，就陷于专制了。[⑦]

2. 关于变法的观点

严复虽然未直接卷入戊戌变法，但他的变法观点和康、梁等领袖人物可谓不谋而合，

---

① 《法意》严复按语，第132页。
② 《辟韩》。
③ 《法意》严复按语，第132页。
④ 同上书，第133页。
⑤ 《原富》严复按语，第223页。
⑥ 同上书，第677页。
⑦ 《法意》严复按语。

反映了资产阶级改良派作为一个重要政治派别崛起时的法律思潮。

对于变法的必要性的认识，严复有与康、梁等相同的地方，也有不同的地方。严复认为，中国如不变法则必定灭亡，这是"天下理之最明，而势所必至者"，因此"救亡之道"在变法，"自强之谋"也在变法。他以日本虽然也"深恶西洋"，却对"西学"抱"痛心疾学""卧薪尝胆"的态度孜孜追求的事例，说明中国因"恶"西洋人而"并废其学"，无异于"见仇人操刀，遂戒家人勿持寸铁，见仇人积粟，遂禁子弟不复力田"，是极其错误可笑的。① 严复认为，"百年不变之法"，天下是不存在的。因为，法是"古之圣贤人"因当时之宜而制定的，但"质文代变""情异事迁"，现在则是处于"世变方亟"的时期，古人"所立之法"，"揆诸事理不可复通"。所以，如果"犹责子孙令其谨守其法"，那就必定"危亡"了②。他完全同意梁启超所说"万国蒸蒸，大势相逼，变亦变也，不变亦变也。变而变者，变之权操诸己；不变而变者，变之权操诸人"的意见，并"愿天下有心人三复斯言，而早为之所"③。这些，是严复与康、梁辈"英雄所见略同"之处。不同的是，严复对"中土今日变局"之"大因"的认识。严复认为，"铁轨通达"导致"农工商三业循轨绕驿而兴"，"不及十稔而天下都会形势重轻，遍地异矣"，并由此而造成"道通而民之动者日众"④。严复的这些看法，一则高出于康、梁的泛泛而论时世的变易，能从列强的入侵和民族工商业的发展方面寻找"世变"的根本原因，从经济变化导致人的思想观念的变化看出非变法不可；一则也反映了他的变法主张的出发点在于维护清皇朝的固有统治地位和权力。

关于变法的宗旨，严复在《法意》按语中认为应该是"便国利民"四个字。他说，专制国家的立法，往往是"塞奸之事九，而善国利民之事一"，中国专制制度的法度也是如此。这就造成国家必然落后的局面，而以落后国家与进步国家同处世上，非败不可。根据这个道理，严复强调，变法之首要者在于变立法的宗旨，"使便国者居其七，而塞奸者居其三"⑤。他还认为，"治国之法为民而立者也，故其行也求便于民；乱国之法为上而立者也，故其行也求利于上"。他说，法不便民，国必不安，国不安，则上不利。⑥ 由此可见，虽然严复说了变法宗旨在求"便国利民"的话，但归根结底，是为了"上"，即清王朝。

在明确了变法宗旨的前提下，严复认为变法之"急务"在于"废八股"。他说"变将何先？曰，莫亟于废八股"。因为八股虽然不能自害国家，却可以"使天下无人才"⑦。

---

① 《救亡决论》。
② 《拟上皇帝万言书》。
③ 《原强》。
④ 《原富》，第311页。
⑤ 《法意》，第225页。
⑥ 同上书，第627页。
⑦ 《救亡决论》。

除废八股外，严复提出的具体变法建议主要还有：

设乡局以造成地方自治的基础。严复并不像康、梁那样急于提出"开议院"的主张，他认为在"一乡一邑之间，设为乡局，使及格之民，推举代表，以与国之守宰相助为理"，造成"地方自治之基础"，就可以使人人懂得"尊主隆民"的义务，自愿"加赋保邦"[①]。他还强调说，"设地方自治之规"，可以"合亿兆之私以为公，安朝廷而奠磐石"，是"不容一日缓者"的大事[②]。

制定治理外人的统一法律。严复认为"地律相尽"是一条国际通行的司法原则。所谓"地律相尽"，就是指"地之所在，法之所行"的意思，外国人进入别国，必须守该国的法律。但外国人进入中国却偏偏"悍然不服吾法"，"其人有罪，非吾吏之所能制"，于是"有领事之设"，"有租界之立"，"有数十国之律令淆行其中"。严复为此建议"集各国法律之学者，杂议公允，造为一律，以专治来寓中土之外国人，勒为成宪"。他以为这样就可以将"前之领事官理刑之权悉去之"[③]。这当然是比较幼稚的幻想。而且把各帝国主义国家掠夺我国司法权归咎于法令不一，也是颠倒了因果关系。

此外，严复还提出了"定相坐之法"以铲除鸦片，缠足之害等建议。

严复认识到，变法并不是一件轻而易举的事，有极大的难度。所以，他提出了一些推行变法措施的对策。这些对策主要有：其一，"朝廷除旧布新，有一二非常之举措"，内以"慰薄海臣民之深望"，外以"破敌国侮夺之阴谋"[④]。其二，"联各国之欢"。他建议筹款数千万，备战舰十余艘，请皇帝率"数百亲贤贵近之臣"，"航海以游西国"，与各国交好联欢，求得他们对中国变法的赞助。[⑤]其三，"结百姓之欢心"。他建议皇帝出洋回国以后，"亲至沿海各省，巡守省方，纵民聚观嵩呼，瞻识共主"，"使四百兆之人皆爱陛下"[⑥]。其四，"破把持之局"。严复认为变法必须不为牟私利者所把持，打破这种把持，否则变法必成"虚言"，"欲变法而不能"[⑦]。总之，严复认为变法之成败，"一其事在各国，二其事在万民，而三则在陛下之心"[⑧]。但这些所谓推行变法的对策，大多建筑在虚幻的空想之上，不啻为"空中楼阁"，即使得以构筑成功，也经不起任何风吹雨袭。资产阶级改良派纵然有种种美好善良的救亡自强的愿望，也是不可能实现的。实现救亡富国的道路，还有待资产阶级革命派在总结改良派变法教训的基础上，做进一步的探索。但当资产阶级革命

---

① 《法意》，第361页。
② 同上书，第374页。
③ 《原富》，第586页。
④ 《原强》。
⑤ 《拟上皇帝万言书》。
⑥ 同上。
⑦ 同上。
⑧ 同上。

派做出有益的结论并付诸实践时,资产阶级改良派却裹足不前,甚至起而与之对抗,终至流为历史的绊脚石。

3. 对中、外法律制度的比较

由于严复对外国法律制度有比较丰富的知识,所以在他的著作里,出现了较多的对中外法制的比较研究,这是康有为与梁启超、谭嗣同等人在戊戌时期所不能企及的。

通过比较,严复曾严厉地批判过中国的专制主义封建法制。首先,他指斥"中国自秦以来,无所谓'天下'也,无所谓'国'也,皆'家'而已。一姓之兴,则亿兆为之臣妾","天子之一身,兼宪法、国家、王者三大物",不可能为天下计较利害。由此他得出结论:"专制之制所以百无一可者也。"[①]这样,虽然他还没有揭示出专制主义封建法制的阶级本质,但是已经接近于真理了,因为皇帝毕竟就是地主阶级的总代表。其次,严复抨击了封建法制的苛严无理。他说:中国"立法用刑之无人理而得罪于天久矣",以这种苛酷无人性的刑法治国,"此种固不宜兴"[②],中华民族的兴盛是不可能的。再次,严复指出中国历代治狱用残酷无人性的刑讯制度,乃"法实为之,吏特加厉之"[③]。这样,严复进一步具体地为变法找到了根据。

在批判中国封建法制的同时,严复啧啧赞美了当时西方国家的资产阶级法制。首先,严复认为西方国家由议院立法、自治地方实施法律,是一种得到民众拥护而达到"无乱"的好办法。其次,严复指出,刑狱公平与西方国家既富且强有重要联系。其三,严复赞扬西方有律师辩护制度,有陪审制度,而这些正是减少冤狱的重要手段。其四,他认为"西国轻罪,多用锾罚,故法行而民重廉耻,可谓至便"[④],赞扬了西方多用经济制裁的好处。

三、戊戌变法运动在近代法律思想史上的地位与意义

戊戌变法运动历时虽短,但是它在中国近代法律思想史上,却有重要的地位和意义。

(一)戊戌变法把中国近代法律思想推进了一步

戊戌变法运动领袖人物继承和发展了他们的先行者、地主阶级革新派的变法思想,把中国近代法律思想推进了一步。

地主阶级和资产阶级分别代表不同的生产关系,是两个本质不同的阶级。但这绝不意味着这两个阶级的本性的完全相反。恰恰是由于这两个阶级同属于剥削阶级,都代表着剥

---

① 《法意》,第362页。
② 《法意》,第363页。
③ 《法意》,第133页。
④ 《法意》,第134页。

削制度下劳动人民的对立面，因此，它们之间并不存在着由此达彼的不可逾越的鸿沟。同时，还因为中国在鸦片战争以后从封建社会急剧衰落、崩溃，步入了半殖民地半封建的悲惨境地，地主阶级营垒起了严重的分化。其中一部分逐渐走上了发展民族资本主义工商业的道路。这样，就在地主阶级革新派的革新思潮与资产阶级改良派的变法思潮之间架起了一道相因相继的桥梁。从龚自珍、魏源、林则徐，经王韬、陈炽、薛福成、郑观应，到康有为、梁启超、谭嗣同、严复，虽然历经半个多世纪，但从他们的法律思想发展中，仍可找出许多共同点来。

这些共同点主要是：他们都主张实行变法；他们的变法主张，都建立在爱国主义的思想基础上；他们都抨击了封建法制的黑暗腐朽；他们都主张向西方学习。

在这些共同认识的前提下，从龚、魏到康、梁，他们的法律思想又有着很大的差异。

龚、魏的变法主张，主要体现在比较朦胧空泛的要求上。魏源提出的"师夷长技以制夷"口号，曾经产生过深远的重大影响。虽然他也略略涉及"师夷"之政治法律制度，但更主要的是"师"其"船坚炮利"。到19世纪60年代至90年代，王韬与郑观应等已经比较明确地认识到应当学习西方的政治法律制度，但究竟学习西方政治法律制度的哪些具体方面，仍旧不甚了然。直至康、梁时期，才对此有了进一步的认识，并提出了诸如制订宪法、开设议院、司法独立等等具体的变法建议。由此可见，从变法与向西方学习这些方面看，戊戌变法运动的领袖人物显然既继承又发展了他们的先行者、地主阶级革新派的变法思想。

如果说龚、魏的法律思想还仅仅局限于对封建法制的强烈不满与尖锐批判，并没有根本改变这种法制的要求的话，那么，康、梁的法律思想无疑已经具有根本改变封建法制、创建一种适应新生的资本主义发展要求的法制的明显倾向。所以，如果龚、魏的要求得以实现，仍旧不会脱出封建法制的窠臼；而如果康、梁的主张诉诸实践，则可能导致一种君主立宪制度的出现。这就会从封建法制跃入资本主义法制，这是两个不同的领域。因此，无疑应当肯定，戊戌变法运动领袖人物的法律思想将中国近代法律思想向前推进了一大步。

（二）"百日维新"集中表现了资产阶级改良派的变法思想

戊戌变法运动的"百日维新"阶段，集中展现了资产阶级改良派的变法思想。在中国法律思想的漫长发展史上，由于社会环境的变化，曾在若干时期内比较集中地出现了一批批法律思想家。这些法律思想家的法律观点及其作为理论存在形态的著作，构成了各该时期的法律思潮。但纵观整个中国法律思潮发展史，在戊戌变法以前的任何一个时期，从来没有像戊戌时期那样集中地出现这么多的法律思想家和法律著作。戊戌变法运动的"百日维新"阶段，更是非常集中地展现了资产阶级改良派的变法思潮。

这不是一个偶然的现象。在西方资产阶级革命发生的前夕，也总是一下子集中地涌现出一批法律思想家来的。这说明，在从封建社会跃入资本主义社会的关节点上出现一种新的法律思潮、一批新的法律思想家，是具有必然性的现象。当然，中国戊戌变法时期出现的这种现象，有自己的特点。它与半殖民地半封建社会软弱的民族资产阶级的特性相联系，没有发育成为自成体系的、理论成熟的、先进的资产阶级法律思想，而是在很多方面、很深的程度上幼稚地学习以至拾取了西方资产阶级法律思想的若干成果，表现为天真的幻想和不切实际的浮躁举动。但是，它同样是从封建主义走向资本主义的关节点上出现的现象。因此，"百日维新"阶段集中展现的资产阶级改良派的变法思想，从批判封建主义法制观念和传播资产阶级法律思想方面所做的工作，将对后来者提供许多有益的启示。

（三）戊戌变法预示封建法律思想的结束

在中国法律思想史上第一次集中地批判了封建法律思想，这预示了绵延二千多年之久的封建法律思想的寿终正寝。

在中国近代以前，也不乏先进思想家对封建法制进行抨击的实例。但是，那些批判并不带有资产阶级的性质。即使像王夫之、黄宗羲那样带有明显的民主意识，但他们所要求的仍属封建法制（虽然是改良了的封建法制）的范畴。至于王夫之、黄宗羲以前，则更是以封建主义批判封建主义罢了。

自从龚自珍、魏源举起鞭挞封建法制的武器以来，情况发生了很大的变化。但直到王韬、郑观应为止，他们对封建法制的批判，仍然是带封建性质的，不属于资产阶级的范围。只是在康有为、梁启超、谭嗣同和严复等的前期著作中，才表现出代表新生的资产阶级所做的对封建主义法制的批判，尽管它是改良性质的。这种批判的矛头已经触及了封建法制的根本点——皇权，要求立宪、开议院就是最明显的表现。皇权作为封建专制主义法制的命根，是任何封建主义法律思想家所不敢、也不可能触犯的。康、梁他们虽然幻想靠一个光绪皇帝号令全国厉行变法，虽然他们后来还成了保皇派的头目。但是，在他们前期的著作中，还是提出了立宪法、开议院等等实际上否定皇权的主张来。这无疑是一个很大的进步。

此外，还应该指出，戊戌变法中资产阶级改良派对封建法制的批判虽然是很不彻底的，但却是有史以来最为全面的。从立法、司法以及立法司法与行政的关系，到土地制度、税收制度、选举制度以及与发展国民经济的各个部门（工业、农业、商业、交通运输业），与保卫国家独立有关的法律制度的各个方面，凡属封建性的，都遭到了他们不同程度的否定或批判。这是"自从盘古开天辟地、三皇五帝到于今"所不曾有过的。其中，尤其是比较激进的谭嗣同的批判锋芒，是相当尖锐的。这也对后来资产阶级革命派的法律思潮产生了直接的影响。从资产阶级改良派到资产阶级革命派，其法律思想在许多方面有着继承的关系和共通的地方。那种只见到康有为等后来成了保皇派，而抹杀二者的继承性、共通性，是值得商榷的。

(四)大量传播了西方资产阶级的法律思想

龚、魏时期提出了"师夷长技"的口号,但客观条件还未创造成熟,"师夷"的何种"长技",具体内容是什么,还提不出来。所以,林则徐开始找人翻译外国的新闻、书报,是很不容易的、难能可贵的创举。王韬至郑观应时代,已经陆续开始传入较多的资产阶级文化了。但掌握这些知识的,是极少数的出洋考察的人和接近西方来华传教士的人。比较系统地、公开地、大量地介绍、传播西方资产阶级法律思想的,是戊戌变法时期。康有为、梁启超、谭嗣同三人当时主要是号召与宣传向西方学习,同时在他们的著作中具体指明了学习西方法律制度的哪些方面。严复由于到英国做了长期的学习,比较系统地介绍了西方资产阶级的法学、社会学、政治学、哲学著作,从而大大扩展了戊戌变法运动在传播西方资产阶级法律思想方面所起的作用。戊戌变法失败后,康、梁流亡国外,更多地接触到了西方资产阶级的政治法律思想,梁启超后来也为它的传播起了更大的作用。尽管戊戌变法运动的一些领袖人物(尤其是康有为)后来成了保皇派,但他们在戊戌时期所起的传播西方资产阶级法律思想的进步作用,是不可抹杀的。

(五)戊戌变法运动促成了统治阶级内部法律思想派别的重新调整和更大的分裂

中国古代法律思想,在秦汉以后,流为以儒学为伪装的儒法合一的封建正统法律思想。它在法律思想界占了绝对的统治地位,大有"顺之者存,逆之者亡"之概。近代从龚、魏开始,逐渐打破封建正统法律思想的一统地位。但只是到了戊戌变法时期,才从形式到内容尖锐地、公开地揭示出统治阶级内部法律思想派别的剧烈分化与重新组合。居于形式上的最高统治地位的光绪皇帝对康有为,梁启超的高度信任和破格重用的事实,是对此的最好说明。虽然几乎所有的督抚都反对变法维新,追随顽固保守的慈禧太后,但在朝廷命官中也出现了数量可观的对光绪皇帝的维新政令表示支持的人。洋务派到了穷途末路,对变法维新或采取恶毒的但却无力的攻击,或采取接过变法口号,企图以改头换面的方式继续维护封建法律制度。但无论何种举动,都不可能成功,这连他们自己也无法掩饰了。所以,后来清廷派重臣出洋考察、预备立宪,其实都是洋务派以至顽固派不得不面对现实,重新调整其法律思想形态的表现。由于戊戌政变,光绪皇帝被囚瀛台,康、梁逃亡异国,谭嗣同等六君子殉难,变法失败了。但是,统治阶级内部的后党与帝党的分裂,却确确实实地形成并存在到清朝的灭亡。这是中国近代政治生活中的大事,当然也是中国近代法律思想史上的大事。法律思想在统治阶级营垒内部分化到如此严重的地步,在中国历史上,也是空前的。它预示着旧的社会制度、旧的法律思想体系的彻底垮台,已为期不远了。

(六)为资产阶级革命派提供了经验

戊戌变法暴露了资产阶级改良主义道路的弱点与必然失败,为资产阶级革命派提供了借鉴。

康有为、梁启超等戊戌变法的领袖人物，企图依靠光绪皇帝奉行新政，把资产阶级的政治法律制度引入中国，实行自上而下的改良措施，以达到救亡、富国的目的。但这是一条不切实际的道路。这是因为：作为皇帝，光绪不过是一个傀儡，当时清廷的实权完全操纵于慈禧太后之手；同时，光绪皇帝本人也并不认真地按照康、梁的意图行事。康有为的一些重要政治法律建议，光绪皇帝都没有采纳。例如定宪法、开国会的建议，光绪皇帝就始终未予采纳。

康、梁对帝国主义、军阀也寄有幻想。其结果是帝国主义并没有支持变法运动，而军阀则倒向了慈禧太后为首的顽固派。表面上看，是由于袁世凯的阴谋与野心促成了戊戌变法的失败。但从实质上看，反映了资产阶级改良派的软弱性。康、梁正是由于这种软弱性，他们甚至害怕人民的革命运动，因此根本不可能想到要倚重人民群众的力量。而这，正是导致他们后来反对资产阶级革命派而堕入保皇派的原因。

资产阶级改良派在变法维新中的失败，为资产阶级革命派提供了借鉴。后者在历史的进一步发展中，将为中国法律思想界进一步引入资产阶级法律思潮做出根本性的贡献。

批判与重建：中国法律史研究反拨（节选）

《批判与重建：中国法律史研究反拨》[*]
（节选）题记

  2002年10月在上海政法学院（当时校名为"上海大学法学院"），召开了中国法律史学会2002年年会。作为会议筹备工作的一部分，曾于当年4月2日在上海政法学院召开过一次小型会议，参加者除本人外，还有杨一凡、俞荣根、田涛、陈晓枫等教授，会议决定撰写一本题为《中国法律史研究反拨》的著作，核心内容为对张晋藩先生总主编的十卷本《中国法制通史》的批评。会后，与会者每人写了一篇短文，由我编成一组以一整版发表在2002年4月8日的上海《社会科学报》上。以此为基础，我们又写成了《批判与重建：中国法律史研究反拨》一书，由法律出版社出版，并于2002年10月25日在年会召开时赠送给了每位与会者。其中在我为《反拨》一书写的"序言"里，录入了发表在《社会科学报》上的几篇短文。在该书中，还有俞荣根教授撰写的《罪刑法定与非法定的和合——中华法治的一个特点》，杨一凡教授写的《对中华法治的再认识——兼论"诸法合作体、民刑不分"说不能成立》，田涛教授写的《虚假的材料与结论的虚假——从〈崇德会典〉到〈户部则例〉》，陈晓枫教授写的《〈历代刑法志〉：话语、语境与前见作用》，范忠信教授写的《法律史研究的"文化解释"使命——兼论传统法律史研究的局限性》。

  本《全集》录入本人所撰之《序》与《中国古代法律功能再审思》。

---

[*] 倪正茂主编，倪正茂等著，法律出版社2002年版。

序

在茫茫书海中，我们的这本小册子也许很快就会被淹没、淡忘，从人们的记忆中消失得无影无踪。尽管如此，我们还是觉得，有必要向读者诸君禀明撰写该书的缘起、心态与希冀。这或许有助于中国法律史研究的深入。

中国法律是有自己的发展史的，杨鸿达先生等就曾以专著述论过。但中国法律史研究在新中国成立后中断了。盲目仿苏的结果是，法律史与国家史混为一体、彼此不分，这当然大大有碍于借鉴法律发展史上的种种经验教训，大大不利于法治国家的建设。因此，粉碎"四人帮"后，老一辈法学家毅然决然地大笔为文，还中国法律史以本来面貌。20世纪80年代以来，陆续出版了中国法律通史、断代史、专题史四百种以上，单篇论文更是数以千计、汗牛充栋。这些著作填补了中华人民共和国成立以来中国法律史研究的空白，解决了法律史教学的"书荒"，为培养法律人才立下了汗马功劳；这些著作还对成百上千个法律史实、概念、论断以及与之相关的规律性问题和理论问题做了探讨，因而有所发现，有所发明，从而为后来者的深入研究奠定了基础。我们以及我们的后人，都将对此深深感念！

但事物总是一分为二的。马列主义、毛泽东思想还要随革命实践的不断发展而日益丰富与完善，何况我们的法律史研究？更何况80年代的法律史研究成果在一定程度上可谓为匆忙上阵的"急就章"，而当时对"左"的观念几乎还未来得及开始批判。

于是有了我在1998年于中国法律史学会济南年会上的发言，题目是《法律史是人类解放自身的历史》，主旨是对把法律史简单化为阶级压迫史的批评。这一发言引起了与会者的浓厚兴趣，各大组会的讨论中，多半议论法律史的本质，并纷纷倡言重新研究中国法律史。学会领导遂决定：1999年、2000年的年会，均以"法律史研究的新思维、新方法"为中心。西南政法学院和安徽大学的同仁们很好地组织了这两次讨论。尤为重要的是，1999年的年会上，杨一凡等一些学者在向会议提交的论文或大会发言中强调指出，以往的法史研究中，许多著述在史料准备上存在着严重的缺陷，主要是现已发现的很多史料均未使用，已知的大量史料还未整理以供研究之用；已经引用的"史料"中，有不少并非信史,"史料"不实的问题也很严重。

连续三届年会对中国法律史研究的反思,主要结论是两点:第一,必须修正法律史研究的指导性理论;第二,必须纠正史料准备之不充分、不科学。其必然逻辑则是指向重新研究与撰写中国法律史。缘此,学会会长韩延龙教授决定,2002年由我在上海主持的年会,以"中国法律史的体系、结构和特点"为中心议题。

鉴于大多数法律史工作者未能连续参加各届年会,其他学界的理论工作者并不了解上述情况,关注中国法律史研究的上海《社会科学报》刊发了一组文章以广视听,作者是杨一凡、陈晓枫、徐忠明和我。编者的按语是:

> 20余年来,中国法律史工作者筚路蓝缕、开辟草莱,创建了学科体系,填补了学术空白,为学科建设和新人培养做出卓越贡献。但是,作为一门学科研究,有一批学者感到有必要在基本定位及方法论等方面进行全面反省。本版特邀南北名家数人,披陈点滴,以引发更多思考。

拙作题为《法律史不是阶级压迫史》。一凡君的题目是《传统研究模式亟待修正》。晓枫君的题目是《寻找新的价值评价标准》。忠明君的题目是《重构中国法律史研究语境》。

上列一组四篇文章的总标题是:《批判与重建:中国法律史研究反拨》。

这样的标题,无疑是刺人耳目的。但这里的"人",首先是我们自己。我们的心态是:我们自己长期从事的中国法律史研究,也如凤凰涅槃、浴火重生,应该有所反思,有所反拨,有所批判,有所重建,否则就可能死路一条,不得重生,而这,就必须"浴火"。我们多少都写了一点中国法律史(法律制度史、法律思想史)方面的著作,而且还在"教书育人"。不做反思,不图更新,不对自己时时否定,也就不会有步步前进。

当然,"批判""反拨""重建"云云,也是针对包括我们自己在内的整个中国法律史研究,甚至可以旁及外国法律史研究的。为此,我们深感责任重大。为求集思广益,2002年4月8日,我在上海大学法学院召开了一次小型的座谈会,与会者有杨一凡、田涛、俞荣根、陈晓枫、戴建国、蒋晓伟和我。会议回顾了20世纪80年代以来的中国法律史研究,讨论了杨一凡君建议重新思考、探讨的11个大问题。一凡君提出的11个大问题及有关说明如下:

1. 法律史学学科理论新议

对法律史学的传统治史理论学科反思,以实事求是为治学的根本指导方针及由此逐步确立科学的学科理论。首先应提出学科理论的要点以及研究思维和研究方法的创新。

2. 对中华法系的再认识

科学地论证中华法系的特征,除阐述理论观点外,用列表形式展现中国古代历朝的法律形式,以及在每一法律形式框架内的立法状况,2000多种法律、法规的名称应在表内列出，以此证明传统观点用"诸法合体、民刑不分"概括中华法系的特征是不妥当的。

3. 关于法律的起源

从已发现的大量少数民族的法律文献看，远在氏族部落时期，带有强制性的、成文的行为规模就已出现。通过对这些文献的研究，阐述古代法的起源，探讨从习惯法到成文法是如何过渡的。

4. 中国古代法制的历史分期

这是一个长期争论较多的问题，国内学界与国外学界对于中国古代历史的分期的看法也不尽一致，对此应按实事求是的科学的精神予以重新探讨。

5. 古代社会矛盾与法律的功能

中国古代存在着各种社会矛盾，在不同历史条件和社会矛盾背景下制定的各种形式的法律，发挥着维护统治集团的权益、维护社会秩序、维护社会经济生活管理、协调社会各阶层人们的相互关系和权益等各种功能，具有社会性和阶级性两种属性，把古代法律的功能简单地概括为只是"阶级斗争的工具"是不符合历史实际的。

6. 历史上法律发展的基本进程和基本规律

传统观点认为自唐代以后中国法律没有大的发展，这是对基本法律史料缺乏研究，特别是对大量的行政、经济、民事、军事等方面的法律以及司法活动没有进行认真研究而提出的片面结论。

7. 中国法律思想发展的基本线索

传统观点认为自西汉中叶"德主刑辅"成为立法、司法的指导原则之后近两千年中，中国法律思想基本处于停滞状态。应着重研究封建社会中后期法律思想的变化，包括"德主刑辅"在明、清两朝的变异，行政、经济，民事、司法领域法律思想的发展，明、清的律例关系理论等等，以理清中国法律思想发展变化的基本线索。

8. 少数民族建立的王朝与国家法制的特色

论证少数民族统治集团所建立的王朝（如辽、金、西夏、元、清及南北朝、五代时期的有关王朝等）在立国初期面临严重的民族矛盾情况下，如何通过民族文化和法律的融合，建立起颇有特色的法律制度，并厘正前人著述中的不确之论（诸如对元代法制的评价就偏颇甚多）。

9. 农民起义与中国古代法制

在中国历史上，农民起义有不同结局，如起义失败、起义建立农民政权或建立封建王朝。本文论证在不同情况下农民起义或农民政权对中国古代法制的影响。对于太平天国的法律制度，不应按传统的观点不加分析地全部予以肯定，而应在扎实论证的基础上做出恰如其分的评价。

10. 中国古代律学及其对封建立法、司法的影响

中国古代律学的基本发展线索、内容和特色、律学与法学的关系，并阐明其对当时立

法、司法的影响。

11. 律典与其他法律形式的历史作用及其评价

传统观点以律典为核心，对宋代的编敕、元代的条格、明清的例持否定和贬低态度。应论证律典与其他法律形式相辅相成的关系，在充分分析的基础上对敕、条格、条例的历史作用给予公正的评价。

考虑到对这些问题的思考与阐述，对今年 10 月举行的中国法律史学会 2002 年年会也许有所助益，因此我们将所撰交付法律出版社出版了。

如果各位稍事浏览本书，一定会发现，我们的观点是鲜明的，我们的批评是尖锐的。至于对错是非，只能留待同仁及后代检阅核定。

人类至今还只是处在他的童年时代。相对于数千年的中国法律发展史来说，不足百年的研究，毕竟是太过短暂了；何况，任何个人的智慧与亿万人的集体智慧相比，都只是沧海一粟，极为微不足道，也可能是全盘皆错的。因此，我们一掷粗砖，只为引来美玉，即便粉身碎骨，也在所不辞了。

倪正茂

2002 年 8 月于上海四季园

中国古代法律功能再审思

长期以来,"阶级斗争工具论"成了中国法律史研究的指导性理论,中国法律史被简单化为阶级压迫史、阶级斗争史。这不仅不符合历史事实,也不利于正确运用法律这一被笔者称为"人类从天堂请来的维护和增进人类福祉的天使"[①]为现实生活服务。

笔者以为,从总体上看,法律史乃是人类解放自身的历史,解放人类乃是法律的根本功能。在此前提下,一切法律包括中国古代法律,在调节社会矛盾、阶级矛盾、阶层矛盾、地方间矛盾、民族间矛盾等方面,在以法律手段帮助人类摆脱自然的束缚方面,具体地发挥着组织管理、惩戒或激励的功能。这样再审思中国古代法律的功能,或可有助于科学地重建中国法律史学。

一

西方学术界公认的20世纪最有影响的哲学家之一的恩斯特·卡西尔(Ernst Cassirer),在其名著《人论》中,力图论证的一个基本思想是:人只有在创造文化的活动中才成为真正意义上的人,也只有在文化活动中,人才能获得真正的自由。他强调指出:"作为一个整体的人类文化,可以被称之为人不断自我解放的历程。"[②]

法正是人类文化活动有机整体中的一个极为重要的组成部分,法的历程正是人类不断自我解放的历程,法律史正是人类解放自身的历史。

人类活动的整体如同滚雪球一样,现在是越滚越大了。从初民的有限活动,到今天的太空飞行,其间的变化何等惊人!

[①] 倪正茂:《法哲学经纬》,上海社会科学院出版社1996年版,第970—975页。倪正茂:《略论21世纪的中国法律史研究》,载汪汉卿等主编:《继承与创新——中国法律史学的世纪回顾与展望》,法律出版社2001年版。

[②] [德]恩斯特·卡西尔:《人论》,甘阳译,上海译文出版社1985年版,第288页。

"人猿相揖别,只几个石头磨过,小儿时节。"① 刚与类人猿分别的人类始祖,用一个不太礼貌的概念来称呼,就是"类人猿"。类人猿两手空空,他们的全部生产资料不过是坚硬的石块、折断的树枝加上原始的山川与田野,此外即一无所有;他们的全部活动,不过是乱成一片的性交以扩大自身的生产与再生产,加上摘取果实、猎食野兽,所谓"食草木之实,鸟兽之肉,饮其血,茹其毛"②是也。其时最伟大的发现就是火的可利用性,于是有了"钻木取火"的发明;外加锋利石头的可利用性,于是有了打制石器的发明。这是旧石器时代。发展到新石器时代,有了磨制石器、弓箭,于是有了农业与畜牧业,即"神农时代"的"作陶冶斧斤,为耜锄耨,以垦草莽,然后五谷兴助,百果藏食"③。石器时代也有文化艺术活动,原始的雕刻、绘画和歌舞,不过是"击石拊石,百兽率舞"④之类而已。也创造了原始的宗教,女阴崇拜、硕乳崇拜、图腾崇拜等等是也。新旧石器时代约略历经数十万年之久,以后的发展进程逐渐加快了。青铜器时代、铁器时代、蒸汽机时代、电气时代、信息时代接踵到来,而且以加速度行进。当代世界如今的一天,当比初民数百年创造的物质和精神财富高出千万倍。河川改道,山峦搬迁;洲际通航,卫星上天;丰富无比的山珍海味,精美绝伦的衣帽鞋袜;形形色色的哲学思想道德观念、文学著作、美术、舞蹈、戏剧、音乐、雕塑;政治上层建筑,法律制度,宗教活动……

每一个历史时代,人们的全部活动都是一个有机的整体。每一种活动都为别的活动所影响、所制约,同时也影响、制约着别的活动。其中的任何一种活动,历史地看,都是不可或缺的。因此,都有值得肯定的一面。就拿战争来说吧。战争的后果可谓"惨"矣! 蚩尤战黄帝,打得天昏地暗,"血流漂杵";战国之时,吴起"坑赵卒四十万";"十字军远征",血与火席卷欧洲;反法西斯战争,牺牲数千万人之巨;……但不正是人类"发明"的战争一次又一次地把社会的质的飞跃催化实现了么? 当然,有正义战争与非正义战争之分。

在人类活动的整体中,就有法、法律、法律实践这一成分。能把法律实践排除出人类活动整体之外吗? 历史已成铁定,不可更改了。这不可更改的历史要痛加斥责吗? 大可不必。各民族、各个国家的历史就是那样发展过来了。是肯定我们的历史,还是予以否定? 否定是不可能的,也显得可笑与幼稚。唯一科学的态度,就是肯定人类社会的全部历史,包括肯定组成这历史的每一部分,肯定人类社会中所必然发生的那些活动。

问题在于从这些活动中分析出其积极的方面。但是,如果我们否定了人类活动的整体,又何从肯定组成人类活动整体的每一部分的积极方面呢? 而如果肯定人类活动的整

---

① 毛泽东:《贺新郎·读史》。
② 《礼记·礼运》。
③ 《绎史》卷4引《周书》。
④ 《尚书·益稷》。

体,又怎能对其部分采取否定的态度呢?

总之,法是人类活动整体的一个有机的组成部分,在人类历史进化的各个阶段,法的积极作用、法的历史功绩,是不可抹杀、不可否定、不可轻视的。

卡西尔说,"劳作"是人的"突出的特征";"人类活动的体系"是"一个有机的整体",宗教、科学等等是其有机的组成部分。法律活动正是这种"劳作",正是人的"突出的特征",正是"人类活动的体系"的有机的组成部分。

那么,法律活动在人类的发展中起了什么作用,怎样起作用的呢?

"临渊羡鱼"。为什么?因为鱼有在水中从容悠游的自由。庄子与惠子的濠梁之辩,千百年来为万千学问家所关注、所评论。近人中就有郭沫若在《名辩思潮之批判》、杨向奎在《惠施'历物之意'及相关诸问题》、任继愈在《中国哲学史》中做过分析。但文章都作在庄子、惠子孰对孰错上,这与二子都承认人若有游鱼的自由乃是极大的快乐有关。现在有了轮船,还有了潜水艇,与庄子其时不可同日而语了。但仍是"临渊羡鱼",鱼在水中的那种自由,仍为人所心驰神往。同样,人们至今还是"入林羡鸟",因为鸟有在天空中翱翔的自由……

一切所谓幸福、快乐、理想、志趣,一切追求,一切创造,总之,人类的一切活动,其本质都不过是"自由"二字。孟郊《赠别崔纯亮》诗曰:"出门即有碍,谁谓天地宽?"① 柳宗元《酬曹侍御过象县见寄》诗曰:"春风无限潇湘意,欲采蘋花不自由。"② 鲍照《拟行路难》曰:"心非木石岂无感?吞声踯躅不敢言。"③ 无名氏《读曲歌》曰:"石阙生口中,衔碑不得语。"④ 韩愈《送灵师》曰:"别语不许出,行裾动遭牵。"⑤ 陶潜《归田园居》曰:"相见无杂言,但道桑麻长。"⑥ 这些都是特定情境中对不自由的怨艾与愤激的表示。匈牙利诗人裴多菲的名诗"生命诚可贵,爱情价更高。若为自由故,两者皆可抛";文天祥的名句"君传南海长生药,我爱西山饿死歌"⑦……万千志士仁人革命家为追求自由宁可抛头颅、捐性命、别家室、走他乡。"千淘万漉虽辛苦,吹尽狂沙始到金。"⑧ 这"金",实即自由。

人类的历史,实质上是争取自由的历史,亦即卡西尔所说的"人不断解放自身的历程"。

束缚人的自由的,有两类:一为人本身,一为人以外的力量。法的历史,是人类利用法来解放自己,亦即利用法来帮助摆脱人本身以及人以外的束缚其自由的力量的历史。

---

① 《全唐诗》,第 4229、3775 页。
② 《唐诗选注》,第 332 页。
③ 《汉魏六朝诗选》,第 227 页。
④ 《汉魏六朝诗选》,第 238 页。
⑤ 《全唐诗》,第 4229、3775 页。
⑥ 《汉魏六朝诗选》,第 184 页。
⑦ 〔南宋〕文天祥:《庚辰四十五》,《文山集》卷 15,第 12 页。
⑧ 〔唐〕刘禹锡:《浪淘沙》,《刘禹锡集》第 252 页。

作为"类人猿"的初民,囿于自然界自然地提供的食物的有限,不得不时时你争我夺。犹如"二虎相争,必有一死一伤",这种人际争夺,有时是十分残酷、激烈的。南太平洋热带雨林中至今犹有"猎头部族",以猎取别的部族的人的头颅多寡,作为是否勇敢的标志,是否英雄的象征。这不是因为别的,而是因为"猎头"之多,即是力量强大,因而可以更多、更自由地取得他们想取得的东西,首先是取得丰足的食物的缘故。类似于此的初民社会,是一个无身份的社会。如果一定要说有的话,就只有母亲与子女的身份关系,此外便一无所有。这与猿、与其他一切动物都是一样的。在这种毫无身份可言的人际关系下,不需要法律调整人际关系。如果初民像许多后代那样把法律看得那么可怕,他们将永远拒斥法律。但他们后来还是创造了法律来为自己服务。这是为了把自己从无身份关系下的随时可能被"猎头"的险境中解放出来。"生命的安全"也是一种自由,即安全的自由。无身份关系下的初民,本无安全的自由。一旦有了法律,就向有安全的自由这一较为良好的境遇前进了一步。

由法律保障着的身份关系,是人类从几乎毫无自由可言(即连生命安全的自由都没有)的无身份关系的社会向前大大跨进一步的标志。身份关系下的人类的自由,比无身份关系下的人类的自由,要多得多。这是一次质的飞跃。

从奴隶制身份关系到封建制身份关系,"身份关系"仍旧存在,但性质已经起了变化。这是一次部分质变。农奴,尤其是农民,比之奴隶,又进一步获得了新的自由。从奴隶制法到封建制法,实质上是人类的进一步解放,是人类战胜自身带来的束缚自由的力量的一次胜利。

从封建社会发展到资本主义社会,被梅因等法哲家看成是人际关系之从"身份关系"到"契约关系"的飞跃。这一飞跃的意义,不用说是极其伟大的。但归根到底,也是"自由"二字,即身份关系下的某些不自由被摆脱了,人类获得了、增加了新的自由。

但契约关系仍是一种身份关系,所以称为契约身份关系。劳动者一旦被资本家雇佣,虽然契约可以解除,解除契约后二者即无直接的具体的明显的身份关系,但在契约规定的雇佣期内,二者却存在着雇佣与被雇佣的关系,即雇主与雇工的关系。这种雇主与雇工的关系,当然是一种身份关系。何况,就整个社会、整个阶级对阶级而言,即使在解除契约之后,实质上仍旧存在着间接的、抽象的、隐蔽的身份关系。如鲁迅先生所说的某君是"丧家的""资本家""乏走狗",即虽然不再是某个具体的资本家的走狗,却仍是整个资产阶级的走狗那样,解除了契约的劳动者,仍旧逃不脱资本主义制度的钳制,他仍旧是整个资产阶级的雇工。要摆脱作为整个资产阶级的雇工的身份,在特定的条件下,就必须起而推翻资产阶级。正因如此,一方面,揭示从封建制身份关系到资本主义契约关系的变化的进步意义,是一种科学的、值得肯定的思想,其功厥伟,不可抹杀;另一方面,把这一点夸大到极端,不加分析地对契约关系顶礼膜拜,企求在社会主义时代也以契约关系为理想的目标,却大错特错。当然,社会主义时代如果仍然保留封建制的身份关系,是大可诅咒、痛加鞭笞的。但真理与谬误仅隔一步之遥，夸大契约关系的进步意义，无视它所掩盖的雇佣式身份关系的实质，是某些"社会主义理论家"亲吻资产阶级理论家屁股的勾当。

因此，为了获得新的自由，为了进一步解放自身，人类继续前赴后继开展斗争，努力朝以社会主义法来保障与促进社会主义自由的解放路上迅跑。于是有社会主义革命、社会主义政权、社会主义法。当然，怎样走向社会主义，亦即怎样建成一个既无剥削、又无压迫的社会主义社会，各国可以根据历史、传统、当时的国情自行择定，自不必亦步亦趋，或画地为牢，或作茧自缚。但这已是另一回事了。就我们所讨论的问题而言，不管采取何种方式、何种道路走向社会主义，都是为了获得新的自由，即社会主义的自由。为此，都必须摧垮旧的法律制度，确立新的社会主义的法律制度。

如上所述，人类为了摆脱人本身的束缚其自由的力量，创造与使用了法。法、法律、法文化，作为"人类活动体系"的有机组成部分，是人类为获得真正自由的努力的结晶。因此，法不是人类从地狱里唤出来与自己作对的魔鬼，而是从天堂里请得的为自己服务的天使。

总之，无论是从人际关系看，还是从"天人关系"看，法的历史都是帮助人类争取自由的历史。

有鉴于此，我们今天仍要依据争取自由的方向与路线去建设社会主义法制。谁遵照这个方向、这条路线努力去做，谁就是功臣与英雄；谁违拗这个方向、这条路线，谁就可能一事无成；谁背道而驰，谁就是"乱臣"与"蟊贼"，谁就将被人民与历史所唾弃。

上述观点是否具有普适性，从而可经中国法律发展史实的检验而不被证伪呢？换句话说即是，中国法律史是否为中国人解放自身的历史呢？中国古代法律是否具有为中国人博取自由的功能呢？

按照"法律史是阶级压迫史"的观点来演绎观察，中国法律史当然没有这样的功能。此前许多中国法律史著作正是这样演绎的。

最为典型的要数对"暴秦"时期法律的评价。《中国法制通史》认为，秦代立法，在"专任刑罚，贯彻重刑主义的理论指导下，秦朝刑法严酷，并实行连坐，以至在秦始皇统治时期，因施行劓刑，而'劓鼻成车'；因施行宫刑，而'所割男子之势高积成山'。……可以说，在全国百姓的受刑范围上，秦朝是空前绝后的，在施刑的残酷程度上，也是令人瞠目的。所以后人批评秦始皇……'以暴虐为天下之始'，实非过言。班固也说：'秦始皇吞并六国，遂毁先王之法，灭礼谊之官，专任刑罚。'"① 论及秦朝的刑法体系时，该书则指出，"从史籍和秦简看，秦的罪名繁多，刑罚严酷。秦国统一后，继续实行重刑主义原则，并根据新的封建专制中央集权的特点，不断地进行调整和改进法律制度，由此形成了

---

① 徐世虹主编：《中国法制通史·第二卷·战国·秦汉》，法律出版社1999年版，第63页。

秦朝独特的既严密完整，又酷烈无道的刑罚体系"①。还指斥"秦统治者为了维护自己的专制统治，维护其所谓的安定局面，不但规定了危害封建中央统治的各种罪名，而且还规定了言论犯罪，充分证明了秦律的残酷性和非理性。"②至于指责"秦刑罚的野蛮性""执行手段的野蛮""秦刑严酷""令人发指"的文字，在该书中则比比皆是。③

千百年来，"暴秦"的概念已深入国人的骨髓，因此，读着上面的所引《中国法制通史》中的文字，人们往往丝毫无疑。但是，当我们带着"法律史是人类解放自身的历史""新兴的封建制度是推动社会进步的制度"之类观念，再读上述文字时，就不禁疑窦丛生了。

从微观角度审视，我们首先质疑上述文字之真实性、可靠性究属如何？

秦代"专任刑罚"吗？否！秦简有《工人程》，规定的是官营手工业生产的定额制度。如"隶臣、下吏、城旦与工从事者冬作，为矢程，赋之三日而当夏二日"④。意谓隶臣、下吏、城旦和工匠在一起生产的，冬季劳动时得放宽其标准，三天收取相当夏季两天的产品。无疑，这一定程度上体现了合理性与人道性，至少不能说是"专任刑罚"的规定。而类似这样的规定，在《田律》《厩苑律》《仓律》《金布律》《工律》《均工》中，都可见到。不仅如此，还有与"专任刑罚"截然相反的规定。管理饲养牲畜的厩圈和苑囿的法律《厩苑律》规定："以四月、七月、十月、正月田牛。卒岁，以正月大课之，最，赐田啬夫壶酉（酒）束脯，为旱（皂）者除一更，赐牛长日三旬。……"⑤"课"即评比，每年四月、七月、十月一小"课"，正月则大"课"，"课"而优胜者奖酒赏肉减免更役。据栗劲先生的研究，秦律中之"课"有耕牛课、役牛防疫课、牛羊生殖课、马劳课、添园生产课、采山生产课、手工业生产课、新献（新产品）课等等。⑥"专任刑罚"云云，实不足信。

《中国法制通史》谓秦朝"专任刑罚"，并引班固所说"秦始皇吞并六国，遂毁先王之法，灭礼谊之官，专任刑罚"为证。其实，班固这样写，也是毫无根据的。《史记》记曰："周衰，礼废乐坏……至秦有天下，悉内六国礼仪，采择其善，虽不合圣制，其尊君抑臣，朝廷济济，依古以来。至于（汉）高祖，光有四海，叔孙通颇有所增益减损，大抵皆袭秦故。自天子称号，下至佐僚及宫室官名，少所改变。"⑦秦始皇不但没有"专任刑罚""毁先王之法，灭礼谊之官"，而且恰恰相反，既"悉内（纳）六国礼仪"，还多方比较，"择善"而行。《史记·正义》亦谓"秦采择六国礼仪……依古来典法行之"。汉初叔孙

---

① 徐世虹主编：《中国法制通史·第二卷·战国·秦汉》，法律出版社1999年版，第127页。
② 同上书，第140页。
③ 同上书，第128、129、149、152、170页。
④ 《睡虎地秦墓竹简》，文物出版社1978年版，第73页。
⑤ 同上书，第30页。
⑥ 栗劲：《秦律通论》下册，吉林大学法律系1983年4月版，第433页。
⑦ 《史记》卷23《礼书第一》。

通定《傍章律》十八篇，作为汉礼的礼仪律典，"大抵皆袭秦故"①。班固之说无据，《中国法制通史》复依班固之说，显属不妥。

秦代"刑罚严酷"，可以"劓鼻成车""所割男子之势高积成山"为证么？否！笔者初看这一论据时，不禁皱眉，私心以为这最多只是一种形容，极言劓刑、宫刑之多、之滥，而"形容"是不可引为论据的。继而查阅该书此据的出处，白纸黑字注明为"《史记·秦始皇本纪》"；虽披阅该《纪》再三，方知"太史公"压根就没有这样为我们的作者提供过此一论据！呜呼！迹近"欲加之罪，何患无辞"的无中生有写法，怎么可能得出科学的学术结论来！②

秦朝"在全国百姓的受刑范围上""是空前绝后的"么？未必！至少，笔者可以说，作者这样判断时，只是一种主观的臆测，无实证调查的数据和纵向的对比可言。

至于秦始皇"以暴虐为天下之始"云云，实在也只是闭着眼睛所做的武断。这样写，剖心醢肉的桀、纣之流，倒是高兴了！

总而言之，从微观角度审视，"暴秦""酷法"之论，至少是证据不足的。

现在我们退而从宏观角度审视，假定秦始皇确"暴"、秦法确"酷"，又该得出怎样的结论来呢？因为秦始皇暴烈、秦法苛酷，就只能得出法律史是血淋淋的阶级压迫史的结论来吗？否！

人所共知的是，中国的大一统的封建帝国是从秦朝开始建立的。其时的法律，不管如何苛惨酷烈，维护的是封建制的生产关系，推进的是封建之生产力的发展。这是一场革命，这是一大进步。毛泽东曾于1958年12月1日在中共中央政治局武昌会议上极为精辟地指出过："历史上奴隶主阶级、封建地主阶级和资产阶级，在他们取得统治权力以前和取得统治权力以后的一段时间内，他们是生气勃勃的，是革命者，是先进者，是真老虎。"③秦朝所处的历史时代，秦始皇所代表的阶级，这里毋庸赘论。因此，其"生气勃勃的""革命者""先进者"的桂冠，是戴定了的。客观事实也完全足以证明这一点：横扫六合，一统天下，使当时的中国百姓避免了诸侯连年征战的祸乱与苦难，正如李斯所说的那

---

① 《汉书·刑法志》《晋书·刑法志》等。
② 台湾张金鉴先生谓"秦始皇以宫刑七十二万人作阿房，宫刑之广可知"。张金鉴：《中国法制史概要》，中国台湾正中书局1973年版，第59页。查《史记·秦始皇本纪》，太史公原文为"隐宫徒刑者七十余万人，乃分作阿房宫或作丽山"。两相对比，亦可见张著之"暴秦""酷法"思维定式之偏颇与严重。《史记》"正义"云："宫刑，一百日隐于荫室养之乃可，故曰'隐宫'，下蚕室是。"张金鉴所说不当之处有三："七十余万人"之转译为"七十二万人"，带有任意性，此其一；其二，"七十余万人"以"一百日隐于荫室养之"而完成宫刑，根本无此可能；其三，"隐宫徒刑者七十余万人……"，包涵"隐宫"若干、"徒刑"若干，不能舍"徒刑"而不见。"暴秦""酷法"的思维定式而导致随便引述史料并加窜改，此亦一例。
③ 毛泽东：《和美国记者安娜·路易斯·斯特朗的谈话》一文之题注，《毛泽东选集》第4卷，人民出版社1991年版，第1192页。

样,是"海内为郡县,法令由一统,自上古以来未尝有,五帝所不及"①,"一法度衡石丈尺。车同轨。书同文字"②等等。范文澜先生比较公允地述评过秦始皇时期的历史性成就。他指出,秦始皇在经济上采取的"修驰道""通水路""去险阻""划一币""制器具""大移民""确定土地个人私有制度"等一系列措施,"意义极为重大";此外,还有统一度量衡、统一文字,促进全国范围内的"行同伦","秦始皇所做上述事业,都有利于统一国家的形成,因之他也成为这个伟大时代的代表人物"③。范文澜先生分析说:"皇帝是秦始皇新创的名词,是地主阶级的总首领……在表现上,(皇帝)却被当作各方面利害冲突的调节器,皇帝被当作各个阶级、阶层的最高保护人和公正人。能够起这样的作用,就是好的皇帝和统治机构。一个皇帝在历史上应得的评价,只能依据他的表现来加以判断。如果表现得好(当然不可能有完全的好),那就是符合当时社会的需要,他的专制主义的广大权力,也就得到当时社会的承认,他所发起或完成的某些有益事业,也就作为积极的因素而被珍重。秦始皇正是这样的一个历史人物。"④而秦始皇所做的绝大部分事业,都是依靠法律来推行、来促进、来保障的。没有秦法,就没有强秦,就无所谓"汉承秦制",当然也难有强盛、繁荣、统一的两汉大帝国。这就是秦法的价值,也是秦法的功能。当彼之时,不施行统一、严密、严格的法律,"车同轨""书同文""行同伦""一法度衡石丈尺"等等,根本无从谈起。否定这些最基本的客观事实,主观地甚至以无中生有的"所割男子之势高积成山"之类"事实"来"证明"秦法的严苛、残酷,并进而论证"法律史是阶级压迫史",是"劳动人民的血泪史",显然是不妥当的。如实地、缜密地、公正地再事审思秦法,我们所应看到的,首先是它的解放人类自身的功能与价值。

中国古代的土地个人私有制,可能是在秦始皇二十六年(前221)确立的。⑤东周后半期曾有两种土地所有制度存在,经长期斗争,至秦始皇时,才以法律肯定了土地个人所有制。《土地法学》一书的作者指出:以法律形式确立封建土地所有制,"这不仅是新兴地主阶级的要求,也是一般农民的要求。因为在地主土地占有形式下的农民,自由获得土地

---

① 《史记》卷6《秦始皇本纪第六》。
② 同上。
③ 范文澜:《中国通史》第2册,人民出版社1978年版,第6—17页。
④ 同上书,第3—4页。
⑤ 范文澜:《中国通史》第2册第13页谓"至前216年(秦始皇三十一年),'令黔首(民)自实田',土地个人私有制也就是封建地主占有土地制以法律的形式确定下来了"。蒋晓伟《中国经济法制史》亦谓"公元前216年,秦始皇曾令'黔首自实田'"(第58页)。郑学檬主编《中国赋役制度史》亦云"秦始皇三十一年(前216),'使黔首自实田'"。所据均为《史记·秦始皇本纪》之《集解》徐广曰:"使黔首自实田也。"但《史记·秦始皇本纪》之"三十一年"节,全部文字为:"三十一年十二月,更名腊曰'嘉平'。赐黔首里六石米,二羊。始皇为微行咸阳,与武士四人俱,夜出逢盗兰池,见窘,武士击杀盗,关中大索二十日。米石千六百。"徐广之"解"所据仅为《史记》"三十一年"四字,可信度较差。窃以为,法令之出,事在公元前221年,即秦始皇统一中国的当年。　　　　(下转第651页)

的机会和人身依附关系,毕竟不如领主占有土地下的深重"。"使黔首自实田",即以"法令形式把大部分奴隶解放了出来,使其成为农民"①。正是人们诅咒的"暴秦"的"苛刑酷法",解放了"黔首",使之争得了一定的自由。这里,诅咒"暴秦"的是黔首吗?不可能。只能是那些被徙的"天下豪富"。为什么我们要跟着"豪富"们,与之沆瀣一气地诅咒"暴秦"的"酷法",而不站在黔首一边欢呼"大酺"呢?

除确立个人土地私有之外,秦代的车同轨、书同文、通水路、去险阻、划一币制、统一度量衡、大移民……,所有这一切以法律促进、以法律保障的极其伟大的事业,无不是人类解放自身,摆脱自身束缚,从社会或自然两个方面争得自由的表现。

纵观整个中国法制史,我们只能得出这样的结论:尽管历代法制有维护剥削、镇压劳动人民对剥削阶级的国家政权进行反抗的一面,但法制史发展的总体趋势却是使中国人民逐步地争得越来越多的自由,逐步地走向解放,直至进入社会主义时代。即便是"维护剥削"的一面,也还要具体分析:如若是维护新生的奴隶制生产关系、封建制生产关系或资本主义生产关系,其功能仍属"为人类自身的解放"的范畴,其价值仍然应予肯定,而不是鄙弃。毋庸讳言,中国法制史上曾经有过极为黑暗的可诅咒的时期,例如秦二世、隋炀帝时期。但对此必须做出科学的分析。我们看法是:这只是作为"人类解放自身的历史"的法制史的暂时倒退;秦亡汉兴、隋亡唐兴,重又开始法对人类自身的解放进程,就是明证。

以上是对中国古代法制功能的总体性再审思。以下我们从一些比较具体的方面再事审思,以求对中国古代法制做出正确的分析。

二

中国古代法制究竟在多大、多深的程度上起着镇压劳动人民的反抗的作用,是否实现

(上接第650页)《史记·秦始皇本纪》记该年:"分天下以为三十六郡,置郡守、尉、监,更名民曰'黔首'。大酺。"《中国法制史》述及此点时引作"天下大酺",擅增了"天下"二字,显然不严谨。值得注意的是,当宣布这项法令时,引起了"大酺"的欢腾场面,可能并非仅仅是"更名"而已,没有相应的"实惠"如"使黔首自实田"相随而行,"大酺"的场景事出无由。且《史记·秦始皇本纪》记为"三十一年……赐黔首里六石米,二羊"。如该年"使黔首自实田",不会舍本逐末而记"赐……二羊"之类。又,秦始皇二十六年"更名民曰'黔首'"的同时,还"徙天下豪富于咸阳十二万户"。这"十二万户"豪富之田地以及荒芜的田地,可能就是"黔首自实田"的"田"。再,公元前219年(秦始皇二十八年)"南登琅琊,……乃徙黔首三万户琅琊台下,复十二岁";还"作琅琊台,立石刻"云:"惟二十八年……上农除末,黔首是富……"也就是说,公元前219年(秦始皇二十八年),"黔首"三万户已获"徙琅琊台下"之利,收"黔首是富"之益。如果"使黔首自实田"始于秦始皇三十一年,上述这些情况都不可能发生了。所以,笔者以为公元前221年(秦始皇二十六年)即明令"黔首自实田"的可能性更大一些。而如果是这样,一味抨击贬斥秦法之"严苛",就更不切实际了。

② 林增杰、沈守愚主编:《土地法学》,中国人民大学出版社1989年版,第59—60页。

着它的"专事镇压劳动人民"的功能的呢？这是再审思中国古代法制功能时必然要面对的又一重大而具体的问题。

夏、商、周以降，最早而又最为完整地保存下来的中国法典是《唐律疏议》。唐朝以后，宋、元、明、清各代虽然都曾孜孜以求地致力于制法定律，但大抵都依据唐律为蓝本。因此，分析唐律，大致可以解答中国古代法制究竟在多大、多深的程度上起着镇压劳动人民反抗的作用，是否为"专事镇压劳动人民"的工具。

《唐律疏议》共计五百零二条，分"名例""卫禁""职制""户婚""厩库""擅兴""贼盗""斗讼""诈伪""杂律""捕亡""断狱"等十二篇。

《名例》篇共五十七条。前五条为"笞""流""徒""杖""死"，均为刑名，可谓"中性"式的条款，不存在偏向保护哪个阶级或专事镇压哪个阶级的问题。

或谓：《唐律》"笞""流""徒""杖""死"五刑均有相应的"赎"法，如"流刑三：二千里。（赎铜八十斤。）二千五百里。（赎铜九十斤。）三千里。（赎铜一百斤。）"穷人无力自赎，只有受刑一途，而富人则可以铜赎罪、免去刑罚。这不是有利于富人而不利于穷人，为"专事镇压劳动人民"的铁证吗？

对此，笔者以为必须注意以下两点：

第一，"赎法"是有先决条件的，这就是必须是过失犯罪而非故意犯罪；或者，是难以确判的疑罪，因而处刑时带有赦免的成分。《唐律疏议》曰：

> 问曰：笞以上，死以下，皆有赎法。未知赎刑起自何代？
> 答曰：《书》云："金作赎刑。"注云："误而入罪，出金以赎之。"甫侯训夏赎刑云："墨辟疑赦，其罚百锾；劓辟疑赦，其罚惟信；剕辟疑赦，其罚信差；宫辟疑赦，其罚六百锾；大辟疑赦，其罚千锾。"注云："六两曰锾。锾，黄铁也。"《晋律》："应八议以上，皆留官收赎，勿髡、钳、笞也。"今古赎刑，轻重异制，品目区别，备有章程；不假胜条，无烦缕说。

这里说得很清楚，可"出金以赎之"的，必须是"误而入罪"即过失犯罪，而非故意犯罪，故意犯罪不在罚赎之列，此其一；其二，可"出金以赎之"的，还必须是疑罪而且不得不略事宽减地以"赦"相待者。

或谓：好！你这里引的《晋律》"应八议以上"的规定，不是正好说明《晋律》正是袒护"八议以上"者而"专事镇压劳动人民"吗？

其实，此议又是一厢情愿的议论。所引《晋律》对"八议以上"者，仅"勿髡、钳、笞"而已，因为"髡、钳、笞"有失他们从而有失整个统治阶级上层的体面，但惩处还是要惩处的，即至少要以"赎"代"髡"等。这无疑可以说明《晋律》并非"专事镇压劳动人民"云云。

顺便言及，晋代律学家张裴在晋武帝泰始四年（268）因《晋律》新颁布上表，其中提到"五刑不简，正于五罚，五罚不服，正于五过，意善功恶，以金赎之"①，又提到"枭首者恶之长，斩刑者罪之大，弃市者死之下，髡作者刑之威，赎罚者误之诫"②。可见《晋律》之罚赎规定，很明确地是针对"意善"而"功恶"的过失犯罪，用以"诫""误"，而唐律是继承了这一点的。

第二，"八议以上"者，并非统治阶级的全体，而仅仅是统治阶级的极少一部分成员，即"统治阶级上层"。至于占统治阶级绝大多数的广大中小地主，以及大地主中不在"八议"之列的，则不得"留官收赎"。也就是说，死、流、徒、杖、笞五刑，也针对广大中小地主以及不在"八议"之列的大地主，何来"专事镇压劳动人民"之有？

《名例》篇第六条是"十恶"。

"十恶"首项为"谋反"即"谋危社稷"。《疏》议曰："臣下将图逆节，而有无君之心，君位若危，神将安恃……""谋反"指向的客体是"社稷"及"社稷"的代表、灵魂——"君王"，主体则是"臣下"。这个"臣下"是大可玩味的。通常，人们一讲"谋反"，都以为是指老百姓造"天子""朝廷"的反。但从"臣下将图逆节"六字看，恐怕主要是指"臣下"即大大小小官吏的。《疏》议"谋反"有曰："为子为臣，惟忠惟孝。乃敢包藏凶慝，将起逆心，规反天常，悖逆人理，故曰'谋反'。""子"是与"民"连用，称"子民"的；而"下"则与"臣"连用，称"臣下"。《疏议》先释及"为子为臣……"，后又专门提出"臣下将图逆节"，透露了"十恶"之"谋反"一项，立法主旨是指向"臣下"的消息。显然，该项不能列入"专事镇压劳动人民"范畴。

"十恶"第二项为"谋大逆"，指的是"谋毁宗庙、山陵及宫阙"。这一项迹近"中性"，任何人"谋毁宗庙、山陵及宫阙"都属"谋大逆"。

"十恶"第三项为"谋叛"，指的是"谋背国从伪"。《疏》议"谋叛"则为"或欲翻城从伪，或欲以地外奔，"并举"莒牟夷以牟宴来奔，公山弗扰以费叛"为例做了说明。无论是从《疏议》文意看，还是从"谋叛"的实际可能看，该项矛头所向都是指管领"城、池、土、地"的大小官吏，尤其是军事长官，几与普通百姓无涉。

"十恶"第四项为"恶逆"，指的是"殴及谋杀祖父母、父母，杀伯叔父母、姑、兄姐、外祖父母、夫、夫之祖父母、父母"。该项属"中性"，不必细析。第五项为"不道"，指的是"杀一家非死罪三人，肢解人，造畜蛊毒、厌魅"。该项亦属"中性"，不必细析。

"十恶"第六项为"大不敬"，其内容除"盗大祀神御之物；盗及伪造御宝"既可针对劳动人民又可针对非劳动人民外，其余"合和御药""造御膳"等行为方面表现"无人臣之礼"者，显然都是指向大大小小有可能受命"和御药"、"造御膳"的官吏。也就是说，该

---

① 《晋书》卷30《刑法》，第929页。
② 《晋书》卷30《刑法》，第931页。

项主要是针对大大小小官吏的。

"十恶"第七项为"不孝"、第八项为"不睦"、第十项"内乱",同第四、第五项,亦属"中性",不管是何阶级、何地位的人,只要"不孝""不睦""内乱",均属"十恶",均应严惩。

"十恶"第九项为"不义"。其内容中"闻夫丧匿不举哀,若作乐,释服从吉及改嫁"是针对所有人的;而"杀本属府主、刺史、县令、见受业师,吏、卒杀本部五品以上长官",虽也可针对所有的人,但主要是针对"府主、刺史、县令"等的属吏,而非专事针对劳动人民。

综上所述,"十恶"中,六项为针对一切臣民的"中性"条款,四项是专门针对或主要针对大小官吏的,竟没有一条是"专事镇压劳动人民"的。前此上十成百本法律史书论及"十恶"都指斥其为"专门用以镇压劳动人民的反抗",显然是根本不顾唐律条款的具体规定而乱贴标签的结果。

20世纪80年代笔者在研究隋律时,初步发现并论述了"隋律对调整统治阶级内部矛盾的作用"①。当时笔者写道——

> 马克思说:"法……还必须是不因内在矛盾而自己推翻自己的内部和谐一致的表现。"② 一切封建法律(隋律当然也不例外),一方面是维护剥削制度、镇压农民的工具,另一方面又是调整统治阶级内部矛盾的工具,封建法律在其存在的成长过程中,始终在这两方面发挥作用,而不是仅仅表现为对劳动人民的专政作用。当然,这两方面作用的发挥,并非任何时候都是并重的。它们互相交织在一起,但又时有侧重。如果农民阶级和地主阶级的矛盾比较突出,法律就更多地显示其对农民实行专政的作用;如果统治阶级内部矛盾比较突出,法律就在调整统治阶级内部矛盾方面突出地发挥其作用。在封建社会,一个朝代兴起之初,往往因为统治阶级对劳动人民实行让步政策,使劳动人民得到一定程度的休养生息,阶级矛盾相对来说比较缓和。同时,统治阶级内部,尤其是统治集团上层,由于权力分配不均而勾心斗角,矛盾往往比较尖锐,甚至常常大动干戈。在这样的情况下,封建法律往往表现出一种"反常"的现象,即往往在对劳动人民做出"轻刑恤罚"的姿态的同时,却以法律手段无情地镇压统治集团内部的"叛逆"。隋初的情况就是如此,我们试以隋初实行"十恶之条"的情况为例加以说明。
>
> 《开皇律》有"十恶之条",其内容为:"一曰谋反,二曰谋大逆,三曰谋叛,四曰

---

① 倪正茂:《隋律研究》,法律出版社1987年版,第119—126页。
② 《马克思恩格斯书信选集》,人民出版社1962年版,第472页。

恶逆，五曰不道，六曰大不敬，七曰不孝，八曰不睦，九曰不义，十曰内乱。"①

有人认为，"十恶"在北齐律中即已出现，且归罪于鲜卑族统治者的残暴。章太炎就抱此说。② 这是值得商榷的。北齐律有"重罪十条"，即"反逆""大逆""叛""降""恶逆""不道""不敬""不孝""不义""内乱"。虽然大部分内容与隋律"十恶之条"相似，但还只是"十恶之条"的雏形。首次正式列名为"十恶之条"的，是《开皇律》，而非北齐律。唐朝的长孙无忌说："五刑之中，十恶尤切。……其数甚恶者事类有十，故称十恶。……周齐虽慝十恶之名，而无十恶之目。开皇创制，始备此科。"③ 这一说法是符合客观事实的。它同时说明，将"十恶之条"的创制归罪于鲜卑族统治者的残忍，是缺乏阶级分析的。法律的本质在于它的阶级性，即使它带有落后民族统治阶级的某些特征，但归根到底还是阶级性在起作用。正因如此，鲜卑族统治者也罢，汉族统治者也罢，都借用"重罪十条"或"十恶之条"来实行阶级的专政。

1949年以来所出版的史书和法律书籍，述及隋唐以来封建法律中的十恶之刑时，无一不是认定："十恶"的矛头，是对准广大劳动人民的，其目的在于维护封建地主阶级的政治统治和封建的社会秩序。

这一论断有正确的一面，即它指出了封建制法律的阶级实质。但也有偏颇的一面，即它将"十恶之条"仅仅看作是"对准广大劳动人民"，只用以调整农民阶级和地主阶级的关系，似乎它同调整封建地主阶级内部关系，特别是封建统治集团内部关系无涉。

对一切事物都必须做具体的分析。封建法律中的"十恶之条"，决不能以"矛头对准广大劳动人民"一言以蔽之。实际上，事情远非如此简单。试想，阶级关系、等级关系那么复杂的封建社会，只要其法律的矛头是对准劳动人民的，就能达到"维护封建地主阶级的政治统治和封建的社会秩序"的目的吗？封建地主阶级内部只有绝对的阶级利益的一致性，而没有这样那样的利害冲突以至严重斗争吗？封建法律同调整地主阶级内部冲突毫无关系吗？

马克思曾说：法律总是"由一定物质生产方式所产生的利益和需要的表现，而不是单个的个人恣意横行"④。有人认为隋文帝于公元581年颁行《开皇律》，对前朝法律做了许多改革，又于公元583年修改《开皇律》等举动，是由于隋文帝"性喜改革"之故。这种说法同上述马克思的观点是相悖谬的。诚然，隋文帝较之其他许多帝王确有"性喜改革"的特点。但《开皇律》以及其中的"十恶之条"，绝非孤家寡人的"恣意横

---

① 《隋书》卷20《刑法志》。
② 《五朝法律索隐》。
③ 《唐律疏议》。
④ 《马克思恩格斯全集》第6卷，人民出版社1961年版，第292页。

行",它不可能不是当时的"物质生产方式所产生的利益和需要的表现"。那么,从北周至隋,物质生产方式是否发生了根本性质的改变呢?没有。如果一定要说有什么改变的话,只能说是隋初的经济政策较之周末更适合当时生产发展的要求,因而比较受广大农民的欢迎,造成了"户口益多,府库盈溢"①的繁荣景象。在这样的情况下,劳动农民对新建立的杨氏政权,不可能立即采取激烈的反对态度。隋初几无农民起义的记载,较大规模的农民起义发生在开皇十年以后。这些情况,从正反两方面说明:隋承周祚,客观上并不存在制定"十恶之刑"以便从政治上加强对农民镇压的紧迫性。

隋初政治上的当务之急是什么呢?隋初,摆在杨氏统治集团面前的中心任务是如何加强中央集权制度,巩固国家的统一。这是关系杨氏集团生死存亡的头等大事,也是同整个地主阶级根本利益休戚相关的迫切问题。之所以如此,是因为隋之代周是中国历史上比较平静的一次朝代更替,但也正是因为太过容易,政变的胜利者反而不可能像经过长期流血斗争而获胜的帝王那样,比较彻底地肃清一切公开的和潜在的敌对分子。"谋反""谋大逆""谋叛"者,还大有人在。忠于北周的皇族、旧臣,随时都可能死灰复燃,卷土重来。骨鲠在喉,岂可不吐?眼中有刺,安能等闲!制定"十恶之条"的高压性法律,正是为了预防与镇压统治阶级营垒内部的叛逆。

事实正是如此。在杨坚夺袭帝位的过程中,他先后诛杀了北周的赵王招、越王盛、陈王纯、代王达、滕王逌,镇压了周室勋贵相州总管尉迟迥、益州总管王谦、郧州总管司马消难的叛乱。但这并没有彻底平息周室旧臣的反抗。"周室旧臣,咸怀愤惋"②,即是当时杨氏集团与北周宇文氏集团余党的矛盾的写照。即使是杨氏集团内部,以及曾支持杨坚夺袭帝位的统治阶级上层人物,其实也是互相利用、各怀鬼胎、阴有异图的。面对这一现实,所谓"性喜改革"的杨坚,即位之后便不得不首先着手更定律令,改北齐律之"重罪十条"而立"十恶之目",以便借助法律手段,镇压统治阶级营垒内部的反叛分子。

史书评论隋文帝时,虽各有参差,但断言他"猜忌苛察"③却略无异词。这一断言是有充分的事实作为根据的,但问题在于把一个朝代、一个社会的重大政治事件、经济措施归结为最高统治者某种性格的产物,却远离了历史唯物主义的观点。隋文帝对统治集团营垒内部的勾心斗角严加防范,对叛逆者严加惩处,绝不是毫无根据的"猜忌"所引起的。它取决于当时客观存在的内部分歧与争斗。这方面的例子比比皆是。例如:

《隋书·列传第九》载,滕穆王杨瓒早在杨坚尚未袭帝位时,便企图作乱,"瓒见

---

① 《隋书》卷19《食货志》。
② 《隋书》卷2《高祖纪》。
③ 《资治通鉴·隋纪四》。

高祖执政，群情未一，恐为家祸，阴有图高祖之计"。待杨坚当了皇帝之后，虽被立为滕王，却终不免被鸩杀。

被封为郢国公的王谊，与大臣元谐等企图谋反，被胡僧告发，问罪坐死。隋文帝在诏书中说："谊，有周之世，早豫人伦，朕共游庠序，遂相亲好。然性怀险薄，巫觋盈门，鬼言怪语，称神道圣。朕受命之初，深存戒约，口云改悔，心实不悛。……自言相表当王不疑。此而赦之，将或为乱，禁暴除恶，宜伏国刑。"①

竭力扶助杨坚篡位的刘昉、郑译，也同杨坚争权互斗。如据《隋书·刘昉传》载：杨坚"受禅"后，刘昉"进位柱国，封舒国公"。但事隔不久，刘昉即与宇文忻、梁士彦等"相与谋反，推梁士彦为帝，后事泄，下诏诛之"。隋文帝在诛杀刘昉等所下的诏书中说：刘昉、梁士彦，宇文忻等，"荣高禄重……但心如溪壑，志等豺狼，不荷国恩，忽谋逆乱。……人之奸诈，一至于此！""虽国有常刑，罪在不赦。"杀了不算，还"尽取昉、忻、彦三家资物置于前，令百僚射取之"。

最能说明问题的是卢贲事件。卢贲曾赞助杨坚建立隋朝政权，官至散骑常侍，兼太子左庶子、右领军、右将军。"时高颎、苏威共掌朝政，贲甚不平之。柱国刘昉时被疏忌，贲因讽昉及上柱国元谐、李询、华州刺史等，谋黜威，五人相与辅政。又以晋王上之爱子，谋行废立。……谋泄，上穷其事。"后来几经反复，"遂废于家"。为什么不杀呢？杨坚说到不杀卢贲的原因时，还谈及他对赞助他篡位的上层统治集团中的一批人物的看法，很值得注意。杨坚说："我抑屈之，全其命也。微刘昉、郑译及贲、柳裘、皇甫绩等，则我不至此。然此等皆反复子也。当周宣帝时，以无赖得幸，及帝大渐，颜之仪等请以宗王辅政，此辈行诈，顾命于我。我将为治，又欲乱亡。故刘昉谋大逆于前，译为巫蛊于后。如贲之徒，皆不满志。任之则不逊，致之则怨，自难信也，非我弃之。"② 这短短一段话，和盘托出了杨坚的全部心事。由此完全可以断定，他要采取种种政治措施解决"此等反复子"篡权乱国的危险性。而立"十恶之条"，可以使他得以凭借法律手段名正言顺地清除"谋反""谋大逆""谋叛"者。因此，《开皇律》之有"十恶之条"，就不足为奇了。

据史籍记载，隋文帝杨坚确有"猜忌苛察"的特性。但其所"猜"所"忌"及所"苛察"责罚，始终紧紧围绕加强以杨氏集团为中心的中央集权政府和巩固国家统一这个根本点上。即使举措失误、错杀大臣，原因也在于此。而这恰恰从反面说明"十恶之条"的矛头首先是指向统治阶级营垒内部的叛逆的。《隋书》记载了许多这方面的案例。

例如，上柱国王世积、鲁国公虞庆则、大将史万岁等都是死于非命而致天下称冤

---

① 《隋书》卷40《王谊传》。
② 《隋书》卷38《卢贲传》。

的。① 这些例子充分说明，不管资格多老、功劳多大、官位多高，只要危及封建地主政权的统治中枢，甚至仅仅是捕风捉影的诬告、传言、谣诼，也都会被依"十恶之条"处以极刑。

对以上所说，人们也许会提出两点疑问。

其一，这样说来，封建制法律岂不是不维护地主阶级利益、不维护地主和官僚的特权了吗？这不等于否定封建制法律的地主阶级阶级性本质吗？

关于封建制法律的阶级性本质，不能仅看表面，必须看它的根本。所谓维护地主阶级的利益，不仅仅是表现为维护地主阶级个别成员的利益。而且，一旦个别成员的利益同整个地主阶级的利益发生冲突，局部的利益同整体利益发生冲突，就必须从整个阶级的利益出发，牺牲其个别成员的利益，牺牲局部利益。因此，"十恶之条"矛头指向统治阶级营垒内部的叛逆，就是为了维护整个地主阶级的根本利益。

至于特权，总的来说，地主、官僚有肆意横行而逍遥法外的特权。但也只是"总的来说"而已，并非一切方面、毫无限制地享用特权。"官当""赎""请""减""免"以及"特赦"等，是地主和官僚享有的特权，但这只是事情的一个方面。另一面，则是"十恶不赦"。隋文帝给当时无比"贵盛"的太师李穆下的诏书说明了一切："礼制凡品，不拘上智；法备小人，不防君子……自今已后，虽有愆罪，但非谋逆，纵有百死，终不推问。"② "法备小人，不防君子"，说的是隋律是为"君子"即地主阶级服务的，是维护地主阶级利益、镇压"小人"即劳动人民的反抗的工具。但有一个限度，即不得"谋逆"，在这个限度之内，"纵有百死，终不推问"；在这个限度之外，则"十恶不赦"，必死无疑。这是地主阶级最高利益的需要，它同样体现了封建制法律的地主阶级阶级性本质。

其二，隋初"十恶之条"的矛头既然主要指向统治阶级内部的叛逆，那么不是不指向劳动人民了吗？

其实，二者是并行不悖的。"十恶之条"既用来对付封建统治阶级内部的叛逆，也用来对付劳动人民。但《开皇律》颁行以后，就其实施过程来看，前期主要是施之于封建统治阶级内部的叛逆。正是在这个意义上，我们反对过去那种贴政治标签的做法，反对不加分析地认为"十恶之条"的矛头仅仅只是指向劳动人民的观点。

应当检讨的是：第一，当时还受"左"的思想的影响，未能摆脱"左"的教条的束缚，更加科学地、客观地论述隋律"十恶"的性质与作用；第二，从方法论上看，则是未对隋律"十恶"条一一细析、深究，只是粗枝大叶地述评一下而已。现在对唐律"十恶"条的比较具体细致的分析，也算是自己对自己的一点批判与"反拨"吧。

---

① 《隋书》卷40、卷53之《王世积传》《虞庆则传》《史万岁传》。
② 《隋书》卷37《李穆传》。

现在笔者继续来细析《唐律疏议》。

《唐律》之《名例》篇第七条为"八议"。"亲""故""贤""能""功""贵""勤""宾"八者，"若犯死罪，议定奏裁，皆须取决宸衷，曹司不敢与夺……以此八议之人犯死罪，皆先奏请，议其所犯，故曰'八议'"。"八议"在多大、多深的程度上起着镇压劳动人民反抗的作用，是否属于"专事镇压劳动人民"的条款呢？笔者以为：第一，"八议"条将"应八议者"与非"应八议者"加以划分，同样犯罪不同对待，有其可批可反之处，但并非"专事镇压劳动人民"的条款。甚至可以说，该条与"专事镇压劳动人民"无涉。第二，如前所说，非"应八议者"还包括广大中小地主和部分大地主，恰恰证明该条并非"专事镇压劳动人民"，或曰该条内容否定了"八议"属"专事镇压劳动人民"之说。第三，"应八议者"犯罪是否可以尽行豁免罪责？完全不是。死罪以下，照惩不误；只有"犯死罪"才"皆先奏请，议其所犯"，而且"议定"之后还须"奏裁"，"曹司"是"不敢与夺"的，"皆须取决宸衷"，听凭皇上"终审"而已。综上所述，"八议"条并不能反映《唐律》在多大、多深的程度上专门用以镇压劳动人民反抗。其实，当代虽无"八议"条款之设，"八议"的实际操作还不能说已经绝迹，只不过另有巧立的名目，做得比较冠冕堂皇而已。如果因此说当代法制"专事镇压劳动人民"，恐怕谁也会说"无限上纲"的吧。

《唐律》之《名例》篇第八至十六条，为对第七条"八议"的细化，近乎"八议"律条的"实施条例"。从这九条可以看出，《唐律》对"应八议者"有所偏袒，表现在处罚得更加审慎、比常人轻减一等或可以铜相赎两个方面；但从另一方面看，却可得出这样的结论：这九条是"专事针对犯罪的八议者"的。

《名例》篇第十七至二十三条，有两方面的内容：其一是所谓"官当"，如第十七条规定："诸犯私罪，以官当徒者，五品以上，一官当徒二年；九品以上，一官当徒一年。若犯公罪者，各加一年当。……"其二为犯奸、盗、略人等，以及官吏的其他犯罪，如"府号、官称犯父祖名，而冒荣居之""在父母丧，生子及娶妾""兄弟别籍、异财，冒哀求仕"等的处罚办法。这七条显然是专门针对官吏设立的。

《名例》篇第二十四至二十七条为对非"应八议者"及没有资格"官当"而犯流罪、死罪者及其家属的具体处理办法。对这三条应注意以下两点：其一，可"八议""官当"者以外的人，不仅有劳动人民，而且也包括大部分的大中小地主，所以都不属"专事镇压劳动人民"的；其二，对某些特殊情况如"会赦""祖父母，父母老疾应侍"的特殊处置办法的具体规定。这些具体规定，一是针对所有阶级、阶层的人，二是一定程度上体现了人道主义精神。

《名例》篇第二十八条为对"诸工、乐、杂户及太常音声人"犯流、徒罪时的特殊规定。《疏》议曰："此等不同百姓，职掌唯在太常、少府等诸司"，故犯流、徒罪时，也有不同于百姓的处置。这一条至少不是"专事镇压劳动人民"的。

《名例》篇第二十九至三十一条为对"已发""已配"而"更为罪者""年七十以上、十五以下及废疾者"或犯罪时未老、疾而事发时老、疾者的处罚规定。这些规定是针对所有诸如此类犯罪者的,是谓"中性"。值得注意的是,有关规定体现了一定的人道主义精神。

《名例》篇第三十二至三十五条为对赃罪的一些具体规定,并无特定的针对人,也属"中性"规定,不能视为"专事镇压劳动人民"。如第三十二条规定"诸彼此俱罪之赃及犯禁之物,则没官。取与不和,若乞索之赃,并还主"等,显无针对劳动人民之嫌。

《名例》篇第三十六条规定:"诸会赦,应改正、征收,经责簿账而不改正、征收者,各论如本犯律。"释文谓"以嫡为庶,以庶为嫡、违法养子、私入道、诈复除、避本业、增减年纪、侵隐园田、脱漏户口之类,须改正;监临主守之官,私自借贷及借贷人财物、畜产之类,须征收"。"改正",涉及各色人等,但《疏》议举例时,大多以王、公、侯、伯、子、男的嫡、庶传承为例,可见注意力的重点在"官"而不在"民"。"征收",则专事规范为"官"者。可见本条主要是针对统治阶级营垒中人而设立的。

《名例》篇第三十七至三十九条是对自首的免、减刑罚的规定,不分尊卑贵贱,属"中性"条款。

《名例》篇第四十、四十一条是对官吏犯公罪的处置办法。这两条是专对官吏而与百姓无涉的,根本不属对劳动人民的镇压。

《名例》篇第四十二至四十四条为对共犯的处罚规定,不分尊卑贵贱,亦属"中性"条款。

《名例》篇第四十五至五十条为对累犯、同居容隐、化外人及"制""例"关系、"断罪而无正条"等的规定,亦属"中性"条款。其中第四十七条规定"诸官户、部曲、官私奴婢有犯,本条无正文者,各准良人"(第一款),表明唐律对虽为奴婢而犯罪者,也视同一般"良人",不因其为奴婢而加重。虽然后续各款有祖护犯罪奴婢的倾向,而原因是其主人为官或富户,但至少不能由此而得出该条各款为"专事镇压劳动人民"性质的。

《名例》篇第五十一至五十七条为对一系列法律概念(如"乘舆""车驾""期亲""反坐""监临""日""众""加""减""道士""女官"等)的界定,并无人际关系之倾向,为"中性"条款。

综观《唐律》之《名例》篇,五十七条中共有三十五条为"中性"条款;有三条是针对官吏的,毫无偏袒之,另有十八条也是用于治吏的,略有偏袒;此外还有一条是治理工、乐、杂户犯罪的。

《名例》之后为《卫禁》。其中,第五十八至七十九条为对"敬上防非"的"警卫之法",重在捍卫皇族、宫殿等的安全;第八十条为对擅越城、关的规范,第八十一至九十条为对边城关寨安全的规范。这三十三条可分三个方面看:其一,为维护皇权、政权的卫禁规定,用以防范任何侵犯皇权、政权的犯罪。这些规定并不"专事镇压劳动人民",因为即便是重臣达官,如"阑入宫闱"也是要受严惩的。同时,由于禁卫森严,得以靠近宫阙或在宫阙逗留因而有犯禁可能的,多半不是普通民众,因此,立法者的意图显然重在防范有进出宫闱之权的官吏、卫士的犯罪。退一步，把这些条款视为"中性"条款并无不妥。其二，为维护边境安全的卫禁规定。这当然与"专事镇压劳动人民"无涉。其三，从第八十条起至第九十条，大部分是对守关人员尤其是官员的行为规范，严禁这些人放松关防，否则严惩。如第八十四条规定："诸关、津度人，无故留难者，一日主司笞四十，一日加一等，罪止杖一百。"第八十五条规定："诸私度有他罪重者，主司知情，以重者论；不知情者，依常律。"

综上所述，《唐律》的《卫禁》篇三十三条中，有二十二条为"中性"条款，另十一条是规范卫士、官吏行为的，均不属"专事镇压劳动人民"的性质。

或谓：禁卫森严的目的就是防范和镇压劳动人民的反抗斗争。

窃以为，这是似是而非的观点：首先，宫阙皇苑的森严警卫，维护的是皇权、皇族的安全利益，而他们只是统治阶级的一个阶层。其次，津、关、边塞的禁卫，事涉交通运输、经济贸易和其他社会交往，是管理社会、维护正常社会秩序和经济秩序的需要，尤其是抵御外侮的需要。其三，虽然其中也包含了严防劳动人民反抗的任务，但更多的是包含防范统治阶级内部倾轧、争斗的需要。因此，将思维指向"专事镇压劳动人民"的定式，是十分不妥的。

《唐律》之《职制》篇，从第九十一条至一百四十九条，全部为官员（及其家属、奴婢等）的行为规范。对官员及其家属、部属乃至其奴婢等的管束，不可谓不严厉。这些严厉的规范，不仅管束其公务行为，而且也管束其日常生活。这里试举几例，以供分析这些条款的性质、功能之用：

第九十一条规定："诸官有员数，而署置过限及不应置而置，一人杖一百，三人加一等，十人徒二年……"有这样的规定，冗员自免，白吃皇粮者大减，不必天天讲"精兵简政"，更不会越讲官越多。这当然有利于"减轻老百姓负担"。

第一百二十条规定："诸闻父母若夫之丧，匿不举哀者，流二千里；丧制未终，释服从吉，若忘哀作乐者，徒三年；杂戏，徒一年；即遇乐而听及参预吉席者，各杖一百。"

第一百二十九条规定："诸乘驿马赍私物，一斤杖六十，十斤加一等，罪止徒一年。"《疏议》曰："乘驴马者，惟得赍随身所需衣、仗。衣谓衣、被之属，仗谓弓刀之类。除此之外，辄赍行者，一斤杖六十……"。

第一百三十五条规定："诸有所请求者，笞五十；主司许者，与同罪。已施行，各杖一百……"第一百三十六条规定："诸受人财而为请求者，坐赃论加二等……"第一百三十九条规定："诸有事先不许财，事过之后而受财者，事若枉，准枉法论；事不枉者，以受所监临财物论。"行贿、受贿都得受惩罚；事后收取请托者的财物，而办了"不枉"之事，也作贪污论罪；而若办了"枉"事，则要加重，作"枉法"惩处，更不用说事前了。

按第一百四十三条的规定，拿现在的事来比照，假若"公车私用"就是贪污："诸监临之官，私借奴婢、牛马驼骡驴、车船、邸店之类，各计庸、赁，以受所监临财物论。"

第一百四十二条第二款规定："若买卖有剩利者，计利，以乞取监临财物论。强市者，笞五十；有剩利者，计利，以乞取监临财物论。"第一百四十六条规定："诸监临之官家人，于部所……买卖有剩利之属，各减官人罪二等；官人知情与同罪……"

第一百四十七条甚至还规定离任之官如果收受部属、百姓馈赠，也要惩处："诸去官而受旧官属、士庶馈与，若乞取、借贷之属，各减在官时三等。"防范官吏贪贿不法，是何等严格、严密、严肃！

总之，《唐律》之《职制》篇共五十九条，都是约束官吏行为的，与"专事镇压劳动人民"风马牛不相及。

或谓：其中第一百零四条规定"诸御幸舟船，误不牢固者，工匠绞"，这总是对付劳动人民——"工匠"的吧。需加注意的是，该条此款后有一小注曰："工匠各以所由为首。"《疏》议曰："注云'各以所由为首'，明造作之人，皆以当时所由人为首。"可见惩处的不是全体工匠、一般工匠，而是"所由人"，即责任人，但这责任人一般都是工头。

《唐律》之《户婚》篇共四十五条。第一百五十至一百六十一条为对有关户籍的规定，严格规定了户籍制度，一以保证征税、征兵，一以有利于维护社会治安。这十二条规定有三点值得注意：其一，都是针对一切住户住民的，并不专对劳动人民。如第一百五十五条规定："诸祖父母、父母在，而子孙别籍、异财者，徒三年。"其二，不少条款是对官吏在户籍管理行为上的规范。如第一百五十一条规定："诸里正不觉脱漏增减者，一口笞四十，三口加一等；过杖一百，十口加一等，罪止徒三年。"一百五十二至一百五十四条则是对里正以上的州、县官吏同类行为的规范。其三，还有一些条款不但不属"镇压劳动人民"，反而是有利于"解放"劳动人民的。如第一百六十条规定："诸放部曲为良，已给放书，而压为贱者，徒二年……"

第一百六十二、一百六十三条为对户内财产管理的规范，保证长辈的尊严与财产控制权。这对任何阶级、阶层的家庭都有效，是为"中性"。

第一百六十四至一百六十八条为对占田过限及侵损公、私田权益关系的规定，对人人均有约束力；而对官吏惩处尤严，如第一百六十七条专为"在官侵夺私田"而设定，严禁官员侵夺私田。

第一百六十九至一百七十四条为对官吏、里正经济管理职责方面的规范。如第一百六十九条规定："诸部内有旱涝霜雹虫蝗为害之处，主司应言而不言及妄言者，杖七十。复检不以实者，与同罪。若致枉有所征免，赃重者，坐赃论。"第一百七十条规定："诸部内田畴荒芜者，以十分论，一分笞三十，一分加一等，罪止徒一年。"第一百七十三条规定："诸差科赋役违法及不均平，杖六十。若非法而擅赋敛，及以法赋敛而擅加益，赃重入官者，计所擅坐赃论；入私者，以枉法论，至死者加役流。"诸如此类的规定，怎么也扯不到"专事镇压劳动人民"上去，显系专事管束官吏的。

第一百七十五至一百九十五条为对婚嫁（包括离婚）事项的规定，针对所有的人而不分阶级。可加谴责的有如下几点：一是充斥其中的封建父权与夫权，但这与"专事镇压劳动人民"是两回事。二是奴婢、杂户阶层受歧视。如第一百九十二条规定："诸杂户不得与良人为婚，违者，杖一百。官户娶良人女者，亦如之。良人娶官户女者，加二等。"

综上所述，《唐律》之《户婚》篇四十五条中，属"中性"的有三十八条，另七条全部属严厉管束官吏的。

《唐律》之《户婚》篇后为《厩库》篇，共二十八条，第一百九十六至二百零二条为对官厩管理的规定，管理不善导致畜养之马牛等严重死、失的要加以惩处。惩处对象包括管厩的官吏和从事畜养的"牧子"，但主要是针对官吏的。如第一百九十六条规定："新任不满一年，而有死、失者，总计一年之内月别应除多少，准折为罪……"《疏》议曰："'新任不满一年'，谓牧尉、牧长、牧子未满期年，而有死、失……牧尉及监各随所管牧多少，通计为罪，仍以长官为首，佐职为从。"

《厩库》篇第二百零三至二百零七及二百零九条为对保护官、私畜产及管制畜、犬伤人的规定，均属"中性"。如第二百零九条规定："诸放官私畜产，损食官私物者，笞三十；赃重者，坐赃论……"；第二百零八条则为专对"监临主守"者的规定："诸监临主守，以官奴婢及畜产私自借，若借人及借之者，笞五十……"

第二百一十至二百二十三条为对"库"即官方"兵甲财帛之所藏"处的管理规定，全部是对管库官吏的约束性规范。其中第二百一十七条为既对官亦对民的规定，但从《疏议》看，重点是针对官吏的规定。

综上所计，《厩库》篇二十八条中除六条为"中性"者外，其余二十二条均为专对官吏而毫不宽待的严格规定。整个《厩库》篇，并无"专事镇压劳动人民"之嫌。

紧接《厩库》的是《擅兴》篇，《疏》议曰："大事在于军戎，设法须为重防。厩库足讫，须备不虞，故此论兵次于《厩库》之下。"从第二百二十四条"擅发兵"起至第二百二十七条，为对发兵马、动粮草的规定，显系规范将官行为之需。

第二百二十八至二百三十一条主要为对"征人"的规范。"征人"有劳动人民，也有非劳动人民，因而并非"专事镇压劳动人民"的条款。如第二百二十八条规定："诸征人冒名相代者，徒二年；同居亲属代者，减二等。"《疏》议曰："如有违者，首徒二年，从减一等。"据我的理解，"冒名相代"者多半发生于以贫代富而从征，"主"必为富人，穷人则为"从"。《唐律》此条的规定是顾及了富贫之人的"主从"关系的。

第二百三十二至二百三十五条为对主将泄密、不固守阵地、临阵退却、私放征人等的惩戒规定，不是针对士兵的。

第二百三十六、二百三十七条为对临阵或镇、戍之士兵的规定，严禁"巧诈以避征役""冒名相代"，若有所犯，必严厉惩处。虽包含有"主司不加穷核而承诈者，减罪二等"等规定，但重点是在防止士兵犯罪。

第二百三十八至二百四十一条，为对军需戎仗的出给、制造等的规定，是专对主管将官而制定的。第二百四十二条则为对制造军需品的工匠的行为规范。

第二百四十三条为对"私有禁兵器者"的处罚规定。犯罪者处罚至流刑、绞刑。法制史书素以此类规定为"专事镇压劳动人民反抗"的条款。但这也是偏见，举凡"私有兵器者"皆受此条管束，即便是大地主、大官僚也不能例外。

第二百四十四至二百四十六条为对官役工力、丁夫、杂匠的约束性戒条。采药、取材而不能用甚至毁坏崩撤而误杀、伤人；丁夫、杂匠稽留不赴等，都要严惩。虽然其中也有关于主司管理不善处罚更严的规定，但总的来说，这些条款确是主要对付劳动人民的。

第二百四十七条则是对监当官司（监临官）的约束性规定，严禁私使兵防、私使工匠，否则处以重刑重罚。

综上所析，《唐律》之《擅兴》篇二十四条中，"中性"条款五条，专对官吏的十六条，专对或主要对普通劳动者的三条。

《唐律》之《贼盗》篇共五十四条。第二百四十八至二百六十条为对谋反、谋大逆、谋杀、劫囚、绑架、杀人私和等的处罚规定。虽然《名例》篇已有原则规定，但这些"十恶"之罪的具体形态在《贼盗》篇中做进一步的细致规定，是立法的必要，一如"总则"之外应有"分则"一般。这些规定并不特别指向某一阶级或阶层，因而是"中性"条款。

第二百六十一至二百六十九条为对伤人、造畜蛊毒、残害尸体、毁坏坟墓、传造妖书妖言、无故而夜入人家等犯罪的处罚规定，对一切阶级、阶层的罪犯都同样有效，亦属"中性"条款。

第二百七十至二百八十二条、二百六十四至二百六十九条为对盗窃神器御宝、公私财物、毁坏天尊佛像、盗墓等犯罪的处罚规定。第二百八十三条为对"监临主守自盗"等的处罚规定。这二十条中，十九条为"中性"条款，一条专对官吏，都不是"专事镇压劳动人民"的。

第二百九十至三百条为对以私财物贸易官物、辄取他人采集的山野之物、买卖人口、与盗分赃或共盗、断后累盗等犯罪的处罚规定，全部对所有的人有法律约束力，是为"中性"条款。

第三百零一条为对里正与州、县官管辖区内发生盗案的处罚规定，处罚对象为里正及其以上的州、县地方长官。虽然这样规定目的是驱使地方官加强对盗贼的防范打击，但由于任何阶级、阶层出身的盗贼都为立法所禁止，因此不能由此推断第三百零一条及前此各条都是专为镇压劳动人民而设置。

综上所计，《唐律》之《盗贼》篇五十四条中，五十二条为"中性"条款，二条为专对官吏的条款。

《唐律》之《斗讼》篇共六十条。第三百零二至三百一十一条为对斗殴及致人死伤的处罚规定。被处罚者可以是任何一个犯罪人，属"中性"条款。

第三百一十一条为对宫殿内纷争、斗殴的处罚规定，虽也是针对任何人的，但能进入官、殿内的多半只能是达官显宦，连一般中小官员也是望尘莫及的，因此，可视为针对官员的规定，至少可视为主要矛头并非针对劳动人民。

第三百一十二至三百一十八条为对官吏（卒）及其家属殴及互殴致伤、残等的犯罪的处罚规定，显系专为对官吏所设条款。

第三百一十九条为对拒州、县以上使者的处罚规定；第三百二十条为对部曲、奴婢殴伤、死良人等的处罚规定，明显偏袒"良人"，属对"贱民"——劳动人民的压制性规定。但第三百二十条还有一款规定"良人……故杀部曲者，绞"的规定。这是十分可加注意的。

第三百二十一至三百二十二条为对主人不请官司而擅杀有罪或无罪奴婢、殴打部曲致死等的处罚规定，虽为对主人的管束，但宽大到"无罪而杀者，徒一年"，是对部曲、奴婢生命权的极端藐视，实际上起了保护地主、镇压"贱民"的恶劣作用。第三百二十三条规定部曲、奴婢过失杀主应处绞刑等；第三百二十四条则规定过失殴杀部曲、奴婢而"勿论"，作用同三百二十一、三百二十二条。

第三百二十五至三百二十九条为对夫妻相殴、亲属相殴或幼詈长、妻妾詈夫、斗殴误杀伤傍人、戏杀伤人、过失杀伤人等的处罚规定，含有对妇女、低幼辈的权利轻视，但从这些规定具有普适性来看，都不专为"镇压劳动人民"而设。

第三百四十条为对既知谋反等而不告的处罚规定；第三百四十一至三百四十四条为关于诬告的处罚规定；第三百四十五条为对告祖父母、父母者的处绞规定；第三百四十六至三百四十九条为对卑幼告尊长的处罚规定，都不分阶级、阶层，属"中性"条款。

第三百五十、三百五十一条属关于诬告、投匿名书告人方面的处罚规定。其中包含了卑告尊的加重处罚，但它仍有普适性，因而基本上还属"中性"条款。

第三百五十二至三百六十条为对狱囚告举、凡人告状的状纸书写、挝登闻鼓等方面的处理规定，大体属"中性"条款，人人皆得遵行，无有例外特权。

第三百六十一条为对监临主司的举劾规定，是对官吏加以约束的条款。

综上所析，《唐律》之《斗讼》篇六十条中，有九条专对官吏，六条专对劳动人民，四十五条属"中性"。

《唐律》之《诈伪》篇共二十七条。从第三百六十二条至第三百六十八条，均为涉诈、涉伪的犯罪的处罚规定。包括伪造皇帝八宝、伪写官文书、买卖伪造宝印、上书不实、非正嫡而袭爵、诈欺官司以取财物、诈为瑞应、教唆犯法、诈称疾病而规避使役、诈医疗、诈陷人、诈证、诈译等的处罚规定，都是普适性的"中性"条款。

《唐律》之《杂律》共六十一条。第三百八十九至三百九十五条、三百九十七至四百零六条、四百一十至四百一十五条、四百一十八条、四百二十至四百二十三条、四百二十五条、四百二十七至四百三十四条等，均为"中性"规定，普适于所有的人。如第三百九十条规定："诸国忌废务日作乐者，杖一百；私忌，减二等。"第四百零五条规定："诸占固山野陂湖之利者，杖六十。"第四百一十条规定："诸奸者，徒一年半；有夫者，徒二年。"这些"中性"条款中，含有对部曲、奴婢的歧视，如第四百一十条前引后规定"部曲、杂户、官户奸良人者，各加一等"而"奸官私婢者，杖九十"，比"诸奸者，徒一年半"大大减轻。但这些歧视性规定并不足以说明有关条款是为"专事镇压劳动人民"而设置的，因为地主、贵族出身的如有违犯，立法规定也同样处罚。

第三百九十六条、四百零七至四百零九条、四百一十六至四百一十七条、四百一十九条、四百二十四条、四百二十六条、四百三十五至四百四十条为专对大小官吏及地主富户所做的规定。如第三百九十六条规定："诸丁匠在役及防人在防，若官户、奴婢疾病，主司不为请给医药救疗者，笞四十；以故致死者，徒一年。"第四百一十六条规定："诸监临主守，于所监守内奸者，加奸罪一等。"第四百三十七条规定："诸弃毁符、节、印及门钥者，各准盗论；亡失及误毁者，各减二等。"

第四百四十一至四百五十条，均为"中性"条款。如第四百四十一条规定："诸于官私田园，辄食瓜果之类，坐赃论；弃毁者，亦如之；即持去者，准盗论。"其中第四百四十九条规定："诸违令者，笞五十；别式，减一等。"第四百五十条规定："诸不应得为而为之者，笞四十；事理重者，杖八十。"这两条可涵盖一切律文所明确规定的事项。《疏》议曰："杂犯轻罪，触类弘多，金科玉条，包罗难尽。其有在律在令无有正条，若不轻重相明，无文可以比附。临时处断，量情为罪，庶补遗阙，故立此条。……"这两条可谓范围"无穷大"地行使司法权的"中性"立法依据。仅此两条，即足以说明"专事镇压"云云多么轻率。

综上所析，《唐律》之《杂律》六十一条中，有四十七条为"中性"条款，十四条为专对官吏的条款。

《唐律》之《捕亡》篇共十八条。第四百五十一至四百五十二条、四百五十五条、四百六十四条、四百六十六至四百六十七条，为对负有逮捕罪犯之责的将吏、官员而设置的行为规范。受命追捕的将吏官员不作为或不奋力作为，都要处刑。如第四百五十一条规定："诸罪人逃亡，将吏已受使追捕，而不行及逗留；虽行，与亡者相遇，人仗足敌，不斗而退者，各减罪人罪一等；……"第四百五十五条规定："诸捕罪人，有漏露其事，令得逃亡者，减罪人罪一等。"或谓，诸如此类的规定实质上是为镇压"犯罪"的劳动人民。这一论点的前提必须是所有"逃亡"的"罪人"都是劳动人民。但从前此的分析可知，占绝大多数的条款都是属"中性"，因此犯罪者完全可能是其他阶级的人。也就是说，上述论点的前提有误，当然结论也不能成立。

第四百五十三至四百五十四条、四百五十六至四百六十条、四百六十二条、四百六十五条、四百六十八条均属"中性"条款，对所有相关的人均有法律约束力。如第四百五十四条规定："诸追捕罪人而力不能制，告道路行人，其行人力能助之而不助者，杖八十；势不得助者，勿论。"

第四百六十一条、四百六十三条为专对在役厂夫、杂匠、工、乐、杂户、官户、官奴婢、部曲、私奴婢等逃亡行为的处罚规定。这些人比一般劳动人民的地位还低。因而，其性质可视为"专事镇压劳动人民"的条款。虽然这两条同时还含有对官吏行为的规范，如第四百六十三条规定："主司不觉亡者，一口笞三十，五口加一等，罪止杖一万。故纵官户亡者，与问罪；奴婢，准盗论。"但这些规定实际上最终都指向逃亡的官户、官奴婢。

综上所析，《唐律》之《捕亡》篇十八条中，"中性"条款共十条，专对官吏的六条，专对劳动人民的二条。

《唐律》之末篇《断狱》共三十四条。除第四百七十一条，四百七十五条、四百八十九条等三条外，其余三十一条都是规范狱吏行为的，属专对官吏的规范。第四百七十一条、四百七十五条、四百八十九条规定在狱囚徒的行为，对一切囚徒均有法律约束力，属"中性"规范。

通过以上对《唐律》各篇的细析，现在我们将"总账"核算如下：《唐律》十二篇五百零二条中，总共有二百八十九条为"中性"条款，几乎是适用于皇帝以外的所有人的；有一百九十八条是针对官吏而略有偏袒（如与民同罪而处刑略轻）；另有十五条是专对劳动人民包括奴婢、杂户等的。这是一笔"总账"，也许其中有那么几条的"定性"有问题，但即使如此，区区几条也改变不了总的判断：

第一，《唐律》五百零二条中，占57.5697％的二百八十九条既是"中性"的，那么《唐律》的管理全社会的功能就是最主要的；

第二，《唐律》五百零二条中，占39.4422％的一百九十八条既是专对官吏的条款，可见《唐律》的"治吏"功能是十分突出的；

第三，《唐律》五百零二条中，仅占2.988％的十五条虽是专对劳动人民的条款，但因所占比率极小，所以根本不能据此断定《唐律》是"专事镇压劳动人民"的法律。

三

或谓：所云"中国古代法律是否专事镇压劳动人民"，不能只看法律文本，还应而且主要应看法制实施状况，看法律实践。君不见《隋书》所记隋炀帝末年的以下惨状吗？

"后帝乃外征四夷，内穷嗜欲，兵革岁动，赋敛滋繁。有司皆临时迫胁，苟求济事，宪章遐弃，贿赂公行，穷人无告，聚为盗贼。帝乃更立严刑，劝天下窃盗已上，罪无轻重，不待闻奏，皆斩。百姓为相群聚，攻剽城邑，诛罚不能禁。帝以盗贼不息，乃益肆淫刑。九年，又诏为盗者籍没其家。自是群贼大起，郡县官人，又各专威福，生杀任情矣。及杨玄感反，帝诛之，罪及九族。其尤重者，行轘裂枭首之刑。或磔而射之，命公卿已下，脔其肉。百姓怨嗟，天下大溃……"①

---

① 《隋书》卷20《刑法志》。

对此，应做如下分析：

首先，"中国古代法律是否专事镇压劳动人民，不能只看法律文本"一说，几乎是"绝对真理"。但是，必须加上一句话："不能不看法律文本。"而一加上这句话，就会发现或谓"不能只看……"一说，实际上是、至少是企图撇开法律文本，亦即不管立法状况，只讲司法状况。这当然是十分片面的。

而一加上"不能不看法律文本"几个字，就会导致以下结果："法律文本"如何，亦即立法及立法成果如何？是否进行"专事镇压劳动人民"的立法，立法成果是否"专事镇压劳动人民"？这一点，从对《唐律》的不厌其烦的分析中，已得到明确的结论：唐律的制订和所制定的《唐律》及其《疏议》，不仅都说不上"专事镇压劳动人民"，而且还应如实地说《唐律》除管理社会的功能、职能外，主要矛头倒是指向大大小小官吏的。

其次，《隋书》所说"穷人无告，聚为盗贼……百姓转相群聚，攻剽城邑……群盗大起，郡县官人，又多专威福，生杀任情……百姓怨嗟，天下大溃……"，是在隋末，不是在隋初，甚至不是在隋代的中期。

隋初情况如何呢？据主撰《隋书》的唐初重臣魏徵的记载是：公元581年杨坚夺袭北周帝位称隋文帝后，户口不断增加，朝廷收入也相应增加。至592年，度支官奏称府库都藏满，不能再藏，只好堆积在廊庑之下。于是隋文帝别立左藏院来收藏绢匹，并下诏曰："既富而教，方知廉耻，宁积于人，无藏府库。河北、河东今年田租，三分减一，兵减半，功调全免。"①这种富饶景象，曾出现于西汉文、景时期，再现于开皇时期，史称"开皇之治"。而这种河清海宴、经济繁荣的景象，是与隋初采取了厉行节俭政治、改革国家制度和法律制度的一系列措施分不开的。在厉行节俭政治方面，笔者在《隋律研究》中曾做以下概括：

杨坚在为周静帝辅政时开始便提倡节俭生活，积久成为风习。《隋书·食货志》载："帝既躬履俭约，六宫咸服擀濯之衣，乘舆供御有故敝者，随令补用，皆不改作。非享燕之事，所食不过一肉而已。有司尝进干姜，以布袋贮之，帝用为伤费，大加谴责。后进香，复以毡袋，因笞所司，以为后诫焉。"隋文帝教训太子杨勇说："我闻天道无亲，惟德是与，历观前代帝王，未有奢华而得长久者。汝当储后，若不上称天心，下合人意，何以承宗庙之重，居兆民之上？吾昔日衣服，各留一物，时复看之，以自警戒。"②后来，以杨勇奢侈好色而废黜之。秦王杨俊也因生活奢侈、多造宫室，被勒令"归第"加以软禁。左武卫将军刘昇认为杨俊没有其他罪过，仅多造宫室，可以容许。隋文帝说："法不可违。"大臣杨素又谏议处分太重，隋文帝说："我是五儿之父，若如公意，何不别制天子儿律？以

---

① 《隋书》卷24《食货志》。
② 《隋书》卷45《杨勇传》。

周公之为人，尚诛管、蔡，我诚不及周公远矣，安能亏法乎？"① 始终坚持了对杨俊的严厉处分。至于臣属，他要求极严，对贪官污吏严惩不贷，甚至秘密派人故意给官吏送礼行贿，如果官吏接受贿赂，就立即处以死刑。

另一方面，隋文帝对民众却较为宽平。开皇初年，遇有水旱灾荒，隋文帝总是下令开仓赈济，而在丰收年份则往往下令减租、省调、免役。《隋书·食货志》所载"罢酒坊""通盐池""宽徭赋""输庸停防""开仓赈给"等，比比皆是。公元594年，关中饥荒，他派人去视察，见百姓吃的是豆粉拌糠，就拿给群臣看，流泪责备自己无德，命令撤销常膳，停吃酒肉。他还率领饥民就食洛阳，令卫士不得驱迫民人，遇见扶老携幼的人群，自己引马让路，好言抚慰。道路难走之处，让左右去扶助挑担的人。史书所载的这些情况还是可信的，这是因为隋文帝深知要巩固自己的统治，非买取人心不可。这与他在制定隋律时比较"宽平"也是相一致的。民众的支持，使隋文帝能够比较放心地集中力量对付"周室旧臣"的反叛，控制统治阶级内部的摩擦。

隋代的中期，大致是在隋文帝仁寿年间和隋炀帝大业初期，即公元601年至608年。这八年的情况如何呢？魏徵的记载是：

——仁寿元年（601）五月，突厥男女九万口迁于塞内以降；

——仁寿二年（602）三月，杨素大破突厥，自是碛南无复寇抄；十月，诏杨素、苏威，牛弘修订五礼；

——仁寿四年（604）十月，诏除归人及奴婢部曲之课，男子以二十二岁为成丁；

——大业元年（605）三月，徙全国富商大贾数万人实东京；开通济渠；五月，筑西苑，周二百里；

——大业二年（606）七月，制百官不得计考增级；诏修改律令，使更宽平；是年户达8907546，口达46019956，户口数为历来之最；

——大业三年（607）七月，定十科举人（中国之科举制始于此时）；八月，日本遣小野妹子使隋；十月，以裴矩经略西域，于河北招募工艺户三千余户；

——大业四年（608）正月，开永济渠；七月，宇文述大破吐谷浑于赤水，以其地置州、县、镇戍……②

《隋书·食货志》还记载："炀帝即位，是时户口益多，府库盈溢，乃除归人及奴婢部曲之课。"

以上情况足以证明，从隋初到隋代中期，经济处于繁荣状况，与隋末的"群盗大起"大不相同。而这一切，是要有妥善司法保证的。

再次，隋末之天下大乱、百姓怨嗟，起因并不是法律的严苛。《隋书》记载，隋炀帝

---

① 《隋书》卷45《杨俊传》。
② 《隋书》卷2、卷3《高祖纪》《炀帝纪》。

大业"三年，新律成。凡五百条，为十八篇。诏施行之，谓之大业律：一曰名例，二曰卫宫，三曰违制，四曰请求，五曰户，六曰婚，七曰擅兴，八曰告劾，九曰贼，十曰盗，十一曰斗，十二曰捕亡，十三曰仓库，十四曰厩牧，十五曰关市，十六曰杂，十七曰诈伪，十八曰断狱。其五刑之内，降从轻典者，二百余条。其枷杖决罚讯囚之制，并轻于旧。是时百姓久厌严刻，喜于刑宽"。可见，《大业律》比《开皇律》还要宽减，而且得到了老百姓的欢迎："喜于刑宽"。那么，隋末大乱的起因是什么呢？是隋炀帝后期"外征四夷，内穷嗜欲，兵革岁动，赋敛滋繁"。①

复次，上引隋末之"天下大溃"景象中包含的极为苛酷惨烈的"法制实施状况"，如隋炀帝"乃更立严刑，敕天下窃盗已上，罪无轻重，不待闻奏，皆斩"；"帝以贼盗不息，乃益肆淫刑"；"及杨玄感反，帝诛之，罪及九族"；"其尤重者，行轘裂枭首之刑。或磔而射之，命公卿已下，脔噉其肉"等等，也要分析。我认为，这已完全脱出了法制的轨道，纯然是赤裸裸的政治暴力了，此其一；其二，被诛杀且罪及九族的，是杨玄感即隋代重臣杨素之子，而非一般的老百姓；同样，被"磔而射之"后让"公卿已下"朝廷大官"脔噉其肉"的，也不会是一般的老百姓，老百姓的肉还到不了公卿云集的殿廷之上；其三，即便是"天下窃盗已上，罪无轻重，不待闻奏，皆斩"，也是"中性"的恶法，并非"专事镇压劳动人民"的。

除上述外，还有一辩；所谓"中国古代法律专事镇压劳动人民"中的"中国古代法律"是一个含义待明的概念。从字面看，"中国古代法律"指的是立法成果即法律文本；从论者之意推测，则还包括司法实践，大致相当于"中国古代法制"这一概念。但如果仅从字面看，如前文分析的《唐律》那样，历朝历代的立法文件都是以面向全社会的公正的法官面目出现的，谈不上"专事镇压劳动人民"；而如果连同司法实践一起分析，就必须顾及以下几个方面：

第一，就社会发展的历史形态来看，奴隶制社会和封建制社会的前期，其立法与司法其实是不应被大加谴责、挞伐的。

长期的思维定式是对奴隶主义和奴隶主、封建主义和封建主、资本主义和资本家不加分析地一概批判、一律打倒。殊不知如前所引"历史上奴隶主阶级、封建地主阶级和资产阶级，在他们取得统治权力以前和取得统治权力以后的一段时间内，他们是生气勃勃的，是革命者，是先进者，是真老虎"。这是对奴隶制社会、奴隶制法、奴隶主阶级等等的历史唯物主义的分析判断。下面我们将立法与司法结合为一体地来略事考察一下奴隶制法与封建制法在中国的大致演变过程。

奴隶制法是作为维护先进的奴隶制生产关系与奴隶制社会秩序的暴力工具而产生的。奴隶制生产关系的要点是：奴隶主阶级占有一切生产资料并占有直接生产者奴隶本身；奴

---

① 《隋书》卷20《刑法志》。

隶主不参加生产劳动并指挥与迫使奴隶劳动；奴隶主攫取奴隶的全部劳动产品，在尽情挥霍之余，以这些产品的一部分养活奴隶及其后代，以求对奴隶劳动的持续剥夺。奴隶制社会秩序的要点是：奴隶主阶级掌握全部国家政权，负责维持社会秩序；这一社会秩序要求奴隶对奴隶主俯首帖耳、唯命是从，但奴隶主不得任意残杀奴隶。用现代人的"人道主义"观念来看待奴隶制法所维护的奴隶制生产关系与社会秩序，当然只能是"义愤填膺"。但从历史发展的眼光来看，这奴隶制法所起的却是促进生产力（包括生产力的"第一"体现者奴隶的生产）发展的伟大的进步作用。

生产力永远是社会进步的火车头。奴隶制生产关系促使生产力发展，但后者却以它的不断发展，成了埋葬前者的动力。奴隶社会后期发生了如《诗经·硕鼠》描述的那种情况：

> 硕鼠，硕鼠，无食我黍！三岁贯女，莫我肯顾。逝将去女，适彼乐土；乐土，乐土，爰得我所。

"硕鼠"，当是奴隶对奴隶主的诅咒。这"乐土"可以有两种解释：其一为原先在原始公社制度下的"共同劳动、平均分配"的生活；其二为部分开明奴隶主主动改革生产关系，给予奴隶以农奴或佃农身份，以收取佃租代替对奴隶劳动的无偿的直接的全部的攫夺，这是比奴隶好得多的农奴生活。如果《硕鼠》所诅咒的是前期的奴隶主，歌者企图"复辟"原始公社制度，毋宁说是反动的；如果所诅咒的是后期的奴隶主，歌者向往的是农奴或农民的生活"乐土"，这才是进步的。前者值得同情，但不应肯定。一切中国文学评论家都认为《硕鼠》诅咒的是奴隶主的残酷剥削，奴隶向往的是从前的自由、平等的生活，并因此肯定《硕鼠》的进步意义。这其实是反历史主义的"人道主义"的流露，全然是错误的。从《诗经》产生的时代看，笔者以为，《硕鼠》所攻击的，更可能是奴隶社会后期的奴隶主，歌者向往的"乐土"，更可能是农奴、农民的生活"乐土"。只有在这个意义上，《硕鼠》才有它的进步性，《硕鼠》的"歌者"才值得歌颂。笔者不闇文学史和中国历史，也许上述分析是欠妥的。但可以肯定的是：奴隶社会后期，部分从奴隶主脱胎而来的封建地主和几乎所有的仍然被奴隶主束缚在奴隶劳动场所的奴隶，都已难以容忍奴隶制法的继续存在了。在这种情况下，先前的奴隶制法，可能条条毫无所变、一仍旧贯，但是它的性质、功能、历史地位却起了一百八十度的根本变化。它的适应与促进生产力发展、保护社会生产力的承担者奴隶的生命及其延续的先进性，已变成悖逆与束缚生产力发展的落后性，变成了严重挫折劳动者生产积极性的桎梏；它的功能也随性质的变化而由正入负；它的历史地位同样从值得肯定转而变为必须唾弃、推倒。

历史发展到了从奴隶社会向封建社会转化的过渡时期。这是一个"互相衔接"的时期或曰"阶段"。

这一联系奴隶制社会与封建制社会的过渡"阶段"，在中国历史上的变化过程大致如下：

从公元前770年周王朝东迁洛邑，迄至公元前476年战国开始，即史称的"春秋"时期。其时奴隶制的周王朝逐渐失去了控制全国的能力，经济、政治、法律和思想文化都发生了剧烈的变动。

从经济方面看，铁制生产工具的广泛应用，迅速提高了社会生产力，一家一户的小生产已有可能并产生了重要的实际意义。西周时"千耦其耘"的奴隶集体耕作方式，已越来越失去了经济意义而逐渐废弛。在这种情况下，部分奴隶主改变了剥削方式，他们释放了一部分奴隶并将土地租给他们以收取地租。与此相应，奴隶制的诸侯国家中，也有开始了适应经济状况变化的"经济体制改革"的。例如公元前645年晋国"作爰田"，把田地赏给国人，包括有军功的奴隶；使之一方面积极从军效力于国君，另一方面努力生产以改善生活并多交地租；公元前594年，鲁宣公实行"初税亩"，废除井田制，承认私田的合法性；齐国管仲大致同时也实行"相地而衰征"①的政策和"案田而税"的制度；郑国子产则创行"田有封洫，庐井有伍"②之法，承认个体农户的合法性；晋国也实行了"被庐之法"，大致与齐、郑同样赋予个体农户以合法的经济权利。

从政治方面看，西周初期按宗法制度分封亲属而形成的"王臣公，公臣大夫，大夫臣士"的政治等级已被逐渐打破。如晋侯称公，郑男称伯，楚君称王。原先金字塔式的国家结构，呈现出土崩瓦解之状态。国君的命令不再具有无上的权威。"犯上作乱"的事件层出不穷，"礼乐刑政"的破坏到处出现。与此同时，官僚制度逐渐萌芽，各国逐渐实行任免官吏的制度，因军功而得官的情况遍及春秋各国，"世卿世禄"制无形中化为乌有。随着官僚制度的发展，国家机关组织也发生了很大的变化：诸侯国卿级官员名额由"定编"变成了任意增减；主管行政、财政、军事、司法的官员地位上升，而管理祭祀等的宗教官员地位下降；军队扩充，产生了专事率军的武官——将军，出现了新的军事组织。郡县制度陆续出现，取代了采邑制，更进一步促成了奴隶制国家的衰亡。

从法律制度方面看，春秋初期，各国基本上沿袭西周的法律。但中叶以后，上述政治、经济的变化以及社会生活方面的其他变化，陆续促使法律所维护的经济、政治制度内容随之而变化。

法律制度变化的最明显标志是以保护封建私有制为中心的成文法在各国陆续出现并予公布。如公元前536年郑国子产作刑书，并"铸刑书于鼎，以为国之常法"③。此后三十余年，郑国邓析根据当时社会的迅速变化，自行修订郑国原有的法律，刻诸竹简，史称《竹刑》。邓析死后，《竹刑》为郑国采用。公元前513年，晋国继郑国之后，也铸了登载范宣子所作刑书的刑鼎。其后，各国纷纷制定成文法，至战国李悝集其大成，撰成了《法经》六篇。

---

① 《国语·齐语》。
② 《左传·襄公三十年》。
③ 《左传·昭公六年》。

所有的法制史著作述及上述变化时，都断言"封建制法于是取代了奴隶制法"，"从此，进入了封建制法的发展时期"。这些诚然是不错的，法制史著作这样写也大致可以了。但是，封建制法如何"取代"了奴隶制法？"取代"的过程又是如何？可惜的是，一方面，习惯法未以文字或其他形式做过记述，另一方面，连秘而不宣的习惯法的施行情况，也未有史籍做过记述。但是，也不是毫无蛛丝马迹可寻。春秋中叶以后，由于土地私有制的发展，侵犯私有权的行为与诉讼也随之增多，这在一些铜器铭文中得到了反映。据流行的中国法制史著作介绍，虽然春秋各国的立法记录都已散佚，但它的基本内容，大多为保护私有权。因此，社会舆论就做出了明显的反应。例如郑国，子产开始推行新政策，对私有财产做初步调整时，曾遭到激烈的反对。《左传·襄公三十年》载："舆人诵之曰：取我衣冠而褚之，取我田畴而伍之，孰杀子产，吾其与之。"其时，子产因以法律的强制力推行新兴的封建土地私有制而为保守的奴隶主贵族恨之入骨。但三年之后，舆论却曰："我有子弟，子产诲之；我有田畴，子产殖之；子产而死，谁其嗣之。"事实让奴隶主贵族看到了封建制的优点，他们开始拥戴子产的新政了。正是在这样的基础上，子产把此前所做的种种政治、法律改革，点点滴滴地收集整理，然后以集中制定新的法律做最终的肯定，这就是"子产铸刑鼎"。

封建制法之"取代"奴隶制法，在中国所表现的过程，是大体上和平的变化过程。虽然有叔向对子产铸刑鼎的非议，但只是"致书"而已；虽然有孔子对范宣子著刑书的不满，却只有"晋其亡乎，失其度矣"的"叹息"，连"致书"之举也没有了。斗争不会没有，但社会震动不甚激烈。因此，可以推测，封建制法之"取代"奴隶制法有一个逐步推进的过程。先是在个别的事件上发生诉讼；个案的积累，导致维护封建新制度的单项法律规定的出现；单项法律规定的增多，导致非著刑书、铸刑鼎不可的趋势出现；最终是铸刑鼎等普及于各诸侯国。

封建制法之逐步取代奴隶制法，在其他国家也同样地发生着。例如，法兰克王国的法律和日耳曼法的形成与发展过程就是如此。最初的日耳曼法是不成文的习惯法，口耳相传，和道德规范没有明显的区别。公元5世纪后期开始，一些日耳曼王国在罗马法学家的帮助下，编纂了成文法典，主要记载各部落联盟的习惯，也吸收了某些罗马法的原则，使用了一些罗马法的术语。后来，各王国还编纂了少数罗马法典，比较著名的如6世纪西哥特国王阿拉利克二世（484—507）下令编纂的《阿拉利克罗马法辑要》，对后世西欧各国立法还产生了不小的影响。随着各日耳曼王国社会经济的发展和封建化的发生，《阿拉利克罗马法辑要》以及《伦巴德法典》《撒利法典》《普利安法典》等，都不断地被修订和增补，主要是掺入了国王的敕令。《撒利法典》从开始编纂到最后增补订定，经过了三百余年，由部落联盟习惯法的记载发展为保护封建主利益并促使自由民农奴化的封建法律。

从奴隶社会向封建社会转化的过渡时期，就是这样一个"互相衔接"的奴隶制法向封建制法转化的"阶段"。封建制法成熟、定型后，在相当长的一段时间内，是适应生产力发展的要求,对新型的封建生产关系和社会秩序起保护作用的,其社会性、进步性无可非议。

中国古代,从战国时期确立封建制法的地位,到秦、汉时期得到了巩固,发展到隋、唐时期,封建制法带给社会的利益显然可见于经济、文化的高度发达。这一历史时期里,封建制法的进步作用是有目共睹、有口皆碑的。

但是,封建制法确立之后,生产力继续向前发展,导致旧的封建生产关系变得日益不相适应。这时,如果封建制法一无所变,仍然维持旧的封建制生产关系,维护旧的封建制社会秩序,那么尽管文字仍旧,其社会作用却同后期奴隶制法一样,变成社会发展的阻力了。

中国古代从明代开始就产生了资本主义的萌芽。其时,生产力的发展已开始要求打破封建壁垒,给予商业、手工业的发展以一定的自由。但是,中国的封建统治者凭借强大的国家机器和丰富的统治经验,顽固地坚持陈旧的封建的政治、法律制度,阻碍社会的发展。范仲淹的改革失败了,王安石的变法失败了。南宋时期社会的混乱、国势的衰颓、经济的凋敝、动乱的纷繁等等,都表明封建制法正演变得越来越成为社会发展的羁绊。

以上是中国奴隶制法、封建制法的大致演变过程。衡诸中国社会、经济、文化的发展事实,奴隶制法、封建制法的出现,它们存在并发挥作用的前期,也可套用毛泽东所说的是"生气勃勃的、革命的、先进的"法制。

第二,每一历史性的社会形态下,例如,同是奴隶制社会形态下或者同是封建制社会形态下,不同朝代的前期与后期,法制状况也有很大的不同,不能一概以"专事镇压劳动人民"而论。

我们看到,元、明、清虽同为封建制社会形态的没落时期,各该朝代的前期与后期,由当时的法制所卫护着的经济、文化及社会生活状况,却是大不相同的。普遍的情况是:前期一般都是经济繁荣、文化发展、社会比较安定,而与之相应的则是法制比较宽平;后期则一般都是经济衰退、文化停滞、社会比较混乱,与之相应的则是法制相对峻急苛严。

例如清代,清初、中叶与清末的各方面情况就不大相同。

清初的关外时期,从努尔哈赤开始就努力运用封建性法制来保护新的经济关系和经济秩序了。例如,努尔哈赤十分重视对私有财产的保护,为此,他主张对侵犯私有财产的犯罪加以严厉惩罚,甚至不惜采取株连家属的做法。他在给科尔沁的鄂巴台吉、众贝勒的信中说:"若杀人,就定罪,若夺财,就赔偿,如果那样,才是杜绝罪犯之道。"① 努尔哈赤还特别规定:"小人盗窃大物,刺耳、鼻。盗取次等物品者,射十头箭。盗取小物者,打脸十次。"② 他还创立了夫盗妻死、奴盗主罚之法。天命八年(1623)七月二十六日,努尔哈赤下令:"今后如果男人为盗,要女人脚踩赤红的炭,头顶灼热的铁锅,处以死刑。如果

---

① 《满文老档·太祖》卷53(天命八年五月三十日)。
② 《满文老档·太祖》卷10(天命四年六月)。

畏刑，就要很好地规劝各自的夫，不听规劝，就要告发。"①

努尔哈赤逝世，皇太极即位以后，把法制问题提到"保邦致治之计"的高度，强调"国家立法，不遗贵戚"，自己率先垂范，依法行事。他说："朕若废法，谁复奉法？"在皇太极统治时期，积极致力于以统一的立法和司法大力推进封建制生产关系的建立和封建制生产力的发展。

清初的顺治、康熙及尔后（中期）的雍正、乾隆时期，一则厉行重典治吏，二则力促经济发展，出现了史称"康乾盛世"的景况。

例如，在重典治吏方面，清王朝为严惩贪官污吏，建立了一套职官的法纪检察与惩处职务犯罪的制度。具体的法制措施主要有：一为巡按与十察法。顺治一朝曾先后派出巡按一百六十三人，计一百九十七人次，进行了长达十八年的职官法纪检察。巡按有广泛的监察权，对地方一切军政官员均可依法监察。凡司道府衙，贪赃必参，蠹役必办，大批贪官污吏受到重惩。同时，又强化了御史监察的职权，规定其拥有"四劾权"；巡按监察的法律权限依《十察法》行使：一清地亩，二察亏欠，三蠲免钱粮，四革除苛役，五兴水利杜河患，六招流移，垦荒田，七除民害，八捕盗贼，九清刑名，十兴文教、课农桑。顺治十八年（1661），又颁行《巡方事宜十款》，进一步明确规定"纠参大贪，应首严于藩臬道府"，"访拿衙蠹，必先本衙门奸恶，其次督抚司道府厅州县分司衙门及地方棍豪。实系大奸大恶之人，务须严拿，毋致巧脱漏网。其该管官隐匿，即行参处。"对监察官员本人也严格要求，如果"巡按于属官内，清廉贤能者不举而反劾，贪酷阘茸者不劾而反举，被臣衙门及科道访察纠参，革职，从重处分。"御史有徇情贪贿等弊，则一律纠参，革职治罪。

二为严惩职官犯罪。为此，除制定《六部处分则例》《吏部处分则例》《王公处分则例》《钦定台规》外，《大清律例》中又专制"吏律"，对各级官员的违法犯罪行为做出具体的处刑规定，主要有以下八种：

1. 对谋反大逆罪的惩罚

"凡谋反及大逆，但共谋者，不分首从，皆凌迟处死。""凡谋叛，但共谋者，不分首从，皆斩。妻、妾、子、女，给付功臣之家为奴。财产并入官。"②

2. 对结党营私、擅权变乱罪的惩罚

（1）交结朋党："凡奸邪进谗言，左使杀人者，斩。""若犯罪律该处死，其大臣小官巧言谏免，暗邀人心者，亦斩。""若在朝官员，交结朋党，紊乱朝政者，皆斩；妻子为奴，财产入官。"③

（2）交结内官："凡诸衙门官吏，若与内官及近侍人员互相交结，漏泄事情夤缘作弊，

---

① 《满文老档·太祖》卷58（天命八年七月二十六日）。
② 《大清律例》卷23《刑律·贼盗上·谋反大逆》《刑律·贼盗上·谋判》。
③ 《大清律例》卷6《吏律·职制·奸党》。

而符同奏启者，皆斩；妻子流二千里安置。"①

（3）徇私擅选："凡除授官员，须从朝廷选用。若大臣专擅选用者，斩。""若大臣亲戚，非奉特旨，不许除授官职。违者，罪亦如之。"②

（4）变乱成法："若官吏人等，挟诈欺公，妄生异议，擅为更改，变乱成法者，斩。"③

3. 对贪赃受贿罪的惩罚

"官吏受财，凡官吏受财者，计赃科断。有禄人，枉法赃……八十两，绞。"④

4. 对失误军机罪的惩罚

"凡飞报军情，……失军机者，斩。"⑤ "若临敌缺乏，及领兵官已承调遣，不依期进兵策应，若承差告报军期而违限，因而失误军机者，并斩。"⑥ "凡守边将帅，被贼攻围城寨，不行固守而辄弃去，及守备不设，为贼所掩袭，因而失陷城寨者，斩。"⑦ "凡牧民之官，失于抚字，非法行事，激变良民，因而聚众反叛，失陷城池者，斩。"⑧ "若弃城而逃者，斩。"⑨

5. 对泄漏军机罪的惩罚

"凡闻知朝廷及总兵将军，调兵讨袭外番，及收捕反逆贼徒机密大事，而辄漏泄于敌人者，斩。""若近侍官员漏泄机密重事于人者，斩。"⑩

6. 对玩忽职守罪的惩罚

"应请旨而不请旨及应论功上议而不上议，当该官吏处绞。"⑪ "凡弃毁制书，及起马御宝圣旨、起船符验，若各御门印信，及夜巡铜牌者，斩。"⑫ "凡官司故出入人罪，全出全入者，以全罪论。若增轻作重，减重作轻，以所增减论；至死者，坐以死罪"。⑬

7. 对诈伪欺夺罪的惩罚

"凡诈传诏旨者，斩；皇后懿旨、皇太子令旨、亲王令旨者，绞。"⑭ "凡诈伪制书及增

---

① 《大清律例》卷6《吏律·职制·交结近侍官员》。
② 《大清律例》卷6《吏律·职制·大臣专擅选官》。
③ 《大清律例》卷7《吏律·公式·讲读律令》。
④ 《大清律例》卷31《刑律·受赃·官吏受财》。
⑤ 《大清律例》卷19《兵律·军政·飞报军情》。
⑥ 《大清律例》卷19《兵律·军政·失误军事》。
⑦ 《大清律例》卷19《兵律·军政·主将不固守》。
⑧ 《大清律例》卷19《兵律·军政·激变良民》。
⑨ 《大清律例》卷19《兵律·军政·不操练军士》。
⑩ 《大清律例》卷19《兵律·军政·漏泄军情大事》。
⑪ 《大清律例》卷7《吏律·公式·事应奏不奏》。
⑫ 《大清律例》卷7《吏律·公式·毁弃制书印信》。
⑬ 《大清律例》卷37《刑律·断狱下·官司出入人罪》。
⑭ 《大清律例》卷32《刑律·诈伪·诈传诏旨》。

减者,皆斩。未施行者,绞。"① "若恣肆虐民,占人庐舍,夺人田土,扰害地方者,该督抚掣回官札,照民例治罪。其入伍给札官员有犯,交部议处。"②

8. 对科场作弊罪的惩罚

"乡会试,考试官、同考官及应试举子有交通、嘱托、贿买、关节等弊,问实斩决。"③

显然,清朝立法的重心是惩治腐败和贪赃枉法,并非"专事镇压劳动人民"。

又如民事、经济法制方面:

鼓励垦荒法令。顺治六年(1649),清政府颁布了鼓励流民垦荒的法令:"着户部都察院,传谕各抚按,转行道府州县有司,凡各处逃亡民人,不论原籍、别籍,必广加招徕,编入保甲,俾之安居乐业。察本地无主荒田,州县官给以印信执照,开垦耕种,永准为业。俟耕至六年后,有司官亲察成熟亩数,抚按勘实,奏请奉旨,方议征收钱粮。其六年以前,不许开征,不许分毫金派差徭,如纵容蠹官、衙役、乡约、甲长,借端科害,州县印官无所辞罪。务使逃民复业,田地垦辟渐多。各州县以招民设法劝耕之多寡为优劣,道府以责成催督之勤惰为殿最。每岁终,抚按分别具奏,载入考成,该部院速颁示遵行。"④ 至康熙十二年(1673),该法令做了一些修改,将对垦荒者起征科赋的年限由六年放宽至十年:"见行垦荒定例,俱限六年起科,……嗣再加宽限,通计十年,方行起科。"⑤ 这一修改对调动农民的垦荒积极性起了很大的作用,使全国耕地的总数比顺治年间有了大幅度的增长,⑥ 有力地推动了清初农业的发展。

"更名地"令。明末清初,拥有许多王庄、田庄,占据着大量的土地的大批明室王公勋贵被消灭,他们原来占有的大量土地,一部分归入新的满、汉权贵手中,另一部分仍为原来的佃户所耕种。康熙八年(1669),清廷下令将明朝王公贵族的庄园土地,"给予原种之人,改为民户,号为'更名地',永为世业"。⑦ 这样,原先依附于明代权贵的佃农正式转为自耕农,对原耕地不仅享有使用权,还获得了法律承认的所有权。"更名地"令的颁布与实行,大大激发了大批获得土地的农民的劳动热情,对农业生产起了巨大的促进作用,具有重要的积极意义。

废除明末三饷加派。这是清初的一项重要经济法令。三饷,指"辽饷""剿饷""练饷",是明朝政府借口筹集军费向人民加派的赋税。三饷银总数每年达一千六百七十余万两,超过其时本已相当严重的赋税年收入一倍,成为人民难以承受的主要负担。清统治

---

① 《大清律例》卷32《刑律·诈伪·诈伪制书》。
② 《大清律例》卷4《名例律上·职官有犯》。
③ 《大清律例》卷6《吏律·职制·贡举非其人》。
④ 《清世祖实录》卷43。
⑤ 《清世祖实录》卷44。
⑥ 梁方仲编著:《中国历代户口、田地、田赋统计》。
⑦ 《清世祖实录》卷28。

者从进占北京后的第二个月,即顺治元年(1644)六月开始,根据各地的不同情况,相继减免田赋,或全免,或免二分之一、三分之一,有免一年、二年以至三年不等。七月间,摄政王多尔衮正式下令,免除最苛重的三饷加派:"谕官吏军民人等知道:……前朝弊政,厉民最甚者莫如加派辽饷,以致民穷盗起,而复加剿饷,再为各边抽练,而复加练饷。惟此三饷,数倍正供,苦累小民,剥脂刮髓,远者二十余年,近者十余年,天下嗷嗷,朝不及夕。更有召买粮料,名为当官平市,实则计亩加征,初议准作正粮,既而不肯销算。有时米价腾贵,每石四、五两不等,部议止给五分之一,高下与夺,惟贿是凭。而交纳衙门,又有奸人包揽,猾骨抑勒,明是三饷以外,重增一倍催科,巧取殃民,尤为疵政。予哀尔百姓困穷,一害未除,恫瘝切体。徼天之灵,为尔下民请命。自顺治元年为始,凡正额之外,一切加派如辽饷、剿饷、练饷,及召买米豆,尽行蠲免。各该抚按即行所属各道、府、州、县、军卫衙门,大张榜示,晓谕通知。如有官吏通同朦胧混征暗派者,查实纠参,必杀无赦。倘纵容不举,即与同坐。"① 这一法令虽为经济法令,却在除要求各地尽行蠲免一切加派,还警告各地官吏,如不遵行,"杀无赦"。此后又三令五申要求严格执法。顺治元年(1644)十月,多尔衮在顺治帝登极诏书中重申:"地亩钱粮俱照前朝《会计录》原额,自顺治元年五月初一日起,按亩征解。凡加派辽饷、新饷、练饷、召买等项,悉行蠲免。"② 顺治五年(1648)十一月诏谕全国:"派征钱粮,俱照万历年间则例,其天启、崇祯年加增,尽行蠲免,通行已久。如有贪官污吏例外私派,多征扰民者,该抚按官纠参重处。"③

禁止官僚掠夺商贾。清政府极为重视直接关系清初战后社会经济的恢复与繁荣的工商业的发展,入关不久即颁令:"利商""恤商","明末一切加增税额,尽行豁免,照万历则例起征"④,废除明季苛重的商税,"自时厥后,凡市侩皆因商民所便,时地所宜,度物货,平市价,劝商贾,敦节俭,抑豪强,禁科派"。与此同时,注意提高商人的社会地位,康熙帝曾说:"商人为四民之一。"⑤ 他把禁止勒索商贾、保护工商业者正常经营活动不受干扰,作为一项要务。清政府担心王公贵族、朝廷要员欺压商旅。顺治五年(1648)曾下令禁止诸王府商人及旗下官员之家人到外省贸易,与民争利,致"商不聊生"⑥。康熙六年(1667),进一步立法规定:"嗣后王公以下文武大小各官家人,强占关津要地不容商民贸易者,在原犯之地,枷号三个月。系民,责四十板,旗人,鞭一百。其纵容家人之藩王罚

---

① 《明清史料》丙编第一本《摄政王谕官吏军民人等令旨》。
② 《明清史料》丙编第一本《清世祖登极诏稿》。
③ 《清世祖实录》卷410。
④ 《清朝文献通考》卷32。
⑤ 《东华录》卷28。
⑥ 《清世祖实录》卷137。

银一万两,公罚银一千两,俱将管理家务官革职。将军督抚以下,文武各官俱革职。"①雍正三年(1725),甚至规定使用极刑,惩处掠夺商贾的官僚、贵族:"凡内府人员家人,及内外王、贝勒、贝子、公、大臣、官员家人,领本生理,霸占要地关津,倚势欺凌,不令商民贸易者,事发,将倚势欺凌之人,在犯事处所,即行出斩示众。如民人借贷王以下大臣官员银两,指名贸易,霸占要地关津,恃强贴累地方者,亦照此例治罪。又内府人员家人,及王以下大臣官员家人指名倚势,网收市利,挟持有司,干预词讼,肆行非法,该主遣去者,本犯枷三个月,鞭一百;……"②

整顿市场秩序,严禁法外加征税费。税卡官员往往借机勒索或徇情舞弊,或法外加征各种税费。有鉴于此,顺治六年(1649)定出明律,严禁收税额外多征:"各关满汉官员,以后俱照原定则例起税,如有徇情权贵,放免船只,乃于商船增收,或希充私囊,例外多征,以病商民者,一经查出,立行重处。"③为防止地方豪强恶棍欺行霸市,立法规定:"凡买卖诸物,两不和同,而把持行市,专取其利,及贩鬻之徒,通同牙行,共为奸计,卖己之物以贱为贵,买人之物以贵为贱者,杖八十。若见人有所买卖,在旁混以己物,高下比价,以相惑乱而取利者,虽情非把持,笞四十。若已得利物,计赃重于杖八十、笞四十者,准窃盗论,免刺;赃轻,仍以本罪科之。"④康熙二十五年(1686年),开始整顿市场秩序,建立牙行五年编审换照制度,随时清查牙行执照,"若有光棍,顶冒朋充,巧立名色,霸开总行,逼勒商人,不许别投拖欠客本,久占累商者,该地方官不时严行查拿,照此律治罪。如地方官有意徇纵者,降二级调用。如有受财故纵者,计赃以枉法论。"⑤这些法律法令对维护工商业者利益、促进商品经济恢复发展起了重要的作用。

正因清初及中叶采取了鼓励垦荒、打击豪强、保护工商业的政策并以法律予以保障,所以其时农业、手工业、商业都得到了迅速发展,出现了"康乾盛世"景象。蒋晓伟先生概括其时的经济情况时指出:

> 清朝在康熙、雍正、乾隆统治时期,农业生产比以前有显著的恢复和发展。首先是耕地面积的扩大。从顺治到嘉庆的近二百年中,全国垦田面积不断上升。顺治十八年(1661)为五百四十九万三千顷,康熙二十四年(1685)增至六百零七万余顷,雍正二年(1724)增至六百八十三万余顷,到嘉庆十七年(1812)又增至七百九十万余顷。其次,在兴修水利方面也取得了很大成绩。康熙把"淮黄故道,次第修复,而漕运大通",康熙五十二年(1713)完成了永定河的修浚工程。与农业紧密结合的家庭手

---

① 《清圣祖实录》卷14。
② 《光绪大清会典事例》卷765。
③ 《清朝文献通考》卷26。
④ 《光绪大清会典事例》卷25。
⑤ 同上。

工业是鸦片战争以前最主要的手工业。在康熙、雍正和乾隆统治时期，作为农村副业的绩麻、纺线、养蚕、织布、缫丝都有普遍推广。杭州、苏州的丝织业，松江的棉纺织业，江西景德镇的制瓷业，广东佛山的铸铁业，四川的煮盐业，都有不同程度的发展，同时又有更多的手工业地区出现了更多的手工业部门。制糖、制茶、制烟业较前更加发达。云南的铜矿大量开采是雍乾时期的新现象。广东、四川、陕西等地的炼铁炉，每天能产生铁一千五百至三千五百斤，最多时每炉每天产生铁六千斤。商业方面，康熙、雍正、乾隆时期，许多城市较明朝有更大发展。无锡是著名的布码头，汉口是船码头，镇江是银码头，当时的西北各地也出现了很多商业城市，如库伦、乌鲁木齐、呼和浩特、张家口、西宁、打箭炉、伊犁、哈密等。北京是全国贸易中心。清朝的对外贸易也比以前更发展，康熙时，江、浙、闽、粤四地的开关和雍正时《中俄恰克图条约》的签订，有利于对外贸易的发展。当时中国与俄罗斯、朝鲜、越南和南洋以及西方资本主义国家，有频繁的商业往来。在嘉庆以前，清朝在国际贸易上始终保持出超的地位。①

如上所述，可见即使是在封建社会总体上走向没落时期的清代，其前期（甚至中期）的法制仍然大事重典治吏，努力以法制促进与保障经济的发展，在此都足以说明其时之法制并非"专事镇压劳动人民"。清代如此，此前的宋、元、明亦复如此。

迄此为止，我们还只是围绕"镇压"及中国古代法律的惩戒功能来论述、申辩，而中国古代法律的功能还表现在组织管理与奖赏激励这两个往往被人们漠视乃至遗忘的方面。下文将从被动申辩转而主动审思、张扬中国古代法律的组织管理与奖赏激励功能。

四

如果说惩戒是法的消极功能的话，那么组织管理、奖赏激励就是它的积极功能了。作为工具，如果法只具有惩戒功能，那么它就很难扮演为人类增进自由与福祉、使人类不断获得解放的"天使"角色；只有当它同时具有组织管理与奖赏激励的功能时，才可能真正完成"天使"的任务。

现在我们先来稍事审查中国古代法律的组织管理功能。

法的组织管理功能主要体现在以下几个方面：

一为将不同的人、不同的人群（包括家庭），不同地区的人们组织成为一个彼此分工、有机联系、便于管理的社会，组织成为一个可以有效地抵御外侮的国家并加以管理。这主要依靠行政及军事法制。

---

① 蒋晓伟：《中国经济法制史》，知识出版社1994年版，第234—235页。

二为对人们的民事、经济关系与民事、经济行为作条分缕析的规范，从而组织与管理整个社会的民事与经济活动。这主要依靠民事与经济法制。

三为对国内不同民族内部及其相互之间的关系和行为作条分缕析的规范，从而组织与管理多民族国家的社会生活。这主要依靠民族法制。

四为对与他国的关系及交往活动做必要的自律性规范和缔结国际条约彼此约束。由于中国在清末以前一直采取闭关锁国的政策，法制在这一方面少有作为。

此外，对宗教发达或者政教关系复杂的国家来说，法制在组织管理宗教事务方面也有极其重要的作用，发挥任何其他社会规范所不能替代的功能。但中国古代在这一方面问题较少。

现在我们具体地看一看法制的主要功能在中国古代的表现。

（一）中国古代的行政、军事法制（为行文方便，下文合称行政法制，因为军事法制即为军事行政法制）及其组织管理功能

中国古代法制的一大特点是行政法制相当发达。

例如，早在奴隶制高度发达的西周时期，行政法制就得到了高度重视，上有中央政权，下至各级地方政府，都依法建制设官，形成了系统的行政管理体制。在中央，如《周礼·天官·大宰》所载，规定"以八法治官府"。"八法"即一曰官属，以举邦治；二曰官职，以辨邦治；三曰官联，以会官治；四曰官常，以听官治；五曰官成，以经邦治；六曰官法，以正邦治；七曰官刑，以纠邦治；八曰官计，以弊邦治。郑玄注引郑司农云：官属，是指六官其属，各六十，即机构的组织。官职，是指六官之职，即各机关的职权。官联，是指国有大事，一官不能独共，则六官共举之，即凡军国大事，非一个机关所能完成，需要有关机关配合共同完成。官常，是指各自领其官常职，即各机关的日常行政事务工作。官成，是指官府之成事方式，即各机关活动应遵守的章程和办事规则。官法，是指根据职责所定之法度，即凡祭祀、朝觐、会同宾客者，皆有不同的礼仪法度。官刑，是指掌刑之官，所司五刑之法。官计，是指定期考检官吏，以行赏罚。如此详尽的规定表明，西周时政府机关的组织和活动原则都走上了法制轨道。

中央有三公之设，三公是指太傅、太保、太师，辅佐周王处理重大军事、政治事务，位居百官之首。

"三公"之外还有：

1."三事大夫"常伯、常任和准人。常伯是负责管理地方行政的职官，又称"牧"。常任是负责官吏人选的，又称"任人"。准人是掌管司法的，又称"准夫"。

2.卿士，即金文中的"卿事"，协助周王处理各种政务，是三公以下王廷中的最高执政官。属官有太宰、太宗、太史、太祝、太士、太卜，合称六卿。因为六卿经常在周王左右，所以青铜器铭文里简称"三左三右"。三左是太史、太祝、太卜；三右是太宰、太宗、

太士。他们在王廷中侍立于周王的两侧,协助周王处理政务。六卿的具体职务大致是:

太史:负责起草文书、记事、保管典籍和掌管天文、历法等;

太祝:掌管"社""稷"的祭祀和礼仪;

太卜:掌管占卜;

太宰:管理王室的奴隶和财务;

太宗:掌管王室事务和宗庙;

太士:掌管司法。

卿士之中,太宰居长,为王廷职官的总头目,可以代表周王发号施令。

3. 三司,也称"三有司""三有事",即司徒、司空、司马。"大司徒之职,掌建邦之土地之图与人民之数以佐王安抚(作者按:安抚的意思)邦国。"① 司空"掌营城郭建都邑,立社稷、宗庙,造宫室车服器械,监百工"。② 司马"以九伐之法正邦国",是掌管军政、军赋和军令之官。此外还有司士,掌管版籍、爵禄;司寇,掌管司法审判和参与制定法律。司士、司寇的地位仅次于"三有司",与司徒、司马、司空合称"五司"。"五司"皆有属官,如司马的属官有师氏、虎臣和专管马匹的走马(趣马)等等。

以上述及西周的行政法制时,引用了一些《周礼》的文字作为论据。但《周礼》是一部极有争议的书,从撰著人到内容及这些内容所反映的朝代,都聚讼纷纭。从司马迁起,经班固、荀悦、郑玄、范晔、陆德明、孔颖达、张载、程颐、苏辙、范浚、陈汲、朱熹、魏了翁、刘炎、包恢、黄震、罗璧、方孝孺、毛奇龄、方苞,直到康有为、皮锡瑞、梁启超等大学问家,都发表过考证、论辩文字。可以肯定的是,《周礼》并非周公姬旦所撰,书中述及的设官建制、职掌权责、考核奖惩等等也并非全是西周行政法制的真实情况。《伪书通考》③谓:"《周礼》一书,为我国前期儒家而通法理经济者所草拟之《建国方略》。至西汉前期发现而入祕府。及王莽时,刘歆见之,改窜而公布。"尽管如此,根据人的意识来源于物质、主观的思想认识为客观实际的反映的唯物主义认识论基本观点,我们仍然可以从《周礼》中了解到(精确地说应是推断出)西周至东周的战国时期,行政法制已达到高度发达的程度。《周礼》之分"天官冢宰""地官司徒""春官宗伯""夏官司马""秋官司寇""冬官考工"等篇,以及每篇所写的极为详尽的"设官分职",是距今至少约二千五百年前的世界各国所绝无仅有的。仅录《周礼·天官冢宰第一》中的首节"设官分职"及次节"太宰之职",即足以令人眼花缭乱、心迷神失、叹为观止:

---

① 《周礼·地官·司徒》。
② 《周礼·冬官·考工记》郑玄注。
③ 张心澂编著:《伪书通考》,上海书店出版社1998年版,下引见该书第327页。

天官冢宰第一

　　惟王建国·辨方正位·体国经野·设官分职·以为民极·乃立天官冢宰·使帅其属而掌邦治·以佐王均邦国。治官之属·大宰卿一人·小宰中大夫二人·宰夫下大夫四人·上士八人·中士十有六人·旅下士三十有二人·府六人·史十有二人·胥十有二人·徒百有二十人·宫正·上士二人·中士四人·下士八人·府二人·史四人·胥四人·徒四十人·宫伯·中士二人·下士四人·府一人·史二人·胥二人·徒二十人·膳夫·上士二人·中士四人·下士八人·府二人·史四人·胥十有二人·徒百有二十人·庖人。中士四人·下士八人·府二人·史四人·贾八人·胥四人·徒四十人·内饔·中士四人·下士八人·府二人·史四人·胥十人·徒百人·外饔·中士四人·下士八人，府二人·史四人·胥十人·徒百人·亨人·下士四人·府一人·史二人·胥五人·徒五十人·甸师·下士二人·府一人·史二人·胥三十人·徒三百人·兽人·中士四人·下士八人·府二人·史四人·胥四人·徒四十人·敌人·中士四人·下士四人·府二人·史四人·胥三十人·徒三百人·随人·下士四人·府二人·史二人·徒十有六人·腊人·下士四人·府二人·史二人·徒二十人·医师·上士二人·下士四人·府二人·史二人·徒二十人·食医·中士二人·疾医·中士八人·疡医·下士八人·兽医·下士四人·酒正·中士四人·下士八人·府二人·史八人。胥八人·徒八十人·酒人·奄十人·女酒三十人·奚三百人·浆人奄五人·女浆十有五人·奚百有五十人·凌人·下士二人·府二人·史二人·胥八人·徒八十人·笾人·奄一人·女笾十人·奚二十人·醢人·奄一人·女醢二十人·奚四十人·醯人·奄二人·女醯二十人·奚四十人·盐人·奄二人·女盐二十人·奚四十人·幂人·奄一人·女幂十人，奚二十人·宫人·中士四人·下士八人·府二人·史四人·胥八人·徒八十人·掌舍·下士四人·府二人·史四人·徒四十人·幕人·下士一人·府二人·史二人·徒四十人·掌次·下士四人·府四人·史二人·徒八十人·大府·下大夫二人·上士四人·下士八人·府四人·史八人·贾十有六人·胥八人·徒八十人·玉府·上士二人·中士四人·府二人·史二人·工八人·贾八人·胥四人·徒四十有八人·内府·中士二人·府一人·史二人·徒十人·外府·中士二人·府一人·史二人·徒十人·司会·中大夫二人·下大夫四人·上士八人·中士十有六人·府四人·史八人·胥五人·徒五十人·司书·上士二人·中士四人·府二人·史四人·徒八人·职内·上士二人·中士四人·府四人·史四人·徒二十人·职岁·上士四人·中士八人·府四人·史八人·徒二十人·职币·上士二人·中士四人·府二人·史四人·贾四人·胥二人·徒二十人·司裘·中士二人·下士四人·府二人·史四人·徒四十人·掌皮·下士四人·府二人·史四人·徒四十人·内宰·下大夫二人·上士四人·中士八人·府四人·史八人·胥八人·徒八十人·内小臣·奄上士四人·史二人·徒八人·阍人·王宫每门四人·囿游亦如之·寺人·王之正内五人·内竖倍寺人之数·九嫔·世妇·女御·女祝四人·奚八人·女史八人·奚十有六人·典妇功·中士二人·下士四人·府二人·史四人·工四人·贾四人·徒二十人·典丝·下士二人·府二人·史二人·贾四人·徒十有二人·典枲·下士二人·府二人·史二人•徒二十人•内司服•奄一人……大宰之职•掌建邦之六典•以佐王治邦国•一曰治典•以经邦国•以治官府•以纪万民•二曰教典•以安邦国•以教官府•以扰万民•三曰礼典•以和邦国•以统百官•以谐万民•四曰政典•以平邦国•以正百官•以均万民•五曰刑典•以诘邦国•以刑百官•以纠万民•六曰事典•以富邦国•以任百官•以生万民•以八法治官府•一曰官属•以举邦治•二曰官职•以辨邦治•三曰官联•以会官治•四曰官常•以听官治•五曰官成•以经邦治•六曰官法•以正邦治•七曰官刑•以纠邦治•八曰官计•以弊邦治•以八则治都鄙•一曰祭祀•以驭其神•二曰法则•以驭其官•三曰废置•以驭其吏•四曰禄位•以驭其士•五曰赋贡•以驭其用•六曰礼俗•以驭其民•七曰刑赏•以驭其威•八曰田役•以驭其众•以八柄诏王驭群臣•一曰爵•以驭其贵•二曰禄•以驭其富•三曰予•以驭其幸•四曰置•以驭其行•五曰生•以驭其辐•六曰夺•以驭其贫•七曰废•以驭其罪•八曰诛•以驭其过•以八统诏王驭万民•一曰亲亲•二曰敬故•三曰进贤•四曰使能•五•女御三人•奚八人•缝人•奄二人•女御八人•女工八十人•奚三十人•染人•下士二人•府二人•史二人•徒二十人•追师•下士二人•府一人•史二人•工二人•徒四人•屦人•下士二人•府一人•史一人•工八人•徒四人•夏采•下士四人•史一人•徒四人曰保庸•六曰尊贵•七曰达吏•八曰礼宾•以九职任万民•一曰三农•生九谷•二曰园圃•毓草木•三曰虞衡•作山泽之材•四曰薮牧。养蕃鸟兽•五曰百工•饬化八材•六曰商贾•阜通货贿•七曰嫔妇•化治丝枲•八曰臣妾•聚敛疏材•九曰闲民•无常职•转移执事•以九赋敛财贿•一曰邦中之赋•二曰四郊之赋•三曰邦甸之赋•四曰家削之赋•五曰邦县之赋•六曰邦都之赋•七曰关市之赋•八曰山泽之赋•九曰币余之赋•以九式均节财用。一曰祭祀之式•二曰宾客之式•三曰丧荒之式•四曰羞服之式•五曰工事之式•六曰币帛之式•七曰刍秣之式•八曰匪颁之式•九曰好用之式•以九贡致邦国之用。一曰祀贡•二曰嫔贡•三曰器贡•四曰币贡•五曰材贡•六曰货贡•七曰服贡•八曰斿贡•九曰物贡•以九两概邦国之民•一曰牧•以地得民•二曰长•以贵得民•三曰师•以贤得民•四曰儒•以道得民•五曰宗•以族得民•六曰主•以利得民•七曰吏•以治得民•八曰友•以任得民，九曰薮•以富得民•正月之吉•始和•布治于邦国都鄙•乃县治象之法于象魏•使万民观治象•挟日而敛之•乃施典于邦国•而建其牧•立其监•设其参•传其伍•陈其殷•置其辅•乃施则于都鄙•而建其长•立其两•设其伍•陈其殷•乃施法于官府•而建其正•立其贰•设其考•陈其殷•置其辅•凡治•以典待邦国之治•以则待都鄙之治•以法待官府之治•以官成待万民之治•以礼待宾客之治•祀五帝•则掌百官之誓浓•舆其具修•前期十日•帅执事而卜日•遂戒•及执事•胝涤濯•及纳享•赞王牲事•及祀之日•赞玉币爵之事•祀大神示•亦如之•享先王•亦如之•赞玉几玉爵•大朝觐•会同•赞玉币玉献玉几玉爵•大丧•赞赠玉含玉•作大事•则戒于百官•赞王命•王胝治朝•则赞听治•胝四方之听朝•亦如之，凡邦之小治•则冢宰听之•待四方之宾客之小治•岁终•则令百官府各正其治•受其会•听其致事•而诏王废置•三岁•则大计群吏之治而诛赏之。

如果说《周礼》等史籍记载毕竟还有可存疑之处的话，那么唐代行政法制都有白纸黑字的文字记载，该是千真万确的了。

唐承隋制，以"令"为行政法典，以"式"为行政细则规范，并以"格"随时补充之。

唐初律、令同时制定，由尚书左仆射、裴寂等于武德七年（624）上奏朝廷下诏颁行。唐太宗贞观十一年（637）又颁行房玄龄等制定的《贞观令》三十卷。此后，唐高宗麟德年间（664—665）、仪凤年间（676—679），武则天垂拱年间（685—688），唐中宗神龙年间（705—707），唐睿宗太极时（712），唐玄宗开元年间（713—741），都曾修订过《贞观令》。

《贞观令》三十卷一千五百四十六条。① 三十卷的篇目为：

（1）官品（上）；（2）官品（下）；（3）三师、三公，台、省职员；（4）寺、监职员；（5）卫府职员；（6）东宫、王府职员；（7）州、县、镇、戍、狱、渎、关、津职员；（8）内外命妇职员；（9）祠；（10）户；（11）选举；（12）考课；（13）宫卫；（14）军防；（15）衣服；（16）仪制；（17）卤簿（上）；（18）卤簿（下）；（19）公式（上）；（20）公式（下）；（21）田；（22）赋役；（23）仓库；（24）厩牧；（25）关市；（26）医疾；（27）狱官；（28）营缮；（29）丧葬；（30）杂令。

唐令贯穿的是封建等级制的原则，尊卑贵贱的等数、国家的制度体现其中，由此组织了国家的政治生活和社会生活。"以轨物程事"为责的唐"式"② 则为唐代国家机关办事的程序，细则以及公文格式，为行政百官所必须遵行："或者，（百官有司）其所常守之法也。"③ 唐高宗时撰有《永徽式》十四卷，其后有武则天时撰《垂拱式》，唐中宗时撰《神龙式》，唐玄宗时撰《开元式》等。"式"是对"令"的补充，是"令"的细则化。

唐朝有高宗时撰定的《永徽式》十四卷，其后有陆续删定的武则天时《垂拱式》、中宗时《神龙式》、玄宗时《开元式》各二十卷，删定者与删定《令》者同。唐《式》篇目据《唐六典》卷六，以尚书省列曹（即六部二十四司，每司为一篇，共二十四篇）、秘书省、太常寺、司农寺、光禄寺、太仆寺、太府寺、少府寺、监门宿卫（即中央武官衙署）、计账（即有关户口、钱粮、赋役的统计报表）为篇目，共三十三篇，二十卷。

今存唐《式》有《唐律疏议》所引十余条，包括《户部式》（即度支户部司，见第四百六十四条）、《礼部式》（即礼部礼部司，见第四百四十九条），《主客式》（即礼部主客司，见第八十八条）、《兵部式》（即兵部兵部司，见第四百零七条）、《职方式》（即兵部职方司，见第九十条），《驾部式》（即兵部驾部司，见第一百二十七条）、《库部式》（即兵部库部司，见第二百四十三条）、《太仆式》（即太仆寺，见第二百零二条）、《监门式》（即监门宿卫，见第七十一、七十五、八十一、二百二十七诸条）诸篇内容，涉及唐《式》三十三篇中之九篇。如《疏议》第七十一条："其开门出钥迟者，依《监门式》：'宫城门及

---

① 《唐六典》卷6"刑部司郎中、员外郎"条，但《旧唐书·刑法志》称《贞观令》为一千五百九十条。
② 《唐六典》卷6。
③ 《新唐书·刑法志》。

皇城门，四更二点出钥开门。京城门，四更一点出钥开门。'违式出钥迟者，殿门杖九十，宫门及宫城门杖八十，皇城门杖七十，京城门杖六十。"又如第二百零二条："依《太仆式》：'在牧马，二岁即令调习。每一尉配调习马人十人，分为五番上下，每年三月一日上，四月三十日下。'故宫马乘用不调习者，一匹笞二十，五匹加一等，罪止杖一百。"上引可知违式依律应予处罚；而式一般与等级制原则无关，是各级政府机构的职能细则。这是式与令的主要区别之一。

"令""式"之外，还有"格"。《唐六典》卷六称："格，以禁违正邪。"《新唐书·刑法志》云："格者，百官有司之所常行之事也。"

唐"格"具有行政法规与刑事法规并存兼容的性质，在数量上则以行政法规为主。据《唐六典》卷六，唐格"盖编录当时制、敕，永为法则，以为故事"。《全唐文》《唐大诏令集》均保留了大量唐时的制、敕。一般说来，"制"用于立王、封爵、命相、改元、郊祀、恤刑等国家重事，如"秦王等兼中书令制""封晋王制""元稹平章事制""天宝改元制""南郊推恩制""令钱货兼用制""恤刑制""录囚制"等；"敕"则用于授官、征讨、诛罚、禁令、税课、户口等临时诏命，如"授苏义右补阙敕""讨康待宾等敕""诛左感意敕""禁骊山樵采敕""慎选法官敕""禁重征租庸敕""令诸州年终申报户口实数敕"等。唐格是以删定汇编制、敕而成。据《唐六典》，唐格有二十四篇。"格"是唐代法律形式中编定最为频繁者。据《唐六典》卷六，有太宗时《贞观格》十八卷，房玄龄等删定；高宗时《永徽留司格》十八卷，《永徽散颁格》七卷，长孙无忌等删定，《永徽留司格后本》十一卷（仪凤二年上），刘仁轨等删定；武则天时《垂拱留司格》六卷、《垂拱散颁格》二卷，裴居道等删定；睿宗时《太极格》十卷，岑义等删定；玄宗时《开元前格》（开元三年上）十卷，姚崇等删定。另据引《旧唐书·刑法志》，开元七年宋璟等删定《开元后格》，开元十九年裴光庭等又删撰《格后长行敕》六卷，开元二十二年李林甫等又删定《开元新格》十卷；宪宗时元和十三年（818）郑余庆等详定《格后敕》三十卷；文宗时太和七年（833）刑部详定《格后敕》五十卷；宣宗大中五年（851）刘琢等删定《格后敕》六十卷，内容"起贞观二年六月二十日至大中五年四月十三日，凡二百二十四年杂敕，都计六百四十六门，一千一百六十五条"。

从唐代的令、格、式可大略了解当时的中央及地方行政管理机构的设置概况。如中央，其行政管理中枢有尚书都省及六部二十四司之设。都省置左右仆射、左右丞、左右司郎中、员外郎、都事、主事等官员共三十二人。另有属吏令史、书令史、亭长、掌固等约一百五十人。①

尚书都省掌管之行政事务包括：发到尚书省的诏敕印上正式发出的日期并规定贯彻执行的期限，然后转发具体事务部门；将各州向中央汇报的计奏文书节录汇总，然后统一向

---

① 《旧唐书·职官二》，下引同。

政事堂或皇帝汇报；统一下发各司拟定的下发各州的具体行政文件；各司核对各州汇报情况并整理归档，作为考核官吏的依据。

尚书都省下辖吏、户、礼、兵、刑、工六部，每部四司：

吏部，置尚书一人，侍郎二人，掌天下官吏选授、勋封、考课之政令。下辖四司：（1）吏部司，置郎中二人、员外郎二人，掌官吏铨选之事，另置属吏令史、书令史、亭长、掌固等约一百一十人。（2）司封司，置郎中、员外郎各一人，掌封爵之事。并置主事二人，属吏有令史、书令史、掌固等约十七人。（3）司勋司，置郎中一人，员外郎二人，掌官吏授勋官之事。并置主事四人，属吏有令史、书令史、掌固等约九十七人。（4）考功司，置郎中、员外郎各一人，掌内外文武官吏考课之事。并置主事三人，属吏有令史、书令史、掌固等约四十二人。

户部，置尚书一人、侍郎二人，掌天下田、户、均输钱谷之政令，下辖四司：（1）户部司，置郎中二人，员外郎二人，主事四人，掌分理户口、井田之事，属吏有令史、书令史、亭长、掌固等约六十五人。（2）度支司，置郎中一人，员外郎一人，主事二人，掌天下租赋，物产丰约之宜，水陆道涂之利，岁计所出之支调，属吏有令史、书令史、计史、掌固等约五十四人。（3）金部司，置郎中一人，员外郎一人，主事三人，掌判全国库藏钱、帛出纳之事，确定天下度量衡之标准，属吏有令史、书令史、计史、掌固等约三十四人。（4）仓部司，置郎中一人，员外郎一人，主事三人，掌判国家仓库受纳租税、支付官吏禄廪之事，属吏有令史、书令史、计史、掌固等约三十四人。

礼部，置尚书一人，侍郎一人，掌天下礼仪、祭享、贡举之政令，下辖四司：（1）礼部司，置郎中一人，员外郎一人，主事二人，掌贰尚书、侍郎之仪制而辨其名数，属吏有令史、书令史、亭长、掌固等约三十人。（2）祠部司，置郎中一人，员外郎一人，主事二人，掌祠祀享祭、天文漏刻、国忌庙讳、卜筮医药、僧尼之事，属吏有令史、书令史、亭长、掌固等三十人。（3）膳部司，置郎中一人，员外郎一人，主事二人，掌邦之祭器、牲豆、酒膳，辨其品数，及藏冰食料之事，属吏有令史、书令史、掌固等十七人。（4）主客司，置郎中一人，员外郎一人，主事二人，掌诸蕃朝聘之事，属吏有令史、书令史、掌固等十七人。

兵部，置尚书一人，侍郎二人，掌天下武官选授及地图与甲仗之政令，下辖四司：（1）兵部司，置郎中二人，员外郎二人，主事四人，掌判帐及天下武官之阶品、卫府之名数，属吏有令史、书令史、亭长、掌固等一百一十人。（2）职方司，置郎中一人，员外郎一人，主事二人，掌天下地图及城隍（即城壕）镇戍烽堠之数，辨其邦国都鄙之远近及四夷之归化，属吏有令史、书令史、掌固等十七人。（3）驾部司，置郎中一人，员外郎一人，主事三人，掌邦国舆辇车乘、传驿、厩牧官私马牛杂畜簿籍，辨其出入，司其名数，属吏有令史、书令史、掌固等十七人。（4）库部司，置郎中一人，员外郎一人，主事二人，掌邦国军州戎器仪仗，属吏有令史、书令史、掌固等二十六人。

刑部，置尚书一人，侍郎一人为正副长官，掌天下刑法及徒隶、勾覆、关禁之政令，下辖四司：(1)刑部司，置郎中二人，员外郎二人，主事四人，掌贰尚书、侍郎，举其典宪而辨其轻重，属吏有令史、书令史、亭长、掌固等七十三人。(2)都官司，置郎中一人，员外郎一人，主事二人，掌俘隶簿录，给衣粮、医药，而理其诉免，属吏有令史、书令史、掌固等二十五人。(3)比部司，置郎中一人，员外郎一人，主事二人，掌勾诸司百僚俸料、公廨、赃赎、调敛、徒役、课程，逋悬数物，周知内外之经费而总勾之，属吏有令史、书令史、计史、掌固等四十六人。(4)司门司，置郎中一人，员外郎一人，主事二人，掌天下诸门及关出入往来之籍，赋而审其政，属吏有令史、书令史、掌固等二十三人。

工部，置尚书一人，侍郎一人，掌天下百工、屯田、山泽之政令，下辖四司：(1)工部司，置郎中一人，员外郎一人，主事二人，掌经营兴造之众务，主要负责城池修浚等土木工程，属吏有令史、书令史、亭长、掌固等四十七人。(2)屯田司，置郎中一人，员外郎一人，主事二人，掌天下屯田之政令，属吏有令史、书令史、计史、掌固等二十四人。(3)虞部司，置郎中一人，员外郎一人，主事二人，掌京城街巷种植、山泽苑囿草木，薪炭供顿，田猎之事，属吏有令史、书令史、掌固等十七人。(4)水部司，置郎中一人，员外郎一人，主事二人，掌天下川渎陂池之政令，属吏有令史、书令史、掌固等十七人。

在唐朝中央行政管理机构中，尚书省最为庞大，据《旧唐书·职官志》的记载可知，尚书都省及六部二十四司置尚书仆射以下品官一百六十二人，属吏一千一百三十九人，共计一千三百余人。

唐朝的中央行政事务机关为"九寺五监"。

九寺一为太常寺，置卿一人，少卿二人，掌邦国礼乐、郊庙、社稷之事，具体事务由八署分理，即郊社署、太庙署、诸陵署、太乐署、鼓吹署、太医署、太卜署、廪牺署；

二为光禄寺，置卿一人，少卿二人，掌邦国酒醴膳馐之事，具体事务由太官署、珍馐署、良醖署、掌醢署四署分理；

三为卫尉寺，置卿一人，少卿二人，掌邦国器械文物之事，具体事务由武库、武器署、守官署三署分理；

四为宗正寺，置卿一人，少卿二人，掌（皇族）九族六亲之属籍，以别昭穆之序，具体事务由崇玄署处理；

五为太仆寺，置卿一人，少卿二人，掌邦闵厩牧车舆之政令，具体事务由乘黄署、典厩署、典牧署、车府署四署分理；

六为大理寺，置卿一人，少卿二人，掌邦国折狱详刑之事；

七为鸿胪寺，置卿一人，少卿二人，掌宾客及凶仪之事，具体事务由典客署、司仪署二署分理；

八为司农寺，置卿一人，少卿二人，掌邦国仓储委积之事，具体事务由上林署、太仓署、钩盾署、导官署四署分理；

九为太府寺，置卿一人，少卿二人，掌邦国财货，具体事务由京师东市署、京师西市署、东都东市署、东都西市署、平准署、左藏署、右藏署、常平署八署分理；

五监一为国子监，置祭酒一人，司业二人，掌邦国儒学训导之政令，其下细分为国子学、太学、四门学、律学、书学、算学、五经等；

二为少府监，置监一人，少监二人，掌供百工位巧之事，初下辖中尚署、左尚署、右尚署、织染署、掌冶署等五署，后又有甲坊署、弩坊署，地方之诸冶、诸铸钱、诸互市、北都军器等也归属少府监指挥；

三为将作监，置大匠一人，少匠二人，掌供邦国修建土木工匠之政令，下辖左校署、右校署、中校署、甄官署四署；

四为都水监，置使者二人，掌川泽津梁之政令，下辖舟楫署、河渠署两署。

唐朝中央宫内事务机关为内三省：

秘书省，置监一人，少监二人，掌邦国经籍图书之事，下辖著作局与太史局二局；

殿中省，置监一人，少监二人，掌天子服御，下辖尚食局、尚药局、尚衣局、尚舍局、尚乘局、尚辇局六局。

内侍省，置内侍二人，内常侍六人，掌在内侍奉出入、宫掖宣传之事，下辖掖廷局、宫闱局、奚官局、内仆局、内府局五局。

如此严密、复杂的行政机构及其相互关系，将辽阔土地上的数千万人口及其活动，有机地组织成为一个整体并加以严格的管理。没有这样的组织管理，社会生活必定混乱至极，后果也不堪设想；正是依赖于这样严密的组织管理，唐代的经济、文化的繁荣兴旺，都达到了当时世界各国的顶峰，为世界各国所击节赞叹，称颂有加。

（二）中国古代的民事、经济法制及其组织管理功能

曾有一度，人们认为中国古代唯刑为尚，民事、经济法制是极不发达、甚至几近于无的。其实，远非如此。以唐代的婚姻法制即可说明民事法制的健全发达。

唐承隋后，因为缺乏劳动人手，曾用法制手段强制推行早婚，但与此同时，还在婚姻法制方面采取相应的保障措施：(1)凡超过婚龄而未嫁娶者，由官府主持嫁娶；[①] (2)以辖区内婚姻是否及时作为考核官吏的标准之一；[②] (3)从经济上予以援助，"若贫穷之徒，将迎匮乏，仰于亲近乡里，富有之家，衰多益寡，使得资送"[③]。婚嫁的主要的具体法制是：

---

① 白居易在《唐故虢州刺史赠礼部尚书崔公墓志铭并序》中言：崔公"既至密，密民之冻馁者赈恤之，疾疫者救疗之，骸骼未殡者命葬芷之。男女过时者趣嫁娶之。"（《白居易集》卷70，中华书局1979年版）太宗朝有绛州孝女卫氏，成年后为父报仇，"太宗嘉其孝烈，特令免罪，给傅乘徒于雍州，并给田宅，仍令州县以礼嫁之"（《旧唐书·列女传》）。

② 《唐会要》卷83《嫁娶》。

③ 同上。

1. 许婚制度

唐代法律规定，衡量婚姻是否成立的法律要件是报婚书或聘财，"诸许嫁女，已报婚书及有私约而辄悔者，杖六十。虽无许婚之书，但受聘财亦是"。对此条《唐律》律文，《疏》议曰："许嫁女已报婚书者，谓男家致书礼请，女氏答书许讫。'及有私约'，注云'约，谓先知夫身老、幼、疾、残、养、庶之类'，老幼，谓违本约相校倍年者；疾残，谓状当三疾，肢体不完；养，谓非己所生；庶，谓非嫡子及庶、孽之类。以其色目非一，故云'之类'。皆谓宿相谙委，两情具惬，私有契约，或报婚书，如此之流，不得辄悔。"以上律疏指明：

（1）许婚程序自男方下通婚书开始后才是"许"。

（2）男方礼请与女方应许均取书面形式。

（3）女方答书许婚为婚约成立的标志。

（4）报婚书表述婚约成立，具有法律上的约束力。

（5）嫁娶的决定权属于双方的家长，而不是作为婚姻关系主体的男女个人。

（6）"私约"作为婚书的重要补充，是在正式婚书以外对特别事项的约定，具有法律约束力。"私约"的内容往往是不宜明载于婚书之上的内容，如男女年龄相差成倍、肢体不全、非嫡子等。私约有修正本约的效力，为法律所确认和保护。

（7）收受聘财的事实视同婚约成立，效力与报婚书等同。

（8）媒妁起沟通双方当事人及其家长的作用，此其一；其二，还起证人作用。

（9）无须经官府登记。

以下为敦煌出土的唐代婚书样文，从中可见唐律上述许婚规定之一斑：

> 通婚书　某顿首顿首。触叙既久，倾瞩良深（如未相识即云：久藉徽猷，未由展觌，倾慕之至，难以名言）。时候伏惟某位动止万福，原馆舍清休，（如前人无妻即不用此语）即此某蒙稚免，展拜未由，但蝉翘称重（原文如此，恐有误）。谨奉状。不宣。某郡姓名　顿首顿首。（别纸）某自第几男（或弟、或侄某某），年已成立，未有婚媾。承贤第某女（或妹、侄女），令淑有闻，四德兼备，愿法交援。谨同媒人某氏某乙，敢以礼请月正。若不遗，仁听嘉命。某自。

> 答婚书　某顿首顿首，久仰德风，意阔披展（如先相识即云：求展既久，倾慕良深）忽辱荣问，慰沃逾增。时候伏惟某动止万福。原馆舍清休（前人无妻不要此语）即此某蒙稚免。言叙未由，但增企除，谨奉状不宣。某郡姓名顿首顿首。（别纸）某自第几女（或妹、侄、孙女）年尚初笄，未闲礼，则承贤第某男（或弟、侄、孙）未有伉俪，顾存姻好，愿抚高援。请回媒人某氏，不敬，从某自。①

---

① 叶孝信主编：《中国民法史》，上海人民出版社1993年版，第290—291页。

上列"通婚书"与"答婚书"均由正文和"别纸"组成。正文为表达礼节上的尊重的套语，具有实质意义的具体内容则载于"别纸"，主要载明：(1) 主婚人与作为婚姻主体的男女个人的身份关系；(2) 男女姓名、年龄、婚否状况；(3) 求婚与许婚的意思表示；(4) 媒人姓氏。唐律赋予婚书和聘财以法律效力，具有书证意义的婚书与事实证据意义的聘财用法律形式固定下来。

婚约一旦成立，双方均不得反悔。违约的男方，将失去聘财，但不视为犯罪；女方违约则视为犯罪，将科刑罚；仅仅悔约而无别许情形，杖六十，婚约仍有效；婚约未解除又别许他人，杖一百；别许他人已成婚者，徒一年半。

2. 主婚人制度

（1）法定主婚人

《唐律疏议·户婚》规定主婚人应是祖父母、父母、期亲尊长、余亲。

主婚人按法定顺序排列，只有在前一顺序主婚人不存在时，后一顺序主婚人才能担当主婚之责。主婚顺序，首先是祖父母、父母，其次是其他尊长和"余亲"，余亲主婚则依先尊后卑原则来确定主婚人。①

（2）特殊主婚人

只有祖父母、父母才有对丧夫之女的强嫁权，才能成为她的主婚人；奴婢的主婚人是其主人。

3. 媒妁制度

中国古代礼制，"媒妁之言"与"父母之命"并重。《诗·齐风·南山》："娶妻如之何，必告父母。""娶妻如之何，匪媒不得。"《礼记·曲礼》："男女非有行媒，不相知名。"唐律将其列为婚姻成立之要件，有无媒人成为婚姻是否合法之标志。《唐律疏议·名例》疏曰："嫁娶有媒。"《户婚》疏曰："为婚之法，必有行媒。"同时，媒人承担的法律责任仅次于主婚人。《唐律疏议》规定："诸嫁娶违律，祖父母父母主婚者，独坐主婚，……媒人各减首罪二等。""疏议"规定："假有同姓为婚，合徒二年，未成，即杖八十。此是各减五等，其媒人犹徒一年。"

4. 禁止婚姻成立的条件及相关者的法律责任

唐律对婚姻的成立做了若干限制规定，以保证婚姻关系之合法性，依律结婚而仍结婚的，被视为"违律为婚"，要承担相应的法律责任。具体主要有以下几种：

（1）禁为婚妄冒

《唐律疏议·户婚》"为婚妄冒"条规定："诸为婚而女家妄冒者，徒一年。男家妄冒，加一等。未成者，依本约；已成者，离之。"同条"疏议"又曰："为婚之法，必有行媒，

---

① [日] 仁井田升：《唐令拾遗·户令》所考，唐令的规定："依令，婚先由伯叔，伯叔若无，始及兄弟。"长春出版社 1989 年版，第 159 页。

男女、嫡庶、长幼，当时理有契约，女家违约妄冒者，徒一年。男家妄冒者，加一等。'未成者依本约'，谓依初许婚契约。已成者，离之。违约之中，理有多种，或以尊卑，或以大小之类皆是。"对"妄冒为婚"，唐律采用了刑事与民事处理并行的方式来处理，凡妄冒为婚，对妄冒方处以徒刑；民事处理则依婚姻已成和未成来区别对待：未成婚，则依本约嫁娶；已成婚，则婚姻无效，并离异。

(2) 禁有妻更娶

中国古代礼、法都将"一夫一妻"作为婚姻结构的模式。① 唐律规定，凡有妻更娶，对男方及明知对方有妻而嫁之者均处以刑罚，并且这一婚姻自始无效，予以撤销。《唐律疏议·户婚》"有妻更娶"条："诸有妻更娶妻者，徒一年；女家，减一等。若欺妄而娶者，徒一年半；女家不坐。各离之。"同条"疏议"曰："依礼，日见于甲，月见于庚，象夫妇之义。一与之齐，中馈斯重。故有妻而更娶者，合徒一年。'女家减一等'，为其知情，合杖一百。'若欺妄而娶'，谓有妻言无，以其矫诈之故，合徒一年半。女家既不知情，依法不坐。仍各离之。称'各'者，谓女氏知有妻、无妻，皆合离异，故云'各离之'。""问曰：有妇而更娶妇，后娶者虽合离异，未离之间，其夫内外亲戚相犯，得同妻法以否？答曰：一夫一妇，不刊之制。有妻更娶，本不成妻。详求理法，止同凡人之坐。"

(3) 禁同姓为婚与亲属为婚

同宗共姓不得为婚；同姓而异宗，则不在禁列；但若因改姓，而档案谱牒证明其原本同姓者，仍不得为婚。这一规定适用于娶妻与买妾。《唐律疏议·户婚律》"同姓为婚"条规定："诸同姓为婚者，各徒二年。"

唐律规定的亲属不婚，包括：五服内亲不得为婚，即同条"疏议"所规定的"若同姓缌麻以上为婚者，各依《杂律》奸条科罪"，这些亲属包括高祖父母、曾伯叔祖父母、族伯叔父母、族兄弟及未嫁的族姐妹等同宗亲或关系更近的亲属；外姻有服的亲属之间，尊卑不得为婚。外姻有服的亲属范围包括外祖父母、舅、姨、妻之父母；外姻无服的亲属之间，唐律只禁尊卑为婚；禁娶同母异父姊妹和娶妻前夫之女。

(4) 禁监临官娶监临女为妻妾

《唐律疏议·户婚律》"监临娶所监临女"条规定："诸监临之官，娶所监临女为妾者，杖一百；若为亲属娶者，亦如之。其在官非监临者，减一等。女家不坐。即枉法娶人妻妾及女者，以奸论加二等；行求者，各减二等。各离之。"唐令："诸州县官人在任之日，不得共部下百姓交婚，违者虽会赦，仍离之。其州上佐以上及县令于所统属官亦同。其订婚在前，任官居后，及三辅内官门阀相当情愿者，并不在禁限。"②

---

① 陈鹏：《中国婚姻史稿》，中华书局1990年版，第429页。
② [日] 仁井田升：《唐令拾遗》，长春出版社1989年版，第162页。

(5) 禁良贱为婚

唐代"良人"主要指官吏、僧道和"百姓"。皇室贵族则是不言自明比"良人"更高的高等人。"百姓"主要是指持有小块耕地的个体农民，也包括依附于官府或私家的客户、佣工、个体手工业者和小商人等。"贱"则是指"贱民""贱人""贱口"，包括官户（番户）、杂户、工乐户、太常音声人、部曲、客女、奴婢等。

良贱婚禁包括：

奴婢与良人的婚禁①；关于杂户、官户、工乐与良人的婚禁；②此外还禁僧道为婚，禁恐喝、强娶。《唐律疏议·户婚》"违律为婚恐喝娶"条规定："诸违律为婚，虽有媒聘，而恐喝娶者，加本罪一等；强娶者，又加一等。被强者，止依未成法。"

此外还有关于嫁娶违律及法律责任的一系列详尽规定，包括居丧嫁娶，居父母丧、夫丧嫁娶，居期亲丧嫁娶，祖父母、父母被囚禁而嫁娶等等，均加严禁。

从如上所略涉者，即可见唐代婚姻成立方面法律规定之周详严密。它对唐代婚姻、家庭的管理无疑是极为重要、不可或缺的。

唐代的经济法制，仅商业贸易方面即可见总体上相当完善之一斑。《大唐六典》卷三"户部郎中员外郎"条规定了唐初商人的身份和地位，"辨天下之四人，使各专其业。凡习学文武者为士，肆力耕桑者为农，巧作贸易者为工，屠沽兴贩者为商。（工商皆谓家专其业，以求利者，其织纴组紃之类非也）工商之家，不得预于士；食禄之人，不得夺下人之利"。据此规定，商人专指以经商求利为其生活家业的人，一般男耕女织家庭中的纺织手工之类不在此列。商人只能从业，不得为官。开元七年（719）和开元二十五年（737），朝廷颁布新令重申："诸官人，身及同居大功已上亲，自执工商，家专其业，不得仕。其旧经职任，自解黜，必有事用者，三年之后听用。"③"商人不得入仕"古来如此；大功以上亲属有经商者而不得为官首见于唐律。

度量衡器是商人交易中必不可少的工具，唐律对度量衡器规定了使用制度，以制约奸商，维持公平和市场秩序。

《唐律疏议·杂律》"校斛斗秤度不平"条律文曰："诸校斛斗秤度不平，杖七十。监校

---

① 主人替奴婢娶良人女为妻，处徒刑一年半；女家减一等处罚，并且婚姻离异。若属于奴婢自己娶良人女为妻，其处罚相同。主人知情，杖一百。因此，而将良人女的身份登记为奴婢的，流三千里。主人擅自将奴婢作为良人，而与良人结为夫妻，处徒刑二年。奴婢冒充良人而与良人结为夫妻，其处罚也相同。以上各种嫁娶都要追还本家及改正身份。若奴婢私自将女嫁给良人作妻妾，依盗窃财产罪论处；知情而娶者，和私嫁者同罚，并且都要追还嫁出之女及改正身份。

② 杂户是因前代犯罪而没官，散配诸司驱使的官奴，其地位略高于官户；官户则是番户的总称，是前代配隶人户的子孙或是本朝配没的人户，在州县没有籍贯，隶属于司农，其地位高于官奴婢。官奴婢被放免也可以为官户。工乐是工乐户的简称，系隶属于少府监和太常寺的贱民。工乐户与官户的地位相等。见李季平：《唐代奴婢制度》，上海人民出版社1986年版，第91页。

③ ［日］仁井田升：《唐令拾遗·选举令第十一》十七，长春出版社1989年版。

者不觉,减一等;知情,与同罪。"本条疏议曰:"'校斛斗秤度',依《关市令》:'每年八月,诣太府寺平校,不在京者,诣所在州县平校,并印署,然后听用。'其校法,《杂令》:'量,以北方秬黍中者,容一千二百为龠,十龠为合,十合为升,十升为斗,三斗为大斗一斗,十斗为斛。秤权衡,以秬黍中者,百黍之重为铢,二十四铢为两,三两为大两一两,十六两为斤。度,以秬黍为中者,一黍之广为分,十分为寸,十寸为尺,一尺二寸为大尺一尺,十尺为丈。'有校勘不平者,杖七十。监校官司不觉,减校者罪一等,合杖六十;知情,与同罪。"

唐律还严禁使用私制度量衡器。《唐律疏议·杂律》"私作斛斗秤度不平"条律文载:"诸私作斛斗秤度不平,而在市执用者,笞五十;因有增减者,计所增减,准盗论。……其在市用斛斗秤度虽平,而不经官司印者,笞四十。"规定未经官方准许和确定的程序,私自制作度量衡器致有差错而又上市使用的,不问实际使用与否,仅此行为先笞五十;若已使用而有增减差错的,按窃盗罪论处:一尺杖六十,一匹加一等,五匹徒一年,增减差错至五十匹者,加役流(流三千里加服苦役)。即使度量衡器符合法定标准而上市使用,但因未经官方的法定程序校勘、印署,也要笞四十。

为保证市场交易的公平、公正、合理、合法,唐律还对器物制作和贩卖、物价评估、买卖自由等等做出一系列重要规定:

(1)器物制作和贩卖方面,《唐律疏议·杂律》规定"诸造器用之物及绢布之属,有行滥、短狭而卖者,各杖六十;(不牢谓之行,不真谓之滥。即造横刀及箭镞用柔铁者,亦为滥。)","得利赃重者,计利,准盗论。贩卖者,亦如之。市及州、县官司知情,各与同罪;不觉者,减二等"。监管者(市、州、县)按知情和不觉合并减半论处。

(2)物价评估方面,《唐律疏议·杂律》"市司评物价不平"条规定:"诸市司评物价不平者,计所贵贱,坐赃论。入己者,以盗论……"唐令还规定,市令有职责要求商人每十天向市场管理机构呈报一次物价变动情况,把每一种货物按其品质定出上、中、下三种不同的价格,并将十天内物价涨落的情况登记呈报,最后由市令及主管官吏加以评定。[①]

(3)交易自由方面,《唐律疏议·杂律》"卖买不和而较固"条规定:"诸卖买不和,而较固取者(较,谓专略其利;固,谓障固其市)及更出开闭、共限一价;(谓卖物以贱为贵,买物以贵为贱)若参市(谓人有所卖买,在旁高下其价,以相惑乱)而规自入者,杖八十。已得赃重者,计利,准盗论。"律文中的"较固"意指霸市,以暴力威胁的手段强卖强买。"更出开闭、共限一价",指商人私下串通,以贵为贱或以贱为贵,限定物价,坑害生产者和消费者;"参市"与今之"托儿"大略相同,意指雇人助阵、哄抬物价。唐律对这三种行为分别各杖八十,赃重(即得赃三匹一尺以上)超过杖八十者,按窃盗罪论处,赃物且须退还原主。

---

① [日]仁井田升:《唐令拾遗·关市令第二十六》七、八,长春出版社1989年版。

唐律还规定要严惩扰乱市场者。《唐律疏议·杂律》"在市及人群中故相惊动"条规定："诸在市及人群中，故相惊动，令扰乱者，杖八十；以故杀伤人者，减故杀伤一等；因失财物者，坐赃论。其误惊杀伤人者，从过失法。"凡故意扰乱市场、惊动众人的，杖八十；因此之故而杀伤人的，减故杀伤人一等处罚，即致死的流三千里，折伤一肢的徒三年；误惊的，从"过失"法，用铜赎罪。

唐代商业的繁荣，从商的热烈，从姚合《庄居野行》诗中得到了很真切的反映："客行野田间，比屋皆闭门。借问屋中人，尽去作商贾。官家不税商，税农服作苦。居人尽东西，道路侵垅亩。采玉上山岭，采宝入水府。"如果没有比较严密健全的经济法制加以调节，是不可想象的。当然，从唐代乃至从整个中国古代来看，民事、经济法制与刑事法制相伴而行，是一个比较鲜明的特点。但绝不能由此而得出中国古代只有刑律，而无民事、经济法律。

正是由于如上所述民事与经济法制的高度发达而完善，中国大一统的封建帝国才绵绵亘亘延续维持了二千余年，其间虽屡遭兵灾、天灾，生产力和社会经济仍发展到了万国景仰的程度。若无法制的组织管理，这一切都是无法企及、难以想象的。但历来的中国法律史研究，却很少涉笔中国古代法制的组织管理功能，这不能不说是很大的缺憾。

下面我们再来看中国古代法制的另一重要功能——奖赏激励功能。

五

关于法的奖赏激励功能，法学界研究得很少。

实际上，法的激励功能自始即有，后因法的异化而削弱。随着人类社会的进步，法的激励功能将与日俱增。美国法学家、斯坦福大学法学教授弗里德曼指出："法学研究总的来说对奖赏注意不多。"其原因，"表面上看，法律制度似乎使用惩罚比奖赏多。从某种意义上说，惩罚似乎更有效。仅仅威胁要惩罚就有制止作用，而奖赏的希望则刺激很小"①。这里所说法学研究较少注意奖赏是客观的事实，中外皆然。法律制度使用惩罚确也多于奖赏。但"法律制度"是一个历时性的概念，古往今来以及日后的法律制度在"使用惩罚与奖赏"上，不可能一成不变。人类社会越是向前发展，法律制度使用奖励的量会越来越增加。我认为，由于惩罚越来越让位于奖赏，而奖赏与许诺一样，既有法律功能又有道德功能，是法律功能与道德功能的对立统一体，因而架起了一条由法律规范通往道德规范的桥梁；一旦达到一定的数量，法律规范就会发生质的变化，总体上转化为、让位于道德规范，这就是法的消亡之日的来临。由此可见，法的消亡，从奖励规范的出现就开始了，这是一个从量变到质变的过程，不可能也不应当设想有那么一个日子，此前法律犹存，此后

---

① [美]劳伦斯·M.弗里德曼:《法律制度》，李琼英、林欣译，中国政法大学出版社1994年版，第79页。

法律消失。近代专利法、著作权法以及其他大量科学技术法的涌现，是奖励规范迅猛发展、越来越对惩罚规范较量计功并呈现极大优势的表现。

在法学研究著作中，"制裁"是一个使用频率很高的法律用语，同时又是一个几乎未加研究的法学概念。浏览多种法学辞典、法理学专著，很难找到关于制裁的解释或论述。流行于口头的"制裁"一词，显然是贬义词，如"××怙恶不悛，罪有应得，受到了法律的无情制裁"等。但从汉语辞源上看，"制裁"却是一个中性词。《荀子·成相》："臣谨修，君制度。"《韩非子·难二》："管仲善制裁。""制"即"裁断"的意思。"制""裁"连用，指的是裁定、断决。既然如此，就不一定是惩罚性的"无情制裁"，还可以有奖励性的善意嘉许。弗里德曼教授在《法律制度》一书中，对"制裁"一词就做中性的理解。根据对法的结构的分析，笔者认为，有静态的法与动态的法。在静态的法中，制裁有其预警功能与许诺功能；在动态的法中，制裁有其惩罚功能与奖励功能。许诺作为静态的法的功能，虽是未兑现的奖励，但其存在是客观的。这种客观而又未兑现的功能，是由法律对人的影响及人对法律的感受交互作用而形成的。自然科学奖励条例、技术革新奖励条例之类科技法的有关奖励的许诺，必对科技工作者发生影响，而科技人员因有此项法律激励也"感之于心""动之于情"。

法律被付诸实施时，它像在传送带上一样开始"活动"。首先是与案情事实（在科技奖励法的实施中则是立功事实）一起"输入"司法机构（在科技奖励法的实施中则是"输入"评奖机构），然后是对有关的法律与事实的交接点的思考、较量以及"判决"并予以宣布或公布，即"输出"；"输出"之后还会收到当事人及关系人的反应，即"反馈"。这是一个动态的过程。在这一过程中，法律在行动，静态的法变成了动态的法，静态的许诺变成了动态的奖励，潜在的以许诺形式体现的奖励规则变成了现实的奖励行为。奖励的行动又强化了奖励的许诺，从而增强了法律激励原则、激励规范的权威性。

如果说理论法学对奖赏激励研究甚少的话，那么法律史学为"法律史是阶级压迫史论"的影响是几乎完全无视法律奖赏激励问题而唯以"惩罚"为论了。不少法制史专著谈及夏代时曰，"夏刑三千"①"夏后氏正刑有五，科条三千"②"夏后肉辟三千"③。主其事之"首恶"是夏禹的儿子夏启，所有的法制史著作都要引录夏启的一条"军令"："今予惟恭行天之罚，用命赏于祖，弗用命戮于社，予则孥戮汝。"④《中国法制史》一书引此军令后解释说"所谓孥戮就是除本人外，罪及其子，用作祭社的牺牲"，并概括"这条法律清楚地表明"，"法是以国家强制为后盾的、强迫人们必须遵行的暴力，否则就将戮及自身和子

---

① 《尚书·大传》。
② 《隋书·艺文志》。
③ 《扬子法言》。
④ 《尚书·甘誓》。

辈""阶级社会国王的威权，就是建立在对奴隶进行残酷的刑罚镇压的基础上的""为了加强法的威慑力量，夏统治者还假借天的名义进行'天罚''天讨'"。①论者对置于"弗用命戮于社"前面的"用命赏于祖"五个字，完全视而不见了。

"魏文侯师"李悝被誉为中国第一部较为系统的成文法典的撰著者，该法典即《法经》，"以惩罚侵犯地主阶级的政治、经济利益的各种行为，作为根本的指导思想"②，《法经》当然被称为"刑法典"，李悝脸上也就尽是杀气了。其实，《法经》之"杂律"就未必全是刑法方面的内容。桓谭之《新论》谓《法经》之"具律"中有"减律"即减轻罪刑的规定，张警对此做过考证而表深信。③这表明《法经》在一定程度上运用了激励机制。更重要的是，李悝有一条重要治国原则，他认为："为国之道，食有劳而禄有功，使有能而赏必行、罚必当。"④

从以上两例即可了解到，无视法律激励是偏颇甚烈的。事实上，中华法系的一大特点就是重视奖赏入律。这不仅表现在法律制度上，也反映在思想家的著作中。

略事搜检中国古代法制，我们可以看到不少关于奖赏激励的法律规定，这些规定也大致得到了遵行。

夏代的奖赏激励性法律规定，因年代久远，尚未见考古发现或真实无误的史籍有所记载。⑤商代在铜器铭文中已多见"赏贝""锡（赐）贝"的记载。如《戍嗣子鼎》铭文有云："丙午，王赏戍嗣子贝廿朋。"甲骨文有："庚戌……贞赐多女贝一朋。"⑥这虽不能据以认定其时已有奖赏激励的法律规定，但至少是接近了。

西周时，有关的记载就多起来了。《左传·文公十八年》载太史克言："先君周公制《周礼》曰：'则以观德，德以处事，事以度功，公以食民。'……"虽然《周礼》如前所说可能不是西周时人所撰而为后人之作，但至西周时已有"事以度功"的制度性规定，已不至于子虚乌有了。此外，如《麦尊》有康王一次赏赐给一个大贵族二百家赭衣踝跣臣的券书。《不嬰簋》有赐臣五家的记载，《㯱簋》有赐夷臣十家的记载，《大克鼎》有赐田及臣妾的记载，《耳尊》有赐臣十家的记载，《大盂鼎》有"赐尸司王臣十又三伯、人鬲千又五十夫"的记载，《令簋》有赐贝十朋、臣十家、鬲百人的记载，等等。

尽管这些记载说明其时把奴隶视为没有独立人格的物，但是第一，必须注意这是在

---

① 张晋藩等编：《中国法制史》，中国人民大学出版社1981年版，第24页。
② 同上书，第97页。
③ 张警：《〈七国考〉〈法经〉引文真伪析疑》，《法学研究》1983年第6期。
④ 《说苑·政理》。
⑤ 中国法制史著作几乎无一例外地引录《尚书·甘誓》夏启发兵攻打有扈氏时的命令并评论。但是，《今文尚书》为考据学界认定为伪书，《古文尚书》也属存疑之作。因此，以不引述《甘誓》以及《汤誓》等来展开论述为是。而除《甘誓》外，目前还暂未找到夏代法制的奖赏激励规定。
⑥ 《殷墟书契后编下》八·五。

"生气勃勃的、革命的、先进的"奴隶制社会前期;第二,从中可知"赐"即奖赏激励是其时的一项重要措施。

周王之奖赏激励多用土地及其上之居民一起封赐,金文称作"授民授疆土"①或"仆庸土田"②,即"封邦建国"。奖赏对象主要是:

一为勤政有功的贵族。《中鼎》有周王分封土地给大贵族的记载;《趞尊》有周王"趞越采"的记载;《鄭簋》有周王"命女(汝)作邑"的记载。《诗·大雅·崧高》所载"王命申伯,式是南邦,因是谢人,以作尔庸。王命召伯,彻申伯土田,王命傅御,迁其私人",也是这类赏赐的证明。比较典型的是《蔡簋》的记载。夷王命令蔡说:"我任命你分掌王室内外事务,你报告各种情况;你管理百工,听从王后命令,不让下属胡作非为,现在我赏赐你玄色礼服、礼器,希望你恭谨勤政,千万不可废弃我的命令!"

二为杀敌立功者。《敔簋》载:军事将领融在与南淮夷作战中斩敌首一百,俘敌四百,执讯敌人四十,立了战功,周王赐一百亩田。1980年陕西长安出土宣王时的《多友鼎》,铭文记载多友因战功卓著一次被赏赐铜"百钧"。

春秋时期,沿用西周的食邑制度,卿大夫有采邑、禄田,同世官一样世代继承禄位,是为"世禄制"。但井田制逐渐崩溃,食邑被破坏,"世禄制"难以传承,后来就发展出了"俸禄制"。从"世禄制"转化为"俸禄制"的过程中,奖赏激励之法起了关键性的作用。当时,最高统治者为稳住官吏并调动其积极性,遂"制为禄位,以劝其从"③。竹添光鸿《会笺》云:"秩,禄廩也。此言使其禄廩有常。"④即按官位高低,由政府发给薪俸,以勉励官吏为国王效劳。

在春秋时期,盐、铁也已经成为经济生活和国家财政收入的重要方面,于是出现了煮盐、冶铁方面的奖赏激励之法。

为鼓励人们煮盐,管仲向桓公建议:"请君伐菹薪,使国人煮沸水为盐,正(征)而积之。桓公曰:诺。"⑤管仲的建议得到桓公的批准后,便制为法律加以推行。由于有利可图,人们便纷纷煮盐。齐国之日益强大,与以法律激励煮盐关系紧密。在冶铁方面,齐国鼓励私人采矿冶炼,出铁后官私分成:"量其重,计其赢,民得其七,君得其三。"⑥

与此同时,关于奖赏激励的法制理论也得到了发展与传布。管子就曾著书论述曰:"凡将举事,令必先出。曰:事将为,其赏罚之数必先明之,主事者谨守令以行赏罚,计

---

① 《大盂鼎》。
② 《雕生簋》。
③ 《左传·昭公六年》。
④ 杨伯俊编著:《春秋左传注》文公六年引。
⑤ 《管子·轻重》。
⑥ 《管子·地数》。

事致令，复赏罚之所加，有不合于令之所谓者，虽有功利，则谓之专制，罪死不赦。"①

战国时，商鞅相秦，实行变法，规定"宗室非有军功，论不得为属籍"，"有军功者，各以率受上爵"②。他将军功爵分为二十级，凡斩敌兵甲士一个首级，即赐爵一级、田一顷、宅九亩；立大功者可赐予数百家至上万家的食邑。商鞅还颁布法令鼓励耕织："大小力本业；耕织致粟帛多者，复其身；事末利及怠而贫者，举以为收孥。"③在刑事法制方面也贯彻奖赏激励原则，如奖励告密等。其结果是"行之十年，秦民大说（悦）"，"民勇于公战，怯于私斗，乡邑大治"④。经济上则日益富强，为横扫六国、一统天下奠定了基础。

除秦国外，其他各国也纷纷立法，内容也多有奖赏激励方面的。如当时各诸侯国都立法确立上计制度："上计之制，六国亦有之。"《新序·杂事篇》《韩非子·外储说左篇》《吕氏春秋·知度篇》分别记载有魏文侯时之"东阳上计"、西门豹为邺令时之"期年上计"及赵襄子时以任登为中牟令之上计。⑤

大一统的秦帝国建立以后，朝廷更加注重立法奖惩。在奖赏激励规范方面，举凡官吏的考核升降、牛羊畜牧、田园管理、漆园果树、器物制造、水利兴修、技术改进等等方面，都做了不少具体的规定。栗劲先生著《秦律通论》，指出秦代"课"即评比法制特别发达，许多项目每年评比四次，四月、七月、十月一小课，正月一大课，课而"最"即优胜者奖，"殿"即劣败者罚。"课"目很多，如耕牛课、役牛防疫课、牛羊生殖课、马劳课、添园生产课、采山生产课、手工业生产课、新献（新产品）课等等。⑥

汉初继续实行秦代奖励耕织之法、上计之制。有关的上计法制规定，郡国行政长官每年都须汇编各县上呈的治绩成为"计簿"，并上报丞相府，丞相课其殿、最而行罚、赏。如"司徒……凡四方民事功课，岁尽则奏其殿最而行赏罚"；"司空……凡四方水土功课，岁尽则奏其殿最而行赏罚"；"太尉……掌四方兵事功课，岁尽则奏其殿最而行赏罚"⑦；等等。两汉的奖赏激励法在官吏选拔、考核、升迁黜降、民事、刑事、经济乃至外交方面都有所规定。如二千石官吏经考核政绩优秀者可享受称为"予告"的休假。《汉书·高帝纪》颜注引孟康曰："汉律：吏二千石有予告，有赐告。予告者，在官有功最，法所当得也。"

官吏选拔中的奖赏激励法，在魏晋南北朝时的曹魏《求贤令》《乙未令》中得到了相当突出的反映。《求贤令》曰："今天下尚未定，此特求贤之急时也……二三子其佐我明扬仄

---

① 《管子·立政》。
② 《史记》卷68《商君列传》。
③ 同上。
④ 《史记》卷5《秦本纪》。
⑤ 《秦会要订补·职官上》。
⑥ 栗劲：《秦律通论》下册（内部资料），吉林大学法律系编，1983年，第433页。
⑦ 《续汉书·百官志一》。

陋，唯才是举，吾得而用之。"①《乙未令》曰："夫有行之士未必能进取，进取之士未必能有行也。……士有偏短，庸可废乎？"②后来曹操进而发布《举贤勿拘品行令》，规定"负污辱之名、见笑之行，或不仁不孝而有治国用兵之术，其各举所知，勿有所遗"③。激励"治国用兵"之才破格而出的急迫心情，于此可见一斑。

隋唐时期，奖赏激励之法在民事、经济法制中得到了进一步的拓展。唐代以山林矿产为朝廷所有，但同时激励民众"加功力"而利用之，其原则为"与众共之"，明令允许私人开发利用并以法律加以保障。《唐律疏议·贼盗律》规定："诸山野之物，已加功力刈伐积聚而辄取者，各以盗论。"《唐律疏议·杂律》规定："山泽陂湖，物产所植，所有利润，与众共之。其有占固者，杖六十。已施功取者，不追。"《唐六典·三府督护州县官吏士·曹司士参军》载："通山泽之利以赡贫人。"（原注：凡州界内有出钢铁处，官未采者，听百姓私采。若铸得铜及白铁，官为市取；如欲折充课役……公私共之。）正是因为有诸如此类的激励性法律法令的促进与保障，唐代的自然资源开发利用达到了空前规模，从而使唐代的经济达到了空前的繁荣。

唐代以后，宋、元、明、清各朝各代都有不少奖赏激励性的法律规定。这些激励性法律规定涵盖了行政法、经济法、刑事法、民族法，国际法乃至各个诉讼法。这里就不一一列举了。总之，法的奖赏激励功能，在中国古代法制中是不可忽视、更不可抹杀的客观存在。再事审思既往的中国法律史研究，无疑必须重视这一点。

---

① 《三国志·魏书·武帝纪》。
② 同上。
③ 《三国志·魏书·武帝纪》注。

拟写著作提纲

中华法系研究（提纲）

第一章 中华法制史的逻辑发展

  第一节 中华法治的萌芽
  第二节 中华法治的发展
  第三节 中华法治的成熟
  第四节 中华法系的形成
  第五节 中华法系的演变

第二章 中华法系的重要特点

  第一节 儒家思想为理论基础
  第二节 神权法学束缚的解脱
  第三节 封建伦理为法律经纬
  第四节 皇帝操纵立法与司法
  第五节 官僚贵族有法定特权
  第六节 赏罚并用一以贯之
  第七节 行政与司法集于一身
  第八节 刑法与民法融为一体

第三章 中华法系产生的背景研究

  第一节 中华法系产生的经济背景
  第二节 中华法系产生的文化背景
  第三节 中华法系产生的政治背景

第四章　中华法系与中华法治思潮的交互作用

第一节　中华法系对中华法治思潮的影响
第二节　中华法治思潮对中华法系的影响
第三节　二者在交互作用中的波浪式发展
第四节　二者交互作用的几点法理学结论

第五章　中华法系的实践、经验与教训

第一节　中华法系的实践
第二节　中华法系的经验
第三节　中华法系的教训
第四节　中华法系的评价

第六章　中华法系的世界影响与法系地位

第一节　中华法系的世界影响
第二节　世界各大法系中的中华法系
第三节　中华法系在当代世界

第七章　关于中华法系的若干理论歧见

第一节　关于中华法系的时代蕴含
第二节　关于中华法系的历史评价
第三节　关于中华法系的理论探讨
第四节　关于中华法系的现实意义

论 文 编

马克思主义法律思想史研究刍议 *

一

建立马克思主义法律思想史这门科学的光荣任务,已经历史地落在我国法学工作者的肩上。

法律思想是人类政治思想的一个极其重要的组成部分。在马克思主义诞生以前,人类的法律思想由于打上了剥削阶级的深刻烙印,带着唯心主义和形而上学的沉重枷锁,因此不能科学地解释对人类生活发生如此巨大影响的法律现象。只有在马克思主义诞生以后,才对社会科学的一切重大问题包括法律问题,做出合乎真理的阐述,并根据对资产阶级法律思想的批判,根据巴黎公社以来的革命实践,概括出指导无产阶级政权的立法与司法原则。也就是说,只有在马克思主义诞生之后,人类的法律思想才得以在正确的、科学的轨道上发展。

马克思主义法律思想,在马克思主义宝库中占有极其重要的地位。标志马克思献身革命的《马克思恩格斯全集》卷首论文《评普鲁士最近的书报检查令》,就是一篇法学论文。而在他们的其他专题的论文中,在书信和其他文稿中,涉及法律思想的也很多。马恩以后的社会主义建设实践中,列宁和其他伟大马克思主义者的著作中,法律思想著述则更多。因此,完全有可能根据丰富的思想资料建立起马克思主义法律思想史这门科学。

对于马克思主义创始人的法律思想,我国的、苏联的和其他国家的法学工作者,已经做过一些研究。但过去对法律思想的研究是与对国家观的研究交融在一起并把前者附属于后者的。众所周知,法和国家一起产生,同为社会上层建筑的重要组成部分。它们互相依存,关系极为密切。没有国家的强制力,法不过是一纸空文,而没有法的保障,国家也不能发挥其权威的作用。但是法与国家又是不同范畴的两个概念、两件事物。法学与国家学各有其特定的研究对象,各有不同的特点,各有特殊的发展规律。因此,将法律思想与国

---

* 原载《社会科学》1983 年第 3 期。

家观合在一起研究，就有碍于充分揭示法律思想的特点、实质和发展规律，不可能充分开展对马克思主义法律思想的全面和深刻的探讨。同时，苏联在斯大林逝世后开展的"非斯大林化"运动，影响了苏联和其他一些国家的学者对斯大林当政时期的法律思想的研究。而我们知道，苏联前四十年的大部分时间是由斯大林领导的，不研究斯大林时期的法律思想，吸取其中的正反经验，就给马克思主义法律思想史留下一个很大的空白。此外，20 世纪 60 年代以来，在资本主义国家掀起了一股所谓"马克思热"，资产阶级法学家对马克思主义创始人的法律思想说三道四，把马克思晚期的法律思想与早期的法律思想对立起来，把列宁的法律思想与马克思、恩格斯的法律思想对立起来。囿于剥削阶级阶级性的局限与偏见，他们不愿意也不可能正确地阐述马克思主义法律思想史。这些情况，决定了我们加强这一方面研究的必要性。

二

建立马克思主义法律思想史这门科学，具有重大的理论意义和实践意义。

马克思主义法律思想是科学社会主义理论的重要组成部分。科学社会主义是指导无产阶级推翻资产阶级统治，并在夺取政权之后坚持无产阶级专政、建立社会主义社会、逐步达到实现共产主义社会的科学理论。新兴的阶级为了推翻腐朽的阶级，毫无例外地都把批判反动的法律思想放在首要地位。西方资产阶级刚刚登上政治舞台，就涌现出一大批以批判封建法制闻名的思想家。《马克思恩格斯全集》第一卷的大部分篇幅都对封建的、资本主义的法制进行了尖锐批判。夺得政权的阶级也总是尽力宣传本阶级法律观点的正确性。无产阶级掌握政权之后，还要进一步研究改进和完善法律思想，使之与不断发展的经济基础相适应。因此，正确的科学的法律思想对无产阶级的意义，是十分显然的。

马克思主义法律思想是在马克思主义哲学指导下形成的。这个完备的辩证唯物论"把伟大的认识工具给了人类，特别是给了工人阶级"[①]，因而它是马克思主义法律思想的哲学依据，离开了这一依据，便不可能有科学的法律思想；另一方面，它又是借助于政治的、法律的实践等等的发展而丰富起来并继续为自己开辟道路的。国家学说和法学，历来为政治学说、政治思想史的两大主要内容，互相补充，互相渗透，互相制约，有时水乳交融、二位一体。马克思青年时代在波恩大学和柏林大学攻读法律，却更着重哲学，踏进社会后，在工人运动中总结斗争经验，并批判继承资产阶级的古典哲学、古典经济学和空想社会主义学说，而创立了无产阶级思想体系，对国家与法、上层建筑与经济基础等等都做出科学的概括。研究马克思主义法律思想，必须研究它和哲学、国家学说等科学相互之间的关系，从而起到互相促进的作用。

---

① 《列宁选集》第 2 卷，第 443 页。

人类的法律思想是不断发展的。马克思主义法律思想是对此前人类法律思想的批判的继承，并在这一基础上实现了革命的变革。马克思就曾对亚里士多德、柏拉图直至霍布斯、孟德斯鸠、格劳秀斯、洛克、卢梭、黑格尔等做过鞭辟入里的深刻剖析，批判了他们的法律思想中的糟粕，吸取了他们法律思想中可为无产阶级和人类利用的精华，提出了研究剥削阶级法律思想的根本原则即批判继承的方法。因此，研究马克思主义法律思想史，可以为我们提供新的思想理论武器，以便对奴隶社会、封建社会和资本主义社会中产生的形形色色的法律思想、法学理论做进一步的研究，从人类法律思想发展的历史中找出法律思想发展的规律。同时，马克思主义法律思想史本身也是不断发展的，它将随着社会主义建设和无产阶级革命实践的不断发展而进一步发展。

苏联第一个成为社会主义国家，列宁和斯大林亲身参加了建设社会主义法制的实践。因此，研究列宁和斯大林的法律思想，是研究马克思主义法律思想史的重要课题。十月革命前，列宁在批判考茨基等的斗争中捍卫和发展了马克思、恩格斯的法律思想，完整地阐明了法的起源、本质、发展和消亡等重大问题。十月革命胜利后，列宁亲自领导苏维埃政权的立法与司法活动，制定了一系列指导无产阶级立法和司法的原则。斯大林当政时间最长，对斯大林在社会主义法制建设方面做出的贡献给予恰如其分的评价，同时对斯大林在社会主义法制建设中所犯的严重错误做出正确的分析，是不可漠然置之的。

现在，中国共产党人进一步发展了马克思主义法律思想，将健全社会主义法制与加强社会主义民主结合起来，使民主制度化、法律化，使社会主义法制建设为社会主义精神文明的建设服务，为社会主义物质文明建设服务。研究马克思主义法律思想史，可以使我们在研究社会主义法制建设的理论问题时，避免主观性和片面性，提高科学性。

研究马克思主义法律思想史的实践意义首先在于指导社会主义的立法和司法活动。无产阶级在取得政权以后，不可能沿用资本主义社会中资产阶级的立法。无产阶级必须彻底粉碎旧的国家机器和资产阶级的立法，建立与资本主义国家迥然相异的社会主义司法原则。从20世纪50年代中期起，我国法学界就曾对无产阶级能否批判地继承剥削阶级旧法问题，进行过热烈的讨论，后来被错误地中断了，现在又开始了重新探讨。研究马克思主义法律思想史使我们看到，无产阶级可以而且必须批判地继承剥削阶级旧法。没有这个批判继承，就不可能有社会主义的法。这在马克思主义经典作家那里，是早就解决了的问题。

研究马克思主义法律思想史的实践意义还在于对形形色色的剥削阶级反动法学理论进行有效的斗争。在西方国家，自然法学派、历史法学派、分析法学派、社会连带主义法学派、实用主义法学派、规范法学派等等资产阶级法学理论曾经风靡一时，其中一些派别至今仍有很大影响。在社会主义国家内部，由于国内外资产阶级思想的侵袭腐蚀，由于封建残余未完全肃清，也会产生种种非马克思主义的法律观点。无论从国际或国内来看，为了同资产阶级法学理论做斗争，都必须研究马克思主义法律思想史。此外，人民内部也会产生某些不正确的法律思想。随着阶级斗争形势的变化，在一些同志的头脑中，时而法律虚无主义占了上风、时而重刑主义占了上风的情况屡见不鲜。为了对我们的同志进行无产阶级革命法制观念的教育，也必须研究马克思主义法律思想史，用最先进最科学的法学理论武装起来。

列宁曾预言过："自马克思主义出现以后，世界历史三大时代中的每一时代，都使它获得了新的证明和新的胜利。但是，即将来临的历史时代，定会使马克思主义这个无产阶级学说获得更大的胜利。"① 实践业已证明并将继续证明，研究马克思主义法律思想愈深入、愈全面，其理论意义与实践意义便表现得愈明显、愈巨大、愈深远。

三

研究马克思主义法律思想史必须对经典作家的法律思想进行具体的、历史的研究，必须全面地、完整地、准确地概述与阐明马克思主义创始人和继承者的法律观点；还必须对这些法律观点在怎样的社会经济条件、社会历史环境中发生和发展的过程进行研究；必须说明每一个马克思主义经典作家继承了前人的哪些法律思想遗产，各自又做出了哪些新的贡献；还必须对马克思主义创始人和继承者的法律观点的实际意义做出评价。如果不是全面地、完整地、准确地加以把握，就可能混淆无产阶级革命理论与资产阶级反动理论的原则界限。例如，我们和资产阶级都主张"法律面前人人平等"，但二者是在根本不同的法制基础上使用这一口号的，不做全面的分析，就会造成黑白混淆的后果。因此，当对马克思主义法律思想史进行研究的时候，始终必须把握这些法律思想的内在联系、历史发展，必须掌握其完整性和统一性。

作为社会意识形态的法律思想，其发生与发展，同社会经济条件、社会历史环境紧密地联系在一起。不是人们的意识决定人们的社会存在，而是人们的社会存在决定人们的意识。法律思想不是法学家头脑里的物质分泌物，也不是如客观唯心主义者所说的那样由神的启示而形成。法律思想是社会阶级斗争和经济关系在法律观念上的反映。恩格斯说："历史从哪里开始，思想进程也应当从哪里开始，而思想进程的进一步发展不过是历史过程在抽象的、理论上前后一贯的形式上的反映……"② 马克思主义经典作家的法律思想，是他们投身于无产阶级革命斗争实践、在指导无产阶级斗争中产生和发展起来的；当然不可能脱离特定的社会经济条件，不可能脱离具体的历史环境。马克思主义法律思想应当阐明"历史过程"即社会经济条件与社会历史环境同反映这一"历史过程"的理论思想之间的辩证关系。

社会历史环境不仅包括该时代的社会阶级斗争，而且包括以前时代和同时代的社会

---

① 《列宁全集》第 18 卷，第 584 页。
② 《马克思恩格斯全集》第 13 卷，第 532 页。

思想斗争。马克思主义法律思想的产生和发展，都同对以前时代的剥削阶级法律思想的批判，对同时代的资产阶级法律观点的斗争相联系。列宁曾指出："思想史就是更替史，因此，也就是思想斗争史。"① 马克思主义法律思想是无产阶级推翻旧世界的武器，必然遭到敌对阶级的激烈反对。因此，它每前进一步，都必须经过艰苦的战斗。马克思主义法律思想史必须努力反映这一战斗过程。但以前时代和同时代的思想材料又是一分为二的。马克思主义创始人十分重视吸取人类进步思想的精华。因此，马克思主义法律思想史的研究对象，还应当包括说明每一位马克思主义经典作家继承了前人的哪些法律思想遗产，以及各自所做出的新贡献同这些遗产的关系。

实践，而且只有千百万群众的社会实践，才是检验真理的唯一标准。马克思主义法律思想的真理性，不能仅仅通过逻辑推论用马克思、恩格斯、列宁本人的言论来加以证明，而更主要的要诉诸实践。巴黎公社、十月革命、中国革命的胜利以及世界上一系列社会主义国家革命和建设的胜利，一步步地在实践上证明了马克思主义法律思想的真理性。马克思主义法律思想史应当对此加以综述。同时，还应当概述社会实践提出的新问题，探索马克思主义法律思想史进一步发展的方向。

四

根据上述对马克思主义法律思想史研究对象的认识，我们认为，这门学科的研究方法应注意下列各点：

第一，唯物主义的方法。

马克思主义法律思想体系的产生和发展，完成了法律思想史上的一次真正的革命，正确地解答了千百年来人们对法律现象提出的许多根本问题。人类思维的这一奇葩，是在唯物主义的肥沃土壤上开放的。用唯物主义观点研究社会政治现象，研究法律制度，这是马克思和恩格斯在法学领域开创出一个崭新的科学阶段的出发点。马克思主义产生以前许多进步法学家殚精竭虑，探索毕生，却始终没有达到真理的彼岸，根本原因之一就是不懂得运用唯物主义的方法。他们的世界观是唯心主义的，以此研究法律制度，必然陷入迷宫，甚难以自我解脱。

科学的目的，就在于提供关于客观事物的真实情况。研究法律制度如此，研究法律思想史也是如此。贬低马克思主义经典作家的法律思想，是违背唯物主义的，任意地"拔高"，同样也违背唯物主义。客观地叙述、评价马克思主义经典作家的法律思想而不作伪掺假，是唯一正确的态度。20世纪60年代以来西方掀起的"马克思热"，虽然其中也不乏比较认真的研究，但更为常见的是某些人采取了捏造、歪曲、不合逻辑的推论等方法，企

---

① 《列宁全集》第20卷，第255页。

图达到诋毁马克思主义法律思想的目的。他们把马克思、恩格斯的一些法律观点说成是黑格尔哲学的政治法律制度的演绎,与资产阶级甚至与封建地主阶级的法律思想一脉相承,等等。他们还把马克思主义法律思想说成是空想社会主义、封建集权主义的变种。而在我国,20世纪50年代中期以来,则出现了一种把马克思主义经典作家的法律观点看成是包医百病的灵丹妙药,甚至认为只要有了这些观点,连法制本身都可以取消了,在"文化大革命"时期发展到了无以复加的地步。而这一切,都违背了客观实际,违反了唯物主义原则。坚持运用唯物主义的方法研究马克思主义法律思想史,就必须同上述右的和"左"的思潮做斗争。

第二,历史主义的方法。

历史主义本身就是唯物主义的体现。客观世界是无限复杂的,又是相互联系的,没有任何孤立的事物和孤立的现象。只有根据事物、事件、现象所借以产生的具体历史条件,从其发生与发展中加以研究,即用历史主义的方法进行研究,才可能符合历史的本来面貌。研究马克思主义法律思想史当然也应采取这样的方法。将马克思主义创始人的法律思想同前人的法律思想割裂开来,是违反历史主义方法的;将他们在不同时期里阐述的法律观点割裂开来,也是违反历史主义方法的;将前后相继的各个马克思主义经典作家的法律思想割裂开来,同样是违反历史主义方法的。用抽象的死板的教条公式代替法律思想史的具体的系统的研究,是和马克思主义的历史主义原则格格不入的。历史主义的方法反对任何对现实思想观点的曲解,反对不顾过去事实所处的历史条件而故意歪曲这些事实。林彪、"四人帮"鼓吹的那种语录式研究方法,违背了历史主义。我们应注意肃清其余毒。

第三,辩证的方法。

运用辩证的方法研究马克思主义法律思想史,坚持对立统一的观点,把握法律思想发展过程中由量变到质变的事实,承认法律思想的否定之否定的螺旋式发展形式,研究法律思想与其他类型的社会思想之间的交互影响,特别着重研究法律思想与无产阶级革命实践之间的辩证关系等等,将会为我们正确地表述马克思法律思想史创造必要条件。这里特别要注意的是既不把马克思主义国家学说与法律思想混为一谈,又不把二者割裂开来孤立研究,而要注意经典作家是怎样阐明二者之间的辩证关系的。

第四,党性原则。

党性是阶级性的集中表现。社会科学的党性就是承认社会科学的阶级性。资产阶级思想家力图证明,由于马克思主义坚持无产阶级党性,因此就不是科学。列宁对此做过尖锐的驳斥:"当人们还不会从任何一种有关道德、宗教、政治和社会的言论、声明和诺言中揭示出这些或那些阶级的利益时,他们无论是过去或将来总是在政治上作受人欺骗和自己欺骗自己的愚蠢的牺牲品的。"[①] 法律思想比一般思想带有更加鲜明的阶级性。因为法律思

---

① 《列宁全集》第19卷,第8页。

想本身不过是阶级意志在法律观念方面的反映。马克思主义法律思想无疑是无产阶级意志的体现。从这一实际出发，在研究中坚持党性原则，才能正确理解、分析、阐述马克思主义法律思想史。

由于马克思主义的巨大胜利，有些资产阶级理论家不得不用马克思主义的词句伪装自己；由于资本主义日益陷入深刻的社会危机而不能自拔，社会主义则如旭日东升，深入人心，资产阶级的一些代表人物也竞相自我标榜拥护社会主义。因此，坚持马克思主义的党性原则，识破非马克思主义思想的资产阶级实质，不使鱼目混珠、是非颠倒，这对马克思主义法律思想史的研究，具有决定性意义。

法繁网密　一脉相承

——秦汉立法概况*

战国时期，燕、赵、韩、魏、齐、楚、秦七国，秦最落后。公元前361年，秦孝公即位，任用商鞅为左庶长，全权主持变法。为取信于民，商鞅在都城南门立了一根木头，悬赏十金，下令说："谁能把木头扛到北门，十金就赏赐给他。"老百姓听了，议论纷纷，无人敢试。商鞅又宣布把赏金加到五十金，许多人更觉奇怪，不敢一试了。但"重赏之下，必有勇夫"，终于有一个小伙子壮着胆，把木头扛到了北门。商鞅立刻践约，将五十金赏给了他。消息传开，轰动全秦，举国百姓，奔走相告，都说商鞅言而有信，令出必行。

一、秦代的立法

（一）商鞅改法为律

商鞅开始变法，接二连三地公布新法，其中包括以战功定官职和爵位、废除井田、奖励开荒等等。为了保证新法的实施，商鞅将他在魏国时从李悝那里学得的《法经》六篇，改称为律，用在秦国。《唐律疏议·名例》说："魏文侯师李悝，集诸国刑典，造《法经》六篇……商鞅传授，改'法'为'律'。"东汉桓谭的《新论》说："魏文侯师李悝著《法经》……卫鞅受之，入相于秦，是以秦、魏两国，深文峻法相近。"商鞅认为，"法者，国之权衡也"，国家应该"缘法而治"，做到"刑无等级"，采取重刑主义来对付违法犯罪的人。秦孝公的太子驷受其师傅公子虔和公孙贾的教唆，犯了法。商鞅毫不犹豫地将二人分别割了鼻子、刺了字，即处以劓刑和黥刑。由于商鞅变法，秦国很快就富强起来，为以后秦始皇统一全中国奠定了坚实的基础。

---

* 原载《法学杂志》1984年第3期。

(二) 睡虎地秦简

秦始皇于公元前 221 年建立了专制主义的中央集权封建帝国。他重用李斯，专任狱吏，好以刑杀为威，制定了大量的法律文件。秦律在历史上早已失传了，人们无从知其详。1975 年 12 月从湖北云梦睡虎地秦墓发掘出大批秦代竹简，其中有秦律十八种，这是一个重大发现，从而填补了秦律的空缺。秦律十八种包括：《田律》《厩苑律》《仓律》《金布律》《关市》《工律》《工人程》《均工》《徭律》《司空》《军爵律》《置吏律》《效》《传食律》《行书》《内史杂》《尉杂》《属邦》。此外还有《效律》《除吏律》等等。这些秦简表明：首先，秦始皇时的立法已经相当完备；其次，在商鞅六律的基础上，又加上了《厩苑律》等多篇，所以，从前流行的秦代无户、兴、厩律的说法，是应予修正的。

桓宽在《盐铁论·刑德篇》中说："秦法繁于秋荼，而网密于凝脂。"秦律比秋天的荼草还繁多，刑罚比凝结的油脂还稠密。苛刑酷法使老百姓不堪忍受，加之秦二世暴虐无比，终于激起秦末农民大起义，将秦王朝彻底埋葬了。

二、汉代的立法

(一) 约法三章

在农民大起义的急风暴雨中，刘邦率领起义军攻进秦都咸阳，宣布约法三章，杀人者死，伤人及盗抵罪。约法三章，这是汉代立法的开始。法律条文极简，但这仅仅是刘邦为扩大政治影响而采取的权宜措施。

(二)《九章律》

汉高祖刘邦即帝位后，由于"四夷未附，兵革未息"，感到"三章之法不足以御奸"，于是命令"萧何次律令，韩信定军法，张苍为章程，叔孙通定礼仪"。萧何在收集、参考秦律的基础上，在汉高祖时制定了法制史上著名的《九章律》，即《盗律》《贼律》《囚律》《捕律》《杂律》《具律》《户律》《兴律》《厩律》九章。"汉承秦制"，《九章律》深受秦律的影响，"夷三族""具五刑"等严刑峻法都保存下来了，但也带有"改秦之败""蠲削烦苛"的特点。

(三) 汉代立法的发展

刘邦称帝七年后死去，新建的汉王朝面临各种内外矛盾，要求进一步完善法律制度的建设。继刘邦之后先后掌权的惠帝刘盈、高后吕雉、文帝刘桓和景帝刘启，都比较重视法制建设。惠帝时，任命叔孙通为奉常官，继续完成有关朝仪的立法。他撰成了《傍章律》十八篇。此外，惠帝还下令减田租，恢复十五税一的制度；规定"民有罪，得买爵三十级以免死罪";废除秦以来实行的《挟书律》;规定年七十以上和不满十岁"有罪当刑者,皆完(免)之"。高后时,废除了三族罪、妖言令,"复弛商贾之律",放松了对商人的限制,为商业的发展创造了条件。文帝时"尽除收孥相坐律令",废除诽谤妖言罪;还宣布废除了肉刑;等等。景帝时进一步使法律完善化。如文帝改肉刑为笞刑,但"加笞者或至死而笞未毕",景帝针对这一弊病,定《箠令》;后元三年(前141)下令年龄在八十以上、八岁以下,以及尚未分娩的孕妇和盲者、佝偻病患者,凡必须囚禁的,一律不加刑具。

以上惠帝、高后、文帝、景帝四朝立法的发展,一方面使法制完善化,另一方面又注意了去重就轻,这对进一步巩固汉王朝的统治十分有利。

如上所述,这一阶段除继续制定了一些法律外,大量颁行的是令。令也称诏或诏令,即皇帝的命令。由于皇帝拥有至高无上的权力,所以他的命令也具有以国家强制力保证的最高权威性,从而成了汉律的重要形式之一。

(四)《卫宫律》《朝会律》

文帝和景帝时期,社会安定,经济繁荣,国力渐趋强大,史称"文景之治"。到汉武帝刘彻即位时,汉王朝的政治统治已经比较巩固,出现了"民则家给人足,都鄙廪庾皆满,而府库余财货"的繁荣景象。汉武帝确定了"罢黜百家,独尊儒术"的方针,从此以后汉朝的立法就以董仲舒发展了的新儒学为立法和司法的指导思想。

汉武帝时的立法特点是数量繁多,刑罚严峻。《汉书·刑法志》说,汉武帝招进张汤、赵禹,"条定法令,作见知故纵、监临部主之法,缓深故之罪,急纵出之诛"。规定知道别人犯罪而不检举,就是故意纵容罪犯,要受到法律的惩处;有关的官员包括监督或检查法律执行情况的官员("监临")、犯人所在部门的主管官员("部主"),也都要连坐;对任意加重处罚犯人("深")或故意陷人于罪"(故)"的官员的处罚减轻了,而对放松管束罪犯、减轻处罚罪犯的官吏却加重了处分。制定了《沈命法》,详细规定严惩不能发觉和缉捕盗贼的官吏,还"重首匿之科",严惩藏匿罪犯的首谋;定"腹诽之法",对思想上的不满也要惩处。发展到后来,"律令凡三百五十九章,大辟四百九条,千八百八十二事,死罪决事比万三千四百七十二事。文书盈于几阁,典者不能遍睹。"律令文书堆积如山,连司法官吏都不可能全部看完。立法数量繁多,刑罚严峻,结果导致奸吏营私,生、死、轻、重,任情出入,经常不依法办事了。

此外,汉武帝还命令张汤制作有关宫廷警卫的《卫宫律》二十七篇,命令赵禹修订有关朝见仪礼的《朝会正见律》(简称《朝会律》)六篇。这样,加上《九章律》和《傍章律》,合计六十篇。这就是法制史所称的《汉律》六十篇。到此为止,《汉律》的制定大体完成了。从此以后,直到西汉末年,立法上没有重大的兴荣。

这一阶段的汉律形式,增加了科和比。科,就是科条或事条,包含"课其不如法者罪责之"的意思,是用来就某些事类做出的弥补律、令之不足的专门规定。比,也称决事比，就是比照断案的判例。比的作用在于凡律、令、科无正条可依循时，比附定罪。汉代的比不仅有当时的判例，而且更多的是儒家经典所提供的准则。

（五）汉代立法的总结

西汉后期，剥削者与被剥削者、压迫者与被压迫者之间的矛盾，越来越紧张尖锐。上层豪强的代表王莽夺取了西汉刘氏皇朝的帝位，建立起国号为"新"的王氏皇朝。王莽对内加重压迫剥削，对外频频发动侵略战争，立法上也越来越繁杂苛刻，结果发生了农民大起义。王莽被起义军杀了头。后来农民起义被以刘秀为代表的南阳豪强集团镇压下去。刘秀建立了东汉王朝，称光武帝，开创了东汉时期。

鉴于西汉末期和新莽时期的教训，刘秀为东汉初期的立法确定了"解王莽之繁密，还汉室之轻法"的原则。在具体立法方面，确也曾屡次下诏减省刑罚。如下令"杀奴婢不得减罪"，"敢炙伤奴婢，论如律，免所炙伤者为庶民"，"除奴婢射伤人弃市律"等。

其实，西汉的法律原非刘秀所称赞的"轻法"。后汉杜林说，西汉后期的法令"渐以滋章，吹毛求疵，诋欺无限"，"小事"也要"大戮"，造成"国无廉士，家无完行"的恶果。所以，刘秀实行的"还汉室之轻法"，其实还是相当苛重的。

东汉后期，阶级矛盾激化，统治阶级重又加强了对劳动人民的司法镇压，立法也就越来越苛刻严密。尤其是东汉末年，著名大儒马融、郑玄等人，竞相以《春秋》经义解释法律，最高统治者则确认他们的解释具有法律效力。马、郑等十余家以经义解释法律，"家数十万言，凡数罪所由当用者，合二万六千二百七十二条，七百七十三万一千二百言"。本来就"典者不能偏睹"，这时则"言数益繁，览者益难"了。东汉立法是西汉立法的发展，它的后期可说是西汉立法的总结。

法繁网密，用严刑峻罚来镇压人民的反抗，是秦、汉立法的共同点。但汉代历时近四百年，如上所述，它的立法有一个发展过程。西汉立法，从仅数十言的"三章之法"，发展到东汉末期七百余万言的经义解释，从立法上反映了汉代封建统治者从接受秦皇朝崩溃的教训，以轻简的法律开始发家，到以繁苛的法律镇压劳动人民、重蹈覆辙、自取灭亡而告终的全过程，体现了封建法制由简入繁、由轻而重的一般变化规律，暴露了封建法制维护剥削制度、镇压劳动人民的反动本质。

集封建法典之大成　播深远影响于中外
——隋、唐立法概况[*]

隋文帝杨坚重新统一中国，为制定统一的法典创造了条件。隋立法是中国法制史上的重要转折点，唐立法是中国封建法典的楷模。隋、唐两代的立法，集封建法典之大成，播深远影响于中外。

一、隋代的立法

（一）《开皇律》

隋代立法的主要成就是开皇元年（581）颁行、开皇三年（583）修订的《开皇律》。

《开皇律》"取适于时，故有损益"，将前代法律中的枭首、轘身等酷刑削除，流刑与徒刑也比历代为轻。律文还具体规定了枷杖的大小、"行杖者不得易人"、"讯囚不得过二百"等。开皇三年改定时，又从律文中除去死罪八十一条，流罪一百五十四条，徒、杖罪等一千多条，总共只留下十二篇、五百条。这比北周律减少了一千多条，比北齐律也减少四百四十九条，在自秦以来的法律中，《开皇律》要算比较宽简的。

《开皇律》使中国封建法制定型化，这主要见诸：

第一，篇目的定型化。隋以后直至宋，各代刑律的篇目都沿用《开皇律》的十二篇，即名例、卫禁、职制、户婚、厩库、擅兴、贼盗、斗讼、诈伪、杂律、捕亡、断狱。

第二，刑名的定型化。奴隶社会里有墨、劓、刖、宫、大辟五刑。秦汉以来刑名增多，十分繁杂。《开皇律》规定死、流、徒、杖、笞，从此封建制五刑确立，一直沿用到清末。

第三，"十恶"的确定。北齐首创"重罪十条"，北周改为六条。《开皇律》"多采后齐

---

[*] 原载《法学杂志》1984年第4期。

之制",加以整理归纳,确定谋反、谋大逆、谋叛、恶逆、不道、大不敬、不孝、不睦、不义、内乱为"十恶"大罪,犯者严惩。至清沿袭未改。

此外,《开皇律》十二篇的内容几乎为唐律全盘承袭,也为以后各代沿用。《开皇律》还援用魏律的八议,将南陈的官当列为定制,成为后代法律仿效的蓝本。因此,《开皇律》在中国法制史上是一个承先启后的重要转折点。

(二)《开皇令》《大业律》《大业令》

隋代立法,除《开皇律》外,主要还有《开皇令》三十卷以及隋炀帝时的《大业律》十八篇和《大业令》三十卷。《大业律》比《开皇律》规定的刑罚更轻。但是隋炀帝杨广是"历史上著名的浪子,也是标准的暴君"。他完全无视法律,杀人株连九族,视"普天之下,莫非仇雠"。李密起义时发布檄文声讨,说他是"罄南山之竹,书罪无穷;决东海之波,流恶难尽"。隋代统治者立法毁法,终于导致立国仅三十八年的隋朝短命而亡。

二、唐代的立法

唐初统治者"动静必思隋氏以为投鉴",立法上以"审慎法令""宽减刑政"为指导思想。

唐高祖李渊起兵反隋,以"布宽大之令"来笼络人心。他在进兵长安后,与民约法十二条,除杀人、劫盗、背军、叛逆者死外,其余隋末的苛刑酷法一并废除。这是唐代立法的开始。

唐朝历时二百八十九年,其法典编纂可分四个时期:

(一)《武德律》和唐代立法的草创时期

李渊在关中建立政权后,为了收揽人心,缓和社会矛盾,于武德二年(619)令刘文静等参酌《开皇律》和《开皇令》,制定五十三条新格。不久又几次诏令裴寂等修订律令,于武德七年(624)撰成并颁行《武德律》共十二篇五百条,"其篇目一准开皇之律,刑名之制,又亦略同"。这一时期是唐代立法的草创时期。

(二)《贞观律》和唐代立法的奠基时期

唐太宗李世民即位后,任贤纳谏,励精图治,使唐朝迅速强盛起来。他于贞观元年(627)诏令长孙无忌等修改《武德律》,使刑罚略有减轻,律条比较完备,历经十年,撰成《贞观律》,仍为十二篇五百条。此外,贞观年间还"定令一千五百四十六条以为令;又删武德以来敕三千余条为七百条,以为格;又取尚书省列曹及诸寺、监、十六卫计账以为式"。

据《唐六典》解释，律"以正刑定罪"，是处理刑事犯罪的法律条文，令则"以设范立制"，所谓"尊卑贵贱之等数，国家之制度也"，是关于国家制度的单行条例，可作为律的补充；格"以禁违止邪，百官所常行之事"，包括皇帝临时对国家机关所颁发的各种指示，是令的补充；式"以轨物程事"，是国家机关的办事细则、公文程式以及关于百官权责的规定。

令、格、式从积极方面规定国家的制度、办事规章等，律则从消极方面规定违犯三者所应得的惩罚。唐太宗时期律、令、格、式基本齐备，从而为唐代立法奠定了良好的基础。

（三）《永徽律》《唐律疏议》和唐代立法的疏解时期

唐高宗即位，又命长孙无忌等以《武德律》《贞观律》为蓝本制定《永徽律》，于永徽二年（651）颁行。同时又命长孙无忌等十九人"网罗训诂，研核丘坟"，依据古代文献的精神，对《永徽律》逐篇、逐条、逐句进行详细的疏证解释，于永徽四年（653）颁行。疏与律统称《永徽律疏》，后世称《唐律疏议》，共三十卷。律疏与律文具有同等的法律效力，唐代司法实践中都引《疏议》断案决狱。

《唐律疏议》是我国封建时代保存下来的最早、最完备的法典，是秦汉以来封建法律的结晶，典型地反映了我国封建社会极盛时期的政治和经济特点，文字简明扼要，注疏确切全面，不仅被后世奉为立法楷模，而且推动了封建法学的发展。

以《唐律疏议》的撰著为标志的永徽时期，是唐代立法的疏解时期。这一时期还颁行了《散颁格》《留司格》。

（四）《唐六典》和唐代立法的完成时期

唐高宗死后，武则天临朝，颁行过《垂拱式》二十卷、《新格》二卷、《垂拱留司格》六卷。以后，唐中宗、唐睿宗也曾分别颁行过《散颁格》七卷、《大极格》等。但影响都不大，影响最大的，是唐玄宗李隆基开元十年修成的《大唐六典》三十卷。

《唐六典》是现存我国历史上最早、最完备的行政法典。所谓"六典"，即理典、教典、礼典、政典、刑典、事典。但《唐六典》撰编上，实际是以职官分篇，以三师、三公、三省、九寺、五监、十二卫等为目，详尽叙述它的职司、官佐、品秩。从先秦到唐初，我国法典基本上为刑法典。《唐六典》作为专门的行政法典而修成，不仅是唐代，而且是前此各代法典内容与形式的一个重大发展。

唐玄宗时期的立法成果还有《开元律》十二篇、《开元令》三十卷、《开元前格》十卷、《开元后格》十卷、《格后长行敕》六卷、《开元式》二十卷。开元二十五年（737）李林甫等还将律、令、格、式分类编纂成《格式律令事类》四十卷，以便司法官吏断狱引用。综上所述，开元年间唐代立法成就非凡，是唐代立法的完成时期，可惜除《唐六典》和《开元律》残卷外，大多佚失了。

此后，唐代急剧地走下坡路，其法制建设基本上是编敕。从唐宪宗到唐宣宗，先后编成的有《格后敕》《新编格后敕》《刑法格》《大中刑法总要格后敕》《大中刑律统类》等。

三、唐律的内容和特点

(一) 唐律的内容

唐律以《唐律疏议》为代表，其内容极为全面地对维护地主阶级的政治统治和经济剥削做出了规定，共十二篇。

第一篇《名例》，五十七条，是唐律基本精神和立法原则的集中体现，规定了死、流、徒、杖、笞五种刑罚，规定了"八议"及"请""减""赎""官当"等贵族、官僚享有的特权，规定了"十恶"罪以及犯罪行为、责任能力、时效、刑罚的适用和法律用语的解释等，相当于刑法总则。

第二篇《卫禁》，二十三条，是关于皇宫警卫、边塞防守方面的法律制度。

第三篇《职制》，五十八条，是关于官吏设置、失职、贪赃枉法等方面的法律。

第四篇《户婚》，四十六条，是关于户籍、税赋、田宅、婚姻、家庭方面的法律。

第五篇《厩库》，二十八条，是关于养护公私牲畜、仓库管理，官物出纳的法律。

第六篇《擅兴》，二十四条，是关于军队的征调、指挥、行军出征和工程兴建等方面的法律。

第七篇《贼盗》，五十四条，是关于危害政权的侵犯生命、官私财物方面的法律。

第八篇《斗讼》，五十九条，是关于斗殴、杀伤和诉讼程序的法律。

第九篇《诈伪》，二十七条，是关于欺诈和伪造方面的法律。

第十篇《杂律》，六十二条，是关于其他犯罪的法律。

第十一篇《捕亡》，十八条，是关于追捕逃犯的法律。

第十二篇《断狱》，三十四条，是关于断案决狱的法律。

(二) 唐律的特点

作为封建法典的楷模，唐律的主要特点是：第一，礼法合一。汉代开始了法律儒家化的过程，但主要还是"引经决狱"。唐代停止了"引经决狱"，但以礼为律的精神，并将礼化为法律形式，使法律规范与道德规范相统一，实现了礼法合一。第二，规范详备。唐律是以刑法为基本内容，包括实体法与程序法的综合性法典，其规范的完备程度，在现存法典中是首屈一指的。第三，科条简约。唐律及其疏议的概念、用语，明确、简练、概括、通俗。第四，轻刑恤罚。与汉、魏律比，唐律削除了灭族之罪、门房之诛以及腰折、车裂等酷刑；与宋、元、明、清律比，无刺面、凌迟等刑，因此很多人称唐律轻刑恤罚。

四、唐律的地位和影响

(一) 法制史上的里程碑

唐律是历代封建法制建设经验的总结。其篇章形式，贼盗、诈伪、断狱、捕亡、杂律和名例，相当于《法经》的盗、贼、囚、捕、杂、具法；户婚、擅兴、厩库，相当于汉《九章律》中的户、兴、厩三篇；另有卫禁、职制、斗讼三篇，也与魏、晋律等有渊源关系，更是隋律的直接继承。唐以前，除律以外，汉、魏有令、比、科，晋有令、制，北魏有令、格式、故事，北齐有令、格，北周有令、条，梁有令、科，隋则律、令、格、式并行。唐代法典亦采取这四种形式，成为后世定制。唐律的内容，如诉讼行为的"同居相为隐""八议""官当"，刑名制度、刑罚的适用和执行、审判制度等，都是对历代法典有关原则的继承和总结。因此，唐代的立法对中外法制建设都产生了重大的影响，在中国以至世界法制史上，都居于公认的划时代的地位。

(二) 唐律对中外法制建设的巨大影响

唐律历代"承用不废"，是五代、宋、元、明、清编制和解释法律的蓝本。清人纪昀说唐律"出入得古今之平"，所以"宋世多采用之"，元代断狱"亦每引为据"。如果我们把《宋刑统》《大元通制》《元典章》《明律集解附例》《大清律例》和《唐律疏议》做一分析比较，不难看出，虽然各具其时代特点，但立法的意图、条例的繁简、量刑的轻重以至篇目的名称、刑名的种类，都离不开唐律之宗。由此可见唐律对尔后中国封建法制建设影响之大。

同时，从唐代开始，中外文化交流迅速发展，唐律随着络绎不绝的使节、留学生、商队传播四方，对日本、朝鲜、越南和西域各国的法制建设产生了非常深刻的影响。作为珍贵的文化遗产，唐律为世界各国所瞩目。

生怜悯私开鱼枷　激义愤折枷当刀[*]

古时候对于要拘捕的人犯，并不像近代司法制度有什么逮捕、拘留、监视居住等"强制措施"的区别，反正把人犯抓起来就是了，有时连干连证佐也要羁押，用绳捆、用链锁、佩枷戴镣，锒铛入狱。

枷是封建时代最有代表性的一种刑具，枷"以干木为之"，两半合起，中有孔洞，夹在脖子上，用以严格限制被捕人犯的身体活动。

枷在戏曲舞台上往往有一种特殊的艺术效果，苏三起解戴了一副鱼形枷，更加衬托出她的柔弱、纤细，使人顿生怜悯之心。可不，就连押解她的崇公道也说，"难为你这弱女子，让我给你取下来吧"。于是崇公道私开"王法"，还认苏三为义女。武松从孟州刺配恩州也是戴了枷的，这是一面很重的行枷，右手还"钉住在行枷上"。押解武松的两名公人可不像崇公道那样富于正义感，他们受了张都监、蒋门神的指使要在路上谋害武松。行至地形险要的飞云浦桥头，歹徒们持手中武器，欺武松重枷在身以为可以得手，哪知武松早有防备，"把枷只一扭，折做两半"，打将过去，这面枷又成了自卫的武器！

古代法律制度和司法实践中的枷当然不是一种道具，而是地道的刑具。枷既为朝廷"王法"，就必有定制，而不应随便制造。唐朝正式规定"枷长五尺以上，六尺以下，颊长二尺五寸以上，六寸以下；共阔一尺四寸以上，六寸以下；径头三寸以上，四寸以下"。明朝的枷"长五尺五寸，头阔一尺五寸"，"死罪重三十五斤，徒流重二十斤，杖罪重十五斤"。在司法实践中官府是否真的这样遵守朝廷制度，怕不尽然。

对于中国封建社会的法律，往往不能就条文论条文，还必须看它实际中是怎样做的，规定的条文和司法实践往往大相径庭。枷的使用也是这样，一是超重，有枷至一百二十斤重的。官府把重枷当作一种惩罚，一枷扛上不时即死。《儒林外史》里的高要县汤知县竟把五十斤牛肉堆在老师父的枷上，脸和颈子箍得紧紧的，在县衙前示众，不到三天，老师父就被枷死了。二是花样繁多，有一枷枷两人的"连枷"；有脚下抽砖而枷固定的"立

---

[*] 原载《法律与生活》1984年第8期。

枷"；有架上设枷，架下挖坑，人站坑中颈上戴的"地枷"。最为典型的是唐朝酷吏来俊臣特制的十号（种）大枷："一曰定百脉，二曰喘不得，三曰突地吼，四曰着即承，五曰失魂胆，六曰实同反，七曰反是实，八曰死猪愁，九曰求即死，十曰求破家。"这些枷的形状今天已经不清楚了，其实也没有必要去详加考察，只从它的名称就足以想见其惨无人道的程度。

枷已经超出了刑具戒具的作用，经常作为刑罚使用。唐宋以后地方府州县司法权力缩小，只有权决断笞、杖刑，枷就作为法定刑"五刑"（笞、杖、徒、流、死）之外的必要补充。地方官往往对有伤风化、事关伦常的案件，有警戒意义的案件处以枷刑，让这些犯人在闹市戴枷示众，所以这种枷刑又称"枷示"，这也是一种羞辱刑。犯人的人格在大庭广众之下受到羞辱，这在看重伦理道德的封建社会里，无疑是比打板子还厉害的惩罚。

在等级制度森严的封建社会，贵族官僚犯罪一般是不会被枷示的，以存其"体面"。然而也有例外，清乾隆年间黄河中段治河道员王葵因失职治河不力，被乾隆下令枷示在河堤上一年有余，风蚀雨淋，两腿麻痹，奄奄一息，直到堤坝合龙之后，才恩赦获释。这是一个特殊的例子，但也可一瞥枷刑的残酷。

辛亥以降，枷刑已废，只是在舞台上还可以看见它的样子，然而枷锁一词却因联系着封建统治和人民反抗的历史而保留在今天的词汇里。

兰芝"魂去尸长留"
——封建法律中的"七出"*

许多地方戏剧都有《孔雀东南飞》的剧目，它取材于汉乐府民歌中的《焦仲卿妻》。《焦仲卿妻》最早见于南朝陈代徐陵编的《玉台新咏》，诗前有小序曰："汉末建安中，庐江府小吏焦仲卿妻刘氏，为仲卿母所遣，自誓不嫁，其家逼之，乃投水而死，仲卿闻之，亦自缢于庭树，时人伤之，为诗云尔。"可见写的是真人真事。

焦仲卿的妻子刘兰芝"十三能织素，十四学裁衣，十五弹箜篌，十六诵诗书"，嫁给焦仲卿后，"鸡鸣入机织，夜夜不得息，三日织五匹"，可是却得不到焦母的欢喜，一个"遣"字，就把兰芝赶出去了。兰芝回家后，又为兄长逼迫嫁人，她终于以死反抗，"揽裙脱丝履，举身赴清池"。投水自杀时，她留下两句悲怆绝伦的话："我命绝今日，魂去尸长留！"

在中国封建社会里，有多少像兰芝这样的妇女，无端被"遣"，无故被"休"，不得不走上绝路啊！

据《后汉书》记载，冯衍娶任氏女为妻，任氏女不让冯衍纳妾蓄婢，要儿女干些舂米、打水的家务事，冯衍便以"悍忌"的罪名，把任氏女休弃了。又有个姜诗，他的妻子对婆婆极孝顺，婆婆好饮江水，她常不辞劳苦到六七里路外去打水。后来有一次去打水，遇到大风，回来得晚了。婆婆叫嚷口渴，姜诗怪罪妻子，也把她休了。

这类事，今天看来简直不可思议，但在封建社会里却司空见惯，得到封建法律的保护。

封建法律中有所谓"七出"的规定，"出"就是休弃，汉代首先入律。据《大戴礼记》记载，"七出"为：第一，不服父母；第二，无子；第三，淫；第四，妒；第五，有恶疾；第六，口多言；第七，窃盗。"七出"的理由是：不顾父母有悖于道德，无子要导致绝代，淫要乱族，妒要乱家，有恶疾不能共同生活，口多言要离间亲属关系，偷窃则违背道义。

---

* 原载《法律与生活》1984年第12期。

从汉代以后，各代都有类似的规定。唐令中规定的"七出"，把"无子"提到首位，妒忌和恶疾放在最后。宋令、元《通制条格》、明代《大明律》及清律中都有大致相同的规定。

汉代以前，虽然未见"七出"的明文规定，但丈夫或其家长任意"休弃""遣妇"的权利，实际上早已存在。《诗经》中的《鹊巢》，记叙了召南一个国君废了原配夫人；《谷风》《氓》《中谷有蓷》等也写了类似的事。秦代休妻的事，已见之史籍和律令。秦简的《法律答问》中有"弃妻不书，赀二甲"的话。可见弃妻只要到政府机关登个记就可以了；不登记，也不过罚二甲而已。从别的秦律条文可以看出，秦代休妻而不登记，所受的惩罚，相当于打破了被役使的弟子的皮肤，或者打死了一头小牲畜。

"七出"是封建社会强加在妇女身上的沉重桎梏，由于受法律保护，因此受害的妇女不可能反抗。妇女对于休弃所造成的痛苦和不幸，通常只有一死了之。兰芝自杀时说句"魂去尸长留"，算是对封建法律的愤怒控诉。舞台上至今仍时时演出《孔雀东南飞》，并为广大观众所深深喜爱，说明时至今日，虽然"沧海桑田""换了人间"，旧时代已经一去不复返，享受着社会主义婚姻自由的人们，却对千百年前的祖先所受的苦难感同身受，寄予极大的同情。不过，话说回来，与此同时，也还有极少数的人，脑子里还有一些"贵恙"，生怕"无后"，因为妻子养了个女儿而暴跳如雷，甚至制造事端，挑起纠纷，必欲离弃妻子而后已。如果不算亵渎兰芝的话，这倒可以借用"魂去尸长留"一语，为这些同志做写照：封建法律之"魂"已"去"，可是封建礼教之"尸"，却"长留"在他们的脑袋瓜子里。这不值得他们猛醒吗！？

法律史研究的可喜进展

——评介《中国法律思想史纲》与《明初重典考》[*]

党的十一届三中全会以来,法律史研究成果累累,已经印行的专著和教材,不下十种,反映了我国法律史学界思想空前活跃。但是,由于起步伊始,这些著作存在着一种通病:内容割裂,缺乏有机的联系。例如,中国法律思想史和外国法律思想史,基本上是由许多法律思想家的材料堆砌而成的;中国法制史则由多个朝代的法制材料互不联系地构筑一起。虽然可以从中了解法律史上的若干陈迹,但是作为"史",它未能给人以规律性的知识,也就名实不符。有感于此,法律史学界聚会时,曾热烈议论如何改变这种状况。议论中还谈道:法律史研究还有待深入,就历代法制或多个法律思想家的时代背景,法制或法律思想的渊源、内容、特点及其发展、地位、影响等,做精深、缜密的探讨。

这些议论实际上提出了法律史研究中的两大问题,即如何进一步加强宏观研究与微观研究,并把二者有机地结合起来。

日前欣获作者见赠《中国法律思想史纲》《明初重典考》二书,阅览一过,不禁喜上心头:二者恰好在法律史的宏观与微观研究两方面提供了最新的范本。

《中国法律思想史纲》由张国华、饶鑫贤同志主编,甘肃人民出版社出版。该书与其他同类著作比较,增加了不少新的内容,如阴阳家与杂家、玄学家以及王符、仲长统、拓跋宏、陆贽的法律思想;反映了国内对孔子、管子、董仲舒、杜预等的最新研究成果;首先提出了诸如法律虚无主义、黄老学派的法律思想、封建正统法律思想等概念;注意到了其他著作鲜有论及的《吕氏春秋》《淮南子》《盐铁论》等重要典籍中蕴含的丰富的法律思想,并做了概括的介绍;等等。除这些优点之外,该书在法律思想史研究方面最重要的进展是:克服了人头罗列、眉目不清的弊病,按历史顺序,分学派和观点,叙述了中国古代法律思想逻辑发展的线索和规律。

---

[*] 原载《法学杂志》1985年第2期。

《明初重典考》由杨一凡同志撰著，湖南人民出版社出版。该书截取中国封建社会的一个片段，就明初朱元璋三次所颁之律以及明初的其他律令，就这些律令的内容、实行和法外用刑的情况等，做了深入细微的分析，还就明初重典的发展过程和影响做了探讨。作者在研究方法上，注意从传统的模式中解脱出来，把各种形式的法律结合起来研究，把法律的规定与实行结合起来研究，把法律与当时的政治、经济、军事、文化状况结合起来研究，因而别具特色。尤其重要的是，作者十分注意充分地、全面地占有史料，对带有关键性、普遍性的重大问题的有关史料做了一番鉴别、核实、辨异等考据工作，这是难能可贵的。

以上两本著作，虽然一属法律思想史领域，一属法制史范畴；一以宏观研究的成就见长，一以微观研究称优，互相并无联系，但当我们把二者放在一起，作为中国法律史学界的成果来看待时，就能预见到整个法律史学界必将更加注重宏观研究与微观研究的趋势。当然，把二者有机地结合起来，统一在同一著作之中，还有待努力。我们完全有信心预期：这样的著作必定能较快面世，见悦方家并广大读者。

哀怨悲愤的《广陵散》曲
——嵇康之死与"不孝"罪 *

公元262年,"竹林七贤"之一的杰出文学家嵇康,被司马昭押上刑场处死。临刑前,嵇康"顾视日影",索琴弹了一曲《广陵散》。据《琴操》解释,《广陵散》表现了古代反抗暴政的勇士聂政刺杀韩相侠累、代人报仇的故事。司马昭杀魏帝曹髦,篡位谋权,嵇康拒绝与他合作。在即将为此而被处死时,嵇康抚琴思古,满腔悲愤,将《广陵散》一曲时而弹得如有雷霆万钧之势,时而又备极哀怨凄清之情。刑场周围,观者如堵,琴声激人怒发冲冠,又催人潸然泪下。

据《晋书》所记,嵇康"恬静寡欲,含垢匿瑕,宽简有大量";王戎与之"同居山阳二十年,未尝见其喜愠之色";有人荐他去做官,他回信说自己"欲守陋巷,教养子孙,时时与亲旧叙寓阔,陈说平生,浊酒一杯,弹琴一曲"就心满意足了。显然,在"竹林七贤"中,他是个比较不露锋芒、似乎与世无争的人。但即使如此,司马昭也还是下了毒手。

当然,司马昭杀嵇康,是罗织了罪状的,这个罪就是"不孝"。据《三国志·魏书·王粲传》注引《魏氏春秋》叙述他被杀的经过,说是他的朋友吕安因"不孝"罪被囚,"安引康为证,康义不负心,保明其事",结果正好被司马昭用来安上同吕安一样的"不孝"罪名。所以,鲁迅在《魏晋风度及文章与药及酒之关系》中说:"嵇康之见杀,是因为他的朋友吕安不孝,连及嵇康,罪案和曹操的杀孔融差不多。"

鲁迅这样解释司马昭以"不孝"罪杀嵇康的原因:"魏晋,是以孝治天下的,不孝,故不能不杀。为什么要以孝治天下呢?因为天位从禅让,即巧取豪夺而来,若主张以忠治天下,他们的立脚点便不稳,办事便棘手,立论也难了,所以一定要以孝治天下。"这是一针见血之论,道出了封建统治者以孝治天下的罪恶目的。魏晋如此,魏晋之前、之后也莫不如此。

---

* 原载《法律与生活》1985年第4期。

《孝经》曰:"五刑之属三千,罪莫大于不孝。"历代封建法律都把"不孝"列为大罪而加重惩。从隋的《开皇律》开始,经唐、宋、元、明,直到清代,还都把"不孝"列为"十恶"大罪之一。据唐律规定,"不孝"罪包括下列五个方面:

1. "告言诅骂祖父母、父母",即控告、诅咒或漫骂祖父母或父母;

2. "祖父母、父母在,别籍异财",即祖父母、父母在世,子孙分居另住或自蓄财物;

3. "供养有缺",即子孙虽有能力供养祖父母、父母但没有尽其责任,使之饮食或其他用品短缺;

4. "居父母丧,身自嫁娶,若作乐释服从吉",即在父或母死后二十七个月的丧期内,男婚女嫁或歌舞作乐、不穿丧服而穿吉服;

5. "闻祖父母、父母丧,匿不举哀,诈称祖父母,父母死",即子孙隐瞒不发表或谎称祖父母,父母丧亡。

从《唐律疏议》可以知道,"不孝"作为"十恶"大罪之一,类似刑法总则的规定,"不孝"中的具体罪名分列在不同章节中,处以不同刑罚。但在魏晋时代,对"不孝"罪的处罚还没有如唐律以后的规范化,所以司马昭加嵇康以"不孝"罪,就可以将他"弃市"杀头。嵇康"将刑东市,太学生三千人请以为师",司马昭仍然"弗许"。

嵇康死时,年仅四十,"海内之士,莫不痛之"。临刑一曲《广陵散》,遗恨一千七百年。嵇康之后以及之前,死于"不孝"罪的,又有几多!"新鬼埋怨旧鬼哭,天阴雨湿声啾啾。"(杜甫)封建法律给广大人民戴上了多么沉重的枷锁!屈死于封建酷刑之下的人是多么凄惨!

中国封建法律的一个显著特点,就是将封建的伦理道德加以法律化,以法律规定的刑罚保证封建道德的推行。嵇康在刑场弹奏《广陵散》一曲终了,别有感慨地说:"可惜外甥袁孝尼想学,来不及教他了,《广陵散》于今绝矣!"不过,《广陵散》并没有"绝响",这首古广陵地区的民间音乐,在嵇康以后,仍然辗转流传。今天,每当《广陵散》那哀怨悲愤的曲子演奏起来的时候,人们不免怀念起那冤死在"不孝"罪名下的嵇康。

汉—唐法律思想略论[*]

一

中华民族以历史悠久、文化发达著称于世。中国古代的法律思想极为丰富，是祖国珍贵的文化遗产的重要组成部分。毛泽东同志在《中国共产党在民族战争中的地位》一文中曾经指出："今天的中国是历史的中国的一个发展，我们是马克思主义的历史主义者，我们不应当割断历史。从孔夫子到孙中山，我们应当给以总结，承继这一份珍贵的遗产。这对于指导当前的伟大的运动，是有重要的帮助的。"研究和总结中国古代法律思想及其特点和发展规律，是法学的重要课题，不仅对批判地继承祖先的法律思想以便进一步发展马克思主义法学理论具有重要的意义，而且为社会主义法制建设提供借鉴，具有重要的现实意义。

中国法律思想史，可以上溯到四千年前的夏代。从夏、商、西周奴隶制形成和发展时期奴隶主阶级在神权和宗法思想支配下的法律观点；经过春秋战国时期奴隶制瓦解、封建制兴起，诸子百家争鸣，主要是对立的儒家和法家法律思想的斗争；进而发展为封建制确立和巩固阶段儒学伪装下的儒法合流的封建地主阶级"正统"法律思想；直到封建制衰落、瓦解时期资产阶级法律思想的引入，这是一个前后相随、有机联系的漫长的历史发展过程。本文之所以从这一发展过程中抽取汉—唐时期的法律思想加以探讨，是由于这一时期的法律思想带有鲜明的特点：随着西汉开始的封建法律的儒家化，逐渐形成了以儒学为伪装、儒法合流的封建地主阶级"德主刑辅"的正统法律思想。此后，它一直是宋、元、明、清各代占统治地位的法律思想。

为了论述汉—唐法律思想的发展，首先简要地回顾一下西汉以前法律思想的发展情况。

从公元前476年至公元前221年，为我国奴隶制度瓦解、封建制度确立的时代。公元前221年，即秦始皇二十六年，诸侯割据称雄的封建国家结束，专制主义的中央集权的汉

---

* 原载《上海社会科学院学术季刊》1985年第3期。

族统一国家开始了。这是我国古代历史上突出的伟大事件。其意义主要在于：第一，从此以后，无论奴隶主复辟势力怎样力图恢复奴隶制生产关系，都终归遭到失败；封建制生产关系已经深深地扎下根基。在漫长的封建社会时期，封建制经济基础对上层建筑的一切方面，包括法律思想，产生决定性的影响。第二，从此以后，无论中外反动势力怎样力图分裂统一的中华民族国家，最后总是被统一力量打败，重新建立起统一的中华民族国家，这同样地影响了法律思想的发展。

法律制度的作用在于保护已经形成的生产关系，保护经济基础以及由经济基础决定的政治制度。春秋战国时期，在用何种行为规范以及怎样运用这些行为规范保护生产关系、经济基础及政治制度方面，认识是很不一致的。学者蜂起，学派林立，出现了各种各样的法律思想，其中还杂有奴隶主思想家企图恢复奴隶主阶级法制的种种谬说。这是政治、法律、哲学思想史上儒家、墨家、道家、法家激烈竞争的时代，对立最尖锐的是儒、法两家。

儒家思想以伦常为中心，从贵贱、尊卑、长幼、亲疏有别出发，认为只有能定亲疏、决嫌疑、别同异、明是非的"礼"才是调整社会关系的可靠的行为规范，因此主张实行"礼治"。孔子在《论语·为政》中说："道之以政，齐之以刑，民免而无耻。道之以德，齐之以礼，有耻且格。"在《论语·颜渊》中又要求"非礼勿视，非礼勿听，非礼勿言，非礼勿动"。他竭力称颂、向往和维护西周的礼："周监于二代，郁郁乎文哉！吾从周。"①"如有用我者，吾其为东周乎！"②孔子倡导安上治民的"礼治"，为尔后的儒家率相尊崇。如荀子在《议兵》中说："礼者治辨之极也，强国之本也，威行之道也，功名之总也。王公由之所以得天下，不由所以陨社稷也。"在《大略》中又说："礼者政之挽也，为政不以礼，政不行矣。""礼"既是调整社会关系的行为规范，那么靠什么力量去推行"礼治"呢？儒家认为这个力量就是"德"，即依靠道德教化的力量，潜移默化地使人心向善而知耻。因此，与"礼治"相提并论的有所谓"德治"。同时，儒家又认为君主大臣的德行有最大的感召力量，"上好礼则民莫敢不敬，上好义则民莫敢不服，上好信则民莫敢不用情"③，所以，他们从"礼治""德治"出发，又提倡"人治"。但值得注意的是，儒家并不反对适当地运用"法"和"刑"。有的同志认为儒家排斥运用法律惩罚手段，这是不符合事实的。孔子听说郑国出兵"尽杀""盗"，就称赞说："善哉！政宽则民慢，慢则纠之以猛。猛则民残，残则施之以宽。宽以济猛，猛以济宽，政是以和。"④他在《论语·卫君》中还说："礼乐不兴，则刑罚不中；刑罚不中，则民无所措手足。"他在鲁国当司寇，杀了少正卯。理

---

① 《论语·八佾》《论语·阳货》《论语·子路》。
② 同上。
③ 同上。
④ 《左传·昭公二十年》。

论与事实都说明,孔子这个儒家的创始人不过是把"礼治""德治"放在首位罢了。他主张"礼",但不排斥"法";他推崇"德治",但不排斥使用刑罚。因此,他是"德主刑辅"的祖师。

法家虽然也承认贵贱、尊卑、长幼、亲疏的等级差别,但不承认社会可以借助于道德力量加以治理,更不相信仅凭君主大臣的德行就可以感化整个社会,因此认为"礼"不过是道德家、教育家的高调,不能以"礼"作为调整人们的社会关系的行为规范,只有"法"才能承担。与此相联系,法家认为必须依靠刑罚的威力,才能保证法的实施。这样,"法治"和"刑赏"的理论就应运而生。法家的代表人物有管仲(春秋时期)、李悝(战国初期)、商鞅、慎到、申不害、韩非(战国时期)等。法家分法、术、势三派。李悝、商鞅为一派,专主用法。李悝"撰次诸国法,著《法经》"[①],"商鞅传受,改法为律"[②],定秦律,对秦国富兵强、统一中国起了重要作用。他们主张有功必赏,有罪必罚;君主制定法令,全国臣民严格遵行;法律平等,"中程者赏之,毁公者诛之"[③],而不管他贵贱尊卑。申不害、尹文一派专主用术。术是君主驾驭臣下的方法,形名是术的一种。所谓形名,就是循名责实,要求臣下名(言)实(行)相符。慎到一派专主用势。势是凭借重权高位治理天下。《慎子》曰:"以力役法者,百姓也;以死守法者,有司也;以道变法者,君长也","民一于君,断于法,国之大道也"。韩非则综合三派学说,为法家之集大成者。他认为君主当乘势执术,臣下当奉法守令,不可偏废,而"法治"是远胜于"德治"的。他在《六反》中说:"法之为道,前苦而长利;仁之为道,偷乐而后穷。圣人权其轻重,出其大利,故用法之相忍,而弃仁人之相怜也。"和儒家提倡以仁义礼乐风化天下相对立,法家竭力主张实行重刑主义。管子在《重令》中认为"行令在乎严罚";商鞅在《开塞》中宣传"去奸之本莫深于严刑";韩非认为严刑重罚是国治民安的根本措施。

如上所述,儒家与法家在一系列治国理论上是尖锐对立的。然而,二者都站在维护统治阶级利益的立场上,目的都是为了使剥削制度永世长存。同时,儒家也并不绝对排斥法律惩罚手段的作用,而法家也承认儒家理论的根本出发点,即承认存在并且必须有贵贱、尊卑、长幼、亲疏的等级差别。因此,在一定的条件下,儒法合流而为统治阶级服务,是完全可能的。

这种儒法合流的可能性,在秦代没有变成现实性。这是由于秦灭六国统一天下,但六国的复辟势力并未彻底消灭,国内的阶级斗争十分尖锐。在这样的情况下,要实行儒家的"礼治""德治""人治",其困难可想而知。所以秦始皇奉韩非的理论为治国的指导原则,接受李斯的种种"法治"建议,创造了海内为郡县、法令由一统的中央集权专制主义封建

---

① 《晋书·刑法志》。
② 《唐律疏议》。
③ 《商君书·修权篇》。

大帝国。秦始皇厉行"法治",以严刑峻法对付奴隶主复辟势力,残酷镇压劳动人民的反抗。他完全排斥了儒家的学说,甚至发展到焚书坑儒。

由于秦始皇"刚毅戾深,事皆决于法,刻削,毋仁恩和义"①,秦二世接位后变本加厉地推行峻法严刑,"法令诛罚,日益深刻,群臣人人自危,欲畔者众"②,造成了刑者相伴于道而死人日积于市的恐怖局面。因此,秦朝二世而亡,代之而起的是两汉王朝四百余年的统治。

二

如果说秦朝以中央集权的封建王朝确立了封建制生产关系,但还带有奴隶制的许多残余,并且难以避免奴隶主复辟势力的反攻倒算的话,那么到了汉代,封建制生产关系已经深深扎根,奴隶制生产关系已经到了无可挽回地退出历史舞台的时候了。这是决定自秦至汉法律思想发生重大变化的根本原因。

公元前202年,汉高祖刘邦战胜项羽,建立了西汉帝国。刘邦深知天下苦秦苛法日久,民怨沸腾,遂令萧何定律令、韩信定军法、张苍定历法及度量衡程式、叔孙通定礼仪,提倡俭朴,依法办事,压抑商贾,和亲匈奴,使人民得到安宁,能够从事和平生产。尤其是汉初减轻农田租税的措施,深受农民欢迎,大大地促进了农业的繁荣。这样,从汉代开始,封建制生产关系及整个封建制经济基础,逐步变得十分稳固,汉代建成了空前强大的一统帝国。反映并服务于当时的经济基础和政治制度的观念形态,其中包括法律思想,就有必要而且可能走向大体的统一。"百家争鸣"已成了"明日黄花"。

自秦至汉法律思想发生重大变化的另一重要原因,是专任"法治"的秦朝的败亡,使得法家学说丧失了说服力量。

但是,无论是儒家学说,或者是法家学说,都是在封建制社会经济基础形成过程中创立的,都可以利用来为维护封建制生产关系和新兴地主阶级的利益服务。二者只不过是对手段、方法的认识互不相同罢了。二者各有所长,各有所短。因此,当封建制度稳固确立时,将儒法两家的学说糅合一起,汲取各家之长、剔除各家之短,就成了法律思想发展的必然结果。这就是"德主刑辅"说的提出和实行。当然,它不能不是一个渐进的发展过程。

汉高祖践位后,陆贾上疏说:"儴道者众归之,恃刑者民畏之。归之则附其侧;畏之则去其域。"③力主"儴道""为德",而反对一味"恃刑",这是鉴于秦行酷法酿成民变的教

---

① 《史记·高祖本纪》。
② 《无刑录》。
③ 《新书·至德》。

训。但他仍然要"设刑""行罚",只是要求减轻刑罚罢了。同时,他认为在汉初实行"块然若无事,寂然若无声"的清静无为政治,采取与民休息的政策,对统治权的稳固是更有利的。因此,汉初实行了陆贾建言的无为之治。

无为之治的结果,出现了汉文帝、汉景帝时期空前的经济繁荣。享受这种繁荣的,是整个统治阶级。上自皇帝、宗室、封君、公卿、大夫,下至一般官吏和其他地主阶级分子,都过着富裕的生活,奢侈安乐。在这种情况下,贾谊向汉文帝上疏褒"礼"贬"法"。他认为"以礼义治之者积礼义,以刑罚治之者积刑罚。刑罚积而民怨背,礼义积而民和亲"①。竭力主张用"礼"来维护封建统治。他说:"礼者,所以固国家,定社稷,使君无失其民者也。"但他同时也强调了"礼""法"的交互为用,不能舍"法"而独行"礼"。他说:"夫仁义恩厚,人主之芒刃也;权势法制,人主之斤斧也。""夫礼者禁于将然之前,而法者禁于已然之后,是政法之所用易见,而礼之所为难知也。"把"礼"和"法"的不同作用做了阐述。他赞颂"庆赏以劝善,刑罚以惩恶"的"先王之政",并以"先王执此之政,坚如金石;行此之令,信如四时"为由,反对人们不照"先王之政"行事。显然,贾谊已经更接近于明确地提出"德主刑辅"说了。

到了西汉中期,国家所掌握的财富已相当可观,汉景帝所完成的全国统一局面也十分稳定,于是汉武帝凭借他的雄才大略和在位五十四年的长久时间,对外用兵,扩张疆土,对内兴作,多所创建(主要是水利)。如范文澜先生在《中国通史》中所说,他"把道家思想的无为政治,改变为以儒家学说为伪装的多欲政治"。这里所说的"多欲政治",包括了兼"礼治"与"法治"二者而有之的"德主刑辅"治国路线。汉武帝"罢黜百家,独尊儒术",用儒学之名兼行"礼""法",所以范文澜先生说它是以"儒家学说为伪装"。

为"以儒家学说为伪装的多欲政治"系统地提供理论武器的是董仲舒。他把战国以来各家学说尤其是儒家各派在孔子名义下,在《春秋公羊》学名义下统一起来。他看到秦行"法治",刑法苛惨,汉律承袭秦律的得失。如路温舒在《尚德缓刑书》中所说是"秦有十失,其一尚存,治狱之吏是也"。他认为必须解决其中的矛盾,办法是根据《春秋》的经义来附会汉朝的法律。这样可以既收以仁德代严刑的美名,又不废弃汉律,使法律起到了辅"礼"而治的作用。如果说贾谊已经认识到并且从理论上提出了"德主刑辅"的要求,那么汉武时就通过董仲舒之手把"德主刑辅"付诸实施了。董仲舒的一套法律思想之所以能被汉武帝所接受,如前所说,是由于从汉初到武帝时已经具备了统一的大帝国和雄厚的物质条件作基础,是维护已经稳固的封建制生产关系的必须。"在历史上出现的一切社会关系和国家关系,一切宗教制度和法律制度,一切理论观点,只有理解了每一个与之相应的时代的物质生活条件,并且从这些物质条件中被引申出来的时候,才能理解。"②

---

① 《汉书·贾谊传》,下引同。
② 《马克思恩格斯选集》第2卷,第117页。

当我们联系汉初至武帝时期的社会经济情况和政治情况来看汉武帝接受董仲舒的理论时，对恩格斯的这一论断理解得更深了。董仲舒以"独尊儒术"为伪装，兼取儒法之长，搞以儒为主的"德主刑辅"，正是当时社会发展的需要。他把儒学改造成了"王""霸"相杂的伪装儒学，把儒法之长糅合一起，搞"德主刑辅"，在中国法律思想史上留下了重大而深远的影响。

汉武帝连年对外用兵，农民被大批征发，战死在边疆；劳动力的缺乏，使农业生产受到破坏；为了取得支持战争和维持奢侈生活的大量财富，又对农民加重了残酷的剥削；同时，豪强势力不断扩大，土地兼并日益严重，加剧了朝廷与豪强、豪强与中小地主之间的矛盾。各种社会矛盾的激化，反映到法律思想上，就是"礼治"和"法治"问题被重新提出。

"礼治"和"法治"的激烈争论发生在汉昭帝时。当时，汉昭帝召集各地推举的贤良、文学六十多人到京城举行会议，"问民间所疾苦"。贤良、文学从反对盐铁官营、均输、平准等经济政策开始，对政府政策进行了全面的批评，并和御史大夫桑弘羊等反复论难。内容涉及政治、经济、军事、文化等各个方面，其中包括贤良、文学以儒家的"礼治""德治"与大夫（法吏）所主张的法家的"法治"孰优孰劣的争论。桓宽所著的《盐铁论》记载这次争论说："大夫曰：'无用之苗，苗之害也；无用之民，民之贼也。钼一害而众苗成，刑一恶而万民悦，虽周公、孔子不能释刑而用恶。……民者教于爱而听刑，故刑所以正名，钼所以别苗也。'""贤良曰：'民乱反之正，政乱反之身，身正而天下定。是以君子嘉善而矜不能，恩及刑人，德润穷夫。施惠说尔，行刑不乐电。'"各执一端，南辕北辙！辩论的结果，因为昭帝复行无为政治，在社会上影响不大。但儒、法两家的治国理论被做了充分的概括性的论述，对后世的影响是不小的。显然，如果不是由于发生巨大的社会变化，要恢复秦时的纯行"法治"，或者如儒家所理想的"礼治"，是很困难的了；而如果强行，则会造成恶果。

西汉后期，从汉元帝开始，中央政府的权力开始衰弱，封建割据势力得到新的膨胀。汉元帝深感危机的严重，惊慌失措，企图推行纯儒学以自救。汉宣帝教训元帝，说汉家制度一向杂用"王""霸"，不能单纯依仗儒学，否则定会乱汉家制度。尔后，大地主阶级兼并土地更形加剧，农民和中小工商业者大批破产，无法继续生活下去，甚至有一部分贫民不得不卖身为奴为婢，从而造成了严重的社会危机。另一方面，朝廷逐渐对整个统治阶级完全失去了控制力量，朝廷本身迫于无限庞大的财政开支，以及为了维持皇室的穷奢极欲、荒淫无耻的生活，也肆行狠毒，参与对农民的残酷剥削，终至酿成了西汉末期的农民大起义，西汉统治机构垮台了。尽管如此，封建制的生产关系仍旧占绝对的统治地位。因此，刘秀建立东汉王朝后，不可能也不必在社会经济制度上做重大的改革，只不过是在不妨碍豪强利益的限度内采取一些措施，其中包括法律措施，对土地兼并等重大社会问题加以控制罢了。这样，西汉时期已经确立了统治地位的儒法合流的地主阶级法律思想，在东汉时期就仍旧被当作正统的法律思想予以接受。例如，刘秀主张重仁义道德，将"礼""法"结合起来，施行"柔道"，认为："柔能制刚，弱能制强。柔者德也，刚者贼也。弱者仁之助也，强者怨之归也。故有德之君，以所乐乐人；无德之君，以所乐乐身……"① 同时，刘秀又承续董仲舒经义折狱的方法，治狱断案时依据经义行事。又如，东汉后期著名的思想家王符，既坚持儒家学说的传统观念，主张"以道义为本""教民"②，强调搞"仁义"，以"德化""教化"为主；同时又强调不能轻视"刑法"的作用，明确提出"擒灭盗贼，在于明法，不在数赦"的观点③。当然，这些法律思想是与当时的法律制度、法律措施相适应的。

东汉时期的王充，是古代杰出的朴素唯物主义思想家，但他的法律思想却完全与"德主刑辅"说相吻合。他在《论衡·非韩》中说："治国之道，所养有二：一曰养德，二曰养力。养德者，养名高之人，以示能敬贤；养力者，养气力之士，以明能用兵。此所谓文武张设，德力具足者也。""文武张设"，也就是"王""霸"杂用。但是两相比较，王充认为"礼义"更重要。他说："国之所以存者，礼义也。民无礼义，倾国危主。""治国犹治身也。治一身，省恩德之行，多伤害之操，则交党疏绝，耻辱至身。推治身以况治国，治国之道当任德也。"他批评韩非"独任刑以治世，是则治身之人任伤害也"。这就是说礼义仁德要放在"主"位，同时又不是废弃"刑""法"。他反对的只是"独任刑以治世"，如果把"法"和"刑"放在"辅"位，则是完全可以同意的。正因如此，他对先秦法家并不一概否定。例如他在《书解》中赞扬"商鞅相秦孝公，为秦开帝业"；在《案书》中肯定"韩非之四《难》"为"君山之《新论》之类也"。他在《谢矩》中还说："出于礼，入于刑，礼之所去，刑之所取。"在《率性》中又说："王法不废学校之官，不除狱理之吏，欲令凡众见礼义之教。学校勉其前，法禁防其后……"总之，他没有超出"德主刑辅"说的法律思想范畴。由此可见，在当时的社会经济基础之上，在当时的法律制度下，产生符合经济关系要求，受法律制度束缚的法律思想，是十分自然的，连王充这样少有的朴素唯物主义思想家也没能超出。当然，说王充主张"德主刑辅"，并不等于说他在一切法律观点上与儒家相同。他认为"天人感应""君权神授"是完全错误的，对此进行了尖锐的批判。他还认为所谓"恭行天罚"是虚妄无稽的，必须抛弃这种荒唐的观念。从这些事实可以看到，法律思想并不仅仅取决于社会经济制度，还同法律制度密切相关，也受人的世界观的影响。

综观两汉时期的法律思想，我们看到，这是一个儒、法两家法律思想合流的过程。合流的结果是，确立了儒学伪装下的以儒为主的"德主刑辅"说在法律思想中的统治地位，上自君主，下至贫民阶层的思想家，都接受或奉行。

---

① 《后汉书·臧宫传》。
② 《潜夫论·务本》。
③ 《潜夫论·述赦》。

三

东汉末年，天下大乱。从东汉献帝初平元年（190）到建安十三年（208）的十九年中，中国境内特别是黄河流域成了大屠场，大小军阀长期混战，生灵涂炭，白骨遍野，最后导致曹魏、刘蜀、孙吴三分天下，鼎足而立。

尽管三国时期社会经济制度没有发生根本的变化，但政治状况却与西汉完全不同。统一的国家变成了三分鼎立的魏、蜀、吴三国。更重要的是，三国分立虽然形成了暂时相持的局面，各国内部取得了相对的安定，有可能仍行"德主刑辅"以维持社会秩序；但是三国之间经常的征战，特别是蜀、魏之间的战争始终没有停止过。这样，军事上的紧张对峙，就对政治、法律制度和政治、法律观点产生了严重的影响，法家的法律观点于是得到了广泛传播并排斥儒家的法律观点的机会。在法家法律观点的支配下，三国时期各国的法律制度都变得苛严起来了。尽管各国表面上都打着汉家的旗号奉行汉法，但是实际上施行的是酷法苛刑。曹操主张"拨乱之政，以刑为先"，甚至企图恢复肉刑。诸葛亮与法正等共造《蜀科》，认为"法行则知恩"，必须做到非法不言，以刑政峻急而闻名，是历史上著名的封建法治主义者。魏、蜀两国所颁行的一系列《军令》，分别由曹操、诸葛亮手订，都异常地严厉苛刻。孙吴偏安江左，但随时有被魏、蜀吞灭之虞，因此虽然吴之律令多依汉制，但孙吴所施行的严刑峻法远比魏、蜀来得苛惨。这一时期的法律思想，实际上是法家的"法治"占据统治地位。但这一情况并不能改变汉—唐时期奉行儒法合流的"德主刑辅"的治国方略的总趋势。这一点，曹操、诸葛亮等当时就很清楚地认识到了。曹操在提出"拨乱之政，以刑为先"的同时，预言了"治定之化，以礼为首"[①]。诸葛亮在主张"威之以法"的同时，主张同时"限之以爵"，以达到"恩荣并济，上下有节"的要求，认为这是"为治之要"[②]。总之，三国时期，法家的"法治"理论在各国被实际地推行了。这是由当时的军事斗争形势造成的。一旦统一、安定的局面出现，儒法合流的"德主刑辅"说便会迅速取"法治"而代之。所以，三国鼎立的局面一结束，西晋实现了暂时性的全国统一，便开始了法制改革。

在西晋之前，魏明帝鉴于东汉以来司法混乱、法令繁密的情况，曾令陈群等人删节律令，以汉《九章律》为基础，加以损益，制定魏律十八篇。晋初，晋王司马昭令羊祜、杜预、贾充等名儒重臣十四人删改《魏律》，去其苛秽，存其清约，订定《新律》二十篇，六百二十条。另有令四十篇，二千三百零六条。晋律的内容礼律并重，也较简约，将七百七十三万余字的汉代律令及说解，精简到十二万六千多字。这些都说明了国家统一—

[①] 《三国志·武帝纪》。
[②] 《三国志·蜀志·诸葛亮传》注引。

旦实现，军事对峙所造成的"刑法峻急"便可改变，而"德主刑辅"说便会很快付诸实行。但西晋统治集团极端腐朽，相互间见利必夺，以杀助夺，越杀越猛烈，一直杀到发动大混战。晋武帝一死，宫廷里的祸乱便开始爆发，接着是八王混战、"五胡乱华"。其结果是导致"十六国"先后出现，使北方处在大混乱、大屠杀的血海之中，法制破坏殆尽。偏安江南的东晋、宋、齐、梁、陈和鲜卑族拓跋氏统一北方后先后更迭建立的北魏、东魏、西魏、北齐、北周，曾经取得若干年的安定。在这相对安定的社会环境下，各国都根据本国的情况制订过法律，其中比较著名而有影响的是《北魏律》和《北齐律》。在制订这些法律的过程中，"德主刑辅"说起着重大的影响，从而为隋、唐大一统的封建帝国最终牢固地确立和推行"德主刑辅"说奠定了基础。

两晋、南北朝时期著名的法律家有傅玄、刘颂、贾充、羊祜、杜预、张斐、葛洪、鲍敬言等人。他们的哲学观点不尽相同，甚至截然对立；同样，他们在"礼""法"二者以何为主的观点上，也分歧严重。傅玄生当魏末晋初，正是全国趋于统一时期。作为司马氏的一党，他反对继续奉行三国时期厉行"法治"的治国方法，主张恢复儒学的统治地位。他认为治国必须先讲国计民生，在此基础上，取"礼法并用""先礼后法""德主刑辅"的政策。据《晋书·傅玄传》可知，他给礼、法、刑做了解释："立善防恶谓之礼，禁非立是谓之法。法者，所以正不法也。明书禁令曰法，诛杀威罚曰刑。"他按这样的解释，提出了自己的主张："礼法殊途而同归，赏刑递用而相济。""天地成岁也，先春而后秋；人君之治也，先礼而后刑。"他还认为治乱世与治世不同，对"乱世"应先刑后礼，对"治世"应先礼后刑。傅玄的这些观点同当时的社会实际是相切合的。它是魏末晋初由紧张的军事对峙走向全国统一时期，社会由"法治"转向"德主刑辅"的理论反映和概括。但西晋内部矛盾重重，统治集团的上层人物之间争斗激烈，影响了统治阶级内部思想的统一。这当然也在法律思想上得到了反映。例如，刘颂主张刑以止刑，甚至鼓吹恢复肉刑；张斐认为"礼乐"是治国之道的核心，但又不能毁弃法律，强调"王政布于上，诸侯奉于下，礼乐抚于中"，"礼乐"与法律"相须而成，若一体"[①]；葛洪不否定"仁"的作用，却更推崇"刑"的威力，认为"仁者，养物之器，刑者，惩非之具"，二者各有所用，但是"仁者，为政之脂粉"，"非体中之至急"；而"刑者，御世之辔策"，"须臾不可离"，主张实行严刑峻法[②]；鲍敬言则认为"古者无君，胜于今世"，反对"坐制礼法，束缚下民"，向往"曩古之世，无君无臣，穿井而饮，耕田而食，日出而作，日入而息"的没有剥削、没有刑罚的社会。[③]

---

① 《晋书·刑法志》。
② 《晋书·葛洪传》《抱朴子·用刑》。
③ 《抱朴子·诘鲍篇》。

四

混乱纷争的社会，易于形成歧异颇多的法律思想；统一的社会，则易于形成比较统一的法律思想。同时，在统一的社会条件下，如果统治者实行高度集权的专制主义高压政策，更容易造成思想的统制，压制思想的自由发展；即使有不同的法律观点，也难有发表的机会，更不得流行传播，今天也就无由知道。但如果统治者实行相对的"开明政治"，允许不同的思想观点进行争论，那么不同的法律思想就得到了发表、传播的机会。隋、唐时期，天下一统。隋朝立国三十八年，短命而亡，无由造成一代法律思想家。唐虽立国颇长，但《唐律》比较适合于社会发展的客观要求，整个社会又偏重于发展其他文化和艺术，法律思想的分歧争论也不像春秋战国时期那么激烈。

隋、唐时期法律思想发展的总趋势，是牢固地确立和推行儒法合流的"德主刑辅"说。其间虽然有文中子王通力主实行纯然的儒家"礼治"，要求复行周公之礼、孔孟之道，以及晚年的隋文帝、隋炀帝和唐代一些政治家先后大搞严刑酷罚，但最终都不能改变这个总趋势。像王通那样的理论，可说没有在社会上造成什么影响。这同隋、唐时期是我国古代封建制高度发展阶段这一根本特点密切相关。

隋文帝建立隋朝后，迅速采取了一系列措施加强中央集权，使社会的安定得到了政治上的保证；同时又推行北魏的均田制，促使社会经济迅速恢复并发展起来。唐代的中央集权政府力量也比较强大，在相当长的时间里经济得到很大的发展。整个隋、唐时期，封建制的生产关系始终十分稳固。反映在法律制度和法律思想上，就是"德主刑辅"说始终占统治地位。此外，隋初制定的《开皇律》开创了封建法制的定型化，为唐律所本，并为尔后的宋、明、清各代长期沿用。隋、唐律体现了隋、唐时期法律思想的主流，这就是在"德主刑辅"的前提下，主张立法上简约清省，削除了一些苛刑酷罚；司法方面守文定罪，秉公执法，主张恤刑慎杀、谨慎择吏等等。同时，由于"德主刑辅"、礼法结合已经在空前完整的法典中得到体现，董仲舒创始的经义折狱也大大减少，封建法制得到明显加强，东汉时一度成为重要立法原则的"谶讳"说也随着经义折狱减少而趋于没落。

有人将隋、唐时期划入"儒家独霸时代"，这是不无偏颇的。我们知道，从西汉开始，"儒家独霸"不过是一种表面现象，后来的魏晋南北朝在很大程度上推行了法家的"法治"，许多法律思想家所主张的则是"礼法并用""德主刑辅"；到了隋、唐时期，制定颁行了十分完备的法律，"德主刑辅"的儒法合流路线已经占统治地位。在整个隋、唐时期，只出现了一个"独尊儒术"的典型人物——文中子王通，这当然不能用来说明隋、唐时期是"儒家独霸时代"。杨鸿烈著《中国法律思想史》一书又把王通与魏徵、长孙无忌等相提并论，这是不够妥当的。从《文中子中说》可知，王通的基本立场是维护封建统治的儒学，极力鼓吹"王道"，认为儒学的"三纲五常"、仁义道德是"教之本"，"推而达之天下斯可也"。他对"法治"格格不入,不加分析地予以反对,空谈什么"政猛宁若恩,法速宁若缓,狱繁宁若简"。而魏徵、长孙无忌等都是地道的"德主刑辅"派,他们积极地宣传了"德主刑辅"说。魏徵比较全面地总结了历代兴衰存亡的经验教训,认为必须运用儒法两家之长的"德主刑辅"说去处理阶级矛盾和统治阶级内部矛盾,认为"仁义,理之本也;刑罚,理之末也"①,将"礼""德"放在首位,同时又认为必须重视"刑赏之用",提出了"作法贵其宽平""赏宜从重,罚宜从轻"②,理狱中"必本所犯之事以为主,不严讯,不旁求,不贵多端"③等主张。长孙无忌作为《唐律疏议》的撰著者,一面使儒家的"礼治"精神渗透到《唐律》条文中去,使全部《唐律》条文都受"礼化",一面又自然地坚持了法律的"惩恶"作用,这就十分典型地体现了"德主刑辅"的思想。至于更多地强调"礼""德"和"教化"的作用的隋文帝、唐太宗等人的法律思想,必须联系他们的社会地位和实际执行的政策来看。诚然,他们在诏书中大谈儒家的"礼"和"德"以及仁、义等,但这在一定程度上是皇帝的表面文章。透过表面现象看,他们搞的都是"德主刑辅"。拿隋文帝杨坚来说,他公然推崇道、佛,从而把纯以儒学伪装这一点也搁置一边了,促使儒、道、佛三教合一;同时,他在践位之前、践位之初三次修订法律的事实,更充分说明他所奉行的决非"儒学独霸"。唐太宗以及唐代的其他君主所奉行的也是"德主刑辅"的儒法合流的统治术。

中唐时期,发生了从公元755年开始的"安史之乱",社会经济被严重破坏,"均田制""府兵制"也遭到破坏,社会秩序混乱,阶级矛盾、统治阶级内部矛盾和民族矛盾都变得异常尖锐复杂。这一时期的法律思想受到社会动乱的影响,韩愈、柳宗元、刘禹锡、吕温等竞相发表了自己对法律问题的种种看法,其中有一些是直接对立的。例如,韩愈企图通过美化尧、舜、禹、文王、武王、周公直至孔子、孟子的"道统",来恢复"圣王之道",维护动摇了的封建主义上层建筑;而柳宗元则论证了"更古圣王"的制度只是符合当时的历史条件,现在事"势"已变,不能死守"圣王之道"。但是,韩愈、柳宗元都不反对"德主刑辅"说。韩愈在《复仇状》中说:"礼法二事,皆王教之端。"又说:"不如以德礼为先,而辅之以政刑也。"④ 柳宗元在《陈给事行状》中也说:"彰善瘅恶,王教之端……"由此可见,社会发展到唐代,"德主刑辅"已经是不可改易的统治阶级法律思想了。

综上所述,自汉至唐,法律思想的发展轨迹是十分明显的:从西汉取儒、法两家之长提出和实行"德主刑辅"说开始,儒法合流成为占统治地位的法律思想;中经魏晋南北朝时期的大动乱,法家的"法治"理论曾一度不得已而被搬用;但是一俟大乱暂平,

---

① 《贞观政要·公平》。
② 同上。
③ 《魏文公谏录·理狱听谏疏》。
④ 《韩昌黎集·潮州请置乡校牒》。

统一形成,社会安定,"纯然"的"法治"便销声匿迹,让位给"德主刑辅"说,隋唐时期就是如此。

五

在以上粗略地考察汉—唐法律思想演变的过程中,我们仅就儒家和法家两种法律思想的消长融合这一主要表现做了阐述。此外还有一些比较具体的问题,从中也可看出这一时期,儒法两家法律思想消长融合的演变情况。下面我们略做说明。

一是关于法律平等问题。

这在中国古代早就开始争论。其实质是在封建剥削的前提下,在剥削制度的范围内的表面上的"平等"。但是,就是这种表面上的"平等",也是基本上被否定的。

儒家从贵贱、尊卑、长幼、亲疏有别出发,认为法律不应平等。他们在《周礼·秋官·司寇》中公然规定:凡命夫命妇不躬坐狱讼;凡王之同族,有罪不即市。甚至非常详尽地规定了"八辟"即后来的"八议"。法家虽然也承认贵贱、尊卑、长幼、亲疏等级差别存在的必要,但是从解决统治阶级内部矛盾的利益出发,他们认为在维护封建法制的前提下,刑赏划一,"有功者显荣,无功者虽富无所芬华","刑无等级,自卿相将军以至大夫庶人,有不从王令、犯国禁、乱上制者,罪死不赦"①,对于治理国家是更有利的。

秦代纯用法家之言。到了汉代,开始了儒法合流的过程。但法律平等问题的争论,却长期存在。

在这个问题上,儒法合流的表现是:将儒家所力主的法律不平等,直接地在法律条文中明确地予以规定。例如前面所说的"八议",就被直接规定在自魏至唐的各代法律中。又如,唐太宗李世民不遗余力地宣传了将体现不平等的"礼"载入唐律的重要性。他主张将"失礼之禁,著在刑书"②。因此,在《唐律》中可以十分明显地看出条文本身所包含的不平等。

在封建法律条文本身已经体现了极大不平等的条件下,大部分的统治阶级成员仍要求有法外的特权,有任意违反法律规定的特权,有任意出入人罪的特权,于是他们宣传法律不平等的观点。与此相反,封建地主阶级的另一些代表人物,从本阶级的利益出发,为了维护封建法制的统一性,为了缓和阶级矛盾,则主张依封建法律办事,提倡法律平等说。

宣扬不平等说的,如西汉戴圣所编的《小戴礼记》,公然提出"礼不下庶人,刑不上大夫",贾谊上书孝文帝反对"王侯三公"与"众庶同黥、劓、髡、刖、笞伤、弃市之

---

① 《史记·商君列传》。
② 《全唐文·薄葬诏》。

法"①。此外，如北朝魏的秘书丞李彪、南朝宋孝武帝时的刘秀之、唐朝褚遂良都有过类似的议论；《隋书·刑法志》记载南朝梁"将吏已上及女人应有罚者，以罚金代之。其以职员应罚及律令指名制罚者，不用此令"。可见梁朝时法律不平等思想也是公开流布的。

宣传法律平等说的，如东汉桓谭，魏的曹操，蜀的诸葛亮，晋的刘颂，唐的魏徵、柳宗元、吕温、白居易等等。桓谭主张"一其法度"②。曹操主张"设而不犯，犯而必诛"③。他自己也做出严守法律的姿态，《曹瞒传》所载著名的"割发代首"故事，被广泛利用来宣传法律平等。从《诸葛亮传》可知，他身体力行了"尽忠益时者虽仇必赏，犯法怠慢者虽亲必罚"，"科教严明，赏罚必信，无恶不惩，无善不显"。吕温在《功臣恕死议》和《复汉以粟为赏罚议》中竭力反对"功臣""勋贵"的法外特权，认为"恕死""以粟为赏罚"是"废刑"，"挠权乱法"必定害国。

必须注意的是，不能将上述"宣传法律平等说"者的思想任意拔高，因为那只不过是在封建法制范围以内的事。法律平等说和不平等说，都是被用来为统治阶级利益服务的理论。什么时候运用什么学说，完全依当时统治阶级整体利益的需要而定。

二是关于肉刑问题。

先秦刑罚苛酷，极端野蛮；汉—唐时期有了重要的改革。伴随着这一改革的，发生了法律思想上有关的长期争论。这一改革集中体现在肉刑的废复上。

"汉承秦制"，西汉的许多制度都沿用了秦的规定。但是秦二世而亡的教训，对汉代的统治者来说是极为深刻的。所以，在丝毫不改变封建制生产关系的前提下，汉代的统治者不断研究缓和阶级矛盾的方法。到汉文帝时，由于经济的繁荣、社会的安定，出现了改革刑罚制度的可能，于是在汉文帝即位第十三年（前167）下令废止肉刑。

对汉文帝废肉刑，东汉班固认为是"外有轻刑之名，内实杀人"④，持否定的态度。班固所说不无道理，因为以笞三百代劓，以笞五百代斩左趾，常常"笞未完而人已死"，而以弃市代斩右趾，明显的是加重了刑罚。但是不能否定，肉刑是确实地被废除了，从而为以后笞、杖、徒、流、死的封建制"五刑"奠定了基础。后来，汉景帝继续加以改革，将笞三百减为笞一百，笞五百减为笞二百。这样，经过汉文帝、汉景帝的改革，刑罚总的来说是减轻了。改革的指导思想，如汉文帝诏书所说，是从"德""教"上着眼的，而根本原因是使上层建筑的这一个方面更好地适应当时的社会经济文化发展的需要。

汉文帝废除肉刑后的相当长时期内，对此有过多次的争论。

东汉光武帝建武十四年（公元38）群臣上疏说："古者肉刑严重，则人畏法令；今宪

---

① 《前汉书·贾谊传》。
② 《后汉书·桓谭传》。
③ 《曹操集·〈孙子〉注》。
④ 《汉书·刑法志》。

律轻薄，故奸宄不胜。宜增科禁，以防其源。"大臣杜林驳斥说："夫人情挫辱，则义节之风损；法防繁多，则苟免之行兴。"认为法网严密"渐以滋章，吹毛索疵"是"奸宄不胜"的原因，因此主张"宜如旧制，不合翻移"①。光武帝接受了杜林的意见，不同意恢复肉刑。

东汉末年，又有人主张恢复肉刑。如仲长统认为"肉刑之废，轻重无品"，"恐非帝王之通法，圣人之良制"，"复之善也"②。据《晋书·刑法志》记载，还有"大司农郑元、大鸿胪陈纪之徒，咸以为宜复行肉刑"。但复行肉刑并不符合当时社会的要求。孔融在他的《肉刑议》中提出了反对意见，认为复行肉刑是"非所谓与时消息"的不当之议，因为行肉刑必定使"被刑之人，虑不念生，志在思死，类多趋恶，莫非归正"，而"汉开改恶之路"废止肉刑，"明德之君，远度深惟，弃短就长，不苟革其政也"。孔融的意见得到朝廷的重视，终于未改。

三国时期，在曹魏发生过四次关于恢复肉刑的争议。第一次是曹操亲自提出的，他亲自下令要恢复肉刑。这同他"拨乱之政，以刑为先"的思想是分不开的。曹操援引汉末陈纪要求恢复肉刑的议论，下令御史中丞陈群（陈纪之子）申明其父恢复肉刑之论。钟繇、傅干等人蜂起附和曹操的主张。但是，恢复肉刑对正在紧张进行的军事行动不利，所以王修、王朗等大臣坚决反对。《三国志·魏志·王修传》载："太祖议行肉刑，修以为时未可行。"王朗的反对理由是肉刑"不用已来，历年数百，今复行之，恐所减之文未彰于万民之目，而肉刑之问已宜于寇仇之耳，非所以来远人也"③。这第一次复行肉刑的争论，以曹操采纳王修、王朗之议而告结束。第二次是魏文帝发起的。④ 第三次在魏明帝时发生。⑤ 第四次在魏废帝时由夏侯玄、李胜等发起。⑥ 这四次议复肉刑，都无结果。

到了晋代，刘颂又一次提出了恢复肉刑的建议。"刘颂为廷尉，频表'宜复肉刑'，不见省，又上言……"⑦ 可见他对复行肉刑的态度是很坚决的。他在上疏中说废止肉刑是"孝文之小仁"，是"轻圣王之典刑"的谬举，认为当时"奸""不禁""奸恶陵暴，所在充斥"是由"肉刑不用之所致"，而如行肉刑，就可收"非徒不积""为恶无具"之效，能达到"政体胜"，使天下太平。但是，刘颂的意见没有被统治者采纳。

东晋元帝时，廷尉卫展又提议恢复肉刑，得到尚书令刁协、尚书薛兼等的附和。他们的意见当时遭到了尚书周顗、尚书郎曹彦、中书郎桓彝等的反对。经过一场争论，"元

---

① 《后汉书·杜林传》《后汉书·仲长统传》。
② 同上。
③ 《三国志·魏志·钟繇传》。
④ 《三国志·魏志·钟繇传》："文帝临飨群臣，诏谓太祖欲复肉刑，此诚圣王之法，公卿当善共议……"
⑤ 《通鉴纲目》："太和元年冬十月，议复肉刑，不果。"
⑥ 《通典》："正始中，征西将军夏侯玄、河南尹李胜又议肉刑，竟不能决。"
⑦ 《晋书·刑法志》。

帝犹欲从展（卫展）所上"，似乎要复行肉刑了。但"大将军王敦以为百姓习俗日久，忽复肉刑，必骇远近；且逆寇未殄，不宜有惨酷之声以闻天下。于是乃止"①。从王敦的话中，可以看到当时的老百姓是反对复行肉刑的。东晋元帝之所以改变主意，还迫于当时的形势。

到隋文帝杨坚时，更认为肉刑等"往古之式"，"残剥肤体，彻骨侵肌"，不是"仁者之刑"，连"鞭刑""枭首""轘裂"之刑都予以废除，而且将徒、流、杖、笞等刑都改得较轻，"以轻代重，化死为生"，"尽除苛惨之法"②。《唐律》以《开皇律》为本，在"用法务在宽简"的指导思想下修订而成，当然更不可能将肉刑重新载入。

汉—唐时期封建制生产关系高度发展，需要增加大批劳动人手，废止肉刑并将笞数减少，对增加劳动人手以供地主剥削是有利的。魏晋南北朝时期之所以屡次议复肉刑，也是为了统治集团的利益，即保持对军事力量的控制，维持后方秩序的安定；议而不决或议而不行，也是为了稳定人心或招徕民众以充实兵源。总之，汉—唐时期一次次关于肉刑问题的讨论，都是从地主阶级利益出发，而不是从劳动人民利益出发的；绝不是个别君主或思想家的"仁慈心"的表现。儒家之徒大多倾向于废止肉刑，法家之徒大多倾向于恢复肉刑。儒法两家在这一问题上虽然歧见纷纭，但始终不可能背离经济关系的要求和地主阶级的根本利益，最后总是以儒家"王道""仁政"标榜的统治阶级当权派的决定为归宿。这再一次显示了汉—唐时期封建地主阶级"德主刑辅"的正统法律思想占统治地位的特点。

---

① 《晋书·刑法志》。
② 《隋书·刑法志》。

济世宏文，经时力作

——纪念董必武同志一百周年诞辰*

《董必武选集》的问世，是我国政治生活中的一件大事，也是法律工作者的一大喜讯。董老在漫长的岁月里躬亲法制工作，对法学有精湛的研究，是我国马克思主义法学家的杰出代表。《董必武选集》所发表的法学论文，是济世的宏文、经时的力作，我们要反复、认真学习。值此董老一百周年诞辰之际，我谈谈学习董老的法律思想的体会，以资纪念。

一、董老的法学论文是马克思主义法学中国化的光辉典范

马克思主义法学必须与各国社会主义革命和社会主义建设的实践紧密结合，才能发挥它的巨大威力。董老的法学论著，正是把马克思主义法学与中国革命的具体实践结合起来的光辉典范。学习董老的法律思想，就要像董老那样在法学领域的研究中，坚定地站稳无产阶级立场，坚持唯物主义的观点，运用辩证的方法，并时时刻刻不忘与中国的实际相结合。

1.新民主主义革命时期，董老在谈到新民主主义政权和法的职能时，态度鲜明地指出："对什么人专政？对反动阶级专政，对反人民的反动派专政。对什么人民主？对工人阶级、农民阶级、民主爱国人士实行民主。"而新民主主义的政权特点"就是无产阶级站到国家的领导地位"①。既然如此，董老指出，孟德斯鸠的三权鼎立说，美国的立法机构与国会、法院分立的实践，就不能照搬到新民主主义社会中去。董老指出："建立新的政权，自然要创建法律、法令、规章、制度。我们把旧的打碎了，一定要建立新的。否则就是无政府主义。如果没有法律、法令、规章、制度，那新的秩序怎样维持呢？因此新的建

---

* 原载《政治与法律》1986 年第 3 期。
① 《董必武选集》，人民出版社 1985 年版，第 215、216 页，下引此书只注页码。

立后,就要求按照新的法律规章制度办事。这样新的法令、规章、制度,就要大家根据无产阶级和广大劳动人民的意志和利益来拟定。"①在谈到选举法时,董老还特别强调了"要把不利于人民行使自己的权利的那些东西统统废掉","只有这样的适合广大群众的选举法,人民才能选举出他们的代表来,行使他们的民主权利"②。

社会主义革命时期,董老在总结司法工作的初步经验时也曾反复指出,人民司法工作者必须站稳人民的立场,全心全意地来运用人民司法这个武器;如果不站稳人民的立场而站到了另外的立场上去,那就要犯严重的错误。后来,董老曾严肃地批评有些干部立场不稳,受反动旧法观点的侵蚀,以致歪曲了人民法律,敌我不分,模糊了新旧法律的原则界限,批判一些人的思想中浸透着资产阶级所谓法律是"超阶级超政治"的荒谬理论。

显然,董老的法学论著贯穿着鲜明的无产阶级阶级性。但这绝不是"左"倾的"阶级性"。按"左"的观点来看,只要强调阶级性,那就连不分青红皂白地盲目镇压也是完全正确的。在这种观点的指导下,"被告"等于"有罪",出身不好就该重判。董老却不这样看。他曾指出:"思想上的主观主义在司法工作中的反映,常常表现在办案中对待被告人总要差一点。至少认为'你是被告,怎能无罪'。有的审判人员往往注意对被告不利的方面,不注意对被告人有利的方面,甚至删改供词。……这种想法和做法都是不正确的,都会出错的。"③

现在我们学习董老的法学著作,在坚持法学研究的无产阶级党性方面可以得到深刻的教益。诚然,在我国,剥削阶级作为阶级已经不复存在,但这绝不是说阶级斗争也不存在了,更不是说社会科学研究,特别是法学研究不必坚持无产阶级党性了。有些人认为马克思主义似乎已经过时了。另一些人把发展马克思主义看成是更改马克思主义。还有的人则对马克思主义法学兴趣甚微。这些人津津乐道的是资本主义国家的法律制度,在他们的心目中,西方的法学著作、古代的法律思想才是真正值得研究、"价值连城"的。我国现在已经有了许多法律研究会,连孔子法律思想研究会都有了,就是没有马克思、恩格斯、列宁、斯大林法律思想研究会。这不能不引人深思。我建议早日成立马克思主义法律思想研究会,不但研究马克思、恩格斯、列宁、斯大林这些举世公认的无产阶级领袖、共产主义运动导师的法律思想,而且研究第二次世界大战后建立的各社会主义国家领导人的法律思想,早日写出一部《马克思主义法律思想史》来。

2. 马克思主义法学诞生以前,中外法学家中不乏治学严谨的学者,但他们往往为唯心主义世界观所囿,虽然披肝沥胆、皓首穷经,却由于像马克思批评的黑格尔那样"头脚倒立"着,与客观世界的真实情景"南辕北辙",越"治"越远离事实的真相,其"法学"也

---

① 第218页。
② 第220页。
③ 第458页。

就成了故纸一堆。马克思主义法学植根于唯物主义的坚实基础上,从根本上拨正了法学研究的方向。董老的法学论著坚持了马克思主义法学的唯物主义基础。

在《论新民主主义政权问题》中,董老用唯物主义观点论述了国家和法的发展历程。他指出:"在社会发展史中,有一个时期是没有国家的。只是生产发展到一定阶段,有了人剥削人的阶级压迫才产生出国家来的。国家的历史形态,最初是奴隶社会的国家,后来又有了封建社会的国家、资本主义社会的国家,到现在又有了无产阶级专政的社会主义国家。""在人类社会还没有发展到人剥削人的时候,就没有军队的组织(这是说常备军),或没有法庭和监狱。警察更后一些。"他批判"资产阶级学者把国家解释得很抽象,还创立什么神授说,说国家是神授的。其实世界上就没有神,神是人造出来的"。① 为了帮助大家树立正确的观点,董老还特地"请大家学习"恩格斯的《家庭、私有制和国家的起源》,列宁的《国家与革命》《论国家》等经典著作。

在《旧司法工作人员的改造问题》《关于党在政治法律方面的思想工作》及其他许多文章中,董老批评了工作和学习中的官僚主义、主观主义、唯心论,强调要学习马克思列宁主义,强调以实践为标准,强调法制工作要为实践服务。

综观董老的法学著作,唯物主义观点像一根红线贯穿其间。学习董老的法学著作,我们应当更加自觉地确立马克思主义历史唯物主义和辩证唯物主义观点,用以指导我们的法学研究和社会主义法制建设。

党的十一届三中全会以来,法学研究恢复了青春活力。现在,法学著作、法律报刊正大量出版,法学研究工作者有了"英雄用武之地"。但更重要的"用武之地"不在于发表文章和著作的阵地,而在于为社会主义四化建设服务。同时,我们的一切文章著作都应当不是"无源之水""无本之木",不应当像毛泽东同志所批评的那样"从书上讨生活",搞"本本主义"。一句话,我们的研究应当有坚实的唯物主义基础。这就要求我们在确定研究课题、进行研究以及检查研究成果的价值时,都必须从实际出发。从这个要求检查,我们看到,在法学基本理论的研究中,存在着一定程度的脱离实际的倾向。例如,关于"人治"和"法治"的讨论以及关于法的继承性、法和政策的关系、法和道德的关系的讨论中,都出现了不同程度的在名词概念上兜圈子的现象;法学理论研究课题的确定首先着眼于写多少万字的"著作",而不是首先研究现实生活对法学提出了哪些迫切需要解决的问题,怎样从理论上阐明这些问题;在研究过程中忽视深入实际进行艰苦的调查研究;理论研究工作者与实际工作者基本上互不接触;等等。所有这些,都是同唯物主义的观点,同实事求是的精神背道而驰的。为了使我们的研究工作建立在坚实的唯物主义基础上,做到理论联系实际,为现实服务,我建议把法学研究机构办成面向社会、面向现实的开放型的科研单位;理论工作者要把调查研究放在头等重要的地位上,要与实际工作者紧密结合,向实

---

① 第211页。

际工作者学习；在可能的条件下，吸收尽可能多的实际工作者参加法学研究工作。研究课题应来自社会实践而不是来自书本。研究成果价值的评定主要依据其社会效果，而不是主要从发表的字数、篇数出发。

3. 马克思主义法学的奠基人在阐述法的发展规律以及各个部门法之间的相互关系时，是贯穿着唯物辩证法精神的。董老的法学论著同样闪烁着唯物辩证法的光辉。在《论新民主主义政权》一文中，董老针对"有很多人对'民主'与'专政'这两个名词弄不清，以为有民主即不能专政，有专政就不能民主"，"不懂得专政与民主的关系，机械地了解民主，也机械地了解专政"的情况，指出"要了解这个问题，只有辩证的了解，才能弄清楚"[①]。在论及立法和社会发展、经济建设的关系时，董老阐述了两者的辩证关系，为我国社会主义立法指出了一条正确的道路。他说："我们的人民民主法制，不能过早过死地主观地规定一套，而是必须从实际出发，根据政治经济发展的客观要求，逐步地由简而繁地发展和完备起来。"[②] 与此同时，他强调了政治法律工作对保障社会主义经济建设的决定作用，因而要求加紧经济立法和其他立法。此外，在论述人民内部违法犯罪现象、审判工作等问题时，董老也提出了许多充满唯物辩证法精神的见解。

学习董老法学论著中的唯物辩证法思想，对我们现在从事法学研究和开拓性地进一步发展马克思主义法学，是极为有益的启示。马克思主义法学的革命性和巨大威力，不仅建立在坚实的唯物主义基础上，而且来源于对有关法的一切问题做充满睿智的辩证剖析。

我们曾经经历过一个在几乎是完全封闭的圈子里研究法学的时期，对西方资产阶级在法学领域的研究成果采取彻底否定、完全摒弃的态度，其结果是使我们自己变得孤陋寡闻，法学研究几乎被窒息。党的十一届三中全会的春风使我们的头脑变得清醒起来，马克思主义法学研究得到了空前的繁荣，这是主流。但也无可讳言，仍然有其支流，这就是有一些人从一个极端跳到另一个极端。他们主张"矫枉过正"，实际是以偏纠偏。这样，就形成了一股法学西化的思潮。我完全不是说不要研究西方的法学，更不是说不要从中吸取科学、合理的东西来丰富我们的营养。但是，西方的社会制度、经济发展水平、历史影响、民族传统、生活习惯、心理素质以至于语言表达方式等，都与我国有很大的不同，从社会制度方面来看则是根本的不同。适合于西方社会、在西方行之有效或基本合理、或能够自圆其说的理论，在我国就不一定有效、不一定合理，往往难以自圆其说。如果我们从机械地照搬苏联法学的条条，变为照抄西方资产阶级法学的本本，这绝不是什么前进。法学应当从封闭状态中解放出来，形成面向生活、面向实际、面向社会、面向世界、面向未来的开放性的学科，学习外国就非采取辩证的态度不可。

董老的法学论著，每一篇都紧密地与中国革命和建设的实际相结合，用最通俗的语言

---

① 第214—215页。
② 第411页。

回答了我国立法与司法中提出的问题，不仅在内容上而且在形式上都体现了马克思主义法学中国化的精神。这对今天的法学研究也是极为重要的启示。马克思主义法学和中国法学之间的关系是同一范畴的事物之间的共性和个性的关系。离开了马克思主义法学的共性，中国法学将失去无产阶级的灵魂；离开了中国法学的个性，那就不成其为"中国"法学。只有将马克思主义法学的根本原则与中国革命和建设的实际紧密地结合起来，才能真正创造出具有中国特色的马克思主义法学来，才能达到马克思主义法学中国化的要求。

二、董老的法律思想是健全我国社会主义法制的指针

综观董老的法学论著，可以看到，董老一贯非常重视法制为社会主义经济建设服务，非常重视有法可依，非常重视有法必依。这些思想对我国当前的法制建设有重要的现实指导意义。

1. 我国经济体制改革正在全国铺开，经济建设蒸蒸日上、一日千里地迅速发展。在这大好形势下，法制起着什么样的作用呢？

1954年，当我国国民经济医治好了战争带来的创伤，得到了恢复，开始进入社会主义经济建设时期，董老曾指出法制"对保障国家经济建设事业的顺利开展"的积极意义，批评一些司法工作人员对"司法工作为经济建设服务的方针"缺乏"深刻的认识"，指出加强司法工作为经济建设服务"是目前一项重要而迫切的任务"。① 董老还曾指出忽视司法工作对经济建设的决定作用的错误思想的本质，是阶级觉悟不高的表现，因而必须加以纠正。

正反两方面的实践经验，检验了董老的上述观点是完全正确的。

第一届全国人民代表大会第一次会议制定了我国的第一部宪法。随后，到1957年止，在三年多的时间里，全国人民代表大会、全国人民代表大会常务委员会、国务院制定的法规和国务院各部委制定的较重要的法规性文件共七百三十一件，其中包括大批关于工业、农业、商业和财政方面的经济法规，有力地保障和促进了社会主义建设事业的发展。从1958年到1966年约九年的时间里，由于轻视法制思想的影响，法制建设明显削弱。据自1959年到1963年的统计，五年时间里只制定了四百二十件法规。这一时期里"一平二调""一大二公"的"共产风"刮得很厉害，出现了"一种颇为流行的理由，不是说国家法制是形式，就是说国家法制太麻烦，施行起来妨碍工作"。② 其结果是造成了经济建设方面的严重破坏。后来，从1966年到1976年的"十年动乱"期间，社会主义法制被肆意践踏，不但政治生活极端混乱，国民经济也几乎陷于崩溃。党的十一届三中全会以来，我国的社会主义法制建设取得了举世公认的成就，从而保证了经济建设的迅速恢复和健康发展。

---

① 第384—385页。
② 第415页。

显然，法制建设与经济建设必须同步发展，董老强调指出的法制工作对经济建设工作的决定作用是绝对不能忽视的。在当前的经济体制改革中，重温董老的教诲，我们应进一步加深关于法制建设与经济建设的关系的认识，努力使法制更好地为经济建设服务。

对法制为经济建设服务方面已经取得的成果，我们可以自豪，但来不得半点骄傲。相反，我们应该以谦虚谨慎的精神找出不足之处，以使法制工作更好地为经济建设服务。当我们这样观察问题时，可以发现我们还有许多必须改进、继续努力的方面：

首先，对法制和政策保证、促进经济建设及经济体制改革中的作用的比重上，有必要重新加以认识。农村的改革是非常成功的，其中党的政策起了伟大的作用。改革中出现的一些问题和新的矛盾，则要依靠法律手段加以调整。近几年来，农村发展中出现的大量农业、工副业和商业合同方面的问题，是原先估计不足的。我们有《经济合同法》，主要适用于城市工商业、交通运输业等。如果我们较及时地制定了适合农村改革形势的经济合同法，那么合同方面的矛盾和问题无疑可以大大减少。城市经济体制改革是农村改革的继续和发展。现在，我们主要还是依靠党的政策来指导城市的改革。我们认为，应该从农村改革中吸取经验，加强法制在城市经济改革中的地位和作用。我们不是批评过"上有政策、下有对策"的现象吗？从钻政策的空子那一方面的同志来说，应当提高觉悟、改正错误；而从领导决策这一方面来说，则要看到，政策的"弹性"比法制大，政策的约束力不如法制强。因此，无疑应当从加强法制来对付钻政策空子的现象。总之，必须进一步提高法制对经济建设和经济体制改革做调节的地位和作用。

其次，已经制定的经济法规必须综合配套、互不矛盾，并且予以公布，以便遵照执行。现在，全国性的立法文件中，存在未综合配套或互有抵牾的情况。地方立法也有与全国性立法相抵牾的，配套问题更为突出。这一方面还有把内部指示当法律的问题。内部指示不公布，老百姓不了解，难以依照它办事。同时，内部指示往往不断提出新办法，在不太长的时间里改变很大，这样就造成了"乱"的必然性。其实，关于经济建设和经济改革的问题，一般不存在保密的要求，没有必要以内部指示的方式来执行，完全可以公开，使人人明白，便于遵行。如果说事物有一个发展的过程，对事物的认识也需要一定的时间，因而有关立法只能逐步进行的话，那么内部指示（尤其是在习惯把内部指示看得比法律还重的今天）还不成熟就不宜作为法律来施行，而试行了一定时间以后，就应该总结一下，使它法律化，重新编纂发布，总不能老是以内部指示代替法律。

再次，必须名副其实地加强对严重经济犯罪活动的打击。近几年来，打击严重经济犯罪的成绩是巨大的。但这里有两个问题值得研究：一个是，前次打击的严重经济犯罪，实际上在刑法中大多已有明确的规定。诸如贪污、盗窃、行贿、受贿之类，从罪刑分类来看称之为"经济犯罪"固无不可，但既然是刑事性质，而且刑法中做了规定，就应该归入刑法范围，依据刑法办事了。另一个是，有一些经济犯罪的严重性并未引起足够的重视，没有划入严重经济犯罪的范围予以惩处。董老曾经多次指出，有些干部对法律的严肃性认识不足，不按法律办事，不懂得如何运用法律武器来和违法犯罪现象做斗争，例如对于经济建设中发生的事故，常常只注意政治事故而很少注意追究责任事故；同时对责任事故，又常常只注意单纯的教育，而很少注意用必要的法律制裁，以便更有效地消灭和预防违法犯罪现象。

2. 董老在中国共产党第八次全国代表大会上的发言中指出，当时"我们党和国家的中心任务"，"就是要依靠已经获得解放和已经组织起来的几亿劳动人民，团结国内外一切可能团结的力量，充分利用一切对我们有利的条件，尽可能迅速地把我国建设成为一个伟大的社会主义国家"。"在这样的任务面前，党就必须采取积极措施，健全他们的人民民主法制，以便进一步……保障社会主义建设事业的顺利进行。""人民民主法制必须进一步加强才能适应党所提出的任务。"①

那么，怎样加强法制呢？董老指出："依法办事，是我们进一步加强人民民主法制的中心环节。"②董老认为，依法办事有两方面的意义，"其一，必须有法可依"③。

令人万分遗憾的是，董老讲话以后不久，由于我党中央主要领导人的"左"的观点的影响，以后几年里的立法工作不但没有得到加强，反而有所削弱，造成了经济建设中本来可以避免的若干重大损失。

今天面临新的经济建设高潮和经济体制改革的艰巨任务，董老关于"必须有法可依"的教诲，是非常值得我们一日三省的。

诚然，党的十一届三中全会以来的立法工作是大大地加快了，是我国法制建设史上的最佳时期。但同飞跃发展的形势相比，毕竟还是太慢了。究其原因，一是过于求"稳"，二是办事拖拉。

法应有其必要的稳定性，因此法的制定必须求稳。但是，"过犹不及"。求稳过了头，往往错过了时机，不能解决当时急迫的问题，到了颁行的时候，又是时过境迁，费了许多时间和精力搞出的东西，也变成"明日黄花"，是废品了。而且什么叫作"稳"还是一个问题。一般所谓"稳"，应该是马列主义的原理结合中国的实际。而有的"稳"却是各方摆摆平，大家都满意。因而一个人说了一句话就拖住了，一拖就是几年，甚至永远拖住了。这实际不是"稳"，也不是求"稳"的办法，而是拖。由于过分求稳，办事拖拉，就必定使得为了制定一个法而历经多年、十多年甚至几十年。在这样长的时间里，并非不断努力，精益求精，有的搁住不办，有的机构撤了，人也调走了。既无人去求，也无所谓"稳"了。实际情况证明，慎重不等于慢，慢往往不是慎重。董老曾指出，人民取得国家权力后，应当及时地把人民的意志用必要的法律规程表示出来。这本来是可以做到的，但是有的我们

---

① 第418页。
② 第418—419页。
③ 第419页。

不知道这样做。董老以刑法为例，认为从中华人民共和国成立到现在，我们接受并审判的案子大概总数在八百万至九百万件，其中有三分之一以上是刑事案。这样多的刑事案件我们都审判了，假设我们不能总结出这样的经验作为指导的原则，除了我们无能之外是不能有别的话说的。董老的话是说得非常彻底的。

3. 董老认为"依法办事"的第二方面意义是"有法必依"。他多次指出，"目前我们法律工作方面的问题，一个是法律不完备，一个是有法不遵守。这两者哪一种现象较严重呢？应当说有法不守的现象比较严重"。"有法不依就等于无法"。[①]

虽然董老说的是 20 世纪 50 年代的情况，但对今天来说，还是很适用的。随着我国的法制越来越完备，是否严格依法办事，做到有法必依，一定会成为更加突出的问题。

在有法必依方面，有两个问题特别值得指出。其一是干部守法的问题。关于"权大还是法大"的问题，理论上的认识现在可以说解决了。但实践上，离真正解决，还有相当大的距离。有的干部有法不依的情况还是比较严重的。他们办事还是自己说了算，以言代法，从个人的利益、兴趣、爱好出发，不认真想一想依据法律办事的必要性。其二是滥用缓刑。除死缓以外，现在对判处短期徒刑的往往无原则地适用缓刑。特别不能容忍的是为了适用缓刑，把缓刑期缩短。这样，无形之中长期徒刑变成了短期徒刑，又经过缓刑，实际上取消了法律的惩处。

董必武同志曾恳切而坚定相信我国的社会主义法制在今后伟大祖国社会主义的建设事业中，在为保证我们的宪法完全实施的斗争中，必将继续在党的领导下发挥它更大的作用。我们纪念董老一百周年诞辰，应当努力学习董老的著作，努力建设具有中国特色的社会主义法制。

---

① 第 452 页。

从传统模式求解放

——读《明初重典考》浮想*

"只在沙滩上沉思,永远也得不到珍珠。"不从传统模式中解放出来,永远也走不了新路,这是一条平易真理。它适用于当今方兴未艾的改革,也适用于包括法学研究的社会科学研究。近日重读杨一凡著《明初重典考》①,加深了这一认识。

《明初重典考》的一个写作特点是,在研究方法上打破了传统的模式,它不囿于线性的、单因素的、孤立的法律史研究成例,而探索了立体的、多因素的、综合的和性、量结合的法律史研究方法。作者总结其研究心得,做到了:一、把中国历史上的律、令、科、比、格、式、编教、编例等各种形式的法律结合;二、把刑事、行政、经济诸方面的法律结合;三、把法律的规定与实行结合;四、把法律思想与当时的政治、经济、军事、文化状况结合。这一整套的"结合"研究,在书中得到较好体现,它与现代科学方法的系统论,在许多方面是暗合的。

由此,笔者还想到,法律史学界、法学界以至社会科学界,如果把现代科学方法"拿来"咀嚼、消化,化成本学科的崭新研究方法,那就比较容易打破传统的模式,走出新路子。

我们说"现代科学方法",主要是指系统论、信息论和控制论。要把它"拿来",我们就能从传统模式中解放出来。当然,"拿来主义"是有其特定含义的。取其精华,弃其糟粕。但首先是"拿来"。怀疑、犹豫、徘徊、逡巡,只能"在沙滩上沉思,永远也得不到珍珠"!

---

* 原载《社会科学报》1986年10月9日。
① 杨一凡:《明初重典考》,湖南人民出版社1984年版。

三国两晋南北朝的法律制度[*]

三国两晋南北朝时期,是中国历史上封建割据对峙的动乱时代。秦汉时期建立的统一的中央集权制度,到此时由于国家基本上处于分裂状态而宣告瓦解。但这一时期虽然战事频仍,朝代兴替急骤,秦汉以来所确立的封建法律制度却得到了继承并有所发展,无论是立法思想,还是法制内容、法律形式,都有所变化和创新,从而为隋唐时期建立完备的封建法律制度奠定了基础。

一、立法思想与立法概况

(一) 立法思想

两汉四百年的相对稳定局面,使儒家法律思想跃居统治地位。但汉末天下大乱,军阀混战,各据一方。激烈的社会大冲突使法家的法治主张重新抬头,对三国、两晋和南北朝时期的立法产生了重大影响。

1.三国的立法思想

汉末的军阀大混战中,一代枭雄曹操代表新起的地主阶级势力,打败了袁绍、袁术,统一了黄河流域,尔后挥戈南下,打算一举统一中国,但遭到了孙权和刘备的联合抵抗,大败赤壁,只好退守北方。孙权凭借长江天险,固守江东,自称东吴大帝。刘备取得荆州后,进而占领四川,建立蜀汉政权。这样,就形成了曹魏与孙吴、刘蜀三足鼎立的局面。在这严峻的政治局势面前,魏、蜀、吴三国统治者,或为着吞并天下,或为着恢复汉室,或为着保守父兄家业,都不得不以现实的态度来制定其政治、经济及军事方策。反映在立法指导思想上,首先,他们虽然在具体问题上并不反对推行儒家的仁义道德观念,但在选

---

[*] 本文为中国人民大学曾宪义教授主编的《新编中国法制史》(山东人民出版社1987年版)一书的第五章。该书由十来位作者受命后分头撰写、复合而成。各章作者姓名均载于有关章节文末,文章内容未经主编"耳提面命",亦未经各位作者交流讨论,容有不当,由作者各负其责。

择治国根本方策上,他们都采用了法家所主张的以法治国的策略。因"挟天子以令诸侯"而被认为背弃儒家传统礼教、君臣名分的魏武帝曹操,即一反汉武帝以来重儒轻法、"以礼为治"的治世主张,强调"拨乱之政,以刑为先"①;在魏国实际政治中,法律也得到了统治者的高度重视。这种厉行法治的治世主张,对于魏律的制定与推行有着重要的指导作用。同魏武帝相比较,蜀国政策的主要制定和推行者则更重视儒家的传统礼教和君臣名分观念。但在严酷的现实面前,他们也不得不做一个"标准的法家学说的实行者"②,通过严明的法令来实现其政治目的。诸葛亮曾说:"德政不举,威刑不肃。蜀土人士,专权自恣,君臣之道,渐以陵替。宠之以位,位极则贱;顺之以恩,恩竭则慢,所以致弊,实由于此。吾今威之以法,法行则知恩;限之以爵,爵加则知荣。恩荣并济,上下有节。为治之要,于斯而著。"③在这种思想指导下,蜀国不仅制定了《蜀科》作为基本法律,而且无论是在军法还是在普通刑法上,都是以法令严明著称。孙吴偏安江东,在法制上全盘沿用汉法,但其统治者较魏蜀更加重刑主义。

其次,在法律的执行上,他们也采用了法家的"壹刑"主张,强调法律效力的普遍性和严肃性,主张不别亲疏,不分尊卑贵贱,一断于法。曹操"割发代首",固然是一种政治需要,但也反映了他的人人守法、违法必罚的主张。诸葛亮不仅"挥泪斩马谡",而且一再劝诫后主,主张"宫中府中,俱为一体,陟罚臧否,不宜异同",明白地表述了法家的"壹刑""壹赏"的主张。这无疑是对儒家传统的"刑不上大夫"原则的摈弃。

厉行法治,严刑重法,壹刑壹赏,成为三国在立法执法上的共同指导思想。这说明,自汉武帝"罢黜百家,独尊儒术",使儒家学说统治意识形态领域数百年之后,在激烈复杂的政治形势下,法家学说再度发挥了其务实、创新和进取的作用。正由于法家学说再度受到重视和推行,从曹魏开始,兴起了关于肉刑恢复与否的持久辩论,引起了儒法两家在法理上和治国方策问题上的再度交锋。这场争论一直持续到以后的两晋南北朝时期,对于中国古代法理学的发展和儒家学说统治地位的进一步巩固有着重要意义。

2. 两晋的立法思想

司马氏吞并三国,形成西晋王朝一统天下,以及东晋王朝建立之后,都各有过一段短暂的政治安定时期。在这段时期内,阶级矛盾有所变化,最为明显的是以大家族为特征的豪门士族势力不断扩大,儒家传统的礼义教化观念进一步找到了广泛的社会基础,儒家学说也越来越受到统治阶层的重视。这种变化,使两晋统治阶层的立法指导思想也具有其时代特点。

其一,两晋统治者逐渐摆脱过去强调苛刑酷法的观点,从纯用法家主张,走向把法家

---

① 《曹操集·以高柔为理曹掾令》。
② 范文澜:《中国通史》第2册,第269页。
③ 《三国志·蜀志·诸葛亮传》。

学说与儒家观点结合起来，主张礼法并用。正是在这种思想指导下，晋律渐渐吸收儒家的一些伦理原则和观念，融礼义教化和法律制度于一炉，逐渐形成了主要以儒家学说和观念为灵魂的完备的法律制度，为隋唐律的礼法进一步结合奠定了重要基础。

其二，两晋统治者注意总结历代立法经验，在立法技术上做了重大改进。《晋律》就汉《九章律》新增十一篇，并改旧具律为刑名、法例，为以后封建法典体例的进一步改进奠定了基础。同时，晋律删繁就简，将七百七十三万余言的汉代律令解说，精简到十二万六千余言，从而形成了晋律的"宽简周备"的特点。

3. 南北朝的立法思想

南北朝时期，梁武帝反对"律令不一"。齐文宣帝主张政刑划一。各朝都比较注重法律形式的创造与改进。"科""比""故事""格""式"等法规形式，就是在这一时期出现的。

纵观三国魏晋南北朝时期的立法思想，可以看到，它与形势发展相一致，因阶级矛盾、社会矛盾的变化而变化，经历了一个从纯用法家的法治逐渐走向礼法并用，从法律繁苛逐渐走向法令简约的历史过程。这一时期的立法思想及实践，对隋唐时期的立法产生了很大影响。如果没有这一时期立法思想的演进，没有这一时期立法技术的改进，隋唐时期封建法律的定型化，是难以企及的。

（二）立法概况

1. 三国的立法活动

曹魏时期的立法。在曹操统治时期，曾颁行《甲子科》，后来又颁行了不少军事法令。但他在世时，由于戎马倥偬，又打的是汉家旗号，所以基本上沿用汉律。魏文帝时也是如此。魏明帝曹睿时，对东汉末年遗留的律例二万六千二百七十二条，感到已不适应当时的需要，于是在太和三年（229）下诏改定刑律，命令陈群、刘劭、韩逊等删削旧科，傍采汉律，制定《魏律》十八篇。《魏律》是在大规模地整理秦汉旧律的基础上制定的，带有总结性，是三国时期立法方面的最大成就，在中国古代法制体例的改进方面有很大的贡献。《魏律》以汉《九章律》为基础，根据魏国的具体政治、经济情况，增加了《劫略》《诈伪》《毁亡》《告劾》《系讯》《断狱》《请赇》《惊事》《偿赃》等九篇，并将《具律》改为《刑名》，移置篇首。《晋书·刑法志》所保存的《魏律序略》指出，李悝所著的《法经》，《具律》为第六篇，汉初增加了户、兴、厩三章，没有改动《具律》的位置，仍在后篇。而《具律》内容是刑名，相当于现在的"刑法总则"，因此"罪条例既不在始，又不在终，非篇章之义"。显然，从篇章结构的逻辑性上看，《魏律》是一大进步。汉律经历代增删，往往出现各篇的条文互相重复或互相矛盾的情况。如《盗律》中有"贼伤"之例，《贼律》中又有"盗章"之文；《兴律》有上狱之法，《厩律》又有逮捕之事。这些都是不合逻辑的。《魏律》就汉律的《盗律》中分出劫略事项，增订《劫略律》；在《贼律》及《囚律》中分出关于诈伪事项，增加《诈伪律》；在《囚律》和《厩律》中分出关于告劾事项，增加《告劾律》等，对篇、章、律条做了大幅度的调整，着力解决旧律矛盾、重复等弊病。曹魏政权除颁律外，还大量制颁令与科。魏令据史籍可知者有州郡令四十五篇、尚书官令、军中令合一百八十余篇。《通典》《初学记》《北堂书钞》《艺文类聚》等曾记载魏令《褒赏令》《设官令》《选举令》《明罚令》《内诫令》《步战令》《军策令》等。魏科佚失，仅见于《魏志·徐邈传》《常林传》等所记一二。

刘蜀与曹魏抗衡，也注重立法。诸葛亮曾受刘备之命，和伊籍、法正、刘巴、李严等人"共造《蜀科》"①。此外，据《蜀志·诸葛亮本传》末附"诸葛氏集目录"可知，他著有"《法检》上第十八，《法检》下第十九，《科令》上第二十，《科令》下第二十一，《军令》上第二十二，《军令》中第二十三，《军令》下第二十四……"。可见诸葛亮亲手制定的法律和法令是为数不少的。可惜都没有流传下来。

孙吴的立法，据《文献通考》说是"多依汉制"。其立法活动仅见于《三国志·吴志·吴主权传》：黄初五年（226）冬十月，陆逊上条陈，请求"施德缓刑"，孙权"令有司尽写科条"，交陆逊、诸葛瑾酌定。

2.两晋的立法活动

魏、蜀自曹操、诸葛亮死后，都失去了出击之力；孙权死后，吴也进入衰落时期。在三国步入下坡路时，魏国的司马氏集团代表了统一的趋势，于263年灭了蜀国。司马炎于265年废魏帝曹奂，建立了晋朝。280年，晋灭吴，全国重新统一。统一局面在西晋时期（265—316）存在。西晋之后，东晋统治集团偏安江东，与前秦、后秦、前燕、后燕、前凉、后凉等十六国并存。

司马氏早在夺取曹氏帝位之前即已开始立法活动。据《晋书·刑法志》载，司马昭为晋王，"患前代律令，本注繁杂"，命令贾充、杜预、羊祜等十四人重新制定法律。贾充等在汉《九章律》的基础上，增加十一篇，改《具律》为《刑名》《法例》，析《囚律》为《告劾》《系讯》《断狱》，分《盗律》为《请赇》《诈伪》《水火》《毁亡》，因事类制《卫宫》《违制》，参酌《周官》订《诸侯律》，合为二十篇，称《晋律》。《晋律》于晋武帝泰始四年（268）颁行，所以又称《泰始律》。《晋律》二十篇的目次，据《唐六典》可知其依次为：《刑名》《法例》《盗律》《贼律》《诈伪》《请赇》《告劾》《捕律》《系讯》《断狱》《杂律》《户律》《擅兴律》《毁亡》《卫宫》《水火》《厩律》《关市》《违制》《诸侯》。

晋代除制定《晋律》外，还有制令、故事等立法活动。《晋令》四十篇，也由贾充等撰定，同在泰始四年颁行。《晋书·刑法志》曰："若军事田农酤酒，未得皆从人心，权设其法，太宽当除，故不入律，悉以为令。施行制度，以此设教，违令有罪入律。"故事是官员服务及处分的章程。《晋书·刑法志》云："其常事、品式、章程各还其府为故事。"《晋书·裴秀传》云："秀创制朝仪，广陈刑政，朝廷多遵用之，以为故事。"晋故事据《唐六

---

① 《三国志·蜀志·伊籍传》。

典》称，有三十卷，而据《隋书·经籍志》载，则为四十三卷。因为故事佚失，究竟是多少卷，还是我国古代法律文化之谜。

《晋律》二十篇共六百二十条，计二万七千六百五十七字；《晋令》四十篇共二千三百零六条，计九万八千六百一十三字。晋律令总计为二千九百二十六条，仅为汉律令二万六千二百七十二条的十分之一。《晋书·刑法志》评价说，晋代的律令与汉魏相比，"蠲其前秽，存其清约，事从中典，归于益时"。从中国古代法典的编纂来看，晋代立法不愧为法律制度史上由繁入简的一个分水岭。

3. 南北朝的立法活动

东晋败落，掌握军权的破落士族刘裕于420年废晋帝，建立了刘宋王朝，开始了史称"南朝"的时期。南朝先后历经宋、齐、梁、陈四个朝代。与南朝对峙的是"北朝"。北朝先后历经北魏、东魏、西魏、北齐和北周等朝代。

刘裕称宋武帝后两年即死去。他和以后相继即位的宋文帝（刘义隆）、宋孝武帝（刘骏）等八位帝王，相继统治六十年，但在法律上毫无建树，一直援用《晋律》。

齐高帝萧道成于公元479年灭宋建齐，在位四年死去。继位的齐武帝萧赜于491年（永明九年）命王植删定法律，以《晋律》为基础，制定《永明律》草案，共一千五百三十条，但未施行。

502年，梁武帝萧衍灭齐，建立梁朝。萧衍本人博通众学，重视法律。他四月即位，八月即诏令中书监王莹等修订律令。后又找到家传律学的蔡法度，任命他为尚书删定郎，与沈约等人一起增损《晋律》，撰成《梁律》二十篇，共二千五百二十九条，与《晋律》篇目大略相同。所不同的仅仅是把《晋律》中的《贼律》改为《贼叛律》，《盗律》改为《盗劫律》，《请赇律》改为《受赇律》，《捕律》改为《讨捕律》，删去《诸侯律》，增加《仓库律》而已。除《梁律》外，蔡法度还制定了《梁令》《梁科》各三十卷。

577年，陈霸先灭梁，称陈武帝，建立陈朝，立删定郎专事修撰法律。据《唐六典》注："陈令范泉、徐陵等修订律令，律三十卷，令三十卷，科三十卷，轻重繁简，一本梁法也。"可见陈代立法虽很活跃，但内容与《梁律》大体相同，因而也是从《晋律》传袭而来。

综上所述，南朝的法律是一脉承源于《晋律》。这个观点，在《南齐书·孔稚圭传》中就提到过："江左相承，用晋世张杜旧律二十卷。"

北魏的立国者是鲜卑族的拓跋珪。398年，拓跋珪率兵攻入河北、山西，在平城（今山西大同）建都，于399年称魏道武帝，造成了南北对峙的形势。北魏统治者虽为鲜卑族，但对汉族士人比较重视，起用汉族大臣崔宏、崔浩父子为之修撰律令。在汉族士人的帮助下，北魏承用汉律，参酌魏、晋和南朝的律令，先后九次编纂法律。据《隋书·经籍志》载："魏律二十卷"，《唐六典》注称："史失篇名"，今之学者据此认为北魏律之篇目已不可考。但是查《通典》，仍可知北魏律有《刑名》《法例》《宫卫律》《户律》《厩牧律》《擅律》《兴律》《贼律》《盗斗律》《系讯律》《诈伪律》《捕之律》《断狱律》等十三篇名。北魏律令并修，据《太平御览》记载，有《太和职员令》二十一卷。著名史学家陈寅恪在论述北魏律时曾指出：北魏立法综合汇集中原士族仅传的汉学及河西儒者所保持或发展的汉、魏、晋文化，并吸取西晋以来律学的成就，"综合比较，取精用宏"，"集当日之大成"，"实有其广收博取之功"。[1]

公元534年，北魏分裂为东魏和西魏两个政权。

东魏孝静帝（元善见）于兴和三年（541）颁行了称为"格"的法典，由于是在麟趾阁撰订的，所以称《麟趾格》。格的出现，是汉代以来法典形式上的一大变化。

西魏文帝（元宝炬）于大统十年（544）颁行《大统式》。《大统式》为尚书苏绰最后修订，共五卷。以"式"为法典形式，是封建法制史上的又一变化。

550年，高洋在东魏执政，改东魏为齐，自立为齐文宣皇帝，史称北齐。齐文宣皇帝在援用《麟趾格》的同时，诏命崔昂、封述等人修订齐律。到齐武成帝（高湛）河清三年（564），在北魏律的基础上制定《北齐律》十二篇：《名例律》《禁卫律》《户婚律》《擅兴律》《违制律》《诈伪律》《斗讼律》《贼盗律》《捕断律》《毁损律》《厩牧律》《杂律》，共九百四十九条。《北齐律》吸收了前朝的立法和司法经验，"校正古今，所增损十有八九"[2]。以科条简要为显著特点，并首创"重罪十条"，成为后世法典的最重要内容之一。除《北齐律》外，北齐还修撰"令三十卷，取尚书二十八曹为其篇名"[3]，此外还有《权令》两卷。

北周于557年立国。周武帝宇文邕即位后，诏令廷尉卿赵肃和司宪大夫拓跋迪等人修订律令，到保定三年（563）完成，称北周《大律》，共二十五篇，一千五百三十七条。唐人评论说：北周《大律》"大略滋章，条疏苛密"，"比之齐法，烦而不要"。[4] 此外，周武帝在公元577年还颁行《刑书要制》，极端地加重司法镇压，终于造成内外交困、众叛亲离。不久，就被重臣杨坚夺袭了帝位，建立隋朝，结束了自魏经晋到南北朝的这一富有特色的漫长历史时期。

如上所述，北朝各国都进行了大量的立法活动，编订了各自的法典。其中《北齐律》体例最简明，内容最符合当时统治阶级的需要，并成为后来隋唐立法的范本。因此，《北齐律》在中国法制史上占有十分重要的地位。

---

[1] 陈寅恪：《隋唐制度渊源略论稿》。
[2] 《齐书·崔昂传》。
[3] 《庸六典》注。
[4] 《隋书·刑法志》。

二、行政法律制度

魏晋南北朝时期，从全国范围来看，处于封建割据、军阀混战的时间相当长，但从割据立国的个别王朝而言，又都厉行封建专制主义的中央集权制度。这一时期的行政法律制度以及依据这些法律制度设立的政权机构，大体上是沿用汉制，但随着形势的变化，也有一些与汉制不同的地方。这里择其要者做些介绍。

（一）中央三省制

东汉光武末年，因忧惧朝廷失权，又憎恶强臣篡权，所以"太尉""司空""司徒"三公尽管仍旧设置，但又使三公事权归于尚书。从而使三公成了虚设之位，尚书的地位则日益显得更加重要。

魏初，尚书脱离少府而独立，称为"尚书台"，进而掌理政务。同时，皇帝又设有秘书作为侍从要职，称"秘书令"。魏文帝时，改秘书为中书。尚书的职权逐渐移至中书。随其权力的扩大，中书省成立。于是中书省与尚书台间产生了权限划分问题，结果是规定中书省负责起草诏令，为决策、立法机构；尚书台负责奉行诏令，为执行行政机构。

晋代侍中的地位日益显得重要，于是成立了以侍中为主管长官的门下省，用以钳制中书省行使职权。这样，就造成了中书、尚书、门下三省并主的制度。

中央三省制度的形成，一方面反映了政治机构分工的严密化、合理化，另一方面相对地加强了皇权。无论从哪一方面看，这都有利于中央集权的封建专制统治。

中央三省的形成，使九卿逐渐流为冗曹。梁武帝时为了调整职务，曾增设大府卿、大匠卿、都水卿，使九卿变成十二卿。北魏仍改为九卿。北齐改廷尉为大理，改少府为太府，并改称其官署为"寺"，于是产生了"九寺"的名称。从此，国家机关的名称不再以官衔相称。这是国家机关发展史上的一个重要变化。

（二）地方州、郡、县三级制

东汉末年形成了州、郡、县的地方行政制度。魏承汉制，沿用未改。晋武帝时曾大封宗室二十七人为王，建立王国，又设置公、侯、伯、子、男五等爵位。王及公、侯、伯、子、男分领其"国"，各设常备军，形成了大大小小不计其数的土皇帝。这是一种行政划分。与此并行的则为州、郡、县三级行政机构。州设刺史，刺史以下设有别驾、治中、长史、司马等属官。州下设郡，郡的长官为太守，郡太守兼领兵权。郡下设县，县的长官为县令。此外还规定，重要的州刺史又为持节都督，次要的为持节，不重要的州单称州牧或州刺史。北魏的州、郡、县各分上、中、下三等；北齐时，在上、中、下三等中又各有上、中、下之别，按等差之别设置员额不等的属吏。这表明了地方国家机关的日益严密化。

两汉时期，地方的乡治组织比较发达。但到魏晋南北朝时期，乡治明显废弛了，这与战事频繁密切相关。不过晋之乡仍有啬夫，里仍有吏，北魏、北齐也有里长、里正之设。乡官之设，于隋开皇十四年（594）尽行罢去，从此乡治制度日渐衰落。

（三）九品中正制

曹操曾经提出过"惟才是举"的口号，下令只要有才能的，都可选拔为官。他选择各地声望高的人士出任"中正官"，将当地之士按才能分成九等，由政府按等选任官吏。这是后来实行"九品中正制"的萌芽。

九品官人之法是魏文帝黄初元年（220）采纳尚书陈群的建议而定的。规定郡设小中正官，州设大中正官，中正官的职责是依照家世、才能、德行将辖区内的士人分成上上、上中、上下、中上、中中、中下、下上、下中、下下九等。由小中正将品评结果申报大中正，再经大中正申报司徒，最后由中央按品第高下任官。

九品中正制创始于魏，沿用至宋、齐、梁、陈各代。这一制度的实行，巩固了大土地所有制基础上形成起来的士族制度，保障了士族垄断政治统治权的特殊地位。

由于"九品"之分标准不确定，不仅凭中正官的主观臆断，再加上请托、权势、裙带关系等等影响，不但造成了"上品无寒门，下品无世族"，使士族与庶族相隔天壤，矛盾愈益加深，而且弊端丛生，贿赂公行，加速了士族、政府官员的腐朽化。

（四）其他任官、考绩制度

除九品中正制外，这一时期值得一提的任官、考绩制度方面还有以下几点：

其一，晋代明令规定"不经宰县，不得入为台郎"①。这是重视基层政权在选任官吏方面的作用的表现。

其二，北魏孝明帝时，武人退役争相为官，吏部尚书崔亮创制《停年格》，规定以停解日月为断，依年资深浅而定选用的顺序。

其三，魏明帝时，曾令散骑常侍刘劭作都官考课之法七十二条，考核百官之政绩，但未施行。

三、刑事法律规范

魏晋南北朝时期的刑事法律规范，颇多特色。其中尤以"重罪十条"和"八议"制在律文中出现，最为人们注目。此外，这一时期的刑罚制度起了重要变化，为隋唐时期最终确立封建制五刑以代替奴隶制五刑奠定了基础。以下我们以"重罪十条""八议"和刑罚制

---

① 《通典·职官》。

度的变化为主,对这一时期的刑事法律规范做简要的介绍。

(一)"重罪十条"和其他刑罪

据《隋书·刑法志》载:北齐河清三年(564),尚书令赵郡、王睿等奏上《北齐律》十二篇,"又列重罪十条:一曰反逆,二曰大逆,三曰叛,四曰降,五曰恶逆,六曰不道,七曰不敬,八曰不孝,九曰不义,十曰内乱。其犯此十者,不在八议论赎之列"。

这"重罪十条"的具体内容,从《北齐书》和其他史料所知,大体是:

一曰反逆,即谋反大逆。包括统治阶级内部为争权夺利而谋划篡夺政权和劳动人民反抗君主专制和封建统治的斗争。

二曰大逆,是指侵犯皇帝的宗庙、陵墓及宫殿的行为。

三曰叛,是指背叛本朝投奔外国的行为。

四曰降,是指战阵降敌停止战斗的行为。

五曰恶逆,是指谋杀或殴打祖父母、父母等尊长的行为。

六曰不道,是指杀死一家非死罪三人以上或肢解人的行为。

七曰不敬,是指盗用大祀神物、皇帝的车马舆服或伪造皇帝用物等等。

八曰不孝,是指诅咒辱骂祖父母或父母,对祖父母或父母供养有缺,父母身丧匿不举哀或服丧期间嫁娶等。

九曰不义,指杀死郡县官吏,闻夫丧匿不举哀等。

十曰内乱,指子孙与祖父妾或父妾通奸等等。

从上述"重罪十条"的内容可以看出,它主要包括两个方面:一为维护封建政治统治的稳定性,尤其是皇权的尊严;二为维护封建伦理道德的权威性,尤其是父权家长制的家庭关系。如有侵犯这两方面的行为甚至是意图,都将被作为"重罪"严惩。

虽然"重罪十条"是在《北齐律》中出现的,但有关内容,在魏晋南北朝各代早已存在,《北齐律》不过是做了总结性的表述罢了。例如,《晋书·刑法志》所引《魏律序略》就曾指出,在《魏律》中,有"以言语犯宗庙园陵,谓之大逆不道","至于谋反,大逆,或潴,或枭菹……","殴兄妹加至五岁刑,以明教化也"等的规定。据《晋书·刑法志》载,《晋律》中也有"谋反""侵犯陵墓"等罪名。至于"叛""降""不敬""不孝""不义""内乱"等罪的具体内容,更是秦汉以来各朝各代立法中,毫无例外地都做了详尽明确规定必须处以重刑以至极刑的。

北齐以后的北周,修订刑律时曾删去"重罪十条"。但《隋书·刑法志》说:"不立十恶之目,而重恶逆不道、大不敬、不孝、不义、内乱之罪。"可见北周时"重罪十条"的主要内容仍然保存着。

《北齐律》所规定的"重罪十条",后来为《隋律》吸收,以"十恶"的条目出现,并成了唐、宋、明、清刑律所规定的重罪的主要内容,由此可见《北齐律》这一规定影响之大。

除上述"重罪十条"外，魏晋南北朝时期封建统治者在法律中规定的刑事罪名还有很多，主要集中在侵犯官私财产、逃避赋税和徭役、妨害公共秩序以及文武官员的职务犯罪等方面。

侵犯官私财产罪的设定，显然是为了维护封建主义的私有财产制度。《魏律》较之汉《九章律》新增的"劫掠""诈伪""毁亡""偿赃"等章，都与侵犯官私财产相关。据《晋书·魏律序略》云，《魏律》分《盗律》为《盗律》与《劫掠律》，是因为"劫掠恐喝和卖买人科有持质，皆非盗事"，所以将这些划入新增的《劫掠律》，使得惩罚侵犯官私财产的刑罪名称更为严密了。《魏律序略》又称，"《贼律》有贼伐树木，杀伤人畜产及诸亡印，《金布律》有毁伤亡失县官财产，故分为毁亡律"，说明了同样的道理。西晋初年针对屯田制被破坏，为了控制流民和自耕小农的土地，使其负担田租、产调、力役的封建义务，制定了"户调式"与"占田制"①，并有"占山护泽，强盗律论"②的律文，由此可见晋代侵犯官私财产罪之一斑。

北齐均田制未充分施行，"其时强弱相陵，恃势侵夺，富者连畛互陌，贫者无立锥之地"。北周武帝时颁行《晋书要制》，规定"持杖群强盗一匹以上，不持杖群强盗五匹以上，监临主掌自盗二十匹以上，小盗及诈伪请官物三十匹以上，正长隐五户及十丁以上、隐地三顷以上者至死"③。南朝宋、齐、梁、陈亦有类似规定。

赋税和徭役是封建国家财政收入的来源和军政活动的基础，它与封建统治的巩固与加强直接相关。所以魏晋南北朝各国的法律，对逃避赋税与徭役，都作为严重犯罪来加以惩处。前述晋初规定"户调式"，以及《晋律》有"藏户弃市"之法④，并有举家逃亡，家长处斩的严刑。北魏延兴三年九月辛丑，诏"遣使者十人，巡行州郡，检括户口，其有所隐不出者，州郡县户主，并论如律"⑤。因而律有隐户之法。《陈律》有脱户隐役的罪名。

规定妨害公共秩序与文武官员的职务犯罪，都是为了维护封建秩序与封建统治。这里从略。

综上所述，魏晋南北朝时期既有"重罪十条"的规定，又有其他罪名的规定，从政治、经济、军事、思想、文化和社会生活的各个领域强化封建统治。这些罪名都是加在广大人民身上的沉重枷锁。

(二)"八议"

《唐六典》注云："八议自魏、晋、宋、齐、梁、陈、后魏、北齐、后周及隋，皆载于

---

① 《晋书·食货志》。
② 《宋书·羊玄保传》。
③ 《北周书·武帝本纪》。
④ 《晋书·彭城穆王权传》。
⑤ 《魏书·高祖纪》。

律。"可见"八议"之制正式载于律文始自《魏律》。这是魏晋南北朝时期刑事法律规范的又一重要特点，它开创了一种新的法例，对后世的法律有重要影响。

所谓"八议"，是指：一议亲，二议故，三议贤，四议能，五议功，六议贵，七议勤，八议宾。由于《魏律》等早已佚失，这一时期的"八议"具体内容已不可考，而《唐律疏议》中对《唐律》所规定的"八议"做了十分具体的解释，所以尚待下文介绍。但从实际运用情况来看，"亲""贵"犯罪而得到赦免刑罚的比较常见。例如，魏明帝时，许允与陈国、袁侃犯罪入狱，当处死刑，许允对袁侃称："卿功臣之子，法应八议，不忧死也。"①

"八议"之制虽然是在《魏律》中首次入律的，但它的形成却有一个漫长的过程。它起源于周朝的"八辟"，经商鞅变法后被废止；"汉承秦制"，也未入律，但后来实际上有"议亲""议贵"和"议贤"三议。到汉末即发展为"八议"。所以，代汉而兴的魏，就将实际生活中已经施行的"八议"载入《魏律》之中了。

（三）刑罚制度

秦汉时期确立了封建制生产关系，随着社会经济基础的变化，法律制度（包括刑罚制度）也开始变化。魏晋南北朝时期继续着汉代开始的刑罚制度的改革，总的趋势是向刑等的简化和刑罚的减轻方向发展。但有时也因社会冲突激化而加重刑罚。

魏明帝时，在《魏律》中明确规定了七等刑罚：(1) 死刑三等：枭首、腰斩、弃市；(2) 髡刑四等；(3) 完刑三等；(4) 作刑三等；(5) 赎刑十一等；(6) 罚金六等；(7) 杂抵罪七等。

与魏相比，晋的刑罚有所简化，以死刑、徒刑、笞刑、罚金、赎刑为五刑。死刑称为"大辟之刑"，有枭、斩、弃市三等；徒刑据《唐六典》说有二岁刑、三岁刑、四岁刑、髡钳五岁刑笞二百四等；笞刑可作为髡钳五岁刑的附加刑，也可单独使用；罚金分为十二两、八两、四两、二两、一两五等；赎刑，死刑赎金二斤，五岁刑赎金一斤十二两，四岁刑一斤八两，三岁刑一斤四两，二岁刑一斤，亦可以绢代金赎罪。此外，晋令中还有关于鞭刑、杖刑的规定。

南朝的宋、齐沿用《晋律》，刑罚制度与晋朝基本相同。宋有"长徒"之刑，是时间超出五岁的长期劳役刑。此外，宋还有"充兵""徙放"之刑，据《南史·武帝本纪》载："永初二年……诏曰：……自今犯罪充兵，合举户赴役者，便付营押领……"这是关于"充兵"刑的记载。《孝武帝本纪》曰："孝建二年……诏曰：凡以罪徙放，悉听还，徙之二千里外。"这是关于"徙放"即流放刑的记载。

梁的刑罚，《隋书·刑法志》做了清楚的记载。有死刑，分枭首、弃市，废除了腰斩；徒刑，分髡钳五岁刑笞二百、四岁刑、三岁刑、二岁刑、一岁刑、半岁刑、百日刑；鞭杖刑，分二百、一百、五十、三十、二十、一十；罚金，分十二两、八两、四两、二两、一

---

① 《三国志·魏志·夏侯尚传》。

两；赎刑，分赎死罪金二斤、赎五岁刑金一斤十二两、赎四岁刑金一斤八两、赎三岁刑金一斤三两、赎二岁刑金一斤。南梁从天监三年（504）开始，也采取了流刑。

南朝陈的法律，"篇目条纲，轻重繁简，一用梁法"[①]，唯徒刑罪犯要加锁（五岁刑锁二重，五岁刑以下一重），囚禁期间还要着械。

北朝的北魏定死、流、徒、杖、鞭五种刑罚。死刑分绞、斩。绞是首次被规定为法定刑罚。流刑不分等，一般称之为"远流"。徒刑有五岁刑、四岁刑、三岁刑、二岁刑、一岁刑五等。杖刑有一百、五十、三十的等级。鞭刑有三百、一百、五十的等级。

《北齐律》明确规定了死、流、耐、鞭、杖五种刑罚。死刑分轘、枭首、斩、绞四等。流刑不分远近。"耐"就是徒刑，有五岁刑、四岁刑、三岁刑、二岁刑、一岁刑五等。鞭刑分一百、八十、六十、五十、四十等五等，杖刑有三十、二十、一十之分。

北周《大律》一向被认为"条法苛密"，"烦而不要"。但它对刑罚制度所做的改革，却是颇为出色的。北周《大律》规定的刑罚有死、流、徒、鞭、杖五等。死刑有磬、绞、斩、枭、裂五等。流刑首次创造性地分为五等，为后世流刑分等提供了经验，这五等是：流蕃服，去皇畿四千五百里；流镇服，去皇畿四千里；流荒服，去皇畿三千五百里；流要服，去皇畿三千里；流卫服，去皇畿二千五百里，徒刑自一年至五年分五等。鞭刑自六十至一百分五等。杖刑自三至五十分五等。北周规定的这五等刑罚，以后基本上为隋律所吸收，从而为封建制五刑的确立开了先河。

四、民事法律规范

由于魏晋南北朝时期的法典已经全然佚失，再加上我国古代对民事法律关系不很重视，所以关于这一时期的民事法律规范，只能从其他史料中了解一鳞半爪。我们分以下两个方面来看：

（一）关于人的身份的法律规定

魏晋南北朝时期的一个突出特点，就是士族大地主垄断着国家政权，因而也垄断着政治上、经济上和社会生活上的几乎一切特权。这样，士族大地主就利用法律手段来保护严格划分尊卑贵贱的社会关系，保护士族占有部曲、奴婢的特权。

曹魏时期，士族占有部曲相当普遍，有的士族大地主占有部曲的数量大得惊人。据《三国志·魏志·李典传》载："典宗族部曲三千余家，居乘民，自愿徙诣魏郡……遂徙部曲宗族万三千余口居邺。"又如《董卓传》云："卓故部曲樊稠等合围长安城。"可见部曲人数之多。孙吴、刘蜀的部曲也相当多。《吴志·朱桓传》曰："部曲万口，妻子尽识之。"《韩

[①] 《隋书·刑法志》。

当传》曰:"将家居部曲男女数千人奔魏。"

晋代部曲中还产生了一种称为"质任"的雇佣奴仆。虽然晋武帝泰始元年(265)曾诏令"罢部曲将长吏以下质任",但未奏效,所以又有咸宁三年(277)的新诏:"咸宁三年大赦,除部曲督以下质任。"[①] 此外,晋代还有新起的一种农奴"佃客"。据《文献通考》载:"晋武帝平吴之后,命王公以下及荫人以为衣食客及佃客,官品第一第二者无过五十户,三品十户,四品七户,五品五户,六品三户,七品二户,八品、九品一户。"又说:"东晋官品第一第二佃客无过四十户,每品减五户,至第九品五户。"

晋代的商人地位特别低。据《广韵》所引晋令说:"侩卖者皆当着巾白帖,顾言所侩卖及姓名;一足白履,一足黑履。"即法律规定商人的白头巾上得载明所卖货物名称及本人姓名,一脚穿白鞋,一脚穿黑鞋。这纯然是侮辱性的。

南北朝时期,北魏、北齐都有关于"奴婢"的规定。这些奴婢大多是战争中掳掠得来的,他们或被当作官私奴婢,或被称为隶户或平齐户,总称为杂户。北魏、北齐的统治者,士族地主和部分鲜卑族士兵,各占有数量不等的杂户,依靠他们的生产来养活自己。直到北周武帝时才释放了这些官私奴婢和杂户。据《隋书·刑法志》载,北周武帝"欲施轻典于新国,乃诏凡诸杂户,悉放为百姓,自是无复杂户"。南朝宋、齐、梁、陈的等级划分同样十分严格,士族地主大量蓄奴,奴婢的地位十分低下。

(二) 关于婚姻的法律规范

汉末大乱,战祸连年;魏蜀吴三国分立,战火不断。这样,就造成人口锐减。到晋代时,统治者不得不采取鼓励早婚、鼓励生育的政策,甚至以法律规定结婚年龄。晋武帝泰始九年诏令曰:"女年十七父母不嫁者,长吏配之。"同时,晋武帝还不禁止同姓通婚,一反前代同姓不得通婚的禁令。但晋代婚嫁之礼却仍然十分隆重。《晋书·刑法制》提到晋的新律中有关婚姻的规定:"崇嫁娶之要,一以下娉为正,不理私约;峻礼教之防,准五服以制罪也。"可见晋代沿袭从前缔结婚姻的法律规定,按周代"六礼"的规定,"婚礼"要行"纳采""问名""纳吉""纳征""请期""亲迎"的礼节,晋代沿袭了这些做法,发展到后来,造成了事实上的买卖婚姻。

南北朝时期法定的婚姻年龄有所提前。北魏太子拓跋晃十五岁生文成帝拓跋浚,献文帝拓跋弘十三岁生孝文帝拓跋宏。这说明北魏的婚姻年龄是相当小的。北齐甚至以严刑威胁迫使百姓早婚。《北齐书·后主本纪》曰:"女年二十已下、十四已上未嫁,悉集省,隐匿者家长处死刑。"北周曾于周武帝建德三年(574)诏令男年十五、女年十三为嫁娶之期。这一时期还明确地以法律严禁贵族和平民结婚。北魏文成帝于和平四年(463)冬十二月诏

[①]《晋书·武帝纪》。

令"皇族、师傅、王公侯伯及士民之家不得与百工伎巧卑姓为婚,犯者加罪"①。北魏孝文帝于太和二年(478)五月下诏曰:"皇族贵戚及士民之家,不惟世族,下与非类婚偶。先帝亲发明诏,为之科禁,而百姓习常,仍不肃改。朕令宪章旧典,祗案先制,著之律令,永为定准。犯者以违制论。"②南梁也严格禁止士庶通婚。军阀侯景请婚于王谢,被梁武帝拒绝;王源嫁女给富阳满氏,被沈约弹劾,并拟科以"禁锢终身"的处罚,由此可见南梁严禁士庶通婚之一斑。

五、经济法律规范

东汉末年,豪强混战,土地兼并空前加剧。租赋制度方面,三十税一竟减到百分税一,等于免除了地主的田租,这更促使土地兼并的严重化。诗人王粲从长安逃到荆州,所写《七哀诗》描述路上所见惨状说:"出门无所见,白骨蔽平原。"公元202年曹操在谯(今安徽亳县)所下命令中也说到"旧土人民,死丧略尽,国中终日行,不见所识,使吾凄怆伤怀"的话。因此,三国鼎立势态形成之后,三国统治者都努力改革弊政,尽可能以法律和其他手段促进恢复生产,繁荣经济。

(一)三国的经济立法

曹操创立魏国后,社会秩序趋向稳定,于是废除两汉的租赋制度,明令每亩纳田租四升,每户出绢两匹、绵二斤,不再额外多取,严禁豪强兼并,并禁止豪强逼迫贫弱下户多出或代出租赋;废除了口赋钱、算赋钱。曹操还推行屯田制,招募无地或无耕畜的农民,在各级典农官统率下耕种官田,租税则按六四(用官牛,官六客四)或五五(用私牛,官客对分)分谷。他还规定按照各州郡户口数目多少来比较垦荒多少,作为赏罚地方官的标准,这样就促进了荒地的垦殖。所有这些经济法制,对恢复、保障和促进农业生产无疑是有利的。为了保证农业生产的恢复发展,对其他立法也给予注意。这从曹操割发代首的著名故事中可略知一二。行军经过麦田,他下令"损坏田麦者处死"。此外,曹操还比较注意商业活动等方面的法制调整。例如,当时秦地之民流入荆州者十余万家,无以为业。曹操用卫凯之策,置使者监卖盐,取所收益置办耕牛犁耙,给予归田园者。这是恢复榷盐之制的开始,以后历两晋南北朝而不变。除榷盐外,还榷酒,这在吴、蜀也是如此。蜀令中规定了"私酿酒"罪,如《三国志·蜀志·简雍传》曰:"时天旱禁酒酿者,有刑吏于人家索得酿具,论者欲令与作酒者同罚……"

三国时期值得一提的还有关津与钱币方面的经济法制。魏文帝时,曾徙弘都尉流武

---

① 《魏书·高宗纪》。
② 《魏书·高宗纪》。

关，出入武关者得纳税，以关税的一部分养关吏关卒。曹操时罢用小钱，还用五铢钱；魏文帝时又罢五铢钱，使百姓以谷帛交易。魏明帝时，见以谷交易作伪甚多，如竞相以湿谷上市，以薄绢交易，虽然处以严刑而不能禁止，于是又下令改用五铢钱，直到晋代未改。吴国曾铸大面值的钱币，以一当五百，并明令禁止盗铸："嘉禾五年后，铸大钱，设盗铸之禁。"①

（二）两晋的经济立法

两晋的经济法制主要见诸以下几端：(1) 行占田制。晋平定吴国之后，人口仅七百余万，与汉桓帝时的五千余万减少七分之六，于是决定实行占田制。按规定男子可以占私田七十亩，女子占三十亩；丁男课公田五十亩，丁女二十亩，次丁男二十五亩，次丁女不课公田。至于官吏则另有规定，从一品官至九品官，按贵贱等差，一品占田五十顷，以下递减五顷。职官之田可由佃客耕种。这些规定对招徕劳动人手，发展农业生产有一定的作用，但当时内乱不已，占田制未得到很好的实行。(2) 与占田制相辅而行的户调制。规定凡男年十六至六十为正丁，年十三至十五、六十一至六十五为次丁，年六十六以上、十二以下为老小。丁男之户，每年输绢三匹、绵三斤；女及次丁男为户者输其半；其诸边郡以远近不同分别从三分之二至三分之一不等；夷人输賨布户一匹，远者一丈。后来户调制实行得不理想，晋成帝咸和五年（330）时，下令度田，开粟米之征，每亩取税米三升。(3) 实行榷盐、榷酒之制。(4) 收取关税、市税。如不头津、方山津，设官检查过往者，凡打柴打鱼及商贾过往津关者，十以税一。又如淮水北有大市百余，小市十余，大市即设官收税。

（三）南朝的经济立法

东晋末年，孙恩作乱，东方诸郡闹饥荒，京口大族刘裕乘乱夺权，在420年废晋帝，建立了宋朝。东晋初曾设侨郡县，用以安置流亡士族。413年，刘裕实行土断法。所谓土断，就是把侨郡县的士民作为土著，民众向朝廷纳租税服徭役，不再让士族独占这些利益。宋孝武帝时，雍州刺史王玄谟请求在雍州实行土断法，宋孝武帝诏令并省雍州所属三郡十六县为一郡，从而使宋完成了土断法的实施。宋的赋税制度规定，年十七为全丁，年十五至十六为半丁，随户征税。此外，宋有"贵戚竞利"罪、"奢侈"罪等规定。《宋书·孝武帝本纪》载："元嘉三十年秋七月辛酉诏：江海田地公家规固者，详所开弛，贵戚竞利，悉皆禁施。"又据《南齐书·高帝本纪》载，宋顺帝时曾"禁民间华伪杂物""不得以金银为箔马乘具""不得金银度""不得织成绣裙""道路不得着锦履""不得用红色为幡盖衣服""不得剪采帛为杂花""不得私作器仗""不得以七宝饰乐器""不得辄铸金铜为像"……总共有十七项之多。这些也是属于经济方面的法制措施。

---

① 《三国志·吴志·吴大帝传》。

南齐高帝时，曾设专官检查黄籍。黄籍是普通民众的户口簿，朝廷依据黄籍征取租税派定徭役。官吏、富民都以行贿纳贿注销黄籍，这使民众负担加重，朝廷收入减少。检查黄籍就可以增加朝廷的收入，杜绝弊端。齐武帝时继续检查，罚纳贿改籍人到边地充戍役。但检查黄籍受到纳贿改籍人的强烈反抗，490年齐武帝不得不取消检查。南齐承刘宋之后，刘宋时钱币之制十分混乱，南齐永明元年（483）后，令民私铸钱币，使得币制更为混乱。据说有所谓"鹅眼钱"一千钱相叠，长不满三寸；又有所谓"綖环钱"入水不沉，随手破碎，十万钱不满一捧，斗米一万，商贾不敢行用。所以到梁初时，除少数地方外，其他地方都改以谷帛交易。

南朝梁武帝不敢再检查黄籍，却想从整理士籍入手，但也毫无结果。加在普通民众头上的，除有增无减的"口税"外，又课丁男布绢各二丈，丝三两，绵八两，禄绢八尺，禄绵三两。此外，南梁还征商业税，名为"估税"，值百抽四。买卖奴婢马牛田宅者，有文券的大买卖，每一万钱抽税四百，卖方出三百，买方出一百，称为"输估"；不立文券的小交易，随物价百分抽四，称为"散估"。南朝陈承梁制，加重了经济剥削，赋税繁重，民不堪命。一方面是皇族、达官大肆挥霍，另一方面却又颁令严禁"奢侈罪""不枉法受财罪"等，当然难收实效。加上最高统治者荒淫无耻，极端腐败，南陈立国不过三十三年就灭亡了。

（四）北朝的经济立法

北魏虽然是鲜卑族所创建，但统治者注意运用汉族的封建法制治理社会，在相当长的时期里，使社会生产得到发展。486年，魏孝文帝下令实行均田制，男夫十五岁以上受露田（不种树的田）四十亩，妇人二十亩；男夫受桑田二十亩。规定露田不得买卖，死后收归官府。桑田为私田，可传子孙，亦可买卖。同时规定奴婢依照良丁受同数的露田，还受同数桑田。由于实行均田制，小豪强占夺的民田，为法令所迫，可能归还原主。公元488年，魏孝文帝下令立农官，取州郡十分之一农户为屯民，提供耕地牛畜，让他们在官地上屯田，每年纳粟六十石，免正赋及兵役、杂役。490年，魏孝文帝又派遣使官与州郡官宣扬法令，劝隐口漏丁报名立户；如仍愿作荫附或豪强迫使仍作荫附，不让立户，则按法令治罪。这一系列的法制措施，使均田制得到了卓有成效的实施。北魏均田制度，还规定官给公田，刺史十五顷，太守十顷，治中别驾各八顷，县令郡丞各六顷，更代相付，卖者坐如律。这有力地抑制了土地兼并。

北魏在实行均田制的同时，施行户调法、一夫一妇之户，调帛一匹，粟二石；民年十五以上未娶者，四人出一夫一妇之调；奴婢任耕织者，八口当未娶者四；耕牛十头当奴婢八。麻布之乡，一夫一妇出布一匹。

北魏经济法制方面值得注意的还有：(1)设官监卖盐。到永熙年间，还在沧、瀛、幽、青四州傍海之地，置灶煮盐，成为官营。(2)北魏明帝时定商税，出入市场交易者，各取一钱；店舍分五等收取商税。(3) 北魏太和年间诏令民间行用五铢钱及太和钱，其后又有永安钱，不禁古钱及民间私铸。这些情况表明，北魏的经济变得日益繁荣了。

北齐承袭北魏的均田制，河清三年（564）定受田令，规定男年十八为丁，受露田八十亩，妇人四十亩；年六十六以上为老，须还田。此外，每丁给永业田二十亩为桑田，不宜种桑者植麻，不在还受之限。户调法规定已娶者调绢一匹，绵八两，垦租二石，义租五斗；奴婢为良人之半，牛调二尺，垦租一斗，义租五升。

北周颁有管理田里的政令，设"司均官"执行。已娶妻者给田一百四十亩，未娶的男丁给田一百亩；还颁有管理租调的政令，设"司赋官"执行，已娶妻者每年纳绢一匹，绵八两，粟五石，未娶的男丁租调减半；还设有掌管力役政令的"司役官"，掌管盐业政令的"掌盐官"，禁止百姓无偿取盐，只有交税以后才许取盐或买卖。

综上所述，魏晋南北朝时期的经济法律制度，随着社会形势的变化，总趋势是向严密化发展。这既有利于社会安定、经济发展，也有利于统治阶级维持政治统治，保障其既得的利益。

六、司法制度

三国两晋南北朝的司法制度基本上沿袭汉制，但又有重要的兴革。关于这方面的史料大部佚失，只是零星地记载于某些史籍文献中，因此，对于这一历史时期的司法制度虽有述及，难免语焉不详。现根据辑集的零星史料，分四点加以介绍。

（一）司法机关的沿革

《文献通考·职官》云："魏与吴蜀，多依汉制。"三国时期的司法机构基本上与汉代相同，中央司法机关由三部分组成：一为廷尉，是最高审判机关的长官。汉献帝建安中曾改廷尉为大理，到魏黄初元年（220）重新改称廷尉。廷尉的属官有正、监、平。魏明帝时，根据卫凯的建议，在廷尉之下增设了律博士一人，专事培养司法官吏的法律知识方面的工作。北齐时，廷尉扩大为大理寺，增加了属吏，除大理寺卿、少卿、正、监、平外，律博士增至四人，新设明法掾二十四人，槛车督二人，掾十人，司直与明法各十人。显然，社会事务比过去更加纷繁复杂，司法镇压也比过去加强了。二为御史，是中央监察机关和职官。魏黄初元年曾改御史为司空，其下置持书执法，掌奏劾；又置持书侍御史，掌律令。晋以中丞为御史台主，纠察一切非法事件，权限范围甚广。又置黄河狱诏书侍御史，纠举廷尉不当者诏之。据《宋书·百官志》说："魏初公府职寮，史不备书，及晋景帝为大将军置贼曹掾一人；晋文帝为相国，置贼曹掾一人"。这"贼曹掾"可能也是检举罪犯的司法官。三为尚书，是司法行政机关的长官。魏有北部尚书郎、都官尚书郎、定科尚书郎。晋时曾以吏部尚书兼掌刑狱。如上所述，这一时期的中央司法机关是日渐扩大的，但其职掌还不十分确定,有时互有混杂。这情况到隋唐时期才得到改进。

地方司法机关与行政机关是合而为一的,行政长官兼理狱讼。行政长官依次为县令、郡太守、州刺史。南朝宋以前,凡有案件,县令先作判决,经郡派督邮按验后执行。宋以后改为县令判决之后将案卷及犯人一并送郡,由郡太守复判,然后执行。如郡太守仍不能断决,则送州刺史;州刺史仍不能断决的才送廷尉。

(二)审级制度和"登闻鼓""肺石函"

这一时期的审级制度沿袭汉制。魏晋狱讼,最初由乡官对轻微的案件做些调解,但这并不能算作一级审级。第一审级是县,郡为第二级,郡之上为州,州不能决者送至中央的廷尉。从形式看,是四级制。但是当时州刺史多兼持节都督,操生杀大权。因此,送至州刺史,大多即行处决,从实际上看,是三级制。在一般的情况下,不允许越级起诉。但为了补救审级限制的某些弊病,南北朝时采取了一些措施。比较著名的有设"登闻鼓"和"肺石函"。北魏和南朝梁设有登闻鼓。《魏书·刑罚志》曰:"太武帝神䴥中阙左悬登闻鼓,人有穷冤则挝鼓,公车上表其奏。"《梁书·吉翂传》曰:"翂挝登闻鼓,乞代父命,武帝特原其罪。"南朝梁还设有肺石函。天监元年四月癸酉诏曰:"下不上达,由来远矣,所以公车府肺石旁置一函。……夫大政侵小,豪门凌贱,四民已穷,九重莫达,若欲自申,并可投肺石函。"①肺石,即赤石,因其色红如肺而得名。相传古时百姓可以站在石上控诉官吏。《周礼·秋官·大司寇》有云:"以肺石达穷民……",但有史书记载的则是梁设肺石函之举。这是一种直诉的形式。

虽然从法律上规定了审级,北魏、南梁还特设了允许直诉的登闻鼓与肺石函,但封建司法的黑暗、审判中的专横擅断却是非常严重的。魏晋南北朝时期由于社会动荡激烈,割据纷争严重,听断的专横、刑讯的严酷都是著名的。

(三)"测囚""测立"之法和刑讯制度

晋代断狱,徇私枉法,高下其手,连尚书裴頠、刘颂都不得不上书陈谏曰:"自近代以来,法渐多门,令甚不一……吏不知所守,下不知所避,奸伪者因法之多门以售其情,所欲浅深……"东晋时,立簿熊远也上书指出当时"法度陵替,至于处事不用法令,竟作厉命,人立异议,曲适物情,亏伤大例"②的情况。南朝梁时创"测囚之法",北朝齐不许负罪者告人。这些都助长了司法专横、听断枉法。例如,根据梁的"测囚之法",囚人不服罪的,断其饮食,三日听家人进粥二升,一百五十刻与粥,满千刻而止,以此逼迫囚人招认服罪。陈还有"测立之法",据《隋书·刑法志》记载,陈时的囚徒,"其有赃验显

---

① 《梁书·武帝纪》。
② 《通考·刑考》。

然而不颖，则上测立。立测者以土为垛，高一尺，上圆，仅容囚两足立。鞭二十笞三十讫，着两械及杻上垛，一上测七刻，日再上，七日一行鞭，凡经杖合一百五十，得度不承者免死"。

更有甚者，北朝各代都采用了极为严酷的刑讯制度。如北魏，虽然规定讯囚杖限五十，但刑讯官吏只要免却囚犯之罪，就用细杖轻捶，而要陷人于罪，则以大杖重责，致使囚犯不得不诬服其罪，甚至毙命杖下。北齐时，讯囚常用车辐粗杖夹指压踝，或使囚犯立于烧犁耳上，或使囚犯之臂贯烧车釭。北周更以霹雳车威吓妇人。"重械之下，危堕之上，无人不服，诬枉者多"①，连当时的统治者也不得不承认诸如此类讯囚之法的不当。

(四) 监狱制度

魏晋南北朝时期的监狱有中央与地方之分。南朝以廷尉寺为中央狱，称北狱；建康县为地方狱，称南狱。《宋书·武帝本纪》等对此有记载。北朝魏有廷尉、籍坊二狱。北齐有并州、太原郡、晋阳县、相国府四狱。此外，北朝又掘地为狱，称"地牢"。《北宋·祖珽传》载：祖珽犯罪，"徙于光州。刺史李祖勋遇之甚厚，别驾张奉礼希大臣意，上言珽虽为流囚，常与刺史对坐。敕报曰：'牢掌'。奉礼曰：'牢者，地牢也。'乃为深坑，置诸内，并加防禁，桎梏不离其身，家人亲戚不得临视，夜中以芜菁子烛熏眼，因此失明。"从这段记载，可以对地牢了解一个大概。

囚于狱中的罪犯，则加以桎梏，这是监狱制度的一个组成部分。魏武帝定《甲子科》，规定犯钛左右趾者，易以木械，这是以木为桎梏的开始。晋代死囚在钳、钛之外，再加上"拲手"。南朝梁以法律规定囚犯加械杻、升杻或钳，并依犯罪轻重规定桎梏的大小重轻。陈髡鞭二岁刑，加锁二重；五岁刑以下，加锁一重；囚犯并著械，徒犯并著锁；死罪将决者，著三械。北朝魏开始用枷。北齐刑罪加锁，无锁则枷，流罪以上加杻械，死罪以大桁将颈部及胫部锁定。北周有枷、有拲，未有法定大小重轻之制。据《魏书·刑罚志》载，"太和五年时，法官及州县多为重枷，复以缒石悬于囚颈，伤肉至骨，勒以诬服……"。后来虽然以法律规定桎梏制度，但实际执行情况与法律规定大相径庭。

---

① 《陈书·沈诛传》。

上海近代法制史料管窥[*]

研究上海近代法制的变迁，对研究近代上海、近代中国有特别重要的意义。

上海近代法制的一般史料见诸地方志、年鉴、报告书、私人日记、报刊书籍；具有特殊意义的大批史料则仍收存于上海市档案馆内。其中，有关帝国主义在上海建立会审公廨的资料，约可分为(1)建立租界与侵夺租界内中国司法权；(2)公共租界会审公廨的建立与发展；(3)收回会审公廨过程中的中外交涉；(4)建立特区法院；(5)法租界会审公廨始末等五类。本文逐类指出了有关资料的档案卷宗。

对上述史料的真实性问题及这些史料所提供的史实的评价问题，是研究上海近代法制中必须重视的。关于评价，笔者认为应建立在以下原则的基础上：(1)中国的主权不容侵犯；(2)实事求是；(3)资产阶级法律文化应予批判继承。

近代上海是半殖民地半封建的近代中国的一个缩影。

帝国主义把上海变成了侵略和剥削中国人民的主要据点，使之成为"外国冒险家的乐园"和"被出卖的城市"。这里记录着骇人听闻的饥馑与屠戮、荒诞无耻的欺诈与争斗。同时，上海又是中国人民反帝反封建的革命斗争的重要阵地。小刀会起义、"六三"大罢工、中国共产党成立、"五卅"运动、三次工人武装起义以及抗日战争、解放战争中的英勇业绩，使上海充满着悲壮与光荣。

所有这一切，在上海近代法律制度的变迁中，都得到了程度不一的反映，因此研究上海近代法制史，对研究近代上海、近代中国有特别重要的意义。

但是，迄今为止，还鲜有关于上海近代法制史的专著。这部分地是由于近四十年来中国的法学研究道路崎岖造成的，部分地则是由于上海近代法制史料发掘的困难所致。

上海近代法制史料发掘的困难，并不等于有关史料的匮乏。与中国古代法制史料相比

---

[*] 原载《中国法律史国际学术讨论会论文集》(陕西人民出版社1990年版)；后载于《中国法制史考证》乙编第四卷(中国社会科学出版社2003年版)；复载于《法律文献信息与研究》2005年第2期。

较，由于：第一，印刷术早已发明，近代已甚发达，许多资料得以印制流传；第二，时代切近，虽然因为兵连祸结、战事频仍，许多著述、资料屡遭兵燹，但毕竟不像某些古代法制史料那样深埋地底或湮没无闻，大多还能较好地保存下来；第三，近代已有报刊的发行，其中也记录保存了大量的上海近代法制资料；第四，还有外国人撰写的书籍以及外文报刊，其中也记录、保留了许多资料，而这是古代法律史料所不可能企望的。

正因如此，我们用相当的力量，即可从下列各类文字中，找到有关上海近代法制史的一般资料：

1. 地方志类。如上海县志、青浦县志、宝山县志、川沙县志、嘉定县①志、奉贤县志、松江府志等。

2. 年鉴、报告类。如工部局年报、费唐法官研究上海公共租界情形报告书、上海市自治志、上海市年鉴、上海市通志馆期刊以及上海特别市社会局所编之报告书等。

3. 私人日记、记录、书稿类。如王韬的《瀛壖杂志》、夏燮的《中西纪事》、曹晟的《夷患备尝记》《事略附记》、哈利的《太平天国革命亲历记》、民任社主人的《中国抵制禁约记》以及《汪精卫伪国民政府纪事》等。

4. 报刊类。如《申报》《上海新报》《苏报》《时报》《上海中央日报》《民主报》《文汇报》《北华捷报》《万国公报》《字林西报》《密勒氏评论报》《东方杂志》《国闻周报》《先驱》等。

5. 书籍类。如《上海碑刻资料选辑》、《鸦片战争》、《中外旧约章汇编》、《近代史资料》、《太平天国史料》、《上海小刀会起义史料汇编》、《太平天国史料专辑》、《上海钱庄史料》、《上海研究资料》及其《续编》、《辛亥革命在上海史料选辑》、《五卅运动史料》、《上海工人三次武装起义》以及徐公肃的《上海公共租界制度》、蒯世勋的《上海公共租界史稿》、梅朋与弗朗台的《上海法租界史》等。

上述文字资料中，记录了大量有关上海近代法制的史实，其中有的不仅十分珍贵，而且也属不可多得。如《申报》，齐备的原本，现在仅存一套，若不是近年影印出版，就是孤本了。又如《上海公共租界制度》与《上海公共租界史稿》，虽然初版于20世纪30年代，流传下来的却甚为寥寥，若不是近年载入《上海史资料丛刊》，也就是稀见的珍本了。

但是，毕竟上述文字资料还是较易找到的，而仅仅依据这些资料撰成的各种上海近代法制史的文论，也就难免大同小异，缺乏深度。因此，进一步搜览钩稽众人难以尽睹的上海近代法制史资料，就成了深入研究的重大工程。笔者有幸受上海市政府委托，担任"上海近代法制史研究"课题负责人，组织了二十多位各界研究人员从事资料搜寻与研究工作。我们的足迹遍及沪、京、宁、渝，访谈的对象多达数百人次，得到的资料相当可观，这里仅就上海市档案馆收藏的若干有关资料，谈一点研究心得。

上海市档案馆所收藏的关于上海近代法制史的资料，汗牛充栋，多不胜计，全部清

---

① 今嘉定区。——编者注

理出来公之于世，尚需时日。仅仅关于帝国主义在上海建立会审公廨及其发展、完结的资料，就极可观，略加分析，约有以下五类：

一、帝国主义国家在上海建立租界与掠夺租界内的中国政府司法权的立法性文件

这些文件涉及两类：一类为中国政府与外国政府签订的不平等条约。这些条约的签订，使上海沦为外国的半殖民地。一类为中国上海地方政府与外国政府签订的章程、协定。这些资料大多已编入《中外旧约章汇编》①中，但也有少数是由我们课题组的同志在上海档案馆中发现、直接译出而对公开资料做了订正的。例如，《中外旧约章汇编》辑有《上海洋泾浜设官会审章程》②，在其"附注"中指出："本章程的签订日期未查明，暂以总理衙门的咨行日期为订立日期。"而总理衙门的咨行日期是"1868年12月28日"，即"同治七年十一月十五日"。此后，所有论及《洋泾浜设官会审章程》的文稿，都以1868年12月28日为订立日期，还有一些文稿则以此为《章程》的施行日期。但我组研究员姜屏藩先生却从上海档案馆《全宗138，卷号1》中查到，该《章程》是由英国驻上海领事W.H.麦特赫斯脱于1869年4月20日即同治八年三月初九日宣布生效的。W.H.麦特赫斯脱在《通告》中宣称："签署者遵奉英王特命全权公使的训令，等等，宣告下列会审公廨章程自此日起生效，为期一年，除非另有命令。"该《章程》是外国侵略者侵夺中国司法主权、肆意扩大领事裁判权的一个典型。其中规定：涉及外人的案件由领事或领事所派的人充任陪审官参加会审；受雇于外人的华人诉讼，亦得由陪审官参加会审，为领事服务的中国人，须经领事同意才能拿捕；华洋互控案件，如不服公堂判决，可向上海道和领事官控告复审；等等。我们从上海市档案馆所查到的资料，至少表明了两点：其一，开始施行的日期是1869年4月20日，而不是1868年12月28日。这一点，使得我们对会审公廨正式开张的日期更好理解了。其二，《通告》明确宣布《章程》有效期为"一年"。但实际上，《章程》被继续适用到20世纪20年代，其间虽屡经修改，但不是《章程》的失效，而是外国领事攫取中国司法权的扩大。

二、公共租界会审公廨建立发展过程中帝国主义国家侵夺中国司法主权的有关资料

这些资料大致可分为以下几类：

---

① 《中外旧约章汇编》，生活·读书·新知三联书店1957年版。
② 《中外旧约章汇编》，第269页。

其一，外国领事于《洋泾浜设官会审章程》规定的权力范围之外对我国司法主权的侵夺，其主要表现是：工部局干涉公廨廨员行使职权；外国领事对上海县之审判权横加干涉；外国领事擅自修改诉讼章程；等等。如据载：1878 年 8 月 12 日，廨员奉命拘捕女犯一名，即解上海县讯办。工部局于当日即函请领事团领事提出抗议，谓"提拘租界人犯，应由领事签字，且须经工部局巡捕执行"①。此例是工部局干涉公廨廨员行使职权之始，此后，即愈演愈烈，以至华捕在租界外捕人也常被反诬"越界捕人"而被工部局巡捕拘捕，使得华捕在 1909 年吴阿桃事件后再不敢拘捕逃犯。②

其二，外国领事强占公共租界会审公廨。据载，辛亥革命发生时，苏松太兵备道刘燕翼撤除满族正副会审官的职务而另委汉族关絅、聂宗羲接任。但民国官厅接管沪道职权后，会审公廨的管理权即为外国领事攫夺，"公廨之添员或更调，俱改归领事团委派"，库款"暂交领事团以中立之名义代为保理"，公廨档案"移交于领事团"③。其时，外国领事发布了强占会审公廨的《通告》。④ 此后，公廨的一切大权，从组织机构、人事任免，到管辖范围、诉讼程序及实体法之适用、经费掌管等等，均落入了外国领事之手。上海市档案馆之《全宗 138，卷号 8》对此做了详细的记载。

其三，外籍律师操纵会审公廨的活动。如《全宗 187，卷号 1208》所载任守恭手稿《上海租界司法机关之沿革》云："辛亥后领团入驻公廨，多由外籍律师之规划，……公廨失权之大，盖莫有过于听许外籍律师出庭者。至其越规行动之层出不穷，不特为身历其境者所深悉而痛恨；即稍知上海情形者，无不认为吮舐华人膏血之工具也。……会审公廨名义上虽为我国之法庭，实际上早已成为外籍律师操纵之市场……"

三、收回公共租界会审公廨过程中中外交涉的有关资料

这一方面的资料极为丰富，大致有以下几类：

其一，中国当局为维护司法主权而采取的措施。其中比较重要的有大理院的判例，司法部 1912 年 11 月 9 日的批文，司法部 1913 年 11 月 9 日制定的华洋诉讼办法，司法部致外交部文，司法部关于华洋诉讼审级及律师限制的规定，司法部制定的审理无领事裁判权国人民诉讼的章程，司法部关于咨商外交部由沪交涉员严切纠正俄领陪审的文件，辛亥革

---

① 上海市档案馆《全宗 187，卷号 1208》。
② 上海市档案馆《全宗 187，卷号 1208》载：1909 年 8 月 22 日吴在上海县作案逃跑，县差在麦极路租界附近将其捕获。工部局竟诬之越界捕人，反将差役顾锡生、姚白之拘捕。外国领事团还向上海道提出抗议。此后，上海县差役再不敢到租界内协捕人犯。
③ 上海道刘燕翼关于会审公廨经过之述录，1925 年 6 月 14 日，上海市档案馆《全宗 187，卷号 1209》，第 86—89 页。
④ 赵晋卿：《上海会审公廨的沿革和收回公廨交涉经过的史实》，1962 年 11 月 25 日。

命初关于法权争议的文函等。此外,还有著名公廨员关䌹自述与外领之争执的《会审补厥记》等。①

其二,收回公共租界会审公廨交涉经过的资料。其中包括中国政府致外国公使关于收回公共租界会审公廨的照会,领衔公使朱尔典提出的条件五端,中国政府复朱尔典的照会,公使团致中国政府关于以推广租界为交还会审公廨之条件的照会,法权讨论委员会会议收回会审公廨的纪要,上海工、青、学联合会宣言,中国外交、司法两部与英、美、日、法、意五国使馆委员会会议情况,收回会审公廨交涉移沪之情况,1924 年 4 月 1 日至 1926 年 12 月 30 日中外各方交涉收回会审公廨的函电、各界的收回会审公廨的建议书以及对交涉期间美籍律师公然侮辱我国之抗议文电等。这些资料主要见诸上海档案馆《全宗 138,卷号 2》《卷号 4》《卷号 6》《卷号 8》及《全宗 187,卷号 1208》与《卷号 1209》等。

除以上收回公共租界会审公廨交涉过程中的资料外,还有涉及收回全市公廨的文件,接收会审公廨时的电文,以及对收回会审公廨的协定、换文的反应方面的一些资料。

四、建立上海公共租界临时法院及改组临时法院为上海特区地方法院的资料

收回上海公共租界会审公廨一事,经过曲折的交涉,于 1926 年 8 月 24 日由江苏省特派员、淞沪商埠总办丁文江,江苏特派交涉员许阮与驻沪领事达成协议,制定了《收回上海市公廨暂行章程》,并于 1926 年 8 月 31 日由江苏省政府代表与领事团领事另行换文,于上海签字公布。这意味着公共租界会审公廨时期的结束和建立上海公共租界临时法院的开始。

上海市档案馆收藏的这一方面的资料,主要有:

其一,关于建立上海公共租界临时法院的资料。如上海公共租界临时法院及临时上诉法院组织大纲,上海公共租界临时法院看守所及女监组织概况,江苏省政府委任上海公共租界临时法院人员情况,江苏省政府关于临时法院设立律师惩戒委员会的训令,以及关于设立华洋民事上诉处的文件等。这类资料比较集中地收集于上海档案馆《全宗 179,卷号 30》《卷号 50》《卷号 54》《卷号 60》《卷号 62》《卷号 70》《卷号 163》《全宗 138,卷号 4》《卷号 9》内。

其二,关于各国领事破坏《收回上海公共租界会审公廨暂行章程》及临时法院建立的情况。

从 1927 年 1 月 1 日到 1929 年 12 月 31 日的三年中,各国驻沪领事不把《收回上海公共租界会审公廨暂行章程》放在眼里,经常违反《章程》的规定,继续侵夺我国的司法主

---

① 上海市档案馆《全宗 187,卷号 1208》,第 88 页。

权。如《章程》规定，法院审理中领事团的观审代表非经推事同意，不得发言讯问。但这三年中，领事团代表不仅常常擅自发言讯问，而且擅自做出判决。这就由观审而会审而直接审判，比《章程》实施前还前进了一步。这类事件发生得越来越多，引起了中国人民的愤怒和中国政府的抗议。有关资料涉及上海公共租界临时法院提请江苏交涉公署进行交涉的函件、江苏交涉公署致美国总领事的函件及美国总领事克宁翰致江苏交涉公署的复函、舆论界的反应等。上海档案馆《全宗138，卷号4》《卷号10》中收集有上述文件资料。

其三，关于改组上海公共租界临时法院为特区地方法院的资料。

临时法院协定自1927年1月1日实行，于1929年12月31日届满。从1929年5月起，中国政府开始与英、美、法、荷等国讨论设立完全独立的中国法院与适用中国法律问题。由于有关国家代表的故意拖延，企图使临时法院按照协定延长三年，直至1929年年底，讨论仍无结果。因此，中国政府于1929年12月27日下令临时法院于1930年1月1日起改归司法行政部管辖，并令其听候改组。从而迫使各国代表于1930年2月17日签字，于1930年4月1日开始实行对临时法院的改组，建立上海特区地方法院。有关资料除见诸上海市档案馆档案外，还见诸孙晓楼、赵颐年编著之《领事裁判权问题》及梁敬所著《在华领事裁判权论》等书稿中。

五、关于上海法租界会审公廨的建立、发展与收回

关于上海法租界会审公廨的建立、发展过程中中外交涉的大批文档，已为公开著作所引用，如《上海地方史资料》①中的《帝国主义在上海侵夺我国司法权的史实》等。② 收回法租界会审公廨的一些资料，如中外交涉的文电，上海公共租界临时法院与江苏交涉公署、江苏省政府、江苏省司法厅之间的来往函电，则还保留在上海档案馆内的《全宗138，卷号2》《卷号4》《全宗179，卷号69》《全宗181，卷号1095》等档案中。

以上所述，仅仅是与会审公廨有关的部分资料。这一方面的其他资料，如中外交涉会议的记录稿等，若加整理予以发表，可以极好地用来研究中外各方、各种力量、各种派别人物的利益、意志、政见、手腕以及在这些极其不同的利益、意志、政见、手腕的合力的作用下，上海近代法制的这一畸形儿是怎样发展演变的。

除会审公廨外，与其并存的清末上海地区的司法机构的活动，民国初期、北洋军阀时期、"四一二"政变以后直至抗日战争爆发时期、抗战时期和解放战争时期上海地区的地方立法、司法状况，都有相当丰富的档案资料可加利用。例如，上海是旧中国最早建立律

---

① 上海市文史馆、上海市人民政府参事室文史资料工作委员会编：《上海地方史资料（二）》，上海社会科学院出版社1983年版。
② 邓克愚原作，顾高地校补。

师制度的地区,上海市档案馆就收藏有上海律师公会的资料约四千卷,它涉及上海律师公会的建立、发展、演变,涉及其规章制度,也记录了许多律师的善举和劣迹,从中可以看出不同时期上海法律制度、法制实施状况的变化轨迹。又如,1937 年 11 月上海沦陷后,曾由日本侵略者扶植汉奸苏锡文成立了伪上海市大道政府,直至 1945 年 8 月随日本侵略者投降而垮台。上海市档案馆所收藏的日伪上海市政府档案即达一万五千余卷,"数量庞大,门类齐全,系统性较强,内容丰富"①。尽管上海市档案馆已编辑并公开出版了《日伪上海市政府》一书,但所辑入的资料仅六百八十八件,占全部资料的百分之四点五。至于律师公会的四千余卷资料,则尚未整理与出版。

如上所述,我们对上海近代法制史料的"管窥",显然带有"走马观花"的性质,离"细测""精研"还有很大的距离。从史料研究的角度看,笔者认为,在介绍了以上情况后,还有必要申明下列几点不成熟的看法:

（一）上海近代法制史料的真实性问题

由于是档案馆所收存的资料,这些档案资料并未也不可能被篡改;由于涉及上海近代法制的史料绝大部分为立法文件、办事规程、司法机构情况以及案件记录、会议记录、文电往还之类,所以这些资料的真实性与可靠性是无可怀疑的,但不包括下列几类:

其一,个人的文字交代材料。例如,1925 年 6 月 14 日,前上海道刘燕翼关于会审公廨经过之述录,就部分地带有推卸责任的性质,必须核对事实而加以认定。

其二,个人的文字评价材料。例如,上海市档案馆藏有有关上海法制的私人著述,有的述及当时的上海法制状况,带有主观评价的成分,引文所记述的事件,不免有真伪混杂的情况。

其三,中外互译的资料。有些法律文件的中文原本已轶失,现在收藏的中文却是从外文本中译出的,因此,就存在外文原本的错误与误译两种可能,对有关资料的真实性与可靠性,必须仔细甄别。

至于非档案馆保存的有关上海近代法制史的资料,其真实性问题当然更应郑重对待了。现在流行的一些关于上海近代史的书籍,大量引用了私家著作中的资料,这是应当认真对待的。起码,不能把这些私家著述全部当作第一手资料;这些书籍引用的资料本身还应核查属实。例如,The History of Shanghai,A Short History of Shanghai,Shanghai：It's Mixed Court and Council 等。

（二）上海近代法律史实的评价问题

上海近代法律史料所提供的上海近代法律史实,近年来已见评价不一之端倪。对于在

---

① 《日伪上海市政府》之《本辑说明》,档案出版社 1986 年版。

公共租界与法租界中建立会审公廨属于帝国主义掠夺中国司法主权这一点，并无歧见，但对会审公廨建立的原因、会审公廨所起的客观作用、会审公廨所适用的法律及所奉行的司法程序等，已出现了不同的议论。传统的观点是采取全部否定的态度，新近出现的观点则或采取有保留的批判、或采取做部分肯定、或采取主客观分开评价的做法。但所有这些观点都未形诸文字公开发表，所以也不便批评。指出这点，是为了从中得到启迪，至少不要盲目地采取绝对肯定或绝对否定的态度为好。笔者认为，在对真实史料的评价上，我们应抱的态度必须符合这几项原则：其一，中国的国家主权不容侵犯的原则；其二，外国侵略者的主观意图与法律措施的客观作用可能不一的实事求是分析的原则；其三，资产阶级法律文化不能全盘否定，应予批判继承的原则。

"隋律"的正负效应

隋王朝结束长达四百年的分裂格局，建立了统一帝国，达到"人物殷阜，朝野欢娱"的"开皇之治"，其主因之一当归功于建隋当年即颁行的《开皇律》。

中外法律史家多褒扬唐律而贬抑隋律，认定"历代之律""至唐始集其成"。这是不符史实的。所谓唐律那是以隋《开皇律》为蓝本编撰而成的。隋代立法，堪称是开中国封建社会立法典型之先河，也是中国法制史上的里程碑。

《开皇律》作为统一王朝的法律，注切于保卫皇权。它首创"十恶之条"，也多同保卫皇权相关，如"谋反""谋大逆"等条。这在皇权为核心的中央集权制时期还是必要的。正是由于《开皇律》对维护皇权发挥了巨大功能，隋文帝才得以迅速排除统治集团上层的异己分子，顺利推行各种有利于政治巩固、经济发展和文化繁荣的措施。隋代法制的这一正面影响流播深远。自唐迄清近一千五百年的立法，无不以确立绝对的皇权为其立法宗旨。而法律保证皇权的至高无上，它有利于农耕社会大一统国家的建立和巩固。今天，东南亚、东北亚国家都深受隋唐法制影响。

封建社会立法者很少能遵法。隋文帝后期不遵行《开皇律》。他"既任智而获大位"，便无限扩大皇权，任意破坏法律。诸如立"盗边粮者，一升以上皆死""三人同窃一瓜，事发即时行决"等极端奇严的法令。隋炀帝的《大业律》制定虽更为轻简，却于民尤严。"王子犯法，与小民同罪"乃是一纸空话。法律从来是不平等的。

古中国的若干主要制度，多奠基于秦、隋。汉、唐等各朝各代大部分制度的"创制权"，几乎都承继秦、隋。而秦、隋夭亡的教训，也正说明立法，还要司法、执法、守法。唐初魏徵等人告诫"吉凶由人，祅不妄作"，必须"引隋为鉴"。他还引述《尚书》的"天作孽，犹可违；人作孽，不可追"为证。但是，出于农耕社会土地上生育的人们，是不可能也不会真正接受隋亡教训的。而隋代法制中的这种立法毁法、有法不依，却留下了长期的负面影响。

---

* 原载《社会科学报》1994年3月13日。

庞德的法律社会学思想*

庞德（Roscoe Pound，1870—1964）出生于美国内布拉斯加州林肯城，曾在内布拉斯加大学攻读植物学，1897年获植物学方面的哲学博士学位，1889—1890年在哈佛大学攻读法律，1890—1903年一面在大学任教一面当开业律师，1904—1907年任州法律委员。此后，先后任教于芝加哥西北大学、哈佛大学，并于1916—1936年任哈佛大学法律学院院长。其著作甚多，到1960年为止曾发表过二十四本书和二百八十七篇论文和报告。法哲学方面的主要著作有《社会学法学的范围和目的》(1911—1912)、《普通法的精神》(1921)、《法律哲学导论》(1922年初版，1954年修正版)、《法律史解释》(1923)、《法律和道德》(1924)、《通过法律的社会控制》(1942)、《法律的任务》(1944)及《法理学》五卷(1959)等。其为数众多的法学和植物学著作和论文的提要，被人编成两大本书。

一、庞德法律观的师承关系

朱利叶斯-斯通在他的《法学的范围和作用》一书中评析庞德的思想方法的师承关系时指出：第一，庞德认为"事实主张、要求或利益本身就是有效的根据"的见解"来自耶林和詹姆斯"。耶林（Rudolf von Ihering，1818—1892）著有《法律的目的》(1872)等书，从社会的实际出发用因果律来解释法律，认为法律是以个人的和社会的目的为基础的。[①]他强调，目的是全部法的创造者，是法的根本标志。在许多法学著作中，耶林本人也被列为法律社会学的早期代表。第二，庞德认为"法律先决条件是以一定时期一定文化的事实主张、要求或利益为先决条件"的观点师承于柯勒。第三，庞德认为"事实主张、要求或利益的结构表现在一定的文化之中，并与其法律先决条件相协调"的观点，师承关系不明。第四，庞德认为"对一定案件中相冲突的利益要进行分析，并且要根据其对整个利益

---

* 原载《政治与法律》1994年第5期。
① 德国《布罗克豪斯百科全书》第8卷，第818页。

结构的冲突情况来解决"的观点，师承于詹姆斯和施塔姆勒。由此可见，庞德学说的思想来源是比较复杂的。我国著名法学家沈宗灵教授论及这点时也指出："庞德的学说的思想渊源较为复杂，比较明显和重要的思想渊源是詹姆斯（W. James，1842—1910）的实用主义哲学和霍姆斯（Oliver W. Holme，1841—1935）的实用主义法律思想；美国社会学家沃德（L. F. Ward，1866—1951）关于社会力量和社会控制等学说，也对庞德的学说有很大的影响。据庞德本人讲他在形成社会学法学以前，曾信奉功利主义、分析派法学和历史法学。在20世纪初结识罗斯并阅读沃德著作后，才开始考虑社会学法学。"①

如上所述，庞德曾受多种哲学、法学思潮的影响。但他的法哲学却不是各种学派的杂糅。庞德在比较了各家观点的优劣长短之后，决心选择社会学方法从事他的法哲学研究，并开拓性地建立其法律社会学的体系。为此，他在1911—1912年撰写了《社会学法学的范围和目的》，宣布了他的"社会学法学"即法律社会学的纲领；1923年，他又发表了《法律史解释》一书，依据上述"纲领"对其他种种法哲学观做了批判；1942年，他发表《通过法律的社会控制》一书，进一步阐述了他在上述文论中已经论及的建立在利益论基础上的社会工程和社会控制论。所有这些，都在20世纪50年代发表的五卷集《法理学》中做了总结和发展。研究庞德的法律社会学法哲学观，可以上列三种著作为主。从中我们可以看到，庞德的法哲学确实比以前各个法哲学家更体系化、表述得更清楚、论证得更集中。

二、法律社会学的纲领

庞德在《社会学法学的范围和目的》中宣称，社会学法学家当前所要解决的主要问题是，在创立、解释和适用法律方面，应更加注意与法律的有关事实。他写道："当前社会学法学家所要解决的主要问题是：在创造法律以及在解释和适用法律规则方面，如何使其可能，并促使其更多和更明智地注意，法律所必须触及和对之适用的社会事实。"他认为，为此，社会学法学家必须坚持下列六点：

1. 首先是研究法律制度和法律学说的实际社会效果。

2. 其次是社会学研究与法律研究并行前进而为立法做准备，以传统的科学方法分析研究其他立法。比较立法被认为是明智地创造法律的最好基础。但对法律本身进行比较是不够的。最为重要的是，如果实行法律的话，就要研究这些法律的社会作用和产生的效果。

3. 第三是研究该法律规则生效的手段。这在过去几乎是完全被忽视的。我们孜孜不倦地研究法律的创造，似乎以为法律一经立出，就会自动执行。这不仅在立法方面如此，而且在我们法律中的、以判例报告为依据的最重要部分也是如此。我们司法制度的全部精力

---

① 沈宗灵：《现代西方法律哲学》，法律出版社1983年版，第65页。

差不多都花在编出一套首尾一贯的、合乎逻辑的、严格精确的判例。我们司法制度的重要部分不是对诉讼人执行正义的初审法官,却是借诉讼作为发表法律的一种手段的上诉法院法官;我们用以判断这一制度的是书面意见量,而不是以具体案件中当事人的实际结果。但是法律的生命在于它的实施。迫切需要认真地、科学地研究如何使我们每年的大量立法和司法解释得以生效。

4. 达到最终考虑目的的一个手段就是社会学的法律史。即不仅研究这些学说如何演变和发展,不是仅仅把它们当作法律材料来看待,而且要研究这种法律原理在以往产生了什么社会效果,以及它们是如何产生这些效果的。所以坎持罗维奇主张另一种法律史,它并不研究离开当时经济和社会历史的规则和原理,仿佛法律变化的原因完全在于过去的法律现象中;这另一种法律史不会试图表明,通过系统的演绎法,过去的法律就能给予我们对每一个问题的答案,仿佛那种法律是一个没有中断和矛盾的体系。这另一种法律史要向我们表明,过去的法律如何从社会、经济和心理条件中成长,如何与这些条件相协调,使自己与它们相适应,以及我们能进行到什么程度,如以那种法律为基础或者是不顾法律,但却有根据可预期产生所希望的结果。

5. 再一点是使各个案件能合理地和公正地解决的重要性。不久以前,为了想使法律确定性达到不可能的程度,而往往牺牲这些案件。关于这一主题,近年来出现了一批专著。一般地说,社会法学家支持"法律的衡平适用"论。这就是说,他们认为法律规则是对法官的一个指针,引导他走向公正的结果;但他们又坚持在广泛限度内,法官应自由处置各个案件,从而满足当事人之间的正义要求,并符合普通的一般理性。

6. 以上各点都是朝着同一目标的某些手段:力求使法律秩序的目的实现将更为有效。[①]

上述六点在《法理学》中被庞德扩展为八点,所增加的两点是:(1)法律研究的方法应该是,既对司法、行政和立法以及法学的活动进行心理学的研究。(2)在普通法系国家中司法部的作用。在美国……司法部门并不研究以下这些重要问题,如:法律制度的作用;法律的适用和施行;案件是否公正及其理由;不断出现的新情况及其应付办法;立法是否符合其目的及其原因;等等。因此,司法部门也就无法向制定和执行法律的人提供专家化的、明确的指引。[②]

上述庞德提出的法律社会学几点纲领,从法律史到实际立法、司法,从法律的学理研究到法律的实际施行,都紧紧地围绕着与"社会事实"相关进行思索这一中心点。也就是说,他的关注焦点是法与社会事实的关系。因此,庞德法律社会学的核心从一开始就明确地被确定为:法律的社会基础、社会作用和社会效果。

[①] 《中外法学原著选读》,第 604—606 页。
[②] 《现代西方法律哲学》,第 65—68 页。

三、在批判中创新"法律史解释"

庞德在提出上述八点（最初是六点）法律社会学纲领时，对其他法哲学派做了批判，以巩固法律社会学的阵地。这主要见诸《法律史解释》。在《法律史解释》中，庞德描述了主要是近代以来的对法律所做的伦理和宗教解释、政治解释、人种学和生物学解释、经济学解释以及其他著名法学家的解释，其中特别对十九世纪的历史法学派和分析法学派的学说做了详尽的介绍，并以法律社会学的上述纲领为依据对其做了深刻的法哲学批判。

在该书第一章《法律与历史》中，庞德评析了萨维尼的历史法哲学，指出："法律必须稳定，但又不能静止不变"[①]；历史法哲学的兴盛虽然"持续了近一百年，在后半期几乎是独霸法学舞台，但到19世纪末却明显地遭到了冷遇"[②]，因为"历史法学派对法律学科来说，实际上是一种消极的、压抑性的思想模式，它背离了哲学时代积极的、创造性的法理思想"[③]。他指出历史法学派把法律看作为"发现的"而不是"制定的"，用唯心主义方法解释法制史，强调"法律规则背后的社会压力"等，都是不科学的。庞德写道："在对……历史法理学进行分析之后，我们渐渐认识到，它根本不是一种历史学派。"[④]他指出，历史法学派"把解释视为历史，抑或如克罗齐那样，把解释称为历史记述"[⑤]，这是萨维尼的历史法学派不成其为"历史学派"的致命原因。

在《法律史解释》第二章《伦理和宗教解释》中，庞德批判了"唯心主义伦理学"的"权利观念"，指出"它与其说是根据伦理学不如说是根据宗教来看待权利观念，并且把法律史视为实现某种在权利和法律中与宗教观念表现形式有关的宗教观念的那部分历史"[⑥]。庞德否定了这种"伦理和宗教解释"的科学性。

在第三章《政治解释》中，庞德指出，"梅因把法制史归纳为从身份到契约的发展。这一著名概括无论是在理论研究上，还是在法院或律师的实际运用中，都是政治解释的最重要的一个方面"[⑦]。他指出，"实质上，梅因的理论乃是黑格尔的理论"[⑧]，而"契约观念就是萨维尼的意志说"[⑨]，但"如果我们一定要从普通法中寻找一个基本观念的话，那么，它

---

① 《法律史解释》，华夏出版社1989年版，第1页。
② 同上书，第9页。
③ 同上书，第12页。
④ 同上书，第18页。
⑤ 同上书，第19页。
⑥ 同上书，第22页。
⑦ 同上书，第51页。
⑧ 同上书，第51页。
⑨ 同上书，第54页。

就是关系,而不是意志","我们应该记住,在我们的法律的形成时期出现的律师和法官面前的类推,是当时典型的社会制度和法律制度,是贵族和平民的关系。这在我们的法律中表现为佃主和雇农的关系"[①]。庞德认为,梅因"这种从身份到契约发展的归纳,在前三十多年,无论是在立法方面还是在司法判例方面,都遭到了整个法律发展过程的批驳"[②],因为"它是一种消极的法律理论"[③],在那里,"历史宿命论变成法律悲观论"[④]。

在第四章《人种学和生物学解释》中,庞德指出"人种学解释和生物学解释是过渡解释的两种主要形式,区分它们并不困难。前者依据种族精神或种族心理或种族制度解释法律和法制史。……后者依据达尔文的自然选择,即生存竞争和适者生存的观点解释法律和法制史"[⑤]。庞德认为这两种"解释"除提供了机械物理学原理的类推和有机体类推的方法外,几乎没有为我们提供任何其他东西,[⑥]而这些类推已被证明都"失败"了。他强调指出,"法律不是通过其内在力量对刺激因素的反应而自我适应的,也不会受制于它所要适用于的那种外部生活环境的最直接的压力"[⑦]。

在第五章《经济学解释》中,庞德肯定了这种"解释","在促使我们去思考如何满足需求而不是表现意志,在引导法学家从现存的有限的物质资料中描绘出关于满足需求的法律秩序的图画以取代在行动中协调意志方面,都不无帮助"[⑧]。同时,他批评了经济学解释"夸张了人类为达到阶级目的而有意识地制定法律的程度"[⑨],指责了马克思、恩格斯的法哲学观如"唯心主义的经济解释"[⑩]。在第六章中,庞德还批评了其他许多著名法哲学家的法律解释。

在否定或指出了各种法律解释的片面性之后,庞德得出了"我们就需要一种新的法制史解释"的结论。[⑪]这种解释在他看来只能是"社会工程解释"。他在《法律史解释》的第七章对此做了论述。结合以上各章所表述的观点,我们可以将庞德在《法律史解释》中阐明的法律社会学基本观点概括为以下几点:第一,"法律必须稳定,但又不能静止不变"。社会的安全和利益要求法律的确定性和稳定性,但社会生活的变化及社会利益的压力同时要求法律适时地做出相应的变化。第二,人类社会发展出现了社会化进程,社会利益

---

① 《法律史解释》,华夏出版社1989年版,第55页。
② 同上书,第57页。
③ 同上书,第62页。
④ 同上书,第63页。
⑤ 同上书,第71页。
⑥ 同上书,第86—87页。
⑦ 同上书,第87页。
⑧ 同上书,第149页。
⑨ 同上书,第110页。
⑩ 同上书,第111页。
⑪ 同上书,第90—91页。

逐渐取代个人利益，合作开始取代竞争，综合开始取代分析。这要求法律也相应地"社会化"。第三，法律是一种"社会工程"，人类应通过法学家、法官和立法者来设计和改造这一"社会工程"。第四，法律作为控制人类本性的手段，是文明发展的产物，是维系和促进文明发展的工具，人类因此必须注重法律的作用和效果。

为述评的方便，我们按庞德对法律的概念、法律的发展、法律功能的基础和法律功能的看法等四个方面略做分析。

（一）关于法律的概念

庞德认为，法律的内涵不是别的，而是"一种制度，它是依照一批在司法和行政过程中运用权威性律令来实施的、高度专门形式的社会控制"①。至于法律的外延，庞德指出："它是由规则、原则、确定概念的律令和建立标准的律令构成的。"② 同时又指出，法律包括三种成分："我们正在讲的这一意义上的法律是由律令、技术和理想构成的：一批权威性的律令，并根据权威性的传统理想或以它为背景，以权威性的技术对其加以发展和适用。"③ 这样，庞德的"法律"概念，就包含了法律条文以外的"法律秩序"和"司法行政过程"等。

在庞德的法律概念定义中，值得注意的是以下几点：其一，法律是一种"社会控制"，而不仅仅是条文。从这里可以看出，作为法律社会学家，庞德的主要着眼点是法律的社会功能，而不是法律的形式和结构。第二，法律包括司法行政过程。他把法律的运用和适用看成法律的重要方面，扩大了法律概念的外延，拓展了考察法律的视野。第三，法律是"以权威性的技术""加以发展和适用"的。也就是说，法律不是静态的而是动态地"适用着""发展着"的事物。

从庞德的法律概念定义中，我们已昭然而见他以动态的视角阐述法律社会学的法哲学观。如果我们再结合他极力主张"在行动中研究法律"的主张和对"书本上的法"的鄙夷态度来看，就可以更清楚地看到他的动态法哲学观。

庞德提倡"法的行动主义"，其具体表现之一，即关于"无法司法"和"法官立法"的理论。庞德写道："为了使司法适应新的道德观念和变化了的社会和政治条件，有时或多或少采取无法的司法是必要的。"④ 这种"无法的司法"也就是"法官立法"，即法官根据个人的意志和直觉"自由裁定"，不受任何固定的一般规则的约束。庞德把这种"无法的司法"视为"行政"。与此相对的是"有法司法"，即根据权威性律令、规范或命令、指

---

① 《法理学》第1卷，第15页。
② 《法理学》第1卷，第2卷第124页。
③ 《法理学》第1卷，第107页。
④ 《依法审判》，《哥伦比亚法律评论》第13期，第691页。

示而进行"不受个人情感影响的、平等的、确定的司法"[①]。庞德认为这是与"行政"不同的"司法"。他指出，在所有的法律制度中，都可以发现"有法司法"和"无法司法"的形式同时并存，而法律的历史始终是在推崇广泛的自由裁定权的"无法司法"和坚持严格细微的规则的"有法司法"之间来回摆动的。庞德因此认为，必须力求达成"有法司法"与"无法司法"即司法与行政之间的平衡。这是维持极端任意的权力与极端受限制的权力之间的平衡。他认为，这种平衡不可能永远地保持，文明的进步会不断地打破平衡而又逐渐恢复。

（二）关于法律的发展史

庞德将法律的发展史划分为"原始法""严格法""衡平法和自然法""成熟法""社会化法"五个阶段，并认为"社会化法"之后将有一个"世界法"的阶段。

原始法阶段的法，为古希腊法律、古罗马的《十二铜表法》、古日耳曼法、盎格鲁－撒克逊法以及《汉穆拉比法》等，都是为了保持和平、防止无限制的血亲复仇而未从或刚从一般社会控制手段中初步分化出来的原始即简单、粗糙的法律。

严格法阶段的法，为公元前四世纪的罗马法以及十三世纪英国的普通法学，以维护一般安全为目的，其特征主要是形式主义、硬性和不变性、法律不考虑道德因素、权利义务仅属于具有法律人格的人。

衡平法和自然法阶段的法，如英国17、18世纪的衡平法和欧洲同期的自然法，以合乎伦理和符合善良道德为目的，其特征是法律与道德的一致性、强化义务观念及依靠理性而非专横的规则。

成熟法阶段的法，为19世纪欧洲国家的法律，以保障机会平等和安全为目的，其特征是彻底的个人权利观念和人皆具有法律人格。

社会化阶段的法，指的是十九世纪末以来西方国家的法律。这一阶段的法律的重点已从个人利益向社会利益转化，法律的目的是以最低限度的障碍和浪费，以尽可能地满足人们的要求。庞德以美国法律为例，分析了这一阶段的法律的十二个特征，其中包括对财产的使用以及对违反社会利益的自由、契约自由、处分权、债权人或受害人的求偿权的限制；无过失的损害赔偿责任；公共财产观念；强调社会对被扶养家属的关系；等等。

庞德关于法律发展史的阶段划分，建基于法律的社会控制作用和在这一方面所表现出的特征之上，法律越是发达而成熟，其"社会化"的程度也就越高。

（三）关于法律功能的基础

庞德认为，法律的作用和任务在于承认、确定、实现和保障利益以求达到社会控制的目

[①]《法理学》第1卷，第2卷第375页。

的。为此，就必须研究法律功能的基础。在庞德看来，这一基础就在于对人类利益的剖析。

他把人类利益分为"个人利益""公共利益"和"社会利益"三类。又将"个人利益"分为"人格利益""家庭关系利益"和"物质利益"三类；将"公共利益"分为"国家作为法人的利益"和"国家作为社会利益捍卫者的利益"两类；将"社会利益"分为"一般安全利益""社会组织安全利益""一般道德的利益"等六类。

庞德指出，"对这些利益如何估量，对它们如何评价？用什么原则来决定它们相互之间的分量？在发生冲突的情况下，哪些利益应让位？"这一切都是立法、司法和行政过程中必须密切关注的。他认为法律必须承认和保护社会利益，法律应通过调和社会各种冲突的利益来实现其作为社会"调节器"和"稳定器"的功能。

(四) 关于法律的功能

要了解庞德关于法律的功能的观点，首先必须了解他的"法律的社会工程"说，这是庞德法律社会学理论体系的核心。

庞德把法学比作一门工程科学。他早在《法律史解释》中曾这样写道："让我们暂时把法理学当作一门社会工程科学。这门科学所必须处理的事务是整个领域中能够通过政治组织社会对人类关系进行调整的行为而实现的那一部分事务。"① 他指出："社会工程被看作是一个过程，一种活动，而不只是一种知识体系，或是一种固定的建筑秩序。它是一种行为活动，而不是一种数学公式与机械规律按照亘古不变的指定方法而自我形成的被动的工具。"②

这种"社会工程"的目的是为了实现"社会控制"，法律就是"社会控制"的工具。庞德认为，人类的社会控制手段有"法律""道德"和"宗教"三类，而"从16世纪以来，法律已成为社会控制的首要工具"③。因为从那时以来，"社会政治组织已成为首要的了。它具有或要求具有，而且就整个来说也保持着一种对强力的垄断。所有其他的社会控制手段只能行使从属于法律，并在法律确定范围内的纪律性权力"④。

在1954年修订版《法律哲学导论》中，庞德这样把他建基于利益论之上的法律的"社会工程"论和"社会控制"说综合在一起，做了如下被博登海默称为"对法律的基本看法的简洁而精彩的表述"⑤："为了理解今天的法律，我满足于这样一种美景，即在付出最小代价的条件下尽可能地满足人们的要求。我愿意把法律看成是这样一种社会制度，即在通过政治组织社会安排人们行为而可以满足人们的需要或实现这些要求的情形下，它能以付

---

① 《法律史解释》，华夏出版社1989年版，第138页。
② 同上书，第149页。
③ 《法理学》第1卷，第3卷第6—7页。
④ [美]庞德：《通过法律的社会控制》(1942)，第24页。
⑤ 《法理学——法哲学及其方法》，第145页。

出最小代价为条件而尽可能地满足社会需求——即产生于文明社会生活中的要求、需要和期望。就眼下的目的而言,我很乐意能从法律历史发现这样的记载,这就是通过社会控制对人类的需求、需要和欲望的承认和满足得到不断扩大;对社会利益的保护日益广泛和有效;更彻底、更有效地杜绝浪费并防止人们在享受生活利益时发生冲突——总而言之,一个日益有效的社会工程。"

庞德的这些言论再清楚不过地表述了他关于法律功能以至整个法律社会学的观点。这是法律社会学发展史上最完整而系统的表述。

应当承认,庞德对各种法哲学的片面观点的批评是相当成功的;他把法律作为"社会控制"的主要手段而且围绕这一点展开法律社会学的论述,也是值得肯定的;而他从动态的角度论述法律的"过程",更将法哲学研究往前推进了一大步,而这是分析法哲学,更是历史法哲学所望尘莫及的。

墨家法哲学对儒家法哲学的抗争[*]

一、与儒家并称"显学"的墨家

人称"历史有惊人相似之处",但历史绝无重复之可能。偏执历史循环论的人,今已鲜见,但重蹈前车之覆辙者,古今中外,所在多有。因此,以史为鉴,从墨家法哲学对儒家法哲学的抗争中得到一些启迪,或可对当今崇儒之风日炽的流弊,不无纠偏补弊的助益。

儒、墨两家并称先秦"显学"。韩非子说:"世之显学,儒、墨也。儒之所至,孔丘也;墨之所至,墨翟也。"[①] 但同为"显学"儒、墨是对立的。在中国法学史上,墨家法哲学最早对儒家法哲学进行了否定性的批评。

墨家的创始者和代表人物是墨翟即墨子,约生于孔子死时,约亡于花甲之年,鲁国人。据《墨子·贵义》云,他"上无君上之事,下无耕农之难",有精湛的手工技巧[②]。他早年曾"学儒者之业,受孔子之术",但孔子开创的儒学对他没有吸引力,他反而"以为其礼烦扰而不说,厚葬靡财而贫民,服丧生而害事,故背周道而用夏政"[③]。他认为"儒之道足以丧天下者,四政焉,儒以天为不明,以鬼为不神,天鬼不说,此足以丧天下。又厚葬久丧,重为棺椁,多为衣衾,送死若徙,三年哭泣,扶后起,杖后引,耳无闻,目无见,此足以丧天下。又弦歌鼓舞,习为声乐,此足以丧天下。又以命为富贵寿夭,治乱安危有极矣,不可损益也,为上者行之,必不听治矣,为下者行之,必不从事矣,此足以丧天下"[④]。有鉴于此,墨子毅然抛弃所受"儒者之业",致力于创立与儒学抗争的学派。

---

[*] 原载《社会科学报》1997年第1期。
① 《韩非子·显学》。
② 《墨子·公输盘》。
③ 《淮南子·要略》。
④ 《墨子·公孟》。

墨子所创的墨家学派，由"充满天下"的"弟子徒属"①组成。他们大多为自耕农和手工业者中的知识分子。据西汉淮南王刘安说，墨者常"囚首垢面"，以农夫、庖人、杂役等"贱人"自况，并以"自苦为极"。其领袖称"巨（钜）子"。集团崇尚勇武精神，有极严格的纪律，"墨子服役者百八十人，皆可使赴火蹈刃，死不旋踵"②。

由于墨家学派以小生产者广大群众为其社会基础，既从事政治活动，又从事学术活动，还尚武行侠，因此在当时造成了极大的社会影响。连一百多年后的孟子都承认，墨子之时，"圣王不作，诸侯放恣，处士横议，杨朱墨翟之言盈天下。天下之言，不归杨则归墨"③。

墨子死后，墨家学派分化成三派，亦称"三墨"。《韩非子·显学》说："自墨子之死也，有相里氏之墨，有相夫氏之墨，有邓陵氏之墨。"后期墨家注重名辩逻辑和自然科学的研究，部分墨者变成了武侠流于民间。秦汉以后，墨学本身日渐衰微，几成"绝学"。但墨学的许多珍贵思想却为儒、法各家所吸收，融进了中国古代博大精深的华夏传统文化之中。

二、以"非命""兼爱""尚贤"批判"天命""亲亲""尊尊"

"墨家之所以要反对儒家，根源于他们对待周礼的态度。他们是先秦最先起来公开反对和批判周礼的学派。"④儒家法哲学所尊崇的周礼以"天命"论为依据，以"亲亲""尊尊"为基本点，固守血缘宗法关系的地盘。墨家法哲学则以"非命""兼爱""尚贤"理论予以抗争。

在孔子的《论语》中，当他论及周礼时，总不忘同时宣传作为周礼的哲学依据"天命"论，反复强调"死生有命，富贵在天"⑤。墨子作《非命》予以批驳。他认为天生命定的理论是"暴王所作，穷人述之，此皆疑众迟朴"⑥，即用以欺骗愚弄大众的骗术。他指出，这一理论之所以错误，是因为：第一，与历史事实不符，与古圣王之事迹相悖。他说："昔桀之所乱，汤治之；纣之所乱，武王治之。当此之时，世不渝而民不易，上变政而民改俗。存乎桀纣而天下乱，存乎汤武而天下治。天下之治也，汤武之力也；天下之乱也，桀纣之罪也。若以此观之，夫安危治乱，存乎上之为政也，则天岂可谓有命哉？"⑦他以确凿的历史事实说明，是人事而非"天命"决定社会的治乱、国家的兴亡。第二，与

---

① 《吕氏春秋·别类》。
② 《淮南子·泰族训》。
③ 《孟子·滕文公下》。
④ 《中国律法思想史纲（上）》，第127页。
⑤ 《论语·颜渊》。
⑥ 《墨子·非命下》。
⑦ 同上。

人们的亲身经验不符，与可见的客观事实相悖。他说："自古以及今，生民以来者，亦尝见'命'之物，闻'命'之声者乎？则未尝有也。"① 墨子不但是个政治、法律思想家，还是个逻辑学家。这里，他用反证法排除了"天命"观的立论依据。"天命"论既不符历史事实，又与人们的直接经验相背，当然不足为信。

墨子反"天命"而主张"非命"，提出了以"力"抗"命"的理论。他认为人类与动物的区别之一在于人能依靠劳动之"力"创造和改善自己的生活条件。他还将"力"做了"强力"与"非强力"之分，有"力"而不"强力从事"仍无济于事，无益于人也无益于社会。他认为，国家的治乱兴衰、人们的贵贱贫富，就看是否"强力从事"，亦即主张事在人为而非"命"由"天"定。他说："强必治，不强必乱；强必宁，不强必危。"又说："强必贵，不强必贱；强必荣，不强必辱。"② 他指出，贤君明臣早朝晏退、听狱治政而不敢稍有怠慢疏忽，农夫织妇早出晚归夜以继日而不敢倦怠慵懒，就是因为懂得必须"强力从事"的道理；如果他们相信"天命"而不做努力，国家行政就必定混乱，民众生活也将贫困饥饿。他强调指出："执有命者，此天下之厚害也。"③ 对"天命"做了坚决的否定和批判。墨家的"兼爱""尚贤"论，与孔子尊崇的周礼基本原则"亲亲""尊尊"是针锋相对的。

墨子的"兼爱"论，突出的是一个"兼"字。"贵兼"，是先秦各个学派公认的墨家学派的特点。墨子强调的是"天下之人皆相爱"④，"视人之国若视其国，视人之家若视其家，视人之身若视其身"⑤。总之是打破贵、贱、贫、富的界限，不分远、近、亲、疏的区别，普遍地、平等地互爱。这就是"爱无差等"。孔子也讲过"泛爱众""仁者爱人"。但他的"爱"是有差等、别贵贱、分亲疏的"亲亲""尊尊"的"爱"，与墨子的"兼爱"是两回事，决不可同日而语。

为论证"兼爱"的必要，墨子从社会和个人两方面加以说明。墨子说："天下兼相爱则治，交相恶则乱。"⑥ "今诸侯独知爱其国，不爱人之国，是以不惮举其国以攻人之国；今家主独知爱其家，而不爱人之家，是以不惮举其家以篡人之家；今人独知爱其身，不爱人之身，是以不惮举其身以贼人之身。是故诸侯不相爱，则必野战；家主不相爱，则必相篡；人与人不相爱，则必相残；君臣不相爱，则不惠忠；父子不相爱，则不慈孝；兄弟不相爱，则不和调。天下之人皆不相爱，强必执弱，富必侮贫，贵必傲贱，诈必欺愚。凡天下祸篡怨恨，其所以起者，以不相爱生也。"⑦ 总之，在墨子看来，"兼爱"是社会安宁、

---

① 《墨子·非命中》。
② 《墨子·非命下》。
③ 《墨子·非命中》。
④ 《墨子·兼爱中》《墨子·兼爱下》。
⑤ 《墨子·兼爱中》。
⑥ 《墨子·兼爱上》。
⑦ 《墨子·兼爱中》。

个人幸福、家庭平安的保证，否则就会造成社会混乱、个人和家庭不幸的恶果。这一论证进一步说明孔学尊崇的周礼的"亲亲""尊尊"的"差等之爱"，失去了理论说服力和社会影响力。

孔子以"亲亲""尊尊"的"差等之爱"来维护统治阶级内部的秩序，墨子则以"兼爱"来"治"社会之"乱"，即消灭犯罪的根源。墨子说："当察乱自何起？起不相爱。""盗爱其室，不爱异室，故窃异室以利其室；贼爱其身，不爱人，故贼人以利其身。此何也？皆起不相爱。"如"兼爱"，情况则完全不同："视人之室若其室，谁窃？视人之身若其身，谁贼！故盗贼无有。"①

墨家的另一重要理论为"尚贤"论。墨子认为，贤良之士是国家的宝贵财富，因此应尽可能多地举贤。他说："国有贤良之士众，则国家之治厚；贤良之士寡，则国家之治薄，故大人之务，将在于众贤而已。"②推举众多贤良之士的办法是有贤即举而不阿亲近贵："不党父兄，不偏富贵，不嬖颜色，贤者举而上之，富而贵之，以为官长；不肖者抑而废之，贫而贱之，以为徒役。"他认为，只有这样，才能使天下的人都"劝其赏，畏其罚，相率而为贤者"③。墨子特别强调要打破尊卑贵贱的界限。他托言古代"圣王"因"尚贤"而治来论证。他认为，"尚贤"可使"政令断""天下治"，直接反对儒家法哲学所拥护的奴隶制世卿世禄宗法制度。当然，这也与周礼的种种原则直接对立。

三、墨家的功利论

墨家法哲学的抗争，还表现在功利论、法治论等方面。

墨家所倡言的功利论，是与"兼爱"论紧密地联系在一起的。他常将"兼相爱"与"交相利"结合在一起，"交相利"就成了"兼相爱"的具体内容。孔子言"仁"，说"泛爱众"，内容抽象空洞，墨子所说"兼爱"则比较具体。郭沫若先生解释"兼相爱，交相利"的含义时说，这就是"你尊重我的所有权，我也尊重你的所有权；彼此互相尊重，于是也就互相得到好处"④。他比较了孔、墨的"爱"后指出："尽管同样在谈爱，同样在说爱人，而墨子的重心却不在人而在财产，墨子是把财产私有权特别神圣视的。"⑤在其功利论的基础上，墨子合乎逻辑地得出了以法律保护"利"即私有财产权、人身权以及劳动成果，对夺人之"利"者予以法律制裁的结论。他举例说："今有一人，入人园圃，窃其桃李，众闻则非之，上为政者则罚之。此何也？以亏人自利也。至攘人犬豕鸡豚者，其不义又甚

---

① 《墨子·兼爱上》。
② 《墨子·尚贤上》。
③ 《墨子·尚贤中》。
④ 《十批判书》，科学出版社1956年版，第112页。
⑤ 同上。

入园圃窃桃李。是何故也？以亏人愈多，其不仁兹甚，罪益厚。至入人栏厩，取人马牛者，其不仁又甚攘人犬豕鸡豚。此何故也？以其亏人愈多。苟亏人愈多，其不仁益甚，罪益厚。至杀不辜人也，扡其衣裘，取戈剑者，其不义又甚入人栏厩取人马牛。此何故也？以其亏人愈多，其不仁慈甚矣，罪益厚。"①又举例说："今有人于此，入人之场圃，取人之桃李瓜姜者，上得且罚之，众闻则非之，是何也？曰不与其劳，获其实，已非其所取之故。"②在墨子看来，以法律保证私"利"，是天经地义的事，"为政"者必行，"为人"者必喜。这同孔子主张的"道之以政，齐之以刑，民贫而无耻；道之以德，齐之以礼，有耻且格"③，自有根本的不同。在孔子那里，一切之标准是"德"与"礼"，在墨子那里，一切标准是"利"。

与这一功利论相关，墨子还有一个"三表"说，即："有本之者，有原之者，有用之者。于何本之？上本之于古者圣王之事。于何原之？下原察百姓耳目之实。于何用之？废以为刑政，观其中国家百姓人民之利。此所谓言有三表也。"④他认为"古者圣王""百姓耳目"以及"现行刑政"衡量一切的标准在于对国家和人民的有"利"与否。这些，虽然不能称之为功利主义法哲学，但作为一种法哲学上的功利观，无疑是无可否认的。

四、"尚同"与法治

墨家的法治观有多方面的表现。最突出的是他以"尚同"论解析了法律的起源。《墨子》中有《尚同》篇，说古代社会曾有"未有刑政之时"，其时"一人一义，十人十义，百人百义"而又"各是其义，以非人之义"，造成了"天下之乱也，至若禽兽然"的状况。为了解决这一问题，"明乎民之无正长以一同天下之义，而天下乱也。是故选择天下贤良圣智辩慧之人，是以为天子，使从事乎一同天下之义"，又"选择天下赞阅贤良贤智辩慧之人，置以为三公，与从事乎一同天下之义"，直至设"诸侯国君""乡里之长"以"与从事乎一同其国之义"⑤，而"天子"有权"发宪布令于天下"借以"一同天下之义"⑥。于是，法律就这样产生了。"天子"发布的"宪令"，是必须服从的统一的行为规范，如果"上之所是弗能是，上之所非弗能非"，亦即破坏了"宪令"，就要受到制裁，即实施"上之所罚"⑦。

---

① 《墨子·非攻上》。
② 《墨子·天志下》。
③ 《论语·为政》。
④ 《墨子·非命上》。
⑤ 《墨子·尚同中》。
⑥ 《墨子·尚同下》。
⑦ 《墨子·尚同中》。

墨子的法治观还表现在他对法的重视上。他认为无论从事何种工作都必须如百工"为方以矩，为园以规"那样，以"法""法仪""法度"为依据。他在《经上》篇中强调"法所若而然也"，即一切须"若"（顺）法而行。他指出："天下从事者，不可以无法仪；无法仪其事而能成者，无有也。""今大治天下，其次治大国，而无法所度，此不若有工之辩也。"① 这与孔子治国以"礼"，道德教化至上的主张，显然迥然有别。

在孔子死后不久，墨子即创立墨家学派与他的儒家法哲学抗争，而且天下"非杨即墨"，充分显示了这一抗争的激烈与影响之大。但如果过高估计、评价墨子的法哲学观如有的著作那样冠以功利主义法哲学、法治主义或套之以"自然法"的光环，却似不甚妥当。

墨子本人的思想有时处于矛盾之中。他的思想实质是反"天命"的，但他经常乞诉"天意"，援手于"神鬼"；他的许多法哲学观与孔子的"仁"学是北辙南辕的，但他同时也大谈"仁"，而且有时谈得与孔子十分近似。他说："鬼神之明智于圣人，聪耳明目之于聋瞽也。"② "天子为善，天能赏之；天子为暴，天能罚之。"③ "仁者，义也"是应该"书其事于竹帛，镂之金石，琢之槃盂，传遗后世子孙的"④，如此等等。这种情况的存在，并不能否定墨家法哲学抗争于儒家法哲学之大体，只是告诉我们一条很普通的道理：任何一个思想家，其思想是难纯而又纯的。更不用说《墨子》不过是后学所记，而墨子也仅是一个连生卒年月都未确知的"平民"思想家了。

---

① 《墨子·法仪》。
② 《墨子·耕柱》。
③ 《墨子·天志中》。
④ 《墨子·天志中》。

中国法律史研究创新刍议 *

二十年来，中国法律史工作者筚路蓝缕、开辟草莱，创建了学科体系，填补了研究空白，长文短论汗牛充栋，鸿篇巨制硕果累累，为学科建设和新人培养做出了卓越的贡献。

"百尺竿头，更进一步。"时届世纪之交，有必要针对前此研究中的不足之处，做创新之议，以使中国法律史的研究工作为建设社会主义法治国家做出切实的新贡献。本文略陈管见，以就教方家，不当之处，敬祈教正。

一

"中国法律史研究"有广狭二义。广义为中国学者所做的关于法律史的研究。甫落帷幕的"中国法律史学会第六次会员代表大会"即与广义相称相应。该学会下属有中国法制史学会、中国法律思想史学会、外国法制史学会、外国法律思想史学会等八个分会，各分会都是中国学者研究（中、外）法律（制度、思想）史的中心。狭义为关于中国法制史的研究。研究主体可以是中国学者，也可能是外国学者；研究对象是中国历史上的法律制度。这里的"法律制度"，不仅包括法律法令，而且包括立法与司法实践等。在关于中国法制史的研究上，中国大陆与中国台湾学者有相当大的观点分歧。从这些分歧中，或可得到一点启示。反思此前二十年的中国法制史研究，不难发现若干弊端。结合建设社会主义法治国家的时代要求，可以说我们正面临中国法制史研究的重大转轨时期。转轨的第一个要求便是如实论定法律史的本质。

（一）法在人类进化各阶段的积极作用应予肯定

西方学术界公认的20世纪以来最有影响的哲学家之一的恩斯特·卡西尔（Ernst Cassirer）在《人论》一书中指出，人只有在创造文化的活动中才成为真正意义上的人，也

---

* 原载《上海社会科学院学术季刊》2000年第1期。

只有在文化活动中，人才能获得真正的自由。他说："'人的哲学'一定是这样一种哲学：它能使我们洞见这些人类活动各自的基本结构，同时又能使我们把这些活动理解为一个有机的整体。"①

人类正是在创造文化其中包括法文化的活动中获得自由的，我们必须如实地把人类之创造法文化看成人类活动有机整体的一个组成部分。但流行的观点认为，在没有法律规范的原始社会里，人类倒是非常自由的，因为那时"没有阶级的压迫"；而一旦有了法，由于它首先是奴隶主阶级的法，人类（至少是人类的大多数——奴隶）就失去自由了。流行的观点还认为，从奴隶制法到封建制法，从封建制法到资本主义法，都是阶级压迫的法。总之，法制史是阶级压迫史，是可诅咒的血泪史。但与此同时，这些著作谈及"中华法系"时又是喜形于色、赞赏有加的，论及唐律时又是谢许"辉煌"、颂歌备至、击节赞叹的。

上述流行观点之所以是偏颇的，首先在于他们把法从人类活动有机整体中排除出去了。其实，每一历史时代，人们的全部活动都是一个有机整体。每一活动都为别的活动所影响、所制约，同时也影响、制约着别的活动。其中的任何一种活动，历史地看都是不可或缺的，有其必要性、必然性和值得肯定的一面。唯一科学的态度，就是肯定人类社会的全部历史，包括肯定组成这历史的每一部分，肯定人类社会发展史上必然发生、已然发生的那些活动。当然，对人类历史上已经发生过的一切必须加以分析，从中分析出积极的方面来，但前提是必须肯定人类活动的整体，肯定组成这一整体的有机成分。因此，法作为人类活动整体的有机组成部分，在人类历史进化的各个阶段，其积极作用与历史功绩是不可抹杀、不可否定、不可轻视的。

（二）法是人类战胜自身束缚的武器

人类的历史，实质上是争取自由的历史。从法的角度来说亦即利用法来帮助摆脱人本身及自然的束缚的历史。

初民社会是一种无身份关系的社会，不需要法律加以调整，诚如恩格斯所说，一切争端和纠纷，一切问题，"都由当事人自己解决，在大多数情况下，历来的习俗就把一切调整好了"②。

当初民社会"历来的习俗"演变成习惯法时，由法律保障着的古代身份关系，是人类从几乎毫无生命安全自由可言的无身份关系的社会，向前大大跨进一步的标志。初始的身份关系下的人类的自由，比此前的无身份关系下的人类的自由，要多得多。这是一次空前重要的人类社会关系的质的飞跃。

从奴隶制身份关系到封建制身份关系，"身份关系"依旧存在，但性质已经起了变化。

---

① [德] 恩斯特·卡西尔：《人论》，甘阳译，上海译文出版社 1985 年版，第 87 页。
② [德] 恩格斯：《家庭、私有制和国家的起源》，《马克思恩格斯选集》第 4 卷，第 2—3 页。

这是一次部分质变。农奴，尤其是农民，比之奴隶又进一步获得了新的自由。从奴隶制法到封建制法，实质上是人类的进一步解放，是人类战胜自身带来的束缚自由力量的一次胜利。从封建社会发展到资本主义社会，被梅因等看成是人际关系之从"身份关系"到"契约关系"的飞跃。这一飞跃的意义，不用说是极其伟大的。归根到底是"自由"的获得，即身份关系下的某些不自由被摆脱了，人类获得了、增加了新自由。这一进步，也是由法律予以保障的。但契约关系仍是一种身份关系，所以有人称之为契约身份关系，雇主与雇工由"饥饿的纪律"维护着隐性的身份关系；资本家阶级与无产阶级由同样的"饥饿的纪律"加上国家的一整套暴力机关维护着显性的身份关系，无产阶级仍然受制于资产阶级整体、为资产阶级整体所役使。正因如此，为了取得新的自由，为了进一步解放自身，人类前仆后继斗争，努力朝以社会主义法来保障与促进社会主义自由的解放路上迅跑，于是有社会主义革命、社会主义政权、社会主义法，有社会主义法的自我完善与自我革新。

如上所述，人类为了摆脱人本身的束缚其自由的力量，创造了法，改进了法，发展了法。法、法律、法律文化，作为人类的活动整体的有机组成部分，是人类获得真正自由的努力的结晶。

（三）应动态分析法的发展变化

当然，对奴隶制法、封建制法、资本主义法必须做具体的动态的分析。笼统地予以肯定或否定，实际上都落入了形而上学静态分析的窠臼。现行几十部法制史著作对奴隶制法、封建制法与资本主义法一律斥之为阶级压迫的法、野蛮残酷的法等等，就是只做静态分析所致。

对法的动态分析要从两个方面着手：一为法按其内在的发展逻辑而发生动态的变化；二为法与法外事物的关联性因法外事物的变化而动态发展。在奴隶社会、封建社会、资本主义社会这样的阶级社会里，有两类性质不同的社会关系：一类为阶级关系；一类为非阶级关系。而阶级关系又可分为对立关系和非对立关系。当这些社会关系发生变动时，法即随之变动。

阶级之对立关系与非对立关系并不是僵死不变的。新兴地主阶级处在革奴隶主阶级之命的阶段时，以奴隶为其革命同盟军，至少是要借重奴隶反抗奴隶主阶级斗争的力量；反之，在当时历史条件下和认识水平上，奴隶也只能、只会把希望寄托在新兴地主阶级身上。同样，在地主阶级获得政权之前和获得政权之后的一段时期内，农民阶级与地主阶级并不处在对立的地位上。其时有地主阶级对农民阶级的封建剥削，但二者的关系是非对立的关系。中国历史上一些朝代初期曾有过史不绝书的升平景象，如"文景之治""开皇之治""贞观之治"。其时，农民阶级与地主阶级的关系总体上是非对立性的。与之相应，当时的法是当时非对立性的阶级关系的反映，又是用以调节这种非对立性的阶级关系的。但毕竟地主处于剥削农民的地位上，贪得无厌的占有欲、享受欲、权势欲使得地主阶级之间展开你死我活的土地兼并斗争和政治上的争权夺利斗争。其结果，不仅加剧了统治阶级的内部矛盾，而且因其内部斗争的需要而加紧、加重对农民的剥削，从而又加剧了与农民阶级的矛盾。于是，整个社会矛盾加剧，社会关系全面紧张化，由非对立而对立，由不尖锐的对立而至尖锐对立。作为社会关系调节状况的反映与调节手段的法，于是也发生了不以人的意志为转移的变化。法的这一变化在资本主义社会也是如此。

法的动态发展的另一原因是与法相关的法外事务的变化。考诸封建社会的法，在许多国家里都是几百年甚至几千年而基本不变。在中国的许多朝代里，恪守"祖宗成法"是最重要的治国原则。某些资产阶级思想家竭力鼓吹"法的永恒性"，其源亦出于企求资本主义法律制度之恒久不变。然而，尽管可以用政治暴力保证"祖宗成法"之被恪守，但与法相联系的法外事物——生产力、生产关系、文化以及其他一切，都在或快或慢地发展变化着。因此，即使原生法起着推动生产力发展的作用，随着时间的推移，却成了生产力发展的障碍。在这种情况下，法或者继续保存其旧形式、旧内容，而其功能与价值走向了反面；或者因政权之被推翻，而被废除，新法取而代之，旧法被扫进历史的垃圾堆。无论是前者抑或后者，法都起着实际的变化。因此，法总是以动态的方式存在着，"静态的法"只是人们为着分析研究的需要而"定格"于脑中的东西，现实生活中并不存在。

（四）法律史也是人类摆脱自然束缚的历史

与人对自身自由的束缚力量相比，人以外的自然界束缚自由的力量要大得多。人类至今仍只在极小的意义上战胜危害其生命自由的力量。对于所有这些"战胜"与进步，与其力而厥功甚伟者，当首推法律。正是最原始的关于族外婚的习惯法，保证了人类自身的"再生产"与"扩大再生产"。正是在今天看来微不足道、甚至颇为幼稚的"为器同物者，其大小、短长、广亦必等"[①]之类的规定，保障了科学技术的发展。

上引规定，见诸秦律。秦律之《田律》《厩苑律》《仓律》《工律》《工人程》《均工》《司空》等律文中，有不少关于调节科技社会关系的法律规范，或规定技术标准，或做法律激励，或做行政调节，对发展当时的经济和科技不同程度地都起了有益的作用。《厩苑律》规定："以四月、七月、十月肤田牛。卒岁，以正月大课之，最，赐田啬夫壶西（酒）束脯，为旱（皂）者除一更，赐牛长日三旬；殿者，谇田啬夫，罚冗皂者二月。""肤""课"即评比，优胜者奖，败劣者罚。秦代以后，自汉至清，历朝历代都有一些法律规定，是为着调节与自然斗争中形成的社会关系的。

这在外国也一样。但近代以来，一些先进的西方国家在调节与自然斗争中形成的社会关系的立法方面，远远地走到了我们的前面。如美国于1787年宪法中率先做出了关于专

---

① 倪正茂：《科技法学导论》，四川人民出版社1990年版，第173页；又《秦律十八种·工律》，见《睡虎地秦墓竹简》，文物出版社1978年版，第69页。

利权的规定，1790年又制定了一部完整的专利法。专利法可谓总体性的激励法规，以激励知识精英贡献智慧为宗旨、为特征。虽有少量关于专利侵权的惩戒性规定，但也是围绕着专利权保护的。正因如此，资本主义国家科学技术得以突飞猛进地发展，从而不仅使其生产力大大提高，而且使其对自然的依赖也大大减低了，人以外的自然束缚人类自由的力量大大减弱了。

随着历史的发展和社会的进步，各国都将走向以调节与自然斗争中形成的社会关系的立法为主，其他的立法作为基本的社会立法——用以调节人际交往中形成的社会关系的立法则降至次要的地位；或者，长期处于交互消长的过程中。但不管是处于什么状况，全都是为着使人类摆脱社会与自然的压迫，都是为着争得更多的自由，争取越来越彻底的解放。

以"法律史是人类解放自身的历史"的观点指导中国法制史研究，无疑会提出重新论定中国法制史的总体本质、发展大趋势以及各个历史阶段、各朝各代法制的特点、本质、功能的要求来，从而导致中国法制史研究的重大转轨，导致中国法制史专著与教材的重大改观。

二

中国法制史研究的转轨的第二个要求是，如实论定中国法制历史发展过程中的一些重要特色。这些特色在现行中国法制史著作中大多被否定或忽视了，计其大者主要有以下几端：

（一）中国历代法制有吏民兼治而以治吏为重的特色

现行中国法制史著作对此实质上是持否定态度的，这从把法制史视为阶级压迫史即可了然。但中国历代法制之实际状况远非如此。新中国成立以来所出版的史书和法律书籍论及隋唐以来封建法律中的十恶之刑时，无一不认定"十恶"的矛头是对准广大劳动人民的，其目的在于维护封建地主阶级的政治统治和封建的社会秩序。这一论断有正确的一面，即它指出了封建制法律的阶级实质。但也有偏颇的一面，即它将"十恶之条"仅仅看作是"对准广大劳动人民"，只用以调整农民阶级和地主阶级的关系，似乎它同调整封建地主阶级内部关系特别是封建统治集团内部关系无涉。

马克思认为，法律总是"由一定物质生产方式所产生的利益和需要的表现，而不是单个的个人恣意横行"[①]。隋初政治上的当务之急是加强中央集权制度，巩固杨氏集团的统治

---

① 《马克思恩格斯全集》第6卷，人民出版社1961年版，第292页。

地位。但隋承周祚，"周室旧臣，咸怀愤惋"①，"谋反""谋叛""谋大逆"者大有人在；即使是密谋拥戴杨坚夺袭北周帝位的"心腹"，也有不少觊觎杨坚业已到手的皇帝宝座；至于属下臣僚伺机争权、疯狂夺利从而危及统治阶级整体利益的，更比比皆是。实际上，由于隋初实行休养生息、宽以待民的政策，普通老百姓一以承受和平与安定，二以享有较轻的税赋，倒是相对安稳满足的。隋初十年，史书几无百姓闹事之记载，便是明证。因此，"十恶"之列入《开皇律》且大刑侍候，可以说主要用以对付统治集团营垒内部的"异己分子"。最能说明问题的是卢贲事件。卢贲曾帮助杨坚建立隋朝政权，官至散骑常侍，兼太子左庶子、右领军、右将军。"时高颎、苏威共掌朝政，贲甚不平之。柱国刘昉时被疏忌，贲因讽昉及上柱国元谐、李询、华州刺史等，谋黜颎、威，五人相与辅政。又以晋王上之爱子，谋行废立。……谋泄，上穷其事。"后来几经反复，"遂废于家"。为什么不杀呢？杨坚说到不杀卢贲的原因时，谈及他对帮助他篡位的上层统治集团中的一批人物的看法，很值得注意。杨坚说："我抑屈之，全其命也。微刘昉、郑译及贲、柳裘、皇甫绩等则我不至此。然此等皆反复子也。当周宣帝时，以无赖得幸，及帝大渐，颜之仪等请以宗王辅政，此辈行诈，顾命于我。我将为治，又欲乱亡。故刘昉谋大逆于前，译为巫蛊于后。如贲之徒，皆不满志。任之则不逊，致之则怨，自难信也，非我弃之。"②这短短的一段话，和盘托出了杨坚的全部心事。由此完全可以断定，他要采取种种政治措施解决"此等反复子"篡权乱国的危险性。而立"十恶之条"，可以使他得以凭借法律手段名正言顺地清除"谋反""谋大逆""谋叛"者。因此，《开皇律》之有"十恶之条"，就不足为奇了。

隋代如此，中国历史上的所有朝代也是如此，只是程度不同、方式略异罢了。事物内蕴的矛盾的绝对性和普遍性，既决定最高统治集团与广大民众的斗争，也决定他们与属下的摩擦。聪明的统治者懂得，既要施惠群臣以笼络之、收买之，即为己尽忠尽力，又要处处设防以抵御野心家、阴谋家；他们更懂得，只有有效地规范属下的行为甚至属下的思想及思想方式，才能通过他们有效地管理民众。正因为此，他们既要治民，也要治吏，而且必然以治吏为重。

湖北云梦睡虎地所发现的秦墓竹简中，有相当多的秦律记载。其中几乎所有的治民条文，都可用于治吏，而约占所发现的秦律百分之七十的条文则可说是专门针对官吏的任用，官职的设置，吏治的检查、考核、迁转、奖惩等，亦即用于治吏的。《秦律十八种》中的《置吏律》《效》《传食》《行书》《内史杂》《尉杂》《属邦》等七种律令是专防官吏的；《效律》六十支简，详细规定核验县和都官物资账目的一系列制度，也全是治吏之律；《秦律杂抄》四十二支简，二十二支为治吏之律，其余大体兼治吏、民；《封诊式》有九十八支简，其中《治狱》《讯狱》等纯属治吏之律；《为吏之道》五十一支简，更是治吏规范。

---

① 《隋书·高祖纪》。
② 《隋书·卢贲传》。

汉承秦制，"攈摭秦法，取其宜于时者，作律九章"①，半为治吏之律，半为吏民兼治之律。《九章律》颁行后，汉高帝又命叔孙通制定有关朝仪的专律——《傍章律》十八篇；后来汉武帝时张汤做有关宫廷警卫的专律——《越宫律》二十篇，赵禹作《朝律》六篇，几乎全为治吏之律。

中国古代法制史上最具代表性的唐代《永徽律》及其《疏议》，共十二篇五百零二条，约略计之，共有三百七十多条涉及治吏，而其余则为吏民兼治之律。《疏议》虽为《永徽律》的解释，相应地涉及治民，但之所以要加"疏""议"，主要是给负有司法责任的官吏看的，要求官吏执法恪守律文及其精神而不得有违，否则要受处分直到处死。唐承隋制，除律以外，还有令、格、式，后三者则基本都属于治吏之法令。唐有"六典"，为行政法规，极为周详严密，内容则属治吏之列。宋、元、明、清各代亦大致如唐，尤以明之"重典治吏"最为著名。

中国法制史实既如上述，而现行的法制史著作却处处强调历代法制专事镇压劳动人民即专事治民，就不能不说有悖事实、有欠公允而且有害实用了。中国法制史研究固然为弄清事实、获取知识，但归根结底是为了掌握法制发展的历史规律，学习前人的法治经验，为今天的法制建设服务。我们正在进行"社会主义法治国家建设"这一利在当代而且惠及千秋的伟大事业，自然更应努力学习前人的经验。

（二）中国历代法制有赏罚并行而以激励为先的特色

早在夏启发兵攻打有扈氏时颁行的军令——迄今所知的中国历史上第一条法律——"用命赏于祖，勿用命戮于社……"②中，就既有奖赏又有惩罚，而以奖赏这一激励手段置于"戮于社"这一警诫之前。大抵反映了周代礼法的《周礼》述及太宰"以八柄""驭群臣"时，"八柄"之首为"爵"，即赏以爵位以劝励之，使其尊贵；次为"禄"，即赏以财禄以劝励之，使其富有；次为"予"，即赏以宠爱以劝励之，使其精神愉悦；次为"置"，即允诺生前死后本人及子孙的妥善安置，使其无后顾之忧；次为"生"，即赏以福利以劝励之，使其因功得福；第六、七、八、才是"夺"（夺其财禄等）、"废"（废其官职）、"诛"。其余小宰、宰夫等等，大抵都是职掌赏罚之权，规定赏罚并行而奖赏之法置于惩戒之法的前列。

商鞅相秦，共进行了两次规模较大的改革。第一次大改革，主要法律措施有三项，其中两项是激励性的奖赏规定：一奖军功，二奖耕织。法律史籍述及商鞅及其改革、变法措施时，众口一词地论定他是个"重刑主义者"。这只说对一半，其实商鞅一向主张赏罚并行、重赏重罚，所以他还是个"重奖主义者"，而且重奖在先以驱人为善。秦律中之《军

---

① 《汉书·刑法志》。
② 《尚书·甘誓》。

爵律》《田律》《厩苑律》《工律》《工人程》等中，有相当多的关于奖赏的激励性规定。如："从军当以劳论及赐，……其已拜，赐未受而死及法耐䙴（迁）者，鼠（予）赐。"①"隶臣有巧可以为工者，勿以为人仆、养。"②

秦以后，汉、魏、晋、南北朝、隋、唐、宋、元、明、清各代各朝的法律法规中，也有许多关于奖赏的规定。这些奖赏规定之见于立法，是与统治者及其谋臣策士的立法指导思想分不开的。法家甚至墨家、杂家、阴阳家、五行家、心学家、理学家、玄学家等等，无不一致认为必须"赏罚并行"而不能有所偏废。发掘这些思想家们关于法律激励的理论，辅以帝王将相之言论，结合法制（立法与司法）实际加以分析，当可形成颇有意义的著作，同时也当为法制史注入新的内容。

我以为，如实地肯定中国历代法制有赏罚并行而以激励为先的特色，第一，有助于澄清中国法律的本来面目；第二，有助于开发法律的激励功能；第三，有助于设计法律消亡的道路。近代以来，法律的激励功能的运用有了长足的进步，甚至出现了诸如专利法之类的总体为激励性法的法律。随着科学技术的迅速发展，已经而且必将出现越来越多的整部整部的激励性法律。有鉴于此，法制史学者努力总结中国法制的赏罚并行而以激励为先的特色，就责无旁贷了。

法从产生那天开始就走上了消亡的道路。而引致法的消亡的最重要因素、最重要渠道，我以为就是法的激励功能的开发与发展。法的消亡大致将以惩戒性法律规范日见其少而激励性法律规范日见其多的趋势，走向最终的消亡。专利法以整体性激励法而面世，是法的消亡的里程碑。一旦激励性法占主导地位而惩戒性法仅占辅助地位时，法的消亡就指日可待了。因此，研究法律史上惩戒性法与激励性法的消长状况与消长规律，当有助于设计好法制消亡的道路。

（三）中国历代法制有律例并行而常以例破律的特色

几乎所有的法制史著作都认为，法典成文化是中国法制或中华法系的特点。这些著作甚少谈及或完全不谈判例在中国法制中的地位；有的著作虽然谈及判例，并指出明、清两代律例并行甚至以例破律，却做出纯负面的评价，认为以例破律即是破坏立法。至于认为判例法制只属英美法系而与中华法系无涉者，更比比皆是，尤多见于法律史或研究"移植"英美法的专论。我以为，这些都有悖中国法制史实，或与基本法理疏离。

武树臣等所著《中国传统法律文化》一书认为，中国历史上由一个"家本位，判例法"的时代，过渡到"国本位，混合法"时代以后，成文法与判例法在相互消长中走向

---

① 《秦律·军爵律》，见《睡虎地秦墓竹简》，文物出版社1978年版，第92页。意为：从军有功应授爵和赏赐的……如已经拜爵，但还没有得到赏赐，本人已死及依法应耐迁的，仍给予赏赐。
② 《秦律·均工》，同上书，第76页。意为：隶臣有技艺可作工匠的，不要叫他给人做赶车、烹炊的劳役。

平衡①。他认为:"判例法"是宗法贵族政体的产物,在宗法贵族政体下,各诸侯国以"遵循先例"为立法、司法的主要原则,实行着"判例法"制度,否定了此前的"任意法"时代②。他还认为,春秋以降,宗法贵族政体不断衰落,官僚集权政体代之而起,相应地,"成文法"取代了"判例法",郑国子产"铸刑书",晋国赵鞅"铸刑鼎",正是"成文法"崛起的典型③。"成文法"时代大致到秦末告终,从西汉到清末的两千年中,则为"国、家本位,混合法"时代,"成文法"与"判例法"相结合,酿成了"混合法"。在这两千年里,西汉有董仲舒创始的"春秋决狱"即以《春秋》所载古老判例、故事或经义原则断案。"春秋决狱"所产生的案例又成"决事比"而引用为新的判例。汉代还有"故事",包括日常政务的成事、先例和司法审判的判例,成为重要的司法审判的依据,而且编辑成集,如《建武故事》三卷、《永平故事》二卷、《汉建武律令故事》三卷④。晋代亦有"故事"之编撰,而且相当发达⑤。魏晋时还正式出现了"例",《晋律》规定:"若无正文,依附各例断之;自此以后,隋、唐、宋、元、明、清各代,判例的形成与适用,成为与成文法典并行不悖的制度。其发展过程虽然略有曲折,如宋代重敕而轻例,但例并未绝迹,北宋有《熙宁法寺断例》《元符刑名断例》《崇宁断例》之编修。"⑥明代之《大诰》为御制之判例集,由于皇帝亲定,法律效力高于成文法典,导致"律例并行"甚至"以例破律"局面的出现。至于清代,一发不可收拾地发展了判例的适用⑦。显然,一部中国法制史,决不应只是成文法典史,判例法应有其举足轻重的地位。

判例之出现,实际上弥补了成文法典的重大缺陷。成文法典之重大缺陷主要有二:一为不可能涵盖社会矛盾的一切方面;二为不可能涵盖动态发展的社会矛盾。判例之所以会出现,不是因董仲舒之忽发奇想,也不仅仅是汉武帝之情有独钟,而是当时的社会需要。判例之所以又绵绵亘亘不绝如缕地发展,同样是社会生活动态发展的需要。尽管各朝各代的皇帝都信誓旦旦地要求臣下"恪守祖宗成法",但总是他们自己首先以"言出法随"的方式创制新"令""敕""诰""谏""制"等等,实即新的判例。这里固然有皇权至上的弊端,但与是否有判例是两个论域,不能因此而否定判例之存在,并给以负面评价。中国古代判

---

① 武树臣等:《中国传统法律文化》,北京大学出版社1994年版。
② 同上。
③ 同上。
④ 《汉书·艺文志》,又见《唐六典·刑部·格》注:"汉建武有《律令故事》上、中、下三篇,皆刑法制度也。"
⑤ 《晋书·刑法志》谓:晋文帝时"令贾充定法律",不宜入律者"悉以为令","其常事品式章程,名还其府,以为故事",计有"故事三十卷"。《隋书·经籍志》载:"《晋故事》四十三卷,《晋建武故事》一卷,《晋咸和咸康故事》四卷,晋孔愉撰《晋修复山陵故事》五卷,车灌撰《晋八王故事》十卷,《晋弹事》十卷,《晋故事》四卷。"《唐书·艺文志》也载有晋代"故事"多种。
⑥ 《宋史·艺文志三》、《玉海》卷66、《宋史·徽宗本纪》。
⑦ 武树臣等:《中国传统法律文化》,北京大学出版社1994年版。

例法自有其缺陷与不足，但不能因此而全盘抹杀、全盘否定。每一个民族都在其历史发展的长途中根据自己的环境、机遇而创造了自己的文化。在长达两千年的历史长河中，中国人创造了富有本民族特色的判例法制，后人的责任是去发掘其优点加以继承与发扬。这当然不是说不要去学习、借鉴别国的判例法制的经验。我们需要的是，立足本民族的文化基础之上，立足于本国的国情，努力学习、借鉴别国的经验，为我所用，为"建设社会主义法治国家"构建最好的框架。在我看来，这就是要努力建设"中华发展法系"。

三

中国法律史研究的开拓创新，不能不涉及对中华法系的认识问题。但对中华法系的研究，长期以来可谓少而又少。新中国成立以前，有一些对中华法系研究的小册子；新中国成立以后，有关研究则基本处于停顿状态。20世纪80年代以来有过一些论文，但研究的范围甚窄。近年来，出版了郝铁川的《中华法系研究》，算是有了专著。中国台湾出版有李钟声先生的《中华法系》两卷本。这同国外对其所属法系研究的成千上万著作形成了极大反差。

中国长期以来以属于中华法系而闻名于世。源远流长、影响深广的中华法系曾是中国人的骄傲，也为世界各国所高度重视，因为一些文明古国所创造的辉煌法系，都已随着这些古国的消失而早已湮灭无闻了。但也有许多学者说中华法系在近代以来业已死亡了。持此种观点的人有两类：一类为西方学者，一类为中国大陆的一些法律史学者。

西方学者为西方中心主义所囿，根本无视中华法系的优长短劣而不予置评。在勒内·达维德的《当代主要法律体系》一书①中，绝大部分篇幅用以比较英美法系和罗马法系。该书有"社会主义各国法"一编，不着中国一字。该书谈及了中国法，都置于"远东法系"章下，仅十三页，占全书五百九十一页的百分之二。K.茨威格特、H.克茨所著《比较法总论》②对"世界上的法系"加以比较研究，其中主要有罗马法系、德意志法系、英美法系、北欧法系和"社会主义法系"五编。后者也不涉及中国法。此外还有一编为"其他法系"，内有"远东法系"一章，涉及中国法的只有寥寥七页，占全书七百零二页的百分之一。

中国大陆许多人也持中华法系消亡论。张晋藩先生认为，至20世纪初期，随着封建社会的解体，中华法系已经丧失了独立存在的基础；清末政府变法修律，开始输入资本主义法律，特别是经过日本输入的大陆法系逐渐占据主导地位，中华法系终于解体了③。

为此，笔者认为首先必须打破长期以来垄断人文科学学术论坛的西方中心主义。对法

---

① [法]勒内·达维德：《当代主要法律体系》，漆竹生译，上海译文出版社1984年版。
② [德]K.茨威格特、H.克茨：《比较法总论》，潘汉典等译，贵州人民出版社1992年版。
③ 张晋藩：《法史鉴略·再论中华法系的若干问题》，群众出版社1988年版。

律上的西方中心主义的批判，不少外国学者已走到了我们的前面。例如，1977年在悉尼举行的国际法哲学会议和同年举行于堪培拉的社会哲学学会会议收到的不少论文，就做了这样的批判。一位西班牙法学家提交的论文指出，"欧洲人的确对非洲人民真正实行帝国主义统治"；一位澳大利亚人类学家提交的论文告诫人们警惕西方自然法思想里"种族中心主义所包含的不公平陷阱"；一位印度法学家提交的论文强调了西方法"非人性化"的危险[①]。美国学者布莱克甚至还特别强烈地批判了"一种强烈的种族中心观，这种观点从根本上假定西欧人和英语世界的民族所发展起来的生活方式是主导性的生活方式"[②]；另一位美国学者劳伦斯·弗里德曼则指责美国专家们是"法律帝国主义"的始作俑者，他认为，并不是"每一种法律制度……都是可适用的"[③]。

毫无疑问，发源于而今也流行于西方的罗马法系与英美法系有其突出的优点，因为它们是西方世界人民的长期法制实践经验的积累，这是人类极可宝贵的共同财富。但若因此而抹杀一切非西方的法律文化，就陷入了极端错误的西方中心主义的"不公平陷阱"了。从表面上看，近代以来中华法系似乎确是寿终正寝了；但从实质上看，远非如此。要认识这一点，除首要要打破西方中心主义外，其次还必须对中华法系本身的丰富内涵有全面的认识。

我以为，中华法系绝非仅仅是条文化的法律，如唐律、清律等等。中华法系的丰富内涵至少包括以下五个方面：一为制度法律文化；二为心态法律文化；三为行为法律文化；四为物态法律文化；五为主体法律文化。

制度法律文化又包括法律概念、法律原则、法律规范、法律制度和法律体系。近代以来，中华法系的一些法律概念（如刑法、死刑、徒刑、过失、故意、自首、主犯、从犯、累犯等等）、法律原则（如自首从轻、累犯从重、区分故意与过失等等）、法律制度（如法典成文化、兼行判例制等等）并没有随清律、清代法律体系的废弃而被废弃。因此，仅就制度法律文化一个方面来说，也都不能认为中华法系已经完全退出了历史舞台。

心态法律文化又包括法律意识、法制观念、法律观点、法律学说等等。直至今日，中华法系所孕育的义务本位法律观，重义务、轻权利的法律意识，淡薄的法律主体意识，伦理入法的观点，集体本位的观点等等，对人们还有很大的影响。

行为法律文化又包括立法行为、司法行为、执法行为、守法行为、法律教学与研究行为等。无论中华法系命运如何，立法行为等是长存的，并不会因为对西方法律制度的吸收，使得中国连立法、司法、执法、守法行为的区别连同其本身都消失了。中外的行为法律文化，从古代起就有许多相同之点，这是无可否认的。

---

① 转引自[日]千叶正士：《法律多元》，强世功等译，中国政法大学出版社1997年版，第45页。
② 同上书，第16页。
③ 同上书，第18—19页。

物态法律文化又包括法庭、监狱、法律图书馆等。自然，近代以来，尤其是新中国成立以后，法庭、监狱与法律图书馆的设施大为改善了。但是，在拥有法庭、监狱、法律图书馆等方面，却只有量的变化而不存在质的变化，绝不会有人说现在有法庭、监狱等，而中华法系存在时（例如唐、宋、明、清）没有法庭、监狱等。

主体法律文化又包括立法队伍、司法队伍、执法队伍、法人和自然人、权利义务关系者等。这些，不仅中外皆然，也是古今相同的。任何一个法系的国家都有这样的主体法律文化；任何一个时期的国家都有这样的主体法律文化。所以，只要中华法系属下有这样的主体法律文化，而要说中华法系已"死亡"，那就有逻辑地推导出诸如此类主体法律文化不复存在的危险。

因此，从上述五个方面可以看出，作为具有深厚的中华民族文化背景和宏博的中国传统法律文化背景的中华法系，是不可能因外来法系的侵入而遽然消失的。实际上，它的许多带有根本性的因素，在当今甚至在将来，还会在不同程度上发挥作用。当然，这里有糟粕与精华之分。中华法系的某些糟粕，例如人治主义的传统与义务本位传统。这些传统不仅会体现在制度法律文化的层面上，而且会体现在行为法律文化、心态法律文化、主体法律文化的层面上，甚至还会体现在物态法律文化的层面上。至于中华法系的一些精华，例如伦理入法、集体本位、兼行成文法与判例法等等，在近代以来各个时期的继承与采行情况不一，这样就产生了对中华法系存亡绝续的观点问题与如何继承与发展中华法系的观念问题。

我的主张是，努力发掘中华法系的精华，认真学习其他法系的优长，在结合中国国情的基础上，创建中华发展法系，以此作为建设社会主义法治国家的法系模式目标。这样，中国法制史研究者就有义务重新探讨博大精深的中华法系，探究它的文化背景，它所蕴涵的有效与合理的法律传统。新的法制史著作应当体现对中华法系的弘扬、对中华法系的精华的肯定以及对中华法系的糟粕的分析。

隋代的法律思想[*]

一、隋初君臣的法律思想

（一）隋初立法概况

北周武帝（宇文邕）"是真正把鲜卑优秀文化与汉文化优良部分相融合的英明皇帝"[①]，对历史发展做出了"巨大贡献"[②]。公元577年，他颁行《刑书要制》，以严厉的刑法惩治贪污及北齐境内的社会弊病，起了一定的积极作用。周武帝"躬览万机，虽骨肉无所纵舍，用法严正，中外肃然"，"浇诈颇息"，但次年（578）周武帝即病殁。继位的周宣帝（578—579在位）"残忍暴戾"，大行杀戮先帝旧臣，造成"内外不安，俱怀危惧"的局面。他虽然因"恐失众望"而行"宽法"以取众心，宣布废除"用法深重"的《刑书要制》，但"荒淫日甚，恶闻其过，诛杀大臣"，"又广《刑书要制》，而更峻其法，谓之《刑经圣制》"，不但法重刑苛，而且法外用刑，致使法制荡然。"又数行肆赦，为奸者皆轻犯刑法，政令不一，下无适从"。

北周重臣杨坚正是在这种情况下，攫取了相位。为收揽人心，"行宽大之典，删略旧律"，以年方八岁的周静帝（579—580在位）的名义重颁《刑书要制》，"诸有犯罪未科决者，并依制处断"[③]。杨坚此举，为他进而夺袭北周帝位、建立隋朝创造了重要的条件。

杨坚的父亲杨忠本为北周元勋，又属士族高门，杨坚的女儿是周宣帝的正后，因此杨坚在周宣帝当政时，便是地位煊赫的上柱国、大司马。周宣帝病死，静帝继位，杨坚即升迁为大右丞、右司武，掌握了国家大权。其时，内史上大夫郑译、御正大夫刘昉等"以高祖（指杨坚）皇后之父，众望所归，遂矫诏引高祖入总朝政，都督内外诸军事"[④]。接着，

---

[*] 原载李光灿等主编：《中国法律思想通史》第2册，山西人民出版社2000年版。
[①] 范文澜：《中国通史》第2册，第619页。
[②] 同上书，第681页。
[③] 《隋书》卷25《刑法志》。
[④] 《隋书》卷1《高祖纪上》。

杨坚先后诛杀了赵王招、越王盛、陈王纯、代王达、腾王逌，夺袭了帝位，称隋文帝，公元581年改元"开皇"。

从东汉末年到杨坚建立隋朝，历时三百六十余年，长期处于分裂割据，军阀混战中的中国迫切需要结束社会动乱，重建统一国家。隋朝的建立为此创造了政治基础。590年隋灭陈，实现了南北统一。维护并巩固统一局面要求进一步加强和巩固中央集权制的封建帝国，并以统一的法制来保障这一政权。隋朝的各项政治、法律、经济和社会制度，都是在上述社会历史背景下建立起来的，隋朝的立法实践及与之紧密相连的隋初君臣的法律思想，都与这一历史背景有关。

隋代法律主要为《开皇律》《开皇令》《大业律》《大业令》。

《开皇律》制定于开皇元年（581）二月之后，十月之前，颁行于同年十月。[1] 颁行《开皇律》不久，隋文帝"又以律令初行，人未知禁，故犯法者众。又下吏承苛政之后，务锻炼以致人罪"，于是诏令四方"敦理辞讼"，规定"有枉屈县不理者，令以次经郡及州，至省仍不理，乃诣阙申诉。有所未惬，听挝登闻鼓，有司录状奏之"。[2]

开皇三年（583），隋文帝亲览刑部奏状，看到断狱数仍达万条之多，认为律文还是太苛刻，于是敕令修订《开皇律》。据《隋书·刑法志》载，这次修订，削除死罪八十一条，流罪一百五十四条，徒、杖罪等一千多条，仅留律文五百条，共分十二卷：一曰名例，二曰卫禁，三曰职制，四曰户婚，五曰厩库，六曰擅兴，七曰贼盗，八曰斗讼，九曰诈伪，十曰杂律，十一曰捕亡，十二曰断狱。

开皇初年还颁行了与律具有同样国家强制力的令，即《开皇令》。据《通志》载："开皇二年秋甲午，行新令。"这可能就是《唐六典·刑部郎中令》注所说《开皇令》三十卷。其中有"八，诸州郡县镇戍职员"之令，而583年隋文帝曾宣布废除郡一级行政机构，只存州县两级，可见颁行三十卷《开皇令》，事在583年废郡之前。又据《隋书·经籍志》载："隋《开皇令》三十卷，目一卷。"可见《开皇令》的形式和内容是相当齐备的。

除"律""令"而外，隋初的立法形式还有"格"与"式"。

开皇年间的立格、颁格情况，史籍主要有如下记载：

"律、令、格、式，多威（苏威）所定。"[3]

"高祖年间，以刀笔吏类多小人，年久长奸，又以风俗凌迟，妇人无节，于是立格，州县佐史三年而代之，九品妻无得再醮。"[4]

开皇颁"式"情况不详，仅见于《隋书·苏威传》所云"律、令、格、式，多威所定"。

---

[1] 《隋书》的《刑法志》《李德林传》《赵芬传》及《唐六典注》《资治通鉴》均作"开皇元年"隋文帝下令制定《开皇律》。有的学者认为《开皇律》制定于开皇三年（583），可酌。
[2] 《隋书》卷25《刑法志》。
[3] 《隋书》卷41《苏威传》。
[4] 《隋书》卷75《刘炫传》。

隋初君臣的法律思想有同有异并不划一。同，是其主流；异，则反映了他们观念、地位、认识等等的不同。

（二）隋初君臣法律思想的主流

隋初的立法实践反映了隋初君臣的法律思想，但他们的法律思想不仅反映在立法实践中，其他如政治实践、司法实践以至日常生活中的许多事，都可能反映出他们的这样那样的法律思想。可惜他们的著述久已湮没无闻。根据不多的史料，我们约略可以看出隋初君臣法律思想主流具有如下特点：

1. 积极从事法制改革

早在"龙潜"时，隋文帝杨坚就有了改革繁苛的周律的想法。他曾对宇文庆说："天元实无积德，……加以法令繁苛，耽恣声色，以吾观之，殆将不久。"① "天元"指周宣帝。杨坚把周宣帝的政权倾覆在即的原因，归诸"法令繁苛"等等，表明他早就有了改革周法的思想。当周宣帝颁行《刑经圣制》时，杨坚曾以"法令滋章，非兴化之道"而"切谏"之。② 但这一谏议未为周宣帝所采纳。杨坚目睹当时"刑政苛酷，群心崩骇，莫有固志"的情况，周宣帝死后，他"矫诏""入朝总政，都督内外诸军事"，立即采取措施，"革宣帝苛政，更为宽大，删略旧律，作《刑书要制》"③，"大崇惠政，法令清简，躬履节俭，天下悦之"④。而当他夺取帝位后，立即下令制订新律，《开皇律》在开皇元年即告诞生。新律定讫，隋文帝下诏曰："帝王作法，沿革不同，取适于时，故有损益。"⑤ 尔后，在开皇三年，又一次修改了《开皇律》。

《开皇律》在立国的当年便迅速制定、颁行，而内容与前代法律有较大不同，这在历史上是罕见的。颁行之后仅两年，又予以修改，而且修改幅度相当大，这不能不说是一种革新法制的积极态度。

这种积极态度还反映在隋文帝及大臣苏威、高颎等对"置五百家乡正"问题的处理上。开皇初，"格令颁后，苏威每欲改易事条"，"又奏置五百家乡正，即令理民间辞讼"，得到高颎的支持；而隋文帝"尽依威议"。但开皇十年，虞庆则等从关东诸道巡省回来，报告说"五百家乡正，专理辞讼，不便于民。党与爱憎，公行贿货……"，弊端很多。于是隋文帝又下令废之。李德林起初就反对置五百家乡正，但此时却认为"置来始尔，复即停废，政令不一，朝成暮毁，深非帝王设法之义"，并建议"若于律令辄欲改张，即以军法从事"。李德林主张法律的稳定性，"以为格、式已颁，义须画一，纵令小有蹉驳，非过蠹政

---

① 《隋书》卷50《宇文庆传》。
② 《隋书》卷1《高祖纪上》。
③ 《资治通鉴》卷174《陈纪八》。
④ 《隋书》卷1《高祖纪上》。
⑤ 《隋书》卷25《刑法志》。

害民者，不可数有改张"①，不能不说是很有见地的。但从另一方面观察，隋文帝根据巡省报告，进行改革，不固执于"不便于民"的成命，作为一种积极态度，还是可以肯定的。

隋初君臣积极革新法制，更重要的是表现在所修新法的内容上。这就是较多地革除了苛刑酷法；删削"孥戮相坐之法"及讯囚时的"苛惨之法"；改革断决案件的办法；改革上诉及复审办法；等等。

北周宣帝所立的《刑经圣制》今已佚失，无从考校。《隋书·刑法志》所载北周文帝颁行的《大律》篇、条概况可供参考。《大律》制定于保定三年（563）"凡二十五篇……大凡定罪一千五百三十七条……其大略滋章，条流苛密，比于齐法，烦而不要"②。但北齐之法也有九百四十九条，且曾立"重罪十条"。隋代周而起，即大刀阔斧"除死罪八十一条，流罪一百五十四条，徒、杖等千余条，定留唯五百条"。正如《隋书·刑法志》所说的那样"自是刑网简要，疏而不失"，为唐、宋、明、清所沿用。

《开皇律》所规定的刑罚比此前历代法律为轻，体现了一定的进步性，也反映了隋初君臣立意废除苛刑酷法、革新法制的思想。

例如死刑，从先秦以来名目繁多的种种酷刑，到《开皇律》则简化为绞、斩两种。而且将族刑从历代法律规定的夷三族或夷五族，改为"惟大逆、谋反叛者，父子兄弟皆斩、家口没官"，改为夷二族，且限于犯"大逆、谋反叛"之内。

又如流刑，《北齐律》的流刑加"鞭笞各一百"，"未有道里之差"。《北周律》改为规定从二千五百里至四千五百里不等，均加鞭笞。至《开皇律》则减为一千里至二千里，不加鞭笞，大大地轻省了。值得注意的是，《唐律》以"用法务在宽简"③著称，但其规定的流刑却是从二千里至三千里三等，比《开皇律》的规定要重得多。

又如徒刑，历代也有种种名目，刑期不一。《开皇律》采取北周《大律》"徒刑"的名称，将北齐、北周的徒刑刑期一年至五年改为一年至三年，且不附加鞭笞或杖，显然较前轻省得多。

又如除去鞭刑，指斥"鞭之为用，残剥肤体，彻骨侵肌，酷均脔切"；拷讯囚犯时禁止使用大棒、束杖等等刑具，规定拷杖不得超过二百，杖有大小定式，行杖不得易人；囚犯的枷杻也有法定的式样和重量；等等。

在断案决狱方面，隋初立法的改革，据《隋书·刑法志》记载，主要是："置律博士弟子员，断决大狱，皆先牒明法，定其罪名，然后依断。"开皇五年，隋文帝闻慕容开远案后，下诏曰："人命之重，悬在律文，刊定科条，俾令易晓。分官命职，恒选循吏，小大之狱，理无疑舛。而因袭往代，别置律官，报判之人，推其为首。杀生之柄，常委小人，

---

① 《隋书》卷42《李德林传》。
② 《隋书》卷25。
③ 《贞观政要》卷8。

刑罚所以未清，威福所以妄作，为政之失，莫大于斯。其大理律博士、尚书刑部曹明法、州县律生，并可停废。""自是诸曹决事，皆令具写律文断之。"① 这里，首先是指明"因袭往代"乃是立法守旧、导致司法弊端的重要原因，表明了决心改革、创新的意向；其次是作了"停废"大理律博士、尚书刑部曹明法、州县律生的决定；此外还规定断案决狱必须"先牒明法"，"诸曹决事，皆令具写律文断之"。

在断案决狱方面规定的上报、复审制度，也体现了隋初君臣革新法制的精神。《隋书·刑法志》载：开皇三年（583），隋文帝"命诸州囚有处死，不得驰驿行决"。开皇十二年（592）隋文帝"以用律者多至踳驳，罪同论异"而"诏诸州死罪不得便决，悉移大理案覆，事尽然后上省奏载"。开皇十六年（596）隋文帝又诏："死罪者，三奏而后行刑。"

此外，隋代还创行"录囚"的制度。隋文帝在开皇二年（582）五月、十二月，开皇四年（584）九月、开皇十年（590）七月、开皇十二年（592）八月、开皇十七年（597）三月"亲录囚徒"，对囚犯审决情况进行讯察。

上述隋初君臣对法制的重视和改革、创新，既涉及法制的形式，也涉及法制的内容。但是，这不是法统的根本变革，也没有割断法制发展的逻辑联系。对此，有必要略加剖析：

（1）隋初君臣法律思想没有脱出封建法律思想的窠臼，因此他们所从事的法制创新也不可能是对封建法律制度的根本改革。

例如，为了保证皇族、贵族和地主占有土地剥削农民，隋朝继续推行北魏以来的均田制，隋律则对此加以维护。均田制表面上授田与民，但是首先，各阶级、等级占田数字极为不均。《隋书·食货志》载："自诸王以下，至于都督，皆给永业田，各有差。多者至一百顷，少者至四十亩。其丁男、中男永业露田，皆遵后齐之制。并课树以桑榆及枣。其园宅，率三口给一亩，奴婢则五口给一亩。丁男一床，租粟三石。"京官按品级各给职分田（自一品给三顷至九品给一顷不等）。"外官亦各有职分田。又给公廨田，以供公用。"贵族、官员"有品爵"而"免课役"。另一方面，普通农民虽获得小块土地，却负担着沉重的租赋庸调。仅此一项，即可见"均田"之一斑。其次，封建国家并不能使土地自行产生价值，只有通过无偿占有土地，获取农民的剩余劳动和剩余产品，才能达到经济剥削的目的。因此，"均田"的"目的不是给农民保证生活资料，而是给地主（保证）劳动人手"②。正因如此，隋律在以《开皇律》维护均田制的同时，还采取其他形式来保证封建国家和整个地主阶级的剥削收入。例如开皇三年颁行了《大索貌阅令》："是时山东尚承齐俗，机巧诈伪，避役惰游者十六七。四方疲人，或诈老诈小，规免租赋。高祖令州县大索貌阅，户口不实者，正长远配，而又开相纠之科。大功以下，皆令析籍，各为户头，以防容隐。于是计账进四十四万三千丁，新附一百六十四万一千五百口。"这一法令使得隋初

---

① 《隋书》卷 25《刑法志》。
② ［苏］列宁：《俄国资本主义的发展》，第 160 页。

政府从士族手中夺得大批劳动人手,从而增加了专制主义的中央集权政府的财政实力。又如高颎所奏行的《输籍法》:"高颎又以人间课输虽有定分,年常征纳,除注恒多,长吏肆情,文帐出没,复无定簿,难以推校,乃为输籍定样,请遍下诸州。每定正月五月,县令巡人,各随近便,五党三党,共为一团,依样定户上下。帝从之。自是奸无所容矣。"① 地方官吏无法作弊,更不用说普通农民了。《输籍法》以法律手段保证了中央政府的剥削收入。

综上所述,在隋初君臣法律思想指导下的隋初立法,显然是加强了封建制度。因此,其积极革新法制是局限于封建法律思想范畴之内的。

(2) 隋初的法制创新建立在对历代封建法制加以继承的基础上。

《隋书·刑法志》指出《开皇律》"多采后齐之制";许多论者也曾正确地指出隋律对前代法律的继承。需加指出的是,不少论者采取了隋律"因北齐而不袭北周"的论断。其实,这是不很恰当的。为此,在拙作《隋律研究》中用了相当的篇幅对此做了分析,这里不赘。②

2. 德主刑辅

中国封建社会历史上始终存在"法治"与"德治"之争。孔孟以来的儒家力主"德治"。孔子曰:"道之以刑,齐之以政,民免而无耻;道之以德,齐之以礼,有耻且格。"③ 秦亡汉兴,陆贾立即向汉高祖进言:"天地之性,万物之类,怀道者众归之,恃刑者民畏之。归之则附其侧,畏之则去其域。……是以君之为治也,块然若无事,寂然若无声,不言而信,不怒而威,岂恃坚甲利兵,深刑刻法,朝夕切切而行哉?"④ 汉文帝时的贾谊、汉宣帝时的路温舒也都发表了抨击秦代重刑主义,竭力宣扬以德治天下的言论。在他们之后的桓宽,著有《盐铁论》,记载了汉代儒生(贤良文学)与法吏(大夫)就"德治"与"法治"而展开的一场大论战。在这场大论战之后,儒家的德治主义进一步取得了理论上的优势。《大小戴礼记》集西汉儒者道德哲学之大成,大大抬高了德治主义的地位。东汉、魏晋南北朝时期,德治主义虽然有时被弃置一边,但总的来说,它不但始终没有退出历史舞台,而且常常居于统治地位。战国以来的法家,则处处与儒家对立,反对"德治",力主"法治"。在汉武帝采取"罢黜百家,独尊儒术"的政策以后,法治主义一蹶不振,江河日下。但每当社会矛盾激化、阶级斗争日趋尖锐的时候,法治主义便顽强地出而抗争,竭力想取德治主义而代之。

如果说法治主义发展为重刑主义,可能完全排斥德治的话,那么德治主义却始终不可能彻底实行。因为纯然的"德治",在存在阶级、阶级矛盾和阶级斗争的社会里,究其实

---

① 《隋书》卷24《食货志》。
② 《隋律研究》第101—108页,法律出版社1987年版。
③ 《论语·为政》。
④ 《新语》卷下《至德》。

不过是一种政治上的手腕而已。历来大力宣扬"德治"的王朝，都颁行了法律，还加上其效力远高于法律的皇帝的"诏""敕"等等。所以董仲舒提出治国以礼义教化为主，而以刑事惩罚为辅的"德主刑辅"说，就成了中国古代封建社会中较易为社会各阶级各阶层接受的理论。列宁指出："所有一切压迫阶级，为了维持自己的统治，都需要有两种社会职能：一种是刽子手的职能，一种是牧师的职能。"① 真是鞭辟人里。封建统治阶级在它们的政治实践中，领会了兼牧师与刽子手的职能的"德主刑辅"说的精髓，因此乐于奉为一尊，身体而力行之。

隋文帝和他的重臣们在隋初就曾积极推行"德主刑辅"的治术，从而形成他们的法律思想的一个显著特点。这主要表现在施行"德政"、宣扬"以德代刑"和"以刑辅德"等三个方面。既见之于隋初君臣的言论，也见之于他们的政治实践。

开皇三年（583）十一月，隋文帝发使"巡省风俗"时下诏说："朕君临区宇，深思治术，欲使生人从化，以德代刑，求草莱之善，旌闾里之行。民间情伪，咸欲备闻。……其有志节高妙，越等超伦，亦仰使人就加旌异，令一行一善奖励于人。远近官司，遐迩风俗，巨细必记，还日奏闻。"② 这里所说的"以德代刑"，是隋文帝对"治术"加以"深思"的结果。开皇九年（589），他在灭陈之后所下的诏文中说："丧乱已来，缅将十载，君无君德，臣失臣道，父有不慈，子有不孝，兄弟之情或薄，夫妇之义或违，长幼失序，尊卑错乱。朕为帝王，志存爱养，时有臻道，不敢宁息。内外职位，遐迩黎人，家家自修，人人克念，使不轨不法，荡然俱尽。兵可立威，不可不戢，刑可助化，不可专行……"③ 这里明确说"刑可助化"，与前面所说"以德代刑"结合起来，也就是"德主刑辅"的主张。直至临终，隋文帝在遗诏中还说："但四海百姓，衣食不丰，教化刑政，犹未尽善，兴言念此，惟以留恨。"④ 既讲"教化"，又讲"刑政"，"教化"在先，"刑政"在后，还是"德主刑辅"的思想。

隋文帝的"德主刑辅"的法律思想如此，其属下的重臣谋士也是如此。例如，被隋文帝称为"异人"而立愿使之"贵与国始终"的李德林，其理想是"薄赋轻徭，慎刑恤狱，除繁苛之政，兴清静之风"；为隋文帝屡次嘉奖的刺史柳彧认为："天地之位既分，夫妇之礼斯著，君亲之义生焉，尊卑之教修设。是以孝惟行本，礼实身基，自国刑家，率由斯道。……"这些显然都是力主"德主刑辅"的言论。

下面再看隋初君臣"德主刑辅"法律思想在政治实践中的具体表现。

首先是施行"德政"。

---

① 《列宁全集》第 2 卷，第 638 页。
② 《隋书》卷 1《高祖纪上》。
③ 《隋书》卷 2《高祖纪下》。
④ 同上。

例如，隋文帝自己"躬履俭约，六宫咸服浣濯之衣。乘舆供御有故敝者，随令补用，皆不改作。非享燕之事，所食不过一肉而已"①。他要求臣下不纳贡、不受贿。开皇元年，"诏犬马器玩口味不得献上"②。"有司尝进干姜以布袋贮之，帝用为伤费，大加谴责。后进香复以毡袋，因答所司，以为后戒焉。"③他对老百姓，也尽力笼络民心。隋初，苏威"奏减赋役，务从轻典"，隋文帝"悉从之"④。平陈之后，"帝以江表初定，给复十年。自余诸州，并免当年租赋。十年五月，又以宇内无事，益宽徭赋。百姓年五十者，输庸停防"。开皇十二年（592）下诏"河北、河东今年田租，三分减一，兵减半，功调全免"⑤。隋文帝"尝遇关中饥，遣左右视百姓所食。有得豆屑杂糠而奏之者，上流涕以视群臣，深自咎责，为之彻膳不御酒肉殆将一期。""及东拜泰山，关中户口就食洛阳者，道路相属。上敕斥候，不得辄相驱逼，男女参厕于仗卫之间。逢扶老携幼者，辄引马避之，慰勉而去。至艰险之处，见负担者，遂令左右扶助之。"⑥

在隋文帝的影响下，隋初颇有一批"清官"，在施行"德政"方面留下了佳话。例如梁毗，初拜治书侍御史，后为西宁州刺史。西宁州境内诸酋长"皆服金冠，以金多者为豪俊，由此递相陵夺，每寻干戈，边境略无宁岁"。梁毗到任，诸酋长纷纷以金相赠。梁毗于是置金座侧，对之恸哭而谓酋长曰："此物饥不可食，寒不可衣。汝等以此相灭，不可胜数。今将此来，欲杀我耶？"说完，全部奉还。据说，"于是蛮夷感悟，遂不相攻击"。这事为隋文帝所知，加以表彰，"征为散骑常侍、大理卿"⑦。

其次是"以德代刑"。

隋初出现了一批能"以德代刑"的官吏，隋文帝对他们褒奖擢拔，恩礼并加。例如：

冀州刺史赵煚田中蒿草被盗，盗窃者为吏所捕获。赵煚说："此乃刺史不能宣扬风化，彼何罪也？"不但放了窃蒿草者，而且加以"慰谕"，还送给他一车蒿草。"盗者愧恧，过于重刑。其以德化民，皆此类也。"隋文帝抵洛阳巡游，赵煚前往朝谒。隋文帝对他说："冀州大藩，民用殷实，卿之为政，深副朕怀。"⑧

平乡令刘旷，"人有诤讼者，辄丁宁晓以义理，不加绳劾，各自引咎而去。所得俸禄，赈施穷乏。百姓感其德化，更相笃励，曰：'有君若此，何得为非！'在职七年，风教大洽，狱中无系囚，争讼绝息，囹圄尽皆生草，庭可张罗。及去官，吏人无少长，号泣于

---

① 《隋书》卷2《高祖纪下》、《隋书》卷24《食货志》。
② 《隋书》卷1《高祖纪上》。
③ 《隋书》卷24《食货志》。
④ 《隋书》卷41《苏威传》。
⑤ 《隋书》卷24《食货志》。
⑥ 《隋书》卷2《高祖纪下》。
⑦ 《隋书》卷62《梁毗传》。
⑧ 《隋书》卷46《赵煚传》。

路,将送数百里不绝。……"隋文帝于是下"诏"予以"殊奖"①。

齐州行参军王伽,"送流囚李参等七十余人诣京师。时流人并枷锁传送。伽行次荥阳,哀其辛苦,悉呼而谓之曰:'卿辈既犯国刑,亏损名教,身婴缧绁,此其职也。今复重劳援卒,岂独不愧于心哉。'参等拜谢。伽曰:'汝等虽犯宪法,枷锁亦大辛苦,吾欲与尔等脱去,行至京师总集,能不违期不?'皆拜谢曰:'必不敢违。'伽于是悉脱其枷,停援卒,与期曰:'某日当至京师,如致前却,吾当为汝受死。'舍之而去。流人咸悦,依期而至,一无离叛。上闻而惊异之,召见与语,称善久之。于是悉召流人,并令携负妻子俱入,赐宴于殿庭而散之。……擢伽为雍丘令。"隋文帝为此事而下诏书:"凡在有生,含灵禀性,咸知好恶,并识是非。若临以至诚,明加劝导,则俗必从化,人皆迁善。往以海内乱离,德教废绝,官人无慈爱之心,兆庶怀奸诈之意,所以狱讼不息,浇薄难治。朕受命上天,安养万姓,思遵胜法,以德化人,朝夕孜孜,意在于此。……若使官尽王伽之俦,人皆李参之辈,刑厝不用,其何远哉!"②

再次是以刑辅德。

这一点,主要可见诸隋朝立法。从《开皇律》的内容看,它所规定的犯罪种类,从侵犯皇权的谋反、危害皇帝人身安全、私议与诅咒皇帝、对皇帝不忠不敬、危害王位继承人,到危害政权(如"相聚为盗"反抗政府,谋叛及交通、交关、通谋、藏匿罪犯,朋党、谤讪朝廷,私造私藏武器,流犯逃亡,等等),思想言论犯罪(如妄言、隐藏纬候图谶、毁坏天尊像佛像、私撰国史),官吏执行职务犯罪(如选举不实、贪赃受贿、与人争利、失职、审判中有不法行为),军事犯罪(如叛军、放纵士卒犯罪、怯敌、丧师),逃避徭役、赋税及侵犯财权、人权,违反关于家庭、婚姻、社会公共秩序的规定,全面涉及维护隋代统治者利益的一切方面;从《开皇律》规定的刑罚与诉讼制度看,虽然总的来说具有"轻刑恤罚"的特点,但它毕竟是历代封建立法经验的集大成。因此,以高度发展了的法律来统治社会,这一事实就表明隋初君臣是高度重视"以刑辅德"而不是纯然的"德治"。有些论者把儒家的"德治""礼治"当成没有苛重的刑罚相伴而行的手段,显然是不恰当的。

"以刑辅德"除见之于隋初立法方面外,还可从其他方面显而易见之。例如:

隋文帝杨坚对因"密表劝进"立了大功的李穆下诏说:"礼制凡品,不拘上智,法备小人,不防君子。……自今已后,虽有愆罪,但非谋逆,纵有百死,终不推问。"③这是一纸证书,保证李穆即使犯了罪也"纵有百死,终不推问",但有一个例外,即诏书所说的"但非谋逆",谋反谋大逆是除外的。这就是说,即令是李穆这样"贵盛当时无比"的人,犯了谋反罪也是要处死的。"以刑辅德"由此可见一斑。

---

① 《隋书》卷73《循吏传》。
② 同上。
③ 《隋书》卷37《李穆传》。

开皇初年，朝廷"议置六卿，将除大理"，散骑侍郎卢思道上奏曰："省有驾部，寺留太仆，省有刑部，寺除大理，斯则重畜产而贱刑名，诚为未可。"这个意见被隋文帝采纳了。① 这说明"贱刑名"之举是隋初君臣所反对的。

应州刺史唐君明居母丧，娶雍州长史库狄士文之从父妹为妻。治书侍御史柳彧认为"丧纪之重"为"人伦之先"，而"孝惟行本，礼实身基，自国刑家。率由斯道"，请将二人"禁锢终身，以惩风俗"。"二人竟坐得罪"。又京都大邑百姓，每逢正月十五日，作角抵之戏，柳彧认为闹元宵、戏角抵，"有伤风化"，而"昔者明王治国，率履法度，动由礼典"，因此上书请求"颁行天下并即禁断。……敢有犯者，请以故违敕论。"② 这些都得到了隋文帝的赞许。"以刑辅德"是显而易见的。

正是在上述"德主刑辅"的总体立法思想指导下，隋初一面以德礼教化笼络人心，治理社会，一面又雷厉风行地抓紧制定律、令、格、式，对中国封建社会法律制度的发展，做出了重大的贡献。

3. 依法办事，不徇私情

隋承"法制荡然"的北周以后，能否巩固新的政权并完成南北统一的大业，立法之后能否严格执行是一个十分重要的问题。隋初君臣重视前代的教训，从整体上看，以依法办事、不徇私情的法律思想为主导，认真执法收到了较好的社会效果，导致出现史称"开皇之治"的局面。

依法办事的事例，如《隋书·苏威传》载："上尝怒人，将杀之。威入阁进谏，不纳。上怒甚，将自出斩之，威当上前不去。上避之而出，威又遮止，上拂衣而入。良久，乃诏威谢曰：'公能若是，吾无忧矣！'"又如《隋书·刘行本传》载："上尝怒一郎，殿前笞之。行本（谏议大夫，检校治书侍御史）进曰：'此人素清，其过又小，愿陛下少宽假之。'上不顾。行本于是上前曰：'陛下不以臣不肖，置臣左右。臣言若是，陛下安得不听？臣言若非，当致之于礼，以明国法。岂得轻臣而不顾也！臣所言非私！'遂置笏于地而退。上敛容谢之，遂原所笞者。"又如《隋书·赵绰传》载："刑部侍郎辛亶，尚衣绯禅，俗云利于官，上以为厌蛊，将斩之。绰（刑部侍郎）曰：'据法不当死，臣不敢奉诏。'上怒甚，谓绰曰：'卿惜辛亶而不自惜也？'命左右仆射高颎将绰杀之，绰曰：'陛下宁可杀臣，不可杀辛亶。'至于堂，解衣当斩，上使人谓绰曰：'竟何如？'对曰：'执法一心，不敢惜死。'上拂衣而入，良久乃释之。明日，谢绰，劳勉之，赠物三百段。"又，"时上禁行恶钱，有二人在市，以恶钱易好钱者，武侯执以闻，上令悉斩之。绰进谏曰：'此人当坐杖，杀之非法。'上曰：'不关卿事。'绰曰：'陛下不以臣愚暗，置在法司。欲妄杀人，岂得不关臣事？！'上曰：'撼大木不动者，当退！'对曰：'臣望感天心，何论动木！'上复曰：'啜羹

---

① 《隋书》卷57《卢思道传》。
② 《隋书》卷62《柳彧传》。

者,热则置之。天子之威,欲相挫耶?'绰拜而益前,诃之不肯退。上遂入。治书侍御史柳彧复上奏切谏,上乃止。上以绰有诚直之心,每引入阁中,或遇上与皇后同榻,即呼绰坐,评论得失。前后赏赐万计。"此外,如高颎谏晋王不取陈主宠姬张丽华为妾,并下令斩了张丽华,虽然晋王耿耿于怀,隋文帝却认为是"天降良辅"。有人告颎谋反,隋文帝以诬告斩之,并对高颎说:"君臣道合,非青蝇所间。"① 兵部尚书益州总管长史元岩谏蜀王杨秀"循法度"② 等,都说明隋初君臣是比较依法办事的。

不徇私情的事例,如《隋书·王谊传》载:郧国公王谊,少时曾与杨坚"共游庠序,遂相亲好"。杨坚还将女儿嫁给王谊的儿子王奉孝,并常"亲幸其第,与之极欢",因而"顾遇弥厚"。但当王谊被劾有"大逆不道"之罪时,隋文帝并未对他开恩宽宥。处置之前,隋文帝怆然对王谊说:"朕与公旧为同学,甚相怜悯,将奈国法何?"终于赐王谊自尽于家。又如,《隋书·秦孝王俊传》载隋文帝第三个儿子杨俊"奢侈,违犯制度,出钱求息,民吏苦之。上遣使按其事,与相连坐者百余人。俊犹不悛,于是穷治官室,穷极侈丽。……上以其奢纵,免官,以王就第。左武卫将军刘升谏曰:'秦王非有他过,但费官物营廨而已。臣谓可容。'上曰:'法不可违'……其后杨素复进谏,……上曰:'我是五儿之父,若如公意,何不别制天子儿律?以周公之为人,尚诛管、蔡,我诚不及周公远矣,安能污法乎?'卒不许。"再如《隋书·越王杨秀传》载:隋文帝的第四个儿子杨秀,"渐奢侈,违犯制度,车马被服,拟于天子",后被隋文帝"以君道绳之","付执法者","令杨素、苏威、牛弘、柳述、赵绰推治之","废为庶人,幽内侍省,不得与妻子相见",还下诏历数了杨秀的十大罪状。

(三) 隋初君臣法律思想分论

以上简述了隋初君臣法律思想的主流。由于他们的地位、政见、经历、社会关系、文化素养等等的不同,他们的法律思想不可能完全一致。因此,还要以一定的篇幅分论隋初君臣的法律思想,较同论异,进一步了解法律思想的产生、发展及演变规律。

1. 杨坚

如前所说,杨坚称帝后,积极革新法制,力行德主刑辅,为后世的法制建设留下了相当的影响。

由多种际遇而登帝位的杨坚,并不是满腹经纶的饱学之士,如魏徵所说,他"素无学术",甚至"不悦诗书"。③ 因此,他的革新思想并无坚实的理论基础,而带有很大的随机性。但这种随机性又非封建帝王个人的"恣意妄为",它受当时社会环境的制约。这里,

---

① 《隋书》卷41《高颎传》。
② 《隋书》卷62《元严传》。
③ 《隋书》卷2《高祖纪下》。

首要的是社会条件的客观制约性,其次才是拥有无上威权的封建帝王个人的主观随机性。二者同时在起作用,轻忽、漠视任何一个方面,都是不对的。

杨坚称帝是一次不流血的和平政变的结果。他必须表现出与前朝即北周的不同之点,以示"革故鼎新"的必要性。同时,承数百年的大乱与分裂之后,隋朝重又建立一统天下的大帝国,也必须有一整套新型的制度与治术,才能统驭偌大的国家。隋初的大批重臣原为北周遗臣,隋文帝要制服这些遗臣,也必须有一套新的手腕与统治方法。同时,北周遗臣一旦身为隋官,必须表现出对北周的"决裂",以示对新朝的耿耿忠心。因此,他们也处处表现出对北周种种制度的排挤和隋朝新制度的热心。加上中国封建社会发展到隋朝,着实具有为统一的封建国家确立一系列新的制度的必要与可能。所以,隋文帝在隋初处处表现出某种革新与改革的思想,是十分自然的。这表现在诸多方面。例如,开皇元年(581)三月,他在诏书中说:"自古帝王受终革代,建侯锡爵,多与运迁。朕应箓受图,君临海内,载怀沿革,事有不同。……"开皇二年(582)六月,他在一份诏书中又说:"王公大臣陈谋献策,咸云羲、农以降,至于姬、刘,有当代而屡迁,无革命而不徙。……论变通之数,具幽显之情……"①他不仅自己述说,而且对臣下的许多革新建议,也表示了极力赞许。又如,封禅为历代帝王遵行的成制。但杨坚称帝后的十三年间,竟从未行过封禅之礼。开皇十四年,群臣请封禅,"高祖不纳",直至"晋王广又率百官抗表固请",杨坚才"命有司草《仪注》,命牛弘等"创定其礼"②。此外,如郊祀之制、乘舆服饰的色彩、后妃制等等,均做程度不同的改革。③但所有这些改革,绝不是本质上对封建的各种制度的背离。恰恰是为了更有效地巩固封建制度,杨坚才在不涉及根本的方面故作姿态而行更革。这最明显地表现在他对封侯建藩的旧制的态度上。开皇初年,曾有罢郡之举。兵部尚书、银青光禄大夫杨尚希"见天下州郡过多",于开皇初年上表请改革行政区划:"自秦并天下,罢侯置守,汉、魏及晋,邦邑屡改。窃见当今郡县,倍多于古,或地无百里,数县并置,或户不满千,二郡分领。具僚以众,资费日多,吏卒人倍,租调岁减。……民少官多,十羊九牧。琴有更张之义,瑟无胶柱之理。今存要去闲,并小为大,国家则不亏粟帛,选举则易得贤才……"对此,隋文帝"览而嘉之,于是遂置天下诸郡"④。与此同时,他又接受臣下建议,分封子弟,建树藩屏,以巩固统治。贵戚于义之子宣敏,在开皇初年奉使抚慰巴、蜀归来时上疏:"臣闻开盘石之宗,汉室于是惟永,建维城之固。周祚所以灵长。昔秦皇置牧守而罢诸侯,魏后昵谄邪而疏骨肉,遂使宗社移于他族,神器传于异姓。此事之明,甚于观火。然山川设险,非亲勿居。且蜀土沃饶,人物殷阜,西通邛僰、

---

① 《隋书》卷1《高祖纪上》。
② 《隋书》卷7《仪礼志》。
③ 《隋书》卷28《百官志》、《隋书》卷36《后妃传》。
④ 《隋书》卷46《杨尚希传》。

南属荆、巫。"他建议："亿兆宅心，百神受职，理须树建藩屏，封植子孙，继周汉之宏图，改秦、魏之复轨，抑近习之权势，崇公族之本枝。但三蜀、三齐，古称天险，分王戚属，今正其时。……"隋文帝对此大加褒奖，"竟纳其言，遣蜀王秀镇于蜀"①。此外，封皇弟杨爽为雍州牧、卫王，杨慧为滕王，皇子杨广为晋王，杨俊为秦王，杨秀为越王，杨谅为汉王。②这种封王建藩的做法当然与其政治、经济利益紧密相连，而且是古已有之、相沿成习的最重要的制度之一。由此可见杨坚改革不触及封建社会根本制度之一斑。因此，一方面要如实肯定杨坚在各方面其中包括在法制方面所做的积极的改革；另一方面，又必须看到，他的所有改革都不可能超越封建体制的藩篱。

论者述评古人的法律思想，曾有截然的是是否否之说。例如，说某人是个德治、礼治论者，就不说他的法治思想；说某人是个法治论者，就不说他的德治、礼治思想。这在个别人来说，在某种程度上也许是对的，但对大多数封建思想家来说却远非如此。事实上，许多封建思想家的法律观是相当芜杂的。至于一般当权者就更是如此，如果他本人不是如柏拉图所说的"哲学王"的话。这一点，在杨坚这样一个"素无学术""不悦诗书"的人来说，表现得十分明显。

承袭儒家的封建传统思想，杨坚一方面竭力主张"劝学行礼""以德化民"，另一方面，他又为客观情势所迫，甚至在并无十分迫切的客观需求的情况下，也要运用较为"方便"的法律大棒。因此，如果"攻其一点，不及其余"的话，他既可以被说成是一个礼治、德治主义者，又可以被说成是一个法治、刑治主义者。但实际上，杨坚在总体上表现出主张"德主刑辅"的同时，却处处显得游移不定，变化多端。对杨坚来说，更重要的是实际需要。因此，当他认为必须鼓吹礼乐教化时，他就大谈劝学行礼并下令制礼作乐；而当他主观上以为法律镇压更孚实用时，他就毫不犹豫地厉行酷法，辅礼而行以至代礼而行。当走向极端时，他就连法的外衣也不要，乃至法外用刑、为所欲为，苛酷惨烈。因而，他是接近于"实用主义"的。

如前所说，杨坚在许多场合下，大讲过礼治与德治，号召"劝学行礼"。

开皇初年，上开府、潞州刺史柳机上表曰："臣闻帝王受命，建学制礼，故能移既往之风；成维新之俗。……伏惟陛下禀灵上帝，受命昊天，合三阳之期，膺千祀之运。……若行礼劝学，道教相催，必当靡然向风，不远而就。"杨坚见表，大为赞赏，随即下诏："建国重道，莫先于学，尊主庇民，莫先于礼。……王者承天，休咎随化，有礼则祥瑞必降，无礼则妖孽兴起。人禀五常，性灵不一，有礼则阴阳合德，无礼则禽兽其心。……今者民丁非役之日，农亩时节之余，若敦以学业，劝以经礼，自可家慕大道，人希至德。岂止知礼节，识廉耻，父慈子孝，兄慕弟顺者乎？始自京师，爰及州郡，宜祗朕意，劝学

---

① 《隋书》卷39《于义传》。
② 《隋书》卷1《高祖纪上》。

行礼。"① 自此开始,各州各县都"置博士习礼焉"。据《隋书》载,开皇三年(583)四月丙戌,隋文帝再次"诏天下劝学行礼"。② 开皇九年(589)四月壬戌,隋文帝在平陈之后又下类似的诏。仁寿二年(602)闰十月己丑,隋文帝又下诏,令杨素、苏威、牛弘、恭道衡、许善心、虞世基、王劭等"或任居端揆,博达古今,或器推令望,学综经史"的大臣"修定五礼"。在诏书中,隋文帝说:"礼之数用,时义大矣。黄琮苍璧,降天地之神,粢盛牲食,展宗庙之敬,正父子君臣之序,明婚姻丧纪之节。故道德仁义,非礼不成,安上治人,莫善于礼。……今四海乂安,五戎勿用,理宜弘风训俗,尊德齐礼,缀往圣之旧章,兴先王之茂则。"③

杨坚劝学行礼,宣扬德礼教化,还可见于对臣下有关建议的采纳上。治书侍御史李谔"见礼教凋敝,公卿薧亡,其爱妾侍婢、子孙辄嫁卖之,遂成风俗",于是上书认为,亡人之妾,依"礼"须"服斩三年",这是"古今通式"。而"朝廷重臣,位望通贵,平生交旧,情苦兄弟。及其亡没,杳同行路","朝闻其死,夕规其妾,方便求娉,以得为限无廉耻之心,弃友朋之义",且"居家理治,可移于官,既不正私,何能赞务"?对此,隋文帝"览而嘉之",下令"五品以上妻妾不得改醮"。后来,李谔又"以属文之家,礼尚轻薄,递相师效,流宕忘返",而上书曰:"臣闻古先哲王之化民也,必变其视听,防其嗜欲,塞其邪放之心,示以淳和之路。五教六行为训民之本,《诗》《书》《礼》《易》为道义之门。故能家复孝慈,人知礼让,正俗调风,莫大于此。"并提出了一系列有关弘礼崇德的建议,隋文帝同样给予了赞扬与肯定。"上以谔前后所奏颁示天下",几乎是将李谔的书表当作自己的诏书。④

隋文帝如此重视礼、德,是与他对德礼教化和刑律法制具有同样的作用的认识分不开的。隋文帝对大臣刘子翊提出的"礼律两文,所防是一"的观点深表赞同。刘子翊是在一场关于名分礼教的争议中提出这个观点的,开皇十八年(598),永宁令李公孝的后父死亡,生母早在其四岁时已经亡故,此时惟留后父所娶之后妻。在这种情况下,李公孝要不要解任服丧?河间刘炫"以无抚育之恩,议不解任",认为后父及其所娶之妻并无养抚之恩,李公孝可以不必解任服丧。刘子翊引经据典和历史事例,对此做了详尽的反驳,事见《隋书·诚节传》。"继母本以名服,岂藉恩之厚薄也。……彼言'以'轻'如'重,自以不同,此谓如重之辞,即同重法,若使轻重不等,何得为'如'?律云'准枉法'者,但准其罪,'以枉法论',即同真法。律以弊刑,礼以设教,准者准拟之名,以者即真之称。'如''以'二字,义用不殊,礼律两文,所防是一。将此明彼,足见其义,所譬伐柯,何

---

① 《隋书》卷47《柳机传》。
② 《隋书》卷1《高祖纪上》。
③ 《隋书》卷2《高祖纪下》。
④ 以上均见《隋书》卷66《李谔传》。

远之有。"① 刘子翊奏书既上,隋文帝"竟从子翊之议"。

隋文帝对德、礼的教化作用及其对刑政的辅助作用的认识,使他十分重视"制礼作乐"。"乐"是与"礼"相须而生、相辅而行的,因此,春秋末年孔子慨叹过礼崩乐坏。为加强德礼教化,隋文帝吸取前代的经验教训,在"制礼"的同时,也努力"作乐",并为此多次下过诏书。例如,他在开皇九年(589)十二月甲子的诏书中说:"制礼作乐,今也其时。朕情存古乐,深思雅道。郑、卫淫声,鱼龙杂戏,乐府之内,尽以除之。"开皇十四年(594)四月乙丑又诏:"在昔圣人,作乐崇德,移风易俗,于斯为大。……人间音乐,流僻日久,弃其旧体,竞造繁声,浮宕不归,遂以成俗。宜加禁约,各存其本。"开皇十七年(597)十月丁末,他又下诏:"五帝异乐,三王殊礼,皆随事而有损益,因情而立节文。"因此命令改革当时祭享之乐:"自今已后,享庙日不须备鼓吹,殿庭勿设乐悬。"②隋文帝还曾命令当时的音乐大师何妥"考定钟律"。何妥上表曰:"臣闻明则有礼乐,幽则有鬼神,然则动天地,感鬼神,莫近于礼乐。又云乐至则无怨,礼至则不争,揖让而治天下者,礼乐之谓也。"③这说出了礼乐的社会控制作用,深得隋文帝的"旨意"。

上述隋文帝重视德、礼、乐的作用,表明他承袭了儒家的基本法律观。但是,这并非隋文帝法律思想的全部。也就是说,他在表现出对德礼教化十分重视的同时,又表现出对法、刑的深情眷顾。这从他在立国之初即命高颎、郑译等制定开皇律令,"每季亲录囚徒","常以秋分之前,省阅诸州申奏罪状","开皇三年又劝苏威、牛弘等,更定新律",开皇五年下诏宣称"人命之重,悬在律文,刊定科条,俾令易晓",下令"诸曹决事"均须"具写律文断之",后又"除孥戮相坐之法","命诸州囚有处死,不得驰驿行决"……可以看出,从开皇十二年(592)"诏诸州死罪不得便决,悉移大理案覆,事尽然后上省奏裁",开皇十三年(593)下令"改徒及流并为配防",开皇十五年(595)下令"死罪者三奏而后决"等,④也可看出。如此频繁地在法制方面下诏颁令,在历代帝王中,是不多见的。

总之,隋文帝既承袭了儒家的德治、礼治的法律观,又接受了法家的法治、刑治的法律观,非常"实用主义"地同时运用或交替运用这两种方略来治理国家。任何只看到一个方面而忽略另一方面的判断,都是不符合实际的。

不仅如此,隋文帝法律观的芜杂性,还表现在他迷信符命图谶上。这表明,谶纬法律观对他也有很大的影响。

早在夺袭帝位之时,在显然是自导自演、假借周帝劝进的"册"上即写道:"往岁长星夜扫,经天书见,八风比夏后之作,五纬同汉帝之聚,除旧之征,昭然在上。近者赤

---

① 《隋书》卷71《诚节传》。
② 《隋书》卷2《高祖纪下》。
③ 《隋书》卷75《儒林传》。
④ 《隋书》卷25《刑法志》。

雀降祉，玄龟效灵，钟石变音，蛟鱼出穴，布新之贶，焕焉在下。……"①《隋书·高祖纪》所记开皇元年（581）"高平获赤雀，太原获苍乌，长安获白雀，各一"，"宣仁门槐树连理，众枝内附"，"周至县献连理树，植之宫廷"，因而隋文帝下诏："朕应箓受图，君临海内，……"《高祖纪》又记："开皇元年六月癸未，诏以初受天命，赤雀降祉，五德相生，赤为火色。其郊及社庙，依服冕之仪，而朝会之服，旗帜牺牲，尽令尚赤……"

"上有好者，下必甚焉"，隋文帝既然如此这般地导演"应箓受图"的"盛况"，臣下也多风起响应。如《隋书·礼仪一》所说的那样："初帝既受周禅，恐黎元未惬，多说符瑞以耀之。其或造作而进者，不可胜记。"竟至有"宫城之内，及在山谷，石变为玉，不可胜数。桃区一岭，尽是琉璃，黄银出于神山，碧玉生于瑞巘。多杨山响，三称国兴，连云山声，万年临国……"②之类的奇征异兆。《隋书·王劭传》载，著作郎王劭上表言符命，谈及："开皇初，邺州人杨令悊近河，得青石图一，紫石图一，皆隐起成文，有至尊名，下云：'八方天心。'永州又得石图，剖为两段，有杨树之形，黄根紫叶。汝水得神龟，腹下有文曰：'天卜杨兴。'安邑掘地，得古铁版，文曰：'皇始天年，赏杨铁券，王兴。'同州得石龟，文曰：'天子延千年，大吉。'……"

隋文帝如此"雅信符命"，不仅是用以夺袭帝位和巩固统治，而且与他的政治、法律实践相配合，成了他实施政治、法律措施的辅助手段，起着重要的舆论宣传作用。如《隋书·袁充传》载，灭陈以后，隋文帝正想废皇太子杨勇，并开始穷治东宫官属，袁充"见上雅信符应，因希旨进曰：'比观玄象，皇太子当废。'上然之。"接着就宣布了杨勇的废退。其时，隋文帝"令薛道衡谓勇曰：'尔之罪恶，人神所弃，欲求不废，其可得耶？'"③杨勇之废，自有一系列复杂的原因，但袁充之类以"符应"希旨进表，的确起了推波助澜的作用。

综观杨坚，可说没有比较稳定而成其为体系的法律思想。但也不能因此说他没有法律思想。实际上，在有法律的社会里，谁都会有这样那样的法律观点、思想。皇帝不但不能、不应例外，而且由于其特殊地位，势必具有较多有关法律思想的记载与表现。这是因为他们的政治、法律实践不但反映了他们的法律思想，反映了当时法律观的主流，而且左右着当时的一大批政治家与学者的法律观。隋文帝杨坚是在封建皇帝中相当突出的一个，他的政治法律观点及其实践不仅强有力影响有隋一代，而且深远及于后世，在中国法律思想史上值得进一步深入研究。

2. 苏威

苏威，字无畏，京兆武功人。其父苏绰，魏时任度支尚书。苏威年幼时，深受其父

---

① 《隋书》卷1《高祖纪上》。
② 《隋书》卷6《礼仪志》。
③ 《隋书》卷69《袁充传》。

的影响。苏绰因西魏国用不足，制定征税之法，但时人"颇称为重"。这使苏绰自己也十分后悔，认为"今所为者，正如张弓，非平世法也"，他曾寄望于后来者改行轻税之法曰："后之君子，谁能弛乎？"据《隋书·苏威传》载：当时苏威年仅五岁，听了父亲的话，牢记于心，并"每以为己任"①。

苏威是一个很会看风使舵但又刚愎自用的人。周太祖时，袭爵美阳县公，大冢宰宇文护"见而礼之，以其女新兴主妻焉"。但苏威见宇文护恃势专权，"恐祸及己，逃入山中"。周武帝时拜稍伯下大夫等，然而"前后所授，并辞疾不拜"。杨坚有禅代之谋且有意拉苏威相助，"威闻禅代之议，遁归田里"；而当杨坚夺得帝位后，却又袭邳国公爵，兼纳言、民部尚书。后来他仕途亨通，先后任大理卿、京兆尹、御史大夫、刑部尚书、吏部尚书。隋炀帝时官居纳言，与宇文述、裴矩等为时人称为"五贵"。宇文化及作乱，在江都杀了隋炀帝，苏威又任光禄大夫、开府仪同三司；宇文化及失败后，他投奔另一支叛军首领李密；李密失败后他又投奔隋恭帝杨侗，为上柱国、邳公；王充僭号，他为太师；秦王李世民平王充，苏威拟谒见。但李世民没有再授他官职，反而派人数落了他一顿："公隋朝宰辅，政乱不能匡救，遂令品物涂炭，君弑国亡。见李密、王充，皆拜伏舞蹈。今既老病，无劳相见也。"终于黯然老死家中。但从他在乱世之中能"历尽劫波"，活到八十二岁，即可看出其善于随机自保之一斑。这里比较详尽地涉笔苏威的看风使舵的一面，是想说明：像苏威这样的重臣，其法律思想也有极大的随机性。在外国法律思想史上，这样的人也很多很多。不但重臣大吏中有，学者中也不乏其人。英国那位以说过"人对人像狼一样"而著称的霍布斯就是。在思想家评论中，只有马克思最先也最准确而一针见血地指出了他的"功利主义"实质。但是，这不妨碍我们去观察他的法律思想。不仅如此，考察这类人物的法律思想，倒是很重要的，因为它可以说明我们关于法律思想的一条规律：人们的法律思想，一方面，从根本上取决于他的阶级地位和社会经济地位；另一方面，他们的性格、道德、处世哲学等等也会对其法律思想产生极大的影响。因此，法律思想不是径直地由阶级地位、经济地位机械地决定的，它并不直接表现为"物质决定意识"的必然性，而是表现为多因素综合地起作用的各种"偶然性"，并通过这些偶然性来显示其必然性。

苏威的法律思想，在很大程度上就与其看风使舵、投机取巧的性格相关。

隋初，隋文帝"劝学行礼"的同时，还大讲"孝"道，嘉奖了田德懋②、薛濬③、王颁④、纽回⑤等一批以孝闻名的人。苏威因而对隋文帝说："臣先人每诫臣云，惟读《孝经》

---

① 《隋书》卷41《苏威传》。
② 《隋书》卷72《孝义传》。
③ 同上。
④ 同上。
⑤ 同上。

一卷,足可立身治国,何用多为!"有意思的是,苏威此说,遭到了另一大臣何妥的反驳,几乎揭穿了他的真面目。何妥说:"苏威所学,非止《孝经》。厥父若信有此言,威不从训,是其不孝。若无此言,面欺陛下,是其不诚。不诚不孝,何以事君!且夫子有云:'不学《诗》无以言,不学《礼》,无以立。'岂容苏绰教子独反圣人之训乎?"① 何妥摆出的是一个二难推理,苏威纵有如簧巧舌,也无法反驳。幸而苏威当时兼领五职,为隋文帝特别倚重,而所言"孝可立身治国"谈,又是隋文帝其时用来笼络人心、网罗儒生、标榜崇儒的需要,苏威才没有因何妥的揭露与批判而失宠。

隋文帝表现了积极改革政治、法律和其他制度的精神,苏威心领神会,也对改革十分热心。最突出的事例是《隋书·李德林传》所载的"格令颁后,苏威每欲改易事条"。当时正值开皇初年,开皇律、令、格均已修成且颁行天下。废除了乡官判事的旧制,因为乡官出于本地,"里闾亲戚"错综复杂,往往"剖断不平"。但苏威却建议让乡正专治五百家,以理民间辞讼。此一建议为李德林所反对,认为这样一来,可能为害更甚。李德林的意见得到了大臣们的支持。苏威于是又提出废郡的建议。关于郡的置废问题,当时在修令中已明确规定不予废除。因此,李德林反驳道:"修令时,公何不论废郡为便。今令才出,其可改乎?"但废郡一议,得到高颎的支持,故为隋文帝所采纳。这两个事例,前者得到隋文帝的支持,后者未得支持,其本身都应做具体分析。这里只是用来说明,苏威在律令格式上的"改易事条",其动机和依据主要的可说是投隋文帝之所好。

《隋书》所载苏威的重要政绩之一,是开皇初年"奏减赋役,务从轻典"。这为隋文帝所接受了。另一重要政绩是:"上尝怒一人,将杀之,威入宫进谏,不纳。上怒甚,将自出斩之,威当上前不去。上避之而出,威又遮止,上拂衣而入。良久,乃召威谢曰:'公能若是,吾无忧矣。'于是赐马二匹,钱十余万。寻复兼大理卿、京兆尹、御史大夫,本官悉如故。"② 我们不能由此得出结论,说苏威是"冒死直谏",也不能说苏威此举是纯然的投机,因为毕竟做了反对皇帝不依法办事的表示。但是,联系苏威一贯的明哲保身的处世哲学,以及隋文帝还"避之而出""拂衣而入",可以推测苏威之举,他自己是有相当的把握的。正因如此,当治书侍御史梁毗抗表弹劾苏威时,隋文帝不予理睬,反而对苏威说:"用之则行,舍之则藏,唯我与尔有是夫!"他还对朝臣说:"苏威不值我,无以措其言;我不得苏威,何以行其道?……"

据《隋书·苏威传》记载,苏威与高颎"同心协赞隋文帝,政刑大小,无不筹之,故革运数年,天下称治";"隋承战争之后,宪章踳驳,上令朝臣厘改旧法,为一代通典。律令格式,多威所定,世以为能"。但对苏威所修的律令,也有另一种议论:"威治身清俭,以廉慎见称。每至公议,恶人异己,虽或小事,必固争之。时人以为无大臣之体。所修格

---

① 《隋书》卷75《儒林传》。
② 《隋书》卷41《苏威传》。

令章程，并行于当世，然颇伤苛碎，论者以为非简允之法。"现在已无从考查哪些律令格式章程为苏威所手订，因而不能确证它们表现了苏威的什么法律思想。但如前文所说苏威设法立制处事为人的看风使舵，即使在论功行赏方面也可见一斑："大业末年，尤多征役，至于论功行赏，威每承望风旨，辄寝其事。"对于苏威的这种投机取巧的行径，隋炀帝倒是有所发觉的。他在一次诏书中曾历数苏威的罪恶，其中有云："威立性朋党，好为异端，怀挟诡道，侥幸名利，诃律令，谤讪台省……"可惜的是史料不多，不然，透彻剖析这一类人的法律思想，倒很可能是富有特色的。

3. 牛弘

牛弘是隋初参与修订开皇律令的主要成员之一，字里仁，安定鹑觚人。开皇年间先后任礼部尚书、吏部尚书等职。大业时，又曾受命修订律令格式。在隋初重臣中，牛弘可说是一个最重儒学、突出地反映了儒家法律思想的代表人物。

牛弘对孔子褒赞有加。开皇初，他在请开献书之路的上书中说："孔子以大圣之才，开素王之业，宪章祖述，制《礼》刊《诗》，正五始而修《春秋》，阐《十翼》而弘《易》道。治国立身，作范垂法。"。

作为礼部尚书，他奉敕修撰《五礼》，勒成百卷，行于当世。这多达百卷的《五礼》久已亡佚，所订"五礼"的具体内容也不复可知。但是，综观牛弘的言行，可以推断，其"五礼"必本于儒学、弘扬儒教，以儒家的"礼"作为准法律用来治理国家。

例如，牛弘曾上书依古制修建明堂。明堂是古代天子宣明政教之所。凡朝会以及祭祀、庆赏、选士、养老、教学等大典，都在明堂举行。但在牛弘看来，明堂别有意蕴："窃为明堂者，所以通神灵，感天地，出教化，崇有德。"他就《尚书》《孝经》《周官》《礼记》等儒家经典及郑玄注等详加阐述。他认为："夫帝王做事，必师古昔，今造明堂，须以礼经为本。"由于各种原因，建立明堂直至开皇三年（583）才被提到议事日程上来。当时，对将作大匠宇文恺所造明堂式样发生了分歧，"诸儒争论，莫之能决"。于是，牛弘"条经史正文重奏"，广引儒家经典做了阐述。①总之，从建造明堂一事可见，牛弘最津津乐道的是依儒家经典办事，按儒教的"礼"为治。

正因如此，对于"制礼作乐"，牛弘是全力以赴的。早在开皇初年，牛弘就奏请隋文帝制礼作乐。他上奏曰："圣教陵替，国章残缺，汉、晋为法，随俗因时，未足经国庇人，弘风施化。且制礼作乐，事归元首，江南王俭，偏隅一臣，私撰仪位，多违古法。今休明启运，宪章伊始，请据前经，革兹俗弊。"此奏得到了隋文帝的批准，于是牛弘得以网罗学者，亲自主持，迅速撰定《仪礼》一百卷。②

上述《五礼》一百卷与《仪礼》一百卷，成了与牛弘参加创制的开皇律令相辅而行的

---

① 《隋书》卷49《牛弘传》。
② 《隋书》卷6《礼仪志》。

重要依据。从《隋书》详载牛弘制礼作乐的言行，而对他参与修律却寥寥数字一笔带过，可见对牛弘来说更重要的是他在制礼作乐方面所造成的社会影响，是他的儒家以礼为治的法律观。

牛弘的儒家礼治的法律思想，表现得相当全面。

前曾述及，开皇十三年以前，隋文帝不行封禅之礼，后来晋王杨广率百官抗表固请，隋文帝才"命有司草《仪注》"。其时，牛弘据此制定封禅之礼，勉强促成了隋文帝"东狩"泰山。

后魏开始，创行"露布"，即每战告捷，为使广播天下，乃书捷报于布帛，悬于竿上，名为"露布"。但其事并无礼制，可以随便进行。开皇中，牛弘受命与裴政一起撰定了"宣露布礼"。这一新的"露布礼"，在开皇九年（589）平陈后，曾隆重地举行过一次，事见《隋书·礼仪三》。①

此外，如车辇之制、服饰之制等等，亦多由牛弘依据儒家经典，详议确定。

"制礼"之外，牛弘在"作乐"方面，也孜孜以求，建言立论，在当时有很大的影响。

开皇九年（589）平陈以后，牛弘奏曰："周有六代之乐，至《韶》《武》而已"；秦、汉以来，历朝历代"递相因袭，纵有改作，并宗于《韶》"；"后周所用者，皆是新造，杂有边裔之声。戎音乱华，皆不可用。请悉停之"。这些意见得到隋文帝的赞同。因此，"隋代雅乐，惟奏黄钟一宫，郊庙飨用一调，迎气用五调。旧工更尽，其余声律，皆不复通"，形成了一个音乐专制、呆板的时代。

"作乐"，在我国封建时代是与"制礼"相提并论的大事，其意义远不止于音乐欣赏、娱乐生活，在统治阶级看来，它是治理社会的一种重要手段。牛弘正是这样阐明的。他在开皇十四年（594）的奏疏中指出："邃古帝王，经邦驭物，揖让而临天下者，礼乐之谓也。"他奏请"博访知音，旁求儒彦，研校是非，定其去就，取为一代正乐……"为此，牛弘等人还撰写歌词三十首，其内多有"怀柔备礼，明德惟馨"，"西成肇节，盛德在秋。……严风鼓茎，繁霜殒蒂。厉兵诘暴，敕法慎刑。神明降嘏，国步惟宁"，"礼以安国、仁为政。……置罘斥斧，顺时令"，"皇道四达、礼乐成"②……之类颇富儒家思想色彩的歌词。

牛弘尊崇儒学，力行礼治、德治的法律思想，魏徵的《隋书》给予高度的评价："荣宠当世，而车服卑俭，事上尽礼，待下以仁……隋室旧臣，始终信任，悔吝不及，惟弘一人而已"，并以"史臣曰"盛赞牛弘"笃好坟籍，学优而仕，有淡雅之风，怀旷远之度，采百王之损益，成一代之典章，汉之叔孙，不能尚也……虽开物成务非其所长，然澄之不清，混之不浊，可谓大雅君子矣"。但魏徵似乎疏漏了也是他所撰著的《隋书》中的这样

---

① 《隋书》卷8《礼仪志》。
② 《隋书》卷15《音乐志》。

一件事：

隋文帝外戚独孤陁，官拜上开府、右领左右将军，好左道。其妻母先事猫鬼，由其妻传入其家。有一次，隋文帝独孤皇后与杨素之妻郑氏同时患病，御医诊治后说是患了"猫鬼疾"。隋文帝因独孤陁是独孤皇后的异母弟，陁妻是杨素的异母妹，怀疑此病是独孤陁施左道所致。于是令高颎、苏威等追查，在追查中，独孤陁的婢女徐阿尼招供说，她从陁的母家来，陁"常事猫鬼。每以子日夜祀之。言子者鼠也。其猫鬼每杀人者，所死家财物潜移于畜猫鬼家。陁尝从家中索酒，其妻曰：'无钱可酤。'陁因谓阿尼曰：'可令猫鬼向越公家，使我足钱也。'阿尼便咒之归。数日，猫鬼向（杨）素家。十一年，上初从并州还，陁于园中谓阿尼曰：'可令猫鬼向皇后所，使多赐吾物。'阿尼复咒之，遂入宫中"云云。于是，隋文帝"以其事下公卿"议论。其实，隋文帝对此并不深信。但此时，参与议论的牛弘却说："妖由人兴，杀其人可以绝矣。"①

此论一出，造成这样两个严重的后果：其一，"令以犊车载陁夫妻，将赐死于家"；其二，"及此，诏诛被讼行猫鬼家"。独孤陁毕竟是外戚，后因其弟"诣阙哀求"而免死除名为民，其妻杨氏被逼令为尼，都幸而存活。但其他一般的"被讼行猫鬼家"，则都被"诛"。对这些后果追究牛弘之责当然已无意义，但由此可以看出，一向讲仁义道德的牛弘，原来在实践中也具有不排斥杀戮无辜的一面。他们的德治、礼治的法律观是很可以深长思之的。

4. 高颎

高颎也是隋初参与修撰开皇律令的要员之一。字昭玄，一名敏，自云渤海蓚人。杨坚拟夺袭帝位，遣人谕意，高颎忻然承诺曰："愿受驱驰。纵令公事不成，颎亦不辞灭族。"杨坚称帝后，拜尚书左仆射，兼纳言，进封渤海郡公，"朝臣莫与为比"。但也因此使高为人所妒，屡遭攻击，他不得不小心翼翼，如履薄冰。隋炀帝时，拜为太常。隋炀帝下诏，征集周、齐时代的乐师及天下散乐，高颎以为"此乐久废。今若征之，恐无识之徒弃本逐末，递相教习"，使隋炀帝大不高兴。炀帝又起长城之役，高颎对太常丞李懿说："周天元以好乐而亡，殷鉴不遥，安可复尔！"后来他又对观王杨雄说："近来朝廷殊无纲纪。"这些都被人奏报隋炀帝。于是，炀帝以"谤讪朝政"之罪，把高颎诛杀了。其子孙均徙至边地过流放生活。②此事在《隋书·贺若弼传》和《宇文弼传》中均有记载。③

---

① 《隋书》卷79《独孤罗传》。
② 《隋书》卷41《高颎传》。
③ 《隋书》卷52《贺若弼传》载：大业三年，隋炀帝北巡至榆林，设其下可坐数千人的大帐，召突厥启民可汗宴飨。贺若弼"以为大侈，与高颎、宇文弼等私议得失，为人所奏，竟坐诛。……"卷56《宇文弼传》载："帝渐好声色，尤进远略，弼谓高颎曰：'昔周天元好声色而国亡，以今方之，不亦甚乎？'又言：'长城之役，幸非急务。'有人奏之，竟坐诛死。……"高颎之死，"天下莫不伤惜，至今（作者按：唐初时）称冤不已"。

高颎之死"天下……称冤不已",这是与他的政绩相关的。

在选举方面,高颎"进引贞良,以天下为己任","苏威、杨素、贺若弼、韩擒虎等,皆颎所推荐,各尽其用,为一代名臣"。苏威是著名的政治、法律方面的重臣,已如前述。杨素是如隋文帝仁寿初的一份诏书中所说的"论文则辞藻纵横,与语则权奇间出"的"既文且武"的重臣,驭军严整,"有犯军令者,立斩之,无可宽贷",在平陈而统一中国之战中,功勋卓著。其晚期变得极端残忍、罪恶累累,但这怪不得高颎。① 贺若弼、韩擒虎为武将。高颎擢拔贤良,当然不止数人,其他由高颎选拔荐举的,也多有在法律实践方面做出贡献的。例如平乡令刘旷,"人有诤讼者,辄丁宁晓以义理,不加绳劾,各自引咎而去","百姓感其德化,更相笃励,曰:'有君若此,何得为非!'在职七年,风教大洽,狱中无系囚,争讼绝息,囹圄尽皆生草,庭可张罗。及去官,吏人无少长,号泣于路,将送数百里不绝。"② 此人为高颎所推荐,隋文帝召见之并奖擢为莒州刺史。从高颎奖掖的人才可见,他所推荐的,也是以儒家法律观行政施法的干才。

高颎在隋朝的法制贡献,主要是参与修订《开皇律》与《开皇令》。此外,在行政法与经济法方面,也有所建树。

开皇三年(583),隋文帝行"宽大之政","初令军人以二十一成丁","减十二番每岁为二十日役,减调绢一匹为二丈";并令"州县大索貌阅,户口不实者,正长远配,而又开相纠之科。大功已下,兼令析籍,各为户头,以防容隐"。但高颎"又以人间课输,虽有定分,年常征纳,除注恒多,长吏肆情,文帐出没,复无定簿,难以推校,乃为输籍定样,请遍下诸州。每年正月五日,县令巡人,各随近便。五党三党,共为一团,依样定户上下"。隋文帝言听计从,为当时的社会组织、行政设置及租赋收入的法制化,为社会稳定和统一的大帝国的形成,做出了贡献。

开皇八年(588)五月,高颎"奏诸州无课调处,及课州管户数少者,官人禄力,乘前已来,恒出随近之州。但判官本为牧人,役力理出所部。请于所管户内,计户征税。帝从之"。③

开皇九年(589),高颎奉命制定考课之法,他征求各地考使的意见。秦州考使房彦谦对他说:"书称三载考绩,黜陟幽明,唐、虞以降,代有其法。黜陟合理,褒贬无亏,便是进必得贤,退皆不肖。如或舛谬,法乃虚设。比见诸州考校,执见不同,进退多少参差不类。况复爱憎肆意,致乖平坦,请介孤直,未必高名,卑谄巧宦,翻居上等。……"建议"远布耳目,精加采访,褒秋毫之善,贬纤介之恶"。这些意见与建议都得到高颎的赞

---

① 《隋书》卷48《杨素传》。
② 《隋书》卷73《循吏传》。
③ 《隋书》卷24《食货志》。

同，并上奏隋文帝。①

综观高颎一生的政绩及他主持修撰的开皇律令，可见高颎是隋初统治集团的法律观的典型代表者，并且也是一位长期坚持这种法律观直至晚年的人。正因如此，才有他晚年对隋炀帝的种种议论而至死于非命。

（四）隋初君臣法律思想评价

隋代短促，所留有关人物的法律思想的资料极少。加之，隋时的著作佐郎王劭专典国史二十年，撰《隋书》八十卷，但"多录口敕，又采迂怪不经之语及委巷之言，以类相从，为其题目，辞义繁杂，无足称者，遂使隋代文武名臣善恶之迹，湮没无闻"②。即使这样，王劭所撰《隋书》也已亡佚③，因此，只能从极为有限的资料中，记述隋初君臣的法律思想如上。但从这些记述中，却已可大致做如下评价：

1. 封建社会关系成熟的逻辑反映

秦始皇建立统一的中央集权的封建大帝国后，我国封建社会关系已初步成熟。在秦代，建立了一整套政治制度、经济制度、法律制度和社会制度，而政治、经济、社会制度也纷纷法典化，以法律保证这些制度的切实贯彻实施。但是，秦代的封建社会关系，还只是"初步成熟"，其充分成熟，还有一个必要的发展过程。正因如此，"汉承秦制"，绵亘延长达四百年的两汉，竟也只是秦制的承袭与发展，而不可能有什么重大的变革。汉代之后，历经魏、晋、南北朝，又是三四百年。

在这三四百年中，尽管割据、分裂、争斗、震荡，封建社会关系都未能倒转。

社会制度的变化发展，当然会在人们的思想中得到反映。但这种反映，往往落后于现实社会的变化节奏。也就是说，思想往往落后于社会运动的实际变化。因此，尽管早在春秋末期，孔子已创立了儒家学说并形成十分有影响的学派；尽管汉武帝"罢黜百家，独尊儒术"，以行政手段强行推崇儒学，法家思想以及其他各家思想，还是不时在统治集团中、在学术界、在社会上发挥影响与作用。秦代厉行法治，是对战国时期百家争鸣的一种否定；三国时期，曹操主张"拨乱之政，以刑为先"，诸葛亮成了如范文澜先生在《中国通史》中所说的"标准的法家学说的实行者"，同样是对汉武帝以来的"独尊儒术"的一定程度的否定。这样，无论独儒或独法，实际上都不切合中国封建社会的需要，因而以儒学为旗帜的儒法合流的"德主刑辅"的法律观，就应运而生，发挥强大的影响，而且历久不衰，成了封建统治者最乐于接受，最便于其施用的一种治国观点和治国方法。

这种以"德主刑辅"为核心的法律观，力求维护这样一些社会关系，即：

---

① 《隋书》卷66《房彦谦传》。
② 《隋书》卷69《王劭传》。
③ 本《隋书》，为唐代魏徵主持撰定。

"普天之下，莫非王土。"以皇帝为全国土地的最高所有者；在皇帝之下，大大小小的封建地主占有全国绝大部分土地这一最基本的生产资料，并在此基础上，剥削与奴役广大农民的以封建土地私有制为核心的封建制经济关系。

"率土之滨，莫非王臣。"以皇帝为地主阶级最高的政治代表，皇帝兼有立法、司法、行政与统帅军队的最高权力；在皇帝之下，各级封建官吏分布全国每一个角落，行使其司法与行政权力，并在此基础上，构成宝塔形的政治上统治与被统治的封建制的政治关系。

"聚族而居，亲疏有别。"以族长为同族的尊长，在族长之下，以血缘为纽带，建立男性系列的族长、家长制的封建制家族关系。在家庭中，祖、父统治着子、孙；丈夫统治着妻子。

这些社会关系，发展到隋代，久已形成社会的基本关系，不仅实际上建立着这种关系，而且在思想认识上，从统治者到被统治者，从体力劳动者到脑力劳动者，几乎形成了思维定式与共识，没有人怀疑，更没有人企图彻底推倒、摧毁这种社会关系。即使有，也只是想回到封建制以前的社会状态去。这样，如实反映封建制社会关系，并在法律思想上为维护这种社会关系做出论证，肯定、维护这种社会关系的法律制度，就成了符合"从物质到精神""从实践到认识"的认识路线了。隋初君臣以"德主刑辅"为其核心的法律思想主流，正是这一认识的反映。

首先，比较稳定的封建制社会关系，要求而且可能实施"德主刑辅"的法律观。如前所说，所谓"德治""礼治"的"德""礼"，并非与法律截然相异的以至对立的社会规范。实际上，中国封建时代的"德"与"礼"都是带法律约束力的社会规范，所谓"出礼入刑"就是最明确的反映与表达。"礼"与"法"的区别，仅仅在于礼是以刑为后盾的准法律，法则是直接与刑联系在一起的法律。只有在这样的基础上，才可能有所谓"德主刑辅"。而稳定的封建制社会关系，提出了"德主刑辅"的法制需求，并为"德主刑辅"的实施提供了条件。因此，隋初君臣"德主刑辅"法律思想的主流，是当时封建制社会关系成熟的合乎逻辑的反映。

与此相反，当社会发生大变动的时候，当阶级矛盾激化以至阶级冲突十分严重的时候，当民族矛盾激化的时候，或者当统治阶级内部矛盾激化从而酿成割据、分裂、对立、冲突的时候，封建制的社会关系便遭到严重的冲击。在这种状况下，"德主刑辅"往往不得不让位于唯法而治的法治主义，如三国时期那样。整个隋代，基本上处于封建制社会关系的稳定发展时期，因此不仅开皇律令，而且大业律令，都是相当轻简的；不仅隋文帝，而且隋炀帝，都可能而且往往表现为高倡"德主刑辅"论。当然这并不排斥在他们主观上认为必要时施行法外用刑、违法而治。

其次，在封建制社会关系逐渐成熟的漫长过程中，形成了以儒学为旗帜的"德主刑辅"的儒法合流的法律思想，历经多次反复，到隋代也已经比较稳定。因此，隋初君臣的法律思想，从接受儒法合流这一角度看，也是封建社会关系成熟的合乎逻辑的反映。

正因如此，隋代以后再没有出现过法治主义抬头以至卷土重来的情况。这是同隋代以前很不相同的一个特点。隋初君臣的法律思想，当然也反映在隋初的开皇律令中，而开皇律令，恰恰开创了稳定的封建法律的整套制度。从隋开始，经唐、宋、元、明、清，都只是在隋律令的基础上发展变化，而从无大的更革。现在人们所特别推崇的唐律，其实也只是以隋律为蓝本而拟制的。正是从隋代开始，才出现了中国封建法律的典型格局。在这个意义上，法律史学者如果以更多的精力研究隋律，对于中国法制史、中国法律思想史的深入探讨，将大有裨益。

2. 历代法律思想成果的有机继承

隋初君臣的法律思想，建立在儒学正统的基础上。儒学的"正统"，肇始于孔子所创立的儒家学派。儒家的法律思想，以孔子为代表，是对西周以来的"礼治"与周公的"明德慎罚"思想的继承与发展，达到了"礼治""德治""人治"三者互相结合且形成比较系统化的阶段。儒学正统强调了"礼治""德治""人治"，并没有否定"法"。但由于强调的是前者，因此，强调"法"的法家便与之对立而显得相当突出。历来的法律思想家，只看到儒法的对立，或侧重于二者的对立，却没有看到或漠视了二者的内在联系与本质上的一致性。实际上，二者都毫不否定、毫不触及封建制的经济、政治、家庭和其他社会关系；二者都一致崇奉皇权，视皇帝为最高的立法者，享有最高的司法权与行政权；儒家只是以礼为先，而非以礼为限，法家也只是以刑为先，而非悖德越礼。因此，在汉武帝"罢黜百家，独尊儒术"以后，儒学虽然得天独厚，有了进一步的发展机会与条件，但却不得不同时吸取法家的许多有利于调整封建社会关系的思想观点与方法。董仲舒系统阐述"德主刑辅"论，就是明证。汉代以后，魏晋南北朝的长期混乱，时而"缘法而治"，时而"无为而治"，时而"礼治至上"，都没有能够为大一统帝国的形成做出贡献。倒是"德主刑辅"最为适合大一统帝国的治理，最能笼络人心，最能协调各种社会思潮，也最适合于随机变化，时而强调德礼教化、时而强调法刑赏罚，以期调整不断变动着的社会关系。隋代法律思想虽然并无创新，却继承了这一思想路线。

但是，隋初君臣的法律思想毕竟是芜杂的。尤其是隋文帝，其思想显得更为庞杂。谶纬经学、符命图谶的影响有之；道家思想、佛家思想与儒家思想并存且趋于合一；以法为治、崇尚法律的观念也不时浮现；等等。甚至有时他们还为阴阳家、墨家的法律思想所影响。这一方面说明隋初君臣没有建立起自己的系统的法律理论；但另一方面却同时说明，隋初君臣承数百年的大乱之后，正努力于继承前代思想家的成果，在政治、法律实践中进行摸索。苏威"屡欲改易事条"与李德林"法令既行，义须画一"之争，恰是他们对如何实行法律的思想斗争的反映。如果假以时日，隋代是有可能出现若干全面总结并超越前代法律思想的大家的。因此，我们一方面必须如实承认隋代法律思想的不发达；另一方面又必须看到，隋初君臣的法律思想的芜杂性，正是他们有机地承继前代法律思想的表现。

二、隋代后期法律思想的演变

隋代的司法实践，总体来说处于一种无序的状态，制法毁法同出一人之手，立法司法脱节相当严重。当然，法制的废弛是逐渐加剧而不是骤然造成的，其缘由则为多种因素聚合而成。由客观状况的变化，反映到法律思想上，便是从"德主刑辅"逐渐演变为唯刑是用，以至重刑主义抬头，法外用刑代替了封建法治，而德教、礼治之类则变成了画饼，从而留给我们以深刻的教训。

（一）隋代司法实践中的问题

1. 法制废弛

隋代司法实践中的问题，概括起来是四个字，即"有法不依"。

如前所述，隋初君臣积极革新法制，开皇初期即制定《开皇律》《开皇令》，不仅使调整社会关系的法律法令基本达到完备的程度，而且远比前代轻简宽约，是比较得民心的，由此还促成与保障了史称"开皇之治"的前所未有的国势、国力和经济、文化繁荣的局面。隋炀帝继位，虽然对他的批判斥责史不绝书，但在大业之初他却继续把开皇立法的轻约往前推进，制定了《大业律》与《大业令》。"炀帝即位，以高祖禁网深刻，又敕修律令，除十恶之条。""三年，新律成。凡五百条，为十八篇。……其五刑之内，降从轻典者，二百余条。其枷杖决罚讯囚之制，并轻于旧。是时百姓久厌严刻，喜于刑宽。"① 隋代始终"有法可依"，或者说有较好之法可依，是显而易见、不可否定的。

但"有法不依"则所立之法也等于零。隋代司法实践表明，开皇初年虽然隋文帝比较注意依法治国、不徇私情，但其时已表现出"有法不依"的迹象，只是在一些重臣的制约下才未酿成普遍与严重的现象。开皇十年（590）以后，情况起了较大的变化。据《隋书·刑法志》载，隋文帝"既任智而获大位，因以文法自矜，明察临下。恒令左右觇视内外，有小过失，则加以重罪。又患令史赃污，因私使人以钱帛遗之，得犯立斩。每于殿庭打人，一旦之中，或至数四。尝怒问事挥楚不甚，即命斩之。十年，尚书左仆射高颎、治书侍御史柳彧等谏，以为朝堂非杀人之所，殿庭非决罚之地。帝不纳"。根据这一记载，可以推知，当时不依法而行刑决罚的情况已发展得比较严重，以至高颎、柳彧等不得不直言上谏。但这时的隋文帝已听不进他们的规劝和建议了。一些重臣深感危机的逼近，于是采取了集体"辞职"行动，企图以此迫使隋文帝改弦更张。"颎等尽诣朝堂请罪，曰：'陛下子育群生，务在去弊，而百姓无知，犯者不息，致陛下决罚过严。皆臣等不能有所裨益，

---

① 《隋书》卷25《刑法志》。

请自屏退,以避贤路。'"① 但即使如此,隋文帝也并没有在较高的程度上,即接近于认识"有法不依"的严重后果的角度看问题,而只是就事论事地做了处理:"帝于是顾谓领左右都督田无曰:'吾杖重乎?'元曰:'重。'帝问其状,元举手曰:'陛下杖大如指,捶楚人三十者,比常杖数百,故多致死。'帝不怿,乃令殿内去杖,欲有决罚,各付所由。"一场不无声势的朝廷命官的集体"辞职"行动,所得结果,只是"殿内去杖"。

由于没有任何比较深入的认识,隋文帝这种"有法不依",是极易故态复萌的。果然,不久之后,"楚州行参军李君才上言,帝宠高颎过甚,上大怒,命杖之,而殿内无杖,遂以马鞭笞杀之。自是殿内复置杖。未几怒甚,又于殿庭杀人,兵部侍郎冯基固谏,帝不从,竟于殿庭行决。"这是开皇十年以后十二年(592)以前的事。② 开皇十二年以后,隋文帝"有法不依"、以言废法,法外用刑,更日益肆无忌惮。开皇十六年(596),"有司奏合川仓粟少七千石,命斛律孝卿鞫问其事,以为主典所窃。复令孝卿驰驿斩之,没其家为奴婢,鬻粟以填之。是后盗边粮者,一升已上皆死,家口没官。""十七年,诏又以所在官人,不相敬惮,多自宽纵,事难克举。诸有殿失,虽备科条,或据律乃轻,论情则重,不即决罪,无以惩肃。其诸司属官,若有愆犯,听于律外斟酌决杖。"以上《隋书·刑法志》所记的两件事,都说明其时不仅频频"殿庭决杖"、因怒杀人,而且公然下令"律外决杖"了。其结果是"上下相驱,迭行棰楚,以残暴为干能,以守法为懦弱"③,依法办事反而成了"懦弱"无能了。

所谓"上下相驱"的"上",最高一级便是隋文帝本人,次一级是朝廷命臣,其"下"则是各级地方官吏。且看这几个层次"以残暴为干能"的几个具体例子。

关于隋文帝。"是时帝意每尚惨急,而奸回不止,京市白日,公行掣盗,人间强盗,亦往往而有。帝患之,问群臣断禁之法。杨素等未及言,帝曰:'朕知之矣。'诏有能纠告者,没贼家产业,以赏纠人。……其后无赖之徒,候富人子弟出路者,而故遗物于其前,偶拾取则擒以送官,而取其赏,大抵被陷者甚众。帝知之,乃命盗一钱已上皆弃市。"宽简轻约的开皇律令的规定,此时几已抛到九霄云外;苛酷至极的法和刑,造成了人人自危、家家惶恐的恐怖局面:"行旅皆晏起早宿,天下懔懔焉。此后又定制,行署取一钱已上,闻见不告言者,坐至死。自此四人共盗一榱桷,三人同窃一瓜,事发即时行决。"④

关于朝廷命官。例如杨素,统兵时"每将临寇,辄求人过而斩之,多者百余人,少不下十数。流血盈前,言笑自若。及其对阵,先令一二百人赴敌,陷阵则已,如不能陷阵而还者,无问多少,悉斩之。又令三二百人复进,还如向法。将士股栗……""素之贵盛近

---

① 《隋书》卷25《刑法志》。
② 同上。
③ 同上。
④ 同上。

古未闻。炀帝初为太子,忌蜀王秀,与素谋之,构成其罪,后竟废黜。朝臣有违忤者,虽至诚体国,如贺若弼、史万岁、李纲、柳彧等,素皆阴中之。若有附会及亲戚,虽无才用,必加进擢。朝廷靡然,莫不畏附。"① 史万岁是隋代著名大将,屡立战功,威名赫赫,因而为杨素所忌妒,直到激起隋文帝大怒而使之死于非命,"死之日,天下士庶闻者,识与不识,莫不冤惜"②。杨素对鸿胪少卿陈延有所不满,"经蕃客馆,庭中有马屎,又庶仆毡上樗蒲",于是告至隋文帝,主客令被"棒杀"于西市,陈延被"榜棰,殆至于毙"。大理寺丞杨远等则依附杨素,"每于涂中接候,而以囚名白之,皆随素所为轻重。其临终赴市者,莫不途中呼枉,仰天而哭"③。

关于地方官吏。例如襄州总管田式,"其所爱奴,尝诣式白事,有虫上其衣衿,挥袖拂去之。式以慢己,立棒杀之。或僚吏奸赃,部内劫盗者,无问轻重,悉禁地牢中,寝处粪秽,令其苦毒,自非身死,终不得出。每赦书到州,式未暇读,先召狱卒,杀重囚然后宣示百姓"。又如幽州总管燕荣,"鞭笞左右,动至千数,流血盈前、饮啖自若。尝按部,道次见丛荆,堪为笞棰,命取之,辄以试人。人或自陈无咎,荣曰:'后若有罪,当免尔。'及后犯细过,将挝之,人曰:'前日被杖,使君许有罪宥之。'荣曰:'无过尚尔,况有过邪!'榜棰如旧"。再如恒山郡丞王文同,"见沙门斋戒菜食者,以为妖妄,皆收系狱。比至河间,召诸郡官人,小有迟违者,辄皆覆面于地而棰杀之。求沙门相聚讲论,及长老共为佛会者数百人,文同以为聚结惑众,尽斩之。又悉裸僧尼,验有淫状非童男女者数千人,复将杀之。郡中士女号哭于路,诸郡惊骇,……"④

以上是隋文帝时司法实践的状况。到隋炀帝时,情况继续恶化。由于隋炀帝"外征四夷,内穷嗜欲,兵革岁动,赋敛滋繁",造成了社会矛盾的极度激化,于是"有司皆临时迫胁,苟求济事、宪章遐弃,贿赂公行",这又进一步造成"穷人无告,聚为盗贼"。在这种情况下,隋炀帝乃"更立严刑,敕天下窃盗已上,罪无轻重,不待闻奏,皆斩"。而"百姓转相群聚,攻剽城邑,诛罚不能禁",隋炀帝"以盗贼不息,乃益肆淫刑"。大业九年(613)隋炀帝"又诏为资者籍没其家",此举不但未能奏效,反而进一步激起民变,"自是群盗大起,郡县官人,又各专威福,生杀任情矣"。到最后,竟至行九族之诛,且恢复"轘裂枭首之刑","或磔而射之,命公卿已下,脔啖其肉",于是"百姓怨嗟,天下大溃"。⑤ 隋炀帝本人也在江都被宇文化及所杀。不久,立国不过三十八年的隋朝,就彻底覆灭了。隋炀帝在位时的司法状况如此,他的法律思想却并不与之等同。这在后面将另行述及。但隋代司法状况到隋炀帝时已与立法完全背离,却是事实。

---

① 《隋书》卷48《杨素传》。
② 《隋书》卷53《史万岁传》。
③ 《隋书》卷25《刑法志》。
④ 《隋书》卷74《酷吏传》。
⑤ 《隋书》卷25《刑法志》。

2. 法制废弛的主要原因

在中国历史上，几乎每一个朝代之初，都比较重视法制建设，越到后来则越削弱，甚至与其初衷相悖而行。这几乎是一种规律。究其原因，主要是以下几个方面：

(1) 封建经济制度的矛盾运动

中国封建时代的每一次改朝换代都意味着最高的土地所有权的改变，从而导致土地所有权在全国范围的再分配。为了这种再分配的顺利进行，统治阶级营垒内部必须达成一致与妥协，从而必须有强有力的法律手段对统治阶级内部关系加以调整。同时，也必须有强有力的法律手段妥善地调节地主阶级与农民阶级的关系；保障社会秩序的稳定以巩固地主阶级新王朝的政治统治。这样，制定符合其经济与政治利益的法律，并且得到普遍遵守，就成了客观的需求。这就是当时法制建设受到重视，得到加强，立法比较齐备、比较轻简，司法也比较认真、比较有效的原因。

但是，土地所有权的集中、大规模的再分配一旦完成，分散的、小规模的再分配，立即在全国各地自发地重新开始。这时的再分配，一般不是依仗政治权力"豪夺"，而是依靠经济实力，依靠"巧取"。而土地的买卖一旦开始，就不可能自动停止，而且发展得越来越快。在这一过程中，政治权力也参与"再分配"，有时甚至成为"再分配"的主要支持力量，"巧取"便发展成了"豪夺"。一般的土地买卖，发展成了大规模的土地兼并。这样，原先用以调整或保障调整地主阶级内外部关系的种种法律规定，就不再为地主阶级所愿意遵行了。

(2) 封建政治制度的矛盾运动

封建社会里，无论是实行分封制，或是郡县制，本质上都没有离开宗法等级制度。这种宗法等级制度，在其形成的初期，有保护各等各级实际政治利益的作用，是既得利益者的政治护身符。但是，地主阶级大小官吏的贪欲永远不会停滞在一个水平上。他们在取得某一政治利益之后，很快就会觊觎新的、更高的政治利益。无论是分封的诸侯王，还是委任的郡县吏，都各凭借其现有的地盘，竭力攫取新的更高的权力。这就造成打破业已固定的宗法等级状况的种种行动，也就出现了破坏维护宗法等级制度的法律的种种事端。这样，新的朝代建立之初维护宗法等级制度的法律，就逐渐演变为后来的对宗法等级状况的实际破坏了。

(3) 社会阶级矛盾和斗争的发展

新的封建朝代的建立，往往是借助于农民起义而实现的。因此一般来说，一个朝代建立之初，总不得不考虑到适当照顾农民阶级的利益，因而采取了或增分土地，或减免赋税、减轻劳役，或放任自流的政策，从而造成较好的休养生息的社会环境。这无疑对农民是有利的。但这并没排除对农民的封建剥削的重压。这种重压随着岁月的推移，不可能减轻，反而越来越重。加上其他方面的压迫，农民越来越不能忍受，于是不断地起而反抗。这样，地主阶级先前所依靠的"德礼教化"的手段，不但不能作为"主"要的治国手段而以刑相"辅",而且,往往根本失去作用,于是转而采用赤裸裸的暴力手段,什么法律法规也就统统置诸脑后了。

从以上几方面看,隋代自无例外。但以往的许多朝代,以及隋代之后的唐、宋、元、明、清,都立国较久,法制废弛也远不像隋代那么快。因此,必须略事探究一下隋代法制迅疾废弛的特殊原因。主要是:

第一,隋初及隋代前期没有形成比较坚实的适合于隋朝封建制发展的法制理论。

历观汉代,其初期,虽然刘邦胸无点墨,但其权臣谋士却人才济济,思想新颖,如《汉书·高帝纪》所载,"萧何次律令,韩信申军法,张苍定章程,叔孙通制礼仪,陆贾造《新语》",构成了一个庞大的法制理论队伍,为汉代的法制发展奠定了良好的基础。尤其是陆贾的《新语》,对刘邦有很大的影响。西汉初年刘邦的以秦为鉴、文武并用、约法省禁、与民休息,都与陆贾的《新语》有极大关系。此外,汉文帝时的贾谊,同样对汉初的理论建设,包括法制理论建设,做出了很大贡献。

再如唐代,唐初君臣中,从李世民到魏徵、长孙无忌、房玄龄,都在法制建设方面做出了一定的理论概括。吴兢的《贞观政要》精辟地论述了唐太宗君臣有关政治、法律的重要理论。长孙无忌主持修订的《唐律疏议》更是对历代封建法制建设经验的理论总结,当然也对唐代法制建设有良好的影响。

但是隋代却很不相同。隋文帝及其重臣高颎、牛弘、苏威、李德林等,虽然也曾着意于法制的革新,并在立法方面做出了可观的贡献,但是,如我们在上文所见到的,他们没有形成略为全面、比较系统的法制理论。他们的零零星星、随机而发的一些法律观点,很难发挥长久的指导作用。

第二,隋代的两个最高统治者,在司法实践中都起了极坏的破坏法制的作用。

在封建社会中,皇帝是政权的最高代表和核心。皇帝在司法中的表现与态度,往往是当时法制状况的决定性因素。由于皇帝掌握有最高的立法权与司法权,所以,皇帝是直接左右立法与司法的人物。在中国这样一个高度集权的专制式封建社会里,更是如此。

隋初,隋文帝还比较重视以法律手段调节各个方面的社会关系,尽力维护统治营垒内部的团结和社会秩序的安宁。但开皇十年(590)以后,却逐渐越来越无视他亲手主持制定的法律。到仁寿年间,隋文帝"用法益峻","喜怒不恒,不复依准科律"。隋炀帝虽然察觉开皇后期和仁寿年间"高祖禁网深刻"之害,因而"敕修律令,除十恶之条",并得到"百姓久厌严刻,喜于刑宽"的结果,但是不久之后,他即"更立严刑""益肆淫刑"……终至司法完全背离立法,"百姓怨嗟,天下大溃"[①]。总之,隋文帝与隋炀帝这两个最高统治者,最后都成了法制的破坏者。

这里,有必要稍事探讨一下隋文帝、隋炀帝成为法制破坏者的某些因素。

---

① 《隋书》卷25《刑法志》。

在《隋书》中，魏徵说隋文帝"性猜忌，素不悦学"，"既任智而获大位，因以文法自矜，明察临下"；"帝猜忌"；"帝既喜怒不恒"。考诸隋史，从隋文帝处理各种人际关系，包括处理家庭内部关系（如废杨通太子位、黜杨秀蜀王位等），都可看出，魏徵所云隋文帝的个性缺陷是符合事实的。一个统治者，尤其是封建社会的最高统治者，如果原本对法制并无深刻认识，再加个性中的"猜忌"等严重弊病，对法制实施状况带来极大破坏，那是确定无疑的。法，当然不是统治者代表人物个人的恣意妄为，但如果因此而否定个人的严重影响，也绝非唯物主义辩证法的观点。

至于隋炀帝，魏徵虽然很少提及他的个性中的上述问题。但从史籍可知，隋炀帝是个阴谋家，又是个浪子，还是个暴君。废黜太子杨勇，就是"晋王杨广"即后来的隋炀帝极力促成的阴谋，以至置兄弟于死地，更可见其狠戾之一斑。隋文帝临终之际，作为太子的杨广竟逼奸其父隋文帝的宣华夫人，其后还有容华夫人，显然犯下"十恶"之一的"内乱"罪。但在隋炀帝时，构成法制废弛的重要因素，如范文澜先生在《中国通史》中所概括的那样，还在于"游玩、耀威、开边、侵略四个主要方面"①。就是在大游玩、大耀威、大侵略开边的过程中，隋炀帝完全毁弃了法律，使得法制的废弛到达极点。《隋书·炀帝纪》是这样评述当时的法制状况及其成因的：隋炀帝"慨然慕秦皇、汉武之事。乃盛治宫室，穷极侈靡……谋天下富室，益市武马，匹直十余万，富家坐是冻馁者十家而九。帝性多诡谲，所幸之处，不欲人知。每之一所，辄数道置顿，四海珍馐殊味，水陆必备焉，求市者无远不至。郡县官人，竟为献食，丰厚者进擢，疏俭者获罪。奸吏侵渔，内外虚竭，头会箕敛，人不聊生。于时军国多务，日不暇给，帝方骄怠，恶闻政事，冤屈不治，奏请罕决。又猜忌臣下，无所专任。朝臣有不合意者，必构其罪而族灭之"；对功勋卓著的许多大臣，"或恶其直道，或忿其正议，求其无形之罪，加以刎颈之诛"，"其余事君尽礼，謇謇匪躬，无辜无罪，横受夷戮者，不可胜纪。政刑弛紊，贿货公行，莫敢正言，道路以目。六军不息，百役繁兴，行者不归，居者失业。人饥相食，邑落为墟，……东西游幸，靡有定居，每以供费不给，逆收数年之赋。……""战士尽力，必不加赏，百姓无辜，咸受屠戮。黎庶愤怨，天下土崩，至于就擒而犹未之寤也"；"淫荒无度，法令滋章，教绝四维，刑参五虐，锄诛骨肉。屠剿忠良，受赏者莫见其功，为戮者不知其罪"；对全国上下"乃急令暴条以扰之，严刑峻法以临之，甲兵威武以董之，自是海内骚然，无聊生矣"。

隋炀帝的严重问题主要的不在于"猜忌"，而在品德本质极端恶劣。荒淫无耻，穷奢极侈，杀戮无度，肆行侵略，人性尽丧，等等。所有这些恶劣品性一旦集中在一个统治者身上，尤其是集中一个封建专制的最高统治者身上，是必定要藐视、无视以至直接破坏法制的。这是因为，哪怕是极端专制地保护特殊人物的特权的法律，也不能满足其需要了。

如上所说，隋代法制的废弛，除封建社会发展过程中必然的一般原因外，还有对法制

---

① 《中国通史》第3册，第43页。

思想起指导作用的理论基础问题,以及封建皇帝个人品质方面的具体原因。这些原因作为历史的教训,是应当牢牢记取的。

(二)隋代后期法律思想的演变

隋代司法实践中出现的严重问题,表明隋初君臣的法律思想到隋代后期已发生了极大的变化。这些变化,可以概括为以下三点:

1. 从"德主刑辅"演变为唯刑是用

这在隋文帝身上表现得最为明显。隋初,他一面令修开皇律令,一面令修五礼,劝学行礼,制礼作乐,而且在许多诏书中都反复宣称要以德礼教化为治国之首,要求上下遵行孝道,从而充分地体现了"德主刑辅"的法律观。为此,隋文帝甚至曾废除了诽谤之罪。据《隋书》载:开皇初,有人告大都督邴绍非毁朝廷为"愦愦者",隋文帝非常恼怒,想杀邴绍。长孙平进谏曰:"川泽纳污,所以成其深,山岳藏疾,所以就其大。臣不胜至愿,愿陛下弘山海之量,茂宽裕之德。鄙谚曰:'不痴不聋,未堪作大家翁。'此言虽小,可以喻大。邴绍之言,不应闻奏,陛下又复诛之,臣恐百代之后,有亏圣德。"①听了长孙平的谏言,隋文帝不仅赦免了邴绍,而且敕令群臣,废除诽谤之罪,凡有诽谤之言不要奏报。

但是,当隋朝的政权比较巩固,尤其是当灭陈而成为一统天下的大帝国之后,隋文帝便不再坚持"德主刑辅"的法律观了。关于这一变化,从劝学行礼转而变为弃学废礼方面看,《隋书》做了相当集中的述评:"高祖膺期纂历,平一寰宇,顿天网以掩之,贲旌帛以礼之,设将爵以縻之,于是四海九州强学待问之士靡不毕集焉。天子乃整万乘,率百僚,遵问道之仪,观释奠之礼。博士罄悬河之辩,侍中谒重席之奥,考正亡逸,研核异同,积滞群疑,涣然冰释。于是超擢奇隽,厚赏诸儒,京邑达乎四方,皆启黉校。齐、鲁、赵、魏,学者尤多,负笈追师,不远千里,讲诵之声,道路不绝。中州儒雅之盛,自汉、魏以来,一时而已。及高祖暮年,精华稍竭,不悦儒术,专尚刑名,执政之徒,咸非笃好。暨仁寿间,遂废天下之学,惟存国子一所,弟子七十二人。"②从"京邑达乎四方,皆启黉校",到"惟存国子一所,弟子七十二人",可见变化之巨大。"德主"与礼乐教化地位的急剧下降,"辅""德"而行的"刑",也就上升到"主"的地位,甚至常常唯刑是用。这种情况,在《隋书》的记载中,比比皆是。甚至《五行志》也这样记载:"开皇十八年,河南八州大水。是时独孤皇后干预政事,滥杀宫人,放黜宰相。杨素颇专。……""仁寿二年,河南、河北诸州大水。京房《易传》曰:'专事有智,诛罚绝始,则厥灾水。'亦由帝用刑严急,臣下有小过,帝或亲临斩决。又先是柱国史万岁以忤旨被戮,诛罚绝理之应也。"③

---

① 《隋书》卷46《长孙平传》。
② 《隋书》卷75《儒林传》。
③ 《隋书》卷22《五行志》。

这些记载，掺杂了一星迷信附会之说，但也透露出举朝上下唯刑是用的消息。

2. 重刑主义抬头

隋初是以较之前代刑罚轻简而著称的。但是，开皇中期开始，随着"德主刑辅"之演变为唯刑是用，重刑主义也逐渐成为司法实践中屡见不鲜的指导性观点了。《隋书·高祖纪》述评隋文帝后期将其"草创元勋及有功诸将，诛夷罪退"以至"罕有存者"；"逮于暮年，持法尤峻，喜怒不恒，过于杀戮"："尝令左右送西域朝贡使出玉门关，其人所至之处，或受牧宰小物馈遗鹦鹉、麂皮、马鞭之属，上闻而大怒。又诣武库，见署中芜秽不治。于是执武库令及诸受遗者，出开远门外，亲自临决，死者数十人，又往往潜令人赂遗令史府史，有受者必死，无所宽贷。……"

前已述及，重刑主义在隋炀帝大业后期表现得尤为突出，这里再举一个例子。大业九年（613）礼部尚书杨玄感起兵反隋，被镇压后，隋炀帝对侍臣说："玄感一呼而从者如市，益知天下人不欲多，多则为贼。不尽诛，后无以示劝。"于是，下令裴蕴穷治杨玄感的部属，诏令各郡县予以坑杀，"死者不可胜数"①。把"天下人多"当成了肆行杀戮的理由，真是古今中外极其罕见的。

德礼教化，在开皇初期确实被君臣上下当作治国的主要手段。但到开皇后期，尤其是在隋炀帝大业年间，一面滥施淫刑、恣意杀戮，一面也还不时作出讲求仁义的姿态，继续宣称要以德礼教化作为治国的手段。然而，这时不仅德教礼治等等说教，而且所采取的一些具体措施，也都成了纯然的欺骗了。例如，《隋书·高祖纪》所记开皇十七年三月，隋文帝在诏令"其诸司论属官，若有愆犯，听于律外斟酌决杖"后不过几天，又"亲录囚徒"一次。"录囚"是为了辨冤枉、审屈直，而"听于律外决杖"却是与此截然相反。如此荒诞的"录囚"，只能说明是一种故作姿态的骗局。隋炀帝在其大肆屠戮先朝重臣和无辜平民的同时，又振振有词地下诏说"民惟国本，本固邦宁"，"武有七德，先之以安民。政有六本，兴之以教义……"，"匡危拯难，则霸德攸兴，化人成俗，则王道斯贵"，"朕……思所以宣布德泽，罩被下人……"，更显出其时的所谓德教礼治等，不过是一些纯然骗人的伎俩。隋炀帝时也曾诏令杨素、牛弘等制定仪礼，大兴学校，但所有这些举措都被淹没在发丁役凿运河、筑长城、建行宫和征高丽而造成的血海之中。隋炀帝之以德礼教化骗人，可以从他对秘书郎虞世南的一席话中清楚看出。他说："我性不欲人谏。若位望通显而来谏我，以求当世之名者，弥所不耐。至于卑贱之士，虽少宽假，然卒不置之于地。汝其知之！"② 如此公然地拒绝一切谏议，还有什么德礼教化可言？

隋代从立国到毁亡，前后不过三十八年。在这三十八年中，只出现了一个在法律思想方面留下较多言论和文字的人，这就是文中子王通。

---

① 《隋书》卷24《食货志》。
② 《隋书》卷22《五行志》。

三、王通的法律思想

(一) 文中子王通和《中说》

1. 文中子其人其事

文中子是王通死后数百弟子对他的私谥。王通，字仲淹，绛州龙门（今山西河津市）人，生于隋开皇四年（584），卒于大业十三年（617）。①

王通出身于儒学名门，其六代祖王玄则，为南朝宋的太仆国子博士，"究道德考经籍"，人称"江左王先生"。父王隆，"传先生之业。教授门人千余"，开皇初为国子博士，曾向隋文帝奏献《兴衰要论》七篇。王通绍继家业，亲聆王隆教诲十八年，并四方求学，"受《书》于东海李育，学《诗》于会稽夏琠，问《礼》于河东关子明，正《乐》于北平霍汲，考《易》于族父仲华"，"不解衣者六岁"。

仁寿三年（603），王通二十岁，"慨然有济苍生之心"，两游长安，见隋文帝，"奏太平策十有二策"。王通的《太平十二策》业已亡佚，据《中说·关朗篇》可知，其首策篇名为《正始》，其余不详。在《太平十二策》中，王通"尊王道，推霸略，稽今念古，恢恢乎运天下于指掌"。这些虽见悦于隋文帝，却为"公卿不悦"，未能见用。于是王通"作东征之歌而归"，哀叹"道之不行兮，垂翅东归"的遭遇。以后，他"续诗书，正礼乐，修元经，赞易道，九年而六经大就"；同时聚徒讲学，"门人自远而至"，"往来受业者不可胜数，盖千余人"，其中最著名的有董常、姚义、薛收、贾琼、房玄龄、魏徵、温大雅、陈叔达等，此外，隋唐时期的著名人物如杨素、李德林、杨玄感、李密等都曾向他求教过。王通的著作有《王氏礼论》二十五篇、《元经》五十篇、《赞易》七十篇、《乐论》十篇、《续书》一百五十篇、《续诗》三百六十篇。因遭隋末大乱，散佚殆尽。流传于世的并不是王通本人的著作，而是他的弟子薛收、姚义所辑集的他与弟子的谈话录，即《中说》十卷，署名"文中子"。

2.《中说》及王通法律观的政治思想基础

《中说》共十篇，包括《周公篇》《问易篇》《天地篇》《关朗篇》《王道篇》《魏相篇》《事君篇》等涉及王通政治思想、法律思想的篇目。阮逸为《中说》作序，述及《中说》的成书经过和文中子的简略生平；此外，阮逸还为《中说》的部分文字做过注解，可供研究文中子思想的参考。

---

① 有学者谓王通卒于618年。杜淹撰《文中子世家》称："大业十三年，江都难作。子有疾，召薛收，谓曰：'吾梦颜回称孔子之命曰：归休乎？殆夫子召我也。何必永厥龄？吾不起矣！'寝疾七日而终。"这一记载十分清楚，可见是卒于617年。

(二) 以儒为主，极力推崇周孔

王通把周公和孔子推到了至高无上的地位。他说："如有用我者，吾其为周公所为乎？""千载而下，有申周公之事者，吾不得而见也；千载而下，有绍宣尼之业者，吾不得而让也。"① 他把承袭、宣扬周公与孔子的事业、理论，作为自己毕生的伟业，即使到处碰壁，仍然"矢志不回"。他悲叹"仲尼之述，广大悉备，历千载而不用，悲夫"。弟子仇璋问道，既然如此，"夫子今何勤勤于述也？"王通答曰："先师之职也，不敢废，焉知后之不能用也？"②

王通主张以儒为主的儒、道、佛三教合一说，其中心是儒家的王道。他说："甚矣，王道难行也。吾家顷铜川六世矣，未尝不笃于斯，然亦未尝得宣其用。退而咸有述焉，则以志其道也。""六世"而"笃于王道"，虽"未尝得宣其用"，而仍孜孜不倦地从事著作以求将来有朝一日付诸实施，可见醉心于王道程度之深。

王通竭力宣扬体现在周礼和孔学中的王道。他这样盛赞周礼之道："卓哉，周孔之道！其神之所为乎，顺之则生，逆之则凶。"③ "吾视千载以上，圣人在上者，未有若周公焉，其道则一，而经制大备，后之为政者有所持循；吾视千载而下，未有若仲尼焉，其道则一，而述作大明，后之修文者有所折中矣。"他自称"通也，宗周之介子"，因此他"居家不暂舍周礼"。他说："如有用我者，则执此（作者按：指周礼）以往。"还说："如有用我者，吾其为周公所为乎！"④

王通竭力宣扬的王道，基本内容包括以下几个主要方面：

提倡分封制，反对郡县制。他认为只有实行分封制，才能使政权巩固；即使发生政治变乱，也只有在分封制下才能实现"善政"。他说："郡县之政，其异列国之风乎，列国之风深以固，其人笃，曰我君不卒求我也，其上下相安乎，及其变，劳而散，其人盖伤君恩之薄也，而不敢怨。郡县之政悦以幸，其人慕，曰我君不卒抚我也；其臣主屡迁乎！及其变也，苛而迫，其人盖怨吏心之酷也，而无所伤焉。虽有善政，未及行也。"房玄龄问他郡县之治，他说："宗周列国八百余年，皇汉杂建四百余载，魏晋已降灭亡不暇，吾不知其用也。"⑤ 把周、汉共绵延一千二百年，魏晋南北朝各国短命而亡，都归因于实行分封制还是郡县制。关于分封制与郡县制的优劣长短，何者更切合当时的社会发展的实际需要，这里不予赘述。我们仅想指出，王通分封制，是他提倡复古扬王道的一个重要表现。

宣扬礼信仁义。"李密见（文中）子而论兵，子曰：'礼信仁义，则吾论之；孤虚诈力，

---

① 《天地》。
② 《关朗》。
③ 《王道》。
④ 《天地》。
⑤ 《王道》。

吾不与也。"① 王通特别强调维护封建等级制度的"礼"。他对门人杜淹说:"非礼勿动,非礼勿视,非礼勿听。"② 这完全是搬用了孔子的说教。他对门人窦威说:"既冠读冠礼,将婚读婚礼,居丧读丧礼,既葬读葬礼,朝廷读宾礼,军旅读军礼,故君子终其身不违礼?"③ 他也强调了儒家的"仁""恕"。他说:"仁以为己任,小人任智而背仁为贼,君子任智而背仁。"贾琼向他请教"君子之道",他回答说:"必先恕乎?"什么是"恕"呢? 他解释说:"为人子者,以其父之心为心;为人弟者,以其兄之心为心。推而达之于天下斯可矣。"④

宣扬三纲五常。王通游孔子庙,出而歌曰:"大哉乎! 君君臣臣,父父子子,兄兄弟弟,夫夫妇妇,夫子之力也。其与太极合德,神道并行乎!"将三纲五常加以神化。他还身体力行三纲五常。他的家族婚嫁"必具六礼(纳采、问名、纳吉、纳征、请期、亲迎——阮逸注,下同)",别人不那么办,他浩然兴叹曰:"斯道也,亡矣!"并坚决表示"三纲之学不可废,吾从古!"⑤

王通这种复古主义政治思想,在当时四处碰壁。他游长安,会见了当时的权臣杨素、苏威、李德林,但"素与吾言终日,言政而不及化;威与吾言终日,言声而不及雅;德林与吾言终日,言文而不及理",因此,他"归而有忧色",抚琴弹奏哀伤"周室大坏之诗"《荡》达十遍之多,以至"门人皆沾襟矣"⑥。他常哀叹"王道之驳久矣","大义之芜甚矣"⑦。其弟子房玄龄当时就对人说:"道之不行也必矣,夫子何营营乎!"⑧ 后世学者也常指出王通的主张的迂腐。如明代李贽就说过:王通"欲以周公之礼乐,治当时之天下,以井田、封建、肉刑之必当复,一步一趋,舍孔子无足法者",是根本行不通的,"使通而在,犹不能致治平也,况其徒乎"!⑨ 所以,不但王通本人不能实行,而且王通的弟子与后代,都不愿或不能在政治上实行王通的那一套。"房杜诸公不能臻师之美,大宣其教,故王氏续经,抑而不用";"房魏不能扬师之道";唐太宗时任御史大夫的杜淹为《中说》《文中子世家》作"序",但"未及进用,为长孙无忌所抑",以至"王氏经书散在诸孤之家,代莫得闻焉";王氏诸孤哀叹曰:"同志沦徂,帝阍悠邈,文中子之教郁而不行,吁,可悲矣!"⑩

---

① 《天地》。
② 《关朗》。
③ 《魏相》。
④ 《天地》。
⑤ 《事君》。
⑥ 《王道》。
⑦ 《天地》。
⑧ 《立命》。
⑨ 《藏书·王通》。
⑩ 〔北宋〕阮逸:《文中子〈中说〉序》。

王通的政治思想是落后于现实的,但这不等于没有任何借鉴意义,不包含任何人民性的因素。他指斥当时社会的黑暗和官僚政治的腐败,表示对人民疾苦的同情,并主张参加一定的生产劳动,坚决不与"悠悠素餐者"同流合污。这些,无疑都是应当予以肯定的。

(三) 法律观

王通的法律思想,与他的复古主义及以儒为主、三教合一的政治思想是一致的,主要见之于以下四个方面:

1. "刑清""无讼"

王通赞美西汉高祖至东汉献帝四百年间的"役简""刑清"。他说:"大哉七制之主,其以仁义公恕统天下乎!其役简,其刑清,君子乐其道,小人怀其生,四百年间,天下无二志。"① 苏威向他求教为政之道,他答道:"清以平。"王通的学生陈叔达问薛收:"吾行令于郡县而盗不止,夫子居于乡而争者息,何也?"薛收答道:"此以言化(行令示法),彼以心化(行道感人)。"据说,陈叔达听后,"退而静居(思行其道)三月,盗贼出于境。"王通知道这件事后,赞扬薛收"善言"、陈叔达"善德"②。

王通向往古代的"至治之代"能"法悬而不犯",认为自己如果能从政,一定要实行孔子"必也无讼"的思想。他在回答魏徵"议事之制,何如"之问时说:"苟正其本,刑将措焉;如失其道,议之何益?故至治之代,法悬而不犯;其次,犯而不繁。故议事以制,噫,中代之道也。如有用我,必也无讼乎!"③

但他并不是不要任何法律。

2. 适当赏罚,"罚一以惩众"

杜如晦问政,王通答曰:"推尔诚,举尔类,赏一以劝百,罚一而惩众,夫为政而何有?"④ "推""举""赏""罚"得当,"为政"之道不出此四者,可见他并不否定法律的惩戒作用。他对"无赏罚"的乱世表示不满,他说:"天下无赏罚三百载矣(自晋惠帝永平元年至隋开皇十年凡三百载,作者按),《元经》可得不兴乎?"他著《元经》以续孔子的《春秋》,目的即在对历史事件和历史人物做出褒贬,其中包括对历代赏罚是否得当的评价。薛收问他《元经》为什么从晋惠帝写起,他说:"昔者明王在上,赏罚其有差乎?《元经》褒贬所以代赏罚者也。其及天下无主而赏罚不明乎?"⑤ 认为从前"明王在上"、赏罚得当,所以不必记述;而晋惠帝时贾后擅权,天下大乱。有惠帝而若"无主",所以《元经》始于惠帝。王通还赞扬说:"太和之政近雅矣,一明中国之有法等。"意谓中国"久无定主",而

---

① 《天地》。
② 《周公》。
③ 《关朗》。
④ 《立命》。
⑤ 《王道》。

魏孝文帝（年号太和）时，二十年中"造明堂，祀园丘，置职制，定律令"，①是近于"雅"的境界，符合他所向往的周礼之道。他的弟子杜淹对他说出自己志在"执明王之法，使天下无冤人"，他也表示首肯。这些都表明他是主张要有一定的法律制度的。

3. 主张先德后刑

王通评述古今之"为政者"说："古之为政者，先德而后刑，故其人悦以恕；今之为政者，任刑而弃德，故其人怨以诈。"②

陈叔达任绛郡守，下捕贼之令时说："无急也，请自新者原之，以观其后。"王通闻讯之后，说："陈守可与言政矣。上失其道，民散久矣。苟非君子，焉能固穷？导之以德，悬之以信，且观其后，不亦善乎？"③认为在社会混乱、民生艰难的情况下，老百姓因贫困而不得不行窃犯罪，是情有可原的，因此"导之以德"，示之以法，先德而后刑，是一"善"政，"可与言政"。

先德后刑，德礼在先，刑罚在后，以德化民，以刑辅德，这正是董仲舒以来的儒家的法律思想。但这时的隋朝，已非开皇初年可比，正在下坡路上急速滚落，隋初君臣的"德主刑辅"思想已经被弃置不用，"不复依准科律"业已习以为常，严刑峻罚已成为司法实践的主流。因此，王通的主张得不到重视，"预议"朝政的大臣如杨素等，都不听那一套，王通只好始终停留在纸上谈政论法。

4. 批评严刑峻法

对于历来的严刑峻法和重刑主义，他都表示深恶痛绝。薛收问《续书》为何始于汉，王通答道："六国之弊，亡秦之酷，吾不忍闻也。"④秦行苛法，王通"不忍闻"。但他也并不全部肯定汉代的一切。例如，他认为汉文帝"废肉刑害于义，损之可也"⑤。他斥责北齐文宣帝高洋"以峻法御下"时说："甚矣，齐文宣之虐也！"⑥后周时，苏绰为周文帝的尚书，"长于算术、申韩之术，厚于用法"，也为王通所批评。⑦

王通还在理论上说明必须反对严刑峻法。他说："政猛宁若恩，法速宁若缓，狱繁宁若简，臣主之际，猜也宁信，执其中者惟圣人乎！"⑧又说："无赦之国，其刑必严"⑨，认为老百姓无幸免之心，则不会轻易犯法，其结果必能达到"刑必平"的目的；反之，一面施行严刑峻法，一面又轻于赦免，结果反而导致刑政混乱，动摇封建主义的阶级统治。

---

① 《问易》。
② 《事君篇》。
③ 《事君篇》。
④ 《王道篇》。
⑤ 《事君篇》。
⑥ 《事君篇》。
⑦ 《天地篇》并阮逸注。
⑧ 《关朗篇》。
⑨ 《王道篇》。

  王通的法律思想是其政治思想的一个部分。他的全部政治法律思想都是建筑在唯心主义哲学的基础上的。

  鲁迅说:"孔墨都不满于现状,要加以改革。但那第一步,是在说动人主,而那用以压服人主的家伙,则都是'天'。"①王通用以构筑其政治法律思想的理论基础,就是鲁迅这里所说的"天",即"天命""天意"。王通认为,"先人之义""仲尼之心""帝王之道"都是"昭昭"然的"天人之事";"周礼之道"是"神之所为",因此,"顺之则行,逆之则凶"②;周公的典礼,是"与天命齐其久长"的永恒的东西。③王通承袭董仲舒的阴阳五行说,认为"春生之,夏长之,秋成之,冬敛之,父得其为父,子得其为子,君得其为君,臣得其为臣"④,春夏秋冬、阴阳五行,是君臣父子关系的本源与准则。宇文化及向他请教天道人事,他说:"顺阴阳、仁义,如斯而已。"阮逸解释说:"立天之道曰阴阳,立人之道曰仁与义。天人相与则一。"《中说·叙篇》叙述王通的弟子编撰《中说》篇次时说:"文中子之教,继素王之道,故以《王道篇》为首;古先圣王,俯仰仁义,必合其德,故次之以《天地篇》;天尊地卑、君臣立矣,故次之以《事君篇》;法天莫如周公,故次之以《周公篇》……"这也从一个侧面说明了王通政治法律思想的唯心主义天命论基础。

---

① 鲁迅:《流氓的变迁》,见《鲁迅全集·三闲集》。
② 《王道篇》。
③ 《魏相篇》。
④ 《王道篇》。

略论 21 世纪的中国法律史研究 *

时值世纪之交的今天，无疑应在 20 世纪中国法律史研究的基础上，精心规划 21 世纪的中国法律史研究，以期为"建设社会主义法治国家"的伟大战略提供历史的经验，为中国法律史研究的健康发展与更加繁荣指明正确的方向与途径。本文拟对 20 世纪中国法律史研究的某些缺陷进行分析，并在此基础上提出一些改进的建议，是否有当，敬祈方家教正。

一

新中国成立以前的 20 世纪前 50 年的中国法律史研究，人数寥寥、成果甚少。略有影响的是杨鸿烈先生著作《中国法律发达史》与《中国法律思想发达史》，二者无论在资料的搜集与指导的观点上，都存在不少问题。

新中国成立后，囿于苏联法学界的影响，曾长期将"国家与法"综议并论。连类而及，也就不可能产生独立的中国法律史著作。20 世纪 80 年代以来，中国法律史终于破土而出，独立门户，中国法律史研究也逐浪高涨，蓬蓬勃勃，现在已形成一支近千人的教学与研究队伍，出版的中国法律史著作约一百部。张晋藩先生任总主编的《中国法制通史》十巨册已于 1999 年面世。《中国法律思想通史》十巨册也将陆续出版。书籍的大军，展示了中国法律史研究在数量上的极大成功。

但是，正如不少法律史著作标明的只是"法制史"那样，即便仅从"量"上分析，也有值得改进的地方。这就是：在新的世纪里，中国法律史研究的范围必须进一步拓展。

中国法律史的外延，因其内涵的丰富而极为宽广。

一般而言，"法律制度"仅仅是法律文化的子系统——制度法律文化的一个方面。

---

* 原载《东吴大学》"苏州大学百年校庆、东吴法学院八十五周年院庆专号"；复载汪汉卿等主编：《继承与创新——中国法律史学的世界回顾与展望》，法律出版社 2001 年版。

制度法律文化的外延包括：法律制度、法律原则、法律体系、法律概念、制度性法律技术、法系等等。既成的"法制史"著作的"法制"，大体上是"法律"的同义语，因此，大多可以换名为"法律史"。虽然这些"法律史"著作也偶有涉及法律观念、法律体系、法系之处，但大多蜻蜓点水，而且并不是将所涉者纳入"史"的范畴加以述评。例如，几乎所有略有分量、篇幅略长的"法制史"著作，虽然也会提到"中华法系"，但往往只是在"导论"部分以寥寥数语一笔带过。实际上，中国法制史应是中华法系的孕育、产生、成熟、发展的历史。中华法系的历史发展应当被视为中国法律发展的一根轴线。以中华法系的历史发展为主轴而展开的历史上的中国制度法律文化的研究，作为研究成果的"法律史"便会全面得多、丰满得多。

我认为，除制度法律文化外，还有以下四大类不可轻忽的法律文化：行为法律文化、心态法律文化、物态法律文化、主体法律文化。

制度法律文化是行为法律文化的产物，又依靠行为法律文化而得以实施。行为法律文化的外延包括：立法行为、司法行为、执法行为、守法行为、违法行为、犯罪行为、法律研究、法律教学、法律宣传等。既成的"法制史"既以"法制史"为名，关注的重点自然是"法制"这一制度法律文化范畴的事物，对种种行为法律文化便有所轻忽甚至"视而不见"或见而不书了。

行为法律文化与制度法律文化的灵魂是心态法律文化，它的外延包括：法律思想、法律思潮、法律观点、法律观念、法律意识、法律学说及其载体法律及法学著作。既成的"法制史"著作在述及立法时往往也提到立法者（主要是当权者）的立法思想，但只是"提及"而已。其实，"法制史"（"法律史"）应首先是"法制灵魂史"（"法律灵魂史"）。所以，"法制史"不应与"法律思想史"分立；而在述评心态法律文化对制度法律文化及行为法律文化的灵魂性影响时，不仅要涉及当权者的法律思想，而且要述评社会法律思潮，各阶级、各阶层的法律意识，思想家们的法律观，等等。

与心态法律文化对应的是物态法律文化，其外延包括：法院（法庭）、监狱、囚犯生活与工作的其他场所、刑场与刑具、法律图书馆等等。既成的"法制史"著作大多只述及法律起源时期的监狱，其后的监狱极少提及；至于其他物态法律文化，则几乎绝笔不提。

立法机构、司法机构、执法机构、权利义务关系人与机构以及立法队伍、司法队伍、执法队伍、权利义务关系人群体（阶级性群体、阶层性群体、集团性群体、职业性群体、地域性群体、血缘性群体等）等，构成了主体法律文化的外延。既成的"法制史"著作除立法机构与司法机构外，几乎无视主体法律文化的其他方面，从而造成了中国法律史研究的又一缺憾。

我把上述制度法律文化、行为法律文化、心态法律文化、物态法律文化与主体法律文化概括为"本体法律文化"，用以表述与"法律"这一概念本身直接相连的法律文化，或者说，用以表述"法内事物"。与"本体法律文化"相对应的是"存体法律文化"，或用以指称"法外事物"与"法内事物"互动而形成的法律文化，包括经济法律文化、政治法律文化、宗教法律文化、道德法律文化、科技法律文化等等。所有这些，在既成的"法制史"著作中也鲜见提及。

综上所述，中国法律史研究的范围拓展，从宏观方面看还有极大的可能性空间。至于微观方面，也是一样。

例如，在制度法律文化的"法律"方面，曾有一度，一部中国法制史就等同于中国刑法史。20世纪90年代以来，这种情况已经有所变化。"民刑不分，诸法合体"的观点已为"民刑有分"的观点所取代，还出版了"中国经济法制史""中国民法史"等将民事法律从"合体"的"诸法"中剥离出来的部门法制史。但是，还应该有中国宪法史、中国行政法史、中国婚姻法史、中国税法史等等。而仅从刑法这一部门法看，则还应有更微观的中国死刑史、中国流刑史，中国徒刑史、中国肉刑史、中国拷讯史等等。

几乎每一个现在流行的法律概念，都可以找到它的历史潮流，都应该描述它的历史变化，都应该评价其优劣短长，都可以纳入中国法制史研究的范畴。

当然，"千里之行，始于足下；百尺楼台，起于垒土"，中国法律史研究的宏伟大厦必须奠基于坚实的基础之上。这基础一是资料的全面搜集，二是对史料的翔实考证。

二

20世纪80年代以来的中国法律史著述，明显地经历过这样两个阶段：

80年代初的"应急"阶段。在历经"文化大革命"的灾难以后，痛感"无法无天"之苦的中国人民急切要求恢复法学教学以便重建社会主义法制。在这种情况下，法律院系纷纷恢复或新建，于是出现了"教材荒"。为救此急，出版了《中国法制史》[①]等著作。这些著作解决了教材奇缺的燃眉之急，在中国法律史教学与中国社会主义法制建设方面是功不可没的。但是，也正因为是"应急"之作，不可能有充裕的时间进行资料收集的基础性工作，就不免留下了资料不全、语焉不详的缺失。例如，关于夏朝的法制，多半是论说与推理，极少有切实的史料；商朝，"政权体制"所占篇幅比"法律制度"要多，表明仍未摆脱"国家与法"的旧有模式的影响，其根本则在所掌握的商代"法律制度"资料太少；西周的撰著状况与商代略同，关于西周的"政治制度"及其特点、"礼与刑"的述评，多于对"法律制度"的述评。除唐代以外，对唐之前及唐之后各代各朝的"法制史"研究状况，大体如此。这种资料搜集不全的状况，在"隋唐"一章表现得更为突出。"唐因隋制"，唐代的许多制度包括法律制度，是因袭隋代而诞生并在此基础上发展起来的。但在许多著作中，同放在一章里的隋代的篇幅往往不及唐代的十分之一甚至不及唐代的二十分之一。这就不

---

① 张晋藩等主编：《中国法制史》，中国人民大学出版社1983年版。

止是"资料不全"而是"资料匮乏"了。

20世纪80年代后期以来的"复述"阶段。"复述"。就是重复叙述别人已经说过、写过的东西。我们已有了约一百种中国法制史著作,其中相当大一部分了无新篇,只是重复述说别人著作中的东西而已,其中绝大多数是重复述说80年代初出版的几本法制史著作的内容。因此,我很怀疑出版这么多种类的中国法制史著作的必要性。在这种情况下,资料收集工作被放在一边了,艰辛的法律史研究工作变成了轻松的"炮制"。从学术研究的立场看,这是可悲的事情。我们的研究员、教授队伍从数量上看是大大地增强了,但从质量上看却完全不是如此。

资料工作上的漫不经心,可以两方面的事实为证:一是对国内史学界的研究成果(涉及法律史的研究成果)懵然无知;一是对外国法律史学界的研究成果茫然不晓。前者如,我国的考古工作者、史学工作者对夏、商、周时代的研究,已提供了大量关于当时法律史发展的资料,但在中国法律史著作中并未得到反映;后者如,在我所见的关于元代法制的鸿篇巨著或长文短论中,竟无一引用日本明治大学岛田正郎先生著作的,而岛田先生关于蒙古族法制的研究已出版有十巨册的著作。如果对已有的国内外研究成果的态度都是如此,怎么可能要求他们亲自深入浩瀚的史籍中去做钩沉索隐的基础工作呢?

有鉴于此,为求21世纪的中国法律史研究得以建立在坚实的资料基础上,无疑必须有计划、有步骤、有分工地开展资料搜集与整理的工作。这一方面,中国社会科学院法学研究所的杨一凡先生等已有了很全面的打算并开始着手工作。我们期待这一工作的全面推进与全面收获。

三

与资料工作关系十分密切的是对史料与史实的考证。这里,我对有关的考证工作提出以下几点看法。

其一,对涉及法制的史籍做全面的剔抉耙梳工作,鉴别何者已经切实考证为真,何者已经考证为伪,何者尚为存疑之作。所谓"已经考证为真",是指那些原始著作尚存,作者及写作年代经考证无讹,著作内容经考证未发现反证,因而可认定不能证伪的著作。其余,则应视为存疑之作。这里,十分重要的是以事实为据,而不以权威为据。"考证之学最为精核"的顾炎武在其代表作《日知录》中尚有引伪书材料为信史之误,就说明不能以权威为依据。

其二,凡未经前人考证的史料,都应严加考证。实际上,"二十四史"所记述的"史实",未必均为信史。后继朝代的修史著,有严谨的,也有不严谨的;而所有的修史者都受到了本朝统治者的严重影响。这种影响,有时会导致夸大某些史实或隐瞒某些史实。

其三,前人已加考证的,也应审慎对待。考证本身是一种世代累积的渐进性工作,有时难免反复。张心澂先生总结前人和他自己的辨伪经验，概括为"辨伪律"六条：一曰"不可别有目的"，只"应以求真为目的，即为辨伪为辨伪"；二曰"不可存成见"；三曰"不可以一斑概全体"；四曰"书之价值为另一问题"；五曰"书中所述之真伪为另一问题"；六曰"不可因其伪而遂削之"①。所以，伪书之内容仍应另加考证，辨伪仅为考证工作的一个方面，切不可以辨伪为考证的全部。何况，被初步证伪的史籍，也未必真为伪书，还得进一步考证。同样，非辨书之真伪的考证结论，有时也得进一步考而正之。例如，程树德先生所考《九朝律考》，是一不可多得的考证著作，但也有失误的。他的《九朝律考·隋律考》依据《隋书·刑法志》等考定撰修隋律的人员有高颎、郑泽、杨瓒等八人。但据我的考证，远非如此。《隋书·裴政传》云："开皇元年……诏与苏威等修定律令。政采魏晋刑典，下至齐梁，沿革轻重，取其折中。同撰著者十有余人，凡疑滞不通，皆取决于政。"可见隋初修律者是十多人，而不是《刑法志》所说高颎等七人。而对滕王杨瓒，程树德认定他也参与了《开皇律》的修撰，其依据是《隋书·滕王瓒传》所云"寻拜大宗伯，典修礼律"。但查《隋书》，有关文字为："未几，帝（周宣帝）崩，高祖（隋文帝）入禁中，将总朝政，令废太子勇召之，欲有计议。瓒素与高祖不协，闻召不从，曰：'作隋国公恐不能保，何乃更为灭族事耶？'高祖作相，迁大将军。寻拜大宗伯，典修礼律。进位上柱国，邵国公。瓒见高祖执政，群情未一，恐为家祸，阴有图高祖之计，高祖每优客之。及受禅，立为滕王。"可见杨瓒"典修礼律"是在北周末年，即在杨坚登上隋文帝帝位之前，与修《开皇律》是两回事。②

按上述要求去做，考证量之大，工作之艰巨，是可想而知的。但新中国应成为中华民族历史上考证最详尽、最有力的时代，新世纪里全力以赴于此项工作，当在中国历史学包括法制史的学术史上，成就一划时代的伟大事业。

四

要科学地研究中国法律史，还必须解决若干理论指导上的问题。

关于中国法律史研究的理论指导问题，我认为最重要的首先是如何看待法律、如何看待法律史。

迄今为止，我们的报刊宣传甚至法学刊物，都还在使用"法网无情""法律无情"之类的语词。其深层次的观念是认法律为人类的异己之物，似乎法律是从地底唤出的折磨人类的疠鬼。但究其实，法律乃是人类从天堂请来的增进自身福祉的天使！与上述两种截然相反的观点相连的对法律史的看法是：或以为法律史等同于阶级压迫史、血泪史；我以为法

---

① 张心澂：《伪书通考》，上海书店出版社1998年版，第5—7页。
② 倪正茂：《隋律研究》，法律出版社1987年版，第22—23页。

律史乃是人类解放自身的历史。

在用如此相异的观点指导法律史研究时，无疑必然会写出两种完全对立的中国法律史来。

既成的中国法制史著作在如何看待法律史方面的理论失误，至少有以下几点表现：

其一，沿袭"暴秦"之类的成见，对某些朝代的法制做全面的、根本的否定，而不是放在历史发展的轨道上做历史唯物主义的考察。

最典型的是对秦代法制的述评。不少法制史著作充斥着这样一些评价性观点：秦始皇以严密的法条，加强对广大人民的专制主义统治；在秦朝，从人到牛马，从生产到生活，从行动到思想，莫不"皆有法式"，强制全国人民无条件地遵守；秦朝法律是实现专制主义中央集权统治的重要武器，为此目的，秦始皇使得"秦法繁于秋荼，而网密于凝脂"；秦代的刑罚极为严厉，惩罚极为残酷……

其实，秦是中国第一个大一统的封建主义国家，秦法是对奴隶制法的根本否定，是对封建制生产关系的根本肯定。对秦法的历史进步意义，应当给予高度的评价。正是秦法巩固与保护了封建制的生产关系，所以秦代的生产力得到了长足的发展，从而为汉代的进一步发展奠定了重要的基础。"汉承秦制"，秦代的法律对后世，至少对汉代，是发生了极大的影响的。尽管刘邦为争取民心而宣布了"三章之法"，但不久即发现"三章之法，不足以御奸"，于是又令丞相萧何"捃摭秦法，取其宜于时者，作律九章"。① "九章律"，除李悝《法经》六篇（盗、贼、囚、捕、杂、具）在秦时已有了十分具体的内容外，另加的"户""兴""厩"三篇，实际上也取诸秦代在这三方面的具体规定。睡虎地秦墓出土的竹简中就有《厩苑律》的专门法律规定。② 不仅如此，从"……取其宜于时者……"可知，即便是到了"暴秦"的末日、"大汉"初兴之时，秦律也还有"宜于时"的部分，绝不是可以随意全然否定的。

关于夏、商的法制，既成的法制史著作也多为"法峻刑残"的否定性评价，几乎找不到对这两个奴隶制勃兴时期出现的朝代的法制的肯定性评价。

其二，以朝代为单元，依朝代兴衰为线索述评法制变化，远离了依社会发展规律对法制变化做科学的考察。

既成的法制史著作几乎都是按朝代的兴替更迭来编写的，结果所见皆成一种模式：一个朝代新建之时，立法比较宽简，司法比较认真，越到后来，立法越来越苛严，司法越来越与立法脱节，法外用刑越来越频繁。这种描述大体与实际相符合，但离开了社会发展规律的这种描述，并不能很好地揭示法制的"史"的规律性变化及其实质性意义。秦、汉、隋、唐的法制都历经了上述模式的变化，但这四个朝代分别处在封建制度蓬勃发展或鼎盛

---

① 《汉书·刑法志》。
② 《睡虎地秦墓竹简》，文物出版社1978年版，第30—35页。

时期。更重要的是揭示封建制社会这一大前提下的封建制法值得肯定的一面。应当如实记述这些朝代后期的立法苛严、司法失序，但其立法与司法都没有越出保护封建制生产关系、促进生产力发展的总体要求，因此不能做全盘的、根本性的否定。

新世纪对中国法律史研究的期盼*

20世纪的最后二十年里，中国的法律史研究工作者在几近荒芜的废墟上艰辛耕耘，取得了可观的成绩。但是毋庸讳言，其中问题也还不少。因此，我们必须针对有关问题，认清新世纪对中国法律史研究的期盼，改进我们的研究工作，力争百尺竿头，更进一步。窃以为，中国法律史研究工作的改进，主要应从两个方面着手。

一、理论层面：用什么样的观点指导中国法律史的研究

有的同志不以为然，他们主张"无为而治"，认为只要把法律史实加以描述就可以了。这诚然有其真理性的一面，但是"描述"本身就是主观对客观事物的反映，仍然离不开用什么样的观点加以指导的问题。同时，既为"史"，就要揭示史实间的因果关系、有机联系、渊源流变等等；而一旦进入"史论"范畴，就更离不开指导性观点的是非对错了。此外，史实往往极为丰富、极为复杂，那就还牵涉取舍裁剪中的观点指导。

史籍所载中国历史上的第一条军律（也是第一条法律），是夏启发兵攻打有扈氏时在誓师大会上宣布的："王曰嗟六事之人，予誓告汝，有扈氏威侮五行，怠弃三正，天用剿绝其命，今予惟恭行天之罚……用命赏于祖，弗用命戮于社，予则孥戮汝。"①有一本专著对这条军律做了四方面的分析：一曰，这是占统治地位的奴隶主阶级意志的反映；二曰，这一法律以强制性的暴力为后盾；三曰，它表明了对奴隶的镇压的残酷性；四曰，夏统治者假借"天"威而行"天罚"。其他专著与教材在论及这条军律时，所持观点与此大同小异。

很明显，诸如此类的分析至少存在以下几个问题：

其一，腰斩引文，片面分析。军令中明明有"用命赏于祖"这一激励性规范，分析时却加腰斩，仅取"弗用命戮于社"这一惩戒性规范而大加发挥。

---

* 原载《上海市政法管理干部学院学报》2001年第2期。
① 《尚书·甘誓》。

其二，对"弗用命戮于社"的社会进步意义完全视而不见，只是想当然地加以批判挞伐，背离了历史唯物主义。

人类社会之从原始公社制度过渡到奴隶制度，是极为重要的伟大进步。战败部落之从被吃、被杀而上升到奴隶地位（从而保全了生命，扩大了生产力的"第一要素"，从而保存与扩大了人类的种族延续），这是重大的历史进步。站在悲天悯人的假道学观点上看问题，自然要对奴隶制度痛加诅咒；但是站在历史唯物主义的立场上看，态度却应相反。毛泽东在1958年12月1日中共中央政治局武昌会议上曾这样说过："历史上奴隶主阶级、封建地主阶级和资产阶级，在它们取得统治权力以前和取得统治权力以后的一段时间内，它们是生气勃勃的，是革命者，是先进者……"用这样的观点看夏启的军令，首先必须加以肯定而不是相反。

我们在许多中国法律史著作中发现，几乎都是千篇一律地对奴隶制法、封建制法和资本主义法（以及相应的法律观）的批判。也有做某些肯定的，但都不外乎"简约""轻省"等技术层面的或程度比较这一层次的。

在我个人看来，人类创造法律不是为了从地底下唤出魔鬼来折磨自己，而是为了从天堂请来天使以求增进福祉。结果是否事与愿违呢？撷取剥削制度社会走下坡路时期的法制史实加以分析。其时，统治者为了维持其政治统治，保护其剥削利益，仍然顽固地用暴力坚持早已陈旧了的法律制度，无疑可以析出法律制度的"残酷性""反动性"来，但这不是法律史的全部，也不是法律史的主流。法律史的"全部"，是不能将维护新的生产关系、推动生产力的发展的法律制度排除在外的。法律史的"主流"，是法律制度的代谢更新、不断进步。法律史是人类解放自身的历史，这是中国法律史研究中首先应牢固确立的指导性观点。与此相关，应如实确认中国法律史是中国法制的民主性与科学性不断发展、不断增强的历史。

诚然，在漫长的奴隶制时代与封建制时代，中国社会始终处于皇权至上的状态下。儒家、墨家、法家及阴阳五行家、杂家、理学家、心学家等等，虽然观点歧异，互相驳难，儒、法两家甚至尖锐对立，但它们在崇奉皇权至上这一点上是绝无异议的。这当然直接影响到中国的法制。但是，从总体上看，中国古代的法律思潮无疑历经了"神权法思潮—皇权法思潮—民权法思潮"的前进式变化发展。从神权法时代的领袖人物"代天行罚"以及神判等等，到皇权法时代的审判与见识日见健全，审判制度日见严密，审判方式渐有改进，直到民权法时代的引进西方民主政治制度和法律制度，其民主性与科学性的层层递进是不言而喻的，尽管其间的界限难以划分得了了分明。

我把法律文化分为本体法律文化和存体法律文化两大类。所谓本体法律文化，是指与法、法律直接相关的文化，包括制度法律文化（法系、法律体系、法律、法律原则、法律制度、法律概念等等）、行为法律文化（包括立法行为、司法行为、执法行为、守法及违法犯罪行为、法制宣传、法学教育与研究等等）、心态法律文化（包括法律思潮、法律思想、法律观念、法律意识、法律学说等等)、物态法律文化(包括监狱、法庭、刑具、法律图书馆等等)、主体法律文化(包括立法机构和立法队伍及立法者、司法执法机构和司法执法队伍及司法执法者、权利义务主体等等)。所谓存体法律文化,是指法、法律与社会大系统中其他子系统互动而形成的文化(包括经济法律文化、政治法律文化、道德法律文化、宗教法律文化、科技法律文化等等)。所有这些,都是法律史研究包括中国法律史研究所应涉笔的。而一一考究所有这些,都可发现其随着历史与社会的进步而进步。不断地民主化,不断地科学化,是这种进步的主线与总趋势。但现已出版的有些中国法律史著作基本上未能揭示这一主线与发展趋势。以新近出版的《中国法制通史》[①]为例,这一煌煌十巨册的著作,在其第八卷即清代法制一卷,突然冒出了两章关于"宗族法"的文字,即第十二章《顺治、康熙时期社会流行的宗族法》与第十九章《雍正、乾隆时期中央政府对宗族法政策的转变》。这两章写得很精彩,作者朱勇是我国宗族法研究的佼佼者。但是,通观全史,前七卷与后两卷都未有关于宗族法的文字。而究其实,中国的宗族制度与宗族法始于远古,在奴隶制时代即已成型,封建制时代继续发展,亘亘绵延直到中华人民共和国成立后五十年的今天仍然大有其"用武之地"。日本学者千叶正士先生在《法律多元》一书[②]中详细论述了官方法与民间法的关系。宗族法自是民间法的重要组成部分,在社会关系的法律调节中起着十分重要的作用。对一个宗族制度盛行、宗族势力强大的中国来说更是如此。因此,整个中国法制通史从头到尾都应涉笔宗族法的发展变化,其中也包括宗族法的民主性与科学性方面的进步。可惜的是,《中国法制通史》不但没有记载揭示宗族法的渊源流变、有机发展,甚至前七卷中了无宗族法的影踪,当然就谈不上它的科学化与民主化的发展了。

再者,中国法制的历史发展,是中华法系的孕育、形成、成熟、发展的漫长过程,无疑应当把中华法系的历史演变作为轴线,将各个时代的中国法制串联起来加以描述,并揭示其内在的有机的变化。然而,几乎所有的中国法制史著作,除在导言部分稍稍提及"中华法系"之外,便再无它的"踪影"。因此,若要测试一下学过中国法制史课程的大学生们关于中华法系的知识,得分也许不会在六十分之上。他们的知识库中,"中华法系"只是一个相当模糊的概念。其源,概出于中国法制史教材对中华法系语焉不详。反过来看,寥寥几种关于中华法系的专著却不"专论"中华法系,而是历述中国法制的历史发展,几与不讲中华法系的中国法制史著作略无差异。这就无怪乎外国人对中华法系的知识几近于零了。如果再加上西方中心主义、欧洲中心主义思想的作祟,在西方人的心目中,把中华法系摆在脑后就不足为奇了。勒内·达维德的《当代主要法律体系》[③]一书论及"罗马日耳

[①] 《中国法制通史》,法律出版社1999年版。
[②] [日]千叶正士:《法律多元》,张世功等译,中国政法大学出版社1997年版。
[③] 《当代主要法律体系》,漆竹生译,上海译文出版社1984年版。

曼法系"的文字达一百一十六页，论及"普通法系"的文字达一百三十三页，而论及"中国法"的文字仅十三页，连"中华法系"的概念都没有提及过。K. 茨威格特与 H. 克茨合著的《比较法总论》①一书中，"罗马法系"占一百页，"英美法系"占一百五十七页，中国的法律被置于"远东法系"名下而仅有七页，同样不着"中华法系"一字。K. 茨威格特与 H. 克茨都是德国人，他们一反国际法学界的共识而构设了"德国法系"的专编，共有九十页文字作了专论。

如果说外国学者是囿于西方中心主义或囿于缺乏中国法律史知识的话，那么中国的学者如何呢？中国权威的比较法学家沈宗灵先生的《比较法研究》②一书同样不着"中华法系"一字。因此，中国法律史工作者必须反躬自问：我们为比较法学家们提供了中华法系的资料的史论没有？

几乎所有的中国法学界人士，凡是略涉中国法制史著作的，都有一个共同的感觉，这就是：所述中国历史上的法制似乎是互不关联的，犹如一盘散沙。学习者所得到的往往只是诸如秦律的、汉律的、唐律等的法律的知识。"史"在何处？不得而知。这当然与没有将中华法系的孕育、形成、成熟、发展作为一条主轴线来贯穿记述、论说中国法律制度的历史发展有关。

综上所述，新世纪对中国法律史研究的期盼，在指导理论的层面上，主要有三点：

其一，中国法律史是中国人解放自身的历史；

其二，中国法律史是不断民主化、科学化的历史；

其三，中国法律史即中华法系发展史。

二、技术操作层面：在什么样的基础上进行中国法律史的研究

"论从史出。"上述"中国法律史是中国人解放自身的历史"，"是不断民主化、科学化的历史"，"是中华法系发展史"的泛泛之论，必须求助于法律史实的血肉使之饱满生动起来。这就必须全面地收集资料并加严格地考证。在这两个方面我们以前做得如何呢？我以为，只能用"惭愧"二字加以概括。先看资料的全面收集问题。出版于 1987 年的拙著《隋律研究》③，虽然所用资料远比程树德先生的《九朝律考·隋律考》要多得多，但出版之后即深深后悔于治学的浮躁。当时的情况是，我正生命垂危，匆忙地抢写出来，只能用已经搜集到的资料。后来我在研究中又发现了许多新的资料。如有机会，无疑应当大大扩写、改写。令我感到震惊的是，之后十余年出版的关于隋代法律史的研究著作，所用资料仍然

---

① 《比较法总论》，潘汉典等译，贵州人民出版社 1992 年版。
② 沈宗灵：《比较法研究》，北京大学出版社 1998 年版。
③ 倪正茂：《隋律研究》，法律出版社 1987 年版。

不够全面。

就我所浏览过的关于元代的法律史著作和论文而言,也没有见到一处引用日本著名学者、明治大学前校长岛田正郎先生关于蒙古族法制史研究成果的。而我在岛田先生处看到的他的这一方面著作,已有厚厚的十巨册。

从以上两个例子看,我不愿"以小人之心度君子之腹",贸然推断也许改头换面地使用了,只是未注明出处而已,因为这就太缺乏学术道德、学术良心了;我只想说,有关作者连国内外学者已有的研究成果也掌握不全甚至全然不晓,那么要他们亲自从浩瀚的史籍中去精心地、全面地收集资料并加以整理分析,然后撰写出有足够分量的中国法律史著作来,真是勉为其难,只好望洋兴叹了。

前文所说宗族法的内容突兀地出现在十卷本《中国法制通史》的第八卷问题,也与资料搜集的全面性问题相关。毋庸怀疑,自夏商周至明代各卷的作者,对宗族法的资料掌握不多、研究甚少,因此无力写出、无法写出。

再看史料的考证问题。

我们的法制史著作在论及夏、商、周三代时,多有征引《尚书》的。《尚书》有《今文尚书》与《古文尚书》之别。《今文尚书》,据孔安国说,为孔子删定汉初伏胜传授之作:"先君孔子生于周末,讨论《坟》《典》,断自唐虞,以下讫于周,举其宏纲,撮其机要,足以垂世立教典谟训诰誓命之文,凡百篇。""汉室龙兴,开设学校,旁求儒雅,以阐大猷。""济南伏生,年过九十,失其本经,口以传授。裁二十余篇。以其上古之书,谓之《尚书》。百篇之义,世莫得闻。"① 司马迁从此说。② 至汉时,刘歆、班固、王充亦从此说。③ 但陆德明的《经典释文》对《今文尚书》中的一些篇目的真伪提出了质疑:"汉宣帝本始中,河内女子得《泰誓》一篇,与伏生所诵合三十篇,汉世行之。然《泰誓》年月不与《序》相应,又不与《左》《国语》《贡子》众书所引《泰誓》同,马、郑、王肃诸儒皆疑之。此外,《今文尚书》之《樟材》为吴才老(吴棫)、朱熹所疑,《康诰》《酒诰》为陈同甫、朱熹所疑,④《尧典》《舜典》《洪范》为赵汝谈所疑,⑤《金縢》为王廉所疑;⑥ 近人魏源认为《今文尚书》应终于《甫刑》而除去《费誓》《文侯之命》《秦誓》等"⑦。钱玄同先生甚至认为:"《书》似乎是三代时候的'文件类编'或'档案汇存',应该认它为历史。但我颇疑心它并没有成书,凡春秋或战国时人所引《夏志》《周书》等等,和现在所谓《逸周书》

---

① 《尚书序》。
② 《史记·孔子世家》《史记·晁错传》。
③ 《汉书·楚元王传》《汉书·儒林传》《论衡》。
④ 《朱子语录》。
⑤ 《宋史·赵汝谈传》。
⑥ 《王廉·迂论》。
⑦ 〔清〕魏源:《魏源集·古书微》。

者，都是这一类的东西，所以无论今文学家说是二十八篇，古文学家说是一百篇，都不足信；既无成书，便无所谓完全或残缺。因为它常常被人称引，于是'托古'的人们不免要求伪造了。现在的二十八篇中有历史价值的恐怕没有几篇。如《尧典》《皋陶谟》《禹贡》《甘誓》等篇，一定是晚周人伪造的……《尚书》即无伪篇，也只是粉饰作伪的官样文章，采作史料必须慎之又慎。"①

《今文尚书》存疑如此，《古文尚书》更几被史书及学者们一致认定为"伪书"。《汉书·儒林传》之《张霸传》云："世所传《百二篇》者，出东莱张霸，分析合二十九篇以为数十，又采《左氏传》《书叙》为作首尾，凡百二篇，篇或数简，文意浅陋。成帝时求其古文者，霸以能为百两征。以中书校之，非是。霸辞受父，父有弟子樊并。时大中大夫平当侍御史周敞劝上存之。后樊并谋反，乃黜其书。"张霸因造伪书，差一点被处死，幸有汉成帝"高其才而不诛"，才留下了一条性命②。宋代朱熹指出："《书》凡易读者皆古文，岂有数百年壁藏之中，不能损一字哉？伏生所传皆难读，如何伏生偏记其难，而易者全不能记也！孔《书》至东晋方出，前此诸儒皆未之见，可疑之甚。"③朱彝尊、顾炎武等都非常具体地剖断论定《古文尚书》之伪。《四库提要》曰："古文之伪，自吴棫始有异议，朱子亦稍稍疑之，吴澄诸人本朱子之说相继抉摘，其伪益彰；然亦未能条分缕析，以抉其罅漏。明梅鷟始参考诸书，证其剽剟，而见闻较狭，搜采未周；至若璩乃引经据古，一一陈其矛盾之故，古文之伪乃大明。"论证《古文尚书》为伪书者，比比皆是。

然而，在不少中国法制史著作中，都把还有疑问的《今文尚书》和早已被判定为伪书的《古文尚书》中的"史料"当作"信史"征引。有一部夏商周三代法制史专著，除以《尚书》为基本"信史"外，其余则以《周礼》为基本"信史"，而《周礼》也是早已被古今史学界所判明为后人伪托周公所作之书，涉及周代的政治法律制度内容则多不可靠。这样，这部夏商周三代法制史就如建在沙滩与冰块上的大厦，只要风吹日晒，就会如"忽喇喇似大厦倾"那样地倒塌。

以上我们仅以《尚书》为例说明考证之对法制史研究的极端重要性。如果我们的法制史研究没有坚实的考证作为基础，那么所著的一切都是废品，所著越多，危害与损失也就越大。

因此，新世纪的中国法律史研究，务须以"而今迈步从头越"的精神，从全面地收集资料并严加考证的基础工作做起，力求以崭新的面貌向世人奉献我们的研究成果。

---

① 《读书杂志》第 10 期。
② 〔东汉〕王充：《论衡》。
③ 〔南宋〕朱熹：《朱子全书》。

重写中国法制史 *

20世纪最后二十年，中国法律史学者胼手胝足、殚精竭虑，在近乎废墟的基地上，建起了中国法制史的庞然大厦：撰写了以多卷本《中国法制通史》与《中国法律思想通史》为代表的著作三百多部，论文二千多篇。正是在这一大厦里，法制史工作得以遮风避雨、休养生息，得以创建发明、开拓进取，逐渐形成了一支三百多人的老中青结合的朝气蓬勃的研究队伍。值此新世纪初倡言重写中国法制史之际，我们对这二十年中大师级的领军人物表示由衷的敬意！

新陈代谢是世间万物亘久不变的发展规律。推陈出新是每一个法律史工作者在学术上夺取新的胜利的必然要求。反思二十年来自己所写的八部法制史著作（包括合著），深感有必要采取有力措施，倡言重写中国法制史。其缘由，主要如下：

首先，此前的中国法制史研究，在理论指导上存在着一定的片面性。尽管我们都孜孜以求"以马克思主义理论作为指导"，但都片面强调与突出了以阶级斗争为纲，把法制史简化成了阶级压迫史。其实，从历史唯物主义的高度纵观中国法制史，它都是中华民族解放自身的历史，是科学性、民主性逐渐增强的历史。

其次，此前的中国法制史研究，在史料准备上是极不充分的。近年发现的数百万字的少数民族习惯法和乡规民约，数千万字的判例判牍资料，浩如烟海的律学著述、法律法规以及散见于各种史籍中的法制史料，大多尚未进入前此法制史著作的视野。或谓既成的中国法制史庞然大厦不过建筑在沙滩之上，也许并非危言耸听。

再次，陈陈相因的以朝代兴替为法制史的发展线索，已经受到史学界、法史界的质疑。

此外，诸如将法制史写成了法律史甚至只是刑法史或只是立法史；把法制史与法律思想史割裂开来；几乎完全忽略了农民起义时期的法制史实，忽略了各少数民族的法制史实；把法的功能局限于惩戒一隅，而几乎无视法的激励功能，忽视法的组织管理功能和

---

* 原载《政治与法律》2002年第3期。

教化功能；用西方国家的法学术语套用中国法制，用西方国家的法律体系套称中国法律；"通史"则因集体撰写而缺乏有机联系与前后通贯；等等，都是新世纪重写中国法制史的重要缘由。

郑观应法律思想略论*

郑观应为中国近代史上影响巨大的改良主义思想包括改良主义法律思想家的代表。其法律思想为杂糅儒、道、释和"西学"的产物。其务实求新的变法观念、变法设想，对今天的社会主义法治国家建设仍有重要的启迪意义。

一、郑观应和他的法律思想

郑观应（1842—1921），字正翔，号陶斋，广东香山（今中山市）人。从 1860 年到 1881 年，他在上海经商，两度充任洋行买办。曾捐得道员衔。历任上海机器织布局总办、轮船招商局会办、汉阳铁厂与粤汉铁路会办等。先后与王韬、吴广霈为文字密友，受王韬影响颇深。甲午战争前后分篇刊行《盛世危言》。19 世纪 90 年代后，与盛宣怀关系密切，但在洋务与维新问题上观点有分歧。辛亥革命前夕，曾与盛宣怀等一起表示过拥护清政府的假立宪。他对袁世凯窃国、张勋复辟、军阀混战等持厌恶与反对态度。著有《救时揭要》《易言》《盛世危言》等，今人夏东元先生辑有《郑观应集》（上、下册）①。其中《论公法》《论议政》《论犯人》《议院》《刑法》《狱囚》《论吏治》《自强论》《公举》《吏治》《公法》《交涉》《条约》《罚赎》《盗工》等篇，比较集中地表述了他的法律观与政治观。

19 世纪 70 年代前后，中国的一部分地主、官僚、富商和洋行买办及旧式矿业主，开始向近代资本家转化。他们发展资本主义经济的要求，与封建顽固派的传统观念以及相应的封建专制主义政治法律制度，是有抵触的；他们与洋务派采取"官督商办"的统制经济政策也有尖锐的利害冲突。在这种情势下，他们寻得了资产阶级改良派作为他们在政治法律思想上的代言人。这些代言人中，最为著名的有王韬、薛福成、郑观应、陈炽、马建

---

* 原载《纪念郑观应诞辰一百六十周年学术研讨会论文集》，澳门文化广场有限公司 2003 年版。
① 上册，上海人民出版社 1982 年版；下册，上海人民出版社 1988 年版。下引该版之《郑观应集》时，仅注篇名与页码。

忠、宋育仁等。郑观应出身于商人，其切身利害及交往经历使他对改革政治法律制度有更加强烈而迫切的要求和浓厚而持久的志趣。同时，他比王韬、薛福成活得久长①，对资产阶级维新派和革命派的活动都有更多、更具体的了解。相较而言，他是19世纪七八十年代影响最大的卓著的法律思想家代表。李泽厚先生指出，郑观应的政治法律思想，"全面表达了当时民间工商业各种具体实际的利益和要求……"②。这可见诸以下几个主要方面：

（一）求强图治，非变法不可

目睹"泰西"各国迅速强盛且侵略中国，而中国则"划疆自守，不事远图"③，日见贫弱，危亡益迫，早在光绪元年（1875），郑观应即在《易言·论公法》④中大声疾呼变法图强。他说："物极则变，变久则通。虽以圣继圣而兴，亦有不能不变、不得不变者，实天道、世运、人事有以限之也。"⑤"噫！世变无常，富强有道。惟准今酌古，勿狃于陈言；因时制宜，勿拘于成例。力行既久，成效自征。"⑥郑观应认为，"中国当此危急之时，而求安图治，上下皆知非自强不可，而自强非变法不可"⑦。他从历史与时势两方面阐述他的变法观点。他指出，秦并六国，变井田为郡县，尽改"先王之法"，这说明变法之举古已有之，而秦以后，"盛衰屡变，分合不常"；到了今天，欧洲各国"兵日强，技日巧，鲸吞蚕食，虎踞狼贪"，而中国也"广开海禁"，与西方立约通商，这乃是时势的更大变化。这样，变法就是时势使然，因而"不能下变，不得不变"的事了。⑧

---

① 王韬1897年逝世，薛福成1894年逝世，郑观应1921年逝世，比王、薛多活了二十余年，经历了戊戌变法与戊戌政变、义和团运动、辛亥革命、袁世凯窃国、北洋军阀内战、第一次世界大战以及五四运动等国内国际重大事件。
② 李泽厚：《中国近代思想史论》，人民出版社版1979年版，第52—53页。
③ 《论公法》上册，第67页。
④ 夏东元著《郑观应传》之"附录一"载明：《易言》之中华印务总局排印本，刊发时间为1880年（光绪六年庚辰），上海松隐阁排印本则"无刊行时间"。（《郑观应传》，华东师范大学出版社1981年版，第265页）在《郑观应传》中他说，同治庚午（1870）、辛未（1871），郑观应开始写作《易言》一些篇章的毛胚："此后经过长年积累和修改补充而逐渐定稿"，到1880年三十六篇本《易言》刊行，在这十年的经历过程中，他逐渐具有了民族资本家的身份，加上他的社会实践经验更加丰富等主客观条件，促使他著作了具有较为完整的资产阶级改良主义思想体系的《易言》（《郑观应传》，第16—17页）。这似乎是说，《易言》的出版时间就是1880年。但是，王韬为《易言》作《序》，时在"光绪元年花朝日"；郑氏《自序》也写作"光绪元年暮春之初……自序于海上待鹤斋"（《郑观应集》上册，第62、64页）。一般来说，不可能请人作序于出版前的五年（光绪元年为1875年）。因此，很可能上海松隐阁的二十篇排印本《易言》，是出版于1875年。这对了解、分析郑观应改良主义法律思想的形成过程与初步成熟时间，有重要的意义。
⑤ 《论公法》上册，第66页。
⑥ 《论公法》上册，第66页。
⑦ 《自强论》上册，第338页。
⑧ 《论公法》上册，第66页。

(二) 效法日本,行君主立宪

郑观应在中日甲午战争前后的一些论著中,屡屡强调要效法日本厉行变法,尤其是学习日本,建立君主立宪制政府。甲午战争后所著《原君》一文之附录中,他介绍了日本深山虎太郎的《民权》《共治》《君权》三论,用以辅证他对擅行君主专制的批驳。其时,他在《与文芸阁学士书》中,极言"亟宜悉照日本变法"的紧迫性与重要性。他在分析了国际侵略者之间的矛盾性和一致性之后说:"无论如何和议,我国恐无安枕之日。故亟宜悉照日本变法。"变法的内容,包括"出榜招贤,申明赏罚,如有奇材异能屈居下位者破格用之;兵船管驾无胆识者即行撤退,量材器使,实事求是;兼仿欧西军制。选定民团章程,就地练兵;并开韬略馆,讲究将才;聘精于造枪炮者在腹省自行制造,免外人挟制;又多借洋款,振兴实业,广开学校,以育人才"等等①;而尤为重要的,则是仿效日本,行君主立宪。

郑观应认为,日本的宪法是根据本国的现行法律并参照西方国家的法律而制定的,因而"中国亟宜仿行"。他批判"守旧者恶谈西法",同时又批评"维新者不知纲领",指斥大小官吏"惮于改革,不求中外利病是非,只知安富尊荣,保其禄位",主张建立君民共主之国,"政出议院……君民同体"②,认为只有这样,才能达到国治民安。

(三) 效法泰西,开设议院

郑观应直接批判了洋务派只讲"船坚炮利"之策,认为必须效法西方各国,开设议院。他说:"(西方各国)治乱之源,富强之本,不尽在船坚炮利,而在议院上下同心,教养得法。"③他极力赞扬"泰西列国"在都城设立上议院与下议院。他介绍西方上议院和下议院的议员构成、各自在议政中的作用以及二者与国君的相互依存、相互制约的关系。他认为议院的优点在于"集众思,广众益",其"法诚良",其"意诚美";可使君民不隔,上情以下达,下情得以上达;可以"固民心";等等。④他认为中国之病根在于"上下不通,症成扞格,所以发为痿痹,一蹶不振",而要除此病根,则"非顺民情,达民隐,设议院下可"⑤。

为了加强设议院之论的说服力,郑观应特意把议院与"三代遗风"联击起来,强调三代"列国如有政事,则君卿大夫相议于殿廷,士民仆绅相议于学校"⑥,似乎西方之议院与

---

① 郑观应:《盛世危言·后编》,1921年翰华阁书店铅印。
② 《自强论》上册,第338—339页。
③ 《盛世危言·自序》上册,第233页。
④ 《议院上》上册,第311—314页。
⑤ 《议院下·附论——答某当道设议院论》上册,第322页。
⑥ 《论议政》上册,第103页。

"三代遗风"同一渊源。既然如此，议院之设，就是非常合理的了。他说："中国上效三代之遗风，下仿泰西之良法"而开设议院，"使上下无扞格之虞，臣民泯异同之见"，那么"长治久安"之道就可预期而至了。①

（四）学习西方，实行公开的民主选举

郑观应介绍西方实行"公举之法"，"有一乡公举之人，有一县公举之人，有一府公举之人，有一省公举之人"，是这些国家祛除官吏"弄权躁进，钻营夤缘之习"的有效对策。他认为实行公开的民主选举的"公举之法"，是带有上古三代"乡举里选之遗意"的。其认真实施，是汉代"得人称盛"的原因。郑观应提出了一条"善法"的标准，即实施"善法"可使社会"有安无为，有利无害，众心共惬，人地相宜，可大可久而不可废"。他认为只有"公举之一法"才符合上述标准。②

（五）学习西方的律师制度，改革中国的书吏制度

郑观应盛赞"泰西有大、小律师，无书吏之弊"，中国应当学习西方的律师制度，以革除书吏制度的弊端。作为变通的办法，他建议开设律例专科，每年考选一次，录取名列前茅者供品行考察：成绩优秀、品行良好者可充书吏，赐以虚衔，厚其薪资，"各予以出身之路，庶使咸知自爱，不敢弄弊舞文"。他认为这是"正本清源"的一种好办法。③当然，他认为如能实行像西方那样的律师制度则更好。他主张"宜以状师定案，代为剖析，使狱囚之冤情得以上达"。这里的"状师"实际上起的是律师的作用。他还主张审案时应有"律师的辩驳"④。在中国近代法律思想史上，郑观应是最早提出实行律师制度者之一，这是十分难能可贵的。

（六）学习西方，改革刑事诉讼和刑罚制度

在这一方面，郑观应提出了一系列设想，其中主要有：

设陪审官。郑观应认为，古人所说"从善不足以为政，徒法不能以自行""有其法，尤贵有人"是十分有道理的。他针对中国审判官员的奸诈或昏庸从而常常导致判决失公、造成冤案的情况，建议"令各省、府、县选立秉公人员"数十人以至数百人，"每逢重案，轮班赴署"担任陪审官，陪审官的意见可以左右以至最终决定判决。⑤

轻简刑制。郑观应认为"中国繁刑严法，未免失之于酷"，例如斩首使肢体残缺；杖

---

① 《论议政》上册，第 103 页。
② 《公举》上册，第 328—330 页。
③ 《书吏》上册，第 443—444 页。
④ 《刑法》上册，第 499—502 页。
⑤ 《刑法》上册，第 500 页。

刑过重，不如鞭捶既可以达到"示辱"之目的，又不失之过重；等等。他建议将刑制轻化、简化为"缳首致死，系狱苦工，监作官奴，罚锾赎罪，鞭棰示辱，充发出境"，认为这六种刑罚"足以治轻重之罪而有余"，又不会失之过滥了。①

"充工"代刑。郑观应在《论犯人》中分析"莠民犯法"的原因乃"半迫饥寒"；而刑满释放以后，仍然两手空空，谋生无术，极易"故态复萌"。所以，他在看到"若不预为代筹，将毕生不克自振"的危险后，建议凡已定充军、流刑、徒刑的，可以"充工作抵"，既可用以治罪，又"予以延善之资"。在《狱囚》中，他也指出西方国家刑律中的"充工"是中国刑律所缺的，②应当效法。在《盗工》中，他还建议将盗窃罪犯送往国外充当华工，约定年限，每名收取若干工价用以赡养犯人的家属。他认为这可收一举三得之效："群盗得其生，中国去其害，而赎卖良善懦弱之风亦不禁而自戢。"③

罚金赎罪。郑观应认为，"词讼之兴，发端于财者十有八九"，因此，"以财肇讼"而导致"以讼伤财"是值得利用的，罚金赎罪也就可以达到抑制"词讼之兴"。他还认为，"越礼蔑法、欺压良善者，多在巨室富豪"，因此，"罚减曲者之富，以济直者之贫"乃"均平之道"。④

（七）自强自立，与各国平等行使万国公法

1864年，丁韪良翻译的《万国公法》面世。郑观应细阅精研，针对中外差距以及存在的问题，提出了一系列设想，构成了他的国际法思想框架。四川师范学院⑤田玉才先生曾著专文论述。⑥

郑观应的国际法思想的一个重要内容是，主张在自强自立的基础上，承认万国公法为处理国与国关系的主要准则。他认为，清政府必须"幡然变计"，打破闭关锁国的格局，"自视其国为万国之一，而后公法可行焉"⑦。他的具体设想是，"遣使会同各国使臣，将中国律例，合万国公法，别类分门：同者固彼此通行，不必过为之虑；异者亦各行其是，无庸刻以相绳；其介在同异之间者，则互相酌量，折中一是。参订既妥，勒为成书。遣使往来，迭通聘问，大会诸国，立约要盟，无诈无虞，永相恪守。敢有背公法而以强凌弱，藉端开衅者，各国会同，得声其罪而共讨之"⑧。

---

① 《刑法》上册，第501—502页。
② 《狱囚》上册，第505页。
③ 《盗工》上册，第541页。
④ 《罚赎》上册，第517页。
⑤ 现四川师范大学。——编者注
⑥ 田玉才：《试论郑观应的国际法思想》，《四川师范学院学报》2000年3月号。
⑦ 《论公法》上册，第67页。
⑧ 同上。

此外，他还极力主张根据万国公法积极维护出国华工的应有权利；修改中国刑律，维护中国主权，废除领事裁判权；修改中国税法，维护中国关税自主权；①依据万国公法收回中国内河航行权；等等。

二、郑观应法律思想的渊源与启迪

和王韬、薛福成相比，郑观应表现出学习西方政治法律制度的更大热情，提出的对策与建议也更加具体。但是，这些建议与对策带有很大的幻想性，因为在半殖民地半封建的断壁残垣上，显然不可能通过修修补补的办法解决问题，非把基地清除干净便不可能建设新型的法制。而这是当时资产阶级改良派所不敢想、不会想的。之所以如此，除了别的原因之外，对郑观应来说，主要是因为，他的法律思想的渊源是传统的儒、道、佛和外来的"西学"的杂糅。

郑观应的儒家思想，是"家传"的。其父是"少攻儒业，授徒自给"的村塾教师。郑观应从小便跟着他的父亲习读孔孟经书，接受孔孟之道。孔孟之道，尤其是孔子倡导的中庸之道，便成了郑观应毕其一生的重要思想指导原则。综观郑观应法律思想，儒家思想主要反映在以下两个方面：一是经常强调以"圣之经"的"中学"为"本"、为"体"。他在《〈盛世危言〉自序》中说："《中庸》曰：'君子时而中。'孟子曰：'孔子圣之时者也。'是之义在矣哉。……中也者，圣人之所以法天象地，成始而成终也；时也者，圣人之所以赞地参天，不遗而不过也。中，体也，本也。所谓不易者，圣之经也。时中，用也，末也。所谓变易者，圣之权也。"二是举凡拟学之"西法"，无不从"上古"或孔孟那里找出渊源。设议院之议，以"上古""三代以上之遗风"②为据；行"公举"之议，谓"公举之法，即乡举里选之遗意"，"汉代行之，得人称盛"③；开学校之议，曰"古者家有塾，党有庠，州有序，国有学……"④，总之是以古为据、以儒为据。

郑观应"少好道"⑤，对老子之"道生之，德畜之，物形之，是以莫不尊道而贵德"⑥之论谢赞有加。郑观应又崇奉释迦牟尼创始之佛学，对释氏宣传的善恶报应论称赏备至。不仅如此，郑观应还有所创造发明地将儒、道、佛"三教"加以"融会贯通"，认为虽然老氏

---

① 朱洁：《郑观应的厘税改革主张》，《廊坊师范学院学报》2001年3月号，内大量涉及郑氏这一方面的论述与观点等。
② 《议院下》上册，第318页。
③ 《公举》上册，第328页。
④ 《学校上》上册，第245页。
⑤ 郑观应：《道法纪纲序》，《后编》卷1，第23页。转引自夏东元：《郑观应传》，华东师范大学出版社1981年版，第21页。
⑥ 《论三教要旨傍门惑世》上册，第47、48页。

"修命"、释氏"修性"、孔氏"中庸",但"圣人之心一而天下之道同"①,"故儒敦忠恕,释教慈悲,道教感应,三教不过一心"②,这"一心"就是一个"善"字。在《救时揭要》的序言中,郑观应强调指出:"经天纬地,赴汤蹈火,无不由乎一心;为圣为贤,成仙成佛,亦无不恃乎一心",而"三教经书,无非治此心",务求人人"一心向善"③。在郑观应的全部著作中,这种将"三教"合一于"一心"、将此"心"引向一个"善"字,是处处可见的。其大声疾呼"救救猪仔",力禁鸦片,保卫商民,考庸医以救生命以及劝诫溺女、论救水灾、论开矿、论治旱、论商务、论吏治、论边防、论交涉、论犯人、论汰冗、革弊、垦荒、治河、廉俸、限仕等等,都体现了他的这种融汇"三教"于"一心"、于向"善"的观念。

如果说他对"三教"的"融汇"还有一定的逻辑性的话,那么他同时将"三教"与"西学"串联起来阐述他的法律观点与政法改革对策,就只能以"杂糅"相况了。

郑观应的大部分著作皆为"救时"之论,中心内容是学习西方各国的政治法律制度。如前文所说,郑观应的法律思想几乎遍及政治法律的各个领域,举凡宪政、选举、议院、民商法律、刑事法律、律师制度、讯囚制度、监狱制度、官吏制度以及领事裁判制度、万国公法……他都一一涉笔,尽抒己见。要把这些近代性的学术观点、政治方略、法律制度,与中国古老的儒教、道教以及久传华夏的佛教综而合之加以论述,就舍杂糅而无由下笔、无从为文了。以《藏书》一文为例,可见一斑。在该文中,郑观应极力赞颂"泰西各国"藏书院、博物院收藏之丰,乃至具体地将英、俄、德、意、法等国的图书馆数、藏书册数都一一介绍。在喟叹中国这一方面远落其后的同时,他又认为:"今天下竞言洋学矣,其实彼之天算、地舆、数学、化学、重学、光学、汽学、电学、机器、兵法诸学,无一非暗袭中法而成",只要"合天下之才智聪明","复三王之旧制",就可收"标新领异""出于九州万国之上"之效。④

这样"杂糅"儒、道、佛"三教"与"西学",以求阐述其政治法律观点,显然只能是良好的愿望与不切实际的幻想。所以,当时代进入风云激荡的大变革时期,当康有为、梁启超将维新思想化为变法运动,尤其是当孙中山先生等领导辛亥革命高歌猛进之时,郑观应便逐渐被时代所淘汰了。但这不等于他的一生,尤其是他的法律思想是无价值的。实际上,郑观应的法律思想时至21世纪的今天,仍有一定的积极的启迪意义,主要可辑为以下几端:

(一) 变法图强,常讲常新

中华人民共和国的成立,标志着中国人民推翻了"三座大山"的压迫,从此站起来

---

① 《论三教要旨傍门惑世》上册,第47页。
② 《救时揭要·跋》上册,第57页。
③ 《救时揭要·序》上册,第4页。
④ 《藏书》上册,第304—306页。

了。这是中国人民在 20 世纪前五十年浴血斗争取得的辉煌胜利。20 世纪后五十年，中国人民历尽坎坷，走过了曲折的道路，夺得了社会主义建设的伟大胜利。21 世纪前五十年的宏伟目标，现在业已划定，即建成社会主义法治国家。达到这个目标，将功高千古，泽被万世，因为只有建成现代法治国家，才能奠社会主义事业于最为坚实的基础之上。而这，就必须常思创新、与时俱进。

（二）综取人类精神文明建设的积极成果，为我所用，建设好社会主义法治国家

郑观应之"杂糅"儒、道、释与"西学"本身，固无可取，但其综取各家之长的精神，仍对我们有积极的启示作用。尽管儒、道、释以及"西学"各有其弊端，尽管儒、道、释的基本面今天已无可继承，但它们都是人类精神文明发展特定阶段上产生的重要成果。简单地予以否定，并非历史唯物主义者的应有态度。何况"西学"与儒、道、释不同，还要细析深究，分清精华与糟粕，不能轻言批判、草率否弃。至于综取人类精神文明成果之长，更是应持的积极态度。

就社会主义法治国家建设而言，目前就遇到了"模式抉择"的重大问题。世界上遗存的法系，今日以英美法系、罗马法系、中华法系以及"社会主义法系"为著。各大法系都有其特定的发展历程和特定的优长之点。综取各大法系之长，建设我所谓"中华发展法系"，窃以为当可独树一帜，标榜全球。

（三）细析深究"西学"，吸取其精华为今日的法治建设所用

郑观应一生孜孜以求引进"西学"改造中国，虽然所取为改良主义的方式，拟行在当时就不合时宜的君主立宪，但是其对待"西学"的积极态度本身是无可非议，且应学习的。

迄今为止，毋庸讳言，国人对"西学"还仅知一二，还缺乏全盘的细析、深究。我们曾经历过对"西学"的全盘否定、"彻底批判"的过程。殊不知资产阶级和奴隶主阶级、封建地主阶级一样，在其取得政权以前和取得政权以后的一段时间内，还是"生气勃勃的，是革命者，是先进者"。作为生气勃勃的革命者、先进者，资产阶级的一些思想代表所弘扬的民主、自由、平等思想，所设计的一些制度构想包括法律制度构想，不仅仅属于资产阶级，而是属于全人类，是全人类共同的精神财富。对这些精神财富，应加积极对待，认真分析，该学习的学习，该借鉴的借鉴，该继承的继承。在这一方面，学学郑观应，是不会错误的。

除上述三者外，对郑氏的不少法制设想，也应认真思考、对待。如有合理之处，也应记取之、运用之。现在我们纪念郑观应，最为重要的就是从他相当广博的知识体系中，吸取可用于今日国事者，为兴我中华做出新的贡献！

2002年中国法律史学年会回顾[*]

毫无疑问，2002年10月20日（报到日）至25日（离会日）在上海大学法学院举行的"中国法律史学会2002年年会暨学术讨论会"，已在中国法律史学会的历史上留下了浓重的一笔，成为永远值得回味、纪念的一次盛会，虽然这是我始料未及的。

到上大法学院工作不久，临赴山东大学参加1998年年会时，我一再受院领导之托，"引一些学术会议到我院来开"，遂在济南向学会领导提出了"办会"要求，并得到了首肯。讵料不久之后，该领导调离，"办会"失去了支点，心情之沉重是可想而知的。幸而有学界同仁的鼎力相助；我院的新领导班子也重视学术交流，并给予了大力支持，于是开始了如履薄冰、如临深渊、怵怵惕惕、兢兢业业的筹备历程。

首先必须选定一个好的会议主题。济南会议上，我第一个做了大会发言，题目是《法律史是人类解放自身的历史》。这引起了与会者的浓厚兴趣与热烈反响，竟至有同仁称之为"石破天惊"，还纷纷倡言重新研究中国法律史、重写中国法律史。学会领导不负众望、不失时机地决定：1999年、2000年的年会，讨论"法律史研究的新思维、新方法"。在此基础上，学会领导在2000年安徽大学主办的年会结束时与我商定，2002年年会的主题为"中国法律史的体系、结构与特点"。显然，这是为"重写"做准备的。我在2001年的厦门会议上宣布了这一决定，与会者曾报以热烈的掌声。此后，有关会议的学术准备工作即围绕这一主题展开。从学会领导、会议主办单位到所有与会者长期地、"精心"地筹划、准备，围绕一个十分有意义的主题展开活动，这在中国法律史学会成立以来的二十多年中，是较为罕见的。说会议主题"十分有意义"，我和同仁们的一致认识是：尽管业已出版了有关中国法律史的大量著作，但指导理论层面上和史料准备层面上存在的严重问题，使大家不得不考虑重写中国法律史；如果不予考虑，让有的鸿篇巨制成为管领今后二十年乃至五十年的中国法律史教学，势必造成重大的危害；堂堂中国，成百上千的中国法律史学者，应当撰就让21世纪的学子学得放心、称心的中国法律史著作，至少应当撰就不致

---

[*] 原载《法史思辨——二〇〇二年中国法史年会论文集》前言，法律出版社2004年版。

别的学者不屑一顾甚至掩面窃笑的著作。有人在2002年年会的最后一次会议上忽然提出质疑：早已有那么多的法律史著作，还讨论什么"体系、结构、特点"？！这显然是不太了解1998年年会以来历届年会发展情况的缘故，也与学会领导与同仁的共同决定、共同愿望不相符合。何况，这一质疑既不是在厦门会议上提出，也不是在2002年年会之始提出，其本身倒是值得质疑的。好在这只是个别人。其他与会者都一致认为选定"中国法律史的体系、结构、特点"的会议主题，既适应中国法律史教学的需求，又切合此前研究与著述之实际，是历年会议发展的必然趋势，也是负责任的中国法律史学者的众望所归。

其次必须认真进行学术活动的准备。学术会议期间组织一些游览活动是必要的。旧友新知边徜徉美好河山，边交流切磋学问，乃中国文坛、学界之传统。但年会的主体活动，无论如何都应有会议形式的学术报告。从2000年安徽会议时起，2002年年会学术报告的组织工作就启动了。上海会议上辽宁大学祖伟教授的精彩报告和刘笃才教授的精当点评等，就是在九华山畔约定的。厦门会议后，更加紧了这一方面的组织工作。我们认为，每届年会都应精心准备，而不应临时拉夫做几个"报告"算数；否则，对不起远道而来的与会者，也对不起花花绿绿的一沓沓人民币。

为了配合会议的筹备工作，更好地成功举办2002年年会，考虑到大多数法律史工作者未能连续参加1998年以来的各届年会，我与杨一凡、陈晓枫、徐忠明在《社会科学报》上发表了一组文章，算是粗砖，以引美玉。在此基础上，又于2002年4月8日在上大法学院举行了一次小型会议，决定撰写一本小册子，题为《批判与重建：中国法律史研究反拨》。该书各篇的内容与年会主题"中国法律史的体系、结构与特点"如符合契，作者有俞荣根、杨一凡、田涛、陈晓枫、范忠信等，由我主编，法律出版社出版，赶上年会的最后一天发给了与会诸君。本论文集本应有该书各位作者的论文，因为该书已经出版，所以不再收入本文集。因此，2002年年会的论文集，可以看作是由两大部分构成：一为本书；一为《批判与重建：中国法律史研究反拨》。全体作者的目的只有一个，即为重写中国法律史做应有的贡献。

经过两年的筹备，在会议举行之时，我提出并巨幅张挂了会议的口号：当好法律史学者！写好法律史著作！开好法律史年会！办好法律史学会！

关于"当好法律史学者"，从我个人的过去来说，《隋律研究》等只能使自己汗颜不尽；而展望时日无多的将来，由于年事已高，更由于学识浅薄，还由于不时旁骛，在见马克思之前确确实实是永远做不到了。一般来说，没有历史学、法学、档案学、版本目录学等的丰富知识与深厚功底，是难以"当好法律史学者"的。除此之外，没有基本的学术道德，企图以党同伐异、肉麻吹捧之类不齿于人的勾当在法律史学界争得一席之地，也是当不好法律史学者的；而且，恐怕只能永远流为笑柄。好在中国法律史学界业已发展出拥有数以千计人员的宏大队伍，其中不乏长年累月默默无闻胼手胝足辛勤耕耘的年轻有为的佼佼才俊，他们实践着1983年西安会议上一批青年学者对自己也是对整个法律史学界提出的要求——"板凳要坐十年冷，文章不写一字空"。总有一天，他们会成为国内、国际同行崇敬钦羡、交口赞誉的学者，而不是自封的"祖师"和"权威"。"江山代有才人出，各领风骚数百年。"21世纪的中国法律史学界，会有引领风骚的才人俊杰辈出之时，我们应有这样的信心，也应为此而馨香祷祝、额手称庆。

关于"写好法律史著作"，只能辩证地看待。20世纪80年代之初的一些中国法律史著作，在解决书荒、培养学子方面的卓著功勋，应当永远感念、没齿不忘。何况其中确也有大量匠心独运、精心制作的法学精品，对哺育年轻学子起到了功不可没的作用。20世纪90年代以来，法史界尤其是一批批青年才俊所写的论文的质量，显然已经超越了80年代的水平。"长江后浪推前浪，流水前波让后波。"完全可以预期，随着研究的不断深入，随着史料的不断发掘、整理与补充、丰富，随着研究思路与研究方法的更新，中国法律史研究的总体水平还将不断提高。

在《批判与重建》一书的《序》中，我写了这么一段话："事物总是一分为二的。马列主义发展到毛泽东思想阶段也并未到达绝顶，还要随革命实践的不断发展而日益丰富与完善，何况我们的法律史研究？更何况20世纪80年代的法律史研究在一定程度上可谓匆忙上阵的'急就章'，而当时对'左'的观念几乎还未来得及开始批判。"其中"马列主义发展到毛泽东思想阶段也并未到达绝顶，还要随革命实践的不断发展而日益丰富与完善"一句，是从我在1962年所写哲学备课笔记上录下的。连类而及，我也坚信法律史研究不应该也永远不可能停留在一个水平上；其中包括我自己的和同仁们的一些观点，也完全可能被怀疑、被修正、被批判。正因如此，我又写道："《批判与重建》这样的标题，无疑是刺人耳目的。但这里的'人'，首先是我们自己。我们的心态是：我们自己长期从事的中国法律史研究，也如凤凰涅槃、浴火重生，应该有所反思、有所反拨、有所批判、有所重建，否则就可能死路一条、不得重生……"正因如此，在《批判与重建》一书所收拙作中，我写道："现在对唐律'十恶'条的比较具体细致的分析，也算是自己对自己的一点批判与'反拨'吧。"在该书《序》的篇末我还写道："人类至今还只是处在他的童年时代。相对于数千年的中国法律发展史来说，不足百年的研究，毕竟是太过短暂了；何况，任何个人的智慧与亿万人的集体智慧相比，都只是沧海一粟，极为微不足道，也可能是全盘皆错的。"我真诚地希望，我们的法律史学界永远以辩证的态度看待一切研究成果，承认我们的不足，庶几才不致永远为历史学界、法律史学界所嘲笑。

关于"开好法律史年会"，这是法律史学界的共同要求。春花秋月，寒来暑往，研究与教学中有多少难题需要请教探讨；鸿雁传书，函电往返，终不如携手促膝彻夜畅谈。无论是以文会友、传情叙旧，还是会友论文、究诘学术，都需要开好年会。"鹊桥相会"的凄美故事中，牛郎织女也有个一年一聚的机会；我们的一年一度的学术年会，实在也不算多。因此，举办2002年的年会，在我来说，是全身心地投入了的。范忠信君在大会上诩赞了这次年会的"五个第一次"（第一次举行了一个没有领导人言不及义的讲话、仅用三十分钟便结束的简短开幕式；第一次采用了与国际接轨的中心发言加点评的学术报告形式；第一次采用了电子屏幕……）对我们是极大的鼓励。作为会余活动，我们组织了与会学者和未成年犯的"一对一"对话。上海少年儿童出版社为我们提供了二百套六百本富有教育意义的书作为赠送，每个学者还精心准备了一份送给谈话对象的礼品，勉励他们改造自新。一位学者送的是一支钢笔和一个领带夹子。谈话对象不解地说："这个领带夹我用不上。"学者说："你走上社会时，你会穿上西装，打上领带，堂堂正正做人，那时会有用的。"那个谈话对象两眼噙着泪花，双手哆嗦着恭恭敬敬地接过了钢笔和领带夹。这是一次心灵的震撼。几乎所有参与对话活动的学者，都为挽救失足青少年写下了震撼灵魂的教诲话语，都为他们人生历程的转折做出了贡献。由于种种原因，未能将参观游览活动组织得更如人意，生活安排也不够美满，因为不可能再次承办会议，所以将永远引为极大的憾事。

今后的年会将办得一年比一年好，这是不必置疑的。我想借此机会说的是：据传20世纪80年代曾出现过有人以不正当手段"竞选"中国法律史学会会长，致使有的学者老泪纵横、悲痛欲绝的事。假若果真如此，那么，90年代这种丑事已经绝迹了。这是一大进步。为了保证会议有人承办，90年代曾有过一个决定：谁主办年会，谁就是当年的"执行会长"。虽然有人悄悄使刁，成了他们的灵魂污点，但不能否定这一决定的实际作用。当然，同时也应承认，这总是一种权宜之计。而且，把"执行会长"甚至"会长"看得如同贾宝玉脖子上的那块"通灵宝玉"，或不惜奋力摘取，或拿在手里玩弄花样，实在可笑乃至卑劣。我真诚地希望，今后再也不要实行这种"奖励制度"了，这不是中国法律史学界的光荣。中国法律史学界在21世纪应"百尺竿头，更进一步"，实行"义务办会"的制度。"义务办会"不仅仅是承办单位的义务，也应成为每一个会员的义务。厦门大学周东平老师自告奋勇担当此次大会的摄像师，为同仁们留下了光辉影像。此次大会收到了杨景凡先生、叶孝信先生、俞荣根先生、郭健先生、徐祥民先生、范忠信先生、陈景良先生、钱大群先生、徐晓光先生等的大批赠书，他们就是顶呱呱的"义务办会"者。上海市法学会为2002年年会提供了学术指导与经费支持，还有其他许许多多的单位、个人为年会做出了贡献。在衷心感激他们的同时，作为法律史学会会员的我们，还有什么理由不"义务办会"呢？

关于"办好法律史学会"，我无权置喙，也就"免开卑口"了。

2002年年会闭幕已有多时，本应如同往届那样，"时光如涛荡泥土"，一切都成陈迹，从人们的记忆中淡化、弥散、消失的，然而这次却不。某些事法史界流传甚多，"版本"也不同。但愿只是以讹传讹、夸大其词，或者落井下石、幸灾乐祸，这里就不去谈它了。有确切证据的，是手头的一摞摞信件。几乎全部的信件，则无不是赞誉有加、褒奖备至的。实在本不应提起诸如此类之事，但因有无中生有、无端指责在先，便也不妨略录二则，以求公允，以正视听。

一为苏州大学一教授的数千字来信，内云："我开的会不多，但也有过一些。我以为，这次的上海会议是我参加的所有会议中最好的一次。这是一次纯粹的学术会议，纯粹的学者参加，没有官员到场做'监控'，表示'重视'。点评也是很好的，只是点评人都是同一单位的人，这一点稍不尽如人意。到会的人数也创法史学界之最，至少在我参加的会议中，此次会议的人数是最多的。会议安排也紧凑，没有浪费。这些，恐怕都跟你的一向作风有关……我真心地感谢你，感谢你组织这么好的一次学术会议……"

一为北京大学饶鑫贤教授的短简，内云："顷闻上海会议开得甚为成功，不胜高兴！传说台驾主编之《批判与重建》大有'引起地震'之势，尤所惊骇！因该书未蒙赐寄，经借来一读，果系发常人之所未发，咀嚼再三，顿开茅塞，因而无任感佩台驾诸公之远见卓识而庆幸中国法律史学之真正全面发展有日矣！……"

此信中"引起地震"四字，据说是一位与会者写在发给他的《批判与重建》扉页上的，全句是"这是一本引起地震的书"。这一评价不必再评价，但俞荣根教授在年会最后一刻所说"这本书捅破了一层纸"的断言以及他和二十来位学者简短发言中一致重申中国法律史学界应当形成良好的学术批评风气，确是绝对正确的。

学术研究，贵在批评。本论文集中几乎所有的论文，都体现了学术批评的精神。有的是泛泛的批评，有的指名批评某书某文，有的则是直截了当地批评某人某观点。无论哪一种，都是发展中国法律史学的必要。批评未必正确，不正确的批评还可反批评，学术是在论辩中发展、前进的。

开一个学术会议很难，开好一个学术会议则更难，能够将学术会议的论文结集出版则难上加难矣。2002年上海法史年会结束已经两年了，我们有意延宕至今才将与会者的论文化身千百，奉献给学界，或许多少有些遗憾。不妥之处，恳请各位同仁海涵。之所以这样做，是想让这段令人遗憾的时间给我们大家重新思考的机会。令人兴奋的是，年会上一些引起争执的尖锐问题，如今已经棱角尽退；某些以论代史的空泛研究，如今已经光环不再；某些不顾史实的胡编乱造，如今已成逝水落花；某些花里胡哨杂糅中西的皮相研究，如今迹近掠影绝尘。时空给了我们两年的思索，当这一文集奉献给读者的时候，我们欣喜地看到，几代学人中有不少已经将2002年的那次年会看成一个转折。不少同仁或修改著作，或进一步思索，总之是进一步推进法律史研究的"可持续发展"与"科学发展"。当然，我们需要更多的时间来加以思索，我们需要更多的时间去加以证实，而这些时间便是历史。唐人刘禹锡诗云："千淘万漉虽辛苦，吹尽狂沙始到金。"金光闪闪的法律史真知灼见，一定会在如涛时光的荡涤下涌现。

奋起于荒原　锐意于精进

——近三十年中国法制史研究回顾与前瞻*

近三十年中国法制史的研究，或可用"奋起于荒原，锐意于精进"相比拟。

20世纪80年代，中国法制史研究几乎处于"荒原"状态。这样判定的主要理由是：从1949年中华人民共和国成立到1979年中国法律史学会长春会议召开的三十年间，除我国台湾地区外，不存在独立的法律史研究。其时有关的研究课题、成果以及高等法律院校的课程，是将法与国家放在一起研究的。本人1957年进入复旦大学法律系后最先学的两门课，就是"国家与法的理论"、"国家与法的历史"。直至长春会议召开，决定成立中国法律史学会，中国法律史才"破茧而出"，作为独立的学问被加以研究。

不过，这一"荒原"并非自古已然，而这个"茧"亦非亘古既存的。三十年"荒原"的前身，曾是星星点点的绿洲；而"茧"，也由翩跹舞蹈的美丽蝴蝶蛹化而成："清末及民国时期不少学者以近代方法研究中国法制史及法律思想史，出现了很多有关的专著。如梁启超于1906年撰写的《中国法理学发达史论》《论中国成文法编制之沿革得失》，具有开创性的意义。民国时期程树德的《九朝律考》、丘汉平的《历代刑法志》等著作在综理法制史研究的资料方面有重要价值。杨鸿烈的《中国法律发达史》则是最早的法律思想通史；其另一著作《中国法律在东亚诸国之影响》，开创了对中华法系外延的研究。出版年代较晚的瞿同祖《中国法律与中国社会》一书，以社会学及文化人类学的方法研究中国法制史，突出分析了中国传统法律的基本精神及主要特征，具有重要的研究价值。"[①]

事物发展的重要规律之一是否定之否定——螺旋式上升。促成中国法律史研究按照这一规律发展的契机，是"四人帮"的粉碎及不久之后的思想解放运动。在中国法律史研

---

* 原载邓正来、郝雨凡主编：《回顾与前瞻：中国人文社会科学三十年》，复旦大学出版社2008年版。

① 叶孝信、郭健主编：《中国法律史研究》"前言"，学林出版社2003年版。但该处《中国法律发达史》实为《中国法律思想史》。前者亦为杨鸿烈著，是中国最早的法制通史。

究方面走在思想解放前列的是一批长期默默耕耘从而有了深厚积淀的中国法律史学者。他们以勃发的生机，奋起于"荒原"，"破茧"而出，开创了中国法律史研究的宏大事业。我在《批判与重建：中国法律史研究反拨》一书①的"序"中曾这样概括道："粉碎'四人帮'后，老一辈法学家毅然决然地大笔为文，还中国法律史以本来面貌。20世纪80年代以来，陆续出现了中国法律通史、断代史、专题史四百种以上，单篇论文更是数以千计、汗牛充栋。这些著作填补了新中国成立以来中国法律史研究的空白，解决了法律史教学的'书荒'，为培养法律人才立下了汗马功劳；这些著作还对成百上千个法律史史实、概念、论断以及与之相关的规律性问题和理论问题做了探讨，因而有所发现、有所发明，从而为后来者的深入研究奠定了基础。我们以及我们的后人，都将对此深深感念！"此前，在《社会科学报》发表的一组同题文章的编者按语中，我还曾这样写道："二十余年来，中国法律史工作者筚路蓝缕、开辟草莱，创建了学科体系，填补了学术空白，为学科建设和新人培养做出了卓越贡献。"

上述四百多种著作中，影响较大的可分为以下几类。

一是中国法制史。可以张晋藩等编著的《中国法制史（第一卷）》②为代表。该书之编写，"始于1977年中国人民大学复校之前。在编写过程中，参考、吸收了过去在教学与研究、教材建设方面的成果和法学、史学界的有关著述，在体系上有所调整，内容上有所补充，有些篇章做了较大的改动。全书分四卷：第一卷，古代奴隶制、封建制时期；第二卷，近代半殖民地、半封建时期；第三卷，新民主主义时期；第四卷，社会主义时期"。该书出版之后，各高等院校从事中国法制史教学与研究者群起仿效，纷纷编写教材，并在此基础上著书立说。有关教材与专著，还分门别类地细及断代法制史（如秦汉律研究③、隋律研究④、唐律研究⑤、宋律研究⑥、明律研究⑦、清律研究⑧、中国近代法制史⑨等）、部门

---

① 倪正茂主编，法律出版社2002年版。
② 中国人民大学出版社1983年版。此外如陈涛：《中国法制史》，陕西人民出版社2001年版。
③ 乔伟：《秦汉律研究》，山东人民出版社1981年版；高恒：《秦汉法制论考》，厦门大学出版社1994年版。
④ 倪正茂：《隋律研究》，法律出版社1987年版。
⑤ 杨廷福：《唐律初探》，天津人民出版社1982年版。
⑥ 戴建国：《宋代法制研究》，黑龙江人民出版社2000年版。
⑦ 怀效锋：《四朝政治风云》，四川人民出版社1988年版。
⑧ 张晋藩：《清代法制史》，四川人民出版社1988年版。
⑨ 范明辛、雷晟生编著：《中日近代法制史》，陕西人民出版社1988年版；谢振民：《中华民国立法史》，中国政法大学出版社2000年版。

法制史（如中国刑法史①、中国经济法制史②等）、专题法制史（如中国赋役制度史③、中国监察制度史④、中国丧服制度史⑤、明初重典研究⑥、陕甘宁边区法制史⑦、中国少数民族法制史⑧、中国古代行政立法⑨、中国诉讼法史⑩、中国婚姻法史⑪等）。

二是中国法律思想史。可以张国华、饶鑫贤主编的《中国法律思想史纲》⑫为代表。该书"是为适应北京大学法律学系法律学专业本科生学习的需要而编写的一部教科书。全书的编写工作开始于1980年下半年"。"参加编写的主要是北京大学法律学系法律史教研室中国法律思想史组的张国华、饶鑫贤、郑兆兰、李贵连、武树臣和后来到西北政法学院工作的段秋关等几位同志"。全书除"绪论——中国法律思想史研究中的几个问题"外，下分五编，按时代顺序述论奴隶社会夏、商、西周时期的法律思想，奴隶社会向封建社会过渡的春秋、战国时期的法律思想，封建社会秦、汉至隋、唐时期的法律思想，封建社会宋至鸦片战争（前）时期的法律思想，半殖民地半封建社会鸦片战争至辛亥革命时期的法律思想。该书出版前后，各高等院校从事中国法律思想史教学与研究的同志也编写、撰著了一些教材与专著，主要包括法律思想通史、断代史⑬等。

三是融法制与法律思想于一炉的专著。可以倪正茂、俞荣根、郑秦、曹培合著的《中华法苑四千年》为代表⑭。全国人大原委员长彭真曾指示全国人大办公厅全体人员阅读该书；中共中央党校曾将该书列入"必读书目"。

除以上三类"荒原"上奋起的"破茧"之作外，应加提及并说明的有以下几点。

其一，自1979年长春会议之后，尤其是20世纪80年代中期之后，来自全国各地的中国法律史研究人员都带着自己精心撰写的论文，参加逐年召开的中国法律史学会年会，发表研究心得，会后则由主办单位结集出版。这些论文中，不乏带有真知灼见的闪光精品，这里无法一一述及了。

---

① 周密：《中国刑法史》，群众出版社1985年版。
② 蒋晓伟：《中国经济法制史》，知识出版社1994年版。
③ 郑学檬主编：《中国赋役制度史》，上海人民出版社2000年版。
④ 邱永明：《中国监察制度史》，华东师范大学出版社1992年版。
⑤ 丁凌华：《中国丧服制度史》，上海人民出版社2000年版。
⑥ 杨一凡：《明初重典考》，湖南人民出版社1984年版。
⑦ 杨永华：《陕甘宁边区法制史稿》，陕西人民出版社1992年版。
⑧ 徐晓光：《中国少数民族法制史》，贵州民族出版社2002年版。
⑨ 蒲坚：《中国古代行政立法》，北京大学出版社1990年版。
⑩ 李交发：《中国诉讼法史》，中国检察出版社2002年版。
⑪ 陈鹏：《中国婚姻史稿》，中华书局1994年版。
⑫ 张国华、饶鑫贤主编：《中国法律思想史纲》，甘肃人民出版社1984年版。下引见该书"前言"。
⑬ 栗劲、孔庆明主编：《中国法律思想史》，黑龙江人民出版社1983年版；潘念之主编，华友根、倪正茂：《中国近代法律思想史》，上海社会科学院出版社1988年版。
⑭ 倪正茂等：《中华法苑四千年》，群众出版社1987年版。

其二，在编撰、出版上述作品的同时，中国法律史学界开始酝酿并着手更加宏大的工程，即组织中国法律史学界的精英，集体编撰多卷本的中国法制通史与中国法律思想通史。①

其三，从 20 世纪 80 年代初开始，杨一凡先生在精心考论明律，并取得了丰富经验的基础上，组织郑秦、刘笃才、田涛、徐立志等专家逐步开展中国法律史的考证工作，陆续出版了《中国珍稀法律典籍》及其《续编》②、《中国法制史考证》③、《中国律学文献（一、二、三、四辑）》④、《中国古代地方法律文献（甲编）》⑤、《古代榜文告示汇存》⑥、《古代乡约及乡治法律文献十种》⑦、《历代判例判牍》⑧ 等。

如果说中华人民共和国成立前的中国法律史研究，只有极少数学者星星点点的成果的话，那么改革开放以来奋起于"荒原"上的中国法律史学者，很快就形成了一支数达千人的大军，而其研究成果则几可以灿若星海、蔚为大观来形容了。这些成果的最集中体现、最典型代表，便是出版了两个十卷本的皇皇巨著——《中国法制通史》《中国法律思想通史》。如前文所说，这是值得"我们及我们的后人""深深感念"的重大事业。

但事物总是一分为二的。更何况 20 世纪 80 年代的法律史研究成果在一定程度上可谓匆忙上阵的"急就章"，而当时对"左"的观念几乎还未来得及开始批判。

有鉴于此，我在 1998 年的中国法律史学会济南会议上做了一个题为《法律史是人类

---

① 这项工作的主要倡导人之一、中国社会科学院法学研究所研究员李光灿先生为此做了大量的工作。他先邀聘全国各地著名的中国法律史学者在南开大学组建中国法律史研究所，继之草拟了以上两项宏大工程的蓝图，后又在中国法律史学会山东（仲宫）会议上和与会者一起讨论了分工、编撰问题。在 1999 年出版的《中国法制通史·总序》中，总主编张晋藩先生这样回顾该书的编写经过："1979 年 9 月在长春成立了中国法律史学会，我向学会提出了编写中国法制通史（多卷本）专著的设想。首先，要解决与建立科学体系有关的一些问题。其次，要以坚实的专题研究为基础。再次，要大力发掘、整理、编纂中国法制史料，包括地下文物、社会习惯调查、历史档案、私家笔记、檄文、告示、口号、规约、教义、军律等等。最后，建议中国法制通史（多卷本）的规模，从中国法制起源到新中国成立止，共十卷，五百万字。1980 年 1 月，我主持召开了第一次编写会议，出席二十余人，这二十余人也就是当时从事中国法制史教学研究的全部人数，经过三天讨论，明确了编写中的许多细节问题。1985 年春召开了第二次编写会议，编写中国法制通史多卷本被列入国家'七五'科研规划并得到资助，研究力量也已有了迅速的充实。在这次会上确定了总主编和各分卷主编；明确了计划要求和出版事宜。"

② 杨一凡、田涛主编，黑龙江人民出版社 2002 年版。
③ 杨一凡总主编，中国社会科学出版社 2003 年版。
④ 杨一凡编，黑龙江人民出版社 2004 年—2007 年版。
⑤ 杨一凡、刘笃才编，世界图书出版公司 2006 年版。
⑥ 杨一凡、王旭编，社会科学文献出版社 2006 年版。
⑦ 一凡藏书馆文献编委会编，黑龙江人民出版社 2005 年版。
⑧ 杨一凡、徐立志主编，中国社会科学出版社 2005 年版。

解放自身的历史》[①]的发言。主旨是对把法律史简单化为阶级压迫史的批评。

我认为，改革开放以来至 20 世纪 90 年代，中国法律史研究以及整个法律史研究中有一个基本性的错误，即定性错误：把法律史简单地当作阶级压迫史，掩盖了法律史的真正本质。这是中国法律史研究中指导理论层面的错误。指导理论一旦有误，它会致命性地对史料的分析、史实的判断发生严重的影响。例如，张晋藩编的《中国法制史》一书对所述及夏启发兵攻打有扈氏时发布的一条军令的分析，就出现了这样的问题。该军令共八十个汉字："王曰嗟六事之人，予誓告汝：有扈氏威侮五行，怠弃三正，天用剿绝其命，今予惟恭行天之罚。左不攻于左，汝不恭命；右不攻于右，汝不恭命；御非其马之正，汝不恭命。用命，赏于祖；弗用命，戮于社，予则孥戮汝。"这八十个字的内容相当丰富，分四大部分：一是军事动员；二是军事组织；三是有功奖赏；四是违令惩罚。但《中国法制史》引述之后的评论却是"这条法律清楚地表明"：第一，这是"占统治地位的奴隶主阶级的意志"；第二，这是"强迫人们遵行的暴力，否则就将戮及自身及子辈"；第三，这是"建立在对奴隶进行残酷的刑罚镇压的基础上的"；第四，"夏统治者还假借天的名义进行'天罚''天讨'"。[②]"用命，赏于祖"不见了；奴隶主阶级当时的先进性、革命性更无所可见了。毛泽东曾精辟地指出："历史上奴隶主阶级、封建地主阶级和资产阶级，在它们取得统治权力以前和取得统治权力以后的一段时期内，它们是生气勃勃的，是革命者，是先进者，是真老虎。"这是充满历史唯物主义的辩证论断。但当时的中国法律史研究大多随顺改革前的"左"的观点，对史料与史实做了不符客观实际的分析。

中华人民共和国成立以来在法理学界与法史学界长期占据"正统"地位的、流行的观点认为，在没有法律规范的原始社会里，人类是非常自由的，因为那时"没有阶级的压迫"；而一旦有了法，人类（作者按：至少是人类的大多数——奴隶）就失去自由了。从奴隶制法到封建制法，充斥其中的只是血淋淋的阶级压迫，因而法律史是阶级压迫史，是可诅咒的血泪史。但人们会发现，在这样论定的同时，有关著作议及中华法系时又是喜形于色、赞赏有加的，论及唐律时更是谥其"辉煌"、颂叹备至的。这无异于自己打自己耳光。

其实，法律史包括中国法律史，本质上是人类解放自身的历史。人类只是也正是在创造文化包括法律文化的活动中获得自由的。法作为人类活动整体的有机组成部分，在人类历史进化的各个阶段，其积极作用与历史功绩不可抹杀、不可否定、不可轻视。人类的历史实质上是争取自由的历史，包括利用法来摆脱人类自身的束缚。

初民社会是一种无身份关系的社会，不需要法律加以调整，诚如恩格斯所说："历来

[①] 这一命题形成于 1991 年，发表于 1996 年，见拙著《法哲学经纬》，上海社会科学院出版社 1996 年版，第 970 页。

[②] 张晋藩等编著：《中国法制史》，中国人民大学出版社 1983 年版，第 24 页。

的习俗就把一切调整好了。"① 但其时的"习俗"是战胜部落可以随意杀死或活生生地吃掉战败者尤其是其中的妇女、儿童的"习俗"。当初民社会"历来的习俗"演变成习惯法时，由习惯法保障着的古代身份关系，是人类从几乎毫无生命安全保障可言的无身份关系的社会向前大大跨进一步的标志。初始的身份关系下的人类的自由与安全，比此前的无身份关系下的自由与安全要多得多。这是一次空前的人类社会关系的质的飞跃。尔后，从奴隶制身份关系到封建制身份关系，从封建制身份关系到资本主义制契约关系，每一次都是人际关系的质的飞跃。其意义就在于自由的逐步获得与提高，即身份关系下的某些不自由被摆脱了，人类获得了或增加了新的自由。但个体的契约关系是在无产阶级与资产阶级整体的身份关系下展现的，雇主与雇工由"饥饿纪律"加上国家暴力维护着隐性的身份关系，无产阶级整体为资产阶级所役使。正因如此，为了取得新的自由，人类正前仆后继，浴血斗争，努力朝以社会主义法来保障社会主义自由的解放之路迅跑。人类正是这样为了摆脱人本身的束缚其自由的力量，创造法、改进法、发展法、完善法的。

　　法律史也是人类摆脱自然界束缚、争取对自然的自由的历史。与人对自身自由的束缚力相比，人类以外的自然界束缚自由的力量要大得多。即使是贵为帝王、总统，也只能在自然界的威力面前扼腕唏叹。人类至今仍只在极小的意义上"战胜"危害其生命的自然力量。科学技术的进步，仍只在极低的程度上改变人类臣服于自然的困遇。即便如此，对于所有一切"战胜"与"进步"来说，与其力而厥功至伟者，不是宗教，不是道德，不是政令，更不是伟人的言论，而是法律。正是最原始的禁止族内婚的习惯，才保证了人类的"再生产"与"扩大再生产"，获得了人类健康繁殖的若干自由。中国自先秦以来，秦汉、两晋、隋唐、宋、元、明、清，历代历朝，都有不少为着调节与自然斗争中形成的社会关系的法律法规或条文。正是这些，构成了中国法律史的一个重要方面。

　　除上述理论指导层面的严重问题外，影响中国法律史研究的另一个重大障碍，是史料准备的不足。集中地、尖锐地指出这一问题的，是在 2002 年我所组织的中国法律史学会上海会议上。会上，杨一凡先生针对中国法律史研究中无源而求水、缘木而求鱼式地缺乏史料准备却大书特书"法律史"的现象，以"研究模式的缺陷"为题发表了重要的意见。他指出：由于我们对绝大多数法律文献还未来得及整理和研究，许多研究领域还未涉及或刚刚探索，总体来说法史研究还处于起始阶段，从我们现在能够达到的认识高度看，一些法史著述特别是法律通史类著述尚存有下述四种缺陷：一是把丰富内涵的中国法律史简单化，只注意了法的阶级性，而忽视了法的社会性，这就把具有多种功能法律的发展史无形中演化成了阶级斗争工具史。二是忽视了历史上实际存在的多种法律形式，在许多方面用律典编纂史替代了立法史。三是法律思想与法律制度、立法与司法割裂研究，未能较全面地反映中国法律发展史的概貌。四是对一些多代相承的基本法律制度和被封建王朝奉为

---

① ［德］恩格斯：《家庭、私有制与国家的起源》。

立法、司法指导原则的法律思想在不同历史时期发生的变化，尚未通过深入的剖析予以揭示，以静态的法律史替代了动态的法律史。

田涛先生在会议论文和口头发言中尖锐地指出："我们也发现有少数的学者，忽视了对历史文献的研究考证：有的以论代史，高论满纸而空洞无物；有的论及中国法律制度的发展，纵横高下，忽分忽合，任意发挥，不顾历史客观，言之无据；有的不惜割裂历史，变造材料，为我所用，对于与自己观点相悖的文献资料置若罔闻，视而不见；有的先设立论，剪剪裁裁，拼凑证据，麒麟皮下，马脚频露；有的不去考证，道听途说，指鹿为马；有的甚至大胆抄袭，盗用他人科研成果；有的明明使用他人二手材料，偏要亮出学问架势，广征博引，不注出处，矛盾重重，漏洞百出，难以自圆其说；有的名为合作，实为贪他人之功；有的号称主编，不过信手写得序言数句，而对该书内容全然不负责任；更有甚者，为了跑马占地，虚张声势，擅改古人言语，编造虚假材料，真假杂陈，以假充真。凡此种种，不一而足。这是一种虚假和浮夸的学风在作怪，尽管这些绝非中国法制史研究的主流，但其危害却有必要引起学术界的关注。"他以张晋藩先生用子虚乌有的"《崇德会典》"推演出一系列结论的事实为例，严厉批评了中国法律史研究中的浮夸学风。

实事求是是马克思主义历史唯物主义的精髓，也是法史研究应当遵循的基本治学原则。我们应当以实事求是的科学态度，从当时的社会条件出发，依据大量翔实的资料，重新、全面审视和客观、科学地阐述中国法律发展史。大到法史的历史分期、法的社会类型、法律的体系、法的性质和功能、法律思想和法律制度发展的基本线索，如何认识农民起义建立的政权的法律思想和法律制度等，小到对某一具体法律的制定和实施、法律人物、事件的评析等，都应按照实事求是的精神进行研究。

总之，2002年的上海会议，提出和初步解决了中国法律史研究中的两个重大问题：一是指导理论层面上的问题；二是史料准备层面上的问题。此外，十分重要的是，上海会议开启了中国法律史学界学术批评的先河。诚如俞荣根教授在会议的最后发言中指出的那样，此次会议在学术批评上"捅破了一层纸"，开了一个好头。任何自封的"权威"都可能"皇冠"落地；不正确的乃至最终被认定为正确的学术观点，都可能受到批评、加以讨论。

上海会议的成果，主要见诸会议期间散发的《批判与重建：中国法律史研究反拨》[①]与会议论文的结集《法史思辨》[②]。后者为与会者锐意精进，将中国法律史研究进一步推向新的学术高峰的起点。这届年会是历届年会中与会人数最多、提交论文最多的一次，会议论文体现了全国有关学者重写中国法律史（制度史与思想史）的决心与信心。全书分法律史学科的体系、结构、特点和研究方法，法律制度与传统法律文化、法律思想史论考、法律史教学与教材、司法制度、律典考与民族法制研究等几大部分。前者则是笔者为开好此

---

① 倪正茂主编：《批判与重建：中国法律史研究反拨》，法律出版社2002年版。
② 倪正茂主编：《法史思辨：二〇〇二年中国法史年会论文集》，法律出版社2002年版。

届年会,事先组织、编撰的学术论文集。作为该书的主编,我在"前言"中写道:"(批判与重建)这样的标题,无疑是刺人耳目的。但这里的'人',首先是我们自己。我们的心态是:我们自己长期从事的中国法律史研究,也如凤凰涅槃、浴火重生,应该有所反思、有所反拨、有所批判、有所重建,否则就可能死路一条、不得重生……"正因如此,在《批判与重建》一书所收拙作中,我写道:"现在对唐律'十恶'条的比较具体细致的分析,也算是自己对自己的一点批判与'反拨'吧。"在该书"序"的篇末我还写道:"人类至今还只是处在他的童年时代。相对于数千年的中国法律发展史来说,不足百年的研究,毕竟是太过短暂了;何况,任何个人的智慧与亿万人的集体智慧相比,都只是沧海一粟,极为微不足道,也可能是全盘皆错的。我真诚地希望,我们的法律史学界永远以辩证的态度看待一切研究成果,承认我们的不足,庶几才不致永远为历史学界、法律史学界所嘲笑。"不惮自我批判,也不畏评点"权威",正是我们法律史学者"锐意于精进"的表现。

由于这些方面的重要进展,重病中的中国法律思想史学会会长、北京大学饶鑫贤教授特意致信笔者谓:"顷闻上海会议开得甚为成功,不胜高兴!传说台驾主编之《批判与重建》大有'引起地震'之势,尤所惊骇!因该书未蒙赐寄,经借来一读,果系发常人之所未发,咀嚼再三,顿开茅塞,因而无任感佩台驾诸公之远见卓识而庆幸中国法律史学之真正全面发展有日矣!"①

但"决心""信心"以及学长们的鼓励与期望,都不能取代实际的努力。因此,前瞻中国法律史研究,我以为还必须在以下几个方面再做长期的、不懈的努力。

第一,努力学好马克思主义,坚持以马克思主义指导中国法律史研究。贴政治标签决非马克思主义;但不能从一个极端跳到另一个极端而企图用其他的什么"主义""方法"取代马克思主义。中国法律史学者应当精通马克思主义,否则不可能成为一个优秀的学者。

第二,努力发掘、梳理中国法律史实(包括司法实践史实),为全面地、完整地描述中国法律史并总结出它的发展规律打好基础。

第三,反复探索中国传统法律文化的特点与精华并与西方法律文化做科学的比较,总结出中国法律史的体系、特点、演变历程与规律,并准备好用中华民族的法言法语写出中国法律史。

尽管我们已经拥有上千人的中国法律史教学与研究人员的庞大队伍,但是通读了马克思主义经典著作,具备了历史学、档案学基础知识并身体力行于史料的发掘、整理且有所成,精心对比研究了中外法律史并善于用"中国话"来表述中国法律史的学者,至今仍然很少很少。同时,类似20世纪80年代出现的能够"叱咤风云"的领军人物,现在反而难以觅见了。也许,这是否定之否定——螺旋式上升规律在领军人物问题上的表现吧。但"江山代有才人出,各领风骚数百年","否定"之后的"再否定"时期是一定会到来的。

---

① 倪正茂主编:《法史思辨:二〇〇二年中国法史年会论文集》题词(代序),法律出版社2004年版。

1983年中国法律史学会的西安会议期间，我曾策划、组织了一批青年学者在会上发表了一项"宣言"式文告，其中提出了"板凳要坐十年冷，文章不写一字空"的要求。我坚信，这样默默耕耘的学者还是有的。神州大地的南方和北方，已经出现一些长期坐定"冷板凳"的青年才俊。他们中的一些人会成为新一代的领军人物，在又一个三十年中，他们会领导全国法律史学者写出中国法律史的真正佳作来。

鲁迅批判中国法律文化传统的启示*

众所周知,鲁迅不是法学家。但读罢《鲁迅全集》,掩卷沉思,仍为鲁迅极为精要犀利地对中国法律文化传统中的糟粕所做的批判而深深激动。鲁迅的投枪,戳破了旧中国封建主义法制的画皮;鲁迅的匕首,刺穿了旧中国封建主义法制的心脏。细细咀嚼当年这位叱咤风云的革命家对中国法律文化传统的糟粕的批判文字,对我们今天反思国是、论述法魂,更好地建设社会主义法治国家,是大有裨益的。

一

鲁迅对封建主义的法律文化,从总体上抱坚决否定的态度。

他在《坟·灯下漫笔》中深恶痛绝地批判道:"所谓中国的文明者,其实不过是安排给阔人享用的人肉的筵宴。所谓中国者,其实不过是安排这人肉筵宴的厨房。"①中国法律文化是"所谓的中国文明"的有机的组成部分,实难逃"人肉的筵宴"的诅咒。鲁迅说,这"人肉的筵宴"是"早已布置妥帖了"的:"有贵贱,有大小,有上下。自己被人凌虐,但也可以凌虐别人;自己被人吃,但也可以吃别人。一级一级的制驭着……"②"布置"这"人肉的筵宴"的依据是什么呢?

其一为"古人的良法美意",这是上了法律的明文规定。鲁迅写道:

我们且看古人的良法美意罢——
天有十日,人有十等。下所以事上,上所以共神也。故王臣公,公臣大夫,大夫

---

* 原载《同济大学学报》(社会科学版)2009年第3期。
① 《鲁迅全集》第1卷,第216页。
② 《坟·灯下漫笔》,《鲁迅全集》第1卷,第215页。

臣士，士臣皂，皂臣舆，舆臣隶，隶臣僚，僚臣仆，仆臣台。①

但是，"台"没有臣，不是太苦了吗？无须担心的，有比他更卑的妻，更弱的子在。②

其二为"口含天宪"的掌握立法、司法最高权力的封建帝王的个人意志。这种个人意志使得封建地主阶级的总代表可以"头儿胡行于上"。于是"上行下效"，各级各类的"土皇帝"也到处横行霸道起来，胡作非为了。据记载，1933 年 5 月，广西省民政厅曾公布法令，规定凡女子服装袖不过肘、裙不过膝者，均在取缔之列。据此，广西妇女衣裙倒了霉。远在四川的营山县县长也闻广西之风而动，派公安人员——剪掉行人长衣的下截。鲁迅气愤地说："《汉书》上有一句云，'口含天宪'，此之谓也。"③ 当然，更加恶劣的是真正"口含天宪"的帝王们。鲁迅在《且介亭杂文·病后杂谈之余》中曾摘录清人俞正燮《癸巳类稿》中的两件事：

永乐十一年正月十一日，教坊司于右顺门口奏，齐泰姊及外甥媳妇，又黄子澄妹四个妇人，每一日一夜，二十余条汉子看守着，年少的都有身孕，除生子令做小龟子，又有三岁女子，奏请圣旨。奉钦依：由他。不的到长大便是个淫贱材儿？

铁铉妻杨氏年三十五，送教坊司；茅大芳妻张氏年五十六，送教坊司。张氏病故，教坊司安政于奉天门奏。奉圣旨：分付上元县抬出门去，着狗吃了！钦此！④

读着这"君臣之间的问答"⑤，我们对"口含天宪"的理解是可以大大加深一层的。当时鲁迅就做出了这样入木三分的深刻判断："自有历史以来，中国人是一向被同族和异族屠戮，奴隶，敲掠，刑辱，压迫下来的，非人类所能忍受的楚毒，也都身受过，每一考查，真叫人觉得不像活在人间。"⑥

二

鲁迅对中国法律文化传统的批判，实际上是它的糟粕部分，其锋芒所向，直指封建法

---

① 《左传·昭公七年》。
② 《南腔北调集·谚语》，《鲁迅全集》第 4 卷，第 542 页。
③ 同上书，第 543 页。
④ 《且介亭杂文·病后杂谈之余》，《鲁迅全集》第 6 卷，第 180 页。
⑤ 同上书，第 180 页。
⑥ 同上书，第 180—181 页。

律维护地主阶级的政治经济利益和社会特权这一要害。鲁迅所处时代,中国已沦落为半殖民地半封建社会。因此,他对封建法律的批判,体现在对当时法制的无情抨击上。

鲁迅用了大量笔墨揭露过旧中国法制不过是用来维护当权的统治者的政治利益的工具。他痛斥"当局者""虐杀"爱国者:"中国只凭虎狼侵食,谁也不管。管的只有几个年轻的学生,他们本应该安心读书的,而时局飘摇得他们安心不下。""当局者"对此非但不"反躬自问",反而"竟将他们虐杀了"①。"日本占据了辽吉,南京政府束手无策,单会去哀求国联","东北大学逃散,冯庸大学逃散,日本兵看见学生模样的就枪毙",于是学生们只好"放下书包来请愿"。其结果是国民党政府在1937年12月18日通电各地军政当局,指责学生的行动使"友邦人士,莫名惊诧",还加上他们"捣毁机关,阻断交通,殴伤中委,拦截汽车,攒击路人及公务人员,私逮刑讯,社会秩序,悉被破坏"等一长串的"罪"名,于是大肆镇压、杀戮……②为什么要"虐杀"爱国青年?为什么"'友邦'要我们人民身受宰割,寂然无声",而学生"略有'越轨',便加屠戮"呢?其原因盖在于这样就可以"博得'友邦人士'的夸奖,当局即反动统治者们的"党国"似乎就可以"永远'国'下去"③。而在反动当局屠戮青年学生时,所"依据"治"罪"的法律之维护其政治利益的本质,就这样被鲁迅淋漓尽致地揭露无遗了。除上述外,"三一八惨案",左翼作家柔石、殷夫等的被害以及大批工农群众、共产党员的被杀,鲁迅都曾作文用以抨击反动当局的罪恶统治。这些,与当时的"良法"当然是背道而驰的,但也正好暴露了"良法"的反动本质。

关于中国法律文化传统的本质还在于维护统治阶级的经济利益,在鲁迅的笔下也曾被揭露与批判过。最集中的可以见诸《伪自由书·从盛宣怀说到有理的压迫》一文。④盛宣怀是清末大官僚资本家,1911年任邮传部大臣,曾向帝国主义出卖中国铁路和矿山等权利,滥借外债以支持清朝政府垂危的统治。辛亥革命后,他的财产曾两次被查封,但后来都发还了。对此,鲁迅在"吃了一惊"之后,做了"学理上的研究",得出的结论是:"压迫本来就有两种:一种是有理的,而且永久有理,一种是无理的。有理的,就像逼小百姓还高利贷,交田租之类;这种压迫的'理'写在布告上:'借债还钱本中外所同之定理,租田纳税乃千古不易之成规。'无理的,就是没收盛宣怀的家产等等了;这种'巨绅'的手法,在当时也许有理,现在早已变成无理的了。"⑤在这里,鲁迅泾渭分明地指出了表现在盛宣怀案上的当时法律维护统治阶级经济利益的本质。

---

① 《华盖集续编·无花的蔷薇之二》,《鲁迅全集》第3卷,第263页。
② 《二心集·"友邦惊诧"论》,《鲁迅全集》第4卷,第361—362页。
③ 同上书,第361页。
④ 同上。
⑤ 《鲁迅全集》第5卷,第133页。

三

鲁迅对中国法律文化传统的糟粕的批判，最大量也最集中的，在于反动法律对"思想犯罪"的残酷镇压。鲁迅把这样的法律叫作"诛心之律"①。

这种"诛心之律"，最典型地体现在历朝历代的"文字狱"上，尤以清代为甚。在《且介亭杂文·买〈小学大全〉记》中，鲁迅写道："乾隆时代的一定办法，是凡以文字获罪者，一面拿办，一面就查抄，这并非着重他的家产，乃在查看藏书和另外的文字，如果别有'狂吠'便可以一并治罪。"②"名儒兼孝子"的尹嘉铨，就是"经大学士三宝等再三审讯之后，定为'相应请旨将尹嘉铨照大逆律凌迟处死'"，后又有"幸"被皇上"着加恩免其凌迟之罪"而"改为处绞立决"的。③尹嘉铨究竟犯的什么罪呢？原来他到了"致仕"（退休）之后，唆使儿子送了一本奏章，奏请为他死后加谥。对此，乾隆皇帝的"朱批"是"与谥乃国家定典，岂可要求。此奏本当交部治罪，念汝为父私情，姑免之。若再不安分家居，汝罪不可逭矣！钦此！"但尹嘉铨在未得悉皇帝批示前另有一本奏章，请许当朝"名臣"汤斌、范文程等"从祀孔庙"，内有"至于臣父尹会一，既蒙御制诗章褒嘉称孝，已在德行之科，自可从祀，非臣所敢请也"等文字。乾隆皇帝一见，竟勃然大怒，朱批道："竟大肆狂吠，不可恕矣！钦此！"这就被构成了"谋大逆"的罪名而"处绞立决"了。④

这种文字狱，到了鲁迅所处的时代，仍然是盛行于世的。在《且介亭杂文末编·写于深夜里》一文⑤中，鲁迅记载了三个青年木刻爱好者无端罹罪的事。其中一个只有十八岁的青年学生，在致朋友的一封信里谈到他母亲因困苦而死时写道："世界是一台吃人的筵席，我的母亲被吃去了，天下无数无数的母亲也会被吃去的……"这青年就被"好像老虎"的警察"一把抓住了这青年的背脊上的衣服，提出宿舍的大门口去了"⑥。其结果是按"民国"紧急治罪法处有期徒刑五年。其审讯判决的全过程为：

> 在当年的最后一月的最后一天，我们三个被××省政府解到了高等法院。一到就开检查庭。这检察官的审问很特别，只问了三句："你叫什么名字？"——第一句；"今年你几岁？"——第二句；"你是哪里人？"——第三句。开完了这样特别的庭，我们又被法院解到了军人监狱。

---

① 《华盖集·忽然想到·五》，《鲁迅全集》第3卷，第42页。
② 《鲁迅全集》第6卷，第54页。
③ 《且介亭杂文·买〈小学大全〉记》，《鲁迅全集》第6卷，第54页。
④ 同上书，第10页。
⑤ 《鲁迅全集》第6卷，第499页。
⑥ 《且介亭杂文·写于深夜里》，《鲁迅全集》第6卷，第504—505页。

而这军人监狱，又是极为残酷的。"有谁要看统治者的统治艺术的全般的么？那只要到军人监狱里去。他的虐杀异己，屠戮人民，不残酷是不快意的。时局一紧张，就提出一批所谓重要的政治犯来枪毙，无所谓刑期不刑期的。"①这些屈死的"政治犯"中，就有许多是因文字而获罪的。所以，鲁迅在《题〈呐喊〉》诗中无限愤懑地写道："弄文罹文网，抗世违世情。积毁可销骨，空留纸上声。"②

这"诛心之律"到了民国时代不得不以种种伪装来加以掩饰，于是有了所谓法定上的"言论自由"。但对这种虚伪的"言论自由"，鲁迅是不屑一顾的。他特意写了一篇《言论自由的界限》来揭露它的虚伪性。他写道："要知道在现在曾比先前光明，但也比先前利害，一说开去，是连性命都要送掉的。即使有了言论自由的明令，也千万大意不得。"③对这种"连发表思想都要犯罪，讲几句话也为难"④的社会以及维护社会"秩序"的法律法令，鲁迅斥之为"人肉筵宴""人肉筵宴的厨房"，当然不足为奇了。

四

中国法律文化传统的糟粕更大量地反映在司法实践中。这"司法实践"，在相当大的程度上是与法律条文的规定背道而驰的。之所以背道而驰而又畅行不衰，恰恰体现了中国法律文化传统糟粕面的一个显著特点，即"有法不依"。对此，鲁迅深表痛恨，并做了有力的批判。

鲁迅在《写于深夜里》写道，"有一个这样的国度"，它"出版有大部的法律，是派遣学者，往各国采访了现行律，摘取精华，编纂而成的，所以没有一国，能有这部法律的完全和精密。但卷头有一页白纸，只有见过没有印出的字典的人，才能够看出字来，首先计三条：一、或从宽办理；二、或从严办理；三、或有时全不适用之。"有这样大部法律的国度里，"自然有法院，但曾在白纸上看出字来的犯人，在开庭时候是决不抗辩的，因为坏人才爱抗辩，一辩即不免'从严办理'；自然也有高等法院，但曾在白纸上看出字来的人，是决不上诉的，因为坏人才爱上诉，一上诉即不免'从严办理'"⑤。

在这样的国度里，法律规定国民一律平等，但是这"平等"又是如何的呢？鲁迅写道，这"平等"就是：统治者们"排好暗箭，拿定粪帚，监督着应该俯伏着的奴隶们，看有谁抬起头来的，就射过去，洒过去，结果也许会终于使这人被绑架或被暗杀，由此使民

---

① 《且介亭杂文·写于深夜里》，《鲁迅全集》第6卷，第507页。
② 《集外集拾遗》，《鲁迅全集》第7卷，第442页。
③ 《伪自由书》，《鲁迅全集》第5卷，第115页。
④ 《热风·来了》，《鲁迅全集》第1卷，第347页。
⑤ 《鲁迅全集》第6卷，第503—504页。

国的国民一律'平等'。"①

在这样的国度里,法律也"保障人权"。但实际情况如何呢?"人权"在那里只不过是"粉饰一下反动的统治"的装饰物罢了,"虐政何妨援律例,杀人如草不闻声"②,这才是真正的实际的"人权"。

司法的黑暗,在狱政方面表现得最为突出。鲁迅在其作品中多次揭露过旧中国狱政的残酷,从而揭示与抨击了中国法律文化传统糟粕面的"有法不依"、法外用刑的特点。在《伪自由书·"光明所到……"》③一文中,他指出了"中国监狱里的拷打,是公然的秘密";在《准风月谈·后记》与《且介亭杂文·关于中国的二三事》中,鲁迅也曾以大量的笔墨,揭露过旧中国狱政的黑暗与虚伪。

鲁迅对中国法律文化传统糟粕的批判是多方面的,但可以上述四者为主。如前所说,鲁迅不是法学家,而是一个伟大的革命家、思想家、文学家。所以,他的批判不是法律学理的批判,大多是浓缩了法律观点的精华,大多是以形象的文字表达的。但这种表达方式,自有严肃的学理批判所不及的优点。

五

法律是什么?它是作为人类和人类社会的对立面而来到世上的吗?如果是这样的话,那为什么每一个新兴的革命的阶级都迫不及待地制定法律而力行不已呢?如果不是这样的话,那为什么又有诸如上述鲁迅所批判的苛刑酷法呢?

古往今来,万千学问家穷经皓首、苦思冥索而不得其解。有所建树而号称一代法学大家者,充其量不过在"是"与"否"之间做过非此即彼的抉择且做了略显方圆之说罢了。时至今日,在有了马克思主义的唯物辩证法思维武器之后,是应该做出科学合理的论定了。

诚然,法律作为一定经济基础的上层建筑,首先是统治阶级意志和利益的反映;它所带有的强制力,由于是国家的强制力,也就自然以国家的暴力机器如军队、法庭、监狱为后盾。但它绝不是一开始就作为人类和人类社会的对立面而问世的;它也绝不是一直作为人类和人类社会的对立面而长存于世的。至于确曾长期以"良法美意"相标榜而实际上又"虐杀人民"的法律,笔者以为,那只是法律的异化而已。用形象的话来说就是:法律有其躯体与灵魂;法律的灵魂是用以卫护人类和人类社会的利益,促进人类和人类社会的进步的;法律的躯体则只有在其"年轻"时代具有"审美"价值,起着有益的作用,一旦到了"老年",就衰朽腐烂,散发臭气,危害生灵了;但法魂是不灭的,推倒陈旧腐朽的法

---

① 《南腔北调集·祝〈涛声〉》,《鲁迅全集》第 4 卷,第 561 页。
② 《伪自由书·王道诗话》,《鲁迅全集》第 5 卷,第 46—47 页。
③ 《鲁迅全集》第 5 卷,第 63 页。

律躯体，创出新鲜活泼的法律血肉，法律又将作为人类和人类社会的亲密朋友和有益武器而施展雄威。

那么，法魂是什么呢？概略而言，法魂之要素主要有：

其一，反映社会前进的客观需求；

其二，符合社会发展的客观规律；

其三，保护公民的基本权利；

其四，规定公民的应尽义务；

其五，保证公民的法律平等；

其六，确定法律的实施效力。

上述要素的综合整体，就是笔者所说的法魂。古往今来，中外各国，无论怎样万化千变、前进倒退，从历史发展的长途来看，法魂总是不灭的。会有"黑云压城""冰雪满天"的日子，在这样的日子里，法魂不得不离开陈腐法律的躯体。但陈腐法律的躯体终将衰朽溃灭，法魂终将"荣归故里"与新的法律躯体相结合而显出勃勃生机，造福人类，促进社会的进步。

如此而言，鲁迅所处时代的酷法苛刑，只不过是徒有其表、虚有其名的法律僵尸而已，其法魂早已"出窍"远飚了。这是因为，鲁迅所处时代的"虐杀人民"的法律，完全没有反映社会前进的客观需求，完全不符合社会发展的客观规律；完全不保护而且处处侵害了人民的基本权利，而把每一个公民应尽的义务一股脑儿压在劳苦大众的身上；法律平等早已烟消云散、不见影踪；法律的实施效力也成为子虚乌有，横行于世的只是法官狱吏及统治阶级其他代表人物的恣意妄为了。

正因如此，这种没有真正法魂的法制的"行尸走肉"，必将被人民唾弃。而 1949 年 1 月 14 日发表的《中共中央毛泽东主席关于时局的声明》[①] 提出"废除伪宪法""废除伪法统"，就是推倒衰朽法制的庄严宣告。"黑暗即将逝去，黎明即将来临"，法魂所乐于依存的新生的人民的法律制度，将在神州大地上逐步建立起来。

但世界是复杂的，万物发展的道路是曲折的，新时代的法制的发展也只能循着迂回的、曲折的道路前进，法魂与法律躯体的离离合合还会不时地出现。

当然，总的趋势仍然是四个字：

法魂不灭！

[①] 《毛泽东选集》第 1 卷，人民出版社 1966 年北京版直排本，第 1391 页。

以实事求是的态度重新认识中国古代法制*

在中国古代法律体系中,律、令、例等多种法律形式并存,行政、经济、刑事、民事、军政、学校管理等各类法律并存,共同组成了一套完整的法律体系。例作为国家法律制度的实施细则,除为刑例的重要载体之外,同时也是行政、经济诸例的主要载体。现存的中国古代的重要法律,绝大多数是以例的形式制定和颁布的,能否正确地揭示作为法律的古例种类、形式、内容、特点、功能和发展轨迹、演变规律及其历史作用,是关系到科学地认识和阐述中国法律发展史的重大问题。杨一凡、刘笃才的《历代例考》系统地考证了古例研究中的错讹,史料运用丰富,考辨扎实,论据充分,结论令人信服,堪称中华人民共和国成立六十年来法史研究的重要成果。同时,作为研究法史的典范,也向法史学界提出了一个历史性的重大课题:如何更好地、扎扎实实地以实事求是的态度重新认识和阐述中国法律史。

我国古代例的称谓、种类和功能多变,内容纷杂,给今人研究带来了许多困惑。《历代例考》对历史上各类例的起源、内容、演变及其在各代法律体系中的地位和功能做了系统考证,并以主要篇幅对前人研究中的不实之论逐一考辨。作者指出:秦"廷行事"的内涵是指官府行事,即官府在法无明文规定下的实际做法,许多著述把其作为司法判例论述,这是沿用清人王念孙误解"廷行事"的旧说而致;秦汉的"比",包括律令之比、决事比和作为行政事例的比,一些法史著述否定律令之比的存在以及把汉代的比一律说成判例的观点有失偏颇;唐代的《法例》一书系唐人赵仁本编纂,未被朝廷采用,并非有些著述所说的它是唐代的"名例"或判例;宋元的"断例"是由案例和条文混合编纂而成,而不是人们常说的单纯的案例汇编;元代的"断例"既包括刑事断例,也包括民事断例,一些著述把其说成是刑事法律的观点不能成立;古代成案的内容包括司法成案和行政、经济管理诸方面的成案,成案的表述方式有案例和抽象的条文两种,一些著述把成案说成是司法成案的观点是不妥当的;不少著述把清代成案的性质界定为判例,实际上成案并没有法律

---

* 原载《中国社会科学报》2010 年 4 月 20 日。

效力，清代统治者于乾隆三年以后严格禁止在司法审判中援引成案。该书还对法史研究中混淆案例、判例、事例、条例、格例的内涵导致张冠李戴的问题，以及清代省例性质研究中的错误进行了考辨。

以往古代例研究中的缺陷，除了对例的名称、概念、性质、功能及相互之间区别的阐述有不少失错外，还表现在偏重刑例的研究，忽视行政、经济诸例的研究。比如，宋、元、明时期，则例是与钱物、财政收入支出相关的经济立法的重要形式，而已出版的相关书籍却未提及则例。运用榜文公布国家法律和地方政令在中国有悠久的历史。明代时，把以榜文形式公布的事例、则例、条例称为榜例。榜例是针对时弊和某种具体事项，向百姓和特定的社会群体公开发布的定例，其内容对研究朝廷法律的实施和民间事务管理法律制度有重要价值，然而学界至今对这一重要的法律形式及立法成果尚未涉及。例是明清两代法律体系的主体，现在能见到的这两代例的文献有上千种之多，内容由吏、户、礼、兵、刑、工六例组成，其中行政、经济、军政诸例占这两代立法总数的百分之八十以上，但一些著述在论述明清法律制度时，却很少涉及刑律和刑例之外的诸例。在中国古代，行政立法占全部法律的绝大部分，其中行政诸例又占很大的比重。传统的注重刑例、轻视行政诸例的研究方法，显然难以全面、正确地反映中国古代法制的面貌。《历代例考》的学术贡献，就是突破"以刑为主"的研究模式，对历朝以条例、则例、格例、事例，榜例、断例等法律形式颁布的行政诸例进行了系统的探讨，并设专章对明清两代的则例、明代的榜例、清代的省例进行了深入阐述，全面地再现了例的形式、体系及其历史作用。

以现代法学观点研究中国法律史，已有近百年的历史。随着改革开放的节节推进和学术文化的日益繁荣，近三十年来，法史研究呈现出空前的繁荣，为什么例的研究至今仍是法史研究的薄弱环节，研究中的错误又是如此之多呢？笔者以为，这主要是由两个方面的原因造成的：一是传统的"以刑律为主"的观点长期在法史研究中占据主导地位，无视刑例与行政、经济、民事、军政诸例的区别，把例的研究局限于刑例的研究；无视例在完善古代法律制度方面发挥的重要作用，把清人于特定时期批评某些刑例"以例破律""以例坏法"的说法，不加分析地扩展为对古代例全面的否定性评价。人为地贬低或否定例的观点，是造成法史研究中"重律不重例"的主要症结所在。二是明代以前的例大多失传，而明清两代例的文献又浩如烟海，要比较正确地揭示古代例的全貌，非坐十年乃至数十年"冷板凳"不可。在此学风浮躁之世，一些学者没有认真阅读和研究例的基本文献，又出于"评估"、教学或应付考核、职称评定需要，只好沿袭前人不成熟的观点或者仅凭偶尔掇拾的星星点点资料便匆忙敷衍成文、"著书立论"，这就难免出现这样那样的失误。因此，如果不从根本上解决学风问题，就无法写出一部比较科学的中国法律发展史。

正如《历代例考》作者所说，推动法律史学走向科学，是当代法史学者肩负的历史重任。《历代例考》的出版，宣告了近百年来按照"以刑为主"模式描绘中国古代法制这一传统研究思维和方法的失败。以实事求是的态度研究古代法制，才是法史研究的正确方向。

隋律源流若干问题考辨*

"隋律源自北齐","其流播因宋、元、明、清律——裁正于唐而影响甚微"等等涉及隋律源与流的问题,一度因史学大家程树德、陈寅恪的判定而几成定论。①但据笔者考辨,似大有商榷之余地。厘清有关问题,正确判明隋律之渊源流变,不仅是还中国古代法制历史发展真实面目的必须,而且对以马克思主义唯物主义历史观科学认识法律发展的客观规律具有重要意义。

一、"隋律"何所指

首先必须申明:"隋律"云者,实指隋初制定的《开皇律》,而非《大业律》。杨广即位(604)称隋炀帝,"以高祖禁网深刻,又敕修律令,除十恶之条"②。因炀帝以"大业"为号,史称其时取代《开皇律》所修之律为《大业律》。史籍关于《大业律》内容的资料,遗存极少,究竟比《开皇律》有多大之简省轻恤,目前还暂无确论。但我们至少可从史实得知:一方面,隋炀帝既"以开皇律犹重""以高祖禁网深刻"而命牛弘等更造新律,那么《大业律》在法律文本的字面上比《开皇律》"禁网"轻简,是不必怀疑的;但另一方面,隋炀帝好大喜功,穷奢极侈,对外连年用兵,对内大造宫殿,民财剧耗,民怨沸腾,很快

---

* 原载《法学》2010年第10期。

① 程树德先生谓:"隋文帝代周有天下,其制定律令独采北齐而不袭周制。"周律"又多沿晋律,古今杂糅,礼律凌乱,无足道者。"(程树德:《九朝律考·后周律考序》)又谓:"史称周律比于齐法,烦而不要,是周齐二律之优劣,在当时已有定论。隋氏代周,其律独采齐制……"(程树德:《九朝律考·后周律考序》)陈寅恪先生更批评"北周制律,强摹周礼,非驴非马……故隋受周禅,其刑律亦与礼仪、职制等皆不袭周而因齐,盖周律之矫揉造作,经历数十年而天然淘汰尽矣"。(陈寅恪:《隋唐制度渊源略论稿·四·刑律》)

② 《隋书》卷25《刑法志》,中华书局1982年版,第716页。又见《玉海》卷65:"炀帝以开皇律犹重,大业二年更制《大业律》,牛弘等造。"《通鉴》卷180:"牛弘等造新律,凡十八篇,谓之《大业律》,甲申始颁行之。"

就大大激化了社会矛盾。于是,他把制定不久的《大业律》弃诸脑后,司法之于立法背离到了登峰造极的地步。

魏徵撰《隋书》,指斥隋炀帝杨广"荒淫无度,法令滋彰,教绝四维,刑参五虐,除诛骨肉,屠剿忠良,受赏者莫见其功,为戮者不知其罪……旌旗万里,征税百端,猾吏侵渔,人不堪命。乃急令暴条以扰之,严刑峻法以临之,甲兵威武以董之,自是海内骚然,无聊生矣",以至造成举国民众"流离道路,转死沟壑"的悲惨状况,直至"土崩鱼烂,贯盈恶稔,普天之下,莫非仇雠,左右之人,皆为敌国",犹"终然不悟"。魏徵谓"自肇有书契以迄于兹,宇宙崩离,生灵涂炭,丧身灭国,未有若斯之甚也"①。司法与立法之脱离、悖逆,在隋炀帝大业后期,达到了无以复加的地步。考诸史实,足为今人之鉴。显然,《大业律》只不过是一种我称之为"伪饰性"的立法。② 有鉴于此,本文所考辨的以及一千五百多年来史书所指涉的"隋律",均不以《大业律》为代表,而仅指《开皇律》。

其次必须申明:本文所指《开皇律》,实为开皇三年(583)对开皇元年(581)制颁的《开皇律》进行大修大改的成果。

《开皇律》制定的时间:一为开皇元年(581),一为开皇三年(583)。按理,既称为《开皇律》,那么开皇元年先行制定者即为底本,开皇三年之"更定新律"③应称之为"修订",即《开皇律》的"制定时间"为开皇元年,"修订时间"为开皇三年。但是,开皇元年与开皇三年的两次修律活动,规模都很大,后者显非对少量条文的修改,后文将述及开皇元年所制定的《开皇律》律文在一千七百三十五条以上,经开皇三年修订,"定留惟五百条";而且作为唐律蓝本的是后者。因为,唐初所修之律,律文亦为五百条,显非以一千七百三十五条以上的隋初《开皇律》为蓝本。因此笔者确认:第一,《开皇律》的制定时间为先后两次,而不是把后一次的"更定新律"称为"修订";第二,古往今来中外法史学者所指之《开皇律》,大抵也是指开皇三年(583)的修订本;第三,使用"隋律"这一概念时,除非泛论隋代的律、令、格、式,否则,都是指开皇三年(583)颁行的"定留惟五百条"的《开皇律》。

二、隋律"因北齐而不袭北周"之说不能成立

关于隋律之源,程树德与陈寅恪二位史学大家,均持魏、齐、隋、唐自成一系,隋律

---

① 《隋书》卷4《炀帝纪下》,中华书局1982年版,第95—96页。
② 杨鸿烈先生曾解释中国历史上多有"宣誓性"立法。这种"宣誓性"立法,目的在于以形式上的向天下保证什么"代天刑罚""仁本爱民"之类,兼以立法宣示本朝、本代皇位之"正统性"。因此,不少朝代之立法,常带有严重的"伪饰性",即立法目的根本不在实施,而在伪饰。这在中国法制史上可说朝朝代代所在多有,从而形成了"伪饰性立法"的法律文化传统。
③ 《隋书》卷2《刑法志》,第710页。

"因北齐而不袭北周"之说。

在《九朝律考》中,程树德先生索隐探赜、综合翔实地考证了我国公元前 2 世纪到公元 7 世纪就已亡佚的法典,其立论强调中国古代的法律有南北二支的分派,认为"自晋氏失驭,海内分裂,江左以清谈相尚,不崇名法。故其时中原律学,衰于南而盛于北。北朝自魏而齐而隋而唐,寻流溯源,自成一系,而南朝则与陈氏之亡而俱斩"①。在《中国法制史》中他又说:"今唐、宋以来,相沿之律,均属此系。而寻流溯源,当以元魏之律为此系之律为嚆矢,北魏多承用《汉律》,不尽袭魏、晋之制。"②程树德先生还认为:"自晋而后,律分南北二支,南朝之律,至陈并于隋,而其祀遽斩;北朝则自魏及唐,统系相承,迄于明清,犹守旧制。"③

对此,杨廷福先生在《唐律初探》中提出了商榷意见。他认为:"作者受时代的局限,没有从社会制度、生产关系、阶级关系以及在当时社会占统治地位的所有制去探讨它们之间的历史渊源和内在的关系,徒以南北对峙和朝代的兴亡作截然的划分,认为'南朝之律至陈并隋而其祀遽斩',似可商榷。"④杨廷福先生还指出:"陈寅恪先生《隋唐制度渊源略论稿·四刑律》虽亦不以程氏之说为然,但认为北魏颇传汉代律学,而北魏、北齐、隋、唐为一系相承的嫡统,还是有商榷的余地的。"⑤

可惜的是,杨廷福先生并未对此展开论述;加之天年不永,我们没能见到他的具体的商榷意见。在研究隋律的过程中,笔者曾多次登门拜访杨廷福先生,得到他的热情鼓励,遂形成了关于隋律渊源的一些不同于程树德、陈寅恪先生的看法。如何论定隋律的历史渊源,实乃中国古代法制史尤其是隋、唐法制史的一个重大问题。从总体上看,笔者认为:隋律承袭了北朝法律的传统,兼采北齐、北周以及隋之前法制发展的极为丰富的经验,集奴隶制法制建设和封建法制建设经验之大成,沿革增损,删繁就简,加以系统化、条理化与定型化,成就了中国古代法制建设史上具有里程碑意义的勋业。

这些看法,与流行的隋律"因北齐而不袭北周"的看法,有很大的区别,有必要详加考析。

历来的历史学家、律学家之认为隋律"因北齐而不袭北周",会使人产生这样的疑问:为什么从北周脱胎而来的隋朝,其法律偏偏要摒弃北周而因依北齐?作为上层建筑的法律制度,是在一定的经济基础上产生并为这个基础服务的,难道隋、周二朝的经济基础发生了根本的变化吗?

---

① 程树德:《南朝诸律考序》,《九朝律考》下册,商务印书馆 1927 年版。
② 程树德:《中国法制史》第一编第三章。转引自杨廷福:《唐律初探》,天津人民出版社 1982 年版,第 69 页。
③ 程树德:《后魏律考·序》,《九朝律考》下册,商务印书馆 1927 年版。
④ 杨廷福:《唐律初探》,天津人民出版社 1982 年版,第 70 页。
⑤ 同上。

陈寅恪先生是主张隋律"因北齐而不袭北周"之说的，他说："隋受周禅，其刑律亦与礼仪、职制等皆不袭周而因齐，盖周律之矫揉造作，经历数十年而天然淘汰尽矣。"① 他这样引录《隋书·刑法志》作为根据：

> 高祖既受周禅，开皇元年乃诏尚书左仆射高颎颢更定新律奏上之，多采后齐之制，而颇有损益。三年又敕苏威、牛弘更定新律，自是刑网简要疏而不失。

但是，以上述引文为根据断言隋律"因北齐而不袭北周"有显然的偏颇。

首先，即便是从"多采后齐之制"也推不出"因北齐而不袭北周"的结论。"多采"北齐之制，非"全采"北齐之制，亦非"不采"北周之制。

其次，正确地引录《隋书·刑法志》的有关文字，应作：

> 高祖既受周禅，开皇元年，乃诏尚书左仆射、勃海公高颎……更定新律，奏上之，其刑名有五……而蠲除前代鞭刑及枭首轘裂之法。其流徙之罪皆减从轻。唯大逆谋反叛者，父子兄弟皆斩，家口没官。置十恶之条，多采后齐之制，而颇有损益。……

从上述引文可以看出，"多采后齐之制"一句，紧接在"又置十恶之条"的后面，而不是如陈寅恪先生所引的那样紧接在"更定新律奏上之"的后面。因此，所云"多采后齐之制"，是指修撰隋律时参照北齐律所规定的"重罪十条"更名而立的"十恶之条"，这就不能仅仅以此作为隋律"因北齐而不袭北周"的可信依据了。

再次，《隋书·刑法志》中"蠲除前代鞭刑及枭首轘裂之法"的"前代"，既未确切、具体指明，则既可指隋朝以前的北魏、北齐，更可指隋朝所直接承袭的北周。而且，北齐死刑四等，重者为"轘"，不作"裂"的刑名；北周死刑五等，五为"裂"，不用"轘"的刑名。这恰好说明，"前代"者，既指北齐，也指北周。由此可见，修订隋律时，北周律亦曾为蓝本之一，隋律对北周律既有所蠲除，亦有所承袭，正如同隋律对北齐律既有所承袭，亦有所蠲除一样。

复次，关于这一点，还可证之于隋律的条数。

《隋书·刑法志》关于隋律的条数，有以下记载："三年，因览刑部奏，断狱数犹至万条。以为律尚严密，故人多陷罪。又敕苏威、牛弘等，更定新律。除死罪八十一条，流罪一百五十四条，徒杖等千余条，定留惟五百条，凡十二卷。自是刑网简要，疏而不失。"

---

① 陈寅恪：《隋唐制度渊源略论稿》，生活·读书·新知三联书店1954年版，第113页。

其中所涉之刑名、具体条数都一清二楚、言之凿凿地说明，开皇三年（583）修订开皇元年（581）之《开皇律》时，总共删去了一千二百三十五条以上。但是我们知道，《北齐律》总共只有九百四十九条，而北周律则有一千五百三十七条。如果开皇元年撰制《开皇律》时"因北齐而不袭北周"，显然难以令人置信。从《北齐律》的九百四十九条"因"而"袭"之制定的《开皇律》多达一千七百三十五条以上，条数几乎翻了一倍。这多出的"一倍"从何而来呢？倒是北周律的一千五百三十七条与开皇元年颁行的《开皇律》一千七百多条是比较接近的。因此，如果断言其"因北周而不袭北齐"反而似乎比较说得通一些，至少在律文条数这一点上是如此。至于开皇三年（583）删削一千二百多条一事，已是《开皇律》本身的演变，可以不与北齐律或北周律联系起来看其因袭关系了。

说隋律并非丝毫都"不袭北周"，除上述之外，还可见诸以下几点：

其一，《旧唐书·刑法志》载："隋文帝参用周齐旧政，以定律令，除苛惨之法，务在宽平。"这清清楚楚地指出了隋文帝定律令乃"参用周齐旧政"，不但参用了北齐律，而且参用了北周律。

其二，《唐律疏议·断狱律》云："断狱律之名起自于魏，魏公李悝囚法，因而此篇。至北齐，与捕亡律结合，更名捕断律。至后周复为断狱律。"隋律以《断狱律》名篇，采用了北周律的篇名，而不用北齐律的篇名。但陈寅恪先生不以为然，他的理由是"北齐律合后魏律之捕亡与断狱为一，名捕断律，隋律之复析为二，实乃复北魏之旧，非意欲承北周也"，并进而推断"北魏、北齐、隋、唐律为一脉相承之嫡统，而与北周律无涉也"①。北齐律无《断狱律》（而只有《捕断律》）；北周律有《断狱律》，隋律承而用之，硬要说与之"无涉"，将隋律与周律截然割裂开来，不能不说是为先验之定见所囿而明显地过分偏颇了。

其三，从撰修隋律的人员来看，北周律也不能不是隋律的蓝本之一。隋文帝诏令裴政与苏威等修订律令，"同撰著十有余人，凡疑滞不通，皆取决于政"②。裴政在北周时曾任刑部下大夫，参与修订周律。其他参修隋律者，大多为周室旧臣，其中也有不少曾参加北周律、令、条、式的修撰。这些人，可说是一部活的周律。③ 由他们来撰修隋律，而断言"与北周无涉""不袭北周"，是难以令人信服的。

总而言之，历来所说的隋律"因北齐而不袭北周"，有一定的片面性。

但是，能不能因此而倒过来说隋律"因北周而不袭北齐"呢？显然也不能。

上述二论都是全称判断，犯了以偏概全的逻辑错误。正确的说法应当是：隋律"多采

---

① 陈寅恪：《隋唐制度渊源略论稿》，生活·读书·新知三联书店1954年版，第113页。
② 《隋书》卷66《裴政传》，中华书局1982年版，第1549页。
③ 倪正茂：《隋律研究》，法律出版社1987年版；倪正茂：《隋代法制考》，社会科学文献出版社2009年版，有关隋代修律人员的文字。

后齐之制"。"多采后齐之制"的断语，是从《隋书·刑法志》中借用的。前面已经说过，它本来只是指隋律的"十恶之条"乃采北齐律的十条重罪而立。但扩而言之，也可以说整个《开皇律》"多采后齐之制"。

这可见诸以下几点：

第一，从篇名看。北齐律共十二篇，"一曰名例，二曰卫禁，三曰婚户，四曰擅兴，五曰违制，六曰诈伪，七曰斗讼，八曰贼盗，九曰捕断，十曰毁损，十一曰厩牧，十二曰杂"①。隋《开皇律》也是十二篇："一曰名例，二曰卫禁，三曰职制，四曰户婚，五曰厩库，六曰擅兴，七曰贼盗，八曰斗讼，九曰诈伪，十曰杂律，十一曰捕亡，十二曰断狱。"②

齐隋律篇名完全相同的有"名例""擅兴""斗讼""诈伪""杂律"五篇。不同的是：《开皇律》有"捕亡""断狱"篇，而无"毁损"篇，北齐律则有"毁损"篇，而合"捕亡"、"断狱"为"捕断"篇，此其一。篇名排列顺序不同，此其二。此外，《开皇律》中的"卫禁""职制""户婚""厩库""盗贼"等篇，则与北齐律中的有关篇名大同小异。

再拿《开皇律》与北周律比较。北周《大律》计有二十五篇，其中"诈伪""断狱""杂犯"与《开皇律》相同，而"刑名"与"法例"、"婚姻"与"户禁"、"卫宫"与"关律"、"劫盗"与"贼叛"、"逃亡"与"系讯"等，也与《开皇律》的有关篇目大体相当，只不过在北周一析为二，在隋律合二为一罢了。具体内容现在虽然无法详细考查，但推断其大略相同，是不成问题的。

从以上关于北齐律、北周律、隋律篇名的比较可以看出：隋律的确是"多采后齐之制"，同时又非"不袭北周"的。

第二，从刑名来看。北齐律刑名有五，即死、流、刑（耐）、鞭、杖。隋《开皇律》规定的刑名也有五，即死、流、徒、杖、笞。两相比较，共同点为：排列顺序均从重到轻，即从死刑到身体刑；都有"死""流""杖"的刑名，而"刑"与"徒"的内容是相同的，只是叫法不同罢了。不同点为：（1）北齐律规定的死刑，分"轘""枭首""斩""绞"四等，而《开皇律》只有"绞""斩"二种，削除了北齐律中的"轘"与"枭首"。（2）"流刑"，在北齐律中规定得比较笼统，即将处以"流刑"的人犯"鞭笞各一百，髡之，投于边裔，以为兵卒，未有道里之差"③，而在《开皇律》中则规定得比较具体，即"流刑三，有一千里、千五百里、二千里。应配者，一千里居作二年，一千五百里居作二年半，二千里居作三年。应住居作者，三流俱役三年。近流加杖一百，一等加三十"④。（3）徒刑，在北齐律是

---

① 《隋书》卷25《刑法志》，第705页。
② 同上书，第712页。
③ 同上书，第705页。
④ 同上书，第710页。

称"刑"或"耐",分"五岁、四岁、三岁、二岁、一岁"五等,《开皇律》中则为"一年、一年半、二年、二年半、三年"五等,排列顺序相反,且减轻了刑罚。(4)《开皇律》改北齐律之"鞭""杖"为"杖""笞"刑,也是为了减轻刑罚。

北周《大律》所定刑名也是五种,即"杖、鞭、徒、流、死"。其排列顺序是从身体刑到死刑,从轻到重,这是与齐、隋律的不同点。其刑罚的轻重,大略与北齐律相同,较隋律为重。例如,其死刑有"磬""绞""斩""枭""裂"五种,而隋律仅"绞""斩"两种。此外,北周《大律》规定流刑分为五等,即"流卫服,去皇畿二千五百里者,鞭一百,笞六十。流要服,去皇畿三千里者,鞭一百,笞七十。流荒服,去皇畿三千五百里者,鞭一百,笞八十。流镇服,去皇畿四千里者,鞭一百,笞九十。流蕃服,去皇畿四千五百里者,鞭一百,笞一百",既规定流刑之分等,而且规定了不同等级的流刑有"道里"远近之差,[①] 这与《开皇律》规定流刑分等是相同的。

值得注意的是,中国封建法制自秦开始,即有"徙边"之刑,隋之"流刑"与之相当。汉承秦制,亦有"徙边"之刑。如宋人李昉等撰《太平御览》引《三辅决录》载"马融为南郡太守,坐忤大将军梁冀,竟徙朔方"。以后晋律、梁律、后魏律、齐律都有流徙之刑。但是在北周之前的各个朝代,包括北齐在内,流刑(徙边)都不以明文规定远近之分、等级之别,只是从北周开始,才有远近、等级之分。隋律明显地不因北齐而承袭了北周之流刑分等且有道里远近之差。

以上关于刑名的分析,也说明了《开皇律》"多采后齐之制",同时又有承袭北周律的因素。

第三,从"十恶"条看。北齐律有重罪十条:"一曰反逆,二曰大逆,三曰叛,四曰降,五曰恶逆,六曰不道,七曰不敬,八曰不孝,九曰不义,十曰内乱。"并规定犯此十条者"不在八议论赎之限"[②]。隋《开皇律》"多采后齐"十恶"之制"的"十恶之条",依次为"谋反""谋大逆""谋叛""恶逆""不道""大不敬""不孝""不睦""不义"与"内乱"。隋律与北齐律之不同仅在于隋律有"不睦"而无"降"罪,北齐律则相反,有"降"罪而无"不睦"罪,大同小异,名副其实地是"多采后齐之制"。然而北周《大律》中,也规定有"恶逆""不孝""不义""内乱"等罪,因此当然不能说隋律与北周律丝毫"无涉"。

此外,北齐、北周、隋三朝皆有"八议""赎"与"官当"等规定,也可窥见其法律制度是一脉相承的。

说隋律是"因北齐而不袭北周",不仅不符合事实,而且又容易造成一种误解,似乎隋律与北周律是不同类型的法律。而采用"多采后齐之制"的提法,既不排斥对周律的继承,又肯定了封建法律朝朝代代一脉相承的本质,有利于提高我们对隋律阶级本质的认

---

① 《隋书》卷25《刑法志》,第708页。
② 同上书,第706页。

识；同时，又因"多采后齐之制"而非"多采北周之制"，则从另一方面提示了隋律在前朝法律基础上的变化发展，启发我们去认识隋律的特殊性。

三、"隋唐制度三源说"无助证明隋律"不袭北周"

在《隋唐制度渊源略论稿》中，陈寅恪先生还有一个与隋律渊源相关的"隋唐制度三源说"："隋唐之制度虽极广博纷复，然究析其原因，不出三源：一曰（北）魏、（北）齐，二曰梁、陈，三曰（西）魏、周。所谓（北）魏、（北）齐之源者，凡江左承袭汉、魏、西晋之礼乐刑政典章文物，自东晋至南齐其间所发展变迁，而为北魏孝文帝及其子孙摹仿采用，传至北齐成一大结集者是也。……所谓梁陈之源者，凡梁代继承创作陈氏因袭无改之制度，迄杨隋统一中国吸收采用，而传之于李唐者……所谓（西）魏、周之源者，凡西魏、北周之创作有异于山东及江左之旧制，或阴为六镇鲜卑六镇之野俗，或远承魏、（西）晋之遗风，若就地域言之，乃关陇区内保存之旧时汉族文化，所适应鲜卑六镇势力之环境，而产生之混合品。所有旧史中关陇之新创设及依托周官诸制度皆属此类，其影响及于隋唐制度者，实较微末。故在三源中，此（西）魏、周之源远不如其他二源之重要。"①但是，在论及隋唐"礼仪"制度的渊源而提到隋代重臣苏威时，陈寅恪先生却得出了与他的上述观点几乎相反的结论。陈先生引《隋书·苏威传》所载隋文帝对杨素、苏威的比较评析"上（高祖）因谓朝臣曰：杨素才辩无双，至若斟酌古今，助我宣化，非威之匹也"，用以说明苏威在厘定隋律中的重要作用："隋承战争之后，宪章踳驳，上令朝臣厘改旧法，为一代通典，律令格式，多（苏）威所定，世以为能。"又进而引《周书·苏绰传》说明苏绰、苏威的父子关系以及武功人苏绰在北周制度创设中的巨大作用，并结论曰："故考隋唐制度渊源者应置武功苏氏父子之事业于三源内之第三源，即（西）魏、周源中，其事显明，自不待论。"简言之，这"自不待论"的"显明"之"事"是：苏绰、苏威父子相继为北周、隋初的制度包括法律制度的创设做出了极大的贡献，"律令格式多（苏）威所定，世以为能，所修律令章程并行于当世"，而"考隋唐制度渊源者应置武功苏氏父子之事业于三源内之第三源，即（西）魏、周源中"。既然如此，又怎能不与前述的第三源"其影响及于隋唐制度者，实较微末"相矛盾呢？而"三源之中，此（西）魏、周之源不如其他二源之重要"又怎么不是苍白无力呢？虽然陈先生在论及苏绰时曾指出："（苏）绰本关中世家，必习于本土掌故，其能对宇文泰之问，绝非偶然。适值泰以少数鲜卑化之六镇民族窜割关陇一隅之地，而欲与雄踞山东之高欢及旧承江左之肖氏争霸，非别树一帜；以关中地域为本位，融冶胡汉为一体，以自别于洛阳、建业或江陵文化势力之外，则无以坚其群众自信之心理。此绰所以依托关中之地域，以继述成周为号召，窃取六国阴谋之旧文缘

---

① 陈寅恪：《隋唐制度渊源论稿》，第3—4页。

饰塞表鲜卑之胡制，非驴非马，取给一时，虽能辅成宇文氏之霸业，而其创制终为后王所捐弃，或仅名存而实亡……"①且不论这段文字本身所论是否，必须指明的是：苏氏父子创制的周、隋制度是否科学合理、适用于时是一回事，他们在周、隋制度创设中的作用是另一回事，二者是不应混淆的。把这两件不同的事搅在一起来说明隋代制度与周代制度无涉，实在是不无勉强。

据陈寅恪先生自己的考证，"武功苏氏父子之事业"即苏绰、苏威之事业应置于三源内之第三源，即（西）魏、周源中，且"其事显明，自不待论"，既然如此，而苏威又是《开皇律》主修人员之一，与前说"在三源之中，此（西）魏、周之源远不如其他二源之重要"云云，岂非自相矛盾？

如果回顾一下隋朝建立的过程以及隋律制定之前历代法律的历史发展，对此就可有更加明确的认识了。

从魏、蜀、吴三国争雄到隋文帝灭陈，历时近四个世纪的军阀割据、激烈混战，不仅使社会经济遭到严重破坏，而且也破坏了全国统一的法制。诸葛亮为蜀汉造汉科（律），厉行严刑峻法。曹操则"揽申商之法术"②，如《曹操集·以高柔为理曹掾令》所云，曹操以"拨乱之政，以刑为先"作为国策，魏明帝继而命陈群定《魏律》十八篇；孙吴则律令多依汉制。由于时在剧烈的混战之中，三国的法制都很少建树。晋初制定《新律》二十篇，六百二十条，律外有令四十篇共二千三百零六条，《故事》三十卷，于是"故事"（判例）、律、令并行天下。自西晋以后，因南北分裂，法典形式也产生了南北的一些区别。但是，《晋律》是增订《九章律》而得，远宗《法经》，近本《汉律》，因此，在体系、渊源方面看，南北法典仍是一致的。南朝宋代沿用《晋律》。晋张裴、杜预两家的旧律成了蔡法度编制《梁律》的依据，《梁律》篇目与《晋律》几无更动，仅增"仓库"而删"诸侯"而已。南齐的《永明律》也是略为增损《晋律》制成的。陈代制定律令，其篇目条纲，无变于梁法。北朝先后有《后魏律》、《北齐律》、《后周律》（《周大律》）面世，虽然其中掺杂了若干鲜卑氏族制的习惯法，但基本上仍以《汉律》为主体。这样，南朝用《晋律》，北朝沿《汉律》，而《晋律》又是因袭《汉律》而来的，所以，南北朝法典并无根本的区别。

将北齐、北周和隋加以比较，封建制生产关系没有发生变化，地主阶级独占政治统治地位的情况没有变化，基本的社会矛盾即农民阶级与地主阶级的矛盾没有变化。这一切从根本上决定了齐、周、隋三朝的法律在本质上不可能不同。北齐、北周与隋三朝的社会"现实基础"基本上是一致的，其法律上层建筑当然不可能不一脉相承。总之，既要看到隋律有"多采后齐"的一面，又要看到隋律有承袭北周律的因素，只有这样，才不至于对隋律的历史渊源发生误解。

---

① 陈寅恪：《隋唐制度渊源论稿》，第20页。
② 《三国志》卷1《魏志·武帝纪》，中华书局1959年版，第55页。

除上述外，还应指出：从北齐律与北周律之问世与存在时间上，也难确证隋律"因北齐而不袭北周"；恰恰相反，倒是北齐律受到北周律的一定影响，从而使二者在对隋律的影响上，发挥了共同的、难分伯仲的作用。

据《周书》记载，北周《大律》于周武帝保定三年（563）二月庚子颁行，《北齐律》则于北齐世祖河清三年（564）三月辛酉颁行。也就是说，北周《大律》早于《北齐律》一年颁行。至于从立法过程来看，更可见北周立法与北齐立法几乎是同时起步而北周率先完成的。北周《大律》之修订，始于西魏大统十六年（550），北齐律之制定始于天保元年（550）。而颁布的时间，北周为公元563年，北齐为公元564年。但是，有些史书颠倒了这一时序，故意将《北齐律》叙述在先，而将北周《大律》叙述在后，从而造成时序上是"北齐律—北周律—隋律"的错觉。例如《唐律疏议》卷一叙述"名例律"之渊源时谓："爰至北齐，并《刑名》《法例》为《名例》。后周复为《刑名》。"这里的"复为"二字，显然会误导读者以为北齐律先于北周律制颁。《隋书·刑法志》之谓北周律"不立十恶之目而重恶逆、不逆……内乱之罪"，又谓北周律"大略滋章，条流苛密，比于齐法，烦而不要"，也易误导读者以为北齐律在先而北周律在后。实际上，二者几乎是同时制颁的。最大的可能是，它们同时对隋律发生了影响；而北齐灭亡在先（577），北周灭亡在后（581），隋是取代北周而建立的，因此不能越过北周而论隋律"因北齐而不袭北周"。

四、程树德论隋律"源出北齐"之失误

以上是关于陈寅恪先生论述的一点商榷意见，这些意见当然都与程树德先生之论有关。至于程树德先生关于隋律渊源的另一些论述，还可指出以下几点：

其一，程树德先生《九朝律考·隋律考》之"唐初修律诸臣，如裴寂、刘文静、殷开山等本非律家，开皇定律，源出北齐，而齐律之美备，又载在史册，人无异词"云云，有时序上的误解。齐律是否"美备"，确有后人评说，但不是在北周，因为北周律在很大的程度上不同于北齐律，如北齐律为九百四十九条，而北周律达一千五百三十七条。有可能是在隋代。隋代君臣因隋祚夺自北周，完全可能故意去否定北周，这有利于为夺袭北周帝位做辩解，有利于巩固其统治的地位。但《隋书》为魏徵所修，事在唐武德元年（618）之后许久，因而"齐律之美备，载在史册"云云，就失去了立论的依据。为证明唐律源于隋律、隋律源于北齐律而随意以含混的模糊概念"史册"作为论据，不能说是学术的严谨。

其二，程树德先生谓唐初修律，因隋律"源出北齐"，对"美备"的北齐律"执笔者不敢率为更改"[①]云云，也是很成问题的揣测。即令齐律如何如何的"美备"，也总是经过了

---

① 程树德：《隋律考序》，《九朝律考》卷19，商务印书馆1927年版。

开皇的修订。同时，程先生也引《旧唐书·刑法志》之"（唐律）……以开皇为准"说明隋律为唐律蓝本的。因此，是否敢于"率为更改"，直接的"更改"对象并非齐律，而是隋律。这样，就产生了两个问题：一为，程文"不敢率为更改"之以齐律为对象，是对象性的错误；二为，唐的建立，是把整个隋朝推翻了，把隋的君臣杀了大半，才大功告成的，在这样的情况下，把隋律做些修改，又何惧之有？何来"不敢率为更改"？

其三，诚如程树德先生《九朝律考·隋律考序》中"以隋书、唐律互较，尚可仿佛得其修订之迹"之说，以及关于隋唐律"恶逆""不道""八议""死罪""流罪""减赎"，程序上的"奏请""咒诅"是否定罪等等，均有不同，可见不管是否"率"然，"更改"却也是有的，远非绝对的"以开皇为准"。这就是说，程先生在《隋律考序》的前言后语也是相互抵牾的。

不过，以上均为学术上的不够严谨而已，还不涉及隋律、唐律"因北齐而不袭北周"这一议论的中心问题。现在我们结合隋、唐流刑制度来分析一下。

隋《开皇律》定"流"为"五刑"之一，流刑分三等，自一千里至二千里。唐初定律，据《唐律疏议·名例律》载："流刑三：二千里，二千五百里，三千里。"

这样，唐律的流刑较之隋律，每一等都一下子增加了一千里。这在当时，是极为严峻的刑罚。

据《隋书·刑法志》载，北齐的流刑规定很笼统："论犯可死，原情可降，鞭笞各一百，髡之，投于边裔，以为兵卒。未有道里之差，其不合远配者，男子长徒，女子配舂，并六年。"

而北周的流刑，按《隋书·刑法志》载，分为五等："流卫服，去皇畿二千五百里者，鞭一百，笞六十。流要服，去皇畿三千里者，鞭一百，笞七十。流荒服，去皇畿三千五百里者，鞭一百，笞八十。流镇服，去皇畿四千里者，鞭一百，笞九十。流蕃服，去皇畿四千五百里者，鞭一百，笞一百。"

将齐、周、隋、唐律关于流刑的规定加以比较，不难得出这样的结论：唐律流刑之重于隋律，第一，绝非源于"美备"的北齐律，因为齐律未有流刑"道里远近"的规定；第二，绝非"一准开皇之旧"，"执笔者不敢率为更改"，而是不顾隋律的规定，反而大大加重对流刑犯的惩罚；第三，这种加重，倒是更接近于北周律的流刑道里远近的规定了。

综上所述，程树德先生之隋、唐律"因北齐而不袭北周"，从流刑的规定来看，是站不住脚的。

显然，关于隋律"因北齐而不袭北周"，从北齐、北周、隋、唐律关于流刑规定的比较中，也可得到否定性的结论。

以上大体均属于隋律之"源"的一些考辨意见，以下为涉及隋律之"流"的考辨观点。

五、隋律对唐律的影响及其在法律史上的里程碑地位

隋祚短暂，立国仅仅三十八年即告夭亡；且自隋亡不久隋律即湮灭无闻，遂使隋律之影响与唐律之"光焰万丈"形成了极大的落差。实际上，《开皇律》的影响相当重大，但长期以来，被人们忽视了，因此有必要在这里略事考证说明。

由于隋朝寿命极为短促，《开皇律》的律文在宋代以后又已佚失，因此历史上很少有人研究《开皇律》。这是《开皇律》的地位和影响逐渐地被忽略的原因之一。与此同时，出现了一些抑隋扬唐（律）的议论，从而进一步造成了扬唐抑隋的思维定式以至影响至今。如元泰定四年（1327），江西儒学提举柳赟作《唐律疏议序》，内称："故唐律十二篇，非唐始有是律也。自魏文侯以李悝为师，造《法经》六篇。至汉萧何定加三篇，总谓九章律，而律之根苎已见。曹魏作新律十八篇，晋贾充增损汉魏，为二十篇。北齐后周或并苞其类，或因革其名，所谓十二篇云者，裁正于唐。"按柳赟的意见，"十二篇云者"乃"裁正于唐"，而非"裁正于隋"。值得注意的是，秦、汉、魏、晋、齐、周都提到了，惟独不提隋。清雍正年间，刑部尚书励廷仪作《新刊故唐律疏议序》，虽然提到了隋，却说："由汉魏迄隋，因革相承，代有成书，然俱不足为后世法律之章程也。"清雍正时的张廷玉也说："历代之律，皆以汉九章为宗，至唐始集其成。"① 总之，编分十二的定型化封建法律，是《唐律》，而不是《开皇律》。这些看法，是完全不符合历史事实的。

诚然，《唐律》在中国封建社会法律发展史上有极其重要的地位，且对亚洲各国发生了深远的影响。但是，《唐律》却是源于《开皇律》，以《开皇律》为蓝本抄撰而成的。

《旧唐书·刑法志》云："高祖……受禅，诏纳言刘文静与当朝通识之士，因开皇律令而损益之，尽削大业所用烦峻之法。又制五十三条格，务在宽简，取便于时。寻又敕尚书左仆射裴寂、尚书右仆射萧瑀及大理卿崔善为、给事中王敬业、中书舍人刘林甫颜师古王孝达、泾州别驾靖延、太常丞丁孝乌、隋大理丞房轴、天策上将府参军李桐客、太常博士徐上机等，撰定律令，大略以开皇为准。于时诸事始定，边方尚梗，救时之弊，有所未暇，惟正五十三条格，入于新律，余无所改。"又，《唐六典注》云："皇朝武德中，命裴寂、殷开山等定律令，其篇目一准开皇之旧，刑名之制，又亦略同。"《唐会要》："武德七年律令成，大略以开皇为准格，五十三年入于新律，其他无所改正。"《旧唐书》成书于后晋，《唐六典》为唐人所撰，《唐会要》修于宋代，均早于元、明、清，当然更为可信，都十分明白地否定了"十二篇云者，裁正于唐"，"至唐始集其成"的谬见。

具体对比一下《开皇律》与《唐律》，更可证明这一点。

首先，《唐律》与《开皇律》一样，都是十二篇；而且，不仅篇名相同，连排列顺序

---

① 《明史》卷93《刑法一》，中华书局1974年版，第2279页。

也完全相同，即一、名例；二、卫禁；三、职制；四、户婚；五、厩库；六、擅兴；七、盗贼；八、斗讼；九、诈伪；十、杂律；十一、捕亡；十二、断狱。

关于这些篇名的沿革，《唐律疏议》做了具体的说明，其中提道：

关于《名例律》："宋、齐、梁及后魏，因而不改。爰至北齐，并'刑名''法例'为'名例'。后周复为'刑名'，隋因北齐，更为'名例'，唐因于隋，相承不改。"

关于《卫禁律》："疏议曰：《卫禁律》者，秦汉及魏未有此篇。晋太宰贾充等，酌汉魏之律，随事增损，创制此篇，名为《卫宫律》。自宋洎于后周，此名并无所改。至于北齐，将'关禁'附之，更名《禁卫律》。隋开皇改为《卫禁律》。"

关于《职制律》："疏议曰：《职制律》者，起自于晋，名为《违制律》。爰至高齐，此名不改。隋开皇改为《职制律》。"

关于《户婚律》："疏议曰：《户婚律》者，汉相萧何承秦六篇律后，加《厩》《兴》《户》三篇，为《九章》之律。迄至后周，皆名《户律》。北齐以婚事附之，名为《婚户律》。隋开皇以户在婚前，改为《户婚律》。"

关于《厩库律》："疏议曰：《厩库律》者，汉制《九章》，创加《厩律》。魏以厩事散入诸篇。晋以牧事合之，名为《厩牧律》。自宋及梁，复名《厩律》。后魏太和年名《牧产律》，至正始年复名《厩牧律》。历北齐、后周，更无改作。隋开皇以库事附之，更名《厩库律》。"

关于《贼盗律》："疏议曰：《贼盗律》者……自秦汉逮至后魏，皆名《贼律》《盗律》。北齐合为《贼盗律》。后周为《劫盗律》，复有《贼叛律》。隋开皇合为《贼盗律》，至今不改。"

关于《斗讼律》："疏议曰……从秦汉至晋，未有此篇。至后魏太和年，分《系讯律》为《斗律》。至北齐以讼事附之，名为《斗讼律》。后周为《斗竞律》。隋开皇依齐'斗讼'名，至今不改。"

关于《诈伪律》："疏议曰：《诈伪律》者，魏分《贼律》为之。历代相因，迄今不改。"

关于《杂律》："疏议曰：李悝首制《法经》，而有《杂法》之目。递相祖习，多历年所。然至后周，更名《杂犯律》。隋又去'犯'，还为《杂律》。"

关于《捕亡律》："疏议曰：……北齐名《捕断律》。后周名《逃捕律》。隋复名《捕亡律》。"

关于《断狱律》："疏议曰：《断狱律》之名起自于魏……至北齐与《捕律》相合，更名《捕断律》。至后周复为《断狱律》。"

以上除《断狱律》的沿革仅上溯至北周外，其余十篇都上溯至隋《开皇律》。其中《名例律》《贼盗律》《斗讼律》《诈伪律》更直接说明"唐因于隋，相承不改"，"迄今不改"。

其次，《唐律》和《开皇律》一样，均有"十恶"之条，其排列顺序也完全相同。北齐始列"重罪十条"，隋初创制"十恶之条"，《唐律》之"十恶"条，纯系抄录《开皇律》而来。

其他如从刑名均分"笞""杖""徒""流""死"五种;其中"笞刑"均分"十"至"五十"五等;"徒刑"均分"一年"至"三年"五等;"死刑"均分"绞""斩"二等;"刑名""十恶"之后均为"八议";等等,都可看出《唐律》与《开皇律》的承袭与"裁正"关系。

综上所述,可见"十二篇云者"不是"裁正于唐",而是"裁正于隋"。《开皇律》既是《唐律》照搬的蓝本,所以清人励廷仪所记"由汉魏迄隋……俱不足为后世法律之章程"是无视客观事实的轻言,根本站不住脚;而张廷玉所说古代法律"至唐始集其成"云云,也是悖于史实的。

《开皇律》既为《唐律》之蓝本,以后《唐律》又为宋、明、清所沿用,直至中国封建社会解体,所以,完全可以说,隋《开皇律》是中国古代法制史上的里程碑;自《开皇律》开始,为封建法律定型化时期。因为在隋之前的各朝,其法律是处在不断地吸收、修改过程中,直到隋朝之前的北周,还被人批评为把法律改得"削足适履、左支右绌","今古杂糅、礼律凌乱"[①],"比于齐法,烦而不要"[②];而从《开皇律》开始,以后就基本上不脱其型范了。

《开皇律》不仅是中国古代法制史上的里程碑,而且从实际上说,其影响远被东北亚、东南亚各国,在世界古代法制史上,也应占一光辉的地位。

日本有史可查的法律,如文武天皇大宝元年(700)所撰《大宝律令》,有律六卷,共分十二篇,其名目与排列次序均与《开皇律》《唐律》相同。朝鲜《高丽史》云:"高丽一代之制,大抵皆仿于唐,至于刑法,亦采《唐律》,参酌时宜而用之。"《历朝宪章类志·刑律志》谓,越南李太尊建中六年(1230)所颁行的《国朝刑律》,"其条贯纤悉,不可复详。当初校定律格,想亦遵用唐宋之制……"《历朝宪章类志·刑律志》又谓,黎氏王朝初年(1401)颁行的《鸿德刑律》,更直接被点明"参用隋唐,断治有画一之条,有上下之准,历代遵行,用为成宪"。这些法制史实都说明了《开皇律》及其通过《唐律》在东北亚、东南亚所发生的影响是相当大的。《开皇律》在世界法制发展史上的光辉地位是毋庸争议的。

---

① 程树德:《后周律考序》,《九朝律考》卷6,商务印书馆1927年版。
② 《隋书》卷25《刑法志》,中华书局1982年版,第709页。

《福乐智慧》展示的中国古代边疆法治经验[*]

我国古代以法治理边疆的经验,既可见诸建都中原的历朝历代的治边法律、治边司法实践以及各该朝代有关治边的法律思想,亦可见诸同一时期边疆地区自身的立法、司法和这些地区的政治家、思想家们的政治法律主张。同时,也只有从这样两个不同的"方向"展开研究,才可能最终真正全面地把握我国古代边疆地区的法制状况。本文作为从了解优素甫的法律思想着手,以求有助于全面把握古代边疆法治的习作,粗浅简陋、挂一漏万或竟全盘皆错,都是可能的。以此贻笑方家的探析,求教海内同人,敬祈鉴谅。

一、《福乐智慧》及其作者优素甫·哈斯·哈吉甫

《福乐智慧》是用古代维吾尔语之回鹘语写成的长诗,诞生于我国新疆地区的喀拉汗朝时期。喀拉汗朝存在于公元9—13世纪以新疆喀什为中心的广袤地区。该地区的主体民族成分,当时称"回鹘",由"回纥"族改称而来。回纥族在北魏时,游牧于鄂尔浑河和色愣格河流域。公元646年,建立回纥汗国,其疆土东至室韦,西达金山,南抵贺兰山,北临北海。公元788年自请改称回鹘。公元840年,受到叶尼塞河上游强大的游牧民族吉尔吉斯所逐,汗国崩溃,部落逃散。其中一支迁至河西走廊,于公元9世纪建立甘州回鹘汗国;主要一支居留于西州(今新疆吐鲁番)、轮台(今属新疆)一带,约于公元981年建立高昌汗国,后逐渐与当地土著民族融合,成为维吾尔族的祖先;一支进入巴尔喀什河东西的七河地区,建立了喀喇汗王朝;还有一支到达于阗(今新疆和田)地区,于公元9世纪末10世纪初建立了于阗政权。《福乐智慧》的作者即为七河流域楚河河谷碎叶(今吉尔吉斯斯坦托克玛克市以西)人优素甫。全诗经后人校勘、整理计存一万三千二百九十行,包括正文八十五章,三个附篇;此外还有分别以散文与韵文写成的两篇序言。优素甫于回历462年至463年(1069—1070)写成《福乐智慧》之后,将此诗献给了时任喀什噶尔的

---

[*] 原载汪世荣、闫晓君、陈涛主编:《中国边疆法律治理的历史经验》,法律出版社2015年版。

执政者、东部王朝副可汗"桃花石·布格拉汗",副可汗因此赐予优素甫"哈斯·哈吉甫"即"御前侍臣"的荣誉称号。笔者于世纪初访问喀什时,在优素甫陵墓入口处购得的《福乐智慧》一书,作者的署名即为优素甫·哈斯·哈吉甫。

郝关中、张宏超、刘宾三位先生在其汉译的《福乐智慧》译者序中写道:"《福乐智慧》以其集中概括地反映了社会现实的深刻内容、深阐博引的丰富哲理、优美典雅的诗艺和熔本民族传统与多种外来文化于一炉的开放格调而具有多方面的研究价值,在中国古代文化史和中亚文化史上都占有重要的地位。"①"《福乐智慧》的产生,标志着维吾尔族文化史上漠北时期的结束和另一个新时期的开始,鲜明地体现了自漠北时期便开始形成的自身文化传统在新条件下的延续、丰富和发展。"②"喀什噶尔在喀拉汗王朝存在的整个时期,始终保持着突出的政治、经济、文化中心的地位。随着城市之间经济贸易关系的加强、封建所有制关系的发展,以喀什噶尔、巴拉萨衮、撒马尔罕等城市为中心的城市文化出现了高涨局面。具有悠久历史的维吾尔族民族传统文化,在吸收了祖国中原文化和阿拉伯文明的优秀因素的基础上,进入了一个崭新的繁荣发展时期。"③

著名作家老舍曾这样评价《福乐智慧》:"它不仅是维吾尔族的宝贵遗产,同样也是构成祖国文化历史的宝贵财富。"④老舍先生在全国作协会议上所做的这一判断,主要是着眼于《福乐智慧》作为长诗的文化价值。迄今为止,对《福乐智慧》的研究及有关判断,虽然大大超越了这一长诗的文化判断,也出现了一些论述诗作诞生时的社会政治结构、社会经济生活、社会阶层及其地位、社会礼俗、宗教影响、妇女地位等的佳作,但鲜有从其时的法制状况、主流法律思想方面论述的。而若把上述社会生活内容与法、法律结合起来,窃以为几可说《福乐智慧》是反映其时主流法律思想的极好材料。这可从以下两个方面做概括的说明。

其一,从《福乐智慧》的社会评价看。在《福乐智慧》的两篇序言中,作者都反复提及:"秦和马秦的哲士、学者一致认为,在东方各地,在突厥斯坦各族中,从来没有人用布格拉汗的语言、突厥人的辞令编撰过一部比它更好的书。由于此书无比优美,无论传到哪位帝王手里,无论传到哪个国家,那儿的哲士和学者们都很赏识它,并为它取了不同的名字和称号:秦人称它为《帝王礼范》,马秦人称它为《治国南针》,东方人称它为《君王美饰》,伊朗人称它为《诸王之书》,还有人称它为《喻帝箴言》,突朗人则称之为《福乐智

---

① 优素甫·哈斯·哈吉甫:《福乐智慧》,郝关中、张宏超、刘宾译,民族出版社2000年版,"译者序"第1页。
② 同上书,"译者序"第2页。
③ 同上书,"译者序"第3页。
④ 老舍:《在中国作家协会第二次理事扩大会议上的报告》,1956年。

慧》。"①

> 天下四方的城镇宫廷，
> 都为此书取了名字。
>
> 每个国家的贤人哲士，
> 各依其国俗将它称呼：
>
> 秦人称它为《帝王礼范》，
> 马秦人称它为《治国南针》；
>
> 东方人对它十分推崇，
> 把它称作《君王美饰》；
>
> 突朗人称它为《福乐智慧》，
> 伊朗人称它为《诸王之书》。②
>
> 此书对于人们大有用处，
> 特别是对安邦治国的君主。
>
> 人君应具备什么条件，
> 哲人在书中均有论述。
>
> 什么东西是君王的屏障，
> 国家应有怎样的法度；③
>
> 臣民对君主承担有义务，
> 君主对臣民也应有报偿。
> …………

---

① 优素甫·哈斯·哈吉甫：《福乐智慧》，郝关中、张宏超、刘宾译，民族出版社 2000 年版，《序言之一·奉至仁至慈的真主之名》，正文第 2 页。
② 同上书，《序言之二》，第 26—30 行。
③ 同上书，《序言之二》，第 34—36 行。

> 应当如何惩治歹徒，
> 如何用智慧取得民心。①

据《福乐智慧》译者介绍，"1900 年国外刊布的 14 世纪的一份波斯文献，曾提到一部包括民事法典在内的成吉思汗的箴言集，也被称为《福乐智慧》。"②甚至在《福乐智慧》成书五个世纪之后，还可见"西方竞相以类似的形式表达自己的社会政治理想和伦理道德观念"。如"欧洲人的《守法镜》，法国人和英国人的《君王宝鉴》，德国人的《亲王箴言》和斯拉夫人的箴言集等"③。

毫无疑问，从《福乐智慧》之创作意图、社会效果、国际影响等方面看，当可略略了解作者创作该诗时的社会法制状况及社会的主流法律意识。

其二，从《福乐智慧》作者优素甫为全书四位主人公"代言"的内容看。《福乐智慧》作者优素甫·哈斯·哈吉甫，据译者介绍，"生年约为 1018 年或 1019 年，卒年不详。《福乐智慧》的写作用了十八个月，'在巴拉萨衮开始命笔，1068 年到喀什噶尔后继续写作，于 1069 年完成。"④

优素甫在《福乐智慧》中塑造了四个人物。一为国王，名为"日出"，象征公正和法度；二为大臣"月圆"，代表幸运；三为月圆的继承者"贤明"，以智慧化身之面目出现；四为修道士"觉醒"，象征着"知足"或"来世"。全诗以上述四个具有象征意义的人物对话的形式，构成以下简单情节：国王日出励精图治，一心求贤。慕名前来求见、以图报效国家的月圆，深得国王信任，出任大臣多年。月圆辞世时将幼子贤明托付给日出，贤明得国王恩遇而承袭父职。贤明的宗亲觉醒人品高洁，日出王欲召其出仕，与贤明共相辅弼。但觉醒奉行遁世主义，潜隐山林苦修，始终不肯应诏出仕。后觉醒罹疾，卧床不起，贤明前往探视。临终的觉醒嘱其忠心报效日出国王。觉醒死后日出王和贤明深感悲戚，对其高洁人品缅怀不已。此后，日出国王与大臣贤明秉政益加勤勉，天下臻于大治。故事情节无疑是虚构的，四位主人公的对话也全是作者思想的表达。因此，我们完全有理由推断，《福乐智慧》展示的是优素甫的法律思想，而从优素甫之被钦定为"御前侍臣"以及《福乐智慧》的流传和影响中，都可推定，《福乐智慧》中优素甫所阐述的法律思想、法律观点等，都可略略展示当时我国新疆地区的法治经验。

须加说明的是，近代意义上的国家疆土概念，在古代中国并不存在。其时建都中原的中国与北面、西面、南面的民族国家之间实际上没有明确的边界，所以历史上的中国版

---

① 优素甫·哈斯·哈吉甫：《福乐智慧》，郝关中、张宏超、刘宾译，民族出版社 2000 年版，《序言之二》，第 42、50 行。
② 同上书，"译者序"第 8 页。
③ 同上书，"译者序"第 8—9 页。
④ 同上书，"译者序"第 3 页。

图与疆域处于不断的变化之中。葛剑雄先生认为:"一般说来,一个中原王朝建立后,它的主要统治区就可以被称为'中国',而它统治的边远地区以及统治范围之外就是夷、狄、蛮,就不是'中国'。"① 本文所涉今新疆喀什地区在宋代大致为回鹘族的部族政治体,与中原的宋王朝处于互不干涉、互无战事而比较友好的关系之中。我国著名的少数民族法制史学者徐晓光先生指出:"在宋辽西夏金时期,中国其他一些少数民族也先后建立过区域性地方政权。在西北的大夏以西,于公元九世纪西迁的回鹘之一部建立高昌回鹘政权,领有今新疆大部地区,与宋、辽都保持着密切的经济、文化交往,后臣服于辽。"② 北宋西北的少数民族政权,"如喀喇汗、于阗、高昌、甘州回鹘以及'大者千余家,小者百十家','无魁首统摄,并皆散漫山川'的蕃部,他们与北宋没有领土接壤,虽与北宋有政治、经济和文化的联系,交往也较频繁……"③ 据史料记载,于阗、高昌、龟兹等地的部族政治体经常通过河西走廊向北宋王朝进贡马匹、骆驼、玉石、宝刀等。如:

(大中祥符)三年,龟兹国王可汗遣使李延福、副使安福、监使翟进来进香药、花蕊布、名马、独峰驼、大尾羊、玉鞍勒、琥珀、瑜石等。

于阗国……熙宁以来,远不逾一二岁,近则岁再至。所贡珠玉、珊瑚、翡翠、象牙、乳香、木香、琥珀、花蕊布、硇砂、龙盐、西锦、玉鞦辔马……

(大中祥符)六年,龟兹进奉使李延庆等三十六人对于长春殿,献名马、弓箭、鞍勒、团玉、香药等,优诏答之。④

(真宗咸平)四年二月,大回鹘龟兹国安西州大都督府单于军克韩王禄胜,遣使曹万通,奉表贡玉勒、名马、独峰无峰橐驼、宝刀……⑤

(仁宗天圣)二年四月,可汗王智海遣使来贡橐驼、马、玉、乳香。⑥

宋"真宗咸平""大中祥符""仁宗天圣",时在公元998年至1031年。优素甫撰成《福乐智慧》之时为1070年,作品的酝酿当在此之前,恰为宋真宗至宋仁宗时代。其时宋王朝的边地、今新疆地区的少数民族与中原汉族处于和平友好的关系之中。

在这种关系下,当然不存在统一国家的"边疆法治"问题,但是从政治概念、法律意

---

① 葛剑雄:《统一与分裂:中国历史的启示》,生活·读书·新知三联书店1994年版,第34页。
② 徐晓光:《中国少数民族法制史》,贵州民族出版社2002年版,第116页。
③ 韦祖松:《帝国生存环境的诠释》,中国社会科学出版社2008年版,第110—111页。
④ 《宋史》卷490。
⑤ 《宋会要辑稿·蕃夷》四之一三。
⑥ 《宋会要辑稿·蕃夷》四之一五。

识的传承上看，了解其时其地的法治状况及政治家、思想家、学者们的法治观念、法律意识乃至他们处理内部、外部关系的种种想法，对今天处理好国内、国际民族关系，还是有益有助的。

二、《福乐智慧》中的法治智慧

优素甫的法律思想不是凭空产生的，它是当时社会法律思潮的组成部分，所反映的也就是当时社会状况下知识精英的法律思考。又因优素甫把《福乐智慧》献给喀什噶尔的执政者、东部王朝副可汗"桃花石·布格拉汗"，而后者则给予优素甫以崇高的奖赏，恩赐优素甫以"哈斯·哈吉甫"即"御前侍臣"的称号，从而突出地表明了布格拉汗对《福乐智慧》所阐明的各类问题包括法律问题的鲜明的支持态度，所以当然可视《福乐智慧》中包含的法律思想即为当时的法律思想主流，也是其时边疆地区法治智慧的最重要体现。

略析《福乐智慧》一书，大致可以从以下几个方面来了解当时新疆地区人民的法治智慧。

其一，以公正、正义为法治的灵魂与基石。

优素甫在《福乐智慧》中设计的四位主人公之一，是作为中心人物的国王日出，他象征的是"公正和法度"[①]：

> 我首先要说的是日出国王，
> 好人啊，让我来讲讲他的含义。
>
> ⋯⋯⋯⋯
>
> 这日出象征着公正法度。[②]

在优素甫看来，王权是至高无上的：

> 难道你没听过智者的告诫：
> 如果接近君王，要小心自己！

[①] 优素甫·哈斯·哈吉甫：《福乐智慧》，郝关中、张宏超、刘宾译，民族出版社2000年版，"译者序"第4页。

[②] 《论书名的含义和笔者的晚景》，同上书，第11章，第353、355行。下引此书只注文章题目及所在章节、行数。

难道你父母没对你讲过：
切莫和君王分庭抗礼！

难道你的伙伴没对你说过：
莫蔑视君王，要珍惜头颅！

…………

你瞧，君王好像燃烧的烈火，
你若蔑视他，会掉了头颅。

君王顾盼你，你该诚惶诚恐，
你若无畏惧之心，他会施以威怒。①

那么，怎么理解这至高无上的国王、王权所象征的"公正法度"呢？它的实质是什么呢？优素甫用了第十八章整整一章的篇幅来阐明这一问题，该章的标题即为"日出王向月圆讲述正义的实质"。日出王说：

你瞧，我代表了正义和礼法，
让你看看法度是什么样子。②

…………

你瞧我的品格，正而又直，
正义若被扭歪，即是末日。

…………

我审理百事，以正义为本，
无论你是伯克，还是奴隶。

---

① 《月圆向国王说自己代表幸运》，第 15 章，第 650—652、655、656 行。
② 《日出王向月圆讲述正义的实质》，第 18 章，第 800 行。

你瞧我左边放着毒药,
谁若是肆行暴虐,蔑视正义,

……

我将对于他,绳之以法,
要他愁眉苦脸,像喝了毒汁。①

当代表幸运的御前大臣月圆问同王为何名叫"日出"时,国王日出借此一问来阐述正义,他答道:

一位学者为我命名,
他把我的秉性比作红日。

你瞧那太阳浑圆无缺,
灿烂的光辉始终如一。

我的秉性也和太阳一样,
充满了永无亏缺的正义。

其次,太阳每天出现,光照宇宙,
光辉遍及万物,不差毫厘。

我的法度和太阳一样,
普及于万民而不分彼此。

第三,太阳一出,大地温暖,
百花朝阳而放,争妍斗奇。

我的法度所及,万民得治,
无论它是巉岩,还是砂石。

---

① 《日出王向月圆讲述正义的实质》,第18章,第808、809、814、815行。

> 旭日之所临，无论优劣，
> 它光芒普照，巨细无遗。①

优素甫有时是借国王之口来阐述他的法律正义观的，有时又是由自己直接表述的。例如，他在《序言之二》中就指出，"以诚为本"的"正义"，是《福乐智慧》所"包含的内容"的"四样真品"之一，是构成《福乐智慧》的"基础"。② 有时，优素甫还借《福乐智慧》一书中出现的其他主角来强调正义乃是法的基石，如大臣觉醒告诫国王日出"执法应以正义为基石"；③ 至大义凛然地告诫国王"真主将你扶持"的目的也是"为了正义"。④

其二，国家必须依法为治。

在优素甫看来，正义是法治的灵魂与基础，法治则是正义的载体与表现，管理国家、调节社会生活的是具体的立法与法律的实施，也就是国家必须依法为治。对此，优素甫的法律智慧突出地表现在以下几个方面：

一是阐论法与国家的关系。

优素甫写道：

> 建立了法度，普天之下大治，
> 随着法度的建立，汗的声威大震。⑤

他还写道：

> 清醒和法制是国家基石，
> 又是治国的钥匙和缰绳。
>
> 哪位国君清醒而警觉，
> 就能保住国家，压服敌人。
>
> 哪位国君持法公正，
> 国家将昌盛，福星照临。

---

① 《日出王向月圆讲述正义的实质》，第 18 章，第 824—831 行。
② 《序言之二》，第 11 页。
③ 《觉醒对国王的告诫》，第 71 章，第 5285 行。
④ 《觉醒对国王的告诫》，第 71 章，第 5195 行。
⑤ 《对明丽的春天和伟大的布格拉汗的赞颂》，第 4 章，第 103 行。

> 清醒和良法是社稷之本，
> 有此二者，社稷将永存。
>
> ……
>
> 愿你借清醒打击敌人，
> 愿你借法度永享太平。①

日出王在大臣月圆、贤明的辅佐下达到了"国内大治""社稷巩固""汗的声威大振"等，虽然只是《福乐智慧》的描述，但与史迹的记载是大体相符的。宋朝时期的东亚，以中原地区为枢纽，形成了东亚文明的核心区，围绕这个核心区的是以高丽、日本等国为主的半边缘区和以北方、西北方匈奴、突厥、契丹等游牧民族为主的边缘区。② 随着中原文化的扩散，这些地区开始学习汉人的文化、礼仪，效法中原的制度，实力逐渐强大，以致中原有识之士感受到了日渐加深的忧虑。北宋庆历二年（1042），欧阳修写了一篇著名的《本论》，字里行间充满了危机感，其中写道："南夷敢杀天子之命吏，西夷敢有崛强之王，北夷敢有抗礼之帝者，何也？生齿之数日益众，土地之产日益广，公家之用日益急，四夷不服，中国不尊，天下不实者，何也？以五者之不备故也。"张耒在《送李端叔赴定州序》中也说，"为今中国患者，西北二虏也"。李觏在《上范待制书》中忧心忡忡，谓"异方之法乱中国，夷狄之君抗天子"。③

大宋朝廷大臣们的这些议论，边地的人们大抵是不了解的，因此他们仍然孜孜不倦地努力于本地区的发展。《福乐智慧》描述的"国内大治""社稷巩固""汗的声威大振"等，倒可从大宋朝廷官吏的议论中得到印证。就边地的局部而言，优素甫之论法与国家的关系，当然并无不妥。

二是国家必须以良法为治。

在优素甫看来，法有良莠优劣之分，因此，他反复强调必须以良法治国。

优素甫借御前大臣贤明之口，以回答国王日出垂询的方式指出：

> 君王的旨令若是金玉良言，
> 臣仆眉开眼笑，心花怒放。

---

① 《贤明论国君应具备的条件》，第28章，第2015—2018、2022行。
② 朱宁等：《变乱中的文明》，中国人民大学出版社2000年版，第71页。
③ 韦祖松：《帝国生存环境的诠释》，中国社会科学出版社2008年版，第92页。

若是君王的旨令不当,
盛开的鲜花儿顿即枯黄。①

这里的"金玉良言"般的"旨令",指的是良法,它会受到臣仆的热烈欢迎;而"不当"的"旨令"即为莠恶之法,它会使臣仆心寒意冷,有如"盛开的花儿顿即枯黄"。

《福乐智慧》写道,后来成为御前大臣的月圆因为钦羡日出国王而前去求见时,在京城拜托他结识的朋友"考赛米施带"引见一位御前侍臣,优素甫借这位御前侍臣之口教诲月圆:

请听一位人君是怎么说的,
样样事他都办得圆满:

谁若在人世上洪福齐天,
应在国人中推行良好法典。

谁若在人世上权大无比,
必须品行端正,性情和善。②

后来"月圆执掌了全部国事"而致"国家兴旺,法度健全",从而使"君王的福运有增无已"③。可叹的是月圆操劳过度,不久即撒手仙逝。国王日出参加了月圆的丧礼,召见了他的儿子贤明。贤明将月圆的遗书奉呈给了国王。日出国王阅后大为感动,遂命月圆之子贤明承继父业,担任御前大臣,"从此后国王更加勤勉,日益完善了良好的法度"④。而贤明也不辜负日出王的厚望,向日出保证"我将为黎民完善法制"⑤,"他改善了宫内外法度章程,以功劳打开了理想的大门"⑥。《福乐智慧》还写道,后来国王对贤明十分器重、无比信任,而贤明——

他又建立了良好的法度,
量人之才而加以任用。

---

① 《贤明谒见日出王》,第 25 章,第 1809、1810 行。
② 《月圆来到日出王京城》,第 13 章,第 544—547 行。
③ 《月圆向国王讲述语言的美质及其好处》,第 19 章,第 1041 行。
④ 《日出王接见贤明》,第 24 章,第 1570 行。
⑤ 《贤明供职于日出王宫廷》,第 26 章,第 1686 行。
⑥ 《贤明供职于日出王宫廷》,第 26 章,第 1643 行。

消灭了国内的暴政酷法,
纠正了自身的不良行径。

法度健全,国内大治,
社稷巩固,君王欢欣。①

在《福乐智慧》第二十八章《贤明论国君应具备的条件》中,贤明对国王日出说:

请听博学之士的名言:
暴君的政权不能久存。

暴政似火,能焚毁一切,
良法似水,使万物滋生。

明主啊,你若要国祚长久,
须推行良法,保护黎民。

良法使国运昌盛,人民兴旺,
暴政使国祚衰微,天下不宁。

暴君毁坏了多少宫廷,
到头来自己冻馁丧生。

国君若心地公正,推行良法,
社稷将永固,传之永恒。②

优素甫还借月圆等人之口,将"良法"与"酷法"进行对比,用以强调国家必须以良法为治:

制法者啊,要制订良法,
制订了酷法,作法自毙。

---

① 《贤明供职于日出王宫廷》,第26章,第1770—1772行。
② 《贤明论国君应具备的条件》,第28章,第2031—2036行。

明君啊，莫要制订酷法，
制订了酷法，当不成君主。

谁若在生前制订了酷法，
身后定然会臭名昭著。

谁若是制订了好的法度，
他的名字将流芳千古。①

倘若你做大臣，手握大权，
莫制订酷法，要温文和善。②

望你莫要作恶，莫制订酷法，
莫放纵坏人，把坏人包庇。

…………

莫制订酷法，莫与坏人为伍，
莫纵容坏人，把坏人庇护。

要多做善事，执行良法，
愿你在两世都平安如意。③

国王日出先是在月圆、后是在月圆之子贤明的辅佐之下，力推良法，取得了很好的效果：

自此后国王端正了心灵，
在国内将良好的法度推行。④

须知礼法如水，暴政似火，

---

① 《月圆向日出王写下遗书》，第 23 章，第 1458—1461 行。
② 《贤明对觉醒论如何为国君供职》，第 47 章，第 4140 行。
③ 《觉醒对贤明的进言》，第 74 章，第 5741、5743 行。
④ 《贤明论国君应如何酬谢臣仆》，第 38 章，第 3093 行。

你使清水畅流,把烈火扑灭。

你推行了公正法度,天下大治,
如今谁也不受暴政的压制。①

其三,要由智者来制定严密的良法。

国家既须依良法为治,那么何为良法、如何制定呢?在优素甫·哈斯·哈吉甫看来,良法是刑赏兼行、不能偏废的,是缜密的,应由智者制定。

关于谁来制定良法的问题,优素甫认为,良好的法律应由智者、哲人来制定,他借"一位国君"之口高度颂扬了知识、智者的作用:

请听一位国君是怎么讲的,
他对智慧和知识深有见地:

统治世界,需要有智慧,
治理人民,需要知识和勇气。

御世者借智慧去统治世界,
治人者靠知识去治理庶黎。

自从人祖降临于世界,
有智者制订了良好的法度。

今此以前的任何时代,
有知识的人都曾有崇高位置。②

他还借一位"善士"之口指出:

看一看在我们之前过世的人们,
无论是御世的帝王,还是黎庶,

---

① 《贤明论国君应如何酬谢臣仆》,第38章,第3107、3108行。
② 《笔者谨致歉意》,第8章,第216—220行。

> 他们之中谁若获得了知识，
> 谁就能把世界、岁月掌握在手里。
>
> 御世的君主掌握了知识，
> 为世界制订了良好的法度。①

在优素甫看来，学者与哲人属于智者之中的最高层次，"他们的知识是照亮世人的火炬"②，因此，要——

> 学习他们的知识，用心钻研，
> 满足其生活需要，莫出恶言。
>
> 他们是真理和信仰的支柱，
> 其知识是正教法典的基础。
>
> 世上倘没有哲人和学者，
> 地里种上粮食也不会有收获。③

优素甫的寓意十分清楚：哲人、学者的知识"是正教法典的基础"，良好的法律必须由他们来制定，否则就会犹如"地里种上粮食也不会有收获"。

关于良法的内容，优素甫用从第四十七章至六十四章的宏大篇幅，通过对社会各个阶层、群体的分析来加以说明。《福乐智慧》全书正文总计八十五章，优素甫竟用其中的百分之二十的篇幅来阐述社会关系，可见他意识到了法是用以调整人际关系即社会关系的。正因如此，他在第六十一章之末总括性地指出："上述全系国中应交往之人，当有事与他们打交道的时辰，要公平合理，施以关心，他们必会对你十分亲近。今生来世你都会有好运，人世间必会传遍你的美名。"④优素甫阐明的人际社会关系涉及如何处理君臣关系⑤、官

---

① 《对善行的赞颂并略论它的益处》，第9章，第250—252行。
② 《论如何对待哲人、学者》，第51章，第4347行。
③ 《论如何对待哲人、学者》，第51章，第4344—4346行。
④ 《论如何对待贫者》，第61章，第4472—4474行。
⑤ 《贤明对觉醒论如何为国君供职》，第47章。

场关系①、官民关系②、与贵族的关系③、与社会精英关系④、与大众关系⑤、家庭关系⑥。笔者虽然游学中外法律思想史历有年所，但必定仍属见闻寡陋，因此认为，像优素甫这样全景式地详尽细密考察社会关系之详情细节，以求制定妥善缜密的良好法律的，在中外法律思想史上也许是独一无二的。

关于何为良法，优素甫认为，良法应是刑赏兼行、详尽缜密的。他写道："法典规章是缜密的事情……"⑦他着力从三个方面对此做了说明。

一是对君臣的职责和百姓的义务，都做详尽的说明。

他借国王与贤明之问答，议及君臣都应做到——

> 对你拥戴者要赏赉优渥，
> 对你敌视者要打击驱遣。
>
> 为此先要将国家整饬，
> 取缔掉内外一切酒店。
>
> 要用礼法来治理百姓，
> 让国中的恶性烟消云散。⑧
>
> 结集了将士要多加赏赐，
> 使饥者温饱，贫者富裕。
>
> 效力者满怀希望而来，
> 失去了希望，便会离去。
>
> 国君啊，效力者约可分为几种，

---

① 《贤明论如何与宫廷人员交往》，第48章。
② 《贤明对觉醒论如何对待黎民》，第49章。
③ 《论如何对待圣裔》，第50章。
④ 《论如何对待哲人、学者》《论如何对待医生》《论如何对待巫师》《论如何对待圆梦者》《论如何对待星占士》《论如何对待诗人》，第51章至第56章。
⑤ 《论如何对待农民》《论如何对待商人》《论如何对待牧人》《论如何对待工匠》《论如何对待贫者》，第57章至第61章。
⑥ 《论应当如何娶妻》《论如何教育子女》《论如何管理手下的仆役》，第62章至第64章。
⑦ 《贤明论御前侍臣应具备的条件》，第31章，第2490行。
⑧ 《贤明对国王论治国之道》，第72章，第5496—5498行。

要区别对待，莫使其走入歧途。

一种乃是为荣誉而来，
给他们荣誉，满足其心意。

另一种是为财富而来，
你若赐予财富，会把生命献出。

另一种既为荣誉，又为财物，
既要肥马轻裘，又要声名卓著。

如果他是勇士，你应赐以银子，
令其挥舞战刀，为你夺取城池。

如果是多才多智的贤达之士，
要敬重他，给他以权力和财富。①

他指出治国理政的君臣"对百姓还有三项职责"：

一是要在国中保持银子纯度，
明君啊，不能让银子成色降低；

二是要对庶民施行公正法度，
不容许一人对另一人施行暴力；

三是保持所有道路安全无阻，
要将盗贼匪徒悉数清除。②

优素甫还借国王与贤明之问答，议及"百姓身负……应尽的三项义务"：

一是要他们对诏谕毕恭毕敬，

---

① 《贤明对国王论治国之道》，第 72 章，第 5513—5520 行。
② 《贤明对国王论治国之道》，第 72 章，第 5575—5577 行。

你诏示什么，都应遵照办理；

二是要他们不得抗缴国库的赋税，
英主啊，要令其按时缴纳赋租；

三是要他们和你的敌人为敌，
你喜欢谁，他们也应将谁爱护。①

二是奖惩并用、刑赏兼行。优素甫借贤明之口议论"国君应具备的条件"时写道：

国君啊，你若想君临天下，
还需要做到三件事情：

用你的右手挥舞战刀，
用你的左手施舍金银。②

…………

优素甫一面强调必须依靠刑罚，一面又强调必须同时运用奖赏，以奖赏之法来激励人民。他写道：

牧民的国君要有威严，
同时也还要宽厚宏仁。

…………

有了威严，还要有刑罚，
刑罚的执行者应是国君。

国君靠刑罚治国执政，
庶民靠刑罚端正品行。

---

① 《贤明对国王论治国之道》，第72章，第5580—5582行。
② 《贤明论国君应具备的条件》，第28章，第2068、2069行。

…………

刑罚装点了君王之门，
君王靠刑罚治理人民。

对于坏人要施行刑罚，
民间的污秽靠刑罚洗清。

有两件事情是社稷支柱，
是国家赖以生存的根本：

一是让人民享有法制，
一是向将士赏赐金银。

有了法制，人民喜欢，
有了金银，将士高兴。①

邪恶之徒须以严刑惩治，
以毒攻毒，最为相宜。

歹徒必须用监牢、铁索对付，
严君啊，如此才能改变他们的恶习。②

关于奖赏，优素甫写道：

谁有战功，应尽快赏赐，
受此赏赐，会脸面增光。

谁抓到俘虏，应赞扬嘉奖，
嘉奖使他对你怀一片衷肠。

---

① 《贤明论国君应具备的条件》，第 28 章，第 2124、2127、2128、2130—2034 行。
② 《贤明对国王论治国之道》，第 72 章，第 5548、5549 行。

表扬坏人,他会变得善良,
表扬好人,他不会落到后面。

表扬士兵,他就能手擒雄狮,
表扬战马,它能把飞鸟追赶。①

优素甫认为:"为国君效力的众多人员,有所需求才来到他身边",因此"国君知道要赏赐,以示恩典"②。他还特别强调:

国君啊,你要将此三类人珍惜,
我对你道出,愿你留意细听:

一是英勇无畏、钢筋铁骨的壮士,
他们用战刀给国家带来利益;

二是智者、学士和国家的臣僚,
他们参政有益,可将国事治理;

三是精明强干的书吏,
熟知收入支出,使国库充溢。

你应将这些人与其他人区别而待,
尊为上宾,视其功劳予以奖励。③

总之,"有功者奖励,有罪者惩处。莫放任他们,要严加督促"④。
三是刑赏之道都应是有条件的,而不是随心所欲、无拘无限的。例如,他指出:

要是一个疯子打人,置人于死地,
不会处他死刑,无须把命赔偿。

---

① 《贤明论将领应具备的条件》,第 30 章,第 2398—2401 行。
② 《贤明论宫廷司库应具备的条件》,第 35 章,第 2814、2815 行。
③ 《论以正直对正直、以人情对人情》,第 75 章,第 5910—5914 行。
④ 《贤明论如何与宫廷人员交往》,第 48 章,第 4185 行。

> 若问为何，因为他没有意识，
> 无意识之人，不受刑罚。①

有了良好的法律而不能很好地执行，那就是"似有若无"甚至"有不如无"。因此，施法即法律的实施（司法、执法）就成了缜密的良法制定之后治国理政的关键。在施法方面，优素甫也有不少精到的见解。

其四，有法必依，有令必行。

优素甫以日出国王对大臣贤明所说之话，表达了他对有令必行的认识。日出国王说：

> 国王若不能实现愿望，
> 他又怎么能称为国王？
>
> 倘若不能够有令必行，
> 又怎么能做万民的首领？②

日出国王甚至斩钉截铁般地说：

> 心头将什么东西盼望，
> 实现愿望是治疗的良方。
>
> 这愿望对我是一种痛苦，
> 倘不能治愈，我还不如死去。③

优素甫借"贤明论御前侍臣应具备的条件"而表达有法必依、有令必行的施法观念。他写道：

> 国君啊，祝你长寿、永生，
> 侍臣好比是你的眼睛。
>
> 法规典章是缜密的事情，

---

① 《论知识、智慧和才华的好处》，第 10 章，第 295、296 行。
② 《觉醒给国王写信》，第 44 章，第 3867、3868 行。
③ 《觉醒给国王写信》，第 44 章，第 3870、3871 行。

靠侍臣推行以畅通无阻。①

路上途中要给人们指点,
典章规矩执行不可错乱。②

宫内外不良之事一经发现,
要警告、制止,加以阻拦。

这种种政务,繁杂纷纭,
都需要侍臣经手操办。

这些事全靠侍臣来协理,
倘有不妥,责任由他承担。③

当贤明受国王日出的指派,前去动员他的兄弟觉醒从政而觉醒不从时,二人发生了争议。《福乐智慧》第四十六章专门写了贤明和觉醒的"第二次辩论"。其中,觉醒对贤明说:

侍臣首先要深明法度,
言论行动要合乎礼仪。④

倘若你侍奉在国王身边,
要心口正直,慎行谨言。

要学会法度和办事的规程,
只有如此,才会有脸面。⑤

觉醒借口自己"远离人群,不与人来往,言行礼貌,更不会周详"而婉言谢绝。但贤明一再恳切央求,甚至告知觉醒"国王不要求你礼义周详,你可随心站立或坐在一旁",但觉醒却以"你(贤明)的话说得不太妥当","你要我不顾礼仪典章,随心所欲怕于理不

---

① 《贤明论御前侍臣应具备的条件》,第 31 章,第 2489、2490 行。
② 《贤明论御前侍臣应具备的条件》,第 31 章,第 2497 行。
③ 《贤明论御前侍臣应具备的条件》,第 31 章,第 2500—2502 行。
④ 《贤明和觉醒第二次辩论》,第 46 章,第 3997 行。
⑤ 《贤明和觉醒第二次辩论》,第 46 章,第 4000 行。

当"而坚辞不就。① 显然，优素甫想借此表达法律法令、典章制度、礼仪规范等，都必须严格遵守、躬行不悖的观点。有法必依、有令必行，这是制定良法以后最为重大的事情。有鉴于此，觉醒循循善诱地告诫贤明道：

> 要管理臣民，治国安邦，
> 这些需要有英明的国王。
>
> 国王的职责是使国家兴旺，
> 实现它要用法度加以保障。②
>
> 此外还须有能干的侍臣，
> 侍臣必须懂得法度规程。
>
> …………
>
> 我辈应将这法度推行，
> 破坏法度，为情理不容。③

优素甫还特地写到治军执法问题：

> 将领还须懂得执行法纪，
> 治军断不可没有纪律。
>
> 执行法纪，才能统一号令，
> 号令统一，才能克敌制胜。
>
> 军队倘若涣散而群龙无首，
> 君主啊，它必会毁坏殆尽。
>
> 对恶人需要威严和法纪，

---

① 《贤明和觉醒第二次辩论》，第46章，第4002、4006、4007、4008行。
② 《贤明和觉醒第二次辩论》，第46章，第4009、4010行。
③ 《贤明和觉醒第二次辩论》，第46章，第4014、4016行。

对好人需要倍加尊敬。①

其五,平等执法、公允执法。

优素甫热情赞颂诺希尔旺大帝②"用智慧的眼睛把宇宙照亮","他持法公允,人民得以富裕"因而"在美好的时代,留下美好的声望"③。

优素甫以御前大臣月圆向日出王写下遗书的形式,告诫日出"要执法公正,对人民公平",用以求取"最后审判日,会有好报应"。④优素甫还以智者觉醒临终之前告诫国王的形式,表达自己对平等执法、公正执法的观点。他写道:

> 一旦死神打开了门闸,
> 高位和王权都将化为乌有。
>
> 你要正道直行,执法公正,
> 只有如此,社稷才能鼎立长久。
>
> 博学的智者教诲极好,
> 你要听其言而行其道:
>
> 欲使社稷的基石巩固坚牢,
> 你就应在执法时恪守公道。
>
> 倘若你要做来世的主人,
> 我要说的也仍是坚守公道。⑤

为表达对公正执法之重要性的强烈信念,优素甫甚至借助真主来加强说服力。他写道:

> 看看真主的恩惠,细细思量,
> 他对你已将多少恩德赐赏。

---

① 《贤明对国王论将领应具备的条件》,第30章,第2300—2303行。
② 《福乐智慧》原注:"诺希尔旺是伊朗撒珊王朝第十九代君主,以贤明公正著称。"见该书第41页注①。
③ 《论知识、智慧和才华的好处》,第10章,第290、291行。
④ 《月圆向日出王写下遗书》,第23章,第1374行。
⑤ 《觉醒对国王的告诫》,第71章,第5169—5173行。

它使你权力无边，居万民之上，
又使你言出令随，百愿皆偿。

那躯体与你毫无二致的庶黎，
真主使他们仰仗于你。①

为了正义，真主将你扶持，
你要公正不阿，走正直之路。②

优素甫指出："国君乃是万民的首领，首领到哪里，庶民紧跟。"而"庶民不良，有国君整治。谁能够整治得了不良的国君"？因此，"（国君）你要端正行止，端正品行，庶民自会变好，你也安心"③。

在优素甫所生存的世界里，真主是最伟大、最崇高的，是全能的、永生的，是至尊至贵的。《福乐智慧》的《序言之一》以《奉至仁至慈的真主之名》为篇名，第一章又以《对至尊至大的真主的赞颂》名篇。真主"创造了苍天、大地、日月和夜晚，创造了白昼、岁月、时间和万物"，真主就是一切，因此，优素甫之借助真主来宣示公正执法的重要性，更表明了他对这一问题的高度重视。他指出：

因为你公正，真主才垂青于你，
对庶黎要公正，莫与他们为敌。

…………

由于公正不阿，青天矗立不动，
由于坚定不移，大地草木萌生。

莫左右摇摆，要身心正直，
正直人两世都达到真境。④

---

① 《觉醒对国王的告诫》，第 71 章，第 5191—5193 行。
② 《觉醒对国王的告诫》，第 71 章，第 5195 行。
③ 《觉醒对国王的告诫》，第 71 章，第 5202—5204 行。
④ 《贤明对国王论治国之道》，第 72 章，第 5598、5600 行。

前文述及，随着中原文化的扩散，边缘区的少数民族在聚居地开始学习汉人的文化、礼仪，效法汉人的制度。其间起着最为重要作用的，很难是半字不识的"马背英雄"，而是文化人，也就是优素甫在《福乐智慧》中一再书及的"哲人""学者""医生""诗人"等。优素甫借贤良之口要求日出国王"对他们要心怀畏惧，不可粗言相待"，"说话要和悦，供他们衣食"，"要敬重他们，相待以礼"，"学习他们的学问，用他们的学问，莫对他们的行动妄加议论"，因为"对你有用的，是他们的知识"，他们"指明道路供你获得真理"。优素甫甚至把他们比作"羊群里的梢羊"即"头羊"，要让"梢羊""把羊群带到正道之上"。① 其实，整部《福乐智慧》表达的都是优素甫本人的知识与观念，包括本文所述的法治知识、法律概念。正是由于这些观念为统治集团的上层所接受，所以他被授予"哈斯·哈吉甫"即"御前侍臣"的荣誉称号。

优素甫·哈斯·哈吉甫的生平，无论是汉文史籍还是阿拉伯—波斯文史料中均无记载。据推断，他约生于1018年或1019年，卒年不详。我从喀什的优素甫·哈斯·哈吉甫的崇高恢宏的陵墓外景及精致富丽的内墓可以推测，他在维吾尔族人民的心目中，在维吾尔族的政治、历史变迁中，是始终得到高度尊崇、爱戴的。正是由于有像优素甫·哈斯·哈吉甫这样的优秀的文化人士，以其毕生精力，孜孜不倦地传播中原地区汉民族的文化与制度，才使得中华大地上的各个民族交流、融会成了"中华民族"的大家庭。因此，我们不仅可以通过《福乐智慧》了解大致在北宋时期的新疆地区的维吾尔族文化、观念、意识，包括法治观念、法律意识等，而且还可通过对《福乐智慧》的影响的了解，认识到文化交流的极端重要，认识到"文化"是心智的交流与融化，"法律文化"则是法律心智的交流与融化。因此，要在中华民族"法律文化"的研究、传播、学习、宣传、交流上多做工作，做好工作，使中国法治化的中国梦早日成真，使中华民族的伟大复兴早日到来。

---

① 《论如何对待哲人、学者》，第51章，第4349—4353行。

刑罪的时代性 *

古往今来的刑法学著作或律学著作，对刑罪的这个性、那个性做了许多论述，洋洋洒洒，林林总总，却鲜有论及它的时代性的。其实，刑法总是具体的，具体地适用于颁行的时代，因而具有时代性。当彼之时，刑法规定的刑罪，必为社会大多数人所认同，因而极少有人怀疑它的科学性与合理性；而当彼之后，由于时代进步了，人们的认识水平提高了，才恍然大悟彼时的某些规定是多么荒唐，多么不合理。但到了这个时候，千百万人头早已落地，再也无法接上去再活一回了。古代的巫蛊之罪，就是应该深以为训之例。

汉代曾盛发巫蛊罪案，汉武帝时的丞相公孙贺则为第一个被诬犯有巫蛊罪而死于狱中的著名案犯。

古代迷信，以为巫师使用邪术可以加祸于人。巫术之一即为巫蛊。蛊，传说是一种剧毒之虫。蛊毒，引申为以种种巫术致人破财、遭祸甚至死亡。巫师的蛊术多种多样，如削一木偶，上书仇人之名，埋入土中或浇以粪尿，誓求上苍降祸仇人或咒诅仇人横遭不测；又如扎一纸人，上书仇家姓名，放火烧掉，以求仇人遭火灾或其他灾难；再如，养一些毒虫在瓶子里，悄悄地放在仇人家里或居所附近，祈求毒虫毒死仇人；等等。

汉武帝时，方士和神巫麇集京师长安，女巫出入宫中，教宫人埋木偶祭祀免灾。这些人也暗地里帮人以诸如此类的蛊术来害人。其实巫蛊之术是害不了人的，但当时人们十分相信，连汉武帝也笃信不疑，结果把丞相公孙贺也害死了。

公孙贺，字子叔，汉高祖时平定吴楚之乱有功，被封为曲平侯。汉武帝年少时，公孙贺任太子舍人。汉武帝即位，公孙贺升任太仆。公孙贺的夫人卫君儒，是皇后卫子夫的姐姐。用今天的话说，公孙贺与汉武帝刘彻是"连襟"。因此，汉武帝对公孙贺信任有加，后来就封他为丞相，取代了石庆。这时公孙贺的儿子公孙敬声接替了公孙贺的太仆之位。父子两人，一个位列三公，一个跻身九卿，可谓权势盛极。但凡事都会变化，否极则泰来，祸福皆相依。公孙敬声自恃是皇后姐姐的儿子，骄狂奢侈不守国法，竟擅自挪用军款

---

* 本文已发表。

一千九百万。因被察觉而关进了监狱。

这时恰好发生了京都大侠朱安世一案,汉武帝急诏追捕朱安世。公孙贺趁皇帝急于把朱安世缉捕归案之机,请求亲自去抓朱安世来赎公孙敬声的罪过。汉武帝果然答应了他,而公孙贺也果然如期抓到了朱安世。

但朱安世却非等闲之辈,他心生一计,对公孙贺着实地报复了个天翻地覆。他听说公孙贺是拿他来赎儿子的罪,就冷笑着指称公孙贺犯有巫蛊大罪。他说:"公孙贺的罪已经到了灭族的地步了,用南山的全部竹子作简,也难以尽记我关于公孙贺罪行的供词……"他一面这样呼告宣扬,一面在狱中上书汉武帝,告发公孙敬声与阳石公主私通,还派人行巫术咒诅皇上,以及在皇上去甘泉宫的驰道上埋了偶人并用恶语诅咒皇上。汉武帝即将此案发交廷尉侦查核验。要查清是否"私通",以及长长的驰道上是否埋了木偶小人,可不是一件容易的事,但既是汉武帝亲自交办,廷尉就寻根究底地彻查彻办。时间一久,公孙贺父子都瘐死在狱中了,其家族也被"满门抄斩"。事见《汉书·公孙贺传》。

汉武帝时这类无中生有或虽有却冤的巫蛊案还有很多。《汉书·武五子传》《伍江息夫传》等都有记载。由于巫蛊之罪是可以无中生有或虽有却冤的,很容易被心怀不轨的奸诈之徒所利用。汉武帝之彻查公孙贺一案之后,巫蛊案曾盛极一时,连汉武帝的宠臣江充为报私仇,都玩起诬陷太子刘据犯有巫蛊罪的把戏来了。刘据面对江充的栽赃陷害,铤而走险,起兵逮捕了江充等人,并与丞相指挥的军队开战,而在长安郊外养病又不明真相的汉武帝则下令追捕太子,逼得太子走投无路,自杀身亡。

仅公孙贺父子和太子刘据二案,就把汉初朝廷闹了个鸡犬不宁、倒海翻江。巫蛊刑罪为害之烈,由此可见一斑。

但巫蛊之罪在汉代之时和尔后的列朝列代,都是法律上做了明文规定的。赫赫有名、声播异域的《唐律疏议》就有一条这样详细地规定:

> 诸造畜蛊毒及教令者,绞;造畜者同居家口虽不知情,若里正知而不纠者,皆流三千里。
>
> 造畜者虽会赦,并同居家口及教令人,亦流三千里。……

如此荒唐的巫蛊之罪,竟在中国古代法律里被明载了两千来年,其时代性之时域竟如此绵亘漫长,这是令人所难以置信的。

正因为刑罪具有时代性,"时"—"代"之人往往是认同这些罪名的。这就是时代性刑罪很容易使人目眩神迷的地方。有鉴于此,我们在社会主义法治国家建设的漫漫征途上,务必讲求法的价值取向,讲求科学分析,讲求理性定罪、合理量刑。时代性的刑罪自有时代的合理性。但是,第一,与此同时也可能存在不合理性,因为既是"时代",就有它的局限性,而抱残守缺、僵化顽固,则必定导致失误;第二,时代又是一个动态的概念，"说时迟，那时快"，此时瞬息之间已非"此时"，即便在此时是合理的，也可能在变化了的"此时"已成谬误。因此，对刑罪的时代性的理性思考，唯一的结论也许只能是：不断地否定它！

从商鞅的"极端手段"谈起[*]

商鞅变法把富国强兵、奖励农战作为秦国的基本国策,开始进行大规模的经济和社会改革。为了推行改革措施,他拟制了一系列保障和促进改革的法令。但是,由于以前法令不一,执法不严,这些改革措施与有关法令有可能被秦国朝野漠然置之。

为此,商鞅采取了一些相当严厉的对策,被后来的人们称作"权端手段":

其一,据《史记·商君列传》载:"令既具,未布,恐民之不信,已,乃立三丈之木于国都市南门,募民有能徙置北门者予十金。民怪之,莫敢徙。复曰:'能徙者予五十金。'有一人徙之,辄予五十金,以明不欺。卒下令。"商鞅实践了"一诺重千金"的古训,用这样的办法达到取信于民的目的,为改革措施与有关法令得以生效做出了榜样。这一"极端手段"不可谓不妙!

其二,令下之后,非议纷纷,"秦民之国都言初令之不便者以千数"。上千的人涌到国都来告状,对改革的法令进行攻击,改革的阻力之大,可见一斑。但商鞅成竹在胸,瞅准机会,对犯了法的太子的师傅公子虔与公孙贾动了"真格",一个割了鼻子,一个脸上刺字涂墨,即施了劓刑与墨刑。从此,千人咋舌,万户闭口,"秦人皆趋令",无人再敢反对。这一"极端手段"不可谓不严!

其三,商鞅并不到此为止,袖手罢休。当"秦民初言令不便者,有来言令便者"的情况出现时,他认为这些人尽管花言巧语说改革法令的好话,但这样翻来覆去地指东说西,全都不过"乱化之民",于是"尽迁之于边城",极其坚决地杜绝了议论改革法令的源头。从此,"民莫敢议令"。这一"极端手段"不可谓不绝。

由于商鞅厉行改革,秦国由地处西陲的弱小国家一跃而成为强国,为后来"秦王扫六合,天下成一统"奠定了坚实的基础。

商鞅的三大"极端手段",是与封建专制、专横擅断紧密相连的,没有半点民主性可言,当然不值得效法。但是,从商鞅采取这些"极端手段"的目的和效果看,我们还是可

---

[*] 本文已发表。

以得到一些启示的。

这就是：要进行经济、社会的改革，必须依靠有关改革的法令；要使这些法令切实贯彻施行，必须改革法制观念。

今天，在我国改革的前进道路上，改革法制观念也是十分重要的。要使人人都懂得，为了保障和促进改革，一切关于改革的法令，都必须不折不扣地坚决执行。那种对改革法令视有若无、三心二意、半信半疑、阳奉阴违、玩法不恭、徇私枉法、知法犯法的漠视法制的观念，必须迅速摒弃。

没有坚定、牢固的法制观念，经济体制改革、社会各个领域的改革都会受阻以致被破坏，法制不可能得到协调和谐的发展，社会秩序、生产秩序、工作秩序和教学秩序不可能得到保障，公共利益、公民的生命和财产安全得不到保障，个人也将深受其害。

情理法律观与神理法律观*

《左传·襄公二十二年》载有楚国一个叫弃疾的人的忠孝两全的公案故事：

楚康王的重臣令尹（即相国）子南宠幸庶人观起，观起穷奢极侈而引起楚人忧虑与愤怒。群情汹汹，楚康王决定严惩子南与观起。子南的儿子弃疾，是楚康王的贴身侍卫。楚康王屡见弃疾，总是泪眼盈眶。弃疾一进对康王说："您多次落泪，请问这是谁的罪过呢？"康王说："令尹不称职，你是知道的。国家将要处决他，那么，你还会留在我身边吗？"弃疾答曰："父亲被杀，儿子留下来，皇上怎么能再用我呢？但把您的命令泄露出去而严重犯罪，我也不会这样做。"于是，康王处死了子南，同时将观起车裂、分尸后送到各地示众。

子南的家臣对弃疾说："请把家主的尸体搬回来吧。"弃疾说："君臣办事要符合礼法，会有一些大臣交还尸体的。"三天期限一到，弃疾即去请求运回父尸。康王同意了。礼葬父亲完毕，弃疾的门徒说："我们出走吧！"弃疾说："我参与了处死父亲的事，有何处可去呢？"又说："背弃父亲去侍奉仇人，我也决不忍心！"于是自缢而死。

此一公案流传数千年，弃疾一直被视为"忠孝两全"的典范。

古代中国，当情理与法理相冲突时，往往以情释法，在情理法律观的支配下处理案件。这类案例比比皆是，例如：

东汉堂邑县令钟离意不顾众人反对，让为父报仇而杀人的死刑囚犯防广回家办理母亲的丧事。当众人竭力拦阻钟离意这样做时，他说："如果这样做有罪，我一个人承担好了，决不连累你们。"于是，让访广回家。防广办完丧事，居然自动重返监狱。此事报告上司后，上司不但不处罚钟离意，而且免去了防广的死罪。事见《后汉书》之《钟离宋寒列传》。

梁朝年仅十五岁的少年吉翂，当其父因遭奸吏陷害即将被处死刑之时，他舍生忘死、挺身而出，毅然决然请求替父赴死。梁武帝对此颇感惊奇，派廷尉蔡法度对吉翂做惊心动

---

① 本文未发表。

魄的试探，终于审察而知玢此举纯属一己之意，并无他人教唆指使。于是梁武帝决定赦免了他父亲的死罪。吉玢的孝行因此流传四海，人们都把他与西汉少女淳于缇萦以身赎父刑罪的孝行相提并论。事见《梁书·吉玢传》。

又有魏人长孙虑，因父亲责打母亲失手而致死亡，便挺身而出，愿以自己的生命换回父亲的生命。他写给尚书的信中说：父母争吵，父亲一怒之下失手打死母亲而闯了横祸。兄弟姐妹五人，自己是兄长，年仅十五，其余全都弱小，最小的妹妹只有四岁。如果父亲处死，我们也会一个个死去。所以，请求以己身代父受过，使众多弱小的孤儿能够活下去。尚书读信，深受感动。于是报告魏高祖孝文帝，说长孙虑对其父而言是个孝子，对其弟妹而言是个仁兄；推究实际情况，也挺可怜，并且感人。皇帝于是下令特赦长孙虑父亲的死罪，改为流放边远之地。事见《魏书·长孙虑传》。

此外如《新唐书·卫孝女无忌传》载卫无忌报父仇案，《旧唐书·王彦威传》载上官兴自首求父案，《涑水纪闻》载侍中曹彬判新婚犯人缓刑案，《元史王约传》载刑部尚书王约以伦理道德评断柴氏财产继承案，《鹿洲公案》载县令蓝鼎元耐心教化、诱导陈明、陈定兄弟争夺遗产案等等，都是在情理与法理相冲突时，以情释法甚至以情代法，总之是在情理法律观的支配下，处理案件的典型事例。

类似的案情在国外也不少见，但处理这类事件时，无论是执法者还是当事人，其主导性观念却不是情理法律观。古希腊著名悲剧家索福克利斯的《安提戈涅》，就是一个典型：

故事发生地是底比斯。俄狄浦斯垮台后，克瑞翁取得了王位。俄狄浦斯的一个儿子为保卫城邦而牺牲，另一个儿子波吕涅克斯却背叛城邦、勾结外敌进行底比斯而战死。克瑞翁为前者举行、隆重的葬礼；而将后者暴尸田野；并下令，谁若埋葬波吕涅克斯，就将处死谁。波吕涅克斯的妹妹安提戈涅公然不理睬克瑞翁的命令，埋葬了哥哥的遗体。安提戈涅认为，她是按照神法来埋葬兄长的，这是神法规定她必须履行的职责。她对克瑞翁说，神法是永恒不衰的，连城邦的法律及你的命令也不能违背它。克瑞翁听了怒不可遏，坚决要处死安提戈涅，把她关入了墓穴之中。后来一位占卜者说他冒犯了诸神，克瑞翁因而后悔，想去拯救安提戈涅时，她却已死去。这时，安提戈涅的情人即克瑞翁的儿子，出而攻击他后自杀；克瑞翁的妻子闻讯怒责了克瑞翁也自杀了。直到这时，克瑞翁才如梦初醒，意识到自己的罪过，但为时已晚。

综观全剧，安提戈涅自不必说，其他的大多数人最后都服膺了"诸神之法永不衰朽"的道理。神的存在、神的教谕、神的意志，总之关于神的道理，是等于法律而且高于世俗法律的。

两相对比，我们可以清晰地看到了，在中国的相当长历史时期里，情理法律观占有极其重要的地位；而在古希腊乃至尔后的整个西欧地区，神理法律观占有法律观的主流地位。

"神理法律观"是我杜撰的一个概念，法学家们实际上是以"自然法思想"一类概念加以指称的。不过,"自然状态""自然人""自然法""自然权利"等等,曾一再被披上"神"的外衣,笼罩在"神"的灵光圈里。因此,与"情理法律观"相对应,谓为"神理法律观"也无不可。

  值得特别注意的是,所谓"神理",是比"情理"更接近于法,甚至可以提直指为"法理"的。至于"情理"却绝非"法理",而且是直接与"法理"相悖相逆的。这样一来,不但本文应改为"情理法律观与法理法律观",而且大可从中窥探中西法律传统的歧异之点,从而猛醒大大增强不为"神"光所囿的法理法律观的极端重要性与极端迫切性了。

孔子法律思想的逻辑发展[*]

孔子的伦理法律思想，内容丰富，表述辩证，便于随机取舍，适合中国封建统治者"长治久安"的需要。因此，以孔子为创始人的儒家后学不断地予以补充、改造和发展，使之成为历代封建统治者立法、司法、执法的指导思想，我们名之为孔子法律思想。

在绵延两千余年的中国封建社会里，孔子法律思想的发展不是径直向前、毫无曲折的，孔子法律思想的地位和作用也不是一成不变的。它的波澜起伏的变化，具有一定的规律性。本文按照马克思主义关于逻辑与历史相一致的原理，试述孔子法律思想的逻辑命运、孔子法律思想的逻辑发展。

一

孔子生时，正是我国社会从奴隶制向封建制激剧变动的时期，公室卑弱，大夫兼并，宗族制度日趋瓦解，家族制度迅速兴起。

尽管奴隶制与封建制是不同的社会制度，但二者的联系又极为密切。这种密切关系，从根本上说，由二者都是剥削制度所决定，并表现在新兴的封建地主阶级的成员大多数由奴隶主转化而来这一点上。正因如此，处在奴隶制向封建制转化时期的思想家的阶级地位，往往不能简单地决然断定。孔子就是一个从奴隶制向封建制过渡时期的人物，在他的身上，表现出了力求既向没落奴隶主阶级做些妥协、又向新兴地主阶级做些妥协的特点。

在等级森严的阶级社会里，人们的思想无不打上等级的烙印。孔子的社会地位是士，士是统治阶级的最下一层。士之上，是贵族大夫；士之下，是庶民工商。这一社会地位决定士在向上爬时要竭力迎合贵族大夫的意志，而在穷困潦倒时又表现出同情庶民工商的思想倾向来。因此，作为士的一员，孔子表现出了力求向贵族大夫做些妥协，同时又向庶民工商做些妥协的特点。

---

[*] 本文未发表。

孔子的伦理法律思想，正是上述两种妥协的产物。

孔子的兼伦理与法律之长、融伦理与法律于一炉的伦理法律思想，与他"中立而不倚"的中庸哲学思想是相吻合的。孔子极口赞叹："中庸之为德也，其至矣乎？"① 从中庸出发，人伦应是君仁、臣忠、父慈、子孝、兄良、弟悌、夫义、妇从、长惠、幼顺；政治应是"民以君为心，君以民为体"② 那么，法律观点的伦理化也就不足为奇。采取伦理法律思想，实行中庸之道，对各方面有所妥协，从必要的妥协求得实现维护剥削者的利益、保证统治阶级的政治需要的根本目的，这是孔子的理想。

但孔子的理想和他的伦理法律思想，并不总是能为统治者所接受。这是由于没落奴隶主阶级与新兴地主阶级的利益并不一致，在不同的时期里有某种程度的矛盾和冲突；同时是由于剥削阶级与劳动人民相斗争的力量消长、形势起伏是时时变化的；还是由于统治阶级营垒内部、各割据地区统治集团之间的矛盾斗争是不断发展的。由于上述变化，统治阶级的最高决策层有时乐于接受孔子伦理法律思想的指导，有时则采取消极态度，甚至有时会公然否定之。孔子伦理法律思想的逻辑命运，一方面由它本身所能起的作用决定，另一方面则取决于上述外因。

纵观孔子以后的中国古代历史，十分显然地，每当社会处于激烈变动时期，即当阶级矛盾、社会矛盾、民族矛盾、统治阶级营垒内部矛盾和割据地区之间矛盾的激化时期，立足于"中庸"，力求妥协的孔子的伦理法律思想往往被弃置不顾、冷落一旁；而当社会发展比较平稳，即当阶级矛盾、社会矛盾、民族矛盾、统治阶级营垒内部矛盾缓和时期，孔子的伦理法律思想就常得到统治阶级的青睐，甚至会被"抬到吓人的高度"，加以顶礼膜拜。

孔子的伦理法律思想，当孔子在世时就是被冷落的。

那么孔子死了以后是否就做定了"摩登圣人"呢？也未必。

战国末年，"秦王扫六合"，统一了中国，建立了中央集权的封建君主专制国家。这时，被秦消灭的六国旧臣，随时都可能乘隙而起，卷土重来。秦始皇除了厉行很不"中庸"的法家的法治路线外，别无他路可走。

秦代二世而亡，代之而起的汉朝初年的统治者，未始不知道要接受秦亡的教训。但是，他们仍然冷落孔子的伦理法律思想，任用法吏，实行法家路线。"汉承秦制"一语，概括了汉初政治的全貌，孔子的伦理法律思想仍无存身之地。之所以如此，同汉初"四夷未附，兵革未息"③ 关系密切。社会矛盾的尖锐、民族矛盾的激烈，使得以中庸为特征的伦理法律思想不可能成为汉初统治阶级立法行政的指导思想。

汉末天下大乱，代汉而兴的是三足鼎立的魏、蜀、吴。曹操的政治理想与孔子并无不

---

① 《论语·雍也篇》，下引《论语》均只注篇名。
② 《礼记·缁衣篇》。
③ 《汉书·刑法志》。

同，但他却主张"拨乱之政，以刑为先"①，一切都须"一之于法"②，所以史书说他"揽申、商之法术"③。诸葛亮治蜀卓有成效，他的治蜀方法是沿用法家的法治路线，与孔子的伦理法律思想格格不入，所以范文澜先生说诸葛亮是"标准的法家学说的实行者"④。至于孙权在吴国实行的治国方法，更与孔子的伦理法律思想南辕北辙。魏、蜀、吴三国鼎立时期孔子伦理法律思想之所以不被采纳，就是因为鼎立的三国处于激烈的兼并斗争中，绝对来不得半点"中庸"。

隋代有个不为法律思想史界十分关注的人物，姓王名通，号文中子。他的《中说》尚在，从中可以看出，他是孔子死后一个最为崇奉孔子伦理法律思想的人。他带着他写的书求见隋文帝杨坚，隋代的大臣如杨素、苏威、李德林等也都曾求教于他；他还曾教诲过房玄龄、魏徵、李密、杜如晦等人。但是，隋代周而兴，"周室旧臣，咸怀怨愤"⑤，内有大臣"阴图谋反"，外有农民起义的连天烽火，所以从隋文帝建立隋朝之初直到隋炀帝一手毁灭隋朝为止，都没有人接受王通所宣扬的孔子伦理法律思想。

上述数例足已说明，孔子伦理法律思想不适用于社会剧烈变动时期。

与此相反，每当社会矛盾趋向缓和、社会发展比较平稳的时期，统治阶级比较牢固地掌握了政权，孔子的伦理法律思想就可为它所用了。而且，在这种情况下，往往还会对孔子的伦理法律思想加以修饰、补充和发展，使之更趋完备，更孚实用。这样的例子当然很多：汉代文景时期，社会安定，经济繁荣，于是汉文帝废肉刑，为汉武帝时"罢黜百家，独尊儒术"奠定基础；到汉武帝时，孔子的伦理法律观就经董仲舒之手得到新的发展并成为立法行政的垄断性的指导原则；唐代初年即由雄才大略的唐太宗李世民掌权，很快使得社会走上安定、繁荣的发展道路，李氏统治集团稳稳地掌握了国柄，因而乐于将孔子的伦理法律思想非常全面、系统地输入立法中去，"唐律一准乎礼"，使法律彻底地儒家化了。唐代以后，历经宋、元、明、清等立国较长的朝代，宋、元、明、清各代都以唐律为蓝本，制定或曰抄袭沿用了唐律，因而把孔子伦理法律思想也几乎全盘地继承下来。

上述两个方面的史实都说明，孔子伦理法律思想的逻辑命运，与当时的社会政治状况休戚相关。孔子伦理法律思想适用于社会稳定时期，而不适用于社会矛盾尖锐、社会激烈变动时期。这就是我们考察孔子伦理法律思想逻辑命运时所得到的结论。

---

① 《曹操集·以高柔为理曹掾令》。
② 《三国志·武帝纪》。
③ 同上。
④ 范文澜：《中国通史》第3册。
⑤ 《隋书·刑法志》。

二

现在我们来探讨一下在一定的历史条件的作用下，孔子伦理法律思想本身的逻辑发展。

孔子创立其伦理法律观时，其侧重点是在强调伦理的教化作用。之所以这样强调，原因是在于孔子倾向于对没落的奴隶主阶级、对贵族大夫做较多的妥协。孔子认为，如果不这样，那么"礼崩乐坏"的局面将更加恶化而至于不可收拾。他想尽力使奴隶制社会向封建制社会的过渡采取和平的方式。因此，他把西周奴隶主阶级用来维护其统治的主要工具之一的周礼加以美化和颂扬。当回答颜渊问"仁"时，他说："克己复礼为仁，一日克己复礼，天下归仁焉。为仁由己，而由人乎哉？"颜渊又问其具体内容，他答曰："非礼勿视，非礼勿听，非礼勿言，非礼勿动。"① 他认为"礼"是治国之本，"为政先礼，礼其政之本欤"？② 他把"导之以政，齐之以刑"与"导之以德，齐之以礼"③加以对比，认为后者乃是为政之上策。

孔子的伦理法律思想的核心原则是"仁"。《论语》一书，讲"仁"的有五十八章，"仁"字凡一百零五次。孔子把"仁"看成待人接物的最高道德准则。弟子子张向他问"仁"，他说能行"恭、宽、信、敏、惠"五者于天下即"为仁"，这是因为"恭则不侮，宽则得众，信则人任焉，敏则有功，惠则足以使人"④。当然，孔子欲行之"仁"，并不是在剥削者与被剥削者之间，而是在剥削者阶级的各个等级之间，在没落奴隶主贵族与新兴封建地主之间。只有当剥削者阵线内部以"仁"为调整各种关系的指导原则时，新兴地主阶级势力僭越行为才可以防止，即使出现了也可以和平解决，从而使得剥削者阶级能以联合的力量去对付"犯上作乱"的起义奴隶。鲁迅曾一针见血地指出："孔夫子曾经计划过出色的治国的方法，但那都是为了治民众者，即权势者设想的方法，为民众本身的，却一点也没有。"⑤ 孔子强调"有国有家者，不患寡而患不均，不患贫而患不安"⑥。朱熹的《论语集注》解释说："均，谓各得其分；安，谓上下相安。"孔子要"有国有家者"，即要没落奴隶主阶级和新兴地主阶级注意名分，保持团结，上下相安，只有这样，即使暂时显得"寡"与"贫"，也会因为保持了统治权而改变，不然丧失了统治权，那就会失去一切了。

从"仁"出发，以"礼"为先，侧重于伦理教化，不等于不要法律，排斥刑罚，纯用"德治""礼治"和"人治"。《孔子家语》引用孔子的话说："化之弗变，导之弗从，于是乎

---

① 《颜渊》。
② 《礼记·哀公问》。
③ 《为政》。
④ 《阳货》。
⑤ 鲁迅：《在现代中国的孔夫子》。
⑥ 《季氏》。

用刑矣。"①《左传·昭公二十年》也曾记载孔子认为"政宽则民慢",主张"慢则纠之以猛",只有"宽以济猛,猛以济宽",宽猛结合,交互为用,才是对统治阶级真正有利的。有的同志已经详尽论述过孔子不反对法,孔子反对铸刑鼎不是反对法。同时,"出礼入刑","礼"的后盾是"刑","礼"本身也带有了"法"的强制性含义。东汉王充说:"出于礼,入于刑,礼之所去,刑之所取。"②东汉陈宠说:"礼之所去,刑之所取,失礼则入刑,相为表里者也。"③这些都是对孔子关于"礼"与"刑"关系的观点的很好说明。

但是,如果把"礼"等同于"刑""法",不做任何区别,那么无论如何不能解释同一个概念而使用了"礼"和"法"或"刑"这两类不同语词的原因,同样不能解释孔子的伦理法律思想为什么受到了先是墨家,后有战国的道家学派、杨朱学派特别是以韩非子为代表的法家学派等的猛烈攻击。

墨家、道家和法家对孔子的伦理法律思想的攻击自然不是无端的。孔子侧重于伦理教化的法律思想,在战国时期群雄逐鹿、激烈兼并的情况下,难于为雄心勃勃的各国君主所接受。因此,战国后期的儒学大师荀子,即以孔子的伦理法律思想为基础,采撷百家之长,特别是吸取了法家以快刀斩乱麻方式治国理政的法律思想的合理因素,提出了"隆礼重法"、人治与法治相结合的新儒学,这是孔子伦理法律思想的合乎逻辑的发展。

荀子开创的新儒学仍然属于孔子伦理法律思想的范畴。这首先是因为荀子新儒学的出发点仍然在于力求对没落奴隶主阶级和新兴地主阶级、贵族大夫和庶民工商各做适当的妥协。荀子认为"人能群"④所以"力不若牛,走不若马,而牛马为用";而人之能"群"是由于能"分",即"农分田而耕,贾分货而贩,百工分事而劝,士大夫分职而听"⑤;但"人生而有欲"⑥,"饥而欲食,寒而欲暖,劳而欲息","荣而恶辱,好利恶害"⑦,人的种种欲望是无限的,而物质财富却是有限的,这就要求人们在追求欲望时必须"中理";为使人们自觉"中理",先王"制礼义以分之,以养人之欲,给人之求"⑧,"礼义"成了"中理"与否的标准;凡不合"礼义"的均应做自觉的让步,"虽王公士大夫之子孙,不能属于礼义,则归之庶人;虽庶人之子孙也,积文学,正身行,能属于礼义,则归之卿相士大夫"⑨。很明显,荀子一方面要求人们各安其"分",是对残存的阶级差异、等级差异的承认,实际

---

① 《刑政》。
② 《论衡·谢短篇》。
③ 《后汉书·郭陈列传》。
④ 《荀子·王制篇》。
⑤ 《荀子·王霸篇》。
⑥ 《荀子·礼论篇》。
⑦ 《荀子·荣集篇》。
⑧ 《荀子·礼论篇》。
⑨ 《荀子·王制篇》。

上是要求新兴地主阶级对没落奴隶主阶级做些妥协,庶民工商对贵族大夫做些妥协;另一方面,又要求人们对已经出现和必将出现的阶级关系、等级关系的升降变化予以承认,实际上是要求没落奴隶主阶级对新兴地主阶级做些妥协,贵族大夫对庶民工商做些妥协。必须看到,荀子所处的时代与孔子所处的时代社会阶级的关系与等级关系已经有了很大的变化,新兴地主阶级以及庶民工商的社会力量已经现实地不可否定,因此尽管对各方都提出了妥协要求,实际上却是有利于新兴地主阶级的。

荀子开创的新儒学仍然属于孔子伦理法律思想的范畴,其次是因为荀子新儒学所强调的仍然是兼伦理与法律之长、融伦理与法律于一炉的伦理法律思想形式。诚然,荀子已经看到,法家的赏功罚罪、"以法治国"的法律思想,在各国变法图强的实践中确已显示了不容忽视的威力,因此他对孔子伦理法律思想有所发展,这一发展表现在"隆礼重法"说的提出。荀子认为"隆礼重法则国有常"①,"治之经,礼与刑,君子以修百姓宁,明德慎罚,国家既治四海平"②。但是,荀子并未将伦理教化与法律刑罚等量齐观,"隆礼重法"说并不意味"礼""法"并重。在荀子的法律思想中,"礼"仍占居首要的地位。荀子认为"礼者,法之大分,类之纲纪也"③。"礼者,政之挽也。为政不以礼,政不行矣。"④他认为一切皆"一之于法",会导致"强者害弱而夺之,众者暴寡而哗之,天下之悖乱相亡,不待顷矣"⑤。

荀子开创的新儒学仍然属于孔子伦理法律思想的范畴,第三是因为荀子新儒学虽然强调"人治"与"法治"结合,但"人治"仍占主要地位。荀子认为"法不能独立,类不能自行,得其人则存,失其人则亡"⑥。"有治人,无治法"⑦,"有君子,则法虽省,足以遍矣;无君子,则法虽具,失先后之施,不能应事之变,足以乱矣"⑧。这同孔子讲"修身正己"、搞"贤人政治"是一脉相承的。

但无可否认的是,荀子比孔子的伦理法律思想,在更加重视法的作用、法治的作用以及以法来调整社会关系,达到向新兴地主阶级妥协的倾向,是十分明显、大大加强了。

荀子以后,孔子伦理法律思想的又一重大发展,是由汉代大儒董仲舒完成的。董仲舒主张"诸不在六艺之科、孔子之术者,皆施其道,勿使并进"⑨,这是符合汉武帝时封

---

① 《荀子·君道篇》。
② 《荀子·成相篇》。
③ 《荀子·劝学篇》。
④ 《荀子·大略篇》。
⑤ 《荀子·性恶篇》。
⑥ 《荀子·君道篇》。
⑦ 同上。
⑧ 同上。
⑨ 《汉书·董仲舒传》。

建统治集团的利益的。董仲舒对孔子伦理法律思想的发展主要在于：第一，根据儒家忠、孝、仁、义及君君、臣臣、父父、子子等的说教，提出了"三纲五常"。所谓"三纲"即"君为臣纲，父为子纲，夫为妻纲"；所谓"五常"，即"仁、义、礼、智、信"。董仲舒认为"三纲五常"既是封建道德的规范，也是封建立法的指导原则。第二，明确提出并赋予"德主刑辅"说以哲理根据。董仲舒从客观唯心主义的阴阳五行说出发，将人事与天道做机械类比，他说："天道之大者在阴阳，阳为德，阴为刑，刑主杀而德主生，是故阳常居大夏而以生育养长为事，阴常居大冬而积于空虚不用之处，以此见天之任德不任刑也。……王者承天意以从事，故任德教而不任刑。刑者不可任以治世，犹阴之不可任以成岁也。为政而任刑，不顺于天，故先王莫之肯为也。"① 从这种唯心说教出发，他突出强调"礼乐教化"是可以使统治者"甘于饴蜜，固如胶漆"似地治理天下的。同时，他又从而强调了"刑"的辅助作用，他认为"刑者德之辅，阴者阳之助"②。第三，董仲舒首创了以《春秋》经义断狱，使儒家经书中的说教巧妙地成了断案决狱的依据。万变不离其宗，董仲舒的"三纲五常""德主刑辅"、《春秋》经义断狱，都是孔子伦理法律思想的体现。

从孔子经荀子到董仲舒，是孔子伦理法律思想逻辑发展的三个阶段，它与中国古代社会历史发展对法律思想所提出的要求相一致。奴隶制崩毁，历史要求公布成文法，成文法的公布成了势不可挡的事。于是孔子的伦理法律思想应运而生，它适应于没落奴隶主阶级和新兴地主阶级共同面对被剥削劳动人民反抗的形势，成文法公布开始普遍化之后，法的作用得到了实践的证明，要否定法的作用已绝对不可能，因此荀子的"隆礼重法"而偏重于"礼"的观点成了时行的东西，容易为比较明智的统治者所接受。而当法律已经颁行、不可能予以更改的情况下，董仲舒将"三纲五常""德主刑辅"大事宣扬，同时又用"经义决狱"代替"一断于法"，使现行法律可以按统治者的需要做任意的解释，这对当时统治阶级交叉运用伦理教化与法律、刑罚两手，是十分方便的。但是，到此为止，孔子伦理法律思想的兼伦理与法律二者之长、熔二者于一炉的特点，所采取的还是伦理教化游离于法律规范之外的形式。为了维护封建统治阶级政权的"长治久安"，要求找到最为自然地体现孔子伦理法律思想的形式。这一形式是在"一准乎礼"的《唐律》及其《疏议》中实现的。因此可以说，《唐律》及其《疏议》的撰著与颁行，是孔子伦理法律思想逻辑发展的第四个阶段。

《唐律疏议》篇首即开宗明义地指出："德礼为政教之本，刑罚为政教之用，犹昏晓阳秋，相须而成也。"这说明了在《唐律》中伦理教化与法律、刑罚之间的关系，也一语道出了《唐律》作为孔子伦理法律思想体现的特点。杨廷福先生在《唐律初探》中说："《唐律》始终贯彻着'三纲'的伦常精神"，"儒家的封建伦常道德观念，成了《唐律》的指导思想。

---

① 《汉书·董仲舒传》。
② 《天辨人在》。

它将'礼'和'法'合一，统一了道德规范和法律规范，以法律这一暴力工具，确立并推行'礼'的规范，反之又以礼教的理论作为基础，并以其精神的统治力量，加强法律的镇压作用"。① 这些论述是颇为精当的。

孔子伦理法律思想发展到《唐律》诞生这一阶段，以在法中体现孔子伦理法律思想为其特点。这一特点，同样是中国当时封建社会历史发展的要求。中国封建社会发展到唐代，一家一户的个体小农生产作为社会的经济单位，已经牢固生根，与这种经济制度相适应的父权家长制已经牢固确立。找到利用这一社会经济单位，利用父权家长制来为封建君主专制的政治统治服务的形式，对统治者来说是至关重要的。根据历代统治阶级的成败经验，唐初统治者运用了法律的形式，输入了伦理教化的精神，将伦理教化与法律"天衣无缝"地结合起来。自此以后，宋、元、明、清历代陈规因袭了《唐律》这一创造，孔子伦理法律思想的表现形式也就没有什么大的变化了。

综上所述，孔子伦理法律思想的长期发展，是从伦理教化游离于法律之外的形式，逐渐演化为完全统一于法律规范之中；从表面上的儒法对立，演化为实际上的儒法合流；从既对没落奴隶主阶级妥协又对新兴地主阶级妥协的任务，演化成纯然为封建统治阶级服务的使命。所有这些，与中国古代封建社会的历史行程是相适应的，因此孔子伦理法律思想能够在相当长的时期里起作用。但是，随着社会经济基础的改变，上层建筑其中包括占统治地位的统治阶级的法律思想，也必须随着改变。由于西方资本主义、殖民主义的入侵，中国封建社会在近代解体了。资产阶级思想虽然与封建思想同属剥削阶级的思想，但与社会化大工业生产及自由竞争相联系的资产阶级思想意识形态，与建立在个体农业小生产和自给自足的自然经济基础上的封建意识形态，毕竟分属极其不同的思想体系。封建地主阶级的伦理道德观念与奴隶主阶级的伦理道德观念有较多的一致性，但与资产阶级的伦理道德观念却格格不入。因此，孔子伦理法律思想之本——封建的礼乐教化，就失去了安身立命的根基，加之资产阶级法律制度从形式到内容都与封建法制有极大的不同，孔子伦理法律思想也就在我国旧民主主义革命与新民主主义革命的相继冲击下，退出了历史舞台。

---

① 杨廷福：《唐律初探》，天津人民出版社1982年版，第61、65页。

中国法律思潮史研究 *

一、引论

20世纪80年代,中国的法律思想史学和法理学研究都得到了蓬勃的发展。长文短论汗牛充栋,鸿篇巨制硕果累累,充分地显示了中国法学工作者的雄厚实力与斐然实绩。

事物的发展是永无止境的。"百尺竿头,更进一步",在中国法律思想的研究方面,应做和可做的事还很多很多。从这样的角度出发,自应检查一下有关研究的不足之处。

稍事浏览中国法律思想史和中国法律制度史以及法理学的大批著作,不难发现书名雷同,章、节标题类似,内容"八九不离十"的情况已是司空见惯的了。这就告诉我们,另辟蹊径,向学海的纵深挺进,已成当务之急。

近几年来,在捧读或参与主编中国法律思想史著作的过程中,笔者日益强烈地感到中国法律思想研究中的下列问题有幡然改途的必要:

其一,人物罗列式地述评其法律观点,与作为中国法律思想史的"史"的要求,存在着相当大的距离。作为"法律思想史"著作,毋庸置疑,必须述评各个时代具有代表性的法律思想家的法律观点。但在这样做的时候,明白无疑的出发点与归宿,应当是法律思想的"史"的有机联系和逻辑发展,以便通过对法律思想"史"的研究,揭示法律思想的发展规律。人物罗列式地述评其法律观点,很难誉为"史",充其量只能是"人物论"。

其二,对单个法律思想家的法律观点的述评,不能充分揭示他所处时代的法律思想的全貌。实际上,各个时代有各个时代不尽相同的法律思想;同一时代的不同社会集团也有不同的法律思想;不同时代的某些法律思想家的法律观点可能是小异大同甚至雷同的;同

---

* 本文未发表。20世纪80年代某日,在长沙召开的一个会议间隙,我找了程天权、李贵连等四五位学者开了一个小会,提出了合撰《中国法律思潮史》的建议。我认为,中国法律制度可考、法律思想亦可考。但各个朝代都曾出现制度与思想互相脱节的严重情况,其原因在实际上是"社会法律思潮"在支配着"法律运作、实行"。可惜后来未能结集研究,此事遂不了了之。本文为我所撰写的有关文字。

一时代相同社会集团的不同人物，可能有不同的甚至截然对立的法律观点。而且，法律思想家的法律观点往往在阶级、阶层的社会集团中有一定的代表性，或造成了一定的社会影响。这种代表性与社会影响有可能流传广远，从而造成这样那样的法律思潮。笔者认为，结合对各个法律思想家的论述来揭示中国历史上的法律思潮，比简单地述评法律思想家的法律观点，更能反映中国法律思想的历史发展、有机联系和逻辑规律。这样，在中国法律思想史研究已经取得可观成绩的基础上，进而探讨与撰著《中国法律思潮史》，就十分必要了。

其三，述评法律思想家的法律观点，往往成为这些观点的堆砌。离开某一法律观点所由产生的具体的经济、政治、社会背景，离开其所由引发的法律文化（主要是法律制度、法律意识）渊源，离开述评这些观点的社会作用，不阐述法律思想家的法律观点之间的关系以及法律思想发展的规律，是不能不造成观点堆砌的弊病的。而这，不仅使有关著作难以冠其为"史"，同时也降低了它的法理学价值。日本以及东西方许多国家的法学界将法律思想史列为法理学的主要内容，是不无道理的。我们当然不必因此而将中国法律思想史改名为"法理学"。因为法律思想史与法律制度史的关系极为密切，倒是将此二者有机地结合在一起，也许对法律史研究以致对法学研究更有好处。但是，国外学者将法律思想史作为法理学的重要组成部分，对我们仍有重要的启迪。这就是：揭示法律思想的逻辑发展，将为阐明法理学的基本问题提供丰富的例证、生动的内容、若干主要观点与原则，对法理学的发展起着重要作用。因此，从法律思潮的产生、发展、内容、表现形式、特点、价值、地位、本质、相互关系等方面做探讨与述评，既可避免法律思想观点堆砌的弊病，又可揭示法律思潮的发展历程，还可丰富与促进法理学的发展。

有鉴于上述诸多原因，笔者认为，探讨中国法律思潮史，已经成为当务大事。

二、中国法律思潮史的研究对象

不同学科都以自身特定的研究对象而互相区别。因此，确定研究对象，是中国法律思潮史研究必须首先解决的问题。

法律思潮不是个别法律思想家的法律观点，而是因一定的社会经济、政治状况以及此前法律文化传统的制约与影响，从而形成的对整个社会的法律意识、法律制度以至政治生活发生重大影响，对尔后的法律文化发生重大影响的法律思想家、政治家群体的法律观念。法律思想家个体的法律观点不能视作法律思潮，但重要法律思想家或政治家个体的法律观点，往往是法律思潮的集中表现。

这样，中国法律思潮史的研究对象就是中国历史上各个时代的法律思潮。

中国法律思潮史与中国法律思想史研究对象的区别是显然易见的。

高等学校法学教材《中国法律思想史》[①]指出:"中国法律思想史的研究对象是:中国历史上各种法律观点、理论、学说的内容、本质、作用、特点及其产生、发展和相互斗争或相互吸收的过程与规律。"栗劲、孔庆明先生主编的《中国法律思想史》[②]认为:"法律思想史是历史上各个阶级的思想家、政治家关于法学科学的观点,关于立法、司法制度的观点和主张。"张国华、饶鑫贤先生主编的《中国法律思想史纲》[③]确认:"中国法律思想史是以中国历史上的各种法律理论和观点作为研究对象的一门学科。"不同的表述文字所认定的中国法律思想史研究对象大体是一致的,即法律思想家(个体)的法律观点。由此可知,中国法律思潮史与中国法律思想史研究对象,起码有两个不同点:前者研究思潮,后者研究观点;前者研究群体,后者研究个体。

具体来说,中国法律思潮史的研究对象是:

第一,足以对当代及其后的社会生活发生重大影响的法律学说、法律观念;

第二,这些法律学说、法律观念的倡议者,即法律思想家、政治家,以及受法律思想家、政治家的影响而对他们的学说、观念表示赞同的代表性人物,是在何种社会经济、政治与文化背景下表述他们的观念的;

第三,先后相随或互相斗争或互相吸收的法律思潮之间的具体关系;

第四,中国法律思潮发展的有机性、逻辑性与规律性。

既如上述,中国法律思潮史作为一门科学,就不止于介绍与分析法律思想家个体的法律观点本身,而且要研讨和述评法律思想家、政治家群体的法律学说、法律观念产生与发展的具体历史条件、具体历史过程、具体历史影响,使人们对法律思潮与产生这种法律思潮的社会环境的相互关系、发展历程以及法律思潮的渊源流变都有所了解。只有这样,才能真正深刻地揭示出某种法律思潮的特点、本质,它在社会发展中的现实作用和历史意义,揭示出法律思潮发展的逻辑规律,从而利于做出正确评价并实现"古为今用"。

需加说明的是,所谓法律思想家、政治家群体,不一定指结成了某种政治集团或学术集团关系的一群人,如唐初君臣、唐代的"二王八司马"或孔子及其门徒等人。这里的"群体",也包括同一时代法律观念一致而并无政治组织、学术机构方面联系的若干个法律思想家、政治家或受其影响的一批人。

我们认为,对法律思想家、政治家做群体研究,比对法律思想家做个体研究是更为重要的。法律思想家个体的法律观点固然反映了他所处的时代的法律意识状况,但个体的法律观点除受社会经济、政治状况这些根本性因素的决定性制约外,还往往受他个人的教育条件、心理气质、友朋交往的影响。而这种影响有时可能大到人们虽然处于同样的社会经

[①] 法学教材编辑部《中国法律思想史》编写组:《中国法律思想史》,法律出版社1982年版。
[②] 栗劲、孔庆明主编:《中国法律思想史》,黑龙江人民出版社1983年版。
[③] 张国华、饶鑫贤主编:《中国法律思想史纲》,甘肃人民出版社1984版。

济、政治状况之下，却各个具有不同的甚至对立的法律观点。对法律思想家、政治家群体的法律思潮的探讨，就可完全从社会经济、政治状况以及文化渊源出发，做全面、准确的历史唯物主义的阐述与评析。

中国法律思想史研究者大多遇到过这样一个难题：不少已加论列其法律思想的人物，并不是法律思想家，只不过是握有国柄的政治家；甚至连政治家都称不上，而只不过是国家的当权者而已。不把这些人物列入论著中，似乎缺了一点什么；而如列入，又感到并不太妥当。例如秦始皇嬴政、汉高祖刘邦、隋文帝杨坚、唐太宗李世民等就是。

中国法律思想史研究者大多又遇到过这样一个难题：许多在中国法制建设方面或在社会法律意识的形成方面发生过重大影响的人物，从古典文献中只能找到或在实际历史上也确实只有关于法律的片言只语，对这样的人物，论著中不写几笔当然不妥，而真要写又难落笔，因为仅凭那片言只语，实在难以构写成篇。

对于上述难题，法律思潮史可以轻而易举地做好处理。因为既是思潮，政治家以至非政治家的当权者的法律观点既已在社会上发生了影响或代表了某种阶级、阶层、政治集团的法律观念，不但可以而且应当写入思潮史。至于仅有片言只语的个别人物，尽可在思潮的叙述中劲行涉笔。

细心的读者会发现，从上引两本《中国法律思想史》到《中国法律思想史纲》的出版，前后虽不过间隔两年，但对中国法律思想的研究已有了重要的发展与进步。《中国法律思想史》几乎是纯然的人物罗列，《中国法律思想史纲》则除述评大批法律思想家外，还述评了几部重要典籍中所表达的法律思想。这些典籍是《管子》《吕氏春秋》《淮南子》《盐铁论》。他们或者是无名氏的伪托、无名氏的代笔，或者是对垒雄辩于朝堂的许多个重要政治家的言论记录。这种处理给人以重要启迪：法律思想史不应仅仅涉笔于留有大部论著的思想家，而且应当热情问津于许多留名或不留名的史籍。这些史籍甚至应当包括"二十五史"等，因为"二十五史"等等的作者的法律思想恰恰是著作者在当代法律思潮的"正统"。这在以中国法律思潮为研究对象的著作里，是比较便于妥善处理的。只是这样一来，中国法律思潮史著作的难度几可与李太白当时登蜀道相比了。然而，立下愚公移山的凌云壮志，坚信"子子孙孙无穷匮也"的努力必能臻于科学的峰巅，不妨迈出坚实的第一步！

三、中国法律思潮史研究的指导原则

法律思潮遗产的研究必须遵循正确的指导原则，纯客观地铺陈有关的史料不可能表述中国法律思潮的历史发展，更不可能揭示中国法律思潮发展历程中的内在的有机的逻辑关系。但是倡言遵循正确的指导原则，绝不是贴政治标签或哲学标签；贴标签的简单作法，往往会造成全盘或基本否定法律文化遗产的结果，达不到法律史学研究古为今用的目的。

指导原则问题，本质上是关于研究的科学性问题。科学是老老实实的学问，来不得半

点虚假。这不仅是对做学问的态度而言的,而且也是对学问本身而言的。从中国法律思潮史这门科学的研究来看,指导原则之首要者,即为从客观存在的历史事实出发,客观地如实叙述,科学地评价剖析。

从客观存在的历史事实出发,还是从主观的抽象原则出发,这是中国法律思潮史研究全过程中都必须注意的根本问题。恩格斯曾经精辟地指出:"原则不是研究的出发点,而是它的最终结果;这些原则不是被应用于自然界和人类历史,而是从它们中抽象出来的;不是自然界和人类去适应原则,而是原则只有在适合于自然界和历史的情况下才是正确的。"① 因此,不是用这样的那样的原则来衡量、剪裁极为丰富多彩的历史事实,然后将剪裁得七零八散的材料纳入既定的原则的框框;而应从色彩纷呈、丰富多样的全部历史事实中抽象出客观存在的内在关系和发展规律,做出客观的叙述与科学的评价。中国法律思潮发展的动因、线索、特点、作用、渊源流变、影响等,都必须从中国法律思潮的历史存在与历史事实出发进行述评。否则,把唯物主义方法"当作现成的公式,按照它来剪裁各种历史事实,那它就会转变为自己的对立物"②。这样,思潮史就可能变成空洞抽象的"说教史"。这些观点也许不会有人仍持异议了;但对于已经公认正确的原则可否成为研究的出发点,就是另一回事了。有些人总是贪图省事省力,"方便地"运用"已经公认正确的原则"去套形形色色的历史事实,从而做出取舍。笔者认为,这样做与"从客观存在的历史事实出发"仍是相悖的。常常有这样的事:"已经公认正确的原则"为新的客观事实所推翻或修正。同时,人类毕竟还只是处于它的童年,认识水平的局限性往往使得所谓"原则"即使得到"公认"而为"正确",也不免带有人类童年的幼稚性。因此,不为前人的成见所囿,坚持一切从客观存在的历史事实出发,比从一切其他什么出发,都是更科学、更可靠的。当然,这丝毫也不是说不必汲取前人的智慧,摒弃一切科学认识的成果。完全不是这样。我们应像牛顿所说的那样,站在前代科学巨人的肩上高瞻远瞩地跨出新的更大的步伐。

为了做到从客观存在的历史事实出发,在研讨中国法律思潮史时,必须尽可能全面地占有法律思想的历史资料。我国古代文献浩如沧海,涉及法律思潮的史料也多如群山。尽可能全面搜罗史籍进行科学处理,虽然极其困难,工程极其浩大,但必须努力去做。在这一方面,中国法律思潮史的撰写与已刊中国法律思想史应该有所不同。后者罗列若干人物、述评其法律观点,所涉史籍相当稀少。前者不仅涉及多得难以数计的人物,而且必须关顾有关的社会经济、政治、文化背景等,就绝不能限于对几十部著作的分析了。

在全面占有历史资料的基础上,研究中国法律思潮史时还必须认真处理这些资料。去伪存真、去粗取精、比较分析、剔抉爬梳的细致工作,是正确运用有关资料的必须。史籍

---

① [德]恩格斯:《反杜林论》,《马克思恩格斯选集》第3卷,第74页。
② 《恩格斯致保尔·恩斯特》,《马克思恩格斯选集》第4卷,人民出版社2012年版,第595页。

的记载未必都是"客观的历史事实","信史"往往由于政治的原因而成了"诬史"。认真比较鉴别,是极为重要的工作。史籍收录的观点,也往往由于政治的原因,或做伪装,或做曲笔,或为后人歪曲。这也是必须在认真研究分析的基础上加以科学论定的。

对法律思潮的客观的如实记述,要求原原本本地介绍有关人物或事件中所表达出来的法律思想观点。史籍关于这些观点的记述一般来说都有其来龙去脉、前言后语,不是割裂的、零散的片言只语。即使是片言只语的史籍记载,我们也应尽可能地寻根溯源,完整而准确地加以表达,务求这片言只语能够如实地反映所涉的人物或事件所遗告的当时的法律思想。按照上述要求,断章取义、东拼西凑的"拼盘式"的法律思想史论,是断然不可取的。

如实记述法律思潮,还要求客观地反映有关法律思想形成的社会经济、政治和法律文化背景。这一方面的记述的客观性要求,一般来说是比较容易做到的。难点在于社会经济、政治和法律文化背景与法律思想形成、发展之间的实际关系。简单化地处理上述相互关系,往往采取贴标签的做法,这就完全忽视了客观世界的复杂性。人们对客观世界的反映即人们的观念,由于客观世界本身及主体反应机制的极端复杂性,同样是丰富多彩、曲折复杂的,摄像式的反映几乎是不存在的。以摄像式的反映表达法律思想与社会经济、政治、法律文化背景之间的关系,必定陷入机械反映论的泥淖,使得所谓"如实记述"流为荒唐。因此,要达到如实记述法律思潮与客观现实的密切关系的要求,就必须鉴别现象与本质、假象与真相、偶然与必然、典型与非典型,使"如实记述"者为本质、真相、必然与典型性的材料。

科学地评介剖析中国历史上各个时代的法律思潮,重在"科学"二字。法律思潮评介剖析的科学性,来自对中国法律思潮史实的周密思索、正确判断和合乎逻辑的推理。周密思索建基于对全部有关材料的占有之上,得力于主次、轻重关系的条分缕析。不能割裂史实之间的逻辑关系;不能着眼整体而忽略局部,也不能只见树木不见森林地肯定局部而忘记整体,总之应把握事物的系统性、整体性。周密思索也必须是动态的思索,如实地按照客观事物发展的动态性做寻迹追踪的动态思考。法律思潮既是"思潮"而非孤立的法律观点,就可能如风云雷电、波涛浪潮一般游移变化的。不做动态的思索,就可能做失实的反映。正确判断与合乎逻辑的推理,既是形式逻辑与辩证逻辑的要求,也是科学评介剖析中国法律思潮的诸多方面的重要前提。这在中国法律思潮史研究的全过程中必须充分重视。

四、中国法律思潮史与中国法律制度史及其他思想史的关系

中国法律思潮史与中国法律制度史及中国政治思想史、中国哲学史等,有着密切的关系。

中国法律制度史是关于中国法律制度的起源、发展及其规律的历史。它涉及各有关时

代的政治制度、立法、司法的兴衰沿革。中国法律思潮的形成和发展受中国法律制度变迁的制约和影响，但二者绝不是对应的或成正比的关系。由于被压迫、被统治阶级大多不能自主地、自由地表达自己的思想包括法律思想，文献遗产也较少记载这些法律思想，所以一个时代的法律思潮有主流与支流之分，有明潮与潜流之别。占主流地位的明潮，一般来说，多与当时的法律制度相互呼应、相互支撑。也就是说，有什么样的法律制度，往往就有与之适应的法律思潮主流。但主流法律思潮有时是先于法律制度而存在的，它就成了这种法律制度的催生剂。法律思潮的支流与潜流不可能与法律制度的主旨相表里、相呼应、相一致。它往往与当时的法律制度或其部分规定相悖。因此，我们对法律思潮支流与潜流所表达的观点，应予细心的关注。这是因为，这种支流与潜流既可能是进步的，也可能是反动的。如果一种法律制度是符合生产力发展要求的，是先进生产关系的法律保证，那么与之对立的法律思潮就难以说是进步的了。反之亦然。但是，无论是进步的法律思潮抑或反动的法律思潮，都不应被捧上青天或打入海底。只要它有某种"合理的内核"或"合理的外壳"，我们都应予以肯定而加汲取。即使是非合理的东西，也有值得批判用以"施肥"的作用，不应随意弃之不顾。总之。法律思潮与法律制度之间的密切关系必须重视，而又不能互相取代与混淆。

在中国法律思想史的研究中，以往大多忽略了法律制度本身所反映的当时的法律思想。实际上，法律制度的确定，在最直接最全面最丰富的程度上反映了当时的统治集团以及为他们所掌握的法律工作者（法律制度的制定者）的法律思想，这是丝毫也不用怀疑的。对这一点的忽略，无疑是迄今为止的中国法律思想史研究的严重闪失。中国法律思潮史的研究当然应将法律制度本身所表达的法律思想作为重点。由此也可见中国法律思潮史与中国法律制度史密切关系之一斑。但法律思潮史对法律制度的研究，与法律制度史的研究又是不同的。前者侧重于法律制度所反映的法律思想，后者侧重于法律制度本身的具体规定。法律制度是法律思想的载体之一，法律思想则是法律制度的灵魂。必须注意的是，参与制定法律制度的法律思想家或指导法律制度制定的政治家、当权者，其法律思想不是与法律制度所反映的法律思想始终完全同一的。有时，他们的法律思想或某些观点与法律制度并不一致；更普遍的情况是，法律制度长期不变而人们的法律思想却变得面目全非了。由此又可知，法律思想、法律思潮之与法律制度之间的错位关系。这也是法律思潮史研究中必须细心斟酌的。

中国政治思想史的研究对象是："历史上各个阶级和政治集团对社会政治制度、国家政权组织以及各阶级相互关系所形成的观点和理论体系；各种不同政治思想流派之间的斗争、演变和更替的具体历史过程；各种不同政治思想对现实社会政治发展的影响和作用。"[①] 显然，中国政治思想史是属于政治学范畴的历史科学。中国法律思潮史作为属于法

[①] 徐大同、陈哲夫等编著：《中国古代政治思想史》，吉林人民出版社1981年版，第2页。

学范畴的历史科学，在范畴体系方面与中国政治思想史的区别是显而易见的。过去那种把法律思想史的研究从属于政治思想史研究的状况，既是对法律思想史研究的削弱以至取消，也是为政治思想史研究加重负担，造成累赘，使政治思想的概念模糊起来，混淆不清。只有将二者加以严格的区别，才可能对二者各做深入的探讨，得出明晰的结论。但这丝毫也不意味着法律思想、法律思潮的研究可以无视社会政治状况和有关思想家、政治家的政治观点。应当说，法律观点本身是政治观点的最强烈反映，同时也受政治观点的最直接的制约。离开社会政治状况和本人的政治观点的法律观点是不存在的。但社会政治状况和本人政治观点与其法律观点的关系又不一样。法律观点一般来说总是与政治观点相一致的，但与政治状况的关系却可能是：同样的政治状况下，会有不同的法律观点。这种情况不仅存在于不同阶级的人们之间，而且还可能存在于同一阶级的人们之间。这是因为，政治观点与法律观点作为观念形态的东西，因为被客观存在所决定，因此二者是一致的；而不同主体对相同客体的反应，不仅受客体状况的制约，而且还受其他许多因素所制约，所以在同样的政治状况下会有不同的法律思想家，不同的法律观点。因此，中国法律思潮史的研究，必须密切注意与中国政治思想史的关系，既不画上等号、互相混淆或互相取代，又要充分考虑主体的政治观点对法律观点的影响，以及二者与社会政治状况之间的相同的或不同的关系。只有这样，中国法律思潮史与中国政治思想史的研究才可能互相促进、互相补充、相得益彰。

中国哲学史是关于中国哲学思想形成、发展、分化、演变与斗争的历史科学。哲学提供关于认识世界的普遍而根本的观点与方法，是一切科学家的世界观与方法论的思想基础。中国哲学史的研究，为中国法律思潮史的研究提供认识法律思潮主体的根本指导思想，即世界观与方法论的钥匙。神权法学、王权法学与民权法学不可能在完全相同的世界观与方法论的基础上产生。为要正确理解、科学剖析法律思潮的形成，就必须探究有关主体的哲学世界观与方法论。中国哲学史上，先秦的儒学、西汉的经学（朴学）、魏晋的玄学、隋唐的佛学、宋明的理学（道学），作为哲学思潮的特殊形态，都曾对各个时代的特定法律思潮发生过极大的影响。许多儒学家、经学家、玄学家、佛学家、理学家同时也是法律思想家；反之亦然。但哲学观点与法律观点之间的关系，不同于政治观点与法律观点之间的关系。可以认定，有什么样的政治观点就会有什么样的法律观点；但有什么样的哲学观点却不一定都能造成同样的法律观点。这是因为，决定主体的哲学思想与法律思想的因素是不尽相同的；同时，哲学思想对法律思想的影响不是如同客观存在与主观反映之间那样的决定与被决定的关系。因此，我们在探讨法律思潮时，既要注意哲学世界观指导法律观点形成与发展的普遍性与一般性，又要注意在一定世界观指导下形成与发展的法律观点的特殊性与个别性；既要剖析法律思潮主体的哲学世界观与方法论，剖析法律思潮的哲学实质，又要深刻认识哲学世界观与法律思潮之间的区别，与法律思潮所由产生的诸多原因之间的关系，不做机械的简单化的认定，不贴哲学标签。

五、中国法律思潮的历史发展

中国法律思潮发展的基本线索决定着该学科的理论框架与结构体系。考察中国法律思潮的历史发展过程,为之描画出一个大致的轮廓,有助于理清中国法律思潮发展的基本线索。

《中国法律思想史纲》一书在研究了近代以来各家法律思想史著作之后,把中国法律思想史的学科体系概括为以下几种主要的构成方法:

1. 以朝代兴替为序列的构成法。即一朝一代依次排列,各自成篇。

2. 以政治演进为分界的构成法。有的概括为所谓神权时代、贵族统治时代、王权时代、民主革命到社会革命之过渡期;有的概括为封建政治时代、贵族政治时代、独裁政治时代三类。

3. 以发展阶段为标志的构成法。即以法律思想本身的发展过程为依据,按其特点划分发展的阶段,以之作为构成学科体系的骨架。

4. 以代表人物为排比的构成法。

5. 以问题性质为中心的构成法。即按问题性质分类排比,纳入有关人物的观点做专题论述。[1]

该书作者比较了这些方法和它们所体现的体系的得失,认为"一种比较科学的新的中国法律思想史的体系",必须尽力避免诸如"对一朝一代的法律思想做孤立的论述,对形形色色的法律思想做客观的介绍,对法律思想的发展做主观的划分,对有关的代表人物做简单的排列,对诸多的法律思想资料做生硬地转录,等等"。[2] 这些看法无疑是正确的。在此基础上,该书所采取的体系被确定为:首先根据社会形态的不同,划分为"编",以供读者明确奴隶社会、封建社会和半殖民地半封建社会三种不同阶级实质的法律思想的区别;其次,在每一社会形态内,大体上按各种法律思想相互关联的程度和发展演变的阶段,以不同的集团、学派或朝代为标志,划分成"章",以供读者明了中国法律思想发展的脉络和阶段;再次,按历史发展顺序,以不同的集团、学派和代表人物为主体,划分成"节",以供读者掌握各重要集团、学派和代表人物的法律思想的基本内容。这些考虑在该书中得到了很好的体现,有发展线索明晰、层次阶段清楚的优点。

但是,中国历史上的各个社会形态,除原始社会形态外,都是剥削阶级占统治地位的社会形态。要从中析出"不同阶级实质的法律思想",其区别是指什么呢?是指奴隶主阶级、地主阶级和资产阶级呢,还是指剥削阶级和被剥削阶级或统治阶级和被统治阶级

---

[1] 张国华、饶鑫贤主编:《中国法律思想史纲》,甘肃人民出版社1984年版,第15、16、17页。
[2] 同上书,第17页。

呢？如果是前者的话，那么，必须面对两个不可回避的问题：第一，奴隶主阶级、地主阶级、资产阶级同属剥削阶级，其法律思想的"阶级实质"，无论如何都会被归属于"剥削阶级实质"的既定框框中去。这样的分析必然存在两个问题：其一，"实质"均为"剥削阶级"，划而分之尽管可能是清楚的，即划分为奴隶主阶级法律思想、地主阶级法律思想、资产阶级法律思想等可以是界限分明的，但都未脱出"剥削阶级"范畴，根本上并无"阶级实质"的区别。因此，这样的划分，仍有模糊性的一面。其二，如果析出的仅止于奴隶主阶级、地主阶级、资产阶级的法律思想，那么，中国法律思想史岂不就只是剥削阶级法律思想史？这不但读者难以接受，即使是有志于做"阶级分析"的作者自己也怕是难以容忍的。因此，按社会形态划分，并不是无懈可击的最佳选择。第二，从已刊著作看，奴隶主阶级和地主阶级法律思想家中，有不少人的基本法律观点是一致的，有的几乎是雷同的。中国历史上的儒学法律思想，上承西周以来的礼治和周公的"明德慎罚"思想，下启秦汉隋唐直至宋元明清的德治、人治观点，几乎是一脉相承的。隋代的文中子王通，几乎逐字逐句地重复了孔子的许多言论，其法律思想几无区别。这样一来，即使要将他们按"奴隶主阶级、地主阶级……"的模式加以区别，也是勉为其难的了。如果是后者，即将中国法律思想按剥削阶级和被剥削阶级、统治阶级和被统治阶级加以划分的话，那么所谓"按社会形态"划分又显得与之抵牾了。因此，无论从哪一方面看，"按社会形态"划分，都未必是最可取的办法。

笔者认为，中国历史的朝代更迭，第一，是客观存在的事实；第二，是了了分明的事实；第三，若干先后相随的朝代与其后的若干先后相续的朝代确有较大的社会经济、政治变化，但后者重演前者的社会运行史迹的情况实在太多了，其结果是法律思想观点的"复古"现象也司空见惯。因此，与其"按社会形态"划分法律思想的演进，还不如按朝代更迭来观察法律思想的演进。这里我用了"观察"二字，意在表明"按朝代更迭"述评法律思想、思潮的演进，并不刻意于做"阶级实质"的划分，而是顺其自然，不硬把某种法律思想因处于某一社会形态而纳入某一阶级的法律思想范畴。当然，这不是说我们不准备考察法律思潮的阶级倾向。我们在述评法律思潮的本质特征或其特点时，将从有关法律观点本身出发，即前文所说的，从客观存在的历史事实出发，而不是从事先设定的"某一社会形态下必有某种法律思想，而这种法律思想又必属于某个阶级"的框框出发。

需加注意的是，"按朝代更迭来观察法律思想的演进"，并不是从朝代更迭必有法律思潮的起落进退出发的，只不过是借朝代更迭的时期划分以便于叙述法律思想的表现罢了。究竟法律思想是否有所演进，怎样演进，以及它同朝代更迭的关系，只要客观地、如实地加以述评就是了，自不必囿于朝代的更迭而非要炮制出什么"实质"来不可。

还应注意的是，这里"按朝代更迭来观察"的是"法律思想的演进"，而不是指观察"法律制度的变化"。陈顾远先生引梁启超语："史之为状，如流水然，抽刀断之，不可得断；今之治史者，强分为古代、中世、近世，犹恐不能得正当标准，而况可以一朝代兴亡为之划分耶？"① 从而认为："是故对专门史之制作，尤其中国法制史，若一律横断为书，则实莫能会通古今，得知原委，明事物之沿革，序法制之变迁也。"② 尽管梁、陈上述有其道理，但朝代更迭兴替作为了了分明的事实而便于记述历史的变化，是不可否定的。陈顾远先生鉴于上述而编中国法制史时，析成"组织法规""人事法规""刑事法规""家族制度""婚姻制度""食货制度"等章，固有对每种制度的渊源流变各做有机而系统的述评的长处，但是各种制度之间的关系如何，各种制度与当时社会状况关系如何，社会演进对制度变迁的影响如何，都未能做出条分缕析的说明，而如做说明，各章同样会出现陈先生所"徒觉繁复取厌"的问题。所以，分专题写专史，也未必是好办法。何况，在每一种制度史的记述上，仍然离不开朝代更迭引起的制度变迁。究此种写法之实，不过在书籍的章节提纲上看不出"朝代兴替"之痕迹罢了，一看内容，仍然脱不了朝代兴替更迭这一了了分明的客观历史事实。此外，引用陈顾远先生关于法制史撰著方法的观点用以取舍法律思想史的写作方法，也是有问题的，因为二者毕竟不是同一学科的东西。陈先生所言"宋、齐、梁、陈，律制一本于晋，颇少重要改革，难为变迁之言"，"此魏律……源出于汉，此齐律更仍以此魏律为蓝本"等等③，所说的是法制。在法律思潮上，各个朝代恰恰常有十分不同的变化。因此，我们拟以朝代更迭为线索分章述评。当然，在这样做的时候，十分注意社会形态变化对法律思潮所发生的影响，仍是必需的。其实，按朝代分章，无论从形式上还是从实质上，都并不影响我们依据客观历史事实来述评法律思潮演变与社会形态更新之间的关系。而为了使法律思潮演变与社会形态更新之间的关系明确地得到表达，我们将在有关章节之后，做出概括性的阐述。

六、夏代法律思潮研究

关于夏代的法律思想，已刊"中国法律思想史"的各种著作都极少问津。如高校教材《中国法律思想史》仅有下列文字提及："早在夏代，奴隶主贵族就已开始利用宗教迷信来维护其统治。《尚书·召诰》说：'有夏服（受）天命'；《论语·泰伯》也说：夏禹'致孝乎鬼神'。可见夏代的统治者以假借天命鬼神来进行统治。"另引《尚书·甘誓》之"今予惟恭行天之罚"，以夏启讨伐有扈氏时的这句话断言夏代有"代天行罚"的法律思想。④《中国法律思想史纲》仅引《论语·泰伯》所说夏禹"菲饮食而致孝乎鬼神，恶衣服而致美乎黻冕"来说明"夏禹本人对鬼神就很虔诚，并且非常重视祭祀"。⑤ 显然，用这样简单的文

---

① 梁启超：《中国历史研究法》。
② 陈顾远：《中国法制史概要》，中国台湾三民书局1977年版，第14页。
③ 同上。
④ 法学教材编辑部《中国法律思想史》编写组：《中国法律思想史》，法律出版社1982年版，第19、20页。
⑤ 《中国法律思想史纲》，甘肃人民出版社1984年版，第38页。

字来述评长达四五百年（前 2033？—前 1066？）的夏代的法律思想，是十分不足的。

究其原因，客观上是史料的极端缺乏，主观上是对已有的史料研究不足。对于前者，自然无可奈何，而对后者，却有补救的可能。

研究不足的原因也可分为两个方面：其一是对已有史料发掘、分析太少；其二是对已有史料的真伪论断有偏颇之处。这里，致命的是后者，不解决这个问题，几乎无法前进半步。这是因为，最古的文字记载（甲骨文等），都非出自夏朝本代，因而可信程度就大打折扣。但是，上引《尚书》《论语》不也是后人之作吗？既可以此论定夏代相信天命鬼神，那么把其他一些典籍，如《史记》等的记载撇开，似很无道理的。因此，笔者以为，大可拓展史料运用的范围，以尽可能详尽地描述夏代的法律观念并加适当的评断。从这样的角度出发，我以为，夏代不仅仅有法律思想观点可加述评，而且可以述评其时的法律思潮。

为此，我们首先来看一看有关夏代的史料。

有关史料大致可分为以下几类：

一为史书类。主要有《竹书纪年》《史记》《路史》等。

一为经书类。主要有《尚书》《礼记》《诗经》等。

一为子书类。主要有《论语》《淮南子》《墨子》《孟子》《韩非子》等。

此外还有类书类。

所有这些史料，述及夏代的，都是根据传说。由于没有夏朝本代的记述，我们只能信其为真，因为毕竟是接近于夏代的古人所记，我们在没有其他材料来源的情况下，无法证其为伪。只有当上述史料互有冲突抵牾时，才能做辩证而定真伪。

在谈了史料之后，我们可以进而看一看这些史料告诉我们夏代有什么样的法律思潮及其成因、影响等问题了。根据笔者的初步探索，夏代法律思潮可分为三个方面来看：

（一）当权者的神权法思潮

1. 神权法思潮的表现

神权法思潮主要表现在夏禹与夏启等身上。

夏代的统治者宣称礼与刑是"天"或"上帝"创制的，即"法自天出"。《尚书·洪范》载箕子说，他听说过"天乃赐禹洪范九畴，彝伦攸叙"，天使禹掌握了教民和睦相处、治国安民的法规。《尚书·皋陶谟》中，皋陶、禹向舜谈及礼与刑时，皋陶说："天叙有典，敕我五典五惇哉！天秩有礼，自我五礼有庸哉！同寅协恭和衷哉！天命有德，五服五章哉！天讨有罪，五刑五用哉！政事懋哉！懋哉！"概而言之，"礼"与"刑"都是"天"所制定，是"天"的意志。舜向禹咨询治国之术时，禹回答道："於，帝！慎乃在位，安尔止。辅德，天下大应。清意以昭待上帝令。天其重命休。"① 禹伐有苗时，在誓师大会上

---

① 《史记·夏本纪第二》，第 79 页。

说："济济有众,咸听朕言:非惟小子,敢行称乱。蠢兹有苗,用天之罚。若予既率尔群对诸群,以征有苗。"① 可见夏禹"用天之罚"思想的明确。最典型的要推夏禹之子夏启的法律思想。如果说夏禹、皋陶的神权法思想可以归结为"法自天丞"的话,那么夏启的神权法思想就表现出"代天刑罚"的特点来了。夏启夺取帝位后,对不服其统治的有扈氏开战。"将战,作《甘誓》,乃召六卿申之。启曰:'嗟!六事之人,予誓告女:有扈氏威侮五行,怠弃三正。天用剿绝其命。今予惟共行天之罚。'"其"天罚"的内容是:"左不攻于左,右不攻于右,女不共命。御非其马之政,女不共命。用命,赏于祖;不用命,僇于社,予则帑僇女。"② 司马迁写《史记》所引的这段话,见诸《尚书·甘誓》,是可信的。夏启之"代天行罚"的神权法思想,在这里表现得淋漓尽致。此后的夏代各朝事迹不明,仅见《史记·夏本纪》载帝孔甲"好方鬼神、事淫乱"。"事淫乱",是夏代没落帝王腐朽生活的写照,而"好方(仿)鬼神"则是神权法思潮的一种表现。

2. 神权法思潮产生的原因

夏代统治者的神权法思潮的产生,源于当时生产力水平低下造成的对自然界力量的不科学解释及其与私有制产生、阶级分化后所形成的维护剥削机制和政治压迫的阶级需要的结合。当然,也同社会斗争中的一些偶然事件相关,例如夏禹之一箭射中有苗氏的首领从而使得征服有苗的战争大获全胜,这不能从先进部族或其代表先进生产力等取得解释,与战争中的偶然因素相关。这也使得当时的人们相信了天与神的力量远远高于人的力量。加上剥削与统治的需要,以"法自天出""代天行刑"等表现的神权法思想就应运而生了。

关于夏代的法律思想,几乎所有的已刊著作,都仅涉笔于神权法思想,这是有极大欠缺的。首先,如果当时的统治者仅以神权法思想支配,那就可能完全随心所欲地行事。这样的话,禹传启,启传太康,传仲康,传相,传少康,传帝杼,传帝槐、传帝芒,传帝泄,传帝不降,传帝扃(不降弟),传帝胤甲,传孔甲,传帝皋,传帝发,直至传帝履癸即帝桀,共十三代、十六帝,长达472年③,就是不可思议的了。其次,更重要的是,有比上述神权法日渐更多的材料说明夏代在存在神权法思潮的同时,还存在着原始的奴隶制法治思潮。

(二)原始的奴隶制法治思潮

1. 夏代的原始的奴隶制法治思潮的表现

其一,政治方面。

为政以礼、以法、以术、以势……向来是中国古代治术的论争要点。夏代当然不可

---

① 《墨子·兼爱下》引《禹贡》。
② 《史记·夏本纪第二》,第84页。
③ 《竹书纪年》说472年;《三统历》说432年。

能有后来的封建统治者那样丰富的经验与知识，但也必有其治术，其治术也必可归入一定的范畴或类别。综观夏代史料，可以断言，其治术是为政以法。这是当时原始的奴隶制法治思潮的一种表现。

其具体表现如：夏禹在治水和军事上获得大胜后，大大加强了他的政治统治地位，于是"合诸侯于涂山"，即与诸侯及各部落首领会合于涂山，以示庆功与炫耀武力、权力。其时"执玉帛者万国"，真是盛况空前。① 这样的盛大典礼也许举行过多次，其中一次，"禹致群神于会稽之山，防风氏后至，禹杀而戮之"②。这种情况下的"杀而戮之"，如果仅是暴力的横行，显然会引起其他部落首领的不满，因而有较大的可能是依据当时的某种规定实施的。

政治上的奴隶制法治。最明显的是表现在订立了官制。据《礼记·明堂位》说："夏后氏官百。""官百"之"百"，不一定是确切的数字，但它说明夏代确已存了一批国家官吏。这些国家官吏的推举与职责，《尚书·立政篇》述及周公将国政交给周成王时所说的话："宅乃事，宅乃牧，宅乃准，兹惟后矣。谋面，用丕训德，则乃宅人，兹乃三宅无义民。"又说："乃用三有宅，克乃宅，曰三有俊，克即俊。严惟丕式，克用三宅三俊。"意思是：夏朝时诸侯们竞相选举贤人，经过考察他们的作为，才相信他们是否能够按照一定的道德标准行事。这种标准就是：官员们各司其职，凡管理政务的能认真地管理臣民，使之安居乐业；负责司法的能够做到公平合理。假如不是这样，而是以貌取人，不根据德行，而是根据个人的喜好，那就得不到贤能的人做国家的栋梁了。由此可见：第一，官吏要经推选才能任命；第二，选官要有一定标准；第三，官员职分明确划分；第四，管理政务必须认真；第五，司法必须公平；等等。这些，当不是随机的指令，而是形成了条规的法式，所以一直流传到周公时代并用于教诲周成王。

其二，经济方面。

这一方面有相当丰富的资料说明，夏代已开始实行原始的奴隶制的法治。

《盐铁论·未通篇》说："(禹)平水土，定九州，四方各以土地所生贡献，足以充宫室，供人主之欲。"这就是说，夏代已经有了贡赋。

据说，禹治水时，顺便观察土色，识别土质，把田地按肥瘠分为九等，并参考土地广狭、人口疏密，定出九等的田赋。《尚书·禹贡》记载，夏代国土共分五服，即甸服、侯服、绥服、要服、荒服。依次是在王城外面五百里、一千里、一千五百里、两千里、两千五百里，规方则加倍。甸服是天子国内土地，其贡赋据《禹贡》及《通典》的记载为："禹定九州，量远近，制五服，任土作贡，分田定税，十一而赋，万国以康。故天子之国内，五百里甸服，百里赋纳总（千藁曰总，供饲马——原注），二百里纳铚（禾穗——原注），三百

---

① 《左传·哀公七年》，《春秋左传注》第1642页。
② 《国语·鲁语下》。

里纳秸服（秸，藁也；服，藁役——原注），四百里粟，五百里米。"

此外，《孟子·滕文公上》还谈到了"夏后氏五十而贡"。肯定了夏代的贡赋制度是一夫授田五十亩，贡五亩的产品作为赋税，即交收获的十分之一。这十分之一的数额，是指平均收获量，即所谓"贡者校数岁之中以为常"。

记载最详尽的要算《史记·夏本纪》①了。

禹行九州，"于是九州攸同，四奥既居，九山刊旅，九川涤原，九泽既陂，四海会同。六府甚脩，众土交正，致慎财赋，咸则三壤成赋"②。《史记集解》郑玄注"众土交正，致慎财赋"。曰："众土美恶及高下得其正矣。亦致其贡篚，慎奉其财物之税，皆法定制而入之也。"即依据一定的制度而纳贡。这"法定制"，就是财税法及其遵行的意见。

由此可见，夏代是依据原始的奴隶制法来治理经济事务的。

其三，社会治安方面。

《史记》记"皋陶作士以理民"，即皋陶被任为法官处理社会治安事务。他主张："非其人居其官，是谓乱天事。天讨有皋，五刑五用哉。"并问禹："吾言底可行乎？"禹回答是："女言致可绩行。"表示了赞同。

《史记》还记载皋陶"敬禹之德，令万民皆则禹。不如言，刑从之。"于是"舜德大明"。当社会出现了升平祥和的景象、诸侯同庆时，"皋淘拜手稽首扬言曰：'念哉，率为兴事，慎乃宪，敬哉！'"郑玄注"念哉"为"使群臣念帝之戒"；孔安国注"率……宪"为："率臣下为起治之事，当慎汝法度，敬其职。"

总而言之，社会治安依法而得。

综上所述，夏代在政治、经济、社会生活方面都有原始性质的奴隶制的法治表现。这些表现也是统治者的法律观念的反映，它代表了神权法之外并见与之并行的另一种法思潮，即法治思潮。其特点是：原始性，即简单粗疏；奴隶制本质，即为事事针对奴隶。

2. 奴隶制法治思潮产生的原因

简言之，是当时的社会需要。神权法仅仅作为"法治天出""代天行罚"而表达了法治的权力渊源与法的形成渊源的观念。但治理社会不能仅止于此，还必须有具体的治理办法。这样，就形成了体现为"法治思潮"的思潮。

神权法思潮与法治思潮是并行不悖、相得益彰的。两种思潮的结合，成了当时社会的法思潮主流。

（三）人民群众（奴隶）的反对奴隶制法的观念，即原始的法律虚无主义思潮

其表现，有据可查的是《汤誓》的点滴记载。即民谣："时日曷（何时）丧，予及女皆

---

① 《史记·夏本纪》，第 52—75 页。
② 《史记·夏本纪第二》，第 75 页。

亡。"他们找不到出路，于是产生了同归于尽的思想。

综上所述，可以得到关于夏代法思潮研究的几点结论，而它是有普遍意义即可推及于各朝代的：

1. 史料发掘可以扩大范围；
2. 法思潮并不仅表现在子书中；
3. 政治、经济措施反映了法理念；
4. 主流思潮可以是综合性的，包容了几个方面；
5. 非主流思潮只要有，就不应不涉笔。

试论中国历史上新型社会形成时期法律思想的主流[*]

社会主义中国走过了三十五年的历史行程,当前正处在方兴未艾的改革热潮中。改革所必然引起的社会关系的变动,已可略见端倪。究竟采取何种对策来调整新型的社会关系,解决新产生的社会矛盾,值得借鉴一下历史的经验。虽然奴隶社会、封建社会和资本主义社会都是剥削制社会,但当它们分别替代先前的社会形态崛起时,却体现着新的生产关系,是进步的社会制度。当今新型的社会主义中国之能借鉴古代中国的经验,主要依据即在于此。

综观人类法律思想和中国法律思想发展的轨迹,我们看到:厉行"法治",是我国历史上奴隶制、封建制社会形成时期法律思想的主流,也是我国近代孕育资本主义社会时期法律思想的主流。这一主流思想在上述三个时期又分别以宣扬神权、皇权、民权为特点。

一

夏、商、西周是我国古代奴隶制社会形成和发展的时期。由原始社会进入奴隶社会,在当时的历史条件下,无疑是一个伟大的进步。新型的奴隶制社会依靠上自国家制定的法律、下至保护族长家长统治地位与世袭特权的族规家法来维持,同时也靠并不依赖任何类型暴力的德礼教化来统治。这样,就必然形成或者尊奉专恃国家暴力的"法治",或者推尊在一定程度上依仗暴力,同时在相当大程度上依仗"舆论"的宗法制度,或者颂扬以思想麻醉为主要手段的德礼教化即"德治"等不同的法律思想流派。当然,三者联系紧密,缺一不可;但互有区别、侧重点不同,也是显而易见的。

从我国奴隶制社会发展的全过程看,"礼治"是西周时期提出来的。"皇天弘厌厥德,

---

[*] 本文写于1984年,未发表。

配我有周"①的"以德配天""皇天无亲,惟德是辅"②"王敬所作、不可不敬德"③"天视自我民视,天听自我民听"④的"敬德""保民"思想,这些属于"礼治"范畴的思想、主张,在夏、商时期尚未提出,更不可能占主导地位。

夏、商时期法律思想的主流是"代天刑罚",即"法治"加神权的神权法思想。夏启讨伐有扈氏时宣称:"今予惟恭行天之罚。"⑤《尚书·召诰》云:"有夏服天命。"《论语·泰伯》曰:夏禹"致孝乎鬼神"。这些材料说明夏代"恭行天罚"观念的盛行。这里的"罚",当然不是德礼教化,也与宗法制度的束缚与制裁方式有所区别;而"天""天命""鬼神"之属,即成了奴隶主统治者行"罚"的理论依据。也就是说,夏代法律思想的主流是行"罚"思想,或曰惩罚主义,所凭借的精神力量是神权。

到了商代,神权法思想有了进一步的发展。成汤攻打夏桀时声称:"有夏多罪,天命殛之……夏氏有罪,予畏上帝,不敢不正……尔尚辅予一人致天之罚。"⑥甲骨卜辞有"贞,王闻不惟辟;贞,王闻惟辟"条,说商王用刑与否,并非取决于个人的主观意向,而是按照在天之灵行事。殷商的刑罚,法定五刑有"墨""劓""杀""辟""劓"。甲骨文记载者还有割鼻、火烧、桎束双手。《尚书·盘庚》中还提到商朝有"劓殄"之刑:"予迓续乃命于天……乃有不吉不迪,颠越不恭,暂遘奸宄,我乃劓殄灭亡无遗育,无俾易种于兹新邑。"意谓图谋不轨者,斩尽杀绝。这就是一人犯罪合门抄斩的族刑的起源。神权法思想的发展,在刑罚制度的发展和以重刑严惩敌对者的解释上,得到了明显的反映。

迄今为止,法制史、法律思想史书籍论及夏商奴隶制法规定的重刑刑种时,无不指斥其"野蛮""苛酷""残忍""凶横"。这诚然有其正确的一面,但也不无偏颇。当我们把问题放在一定的时代范围内,用历史唯物主义的观点加以分析时,往往会得出与今人的道德心理迥然不同的结论来。

我们知道,奴隶制冲破了狭隘的氏族藩篱,使更大规模的社会分工得以实现,体力劳动与脑力劳动的分工也有了可能。因而,奴隶制社会的形成与发展是应该歌颂的、庆幸的进步事业,"甚至对奴隶来说,这也是一种进步,因为成为大批奴隶来源的战俘以前都被杀掉,而在更早的时候甚至被吃掉,现在至少能保全生命了"⑦。而所谓"野蛮""苛酷"的奴隶制法律,正是"保全"大部分以至绝大部分奴隶"生命"的护符。从这个意义上说,神权法这一奴隶制形成和发展时期的法律思想主流,是进步的法律思想,应当给予肯定

---

① 《尚书·康诰》。
② 《左传·僖公五年》引《周书》。
③ 《尚书·召诰》。
④ 《孟子》引《泰誓》。
⑤ 《尚书·甘誓》。
⑥ 《尚书·汤誓》。
⑦ 《马克思恩格斯选集》第3卷,第221页。

的评价。而西周及春秋时期发展起来的"以德配天""明德慎罚"和比较系统的"礼治"思想，以及"以宽服民"、反对"天罚"（子产），"无为而治"、"道法自然"、"法令滋彰、盗贼多有"（老聃）等等说教，虽然满脸孔的"仁慈"，却不过是逐渐走向衰败的没落奴隶主阶级维护反动的奴隶制度的思想武器，应当给以否定的评价。

二

公元前475年到公元前221年秦王朝建立，这是我国封建制形成的战国时期。这一时期法律思想的主流，更明显的，是"明法审令"、厉行"法治"的主张。凡是实行这一主张的国家，都得到长足的发展；反之，则渐渐衰败。

战国时期，儒、墨、道、法四家，为当时社会思潮的主要的代表者。儒家的祖师是孔子，提倡克己复礼、天下归仁，认为"道之以政，齐之以刑，民免而无耻；道之以德，齐之以礼，有耻且格"①、"礼乐不兴，则刑罚不中，刑罚不中，则民无所措手足"②，总之是要"德治""礼治"。但他的这些主张，在他生活的春秋时期无处推销。战国时期的孟子、荀子继承和发展了孔子的儒家学说，他们的法律思想仍然不脱"德治""礼治"的窠臼，因而同样不可能在当时的社会上得到实施。墨家的学说反映了战国时期小私有生产者上层的政治愿望和要求。其法律思想围绕着"尚贤""尚同""节用""节葬""非乐""非命""天志""明鬼""非攻""兼爱"展开论述，尤以"兼相爱，交相利"为核心，企图调和奴隶主贵族与新兴地主阶级的矛盾，兼顾小私有生产者上层的利益。这当然为力求实现封建地主阶级独享政权、巩固和加强封建剥削制度的各国统治者所难以接受。道家的鼻祖是老子，其在战国时期的代表人物是庄周。老、庄的道家法律观带有浓厚的虚无主义色彩，主张绝对无为，否定一切仁义礼法。这同新兴地主阶级的积极进取精神是格格不入的，因此同样地不能左右当时统治者的法律思想。

只有法家的法律观，在战国时期才能得到各新兴封建国家统治者的翊赞，并陆续在各新兴封建国家付诸实行。例如：

李悝在政治和法律上提出："为国之道，食有劳而禄有功，使有能而赏必行、罚必当。"③ 章太炎说他是"著书定律为法家"④。他的"法治"主张得到魏国统治者的赏识，他被魏文侯重用来主持魏国的变法。他总结了前人的立法经验，编撰了作为成文法典的《法经》六篇。由于李悝在魏国主持变法，实行法治，魏国成了当时的强国。

---

① 《论语·为政》。
② 《论语·卫君》。
③ 《说苑·政理》。
④ 《检论·原法》。

吴起主张"明德审令"、厉行"法治",主持过楚国的变法,使原来比较落后的楚国在短短的十年内就变得富强繁荣起来,"南收扬越,北并陈蔡"①,"却三晋,西伐秦"②,一直打到黄河两岸,并吞了许多诸侯小国。

商鞅认为富国强兵的要术在于"缘法而治"③或曰"重法而治"④,主张"立法明分""刑无等级""守法守职之吏有不行王法者""罪死不赦""刑及三族"⑤,强调"禁奸止过,莫若重刑"⑥"以刑去刑,刑去事成"⑦等等。商鞅的这些主张完全符合封建统治者的迫切需要,因而得到秦孝公的信任,主持秦国变法,使地处边远、国弱民贫的秦国后来居上,一跃而为"兵革强大、诸侯畏惧"⑧的强大国家,为后来秦统一全国奠定了基础。

此外,如慎到、申不害、韩非等著名的法家,都在当时起了重要作用。他们的法律思想成了各种法律思想的主流。

值得指出的是,当国家处于分裂的时期,为了求得重新统一,各分立国家的统治者,也总是凭借厉行"法治"才使自己立于不败之地,从而逐渐养成统一的力量,创造统一的条件。例如,魏、蜀、吴三国鼎立时期,儒、墨、道三家的法律思想几无"立锥之地",只有法家学说、法家的法律观居于绝对的统治地位。曹操"揽申、商之法术,该韩、白之奇策"⑨认为"拨乱之政,以刑为先"⑩,采取了"选明达法理者使持典型"⑪、"犯而必诛"⑫的严格措施。诸葛亮主张严刑峻法。"犯法怠慢者虽亲必罚""游辞巧饰者虽轻必戮"⑬。范文澜先生在《中国通史》中称诸葛亮是"标准的法家学说的实行者"。

综上所述,新兴的或追求统一的封建制国家中,法律思想的主流也是"法治"思想。但是,这种"法治"与资产阶级的"法治"主张是略有不同的,它带有突出皇权的特点。皇帝可以不受法律的约束,可以立法,也可以废法,而且他的话就被奉为"金科玉律",不能有丝毫的违抗。但皇帝以下,从一品宰相(廷尉、御史、尚书等等)到九品"芝麻官",都得绝对地服从法律,而皇帝也就依靠法律来管理官吏,并通过官吏来统治人民。

---

① 《战国策·秦策三》。
② 《史记·孙子吴起列传》。
③ 《商君书·君臣》。
④ 《商君书·壹言》。
⑤ 《商君书·赏刑》。
⑥ 同上。
⑦ 《商君书·斩令》。
⑧ 《战国策·秦策一》。
⑨ 《三国志·魏志·武帝纪》。
⑩ 《三国志·魏志·高柔传》。
⑪ 《三国志·魏志·武帝纪》。
⑫ 《曹操集·〈孙子〉注》。
⑬ 《三国志·蜀志·诸葛亮传》。

对封建社会皇权之高于一切视而不见,当然是错误的。但抹杀法家的种种"法治"主张,不承认这些"法治"主张与资产阶级"法治"理论的共同点,否认"明法审令"、厉行"法治"曾经是新型封建制国家的法律思想的主流,也是不符合历史事实的。

在法制史书籍中,法家的"法治"观点一般都得到肯定,但对他们所主张的重刑主义,却往往非议纷纷。其实,这是值得分析的。封建制之代替奴隶制兴起,是人类社会的一个新的进步。封建制法律之代替奴隶制法律而产生,是法制史的重要发展和重要进步。为封建法制的形成而鸣锣开道的一切"法治"理论、"法治"主张,包括重刑主义,都有利于封建制度的建立,从而有利于封建社会生产力的发展。因此,是应该予以肯定的。至于其中包含的皇权至上观点,也必须做历史的分析。"封建"是与"割据"紧密相连的,为了防止割据演变为分裂,成为削弱甚至摧垮统一的专制主义中央集权政府,是封建制法律必须解决的重大课题。这样,鉴于历史的传统,从封建社会的现实出发,强调皇权至上的法家"法治"理论和一系列主张,就既非怪诞,更属合理的了。完全没有必要也不应该拿另一个新型的社会形态——资本主义社会时期的法律制度和法律思想来衡量与苛求新兴的封建社会法律制度和法律思想。

三

在封建社会衰败之后,资本主义萌芽已经形成;西方资产阶级思想的影响已经波及域中。因此,在孕育资本主义制度与力求摆脱帝国主义、殖民主义羁绊的斗争过程中,以及在农民起义以求推翻封建专制的清王朝的革命过程中,资产阶级的法律思想开始得到宣扬、传播。如果不是步入半殖民地半封建社会,那么资产阶级的"法治"观是可能会成为新兴的资产阶级社会法律思想的主流的。这只要看一看鸦片战争以来进步思想家、政治家的法律观点,以及这些观点在同其他法律观点抗争中的作用,就可以得到清楚的认识。

鸦片战争时期,从地主阶级内部分化出来的一批改革派思想家,他们以龚自珍、魏源为代表,在农民起义和人民群众反侵略斗争的推动和影响下,大声疾呼"变法图强","师夷长技以制夷"[1]。

太平天国时期,农民起义的领袖人物洪秀全、洪仁玕等的法律思想具有比较鲜明的反侵略反封建性,在一定程度上反映出平等、民主等资产阶级观念。例如洪仁玕力主"国家以法制为先",认为"法制以遵行为要,能遵行而后有法制,有法制而后有国家,此千秋不易之大经。而尤为今兹万不容已之急务也";他主张在"设法"方面"以法法之""以刑刑之",在"执法"方面"先要禁为官者",严惩贪官污吏,"持法严",绝不宽贷违法犯罪

---

[1] 〔清〕魏源:《海国图志》。

者。① 由于洪秀全、洪仁玕处于太平天国的领袖地位，他们的这些法律思想部分地得到了实施。太平天国颁行的《天条书》《太平条规》《天朝田亩制度》《太平刑律》以及作为施政纲领的《资政新篇》等法制、政治文献中，鲜明地反映了他们的法律思想。这些法律思想虽然伪托"天父""上帝"的"意旨"，但从本质上说是为广大民众争取民主、平等的权利，属于资产阶级"法治"观的范畴，与"代天行罚"的奴隶主阶级的神权法、与尊崇皇权的新兴地主阶级的"法治"观是有区别的。

戊戌变法时期，以康有为、梁启超、谭嗣同、严复等人为代表，提出了资产阶级改良主义的政治纲领和一系列变法主张与方案，他们宣传孟德斯鸠的"三权分立"主张，要求设议院、开国会、定宪法、实行"君主立宪"，反对"礼治"，力主"法治"。例如梁启超认为当时"救世之唯一之精神"为"法治"，"法治主义为今日救时之唯一主义"②。他们的"法治"主张，是打着"便民""利民"的旗号的。例如严复就说"治国之法，为民而立"③，谴责"中国法家之思想凡律所以刑罚人而非所以保民者也"④。这种"保民""利民"、为民权而立法的观念，在辛亥革命时期的法律思想中，得到更为明确的强调。

辛亥革命是中国资产阶级领导的旧民主主义革命，因此，其代表人物大力主张和宣传的是资产阶级的"法治"精神，强调保障民权，反对个人独裁，力求在中国建立资产阶级法制。例如，章太炎在《代议然否论》中提出，推翻清朝之后建立的政府应当"专以法律为治"。他为"恢廓民权，限制元首"设计了十项措施。他推崇商鞅、诸葛亮，专主"法治"而不论"治人"，说："观《明夷待访录》所持重人民、轻君主，固无可非议也；至其言有治法无治人者，无过欺世之谈！诚使专重法律，足以为治，既有典常，率履不越，如商君、武侯之政亦可矣……"⑤ 伟大的民主革命先行者孙中山先生，对没落时期的封建法制进行了尖锐、激烈的批判，提出了"五权分立"的设想，详尽地论述了民权主义、民族主义、民生主义，认为"三民主义就是救国主义"⑥，并以此作为临时政府立法的指导思想。在章太炎、孙中山对反对"法治"的"礼治""仁政"的批判下，一切反对资产阶级法律思想的观点，都望风披靡，土崩瓦解，为广大人民所唾弃。可惜的是中国在辛亥革命后没有走上资本主义的发展道路，资产阶级"法治"观作为社会法律思想的主流而起作用的情况不可能出现。但是十分显然，如果一旦建立起资本主义社会，厉行资产阶级"法治"是必然的趋势。

---

① 《资政新篇》《立法制宣谕》等。
② 《饮冰室合集·中国法理学发达史》。
③ 《天演论·下》，"论十六"按语。
④ 《社会通诠》严复按语。
⑤ 《王夫之从祀与杨度参机要》。
⑥ 《三民主义·民族主义》。

四

历来的流行观点认为只有资产阶级才主张"法治",诸如"法律面前人人平等""法律至上""罪刑法定"等等,都是资产阶级的法律思想,在奴隶主阶级、封建地主阶级那里是不可能有的。这样,就不能解释我国历史上法家的种种法律观点究属何物;就不能解释何以法家的许多言论仅仅字面上、用语上与资产阶级的上述观点略有不同,而实际上却有许多相似之处甚至完全相同;就不能解释资产阶级的"法治"观点渊源何在;就不能解释何以资本主义社会也有许多法学派别,有许多政治家并不主张、并不实行"法律面前人人平等""法律至上""罪刑法定"以及其他的"法治"观点;就不能解释何以资产阶级走向没落,就不能解释我国何以也把"法律面前人人平等"载入律文,何以也推崇"依法治国"。

笔者认为,首先,法是人类的一大发明创造,它的产生和发展虽然可能并在实际上被反动阶级所利用过,但从本质、主流与发展趋势来看,它是为社会的进步、人类的发展服务的工具。

第二,新兴的奴隶主阶级、地主阶级和资产阶级曾经在相当长的时间里是革命的阶级、先进的阶级、对人类社会的发展做出了贡献的阶级。在这一点上,他们同无产阶级有共同之点。因此,他们的思想代表对于法、对于"法治"完全可能并且实践证明已经抱持了大致相同的观点。当然,他们在法律思想上有基本的共同点,并不排斥他们的前后相继是各有特点,又不断发展、不断前进的。

第三,新型的奴隶制社会、封建社会和资本主义社会,尽管是剥削制的社会,但它为生产力的发展开拓了广阔的前途,因而曾经是进步的社会。在这些社会里实行"法治",利用法制为生产力的发展、社会的安定和防止反动阶级、反动制度的复辟服务,可以而且事实上取得过巨大的成就。就这一点来看,社会主义社会借鉴以往的"法治"思想与法律制度,并根据新的情况创造社会主义法制,是毫无疑义的完全正确的、可行的。

第四,当奴隶主阶级、封建地主阶级、资产阶级丧失了革命性,走上保守以至反动的道路时,他们必然提出种种对抗"法治"的理论和主张。当奴隶社会、封建社会、资本主义社会走向没落时,法制也就往往被弃如敝屣。这些是三者在另一方面的共同点,它是由三者的剥削阶级性质决定的。与三者相反,社会主义、共产主义社会永远进步,也就能真正持久地运用人类文明的创造物——法。

从上述观点出发,我们认为,无产阶级作为最先进的最革命的阶级,社会主义社会作为最新类型的社会,无疑应当重视"法治",努力健全与加强社会主义法制,包括在一定的时期里厉行"法治",运用强大的专政力量严惩一切破坏社会主义的犯罪分子,尤其是严惩破坏社会主义经济建设这一中心任务的犯罪分子。也正是从上述观点出发,我们认为,法制史、法律思想史论著的某些流行观点,有加以重新探讨并予以修正的必要。

中国古代法律思想的逻辑发展[*]

一、研究中国古代法律思想的逻辑发展的目的和方法

（一）目的

中国法律思想史的研究，党的十一届三中全会以来得到了空前的重视。现在的任务是总结已有的研究成果，把中国法律思想史研究工作继续向前推进。

综观已经印行的中国法律思想史研究著作，可以分为两大类型：

一种是按学派和法律思想观点分类阐述，可以杨鸿烈著《中国法律思想史》为代表。该书罗列丰富的材料，对儒、墨、道、法四个学派的法律思想做了介绍，就阴阳五行等天人交感及诸禁忌、德主刑辅、兵刑一体、法律本质与司法专业化、法律平等、法律公布、亲属相容隐、刑讯存废、族诛连坐、复仇行为、肉刑废复、以赃定罪、赦罪当否、婚姻问题、别籍异财、亲子关系等方面观点的历史沿革做了说明，此外还对欧美法律思想输入后引起的中国法律思想的变化做了简述。

一种是按时期和人物阐述，近年来法律出版社印行的高等学校法学教材《中国法律思想史》和黑龙江人民出版社出版的《中国法律思想史》都属此类。甘肃人民出版社出版的《中国法律思想史纲》，力图对这种体制做出改革，在其《绪论》中分析了"以朝代兴替为

---

[*] 该文为未完成稿。本人曾有过邀集一些学者合撰"中国法律思潮史"的想法，但未付实施。大约是在2002年左右，我与我的研究生王旭曾合意过合作撰著《中国法律思想的逻辑发展》的构想。为此，王旭还复印了上海社科院冯契先生的《中国古代哲学的逻辑发展》全书做参考。惜此举未进行下去。该文为最初有关思路的一点成果。

序列的构成法""以政治演进为序列的构成法"[①]"以发展阶段为标志的构成法"[②]"以代表人物为排比的构成法""以问题性质为中心的构成法"的得失优劣，采取把人物及其思想放在特定的历史环境和时代思潮中去考察的体系。这是中国法律思想史研究的可喜进展。得到该书和法律思想史界师友的启示，笔者认为，进而系统地研究中国法律思想史的逻辑发展，即研究其发展的规律性，是十分必要的。

研究中国法律思想的逻辑发展旨在：

第一，借鉴。

如果割裂地把中国古代法律思想学派或代表人物的法律思想观点罗列出来，很难从中借鉴。

法律思想观点的正确与否、价值如何，不能脱离当时的社会现实来判断。研究中国法律思想的逻辑发展，要求联系法律思想所由产生的社会基础，这就为我们提供法律思想与社会现实之间的内在联系的知识，从而得以了解法律思想观点的正确性和价值。

研究中国法律思想的逻辑发展，掌握法律思想的发展规律，可以为我们了解当代法律思想发展的来龙去脉提供借鉴的钥匙。重刑轻民的法律观在当代是否存在？为什么会存在？发展前景如何？以言废法、以权代法的历史根源是什么？有何危害性？历史的教训何在？今后还会以怎样的形式出现？如何防止？法律与道德的关系如何？道德法律化、法律道德化在历史和现实中是怎样表现的？等等。所有这些问题，从孤立、割裂的法律思想史籍中难以找到答案，而研究法律思想的逻辑发展，则有助于我们回答这些问题。而这些问题的解决，无疑对法制建设可起积极作用。

第二，比较和批判。

比较是医治受骗的良方。中外法律思想的比较，将为我们提供获取人类法律思想精华的可能，也将为我们提供批判、鄙弃中国法律思想糟粕的标准。但是，割裂地罗列学派或人物的法律观点，会使得比较无法进行。将柳宗元的法律起源论与卢梭的法律起源论加以比较，没有什么实际意义；将管子的法律观与亚里士多德的法律观加以比较，也难以使我们从中获取教益。只有在研究中外法律思想的逻辑发展的基础上，将二者加以科学的比较，方能了解到中外法律思想的优劣。例如，在争讼观念上，中外有很大的差别。中国人至今仍以赴讼为耻，这同儒家宣传中庸之道的"宁人息事""定分止争""使无讼"的观念有密切关系。但根本上是由于商品经济不发达，自给自足的自然经济使人变得十分保守，

[①] 如对中国政治历史的演进，有的概括为神权时代、贵族统治时代、王权时代、民主革命到社会革命之过渡期；有的概括为封建政治时代、贵族政治时代、独裁政治时代。于是相应地将法律思想也纳入这种框框。

[②] 如将中国法制史分为萌芽时代、法制成立时代、法制发达时代、法制变革时代、法制进化时代、法制修明时代、法制颠沛时代的"七分法"，还有"五分法""三分法"等，于是同样地将法律思想纳入这种划分的框框里论述。

眼光狭窄，竞争精神很差。反映在法律思想上，就是怕赴讼、耻于赴讼。现在商品经济空前地活跃起来了，这种观念要改变，那就要进行比较和批判。而外国，特别是西欧，由于自古以来商品经济就比较发达，竞争的精神十分强烈，与之相应的法律观念不是"使无讼"，而是事事靠诉讼来解决纠纷。又如，在伦理法律观方面，中国比较发达，外国比较薄弱等等。这些都要进行比较和批判，有比较才有鉴别，有鉴别才有批判，有批判才会有真正的扬弃。中国法律思想史著作过多地肯定了法律思想家在法律思想上的贡献，一片歌颂之声，这是不科学的。

第三，建立中国法律思想史的科学体系。

中国法律思想史作为"史"，不应是材料的罗列和堆砌，不应是人物的割裂评论。应该将时代所由产生的法律思想潮流，以及在这一潮流中，各种类型的法律思想家的观点、地位、作用，加以阐述；应该揭示法律思潮、法律观点发展的线索、规律，阐明法律思想间的有机联系；还应该揭示法律思想、思潮、学派形成和发展的客观基础、认识根源及与上层建筑主要部门之间的关系，特别是与政治制度、法律制度的关系；等等。这样，作为建立中国法律思想史的科学体系的第一步，就应该研究中国法律思想的逻辑发展。当然，这是一项困难的工作，但任务必须提出。在确定任务之后，则依靠法律思想史界的同志共同努力，以期完成。

（二）方法

为了完成研究中国法律思想逻辑发展的任务，谨提出下列方法：

第一，宏观与微观相结合的方法。

课题本身是宏观性的，但不能离开微观的分析。相对于宏观上研究中国法律思想的发展逻辑来说，研究一个一个法律思想家，就属于微观的；相对于宏观上研究一种社会形态下的法律思想共同特点来说，研究一个朝代或一个特定时期的法律思想，就是微观的；同样，研究一个学派和这个学派中的某个思想家，也有宏观与微观的分别。要把这两种研究结合起来，相辅相成，相得益彰。

第二，唯物主义的方法。

法律思想是精神性的，是第二性的。第一性的是物质，是法律思想所由产生、发展的社会经济基础。因此，一定的法律观点、思潮、学派以至整个中国法律思想的逻辑发展，都应找出它的物质根源。这就要分析社会经济关系、阶级关系、阶级斗争和其他社会斗争的形势，要分析法律思想家的社会成分等。

第三，辩证的方法。

物质是第一性的，但精神也有其反作用，有其独立发展的规律，它并不是完全被动的。相对于法律思想来说，其他精神性的东西，如哲学、宗教、伦理观、法律制度，也是一种外在的客观实际，也会对法律思想发生作用。这一学派和那一学派之间，这一个法律思想家和那一个法律思想家之间，会有各种各样的关系，同样会对法律思想的发展发生影响。辩证法要求对此做出考察。

第四，系统论的方法。

法律思想是社会思想母系统中的子系统；思潮、学派、个人又是法律思想大系统中的小系统。系统有层次性的特点，分析中国法律思想的逻辑发展也有其层次性。全过程的、阶级的、个别人物一生的法律思想的特点等的分析，就是层次性的体现。系统论的系统观点，主要有整体观点、联系和制约的观点、有序观点、动态观点、最佳观点，这些观点的运用，可以使中国法律思想史的研究更加科学，更孚实用。

第五，历史的方法。

在研究中国法律思想的逻辑发展的过程中，必然要对法律思想进行评价。用马克思、恩格斯、列宁的法律思想，用今天的观点来否定历史上的剥削阶级法律思想家的观点，是理所当然。因为二者有本质的不同、立场的不同。但对古人不能苛求，要放在历史的行程这个客观背景上分析，要如实地肯定剥削阶级法律思想家中，也有许多可以借鉴的东西，也有许多在他们所处时代来说尚需革命的先进的东西。

二、中国古代社会发展的特点及其对法律思想的影响

中国奴隶社会和封建社会的重大特点和对法律思想的影响是：

第一，以氏族、家族、家庭等宗法血缘关系为组织结构的奴隶制和封建制的自给自足自然经济占统治地位。

中国古代社会的经济基础经历了奴隶制和封建制两个历史时期。其共同特点是：经济的组织结构，都是以氏族、家族、家庭等宗法血缘关系为基础；经济的内涵则为自给自足的自然经济。

其不同点是：

奴隶制时期的生产方式是"亚细亚生产方式"。关于这一方式，马克思曾分析说："不存在土地私有制。这甚至是了解东方天国的一把真正的钥匙。"[1] 即恩格斯所说的"自发的土地公有的公社"[2]，这是不存在个人所有，自然形成的血缘共同体是真正的实际所有者，而"凌驾于所有这一切小的共同体之上的总合的统一体表现为更高的所有者或唯一的所有者"[3]。这个统一总体是由作为这许多共同体之最高主宰的专制君主体现出来的。夏朝的奴隶制生产方式已不可考，商朝的情况有《尚书》可以稽查。《尚书·盘庚》三篇谈道，盘庚

---

[1] 《马克思恩格斯全集》第28卷上，人民出版社1973年版，第256页。
[2] 《马克思恩格斯全集》第20卷，人民出版社1971年版，第175页。
[3] 《马克思恩格斯全集》第46卷上，人民出版社1979年版，第472页。

要迁都到殷,遭臣下反对,他进行了劝告,又对"民"(盘庚称之为"畜民""万民")威胁说:"你们的生命,是我替你们从上天保留下来的("予迓续乃命于天"),如果不服从我,你们的祖先在天上请求我先王,大大降罚你们。那时候,我把你们杀光,不让你们留下后代,休想到新都去。去吧,你们跟我走,我让你们活下去。还要保护你的家室。"可见当时商的奴隶是战俘,归商王族奴役,商王是最高的主宰者。

封建制时期的生产方式是:依封建等级占有生产资料,农民对地主存在严重的人身依附关系,皇帝是地主阶级的总代表,同时自己就是最高的土地所有者、最大的地主。依靠剥削农民为生。在这里,"物质生产的社会关系以及建立在这种生产的基础上的生产领域,都是以人身依附为特征的"①。

这些经济基础方面的特点归纳起来,对法律思想的影响是:君权至上、等级森严、宗法严密、重农轻商。

君权至上,使得皇帝执掌最高立法权与司法权成了势所必然。所以儒家和法家在法律观点上处处对立,但这一点却是高度一致的,从而导致儒法合德。

等级森严,使得法律的不平等性成了一部分法律思想家的法律观点的社会根源。"八议"之制从奴隶社会草定一直沿用到清代,就同中国奴隶制社会与封建制社会经济上的等级森严的占有制度相关。

宗法严密为法律观上的家族连带主义以及贯串于法制中的宗法制度提供了根据,也为宗法伦理法律观提供基础。

重农轻商的农本思想必然导致刑重民轻,民事法律是系统不发达,民事法律观念也成了可有可无。

第二,宗法制度及维护宗法制度的各种社会规范在社会生活中占有突出的重要地位。

我国古代社会在国家形成以前曾经历了漫长的父系家长制阶段,并逐渐形成了宗法制度,即以男系血缘关系为纽带调整家族、家庭以至整个社会关系,形成了与之适应的用以维护家长、族长统治地位和世袭特权的一整套行为规范。《尚书·尧典》称之为"五典""五品"。郑玄注:"五品,父,母,兄,弟,子。"即后世儒家所谓"礼"的"亲亲"原则的滥觞。

进入阶级社会以后,宗法制度日趋完备,并演变为服务于奴隶主阶级的"礼制"。中国的国家制度也就建筑在宗法制度的社会基础上。宗法的家族、家庭,成了国家与个人的中间层次。在英语中,国家的概念一般用country,nation,state,这几个词都是表示地域性或民族性的。而在汉语里,国家包含着国和家,它是地域、民族和家庭组织的总和。国家之称起于西周时代,诸侯称国,大夫称家,还有"天子建国,诸侯立家"的说法。这表明,周朝沿袭了氏族关系的宗法制度。这是中国古代的极为重要的社会制度特点。

---

① 《马克思恩格斯全集》第23卷,人民出版社1972年版,第94页。

这样，就形成了家族结构与国家结构的同构。如下图：

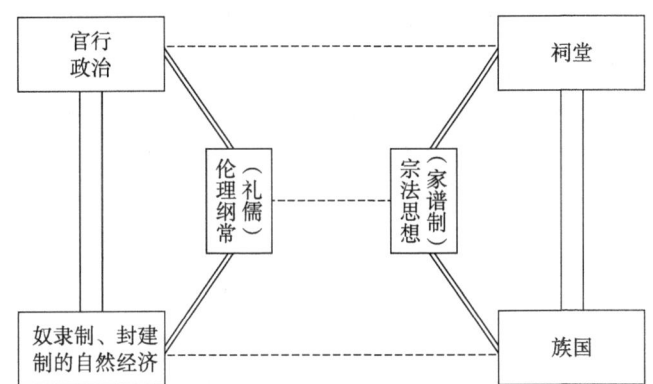

例如，夏、商、西周既是相继建立的三个奴隶制王朝，又是在三个不同地区以不同显贵家族为中心的统治集团建立起来的，因而各自保留了大量父系家长制传统。这些统治集团的家长、族长掌握国家政权后，把宗法关系和国家政权直接结合起来，逐渐任命和分封自己的家属、亲戚担任各级官吏并世袭下去，形成以国王为最高领袖的宗法等级制度。被奴役的主要是战败的异族成员，实行宗族奴隶制。在封建社会里，这种情况基本上没有改变，仅仅是由于社会事务日益繁复，为了管理效能的提高和应付繁多的事务，才以荐举、科举等办法广收党羽为他们服务，其核心还是王族。这种情况直到清代都没有改变。

这样，反映在法律思想上就是宗法制的强大影响，成了法律思想家奉行的基本原则。

奴隶制时期虽然天命皇权是主要精神支柱，有"神权法"的观念，但奴隶主贵族也是根据宗法思想来塑造"皇天"的。

封建制时期，宗法思想的核心是维护家长制的"孝"，历代统治者都强调"以孝治天下"，"不孝"被列为"十恶"不赦的大罪。等级观念臻于极顶，从先秦到明清的各个历史时期，除启蒙思想家王夫之等外，都鼓吹等级观念，统治者则从法律制度上使之制度化、法律化。法律思想家则进而依据法律制度做出解释，当然不会脱离贯穿于法律中的宗法制度的精神的。

第三，不断强化的专制主义中央集权是政治制度上的一大特点。

这在奴隶制时期与封建制时期都是如此，而且在整个中国古代史上呈线性发展的趋势。商王迁都是为了加强王权。周天子分封，力图对诸侯做有力的控制。"秦王扫六合"，天下成一统，立即实行"书同文，车同轨"，统一度量衡；汉、唐都有"削藩"之举；宋太祖赵匡胤"杯酒释兵权"；朱元璋厉行重典治吏；明代宦官当权，特务横行；清代厉行八旗制度、大搞文字狱，都与皇权加强（有的走到了它的反面，则从反面角度反映了这个特点）有关。

这种情况在法律思想上就反映为"君重民轻"之争。多数法律思想家都鼓吹皇权主义。少数法律思想家为了保卫皇权不致旁落或竟丧失，则主张"民贵君轻"，但这只不过是治术、策略的不同,其归宿还是要求"贤君""明主",还是皇权无上。

第四,依附于统治阶级的士(知识分子)执行着主要的社会联络功能,这是中国古代社会在社会成分上的一个突出特点。

社会与组成强有力的国家,在很大程度上取决于通讯联络,即信息传播。欧洲国家教会力量很强,传教士起着联络四方的作用,中国则靠游宦的士。他们优越的经济地位提供了有闲的条件,可以从小饱读诗书,熟悉礼制(奴隶社会)、儒家经典(封建社会),游览名山大川,千里迢迢求教于名师,访问朋友,建立广泛的社会联系。一旦获取必要的知识,他们就可能被选拔到国家机关中去服务。这个"士"阶层,无论从经济地位、政治倾向、思想意识和人生目的上看,都必然使他们与统治阶级的利益相依为命。因此。他们必然鼓吹皇权、宗法和社会赖以生存的经济制度,从而导致他们的法律思想核心也不能离开这些基点。这就是中国奴隶社会中,法律思想的主流是"礼";封建社会中是儒家鼓吹的伦理法律观。

以上粗略地分析了中国古代社会的经济制度、社会制度、政治制度和社会成分方面的特点及其对法律思想的影响。据此,我们对中国古代法律思想的逻辑发展可以做一粗线条的描述。

三、中国古代法律思想的逻辑发展

关于中国古代法律思想的发展线索,法律思想史界有以下几种代表性的观点:
第一,礼治—法治—礼法合治说。
此说以西北政法大学段秋关,吉林大学栗劲、赵国斌和安徽大学汪汉卿等同志为代表。他们认为,中国法律思想的发展变化,从历史线索上讲是从礼治到法治再到礼法合治;其发展趋势在形成上表现为从分立到融合,在内容上表现为周期性循环与单向性深化。

"礼治"开始于殷商,盛行于西周,衰落于春秋,它要求以"亲亲""尊尊"的原则来立法。"法治"起源于春秋,兴盛于战国,定鼎于秦代,破产于汉初。作为一种学说,由李悝开端,商鞅奠基,韩非总成,李斯把它推向极端。"礼法合治",开始于战国末期,确立于汉武帝时期,成熟于隋唐之际。

中国法律思想的形成和发展呈现明显的融合趋势。在渊源上,是融合各种学说作为自己的理论基础;在内容上,是融合各种法律观点和主张加以改造;在形成过程中,是一家为主,综合他家;在发展阶段上,又不断融合外来的思想或宗教。

法律思想的周期性循环和单向性深化。从宏观角度看,兜了三个大圆圈:一是礼治大圆圈,从周公经孔子到荀况完成;二是法制的圆圈,从商鞅经韩非到秦始皇、李斯完成;三是礼法合治的圆圈,从贾谊、董仲舒开始,经魏晋隋唐思想家到宋明理学家完成。三个圆圈,形成了一个螺旋式上升的曲线,即前一个圆圈的终点正是后一个圆圈的起点。"单向性深入发展"主要表现在："重刑轻民"，刑法理论不断完善，而不重视民事和经济法规的制定和研究；"重义轻利"，只要求对上的义务，不重视居下者的权利，皇权至上。

此说的问题在于：把法制所表现的法律思想排除了"禹刑三千""夏刑三千"，绝非"礼"，各个朝代的法及刑法不断加强所反映的更不是"礼治"，"法治的圆圈"实际上到曹操、诸葛亮时仍在发展，"法治……破产于汉初"不能成立；"重刑轻民"与"礼治""礼法合治"说矛盾，因为"礼"所调节的，恰恰主要是民事关系。

第二，"一部'礼治'盛衰史"说。

此说以北京大学武树臣同志为代表。他认为：西周是"礼治"的全盛时代；春秋时期，"礼治"第一次动摇及发生理论上的蜕变；战国时期，"法治"思潮兴起，与"礼治"半对立；西汉武帝时期礼治在外部的融合，"合而为一"；西汉到宋，"礼治"的全面法典化；明清之际，"礼治"开始的总体性的衰落，国民意识再觉醒；近代资产阶级"法治"说提出。

此说的问题之一同上，即排除了法制所体现的法治。其次是"礼治""法治"的思想及其兴衰与社会阶级斗争的形势分离。其三是与"礼—法—礼治合治"说无大区别，可将"六点"的主线列成"礼治全盛—法治兴起—礼治法典化"，因而与前者无异。

第三，"礼治"与"法治"之争说。

此说以中国人民大学刘新同志为代表。

第四，专制主义与反专制主义的矛盾斗争说。

此说以南京师大公丕祥同志为代表。

以上二说的问题在于没有描述出发展的逻辑性。

此外，还有以吉林大学孔庆明同志为代表的"人治"与"法治"斗争说。实际上，主张"礼治"的，同时主张"人治""德治"；主张"法治"的，同时主张"刑治"。所以，此说实质上仍是"礼治"与"法治"斗争说。

那么，究竟什么是中国古代法律思想的发展逻辑呢？我认为是：

总体上恒定的以法、刑调整社会关系的法律思想主流，是不断加强、日益严密的发展趋势；在这一总趋势下，当社会矛盾激化时，统治阶级的法律思想家公开强调严刑峻法，而社会矛盾缓和时，则提倡德主刑辅；严刑峻法治国论与德主刑辅治国论的波浪式发展，最终导致现代意义上的法治思想的产生。

这里指的"社会矛盾"，包括阶级矛盾、民族矛盾和统治阶级内部矛盾，它同社会经济的发展紧密相关。

这里说到"主流"，因此，还有"支流"。"主流"必定影响、决定立法和司法的实践，"支流"则不可能起这样的决定作用；但"支流"不是不起作用，它使得法律思想的发展有时出现小小的回环，对立法、司法也有一定的影响，甚至造成"以礼入律"，但"入律"本身就表明还是法、刑为主。

这样描述中国古代法律思想的优点在于：首先，没有脱离表现在法制中的法律思想；其次，没有脱离社会实际；再次，注意了思想发展的相对独立性。

那么，是否符合中国古代法律思想发展的实际情形呢？

我们先来看"总体上恒定的以法、刑调整社会关系的法律思想主流"。从中国法制史实看，恐怕无法推翻这一论断。

奴隶制的夏、商、周，据《左传·昭公六年》曰："夏有乱政，而作禹刑；商有乱政，而作汤刑；周有乱政，而作九刑。"这是总括的叙述，分开来看，《魏书·刑罚志》曰："夏刑有大辟二百，劓三百，宫辟五百，膑、墨各千。"《晋书·刑法志》云："夏后氏之王无下也，则五刑之属三千。""五刑"是指"墨、劓、剕、宫、辟"。商兴夏亡，刑法上"殷因于夏，盖有损益"，还是不离"三千"之谱。西周穆王时，司寇吕侯受命制作《吕刑》，也是三千条，其中墨刑千条，劓刑千条，剕刑五百，宫刑三百，大辟二百。

封建制兴起于东周，春秋时期有《刑书》《竹刑》等，除五刑外，还增加了烹、枭首、戮尸、镬、踣等酷刑，战国时期则有著名的《法经》。以后，秦、汉直至明、清无一代不立法，而且在封建制的后期，刑罚越来越酷烈，竟至出现了凌迟刑。

所有这些立法，都反映了一定的法律思想。其根本的共同点就是以法、刑来调整社会关系。这个事实是无法否定的。

至于"不断加强，日益严密的发展趋势"，则是十分显然的。从奴隶制五刑发展到封建制五刑——笞、杖、徒、流、死；从涉及社会生活的若干主要方面发展到涉及几乎所有的方面，直至中外交往；从立法到司法，从法律制度到诉讼制度，从司法原则到司法结构都表现了这一趋势。

我们再来看另一些论断。

其一，"社会矛盾激化时……"。

一为阶级矛盾激发时。奴隶制形成时的夏，瓦解时的管仲、子产；封建制形成时的李悝、申不害、慎行、商鞅，秦的嬴政，宋的王安石，明的朱元璋……

一为统治阶级内部矛盾激化时。如魏、蜀、吴都厉行法治，曹操主张"拨乱之政，以刑为先""揽申商之术"治魏；诸葛亮"刑法峻急"，以"标准的法家学说的实行者"[①]著称。有人认为汉以后"儒法分流"，法家消失了，实际上曹操、诸葛亮是大法家。

其二，"社会矛盾缓和时……"。

如西周的周公是主张"以德配天"，提出"礼治"；封建制巩固以后的汉文帝废肉刑，汉武帝尊儒术，尔后的杨坚、李世民、魏徵都是由于处在缓和时期，所以推尊"德主刑辅"。

但也有"支流"，如孔子、孟子，主张"齐之以礼""仁政""王道"，但他们的主张在

---

① 范文澜：《中国通史》。

实践上是被否定的。他们自己也求官而不得，只好作"乘桴浮于海"。

最后再来看"法治"思想的逐渐形成。这从法的公布、肉刑的取消、复仇无罪的被否定及法制的日趋完备、司法机构的逐渐健全上都可以看出，到"西学东渐"时，资产阶级法治观就传播开来了。

中国近代法律思想[*]

一、唐才常

(一) 生平

唐才常(1867—1900),字伯平,号佛尘,别号洴澼子,湖南浏阳人。与谭嗣同为总角交,曾师事学者欧阳中鹄。1887年入长沙岳麓书院肄业,兼在校经书院附课。1894年春考入武昌两湖书院。1897年,举光绪丁酉科拔贡。同年,与谭嗣同办时务学堂,编辑《湘学报》。次年创办《湘报》,宣传变法维新。1898年9月,应谭嗣同电召赴北京参加变法,行至汉口,闻戊戌政变发生,"六君子"殉难,遂流亡日本。1899年,与兴中会毕永年合作,准备联络长江两岸会党起事,是年冬与林圭回国。1899年冬,在上海组织"正气会",不久改名"自立会",任总干事。次年7月在上海张园开会,宣布"保全中国自主之权,创造新自主国"、拥护光绪帝当政,在湖北汉口美租界组成自主军机关,定期起兵"勤王"。8月22日,湖广总督勾结英国领事将他逮捕杀害。

著作:曾辑有《觉颠冥斋内言》四卷,《浏阳二杰遗文》(第二卷为唐才常遗文)。湖南省哲学社会科学研究所编《唐才常集》。其中《唐租庸调法得失考》《拟开中西条例馆条例》《学新法须有次第不可太骤说》《尊新》《论公私》《论情法》《交涉甄微》《各国政教公理总论》《公法通义自叙》《日本宽永以来大事述自叙》《公法学会叙》《砭旧危言》等篇中略涉法律思想。

---

[*] 本文未发表。胡绳著《从鸦片战争到五四运动》一书的"序言"中,"把中国近代史规定为从1840年鸦片战争到1949年中华人民共和国成立前的一百一十年的历史"。新中国成立后,几乎所有的近代史著作均选唐才常等的言论、文字作为该时期法律思想的代表。毛泽东同志曾经说:"今天的中国是历史的中国的一个发展;我们是马克思主义的历史主义者,我们不应割断历史。从孔夫子到孙中山,我们应当给以总结,承继这一份珍贵的遗产。"梳理这些历史文存,为法制史与法律思想史研究者提供史料,正是此文写作的初衷。

(二）法律思想

1. 变法思想

自古无历久不变之法："呜呼！自古无历久不变之法。三代井田之制坏，而田赋之弊，几于棼无可理。唐之租庸调，治法近古矣，故其时国家富庶，黎民蒙其业。然承平日久，则生齿盛而浮客多，于是有宇文融之括田。版籍毁亡，则科征繁而名目众，于是有杨炎之两税。势之所趋，不容已也。古之君子，不乏锐志复古之士，而行之百年，不能无弊，非法有未善，实维法之无人耳。"①

向外国学习："近日欧洲各国，施富民之策，讲求不暇，而视民尤重……礼失则求诸野，未可因其夷而夷之也。"②"若夫亲王大臣，出洋学习俄、日，以达维新之治，尤为今日策时第一义。"③"欲开二千年来之民智，必自尊新始；欲新智学以存于鹰瞵虎视之秋，必自融中西隔膜之见始。"④"美人脱英人轭，主正副总统治民，四年任满，与齐民伍；释黑奴，重法律，养兵不及瑞士、挪威，遇战争，守局外例，民是以大和。"⑤"日本能得师于素不相师之国，故能不终于虾夷土番之僻陋。能师中国以并师泰西，故变法只三十年，而修慧修福，遂积成阿僧祇无量之功力，为亚东雄国。"⑥

新法之行不可太骤："然而新法之行，贵有次第，不可缓亦不可太骤。何者？中国之弱，弱于贫，中国之贫弱，贫弱于新学之未兴。欲兴新学，宜特设学部大臣于京师，以纲领大学之事；又于各直省多建中等下等格致书院，聘西师华师，分门课实，即以其递升之差，为科目之的。则始虽借才异地，不十年而吾学校中人，虽以肆应天下之求。人才既出，自强始确有其基。"⑦

求新法必先求改变人的思想："中国之创新政求新法也，费五十年之时日，掷万亿兆之金钱，购恒河沙数之枪械，然而北胁于俄，南挫于法，东困于日者，何也？新其政不新其民，新其法不新其学也。欲新民必新学，欲新学必新心。今者天下之民之心，久病思起，久郁思嚏，新机勃然。"⑧

---

① 《唐租庸调法得失考》，湖南省哲学社会科学研究所编《唐才常集》，中华书局1980年版，第21—22页，下引此书只注篇名和页码。
② 同上，第21页。
③ 《学新法须有次第不可太骤说》，第29页。
④ 《尊新》，第33页。
⑤ 《各国政教公理总论》，第72页。
⑥ 《日本宽永以来大事述自叙》，第98页。
⑦ 《学新法须有次第不可太骤说》，第28页。
⑧ 《尊新》，第32页。

2. 变法内容

开条例馆:"西人亦最讲求律法,然矜慎太过,极重不过禁锢终身而已。自入中国设教堂后,中国不肖之徒,往往以为逋逃薮,无论作奸犯科之冤苦,中国不能过问。虽曰中国积弱使然,亦以未列公法之故;又无深谙公法之人,据理与争,故遇有交涉事件,往往受屈于西人而末如何。不知公法明云:凡疆内产业,植物动物,无论生斯土者,自外来者,按理皆当归地方律法管辖。又云:无论是己民与否,非现住疆内者,各国不能以律法制之。若然,则吾民虽入彼教而现住疆内,岂有不能自治之理?……然则公法所云数国律法不合而起争端,别有条款以息之,名曰私条者,不能已于讲求也。盖公法所以明各国交际之例,而私条所以变通各国律法之不合,而酌而著之曰例。遂遵其意而名之曰中西条例馆。"① "各国律法不同,必豫请各国律师,公订一至中至正之法,如公法所云者,乃能行之久远而不敝。""中西条例,虽已有定章,入馆者仍当深习中国律法,广求各国律法,或遇事出定章者外,即可合中西律法以争。""演习中西条例者,当由刑部课其成,命之曰律学科,使其自吏胥至司员。自司员至尚、侍,终身不易其途,庶为专门之学。""条例馆学生,并宜练习各国语言文字,有成则随出使大臣,察阅各国风俗人心,即将来议律时,或有疑难之处,不至茫无把握。"②

设国会:"大抵泰西各国之命脉,悬于国会;国会之机要,系于民心。拂其欲则上下沸腾;惬其情则君民交泰。……积三代来磅礴沉郁之气,一千五百兆民守望扶持之心,于国会甫露端倪者也。将来二十周文致太平之地球,其以此哉!其以此哉!""综观五洲大局,其以国会强者,十中居六七。"③

设公法科与律例学:"愚谓中国急宜设公法科与泰西律例之学,考究其所以准情行法之要,相为应付,则彼虽傲很,亦不能显违情法矣。"④

立高学堂、讲商律:"可见内地商民,非无变法之意,但苦不见不闻耳。是宜急立商学堂,开商智,讲商律,设大商会,待其联络一气,魄力充足,隐然足与政府相抗,而后商务一途,可以步英、美各国之后尘。"⑤

3. 其他法律观点

关于刑律的作用:"刑律之设,以理大戛而顺人情。秦、汉与明,极为酷烈,殊失先王之意。"⑥

关于人治:"所谓有治人,无治法,而鞅、炎之才力私智,又皆可以变法自任,故为

---

① 《拟开中西条例馆条例》,第27页。
② 同上书,第27—28页。
③ 《各国政教公理总论·国会》,第79页。
④ 《论情法》,第36页。
⑤ 《砭旧危言》,第191页。
⑥ 《拟开中西条例馆条例》,第27页。

苟且权宜之计，以苏困一时。而后之为国者，循之则粗安，违之则生乱，致使先王之大经大法，一蹶不可复振。"①

关于公法："万国公法，西人谓为性理之书，颇称允当。然性理乃天然当守之分，而其斟酌人情以为条例，则指趣较繁而事理曲当，此万国之所以奉为圭臬而设公法科也。……是则情法二者，固公法之精意所结也。"②"今夫不谙公法律例之学，其大病二：一则如前异视远人之弊；一则动为西人恫喝，凡章程条约，事事予以便宜。"③

二、蔡元培

（一）生平

蔡元培（1868—1940），字鹤卿，号孑民。浙江绍兴人。1892年得清朝翰林，1894年补编修。曾任绍兴中西学堂监督。1902年与章太炎等发起组织中国教育会，创办爱国学社和爱国女学，宣传民主革命思想。1904年与陶成章等组织光复会，次年参加同盟会。1907年赴德留学。1912年回国，任南京临时政府教育总长，后与吴玉章等创办留法勤工俭学会。1917年任北京大学校长，1919年五四运动爆发后被迫辞职。1927年任国民党政府大学院院长，后改任"中央研究院"院长。九一八事变后，主张抗日，又与宋庆龄、鲁迅等组织中国民权保障同盟。抗日战争中，在香港病逝。

著作：后人辑有《蔡元培选集》《蔡孑民先生言行录》。其中，《释"仇满"》《世界观与人生观》《在信教自由会之演说》《告全国文》《关于教育方针之意见》《关于不合作的宣言》等略微涉及法律思想。

（二）法律思想

1. 抨击旧司法的黑暗

"我是一个比较的还可以研究学问的人，我的兴趣也完全在这一方面。自从任了半官式的国立大学校长以后，不知道一天要见多少不愿意见的人，说多少不愿意说的话，看多少不愿意看的信。想每天腾出一两点钟读读书，竟做不到，实在苦痛极了。而这个职务，又适在北京，是最高立法机关行政机关所在的地方。只见他们一天一天的堕落：议员的投票，看津贴有无；阁员的位置，禀军阀意旨；法律是舞文的工具；选举是金钱的决赛；不计是非，只计利害；不要人格，只要权利。这种恶浊的空气，一天一天的浓厚起来，我实在不能再受了。""罗案初起，我深恶吴景濂、张伯烈的险恶，因为他们为倒阁起见，尽

---

① 《唐祖庸调法得失考》，第19页。
② 《论情法》，第35页。
③ 《交涉甄微》，第44页。

可用质问弹劾的手续，何以定要用不法行为，对于未曾证明有罪的人，剥夺他的自由？我且深怪黎总统的大事糊涂，受二个人的胁迫，对于未曾证明有罪的人，草草的下令逮捕，与前年受张勋压迫，下令解散国会，实在同一糊涂。我那时觉得北京住不得了，我的要退的意思，已经很急迫了。"①

2. 改良政治，为大多数人谋幸福

"世所谓良政治者，不外乎以最大多数之最大幸福为鹄的。最大多数者，积最少数之一人而成者也。一人之幸福，丰衣足食也，无灾无害也，不外乎现世之幸福。积一人幸福而为最大多数，其鹄的犹是。立法部之所评议，行政部之所执行，司法部之所保护，如是而已矣。"②

3. 由专制向共和过渡的时代，即总统也要服从法律

"（一）欢迎新选大总统袁公之理由　自清帝退位，大总统孙公辞职于参议院，且推荐袁公为候选大总统，参议院行正式选举，袁公当选，于是孙公代表参议院及临时政府，命培等十人欢迎袁公莅临南京就职。袁公当莅南京就临时大总统职，为法理上不可破的条件；盖以立法、行政之机关，与被选大总统之个人较，机关为主体，而个人为客体，故以个人就机关则可，而以机关就个人则大不可。且当专制、共和之过渡时代，当事者苟轻违法理，有以个人凌躐机关之行动，则涉专制时代朕即国家之嫌疑，而足以激起热心共和者之反对。故袁公之就职于南京，准之理论，按之时局，实为神圣不可侵犯之条件，而培等欢迎之目的，专属于是，与其他建都问题及临时政府地点问题，均了无关系者也。"③

4. 宗教自由、立宪政治之产生

"总观世界史乘，最初以不平而起潮流者，厥为宗教。彼时教皇之势力，虽君主莫敌。不特此教与彼教争，即一教之中，亦阶级悬殊，争斗蜂起。甚存因仇视异教而施之极刑者。说者谓教祸时代之教规，实较专制君主之刑法为厉，间不虚也。其结果遂有信教自由之说，以救济其不平。乃宗教之潮流方息，而政治上不平之潮流，即继之而起。盖一国之政治，操之少数人之手，权势偏重，最易生反动力。法兰西之大革命，美利坚之脱离羁束，多起极大之战争，其结果遂有立宪政治之产出，而剂其不平。乃政治之潮流方息，而社会不平之潮流又因而起。如晚近因贫富之不平，而启劳动家与资本家之纠纷。盖因少数之资本家役使大多数之劳动家，以增殖其产业。而劳动家乃转不免于冻馁。于是有社会主义之发现。"④

5. 宪法规定信仰自由，以解除宗教束缚

"窃闻今日论者往往有请定孔教为国教之议。鄙人对兹问题，深致骇异。据鄙人观察，

---

① 《关于不合作的宣言》，见《蔡元培选集》，下引此书只注篇名。
② 《对于教育方针之意见》。
③ 《告全国文》。
④ 《在北京通俗教育研究会议演说词》。

宗教是宗教，孔子是孔子，国家是国家。各有范围，不能并作一谈。""各国宪法，均有信仰自由一条，所以解除宗教之束缚也。"①

6. 民权问题

"我等所愿意保障的是人权。我等的对象就是人。既同是人，就有一种共同应保障的普遍人权。所以，我等第一，无党派的成见，因为多党多派所争持的，已超越普遍人权以上。第二，我等无国家的界限，……第三，我等对于已定罪未定罪的人，亦无甚区别。未定罪的人，其人权不应受人蹂躏，是当然的事。已定罪的人，若是冤的，亦当然有救济之必要，至于已定罪而并不是冤的人，若依照疾恶多仇的心理，似可不顾一切了。然人的罪过，在犯罪学家归之于生理的缺陷，在社会主义上归之于社会的因缘，即在罚当其罪的根际上，本尚存考虑的余地。所以古人有'如得其情，哀矜勿喜'的箴言，又有略迹原情的观察。即使在法律制裁之下，对于当其罪之罪，不能不认为当然，而不应再于当然之罚以上再有所加。为有所加，则亦有保障之必要。例如狱中之私刑、虐待等是。所以我等对于无罪或有罪之人，亦无所歧视。……希望使君，对于普遍人权的保障，能超越国家党派的关系，以下判断。这是鄙人所盼望的。"②

"夫民权之趋势，若决江河，沛然莫御。而吾国之官行政界者，狠欲以螳臂当之，以招他日惨杀之祸，此固至可悯叹者也。"③

7. 关于权利、义务的观点

"人类之义务，为群伦不为小己，为将来不为现在，为精神之愉快而非为体魄之享受，……人类以在此世界有当尽之义务，不得不生存其身体；又以此义务者非数十年之寿命所能竣，而不得不谋其种姓之生存；以图其身体若种姓之生存，而不能不有所资以营养，于是有吸收之权利。又或吾人所以尽义务之身体若种姓，及夫所资以生存之具，无端受外界之侵害，将坐是而失其所以尽义务之自由，于是有抵抗之权利。此正负两式之权利，皆由义务而演出者也。今曰：吾人无所谓义务，而权利则可以无限。是犹同舟共济，非合力不足以达彼岸，乃强有力者以进行为多事，而劫他人所持之棹楫以为己有，岂非颠倒之尤者乎。"④

"权利者，为所有权、自卫权等，凡有利于己者，皆属之。义务则凡尽吾力而有益于社会者皆属之。""普通之见，每以两者为互相对待，以为既尽某种义务，则可以要求某种权利，既享有某种权利，则不可不尽某种义务。""由是观之，权利轻而义务重。且人类实为义务而生存。例如人有子女，即生命之派分，似即生命权之一部。然除孝养父母之旧法

---

① 《在信教自由会之演说》。
② 《在中国民权保障同盟中外记者招待会的致词》。
③ 《释"仇满"》。
④ 《世界观与人生观》。

而外,曾何权利之可言?至于今日,父母已无责备子女以孝养之权利,而饮食之,教诲之,乃为父母不可逃之义务。""惟人之生存,既为义务,则何以又有权利?曰:尽义务者在有身,而所以保持此身,使有以尽义务者,曰权利。如汽机然,非有燃料,则不能作工。权利者,人身之燃料也。故义务为主,而权利为从。"①

(参考资料:杨金鑫《论蔡元培》,《湖南师院学报》1979年第2期。)

三、黄兴

(一) 生平

黄兴(1874—1916),原名轸,字廑午,又字克强。湖南善化(今长沙)人。1898年进入湖北武昌两湖书院,于"课程余闲,悉购西洋革命史及《卢骚民约论》②诸书,朝夕奥诵"③。1902年东渡日本留学东京弘文学院。1903年参与拒俄运动,组织拒俄义勇队,后改为军国民教育会,联络爱国青年,密谋革命。1904年和陈天华、宋教仁等在长沙组织华兴会,策划长沙起义未成。1905年在日本拥护孙中山组成中国同盟会,任执行部庶务,居协理地位。1907年起,先后参与或指挥钦廉防城起义、云南河口起义和广州新军起义。1911年与赵声领导广州起义(黄花岗之役),武昌起义后,从香港赶到武昌,被推为革命军总司令,在汉口、汉阳对清军作战。沪、苏、杭等地相继光复后来到上海,被推为副元帅,主持南北议和的谈判。1912年南京临时政府成立后任陆军总长;临时政府北迁,任南京留守。1913年7月由沪至宁任讨袁(世凯)军总司令,失败后流亡日本。1914年孙中山在日本组织中华革命党,黄未参加,后赴美,但仍积极策动讨袁,与孙中山呼应。1916年袁世凯死后,回到上海,不久病逝。

著作:曾辑有《黄留守书牍》《黄克强先生演说词汇编》《伟人黄兴政见书》《黄克强先生荣哀录》等,今有湖南省社会科学院编《黄兴集》,为黄兴遗文之最完整者。他的法律思想,散见于他的函电、演说词等之中。

(二) 法律思想

1. 反对专制,争取民主

(1) 反对专制,争取民主

"原中国人之意志,固欲效法美国之主义目的,以图造成一大民主国者也。何期十一日电报传来,竟倡变革,民主毁灭,袁氏称帝。夫以吾人不顾生命及种种所有,而换取自

---

① 《义务与权利》,见《蔡子民先生言行录》,第137—141页。
② 卢骚即卢梭。——编者按
③ 《黄克强先生荣哀录》,第21页。

由平等正谊人道之幸福。四万万之众,积怨独夫虐政专制之流毒者凡千百年,今刚晓然于自由爱国之新义,谓能顺盗窃政柄之阴谋私意,举吾人破家流血所得之幸福完全毁弃,而率一己以及子孙,复奴隶于专制皇帝贪欲之下耶?公等乃大自由国之伟大国民,宁为伪造之选举所欺,与'人民无统治力'之诳语所骗,坐视袁世凯举连接东西两大共和国善意利益之枢纽自由撕灭,且任其种伏东方将来战争革命之祸根耶?况中国之共和存在于东方,则美将来万一有急,亦可得一共和友国为作屏障,常受其热诚活泼之援助。不然者,吾恐民主主义失败,而专制侵凌之祸起矣。"①

"说者又谓:华人无自治之预备,因断为君主之必要。平心言之,如谓一般华人之脑中,其了解近世民主主义,不为美人之明晰,尚犹有说;然亦知美国经多少年代,乃得达今日之完全程度耶?夫美人之习于共和,亘百余年矣,后此百年间美国统治术之进步,当较既往而益大,可无疑也。然使后世之人,谓今之美人不适于共和,有是理耶?……由是推之,苟因华人遭逢不幸,被叛贼背弃盟誓,阴谋窃政,剥去人民一切习于共和之权利,遂诿为人民能力不足,弗能进于人类自由平等正道明谊之坦途,其无理一也。况君主之制,相传已数千年,使谓该制实适于华人,则宪法政治之不患无发展改良之余地?而回观数千年君主历史,竟每况愈下,祸乱相寻,从可知民主制度乃中国最宜及唯一之制度矣。盖华人之为人,若风俗、习惯、组织等项,皆含有极富之民主性质。且质地佳美,守法易驯,具建设自治共和国之稳固基础。此凡熟于中国情形及与曾居中国之美人类能道之,非夸辞也。"②

"袁世凯逆行之第一步,即为君主立宪。然以理论之,焉有行君主立宪制度而袁能得较大之权者?在昔彼之政敌,均翩然去国,任其自由。而袁为蹂躏宪法,蔑视民意,借五国巨债,以破坏民国。迨妄用公款,私割国土,卖统治之权,以乞怜外国,而人不加阻挠,袁于是益肆无忌惮,凡爱国志士敢于声讨其罪者,辄戮辱暗杀之,其惨无天日,求诸中国数千年历史中未见其匹。顾袁犹以为未足也。推其意,固非君主立宪之谓,亦谓将欲行使一无上之权,虽世界魔王所不敢冒者,彼亦卒欲得之。要之,暴君虐政者,乃袁之目的。将来之袁家帝业,总不外贪劣苟残,其腐败所至,当百倍于满清末叶。考诸古史,推之将来,中国专制帝王未有能支持到底者。以今日如是之腐败,爱国志士宁能自安缄默耶?清季帝政,吾人亦既同心协力以推倒之,袁之当讨,更何待论?"③

(2)论人权和民权

"起义以来,兴等本意全在扫除专制,拥护人权,以立国本。"④

---

① 《辨奸论(1915年12月26日)》,见《黄兴集》中华书局1981年版,第417页。下引此书只注篇名及页码。
② 同上书,第419—420页。
③ 同上书,第422—423页。
④ 《致袁世凯电(1912年2月14日)》,第133页。

"天赋人权之说,为欧美学者所主张。人权者,即人类自由平等之权能也。世界人类,无论黑白,均欲恢复固有之自由权。美国离英独立宣言,以力争人民自由而流血;法国大革命人权宣言,为扫专制回复民权之铁证。诚以人民被治于法治国之下,得享受法律之自由;人民被治于专制政府之下,生杀由一人之喜怒,无所谓法律,人民之生命财产,无法律正当之保护,民权亦从此泯绝。故共和立宪政体,以保障民权为前提。南京政府颁布约法,中华民国人民有身体居住之自由,信教之自由,言论出版之自由,此法律保障人民自由之特权。袁世凯推翻共和,将临时约法全行打消,以达其专制魔皇之目的,封禁报馆,摧残舆论,纵兵搜掠,草菅人命,种种残酷,弄成民国为无法律之国。民权蹂躏至于此极!压力愈重,则反动力愈猛。此政治革命为顺乎人者一也。"①

"二十世纪为民权发达之时代。故立国于世界上,无论为民主立宪,为君主立宪,民权蓬勃,无可压抑,论者谓将无复君主之存在。……我国名为共和,为袁世凯所行暴政,尤甚于专制君主,解散国会,消灭约法,不伦不类之共和,不独为各国所讥笑,亦断无存立于世界之理。"②

"凡一国民权被制于恶劣官僚者,其国必危弱;民权伸张,官邪扫荡,其国必强盛。"③

(3)实行地方自治

"共和立宪之根基,全在于地方自治。地方不能自治,则人民爱国心必因之而薄弱。社会即无文明事业之进步,国家政治亦无发达之希望。南京政府拟采地方分权制度,欲使各省实行自治制,养成国民自治之能力,发挥共和活泼之精神,采法、美制度为模范。今袁世凯厉行专制政策,将省议会、县议会、地方自治会以暴令概行解散,反不如满清专制时代尚有谘议局、地方自治会之虚设,上无道揆,下无法守,而国亡无日矣。今欲巩固共和国基,回复人民自治之权,势不能不排除专制之袁世凯。"④

2. 法的重要性

(1)立法的重要意义

"国会应注意立法,法立而政治有依据。只问政治,则政治愈纷乱而不可收拾。"⑤

"惟现今最重大者,乃民国宪法问题。盖此后吾民国于事实上,将演出何种政体,将来政治上之影响良恶如何,全视乎民国宪法如何将能断定。故民国宪法一问题,吾党万不能不出全力以研究之,务期以良好宪法,树立民国之根本。若夫宪法起草,拟由多政团先

---

① 《在屋仑华侨欢迎会上的演讲(1914年7月26日)》,第381—382页。
② 同上书,第380页。
③ 《在驻沪国会议员欢迎会上的答谢词(1916年7月10日)》,第446页。
④ 《在屋仑华侨欢迎会上的演讲(1914年7月26日)》,第382页。
⑤ 《与李根源的谈话(1916年10月初)》,第459页。

拟草案，将来由国会提出，于法理事实，均无不合。"①

(2) 法违则国亡

"惟兴自今之后，所殷殷期望于诸君子者有三：曰爱国，曰保民，曰服从军纪。攘权夺利，逞威黩武，谓之国贼；恃众暴寡，倚强凌弱，谓之民蠹；违法蔑纪，倒行逆施，谓之乱军。有一于此，国亡无日。"②

(3) 亟须培养政法人才

"本会亟应举办之事凡三：一，设立政法学校，造就建设人才，因现在为当力谋建设时代；……"③

"欲言建设，当得人才；欲得人才，当兴教育。故本党能从教育一方面着手是绝好方法，先在上海立一宏大学校，教育本会会员，养成法政人才，然后各地再依次增设，渐渐忍耐进行，则本党人才自裕。"④

3. 关于司法的观点

(1) 司法独立

"大总统钧鉴：宋案自程都督奉到国务院勘电称：'奉大总统令，仰该督在沪督饬各员严密讯办，以维大局，而定人心'，等因。仰见关怀巨案，一秉至公，无任感佩！程督旋即实力进行，拟在沪组织特别法庭，并呈请任命主任。据程督云：此种组织，大总统本甚赞成，惟司法总长拘执法理，拒绝副署。昨复接司法部漾电，反对甚力。夫尊重法律，兴岂有异辞？惟宋案胡乃必外于普通法庭别求公判，其中大有不得已之苦衷，不可不辨。盖吾国司法难言独立，北京之法院能否力脱政府之藩篱，主持公道，国中稍有常识者必且疑之。况此案词连政府，据昨日程督、应省长报告证据之电文，国务院总理赵秉钧且为暗杀主谋之犯，法院既在政府藩篱之下，此案果上诉至于法院，能否望其加罪政府，无所回挠，此更为一大疑问。司法总长职在司法，当仁不让，亦自可风。惟司法总长侧身国务院中，其总理至为案中要犯，于此抗颜弄法，似可不必。兴本不欲言，今为人道计，为大局计，万不敢默尔而息。"⑤

"要之，兴争特别法庭，实见北京法院陷入行政盘涡之中，正当裁判，无由而得，不获已而有此主张。此于司法独立，实予以精神上之维持，以云摧抑，兴所不受"。⑥

(2) 依法办事，严格执法

"凡有法律之国，无论何级长官，均不能于法外擅为生杀。……国民生命财产权专恃

---

① 《在国民党上海交通部欢迎会上的演说（1913年1月26日）》，第309页。
② 《布告将士文（1912年6月14日）》，第233页。
③ 《在中国同盟会上海支部夏季常会上的演讲（1912年6月30日）》，第239页。
④ 同上书，第240页。
⑤ 《致袁世凯电（1913年4月26日）》，第320—321页。
⑥ 《致袁世凯电（1913年4月29日）》，第323页。

法律为保护,即共和国精神所托。"①

"务请大总统勿徇勿隐,彻底查办。如兴果与张案有涉,甘受法庭裁判。如或由小人从中诬捏人罪,亦请按反坐律究办。庶全国人民皆得受制于法律之下,鄙人幸甚。"②

"绳以严格之法律,名称不正之公文当然无效。"③

"军人打仗,第一要服从命令,第二要同心协力。自今而后,对于作战,倘有不服从命令及临阵怯敌者,即以军法从事。"④

"约法为吾国共和政体之根本法。此次流血半天下,所争者只此。袁世凯死,吾国民声嘶力竭以请于政府,而政府既服从民意,恢复约法,今乃尚有全无心肝、反对约法之恢复者,此言论界所不可不注意者一。"⑤

(3)法律平等

"亮畴我兄鉴:尊著《宪法刍议》虽未窥全豹,其绪论中'宪法非因一人而定,乃因一国而定,非因一时而定,乃因永久而定',最为不刊之论。弟久欲撮斯议通电全国,使人人皆明公义,不敢自私,所谓宪法研究会之手段及各省都督之主张,可一扫而空之。兹大著出,而宪法之真义昭如日月,其爝火自灭矣。以后凡校对余纸,请先寄下,以慰先睹之快。"⑥

"查律载杀人者死,该犯赵乐群、粟养龄二名,侧身军府,睚眦杀人情形,尤为可恶,亟应按律严办,以昭法纪,而雪沉冤。惟现值民国初立,法律未备,滥用法权,所在皆是。此案关系重大,手续不嫌繁重,究应共同论抵,抑或分别办理之处,理合呈请大总统核夺,迅赐电复施行。并请将兴办理此案情形,宣布全国,使知以私意杀人,虽职官亦与平民同科,庶各地滥杀之风可以渐止,人民乃得受法律上之保障,于保护国民权之中,寓尊重国家法权之意,此尤兴一得之愚所愿贡献于新造之国家也。"⑦

4. 法与礼的关系

"立政必先正名,治国首重饬纪。我中华开化最古,孝弟忠信、礼义廉耻为立国之要素,即为法治之精神。……泰西各国,礼治法治虽不相侔,而大本大原终未有背弃者。"⑧

"民国初建,首重纪纲。我中华开化最古,孝弟忠信,礼义廉耻,夙为立国之本,即为法治精神。……东西各国,礼治法治虽有不同,而大本大原终未尝相背。……夫以孝弟

---

① 《复袁世凯电(1912年8月20日)》,第249页。
② 《致袁世凯电(1912年8月27日)》,第251页。
③ 《陆军部总长正名布告(1912年2月1日至4日间)》,第114页。
④ 《在武昌受任民军战时总司令时的讲话(1911年11月3日)》,第78页。
⑤ 《在广东省驻沪国会议员举行的茶话会上的演讲(1916年7月15日)》,第450页。
⑥ 《致王宠惠书(1913年3月8日)》,第310页。
⑦ 《致袁世凯等电(1912年5月)》,第211页。
⑧ 《致袁世凯等电(1912年5月22日)》,第193页。

忠信为戒，则必不孝不弟不忠不信，自相残杀而后可。以礼义廉耻为病，则必无礼无义无廉无耻，沦为禽兽而后可。循是以往，将见背父弃母，认为自由；逾法蔑纪，视为平等。政令不行，伦理荡尽，家且不齐，国于何有？孟子所谓猛兽洪水之害，实无逾此！"①

"中外治理各不相侔：大抵中国素以礼治，外洋素以法治。吾国制礼，或有失之繁重者，不妨改之从同；外国立法，或有因其宗教沿其习俗者，万不可随之立异。"②

四、陈天华

（一）生平

陈天华（1875—1905），原名显宿，字星台，亦字过庭，别号思黄。湖南新化人。父亲陈善，为本乡塾师。1903年，陈天华留学日本，参与组织"拒俄义勇队"和"军国民教育会"，并与黄兴等从事反清革命活动。著《猛回头》《警世钟》等书宣传革命思想，影响颇大。次年回国组织华兴会，准备在长沙起义未成，逃亡日本。1905年参加发起同盟会，担任书记部工作和《民报》编辑。1905年12月在东京参加抗议日本政府《清国留学生取缔规则》的斗争，愤而投海自杀，留下《绝命书》，鼓励同志誓死救国。

著有《陈天华集》。其中《国民必读——奉劝一般国民要争权利义务》《论中国宜改创民主政体》等略涉法律思想。

（二）法律思想

1. 变法主张

"大丈夫立功绝域，决胜疆场，如班定远、岳忠武之流，吾闻其语，未见其人。至若运筹帷幄，赞划庙堂，定变法之权衡，操时政之损益，自谓差有一日之长。……至若循时俗之所好，返素真之所行，与老学究争胜负于盈尺之地，有死而已，不能为也！"③

"恨呀！恨呀！恨呀！恨的是满洲政府不早变法。你看洋人这么样强，这么样富，难道生来就是这么样吗？他们都是从近二百年来做出来的。莫讲欧美各国，如今单说那日本国，三十年前，没一事不和中国一样，自从明治初年变法以来，那国势就蒸蒸日上起来了；到了如今，不但没有瓜分之祸，并且还要来瓜分我中国哩！论他的土地人口，不及中国十分之一。他因为能够变法，尚能如此强雄。倘若中国也和日本一样变起法来，莫说是小小日本不足道，就是那英、俄、美、德各大国恐怕也要推中国做盟主了。可恨满洲政府抱定一个'汉人强，满人亡'的宗旨，死死不肯变法。到了戊戌年才有新机，又把新政

---

① 《致各都督电（1912年5月22日）》，第194页。
② 《复上海昌明礼教社书（1912年5月22日稍后）》，第197页。
③ 《述志》，见刘晴波等编《陈天华集》，湖南人民出版社2008年版，第1页，下引此书只注篇名及页码。

推翻,……到了今日,中国的病遂成了不治之症。"①

"恨的是前次公使随员,出洋学生,不把外洋学说输进祖国……若是中国出洋的人,回国后也和日本一样逼清廷变法,不变法就大家革起命来,那时各国的势力范围,尚没有如今的广大,中国早已组织了一个完完全全的政府了,何至有今日万事都措手不及哩!"②

2. 要学外国的政治法律制度

"洋人的长处,数不胜数。他们最大的长处,大约是人人有学问(把没有学问的不当人)、有公德(待同种却有公德,待外种却全无公德)、知爱国(爱自己的国,决不爱他人的国)、一切陆军、海军(各国的将官,都在学堂读书二三十年,天文、地理、兵法、武艺无一不精,军人亦很有学问)、政治、工艺,无不美益求美,精益求精。这些事体,中国哪一项不应该学呢?"③

"要学那,法兰西,改革弊政。

"法兰西的人民……一连革了七八次命,前后数十年,终把那害民的国王贵族,除得干干净净,建设共和政府,公举一人当大统领,七年一换。又把那立法的权柄归到众议院来了,议员都从民间公举。从前的种种虐民的弊政一点没有,利民的善策件件做到。这法兰西的人民,好不自由快乐吗!"④

"后民权村有几个名人,游历英、法、德、美各国回来,细考立国的根源,饱观文明的制度,晓得一味野蛮排外,也是不行的;必先把人家的长处学到手,等到事事够与人平等,才能与人争强比弱。……所以他们回了民权村,即把人家的好处如何如何,照现在的所为,一定不行的话,切实说了。"⑤

"现在求学,一定非出洋不可。若论路近费省,少不得要到日本了,但……日本的学问,也是从欧美来的,不如直往欧美,省得一番周折。世界各国的学堂,又以美国为最完备,且系民主初祖,宪法也比各国分外的好……"⑥

3. 自由和法律的关系

"'自由'二字,是有界限的,没有界限,即是罪恶。如今的人醉心自由,说一有服从性质,即是奴隶了,不知势利是不可服从的,法律是一定要服从的。法律也不服从,社会上必定受他的扰害,又何能救国呢?"⑦

---

① 《警世钟》,第 53 页。
② 《警世钟》,第 54 页。
③ 同上书,第 76 页。
④ 《猛回头》,第 42—43 页。
⑤ 《狮子吼》,第 114 页。
⑥ 同上。
⑦ 同上书,第 122 页。

4. 权利和义务的关系

"凡当国民的，都要晓得争权利、义务，不可坐待人家来鱼肉我们……"①

"国民对于国家，必完全享有国家的权利，也必要担任国家的义务。"②

"这人权是从天赋来的，不容人家来侵夺，也不容自己放弃。……要以死力争这生命、财产权，即是以死力争这天赋的人权。""各国的政府，起先也不准国民言论自由的，经国民屡次鏖战，政府终是没可如何，遂公布言论自由之法律，载在宪法内，何曾是轻易得来的？"③

"何以说国民当勉尽义务呢？世界上不负义务的，便不能享权利。"④

5. 维护国家主权

"照万国公法，外国在此国，必依此国的法律。那时中国和英国所订的条约，英国人在中国犯了罪，中国官员不能惩办他。就是中国人在租界，也不归中国管束。名为租界，其实是英国的地方了。……源源而来的共有十六国，都照英国的办法。从此中国交涉的事日难一日，一切权利都任洋人夺去，亡国灭种的祸根，早已埋伏在这个条约里了。可怜中国人好像死人一般，分毫不知。"⑤

（参考资料：《陈天华集》，湖南人民出版社；《〈猛回头〉作者陈天华》，冯自由《革命逸史》；《陈天华：辛亥革命前杰出的宣传家》，《中国青年报》1961年11月10日；陈旭麓《论陈天华的爱国民主思想》，《新建设》1956年第1期；《陈天华思想研究》，《晋阳学刊》1982年2期。）

五、廖仲恺

（一）生平

廖仲恺（1877—1925），原名恩煦，亦名夷白，字仲恺，笔名屠富（办《民报》时用）。广东省惠阳区人。其父为赴美华工，后积聚所得，成为商人。廖仲恺生于旧金山，1893年回国，二十二岁时与何香凝结婚。1902年东渡日本，1903年参加了孙中山领导的革命运动。1905年参加同盟会，担任总部副会计长。辛亥革命后，任广东都督府总参议，兼理财政。1924年国民党改组后，积极协助孙中山确定联俄、联共、扶助农工三大政策。1924年国民党改组后，被选为中央执行委员会常务委员，并先后担任工人部部长、农民部部长、黄埔军官学校党代表、广东省省长、财政部部长、军需总监等职。孙中山逝世

---

① 《国民必读——奉劝一般国民要争权利义务》，第179页。
② 《国民必读——奉劝一般国民要争权利义务》，第179—180页。
③ 同上，第189、191页。
④ 同上，第192页。
⑤ 《警世钟》，第55页。

后，他坚决执行三大政策，1925年8月20日，在广州被国民党右派暗杀。

著有《廖仲恺集》。

(二) 法律思想

1. 对古代法律性质的认识

"因地位职业及经济的条件这一群人和那一群人不同，社会就分成几种阶级。其中一个阶级，拿他所占得的便宜，不绝的欺骗抢夺别个阶级劳动的结果。而当时之法律制度，都是由特权阶级为特权阶级定的，承认这种欺骗抢夺的行为做当然的权利。所以有整天劳动求不得一个温饱的，有独占社会经济的利益坐享其成，不劳而得的。"①

"在专制皇帝治下，皇言就是法律，皇权就是万能，全国政治的好歹，就是这个皇帝能干不能干的反射。"②

2. 对立法、行政、司法三权分立问题的认识

立法、行政、司法三权的作用："无论哪一个社会、哪一个国家，对于他组织的分子，总要有个制裁，有一个拘束力。社会越没有了制裁，那社会就越散漫，那社会里的恶就越增长。国家失了他的拘束力，那国家的状态，就是无政府的状态了。……国家政府能够活动，是要对人对物都有一种力量。这力量就是权，这权是由最高主权发生出来。在立法方面活动的就是立法权，在行政方面活动的就是行政权，在司法方面活动的就是司法权。"③

三权分立不过是一种形式："要各种实质法的内容，未有和宪法保障人权的精神相反，这民权才能确实得到。现在欧美的许多立宪国民，普通选举权是有了。宪法上所谓天赋人权的保障，因为经过很多回的锻炼，是巩固了。但是常常在立法上吃不少的亏，这又是什么缘故呢？就是因为普通选举，不过单是弥补代议政治不完全的一种办法，并不是独一无二的万应药方，不是有了这个就万事都妥的。凡人民只有选举代表到立法部立法的，就叫作人民间接立法。老实说来，间接立法这话，不过是说得巧些，其实这制度只能叫作议员立法，人民何尝有立法的关系？人民选举代表的时候，虽然有选择的全权，却是在国会立法，只有代表才享这权利。代表立他自家以为很有利、很正当的法。选民的意见怎么样，于人民有利没有，正当不正当，他们是不过问的。再坏的就拿人民代表的资格，定出种种压制的政策、殃民的法律，勉强人民去服从他。……行政官、司法官都是跟他们一路走的东西。三权分立，不过是一种形式，宪法也不会自家说话，是靠他们的嘴来解释的。这一来民权两个字的实质，就化为一个昙花水月。由这方面看来，单靠普通选举和选法的保

---

① 《革命继续的工夫》，又见《孙中山平均地权论释》，中国科学院广州哲学社会科学研究所编《廖仲恺集》，中华书局1963年版，第71页。下引此书只注篇名及页码。

② 《革命继续的工夫》，第68页。

③ 《三大民权》，第5—6页。

障，民权的这目的，还是不能充分达到。"①

3. 创制、复决、罢官三大民权

"现在美洲、欧洲、澳洲有好多地方的人民，享有三个大大的民权……第一个叫作'创制权'，第二个'复决权'，第三个'罢官权'。""第一个创制权，是人民创建一种法律制度，或是强迫国会议定一种法律制度的权。中国国民若是有了这个民权，民国长了八年制不成一个宪法的毛病，也就没有了。""国民若是有了这三种民权，还怕有拥兵的军人吗？还怕有卖国的阴谋的盗贼吗？还怕有政治不澄清那一天吗？国民有了这三种的民权，民国的主权才算是实在回复到原本国民的身上，中国政治上的毛病，虽不敢说是完全救治好，也就差不多要好了八九分了。"②

"民权这两个字的解释，在政治上说，就是人民有参与立法、容喙政治的权；在法律上说，就是人民有不许别人侵犯他的身体、言论、信仰、住居、集会种种自由的权。我们想知道一国民权发达的程度怎么样？第一要看这国人民在立法上有什么关系，在政治上有什么势力。第二要看这国实质的法律，对于宪法上许给人民保障的特权是怎么样。"③

4. 努力实行五权宪法

"吾辈有负担中国革命之重任，而三民主义、五权宪法，又可以解除中国人民之痛苦。……故吾辈要努力，使三民主义、五权宪法实行，然后目的方能达到。"④

5. 主张普通直接选举、采用代表制

"夫中华民国主权在民，一切政治应由此发，亦由此受，是则既失之权力中心，应有所归。所需者，唯四万万之失主，自去追赃耳。顾主权回复之后，断不能集四万万人以议政事，则代表制度，实不可少。"⑤

（参考资料：《廖仲恺集》。其中《三大民权》《全民政治论译本序》《革命继续的工夫》《立法部之两院制、国民全体议决制及财政监督》《拟以军法办理盗匪案给大元帅的呈文》《广东都市土地税条例草案》《在粤军讲武堂特别区党部成立典礼上的训词》等，略涉法律思想。）

六、蔡锷

（一）生平

蔡锷（1882—1916），原名艮寅，字松坡。湖南邵阳人。1898年入长沙时务学堂，从梁启超学习。1899年赴日留学。进梁启超任校长的大同高等学校，受西方资产阶级民主

---

① 《革命继续的工夫》，第69页。
② 《三大民权》，第7—8页。
③ 《革命继续的工夫》，第68页。
④ 《在粤军讲武堂特别区党部成立典礼上训词》，第224页。
⑤ 《全民政治论译本序》，第37页。

革命思潮的熏陶。1900年,唐才常组织自立军,蔡锷回国参加起义,失败后再次东渡日本。1901年,蔡锷自费进入日本成城学校修习陆军。次年,改入陆军士官学校。1904年冬毕业返国。在江西、湖南、广西、云南训练新军,1911年擢云南三十七协协统。武昌起义爆发,举兵响应,成立云南军政府,任云南都督。1913年被袁世凯调进北京,日夜监视。1915年与梁启超策划反袁,潜出北京,12月在云南组织护国军讨袁。袁世凯死后任四川督军兼省长,因病赴日本就医,不治而逝世。

著作:著有《蔡松坡先生遗集》。湖南人民出版社出版了《蔡锷集》。其中,从《致湖南士绅书》《在蒙自绅商学三界欢迎会上的演讲》《〈田赋刍议〉序》《〈中国历代经界纪要〉绪言》以及辛亥革命初及讨袁运动初发表的一些电文中,可以看出他的若干法律观点。

(二) 法律观点

1. 主张民主立宪

"其中央政府组织纲要,鄙意有三端:一、定国名为中华,定国体、政体为民主立宪;二、建设一强有力之统一政府,俟军政撤销,方为完全立宪;……"① "共和立宪足以保障民权,伸张国力,法、美既行之而有效矣。"②

2. 宪法为国家盛衰强弱之基

"将来编纂宪法,为国家盛衰强弱之基,关系民国前途甚巨。……窃谓宪法为国家之根本法,宜体察本国现势,与夫历史民情,为之制定。总以使政府能伸张国权、发展国力为要归,而不宜取他国印版之文,谬相仿效,而加之厉。唯揣国会议员议定宪法,难免不偏重党见。趋于极端,徒为防制行政首长之条规,致失国家活动之能力。临时政府之疲惫不振,国本动摇,实临时约法有以使之然,可为前鉴。"③

3. 以武力捍卫宪法

"义师之兴,誓以四事:一曰与全国民勠力拥护共和国体,使帝制永不发生;二曰划定中央、地方权限,图各省民力之自由发展;三曰建设名实相副之立宪政体,以适应世界大势;四曰以诚意巩固邦交,增进国际团体上之资格。"④

4. 反对君主专制

"君主专制,久为时势所不容;今欲揭发自由,改造民国,则凡国家构造之法,与夫人民权义所关,均应挈领提纲,折衷至当。"⑤

---

① 《致各省军政府电(1911年11月18日)》,见毛注青等编《蔡锷集》,湖南人民出版社1983年版,第92页。下引此书只注篇名及页码。
② 《致袁世凯黎元洪及各省都督电(1912年6月27日)》,第256页。
③ 《致张国淦电(1912年11月)》,第283页。
④ 《讨袁通电(1915年12月29日)》,第387页。
⑤ 《致各省军政府电(1911年12月3日)》,第94页。

斥责袁世凯"法令条教，纷如牛毛，朝令夕更，自出自犯，使人民无所适从，而守法观念驯至澌灭以尽。……背弃口宣之誓言，干犯公约之宪典。内罔吾民，外欺列国。授意鹰犬，遍布爪牙，劫持国人，使相附和，良士忠告，充耳弗闻，舆论持正，翻成罪状。"① "袁氏就职以来，摧残舆论，滥耗库储；生杀由心，法律刍狗；民生困敝，呼诉无门。名为共和总统，实无异于君主专制。"② "国有大维，是曰法纪，信守不立，谥为国难，乱政亟行，于焉作俑。故侵官败法，为世大诟。袁为元首，尤宜凛遵。乃受事未几，即不依法定程序，滥用政府威权，诬杀建国勋人张振武，使法律信用失其效能，国宪随以动摇，政本因而销铄。其罪四也。国宪之立，系以三权，共和之邦，主体在民，立法之府，谊尤尊显；地方三级，制实虚冗，建国除秽，亦宜罢黜。袁乃急欲市恩，妄复旧制，不俟公决，辄以令行，使议院立法失其尊严，国权行使因以紊乱。其罪五也。"③

5. 国法与战争之关系

"国法之要求与战争之要求相一致也。国家行政之事根于法，而军队唯一之目的在乎战胜。公物之运用，国法上之事务也。凡一出一纳，违乎法定之手续者，即谓之不正当，非好为繁重也，法立则然也。"④

6. 革命时期变法不宜太急

"清廷朽腐，弊政相沿，诚宜扫荡廓清，与民更始。惟外鉴世界之趋势，内察本国之舆情，必审慎周详，节节进步，庶全国得以按弦赴节，不致有纷扰滞碍之虞。若期望过高，变更太骤，恐事实与理想不相应，而人民未易奉行；或法令与习惯有相妨，而急切难生效力。故新旧递嬗之交，目光固宜高远，而手法则不妨平近。"⑤

七、朱执信

（一）生平

朱执信（1885—1920），原名大符，笔名蛰伸、县解、前进、琴生、民意等。原籍浙江萧山，生于广东番禺。父亲长期充当地方官员的幕僚，家属成员多为士大夫。1902年朱执信从私塾入"教忠学堂"读书，在校中组织"群智社"，探求救国真理。1904年赴日本留学，次年参加同盟会。1906年回国，先后在广东高等学堂、法政学堂和方言学堂任教，宣传革命。1908至1911年间，"凡广东革命者役，无一不与"，其中主要有1910年新军之役和1911年的黄花岗之役，辛亥革命后，担任广东军政府总参议。1913年参加讨

---

① 《讨袁通电（1915年12月29日）》，第386页。
② 《与唐继尧等促各省兴师讨袁电（1915年12月下旬）》。
③ 《护国军政府布告（1916年1月1日）》，第395页。
④ 《军事计划·第七章 人事与经理》，第341页。
⑤ 《致孙中山及各省都督电（1912年1月19日）》，第124页。

袁运动，后又加入中华革命党。1917年"护法"运动中，任孙中山大元帅府军事联络等职。次年随孙中山到上海。五四运动后，在上海办《建设》，积极拥护孙中山，坚持革命。1920年赴广东策动桂系军队反正，在虎门被杀害。

著作：1921年出版《朱执信集》，1926年出版《朱执信文钞》等。中华书局之最完全版本《朱执信集》上下两册，其中《论满洲虽欲立宪而不能》《驳法律新闻之论清廷立宪》《暴民政治者何》《开明专制》《侵害主权与人道主义》《我们要一种什么样的宪法》《国会之非代表性及其救济方法》《议会政治试验是否失败》等等，较多地谈及法律问题。

(二) 法律思想

1. 抨击专制制度下的政治法律

"言论出版自由，为中国国民约法上之权利。顾吾人对于租界之检束报馆，则虽能以正理求其反省，不能主张权利，以指为不合法也。谁使汝不自于中国内地设报，而必择中国法律所不及之地以营此生活。封汝禁汝，谁能代鸣其冤。""至于中国内地，本有法律上之言论出版自由，而杀主笔、封报馆之事层见叠出，又有租界所不及者。而最近则有更时髦之'过激'二字，可以随意指命。凡所疾恶，皆可以此名目摧抑之。《每周评论》今又被禁矣。在内地之以文字鼓吹新思想者必叹曰：我亦不知命在何时！"①

"社会上有国家，国家有政体，而政体以专制、立宪为分。故凡非立宪的国家，皆称专制。所谓专制者，不过其国家有一机关不为法律（社会事实之一种）之所制限。至于法律以外种种社会事实，如道德、宗教之属，乃至论者所举恶习弊风，无一不可影响于政治上，而为此机关行动之制限。此机关纵受如是之制限，亦未尝以此离去专制之域，而可以他政体称之也。"②

2. 关于立宪的观点

（1）立宪的特质

立宪的特质："言立宪制者，其名涵义亦至复杂。顾自政治上以言，绝非指有具一二空文，而无实际之宪法者明也。故政治学者常言，土耳其尝有法律名宪法而已，非立宪国。所谓立宪之特质者，乃在其机关组织之完全，而不任独夫之自由意思，以运转统治权，即有监督机关也。而其为监督机关，又以独立而有实力为要素。"③

宪法的实用性："拉萨列说得好：'宪法就是威力！'国民现在已经完全自觉地有威力了，那就宪法应该把人民的威力，表现出来。除了能够把国里人民和他种势力的关系完全

---

① 《危险之塞耳政策》，见广东省哲学社会科学研究所历史研究室编《朱执信集》，第461—463页，中华书局1979年版，下引此书只注篇名及页码。
② 《开明专制》，第222页。
③ 《驳法律新闻之论清廷立宪》，第34—35页。

表现出来的，永远不能够成为有实用的宪法。"① "如果不要统一，不要集权，那各县的事情，各县都拿人民的意思来决定，就可以于代表制以外，想一种办法，不必经议员会议，人民可以直接指挥政治。人民的威力，就可以表现在宪法里头了。那宪法就不是不适用的宪法了。"②

（2）立宪的关键是争"直接民权"

"吾人今所主张者，即有强制力之请愿，不待罢市、罢工而可证明之真正民意表示，不由国会之多数决，即所谓直接民权是也。此种直接民权，为解决一切政治争论之最终形式，为人民自设法律以防止政府不良政治之手段，为人民取消不正当之法律，以免政府用恶法以毒害人民之手段，为排除一切不合民意之官吏之手段。人民能有此直接民权，始可以政府归之人民支配之下，复回国民原本应有之主权。故吾望人民以此直接民权为目的，以用其请愿以上之手段，不设此权，则虽万死不休也。"③

"吾人今日唯当致力使中国有一有效之宪法，而其中包含有直接民权之规定而已。此其目的，简单明了普遍，而一旦达之，不患其复有流弊。愿今之请愿者，进之为此目的奋斗也。"④

"假使中国宪法规定此项直接民权，则……凡不合民意之法律与官吏，一切可以此防制黜去之矣。此一劳永逸之计，根本解决之法也。"⑤

"采用了这个直接民权，宪法上就没有冲突，没有专制，真能表现人民的威力。" "为什么呢？宪法上如果立法府有立法的全权，行政府有行政的全权，你管不着我，我管不着你，那就一定生冲突。如果立法府说的话，行政府不能不听，行政府做的事，立法府无法阻止，那就一定是专制。因为怕他专制，所以有弹劾权来监督行政府，有解散权来监督立法府，结果又弄到他冲突。这就是只从人民所选的立法人员、行政首长里头打算，所以顾得这一头，落了那一头，到底没有妥当的方法。如果再进一步，从人民的威力着想，就可以晓得，把行政官、立法官的罢免权，都归在人民手里头，做最后决定，就没有解散的问题，没有弹劾的效果，也不会冲突了。把国会同行政官所决定的事项，再由人民有权更动，就不怕专制了。"⑥

"理想的救济国会不代表人民之弊害之方法，主在于逐事求救济，逐人求救济，且由选民自为救济者，根本的救济，现在可得想象之最良救济方法也，即所谓直接民权者也。"⑦

---

① 《我们要一种什么样的宪法》，第 513—522 页。
② 同上。
③ 《请愿与民权》，第 499—506 页。
④ 同上。
⑤ 同上。
⑥ 《我们要一种什么样的宪法》，第 513—522 页。
⑦ 《国会之非代表性及其救济方法》，第 584—607 页。

"现在的社会,是要求一种真正的民权政治,是要求人民直接参与制定法律、废止法律、任免官吏议员的民权政治,这种直接民权政治如果能够建立,现在的种种政治问题都可以解决。"①

(3) 直接民权的内容:创制权、复决权和罢官权

"所以有重大的事情,当然人民不出声的时候,你国会议决了,还要问过人民同意不同意的。就算国会没有认为重大的事情,如果有相当人数,去要求政府再付人民票决,政府也不能不问的。投票的结果,说这事可行,自然没有话说。如果说这事不行,就国会议决一千次,也不中用,这叫作复决权。再如有重大的事情,国会老没有议决,人民只管希望他,他还不理会。那就人民当然可以提出一个案,得了若干人附议之后,政府便要把他付之表决。如果多数不赞成,自然没有说话。若是多数赞成了,就不问政府国会意见如何,当然应该认做法律,这叫作创制权。再如行政官、司法官以及议员有不合民意,不称职的,在他管辖区域选举区内的选民,有了相当人数之附议,便可以提出弹劾案,请求人民投票决定去留。只要人民多数说他该去,便没有方法可以蟠踞。这叫作罢官权。这三种权,都是人民直接参与政事,不靠代表的矫正代表的方法。故此通叫作直接民权。采用了这个直接民权,宪法上就没有冲突,没有专制,真能表现人民的威力。"②

"凡人民所欲立之法,只须人民自行起草,觅得选民百分之几签名提出,政府即须以付选民投票。选民既经投票多数赞成,则不待他种机关裁可,自然成为法律。……更不须他种机关帮助。事之易举,同于请愿。……所谓创制权者,此也。""所谓取消不正当之法律者,人民虽能以自己之意思设立法律,不能以自己之意思废止法律,则于制止立法府之专横,犹未足也。今使人民能设有益之法律,以保护公安,而立法府意不欲之,则无须以力打消人民创制之案也。唯须于其施行细则,别设一种规定制限之,则最善之法律,可变为最恶之法律矣。……故行直接民权,则一切法律既经议定之后,在若干个月之内,选民可以全数百分之几署名,要求将全案再交国民重新投票,决定可否。如选民多数投票指为不可行,则此律当然废弃,而人民免恶法之害矣。所谓复决权者,此也。"③

"要不要国会做一个时代的国家机关?在现在的国会选举法加以改良,是否还可以帮将来进步一点忙,是我们的研究点。我相信国会如果改做普通直接选举,再拿罢官权、复决权来监督他,不至于不能做一个改良国家组织的工具,这是主张国会可以存留的意见。""如果有完好的选举制和直接民权的监督,就容易发生实力。所以我的国会存留说,并不主张继续现在的选举法。"④

---

① 《恢复秩序与创造秩序》,第 861—872 页。
② 《我们要一种什么样的宪法》,第 513—522 页。
③ 《请愿与民权》,第 499—506 页。
④ 《再答东荪先生》,第 737—738 页。

(4) 要立宪，须革命

"吾今正告天下曰：中国立宪难。能立宪者，唯我汉人，汉人欲立宪，则必革命。彼满洲即欲立宪，亦非其所能也。"①

"吾辈不能以前清之宪法大纲、誓约十九条，引为吾共和国之根本法也。不能以前清所定之资政院、谘议局之规定为代表国民机关之组织法也。……法不能议亲贵，而用不能计阀阅也。不能使旧时污吏复横行于乡党，不能以旧日为满廷所罪者悉视等囚虑也。夫其法令习惯之不得不加更张如是，则吾辈方有破坏旧时法令习惯之任务，则安得为旧日法令所制限。"②

3. 必须恢复人民的法定权利

"我们想恢复的，第一个就是民尊官卑的秩序。""第二个想恢复的，就是言论自由的秩序。这个秩序，也是约法设定的。""第三个一定要恢复的，就是集会结社自由的秩序。凡中华国民都应该有权集会结社的。他集会起来，做一件不好的事，可以有制止他的法律，然而断不能说他这个集会犯了禁。"③

4. 当局必须守法

"究竟中国是民国，不能不认国会代表人民，所以只问国会合法不合法，断无有可以号称当局者，而不尊重其认为合法之国会之理。抑且民国立国精神，即在以国会为当局者，且由国会生出其他当局者。当局者于约法之下，不尊重国会，即为谋叛，即为失其法律上存立之根据。"④

5. 改良司法以收回法权

"今日之最显然之中国不利者，外人在中国所有之领事裁判权、警察权、路矿权也。然试一思此诸种权之被人要求，责果全在中国乎？抑他国有其九分之责，中国犹有其一分之责乎？领事裁判权，非以立法、司法之不良而诱起者乎？警察权非以自己行政之不良而被侵者乎？""从来言收回领事裁判权者，皆知须先改良法律及司法制度，然后可以有收回之理由。"⑤

八、邓演达

（一）生平

邓演达（1895—1931），字择生，广东惠阳人。保定军官学校毕业，粤军团长，曾参

---

① 《论满洲虽欲立宪而不能》，第1页。
② 《暴民政治者何》，第168—169页。
③ 《恢复秩序与创造秩序》，第861—872页。
④ 《谁为重要当局》，第489—490页。
⑤ 《侵害主权与人道主义》，第399、402页。

加讨伐陈炯明的战役。1925年后，任黄埔军官学校训练部副主任、教育长。北伐战争期间，任国民革命军总政治部主任、湖北省政府主席。1927年蒋介石、汪精卫相继背叛革命后，曾流亡苏、德等国，与宋庆龄等以中国国民党临时行动委员会名义在莫斯科发表《对中国及世界革命民众的宣言》，提出继承孙中山的遗志，坚持反帝反封建斗争。1930年回国，正式成立"中国国民党临时行动委员会"（中国农工民主党前身），进行反对蒋介石集团的斗争。1931年8月在上海被捕，11月被蒋介石秘密杀害于南京。

著作：《邓演达先生遗著》，其中《南京钦定的国民会议和我们所要求的国民会议》《复兴中国革命的手段》《我们为什么要推翻南京的蒋政府》《蒋政府——南京统治——必然要崩溃的原因及全国人民当前的急务》《十六年十一月对中国及世界革命民众宣言》《政治主张》等篇，对中国政治包括法制问题做了比较明确的论述。

（二）法律观点

1. 旧法律的实质

与小农经济相应的"统一"国家的"法律"与人民是对立的："却是庞大的中国，农业技术极端幼稚的中国，虽然由特殊的内外条件构成了'统一'的国家，而统一的核心力量，始终是与小农经济相应，非常的微薄。故除以极端残酷的（如诛九族及联保律等？）'法律'威嚇人民缚勒得人民以外，政治的力量始终只及于社会的上层分子。"[①]

蒋介石的国民会议选举是为买办资产阶级服务的反动法律："如果详细些去考查规定的条文，即可以知道，就其规定的条文去做，必然只可以叫统治者的走狗及贪劣的豪绅等社会寄生者剥削者去充实可谓国民会议的代表。""从代表当选人的资格限定上说，更看出当选人的阶级性。""在所谓国民会议代表的产生、组成及资格限定上说，已很明白的把最大多数的直接生产者农民工人及多数锐进的青年职业者除外，把一切真正的党徒除外，所以在表面上看似乎已采取'职业代表'选举法的外形，而实际上选举资格的限制比世界各国最落后野蛮的财产限制阶级限制更为残酷；因为财产限制及阶级限制还未曾完全把人民的选举权及被选举权剥夺，而现时的反动选举法，一面已把选举及被选举者限于'法定'的团体，一面又把人民集会结社的自由全数剥夺，把一切真正人民的团体解散摧残，所以剩下来或新成立的'团体'，只是官僚军阀的说客及其寄生人，只是贪官污吏土豪劣绅党棍的交易所，绝不会有多少人民的份子被选出来。所以事实上必然会是极下流的御用机关。""自辛亥革命到现在才建立起来的买办资产阶级政权……比任何旧时代的军阀官僚统治还要反动，还要残酷。"[②]

[①]《南京钦定的国民会议和我们所要求的国民会议》。
[②] 同上。

2. 反对三权分立和资产阶级的虚伪民主

"我们反对欧美流行的三权分立制，而主张立法机关不与执行机关分离，一切权力属于国民大会，在国民大会之下设立执行机关。"①

"虚伪民主的欧美流行的代议制，也不是广大平民群众所要求的制度，他们所要求的是和人民利益关切不离的政治权力和组织。"②

"我们所要求的国民会议，当然是要一切权利属于他的；他应为全国的最高主权机关，能解决一切问题（自然制宪的职权在内！）；他要在执行机关之上，而不是做执行机关的附庸；他要行使立法及监察的职权，而不是为现时的所谓立法机关及监察机关的派生物。"③

3. 关于实现耕者有其田的土地法的方案

"立行宣布耕者有其田的法令，不耕作的人不能有耕地。""由国民会议规定土地法，并斟酌多地方状况，分别规定农户占有耕地的最高额及最低额，及国家收买土地定价法。"④

4. 关于实行社会主义的政策和法制的设想

"我们认为，我们在积极方面，固然应该用种种方策，努力建设社会主义的基础，同时在消极方面，也应该施行种种社会政策，以救济社会上存在的弊病。我们以为应该竭力改良工人的生活，确定女士童工保护法、危险工作保护法、地下工作保护法，确定八时间工作制（地下工作六小时），确定工人罢工权，确实施行工场法。"⑤

5. 只有平民自己的力量才能决定自己的政权和法制

"只有平民自己的力量是决定自己政权——平民政权——的机轮与支点，放弃了平民大众组织与发动斗争的工作，而唯高谈'人权''约法''宪法'——如新月派——那是'癞蛤蟆想吃天鹅肉'的空想。立脚在和南京统治一致的立场上，而唯独'反蒋'的口号——在军阀官僚的荷包里去定什么'约法''宪法草案'，那只是自己欺骗自己的蠢材及不知大体的俗物所玩的把戏。"⑥

"只有被压迫的平民大众团结起来，组织起来，以充实的力量压迫现时的特权阶级，才可以叫现时的黑暗统治退缩，才可以肃清黑暗残酷的统治而得到'民权'。"⑦

"怎样才能够使人民直接选举和委派他们的代表呢？一、是要有绝对的集会结社言论通信民居的自由。……二、一切的人民团体，只要不是帝国主义及军阀官僚派走狗，都应

---

① 《南京钦定的国民会议和我们所要求的国民会议》及《政治主张》。
② 《政治主张》。
③ 《南京钦定的国民会议和我们所要求的国民会议》。
④ 《复兴中国革命的手段》。
⑤ 《政治主张》。
⑥ 《南京钦定的国民会议和我们所要求的国民会议》。
⑦ 同上。

该有选举代表参与国民会议的权利。……三、被选举的人——国民会议代表,只要是属于各该人民团体的,不受性别、资格、学力、财产、从业年限等等的限制。"①

九、吴经熊

1. 法哲学思想

(1)法制受哲学支配:"随便哪一国的法制总有几个主要的哲学观念做它的背景。"②

(2)中国旧法制的哲学背景:

"中国旧法制的哲学背景,从下列三点观之,可以得其大概:(一)天人交感的宇宙观。(二)道德化的法律思想。(三)息事宁人的人生观。"③

2. 对儒家法律思想的批判

(1)批判天人交感的法律观

"我国民族向来所持的宇宙观是以人事解释自然界(拟人论),再拿这个人事化的自然界来做人间世的模范!所以在表面上是个超人生观,其实是个拟人论的宇宙观。口口声声说是人法天,的的确确却是天法人,至少也是人法法人的天。"④

(2)批判伦理法律观

"我国学者历来……众口同声地……道德是法律的目的,法律是道德的工具。换言之,法律的唯一使命就是保障道德。""其实法律为促进文化的工具;而道德不过是组成文化的一个分子。……道德诚然是法律所应该承认并且保障的一种社会利益,但是还有其他的许多利益——例如学术、货殖、科学上的发明、衣食住行的改进、个性的发展、生活的舒适,——也是要法律承认和保障并且促进的。不但如此,而且这些利益发生冲突的时候,法律也应权量轻重从中设法为之调剂;虽不能兼收并蓄,也要依两害取轻的原则牺牲较小的利益保全较大的利益。……所以法学也可称为牺牲的艺术。中国的法律,对于道德太过认为奇货可居,而对于别种的利益,简直一笔勾销……实在是孟轲的罪人。……汉以后的法律中了儒家哲学的遗毒,偏偏要将难以尽从的教诲藉法律的工具来强制执行!结果把民族的心理缠脚般地束缚;心花不开,怎么还有创作的能力呢?"⑤

(3)批判孔子"使无讼"的法律观

"中国人一向以和平为理想。""依照《易经》,官司有时还可以打的,不过打得适可而止罢了。那料后来经过道学先生的一番熏陶,这个原则变本加厉地变成'讼则终凶'的一

---

① 《南京钦定的国民会议和我们所要求的国民会议》。
② 《法律哲学研究》,第1页。
③ 同上书,第1—15页。
④ 同上书,第3页。
⑤ 同上书,第12—15页。

句金科玉律。""我的答案是：道德家固然用不着奖励争讼，替许多律师来解决生计问题，但是将争讼的本身当作不道德的勾当，那是一桩非常危险的事情。争讼是社会上免不得的自然现象；一则用不着人们来鼓吹，二则也不是道德上的教训所能根本拔除的。既是不能拔除的，那么最便宜的方法是利用这个自然现象平心静气地来演出若干解决争讼的原则。法学的昌盛、法治精神的发达，都是以争讼为基础的。没有争讼，就不会有真理，也不会有公道。法律以争讼为发源地；以公道为皈依处。"①

(4) 儒家礼治思想的根本错误

"这个时期的信条是：治国家用不着法律，只要用礼仪就行了。君王只要讲仁义道德，百姓就会受感化。""礼治思想的根本错误，照我看来，有二点：(一)它的心理学未免太幼稚了。(二)礼治思想有抹杀人格的趋势。'礼治'是一个自相矛盾的概念。所贵乎道德者，莫非因为道德是自由意志的产品。假使把政治和道德混在一起，其结果是'强迫的道德''麻烦的政府'。……自由意志是一切道德、一切人格的生死关键和必备条件。"②

3. 宣传资产阶级法治思想

(1) 法律是公道和治安的公仆

"法治思想是对于……人治思想的一个大反动；所以它的议论多趋于极端。并且法治思想大有功利主义的色彩，把人类当作一部'计算的机器'，可是人的心理是复杂的万分，不是单纯的；……法律不是特种心理的特产，却是多种心理调和的结果。法律正是理想界和实在界之交点！法律正是'公道'和'治安'的公仆！"③

"法律应贯彻社会公道。何谓社会公道？就是：个人有贡献于社会的，社会也应尽量地报酬他，绝不可使他劳而无获。反而言之，凡是对于社会生活没有什么功劳的人，社会绝不可使他无功受禄。……兄弟的意思以为一切小本经纪和靠着汗血过活的人，国家非但不应征税，并且应该积极地帮助他们，对于靠人家的工作发财的人，国家应奉行中山先生所说'直接征税'的方法。"④

(2) 鼓吹"法律主义"

"可怜我们中国人是地球上思想和道德最不解放的民族！如果解放我们拘拘束束、畏首畏尾的心理状况，就非鼓吹法律主义不可！现在法律学生的最重大的问题，就是：如何能使法律主义通行，而同时免脱刻薄寡恩的流弊？"⑤"总而言之，非法治无以维持社会秩序，非争讼无以完成法治。"⑥

---

① 《法律哲学研究》，第23—24页。
② 同上书，第64—68页。
③ 同上书，第72页。
④ 同上书，第57—59页。
⑤ 同上书，第74页。
⑥ 同上书，第187页。

(3) 西方法律思想、立法趋势符合我民族文化与心理

"泰西最新法律思想和立法趋势，和中国原有的民族心理适相吻合，简直是天衣无缝！""他们的法制与我国固有的人生哲学一天接近似一天！我们采取他们的法典……也就是发挥我们的民族性！"①

(4) 对欧洲资产阶级宪法的批评

"我们要问为什么欧战前的宪法不加入主义，而战后的宪法始加入主义？因为宪法这个东西，是社会制度的一个缩影。欧战前各国的社会制度多半是建筑于资本主义或统治阶级的利益之上，因此欧战前的宪法之目的不过是一方面在于维持少数统治者的利益，一方面在于拥护资本主义。简言之，其目的在于拥护压迫阶级，而摧残被压迫阶级。这是大大不利于民众的。……"②

4. 法律对中华民族的贡献

"法律对于民族的贡献，大致有三点：（一）法律应尽量发扬民族精神。……（二）法律为取消领事裁判权及废除不平等条约的有力工具。（三）法律可以改良民族。"③

5. 法律和三民主义的关系

(1) 法律和三民主义的关系

"三民主义是我们的目标，法律是贯彻三民主义的一种工具。他们是搭档码子。前者是目的，后者为方法。"④

"以王道的方法谋达天下为公之鹄的者，即中国的三民主义是也。……办理国家的事务，不可不有一定的主义，以作指针，否则如盲人骑瞎马，应半临深地，实在是一桩极危险的事体。现在使我们中国能够于国际上巍然独立，有立国的立场的就是三民主义。《试拟稿》把三民主义冠于国体之上，在中国是创例，而且是《试拟稿》全部最关紧要的一条，实在不啻画龙点睛。"⑤

(2) 法律要规定人民权利

"各国宪法，对于人民之权利，纵免于行政司法等机关之蹂躏，独不能不受立法机关之摧残。此种现象，在代议政治发达之国家，固无足怪，唯在实行五权宪法之我国殊不相宜。故将来宪法保障人民权利之道，不仅在预防行政司法等机关之跋扈，抑且在禁止立法机关之专横。除规定人民之权利非依法律不得侵犯外，允宜另主概括之标准，以防立法权之滥用。"⑥

---

① 《法律哲学研究》，第 28 页。
② 《中国制宪史》，第 602—603 页。
③ 《法律哲学研究》，第 39—42 页。
④ 同上书，第 39 页。
⑤ 《中国制宪史》，第 257—258 页。
⑥ 同上书，第 216 页。

"国家根本法,应规定人民之权利义务……"①

十、杨鸿烈

1. 关于中华法系的评论

(1) 中国法律的特点:中国民族的产物

"我们中国的法律自然也是中国民族固有的产物,从殷周起,经过春秋、战国、秦、西汉、新莽、东汉、魏蜀吴、晋、宋、齐、梁、陈、隋、唐、宋至明,都是汉族一系相传,循序进展,中间虽屡有北方野蛮民族的侵入……但都是努力汉化,而编纂法典,传播法律知识诸事,尤有可值得赞美的成就,因此中国法律绵延四千年才不至中断,在世界五大法系中——罗马法系、英国法系、印度法系、伊斯兰法系——能独立自成一个系统,并且是日本明治维新以前法律唯一的典型。"②

(2) 中国法律的地位

"中国法律虽说从现代法学的眼光看来并不算完美,而其自身却是很有条理统系,绝无混乱矛盾的规定……中国法律在全人类的文化里实有它相当的——历史上的位置,不能说它不适用于今日个人主义民权主义的世界,便毫无价值;……中国法律是为世界上过去数千年人类的一大部分极贵重的心力造诣的结晶,不唯中国人民应该知道,就是一般欲了解世界文化全体真相的人也万不能熟视若无睹,并且应该加以精细研究。"③

(3) 中华法系发展缓慢的原因

"中国法系到了清代中叶,就呈现动摇倾覆的预兆。这样实在因为自隋唐完成中国法律的体构,经过宋元到了明代益加发展得完满结实,足为东方各国家的冠冕,但因地势和历史的关系,没有与自己文化相等或比较优越国家来交换影响,就不能不几千年来都离群索居,唯以同化邻近西北东北的野蛮游牧民族为最大能事。这样,各种制度学说只能寄希望其不为外来野蛮民族所摧毁消灭就于愿已足,而进步缓解就可不言而喻了。"④

(4) 中华法系中民法思想不发达的原因

"我们中国人几千年来讲到法律,便联想到刑罚,以为'刑即法,法即刑','法律'与'刑罚'几乎是'同物而异名',我们只知道用刑罚来科处犯法的人,却没有想到法律也可用来处理私人的一切交涉事务。我们民法思想的不进步,不发达的原因大概可以归纳为以下几端:

---

① 《中国制宪史》,第40页。
② 杨鸿烈:《中国法律发达史》(上),上海书店1990年版,第1—2页。
③ 同上书,第6页。
④ 同上书,第869页。

"第一，民法的发生较晚。

"第二，专制政体的漠视私益。中国几千年都是专制政体，所以把钱田户婚这一类涉及私人间关系的事件看作是很细微不屑在法律条文里头详细规定。此等事件大都由初审衙门就可判决，至如人命强盗等大案有时要惊动皇帝和大臣，可知自古以来是怎样的重视刑事案件而轻视民事案件。

"第三，儒家重利轻义学说的流弊。……此说的流弊造成我国几千年来'伪善'的国民性，而民法的根据却大部分以'权利思想'为根据，试看欧美各国一方面既以宪法保障人权，一方面又有详细周密的民法以保障私人间的利益，中国自前汉起儒家学说即成为社会上绝大的势力，以私人利益为唯一前提的民法思想自然被遏制不得发展，民法所以无进步，其原因也就在此。"①

（5）族诛连坐是君主专制的结果

"儒家'仁民爱物'的思想在两千多年以来本已成为社会上绝大的势力，'族诛连坐'乃和法家最有深厚的渊源，儒家也竟能听其存在，这不能不说是君主专制发达到高度的必然需要，帝王既能利用儒家学说以神圣自己，又何尝不能利用'族诛连坐'以保护自己？这所以'族诛连坐'的消灭要在立宪政治成立之后，便可以瞭然。'君权''民权'的消长与法律思想也是息息相关。"②

2. 关于中国法律思想的一些论述

（1）法律思想演变的原因

"支配中国法律内容全体的根本原理虽是同样，但只有极少数的规定可称为万古不变，其余大多数就不能不受时势环境和人类意志的影响，因之法律原则的消长存灭便不可一概而论。"③

（2）春秋战国时期法家思想支配法律的原因

"'支配春秋、战国以至秦统一时法律内容全体的根本原理是法家的学说。'因为什么呢？法家的先驱管仲是齐国的宰相，……子产又是郑国的宰相，他铸《刑书》，惹起叔向的反对，可见他是中国首先打破法律秘密主义的第一人，……范蠡是越国的宰相……至于战国时代，李悝是魏国的宰相，又作了《法经》……吴起是楚国的宰相……商鞅和申不害一个是秦相，一个是韩相，《汉书·刑法志》直指他两人'连相坐之法，造参夷之诛（夷三族），增加肉刑大辟'……可见他两人真把法家学说拿来做支配那时法律内容全体的根本原理。到了秦始皇就'专任刑罚，躬操文墨，昼断狱，夜理书'，'狱吏得亲幸，博士虽

---

① 杨鸿烈：《中国法律思想史》（下），上海书店1984年版，第251—253页，下引此书只注页码。
② 《中国法律思想史》（下），第175页。
③ 《中国法律思想史》（上），第3页。

七十人特备员弗用',但物极必反,于是才有儒家独霸的局面出现。"①

(3)两千年来儒家统治中国法律思想界

"两千来中国的法律思想都是儒家的法律思想,如从'阴阳五行'等天人交感的立场发挥刑罚的必要和一切司法行为都须应于天时,又以道德、礼教、伦常为立法的根据,兵刑一体,以及对'公布法典''大赦''肉刑''复仇''刑不上大夫'……等特殊问题虽有赞成和反对种种不同的意见,但即'赞成公布法典',主张'禁止复仇'和'法律平等'的少数思想家,其立场仍为儒家而非法家,所以这个很长久的时代实在是儒家独霸的时代。"②

(4)新文化运动以来的法律思想评价

"自新文化运动以后,其影响虽很为广大,但一般学者只偏重在传统的旧思想、文学,和制度的批评与破坏方面,对法政方面却比较的不注意,所以那时的法律思想多为介绍欧、美的新学说,同时也有极少数的人提到中国法令的缺失与谬误(如王世杰教授的论文即其一例),直到国民政府在南京成立,民国十七年公布《中华民国刑法》,民国十八年公布《民法总则》……立法院胡汉民院长说《新民法》为我们民族性中根深蒂固的王道精神的表现但条文所规定也还以德国和瑞士等国的《民法法典》做借镜,所以也可以说是蒙欧洲'大陆法系'的影响而后始有'青出于蓝而胜于蓝'的新产物。"③

3. 对国民党、北洋军阀时期法制的评论

(1)反对袁世凯破坏法制

"民国时代因第一任大总统袁世凯以前清重臣,一人专政,并且残忍阴险,就将'礼教''重典'再演于民主政治的假面具之下,所以中国法制彻底更新的一线生机,都为他破坏尽净;在他任期内所公布的法令如《暂行新刑律补充条例》《戒严法》《惩治盗匪法》《治安警察法》《陆军刑事条例》《海军刑事条例》等都是箝制民治的发展,并授军事机关和为军人作伥的行政官以危害人身自由的利柄……"④

(2)评国民党时代的刑名法典

"综观民国时代的刑名法典,其缺点正不在少处,王宠惠、罗文干等所编订的《刑法第二次草案》比较的能满人意而又不得公布施行;民法的《大理院判例》又多是残缺重复,非大加修正不可;尤其是刑民法典虽能迎合新的——科学的法学思想,但沿袭旧的——如梅因所说的'父系制度'——宗法的思想的成分为多……"⑤

(3)对辛亥以来的法制实行不可太悲观

"自辛亥革命以来,此种障碍(作者按:指君主专制)的恶势力已逐渐减退,而社会

---

① 《中国法律思想史》(上),第144—145页。
② 同上书,第14页。
③ 同上书,第16—17页。
④ 《中国法律发达史》,第1029页。
⑤ 同上书,第1242页。

的流动性因工业文明的输入愈为显著，所以吾人不应对新法律的实行太过于抱持悲观的态度。……中国近年情形变化很为剧烈，即以交通而论，外国记者都说中国的地面在近二三年里起了几千年所没有的变化；义务教育也在积极推行，政治也逐渐改良，经济也急于打开现在困难的局面，所以要说《新民法》绝没有施行的一天的话，就未免像杞人忧天一样了。"①

---

① 《中国法律思想史》(下)，第 370—372 页。